本套书为

河南省民间文化遗产抢救工程系列成果

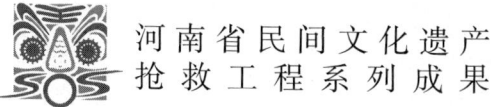

河南省民间文化遗产
抢救工程系列成果

嵩山文化大系

主编 梅耀元

嵩山艺文志

梅耀元 编著

河南人民出版社

图书在版编目（CIP）数据

嵩山艺文志／梅耀元编著．— 郑州：河南人民出版社，2019.8
（嵩山文化大系／梅耀元主编）
ISBN 978-7-215-11367-1

Ⅰ．①嵩… Ⅱ．①梅… Ⅲ．①艺文志-中国 Ⅳ．①Z812.2

中国版本图书馆CIP数据核字(2018)第015236号

河南人民出版社 出版发行
（地址：郑州市郑东新区祥盛街27号 邮政编码：450016 电话：65788098）
新华书店经销　　河南瑞之光印刷股份有限公司印刷
开本　889毫米×1194毫米　1/16　印张　46.5
字数　1 212千字
2019年8月第1版　　　　　　　2019年8月第1次印刷

定价：300.00元

"嵩山文化大系"编撰单位与工作人员名单

领导机构	河南省民间文化遗产抢救工作委员会　河南省民间文艺家协会
参与单位	登封市科普作家协会　嵩山文化研究会　国际少林武术家协会
工作策划	程健君　刘爱芳　李松坤　吴聚财　段玉山
学术指导	张振犁　民间文艺学家、河南大学教授
	夏挽群　民间文艺学家、中国民间文艺家协会顾问、河南省民间文艺家协会名誉主席
	张国臣　嵩山文化学者
	周昆叔　环境考古学家、国家文物局专家组成员
	谢均祥　族史研究专家、河南中原姓氏文化研究所所长、研究员
	程健君　民间文艺学家、中国民间文艺家协会副主席、河南省文联副主席
	陈江风　民间文艺学家、河南省民间文化遗产抢救工程专家组组长
	高有鹏　民间文艺学家、上海交通大学教授
	耿相新　历史学家、民间文艺学家、中原出版传媒集团公司总编辑
	马世之　考古学家、河南省社会科学院考古研究所研究员
	徐金星　嵩洛文化专家，《洛阳市志·文物志》（主编）、《洛阳市志·白马寺志》（主编）
	魏　敏　民间文艺学家、河南省文联编审
总编审	梅淑贞
总　编	梅耀元
副总编	秦慧君　李振亮
美　编	梅淑贞　宋瑞敏　梅耀元　李振亮
统　筹	姜献永　赵镇威　张松波　靳银东

参与工作	李春敏	焦红波	王向民	邢希芬	吕宏军	韩有治
	赵爱娟	王雪宝	弋梅荣	耿 直	阎锦木	陈 明
	宋瑞敏	刘振海	王丽霞	唐仁福	景新源	郝焕斌
	王占敏	李振敏	王昭渠	常松木	杨朝玲	孙宏欣
	贾艾莉	郜明朝	吴卫永	陈俊杰	黄天弘	郝晓科
	付秋红	尚自昌	孙淑霞	曹书敏		

"嵩山文化大系"（全十册）

《嵩山通志》	梅淑贞			主编
《嵩山三教志》	梅淑贞	秦慧君	梅耀元	编著
《嵩山艺文志》	梅耀元			编著
《嵩山神话传说》	梅淑贞			主编
《嵩山古遗存》	梅耀元			编著
《嵩山民俗》	梅淑贞			编著
《嵩山古诗》	梅淑贞			主编
《少林武术发展史》	李振亮	焦红波		编著
《嵩山碑刻》	梅淑贞			编著
《嵩山名人传》	梅耀元			编著

作者简介

梅耀元，女，1984年生。中国地质大学(北京)第四纪地质学专业地质景观规划与评价方向理学博士，研究领域为地质环境。现任教于郑州大学旅游管理学院。在生态环境、旅游景观规划与评价、遥感方面等开展有多项地质科学考察与研究，发表有多篇学术论文。如中国地质大学出版社出版的科学研究专著《克什克腾植被分布与地貌关系研究》；八一电影制片厂和中国地质大学(北京)联合制作出版的《阿尔山国家地质公园》《呼伦贝尔地质公园》《鄂伦春地质公园》《扎兰屯地质公园》等多部地质科学纪录片和光盘的解说词。

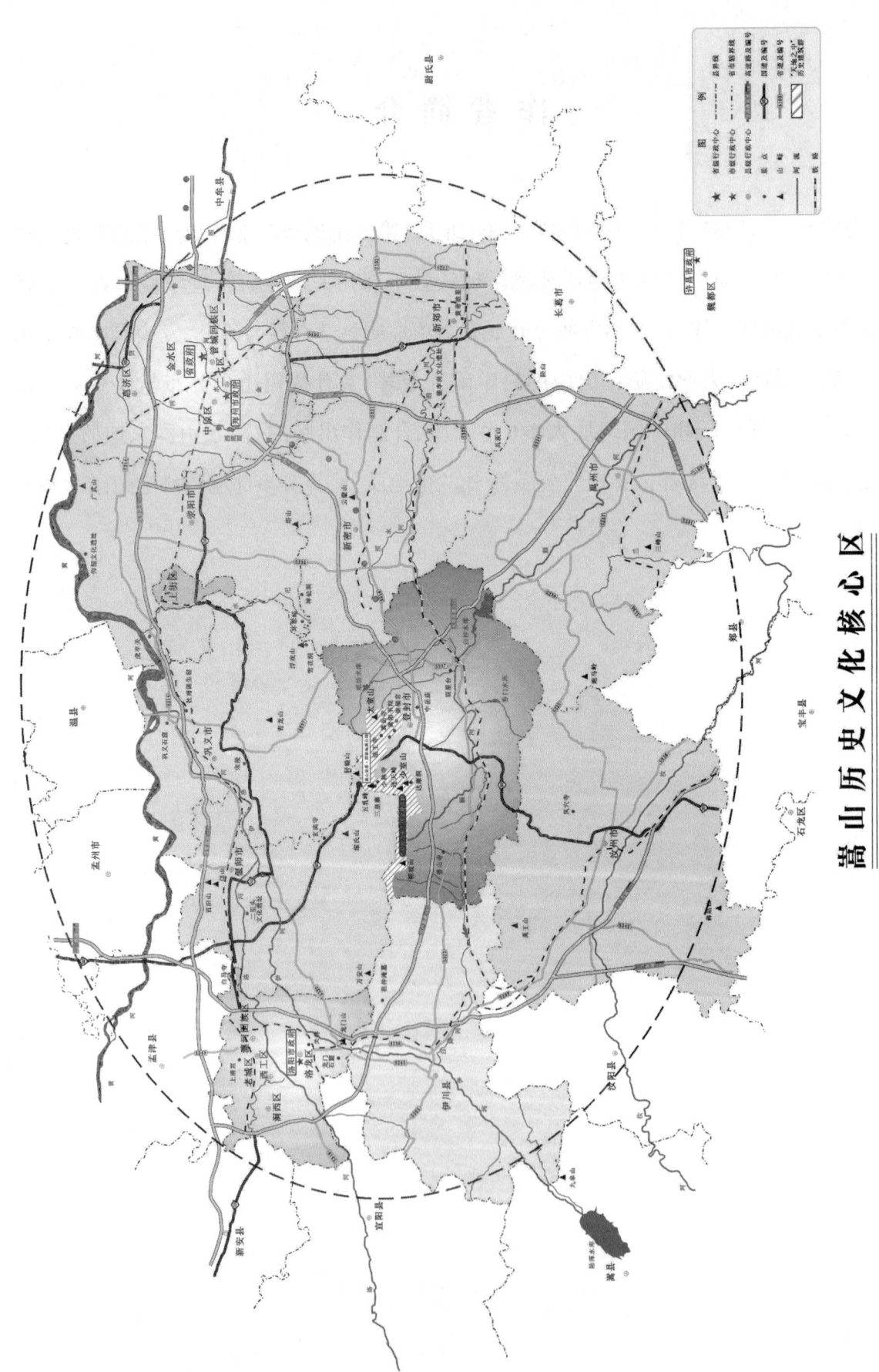

嵩山历史文化核心区

中国文化的神圣大山
——"嵩山文化大系"序

高有鹏(上海交通大学人文学院教授,中央电视台百家讲坛主讲人)

嵩山文明是中国文化的核心内容,被誉为天地之中。司马迁在《史记·封禅书》中说,昔三代之居皆在河洛之间,就是这个意思。《孟子·万章上》《古本竹书纪年》《世本·居篇》《史记·夏本记》《今本竹书纪年》都提到"禹都阳城",也是这个意思。如今,嵩山洛口伏羲台、八卦台、力牧台、夏朝的古钧台及汉石阙、周公测影台等古老的文化遗迹,都有力证明了这些历史的真实。

嵩山是一个文化整体,包括以嵩山主要山脉的太室山与少室山,和周围地区以嵩山为地望的登封、伊川、偃师、巩义、荥阳、新郑、禹州、新密、汝州等广大地区。黄河、颍河、伊河、洛河、溱河、洧河、汝河等河流在大山中分布,融入黄淮大平原,成为中华民族的心脏。历史上,从夏王朝开始,商、西周、东周、东汉、曹魏、西晋、北魏、隋、唐、后梁、后唐、后晋等朝代相继在嵩山地域建立政治文化中心,西周、西汉、新莽和十六国后赵、五代后梁、后唐、后晋、后汉、后周以及北宋、金等朝代,也都以嵩山为文化中心,设立中央政权。《诗经》《周礼》《史记》等浩瀚的典籍,包括清代景日昣的《说嵩》,都详细记录了这些历史。近年来的考古发现,更进一步以实物的形制,证明了嵩山与嵩山文明的谱系特征及其特殊价值。

嵩山以五岳中的中岳而闻名,是集结中华民族信仰的大山,是天然的中国文化博物馆。嵩山是中国文化的神山、圣山,被称为崇山、崇高、天室山,见证着中华民族的重要形成与发展壮大。考古发现,100万年前,嵩山地域就有旧石器时代早期的张湾猿人。这里分布着9000~7000年的裴李岗文化、磁山文化,分布着7000~5000年的仰韶文化,分布着5000~4000年的龙山文化,分布着4000~3700年的二里头文化。从遗存的动物化石、火迹灰坑与石器、骨器、陶器等原始文化遗址中,可以看到,这里很早就有我们的祖先在这里生活,是我国原始文明密集分布区。

笔者曾经考察嵩山文明的历史。轩辕黄帝是较早的嵩山神,他在这里留下许多神话遗迹和众多的神话传说故事,诸如具茨山、风后岭、大隗山、演兵洞等神话风景。后人建立中岳庙,把黄帝称作天中黄帝,就是对轩辕黄帝统一天下丰功伟绩的纪念。传说中的尧、舜、帝喾也都在这里活动。禹都阳城不仅是一则传说,而且是一种文化谱系的表达。大禹的父亲鲧,是中国上古时期的重要历史人物,是黄帝的后裔,是颛顼的儿子,曾经被尧封于崇地,即嵩山为伯爵,所以历史上称为崇伯鲧,或崇伯。神话传说中的大禹视嵩山为他治理天下洪水的大本营,他在嵩高山开辟大山通道,让河水浚流,平息

水患,化作大熊,被妻子涂山氏误解,"石破北方而生启",形成启母石和启母庙的传说故事。当年,大禹与涂山氏在此相会,涂山氏高歌"候人猗兮",形成一场轰轰烈烈的爱情,这应该是中国文化最早的神话史诗。

嵩山是诗歌的大山,这里有传说中的《击壤歌》《箕山歌》《涂山女歌》《嵩高八章》《顺伊洛河吹箫》和《诗经》中的《大雅》《小雅》《桧风》《郑风》等诗篇,保存许多关于嵩山的歌唱。如《诗经·大雅·崧高》歌唱道:"崧高维岳,骏极于天。维岳降神,生甫及申。维申及甫,维周之翰。"东汉张衡在这里留下《轩辕道》;三国曹植在这里留下《黄帝赞》《帝喾赞》;北朝庾信在这里留下《黄帝见广成子于崆峒山》;唐朝卢照邻在这里留下《中和乐九章·歌登封》,刘希夷在这里留下《嵩岳闻笙》,宋之问在这里留下《登嵩山岭应制》《嵩山天门歌》《幸少林寺应制》,李白在这里留下《送别嵩山七首》《送裴十八图南归嵩山》《送于十八应四子举落第还嵩山》《嵩山采菖蒲者》《赠嵩山焦炼师》《题嵩山逸人元丹丘山居》,杜甫在这里留下《寄张十二山人彪》《凭孟仓曹将书觅土娄旧庄》《奉寄河南韦尹丈人》,白居易在这里留下《嵩阳观夜奏霓裳》《从龙潭寺至少林寺题赠同游者》《梦上嵩山时足病未平》《观嵩洛有叹》《早春题少室东崖》;宋朝欧阳修在这里留下《嵩山杂咏》《赠嵩山许道人》《箕山》,苏轼在这里留下《少林寺》《将军柏》《启母石》等,如琳琅满目。这里山山水水,一草一木,都有诗篇与歌声相伴,成为中国诗歌文化的宝库。

在人文教化发展中,嵩山以博大的胸怀拥抱世界,有佛教禅宗祖庭少林寺,有道家洞天中岳庙,还有儒学圣地嵩阳书院。嵩山不是中国道教文化的发源地,但是有众多道教领袖在这里传经布道。如唐代《三洞珠囊》卷五引《道学传》卷二《张天师传》称:"张天师弃家学道,负经而行,入嵩高山石室,隐斋九年,周流五岳,精思积感,真降道成,号曰天师。"张道陵的五斗米道,起源于嵩山。北魏太平真君年间,嵩山道士寇谦之改革道教,"清整道教,除去三张(张陵、张衡、张鲁)伪法","专以礼度为首",佐国扶命,使道教由民间宗教转化为国家宗教。不用说,毗邻白马寺,嵩山汇聚了早期的佛教与佛教文化,达摩在这里面壁十年,留下了美好的传说。

少林寺钟楼前开元碑阴刻"混元三教九流图赞",释迦牟尼、孔子、老子三圣合体图像;少室山安阳宫主殿洞有三皇洞,供奉释迦牟尼、孔子、老子;宗教与武术相融,与音乐和舞蹈相融,与社会风俗相融,与医术和中药相融,与各种人文艺术相融。嵩山既有体现原始文明生殖崇拜的摸摸会,又有佛教文化与道教文化共为一体的中岳庙会,在大山的怀抱中,历史与时代一同见证文化多元共存。

嵩山是屹立天地间的一部大书,是中国文化神圣的碑石,是刻写在大地上的天书。这里发现了中原地区珍贵的岩画。这里诞生了河图洛书的神话传说,成为中华民族重要的文化图腾。而且,嵩山现存的太室山庙阙、启母庙阙、少室山庙阙的铭记,都是我国最早的刻石,已纳入《世界文化遗产名录》。这里出土了《东汉侍廷里父老僤买田约束石券》,见证汉代社会的土地制度;这里保存了《熹平石经》《袁安碑》《汉故安乡侯张公碑》《东汉袁敞碑》《甘陵相尚府君(博)之碑》《仙人王子乔碑》和《夷齐庙碑》,见证汉代文化的灿烂辉煌;这里保存了校正五经文字、统一诸家经本的《洛阳太学石经》,保存了记录管理水利的《王晦碑》、堂溪典请雨嵩高山的《汉堂溪典嵩高山石阙铭》,这里保存了《韩仁铭碑》《河南梁东安乐肥君(致)之碑》,见证汉代社会的风风雨雨。这里的《正始石经》,以古、篆、隶三种不同的字体对照刊刻,展现出我国书法从篆书到隶书发展变化的历史轨迹。这里的《大晋龙兴皇帝三临辟雍皇太子又再莅之盛德隆熙之颂碑》,记录了晋武帝司马炎在太学中举行乡射礼的教育历史;《西晋韩寿墓表》《东武侯王基墓碑》《晋故处士成君(晃)之碑》《晋武帝贵人左棻墓碑》《荀岳墓志》《中岳嵩高灵庙之碑》《中岳嵩阳寺伦统碑》《北齐姜篡造像题记》和《韩寿墓表》《元怀墓志》《元怿墓志》《高猛墓志》《元肥墓志》以及《巩义石窟》《北齐刘碑造像碑》《在孙寺造象记》《库庄造像记》《北齐造佛像碑》《东魏造佛像碑》《北齐姜纂造像碑记》《齐造神碑记》《齐宋买造像记》《孟阿妃造像记》等，都是书法的精品、经典。大唐一代，李世民、李治、武则天、李隆基、李豫、颜真卿、王行满、李邕、徐峤、徐浩、徐珙、颜师古、褚遂良、刘禹锡、薛稷、薛曜、王知敬、钟绍京、狄仁杰、欧阳通、柳公权、张旭、孙过庭等；大宋一代，欧阳修、司马光、程颢、程颐、邵雍、鲜于侁、文彦博、苏轼、苏辙、王曾、孙崇望，等等；元明时期的赵孟頫、董其昌、朱载堉，都在这里留下珍贵的墨宝。嵩山是中国书法艺术与书法文化的宝库。

嵩山是中国文化的大山，是中华民族神圣的大山。它不仅属于中原，也不仅属于中国，而是人类文明的一部分，是中华民族对人类文明的重要贡献。

了解嵩山与嵩山文化，是打开中国文化的一条重要通道。

文化是民族的灵魂和血脉，是中华民族的精神家园。中国优秀传统文化蕴藏着中华民族千百年来的聪明才智、情感、意志和信念，对于实现中华民族伟大复兴事业中的文化自信、理论自信，具有重要的价值意义。中国文化走向世界，与世界进行平等对话、交流、沟通，需要弄清自己的文化家底，懂得自己的价值意义。深入挖掘中国优秀传统文化的价值，成为中华民族伟大复兴的重要基础。因此，面对这座中国文化的神圣大山，深入挖掘嵩山文化的底蕴和内涵，盘点整理博大精深的嵩山文化，是时代赋予我们的一项艰巨的工作。尤其值得赞扬的是"嵩山文化大系"的编撰者们，完全是出自于对嵩山文明的热爱，自发地组成一个团队，近十年时间，有的是利用工作的业余时间，有的是在退休以后，以坚韧不拔的精神，遍查历史文化典籍，通过对嵩山文化景观和自然风光的深入考查，不断挖掘、整理、研究嵩山文明，编撰出这套卷帙浩繁的"嵩山文化大系"，给中国文化，给人类文明，在文化遗产的保存与传承上增添了不可或缺的内容与光彩。

"嵩山文化大系"主要从山水与文明、神话传说故事、名人史迹、古代诗选、综艺文释、碑刻文释、民俗风情、古文化遗存、宗教发展、少林武术等多个方面梳理嵩山文化的历史脉络，勾陈历史文献，辨析其中的历史文化疑案，全方位描绘出嵩山文化的历史地理与文明现状。因为这套书中的内容有世界文化遗产、世界非物质文化遗产，有国家民间文化遗产，有国家文化遗产和非物质文化遗产项目，还有全国、河南省重点文物保护单位，具有丰富深厚文化底蕴。既有历史的挖掘，又有现实的记录。将古老的历史文化不断激活，这是展示、介绍、宣传、保存中国优秀传统文化的一部力作。

中华传统文化源远流长，其遗留与积存，为数极多，但系统展示区域文化的史料不多。"嵩山文化大系"的问世，使人们通过阅读，能够世代相传地吸取、传承、弘扬嵩山文化，这对促进嵩山文化进一步的挖掘和研究，开展国内区域间和世界各国间的文化交流等方面，都有着极为重要的作用，具有不容忽视的历史价值。

2017年1月

总　序

　　文化是人类在社会历史发展过程中所创造的物质财富和精神财富的总和。文化是不断向前发展的,是社会生活的物质要素和精神要素的统一,是人的生命活动发展的特殊方式。有了人类社会才有文化,文化是人们社会实践的产物。一定文化(指观念形态的文化)是一定社会的政治和经济的反映,又给予伟大影响和作用于一定社会的政治和经济。

　　这里所说的文化,是关于嵩山的文化。现在学术界有很多争论,有人认为嵩山地域的范围很大,河洛地区就在嵩山地域之内,所以嵩山文化包括了河洛文化;也有人认为,河洛文化是嵩山文化的中心;还有人认为,嵩山地处洛阳盆地盆沿之上,距洛阳60公里,是处在河洛文化的地盘上,应该从属于河洛文化……编者认为,嵩山文化与河洛文化有很多相同之处,如地域上的重叠性、形式上的多样性、文化上的侧重性、内容的多元化等。但嵩山文化与河洛文化各有自己的体系,说嵩山地域在河洛地域也好,还是说河洛地域在嵩山地域也好,这两种说法的地域概念似乎并不矛盾。但与河洛文化稍有不同的是,嵩山文化则是以嵩山为中心而辐射在嵩山地域的一种有着其独特渊源的社会历史因素所形成的文化,与河洛文化相比,更加强调突出了嵩山在这一地域文化中的源头和先导作用,她应当属于区域文化范畴。

　　在中华民族的文明发展史上,从黄帝统一中原部落开始,嵩山地域逐渐成为我国古代政治、经济和文化的活动中心,嵩山地域都占有不可取代的的源头与核心地位。在此地域产生的嵩山文化,是指孕育、诞生、发展、繁荣、传承于以嵩山为中心及其周围的黄河、伊河、洛河、颍河上游流域的嵩山地域文化,经历了距今100万～1万年之间的旧石器时代,经历了距今1万～3600年之间的新石器时代中的距今9000～7000年的裴李岗文化、距今7000～5000年的仰韶文化、距今5000～4000年左右的龙山文化、距今4000～3600年二里头文化的发展序列,以华夏先祖尊奉信仰的嵩山"山"文化和"中"文化为渊源,以闻名天下的嵩山称号"神山""祖山"和"天地之中"为根本,以轩辕黄帝、华夏部族以及后来商、周部族的文化系统为先导,涵盖了古代各历史时期的山水文化、神祇信仰、礼乐制度、三教源流、军事战争、文学艺术、文献典籍、民俗风情、少林武术以及姓氏、名人、建筑、教育、科技、考古、天文等多种传统文化元素的根基文化。著名民俗学家丁慰南说:"嵩山文化的本体决不是某单一的文化现象的遗迹,而是我国几千年来历史上多种文化'元素'积淀融合而成的产物。"正因为嵩山地域在历史上占据着这么多文化元素的源头,故被当今考古、历史、政治、文化界称之为天地之中、文明之源、华夏之根。

一、嵩山与嵩山区域文化

中岳嵩山的名称,历来变化甚多。黄帝时期称太室;尧舜时称外方、嵩高、中岳嵩高,夏朝时称为外方、崇山、崇高,商称嵩高中岳,夏、商、周三代尊称嵩山为太室、天室、大室。西周时称黄室、嵩高中岳、中岳嵩高,称嵩山地域为地中、天地之中、中国。周平王由镐京东迁洛阳以后,定嵩高太室山为"中岳",称中岳嵩高,以后历代均沿称嵩高为中岳。嵩山位于天地之中,泰、华、衡、恒四山拱卫四方,故嵩山也称"天中之山",自古即为华夏民族所奉祀的名山。

嵩山东西绵亘200公里,主体面积约450平方公里,地域面积约11110平方公里。嵩山地跨河南省的巩义、偃师、伊川、登封、新密、新郑、荥阳、禹州、汝州等县市,与郑州、洛阳相连,嵩山主体部分太室山和少室山位于登封市境内。嵩山北瞰黄河、洛水,南临颍水、箕山,东通郑汴,西连十三朝古都洛阳,素为京畿之地,是古都洛阳重要的东方屏障,具有深厚的文化底蕴,是宋代程朱理学的发祥地之一,也是中国佛教禅宗的发源地和道教圣地。

嵩山属秦岭山脉伏牛山系东延的系列山脉,向东北、东、东南方向扇形展开,地势自西向东逐渐降低。区内地势起伏较大,地貌类型复杂多样。《山海经·中次山经》中说:嵩岳西起昆仑,过秦岭,进入河南后,经熊耳山、伏牛山、大苦山,自龙门以东有香山、万安山、八风山、马鞍山、五佛山、青龙山、挡阳山、少室山、轩辕山、君子山、太室山、讲山、牛山、东龙门山、浮戏山等,北至巩义、偃师的北邙山、敖仓山。山体到登封分为三支,往东有新密青屏山、新郑的风后岭,东北有新密的浮戏山,往南有马岭山、密岵山、荟萃山,东延为具茨山、大隗山,西延隔颍水为箕山、大小鸿山、风穴山,诸多支系山脉构成矗立中原大地的庞大的嵩山山系。嵩山各大山脉的高度一般为700米~1500米之间。其中最高的少室山最高峰连天峰海拔1512.4米,太室山主峰峻极峰海拔1492米,而黄帝居住的具茨山峰海拔793米,上古名人许由所在的箕山峰海拔仅723米。嵩山山脉呈东西向横贯全区,各大山脉绵延起伏,如一条巨龙盘踞在中原腹地。

嵩山不仅有连绵起伏的山峰和丘岭,还有庞大密集的水系。其中,挡阳山与少室山相连,称少室通阜,为颍水发源地;鸿山贯宝山南麓是洗耳河的发源地;八风山是洰水的发源地,洰水西流入伊河;阳城山是洧水的发源地,洧水入新密后,纳溱水,称双洎河;轩辕山北麓的休水河、五指岭北麓的石子河、东西泗河,均北流入洛河;伊河、洛河在巩义神堤村汇流,叫伊洛河;黄河、洛河在巩义神都山下汇流的地方,叫洛汭。在嵩山主要的分支山脉之间,都有独立的水系分布,蜿蜒着黄河、洛河、伊河、颍河、汝河、溱水、洧水等河流。山脉与水系相间,水流河谷与盆地相互串连,形成了地势低凹的开阔地带和较为平坦的盆地,这里有充足的水源,有繁茂的林木,地理位置优越,生态环境良好,是中华文明的天然"摇篮",为华夏的原始先民聚居、生产与生活提供了极为有利的条件,也为嵩山区域文化的形成和发展,奠定了由自然要素与人文因素作用而形成的一个综合性的基础。

嵩山远古时期人们崇信的"天室",是祭祀华夏民族先祖的"祖山",也是历代帝王进行"祭天法祖"的神圣之山。古人认为,嵩山是大地距离上天最近的地方,圣地灵境,天地相通,得天独厚。嵩山地域不但处于"天地之中"优越的地理位置,融四方文化于一体的中心地带,又率先跨入"文明的门槛",而且在以后的数千年里,长期是我国政治、经济、文化、交通的中心,这不但使嵩山文化在"野蛮"进入"文明"的大变革时期,抢占了先机,充分展示了她的先导性,并为她最终成为中华民族的主体文化,为她的正统地位打下了宽厚坚实的基础。

嵩山文化是产生于嵩山地域的一种区域性文化,关于嵩山文化区域的界定,从大的范围说,我国著名民俗专家张振犁教授称:"嵩山文化,狭义指包括北至黄河,南至河南襄城一带,东至虎牢关,西至华山,方圆数千里的(包括河洛文化)的地域。广义就是中原文化的泛称。简单地说,嵩山文化区基本上涵盖了中原腹地的沿黄河、颍河、洛河、伊河、汝河、溱水、洧水两岸的广大河谷、盆地、平原的肥沃地带。嵩山地域之所以被称为中原文化及后来华夏文明的摇篮,是因为炎黄先民在这块土地上开发、经营了近万年。就像埃及原始先民开发尼罗河流域,巴比伦先民开发美索不达米亚(希腊语:底格里斯河和幼发拉底河中间的地方,意为两河之间)和印度先民开发洹河、印度河流域,而创造世界文明古国一样,中国中原地区的'嵩山区'先民开创华夏文明,首先是由独特的地理环境和自然条件所造就。"

从小的范围说,嵩山地域就是当今我国考古界、地质界、历史界的一些专家将以嵩山主要山脉的太室山与少室山所在的登封以及嵩山余脉的所在地伊川、偃师、巩义、荥阳、新郑、禹州、新密、汝州的九个县级市,以及为邻的古都郑州和洛阳的这个地域,称之为"嵩山历史文化核心区"或"嵩山文化圈"。这与考古中发现的以嵩山为中心及其周围的黄河、颍河、洛河、伊河、溱水、洧水一带的中原腹地的范围完全一致,实际上也是秦汉以前以"中国"一词称名的小"中国"。嵩山地域从上古以后各历史时期的古代文明不断代,原始文化序列清晰,历史遗迹随处可见,她不但是一部完整的嵩山区域文化史,还是中华文明史的一个完整的缩影。完全可以说,这是一个在中华民族发展史上占据着重要位置的地域。因此,我国著名环境考古学家、国家文物局专家组成员、中华文明探源工程专家组组长周昆叔称"嵩山文化是中华文化的发动机、孵化器"。

孕育、诞生、发展、繁荣、传承于嵩山区域的嵩山文化,就是嵩山区域在一定的历史、经济条件下产生的古代文明,这一文明的产生、发展,奠定了华夏民族文化的基本模式,同时也包容了几乎整个奴隶社会、封建社会主体文化的发展和演变历史。嵩山文化不同于其他区域文化,如山东齐鲁文化、河北燕赵文化、山西晋文化、陕西秦文化、两湖荆楚文化、江浙吴越文化、川渝巴蜀文化等,嵩山文化不是一般性的区域文化,她对中华民族文化的形成和发展起着巨大的奠基作用。因此有人说,嵩山文化以黄帝统一古华夏部落,与炎帝成为我国远古时代华夏民族的共主,具有中华传统文化的根源性;以夏文化和商周文化为主干,具有中华传统文化的厚重性;以秦汉三国两晋南北朝隋唐的分裂融合为兼容并蓄的全面繁荣,具有中华传统文化的博大性。从黄帝竖起中国大一统的旗帜,到大禹开国建立夏朝,再到嵩山区域的民族融合的与时俱进,外来佛教的中国化,及"河洛"南迁等一系列重大的事件说明,嵩山文化既有强大的吸收、包容、凝聚的力量,把周围的文化吸纳进来,同时也有很强大的辐射作用,把自己的文化传播、渗透出去,影响周围地区,乃至海内外,具有中华传统文化的辐射性。

嵩山文化不仅是名山文化、中央文化、国都文化,在历史上长期处于主导和核心地位,它还是中华文明的摇篮,是中华民族的根亲文化、母体文化、主流文化,是中国传统文化的源头与核心,是构成中国传统文化最主要的组成部分,是华夏五千年文明的源泉与主脉,在中国古代文化史上占有十分重要的地位。中国民俗学会名誉会长、中国民间文化遗产抢救工程专家委员会副主任、文化部中国民族民间文化遗产保护工程专家委员会委员乌丙安说:"嵩山的中岳之中,占据了五行方位中央的最佳位置,理应在发扬和开拓中华名山文化的跨世纪文化建设中发挥领头羊的导引作用。在积极倡导中华名山文化的大潮中,建设并发展嵩山文化。"

二、三十六亿年的嵩山地质

地球的年龄约为46亿年,远古时的地球全是被水包围着,后来地壳不断运动后才形成陆地、海洋。据地质学家研究,嵩山是世界上最早出露大海的古陆地。35亿年左右,当地球尚处在天地茫茫、混沌未开、一片汪洋之时,嵩山在大海中已经形成了小块的陆核,之后在漫长的造陆和造山运动中碰撞、裂变、聚集,山体开始在海水中沉浮慢慢地发育成长。

嵩山地域清晰地保存着发生在距今25亿年的"嵩阳运动"、距今18亿年的"中岳运动"、距今5.6亿年的"少林运动"等三次前寒武纪造陆和造山运动所形成的角度不整合接触面及典型的构造形态遗迹。嵩山一次又一次地浮出水面,又一次又一次地沉入海底,历经千万次激烈的起伏、颠簸、沉积、褶皱,历经无数回剧烈的碰撞,终于横空出世,成为世上山龄最长的山脉之一。嵩山经历了这三次大的造山运动,其独特的地质地貌景观,成为世上绝无仅有的地质经典之作。

据中外地质学家考察,嵩山经过这三次大的造山运动,才结束了地质史上的元古代,进入了古生代的寒武纪和奥陶纪。又经过约两亿年,此处地壳上升至海平面以上,因其受风化和剥蚀作用,形成了嵩山地区的含煤地层。

大约在6亿年前后,当时的陆地还没有完全浮出地表,但是北边的中国已开始浮出地表,这里面也包括了嵩山。也就在这一时期,嵩山最后一次升出海面矗立于世间时,以高著称于世的喜马拉雅山和整个秦岭都还在海底沉睡。

大约在2.3亿年前后,中国的版土上,又发生了一次延续很长时间的地壳运动,即南北广大地区的"燕山运动",嵩山受到南北方向的推挤,在这里已经形成了1500多米的高度,成就了今天瑰丽多姿的山势及地质地貌,确定了嵩山地质的基本格局。

嵩山地域内连续完整地显露着太古代、元古代、古生代、中生代和新生代五个历史时期的变质岩、沉积地层,加之伴随历次构造运动,形成了地球上独一无二的嵩山"五代同堂"的地质奇观。嵩山地质构造以其岩龄古老、类型齐全、构造复杂、形迹各异、发育完整、出露良好而闻名中外,被国际地学界誉为"地学百科全书"和"天然地质博物馆"。嵩山地域位于天地之中心,上下数十亿年,大自然所造就的嵩山各地质时期千变万化的地质遗存和类型多样的地势地貌,使嵩山成为世界地质史上的一枝奇葩。

嵩山复杂的地质地理条件,经过漫长的地质作用,形成了独特的气候条件,造就了种类繁多的地质遗迹。内外力的地质作用形成了宏伟壮阔的构造形迹、典型的地层层型剖面、灭绝的动植物化石、重岩叠峰的断块山体、千尺飞泻的悬流瀑布、清流晶莹的素湍绿潭、幽静宜人的湖光山色。嵩山地质不仅给地质科学的研究留下了各历史时期千姿百态的地质变化遗迹,而且为人类提供了适宜居住的生活环境。

鉴于嵩山地质在世界地质的独特性,世界上许多国家著名的地质科研部门和地质大学都将嵩山列为科研、考察、教学的基地。2004年2月13日被联合国教科文组织列为世界地质遗产,命名为"嵩山世界地质公园"。

三、嵩山文化一万年

以嵩山为中心的嵩山地域是东方文明的重要发祥地,这里不但最早进入文明时代,而且在以后的漫长时期里,成为我国政治、经济、文化、交通的中心。在史前考古学文化方面,从旧石器时代文化遗址说起,大约在100万年以前,嵩山地域就有了人类生活的史迹。在嵩山地域汝州张湾村发现的旧石器时代早期的简单石器劳动工具,是人类早期的活动遗物。洛阳北窑旧石器文化遗址除了出土有动物化石及人类用火痕迹,还有近800件石制品连续分布在黄土地层内,在国内外十分罕见,这就把旧石器考古与黄土研究紧密联系起来,对研究全球气候变化和探索黄土时期的人类生活环境有着重大的意义。荥阳织机洞遗址展示了旧石器时代与新石器时代的过渡和交替,对于追溯嵩山古文化的渊源和研究嵩山古代环境面貌及其与人类的关系提供了珍贵的史料。

大约距今一万年左右,嵩山地域进入新石器时代。新石器时代与旧石器时代相比,人类社会有质的飞跃,首先是陶器的出现、石器的精致化;其次是原始农业的产生,我们的先民已进入了农业定居阶段,早期的聚落已经形成。到了新石器时代中晚期,出现阶级分化,王权开始形成,文明在嵩山地域最先产生。人类在进入新石器时代后,嵩山作为中国史前文化最发达的地区之一,孕育了原始社会最著名的裴李岗文化、仰韶文化、龙山文化和二里头文化等,使嵩山区域最早成为原始文化的核心部分,在中国文化发展史上,占有相当重要的地位。嵩山文化核心区内,嵩岳高山纵横,河(黄河)、颍、洛、伊、溱、洧诸水纵横其间,这就形成了原始先民们居住、生产、生育、繁衍的最理想的地区。嵩山地域现在保存的大量的古文化遗存就足以证明,嵩山地域经历了距今100万~1万年之间的旧石器时代,经历了距今1万年~3600年之间的新石器时代中距今9000~7000年的裴李岗文化、距今7000~5000年的仰韶文化、距今5000~4000年的龙山文化、距今4000~3600年二里头文化等,从1万年至今,一直延续不断,前后相接,形成了一个完整的文化发展系列。其遗址数量之多、分布之密,居全国之冠,它们充分反映了嵩山地域原始社会时期的繁荣景象。

从考古学上看,嵩山地区的新石器早期文化是裴李岗文化,在此基础上形成仰韶文化、龙山文化、二里头文化。从考古成果看,嵩山地域的新石器时代文化遗址有1000余处,每处遗址一般包含着几个文化层的堆积。各文化层的叠压层次清晰,具有明显的时代连续性,如郑州的林山寨遗址、吴湾遗址,洛阳的矬李遗址,登封的袁村遗址,汝州的中山寨遗址等,其中每个遗址上都堆积有新石器时代的多种文化遗存,其类型有裴李岗文化、仰韶文化遗存;有仰韶文化、龙山文化遗存;有裴李岗文化、仰韶文化、龙山文化遗存;有仰韶文化、龙山文化、二里头文化和商代文化遗存等等,对研究嵩山地域中的各文化之间的发展过渡和承袭关系具有重要价值。

中华民族史前时期的"英雄人物"——"三皇""五帝"生活在这里,"河图洛书"的传说也发生在这里。大量的考古发掘和田野调查资料证明,人类生活环境早在8千至1万年以前,这里已经是农业文化的稳定时期,物质文明和精神文明已达到了相当高的水平。从传说中的燧人氏、伏羲氏、神农氏的"三皇",到中华民族始祖黄帝、颛顼、帝喾、尧、舜的"五帝",他们是远古人类始祖和人文始祖,他们在嵩山的活动情况,皆是嵩山文化的源头和组成部分。相传上古之世,有龙马负图出于河,伏羲据此画八卦。上古时代的主要生产之事,都萌生于伏羲手中。如神农氏在嵩山地域尝百草、制造耒、耜等农具、始种五谷。如生于嵩山地域的炎、黄二帝,《国语·晋语四》载:"昔少典娶于有蟜氏,生黄帝、炎

帝。""黄帝都新郑"。如尧帝巡狩,崩于阳城。如舜帝迁居负黍城,《世说》载:舜迁于负黍(今登封大金店一带)。如帝喾都西亳(今偃师)。在中国文明早期阶段的历史上,远古人类以不屈不挠的顽强意志、勇于探索的精神和卓越的聪明才智,绘就了人类文明史上光辉绚丽的画卷。

炎黄文化是华夏文明的前身,而炎黄帝族系的形成和发展,却经历了漫长的复杂演变过程。在中原聚居的众多部族之间,由于利益的冲突,经历了长期的斗争。黄帝部落的大发展,为中华民族的物质文明奠定了牢固的基础。以后历经颛顼、帝喾、尧、舜、禹、文王、武王的对以嵩山为中心及其周围的河洛、伊洛平原以及整个中原文化的开发,便成就了古代华夏文明繁荣昌盛的壮丽景象。

远古时代各部落的融合与分化过程,打破了部落的地方隔绝,完成了地区性部落联盟向国家与民族的过渡。公元前21世纪,中国历史上的第一个王朝——夏王朝在嵩山地域诞生,夏为中国历史上第一个奴隶制国家。夏王朝的建立,标志着人类社会由"野蛮"跨入"文明"。从考古发现来看,此时的生产力有了一次突飞猛进的发展,出现了青铜礼器、文字和城市,率先进入了文明时代,并从此在相当长的时期内,成为中国古代文明的核心。著名历史学家刘庆柱说:"学术上严格意义的古代文明起源、形成,实质上就是国家的起源、形成,因此说古代文明起源与形成是个政治范畴的问题。"嵩山之所以称为华夏文明的摇篮,就因为嵩山地域的华夏先辈不断繁衍生息,逐渐发展进步,形成疆域,出现"国家"。史料记载,夏王朝的统治区域西至华山之东,东到豫东平原,北达济水之南,南抵淮河沿岸,方圆千里,展示了人类社会的文明和进步。

嵩山地域作为中华民族的发源地,从一开始就具有非同寻常的生命力。通过继承发展的凝聚性和相互交流的多样性,终于形成了以商周文明为核心的主体部分,并导致多民族的统一国家的形成和壮大。因此,我国文物考古界的有关专家称黄河为中华民族的母亲河,称嵩山为中华民族的父亲山,称"天地之中"的嵩山地域为中华民族形成的中心!

由夏以降,商、西周、春秋、战国、东汉、曹魏、西晋、北魏、隋、唐、武周、后梁、后唐、后晋均曾建都于嵩山地域,许多影响中国历史的重大政治、军事事件发生在这里,许多彪炳史册的民族英才生活在这里,许多光耀千秋、泽被万世的科学文化成果诞生在这里。嵩山地域号称是"举手摸到秦文化,抬脚踢到汉砖瓦"的"文物之乡",古代文化遗存数量之多,分布之密,为全国之冠。从夏王朝到春秋战国,从汉魏两晋到南北朝,从隋唐五代到宋金元明清,都清晰地记录了华夏民族的先祖们在这里繁衍生息、生产活动和后来炎黄子孙自强不息、发展壮大的历史足迹。从一定意义上讲,一部嵩山地域史,就是一部中国发展史;嵩山文明5000年,就是中华文明5000年。

以中岳嵩山为中心的黄河、颍河、伊河、洛河、溱水、洧水、汝河流域孕育、产生、繁衍的"嵩山文化",正是在这一土地上孕育、产生、繁衍的一种中国最古老、最权威的文化。嵩山文化从古到今,一脉相承,延绵不断,流传至今。有学者认为,广义的嵩山文化产生于史前原始社会时期的旧石器时代,距今至少有170万年的历史,是目前所知世界上产生和形成最早的文化之一。即使从新石器时代的裴李岗文化算起,迄今也已延续了大约一万年之久,这是世界文明、文化史上仅有的现象。

四、天室、祖庙、地中、华夏、中国

嵩山地域是人文始祖黄帝的主要活动区域,为嵩山成为政治中心及"天地之中"奠定了基础。距今5000年前后,轩辕黄帝在嵩山地域修德振兵、抚万民、度四方、融炎帝、一统天下,建都有熊(今新郑),带领先民们创文字、织丝帛、分州土、立朝市、定历律、制舟车、撰《内经》等等,创造了最为先进的氏族文化,奠定了中华民族的根基。

黄帝建都于嵩山地域之后,即把太室当做祭天的神山。《史记·封禅书》说"天下名山八,而三在蛮夷,五在中国。中国华山、首山、太室、泰山、东莱,此五山,黄帝之所常游,与神会。"可以说,从黄帝时期开始,就开创了祭祀嵩山的先例。正由于此,嵩山成为了中华民族的文化圣山。

《五帝本纪》载,黄帝打败了炎帝(族)、蚩尤,统一了华夏,天下万国的诸侯都尊黄帝为天子。据历史记载和文物佐证,黄帝统一天下,奠定中华,肇造文明,缔造了最早华夏族的核心。从黄帝开始有了民族融合,有了国家雏形,有了制度草创,有了农业大发展,有了物质和文化建设。相传尧、舜、禹、皋陶、伯益、汤等均是他的后裔,因此黄帝被奉为中华民族的共同始祖。《礼记·郊特牲》载:"万物本乎于天,人本乎于祖。"由于黄帝开创华夏文明的功绩,夏、商、周、秦、汉时都把黄帝作为共同的祖先进行祭祀。

嵩山古时称嵩高、崈(古写的"崇")山,据《唐汉字解字·汉字与日月天地》解释,"嵩"字原本指对男性生殖器的崇拜,故音"耸"。而"崇"字是一个会意字兼形声字,从古写的"崈"字可以看出,崈本身就是以宗在上,山在下,顾名思义,有山之宗的意思。崇的称名起源很早,《国语·鲁语》载:"在昔有虞,有崇伯鲧。"相传,"鲧作城郭",其地因山为名,故址就是现在登封的王城岗夏代遗址。崇,古音从宗声。宗,《说文》载:尊祖庙也。从字源学的角度看,祭祀祖先的所在叫宗,祭祀天帝的所在也应该叫宗。因此,后人理解的嵩山是天人合一,具有"天室"与"宗庙"双重的尊贵地位。一方面,嵩山古称"天室",是天帝居住的地方,是神宗所在,也是上天与人间沟通的地方;另一方面,嵩山又称崇高山,是华夏民族的宗庙,宗庙祭祀的主神为华夏始祖轩辕黄帝。在华夏文明起源与形成过程中,存在着两条主线:一是神祇信仰,二是祖先崇拜。而嵩山恰恰是集这两条主线的条件于一身。换句话说,嵩山祖庙所祭祀的始祖主神和古人祭祀的嵩山天神是一个天人合一的人物——即轩辕黄帝。因此,在敬仰天神、崇拜祖先的远古时期,"嵩高山""崇高山"即为华夏民族所祭天法祖的神山和祖山,是我们华夏民族的族根和精神归属。

"天有心,地有胆,天心地胆在告县",这是登封广为流传的一首民谣,民谣中所说的天心地胆即位于登封市东南12公里处的告成周公测影台。即3000年前的西周初年,周公因营建洛邑选址时,曾在此建测影台,据地表、测日影、求地中。《周礼·地官·大司徒》:"以土圭之法测土深,正日景(影),以求地中。"郑众注:"土圭之长,尺有五寸。以夏至之日,立八尺之表,其景(影)适与土圭等,谓之'地中'。""地中"即国家的中央地区。在古代人们还没有认识到地球是圆的之前,我们中国人传统的宇宙观就一直认为,地球直观上看是一个平面,进而认为平面为方形,而方形必然有一个中心点,这个中心点则与圆形天的中心相对应。《周礼》中说:"谓之地中,天地之所合也,四时之所交也,风雨之所会也,阴阳之所和也。"所谓的"地中",与天相对应,就是"天地之中",是天地相合之地、四时交汇之地、风雨相会之地、阴阳相和之地,是圣山灵境,而阴阳相和之地意义更为深远,古代以为万物乃阴阳相和而生,因而"地中"作为阴阳相和之地,也就是天地万物发生发展的根源之地。

华夏、中国的名称据考证源于嵩山地域。

"华夏"之名,源于夏代。其"夏"的得名,显然与夏王朝的建立有关,古人解释"夏"为"大国",乃自称美名;周人往往自称为"夏",历史上有"周人尊夏"的记载。

至于"华夏"之"华"名,似由一望可辨的服饰而来,夏人冠冕衣大带采饰,《周礼》解"冕服采章曰华",亦当为自称美名。《左传》定国十年:"中国有礼仪之大,故称夏,有服章之美,故称华。"故"华"为

美好之意。《左传》载:"冕服采章曰华,大国曰夏。"《疏》:"华夏为中国也"。系释"华夏",乃文物典章制度最盛的炎黄中国而言。

有专家考证"华"与"夏"二字之初源,应为地名、国名,亦民族部落名之转化,民族愈发展,地理范围愈广大,滋"大国曰夏"之意,后逐衍称"中国"。

说华,非今陕西之华山,陕西之"华",古称"太华",似乎东周始而显名;华夏之"华",是另一地,当在嵩山一带。《国语·郑语》云:"前华后河,右洛左济。"说的是公元前773年,郑桓公姬友见西周衰败,西周将乱,诸侯多叛,为预避国难,求教于太史伯。太史伯救之曰:只有出居"前华后河,右洛左济"之地,"主芣騩而食溱洧"才能逢凶化吉,兴旺发达。即《史记》中所说之"独雒之东土,河济之南可居"之地。芣騩,山名,溱、洧,水名,皆在嵩山地域的密、郑一带。然而,此地当时已先有东虢、郐国两个国家居住,因其国君皆贪心好利,有失民心。这为后来郑桓公灭两国创造了有利条件。此地西陲与东周王室为邻。考东虢、郐两国具体位置,《国语·郑语》说"其济洛、河颍之间,是其子男之国,虢、郐为大";《史记·郑世家》裴骃解,"虢在成皋,郐在密县","右洛左济"其左陲,在黄河与济水交汇处,与"夏桀之居"之"左河济",两左陲东疆正相一致。因此,可证虢、郐两国国土,正处在夏桀时的国土之内,不言而语,"前华后河"的"华"地,也必然在嵩山地域的范围之内。

嵩山地域古有华国。同样是《国语·郑语》记载,公元前773年,郑桓公见西周衰败,诸侯多叛,问太史伯:郑国何处可以立国。太史伯对桓公曰:"虢、郐十邑,华其一也"。华,即指华国。太史伯谓郑桓公曰:"华,君之土也。"华,西周时期封国,都城为华阳。简称"华"或"芈"。考其地望,"华"应在嵩山之南,在今新郑、新密一带。《潜夫论·志氏姓》云:"华氏……子姓也。"《水经注·洧水》对华城的记述颇详:洧水又东与黄水合,《经》所谓溜水(溱水),非也。黄水出太山南黄泉,东南流迳华城西。

华阳故城位于新郑市区北20公里的郭店镇华阳寨村周围一带,平面呈南北长方形,各面城墙中部均有折曲,周长2300余米,面积约36万平方米。华阳故城城南、城东是一条古河道,宽20米~70米,深4米~8米,古名华水,现今潮河的源头。华阳故城就座落在古华水北面较高的岗地,距其源头郭店村南仅1.5公里。据《水经注》《新郑县志(乾隆版)》记载"为七虎溪,亦谓之为华水也"。西晋史学家司马彪曰:"河南密县有华阳山"。国在山水间,故而名华。

华阳故城春秋属郑,战国归韩。秦灭六国后堕城毁门,华阳故城遭到严重破坏。隋代伊斯兰教徒入住城内。唐以后对城墙整修,局部增高并增加马面设施。清咸丰年间华阳寨村建清真寺,整修南门,门上刻青石门额"古华邑"。华阳城自古就是很重要的城邑。2013年5月被国务院核定为第七批全国重点文物保护单位。

华夏之"夏",是指夏民族所分布的地区。从禹的族源上说,禹也是始祖黄帝的后裔。《史记·夏本纪》云:"禹之父鲧,鲧之父曰帝颛顼,颛顼之父曰昌意,昌意之父曰黄帝。禹者,黄帝之玄孙而帝颛顼之孙也。"由此可知,同在嵩山地域的夏族和黄帝族一脉相承。其"夏"得名,显然与夏王朝的建立有关。《史记·夏本纪》之《索隐》引《连山易》载:"鲧封于崇",史书称夏部族的祖先鲧和禹为"崇伯鲧"和"崇禹",说明他们曾是崇山即嵩山地域的部落酋长。《太平御览·地部四》嵩山条引韦昭注云:"崇、嵩古通用。夏都阳城,嵩山在焉"。史料记载,夏代第一个帝王大禹在嵩山地域治理洪水,辟山筑道,开拓了夏朝统治的基地,而且夏启、太康、胤甲、孔甲、帝皋、夏桀6个帝王先后都居于此,同时连后羿、寒浞、少康都攻占过这里。

"华"在西周时期有文献记载。周穆王时的命簋铭云:"唯十又一月初吉甲辰,王在华,王锡命鹿,用作宝彝,命其以多友飤。"著名考古学家唐兰也在他的《西周青铜器铭文分代史征》中说:"华,地名……在河南省密县,西为嵩山,是夏族旧居,所以华即夏,中华民族起源于此。"

而"中国"一词,最早见于《尚书·梓材》和1965年在陕西宝鸡县贾村塬出土的西周青铜器《何尊》,其底部铸有一篇122字的铭文,其中有"宅兹中国"四个字,就是指嵩山周围及伊洛河一带。"中国"的本意为"天地之中""中央之国",与"四方"相对,故文献又称之为"土中"。在嵩山地域文化中,有两个概念特别突出,一是自然的"嵩山",二是西周都城"洛邑"。著名河洛文化学者徐金星在谈到嵩山与洛阳的关系时,曾经有过一个形象的比喻。他说洛阳是一个天然的盆地,而嵩山则是在这个天然盆地的盆沿之上,它们之间是无法分割的。在古人以天为命的理念中,嵩山就是古都洛阳所依附的一座神山和祖山。夏、商、周三代之所以要在嵩山地域建都,首先是以"天室""祖庙""天地之中"的嵩山为根本,必须是在"毋远于天室"的前提下,依靠嵩山来建立国家,以取得天神和祖先的庇护。如司马迁《史记》所载:"昔三代之居,皆在河洛之间,故嵩高为中岳,而四岳各如其方。"于是作为"天地之中"的嵩山地域,很自然地就成为实际意义上的"中国",成为夏、商、周三代的中心。

由于夏、商、周的疆域面积小,《孟子·商公孙丑(上)》曰:"夏后、殷、周之盛,地未有过千里者也。"《诗经·商颂》曰:"邦畿千里,维民所止。"据史料记载,夏代的疆域面积为210万平方公里;商代的疆域面积为300万平方公里;周代的疆域面积为320万平方公里,三代的疆域面积均未超过400万平方公里。所以,秦汉以前,以"中国"一词称名的嵩山地域,实际上是一个小中国;秦汉以后,经过华夏民族的发展,随着国家的统一,疆域和版图的扩大,过去的"中国"已经成为了一个大中国。而原来以"中国"称名的嵩山地域,在统一帝国后,连同整个河南,已经成为属于大中国的"中原"或"中州"。

故"中国"一词的初义来自"天地之中"。"惠此中国,以绥四方"是《诗经》中的古训。"宅此土中",是包举宇内、一统山河的象征;"迁宅土中",更是寄托了一代代贤圣"囊括四海、并吞八荒"的伟大抱负。正是在大自然恩赐的这块小"中国"的丰土吉壤上,产生了华夏民族的先祖。

历史发展与文献证明,以嵩山为中心的嵩山地域是华夏祖先最早生活的地方,是中华民族的摇篮。经过夏、商、周三代文明的发展,嵩山文化成为了中华民族的文化之根。

夏、商、周以降,对嵩山的祭天法祖已成定习。太室祠(中岳庙)成了古代帝王祭祀远古始祖、中岳主神—轩辕黄帝而设的官方庙宇。从周时的太室祠到公元前110年,汉武帝刘彻祭祀嵩山,起神宫斋戒七日,"闻嵩山呼万岁者三,登礼罔不答。其令祠官加增太室祠(周时旧祠),赐山下三百户为之奉邑,祠衙合一,专奉祭祀",至今香火已绵延3000余年。从北魏孝文帝迁都洛阳,亲撰祭文,认定"轩辕曜哲,伊祁载形。逮于有周,实光洛征",到武则天封禅中岳,尊中岳主神为"天中黄帝";从宋太祖赵匡胤向中岳主神黄帝敬献衣冠剑履、冕服,令祀官按宗庙谥册之制、详定中岳仪注及冕服制度,到元世祖忽必烈为中岳神加封号"中岳中天大宁崇圣帝";从明代历任皇帝即位及有关国家大事对中岳主神黄帝的祭告,到创造"康乾盛世"的乾隆皇帝亲祭中岳,这一系列漫长的嵩山朝圣活动,都说明了华夏始祖和中岳嵩山主神轩辕黄帝在后世帝王心目中的崇高地位。尤其是在那种"天人合一、君权神授"的大一统封建社会中,他们之所以要到嵩山祭天法祖,主要是为了向世人宣布,他们统治的权力和正义性来自于上天和先祖的赐予和庇护,他们正统至尊的地位不可动摇。

五、河图·洛书·太极·八卦与洛汭

在古人心目中,嵩山是神秘的"天室",嵩山地域也是神秘的历代统治者封禅祭拜天地山川的中

心。闻名古今的洛汭就是嵩山北麓神都山下黄河与洛水的交汇处,这也是中国文明起源中太极图、伏羲八卦和上古时期帝王们修坛沉璧,出现"龙马负图""神龟献书"的河出图、洛出书之处,反映了嵩山地域的史前文化在中华文明史上具有独特的地位。

河图洛书的出现及历代皇帝祭祀河流山川的地点就在巩义市南河渡村、北至神堤村、黄河以南的洛河湾的"洛汭",周围称为洛汭地区。这一地区早在远古时代便是人烟稠密、物产丰富的地方,从考古发现的裴李岗文化遗址、仰韶文化遗址、龙山文化遗址,以及夏、商、周的众多遗址便是最好的证明。据先秦典籍记载,洛汭是中华文明发源的集中地,又是向四面八方辐射华夏文化的核心地区。河图、洛书、太极图、八卦,在科学家心目中,有着博大精深的文化内涵。

相传伏羲氏时,神都山下的黄河与洛河交汇处的洛汭中,有一匹龙马从黄河浮出,背负"河图";还有一只神龟从洛河中浮出,背负"洛书",伏羲依此"图"和"书"画"太极"与"八卦",这就是后来《周易》一书的来源。《易经·系辞上》曰:"河出图,洛出书,圣人则之。"孔安国认为:"河图则八卦是也,洛书则九畴是也。"

有人发表文章说太极图起源于洛汭,认为太极图虽然含有深奥的哲理,但它的图像是来自于自然、受自然的启发而形成的。具体一点说,在洛汭黄河水暴涨时,堵截洛水倒流,如洛水同时暴涨,黄、洛两水在洛汭交汇撞击,形成旋涡,清浊分明。通过这个自然现象触发灵感,启迪了伏羲创造出"太极"和"八卦"。太极是中国古代的哲学术语,意为派生万物的本源。太极图形象化地表达了阴阳轮转、相反相成是万物生成变化根源的哲理。而八卦是表示事物自身变化的阴阳系统,用"—"代表阳,用"– –"代表阴,用这两种符号,按照大自然的阴阳变化平行组合,组成八种不同形式,叫做八卦。八卦其实是最早的文字表述符号。它在中国文化中是与"阴阳五行"一样用来推演世界空间时间各类事物关系的工具。每一卦形代表一定的事物。乾代表天,坤代表地,巽代表风,震代表雷,坎代表水,离代表火,艮代表山,兑代表泽。八卦互相搭配又变成六十四卦,用来象征各种自然现象和人事变动。《易经·系辞上》曰:"易有太极,是生两仪,两仪生四象,四象生八卦。"伏羲依河洛而画八卦,文王依八卦而演《周易》,遂使河洛八卦成为华夏文明的源头活水。

河图洛书神话中所包含的哲理,是我国上古游牧时代(伏羲时代)广大牧民在生活实践中创造的文化结晶。它是我国自然科学的萌芽,也是人文科学发展的基础和起点。

除伏羲氏外,洛汭还跟远古时代帝王祭天、决策国家重大事件有关,因而成为上古帝王祭天的圣地,是"君权神授"传统文化现象之源。史料记载,黄帝、尧、舜、大禹、商汤、周武王都曾在洛汭祭天,修坛沉璧,受命、禅位,均得到了自然界赐予的龙马负图、神龟负书的奇观圣景,达到了君权天授的目的。尽管上述记载传说性、神话性很强,但是这些帝王们利用古人对天神的信仰,来达到自己的政治目的,则是完全可信的。可见,这里是中华文明的发祥地之一,又是向外辐射的文化核心地区。至今这里尚有神都山、伏羲台、羲皇池、羲圣祠、图门、龙峰、图录文、洛璧书、河渎庙等遗址。

河图洛书是以天地之数的奇妙组合来涵盖天人合一思想的宇宙图式。图中数字的结构和方位,是按照阴阳五行相生相克的原理配置的。河图洛书的基本内容是代表"天命""神意",应帝王圣君出世而出现。《三国志·魏志·文帝纪》:"君其祗顺大礼,飨兹万国,以来承天命。"裴松之注引《献帝传》:"河图洛书,天命瑞应。"后世人将其内容总结为:一是天文占验,二是地理情况,三是受命帝王的祥瑞、符命之类的神话。河图洛书的文化性质是古代神话传说与古代历史传说的结合体,在神话外衣里,包含古代各方面的文化知识。后经过东汉《七纬》对其内容加以充实,使其内容更加丰富,涉及古代哲学、史学、文学、地理、天文、历法、气象、几何、数字、预测、礼制、宗教、歌谣、民俗等,是极有价值的文献资料。这是河图洛书长期存在、流传的根本原因。

河图洛书之说，文字部分距今已有2000余年，图样部分距今已经1000多年，是嵩山文化中的重要组成部分，有着重要的文化价值。2000多年来，它不仅对我国古代多种学科起到了极为重要的奠基作用，而且对现代的哲学、预测学、数学、物理、化学、生物学等也有很大影响。因此，以"河图""洛书"和太极、八卦起步的《易经》，历来被尊为中华文明之始、中国文化的百科全书，甚至被人誉为"中国先民心灵的最高成就。"河图洛书所反映的天人合一思想是东方哲学的精髓，因而对我国古代的政治、经济、军事、科技、文化等，都产生了深刻的影响。尤其是在当今，河图、洛书、太极、八卦，在海内外已成为中华文化独特的文化标志。

六、神话传说故事

神话、传说、故事是一个民族古老的记忆。远古时代，在进入有文字记载的历史之前，实质上是一个"传说的时代"。虽然文字还没有产生，但有关史实靠口耳相授而流传下来。

嵩山地域是中华先祖最早的集聚地，我国古代黄帝、帝喾、唐尧、虞舜、夏禹等神话，多传于此。从原始社会到奴隶社会，这里产生了大量神话。盘古、女娲的《盘古开天地》《盘古初分》《女娲补天》《滚磨成亲》，有巢氏的《落地而居》，燧人氏的《钻木取火》，伏羲氏的《伏羲八卦》《神农播五谷》，黄帝的《指南车》，嫘祖的《养蚕造丝》，仓颉的《仓颉造字》以及夏朝时的《大禹治水》《启母石》等神话在这里广泛传播。

古老的嵩山地域是产生神话的沃土，许多有关盘古、女娲、伏羲、夸父、黄帝、尧、舜、许由、大禹、商汤、周公、老子等的远古神话和丰富多彩的民间传说、民间故事、寓言、笑话是嵩山文化的精华。它们不但具有源头文化的价值，而且曲折、生动地展现了中华民族的先民们为生存而进行斗争的古代文化风貌，这些具有原始文化特色的民间口头创作，无不闪耀着中华民族文明智慧的光辉。从夏、商、周起，历经秦汉、三国、魏晋六朝、隋唐五代、宋、金、元、明、清各代，在嵩山地域中发生的重要事件、出现的伟大人物、学术思想、文献典籍、文学作品、碑碣石刻以及风景名胜等，在当地的民间都流传有与之相应的神话、传说、故事。它们伴随着历史的脚步，一直保留至今，成为嵩山文化的重要组成部分。

嵩山地域流传的远古神话，反映了这一地区漫长的远古中原人类居住、活动的社会生活的实际，表现了中华民族不断与自然、灾难、环境作抗争的英雄气概，歌颂了"劳动创造生活，人民创造世界"的光辉历史，展示了我们的祖先不惧恶魔，不怕困难，战天斗地的大无畏精神，从而探寻了人的生命和命运这一永恒的主题，表达了先民的心理愿望和生活渴求，折射出中华民族的信仰与追求。

七、主要学术成就与宗教信仰

在中国文化史上，儒学长期以来居于正统地位。嵩山地域在儒学发展过程中，有着非常重要的意义。嵩山地域既是儒学的发源地，又是其传播、发展、演变的重要地区。追根溯源，周公是儒家文化的先驱，孔子在继承殷、周文化的基础上而创立了儒家理论学说。

依据传统说法，儒家学派的创立者是春秋战国末期的重要思想家和教育家孔子。然而，在孔子以

前已经出现了诸多儒学思想的要素。礼乐是儒家思想的核心内容,而追寻礼乐产生就成为追寻儒学发展脉络的一个关键。在华夏文明的起源与形成过程中,存在着两条主线。一是以神祇信仰为内核的非礼乐系统文化由盛而衰,二是以祖先崇拜为内核的礼乐系统文化从无到有、由弱到强,二者形成鲜明对比。而夏商两代的礼乐文化的勃兴与扩展,成为礼乐文化的集大成者,使礼乐文化成为华夏文化的主流。这在儒学乃至整个华夏文明的发展过程中,均具有里程碑式的作用。

在礼乐制度发展过程中,周朝是最早对"礼"和"乐"作出规定的时代。周公制礼作乐,奠定了儒家学说的基础,对巩固周王朝发挥了重大作用。成王、康王之时,天下安宁,40年不用刑罚,史称"成康之治"。正是因为周公封于鲁、周公后人治理于鲁,故鲁国成为保存西周典籍及文物制度最多、最丰富的国家,成为周公思想、儒家思想的根基深厚之国,所谓"周礼尽在鲁也"。后鲁国诞生孔子,孔子向往周,故又有了"孔子入周问礼乐"之事。就是说,孔子不但长期受周文化熏陶,还不远千里到周王室学习。孔子向老子请教诸如"先王之制""礼乐之源""道德之归"等许多事情。在此基础上,孔子倾毕生精力,丰富、发展、弘扬周公开创的礼乐学说,整理编订《诗》《书》《礼》《易》《乐》《春秋》等古代典籍,兴办教育,诲人不倦,成为一位伟大的思想家和教育家。鉴于周公在儒家学说中的创始作用,历代儒家尊周公为"元圣"。因此说,嵩山地域实为儒学渊源之乡。

经学本系阐释儒家经典之学,在汉、魏、晋以后的相当长的一个时期内,一直是中国文化的正统,对我国传统文化的哲学、史学、文学、艺术等产生过重大的影响。东汉时,今文经学派和古文经学派在洛阳展开了空前热烈的大讨论。当时古文经学大师辈出,最有名的如桓谭、班固、王充、贾逵、张衡、许慎、马融、服虔、郑玄等。许慎的《说文解字》是文字学、古文经训诂的一大总结;郑玄则是古文经学的集大成者,"郑学"成为魏晋以后经学的主流;而东汉洛阳太学则是当时讲授儒经、抒发己见、著书立说、相互诘难最重要的学术场所,立于洛阳太学的《熹平石经》,更是经学的范本。

魏晋时期,以国都洛阳为中心,玄学大为流行。这种哲学思潮用唯心主义解释天道自然,以老庄思想糅合儒学经义,以虚无玄远的"清淡"相标榜,引领当时的社会风尚。早期的代表人物是何晏和王弼。何晏撰有《论语解释》《道德论》等;王弼撰有《周易注》《老子注》《老子指略》等。他们认为"无"是宇宙万物的本体,"凡有皆始于无",名教出于自然。接下来的代表人物有嵇康、阮籍,他们反对司马氏为夺权而标榜的名教,"非汤武而薄周孔",主张"越名教而任自然"。再后来,经西晋重臣曾任中书令、尚书令等诸多要职的王衍的大力提倡,玄学更为盛行,其势力甚至已超过原来的经学,从而取得了思想上的支配地位。西晋玄学的另一派代表人物是向秀、郭象。向秀认为万物自生自化,主张合儒道为一,撰有《庄子注》等;洛阳人郭象,将向秀的《庄子注》述而广之,阐发老庄思想。

理学是佛学和道家学说渗透到儒家学说后而形成的一种新儒家学派。它不但是两宋300多年的支配思想,而且对宋以后的中国社会、中国文化都产生过重大影响。宋代理学的创立者邵雍和程颢、程颐兄弟祖籍都在嵩山地域,他们长期在嵩山地域聚徒讲学,著书立说,进行理学研究、讲学传播。嵩山的伊川书院和嵩阳书院是他们传播理学的重要场所。

程颢、程颐兄弟创立了一套系统的客观唯心主义体系。程颢著有《明道文集》《明道先生语录》等;程颐著有《伊川文集》《易传》《经说》等。后人收集整理,编为《二程全书》。他们把儒学提高到了"本体论"的层面,把"理"或"天理"作为哲学的最高范畴,"理"是宇宙天地万物的本源,是人类社会的最高准则。理是第一性的,它产生出天地万物,又存在于天地万物之中,"一草一木皆有理","理"是永恒的。他们又把理作为封建伦理道德的最高准则,认为"为君尽君道,为臣尽臣道,过此则无理","父子君臣,天下之定理";还把"三纲""五常"纳入"理"的范畴,进行"饿死事小,失节事大"的说教。

理学中有价值的内容,是它包含有朴素辩证法的因素,认为事物的矛盾具有普遍性,对立面相互作用是事物发展变化的原因,"万物莫不有对""天地间无一物无阴阳",还提出了"动静相因""物极必反"的辩证观点。同时理学重视气节,把气节置于生命之上,有它积极的一面。宋代理学对中国影响很大,对塑造中国文化,对塑造中国民族性格起了重要作用。

老子是公认的道家学说和道教的鼻祖。姓李,名耳,字伯阳,亦称老聃,曾作过京都洛阳周王室守藏室之吏。他生活的时代,社会动荡。他纵观社会的治乱祸福、历史兴衰成败,并融合多种思想观点,创立自己的学说。他认为:"道"是世界万物的根本。"道生一,一生二,二生三,三生万物",而"道"则是"先天地生""惚兮恍兮""寂兮寥兮""不可名状""视之不见、听之不闻、博之不得"的精神实体。"道"创生万物,在万物创生后,还要守着"道"的精神,依"道"而行。"万物道既是万物之母,又是万物之宗,道是天地万物的根源,又是天地万物的依据。"《道德经》五千言,又名《老子》,被称作道家学说或道家学派的最高经典。道家构筑了中国历史上第一个严格意义上的形而上学体系,是中国哲学、科技、政治、宗教、文学艺术及风俗习惯得以创生及发展的活水源头。不仅对中国文化产生了重大而深刻的影响,而且对世界文明的发展也具有积极影响。

道教在嵩山的形成与发展,主要与古代人们对山神的崇拜有关。道教是在汉代及以后特定的历史条件下,在中国原始宗教信仰的基础上,以"道"为最高信仰,综合古老的巫史文化、鬼神信仰、民俗传统、各类方技术数,以道家黄老之学为旗帜和理论支柱,囊括儒、道、墨、医、阴阳、神仙诸家学说中的修炼思想、功夫境界、信仰成分和伦理观念,构成度世救人、长生成仙,进而追求体道合真的总目标下的神学化、方术化的宗教体系。

史料记载:道学创始人张道陵先是在嵩山古洞里修炼九年,后在四川鹤鸣山继续修炼,创立了天师道(即五斗米道)。张道陵创立的天师道,常被农民用作组织和发动起义的号召,统治阶级对它怀有戒心,也深为当时士大夫所不满。北魏时寇谦之居嵩山修道,声名渐著。神瑞二年(415年),他宣称太上老君亲临嵩山授予他"天师之位",赐《云中音诵新科之戒》20卷,传授导引服气口诀诸法,并令他整顿道教,除去伪法,专以礼度为首,而加之以服食闭炼。寇谦之亦依之对道教进行整顿;泰常八年(423年),他又称老子玄孙李谱文降临嵩山,亲授《录图真经》60余卷,赐以劾召鬼神与金丹等秘法,并嘱其辅佐北方太平真君(北魏太武帝)。始光中(424～428年),寇谦之亲赴魏都平城(今山西大同),献道书于太武帝拓跋焘,倡议改革天师道、五斗米道,制订乐章,建立诵戒新法。帝赐于平城东南建立新天师道场,重坛五层,遵其新经之制,后人称为"新天师道";太延年间(435～444年),太武帝听从寇谦之的进言,改年号为"太平真君",并亲至道坛受箓,成为道士皇帝,封寇谦之为国帅。至此,天师道大盛。终北魏之世,崇信不衰。后周承魏,崇奉道法,每帝受箓,如魏之旧。由此,寇谦之的改革使民间道教走向官方道教。中岳庙内被称为道教立碑之始的《中岳嵩高灵庙碑》记述的就是寇谦之改革道教的事迹。而后金代王重阳的全真教在嵩山地域兴起后,王重阳所传七弟子,其四在嵩山地域为开教祖庭:丘长春在嵩阳崇福宫传全真龙门派;谭长真在宜阳韩城传全真南无派;孙不二在洛阳三井洞传全真静修派;刘处玄在洛阳云溪观传全真随山派。《云笈七签》载:"北邙为天下七十二福地之第七十,中岳嵩山为道教三十六小洞天之第六小洞天。"嵩山中岳庙是我国最大的道教建筑群,嵩山崇福宫是我国北宋时期最大的道宫,邙山上的上清宫是我国的四大道观之一。修真胜地,分列南北,堪称钟灵毓秀。今天,我们仍然可以看到当年的胜迹。

在我国历史上,发生于东汉时期的古代印度佛教的传入,是一次大规模的外来文化输入。佛教的教义,包括苦集灭道"四圣谛"、灵魂不灭、生死轮回、因果报应、慈悲为本等。佛教初传于东汉的国都

洛阳,最先在当时的政治、经济、文化中心区——嵩山地域生根、开花,经过魏晋南北朝数百年的吸收消化,逐步与中国传统文化融合为一体后开始枝繁叶茂,至隋唐之际,佛教便蓬蓬勃勃地发展起来。在佛教初传时期,一些著名的外来译经大师聚集在嵩山地域,译出了大量的佛教经典,形成了以嵩山地域为中心的大规模的译经和传经活动。正是这些大量的汉译佛经,为佛教推向全国提供了基础。

在中国佛教史上,嵩山地域有许多寺院闻名遐迩。白马寺是中国早期佛经翻译、佛教传播和进行各种佛事活动的中心,法王寺是东汉时期全国广建寺院的首唱,永宁寺是一座接待安置外国僧人译经的重要场所,嵩阳寺是北魏孝文帝的离宫,永泰寺是全国第一所皇家尼僧寺院,会善寺在唐代则以佛教戒坛而著称于世。著名的禅宗祖庭少林寺早期则是以译经而闻名于佛教丛林,后则以禅宗与武术结合而名扬天下。从嵩山地域历史遗存的白马寺、法王寺、慈云寺、少林寺、刘碑寺、石窟寺、风穴寺、卢崖寺、清凉寺、灵岩寺、香山寺、唐僧寺等众多的名家寺院看,就知道嵩山地域曾经有过的高僧云集,寺院密布,佛教辉煌。无论是在不同文化的协调中和佛教经典的最初翻译中,还是在佛教寺院的广建中,嵩山地域为中国佛教的传播与发展,都做出了巨大的贡献。

佛教在中国传播与发展的过程中,外来佛教对中国文化的影响是多方面的,虽然也一直存在着与中国传统文化的冲突,但最终与中国传统文化融合,密不可分。尤其在一般民众心中,佛教观念已成为日常生活的价值观念。时至当代,佛教文化已成为传统文化的一部分,在中国这块土地上扎下了根。嵩山地域和嵩山文化在推动佛教民族化、中国化过程中起到了不可忽视的重要作用。

自中国原始社会解体,进入文明时代后,中国思想学术史上先后出现了儒学、经学、玄学、道学、佛学、理学等学派。嵩山文化在历史上,出现了五次大的文化演变:一是中国传统文化的官学化,二是吸收和改造佛学并使儒、道、佛融为一体,三是寇谦之在嵩山将原来民间的五斗米改革为官方的新天师道,四是宋儒理学对中国文化彻底全面地加以改造,五是金末元初的儒释融会。这些学术思想和文化演变,对形成中华民族、中国人民的思想观念和"品格",对中国人民的社会生活、文化生活都产生了关键性的影响。古代的嵩山三教荟萃,多种学说和学派共存与发展。

八、民俗风情

以嵩山为中心的嵩山地域,是中国古代文明的发祥地。进入文明时代之后,逐步成为中国政治、经济、文化、交通的中心,因此不管是在姓氏开始形成的时期,即三皇五帝时期,还是在姓氏发展的夏商二代、在姓氏普及时期的周代,以及北魏孝文帝实行汉化政策等时期,嵩山地域均是姓氏形成、起源的一片沃土,给形成姓氏的种种方式(如:以图腾取姓,以氏族、部落取姓,以封国、邑、亭、乡名取姓,以先人名或字、先人谥号、爵位、官职、技艺取姓,赐姓,改姓等)提供了最理想的条件。伏羲氏、有河氏、有洛氏生活于此,黄帝族生活于此,帝喾居于此(偃师),夏后氏生活于此,涂山氏也生活于此。《史记·五帝本纪》载:"自黄帝至舜、禹,皆同姓而异其国号""帝禹为夏后而别氏,姓姒氏;契为商,姓子氏;弃为周,姓姬氏",以上姓氏均与嵩山地域有渊源关系。夏、商、周三代,嵩山地域为王畿之地,封国甚多,不少姓氏渊源于此。北魏太和二十年(496年),孝文帝在国都洛阳下诏,将鲜卑族117个(或说118个)复姓改为汉族单姓,共改得114个姓。著名学者袁义达先生说:"姓氏是中国人一直使用的代表血缘关系的一种符号,代表中国几千年来父系相传的一种文化。"众多姓氏,根在嵩山地域,充分证明了嵩山地域在"中华民族形成和进化"过程中的重大作用。

由于嵩山地域奴隶制最早取代原始公社制,在以后的长时期里,又是我国境内各地区、各民族以至境外不少地区、国家、民族交往的中心,这就决定了嵩山地域的民风民俗,必然会具有表率及示范作用,从而对周边及其他地区甚至境外产生深远的影响。同时,各地的民俗时尚也流传到嵩山地域,而被有选择地、程度不同地吸纳和接受。

嵩山地域的民风民俗是在漫长的时期内逐渐形成、演变,反映在广大人民群众一年四季日常生活的方方面面,内容极为丰富多彩。如农业、手工业、餐饮业、商业等经济活动,日常生活中的衣、食、住、行,节日庆典,集会结社,人生礼仪,婚丧嫁娶,信仰崇拜,邻里乡亲,游戏娱乐,民间艺术等无处不在,无时不有,和广大民众的生活水乳交融。嵩山民俗文化既受不同时期政治、经济、文化、宗教等发展变化的影响,又具有相对的独立性,能够多侧面、多角度地反映各个时期的社会现实。嵩山民俗特有的先导性、正统性、开放性,是和嵩山地域独特的历史地位、嵩山文化独有的特征和优势相吻合的,但它同时也在更多方面体现了我们民族共同的风俗时尚。

九、名人文化

以嵩山为中心的嵩山地域,作为中国古代文明的发祥地,长时期是中国政治、经济、文化的中心,历史上有许许多多对中国历史产生过重大影响,或对中国文化做出重大贡献的政治家、军事家、哲学家、史学家、文学家、艺术家、科学发明家等长期生活或活动在这里。翻开嵩山历史名人谱,我们可以看到,从三皇五帝到大禹商汤,从周武王到汉武帝,从曹操到孝文帝,从隋炀帝到武则天,从后周柴荣到宋徽宗,从忽必烈到清乾隆……这些历史上的王者,既是一个国家的统治者,又是一个历史的创造者,他们以自己的心血与睿智,与天下人民一起,塑造了中华民族不朽的精神内涵,推动着历史的车轮滚滚向前。

在彪炳史册、享誉时代的名人行列中,和嵩山地域相关的名人有炎黄二帝、唐尧、虞舜、帝喾、大禹、夏启、后羿、杜康、商汤、伊尹、贾谊、华佗、韩非子、子产、弦高、郑国、庄子、周文王、周平王、周武王、周公、老子、孔子、吕不韦、刘邦、项羽、张良、田横、陈胜、刘秀、刘彻、桑弘羊、司马懿、鬼谷子、苏秦、孙膑、庞涓、郑国、韩擒虎、宇文凯、蔡伦、马钧、李冲、班固、张衡、马援、司马迁、陈寿、蔡邕、张道陵、曹操、曹植、曹丕、袁绍、董卓、吕布、司马师、刘禅、拓跋宏、裴秀、左思、钟繇、达摩、寇谦之、李世民、李治、武则天、柳宗元、张旭、褚遂良、李龟年、杜甫、李白、吴道子、白居易、李商隐、元稹、韩愈、刘希夷、宋之问、孟浩然、玄奘、神秀、僧一行、潘师正、赵匡胤、赵炅、赵恒、李诫、文彦博、范仲淹、欧阳修、苏洵、苏轼、苏辙、蔡京、颜真卿、赵普、王安石、司马光、吕蒙正、邵雍、程颢、程颐、朱熹、李纲、杨时、李诫、丘处机、元好问、耶律楚材、赵秉文、李纯甫、王重阳、忽必烈、完颜璹、赵孟頫、姚枢、郭守敬、董其昌、王应鹏、俞大猷、唐顺之、高拱、王铎、冯时可、程宗猷、汤斌、耿介、景冬旸等,他们有的是雄才大略的开国君臣,有的是潜心治学的文化圣人,有的是叱咤风云的英雄豪杰,有的是胸怀大义的仁人志士……这些历朝历代的名人堪称中华文明的火炬,千百年来,指引着一代又一代的中国人自强不息、百折不挠、奋勇前进。

十、碑刻文化

碑刻是一种特殊的历史文化的传播载体,以其独特的方式记录着当时社会政治、经济、文化,乃至

军事、宗教、民俗等方方面面的信息,它在补史证史、记载各时代书法艺术方面,在我国传统文化史上有着重要的、不可替代的作用。嵩山的碑刻漫山遍野,这些碑刻文字所反映的社会经济和历史文化领域的内容十分广泛,是嵩山地域文化研究中的第一手原始资料,具有较高的历史、科学和艺术价值。嵩山碑刻主要分布在嵩山的太室、少室、邙岭之中,由此向四周放射,由密集到疏散,逐渐分布在嵩山系列山脉及其所在县市区的寺庙宫观、园林建筑、城镇村庄、丧葬墓地及古文化遗址上。嵩山碑刻作为嵩山文化的重要组成部分,在数量、质量、品类、内容、规模、年代诸方面占天下之先。嵩山碑刻不仅是我国石刻档案的大宗,也是我国书法演变发展的真实记录。嵩山碑刻向来以数量庞大、内容丰富、书法精湛、史料性强而著称于世,是我国重要的文化遗产和旅游资源。

嵩山地域的现存碑刻上自东汉、三国、西晋、北魏,下至唐、宋、金、元、明、清,时代绵延不断,碑刻发展变化明显,碑刻形式多种多样,书法遗迹充分。碑文内容十分丰富,涉及面很广。既有人物传记、改朝换代经过、军事战争纪实、重大历史事件纪实、自然灾害实录、建筑物兴废史记、官方诏令和牒文、典章制度、道家经箓、佛教经典、民间守则,又有民间生产组织机构及分配形式、诗赋名作等。涉及哲学、宗教、历史、地理、经济、政治、军事、文化、艺术、教育、科学、技术、民族等许多方面,它们以石刻的形式记录了古代文明。这些重要的石刻不但有其重要的政治意义,也有着珍贵的历史价值、文学价值和书法价值,能代表各个历史时期的史实和时代精神。它们不仅对纂志征事、正经补史、考学习书、研究嵩山古代社会发展史和中国书法演变发展史有着重要的实证作用,还给社会发展提供极为详实的历史依据。

嵩山地域中有众多的石窟及摩崖、造像、石碑、刻石、碑刻、石阙、石经、墓志、画像石等,还有满布纹饰的陛石、碑额、石柱、额枋等,这些珍贵碑刻文物,反映了2000多年来历代石刻艺术创作的伟大成就。据不完全统计,嵩山历史文化核心区的碑刻现有2600余通,有龙门石窟、巩义石窟及分散于嵩山各市县的造像题记3500余品,还有出土的古代墓志5000余方。石刻文献,林林总总,堪称是一部绵延2000余年的中华石刻通史。

十一、史料典籍与科学艺术

历数中国五千年文明史,文化艺术瑰宝如繁星盈天,举世瞩目。寻根溯源,博大精深的中国文化——哲学、历史、伦理、政治、医学、农桑、文学、美术、书法、音乐、舞蹈等,大都发端于嵩山地域。

嵩山地域诞生了中国最古老的文化经典,孕育了中国最原始、最具生命力的艺术萌芽。素有美术起源之称的仰韶文化中的陶绘代表作《鹳鱼石斧图》,就是出土于嵩山汝州。在洪荒时代,人类就已经知道利用声音的高低、强弱等来表达自己的意思和感情。随着人类劳动的发展,逐渐产生了统一劳动的节奏号子和相互间传递信息的呼喊,这便是最原始的音乐雏形。音乐与诗歌、舞蹈同源。产生于黄帝时期的二言诗《弹歌》,是我国最早的诗歌。我国最古老、最具代表性的舞蹈,用于国家大典和宫廷祭祀活动的《六代乐舞》(包括黄帝时期的《云门大卷》、唐尧时期的《大咸》(也称《大章》)、虞舜时期的《韶》、夏禹时期的《大夏》、商汤时期的《大濩》以及周武王时期的《大武》),是远古时期华夏族乐舞,也是周公制礼作乐时所继承和依据的经典之乐。《易经》与哲学,《尚书》与史学,《诗经》与文学,《道德经》与伦理学,《山海经》与地理、民俗学,《周礼》与政治学,蔡邕的《笔论》与书学等,这些占据着源头地位的经典之作,其根大都在嵩山历史文化核心区内。

同样,嵩山地域也是中国典章文化的策源地。历史上,许多著名的史学典籍都是出自于嵩山地域,而后流播于全国。西周时,周公姬旦营建洛邑后,在主持东都政务时,制定《礼乐》,成为西周奴隶制国家的统治纲领;东周时,孔子入周问礼于老聃(老子),访乐于苌弘;道祖老子在这里写出了千古名篇《道德经》,成为道家哲学思想的重要来源;西汉司马迁在洛阳受命写《史记》;大学者蔡邕鉴于"经典去古久远,文字多谬,俗儒穿凿频误后学"的情况,于熹平四年(175年)奏定《七经》文字,刻《熹平石经》立于东汉太学,作为法度森严的官定标准范本。东汉班固撰《汉书》,许慎撰《说文解字》,三国陈寿撰《三国志》,北宋司马光撰《资治通鉴》,欧阳修撰《新五代史》与《新唐书》等,这些历史上的皇皇巨著,都与嵩山地域有着不解之缘。

嵩山地域的古代科学技术成果作为嵩山文化的一个重要组成部分,同样有着惊人的辉煌历史,并处于当时那个时代的最前列。从早期的仰韶文化历经龙山文化到二里头文化,反映了从黄帝的农耕、陶绘,尧、舜的农业开发,到夏王朝文化巨大成就的取得,无一不是在以嵩山为中心的广大中原地区发展起来的。从上古时期起,聪明智慧的嵩山人就有了许多发明创造。如旧石器时代的石器,新石器时代的陶器、骨器、青铜器,夏代杜康(少康)酿造的美酒等,都是人类历史上最早的智慧结晶。

嵩山以其沟通天地的神奇和奥妙,使其一批又一批纵横八方、威名远播的名人志士和英雄豪杰,在嵩山开始了科学与艺术的创造,百舸争流,绵延不绝。春秋时期的老子在嵩山写出了千古名篇《道德经》,标志诸子散文的出现;战国时期水利专家郑国奉命在秦国设计修筑了我国第一条长300多里的大运河——"郑国渠";西周初期,周公姬旦通过古阳城测景(影)台的测影,确定了嵩山地域为"天地之中";西汉小说家虞初在这里根据《周书》写成了小说集《周说》,被推为中国古代小说家鼻祖;东汉太史令张衡因探索天文奥秘而创制天文测具浑天仪、候风地动仪,撰写天文著作《灵宪》,绘制我国第一张完备的星图《灵宪图》等,被称为"地动仪的鼻祖";东汉蔡伦在这里发明了造纸术,创制成"蔡侯纸",成为世界发明的先驱;东汉水利家王景主持治理的黄河,后世评价:"王景治河,千年无患";蔡邕在嵩山古洞里学书三年,写出了流传千古的论著《笔论》《九势》与《篆书势》《隶书势》,为后世书法发展奠定了基石;文学家曹植在这里撰写的《洛神赋》,成为我国文学史上不朽的名篇;魏晋时期的机械制造家马均在这里发明、改进、制作的指南车、织绫机、龙骨水车、水转百戏、翻车、转轮式发石机等,创下了我国科技制造业的奇迹;魏晋数学家刘徽注《九章算术》,太医令王叔和著《脉经》,西晋司空裴秀创制《制图六体》,当时在国家引起了巨大轰动;著名的"建安七子""竹林七贤""金谷二十四友"等文学名流在这里谱写了最华彩的篇章;左思一篇《三都赋》,曾一度导致"洛阳纸贵";散文家杨衒之以京城洛阳佛寺的兴废而撰写的《洛阳伽蓝记》,用优美的文笔描绘出一幅京都洛阳的巨幅图画,成为后世研究北朝城市经济地理的珍贵资料;唐代天文学家和佛学家僧一行在这里观天测雨,计算子午线,编制《大衍历》,成为天文学史上的一大创举;"诗仙"李白在这里寻仙访道,赏景咏诗,为嵩山留下了千古不朽的诗篇;杜甫从这里走出,沾着嵩山泥土的芬芳,带着乡亲的眷顾和牵挂,最终成为"诗圣";诗人白居易以所作大量感叹时世、反映人民疾苦的诗篇,成为唐朝现实主义诗歌的巅峰人物;画圣吴道子用嵩山自然的水墨和色彩,使其"吴带当风"成为画作艺术的永恒;出自于嵩山地域的"唐三彩""汝瓷""钧瓷"是唐宋时期朝廷专用的贡品,他们的光彩和美丽至今还是中国陶瓷业的骄傲;北宋王安石、欧阳修、司马光、苏洵、苏轼、苏辙、范仲淹、梅尧臣等一批思想和文学大家相继在这里著书作诗,他们的诗文与嵩岳同高、与日月同辉;北宋建筑大师李诫所写的建筑巨著《营造法式》,成为当时建筑科学技术的一部百科全书;金元时期被称为"北方文雄"的元好问,正逢国家危难、山河破碎之时,和其文友们一起在嵩山腹地创作了大量的忧患诗,用诗记录了当时国破家亡的现实,成为嵩山文化特有的一道风景;天文学家郭守敬在这里建造观星台,主持编订的《授时历》,比西方发明的、当今世界上通用的公历《格里高利历》要早300多年;旅行家、地理学家徐霞客在这里旅行考察,所写的嵩山游记,给嵩山留下了永久的纪念……他们每个人都在中华民族的历史上留下了浓墨重彩的一笔。嵩山地域的古代科技成就与艺术成果,不但对于中华民族几千年来屹立于世界民族之林做出了巨大贡献,而且对东方各国乃至西方世界都产生了重要影响。这些千古不朽的壮举,这些人类智慧的结晶,在华夏民族漫长的历史长河中,世代传唱,历久弥新。

十二、少林武术

少林武术是指在嵩山少林寺这一特定佛教文化环境中形成的以佛教信仰为基础、以佛教禅宗智慧为文化内涵、以少林武术完整的技术和理论体系、以少林寺武术技艺和套路为主要表现形式,是中国武术界各大派系中历史最悠久、种类最繁多、体系最庞大的门派。

佛教作为异国宗教,自汉时传入中国,它与中国传统文化产生了互动互融的影响,并最终形成了中国化的佛学宗派——禅宗。禅宗简单易行的修行方法,使传统佛教摆脱了繁琐高深的理论和严酷的修行戒律,迅速融于中国社会,这为僧人习武现象的出现营造了理论依据,从而为少林武术的诞生奠定了基础。佛教以普度众生、大慈大悲为主旨。禅宗以宽容开放的精神接纳了武术,并集寺院武术、民间武术、军事武术于一体,在汇集百家武术的基础上创造了少林武术。

少林武术源于北魏,然而嵩山作为华夏文明的发源地,早已是中国政治、经济、文化的中心。从黄帝起,到大禹在此建立第一个华夏王朝,在漫长的人类历史中,人与天斗,人与兽斗,人与自然环境斗,嵩山人民的生活与原始武术的萌生相辅相成。早在少林寺建寺之前,少林寺北侧的轩辕关自周至秦汉都是军事重镇。在冷兵器时代,武术与军事的关系十分密切,少林寺地区频繁发生战争,两军对垒力者胜,这对居住在这里的人们习武风俗的形成和少林武术的孕育产生起到了巨大的影响与促进作用。少林武术的产生由跋陀落迹嵩山、达摩面壁少林、寺僧的生存生活及禅宗的世俗化缘起,到习武维护寺产经济的需要,体现了少林武术健身与护教的价值;从唐初少林僧人助唐平定王世充,到明代少林僧人御敌抗倭,体现了少林武术在军事实践中的价值。少林武术不但使少林武僧超越与世隔绝的修行生活,英勇报国,更使少林武术同搏斗格杀的武术融为一体,在众多的武术流派中独树一帜,成为中国武术的杰出代表。可以说,少林武术的发展过程是传统的中国文化与异国宗教文化的融合与张扬的过程。

翻阅少林武术发展史,少林僧人正义、爱国的精神,始终贯穿于少林武术发展提高的过程中。少林武术得以名扬天下,除了武技高超之外,还因为少林武僧在民族危难的时刻能挺身而出,为民族、为人民而赴沙场、洒热血。少林寺僧人从唐初帮助李世民战王世充至明代镇守边关、平叛抗倭、抵御外敌,保家卫国,使少林武林一直受到社会的广泛尊重和重视。清廷禁武,使少林武术从历代政治的重心中游离出来,但在复杂的社会民族矛盾中,依托民间强烈的爱国热情,少林武术产生了新的发展动力,促进了少林武术更快地传播发展。

回顾少林武术发展史,少林武僧在历次大的争战中,都充分体现了佛教禅宗教义中慈悲为怀、普渡众生、扶正祛邪、弃恶扬善等思想。这与中国传统文化中儒家思想的核心"仁"是一致或相通的。"仁"与"禅"相融合,形成了少林武术"武德"的主要精神。

武以禅魂,禅以武传,禅武相融,相得益彰。这就是少林武术的特点"禅武合一"。

所谓"拳者小拳,禅者大拳",一代代禅宗祖师将禅宗智慧赋予少林功夫,使之从优化人体运动技能和攻防格斗的武艺,到两军对垒时排兵布阵的武学,在持戒修行的武德约束下,提升为放下我执的武道,最终追求的至高境界是无我、空性的"禅武合一"。所以,少林功夫的最终主体是禅者,禅心运武,透彻人生,内心无碍无畏,表现出大智大勇的气概。禅武合一不仅将少林功夫提高到民间武术难以企及的精神品格的高度,更重要的是,它为相当大的一类人群提供了一条有着完整方法的内在超越之路。"天下功夫出少林"作为民间流传的说法,透露出传统社会对"禅武合一"理念与方法的广泛认可。少林武术以禅入武、以武扬禅、禅武不二的文化内涵,已得到世界武术界的赞同,当今,少林武术作为中国传统文化的杰出代表和人类文明的生动展示,已经成为中华民族的精神财富和全人类共同享有的文化遗产。

结束语

嵩山,有许多思想信仰从这里发端,有许多文化种类从这里起源,有许多帝王将相、英雄豪杰在嵩山活动,有许多名人志士为嵩山提笔赋诗,呕歌吟唱……正因为有了那么多,人们才称它为文化之源、华夏之根!

一万年岁月的烟雨风尘在嵩山文化的山野上留下了深刻的痕迹,这些痕迹的文化内涵则为中华民族精神的源泉。从《盘古开天辟地》《伏羲降龙》《二郎神担山赶太阳》《后羿射日》《明火的发明》,到《黄帝治国》《大禹治水》《子产执法》等远古神话与传说中,就隐藏着一个民族精神起源的密码,体现出了一种"战天斗地""自强不息"与"厚德载物"的精神。在漫长的历史长河中,嵩山的文化精神是伴随着环境的变化而变化,特别是随着文化的发展而发展,嵩山文化精神是在"邈彼嵩华,维岳之峻。岩岩高大,配天作镇"的嵩山文化背景下,通过众多标志性人物的具体行为体现出来的:大禹治水三过家门而不入的奋争精神,许由拒绝荣禄、谦让隐退的高风亮节,伯夷叔齐互让王位、信崇仁义、忠孝节烈的圣贤道德,田横和500壮士"富贵不能淫,威武不能屈"的崇高情操,达摩在山洞面壁九年的坚强意志,玄奘西天取经历经磨难、百折不挠的高贵品质,杜甫"三别""三吏"中的忧国忧民的忧患意识,李白"黄河之水天上来,奔流到海不复回"的豪迈气慨,南宋英雄岳飞抗金凛然无畏的民族气节,女真族英雄完颜彝为在抗击蒙古军入侵的战争中,勇敢杀敌,慷慨赴死不低头的钢铁意志,以及嵩山文化所体现的系列精神和品质,诸如仁爱豁达,笃行纲纪;自力更生,自强不息;天下兴亡,匹夫有责;抗击强暴,英勇不屈;同甘共苦,团结互助;勤俭节约,艰苦奋斗;尊祖睦亲,爱国爱乡;不怕吃苦,勇于开拓;辉煌大气,厚重深沉;崇尚自然,天人合一等等,都是我们中华民族面向未来、面向世界厚重而宝贵的精神动力。

我们通过对嵩山历史文化和自然风光等方方面面的考查和研究,主要从自然山水、文化遗存、神话传说、名人史迹、宗教发展、民俗风情、碑文石刻、少林武术及古代散文和诗词等十个方面突出地相互印证而又有所侧重地表现中国传统文化渊源的嵩山文化,编撰《嵩山通志》《嵩山神话传说故事》《嵩山三教志》《嵩山名人传》《嵩山古诗》《嵩山艺文志》《嵩山碑刻》《嵩山民俗》《嵩山少林武术发展史》《嵩山古遗存》,结集为一套"嵩山文化大系"丛书。

历史上有关嵩山文化的资料浩如烟海,一套书的内容和篇幅毕竟有限;嵩山有太多的自然风景、神话传说、宗教学术、英雄伟人、民俗风情、碑碣石刻、少林武术、典籍诗文、文化遗存等,更难以把博大

精深的嵩山文化全部都选入书中，有很多东西我们只能忍痛割爱。在撰写"嵩山文化大系"过程中，我们尽可能从多方面吸纳历史、文物、考古学界多年来的史学研究和考古发掘的最新成果，参阅和征引了不少古人和今人的著作。对资料显示的不同之处，我们反复地查找了多种不同的资料，并进行反复的对照和论证后，都在这本书中进行了编校。行文中一般不做过多考证，寓观点精神于叙述之中。力争做到雅俗共赏，科学性、知识性、可读性兼备。尽管我们作了很大的努力，但对于全套书仍难免存在疏漏之处，敬请有关专家学者、同仁朋友以及广大读者不吝赐正。

文化的自觉与繁荣不仅是中华民族复兴的重要标志，更是民族安顿心灵、寻求意义的精神归属。因此，我们有必要重新审视嵩山文化的意义和价值，不遗余力地捍卫中华民族自己的文化根脉和特性，努力使大家对嵩山文化有全面的认识并充满敬意。

写于 2012 年 8 月
修改于 2017 年 12 月

目　　录

前言 ··· 1
凡例 ··· 1
第一部分　史传诗文与论说文 ·· 1
　金人铭 ··· 远古　黄帝　2
　阴符经 ·· 黄帝时期　3
　握奇经 ·· 风后（黄帝时期）　5
　上古歌谣（二首） ·· 6
　　一、弹歌 ··· 6
　　二、卿云歌 ··· 6
　尚书（二篇） ··· 7
　　一、甘誓 ··· 7
　　二、五子之歌 ·· 8
　桑林祷雨 ··· 《淮南子》　9
　度邑 ··· 《逸周书》　10
　天亡簋铭 ··· 西周　天亡　13
　宅兹中国，自兹乂民 ··· 西周《何尊》铭文　14
　洛诰 ··· 西周　周公　周成王　15
　《诗经》（五首） ·· 18
　　一、嵩高八章 ·· 18
　　二、溱洧 ·· 19
　　三、瞻彼洛矣 ·· 20
　　四、君子于役 ·· 21
　　五、兔爰 ·· 22
　五行篇（节选） ··· 春秋　管仲　23
　召公谏厉王弭谤 ·· 选自《国语》　23
　《道德经》（节选） ··· 春秋　老子　25
　　第一章 ·· 25

第三十三章 ··· 26
　　　第五十二章 ··· 26
　《列子》（三篇） ·· 战国　列御寇 26
　　　一、黄帝篇（第一部分） ··· 27
　　　二、黄帝篇（第十三部分） ·· 28
　　　三、仲尼篇（第十一部分） ·· 29
　《春秋左传》（三篇） ·· 春秋　左丘明 30
　　　一、子产论政宽猛 ·· 30
　　　二、郑子家告赵宣子 ··· 32
　　　三、郑伯克段于鄢 ·· 33
史伯为桓公论兴衰 ·· 春秋　左丘明 35
《庄子》（二篇） ·· 39
　　　一、黄帝问道于广成子 ··· 40
　　　二、天　运（第三部分） ·· 42
《吕氏春秋》（两篇） ·· 战国　吕不韦 43
　　　一、去私 ·· 44
　　　二、音初 ·· 45
《战国策》（二篇） ··· 战国时期 46
　　　一、苏秦以连横说秦 ··· 47
　　　二、苏秦合纵说韩 ·· 49
《韩非子》（二篇） ·· 战国　韩非子 50
　　　一、存韩（第二） ·· 51
　　　二、郑人买履 ··· 54
过秦论 ·· 西汉　贾谊 55
论贵粟疏 ·· 西汉　晁错 61
加增太室祠诏 ·· 西汉武帝　刘彻 64
封卓茂为太傅、宣德侯诏 ·· 东汉光武帝　刘秀 64
贻李膺书 ·· 东汉　荀爽 65
蔡邕书法论文（四篇） ·· 东汉　蔡邕 66
　　　一、笔论 ·· 67
　　　二、九势 ·· 68
　　　三、篆书势 ·· 69
　　　四、隶书势 ·· 69
论文 ·· 三国　曹丕 70
与山巨源绝交书 ·· 三国　嵇康 73
巢许论 ·· 西晋　石崇 77
君道篇 ·· 东晋　葛洪 77
北使洛 ·· 南朝宋　颜延之 78

篇名	作者	页码
因旱蝗上表	南朝宋 范泰	79
乐府	南朝梁 刘勰	80
讥许由文	北朝北魏 糜元	83
请隐嵩高表	北朝北魏 裴衍	84
答裴衍诏		84
上匡谬正俗表	唐 颜扬庭	84
告柏谷坞少林寺上座书	唐太宗 李世民	86
上高宗书	唐 释玄奘	87
以嵩高为当天之中	杨尔京《象纬订》	88
上刘右相书	唐 王勃	88
龙门应制	唐 宋之问	91
贺封禅表	唐 崔融	92
谏武后避暑三阳宫疏	唐 张说	92
赐卢鸿一还山制	唐玄宗 李隆基	94
嵩山仙人诗（二首）	唐 李白	95
一、赠嵩山焦炼师		95
二、凤吹笙曲		96
与魏居士书	唐 王维	96
虎牢关铭（并序）	唐 贾至	98
与少室李拾遗（李渤）书	唐 韩愈	99
说骥	唐 刘禹锡	100
与元九书（节选）	唐 白居易	101
李德裕论文（二篇）	唐 李德裕	104
一、夷齐论		104
二、张良论		104
赠萧炼师	唐 许浑	105
嵩山诗文（两篇）	唐 李商隐	106
一、嵩阳寻师（东还）		106
二、寄令狐郎中		106
答梅圣俞寺丞见寄	宋 欧阳修	106
管仲论	宋 苏洵	108
苏轼文（三篇）	宋 苏轼	110
一、上梅直讲书	宋 苏轼	110
二、留侯论	宋 苏轼	111
三、晁错论	宋 苏轼	113
上枢密韩太尉书	宋 苏辙	114
初见嵩山	宋 张耒	116
书黄帝诸书后	宋 朱熹	117

篇目	作者	页码
《路史》(二)篇	南宋 罗泌	117
一、黄熊化论		118
二、启母石		118
请宝公长老住持嵩山会善寺疏	金 无名氏	119
敦请栖云真人住持嵩阳观疏	金 马居仁	119
投金龙玉册纪事	元 杨奂	120
寄英禅师师时住龙门宝应寺	金 元好问	121
论诗三十首(三首)	金 元好问	122
启母石辩	明 孙原贞	123
郑声辩	明 高拱	124
嵩岳祈雨疏	明 刘日材	125
嵩山少林寺赐紫住持曹洞正宗第二十六代禅师道公碑铭	明 董其昌	126
《嵩吟》(题词)	明 高出	128
灾异说	清 贾攀鳞	129
郑风论	明 王文定	129
留侯论	清 魏禧	130
嵩阳书院山长文(二篇)	清 耿介	131
子产论	清 马骕	133
郑伯克段于鄢论	清 万斯大	133
嵩阳书院考	清 冉觐祖	134
藏书楼讲语	清 王又旦	136
辅仁居铭	清 窦克勤	137
佑圣酬恩疏	清 顾泝	137
重修千佛阁疏	清 焦钦宠	138
重修中岳嵩山神道碑疏	清 景日昣	138
尊王弼论	清 朱彝	139
祝神说	清 宋茂源	140
教孝说	清 禹祥年	140
溱洧考(二篇)	清 张龙甲	141
崇俭约	清 傅楱	143
戊午十二月社会示	清 许勉燉	144
祈雨碑文	清 张凤冈	144
驱蝗檄	政府文书	145
颁发义学条约	清 娄谦	146
李修馆先生德教铭	清 孙钦昂	147
留余匾铭	清 牛瑄	149

第二部分　序跋文		150
郑风诗序	春秋　卜子	151
郑风诗传	春秋　端木子	152
《五岳图》序	西汉　东方朔	153
金谷诗序	晋　石崇	154
王勃序文（二篇）	唐　王勃	155
一、黄帝八十一难经序		155
二、秋日宴洛阳序		155
许由先生颍阳祠庭献酹文序	唐　柳识	156
别嵩岳二三真人序	唐　陈子昂	156
夏日诸从弟登陆汝州龙兴阁序	唐　李白	157
池上篇并序	唐　白居易	157
梁肃序文（二篇）	唐　梁肃	158
一、送李补阙归少室养疾序		159
二、送韦拾遗归嵩阳旧居序		159
权德舆序文（二篇）		160
一、送韦起居老舅假满归嵩阳旧居序	唐　权德舆	160
二、中岳宗玄先生吴尊师集序	唐　权德舆	160
韩愈序文（二篇）	唐　韩愈	161
一、送石处士序		161
二、《送温处士赴河阳军》序		163
醉吟先生墓志铭并序	唐　白居易	164
唐故工部员外郎杜君墓志铭并序	唐　元稹	165
欧阳修序跋（二篇）	宋　欧阳修	166
一、六一题跋		166
二、送陈经秀才序		167
《洛阳名园记》跋	宋　李格非	168
《洛阳名园记》序	宋　张琰	169
《卢鸿草堂图》跋	宋　叶梦得	170
《阴符经》跋	宋　晁公武	171
《握奇经》跋	宋　高似孙	172
双溪醉隐集——为耶律楚材儿子耶律铸作诗《跋》	金　木庵性英	173
《杨通老移居图》跋	南宋　刘克庄	173
《木庵集》序引	金　元好问	174
诗送少林寺僧宗擎序	明　俞大猷	175
读"郑风"跋	明　茅坤	176
《嵩岳志》序（二篇）		177
一、《嵩岳志》序	明　陆柬	177

二、《嵩岳志》序	明 栗永禄	178
《嵩书》序（三篇）		179
一、《嵩书》序	明 李维桢	180
二、《嵩书》自序	明 傅梅	180
三、《嵩书》后序	明 王履和	183
《嵩吟》序	明 冯时可	184
赠无言道公慈惠道场彻座还山序	明 丘禾实	185
嵩阳书院讲义序文（二篇）	清 耿介	186
《嵩山志》序（四篇）		188
一、《嵩山志》自序	清 叶封	188
二、《嵩山志》序	清 焦贲亨	189
三、《嵩山志》序	清 郎永清	190
四、《嵩山志》后序	清 俞汝言	191
募重建中岳圣殿序	清 焦复亨	192
嵩阳书院会业序	清 张埙	193
《嵩阳书院夜雨联句》序	清 窦克勤	194
《刻五岳真形图》跋	明 方大美	195
游少林寺序	清 傅而师	195
《嵩阳书院志》序	清 郭文华	196
《说嵩》序（二篇）		197
一、《说嵩》自序	清 景日昣	197
二、《说嵩》序	清 张伯行	199
嵩阳书院讲学序	清 景日昣	200
《嵩岳庙史》序	清 郭瑛	200
温泉铭小序	清 宋名立	201
龙潭寺序	清 施奕簪	202
《苌仕周先生易经讲义》序	清 娄谦	202
《两烈女词》序	清 谢益	203
《苌乃周先生二十四气拳谱》序	清 宋茂源	204
乔孺人九十寿序	清 李师泌	205
《少林寺志》序	清 张学林	206
赵配公先生建坊序	清 姜梅	207
贞石亭序	清 景纶	208
《嵩岳游记》序（二篇）		209
一、《嵩岳游记》自序	清 席书锦	209
二、《嵩岳游记》序	清 徐世昌	210

第三部分 祭祀、祭奠文 ··· 212

阳城刘氏妹哀辞	西晋 潘岳	213
悼亡诗之一	西晋 潘岳	214
为宋公祭嵩山文	南朝宋 范泰	215
谏灵太后幸嵩高表	北朝北魏 崔光	215
登箕山祭巢许文	唐 王绩	216
祭嵩高山文	北朝北魏孝文帝 元宏	217
杜甫祭文（二篇）	唐 杜甫	217
一、祭外祖祖母文		218
二、祭远祖当阳君文		218
吊伯夷叔齐文	唐 柳识	219
谒许由庙	唐 杨植	220
卢殷墓志铭	唐 韩愈	220
祭田横墓文	唐 韩愈	221
潘尊师碣文	唐 王适	222
吊苌弘文	唐 柳宗元	224
祭小侄女寄寄文	唐 李商隐	225
祭告乐章	宋真宗 赵恒	226
御制醮告文	宋真宗 赵恒	227
祭谢嵩山文	宋 苏辙	228
投金龙玉册纪事	元 杨奂	228
加中岳为中天大宁崇圣帝诏文	元世祖 孛儿只斤·忽必烈	229
礼中岳记	元 李谦	229
中岳投龙简记	元 吴全节	230
嵩岳封祀记	元 张维谨	231
代祀中岳记	元 王沂	231
厘正神号御祭中岳文	明太祖 朱元璋	232
嵩岳谢雨文	明 前人	233
敕祀中岳记	明 夏子成	233
御祭中岳文	明成祖 朱棣	234
祀中岳嵩山碑阴记	明 刘定之	234
御祭中岳文	明景帝 朱祁钰	235
祭中岳祈雨文	明 刘宣	236
御祭中岳文	明宪宗 朱见深	236
敬奉令旨祀中岳神记	明 贾德明	237
祭中岳嵩山文	明 赵正学	237
御祭中岳文	明世宗 朱厚熜	238
增修岳庙记	明 焦子春	238

中岳庙告文	明 王铎	239
中岳进香建醮记	明 张继宗	240
中岳庙御书扁额及御祭记	清 张圣诰	241
御祭中岳文	清圣祖 爱新觉罗·玄烨	242
御祭中岳文	清世祖 爱新觉罗·胤禛	242
祷中岳文	清 耿栋	243
周公庙祭祀记	清 郜煜	243
清朝嵩山地域奉祀神祇以及祠庙祭文集粹	选自于嵩山地区各县志	244
一、乾隆八年(1743年)部颁奉祀神祇祭文		244
二、地方奉祀神祇祭文选		246
三、奉祀祠楼庙墓祭文选		247

第四部分 记传文　249

黄帝即位	西汉 韩婴	250
《史记》(四篇)	西汉 司马迁	251
一、黄帝世系		251
二、伯夷列传		252
三、陈涉世家		254
四、管晏列传		256
汉武帝登嵩山	东汉 班固《汉书》节选	259
十五从军征	汉乐府诗	260
洛阳汉魏古诗(二首)	选自《古诗十九首》	261
一、驱车上东门		262
二、青青陵上柏		263
娇女诗	魏晋 左思	263
华佗传	三国 陈寿	264
《后汉书》(二篇)	南朝宋 范晔	268
一、杨震列传		269
二、王景治河		271
《洛阳伽蓝记》(二篇)	北朝北魏 杨衒之	272
一、洛阳大市		272
二、白马寺		274
木兰诗	北朝民歌	276
龙门山三龛记	唐 岑文本	277
刘希夷诗(二首)	唐 刘希夷	279
一、代悲白头翁		279
二、嵩岳闻笙		279
修中岳庙记	唐 李方郁	280

新修嵩岳中天王庙记	唐 韦行俭	280
嵩阳观记	唐 李林甫	281
中岳越禅师塔记	唐 李华	282
风后八阵图记	唐 独孤及	283
伯夷颂	唐 韩愈	284
嵩山会善寺戒坛记	唐 陆长源	285
嵩山十志	唐 卢鸿一	286
嵩岳少林寺新造厨库记	唐 顾少连	289
白居易诗文(二篇)	唐 白居易	290
一、修香山寺记		290
二、送张山人归嵩阳		292
颖亭记	唐 陈宽	292
平泉山居记文(二篇)	唐 李德裕	292
李贺小传	唐 李商隐	294
风穴七祖千峰白云禅院记	五代后汉 虞希范	296
郡楼望嵩少作	宋 宋庠	297
杜甫本传	宋 宋祁	298
法海寺石塔记	宋 张哲	299
丛翠亭记	宋 欧阳修	300
记闻(三则)	宋 司马光	301
一、富弼		302
二、吕蒙正		303
三、石中立		303
独乐园记	宋 司马光	304
王德用	宋 王安石	306
寇天师传	宋 贾善翔	309
永定陵修奉采石记	宋 乐辅国	310
洛阳记文(二篇)	宋 周师厚	311
一、洛阳花木记(节选)		311
二、洛阳牡丹记		312
洛阳李氏园池诗记	宋 苏辙	315
永泰陵采石记	宋 曾孝广	316
浮丘公庙灵泉记	宋 张挺	317
《洛阳名园记》(节选)	宋 李格非	318
富郑园		318
吕文穆园		318
仙鹤观记	宋 王夷仲	319
嵩山二题	宋 李廌	320

圣竹林寺五百大阿罗汉洞记	宋 释有挺	321
岳祠盟记	宋 岳飞	322
《容斋随笔》（二则）	宋 洪迈	323
一、裴晋公禊事		324
二、嵩山竹林寺		325
杨时求学	宋 侯仲良	325
倚箔山录	宋 马纯	326
少林药局记	金 元好问	327
李纯甫记文（二篇）		328
一、重修面壁庵记	金 李纯甫	328
二、新修雪亭西舍记	金 李纯甫	329
中岳庙记	金 李子樗	330
白龙潭圣水感应记	金 李廷训	331
嵩山大崇福宫记	元 张仲寿	332
龙门记	元 萨都剌	333
阳城山记	元 许有壬	334
重修学记	元 余阙	335
许文正公祠堂记	元 郑冲霄	335
颍谷书院记	元 王沂	337
玉仙圣母庙记	元 王国仁	338
嵩阳崇福宫修建记	元 梁宜	339
重修纯孝伯庙记	元 王益	340
请水少室记	明 李祯	341
庙学记	明 刘定之	342
周公祠堂记	明 陈宣	343
幽胜寺记	明 邵进	343
新建汤王庙记	明 高尚贤	344
翁家港之战	明 郑若曾	345
新建十方禅院记	明 俞大猷	347
周公测景台暨新庙记	明 陈凤梧	349
名山记	明 慎蒙	350
天中阁记	明 朱衡	350
重修崇福观记	明 张祚	351
汜水县城隍庙记	明 陈万言	352
汉留侯祠记	明 高拱	353
重修少林寺记	明徽王 首阳子	354
创置学田记	明 安九域	355
古贤祠记	明 蔺完植	356

嵩阳记文(二篇)	明 傅梅	357
夏侯募习壮勇保城御寇记	明 王铎	358
禹州记文(二篇)	清 史廷桂	359
一、重建禹州明伦堂记		359
二、留侯洞记		360
建伊尹祠记	明 昌侯	361
李侯读书堂记	清 张光祖	362
嵩阳书院记	清 王日藻	363
嵩阳书院记	清 汤斌	364
嵩阳书院讲学纪事	清 张沐	365
密县记文(二篇)	清 韩继文	366
一、学宫碑记		367
二、惠政桥记		367
嵩阳书院讲学记	清 吴子云	367
嵩阳书院讲学记	清 林尧英	368
桧阳书院记	清 袁鲲化	369
释源大白马寺舍利塔灵异记	清 颖如琇	370
太和山元武台记	清 冉觐祖	371
嵩阳书院讲学纪事	清 窦克勤	372
重修少林寺记	清 傅景星	373
茨山书院记	清 胡浚	374
建杜工部祠记	清 张汉	376
汜水知县记文(二篇)	清 许勉燉	377
一、三山书院记		377
二、傅岩里商相祠堂记		378
沔阳良牧禹公传	清 方履	379
一峰禹先生传	清 张开东	380
创建西亳书院	清 朱续志	381
赵氏节烈记	清 马时芳	382
贞石记	清 韩城	383
偃师县镇民任天笃九世同居记	清 刘文徽	384
神垕山神庙记	清 周世子	385
汜水杂记(二篇)	清 谢益	385
一、养老引年记		386
二、节孝总坊记		386
屈子祠记	清 邵堂	386
设立二十保义学记	清 杨炳堃	387
圣水峪记	清 李统一	388

嵩阳老农(焚券行)	清 王诜桂	389
溪南柏记	清 刘馀佑	390
桧阳王孝子传	清 路璜	390
灾荒纪实	清 牛长庚	391
龙山书院记	清 赵五星	393

第五部分 游记文 395

黄帝游嵩	汉 司马迁	396
步出夏门行(组诗)	三国魏武帝 曹操	396
煌煌京洛行	三国魏文帝 曹丕	400
步出夏门行	三国魏明帝 曹叡	401
咏怀(二首)	三国 阮籍	401
河水	北魏 郦道元《水经注》节选	402
嵩山诗(二首)	唐 王维	404
送别诗(三首)	唐 李颀	405
夏日游石淙诗(组诗)		406
题嵩山逸人元丹丘诗(六首)	唐 李白	410
赠萧炼师	唐 许浑	414
游嵩山寄答文(二则)	宋 谢降	415
一、游嵩山寄梅殿丞书		415
二、又答梅圣俞书		416
嵩山纪行	宋 邵伯温	417
超化寺舍利塔	金 王庭筠	418
送郝讲师住崇福宫	金 元好问	419
追述嵩少之游(二首)	金 冯璧	419
送王生西游	金 赵元	420
赠陕西李廉使古意(二首)	元 卢挚	420
登嵩山记	明 薛正言	421
游少林寺	明 刘咸	422
游嵩记(二篇)	明 周叙	423
游嵩记	明 乔宇	425
游嵩山记	明 都穆	426
嵩游记	明 唐枢	427
游少林记	明 文翔凤	428
游嵩记	明 袁洪愈	429
宿暖泉寺游嵩山少林寺记	明 王世懋	429
嵩游记(二篇)	明 冯时可	432
游嵩岳	明 栗永禄	434

嵩游记	明 王士性	434
嵩少游记	明 周梦阳	436
游嵩山少林记	明 金忠士	438
龙门山观石像	明 公鼐	440
少林观僧比试歌	明 公鼐	441
游象极洞	明 傅梅	441
嵩游记（系列篇）	明 袁宏道	441
同傅元鼎游中岳	明 高出	445
游嵩山日记	明 徐霞客	446
游云岩宫记	明 马士芳	449
绥水随游记	清 田颖	450
登嵩高	清 耿介	450
雪后从偃师至登封度少室山崿岭	清 陈维崧	451
蜀道驿程记	清 王士禛	452
嵩游（二篇）	清 田雯	452
腊日踏雪少林	清 傅而师	454
嵩山游记（二篇）	清 冉觐祖	454
游中岳记	清 潘耒	457
嵩阳游记（二篇）	清 李来章	460
游三公石记	清 梁家蕙	462
成皋怀古	清 禹殿鳌	463
携友人登风后顶放歌	清 马时芳	464
石淙	清 魏源	464
游慈云寺	清 李友陶	466
古槐行	清 梁道奂	466
游箕山记	清 王庄临	467

第六部分 辞赋文 469

王子乔（乐府古辞）	汉 荀悦	470
贾谊赋文（二篇）	西汉 贾谊	471
一、吊屈原赋	西汉 贾谊	471
鵩鸟赋	西汉 贾谊	472
显志赋	东汉 冯衍	474
论都赋	东汉 杜笃	476
逐贫赋	西汉 扬雄	478
东都赋	东汉 班固	480
洛都赋	东汉 傅毅	483
东征赋	东汉 班昭	483

张衡赋文（二篇）	东汉 张衡	485
一、东京赋		486
二、归田赋		489
述行赋并序	东汉 蔡邕	490
箕山操	东汉 蔡邕	491
赠白马王彪	三国 曹植	492
洛神赋并序	三国 曹植	494
首阳山赋	晋 阮籍	496
琴赋序（节选）	三国 嵇康	498
思旧赋	魏晋 向秀	499
潘岳赋文（三篇）	西晋 潘岳	501
一、西征赋		501
二、怀旧赋		510
三、登虎牢山赋		511
蜀都赋	西晋 左思	511
文赋	西晋 陆机	514
郭璞赋文（二篇）	晋 郭璞	519
一、流寓赋		519
二、登百尺楼赋		520
江妃赋	晋 谢灵运	520
大槐赋	晋 庾倏	521
舞鹤赋	南朝宋 鲍照	522
河中之水歌	南朝梁武帝 萧衍	523
海赋	南朝梁简文帝 萧纲	524
释情赋	北朝北魏 李骞	524
测景台赋	唐 阙名	528
大唐天后御制诗书（三篇）	武周皇帝 武则天	529
大唐纪功颂	唐高宗 李治	530
少姨庙碑文	唐 杨炯	532
启母庙碑文	唐 崔融	535
嵩山天门歌	唐 宋之问	538
测景台赋	唐 范荣	538
潘尊师颂	唐 陈子昂	539
李白与岑勋、元丹丘对酒歌（二首）	唐 李白	540
一、将进酒		540
二、酬岑勋见寻就元丹丘对酒相待以诗见招		541
二气合景星赋	唐 裴度	542
山呼万岁赋	唐 张仲素	543

篇名	朝代	作者	页码
秋日宴石淙序	唐	张易之	544
东里子产赞	唐	李华	545
伯夷颂	唐	韩愈	545
嵩阳观夜奏《霓裳》	唐	白居易	546
洛川晴望赋	唐	白居易	547
伊尹五就桀赞	唐	柳宗元	547
山呼万岁赋	唐	韩镒	548
温洛赋	唐	郑宗哲	549
谢观赋文（二篇）	唐	谢观	549
一、周公朝诸侯于明堂赋			549
二、上阳宫望幸赋			550
府尹王侍郎准制拜岳，因状嵩高灵胜，寄呈三十韵	唐	尉迟汾	551
破窑赋	宋	吕蒙正	551
嵩岳十四韵	宋	魏野	552
秋声赋	宋	欧阳修	553
会圣宫颂	宋	欧阳修	554
岳神颂	宋	鲜于侁	556
达摩大师面壁赞	宋	苏轼	557
嘉禾颂	宋	李税	557
具茨颂	宋	黄庭坚	558
禹庙赋	宋	陆游	559
太室二十四峰诗	宋	楼异	560
少室山三十六峰赋	宋	楼异	563
秋望赋	金	元好问	565
（正宫）双鸳鸯·乐府合欢曲	元	王恽	566
僧拣公茶榜	元	释溥光	566
嵩山赋	明	刘咸	567
嵩阳赋	明	卢楠	568
达摩赞	明	陆树声	569
登少室	明	穆光胤	569
盐台万公迓启	明	文翔凤	570
嵩山二十四峰赋	明	曹琏	570
新增太室十二峰赋	明	傅梅	571
风穴赋并序	明	王尚絅	572
嵩山高	明	吴三乐	574
嵩山歌	明	张维新	574
轩辕关放歌	清	田雯	575
嵩阳书院歌	清	林尧英	576

瑞谷颂	清 张楠	576
洛川南望	清 王士祯	577
嵩赋（二篇）	清 耿介	577
嵩阳书院读书赋	清 窦克勤	578
望嵩楼赋	清 宋六经	579
汉封柏歌	清 顾嗣立	580
登嵩山华盖峰歌	清高宗 爱新觉罗·弘历	580
中岳赋	清 鲁曾煜	581

第七部分　故事小说文 …… 582

《周说》（二篇）	西汉 虞初	583
一、天狗		583
二、穆王田		584
子列子学于壶丘子林	《列子·说符篇》	584
壶子算命	选于《庄子·应帝王》	585
齐管妾婧	西汉 刘向	587
黄耳传书（典故）	选于《晋书·陆机传》	588
《搜神记》（三篇）	东晋 干宝	589
一、戴文谋疑		589
二、荥阳廖氏		590
三、野水氓妇		590
《世说新语》（三篇）	南朝宋 刘义庆	591
一、舍生取义		591
二、割席分座		592
三、顾荣施炙		592
郑善果母	选于《隋书·列女传》	593
李娃传	唐 白行简	594
骊山老母给李筌说《皇帝阴符经》	宋 陈元靓	602
嵩岳神受戒记	唐 许筹	603
嵩岳嫁女记	唐 施肩吾	605
裴铏小说二则	唐 裴铏	607
一、萧旷遇神女		607
二、封陟		611
僧侠	唐 段成式	614
崔玄微	唐 段成式	616
陈义郎	唐 温庭筠	618
崔书生	唐 牛僧孺	621
邓厂	唐 佚名	623

| 《朝野佥载》（二篇） | 唐 张鷟 | 624 |

　　一、宋之愻 625

　　二、金荆 625

《定命论》（二篇） .... 唐　赵自勤　626

　　一、所言皆中 626

　　二、命中注定 627

周秦行纪 .... 唐　韦瓘　628

李使君 .... 唐　康骈　632

苏无名 .... 唐　牛肃　634

杜光庭小说三则 .... 唐　杜光庭　636

　　一、裴沈救鹤 636

　　二、九天玄女 637

　　三、洛川宓妃 638

郑生 .... 唐　牛峤　638

从谏 .... 唐　皇甫枚　639

洛阳缙绅旧闻记（三篇） .... 唐　张齐贤　641

　　一、梁太祖优待文士 642

　　二、少师佯狂杨公凝式 645

　　三、齐王张令公外传 647

《太平广记》（三篇） .... 宋　李昉　650

　　一、郄鉴 651

　　二、裴玄静 654

　　三、薛玄同 655

绿珠传 .... 宋　乐史　656

《云笈七鉴》（二篇） .... 宋　张君房　661

　　一、边洞玄 662

　　二、缑仙姑 663

梁氏复仇 .... 金　元好问　664

元珪禅师为嵩神说法 .... 元　释觉岸　664

胡媚娘传 .... 明　李昌祺　667

盛名鬼谷出名相 .... 明　冯梦龙　670

新郑高都堂 .... 明　刘廷玑　673

义马助妇 .... 清　纪晓岚　674

《虞初新志》（二篇） .... 清　张潮　675

　　一、口技 675

　　二、核舟记 677

后记 679

前　言

嵩山古称太室、天室、崇山，居五岳之中，自古就是华夏民族所奉祀尊崇的名山，在历史上曾经有着至高无上的地位。以嵩山为中心的嵩山地域，是中国版图上一处古朴神奇、令人神往的地方。从地理位置上看，嵩山地域位于天下之中；从历史发展上讲，这里是黄河流域的腹心地带，是最早有着"中国"之称的中国核心，是华夏文明的主要发祥地。从考古工作的发现看，嵩山地域自旧石器时代以来，就是华夏原始先民们居住、生产、繁衍的最理想地区，夏商周三代皆定国都于嵩山周围，历经几千年的发展，逐渐形成中国古代文明的核心。嵩山地域是构成华夏文明的主脉与源头，她以独特的正统性、兼容性、连续性在华夏文明史上占据着重要的位置。

在中华文明发展史上，从黄帝统一中原部落始起，到夏、商、周的部族文化；从秦汉大一统国家的建立，到嵩山地域长期成为我国古代政治、经济和文化的活动中心，嵩山地域都占有不可取代的的源头与核心地位。在此地域产生的嵩山文化，是指孕育、产生、繁衍于以嵩山为中心及其周围的黄河、伊河、洛河、颍河上游流域，经历了距今1万～100万年之间的旧石器时代，经历了距今1万年～3600年之间的新石器时代的距今9000～7000年的裴李岗文化、距今7000～5000年的仰韶文化、距今5000～4000年的龙山文化、距今4000～3600年二里头文化的发展序列，以华夏先祖尊奉的"山"文化和"中"文化为渊源，以闻名天下的嵩山称号"神山""祖山"和"天地之中"为根本，以轩辕黄帝、华夏部族以及后来商周部族的文化系统为先导，涵盖了古代各历史时期的地质文化、山水文化、中原神话、神祇信仰、礼乐制度、三教源流、古国古城、行政区划、军事战争、文学艺术、文献典籍、民俗风情、少林武术以及姓氏、帝王、名人、建筑、教育、科技、青铜器、陶瓷、风水、灵异、碑刻、考古等多种传统文化元素的根基文化。如著名民俗学家丁慰南所说："嵩山文化的本体决不是某单一的文化现象的遗迹，而是我国几千年来历史上多种文化'元素'积淀融合而成的产物。"正因为嵩山地域在历史上占据着这么多文化元素的源头，故被当今考古、历史、政治、文化界称之为天地之中、文明之源、华夏之根。

一、嵩山地域是中华文明之源

在中国传统文化奠基期的先秦，嵩山地域是一个具有开拓文明、创造世界的地方。嵩山地域被中华民族尊为人文始祖黄帝活动的中心，这为"天地之中"的嵩山地域成为古代国家的中心奠定了基础。在嵩山余脉的风后岭周围，黄帝居轩辕之丘，号轩辕氏。在嵩山地域修德振兵、抚万民、度四方、融炎

帝一统天下,建都有熊(今新郑)。黄帝不仅出生、建都在这里,而且大部分的军事、政治、经济、文化、艺术的重大活动和科技发明创造也都在嵩山地域完成。黄帝带领先民们创文字、织丝帛、分州土、立朝市、定历律、制舟车、造器械,撰《内经》等等,创造了时为最先进的氏族文化,奠定了中华民族的根基,肇造了光辉灿烂的中华文明。据传说,上古时炎帝族从西北迁入黄河中游后,曾长期居住在嵩山附近的伊、洛河流域。炎黄族系的形成和发展,经历了漫长复杂的演变过程。在中原聚居的众多部族由于利害冲突,部族之间经历了长期的的侵吞、兼并、融合、斗争、战争,直到黄帝集团才开创了大一统的新时代,在中国历史上首次结束了各个氏族和部族林立的局面。

华夏祖先是一个被今人所说的"开拓者家族",出思想、出文化、出文学,在各个方面屡屡"为天下先"。《易·系辞》载:"河出图,洛出书,圣人则之。"传说伏羲时代,有龙马从黄河出现,背负河图;有神龟从洛水出现,背负洛书。而伏羲据河图洛书,"画八卦,造书契"。古代儒家认为《周易》和《尚书·洪范》即来源于河图洛书。

文字的产生是人类古代社会进入文明时代最重要的标志,龙山文化晚期时,从当时全国范围来看,只有在嵩山文化中出现了真正的文字。这就是在登封王城岗遗址中的龙山文化晚期一个灰坑里出土的一件泥质黑陶薄胎平底器外底上,发现了烧制以前刻划在陶胎上的一个"門"字。这已经不是符号,而是真正的文字。这是我国考古工作者发现的最早的文字,这个文字说明了此时的嵩山地域已经率先进入了文明时代。

嵩山属夏禹建国之区,后世有禹妻生启化为石的传说,故嵩山有启母石、启母庙、启母阙等遗迹。夏代作为国家诞生之始,大禹的名字在这里几乎家喻户晓,大禹治理洪水的事迹也广为流传。夏未建立前,禹是帝舜臣下的一个部落首长,居住在嵩山与箕山之间。大禹治水的神话传说是以嵩山为基础的,据《史记》记载:"禹之父名鲧,鲧之父名曰颛顼,颛顼之父名曰昌意,昌意之父名曰黄帝。"可见禹是黄帝的后裔,从黄帝到大禹都生活在嵩山地域,华夏民族从这里起步,他们的后代皆是"炎黄子孙"。在华夏民族发端时期,嵩山的地理位置、地质地貌、气候温度、土壤水文、农业生产、植物动物等自然环境和古人尊奉神灵的信仰及原始崇拜,都是这个民族生存壮大、文明形成发展的必不可少的条件。换言之,以嵩山为中心的嵩山文化和河洛文明,是中华民族文化的核心和源头,是构成华夏文明的重要组成部分。

夏朝之后出现了伟大的商朝。商朝作为夏朝的一个附属部落,后来到了商朝汤王时期已经壮大起来。夏朝统治末年,国君夏桀昏庸无道,残忍暴虐,统治黑暗,民众苦不堪言。商汤看到灭夏的时机已到,于是在伊尹的辅佐下,下令起兵,开始进攻夏朝。通过大大小小的几次战争,商军作战勇猛,迅速击溃夏桀的军队。商汤建立了中国历史上第二个奴隶制国家,自此在诸侯王中确立地位,成为天下共主。由此,商朝政治经济稳定,农业文化得以发展,青铜器的使用快速进步,甲骨文作为当时的文字日渐完善成熟。

通过商汤灭夏的几次战争,进一步加快了奴隶制社会的发展进程。商汤灭夏是中国历史上的一次重大事件,这是一次奴隶制国家政权的武力更迭,打破了君王永固的思想束缚。这一次事件被称为"商汤革命",这也是中国历史上的第一次革命,对后世影响深远。

约在公元前十一世纪时,周武王灭商以后,武王鉴于镐京偏在西土,不能有效地统治全国,尤其是为了有效地镇抚东方,遂决定在"天下之中"的嵩山地域营建新都,如西周成王时期的何尊铭文所述:"唯武王即克大邑商,则廷告于天,曰:'余其宅兹中国,自之乂民。'"周武王把中国古代象征王权的重器——九鼎,从商都迁到洛邑,即文献所载"武王克商,迁九鼎于雒邑。"周朝初期,天下仍处于纷乱不安的局面,经过周公平定内乱、创立封建制度及制礼作乐后,才奠定了周朝强盛的基础。以孔子、老子、墨子为代表的三大哲学体系,形成诸子百家争鸣的繁荣局面。公元前770年周平王东迁洛邑,从此洛邑城为东周时期首都。

正是有了周公的"制礼作乐",才有了国学大师王国维所讲的"自其果言之,则旧制度废而新制度兴"。周公借鉴于夏、商二代的礼乐传统,把夏商周三代的礼乐文化推向高峰。可以说,周代的礼乐文化是中国五千年文化史上出现的第一个形态较为完整的文化思想。在这个大的前提下,此后出现了孔子入周问礼,向老子请教礼乐制度方面的问题。春秋战国时期,各种思想学术流派的成就,与同期古希腊文明交相辉映。嵩山地域作为周王朝的中心地区,嵩山文化也发展成为周文化的一个重要组成部分。此时的嵩山文化依然处于中国古代文明的核心地位,这也是嵩山文化所具有的吸引力、凝聚力与融合力的表现。

中国古代文明发展初期,嵩山地域不仅是黄帝建国立都有熊(新郑)、帝喾以亳(偃师)为都的地方,而且还是夏、商、周的王都所在。夏禹开国建都阳城(登封),其子启都阳翟(禹州)及夏后期的夏都斟鄩(偃师。古本《竹书纪年》记载:"太康居斟鄩,羿又居之,桀亦居之。");商汤灭夏后建都于西亳(偃师)、商朝中期的仲丁隞都(郑州),西周东都洛邑(洛阳)与东周国都洛邑(洛阳)等一些重大事件的发生之后,这里一直都是国家政治、经济和文化的中心,成为名符其实的最早的中国。

当我们沿着时光的隧道,步入嵩山地域文明的千年圣殿,展现在我们面前的是古人们一个个惊人的壮举和智慧的结晶:从伏羲创造八卦衍生《易经》到洛汭出现神秘抽像的"河图""洛书",从黄帝统一华夏、建都于有熊,到帝喾继承帝位、成为天下共主、以亳邑(后来的偃师西亳)为国都;从大禹治水、建夏朝立国都于阳城,到商汤灭夏、以亳(偃师)为都城;从周武王灭商、选定天下之中、依靠嵩山来建立国家,到周公平定内乱、创立封建制度及制礼作乐;从汉武帝游嵩山、封嵩山脚下三百户人家为嵩山奉邑,到北魏孝文帝迁都洛阳、实行汉化政策;从隋炀帝建造隋唐洛阳城、修造大运河,到大唐文化的开放与兴盛;从民族英雄岳飞抗金于嵩山地域,到元世祖忽必烈完成全国大统一、创建了大元大蒙古国;从北宋皇帝大修中岳庙到清乾隆皇帝亲祭中岳……中华文明从远古中一路走来,先是有了以炎黄二帝为始祖的华夏先祖,后又溶入了鲜卑族极具阳刚之气的强悍,随着中华民族的融合与发展,原来与华夏族为主体的中华文明,有了与蛮夷、东夷、西戎、南蛮、北狄、匈奴、乌桓、林胡、乌孙、月氏、鲜卑、东胡、契丹、女真、蒙族等更多的少数民族的融合。这种融合形成了以汉族文化为主体,多民族文化共同发展的中国特色。从此,中华文明走向了健全平衡,走向了雄姿勃勃的强大。

佛教的传入,北魏时期孝文帝的汉化政策,中唐盛世文华诗颂的繁荣,女皇武则天登嵩山、封中岳的大功告成,北宋时期二程的伊洛理学,南宋时期的程朱理学,金元时期由禅宗高僧万松行秀和他的俗家弟子李纯甫创立的"以佛治心,以儒治国"的"孔门禅",宋明时期儒、道、佛的三教合一以及程朱理学一统天下等等,这些惊天动地的大事,这些可歌可泣的人物,已载入中华文明的光辉史册。在嵩山地域内所孕育的嵩山文化,不仅最先进入文明时代,而且以海纳百川、有容乃大的胸怀,吸纳和包容了各宗教、各国家、各少数民族的文化内容,一直是中国古代文明的核心,对中国古代文明,乃至世界文明作出了重大贡献。因此有人说,嵩山文化是中国传统文化的源头与核心,是华夏五千年文明的源泉与主脉。

在湍急的历史潮流中,在风云变幻的朝代更迭下,嵩山地域始终是人们聚集的中心。在这个历史文化核心区中,人们的精神家园始终生机盎然,思想的花朵无不争奇斗妍。许多闪烁在历史天空中的文学之星始终让自己的生命保持一份清高,他们在"文学盛殿"里挥毫淋墨,满怀激情地彰显生命的绚

丽,用自己燃烧的激情、睿智的思考、渊博的知识、文学的雨露,使嵩山地域深厚丰富的文物古迹、风景名胜更加闻名遐迩,声名远播。

二、嵩山文学是中国文学发展的缩影

"文学"一词,最早见于《论语·先进》:"文学子游、子夏。"据宋《论语疏》的解释,这里的"文学"是"文学博学"的意思,即泛指一般的文化学术。具体地说,先秦时代的所谓"文学",包括文、史、哲、经、教等各个方面的著作,其中只有少数是文学作品。当时已有诗的概念,但这个"诗"是专有名词,专指"诗三百"(后来汉儒奉为经典,称《诗经》)。《论语》中还出现了"文""文章"的概念,含义与"文学"相类似。到了两汉,由于散文和辞赋的发展,开始出现了文学和学术分离的趋势,学术著作被称为"学"或"文学",词章之作被称为"文"或"文章",贾谊、司马迁等散文家和辞赋家都被列为"文章家"。到了建安,文学受到高度重视,曹丕将"文章"提到了"经国之大业,不朽之盛事"的崇高地位,并提出了"诗赋欲丽"的看法,文学的特质开始受到作家自觉的重视,并用来规范自己的创作。因此,建安时代被鲁迅称为"文学的自觉时代"。从此,文学以独立的姿态登上了历史舞台。

此后,文学创作日渐繁荣,探讨文学问题的论文及专著日渐增多,文学观念越来越明晰,文学成为一个独立部门的时机也就越来越成熟。到南朝宋文帝时,开始设立文学馆,与儒、玄、史三馆并列。宋明帝时,将儒、道、文、史、阴阳五科分设。到齐梁时,文学作品在书目中开始同别的书籍分开,成为专门的一类。经过争论,"文"(诗赋)、"笔"(应用文及学术著作)也在这时有了明确的区别。总的来看,到此时,"文学"一名的含义已与现代人所理解的基本一样。这是一个了不起的进步。

嵩山文学是中华文明的重要组成部分,它的历史悠久,其起源,约略同中华文明的起源同步。漫长的历史上曾经产生出一代又一代的杰出作家、诗人和他们许多优秀的文学作品,出现了多姿多彩的体裁、题材及文学形式,内容极其丰富,这是一笔无比宝贵的文化遗产。在我国山脉民族文学之林,嵩山古代文学以无比辉煌的成就和无比鲜明的独特风貌,占有重要的地位。

嵩山作为我国古代文化的发祥地,其文学创作以上古神话为开端,诗歌、散文、小说的根皆在嵩山地域。

中国文学的首唱是诗。诗歌与音乐同源,《吕览·古乐》所记帝喾时的《九韶》《六列》《六英》等古乐,并称为"声歌",其实都是上古的歌曲。《吕览·音初》论音乐的起源时,把帝喾次妃有娀氏所作《燕燕往飞》称之为北音,禹之妃涂山氏婢所作《侯人兮猗》称之为南音,夏朝第六代国君孔甲所作《破斧之音》称之为东音,殷整甲(即夏后氏胤甲)徙西河,犹思故处,乃作西音。由于帝喾、大禹均立都于嵩山地域,因此四音实为上古的嵩山诗歌。

商周之际,四音化为十五国之风,西周设有采诗之官,采入庙堂,与庙堂之歌小雅、大雅、颂一起并称为"诗",经孔子删定后,称为《诗经》或《诗三百》,计305篇。《诗经》是我国文学的光辉起点,它的出现以及它的思想性和艺术成就,是我国早期文学发达的标志,在我国乃至世界文化史上都占有极高的地位。《诗经》具有鲜明的地域特征。《周颂》是一种宗庙祭祀用的舞曲,出于镐京。"二雅"乃朝廷的正声,是王畿之乐(西周都镐京,东周都洛邑及其周围地区)。风是诸侯各国的乐歌,其中大部分是周代民歌,是《诗经》的精华。"国风""风""周南"其名称大都标明了产生的地域,细细看来,有很多诗都出自于嵩山地域。

著名学者闻一多在《文学的历史动向》中指出:"对近世文明影响最深最大的四个古老民族——中国、印度、以色列、希腊,都在差不多同时猛抬头,迈开了大步,约在纪元前一千多年,在这四个国度里,人们都歌唱起来,并将他们的歌记录在文字里,留传到后代。在中国最早的诗歌总集《诗经》里最古的部分就是《周颂》和《大雅》。印度的《黎俱吠陀》,《旧约》里最早的《希伯来》,希腊的《伊利亚特》和《奥德赛》,都约略同时产生,而四个文化猛进的开端都表现在文学上。"

隋朝统一全国,隋炀帝迁都洛阳,南北诗风出现融合趋势。炀帝首创进士科,亲自作诗,以诗赋文学作为选拔官吏的依据,极大刺激了诗歌的发展,为后来唐朝诗坛的高度繁荣奠定了基础。嵩山以天下名山的威望成为唐代诗人聚集游览盛赞的地方,唐代李世民、武则天、李隆基和李白、杜甫、白居易、宋之问、韩愈、王勃、王维、岑参、李商隐、李贺等一大批著名诗人都曾游览嵩山,在观赏嵩山大美风景、探究大山神奇奥妙的同时,为嵩山地域留下了大量千古不朽的瑰丽诗篇。

我国最早的诗歌总集《诗经》和散文总集《尚书》,都是经过东周洛阳的朝廷史官整理编辑成书的。嵩山地域是中国古代歌谣特别是《诗经》中作品产生最多的地域。我国最早的哲学著作《易经》是文王拘囚在羑里(今河南汤阴)时整理推演而成。上古的神话宝库《山海经》是战国好奇之士根据当时流传最多的嵩山地域的神话资料编写而成。春秋战国时期的嵩山地域,涌现出一大批文化巨人,老子的哲学诗、庄子的散文、韩非子的寓言等既是中国文化的元典,也是中国文学的奠基之作。嵩山地域是中国文学的发祥地,嵩山的综艺文是嵩山文学中绚丽多彩的重要组成部分。

春秋时期,哲学家老子为官洛阳,在嵩山所著《道德经》,凡5000言,结构严谨,论理玄妙,想象丰富,词语精美。作为一本专题论著,它标志着诸子散文的出现,同时也标志着先秦论说文体的完全成熟。之后的诸子散文无不受其影响,战国时期的诸子散文佳作,如《庄子》《孟子》《韩非子》《荀子》等,莫不受《道德经》的影响。另外,成书于春秋时期的《国语·周语》,成书于战国时期的《战国策·东周》《战国策·西周》中的诸多篇章,也是嵩山地域散文的精品。秦丞相吕不韦招集门客所著《吕氏春秋》,是这个时期文化学术的总结,其中不少名篇是这个时期散文的杰出代表。

夏商周三代的国家都城都建于的"以嵩山为中心"的"毋远于天室"的嵩山地域,其历史文献结集为《尚书》。《尚书》不仅是文告、会议记录等应用文体的滥觞,其独特的贡献在于开了古代散文的先河。因此说,《尚书》是我国最早的散文集。在《尚书》篇章中,其结构和表现手法相当成熟,理所当然成为中国古典散文之祖。此外,记述周代历史的《逸周书》和嵩山地域出土的钟鼎铭文都是早期的优秀散文作品。

在嵩山地域的文学发展中,辞赋所取得的成就也令世人瞩目。历史上,除著名的汉赋和三国曹氏辞赋外,其他时期的辞赋也有很多好的作品。尤其是西晋以后,"骈文"兴起,并盛行于南北朝,奠基作家为移居洛阳的陆机。这一时期的著名作品有陆机的《文赋》、潘岳的《西征赋》、鲍照的《舞鹤赋》、谢灵运的《江妃赋》、李骞的《释情赋》、裴衍的《测景台赋》等。唐宋时期的著名赋文有唐朝武则天的《大唐天后御制诗书》、张仲素的《山呼万岁赋》、张易之的《秋日晏石淙序》、白居易的《嵩阳观夜奏"霓裳"》、《洛川晴望赋》等,宋金元明清时期有宋朝楼异的《太室二十四峰诗》、《少室山三十六峰赋》,欧阳修的《秋声赋》《会圣宫颂》,金朝元好问的《秋望赋》,明朝傅梅的《太室十二峰赋》、刘咸的《嵩山赋》、卢楠的《嵩阳赋》、曹琏的《太室二十四峰赋》,清朝耿介的《嵩高赋》《嵩阳书院双柏赋》,窦克勤的《嵩阳书院读书赋》,宋六经的《望嵩楼赋》,鲁曾煜的《中岳赋》,等等,都为嵩山文化增添了无比绚丽的文学光彩。

除散文之外,肇始于嵩山地域的还有小说。西汉小说家虞初(约前140~前87年),号"黄车使

者",洛阳(今洛阳东)人。汉武帝时为方士侍郎。《汉书·艺文志》著录小说15篇,其中包括《虞初周说》。班固注曰:"河南人,武帝时以方士侍郎,号黄车使者。"张汉《西京赋》曰:"小说九百,本自虞初。"《汉书·艺文志》著录小说共1384篇,而其中篇幅最巨者为《虞初周说》943篇,占全部小说的70%。《汉书·艺文志》曰:"小说家者流,盖出于稗官,街谈巷语,道听途说者之所造也。"东汉散文家仲长统主张"《百家》杂说,请用从火",要把小说全部烧掉。因此,虞初的小说《周说》也理所当然地在"从火"之列。由于虞初小说《周说》原书失传,其内容无考。据东汉人应劭所说"其说以周书为本",就是说虞初是根据《周书》写成小说《周说》。虞初根据《周书》写成的小说《周说》,大概类似于历史演义性质,或者可以说是通俗本的《周史》。班固的《汉书·艺文志》把《周说》列为小说类,把虞初列入小说家。

由于《周说》的失传,几乎所有的文学史都很少记载虞初的事迹和他的小说创作,鲁迅《中国小说史略》偶有所记,亦几近于《汉书·艺文志》。谭正壁编撰并于1934年出版的《中国文学家大辞典》载:"书虽不存,但因之被推为古代唯一小说作家。"所以,虞初的名字后来被当作小说的代名词。明人搜集《续齐谐记》和唐人小说8篇,刻为一书,命名为《虞初志》。《四库全书总目》作《陆氏虞初志》,直以"虞初"作书名。汤显祖有《续虞初志》4卷,邓乔林有《广虞初志》4卷,大抵搜集前人文章,非自撰写。清初张潮的《虞初新志》也是收集明末初人的文章,汇为一编,共20卷。后郑澍若有《虞初续志》12卷。各种"虞初志"都是短篇小说选集。在中国文学史上,虞初对小说创作的贡献是不可磨灭的。后世称虞初为小说创作的鼻祖,由此可见虞初及其《周说》在中国古代小说创作史上的非凡地位。

作为文学之根,从嵩山地域源出诗歌、散文、小说三大文学形式,从远古中一路走来,经过了百川汇流,以波澜壮阔的气势,一泻千里。走过先秦,走过汉魏,走过唐宋,树起了一次又一次的文学高峰。从当今散存的文化遗迹和如峰的圣典中,仍能明显地勾勒出嵩山古代文学的辉煌曲线。

三、嵩山文化源远流长

文学史上具有里程碑地位的汉魏文章、两晋文学、唐宋诗词及各种综艺文体皆繁盛于嵩山地域。嵩山文学从《诗经》与春秋的诸子散文,到明清小说,无不反映出中国文学的根脉相连。而先秦至唐宋,嵩山地域作为历代建都之地,我国政治、经济、文化的中心,为文学的兴旺与发达,提供了一个适以生存发展的的基础环境。因此,文学作为文化传播的媒介与载体,使我们仅从嵩山文学的发展,就可以看到中华文化的精神风貌与民族特征。一部嵩山文学史,就是中华文学史的缩影。

春秋战国时期,列国纷争,游说之士蜂起。在百家争鸣的政治文化环境中,产生了一批政治家和思想家,写作了大量以说理透辟、逻辑严密、言辞锋利、善用比喻为特点的论说散文,又称诸子散文。哲学家老子在嵩山著《道德经》,标志着诸子散文的出现。诸子散文各具特色:《论语》雍容和顺富有哲理性、《孟子》雄畅犀利富有鼓动性、《墨子》严谨朴实富有逻辑性、《荀子》淳厚前赡富有学术性、《韩非子》峻峭透辟富有政治性、《老子》玄妙精警富有思辨性、《庄子》汪洋谲怪富有浪漫性。在诸子散文中,文学性最强的当数《庄子》《孟子》《荀子》《韩非子》。与诸子散文辉映一时的,是以记言记事为主的历史散文。《左传》《国语》和《战国策》,或以年为序,或以国为别,多出于各国史官之手。其中许多优秀篇章,情节曲折,人物生动,剪裁得体,有很高的艺术性,如《左传》中的《郑伯克段于鄢》,或叙述激烈的战争进程,或表现统治集团内部的争斗,在叙事写人方面均很出色。《战国策》中的人物形象更有个性光彩,描写技巧愈加高明,是历史散文中文学价值最高的一部。

秦汉时期,嵩山地域散文的主要成就集中在政论散文和史传散文两个方面。禹州人"食河南,洛阳十万户"的秦丞相吕不韦所主编的《吕氏春秋》、西汉洛阳才子贾谊著的《过秦论》、《论治安策》、《论积贮疏》等,晁错的《论贵粟疏》,游学都城洛阳的东汉哲学家王充著的《论衡》等,都是这个时期政论文的杰出代表,其文章风格对唐宋政论散文产生了直接的影响。

除了政论文,班固《汉书》、许慎《说文》以及后来的陈寿《三国志》、郦道元《水经注》、杨衒之《洛阳伽蓝记》等皆为嵩山地域散文之佳作。而两汉散文成就最高的,是司马迁的《史记》。《史记》开创了纪传体这种以人物为中心的史书编写体例,它敢于批判、敢于歌颂的不虚美、不隐恶的实录精神为人们所称道。从文学的角度看,司马迁以饱满的情感和丰富的历史知识,塑造了一大批出身不同、性格各异的人物形象,使它成为我国传记文学的典范。这一时期,还出现了许多辞赋家,贾谊的《吊屈原赋》、《鹏鸟赋》,西汉末年杨雄的《逐贫赋》、班固的《两都赋》、班昭的《东征赋》、东汉蔡邕的《述行赋》、张衡的《二京赋》等都是汉赋的名篇,真正出现了"洛阳汉赋半天下"的盛况。

两汉文学中最有价值的是乐府诗中的民歌。两汉时期,带有民间文学特有的刚健清新风格的乐府诗步入诗坛。强烈的现实感是乐府民歌的重要标志,这直接影响了其后诗人创作的"乐府古题"及唐代"新乐府运动"。

魏晋时期,文坛巨匠"三曹七子"(三曹:曹操、曹丕、曹植。七子:孔融、陈琳、王粲、徐干、阮瑀、应玚、刘桢)继承了汉乐府民歌的现实主义传统,普遍采用五言形式,以风骨遒劲而著称,并具有慷慨悲凉的阳刚之气,形成了文学史上独特的"建安风骨"。无论是"曹氏父子"还是"建安七子",都长期生活在嵩山地域,这种俊爽刚健的风格是同嵩山文化密切相关的。

两汉时期嵩山地域的文学除了诗歌、散文之外,已经出现了小说。这就是以上所说的虞初所著的小说《周说》。据《汉书艺文志》记:汉武帝时,洛阳人虞初著《周说》943篇。书虽不存,但为小说之最早者。

隋唐五代时期,嵩山文学的各类体裁都达到了鼎盛。嵩山地域现存几千方唐代碑刻,这些碑刻文大都出自于唐代著名文学家之手。此外,嵩山诸多的道观寺庙,其碑文铭刻有极高的文学价值,如岑文本撰文的《龙门山三龛记》、唐高宗撰文的《大唐纪功颂》、杜甫撰文的《祭远祖当阳君文》、武则天撰文的《升仙太子庙碑》、裴漼撰文的《少林寺碑》,等等。除此之外,韩愈、白居易、张说、施肩吾、元结等诸多文学大家也写了不少有关嵩山的散文名篇。

这一时期嵩山地域出现的传奇小说即文言短篇小说,内容多为奇闻轶事,主要题材已不限于鬼神灵怪,还有爱情、历史和侠义等,反映面广,生活气息浓,展现了丰富多采、充满喜怒哀乐的人间风俗画面。本书所选的裴铏的《萧旷遇神女》《封陟》《孙恪》《赵合》《陶尹二君》《王居贞》《姚坤》,施肩吾的《嵩阳嫁女记》,段成式的《崔玄微》《僧侠》,温庭筠的《陈义郎》,牛僧孺的《崔书生》,高彦休的《杜牧》,王度的《古镜记》,康骈的《李使君》,张鷟的《宋之愻》,牛肃的《苏无名》,薛渔思的《叶能静》,韦瓘的《周秦行纪》等小说,写的皆是嵩山地域发生的故事,在当时的小说创作中非常突出。

唐代的嵩山地域,不仅是诗家荟萃、文才辈出之地,而且更重要的是东都洛阳成了文学求索革新运动的中心。以韩愈、柳宗元为首的古文运动,其影响之大,波及宋明。韩愈大力反对浮华的骈俪文,提倡作古文,一时从者甚众,后又得柳宗元大力支持,古文创作业绩大增,影响更大,成为文坛的主要风尚,文学史上称其为古文运动。以韩、柳为首的古文运动的胜利,树立了一种摆脱陈言俗套,自由抒写的新文风,大大提高了散文的抒情、叙事、议论、讽刺的艺术功能。这次古文运动主要是在文风、文

体、文学评议上求索革新,在文学演变上具有划时代的意义,是中国文学史上的一大创举。中唐以后,古文运动一度衰落。到了宋代,欧阳修再一次掀起了古文运动,与此后的王安石、曾巩、苏洵、苏轼、苏辙等人都在古文革新运动的影响下取得了各自的成就,后人将他们与唐代韩愈、柳宗元合称为"唐宋八大家"。

  北宋定都汴京开封为东京,陪都洛阳为西京,这里仍然不断聚集着一大批政治精英和文化名人,著名的有赵普、欧阳修、吕蒙正、王安石、司马光、李格非、李清照、程颢、程颐、邵雍、朱敦儒、梅尧臣、陈与义、尹洙、吕公著、文彦博等。西京留守推官欧阳修,在嵩山地域不仅写下了大量优美的散文,如《戕竹记》《养鱼记》《洛阳牡丹记》等,成为宋代洛阳早期的文学领袖。欧阳修与洛阳主簿梅尧臣、作家尹洙等共同引发诗文革新运动,实质同韩愈古文运动的精神与主张是一脉相承。宋代的文学家王安石、司马光、三苏、曾巩等人就是发扬和继承了欧阳修的诗文革新运动。曾寓居洛阳、嵩山,在此编著《资治通鉴》,并在洛阳成立文学组织"耆英会"的司马光,不仅本人写下了许多歌咏嵩山的诗文,而且还团结了一大批著名文人,成为宋代洛阳的又一文学领袖。其中,张齐贤、吕蒙正、范仲淹、陈尧佐、晏殊、宋庠、李格非、魏野、王洙、文彦博、欧阳修、邵雍、司马光、王安石、三苏(苏洵、苏轼、苏辙)、二程(程颢、程颐)、蔡襄、韩维、黄庶、吕公著、朱敦儒、梅尧臣、尹洙、范祖禹、黄庭坚、李鹰、晁说之、晁冲之、楼异、杨万里、王若虚、汪元量等许多文学家在嵩山活动期间,不但游览了嵩山美丽的风景名胜,而且还留下了大量的诗文。这些文学家和诗人的作品,在一定意义上都在推动着中国文学的向前发展。继唐诗之后,宋代诗文再次成为中国文学的又一高峰。

  宋朝南渡以后,随着政治、经济中心的迁移,嵩山文学渐渐沉沦,到元代更加落后于周边地区。但是,金元之际,避居嵩山地域的元好问成为一名特别注目的诗人。他在这里完成了不朽的诗评论《论诗三十首》。此后,兵连祸结,元好问流离嵩山地域间,写下了《少林药局记》《木庵性英诗序》等不少散文和大量的诗作,使之成为金代文学领军人物。

  金元时期,除元好问以外,嵩山聚集了一批文学家。著名的王庭筠、李子樗、赵秉文、耶律楚材、刘从益、李纯甫、元好问、雷渊、李献能、李献卿、刘昂霄、冯璧、赵元、刘祖谦、张仲寿、萨都剌、王沂、许有壬、王益、张维谨、李谦、王国仁、郑冲霄、杨奂、梁宜等常交游于嵩山地域,这些人不但是儒学家,而且重文学,善诗作,他们在一起为文法庄周、列御寇、左氏、战国策,或谈儒佛异同,或论文作诗,并与嵩山少林寺的万松行秀、木庵性英、东林志隆等禅僧士子多有交往。活动之中,大都写有诗文,著名的有耶律楚材的《和少林和尚诗》,赵秉文的《嵩山承天谷》《留题崇福宫》,元好问的《少林药局记》,李纯甫的《重修面壁庵记》《新修雪庭西舍记》,李廷训的《白龙潭圣水感应记》,李子樗的《中岳庙记》,冯璧的《雨后看并玉所控诸峰》等等,都是这一时期在嵩山完成的。

  明清时期,有更多的文化名人前来嵩山朝圣,除了嵩山本土文化名人和诗人的诗外,还有许多客居嵩山,或到嵩阳书院传播儒学,或出游于嵩山的著名儒学家、文学家、诗人与他们的作品。嵩山文学的成就主要体现在诗文的创作上,大量的山水、怀古、古迹名胜诗,名人诗的出现,极大丰富了嵩山文化的诗情画意。而随着许多诗人诗集的印刷与传阅,表明嵩山的古诗创作也达到了前所未有高峰。其中,高启的《扣舷集》,乔宇的《游嵩集》、李梦阳的《空同集》《空同子集》、李化龙的《李于田诗集》、袁宏道的《华嵩游草》、吕维祺的《敬学诗》,阮汉闻的《太冲集》、温新的《大谷集》,温秀的《中谷诗集》,叶封《嵩游集》,王鑨的《红药坛集》,王又旦的《黄湄诗选》,张调元的《诗文类纂》,张沐的《诗经疏略》,焦复亨的《洛阳秋》,等等,均是嵩山古诗中的代表作。除诗集之外,诗人创作的单诗、组诗以及诗人在一起诗唱诗和的群诗,数量大,文学性强,在内容上更是丰富多彩。明清时期的嵩山诗作虽风格各异,但无不言之有物,直抒己见,深得嵩山民歌之风韵。

明清时期的嵩山散文也呈现出百花盛开、争奇斗艳的局面。其中,有关嵩阳书院的散文就非常突出,如不同人所写的《嵩阳书院记》《嵩阳书院讲学纪事》《嵩阳书院讲学记》《创建嵩阳书院专祀程朱子记》,《嵩阳书院藏书记》;不同人写的各种儒学讲义,如《理学正经》《性理要旨》《中州道学编》《孝经易知》《五经杂录》《老子集解》《庄子注》《理学标正》《嵩阳考稿》等理论文章,通过散文这个窗口,就可以看到到嵩山地域的书院在明清时期的教育、师生、资产、发展程度等状况。此外,大量的游记、诗赋也是嵩山散文中的一大亮点,著名的有曹埏的《嵩山二十四峰赋》、刘咸的《嵩山赋》、卢楠的《嵩阳赋》、薛正言的《登嵩山记》、薛惠的《嵩丘歌》、周叙的《游少林记》、薛瑄的《游龙门记》、都穆的《游嵩山记》、张维新的《嵩山歌》、冯时可的《嵩游记》、周梦阳的《嵩少游记》、金忠士的《游嵩山少林记》、公鼐的《龙门山观石像》、袁宏道的《嵩游记》、徐霞客的《游嵩山日记》、鲁曾煜的《中岳赋》、傅梅的《新增太室十二峰赋》、耿介的《嵩赋》、冉觐祖的《游嵩顶记》、宋六经的《望嵩楼赋》、李来章的《同观汉柏记》、窦克勤的《嵩阳书院读书赋》、乾隆皇帝的《登嵩山华盖峰歌》等,这些闪耀着作者的激情之光,荡漾着作者智慧之灵,彰显着作者真情实感的记叙类散文的相继出现,为嵩山的风景名胜染上了一抹靓丽的色彩,赋予了深厚的文化内涵。阅读这些大量的嵩山综艺诗文,给我们最大的感觉就是嵩山太幸运了,作为一座自然的山脉,能有这么多的名人前来游览,并为它赋文诗唱,颂歌礼赞,这种特有殊荣和待遇,在全世界的山脉中也是极其少见。

这一时期在嵩山地域活动的文学家和诗人有明代的薛正言、黄承玄、曹埏、乔宇、都穆、文翔凤、王应鹏、冯时可、粟永禄、傅梅、袁宏道、高启、王铎、区大相、徐霞客、刘咸、卢楠、高出、周叙、穆光胤、薛惠、吴三乐、李化龙、唐顺之、张维新、王尚絅、傅梅、徐学谟、薛瑄、蔺完植等,有清代的耿介、窦克勤、李来章、冉觐祖、王士祯、鲁曾煜、王日藻、汤斌、张沐、许勉燉、田雯、叶封、阎兴邦、郭瑛、郭文华、傅而师、张龙甲、王又旦、梁家蕙、吴子云、林尧英、吕履恒、高一麟、张汉、陈维崧、顾嗣立、桑调元、焦钦宠、景日昣、牛瑄、席书锦等,他们或到嵩阳书院讲学,或到嵩山地域当差,或到嵩山地域办理公务,或到嵩山游览名胜,或到别处从此路过,或在嵩山以诗会友,正是这些源源不断的文化名人由于对嵩山的热爱和拥戴,在游览观景的同时,为嵩山留下了大量的千古文章与诗唱,使这座神奇奥秘的自然山脉闪耀出超凡脱俗的人文光辉与魅力。

在小说创作中,李绿园的长篇小说《歧路灯》是清代文学的代表作品之一。该书108回,60余万言,记述了一个书香门第子弟谭绍闻从堕落到改邪归正,又在忠仆王中的帮助下浪子回头重振家业的故事。全书人物众多,中原俚语风情尽入书中,有很高的思想性和艺术性,被誉为中国古代第一部长篇教育小说。

源远而流长的嵩山综艺诗文是中国几千年来人民智慧的结晶,是东方文化的瑰宝,是民族文化的精华。它不仅广泛而真实地再现了古代劳动人民的社会生活和思想感情,而且还承载着中华民族优良的传统道德规范,既是综艺作品的范文,又是思想道德修养的文献。纵观嵩山综艺诗文发展史,可以看出,嵩山综艺诗文在中国文化的历史长河中长期开拓着主流文化的航道,成为中国综艺大树的主干。

嵩山古代综艺文以关心国家统一的爱国主义精神,关心人民疾苦的人道主义情怀,忧国忧民的忧患意识为主要特征,几乎涵盖了各个历史时期的优秀作品,从先秦诗歌、诸子散文、历史散文到秦汉赋文,从魏晋南北朝的小品文,至唐宋古文诗词,直至明清诗文,方方面面,涉猎极为广泛,文以载道,道在文中,这些古老的语言文字直接承载了中华民族的优秀传统道德文化:华夏先祖不惧恶魔、敢于战天斗地的大无畏精神,"劳动创造生活,人民创造世界",精忠报国,慷慨赴死不低头的钢铁般的意志,尊老爱幼的仁爱,自力更生、自强不息的进取,勤俭节约、艰苦奋斗的生活,"舍生取义"的献身,对祖国大美山河的热爱咏唱,崇尚自然,天人合一的理念等等,千百年来这些作品感染和激励着世世代代的炎黄子孙,为后人提供了取之不尽、用之不竭的精神动力,形成了一以贯之的优良传统,这种优良传统是嵩山后人的传家宝,它将在一代又一代的嵩山人中传承创新,发扬光大。

文化是一个地方的名片,嵩山地域的城乡原野无处不涵泳着文化的灵魂,无处不彰显着文学家的追求与汗水。如今这些优秀的嵩山综艺诗文早已与嵩山融为一体,其自然与人文的存在一如它的奇峰连绵、流水相间,既有自然山脉的高大巍峨,又有文学山脉的浪漫隽永,纵然历经天地间的斗转星移,越过人世间的千年轮回,嵩山依然文苑繁茂、万古风流。

凡 例

一、"嵩山文化大系"是在河南省民间文化遗产抢救工作委员会的领导和关怀下立项编写的。目的是帮助读者了解、研究嵩山的历史状况,以促进嵩山地域的政治、经济和文化的发展。

二、本书所写的范围为"嵩山历史文化核心区",其地域的划分是以嵩山为中心,其所涉及的面积主要涵盖了以嵩山主要位置区的登封以及嵩山余脉的所在地伊川、偃师、巩义、荥阳、新郑、禹州、新密、汝州9个县(市),以及为邻的古都郑州市和古都洛阳市,也就是被史学界、考古界、地学界所说的"嵩山文化圈",书中简称"嵩山地域"或"嵩山地区"。

三、古人的文体分类只是文章的分类,它一般不从文学与非文学性着眼。直至"五四"新文化运动以来,才把文学性文体分成诗歌、小说、戏剧、散文四大类。为了全面反映我国古代文体在嵩山地域的历史发展状况,故此书的选编,主要以综艺诗文为目标,以代表嵩山地域各时期的综艺诗文作品为选编对象。

四、本书所选作品,以作者和作品与嵩山地域的关系为目标:生长于嵩山地域作者的作品;外地作者写嵩山地域的人、事、名胜的作品;嵩山地域有史料记载的综艺诗文。

五、本书所选文章,有的有译文,有的没有译文。现在书中的译文都为古汉语专家所译,有很多古文没有现成的译文,因担心一本书中不同文章所译水平的差别,所以,对于没有古汉语专家翻译成译文的古文,不再配发译文。

六、本书中所说的古代洛阳,为洛阳京畿辖域,而非今日的洛阳。其大致范围是:南始中岳嵩山,北至太行王屋,东及虎牢,西迄函谷。按现在的区划是南达临汝、登封,北至济源,东及荥阳、巩义,西迄三门峡陕县、灵宝。

七、因为考虑本书是一个综艺诗文的作品选集,牵涉到各历史时期的社会面问题,所以书中有的是文学作品,有的是记叙文、论说文、公文,也有的是民间实用文。文章庞杂,但还是尽量按体裁分类,尽量将一种体裁放在一起,从而可以观览这种体裁的写作特点、整体面貌及发展变化。

八、本书所选文章除按体裁分类外,各类文章的排列顺序一律按作者出生年代的先后进行排列。作者无出生年代的,一般按文章写作时间进行排列。

九、对于本书中不同文章的同一作者或同一景观的简介或叙述,在后面文章均以注明作者简介或景观简介见××文。

十、本书的文章大都选自史料与典籍,对于文中所缺的字,编者仍按原始遗存面貌选录。书中选用碑文中有"□"符号的,大多因为年代久远,碑文刻字已漫漶不清,对于无法辨认的文字,就以"□"

来代替。

十一、有些文章实在查不到作者信息的,在"作者作品"一栏中不再叙述。

第一部分　史传诗文与论说文

　　史传诗文也叫历史散文。主要有编年体、纪传体、纪事本末体。史传诗文有诏令、诗、铭、经、颂赞等。诏令这类文章是皇帝写给臣民的书信,有命令性质的,如汉武帝刘彻的《加增太室祠诏》,北魏宣武帝的《答裴衍诏》;铭是用于规戒的,大多是用来戒勉自己的,如黄帝的《金人铭》,清代窦克勤的《辅仁居铭》、孙钦昂的《李修馆先生德教铭》、牛瑄的《留余匾铭》等。

　　论说文亦称议论文,目的在于论说或议论一种观点。论说、议论的过程包含阐明事物道理以及对别的观点的驳斥。论说文的文章要求有明确的论点,有可信的论据,有严密的论证。政论、文论、史论、学术论文等都属于论说文。

　　论说文是一种直接说明事理、阐发见解、宣示主张的文体。它的中心在于"事理""见解""主张",它的表达方式主要是论说。"说明事理""阐发见解""宣示主张",都是为了"答疑解难",也就是为了回答问题、解决问题。广义地说,论说文所回答的问题是无所不包的,大至宇宙天地、社会人生;小至一事一物、一言一行,任何问题都可以"论",都可以"说"。论就是论述,说就是反驳。它包括哲学论文、政治论文、史学论文、文学评论等。这类文体一直传下来了,古今没有大的区别。论说文从表现手法分,又可分为二类:一类是以论述为主的,如贾谊的《过秦论》。另一类是以反驳为主的,如高拱的《郑声辩》。

　　论说类文体中有奏议、书说等,这类文章是封建时代臣子给皇帝的书信。有表、书、疏、事等名称,如宋代晁错的《论贵粟疏》、苏轼的《上梅直讲书》等。它的内容有的是对皇上有所劝谏,有的是对国家大策有所建议,有的是弹劾某一人臣的。书说的"书"就是指一般的书信。如《苏秦以边横说秦》中的大篇言辞就属于这一类。作者通过摆事实、讲道理、辨是非等方法,来确定其观点正确或错误,树立或否定某种主张。论说文应该观点明确、论据充分、语言精炼、论证合理、有严密的逻辑性。

　　春秋战国时期,论说文已经发展到了相当完备的阶段。所谓"诸子百家"都属于论说文的范围。当时的论说散文主要有两种形式:一是语录,如《论语》《孟子》主要是记录孔子、孟子平常的言论。这种论说文基本上没有完整的篇章结构,每篇的题目并不等于论题,与文章的内容没有什么内在的联系。如《论语》第一篇"学而"即取第一句话。子曰:"学而时习之"中的"学而"两个字,与全篇内容无关。另一种是论文集,如《墨子》《庄子》《荀子》《韩非子》《吕氏春秋》等,我们学过这些集子里的文章,这些文章都有正式的题目,每一篇文章有明确的主题,文章的结构、层次、开头结尾都很讲究。从秦汉开始,论说文有了新的发展,出现了大量的单篇论文,体裁也趋向多样化。

常见的论说文有论、说、表、书、疏、辨、原、寓言、书信、赠序、奏议、社论、宣言、声明、报告、演讲、评论、按语、杂感、论文等等。它们都具有论说文的一般特点,但在内容章法、行款格式上又各有其特殊性。论说文不同于记叙文以形象生动的记叙来间接地表达作者的思想感情,也不同于说明文侧重介绍或解释事物的形状、性质、成因、功能等。总而言之,议论文是以理服人的文章。

金人铭
远古 黄帝

[原文]

我古之慎言人也。戒之哉!戒之哉!无多言,多言多败。无多事,多事多患。安乐必戒,无行所悔。勿谓何伤,其祸将长。勿谓何害,其祸将大。勿谓无残,其祸将然。勿谓莫闻,天妖伺人。荧荧不灭,炎炎奈何?涓涓不壅,将成江河。绵绵不绝,将成网罗。青青不伐,将寻斧柯。诚不能慎之,祸之根也。曰是何伤,祸之门也。强梁者不得其死,好胜者必遇其敌。盗怨主人,民害其贵。君子知天下不可盖也,故后之下之,使人慕之。执雌持下,莫能与之争者。人皆趋彼,我独守此。众人惑惑,我独不从。内藏我知,不与人论技。我虽尊贵,人莫害我。夫江河长百谷者,以其卑下也。天道无亲,常与善人。戒之哉!戒之哉!

[作者作品]

轩辕黄帝像

黄帝(前2717~前2599年),古华夏部落联盟首领,中国远古时代华夏民族的共同祖先。五帝之首。被尊为中华"人文初祖"。其父亲少典为有熊国君,黄帝本姓公孙,因居轩辕之丘,故号轩辕,后改姬姓,国号有熊(今新郑),故亦称有熊氏。史载黄帝因有土德之瑞,故号黄帝。黄帝以统一华夏部落与征服东夷、九黎族而统一中华的伟绩载入史册。黄帝在位期间,播百谷草木,大力发展生产,相传有很多发明创造都创始于黄帝时期,如养蚕、舟车、文字、音律、医学、算术,等等。

[相关史料]

《金文铭》载刘向《说苑·敬慎篇》:"孔子之周,观于太庙。左陛之前,有金人焉。三缄其口,而名其背曰"云云,《孔子家语·观周》所载与此大致相同,很可能就抄自《说苑》。刘向在汉成帝河平三年(公元前26年)以光禄大夫之职受诏校经传诸子诗赋,遍览皇室藏书,所著《说苑》保存了大量先秦史料。据学者考证,《金人铭》即为《黄帝铭》六篇之一。以《金人铭》对照《老子》,颇有共通处。纵观通篇内容,就是强调少言慎言,韬光养晦。其实这与孔子的思想也很相通,孔子主张"敏于事而讷于言",痛斥"巧言令色"之徒,孔子弟子子张问做官之道,孔子教导他"多闻阙疑,慎言其余,则寡尤;多见阙殆,慎行其余,则寡悔。言寡尤,行寡悔,禄在其中矣。"可见《金文铭》对孔子的影响之深。

[译文]

我是古代的慎言人,要警戒!要警戒!不要多说话,多说多败。不要多事,多事多难。对于安乐,必须警戒。不要做后悔的事。不要说没关系,它的祸患将会很长。不要说没害处,它的祸患将会很大。不要说没有伤害,它的祸患即将产生。不要说没听到,上天在窥视着你。荧荧如豆的小火不熄灭,变成烈火将怎么办?涓涓的细流不堵住,将积成江河。细小的丝线绵绵不绝,将会变成网罗。青青的小苗不砍掉,将会变成大树。如果真的不谨慎对待它,那是祸根。说这有什么关系,是祸门啊!强横的人不得好死,好胜的必定遇到他的敌手。强盗怨恨主人,人们妒忌他的尊贵。君子知道天下是盖不住的,故处于天的后面、下面,使人羡慕。保持柔弱,保持低下,没有人能跟他争。人们都往那里去,我独守在这里。众人迷惑盲从,我独不从。我的内在的才能,我是知道的,不跟别人比较技艺的高低。我虽尊贵,人们不妒忌我。那江河之所以能成为百谷的尊长,是因为它低下。天道没有亲疏,常常施福给善人。要警戒!要警戒!

阴符经

黄帝时期

[原文]

观天之道,执天之行,尽矣。故天有五贼,见之者昌。五贼在心,施行于天。宇宙在乎手,万化生乎身。天性、人也。人心,机也。立天之道,以定人也。天发杀机,移星易宿;地发杀机,龙蛇起陆;人发杀要,天地反覆。天人合发,万变定基。性有巧拙,可以伏藏。九窍之邪,在乎三要,可以动静。火生于木,祸发必克。奸生于国,时动必清。知之修炼,谓之圣人。

天生天杀,道之理也。天地万物之盗,万物人之盗,人万物之盗。三盗既宜,三才既定。故曰食其时,百骸理,动其机,万化安。人知其神之神,不知不神之所以神也。日月有数,大小有定,圣功生焉,神明出焉。其盗机也,天下莫能见,莫能知。君子得之固躬,小人得之轻命。

瞽者善听,聋者善视,绝利一源,用师十倍。三反昼夜,用师万倍。心生于物,死于物,机在于目。天之无恩而大恩生。迅雷烈风,莫不蠢然。至乐性愚,至静性廉,天之至私,用之至公。禽之制在气,生者死之根,死者生之根。恩生于害,害生于恩。愚人以天地文理圣,我以时物文理哲。人以愚虞圣,我以不愚虞圣。人以奇期圣,我以不奇期圣。故曰沉水入火,自取灭亡。自然之道静,故天地万物生。天地之道浸,故阴阳胜。阴阳相推而变化顺矣。是故圣人知自然之道不可违,因而制之。至静之道律历所不能契。爰有奇器是生万象。八卦甲子,神机鬼藏,阴阳相胜之术,昭昭乎进乎象矣。

[作者作品]

据说《阴符经》是唐朝著名道士李筌在嵩山少室虎口岩石壁中发现的,此后才传抄流行于世。唐朝李筌《黄帝阴符经疏序》:"少室山达观子李筌,好神仙之道,常历名山,博采方术。至嵩山虎口岩石壁中,得阴符本,绢素书,朱漆轴,以绛缯缄之,封云:'魏真君二年七月七日,上清道士寇谦之藏诸名山,用传同好。'其本糜烂,应手灰灭。

《阴符经》,全称《黄帝阴符经》或《轩辕黄帝阴符经》,也称《黄帝天机经》,总共只有400多字。李筌分为"神仙抱一之道""富国安人之法""强兵战胜之术",全书以隐喻论述养生,愚者不查谓兵法权谋等说或谓苏秦之"太公阴符之谋"皆离旨甚远。如《纯阳演正孚佑帝君既济真经》,通篇全部以军事

术语写成,不知者初见会认定是一篇兵书。

《阴符经》旧题先祖轩辕黄帝撰,因而有题称伊尹、太公、范蠡、鬼谷子、张良、诸葛亮等注解。但最早给它写注的李筌说是寇谦之所传并藏之于名山,这些都是传说,现代学者认为是北朝的人所写,而且最初与道教无关。事实在唐代,《阴符经》没有受到主流道教的关注,虽然李筌之后,张果也曾经作注,柳公权有《阴符经》的书法作品,但直到唐末五代杜光庭注《阴符经》,这部经才算正式被道教吸纳,因为它不是由道教内的人写的,那么被道教接受就需要一个过程。但是之后,内丹学和宋明理学都比较看重这部经,甚至认为这部经可以跟《老子》相比,所以后来《阴符经》地位比较高。

[相关史料]

《阴符经》的内容,各家看法并不一致,悬殊很大。有的认为它是谈道家修养方法的书,但其中又有谈"道"和谈"丹"之分;有的认为它是纵横家的书,所谈都是权谋术数;也有人认为它是兵家的书。比较来说,以第一种看法为多,因为在《阴符经》上篇中是很清楚地说出"知之修炼是谓圣人"。可见它的宗旨所在,是说道家的修养方法,主要是"观天之道,执天之行",并认为能够做到这一点就可以"宇宙在乎手,万化生乎身",也就是掌握了长生久视的自主之权。宋代的学者,像周敦颐、程颐、程颢、朱熹他们都很喜欢《阴符经》,对这一部书十分推重。但当时也有一些学者则不同意他们的看法,如黄震说:"经以符言.既异矣;符以阴言,尤异矣"。又说它"言用兵而不能明其所以用兵,言修炼而不能明其所以修炼,言鬼神而不能明其所以鬼神,盖异端之士掇拾异说而本无所定见者,此其所以为阴符欤!"

[译文]

看上天运行的轨迹,做上天赋予的使命,(万事万物的奥妙)就尽了。天有金木水火土(五行相克),看见的人会昌盛。五行在心中体会,施行合天的行动。这样,宇宙虽大,仍在一掌之中(天地都来一掌中),千变万化,不出一身之外(人身为一小天地)。上天之性是人的根本,人心却是诈伪。所以要以上天之道来定人心。上天若出现五行相克,就会使星宿移位;大地若出现五行相克,就会使龙蛇飞腾;人体内若出现五行相克,就能使小天地颠倒。倘若人能顺应自然而同时发生五行相克,就能使各种变化稳定下来。人性虽有巧有拙,却可以隐藏起来。九窍是否沾惹外邪,关键在于耳、目、口三窍之动静。三窍动则犹如木头着火,灾祸发生必被攻克;如国有奸邪,时间一到必致溃亡。懂得如此修炼,称为圣人。

生死循环,道的理论。万物顺应天地之规律而自然生长;人利用万物而富足;万物依靠人而昌盛。只要天地、万物与人之间各得其宜,那么它们就会安定下来。所以说:休养要遵循时令,身体才会得到调理;行动要把握时机,万物才会变得安定。人们只懂得"盗"的神妙莫测而以为神(世人只知偷盗不被查觉,谓之'神'),却不知"盗"不神妙莫测才是最神妙莫测的(却不知顺天地、万物之规律而公开盗之,方为'神')。要知道,太阳与月亮各有规律,大与小都有定规,只有懂得这些道理,才会有大功产生,才会有神明护佑。这些"盗"的机巧是天下之人所不能见、所不能知的。有悟性的人得到它,就会躬行(能顺应自然);无悟性的人得到它,却会丧命(因违法偷盗)。

眼盲者善长听,耳聋者善长看。(因此,如果能)断绝或助利其一(或眼或耳),就会增强十倍之能力;如果能每天断绝耳、目、口(勿听、勿视、勿言),就会增强万倍之能力。心因万物而躁生,因万物而寂灭,关键在于眼。(要知道,)上天不施恩德(无声无言),(因)而能产生大恩德;(而)响雷暴风(指外物)只会使万物发生骚动。至乐在于知足,至静在于无私。上天因无恩而至私,故能大恩而至公(施惠于万物)。统摄的法式在于调和其气。生为死之根源,死为生之根源。利因害而生,害亦因利而生。

— 4 —

愚昧之人常以懂得天地之准则为智慧,我却以遵循时令、洞悉外物为聪明;俗人以欺诈为智慧,我却不以欺诈为聪明;俗人以奇异为智慧,我却不以奇异为聪明。所以说:(以欺诈与奇异行事,)如水入火,自取灭亡。自然之道为静,所以能生天地万物。天地的运行遵循自然,所以能使阴阳相胜。阴阳相胜相生,则变化和谐。所以,圣人懂得自然之道不可违背,因而制订了各种法则。然而,至静之道是乐律和历法所不能契合的。于是就有了奇妙的《易》,它产生了各种象征,是以八种卦象为本,并贯以六十甲子,来演化种种玄机的。这样一来,阴阳循环相生也就能很清楚地蕴涵于各种象征之中了。"(最后这几段是宋明理学家或内丹家所加,意在尊孔易(周易)贬老道(归藏))。

握奇经
风后(黄帝时期)

[原文]

八阵四为正,四为奇。余奇为握奇,或总称之。先出游军定两端,天有冲圆,地有轴,前后有冲,风附于天,云附于地。冲有重列各四队,前后之冲各三队。风居四维,故以圆。轴单列各三队,前后之冲各三队。风居四角,故以方。天地(应为居)两端,地居中间,总为八阵。阵讫,游军从后蹑敌,或惊其左,或凉其右,听音望麾,以击四奇。

天地之前冲为虎翼,风为蛇,蟠围绕之义也。虎居于中,张翼以进。蛇居两端,向敌而蟠以应之。天地之后冲为飞龙,云为鸟翔,突击之义也。龙居其中,张翼以进,鸟掖两端,向敌而翔以应之。虚、实、实二垒,皆逐天文、气候、向背、山川、利害,随时而行,以正合,以奇胜。天地以下,八重以列,或曰握机。望敌即引其后以犄角,前列不动,而前列先,进以次之,或合而为一,因离而为八,各随师之多少,触类而长。

风 后

天或圆而不动,前为左,后为右,天地四望之属是也。天居两端,其次风,其次云,左右相向是也。地方布风云,各在后冲之前。天居两端,其次地居中间。两地为比(应为北)是也。纵布天一,天二次之;纵布地四,次於天后;纵布四风,挟天地之左右。天地前冲居其右后,冲居其左,云居两端,虚实二垒,则此是也。

[作者作品]

风后,中国古代传说人物,据说为黄帝的宰相,于诸臣中位居首席,与黄帝是亦师亦臣的关系,精通天文历法及兵法。

《握奇经》,又名《握机经》《幄机经》,中国古代关于八阵布列的兵书。相传其经文为黄帝臣风后撰,姜尚加以引申,汉武帝丞相公孙弘作解。

上古歌谣(二首)

[作者作品]

上古时期的民歌、民谣,是民间文学的一种。我国古代,以合乐为歌,徒歌为谣。上古歌谣是先民表达思想、抒发感情、促进生产的重要工具,是在生产力极为低下的原始时代产生的,是出现最早的文学样式。按题材内容,可分为劳动歌谣、祭祀歌谣、图腾歌谣、婚恋歌谣、战争歌谣等。它们具有集体性、综合性和再现生活的直接性,词句简朴,节奏流畅,以赋为其主要表现手法。

一、弹 歌

[原文]

断竹、续竹、飞土、逐宍。

[相关史料]

《弹歌》相传为黄帝时代的作品,反映渔猎时代的劳动过程。弓箭的发明是人类摆脱蒙昧时代的重要标志。恩格斯说:"弓箭对于蒙昧时代,正如铁剑对于野蛮时代和火器对于文明时代一样,乃是决定性的武器。"我国弓箭的发明很早,有所谓"少昊生般,是始为弓";"羿作弓"。其实弓箭的发明不是个人创造,而是原始人在漫长的时代中智慧和经验的积累。这首短歌流露着原始人对制造灵巧工具的自豪和喜悦,也表现了他们获取更多猎物的渴望。

[译文]

砍伐竹子,用砍伐的竹子来制作弹弓,用制作的弹弓装上土丸,进行射击;射击鸟兽获得食物。

二、卿云歌

[原文]

卿云烂兮,糺缦缦兮。日月光华,旦复旦兮。明明上天,烂然星陈。日月光华,弘于一人。日月有常,星辰有行。四时从经,万姓允诚。於予论乐,配天之灵。迁于贤圣,莫不咸听。鼚乎鼓之,轩乎舞之。菁华已竭,褰裳去之。

[相关史料]

《卿云歌》出自《尚书·禹贡》,《尚书·禹贡》是战国时魏国人士托名大禹的著作,因而就以《禹贡》名篇。这是撰著这篇《禹贡》的人士设想在当时诸侯称雄的局面统一之后所提出的治理国家的方案。这是一个宏伟周密的方案,不与寻常相等,故托名大禹,企望能够得到实际的施行。这篇《禹贡》以地理为经,分当时天下为九州,这是撰著者理想中的政治区划。此外兼载山脉、河流、土壤、田地、物产、道路,以及各地的部落,无不详加论列。

《卿云歌》是上古时代的诗歌。相传功成身退的舜帝禅位给治水有功的大禹时,有才德的人、百官和舜帝同唱《卿云歌》。诗歌描绘了一幅政通人和的清明图画,表达了上古先民对美德的崇尚和圣人治国的政治理想。此诗在民国初年与北洋军阀时期徐世昌规定为中华民国国歌。

[译文]

卿云灿烂如霞,瑞气缭绕呈祥。日月光华照耀,辉煌而又辉煌。上天至明至尊,灿烂遍布星辰。日月光华照耀,嘉祥降于圣人。日月依序交替,星辰循轨运行。四季变化有常,万民恭敬诚信。鼓乐铿锵和谐,祝祷上苍神灵。帝位禅于贤圣,普天莫不欢欣。鼓声夔夔动听,舞姿翩翩轻盈。精力才华已竭。便当撩衣退隐。

尚书(二篇)

[作者作品]

《尚书》又称《书》《书经》,为一部多体裁历史文献汇编,长期被认为是中国现存最早的史书。相传是唐、虞、夏、商史记录,经后人多次修改补充。它记载了唐、虞、夏、商、周时期一些重要的历史事实,保存了大量的政治、哲学、天文、地理、刑法等方面的资料,相传最后为孔子删定。《尚书》中有很多篇什都和嵩洛大地有密切关系,如《夏书·禹贡》《夏书·甘誓》《商书·汤誓》《周书·召诰》《周书·洛诰》等。该书分为《虞书》《夏书》《商书》《周书》。战国时期总称《书》,汉代改称《尚书》,即"上古之书"。因是儒家五经之一,又称《书经》。

一、甘 誓

[原文]

大战于甘,乃召六卿。

王曰:"嗟! 六事之人,予誓告汝:有扈氏威侮五行,怠弃三正,天用剿绝其命,今予惟恭行天之罚。左不攻于左,汝不恭命;右不攻于右,汝不恭命;御非其马之正,汝不恭命。用命,赏于祖;弗用命,戮于社,予则孥戮汝。"

[相关史料]

《甘誓》是夏启在准备讨伐有扈氏时,在甘(今陕西户县西南)发布的战争动员令。甘誓是迄今发现的最早的带有军法性质的规范。

[译文]

启将要在甘进行一场大战,于是召集了六军的将领。

夏王说:"啊! 你们六军的主将和全体将士,我要向你们宣告:有扈氏违背天意,轻视关乎民生的金木水火土这五行之说,怠慢天子任命的三卿。上天因此要断绝他们的国运,现在我只有奉行上天对他们的惩罚。

"战车左边的兵士如果不善于用箭射杀敌人,你们就是不奉行我的命令;战车右边的兵士如果不善于用矛刺杀敌人,你们也是不奉行我的命令;中间驾车的兵士如果不能使车马进退得当,你们也是不奉行我的命令。服从命令的人,将在祖庙神主受到奖赏;不服从命令的人,将在社神神主前惩罚。我将把你们降为奴隶,或者杀掉。"

二、五子之歌

[原文]

夏后太康失国,昆弟五人须于洛汭,作《五子之歌》以示哀悼。

五子之歌

太康尸位,以逸豫灭,厥德,黎民咸贰。乃盘游无度,畋于有洛之表,十旬弗反。有穷后羿因民弗忍,距于河。厥弟五人,御其母以从,徯于洛之汭。五子咸怨,述大禹之戒以作歌。

其一曰:"皇祖有训,民可近,不可下,民惟邦本,本固邦宁。予视天下愚夫愚妇一能胜予,一人三失,怨岂在明,不见是图。予临兆民,懔乎若朽索之驭六马,为人上者,奈何不敬?"

其二曰:"训有之,内作色荒,外作禽荒。甘酒嗜音,峻宇雕墙。有一于此,未或不亡。"

其三曰:"惟彼陶唐,有此冀方。今失厥道,乱其纪纲,乃厎灭亡。"

其四曰:"明明我祖,万邦之君。有典有则,贻厥子孙。关石和钧,王府则有。荒坠厥绪,覆宗绝祀!"

其五曰:"呜呼曷归?予怀之悲。万姓仇予,予将畴依?郁陶乎予心,颜厚有忸怩。弗慎厥德,虽悔可追?"

[相关史料]

大禹的儿子启是我国历史上父死子继的帝制时代的第一个国王。然而继承皇位的儿子太康,就因为没有德行,导致老百姓反感。太康贪图享乐,在外打猎长期不归,国都被后羿侵占。

五子是夏启的五个儿子,具体名字不明。《史记·夏本纪》说:"帝太康失国,兄弟五人须于洛汭,作《五子之歌》。"须,待。汭,水曲。须于洛汭,在洛水之曲等待着太康。五子怨恨,于是追述大禹的教戒,写了一组诗歌,名叫《五子之歌》,表达了五个诲意。《五子之歌》共5首。第一首用韵不明显,其他四首都押了韵。

[意译]

一是说:伟大的祖先曾有明训,人民可以亲近而不可看轻;人民是国家的根本,根本牢固,国家就安宁。我看天下的人,愚夫愚妇都能对我取胜。一人多次失误,考察民怨难道要等它显明?应当考察它还未形成之时。我治理兆民,恐惧得像用坏索子驾着六匹马;做君主的人怎么能不敬不怕?

二是说:禹王的教诲这样昭彰,可你在内迷恋女色,在外游猎翱翔;喜欢喝酒和爱听音乐,高高建筑大殿又雕饰宫墙。这些事只要有一桩,就没有人不灭亡。

三是说:"那陶唐氏的尧皇帝,曾经据有冀州这地方。现在废弃他的治道,紊乱他的政纲。就是自己导致灭亡!"

四是说:我的辉煌的祖父,是万国的大君。有典章有法度,传给他的子孙。征赋和计量平均,王家府库丰殷。现在废弃他的传统,就断绝祭祀又危及宗亲!

五是说:唉!哪里可以回归?我的心情伤悲!万姓都仇恨我们,我们将依靠谁?我的心思郁闷,我的颜面惭愧。不愿慎行祖德,即使改悔又岂可挽回?

桑林祷雨
《淮南子》

[原文]

商史纪:成汤时岁久大旱。太史占之,曰:"当以人祷。"汤曰:"吾所以请雨者,人也。若必以人,吾请自当。"遂斋戒、剪发、断爪,素车白马,身缨白茅,以为牺牲,祷于桑林之野。以六事自责曰:"政不节欤?民失职欤?宫室崇欤?女谒盛欤?苞苴行欤?谗夫昌欤?"言未已,大雨方数千里。

[作者作品]

《淮南子》又名《淮南鸿烈》《刘安子》,是我国西汉时期创作的一部论文集,由西汉皇族淮南王刘安主持撰写,故而得名。该书在继承先秦道家思想的基础上,综合了诸子百家学说中的精华部分,对后世研究秦汉时期文化起到了不可替代的作用。

翻开中国历史,每当遇到重大灾害时,有仁德的帝王都认为是上天发出的警讯,是对自己统治不满意的警告,要反省"修德",甚至还要下"罪己诏",把导致灾祸的原因归咎于己,让天下宽恕自己的"失政"于民。此乃古时的帝王治国理念,"以德配天"。所以当一个帝王真心为民祈祷时,他的德行就会感动天地,流芳百世。商朝的开国之君——成汤,就是这样一位有仁德的

桑林祷雨

君王,他以身为民求雨的事迹在《吕氏春秋·季秋纪·顺民篇》《墨子》《荀子》《国语》《说苑》等书中均有记载。

[相关史料]

传说商代开国之君成汤灭夏之后,天大旱,整五年颗粒无收。汤于是亲自在桑林中祈求降雨,他说:"我一人有罪不要殃及百姓,若百姓有罪,也由我一人承担,莫要因为一人触犯了上天,而使鬼神作出伤害百姓性命的事来。"不久,天降甘霖。

全国各地的桑林祷雨遗址众多,仅嵩山地区的巩义的鲁庄(殷商时称亳丘),偃师山化乡蔺窑的汤陵、商汤王都、祈雨台,荥阳王村镇小村行政村桑园自然村东的汤王庙等,都是传说中的桑林祷雨遗址。

[译文]

殷商史书上记载:成汤在位时,年久无雨大旱。太史占卜之后说:"应当杀一个人来向神祈雨。"成

汤说："我所要做的事正是为了救人才求雨。要是一定要用杀人的方式向神求雨，请允许由我自己来充当那个人。"于是成汤沐浴斋戒，修剪头发、指甲，乘着白马，拉着没有华丽装饰的车子，身上缠绕着白茅，作为向神祈雨的牺牲品，在桑林旷野中向神祷告，在六件事上进行自我责备，说："是因为我的政令有所不当还是由于我的管理不善，使得人臣失职，百姓失所；或是我的宫室修得太高，过于豪华，或是因为我听信嫔妃弄权乱政；或者是我法令不严，致使贪污受贿公行；或是由于我用人不淑，使得谗媚小人得势！"成汤的话还没有说完，方圆数千里便下起了大雨。

度 邑
《逸周书》

[原文]

维王克殷，国君诸侯，乃厥献民征主，九牧之师见王与殷郊。王乃升汾之阜以望商邑，永叹曰："呜呼，不淑，兑天对。"遂命一日，维显畏弗忘。王至于周，自鹿至于丘中。具明不寝，王小子御告叔旦，叔旦亟奔即王，曰："久忧劳问，害不寝？"曰："安予告汝。"

王曰："呜呼，旦惟天不享于殷，发之未生，至于今六十年，夷羊在牧，飞鸿满野。天不享于殷，乃今有成。维天建殷，厥征天民，名三百六十夫，弗顾，亦不宾灭。用庚于今。呜呼于忧，兹难近饱于恤辰，是不室。我未定天保，何寝能欲。"

王曰："旦，予克致天之明命，定天保，依天室，志我其恶，专从殷王纣，日夜劳来，定我于西土。我维显服，及德之方明。"

叔旦泣涕于常悲，不能对王。□□传于后王。王曰："旦，汝维朕达弟，予有使汝，汝播食不遑食，矧其有乃室。今维天使子，惟二神授朕灵期，予未致，予休，予近怀子。朕室汝，维幼子大有知。昔皇祖厎于今，勋厥遗，得显义，告期付于朕身，肆若农服田，饥以望获。予有不显。朕卑皇祖不得高位于上帝。汝幼子庚厥心，庶乃来班，朕大肆环兹于有虞，意乃怀厥妻子，德不可追于上民，亦不可答于朕，下不宾在高祖，维天不嘉于降来省，汝其可瘳于兹，乃今我兄弟相后，我筮龟其何所即。今用建庶建。"

叔旦恐，泣涕其手。王曰："呜呼，旦！我图夷，兹殷，其惟依天，其有宪命，求兹无远。天有求绎，相我不难。自洛汭延于伊汭，居阳无固，其有夏之居。我南望过于三涂，北望过于有岳，鄙顾瞻过于河宛，瞻于伊洛。无远天室，其曰兹曰度邑。"

[作者作品]

《逸周书》原名《周书》，晋代始称此名，《隋书·经籍志》又误题为《汲冢周书》（实际并非汲冢所出），相传乃孔子所删百篇之余，故不入六经。作者不详，今人多以为此书主要篇章出自战国人之手。此书经后代学者考定为先秦古籍，与《尚书》相类，是一部周时诰誓辞命的记言性史书。

今本全书10卷，正文70篇，其中11篇有目无文，42篇有晋五经博士孔晁注。各篇篇名均赘"解"字。又序一篇，各本或在卷端，或附卷尾。序与《尚书》序相类，分言各篇之所由作。正文基本上按所记事之时代早晚编次，历记周文王、周武王、周公、成王、康王、穆王、厉王及景王时事。

邑，指洛邑。度邑，即规划洛邑。文末"兹曰度邑"，取为篇名。"天室"是天室山的省称，又叫太室山。天室山位于天地之中，这里不但是殷商故地（商都西亳），而且还是夏王朝的旧址。《逸周书·度邑》记载了武王灭商后就打算在嵩山地区营建新都，与何尊中的"唯武王既克大邑商，则廷告于天，曰:余其宅兹中国,自兹乂民"相佐。

[相关史料]

周族原是我国西部的一个历史悠久的部落,与夏、商两族同称为我国原始社会末期的三大部族。夏、商两朝时期,周是它们的属国。商朝末年,纣王昏庸无道,武王时,周的势力已很强大,决心灭商。公元前1066年,周武王乘机率众东下,经洛阳北部孟津渡河,一举推翻了商朝的统治,商亡周兴,史称西周。西周武王灭商以后,武王鉴于镐京偏在西土,不能有效地统治全国,尤其是为了有效地镇抚东方,打算在"有夏之居"、"天下之中"的嵩山地域营建新都。他有一套自己的理论:"定天保,依天室。"(《逸周书·度邑》《史记·周本纪》)。《天亡簋》铭"王祀于天室",表明武王确实到过"天室"。武王之所以要靠近"天室"建都,是为了"其有宪命,求兹无远;天有求绎,相我不难。"这里武王提出一个新概念——"天室",它大约相当于"北极"与"南极"中间的"天之中极",具体位置位于"天下之中"与其"天顶"之间,是天帝上下往来的通道,靠近此地与天帝沟通十分方便。

周武王灭商

"天室"即天室山,是神居住的地方,即当今的嵩山。《说文》:"嵩,中岳嵩高山也。"嵩山,古称"天室""大室""太室","天"和"大""太"在古代是一个字,可以通用。因此,直到今天嵩山还叫太室。《诗·崧高》"嵩高维岳,峻极于天"。所谓"极于天"隐含"天之中极"意涵。《书·舜典》孔颖达疏引王蕃《浑天说》曰:"北极出地三十六度,南极入地三十六度,而嵩高正当天之中极。"从现代天文学知识来看,此"天之中极"实即北纬36度地区的天顶。因大地为球形,即使纬度(等于北极高度)确定,"天顶"在东西方向是不确定的,但上古盛行盖天说,以为大地是平坦的,故认为普天之下最高的"天顶"只有一个。武王大约是基于这样的知识提出"定天保,依天室"的政治主张的。对应于"天之中极"的"极下"地区,就是"土中"或"地中"。《逸周书·作雒》"作大邑成周于土中",《书·召诰》:"王来绍上帝,自服于土中。(周公)旦曰'其作大邑,其自时配皇天,毖祀于上下,其自时中乂。'"所谓"自时中乂"就是躬自践行"土中"致治之法,密近"天室"以"绍上帝"。于"土中"建国(都),称为"中国"。

另据叶正渤所撰"《逸周书·度邑》'依天室'解"中对"天室"二字有着明确的注解,现将有关部分摘录如下:

《度邑》云："我南望过于三涂,北望过于有岳,鄙顾瞻过于河宛,瞻于伊洛。无远天室,其日兹曰度邑。"朱友曾注解:三涂,山名,在河南嵩县西南岳。都鄙,近岳之邑也。顾瞻,回顾也。宛,坐见貌,此规划畿甸也。周武王登高四顾,只见伊洛间地势平坦,河流纵横,远处群山环抱,地形十分险要,真可谓中央之国。武王遂作出"定天保,依天室"(营建都邑于此)的重大决策,并祭告天帝和文王在天之灵曰:"余其宅兹中国,自兹乂民。"所以,度邑中的天室,指的就是位于伊洛平原南侧的太室山,这是确定无疑的。真是依山傍水的形胜之地,而非指明堂,宗庙中央之室。由于积劳成疾,武王回西土的当年年终便病卒。他的这一远大决策,后来由召公和周公付诸实施,史籍有详实的记载。因此,依天室的依字,显指傍依,衣近,而非"衣"字的通用字。……所以,我们我们不能孤立地理解"依天室"一语的意义,应把它放在整句话乃至整个文本中去加以理解……《逸周书·度邑》中的"依天室",是指位于五岳之中的的天室山建教邑,并非指明堂或宗庙之天室举行盛大的祭祀。

[译文]

武王灭了殷商,成了诸侯的君主之后,就召集殷的贤民及诸侯的下属在朝歌郊外见武王。武王登上汾地的小土山,遥望朝歌,长叹道:"啊呀,纣王不善充当天对,所以坠命于一日。明显的令人可怕,不能忘啊。"

武王返回宗周,从鹿地到丘中,通宵不眠。武王的内竖御报告了王弟姬旦,姬旦急忙跪到武王近前说:"长久这样要疲劳生病的。"问为何不睡觉。武王说:"坐!我告诉你。

武王说:"啊呀,姬旦!上天不佑助殷人,从我未生到现今的六十年前就开始了。当时夷羊出现在朝歌郊外。飞蝗遍野,天昏地暗。上天不佑助殷人,到现在才有了结果。当初上天建立殷朝,也征用了贤民三百六十名。殷的后嗣虽不回报上天,上天也不弃灭他们,一直延续到现在。唉呀!我担心这种灾难,几乎随时都在忧虑。我们住在天堂附近,没有确定天保,岂能安心睡觉?

武王说:"姬旦!我能得到上天的明命,确定天保,依傍天室。要记住我们厌恶的那些殷王恶臣及顽民,惩处如同对待纣王。我们要日夜操劳安定我西土,我想大服天下,趁现今威德正明的时候。"

姬旦哭泣,泪水掉在下衣上,悲痛得不能答话。

武王想让姬旦承继王位。武王说:"姬旦!你是我明达的弟弟,我要命令你。你摆上食物也无暇进食,何况说岂能顾及家室?现在是上天使唤我,只是天地二神给了我的死期。我未能使国家休美,我最近想到我们的家族成员,你虽然年轻,却大有智慧。从先世皇至于今,你能叙说他们的遗德显义,并告知期望付话于我。故我如同农夫耕地,急于要得到收获。我有不显美的行为,使皇祖们不得高升到上帝那里。你年轻人能承继我那心愿,差不多才能治理好我们广大的寰宇。这样我才安心。如果你心里只怀恋妻儿,德行就赶不上先祖,百姓也不会配合于下,我也不能列位于高祖。如果天不佑助,要降来灾祸。你岂可消除它呢?而今我们兄弟先后相继,我还接触龟筮干什么?我现在就立你老弟。"

姬旦恐惧,流着泪拱手施礼。

武王说:"唉呀,姬旦!我想平息这些殷人,只有依傍天室。如果有重要法令,求告上天也不遥远。上天要是高兴,从那里帮助也不困难。从洛水以北直到伊水以北,地势平坦而无险固,那曾是夏人的居地。我从那儿向南望望过三涂,向北望望过太岳,从都鄙回头后望望过黄河,顺势望去望过伊水、洛水,这儿离天室嵩山不远,就叫这为度邑吧!"

天亡簋铭
西周 天 亡

[释文]

乙亥王又大豊王同三方王
祀于天室降天亡又王
衣祀于王不顯考文王
事喜上帝文王監才上不
顯王乍眚不□王乍庸不克
气衣王祀丁丑王卿大宜王降
王賀爵退囊佳朕
又蔑每啟王休于尊白

[标点文]

乙亥,王又(有)大豊(礼),王同三方。王祀于天室,降,天亡又(佑)王,衣(殷)祀于王不(丕)显考文王,事(使)喜上帝,文王監才(在)上。不(丕)显王乍(作)眚(省),不(丕)□(肆)王乍(作)庸,不(丕)克气(讫)衣(殷)王祀。丁丑,王卿(飨),大宜(俎、房)。王降,亡賀爵退囊(让)。隹(惟)朕又(有)蔑每(敏)启王休于尊白。

天亡簋铭

[作者作品]

《天亡簋》和西周初期的《宜侯夨簋》、《井侯簋》、《太保簋》(均作四耳)以及河南洛阳塔湾出土的回旋龙纹铜殷(下连方座)其形较近似。

《天亡簋》是西周初期的铜器,是武王刚伐商时所造,其器形、纹饰、铭文、书法都有其特点,和一般商代铜器不同,它是传世较为可靠的最早的典型西周铜器。相传清道光年间于陕西岐山礼村出土。此器通高24.2厘米,口径21厘米。造型肃朴庄重,文字优美。侈口直腹,圈足连铸方禁,腹铸四兽首耳,有长方形垂珥,周身饰以旋龙纹,器座也作相对回旋龙纹,内底有铭文8行77字,大篆。它不仅具有重要史料价值和书法价值,也是我们在西周铜器断代上作为依据的一件重要标准铜器。

铭文记述武王克商西归宗周,举行大封典礼并文王和上帝,天亡辅助武王举行祭祀受到赏赐,因铸此簋,以记荣宠。因为铭文开始有"王又大丰(实当释豊,即礼)"句,故名"大丰簋";后又以作器者为天亡,故又名曰"天亡簋"。

天王簋铭文

这次典礼祭祀,我国著名古文字学家于省吾先生认为就是《逸周书·世俘》中记载的武王克殷后西归于宗周,然后举行了一次盛大的祭祀活动,主要祭祀大王(太王)、大伯(泰伯)、王季、虞公、文王、邑考等先王。其中的"天亡"是作器者之名,就是太望,也就是太公望吕尚父。

《天亡簋》铭文中"乙亥,王又大丰,王同三方,王祀于天室,降"的记载。其中"天室",指的就是现今的嵩岳太室山。关于"王祀于天室"的性质,学界多认为与武王"度邑"有关。

[相关史料]

有关"天室"一词的相关史料,见"度邑"一文。

[意译]

乙亥这天,周武王举行盛大隆重的典礼,朝会东南北三方诸侯。武王到宗庙天室进行祭祀,祭祀完退出来,天亡协助武王,又对武王英明的先父文王进行了殷祭,希望文王能获得上帝的喜欢,文王在天上能眷顾下土的周室。英明的武王做了好事,正直的武王建了功勋,最终结束了殷王的祭祀(指伐灭了殷商)。丁丑这天,武王大宴群臣宾客,使用大房盛载菜肴。武王从座位上下来接受众臣敬酒,天亡举爵向他敬酒后退让到一旁。之后天亡作了一个尊(簋),努力恭敬地把王的美德宣扬在尊的铭文里。

宅兹中国,自兹乂民

西周《何尊》铭文

何 尊

[原文]

唯王初迁,宅于成周,复禀武王丰福自天。在四月丙戌,王诰宗小子于京室,曰:"在尔考公氏,克弼文王,肆文王受兹大命。唯武王既克大邑商,则廷告于天曰:'余其宅兹中国,自兹乂民。'呜呼!尔有虽小子无识,视于公氏有勋于天。彻命!敬享哉!"唯王恭德裕天,训我不敏。王咸诰。何赐贝卅朋,用作庚公宝尊。唯王五祀。

[作者作品]

1965年出土于陕西省宝鸡市东北郊贾村的青铜何尊堪称西周早期的青铜器精品,专家们称为"镇国之宝"。何尊是西周早期奴隶主贵族"何"铸造的一件豪华典雅的青铜酒器,何尊高39厘米、口径28.6厘米、重14.6公斤。口圆体方,通体有四道镂空的大扉棱装饰,颈部饰有蚕纹图案,口沿下饰有蕉叶纹。整个尊体以雷纹为底,高浮雕处则为卷角饕餮纹,圈足处也饰有饕餮纹,工艺精美、造型雄奇。铜尊内胆底部发现了一篇12行共122字的铭文,记载了成王在其亲政五年时,于新建成的东都洛邑对其下属"宗小子"的训诰,印证了《史记》所载营建洛邑(今洛阳)的史实。

《何尊》铭文大意是:成王五年四月,周王开始在成周营建都城,对武王进行丰福之祭。周王于丙戌日在京宫大室中对宗族小子何进行训诰,内容讲到何的先父公氏追随文王,文王受上天大命统治天下。武王灭商后则告祭于天,以此地作为天下的中心,统治民众。周王赏赐何贝30朋,何因此作尊,以作纪念。这是周成王的一篇重要的训诫勉励的文告。为研究西周初年历史提供了珍贵资料。

铭文中提到周武王在世时决定迁都于洛邑,即"宅兹中国"(大意为我要住在天下的中央地区)。与《尚书》中的《洛诰》《召诰》《逸周书·度邑》等文献记载可相互证,起到了证实补史的作用。经专家考证,铭文中的"中国"两个字是目前发现最早的"中国"称谓,意义重大,这是中国人应该记住的一件大事。"中国"在这里的含义,是指西周王朝的成周地区,即"天下"的中心——嵩山周围及其伊洛河一带。

何尊铭文

[相关史料]

"中国"的本意为"天地之中""中央之国",与"四方"相对,故文献或又称之为"土中"。嵩山是古人眼中沟通天地的"天室""祖山",因此,夏、商、周三代建都要"毋远于天室"。如司马迁《史记》所载:"昔三代之居,皆在河洛之间,故嵩高为中岳,而四岳各如其方。"于是作为"天地之中"的嵩山地域,很自然地就成为实际意义上的"中国",成为夏、商、周三代的中心。由于夏商周的疆域面积小,《孟子·商公孙丑(上)》曰:"夏后、殷、周之盛,地未有过千里者也"。《诗经·商颂》曰:"邦畿千里,维民所止。"据史料记载,夏代的疆域面积为210万平方公里;商代的疆域面积为300万平方公里;周代的疆域面积为320万平方公里,三代的疆域面积均未超过千里。所以,秦汉以前,以"中国"一词称名的嵩山地域,实际上是一个小中国;秦汉以后,经过华夏民族的发展,随着国家的统一,疆域和版图的扩大,"中国"已经成为今日的"中华人民共和国",实际上是一个大中国。而原来以"中国"称名的小中国,在统一帝国后,已经成为属于大中国的"中原"或"中州"。

[译文]

成王初次亲政,都于成周(洛邑),并祭祀武王,祈求赐福。在四月丙戌日,成王在首都的宫殿里告诫同宗的年轻人说:"你们已经去世的父亲当初能够辅佐文王,于是文王承受了灭商的天命。武王在攻克大邑商之后,就在嵩山告祭上天,说道:'我要把都城放在这天下之中,从这里治理人民。'你们这些年轻人虽然没有见识,但你们要效法父亲,像他那样有大功于上天。你们要通晓我的命令!恭敬地祭献你们的父亲吧!"成王有礼有德,顺从天意,开导了我的愚钝。这是成王的全部诰词。何被成王赐予贝二十朋,用来制作了祭祀庾公的贵重礼器。

洛诰

西周 周公 周成王

[原文]

召公既相宅,周公往营成周,使来告卜,作《洛诰》。

周公拜手稽首曰:"朕复子明辟。王如弗敢及天基命定命,予乃胤保大相东土,其基作民明辟。予惟乙卯,朝至于洛师。我卜河朔黎水,我乃卜涧水东,瀍水西,惟洛食;我又卜瀍水东,亦惟洛食。伻来以图及献卜。"

王拜手稽首曰:"公不敢不敬天之休,来相宅,其作周匹,休!公既定宅,伻来,来,视予卜,休恒吉。我二人共贞。公其以予万亿年敬天之休。拜手稽首诲言。"

周公曰:"王,肇称殷礼,祀于新邑,咸秩无文。予齐百工,伻从王于周,予惟曰:'庶有事。'今王即命曰:'记功,宗以功作元祀。'惟命曰:'汝受命笃弼,丕视功载,乃汝其悉自教工。'

"孺子其朋,孺子其朋,其往!无若火始焰焰;厥攸灼叙,弗其绝。厥若彝及抚事如予,惟以在周工往新邑。伻向即有僚,明作有功,惇大成裕,汝永有辞。"

公曰:"已!汝惟冲子,惟终。汝其敬识百辟享,亦识其有不享。享多仪,仪不及物,惟曰不享。惟不役志于享,凡民惟曰不享,惟事其爽侮。乃惟孺子颁,朕不暇听。

"朕教汝于棐民彝,汝乃是不蘉,乃时惟不永哉!笃叙乃正父罔不若予,不敢废乃命。汝往敬哉!兹予其明农哉!彼裕我民,无远用戾。"

王若曰:"公!明保予冲子。公称丕显德,以予小子扬文武烈,奉答天命,和恒四方民,居师;惇宗将礼,称秩元祀,咸秩无文。惟公德明光于上下,勤施于四方,旁作穆穆,迓衡不迷。文武勤教,予冲子夙夜毖祀。"王曰:"公功棐迪,笃罔不若时。"王曰:"公!予小子其退,即辟于周,命公后。四方迪乱未定,于宗礼亦未克敉 4,公功迪将,其后监我士师工,诞保文武受民,乱为四辅。"王曰:"公定,予往已。公功肃将祗欢,公无困哉!我惟无斁其康事,公勿替刑,四方其世享。"

周公拜手稽首曰:"王命予来承保乃文祖受命民,越乃光烈考武王弘朕恭。孺子来相宅,其大惇典殷献民,乱为四方新辟,作周恭先。曰其自时中乂,万邦咸休,惟王有成绩。予旦以多子越御事笃前人成烈,答其师,作周孚先。'考朕昭子刑,乃单文祖德。

周公辅佐成王画像石

伻来毖殷,乃命宁予以秬鬯二卣。曰明禋,拜手稽首休享。予不敢宿,则禋于文王、武王。惠笃叙,无有遘自疾,万年厌于乃德,殷乃引考。王伻殷乃承叙万年,其永观朕子怀德。"

戊辰,王在新邑烝,祭岁,文王骍牛一,武王骍牛一。王命作册逸祝册,惟告周公其后。王宾杀禋咸格,王入太室,祼。王命周公后,作册逸诰,在十有二月。惟周公诞保文武受命,惟七年。

[作者作品]

周成王(前1055年~前1021年):姓姬,名诵,周武王之子,是中国西周第二代天子,谥号成王。周成王继位时年幼,由周公旦辅政,平定三监之乱。周成王亲政后,营造新都洛邑、大封诸侯,还命周公东征、编写礼乐,加强了西周王朝的统治。公元前1021年,周成王驾崩,享年35岁。周成王与其子周康王(姬钊)统治期间,社会安定、百姓和睦、"刑错四十余年不用",被誉为成康之治。

周公,姬姓,名旦。周文王姬昌的第四子、周武王姬发的同母弟。因采邑在周,故称周公或周公旦。为西周初期杰出的政治家、军事家、思想家、教育家,被尊为"元圣"和儒学先驱。周公为周朝爵位,得爵者辅佐周王治理天下。

周召公,姓姬名奭,周文王的儿子,武王的弟弟。因其采邑在召(今陕西歧山西南),曾辅助周武王灭商,被封于燕(今河南北部),是后来燕国的始祖,因最初采邑在召(今陕西岐山西南),故称召公或召伯。周成王时,他出任太保,与周公旦分陕而治,陕以东的地方归周公旦管理,陕以西的地方归他管理。他支持周公旦摄政当国,支持周公平定叛乱。他还辅佐了周厉王。当政期间召公将其辖区治理的政通人和,贵族和平民都各得其所,因此倍受辖区及周境内百姓爱戴。

[相关史料]

《洛诰》的背景和故事:召公选好东都基址,周公赴洛邑督造。周公打卦选好吉日,请侄儿成王亲临奠基礼,《洛诰》是叔侄俩的通信简编。

[译文]

周公跪拜叩头说:"我告诉您治理洛邑的办法。王似乎不敢参与上帝先前告诉的安定天下的指示,我就继太保之后,全面视察了洛邑,就商定了鼓舞老百姓的治理洛邑的办法。我在乙卯这天,早晨到了洛邑。我先占卜了黄河北方的黎水地区,我又占卜了涧水以东、瀍水以西地区,仅有洛地吉利。我又占卜了瀍水以东地区,也仅有洛地吉利。于是请您来商量,且献上卜兆。"

成王跪拜叩头,回答道:"公不敢不敬重上帝赐给的福庆,亲自勘察地址,将营建与镐京相配的新邑,很好啊!公既已选定地址,使我来,我来了,又让我看了卜兆,我为卜兆并吉而高兴。让我们二人共同承当这一吉祥。愿公与我永远敬重上帝的福庆!跪拜叩头接受我公的教诲。"

周公说:"王啊!开始举行殷礼接见诸侯,在新邑举行祭祀,都已安排得有条不紊了。我率领百官,使他们在镐京听取王的意见,我想说:'您或许将有祭祀的事。'现在王命令道:'记下功绩,宗人率领功臣举行大祀。'王又命令道:'你接受先王遗命,督导辅助,你全面查阅记功的书,然后你要悉心亲自指导这件事。'

"孺子要振奋,孺子要振奋,要到洛邑去!不要像火刚开始燃烧时那样气势微弱;那燃烧的余火,不可让它熄灭。您要像我一样顺从常法,汲汲主持政事,率领在镐京的官员到洛邑去。使他们去就官职,勉力建立功勋,重视大业。您就会永远获得美誉。"

周公说:"唉!您是个年轻人,该考虑完成先王未竟的功业。您应该认真考察诸侯的享礼,也要考察其中也有不享的。享礼注重礼节,假如礼节赶不上礼物,应该叫做不享。因为诸侯对享礼不用心,臣民就会认为不要享了。这样,政事就会错乱怠慢。我急想您来颁布政务,我不代听了。

"我教给您辅导百姓的法则,您假如不努力办这件事,您的善政就不会推广啊!全像我一样监督诠叙您的官长,他们就不敢废弃您的命令了。您到新邑去,要认真啊!现在我们要奋发努力啊!去教导叮我们的臣民,远方的人因此也就归附了。"

王这样说:"公努力保佑我这年轻人。公发扬伟大光显的功德,使我继承文王、武王的事业,奉答上帝的教诲,使四方百姓和悦,居在洛邑;隆重举行大礼,办理大祭,都有条不紊。公的功德光照天地,勤劳施于四方,普遍推行美好的政事,虽遭横逆的事而不迷乱。文武百官努力实行您的教化,我这年轻人就凤夜慎重进行祭祀好了。"王说:"公善于辅导,我真的无不顺从。"王说:"公啊!我这年轻人就要回去,在镐京就位了,请公继续治洛。四方经过教导治理,还没有安定,宗礼也没有完成,公善于教导扶持,要继续监督我们的各级官员,安定文王、武王所接受的殷民,做我的辅佐大臣。"王说:"公留下吧!我要往镐京去了。公要妥善迅速进行敬重和睦殷民的工作,公不要以为困难呀!我当不懈地学习政事,公要不停地示范,四方诸侯将会世世来享了。"

周公跪拜叩头说:"王命令我到洛邑来,继续保护您的先祖文王所受的殷民,宣扬您光明有功的父亲武王的宏大,我奉行命令。王来视察洛邑的时候,谋求使殷商贤良的臣民都敦厚守法,制定治理四

方的新法,作周法的先导。我曾经说过:'该从这九州的中心进行治理,万国都会喜欢,王也会有功绩。我姬旦率领众位卿大夫和治事官员,经营先王的成业,集合众人,作修建洛邑的先导。'实现我告诉您的这一办法,就能发扬光大先祖文王的美德。

"您派遣使者来洛邑慰劳殷人,又送来两卣秬香酒问候我。使者传达王命说:'明洁地举行祭祀,要跪拜叩头庆幸地献给文王和武王。'我不敢过夜,就向文王和武王祭礼了。我祈祷说:'愿我很顺遂,不要遇到罪疾,万年饱受您的德泽,殷事能够长久成功''愿王使殷民能够顺从万年,将长久看到王的安民的德惠。'"

戊辰这天,成王在洛邑举行冬祭,向先王报告岁事,用一头红色的牛祭文王,也用一头红色的牛祭武王。成王命令作册官名字叫逸的宣读册文,报告文王、武王,周公将继续住在洛邑。助祭诸侯在杀牲祭祀先王的时候都来到了,成王进入太室,酹酒献神。成王命令周公继续治理洛邑,作册官名字叫逸的告喻天下,在十二月。周公留居洛邑担任文王、武王所受的大命,在成王七年。

《诗经》(五首)

[作者作品]

尹吉甫(前852~前775年),战国时期政治家、军事家和文学家,《诗经》的主要采集者,被尊为中华诗祖。曾任周宣王的大臣,官至内史。黄帝之后伯鯈族裔,族居中原,是西周晚期南燕(今河南延津县北)贵族,本姓姞,后改姓吉。因其父辈是南燕贵族庶出分支,于是早年随父母叔姑等迁居卫国复关(今河南濮阳县西)。

《诗经》是中国汉族文学史上第一部诗歌总集,收入自西周初年至春秋中叶大约500多年的诗歌(前11世纪至前6世纪),对后代诗歌发展有深远的影响。先秦称为《诗》,或取其整数称《诗三百》。西汉时被尊为儒家经典,始称《诗经》,并沿用至今。其所涉及的地域,主要是黄河流域,西起陕西和甘肃东部,北到河北西南,东至山东,南及江汉流域。诗同乐不能分。

一、嵩高八章

《诗经·雅·大雅》

[原文]

崧高维岳,峻极于天。维岳降神,生甫及申。维申及甫,维周之翰。四国于蕃。四方于宣。
亹亹申伯,王缵之事。于邑于谢,南国是式。王命召伯,定申伯之宅。登是南邦,世执其功。
王命申伯,式是南邦。因是谢人,以作尔庸。王命召伯,彻申伯土田。王命傅御,迁其私人。
申伯之功,召伯是营。有俶其城,寝庙既成。既成藐藐,王锡申伯。四牡蹻蹻,钩膺濯濯。
王遣申伯,路车乘马。我图尔居,莫如南山。锡尔介圭,以作尔宝。往近王舅,南土是保。
申伯信迈,王饯于郿。申伯还南,谢于诚归。王命召伯,彻申伯土疆。以峙其粻,式遄其行。
申伯番番,既入于谢。徒御啴啴,周邦咸喜。戎有良翰,不显申伯。王之元舅,文武是宪。
申伯之德,柔惠且直。揉此万邦,闻于四国。吉甫作诵,其诗孔硕。其风肆好,以赠申伯。

[相关史料]

《嵩高八章》是尹吉甫赠给在王室为卿士的申伯的。作者以王命为线索,以申伯受封之事为中心,基本按照事件发展的经过来进行叙写。其旨意是歌颂申伯辅佐周室、镇抚南方侯国的功劳。同时也写了宣王对申伯的优渥封赠及不同寻常的礼遇。西周末期,其南方有荆蛮、申、吕、应、邓、陈、蔡、随、唐等侯国。由于王室卑微,这其中一些渐渐强大起来的诸侯并不怎么顺从王室,叛乱时有发生,所以派谁去统领侯国,安抚南方,对当时的周王室来说,就是迫在眉睫的头等大事了。申国为周初所封,西周末年依然强大,在众侯国中有一定的威望。申伯入朝为卿士,在朝中有很高威信。鉴于当时的形势,再加上申伯是王室贵戚(宣王元舅),故宣王改大其邑,派他去作南方方伯。所以,宣王分封申伯于谢,有其政治目的,完全是以巩固周王室的统治为出发点的。

嵩高图

[译文]

嵩山高大是中岳,巍峨耸立入云层。中岳嵩山降神灵,申伯甫侯二人生。是那申伯和甫侯,周家栋梁最有名,保卫四方诸侯国,宣扬教化天下宁。

申伯做事最勤敏,周王委他继重任。建设城邑在谢地,南国奉他作准绳。周王命令召伯虎,去为申伯建新城。建成国家在南方,世世代代掌国政。

周王下令给申伯,要为南国做楷模。依靠谢地老百姓,新的城墙快建筑。周王又命召伯虎,去为申伯治田土。王命太傅和侍御,家臣迁去一起住。

申伯迁谢大工程,召伯奉命来经营。城墙高大又厚实,宗庙寝殿都建成。寝庙已成多漂亮,王对申伯行赐赏。四匹马儿多雄壮,胸前戴饰闪金光。

王送申伯去谢城,路车四马真漂亮。仔细考虑你住处,天下莫比南土墙。赐你大圭尺二长,作为国宝永收藏。我的娘舅放心去,确保南方万里疆。

申伯决定要起程,王在郿地来饯行。申伯要回南方去,决心回去住谢城。天子命令召伯虎,申伯疆土要划清。路上干粮准备好,日夜兼程马不停。

申伯勇武貌堂堂,已进谢邑这地方。随从士卒喜洋洋。全国人民都欢喜,你是国家好栋梁。申伯高贵显荣光,周王舅父不平常,文德武功作榜样。

申伯具有好德行,温和仁爱又端正。安抚诸侯服万国,天下四方传美名。

二、溱 洧

《诗经·风·郑风》

[原文]

溱与洧,方涣涣兮。士与女,方秉蕳兮。女曰"观乎?"士曰"既且"。"且往观乎?洧之外,洵訏且乐。"维士与女,伊其相谑,赠之以勺药。

溱与洧,浏其清矣。士与女,殷其盈矣。女曰"观乎?"士曰"既且"。"且往观乎?洧之外,洵訏且乐。"维士与女,伊其将谑,赠之以勺药。

[相关史料]

《溱洧》是一首采自郑国的诗歌,描写的是在农历三月三日民间上巳节,溱洧河畔男女青年游春相戏、互结情好的动人情景。

溱水与洧水是周朝时郑国的两大河流,先秦文献中多有记载。溱水发源于现在的河南省新密市东北圣水峪,洧水发源于现在的河南省登封市东的阳城山,这两条河在新密汇合,称双洎(音祭)河,东流入贾鲁河。溱洧流域是中华文明重要的发祥地。

[译文]

溱水洧水向东方,三月春水正上涨。小伙姑娘来春游,手握兰草求吉祥。姑娘说道看看去,小伙回说已经逛。再去看看又何妨？瞧那洧水河滩外,实在宽大又舒畅。小伙姑娘来春游,尽情嬉笑喜洋洋,互赠勺药情意长。

溱水洧水向东方,三月春水多清凉。小伙姑娘来春游,熙熙攘攘满河傍。姑娘说道看看去,小伙回说已经逛。再去看看又何妨？瞧那洧水河滩外,实在宽大又舒畅。小伙姑娘来春游,尽情嬉笑喜洋洋,互赠勺药情意长。

《诗经·风·郑风》

三、瞻彼洛矣

《诗经·雅·小雅》

[原文]

瞻彼洛矣,维水泱泱。君子至止,福禄如茨。韎韐有奭,以作六师。

瞻彼洛矣,维水泱泱。君子至止,鞞琫有珌。君子万年,保其家室。

瞻彼洛矣,维水泱泱。君子至止,福禄既同。君子万年,保其家邦。

[相关史料]

《瞻彼洛矣》是一首描写周平王迁都洛邑的叙事诗。出自《诗经》,全诗三章,用赋体写成,但亦含比义。周王集诸侯于洛水,诸侯既临此会,赞美天子能整军经武,保卫邦家,使周室有中兴气象。

[译文]

瞻望那奔流的洛水,水波浩浩茫茫。天子莅临到这地方,福禄如积厚且长。皮蔽膝闪着赤色的光,发动六军讲武忙。

瞻望那奔流的洛水,水波浩浩汤汤。天子莅临到这地方,刀鞘玉饰真堂皇。天子万岁福泽长,保我家室卫我疆。

瞻望那奔流的洛水,水势浩浩波茫茫。天子莅临到这地方,福禄聚集群情畅。天子万岁寿无疆,保我家乡卫我邦。

四、君子于役

《诗经·国风·王风》

[原文]

君子于役,不知其期,曷其至哉?鸡栖于埘,日之夕矣,羊牛下来。君子于役,如之何勿思!

君子于役,不日不月,曷其有佸?鸡栖于桀,日之夕矣,羊牛下括。君子于役,苟无饥渴!

[相关史料]

《君子于役》是《诗经·王风》中的一篇。是一首先秦时代的华夏族诗歌。全诗二章,每章八句。是一首写妻子怀念远出服役的丈夫的诗。此诗从日常生活中鸡进笼了、羊牛回家了而自己的丈夫还没有回来,写妻子思念在外服役的丈夫,人情之习见,语言之真朴,怀念丈夫之深切,千百年以来感人肺腑。全诗两章相重,只有很少的变化。每章开头,是女主人公用简单的语言说出的内心独白;然后诗中淡淡地描绘出一幅乡村晚景的画面,表达女主人公怅惘的盼望和期待;最后这种盼待转变为对丈夫的牵挂和祝愿。

所谓"君子于役"的"役",不知其确指,大多数情况下,应是指去边地戍防。又"君子"在当时统指贵族阶层的人物,但诗中"君子"的家中养着鸡和牛羊之类,地位又不会很高,大概他只是一位武士。说起"贵族",给现代读者的感觉好像是很了不得的。其实先秦时代生产力水平低下,下层贵族的生活,并不比后世普通农民好到哪里去。就是在20世纪三四十年代,西南少族民族中的小贵族,实际生活情况还不如江南一带的农民。

全诗两章相重,只有很少的变化。每章开头,是女主人公用简单的语言说出的内心独白。稍可注意的是"不知其期"这一句(第二章的"不日不月"也是同样意思,有不少人将它解释为时间漫长,是不确切的)。等待亲人归来,最令人心烦的就是这种归期不定的情形,好像每天都有希望,结果每天都是失望。如果只是外出时间长但归期是确定的,反而不是这样烦人。正是在这样的心理中,女主人公带着叹息地问出了"曷其至哉":到底什么时候才能回来呢?

下面的一节有一种天然的妙趣。诗中不再正面写妻子思念丈夫的哀愁乃至愤怨,而是淡淡地描绘出一幅乡村晚景的画面:在夕阳余晖下,鸡儿归了窠,牛羊从村落外的山坡上缓缓地走下来。这里的笔触好像完全是不用力的,甚至连一个形容词都没有,但读者好像能看到那凝视着鸡儿、牛儿、羊儿,凝视着村落外蜿蜒延伸、通向远方的道路的妇人,是她在感动读者。熟悉农村生活的人经常看到这样的晚景。农作的日子是辛劳的,但到了黄昏来临之际,一切即归于平和、安谧和恬美。牛羊家禽回到圈栏,炊烟袅袅地升起,灯火温暖地跳动起来,农人和他的妻儿们聊着闲散的话题,这便是古老的农耕社会中最平常也是最富于生活情趣的时刻。可是在这首诗里,那位妻子的丈夫却犹在远方,她的生活的缺损在这一刻也就显得最为强烈,所以她如此怅惘地期待着。

这诗的两章几乎完全是重复的,这是歌谣最常用的手段——以重叠的章句来推进抒情的感动。但第二章的末句也是全诗的末句,却是完全变化了的。它把妻子的盼待转变为对丈夫的牵挂和祝愿:不归来也就罢了,但愿他在外不要忍饥受渴吧。这也是最平常的话,但其中饱含的感情却又是那样善良和深挚。这是古老的歌谣,它以不加修饰的语言直接地触动了人心中最易感的地方,这也是它的天然之妙。

[译文]

日暮西山望远方,烟云一片雾凄凉。夕阳坠落鸡回舍,又见牛羊归宿忙。
徭役夫君音信绝,风声夜雨泣哀伤。风吹雨打枕边泪,魂梦夫君还故乡。

服役夫君在远方,不知何日返家乡。一年过后又新岁,度日如年苦久长。
窝内鸡栖木上卧,牛羊放牧下山梁。征夫徭役知何处,冷暖无人出手帮。

五、兔 爰

《诗经·国风·王风》

[原文]

《兔爰》,闵周也。桓王失信,诸侯背叛,构怨连祸,王师伤败,君子不乐其生焉。
有兔爰爰,雉离于罗。我生之初,尚无为;我生之后,逢此百罹。尚寐无吪!
有兔爰爰,雉离于罦。我生之初,尚无造;我生之后,逢此百忧。尚寐无觉!
有兔爰爰,雉离于罿。我生之初,尚无庸;我生之后,逢此百凶。尚寐无聪!

[作者作品]

《兔爰》这是一首采用比兴手法,描写东周贵族感叹今不如昔的叙事诗。全诗共三章,构成三幅感叹今不如昔的连环画面。第一幅是当今心意乱的画面:兔子得势多悠然,野鸡入网遇灾难。当初我在出生时,还没有诸侯来背叛。待我出生没几年,遇到的灾难数不完。(每当想起这些事),还不如睡觉去长眠。第二幅是当今眼难睁的画面:狡猾的兔子多逍遥,野鸡落入兽网命难逃。当初我在出生时,没有欺诈人厚道,待我出生没几年,遇到的忧愁真不少。(想想当今眼难睁)不如一睡永不醒。第三幅是当今添忧愁的画面:兔子狡猾多得意,野鸡落入兽网遭危机。当初我在出生时,还没有徭役出苦力。待我出生没几年,遇到的灾祸纷纷起。(想想当今忧愁添)不如睡觉不听心安然!

在《兔爰》中,作者笔下的野鸡,可能象征有战功的臣子;悠然自得的兔子,可能象征投机钻营的臣子。在东周初期这个阶段,有功的臣子遭受磨难,投机钻营的人悠然自得,诸侯纷纷背叛周朝,各自相互争霸,东周步步走向衰落。昔日淳朴守信的风气不见了,随之而来的尔虞我诈,相互欺骗,风行在诸侯国之间;老百姓安居乐业的日子不见了,随之而来的是繁多的徭役,有家不能归,更给普通百姓带来数不尽的苦难,贵族们抚今追昔,怎能不发出感叹呢?《兔爰》是一首伤时感事的诗。以兔、雉作比,揭示出当时社会的黑暗。我们从诗中,可看到进入东周时期,就进入了大动荡,大征伐,大内战时期,这个时期给老百姓带来不少苦难!这就是征伐的结果,不能不让人深思!

全诗重章叠句,并列结构,慷慨悲凉,反覆吟唱诗人的忧思,这就是先秦时代的黍离之悲,这就是封建王朝的乱世之音,这就是历代王朝的亡国之叹。

[译文]

野兔往来任逍遥,山鸡落网惨凄凄。在我幼年那时候,人们不用服兵役;在我成年这岁月,各种苦难竟齐集。长睡但把嘴闭起!

野兔往来任逍遥,山鸡落网悲戚戚。在我幼年那时候,人们不用服徭役;在我成年这岁月,各种忧患都经历。长睡但把眼合起!

野兔往来任逍遥,山鸡落网战栗栗。在我幼年那时候,人们不用服劳役;在我成年这岁月,各种灾祸来相逼。长睡但把耳塞起!

五行篇(节选)

春秋 管 仲

[原文]

昔者黄帝得蚩尤而明于天道,得大常而察于地利,得奢龙而辩于东方,得祝融而辩于南方,得大封而辩于西方,得后土而辩于北方。黄帝得六相而天地治,神明至。蚩尤明乎天道,故使为当时,大常察乎地利,故使为廪者;奢龙辨乎东方,故使为土师;祝融辨乎南方,故使为司徒;大封辨乎西方,故使为司马;后土辨乎北方,故使为李。是故春者土师也,夏者司徒也,秋者司马也,冬者李也。

[作者作品]

管仲(约前723或前716~前645),管子为春秋战国时的伟大政治家、军事家,他辅佐齐桓公,九合诸侯,一匡天下。姬姓,管氏,名夷吾,谥曰"敬仲"。嵩山登封颍上人,史称管子。周穆王的后代,管仲少时丧父,生活贫苦,为维持生计,与鲍叔牙合伙经商后从军,到齐国,几经曲折,经鲍叔牙力荐,为齐国上卿(即丞相),被称为"春秋第一相",辅佐齐桓公成为春秋时期的第一霸主,所以又说"管夷吾举于士"。

《管子》以中国春秋时代政治家、哲学家管仲命名,其中也记载了管仲死后的事情,并非管仲所著,但绝大部分的思想资料是属于管仲学派的,它所体现的政治、经济和哲学思想,是中国古代杰出的思想成就。现在版本的《管子》是在西汉时由刘向约于公元前26年为《管子》进行编辑,原有86篇,其中有10篇文已佚。《管子》文章有很强的法家色彩,包括大量具体的治国方术。

[译文]

从前,黄帝得蚩尤为相而明察天道,得大常为相而明察地利,得苍龙为相而明察东方,得祝融为相而明察南方,得大封为相而明察西方,得后土为相而明察北方。黄帝得六相而天地得治,可以说神明到极点了。蚩尤通晓天道,所以黄帝用他当"掌时"的官;大常通晓地利,所以黄帝用他当"廪者"的官;苍龙明察于东方,所以黄帝用他当"下师"的官;祝融明察于南方,所以黄帝用他"司徒"的官;大封明察西方,所以黄帝用他当"司马"的官;后土明察北方,所以黄帝用他当"李"官。

召公谏厉王弭谤

选自《国语》

[原文]

厉王虐,国人谤王。召公告曰:"民不堪命矣!"王怒,得卫巫,使监谤者。以告,则杀之。国人莫敢言,道路以目。

王喜,告召公曰:"吾能弭谤矣,乃不敢言。"

召公曰:"是鄣之也。防民之口,甚于防川;川雍而溃,伤人必多。民亦如之。是故为川者,决之使导;为民者,宣之使言。故天子听政,使公卿至于列士献诗,瞽献典,史献书,师箴,瞍赋,矇诵,百工谏,庶人传语,近臣尽规,亲戚补察,瞽、史教诲,耆艾修之,而后王斟酌焉。是以事行而不悖。民之有口也,犹土之有山川也,财用于是乎出;犹其有原隰衍沃也,衣食于是乎生。口之宣言也,善败于是乎兴。行善而备败,所以阜财用衣食者也。夫民虑之于心,而宣之于口,成而行之,胡可壅也?若壅其口,其与能几何?"

王弗听,于是国人莫敢出言。三年,乃流王于彘。

[作者作品]

《国语》是中国最早的一部国别体著作。《国语》上起周穆王十二年(前990年)西征犬戎(约前947年),下至智伯被灭(前453年)。记载了周朝王室和鲁国、齐国、晋国、郑国、楚国、吴国、越国八个国家的一些史实,以《周语》开篇,包括各国贵族间朝聘、宴飨、讽谏、辩说、应对之辞以及部分历史事件与传说的国别史杂记,也叫《春秋外传》。

[相关史料]

周召公简介见《洛诰》。

周平王东迁洛邑

周厉王(? ~前828年),姬姓,名胡,周夷王之子,西周第十位王,前878~前841年在位。在位期间,任用荣夷公实行"专利",即以国家名义垄断山林川泽,不准国人(指工商业者)依山泽而谋生,借以剥削人民。他违背周人共同享有山林川泽以利民生的典章制度。

平王东迁,定都洛阳,是为东周(分春秋、战国两期)。东周王室衰微,诸侯专政,周天子只是享有虚名。东周末期,王室退居诸侯地位,分西周、东周二小国。周王居洛阳(今白马寺一带)。

[译文]

周厉王暴虐,国都里的人公开指责厉王。召穆公报告说:"百姓不能忍受君王的命令了!"厉王发怒,寻得卫国的巫者,派他监视公开指责自己的人。巫者将这些人报告厉王,就杀掉他们。国都里的人都不敢说话,路上彼此用眼睛互相望一望而已。

厉王高兴了,告诉召公说:"我能止住谤言了,大家终于不敢说话了。"召公说:"这是堵他们的口。堵住百姓的口,比堵住河水更厉害。河水堵塞而冲破堤坝,伤害的人一定很多,百姓也像河水一样。所以治理河水的人,要疏通它,使它畅通,治理百姓的人,要放任他们,让他们讲话。因此天子治理政事,命令公、卿以至列士献诗,乐官献曲,史官献书,少师献箴言,盲者朗诵诗歌,矇者背诵典籍,各类工匠在工作中规谏,百姓请人传话,近臣尽心规劝,亲戚弥补监察,太师、太史进行教诲,元老大臣整理阐明,然后君王考虑实行。所以政事得到推行而不违背事理。百姓有口,好像大地有高山河流一样,财富就从这里出来;好像土地有高原、洼地、平原和灌溉过的田野一样,衣食就从这里产生。口用来发表言论,政事的好坏就建立在这上面。实行好的而防止坏的,这是丰富财富衣食的基础。百姓心里考虑的,口里就公开讲出来,天子要成全他们,将他们的意见付诸实行,怎么能堵住呢?如果堵住百姓的口,将能维持多久?"

厉王不听。于是国都里的人再不敢讲话。三年以后,便将厉王放逐到彘地去了。

《道德经》(节选)
春秋 老子

[作者作品]

老子(约前571～前471年),字伯阳,谥号聃。又称老聃、李耳。楚国苦县厉乡曲仁里(此地本是封于西周的陈国,今河南鹿邑人)。我国古代伟大的哲学家和思想家、道家学派创始人,在道教中老子被尊为道祖。世界百位历史名人之一。在洛阳曾做过周王室管理图书典册的史官,其生活年代大略同时而稍早。其学说"无为自化,清静自正",在当时有很高的声望。后因不满于社会动荡变革的现实而悄然隐退,不知其所终。曾长期在嵩山地域活动,并在此撰写《道德经》。《道德经》(又称《老子》),其作品的精华是朴素的辨证法,主张无为而治,其学说对中国哲学发展具有深刻影响。

老 子

《道德经》,又称《道德真经》《老子》《五千言》《老子五千文》,是中国古代先秦诸子百家前的一部著作,为其时诸子所共仰,是春秋时期的老子(即李耳)所作,是道家思想的重要来源,被奉为道教最高经典。《道德经》分上下两篇,原文上篇《道经》、下篇《德经》,不分章。后分为81章,上篇《道经》从第1章到第37章,下篇《德经》从第38章至第81章。老子的《道德经》一书,仅五千余言,但阐述了"道"和"德"的深刻含义,它代表了老子的哲学思想。是中国历史上首部完整的哲学著作,思想内容微言大义,一语万端,博大精深,涵盖天地,历来被人们称为"哲理诗"。被华夏先辈誉为万经之王。

第一章

[原文]

道可道,非常道。名可名,非常名。无名天地之始,有名万物之母。故常无欲以观其妙,常有欲以观其徼。此两者同出而异名,同谓之玄。玄之又玄,众妙之门。

[译文]

"道"如果可以用言语来表述,那它就是常"道"("道"是可以用言语来表述的,它并非一般的"道");"名"如果可以用文辞去命名,那它就是常"名"("名"也是可以说明的,它并非普通的"名")。"无"可以用来表述天地浑沌未开之际的状况;而"有",则是宇宙万物产生之本原的命名。因此,要常从"无"中去观察领悟"道"的奥妙;要常从"有"中去观察体会"道"的端倪。无与有这两者,来源相同而名称相异,都可以称之为玄妙、深远。它不是一般的玄妙、深奥,而是玄妙又玄妙、深远又深

远,是宇宙天地万物之奥妙的总门(从"有名"的奥妙到达无形的奥妙,"道"是洞悉一切奥妙变化的门径)。

第三十三章

[原文]

知人者智,自知者明。胜人者有力,自胜者强。知足者富。强行者有志。不失其所者久。死而不亡者,寿。

[译文]

能了解、认识别人叫做智慧,能认识、了解自己才算聪明。能战胜别人是有力的,能克制自己的弱点才算刚强。知道满足的人才是富有人。坚持力行、努力不懈的就是有志。不离失本分的人就能长久不衰,身虽死而"道"仍存的,才算真正的长寿。

第五十二章

[原文]

天下有始,以为天下母。既得其母,以知其子;既知其子,复守其母,没身不殆。塞其兑,闭其门,终身不勤。开其兑,济其事,终身不救。见小曰明,守柔曰强。用其光,复归其明,无遗身殃;是为袭常。

[译文]

天地万物本身都有起始,这个始作为天地万物的根源。如果知道根源,就能认识万物,如果认识了万事万物,又把握着万物的根本,那么终身都不会有危险。塞住欲念的孔穴,闭起欲念的门径,终身都不会有烦扰之事。如果打开欲念的孔穴,就会增添纷杂的事件,终身都不可救治。能够察见到细微的,叫做"明";能够持守柔弱的,叫做"强"。运用其光芒,返照内在的明,不会给自己带来灾难,这就叫做万世不绝的"常道"。

《列子》(三篇)

战国 列御寇

[作者作品]

列子,名御寇,战国时期郑国圃田(今郑州市)人,大约与郑缪公同时。相传是战国前期的道家人物,是老子和庄子之外的又一位道家思想代表人物,著名的思想家、寓言家和文学家。其学本于黄帝老子,主张清静无为。列子终生致力于道德学问,曾师从关尹子、壶丘子、老商氏、支伯高子等。隐居郑国40年,不求名利,清静修道。主张循名责实,无为而治。先后著书20篇,10万多字。今存《天瑞》《仲尼》《汤问》《杨朱》《说符》《黄帝》《周穆王》《力命》等8篇,共成《列子》一书。其中《愚公移山》《杞人忧天》《两小儿辩日》《纪昌学射》《汤问》等脍炙人口的寓言故事,可谓家喻户晓。被誉为默察造化消息之运,发扬黄老之幽隐,简劲宏妙,辞旨纵横,是道家义理不可或缺的部分。后被道教尊奉为

"冲虚真人"。

《列子》中的"天体运动说"、"地动说"、"宇宙无限说",而这些学说都远远早于西方的同类学说。

一、黄帝篇(第一部分)

[原文]

黄帝即位十有五年,喜天下戴己,养正命,娱耳目,供鼻口,燋然肌色皯黣,昏然五情爽惑。又十有五年,忧天下之不治,竭聪明,进智力,营百姓,燋然肌色皯黣,昏然五情爽惑。黄帝乃喟然叹曰:"朕之过淫矣。养一己其患如此,治万物其患如此。"于是放万机,舍宫寝,去直侍,彻钟悬,减厨膳,退而间居大庭之馆,斋心服形,三月不亲政事。

昼寝而梦,游于华胥氏之国。华胥氏之国在弇州之西,台州之北,不知斯齐国几千万里;盖非舟车足力之所及,神游而已。其国无帅长,自然而已。其民无嗜欲,自然而已。不知乐生,不知恶死,故无夭殇;不知亲己,不知疏物,故无爱憎;不知背逆,不知向顺,故无利害:都无所爱惜,都无所畏忌。入水不溺,入火不热。斫挞无伤痛,指擿无痟痒。乘空如履实,寝虚若处床。云雾不硋其视,雷霆不乱其听,美恶不滑其心,山谷不踬其步,神行而已。

黄帝既寤,怡然自得,召天老、力牧、太山稽,告之曰:"朕闲居三月,斋心服形,思有以养身治物之道,弗获其术。疲而睡,所梦若此。今知至道不可以情求矣。朕知之矣!朕得之矣!而不能以告若矣。"又二十有八年,天下大治,几若华胥氏之国,而帝登假,百姓号之,二百余年不辍。

列 子

[译文]

黄帝即位十五年了,因受到普天下爱戴而沾沾自喜,就一心调养身体,娱乐耳目,满足口鼻欲望,结果弄得面色焦黄,憔悴不堪,头昏眼花,情志迷乱。又过了十五年,他因社会的动乱而忧心忡忡,就竭尽聪明才智,管理百姓,结果还是弄得面色焦黄,憔悴不堪,头昏眼花,情志迷乱。黄帝便高声叹气说:"我的过错太严重啦!只顾把自己祸害成这样;用心治理天下祸害也是这样。"于是,抛弃纷繁的政务,舍弃华丽的宫殿,裁去贴身的侍从,取消娱乐的钟鼓,减少美味的膳食,隐退到外庭的简陋房舍里独自居住,清心反省,消除肉体的欲念,三个月都不亲自过问政事。

有一天,他白日睡觉时,做了一个梦,梦见自己在华胥氏之国漫游。华胥氏之国在弇州的西面、台州的北面,不知道距离中原有几千万里路;不是舟车脚力所能到达的,只是神游罢了。这个国家没有君主官长,一切听其自然;人民没有嗜好欲望,一切听其自然。他们不知迷恋生存,不知讨厌死亡,所以没有夭亡;不知偏爱自己,不知疏远外物,所以没有爱憎情感;不知违背,不知顺从,所以没有利害;他们没有什么偏爱,没有什么畏惧。投入水里不会淹死,跳进火中不感灼热。刀砍鞭打无伤痛,指甲搔挠无痛痒。升到天上如同脚踏实地,睡在虚空好似躺在床榻。云雾不能妨碍他们的视线,雷霆不能扰乱他们的听觉,美恶不能迷惑他们的心境,山谷不能绊倒他们的脚步,这都是神游而已。

黄帝梦醒,洋洋自得,把他的辅佐大臣天老、力牧和太山稽召来,告诉他们说:"我闲居了三个月,清心反省,消除欲念,潜心思考调养身心治理天下的道理,但没有想出好方法。后来我疲倦而入睡,就

做了这样一个梦。现在我明白了,最高深的道是不能根据常理求得的。我知道它啦!我取得它啦!但是我无法把它告诉你们啊!"又过了二十八年,天下大治,几乎像华胥氏之国,黄帝却逝世了,黎民百姓为怀念他痛哭,二百多年都没有停止。

二、黄帝篇(第十三部分)

[原文]

有神巫自齐来处于郑,命曰季咸,知人死生、存亡、祸福、寿夭,期以岁、月、旬、日,如神。郑人见之,皆避而走。列子见之而心醉,而归以告壶丘子,曰:"始吾以夫子之道为至矣,则又有至焉者矣。"

壶子曰:"吾与汝无其文,未既其实,而固得道与?众雌而无雄,而又奚卵焉?而以道与世抗,必信矣,夫故使人得而相汝。尝试与来,以予示之。"

明日,列子与之见壶子。出而谓列子曰:"嘻!子之先生死矣,弗活矣,不可以旬数矣。吾见怪焉,见湿灰焉。"列子入,涕泣沾衿,以告壶子。壶子曰:"向吾示之以地文,罪乎不不止,是殆见吾杜德几也。尝又与来!"

明日,又与之见壶子,出而谓列子曰:"幸矣,子之先生遇我也,有瘳矣。灰然有生矣,吾见杜权矣。"列子入告壶子。壶子曰:"向吾示之以天壤,名实不入,而机发于踵,此为杜权。是殆见吾善者几也。尝又与来!"

明日,又与之见壶子,出而谓列子曰:"子之先生坐不斋,吾无得而相焉。试斋,将且复相之。"列子入告壶子。壶子曰:"向吾示之以太冲莫眹,是殆见吾衡气几也。鲵旋之潘为渊,止水之潘为渊,流水之潘为渊,滥水之潘为渊,沃水之潘为渊,汍水之潘为渊,雍水之潘为渊,水之潘为渊,肥水之潘为渊,是为九渊焉。尝又与来!"

明日,又与之见壶子。立未定,自失而走。壶子曰:"追之!"列子追之而不及,反以报壶子,曰:"已灭矣,已失矣,吾不及也。"壶子曰:"向吾示之以未始出吾宗。吾与之虚而猗移,不知其谁何,因以为茅靡,因以为波流,故逃也。"

然后列子自以为未始学而归,三年不出,为其妻爨,食豕如食人,于事无亲,雕琢复朴,块然独以其形立;然而封戎,壹以是终。

[译文]

有一个神巫从齐国来到郑国,名叫季咸,能推算人的死生、存亡、祸福、寿夭,所预言的岁、月、旬、日,无不准确如神。郑国人看见他,都吓得赶紧避开。列子见了他,却羡慕得心醉神迷,回来告诉老师壶子,说:"原先我以为先生的道术是最深的了,可是现在却有比您还要高深的。"

壶子说:"我教你的只是通习了道的名相,还没有经过事实的验证,你就认为掌握道的根本了吗?这正像只有很多雌性而无雄性,又怎能产卵繁殖呢?你既然拿道去同世俗的东西相较量,必定会显露内心的真情,这就是巫师能拿你来算命的原因。你试着带他一道来,让他给我相相面。"

第二天,列子带他来见壶子。他走出屋对列子说:"唉呀!你的先生要死啦,没救啦,活不了十多天啦!我看到他神色异常,面色如灰。"列子走进屋,悲伤哭泣,泪水沾襟,把这番话告诉壶子。壶子说:"刚才我向他显示了像大地那凝寂沉静的外貌,气息萌发在既不振动也不止息之间,他这是只看见我堵塞了生机,因此说我要死了。你再试着同他来一次。"

第二天,列子又带他来见壶子。他走出屋对列子说:"幸运呀!你的先生多亏碰上了我,他的病好啦。整个都有生气啦,我看见他的神气在闭塞之中死灰复燃,有了转机啦!"列子进屋告诉壶子,壶子说:"刚才我向他显示了像天壤那样柔和自然的外貌,名利不能侵入,而生机从脚跟开始向上发动,这便是闭塞之中生机发动。他只看见我发动了生机。再试着与他一道来。"

第二天,列子又同他见了壶子。他出来对列子说:"你的先生坐在那儿,形神恍惚不定,我无法拿他来相面。等他精神安定了,我再来给他看。"列子进去告诉壶子。壶子说:"刚才我向他显示的是没有任何迹象的极度虚静,他这是看见我平衡神气的枢机了。鲸鲵翻腾形成的回旋水流为深渊,静止的水形成的回旋水流为深渊,流动的水形成的回旋水流为深渊,漫溢的水形成的回旋水流为深渊,从上泻下的水形成的回旋水流为深渊,从侧面涌出的水形成的回旋水流为深渊,泛滥后又被壅塞的水形成的回旋水流为深渊,从地下冒出而汇集的水形成的回旋水流为深渊,不同源而合流的水形成的回旋水流也为深渊。波流虽然变化多端,但都不离静默的深渊,这些就是九渊。你再试着带他一同来。"

第二天,列子又带他来见壶子。他站立未定,就惊慌失色而逃。壶子说:"追他!"列子追去,没有赶上,回来报告壶子说:"已经没影啦,已经跑掉啦,我追不上他。"壶子说:"刚才我向他显示了我还不曾从道的本原中产生出来的样子。我虚心忘怀顺其自然地应付他,以至于他不知道我究竟是什么东西,以为我是茅草随风而倒,以为我是波浪顺水而流,所以就吓得逃走啦!"

这以后,列子认为自己还不曾学到什么,就返回家中,三年不出门,为他的妻子烧火做饭,饲养猪如同侍候人。对任何事物都不分亲疏远近,去除雕琢,返璞归真,安然无动于衷,独以形体存在;在万物纷呈的大千世界里,保持真朴,专心守一,以此终生。

三、仲尼篇(第十一部分)

[原文]

郑之圃泽多贤,东里多才。圃泽之役有伯丰子者,行过东里,遇邓析。邓析顾其徒而笑曰:"为若舞,彼来者奚若?"其徒曰:"所愿知也。"邓析谓伯丰子曰:"汝知养养之义乎?受人养而不能自养者,犬豕之类也;养物而物为我用者,人之力也。使汝之徒食而饱,衣而息,执政之功也。长幼群聚而为牢藉庖厨之物,奚异犬豕之类乎?"

伯丰子不应。伯丰子之从者越次而进曰:"大夫不闻齐、鲁之多机乎?有善治土木者,有善治金革者,有善治声乐者,有善治书数者,有善治军旅者,有善治宗庙者;群才备也。而无相位者,无能相使者。而位之者无知,使之者无能,而知之与能为之使焉。执政者,乃吾之所使;子奚矜焉?"

邓析无以应,目其徒而退。

[译文]

郑国的圃泽居住着很多潜心学道的隐士,东里聚集着很多济世治国的人才。圃泽的隐士中有一个名叫伯丰子的,外出经过东里,遇见了邓析。邓析回头对同伴笑道:"我为你们去戏弄戏弄那个走来的人怎么样?"同伙说:"这正是我们所想的呀!"邓析便对伯丰子说:"你知道受人供养和自己养活自己的含义吗?受人供养而不能自己养活自己,便是猪狗之类的畜牲;供养他物使之为我所用,这便是人的能力。让你们这些家伙吃得饱,穿得暖,睡得好,这都是我们这些治理国事人的功劳。而你们只会老老小小群居终日,搞一些睡觉用的栏圈垫草,料理些填肚皮用的食物,这同猪狗之类的畜牲有什么不同?"

伯丰子不予理睬。跟在他后面的一个随从走上前来回答道:"大夫您没有听说齐、鲁两国多有巧

能之人吗?他们有的精通土木建筑,有的擅长制造兵器铠甲,有的精通音乐舞蹈,有的擅长书法术算,有的精通指挥军队作战,有的擅长主持宗庙祭祀,真是人才济济。但是他们相互之间却没有谁能主宰谁,没有谁能役使谁,相反,能主宰他们的人倒没有知识,能役使他们的人倒没有才能,有知识同有才能的人都被他所使用。你们这些自命有知识有才能的执政者,也正是被我们所使用的奴仆呀;你还有什么值得骄傲的呢?"

邓析无言以对,只好羞愧地瞅着自己的同伙退了回去。

《春秋左传》(三篇)
春秋　左丘明

[作者作品]

左秋明

左丘明(前556～前451年),相传为春秋末期鲁国史学家,为《左传》和《国语》的作者。春秋末期鲁国人。世代为史官,并与孔子一起"乘如周,观书于周史",据有鲁国以及其他封侯各国大量的史料,所以依《春秋》著成了中国古代第一部记事详细、议论精辟的编年史《左传》,和现存最早的一部国别史《国语》,成为史家的开山鼻祖。《左传》重记事,《国语》重记言。《左传》为解释另一历史著作《春秋》的作品。战国时期,《左传》成为儒家学派的经典之一,著名儒家学者荀子就继承了《左传》之学。

《春秋左传》又称《左传》,是我国现存最早的也是第一部较为完备的编年体史书。相传为春秋末年的左丘明为解释孔子的《春秋》而作。春秋时期,各诸侯国有史官记录其派驻国的史事,还有称为瞽矇的盲史官讲述历史,左丘明便是一位盲史官。后人根据左丘明的讲史记录和其他史官留下的各种材料整理成《春秋左传》。它起自鲁隐公元年(前722年),迄于鲁哀公(前468年),以《春秋》为本,前后记叙了春秋时期250多年的史事,比《春秋》记事时间延长了许多。其中,许多史事发生在嵩山地区。

一、子产论政宽猛

[原文]

郑子产有疾。谓子太叔曰:"我死,子必为政。唯有德者能以宽服民,其次莫如猛。夫火烈,民望而畏之,故鲜死焉。水懦弱,民狎而玩之,则多死焉,故宽难。"疾数月而卒。

太叔为政,不忍猛而宽。郑国多盗,取人于萑苻之泽。太叔悔之,曰:"吾早从夫子,不及此。"兴徒兵以攻萑苻之盗,尽杀之,盗少止。

仲尼曰:"善哉!政宽则民慢,慢则纠之以猛。猛则民残,残则施之以宽。宽以济猛;猛以济宽,政是以和。"《诗》曰:'民亦劳止,汔可小康;惠此中国,以绥四方。'施之以宽也。'毋从诡随,以谨无良;

式遏寇虐,惨不畏明。'纠之以猛也。'柔远能迩,以定我王。'平之以和也。又曰:'不竞不絿,不刚不柔,布政优优,百禄是遒。'和之至也。"

及子产卒,仲尼闻之,出涕曰:"古之遗爱也。"

[相关史料]

子产(?~前522),姓姬名侨,字子美,人们又称他为公孙侨、郑子产,他是郑穆公的孙子,春秋后期郑国(今新郑)人,与孔子同时,是孔子非常尊敬的人之一。公元前554年郑简公杀子孔后被立为卿,公元前543~522年执掌郑国国政,是当时著名的政治家、思想家。

子产执政20年,内政外交都政绩卓著。"宽猛相济"的主张是他首先提出来的,对后世影响很大。他所说的"猛",实际是为了预防犯罪,重点还是"宽",所以得到孔子的赞赏。文章观点鲜明,层次清楚,结构完整;善于运用通俗浅显的比喻

子产宣政

说明深刻的道理;善于通过人物的对话、言论,刻画人物性格特征,塑造了子产、太叔、孔子等栩栩如生的人物形象,是一篇颇具文学色彩的历史短文。

[译文]

郑国的子产得了病。(他)对子太叔说:"我死(以后),您必定主政。只有道德高尚的人能够用宽厚(的政策)使民众服从,其次(的政策)没有比刚猛更有效(的了)。比如烈火,民众望见就害怕它,所以很少死(在其中)的。水柔弱,民众亲近并和它嬉戏,就有很多死(在其中)的,所以宽厚(的政策)难(以实施)。"(子产)病数月后死去。

太叔执政,不忍心严厉,而施行宽柔政策。郑国(因此)很多盗贼,(他们)从沼泽地招集人手。太叔后悔了,说:"我早听从(子产)夫子的,不会到此地步。"发步兵去攻击沼地的盗贼,将他们全部杀灭,盗贼(才)稍微被遏制。

孔子说:"好啊!政策宽厚民众就怠慢,(民众)怠慢就用刚猛(的政策)来纠正。(政策)刚猛民众就受伤害,(民众受)伤害了就施与他们宽厚(的政策)。用宽大来调和严厉;用严厉来补充宽大,政治因此而调和。《诗经》中说:'民众也劳累了,差不多可以小小休息啦;赐予城中的民众恩惠,用来安抚四方。'(这是)施与民众以宽厚啊。'不要放纵奸诈,用来防范邪恶;遏制盗贼肆虐,恶毒是不害怕美好的。'(这是)用刚猛来纠正啊。'宽柔对待远方的民众能够使大家亲近,(这样)来稳定我们的王朝。'(这是)用和缓(的政策)来使民众平安祥和啊。还有(《诗》)说:'不争斗不急躁,不刚猛不柔弱,实施政策平和,所有的福祉汇集过来。'(这是)和平的极致啊。"

等到子产逝世,孔子听说了,哭泣道:"(他)是古代圣贤继承人啊。"

二、郑子家告赵宣子

[原文]

晋侯合诸侯于扈,平宋也。

于是晋侯不见郑伯,以为贰于楚也。郑子家使执讯而与之书,以告赵宣子曰:"寡君即位三年,召蔡侯而与之事君。九月,蔡侯入于敝邑以行,敝邑以侯宣多之难,寡君是以不得与蔡侯偕,十一月,克减侯宣多而随蔡侯以朝于执事。十二年六月,归生佐寡君之嫡夷,以请陈侯于楚而朝诸君。十四年七月寡君又朝,以蒇陈事。十五年五月,陈侯自敝邑往朝于君。往年正月,烛之武往朝夷也。八月,寡君又往朝。以陈蔡之密迩于楚,而不敢贰焉,则敝邑之故也。虽敝邑之事君,何以不免?在位之中,一朝于襄,而再见于君,夷与孤之二三臣,相及于绛。虽我小国,则蔑以过之矣。今大国曰:'尔未逞吾志。'敝邑有亡,无以加焉。古人有言曰:'畏首畏尾,身其余几?'又曰:'鹿死不择音。'小国之事大国也,德,则其人也;不德,则其鹿也。铤而走险,急何能择?命之罔极,亦知亡矣。将悉敝赋以待于鯈,唯执事命之。文公二年,朝于齐;四年,为齐侵蔡,亦获成于楚。居大国之间而从于强令,岂有罪也?大国若弗图,无所逃命。"

晋巩朔行成于郑,赵穿、公婿池为质焉。

[相关史料]

郑国是夹在晋、楚两个对立的大国之间的小国,外交关系很难处理,郑子家的这篇外交辞令,利用两大国的矛盾,逐年逐月罗列事实,批评晋的苛刻要求,甚至不惜以决裂相警告,终于迫使晋人让步。

[译文]

晋灵公在扈会合各国,为的是平定宋国的内乱。

晋侯不召见郑伯,以为他有二心,暗地里依附了楚国。郑国的大夫子家派通信官送给书信,用来告诉晋国的赵宣子说:"我国的国君即位三年,召集蔡侯和他一起侍奉你们襄公。九月,蔡侯来到我国准备出行到晋国,我国因为侯宣多的祸乱,国君因此不能和蔡侯一起朝见你们的国君。十一月,侯宣多的乱事稍稍平定之后,就和蔡侯一起在百官面前来朝见你们的国君。十二年六月,归生又辅佐我们国君的太子夷,为陈侯朝见晋国的事向楚国请命。十四年七月,我国国君又前往朝见,来完成陈侯朝晋的事。十五年五月,陈侯才得以从我国前往晋国朝见。去年正月,烛之武辅佐太子夷前往朝见。八月,我国国君又前往朝见。以陈、蔡两国跟楚国贴近,却不敢对晋国有贰心,这都是有我国的原因啊。虽然我国一再为贵国效劳,为什么还被认为有罪呢?我国国君在位的时候,一次朝见晋襄公,两次朝见现在的晋君,太子夷和我们两三位大臣,相继来到绛都朝见。虽然我们是小国,事大国之礼没有超过我们的啊。现在大国却说:'你没有达成我的愿望。'要是这样,我国只有灭亡,因为我们没有办法再增加我们事晋国的礼数了。古人有话说:'顾头顾尾,身体还剩下什么地方不顾呢?'还说:'鹿要死了是不会挑选荫凉的地方的。'小国为大国效劳,大国有恩惠,那小国还是懂得报答恩惠的人;大国没有恩惠,那么小国只好是被逼冒险的鹿了。走得太快,就必然要走那些危险的地方,被逼急了哪里还能选择呢?你们的命令无法理解极端艰难,我们也知道自己终究要灭亡了。只好集中全部的兵力在鯈等待,就只听您的命令了!郑文公二年,我国朝见齐桓公;四年,替齐国侵占了蔡国,蔡是楚的属国,可是我们还和楚国建立了同盟。小国夹在大国之间,听从强国的命令,难道有罪吗?大国如果不替我们着想,我们就没法逃避你们的命令了。"

晋国的大夫巩朔和郑国签订盟约,把赵穿和晋灵公的女婿池作人质留在郑国。

三、郑伯克段于鄢

[原文]

初,郑武公娶于申,曰武姜,生庄公及共叔段。庄公寤生,惊姜氏,故名曰寤生,遂恶之。爱共叔段,欲立之。亟请于武公,公弗许。

及庄公即位,为之请制。公曰:"制,岩邑也,虢叔死焉。佗邑唯命。"请京,使居之,谓之京城大叔。

祭仲曰:"都城过百雉,国之害也。先王之制:大都不过参国之一,中五之一,小九之一。今京不度,非制也,君将不堪。"公曰:"姜氏欲之,焉辟害?"对曰:"姜氏何厌之有!不如早为之所,无使滋蔓,蔓难图也。蔓草犹不可除,况君之宠弟乎!"公曰:"多行不义必自毙,子姑待之。"

既而大叔命西鄙北鄙贰于己。公子吕曰:"国不堪贰,君将若之何?欲与大叔,臣请事之;若弗与,则请除之。无生民心。"公曰:"无庸,将自及。"大叔又收贰以为己邑,至于廪延。子封曰:"可矣,厚将得众。"公曰:"不义不暱,厚将崩。"

大叔完聚,缮甲兵,具卒乘,将袭郑。夫人将启之。公闻其期,曰:"可矣!"命子封帅车二百乘以伐京。京叛大叔段,段入于鄢,公伐诸鄢。五月辛丑,大叔出奔共。

书曰:"郑伯克段于鄢。"段不弟,故不言弟;如二君,故曰克;称郑伯,讥失教也;谓之郑志。不言出奔,难之也。

遂置姜氏于城颍,而誓之曰:"不及黄泉,无相见也。"既而悔之。

颍考叔为颍谷封人,闻之,有献于公,公赐之食,食舍肉。公问之,对曰:"小人有母,皆尝小人之食矣,未尝君之羹,请以遗之。"公曰:"尔有母遗,繄我独无!"颍考叔曰:"敢问何谓也?"公语之故,且告之悔。对曰:"君何患焉?若阙地及泉,隧而相见,其谁曰不然?"公从之。公入而赋:"大隧之中,其乐也融融!"姜出而赋:"大隧之外,其乐也泄泄。"遂为母子如初。

君子曰:"颍考叔,纯孝也,爱其母,施及庄公。《诗》曰:'孝子不匮,永锡尔类。'其是之谓乎?"

[相关史料]

郑庄公,即春秋小霸,姬姓,郑氏,名寤生,历史上非常著名的政治家。郑国第三代国君。前743～前701年在位。郑庄公一生功业辉煌,在位期间,分别击败过周、虢、卫、蔡、陈联军及宋、陈、蔡、卫、鲁等国联军。御燕、侵陈,大胜之;伐许、克息、御北戎,攻必克、战必胜,可谓战绩显赫,使得郑国空前强盛,就连当时的大国——齐国也跟着郑国东征西讨。同时,郑庄公又是一个有战略眼光、精权谋、善外交的政治家。其过人的政治才能,也是他在春秋列国纷争中能小霸中原的重要原因所在。

文中记叙了郑庄公同其胞弟共叔段之间为了

郑庄公掘地见母

夺国君权位而进行的一场你死我活的斗争。春秋时期，周王室逐渐衰微，各诸侯国之间开始了互相兼并的战争，各国内部统治者之间争夺权势的斗争也加剧起来。为了争夺王位，骨肉至亲成为殊死仇敌。本文反映了这一社会现实。庄公设计并故意纵容其弟与其母，其弟骄纵，于是欲夺国君之位，庄公便以此讨伐共叔段。庄公怨其母偏心，将母亲迁于颍地。后来自己也后悔了，又有颍考叔规劝，母子又重归于好。

[译文]

当初，郑武公娶了申国国君的女儿为妻，叫做武姜；生下了庄公和共叔段。庄公脚在前倒生下来，使姜氏受了惊吓所以取名叫"寤生"，武姜因此讨厌庄公。武姜宠爱共叔段，想立他为太子多次向武公请求，武公都没有答应。等到庄公当上了郑国国君武姜为共叔段请求把制作为他的封邑。庄又说"制是个险要的城邑，从前虢叔就死在那里，如果要别的地方，我都答应。"武姜又为共叔段请求京邑，庄公就让共叔段住在那里，称他为"京城太叔"。

祭仲说"都城超过了三百丈，就会成为国家的祸害。按先王的规定，大的都城面积不能超过国都的三分之一。中等的不超过五分之一，小的不超过九分之一。现在京邑的大小不合法度，违反了先王的制度，这会使您受不了。"庄公回答说；"姜氏要这么做我怎能避开这祸害呢？"祭仲说道："姜氏有什么可满足呢？不如早些处置共叔段，不让他的势力蔓延。如果蔓延开来，就难对付了。蔓延开的野草都除不掉，更何况是您受宠的兄弟呢？"庄公说"干多了不仁义的事情，必定会自取灭亡，您暂且等着看吧。"

不久之后，太叔命令西边和北边的边邑也同时归他管辖。公子吕说"一个国家不能容纳两个君王，您打算怎么办？如果您想把国家交给大叔，就请允许我去侍奉他；如果不给，就请除掉他，不要使百姓产生二心。"庄公说；"用不着，他会自食其果。太叔又把双方共管的边邑收归自己，一直把邑地扩大到了廪延。公子吕说；"可以动手了。他占多了地方就会得到百姓拥护。"庄公说"做事不仁义就不会有人亲近，地方再大也会崩溃。"

太叔修造城地，聚集百姓，修整铠甲和武器，准备好了步兵和战车，将要偷袭郑国国都。武姜打算为他打开城门作内应。庄公得知了太叔偷袭的日期，说；"可以动手了！"于是，他命令公子吕率领二百辆战车去攻打京邑。京邑百姓背叛了共叔段，共叔段逃到了鄢地，庄公又攻打鄢。五月二十三日，共叔段逃奔去了共国。

于是庄公把武姜安置到城颍，并向她发誓说："不到地下黄泉，永远不再见面。"事后，他又后悔这么说。

考叔当时是颍谷管理疆界的官员，他听说了这件事，就送了些礼物给庄公。庄公请他吃饭，他却把肉放在一旁不吃。庄公问他为什么，颍考叔回答说："我家中有母亲，我的饭食她都吃过，就是从未吃过君王的肉羹，请允许我拿去送给她。"庄公说"你有母亲可以送东西给她，唯独我没有！"颍考叔说"我冒昧问一下这话是什么意思？"庄公把事情的缘由告诉了他，并说自己很后悔。颍考叔说；"君王何必担忧呢？如果掘地见水，打成地道去见面，谁能说这不是黄泉相见？"庄公听从了颍考叔的话，照着做了。庄公进入地道，赋诗说："隧道当中，心中快乐融和！"武姜走出隧道，赋诗说：'隧道之外，心中快乐舒畅！"于是。母子关系又与从前一样了。

君子说："颍考叔真是个孝子。爱自己的母亲，还扩大影响了郑庄公。《诗·大雅·既醉》说'孝子德行无穷，永久能分给同类。'大概说的就是这样的事吧！"

史伯为桓公论兴衰

春秋　左丘明

[原文]

桓公为司徒,甚得周众与东土之人,问于史伯曰:"王室多故,余惧及焉,其何所可以逃死?"史伯对曰:"王室将卑,戎狄必昌,不可偪也。当成周者,南有荆、蛮、申、吕、应、邓、陈、蔡、随、唐;北有卫、燕、狄、鲜虞、潞、洛、泉、徐、蒲;西有虞、虢、晋、隗、霍、杨、魏、芮;东有齐、鲁、曹、宋、滕、薛、邹、莒;是非王之支子母弟甥舅也,则皆蛮、荆、戎、狄之人也。非亲则顽,不可入也。其济、洛、河、颍之间乎!是其子男之国,虢、郐为大,虢叔恃势,郐仲恃险,是皆有骄侈怠慢之心,而加之以贪冒。君如以周奴役之故,寄孥与贿焉,不敢不许。周乱而弊,是骄而贪,必将背君,君若以成周之众,奉辞伐罪,无不克矣。若克二邑,邬、弊、补、舟、依、柔、历、华,君之土也。若前华后河,右洛左济,主芣、騩而食溱、洧,修典刑以守之,是可以少固。

公曰:"南方不可乎?"对曰:"夫荆子熊严生子四人:伯霜、仲雪、叔熊、季紃。叔熊逃难于濮而蛮,季紃是立,薳氏将起之,祸又不克。是天启之心也。又甚聪明和协,盖其先王。臣闻之,天之所启,十世不替。夫其子孙必光启土,不可偪也。且重、黎之后也,夫黎为高辛氏火正,以淳耀敦大,天明地德,光照四海,故命之曰'祝融',其功大矣。"

"夫成天下之大功者,其子孙未尝不章,虞、夏、商、周是也。虞幕能听协风,以成乐物生者也。夏禹能单平水土,以品处庶类者也。商契能和合五教,以保于百姓者也。周弃能播制百谷蔬,以衣食民人者也。其后皆为王公侯伯。祝融亦能昭显天地之光明,以生柔嘉材者也,其后八姓于周未有侯伯。佐制物于前代者,昆吾为夏伯矣,大彭、豕韦为商伯矣。当周未有。己姓昆吾、苏、顾、温、董,董姓鬷夷、豢龙,则夏灭之矣。彭姓彭祖、豕韦、诸稽,则商灭之矣。秃姓舟人,则周灭之矣。妘姓邬、郐、路、偪阳,曹姓邹、莒,皆为采卫,或在王室,或在夷狄,莫之数也。而又无令闻,必不兴矣。斟姓无后。融之兴者,其在芈姓乎?芈姓夔越不足命也。蛮芈蛮矣,唯荆实有昭德,若周衰,其必兴矣。姜、嬴、荆、芈,实与诸姬代相干也。姜,伯夷之后也,嬴,伯翳之后也。伯夷能处于神以佐尧者也,伯翳能议百物以佐舜者也。其后皆不失祀而未有兴者,周衰其将至矣。"

公曰:"谢西之九州,何如?"对曰:"其民沓贪而忍,不可因也。唯谢、郏之间,其冢君侈骄,其民怠沓其君,而未及周德;若更君而周训之,是易取也,且可长用也。"

公曰:"周其弊乎?"对曰"殆始必弊者也。《泰誓》曰:'民之所欲,天必从之。'今王弃高明昭显,而好谗慝暗昧;恶角犀丰盈,而近顽童穷固。去和而取同。夫和实生物,同则不继。以他平他谓之和,故能丰长而物归之;若以同裨同,尽乃弃矣。故先王以土与金木水火杂,以成百物。是以和五味以调口,

史　伯

更四支以卫体,和六律以聪耳,正七体以役心,平八索以成人,建九纪以立纯德,合十数以训百体。出千品,具万方,计亿事,材兆物,收经入,行姟极。故王者居九畡之田,收经入以食兆民,周训而能用之,和乐如一。夫如是,和之至也。于是乎先王聘后于异姓,求财于有方,择臣取谏工而讲以多物,务和同也。声一无听,物一无文,味一无果,物一不讲。王将弃是类也而与专同。天夺之明,欲无弊,得乎?

"夫虢石父谗谄巧从之人也,而立以为卿士,与同也;弃聘后而立内妾,好穷固也;侏儒戚施,实御在侧,近顽童也;周法不昭,而妇言是行,用谗慝也;不建立卿士,而姚试幸措,行暗昧也。是物也,不可以久。且宣王之时有《童谣》曰:'檿弧箕服,实亡周国。'于是宣王闻之,有夫妇鬻是器者,王使执而戮之。府之小妾生女而非王子也,惧而弃之。此人也,收以奔褒。天之命此久矣,其又何可为乎?《训语》有之曰:'夏之衰也,褒人之神化为二龙,以同于王庭,而言曰:余褒之二君也。夏后卜杀之与安之与止之,莫吉。卜请其漦而藏之,吉。乃布币焉而策告之,龙亡而漦在,椟而藏之,传郊之。'及殷、周,莫之发也。及厉王之末,发而观之,漦流于庭,不可除也。王使妇人不帏而噪之,化为玄鼋,以入于王府。府之童妾未既龀而遭之,既笄而孕,当宣王时而生。不夫而育,生物惧而弃之。为弧服者方戮在路,夫妇哀其夜号也,而取之以逸,逃于褒。褒人褒姁有狱,而以为入于王,王遂置之,而嬖是女也,使至于为后而生伯服。天之生此久用处,其为毒也大矣,将使候淫德而加之焉。毒之酋腊者,其杀也滋速。申、缯、西戎方强,王室方骚,将以纵欲,不亦难乎?王欲杀太子以成伯服,愁求之申,申人弗畀,愁伐之。若伐申而缯与西戎会以伐周,周不守矣!缯于西戎方将德申,申、吕方强,其隩爱太子亦必可知也,王师若在,其救之亦必然矣。王心怒矣,虢公从矣,凡周存亡,不三稔矣!君若欲避其难,其速规所矣,时至而求用,恐无及也!"

郑桓公

公曰:"若周衰,诸姬其孰兴?"对曰:"臣闻之,武实昭文之功,文之祚尽,武其嗣乎!武王之子,应、韩不在,其在晋乎!距险而邻于小,若加之以德,可以大启。"公曰:"姜、嬴其孰兴?"对曰:"夫国大而有德者近兴,秦仲、齐侯,姜、嬴之隽也,且大,其将兴乎?"公说,乃东寄帑与贿,虢、郐受之,十邑皆有寄地。

幽王八年而桓公为司徒,九年而王室始骚,十一年而毙。及平王之末,而秦、晋、齐、楚代兴,秦景、襄于是乎取周土,晋文侯于是乎定天子,齐庄、僖于是乎小伯,楚蚠冒于是乎始启濮。

选自《国语·郑语》

[作者作品]

作者简介见《春秋左传》。

《国语》是中国最早的一部国别体著作。记录了周朝王室和鲁国、齐国、晋国、郑国、楚国、吴国、越国等诸侯国的历史。上起周穆王十二年(前990年)西征犬戎(约前947年),下至智伯被灭(前453年)。包括各国贵族间朝聘、宴飨、讽谏、辩说、应对之辞以及部分历史事件与传说。《国语》传说是春秋末期鲁人左丘明所作，与《左传》并列为解说《春秋》的著作。左丘明就是稍早于孔子的著名盲史官，他讲的历史得到过孔子的赞赏。盲史官讲述的史事被后人集录成书，叫做《语》，再按照国别区分，就是《周语》《鲁语》等，总称《国语》。

《史伯为桓公论兴衰》记述的事是在西周灭亡之前。在西周内忧外患，王室日渐衰微，去向何去何从之时，史伯给郑桓公指出了一条后路，郑桓公听其说得有理，欣然采纳。并为郑国以后的发展，奠定了一个基础。

[相关史料]

郑桓公（？～前771年），周朝诸侯国郑国的第一任君主（前806～前771年在位），姓姬，名友，是周厉王少子，周宣王之异母弟，故称王子友。周宣王二十二年，前806年，王子友被封于都城镐京附近的咸林，在今陕西省华县西北一带，国号为郑，伯爵，故称郑伯友。至周宣王死，周幽王即位后的周幽王八年（前774年），郑桓公被任命为周朝的王室司徒。司徒是王室六卿之一，掌管国家的土地和人民。郑桓公在司徒任上，对周民和协安抚，赢得周民的欢心。但周幽王宠爱褒后，昏庸腐败，以至于天下动荡不安。郑桓公看出西周王朝前途不保，便思退路，遂问计于太史伯。

史伯，西周末期思想家。史伯又称太史伯，名颖，为周幽王太史，掌管起草文书，策命诸侯，编写史书，兼管祭祀等事。太史伯劝郑桓公将郑国迁到洛邑（今洛阳）以东、黄河和济水以南的土地，称为新郑。郑桓公听从太史伯的建议，在请示了周幽王以后，于周幽王九年（前773年），在商人的协助下，将妻、子和财产寄存到洛邑以东的东虢国和郐国之间，为以后迁国打下基础。

周幽王九年（前773年），郑桓公派长子掘突带上丰厚的礼物向虢、郐二国君借地。郑桓公是当朝司徒，天子的亲叔父，位高权重，哪敢得罪！又贪图礼品丰厚，好处多多，两君一合计，各献五座城池：鄢、补、历、华、丹、田柔、蔽、苑、函、依，作为新郑国的领土。郑桓公闻讯大喜，这样，郑桓公便有了立国的基础。不久，就下令原封地上的居民东迁。根据太史伯的建议，把家属和重要财产安置在虢、郐之间一个叫"京"的地方（今荥阳京襄城），史称"虢郐寄孥"（或桓公寄孥）。为以后武公东迁、开辟郑国400多年基业打下了基础，也为荥阳郑氏家族扎下了根基。

周幽王十一年（前771年），西北部族犬戎攻破西周，将周幽王杀死于骊山之下，郑桓公也同时同地遇难。郑国人立桓公之子为国君，即郑武公。郑武公拥立周幽王之子周平王，从镐京（今西安西）迁到洛邑，建立了东周。郑国也于周平王二年（前769年）全部迁到郑桓公生前安排好的洛邑以东地区，都新郑（今新郑市）。郑国至此东迁，离开了曾立国37年的古郑，即今陕西华县一带。

[译文]

郑桓公任周幽王的司徒，很得西周民众和周土以东百姓的心，他问史伯说："周王室多灾多难，我担心落在我身上，到哪里才可以逃避一死呢？"史伯回答说："周王室将要衰败，戎、狄肯定会昌盛起来，不能靠近它们。在周都洛邑，南面有楚蛮、申、吕、应、邓、陈、蔡、随、唐九国；北面有卫、燕、狄、鲜虞、潞、洛、泉、徐、蒲九国；西面有虞、虢、晋、隗、霍、杨、魏、芮八国；东面有齐、鲁、曹、宋、滕、薛、邹、莒八国；这些国家若不是周王的同姓支族、母弟甥舅之类的亲戚，就是蛮、夷、戎、狄之类的少数民族。不是亲属就是凶顽之民，不能到那里去。该去的应是在济水、洛水、黄河、颍水之间那一带吧！这一地带都是封为子、男爵位的国家，其中虢国和郐国最大，虢叔凭仗着地势，郐仲依恃着险要，他们都有骄傲奢侈疏忽怠慢的思想，又加上很贪婪。您如果因为周王室遭难的缘故，想把妻子、财物寄放到那里，他们不敢不答应。周王室混乱而衰败，这些人骄侈贪婪，必然会背叛您，您如果率领洛邑的民众，奉天子之命去讨伐他们的罪恶，没有不成功的。如果攻克了两国，那么鄢、弊、补、舟、依、柔、历、华八邑，就都是

您的国土了,如果前面有华邑,后面有黄河,右面有洛水,左面有济水,主祭荥山和骊山,饮溱、洧两河的水,遵循旧法来守卫这片土地,那就可以稍稍稳固了。"

桓公说:"那南方不可以吗?"史伯回答说:"楚王熊严生了伯霜、仲雪、叔熊、季紃四个儿子。叔熊逃难到了濮地随从了蛮俗,季紃被立为国君,薳氏打算重新立叔熊为君,又遭祸难没有成功。这是上天开导季紃的心啊,他又聪明,能团结和好臣民的心,功德超过了他的先王。我听说,上天所开导的,十代也不能废。他的子孙必然大大开拓疆土,不可以靠近。而且他们是重、黎的后代,黎是高辛氏的火官,因为他纯洁博大,有如日月的光明、大地的美德,光辉普照四海,所以命名为'祝融',他的功劳算是大了。

"凡是帮助天地完成大功的人,他的子孙后代没有不显耀的,虞、夏、商、周都是这样。虞幕能倾听和风,育成万物很好地生长。夏禹能治理水土,使万物生长各得其所。商契能协和五教,教养安抚百姓。周弃能播种百谷、蔬菜,供给百姓衣食。他们的后代都成为王公侯伯。祝融也能显扬天地的光明,培育滋润嘉美的五谷材木,他的后代八姓在周朝没有做诸侯之长的。在前代辅助治理国事的,昆吾是夏朝的诸侯之长,大彭、豕韦是商朝的诸侯之长。在周朝还没有。己姓的昆吾、苏、顾、温、董,董姓的鬷夷、豢龙,在夏代就灭亡了。彭姓的彭祖、豕韦、诸稽,在商代就灭亡了。秃姓的舟人,在周代就灭亡了。妘姓的邬、郐、路、偪阳,曹姓的邹、莒,都属采服、卫服的边远地区,有的在王室附近,有的在夷、狄境内,统计不清楚。而他们又没有美名显扬,肯定不能兴起了。斟姓没有后嗣。祝融的后代能够兴起的,恐怕是在芈姓吧?芈姓的夔越不足以受命。处在蛮地的芈姓已经蛮化了,只有楚国确实有明德,如果周朝衰亡,楚国必然会兴盛起来。姜姓、嬴姓和楚国的芈姓,他们实与姬姓交相更替干犯。姜姓是伯夷的后代,嬴姓是伯益的后代。伯夷能礼敬神灵来辅佐尧,伯益能使百物各得其宜来辅佐舜。他们的后代都没有失掉祭祀,却没有兴盛的,周朝的衰亡将要来临了。"

桓公说:"谢国西面的九州,怎么样?"史伯回答说:"那里的百姓贪婪残忍,不能接近他们。只有谢国和郏地之间的国家,那里的国君奢侈骄横,百姓怠慢他们的君王,还不具有忠信的德行;如果更换国君而用忠信来教导他们,那是容易获取的,而且可以长久住下去。"

桓公说:"周朝将会衰败吗?"史伯回答说:"差不多一定要衰败了。《尚书·泰誓》上说:'老百姓所向往的,上天必定会遵从。'现在周幽王抛弃光明正大有德行的人,喜欢挑拨是非、奸邪阴险的人,讨厌贤明正直的人,亲近愚顽鄙陋的人。排斥与自己意见不一致的正确主张,采纳与自己相同的错误说法。其实和谐才能生成万物,同一就不能发展。把不同的东西加以协调平衡叫做和谐,所以能丰富发展而使万物归于统一;如果把相同的东西相加,用尽了之后就完了。所以先王把土和金、木、水火相配合,而生成万物。因此调配五种滋味以适合人的口味,强健四肢来保卫身体,调和六种音律使它动听悦耳,端正七窍来为心服务,协调身体的八个部分使人完整,设置九脏以树立纯正的德行,合成十种等级来训导百官。于是产生了千种品位,具备了上万方法,计算成亿的事物,经营万亿的财物,取得万兆的收入,采取无数的行动。所以君王拥有九州辽阔的土地,取得收入来供养万民,用忠信来教化和使用他们,使他们协和安乐如一家人。这样的话,就是和谐的顶点了。于是先王从异姓的家族中聘娶王后,向四方各地求取财货,选择敢于直谏的人来做官吏,处理众多的事情,努力做到和谐而不是同一。只是一种声音就没有听头,只是一种颜色就没有文采,只是一种味道就不成其为美味,只是一种事物就无法进行衡量比较。周幽王却要抛弃这种和谐的法则,而专门喜欢同一。上天夺取了他的聪明,要想不衰败,可能吗?

"虢石父是个挑拨离间、巴结奉承、巧于媚从的人,幽王却立他为卿士,这是专门喜欢同一;抛弃了聘娶的王后而立内妾褒姒,是喜欢鄙陋无知的人;把侏儒、驼背置于身边取乐,这是亲近愚顽昏暗的人;使周朝的法制不明,却听女人的话行事,这是任用挑拨是非、奸邪的人;不任用卿士,却宠信任用佞幸的人,是行为暗昧。这些做法,都是不能够长久的。而且周宣王时有一首童谣说:'山桑木弓,箕草箭袋,要灭亡周朝。'那时宣王听了后,有一对夫妇在卖这种器物,宣王便派人要把他们抓来杀掉。王府里有小妾生了个女孩而不是周王的孩子,她因为害怕而抛弃了女婴。那对夫妇捡到了女婴,逃亡到了褒国。上天使这件事出现已经很久了,又怎么能够改变它呢?《周书·训语》上说:'夏朝衰亡的时候,褒国的神变成两条龙,聚居于王庭,说道:"我们是褒国的二位君王。"夏王占卜问是杀掉,还是放走或是留下它们,都不吉利。占卜请把龙的唾液贮藏起来,结果吉利。于是就陈列玉帛,用简策书写告诉龙,龙跑了而唾液还在,就把它用柜子贮藏起来,在郊外祭祀它。'到了商代、周代,都没有打开过。到周厉王末年,打开来看,唾液流到了庭前,清除不掉。周王叫妇人不穿下衣欢叫呼喊,唾液变成了一只黑鼋,进入了王府。王府里有一个童妾还未换牙,遇上了它,等她15岁的时候就怀了孕,在宣王时生下了婴儿。没有丈夫却生了孩子,所以害怕而抛弃了婴儿。卖弓和箭袋的一对夫妇正在路上受到迫杀,夫妇可怜那女婴夜里啼哭,就捡了她躲藏起来,逃亡到了褒国。褒国国君褒姁犯了罪,就把褒姒献给了周王,周王便赦免了褒姁,而十分宠爱褒姒,立她为王后生了伯服。上天降生这个祸害已经很久了,它的毒害够大了,将要趁周王失德而留下这个女人。毒性厉害的醇酒,它害人也越快。申国、缯国和西戎正强盛,周王室正扰乱不安,幽王还要放纵私欲,要不衰败不是很难吗?幽王想要杀掉太子宜臼,改立伯服,肯定要求申国交出太子,申国不交,幽王一定会去讨伐申国。如果讨伐申国,缯国与西戎就会联合起来攻打周幽王,周王朝就保不住了。缯国与西戎正要报答申国,申国、吕国正强盛,它们深爱太子也是可以预料的。幽王的军队如果攻打申国,它们去救援申国也是必然的。幽王心中愤怒了,虢公顺从了,周朝的存亡,不出三年了。您如果想逃避这场灾难,要赶快考虑好逃亡的地方,到灾难来了才想办法,恐怕就来不及了!"

桓公说:"如果周朝衰败的话,各个姬姓的诸侯中哪个会兴盛?"史伯回答说:"我听说,周武王确实发扬了周文王的功德,文王的福祚完了,应该是武王继承吧!武王的儿子,应侯和韩侯已经不在了,恐怕是晋国吧!晋国据守的地势险要,和它接邻都是小国,如果加上修行德政,可以大大开拓疆土。"桓公说:"姜姓和嬴姓诸侯中哪个会兴盛?"史伯回答说:"国土广大而且有德的国家差不多都能兴盛,秦仲和齐侯,是姜姓、嬴姓中的俊杰,又是大国,恐怕他们该兴盛吧?"桓公听了很高兴,于是就向东寄放妻儿和财货,虢国、邻国接受了,十邑都有桓公寄放东西的地方。

周幽王八年,郑桓公任司徒,九年周王室开始扰乱不安,十一年周幽王和郑桓公都死了。到了平王末年,秦国、晋国、齐国、楚国更相兴盛,秦庄公、秦襄公在这时获取了周王室的土地,晋文侯在这时安定了周天子,齐庄公、齐僖公在这时成为诸侯中小的霸主,楚王蚡冒在这时开辟了南蛮的濮地。

《庄子》(二篇)
战国 庄 周

[作者作品]

庄周(约前369~前286年),名周,别名庄子、南华真人,字子休(一说子沐),战国时代宋国蒙(今安徽省蒙城县,一说河南省商丘东北)人。与梁惠王、齐宣王同时。先秦(战国)时期伟大的思想家和哲学家、思想家、文学家,道家学派的代表人物,老子哲学思想的继承者和发展者,先秦庄子学派的创始人。他的学说涵盖了当时社会生活的方方面面,但根本精神还是归依于老子的哲学,后世将他与老子并称为"老庄"。他们的哲学思想体系,被思想学术界尊为"老庄哲学"。

庄周的思想包含着朴素辩证法因素,认为一切事物都在变化,他认为"道"是"先天生地"的,从"道未始有封"(即"道"是无界限差别的)。主张"无为",放弃生活中的一切争斗。又认为一切事物都是相对的,因此他否定知识,否定一切事物的本质区别,极力否定现实,幻想一种"天地与我并生,万物与我为一"的主观精神境界,安时处顺,逍遥自得,倒向了相对主义和宿命论。庄子的文章,想像力很强,文笔变化多端,具有浓厚的浪漫主义色彩,并采用寓言故事形式,富有幽默讽刺的意味,对后世文学语言有很大影响。代表作品为《庄子》,名篇有《逍遥游》《齐物论》等。

庄　周

《庄子》,亦称《南华经》,道家经典之一,为战国早期庄子及其后学的著作集,到了汉代道教出现以后,便尊之为《南华经》,且封庄子为南华真人。其书与《周易》《老子》合称"三玄"。《汉书·艺文志》著录《庄子》52篇,但留下来的只有33篇。其中内篇7篇,一般定为庄子著;外篇杂篇可能掺杂有他的门人和后来道家的作品。庄子的文章,想象奇幻,构思巧妙,多采的思想世界和文学意境,善用寓言和比喻,文笔汪洋恣肆,具有浪漫主义的艺术风格,瑰丽诡谲,意出尘外,乃先秦诸子文章的典范之作。《庄子》在哲学、文学上都有较高研究价值。鲁迅先生说:"其文则汪洋辟阖,仪态万方,晚周诸子之作,莫能先也。"

道经所载黄帝修道之事与外典史策的叙述有相当的不同。这表现在道经中黄帝多以学道者而非帝王的形象出现。在这一大背景下,黄帝被描绘为一谦虚、好学的求道者,甚至还常常遭到高道隐士例如广成子等人的嘲讽。

一、黄帝问道于广成子

[原文]

黄帝立为天子十九年,令行天下,闻广成子在于崆峒之山,故往见之。曰:"我闻吾子达于至道,敢问至道之精。吾欲取天地之精,以佐五谷,以养民人。吾又欲官阴阳,以遂群生,为之奈何?"广成子曰:"而所欲问者,物之质也;而所欲官者,物之残也。自而治天下,云气不待族而雨,草木不待黄而落,日月之光益以荒矣。而佞人之心翦翦者,又奚足以语至道!"黄帝退,捐天下,筑特室,席白茅,间居三月,复往邀之。

广成子南首而卧,黄帝顺下风,膝行而进,再拜稽首而问曰:"闻吾子达于至道,敢问,治身奈何而可以长久?"广成子蹶然而起,曰:"善哉问乎!来!吾语女至道。至道之精,窈窈冥冥;至道之极,昏昏默默。无视无听,抱神以静,行将至正。必静必清,无劳女形,无摇女精,乃可以长生。目无所见,耳无所闻,心无所知,女神将守形,形乃长生。慎女内,闭女外,多知为败。我为女遂于大明之上矣,至彼至阳之原也。为女入于窈冥之门矣,至彼至阴之原也。天地有官,阴阳有藏;慎守女身,物将自壮。我守其一以处其和,故我修身千二百岁矣,吾形未常衰。"黄帝再拜稽首,曰:"广成子之谓天矣!"

广成子曰:"来,余语女。彼其物无穷,而人皆以为有终;彼其物无测,而人皆以为有极。得吾道者,上为皇而下为王;失吾道者,上见光而下为土。今夫百昌皆生于土而反于土,故余将去女,入无穷之门,以游无极之野。吾与日月参光,吾与天地为常。当我,缗乎!远我,昏乎!人其尽死,而我独存乎!"

选自《庄子·在宥篇》

[相关史料]

广成子,中国道教传说中的一位神仙,黄帝曾向他问道。

[译文]

黄帝做了十九年天子,诏令通行天下,听说广成子居住在崆峒山上,特意前往拜见他,说:"我听说先生已经通晓至道,冒昧地请教至道的精华。我一心想获取天地的灵气,用来帮助五谷生长,用来养育百姓。我又希望能主宰阴阳,从而使众多生灵遂心地成长,对此我将怎么办?"广成子回答说:"你所想问的,是万事万物的根本;你所想主宰的,是万事万物的残留。自从你治理天下,天上的云气不等到聚集就下起雨来,地上的草木不等到枯黄就飘落凋零,太阳和月亮的光亮也渐渐地

黄帝问道广成子

晦暗下来。然而谗谄的小人心地是那么偏狭和恶劣,又怎么能够谈论大道!"黄帝听了这一席话便退了回来,弃置朝政,筑起清心寂智的静室,铺着洁白的茅草,谢绝交往独居三月,再次前往求教。

广成子头朝南地躺着,黄帝则顺着下方,双膝着地匍匐向前,叩头着地行了大礼后问道:"听说先生已经通晓至道,冒昧地请教,修养自身怎么样才能活得长久?"广成子急速地挺身而起,说:"问得好啊!来,我告诉给你至道。至道的精髓,幽深渺远;至道的至极,晦暗沉寂。什么也不看什么也不听,持守精神保持宁静,形体自然顺应正道。一定要保持宁寂和清静,不要使身形疲累劳苦,不要使精神动荡恍惚,这样就可以长生。眼睛什么也没看见,耳朵什么也没听到,内心什么也不知晓,这样你的精神定能持守你的形体,形体也就长生。小心谨慎地摒除一切思虑,封闭起对外的一切感官,智巧太盛定然招致败亡。我帮助你达到最光明的境地,直达那阳气的本原。我帮助你进入到幽深渺远的大门,直达那阴气的本原。天和地都各有主宰,阴和阳都各有府藏,谨慎地守护你的身形,万物将会自然地成长。我持守着浑一的大道而又处于阴阳二气调谐的境界,所以我修身至今已经一千二百年,而我的身形还从不曾有过衰老。"黄帝再次行了大礼叩头至地说:"先生真可说是跟自然混而为一了!"

广成子又说:"来,我告诉你。宇宙间的事物是没有穷尽的,然而人们却认为有个尽头;宇宙间的事物是不可能探测的,然而人们却认为有个极限。掌握了我所说的道的人,在上可以成为皇帝,在下可以成为王侯;不能掌握我所说的道的人,在上只能见到日月的光亮,在下只能化为土块。如今万物昌盛可都生于土地又返归土地,所以我将离你而去,进入那没有穷尽的大门,从而遨游于没有极限的

原野。我将与日月同光,我将与天地共存。向着我而来,我无所觉察!背着我而去,我无所在意!人们恐怕都要死去,而我还独自留下来吗?"

二、天 运(第三部分)

[原文]

北门成问于黄帝曰:"帝张咸池之乐于洞庭之野,吾始闻之惧,复闻之怠,卒闻之而惑;荡荡默默,乃不自得。"

帝曰:"汝殆其然哉!吾奏之以人,徵之以天,行之以礼义,建之以大清。夫至乐者,先应之以人事,顺之以天理,行之以五德,应之以自然,然后调理四时,太和万物。四时迭起,万物循生;一盛一衰,文武伦经;一清一浊,阴阳调和,流光其声;蛰虫始作,吾惊之以雷霆。其卒无尾,其始无首;一死一生,一偾一起;所常无穷,而一不可待。汝故惧也。

"吾又奏之以阴阳之和,烛之以日月之明。其声能短能长,能柔能刚;变化齐一,不主故常;在谷满谷,在阬满阬;涂郤守神,以物为量。其声挥绰,其名高明。是故鬼神守其幽,日月星辰行其纪。吾止之于有穷,流之于无止。予欲虑之而不能知也,望之而不能见也,逐之而不能及也;傥然立于四虚之道,倚于槁梧而吟。目知穷乎所欲见,力屈乎所欲逐,吾既不及已夫!形充空虚,乃至委蛇。汝委蛇,故怠。

"吾又奏之以无怠之声,调之以自然之命。故若混逐丛生,林乐而无形;布挥而不曳,幽昏而无声。动于无方,居于窈冥;或谓之死,或谓之生,或谓之实,或谓之荣;行流散徙,不主常声。世疑之,稽于圣人。圣也者,达于情而遂于命也。天机不张而五官皆备,此之谓天乐,无言而心说。故有焱氏为之颂曰:'听之不闻其声,视之不见其形,充满天地,苞裹六极'。汝欲听之而无接焉,而故惑也。

"乐也者,始于惧,惧故祟;吾又次之以怠,怠故遁;卒之于惑,惑故愚;愚故道,道可载而与之惧也。"

[译文]

北门成向黄帝问道:"你在广漠的原野上演奏咸池乐曲,我起初听起来感到惊惧,再听下去就逐步松缓下来,听到最后却又感到迷惑不解,神情恍惚无知无识,竟而不知所措。"

黄帝说:"你恐怕会有那样的感觉吧!我因循人情来演奏乐曲,取法自然的规律,用礼义加以推进,用天道来确立。最美妙最高贵的乐曲,总是用人情来顺应,用天理来因循,用五德来推演,用自然来应合,然后方才调理于四季的序列,跟天地万物同和。乐声犹如四季更迭而起,万物都遵循这一变化而栖息生长;忽而繁茂忽而衰败,春季的生机和秋季的肃杀都在有条不紊地更迭;忽而清新忽而浊重,阴阳相互调配交和,流布光辉和与之相应的声响;犹如解除冬眠的虫豸开始活动,我用雷霆使它们惊起。乐声的终结寻不到结尾,乐声的开始寻不到起头;一会儿消逝一会儿兴起,一会儿偃息一会儿亢进;变化的方式无穷无尽,全不可以有所期待。因此你会感到惊恐不安。

"我又用阴阳的交和来演奏,用日月的光辉来照临整个乐曲。于是乐声能短能长,能柔能刚,变化虽然遵循着一定的条理,却并不拘泥于故态和常规;流播于山谷山谷满盈,流播于坑凹坑凹充实;堵塞心灵的孔隙而使精神宁寂持守,一切用外物来度量。乐声悠扬广远,可以称作高如上天、明如日月。因此连鬼神也能持守幽暗,日月星辰也能运行在各自的轨道上。我时而把乐声停留在一定的境界里,而乐声的寓意却流播在无穷无尽的天地中。我想思考它却不能知晓,我观望它却不能看见,我追赶它却总不能赶上;只得无心地伫立在通达四方而无涯际的衢道上,依着几案吟咏。目光和智慧因窘于一心想要见到的事物,力气竭尽于一心想要追求的东西。我早已经赶不上了啊!形体充盈却又好像不复存在,方才能够顺应变化。你顺应变化,因此惊恐不安的情绪慢慢平息下来。

"我又演奏起忘情忘我的乐声,并且用自然的节奏来加以调协。因而乐声像是混同驰逐相辅相生,犹如风吹丛林自然成乐却又无有形迹;传播和振动均无外力引曳,幽幽暗暗又好像没有了一点儿声响。乐声启奏于不可探测的地方,滞留于深远幽暗的境界;有时候可以说它消逝,有时候又可以说它兴起;有时候可以说它实在,有时候又可说它虚华;演进流播飘散游徙,绝不固守一调。世人往往迷惑不解,向圣人问询查考。所谓圣,就是通达事理而顺应于自然。自然的枢机没有启张而五官俱全,这就可以称之为出自本然的乐声,犹如没有说话却心里喜悦。所以有焱氏为它颂扬说:'用耳听听不到声音,用眼看看不见形迹,充满于大地,包容了六极。'你想听却无法衔接连贯,所以你到最后终于迷惑不解。

"这样的乐章,初听时从惶惶不安的境态开始,因为恐惧而认为是祸患;我接着又演奏了使人心境松缓的乐曲,因为松缓而渐渐消除恐惧;乐声最后在迷惑不解中终结,因为迷惑不解而无知无识似的;无知无识的浑厚心态就接近大道,接近大道就可以借此而与大道融合相通了。"

《吕氏春秋》(二篇)

战国 吕不韦

[作者作品]

吕不韦(前292~前235年),战国末年著名商人、政治家、思想家,官至秦国丞相。姜姓,吕氏,名不韦,卫国濮阳(今河南省滑县)人。吕不韦是阳翟(今河南省禹州市)的大商人,家产万贯,在赵都邯郸遇见秦公子异人(后改名子楚)被作为人质羁押在此,即出千金为之活动,游说华阳夫人立为太子,后子楚回国,继而嗣位,是为庄襄王。襄王以吕不韦为丞相,封为文信侯,食洛阳10万户,门下有食客3000人,家僮万人。庄襄王立后三年薨,太子政年幼即位,是为秦始皇帝,尊吕不韦为相国,号称"仲父",专断朝政。吕不韦执政时曾攻取周、赵、卫的土地,立三川、太原、东郡,对秦王政兼并六国的事业有重大贡献。后因嫪毐集团叛乱事受牵连,被免除丞相职务,出居河南封地。不久,秦王政复命让其举家迁蜀,吕不韦担心被诛杀,于是饮鸩自尽。

吕不韦

《吕氏春秋》是战国末年(前239年前后)秦国丞相吕不韦组织属下门客们集体编撰的古代类百科全书似的传世著作,又名《吕览》。此书共分为12纪、8览、6论,共12卷、160篇、20余万字。《吕氏春秋》汇合了先秦各思想学术派别的学说,其中主要有老子、庄子、墨子、儒家、阴阳家、法家、兵家、农家等。"兼儒墨,合名法",故史称"杂家"。书成之日,悬于国门,声称能改动一字者赏千金。此为"一字千金"。吕不韦自己认为其中包括了天地万物古往今来的事理,所以号称《吕氏春秋》。

一、去 私

[原文]

天无私覆也，地无私载也，日月无私烛也，四时无私行也。行其德而万物得遂长焉。黄帝言曰："声禁重，色禁重，衣禁重，香禁重，味禁重，室禁重。"尧有子十人，不与其子而授舜；舜有子九人，不与其子而授禹；至公也。

晋平公问于祁黄羊曰："南阳无令，其谁可而为之？"祁黄羊对曰："解狐可。"平公曰："解狐非子之仇邪？"对曰："君问可，非问臣之仇也。"平公曰："善。"遂用之。国人称善焉。居有间，平公又问祁黄羊曰："国无尉，其谁可而为之？"对曰："午可。"平公曰："午非子之子邪？"对曰："君问可，非问臣之子也。"平公曰："善。"又遂用之。国人称善焉。孔子闻之曰："善哉！祁黄羊之论也，外举不避仇，内举不避子，祁黄羊可谓公矣。"

墨者有钜子腹（黄享），居秦，其子杀人，秦惠王曰："先生之年长矣，非有他子也，寡人已令吏弗诛矣，先生之以此听寡人也。"腹（黄享）对曰："墨者之法曰：'杀人者死，伤人者刑。'此所以禁杀伤人也。夫禁杀伤人者，天下之大义也。王虽为之赐，而令吏弗诛，腹（黄享）不可不行墨者之法。"不许惠王，而遂杀之。子，人之所私也。忍所私以行大义，钜子可谓公矣。

庖人调和而弗敢食，故可以为庖。若使庖人调和而食之，则不可以为庖矣。王伯之君亦然。诛暴而不私，以封天下之贤者，故可以为王伯。若使王伯之君诛暴而私之，则亦不可以为王伯矣。

[相关史料]

《去私》是《吕氏春秋·孟春纪第一》中的第五篇，文章先以天地日月为例述其无私，接着又以尧顺让位、祁黄羊举贤、腹《黄享》诛子为例说明去私，全篇阐明了持公秉正的法理和道德规范。以古为镜，可以知兴替。"天无私覆也，地无私载也，日月无其私烛也，四时无私行也。行其德而万物得遂长焉"。这种古人的大智慧应令今人敬畏。

[译文]

天覆盖万物，没有偏私；地承载万物，没有偏私；日月普照万物，没有偏私；春夏秋冬更迭交替，没有偏私。天地、日月、四季施它的恩德，万物得以成长。黄帝说："音乐禁止过分淫靡，色彩禁止过分眩目，衣服禁止过分厚热，香料禁止过分芬芳，饮食禁止过分丰美，宫室禁止过分豪华。"尧有十个儿子，但他不把帝位传给自己的儿子而传给了舜；舜有九个儿子，但他不把帝位传给自己的儿子而传给了禹；他们是最公正无私的了。

晋平公问祁黄羊说："南阳缺少个县令，谁适合担任这个职务？"祁黄羊回答说："解狐适合。"平公说："解狐不是你的仇人吗？"祁黄羊回答说："您问谁适合担任这个职务，不是问谁是我的仇人。"平公称赞说："好！"就任用了解狐。都城的人都称赞任命解狐好。过了一段时间，平公又问祁黄羊说："国家缺个军尉，谁适合担任这个职务？"祁黄羊回答说："祁午适合。"平公说："祁午不是你的儿子吗？"回答说："您问谁可担任这个职务，不是问谁是我的儿子。"平公称赞说："好！"就又任用了祁午。国人对此称赞做得好。孔子听说这件事，说："太好啦！祁黄羊的这些话，推举外人不回避仇敌，推举家人不回避儿子，祁黄羊可称得上公正无私了。"

墨家有个大师腹（黄享）住在秦国，他的儿子杀了人。秦惠王对腹（黄享）说："先生您的年纪已经很大了，又没有别的儿子，我已经下令给司法官不杀他了。希望先生您在这件事上听从我的话吧。"腹

(黄享)回答说:"墨家的法律规定:'杀人者处死,伤人者受刑。'这样做为的是严禁杀人、伤人。严禁杀人、伤人,这是天下的大理。大王您虽然赐给我恩惠,命令司法官不杀我的儿子,但是我腹(黄享)却不可不执行墨家的法律。"腹(黄享)没有应允惠王,最终杀了自己的儿子。儿子是人们所偏爱的,墨家大师腹(黄享)忍心杀掉自己心爱的儿子去遵行天下大理,可算得上公正无私了。

厨师调和五味而不敢私自食用,所以可以做厨师。假使厨师调和五味而私自把它吃掉,那么这样的人就不可以做厨师了。成就王霸之业的君主也是如此。诛杀暴君,自己却不占有他的土地,而是把它分封给有德之人,所以能够成就王霸之业。假使他们诛杀暴君而把他的土地占为己有,那么这样的君主就不能成就王霸之业了。

二、音 初

[原文]

三曰:夏后氏孔甲田于东阳萯山。天大风,晦盲,孔甲迷惑,入于民室。主人方乳,或曰:"后来,是良日也,之子是必大吉。"或曰:"不胜也,之子是必有殃。"后乃取其子以归,曰:"以为余子,谁敢殃之?"子长成人,幕动坼,斧斫斩其足,遂为守门者。孔甲曰:"呜呼!有疾,命矣夫!"乃作为"破斧"之歌,实始为东音。禹行功,见涂山之女。

禹未之遇而巡省南土。涂山氏之女乃令其妾候禹于涂山之阳。女乃作歌,歌曰:"候人兮猗。"实始作为南音。周公及召公取风焉,以为"周南""召南"。周昭王亲将征荆。辛馀靡长且多力,为王右。还反涉汉,梁败,王及蔡公抎於汉中。辛馀靡振王北济,又反振蔡公。周公乃候之于西翟,实为长公。殷整甲徙宅西河,犹思故处,实始作为西音。长公继是音以处西山,秦缪公取风焉,实始作为秦音。

有娀氏有二佚女,为之九成之台,饮食必以鼓。帝令燕往视之,鸣若谥隘。二女爱而争搏之,覆以玉筐。少选,发而视之,燕遗二卵,北飞,遂不反。二女作歌,一终曰:"燕燕往飞",实始作为北音。

凡音者,产乎人心者也。感於心则荡乎音,音成於外而化乎内。是故闻其声而知其风,察其风而知其志,观其志而知其德。盛衰、贤不肖、君子小人皆形於乐,不可隐匿。故曰:乐之为观也,深矣。土弊则草木不长,水烦则鱼鳖不大,世浊则礼烦而乐淫。郑卫之声、桑间之音,此乱国之所好,衰德之所说。流辟、誂越、慆滥之音出,则滔荡之气、邪慢之心感矣;感则百奸众辟从此产矣。故君子反道以修德;正德以出乐;和乐以成顺。乐和而民乡方矣。

[相关史料]

《吕氏春秋·音初篇》论音乐的起源时,把帝喾次妃有娀氏所作《燕燕往飞》称之为北音,禹之妃涂山氏所作《候人兮猗》称之为南音,夏后氏孔甲所作《破斧之音》,称之为东音,殷整甲(即夏后氏胤甲)徙西河,犹思故处,乃作西(秦)音。由于帝喾、大禹、孔甲、均立都于嵩山地域,因此四音实为上古的嵩山诗歌。

[译文]

夏君孔甲在东阳萯山打猎。天刮起大风,天色昏暗,孔甲迷失了方向,走进一家老百姓的屋子。这家人家正在生孩子。有人说:"君主到来,这是好日子啊,这个孩子一定大吉大利。"有人说:"怕享受不了这个福分啊,这个孩子一定会遭受灾难。"夏君就把这个孩子带了回去,说:"让他作我的儿子,谁敢害他?"孩子长大成人了,一次帐幕掀动,屋椽裂开,斧子掉下来砍断了他的脚,于是只好作守门之

官。孔甲叹息道:"哎!发生了这种灾难,是命里注定吧!"于是创作出"破舞"之瞅。这是最早的东方音乐。

禹巡视治水之事,途中娶涂山氏之女。禹没有来得及与她举行结婚典礼,就到南方巡视去了。涂山氏之女就叫她的侍女在涂山南面迎候禹,她自己于是作了一首歌,歌中唱道:"候望人啊。"这是最早的南方音乐。周公和召公时曾在那里采风,后人就把它叫做"周南""召南"。

周昭王亲自率领军队征伐荆国。辛馀靡身高力大,作昭王的车右。军队返回,渡汉水,这时桥坏了,昭王和蔡公坠落在水中。辛馀靡把昭王救到北岸,又返回救了蔡公。周公于是封他在西方为诸侯,作一方诸侯之长。当初,殷整甲迁到西河居住,但还思念故土,于是最早创作了西方音乐。辛馀靡封侯后住在西翟之山,继承了这一音乐。秦穆公时曾在那里采风,开始把它作为秦国的音乐。

有娀氏有两位美貌的女子,给她们造起了九层高台,饮食一定用鼓乐陪伴。天帝让燕子去看看她们。燕子去了,叫声谧隘。那两位女子很喜爱燕子,争着扑住它,用玉璧罩住。过了一会儿,揭开筐看它,燕子留下两个蛋,向北飞去,不再回来。那两位女子作了一首歌,歌中唱道"燕于燕子展翅飞",这是最早的北方音乐。

大凡音乐,是从人的内心产生出来的。心中有所感受,就会在音乐中表现出来,音乐表现于外而化育于内。因此,听到某一地区的音乐就可以了解它的风俗,考察它的风俗就可以知道它的志趣,观察它的志趣就可以知道它的德行。兴盛与衰亡、贤明与不肖、君子与小人都会在音乐中表现出来,不可隐藏。所以说,音乐作为一种观察的对象,它所反映的是相当深刻的。

土质恶劣,草木就不能生长;水流浑浊,鱼鳖就不能长大,社会黑暗,礼仪就会繁乱,音乐就会淫邪。郑卫之声、桑间之音,这是淫乱的国家所喜好的,是道德衰败的君主所高兴的。只要淫邪、轻佻、放纵的音乐产生出来,放荡无羁的风气、邪恶轻慢的思想感情就要熏染人了。人们受到这种熏染,各式各样的邪恶就由此产生了。所以,君子以道为根本,进行品德修养,端正品德链而创作音乐,音乐和谐而后通达理义。音乐和谐了,人民就向往道义了。

《战国策》(二篇)

战国时期

[作者作品]

《战国策》是中国古代的一部史学名著。是战国时期游说之士的著作,主要记述了战国时期的纵横家的政治主张和言行策略,展示了战国时代的历史特点和社会风貌,是研究战国历史的重要典籍,也是纵横家的实战演习手册。《战国策》中记述东周的史料占了其中一部分,事件大多发生在豫西地区,也间有记述嵩山地域人物的作品。全书按东周、西周、秦国、齐国、楚国、赵国、魏国、韩国、燕国、宋国、卫国、中山国依次分国编写,分为12策,33卷,共497篇,约12万字。所记载的历史,上起公元前490年智伯灭范氏,下至公元前221年高渐离以筑击秦始皇。是先秦历史散文成就最高,影响最大的著作之一。

一、苏秦以连横说秦

[原文]

苏秦始将连横说秦惠王曰:"大王之国,西有巴、蜀、汉中之利,北有胡貉、代马之用,南有巫山、黔中之限,东有肴、函之固。田肥美,民殷富,战车万乘,奋击百万,沃野千里,蓄积饶多,地势形便,此所谓天府,天下之雄国也。以大王之贤,士民之众,车骑之用,兵法之教,可以并诸侯,吞天下,称帝而治。愿大王少留意,臣请奏其效。"

纵横家苏秦

秦王曰:"寡人闻之:毛羽不丰满者,不可以高飞,文章不成者不可以诛罚,道德不厚者不可以使民,政教不顺者不可以烦大臣。今先生俨然不远千里而庭教之,愿以异日。"

苏秦曰:"臣固疑大王之不能用也。昔者神农伐补遂,黄帝伐涿鹿而禽蚩尤,尧伐驩兜,舜伐三苗,禹伐共工,汤伐有夏,文王伐崇,武王伐纣,齐桓任战而伯天下。由此观之,恶有不战者乎?古者使车毂击驰,言语相结,天下为一,约从连横,兵革不藏。文士并饰,诸侯乱惑,万端俱起,不可胜理。科条既备,民多伪态,书策稠浊,百姓不足。上下相愁,民无所聊,明言章理,兵甲愈起。辩言伟服,战攻不息,繁称文辞,天下不治。舌弊耳聋,不见成功,行义约信,天下不亲。于是乃废文任武,厚养死士,缀甲厉兵,效胜于战场。夫徒处而致利,安坐而广地,虽古五帝三王五伯,明主贤君,常欲坐而致之,其势不能。故以战续之,宽则两军相攻,迫则杖戟相撞,然后可建大功。是故兵胜于外,义强于内,威立于上,民服于下。今欲并天下,凌万乘,诎敌国,制海内,子元元,臣诸侯,非兵不可。今不嗣主,忽于至道,皆惛于教,乱于治,迷于言,惑于语,沈于辩,溺于辞。以此论之,王固不能行也。"

说秦王书十上而说不行,黑貂之裘弊,黄金百斤尽,资用乏绝,去秦而归,赢縢履蹻,负书担橐,形容枯槁,面目犁黑,状有归色。归至家,妻不下纴,嫂不为炊。父母不与言。苏秦喟叹曰:"妻不以我为夫,嫂不以我为叔,父母不以我为子,是皆秦之罪也。"乃夜发书,陈箧数十,得太公阴符之谋,伏而诵之,简练以为揣摩。读书欲睡,引锥自刺其股,血流至足,曰:"安有说人主,不能出其金玉锦绣,取卿相之尊者乎?"期年,揣摩成,曰:"此真可以说当世之君矣。"于是乃摩燕乌集阙,见说赵王于华屋之下,抵掌而谈,赵王大悦,封为武安君。受相印,革车百乘,锦绣千纯,白璧百双,黄金万溢,以随其后,约从散横以抑强秦,故苏秦相于赵而关不通。当此之时,天下之大,万民之众,王侯之威,谋臣之权,皆欲决苏

秦之策。不费斗粮,未烦一兵,未战一士,未绝一弦,未折一矢,诸侯相亲,贤于兄弟。夫贤人在而天下服,一人用而天下从,故曰:式于政不式于勇;式于廊庙之内,不式于四境之外。当秦之隆,黄金万溢为用,转毂连骑,炫熿于道,山东之国从风而服,使赵大重。且夫苏秦,特穷巷掘门桑户棬枢之士耳,伏轼撙衔,横历天下,廷说诸侯之王,杜左右之口,天下莫之能伉。

将说楚王,路过洛阳,父母闻之,清宫除道,张乐设饮,郊迎三十里。妻侧目而视,倾耳而听。嫂蛇行匍伏,四拜自跪而谢。苏秦曰:"嫂何前倨而后卑也?"嫂曰:"以季子之位尊而多金。"苏秦曰:"嗟乎!贫穷则父母不子,富贵则亲戚畏惧。人生世上,势位富贵,盖可忽乎哉?"

[相关史料]

苏秦(前347~前284年),洛阳人,字季子,相传为鬼谷子的徒弟,是战国时期与张仪齐名的纵横家,提倡合纵(即联合其他国家共同对付强大起来的秦国)。苏秦与赵秦阳君共谋,发动韩、赵、燕、魏、齐诸国合纵,迫使秦国废帝退地,至乐毅破齐前夕,遭车裂而死。

《苏秦以连横说秦》是《战国策》中的名篇,主要讲述了战国时期,著名说客苏秦见秦王时献连横之策,秦王没有采纳,于是苏秦发奋学习纵横之术,终于成功当上赵相,并且以功名显于天下的故事。

[译文]

苏秦起先主张连横,劝秦惠王说:"大王您的国家,西面有巴、蜀、汉中的富饶,北面有胡貉和代马的物产,南面有巫山、黔中的屏障,东面有肴山、函谷关的坚固。耕田肥美,百姓富足,战车有万辆,武士有百万,在千里沃野上有多种出产,地势形胜而便利,这就是所谓的天府,天下显赫的大国啊。凭着大王的贤明,士民的众多,车骑的充足,兵法的教习,可以兼并诸侯,独吞天下,称帝而加以治理。希望大王能对此稍许留意一下,我请求来实现这件事。"

秦王回答说:"我听说:羽毛不丰满的不能高飞上天,法令不完备的不能惩治犯人,道德不深厚的不能驱使百姓,政教不顺民心的不能烦劳大臣。现在您一本正经老远跑来在朝廷上开导我,我愿改日再听您的教诲。"

苏秦说:"我本来就怀疑大王不会接受我的意见。过去神农讨伐补遂,黄帝讨伐涿鹿、擒获蚩尤,尧讨伐驩兜,舜讨伐三苗,禹讨伐共工,商汤讨伐夏桀,周文王讨伐崇国,周武王讨伐纣王,齐桓公用武力称霸天下。由此看来,哪有不用战争手段的呢?古代让车辆来回奔驰,用言语互相交结,天下成为一体,有的约从有的连横,不再储备武器甲胄。文士个个巧舌如簧,诸侯听得稀里胡涂,群议纷起,难以清理。规章制度虽已完备,人们却到处虚情假意,条文记录又多又乱,百姓还是衣食不足。君臣愁容相对,人民无所依靠,道理愈是清楚明白,战乱反而愈益四起。穿着讲穿服饰的文士虽然善辩,攻战却难以止息。愈是广泛地玩弄文辞,天下就愈难以治理。说的人说得舌头破,听的人听得耳朵聋,却不见成功,嘴上大讲仁义礼信,却不能使天下人相亲。于是就废却文治、信用武力,以优厚待遇蓄养勇士,备好盔甲,磨好兵器,在战场上决一胜负。想白白等待以招致利益,安然兀坐而想扩展疆土,即使是上古五帝、三王、五霸,贤明的君主,常想坐而实现,势必不可能。所以用战争来解决问题,相距远的就两支队伍相互进攻,相距近的持着刀戟相互冲刺,然后方能建立大功。因此对外军队取得了胜利,对内因行仁义而强大,上面的国君有了权威,下面的人民才能顺服。现在,要想并吞天下,超越大国,使敌国屈服,制服海内,君临天下百姓,以诸侯为臣,非发动战争不可。现在在位的国君,忽略了这个根本道理,都是教化不明,治理混乱,又被一些人的奇谈怪论所迷惑,沉溺在巧言诡辩之中。像这样看来,大王您是不会采纳我的建议的。"

劝说秦王的奏折多次呈上,而苏秦的主张仍未实行,黑貂皮大衣穿破了,一百斤黄金也用完了,钱财一点不剩,只得离开秦国,返回家乡。缠着绑腿布,穿着草鞋,背着书箱,挑着行李,脸又瘦又黑,一脸羞愧之色。回到家里,妻子不下织机,嫂子不去做饭,父母不与他说话。苏秦长叹道:"妻子不把我当丈夫,嫂子不把我当小叔,父母不把我当儿子,这都是我的过错啊!"于是半夜找书,摆开几十只书箱,找到了姜太公的兵书,埋头诵读,反复选择、熟习、研究、体会。读到昏昏欲睡时,就拿针刺自己的大腿,鲜血一直流到脚跟,并自言自语说:"哪有去游说国君,而不能让他拿出金玉锦绣,取得卿相之尊的人呢?"满一年,研究成功,说:"这下真的可以去游说当代国君了!"于是就登上名为燕乌集的宫阙,在宫殿之下谒见并游说赵王,拍着手掌侃侃而谈,赵王大喜,封苏秦为武安君。拜受相印,以兵车一百辆、锦绣一千匹、白璧一百对、黄金一万镒跟在他的后面,用来联合六国,瓦解连横,抑制强秦,所以苏秦在赵国为相而函谷关交通断绝。在这个时候,那么大的天下,那么多的百姓,王侯的威望,谋臣的权力,都要被苏秦的策略所决定。不花费一斗粮,不烦劳一个兵,一个战士也不作战,一根弓弦也不断绝,一枝箭也不弯折,诸侯相亲,胜过兄弟。贤人在位而天下顺服,一人被用而天下顺从,所以说:应运用德政,不应凭借勇力;应用于朝廷之内,不应用于国土之外。在苏秦显赫尊荣之时,黄金万镒被他花用,随从车骑络绎不绝,一路炫耀,华山以东各国随风折服,从而使赵国的地位大大加重。况且那个苏秦,只不过是出于穷巷、窑门、桑户、棬枢之中的贫士罢了,但他伏在车轼之上,牵着马的勒头,横行于天下,在朝廷上劝说诸侯王,堵塞左右大臣的嘴巴,天下没有人能与他匹敌。

苏秦将去游说楚王,路过洛阳,父母听到消息,收拾房屋,打扫街道,设置音乐,准备酒席,到三十里外郊野去迎接。妻子不敢正面看他,侧着耳朵听他说话。嫂子像蛇一样在地上匍匐,再三再四地跪拜谢罪。苏秦问:"嫂子为什么过去那么趾高气扬,而现在又如此卑躬屈膝呢?"嫂子回答说:"因为你地位尊贵而且很有钱呀。"苏秦叹道:"唉!贫穷的时候父母不把我当儿子,富贵的时候连亲戚也畏惧,人活在世上,权势地位和荣华富贵,难道是可以忽视的吗?"

二、苏秦合纵说韩

[原文]

苏秦为楚合从,说韩王曰:"韩北有巩、洛、成皋之固,西有宜阳、常阪之塞,东有宛、穰、洧水,南有陉山,地方千里,带甲数十万。天下之强弓劲弩,皆自韩出。溪子、少府、时力、距来,皆射六百步之外。韩卒超足百射,百发不暇止,远者达胸,近者掩心。韩卒之剑戟,皆出于冥山、棠溪、墨阳、合伯膊。邓师、宛冯、龙渊、大阿,皆陆断马牛,水击鹄雁,当敌即斩坚。甲、盾、鞮、鍪、铁幕、革抉、缤芮,无不毕具。以韩卒之勇,被坚甲,跖劲弩,带利剑,一人当百,不足言也。夫以韩之劲,与大王之贤,乃欲西面事秦,称东藩,筑帝宫,受

苏秦合纵

冠带,祠春秋,交臂而服焉,夫羞社稷而为天下笑,无过此者矣。是故愿大王之熟计之也。

"大王事秦,秦必求宜阳、成皋。今兹效之,明年又益求割地。与之,即无地以给之;不与,则弃前功而后更受其祸。且夫大王之地有尽,而秦之求无已。夫以有尽之地而逆无已之求,此所谓市怨而买祸者也,不战而地已削矣。臣闻鄙语曰:'宁为鸡口,无为牛后。'今大王西面交臂而臣事秦,何以异于牛后乎?夫以大王之贤,挟强韩之兵,而有牛后之名,臣窃为大王羞之。"

韩王忿然作色,攘臂按剑,仰天太息曰:"寡人虽死,必不能事秦。今主君以楚王之教诏之,敬奉社稷以从。"

[相关史料]

苏秦用激将法气张仪入秦成功后,自己便受赵王的委托出使韩、魏、齐、楚等国,游说这些国的国君纵向联合起来,共同抵抗强大的秦国,形成纵横制约的格局。苏秦首先来到韩国劝说韩王。

[译文]

苏秦为赵国组织合纵联盟,游说韩王说:"韩国北面有巩地、洛邑、成皋这样坚固的边城,西面有宜阳、常阪这样险要的关塞,东面有宛地、穰地和洧水,南面有陉山,土地纵横千里,士兵几十万。普天之下的强弓劲弩,都是韩国的产物,比如溪子和少府、时力和距来这些良弓都能射到六百步以外。韩国士兵举足踏地发射,连续发射多次也不停歇,远处的可射中胸膛,近处可射穿心脏。韩国士兵使用的剑和戟都出自冥山、棠溪、墨阳、合伯等地。邓师、宛冯、龙渊、大阿等宝剑,在陆地上都能砍杀牛马,在水里截击天鹅和大雁,面对敌人可击溃强敌。至于说铠甲、头盔、臂衣、扳指、系盾的丝带等,韩国更是无不具备。凭着韩国士兵的勇敢,穿上坚固的铠甲,脚踏强劲的弩弓,佩戴锋利的宝剑,一个人抵挡上百人,不在话下。凭着韩国的强大和大王您的贤明,竟然想要投向西方服事秦国,自称是秦国东方的属国,给秦王修筑行宫,接受封赏,春秋两季向秦进贡祭品,拱手臣服,使整个国家蒙受耻辱以致被天下人耻笑,没有比这更严重的问题了。所以希望大王您认真考虑这个问题。

大王如果屈服于秦国,秦一定会索取宜阳、成皋。今年把土地献给它,明年又会得寸进尺,要求更多的土地。给它吧,又没有那么多来满足它;不给吧,就前功尽弃,以后遭受秦国侵害。况且大王的土地有穷尽,而秦国的贪欲却没有止境。拿着有限的土地去迎合那无止境的贪欲,这就是说自己去购买怨恨和灾祸啊,用不着交战就会丧失领土。我听俗语说:'宁肯当鸡嘴,也不要做牛腚。'现在大王您如果投向西方,拱手屈服,像臣子一样服从秦国,这跟做牛腚又有什么区别呢?以大王您的贤能,又拥有这么强大的军队,却有做牛腚的丑名,我私下里为您感到惭愧。"韩王气得脸色大变,挥起胳膊,按住手中的宝剑,仰天叹息:"我就算是死了,也一定不屈服于秦国。现在多亏先生把赵王的教诲告诉我,那么请允许我让全国上下听从吩咐。"

《韩非子》(二篇)

战国 韩非子

[作者作品]

韩非子(前280~前233年),战国晚期著名思想家、散文家,著名法家思想的代表。韩非子是战国七雄韩国公子(即国君之子),战国末期韩国(今新郑市)人。韩非子曾与李斯一起师事荀子。韩非子多次上书韩王,提出了一系列富国强兵、修明法制的主张,但未被采纳,于是发愤著书。著作传至秦国后,秦王嬴政大为赞赏,于是发兵攻韩索要韩非,但韩非子入秦后秦王又不加信用,后因受到李斯的诬陷死于狱中。韩非子主张君主集权,提出重赏罚,重农战,反对儒、墨"法先王"(效法古代君王对国家的管理),主张变法改革。与此相适应,他主张行文要以"功用"为目的,其文思想犀利,逻辑严密,锋芒毕露,具有很强的说服力。韩非子主要著作的辑录为《韩非子》,是我国古代著名的法家著作,一向被认为是法家学说集大成的作品。《史记》载:秦王见《孤愤》《五蠹》之书,曰:"嗟乎,寡人得见此人与之游,死不恨矣!"可知当时秦王的重视。

韩非子

韩非子思想体系的整体思想是法、术、势合一。韩非子的思想广博深刻,并不止于法理理论。他对先秦各种思想的综合、消化、改造和反思本身就是一种不可忽视的遗产。书中大量重要的历史资料和宝贵的历史观点,历来受史学家的重视。《韩非子》共有文章55篇,10余万字,里面的文章,以雄伟森严、深刻明切而又激越犀利、严峻峭拔的独特风格卓然自成一家,被称为先秦散文的"四大台柱"之一。《韩非子》里面保存了丰富的寓言故事,在先秦诸子散文中独树一帜,呈现出韩非子极为重视唯物主义与效益主义思想,积极倡导君主专制主义理论,目的是为专制君主提供富国强兵的霸道思想。

《韩非子》一书颇似《管子》,基本上以上奏书为主,也就是进言书,向君王进言,表达出自己的政治观点,理想抱负,并且提出若干治理政策,这其中有些思想对我们至今仍然有用。《韩非子》也是间接补遗史书对中国先秦时期史料不足的参考重要来源之一,著作中许多当代民间传说和寓言故事也成为成语典故的出处。

一、存韩(第二)

[原文]

韩事秦三十余年,出则为扞蔽,入则为席荐。秦特出锐师取地而韩随之,怨悬于天下,功归于强秦。且夫韩入贡职,与郡县无异也。今日臣窃闻贵臣之计,举兵将伐韩。夫赵氏聚士卒,养从徒,欲赘天下之兵,明秦不弱则诸侯必灭宗庙,欲西面行其意,非一日之计也。今释赵之患,而攘内臣之韩,则天下明赵氏之计矣。

夫韩,小国也,而以应天下四击,主辱臣苦,上下相与同忧久矣。修守备,戎强敌,有蓄积,筑城池以守固。今伐韩,未可一年而灭,拔一城而退,则权轻于天下,天下摧我兵矣。韩叛,则魏应之,赵据齐以为原,如此,则以韩、魏资赵假齐以固其从,而以与争强,赵之福而秦之祸也。夫进而击赵不能取,退而攻韩弗能拔,则陷锐之卒勤于野战,负任之旅罢于内攻,则合群苦弱以敌而共二万乘,非所以亡赵之心也。均如贵臣之计,则秦必为天下兵质矣。陛下虽以金石相弊,则兼天下之日未也。

今贱臣之愚计:使人使荆,重币用事之臣,明赵之所以欺秦者;与魏质以安其心,从韩而伐赵,赵虽与齐为一,不足患也。二国事毕,则韩可以移书定也。是我一举二国有亡形,则荆、魏又必自服矣。故曰:"兵者,凶器也。"不可不审用也。以秦与赵敌衡,加以齐,今又背韩,而未有以坚荆、魏之心。夫一

战而不胜,则祸构矣。计者,所以定事也,不可不察也。韩、秦强弱,在今年耳。且赵与诸侯阴谋久矣。夫一动而弱于诸侯,危事也;为计而使诸侯有意我之心,至殆也。见二疏,非所以强于诸侯也。臣窃愿陛下之幸熟图之!攻伐而使从者闻焉,不可悔也。

　　诏以韩客之所上书,书言韩子之未可举,下臣斯。甚以为不然。秦之有韩,若人之有腹心之病也,虚处则惙,若居湿地,著而不去,以极走,则发矣。夫韩虽臣于秦,未尝不为秦病,今若有卒报之事,韩不可信也。秦与赵为难。荆苏使齐,未知何如。以臣观之,则齐、赵之交未必以荆苏绝也;若不绝,是悉赵而应二万乘也。夫韩不服秦之义而服于强也。今专于齐、赵,则韩必为腹心之病而发矣。韩与荆有谋,诸侯应之,则秦必复见崤塞之患。

　　非之来也,未必不以其能存韩也为重于韩也。辩说属辞,饰非诈谋,以钓利于秦,而以韩利窥陛下。夫秦、韩之交亲,则非重矣,此自便之计也。

　　臣视非之言,文其淫说靡辩,才甚。臣恐陛下淫非之辩而听其盗心,因不详察事情。今以臣愚议:秦发兵而未名所伐,则韩之用事者以事秦为计矣。臣斯请往见韩王,使来入见,大王见,因内其身而勿遣,稍召其社稷之臣,以与韩人为市,则韩可深割也。因令象武发东郡之卒,窥兵于境上而未名所之,则齐人惧而从苏之计,是我兵未出而劲韩以威擒,强齐以义从矣。闻于诸侯也,赵氏破胆,荆人狐疑,必有忠计。荆人不动,魏不足患也,则诸侯可蚕食而尽,赵氏可得与敌矣。愿陛下幸察愚臣之计,无忽。

　　秦遂遣斯使韩也。

　　李斯往诏韩王,未得见,因上书曰:"昔秦、韩戮力一意,以不相侵,天下莫敢犯,如此者数世矣。前时五诸侯尝相与共伐韩,秦发兵以救之。韩居中国,地不能满千里,而所以得与诸侯班位于天下,君臣相保者,以世世相教事秦之力也。先时五诸侯共伐秦,韩反与诸侯先为雁行以向秦军于阙下矣。诸侯兵困力极,无奈何,诸侯兵罢。杜仓相秦,起兵发将以报天下之怨而先攻荆。荆令尹患之,曰:'夫韩以秦为不义,而与秦兄弟共苦天下。已又背秦,先为雁行以攻关。韩则居中国,展转不可知。天下共割韩上地十城以谢秦,解其兵。夫韩尝一背秦而国迫地侵,兵弱至今,所以然者,听奸臣之浮说,不权事实,故虽杀戮奸臣,不能使韩复强。

　　今赵欲聚兵士,卒以秦为事,使人来借道,言欲伐秦,其势必先韩而后秦。且臣闻之:'唇亡则齿寒。'夫秦、韩不得无同忧,其形可见。魏欲发兵以攻韩,秦使人将使者于韩。今秦王使臣斯来而不得见,恐左右袭囊奸臣之计,使韩复有亡地之患。臣斯不得见,请归报,秦韩之交必绝矣。斯之来使,以奉秦王之欢心,愿效便计,岂陛下所以逆贱臣者邪?臣斯愿得一见,前进道愚计,退就葅戮,愿陛下有意焉。今杀臣于韩,则大王不足以强,若不听臣之计,则祸必构矣。秦发兵不留行,而韩之社稷忧矣。臣斯暴身于韩之市,则虽欲察贱臣愚忠之计,不可得已。过鄢残,国固守,鼓铎之声于耳,而乃用臣斯之计,晚矣。且夫韩之兵于天下可知也,今又背强秦。夫弃城而败军,则反掖之寇必袭城矣。城尽则聚散,则无军矣。城固守,则秦必兴兵而围王一都,道不通,则难必谋,其势不救,左右计之者不用,愿陛下熟图之。若臣斯之所言有不应事实者,愿大王幸使得毕辞于前,乃就吏诛不晚也。秦王饮食不甘,游观不乐,意专在图赵,使臣斯来言,愿得身见,因急于陛下有计也。今使臣不通,则韩之信未可知也。夫秦必释赵之患而移兵于韩,愿陛下幸复察图之,而赐臣报决。"

[相关史料]

　　存韩,即保存韩国,使之免于强秦的侵犯。《存韩第二》即韩非出使秦国时对秦始皇的上书,旨在说明秦国不要攻取韩国的意义。

[译文]

　　韩国侍奉秦国三十多年了，出门就像常用的袖套和车帷，进屋就像常坐的席子和垫子。秦国只要派出精兵攻取别国，韩国总是追随它，怨恨结于诸侯，利益归于强秦。而且韩国进贡尽职，与秦国的郡县没有不同。如今我听说陛下贵臣的计谋，将要发兵伐韩。赵国聚集士兵，收养主张合纵的人，准备联合各国军队，说明不削弱秦国则诸侯必定灭亡，打算西向攻秦来实现它的意图，这已不是一朝一夕的计划了。如今丢下赵国这个祸患，而要除掉像内臣一般的韩国，那么各国就明白赵国计谋不错的了。

　　韩是小国，而要对付四面八方的攻击，君主受辱、臣子受苦，上下相互同忧共患很久了。修筑防御工事，警戒强大敌人，积极储备物资，筑城墙，挖城河以便固守。今若伐韩，不能一年就灭国。攻克一城便要退兵，力量就被各国看轻，各国就将打垮秦军。韩国背叛，魏就会响应，赵靠齐作后盾，如果这样，就是用韩、魏助赵，赵再借齐来巩固合纵，从而与秦争强，这是赵国的福气，秦国的祸害。进而击赵不能取胜，退而击韩不能攻克，那么冲锋陷阵的士兵疲于野战，运输队伍疲于军内消耗，那就是集合困苦疲劳的军队来对付赵、齐两个大国，这是不合灭韩本意的。全按贵臣的计策行事，那秦国必定成为各国的攻击目标了。陛下即使同金石一般的长寿，那兼并天下的日子也不会到来的。

　　如今我的计策是：派人出使楚国，厚赂执政大臣，宣扬赵国欺骗秦国的情况，给魏国送去人质使其心安，率韩伐赵。即使赵与齐联合，也是不值得担忧的。攻打赵、齐的事完了后，韩国发一道文书就可以平定的。这样，秦一举而两国成灭亡之势，而楚、魏也一定自动顺服了。所以说"武器是凶残的东西"，是不可不慎用的。拿秦和赵抗衡，加上齐国为敌，今又排斥韩国；而没有用来坚定楚、魏联秦之心的措施，这一仗如果打不胜，就会构成大祸了。计谋是用来决定事情的，是不能不深察的。究竟赵、秦谁强谁弱，不出今年就分明了。再说赵国和其他诸侯暗地谋划好久了。一次行动就示弱于诸侯，是危险的事；定计而使诸侯起心算计秦国，是最大的危险。出现两种漏洞，不是强过诸侯的办法。我希望陛下周密考虑这种情形！攻伐韩国而使合纵者钻了空子，后悔是来不及的。

　　诏令把韩非的上书——书中说韩国不可攻取——下达给臣子李斯，臣子李斯认为他的说法非常不对。秦让韩存在，就像人得了心腹之病一样，平时就难受，假若住在潮湿地方，痛而不治，快跑起来，病就犯了。韩虽已臣服于秦，未必不是秦的心病，一旦有突然上报的事，韩是不可信的。秦与赵为敌，荆苏出使齐国，不知结果如何。在我看来，齐、赵两国的关系不一定因荆苏而断绝；如不绝交，这是要倾动全秦来对付两国兵力。韩并非顺服秦的道义，而是顺服强大的，现在集中对付齐、赵，韩就一定会成为心腹之病而发作起来。韩与楚如果谋划攻秦，诸侯响应，那么秦国必定再次看到兵败崤塞的祸患。

　　韩非的到来，未必不是想用他能存韩来求得韩的重用。巧语连篇，掩饰真意，计谋欺诈，来从秦国捞取好处，用韩国利益窥探陛下。秦、韩关系亲密，韩非就重要起来了，这是便利他自己的计谋。

　　我看韩非的言论能够文饰他的混说狡辩，很有才华。我担心陛下受韩非辩说的迷惑而听从他的野心，因而不详察事务的实情。现在按我的愚见：秦国发兵但不说明讨伐对象，那么韩国的执政者将会采取侍奉秦国的计策。请允许我去见韩王，让他来晋见，大王接见时，趁机扣留他，不要遣返，随后召见韩国大臣，用韩王和韩人交易，就可大量割取韩地。接着命令蒙武征发东郡的士卒，在国境上陈兵窥伺但不说明去哪儿，齐人就会害怕而听从荆苏的主张，这样，秦兵不出境，劲韩就会慑于威势而就范，强齐就会由于道义而服从了。其他诸侯听说后，赵人胆战心惊，楚人犹豫不决，必定产生忠秦的打算。楚人不动，魏不值得忧虑，各国就可逐渐被侵占完毕，就可以和赵国较量了。希望陛下仔细考虑我的计谋，不要忽视。

　　于是秦国派李斯出使韩国。

李斯前往告谕韩王,没能见到,就上书说:"过去秦、韩同心协力,因此互不侵扰,天下没有一个国家敢来进犯,像这样有几十年了。前段时间五国诸侯曾相互联合共同讨伐韩国,秦国出兵前来解救。韩位于中原地带,领土不满千里,之所以能和诸侯并列于天下,君臣两全,是因为代代相教侍奉秦国的作用。先前五国诸侯共同讨伐秦国,韩国反而联合诸侯,并充当先锋,在函谷关下来和秦军对阵。诸侯士兵困乏力量耗尽,没办法,只好退兵。杜仓任秦相时,派兵遣将,来向诸侯报仇,而先攻楚。楚国令尹以此为患,说:'韩国认为秦国不义,却与秦结成兄弟共同荼毒天下。不久又背叛秦国,充当先锋去攻秦关。韩既居于中原,反复无常,不可料知。'诸侯共同割取韩上党地区十个城去向秦国谢罪,解除了秦军威胁。韩曾一次背秦而国迫地削,兵力衰弱至今,之所以会这样,是因为听从奸臣的浮说,不权衡事实,所以即使杀掉奸臣,也不能使韩国重新强大。

如今赵国想集合士兵,突然进攻秦国,派人来韩借路,说是想伐秦。它的趋势必定先击韩而后击秦。况且我听说:'唇亡则齿寒。'秦、韩不能没有共同忧患,这种情形显而易见。魏想发兵来攻韩,秦国派人把魏国使者带到了韩国。如今秦王派我来却'得不到召见,我怕大王重演过去奸臣之计,使韩又有丧失领土的忧患。我得不到召见,请让我回国报告,秦韩关系必将断绝。我来出使,奉着秦王使两国交欢的心意,希望进献有利韩国的计谋,难道陛下就这样来接待我吗,我希望见大王一面,上前陈说愚计,然后接受死刑,希望陛下多加关注!现在即使把我杀死在韩国,大王也不足以强大;但如不听我的计策,那必将构成灾祸。秦出兵不停地前进,韩国国家就可忧虑了。假如我在韩暴尸街市,那么大王即使想考虑我向您效忠的计策,也不可能了。边境残破,国都死守,杀声贯耳,那时才想到用我的计策,就晚了。再说韩国兵力几何是天下都清楚的,如今又背叛强大的秦国。如果城失兵败,内寇必将袭击城邑;城邑丧失完,百姓就散了;百姓一散,军队就没了。要是死守都城,秦国必将兴兵把大王包围在孤城中,道路一旦不通,谋划就难确定,这种形势无法挽救,左右近臣的计策没有用场,希望陛下好好想想吧。假如我所说有不符合事实的,希望大王能让我上前把话说完,再受刑杀也不迟。秦王饮食不甘,游玩不乐,心意全在谋取赵国,派我前来通知,希望能得到亲自接见,为的是急于和大王商量计策。如今使臣不通,韩国的诚信就无法弄清。秦国必将放弃赵国的祸患而移兵到韩,希望陛下再一次认真考虑这种情形,并把决定告诉我。"

二、郑人买履

郑人买履

[原文]

郑人有欲买履者,先自度其足,而置之其坐。至之市,而忘操之。已得履,谓曰:"吾忘持度!"返归取之。及返,市罢,遂不得履。人曰:"何不试之以足?"曰:"宁信度,无自信也。"

[相关史料]

《郑人买履》通过人物对话,揭示郑人固执、迂腐的心理,增强讽刺效果,从而启示:说明做事迷信教条而不顾客观实际,是不会成功的。

[译文]

郑国有个想买鞋子的人。他先在家里拿根绳子量好自己脚的尺寸,就把量好的尺寸放在自己的座位上。他到集市上去,却忘了带上量好的尺寸。他已经选好了一双鞋,想比比大小,发现量好尺寸的绳子忘记带来了,于是又急忙赶回家去取。等他带着绳子跑回来时,集市已散,他最终没能买到鞋。别人知道后对他说:"为什么不用你自己的脚试一试呢?"他固执地说:"我宁可相信量好的尺寸,也不相信自己的脚。"

过秦论

西汉 贾 谊

[原文]

上篇

秦孝公据崤函之固,拥雍州之地,君臣固守以窥周室,有席卷天下,包举宇内,囊括四海之意,并吞八荒之心。当是时也,商君佐之,内立法度,务耕织,修守战之具;外连衡而斗诸侯。于是秦人拱手而取西河之外。

孝公既没,惠文、武、昭襄蒙故业,因遗策,南取汉中,西举巴、蜀,东割膏腴之地,北收要害之郡。诸侯恐惧,会盟而谋弱秦,不爱珍器重宝肥饶之地,以致天下之士,合从缔交,相与为一。当此之时,齐有孟尝,赵有平原,楚有春申,魏有信陵。此四君者,皆明智而忠信,宽厚而爱人,尊贤而重士,约从离衡,兼韩、魏、燕、楚、齐、赵、宋、卫、中山之众。于是六国之士,有宁越、徐尚、苏秦、杜赫之属为之谋,齐明、周最、陈轸、召滑、楼缓、翟景、苏厉、乐毅之徒通其意,吴起、孙膑、带佗、倪良、王廖、田忌、廉颇、赵奢之伦制其兵。尝以十倍之地,百万之众,叩关而攻秦。秦人开关延敌,九国之师,逡巡而不敢进。秦无亡矢遗镞之费,而天下诸侯已困矣。于是从散约败,争割地而赂秦。秦有余力而制其弊,追亡逐北,伏尸百万,流血漂橹。因利乘便,宰割天下,分裂山河。强国请服,弱国入朝。延及孝文王、庄襄王,享国之日浅,国家无事。

及至始皇,奋六世之余烈,振长策而御宇内,吞二周而亡诸侯,履至尊而制六合,执敲扑而鞭笞天下,威振四海。南取百越之地,以为桂林、象郡;百越之君,俯首系颈,委命下吏。乃使蒙恬北筑长城而守藩篱,却匈奴七百余里。胡人不敢南下而牧马,士不敢弯弓而报怨。于是废先王之道,焚百家之言,以愚黔首;隳名城,杀豪杰,收天下之兵,聚之咸阳,销锋镝,铸以为金人十二,以弱天下之民。然后践华为城,因河为池,据亿丈之城,临不测之渊,以为固。良将劲弩守要害之处,信臣精卒陈利兵而谁何。天下已定,始皇之心,自以为关中之固,金城千里,子孙帝王万世之业也。

始皇既没,余威震于殊俗。然陈涉瓮牖绳枢之子,氓隶之人,而迁徙之徒也;才能不及中人,非有仲尼、墨翟之贤,陶朱、猗顿之富;蹑足行伍之间,而倔起阡陌之中,率疲弊之卒,将数百之众,转而攻秦,斩木为兵,揭竿为旗,天下云集响应,赢粮而景从。山东豪俊遂并起而亡秦族矣。

且夫天下非小弱也,雍州之地,崤函之固,自若也。陈涉之位,非尊于齐、楚、燕、赵、韩、魏、宋、卫、中山之君也;锄櫌棘矜,非铦于钩戟长铩也;谪戍之众,非抗于九国之师;深谋远虑,行军用兵之道,非及向时之士也。然而成败异变,功业相反,何也?试使山东之国与陈涉度长絜大,比权量力,则不可同年而语矣。然秦以区区之地,致万乘之势,序八州而朝同列,百有余年矣;然后以六合为家,崤函为

宫;一夫作难而七庙隳,身死人手,为天下笑者,何也?仁义不施而攻守之势异也。

中篇

秦灭周祀,并海内,兼诸侯,南面称帝,以养四海。天下之士,斐然向风。若是,何也?曰:近古之无王者久矣。周室卑微,五霸既灭,令不行于天下。是以诸侯力政,强凌弱,众暴寡,兵革不休,士民罢弊。今秦南面而王天下,是上有天子也。既元元之民冀得安其性命,莫不虚心而仰上。当此之时,专威定功,安危之本,在于此矣。

秦王怀贪鄙之心,行自奋之智,不信功臣,不亲士民,废王道而立私爱,焚文书而酷刑法,先诈力而后仁义,以暴虐为天下始。夫兼并者高诈力,安危者贵顺权,此言取与守不同术也。秦离战国而王天下,其道不易,其政不改,是其所以取之守之者无异也。孤独而有之,故其亡可立而待也。借使秦王论上世之事,并殷、周之迹,以制御其政,后虽有淫骄之主,犹未有倾危之患也。故三王之建天下,名号显美,功业长久。

今秦二世立,天下莫不引领而观其政。夫寒者利裋褐,而饥者甘糟糠。天下嚣嚣,新主之资也。此言劳民之易为仁也。向使二世有庸主之行而任忠贤,臣主一心而忧海内之患,缟素而正先帝之过;裂地分民以封功臣之后,建国立君以礼天下;虚囹圄而免刑戮,去收孥污秽之罪,使各反其乡里;发仓廪,散财币,以振孤独穷困之士;轻赋少事,以佐百姓之急;约法省刑,以持其后,使天下之人皆得自新,更节修行,各慎其身;塞万民之望,而以盛德与天下,天下息矣。即四海之内皆欢然各自安乐其处,惟恐有变。虽有狡害之民,无离上之心,则不轨之臣无以饰其智,而暴乱之奸弭矣。

二世不行此术,而重以无道:坏宗庙与民,更始作阿房之宫;繁刑严诛,吏治刻深;赏罚不当,赋敛无度。天下多事,吏不能纪;百姓困穷,而主不收恤。然后奸伪并起,而上下相遁;蒙罪者众,刑戮相望于道,而天下苦之。自群卿以下至于众庶,人怀自危之心,亲处穷苦之实,咸不安其位,故易动也。是以陈涉不用汤、武之贤,不借公侯之尊,奋臂于大泽,而天下响应者,其民危也。

故先王者,见终始不变,知存亡之由。是以牧民之道,务在安之而已矣。下虽有逆行之臣,必无响应之助。故曰:"安民可与为义,而危民易与为非",此之谓也。贵为天子,富有四海,身在于戮者,正之非也。是二世之过也。

下篇

秦兼诸侯山东三十余郡,脩津关,据险塞,缮甲兵而守之。然陈涉率散乱之众数百,奋臂大呼,不用弓戟之兵,鉏耰白梃,望屋而食,横行天下。秦人阻险不守,关梁不闭,长戟不刺,强弩不射。楚师深入,战于鸿门,曾无藩篱之难。于是山东诸侯并起,豪俊相立。秦使章邯将而东征,章邯因其三军之众,要市于外,以谋其上。群臣之不相信,可见于此矣。子婴立,遂不悟。借使子婴有庸主之材而仅得中佐,山东虽乱,三秦之地可全而有,宗庙之祀宜未绝也。

秦地被山带河以为固,四塞之国也。自缪公以来至于秦王二十余君,常为诸侯雄。此岂世贤哉?其势居然也。且天下尝同心并力攻秦矣,然困于险阻而不能进者,岂勇力智慧不足哉?形不利、势不便也。秦虽小邑,伐并大城,得阸塞而守之。诸侯起于匹夫,以利会,非有素王之行也。其交未亲,其民未附,名曰亡秦,其实利之也。彼见秦阻之难犯,必退师。案土息民以待其弊,收弱扶罢以令大国之君,不患不得意于海内。贵为天子,富有四海,而身为禽者,救败非也。

秦王足己而不问,遂过而不变。二世受之,因而不改,暴虐以重祸。子婴孤立无亲,危弱无辅。三主之惑,终身不悟,亡不亦宜乎?当此时也,也非无深谋远虑知化之士也,然所以不敢尽忠指过者,秦俗多忌讳之禁也,——忠言未卒于口而身糜没矣。故使天下之士倾耳而听,重足而立,阖口而不言。

是以三主失道,而忠臣不谏,智士不谋也。天下已乱,奸不上闻,岂不悲哉!先王知壅蔽之伤国也,故置公卿、大夫、士,以饰法设刑而天下治。其强也,禁暴诛乱而天下服;其弱也,王霸征而诸侯从;其削也,内守外附而社稷存。故秦之盛也,繁法严刑而天下震;及其衰也,百姓怨而海内叛矣。故周王序得其道,千余载不绝;秦本末并失,故不能长。由是观之,安危之统相去远矣。

鄙谚曰:"前事之不忘,后事之师也。"是以君子为国,观之上古,验之当世,参之人事,察盛衰之理,审权势之宜,去就有序,变化因时,故旷日长久而社稷安矣。

[作者作品]

贾谊(前200～前168年),西汉初年著名的政论家、文学家。洛阳(今河南省洛阳市东)人,字太傅。18岁即有才名,年轻时由河南郡守吴公推荐,20余岁被文帝召为博士。不到一年被破格提为太中大夫。但是在23岁时,因遭群臣嫉恨,被贬为长沙王的太傅。后被召回长安,为梁怀王太傅。梁怀王坠马而死后,贾谊深自歉疚,直至33岁忧伤而死。其著作主要有散文和辞赋两类。散文如《过秦论》、《论积贮疏》、《陈政事疏》等都很有名;辞赋以《吊屈原赋》、《鵩鸟赋》最著名。

《过秦论》主旨在于分析"秦之过",旧分上中下三篇,其实本是一篇,最广为流传的《过秦论》是文章的前三分之一,它通过对秦国兴盛历史的回顾,指出秦国变法图强而得天下,"仁义不施"而不能守天下。而在中篇和下篇,作者则具体地论述了秦统一之后的种种过失。中篇指出秦统一天下,结束了多年的战乱,本来处在很好的形势中,但秦始皇并没有制定出正确的政策,反而焚书坑儒,以暴虐治天下;到了二世时,也不能改正原先的过失,终致国家倾覆。《过秦论》的下篇后部

贾　谊

分,作者承接前文,指出在"诸侯并起,豪俊相立"的时候,如果子婴能改变原来错误的政策,"闭关据厄","荷戟而守之",是可以守住三秦之地的,以后"安土息民",徐图发展,甚至也可以重新恢复国家的统一,但是遗憾的是,秦朝钳口闭言的一贯政策,导致上下"雍闭",子婴孤立无亲,终于不免灭亡的命运。

《过秦论》是史论,文章总论了秦的兴起,灭亡及其原因,鲜明地提出了本文的中心论点:"仁义不施而攻守之势异也。"其目的是提供给汉文帝作为改革政治的借鉴。《过秦论》虽是政论,但贾谊首先是一个汉赋大家,因而多用写赋手法,"铺张扬厉"。如叙秦孝公之雄心"有席卷天下,包举宇内,囊括四海之意,并吞八荒之心";叙九国之师攻秦"于是六国之士,有宁越……之属为之谋,齐明……之徒通其意,吴起……之伦制其兵。尝以十倍之地,百万之众,叩关而攻秦";始皇"威振四海"是"奋六世之余烈,振长策而御宇内,吞二周而亡诸侯,履至尊而制六合,执敲扑而鞭笞天下"。大段铺排形成了一种波澜壮阔的气势。文章须能放能收,能开能合,始见本领。贾谊在这篇杰作中完全做到了这一点。

从明、清到当代,几乎所有的古文选本都选了这篇《过秦论》(上),因此前人对它的评语也很多。如清人姚鼐在《古文辞类纂》中评它为"雄骏宏肆",近人吴闿生在《古文范》的夹批中评它"通篇一气贯注,如一笔书,大开大阖"。归纳大多数评论者的意见,主要说这篇文章气势充沛,一气呵成,是古今第一篇气"盛"的文章。因此吴闿生的意见是比较有代表性的。

《过秦论》在当时确实起了好影响。贾谊作为士大夫,固然站在封建统治阶级立场为汉王朝出谋划策;但他却能认识到农民起义的力量,认识到秦王朝灭亡的关键在于失掉民心和过分迷信武力,封建统治者野心大而虐待人民,终于被人民灭亡。有了这个认识,统治阶级才开始考虑如何缓和社会矛盾,以巩固自己的统治政权。这才说明农民起义真正推动了历史前进的车轮。有了贾谊这一番描绘,汉朝的皇帝才能真正总结秦代由盛而衰、由强而弱的经验教训。

[译文]

上篇

秦孝公占据着崤山和函谷关的险固地势,拥有雍州的土地,君臣牢固地守卫着来伺机夺取周王室的权力,(秦孝公)有统一天下的雄心。正当这时,商鞅辅佐他,对内建立法规制度,从事耕作纺织,修造防守和进攻的器械;对外实行连衡策略,使诸侯自相争斗。因此,秦人轻而易举地夺取了黄河以西的土地。

秦孝公死了以后,惠文王、武王、昭襄王承继先前的基业,沿袭前代的策略,向南夺取汉中,向西攻取巴、蜀,向东割取肥沃的地区,向北占领非常重要的地区。诸侯恐慌害怕,集会结盟,商议削弱秦国。不吝惜奇珍贵重的器物和肥沃富饶的土地,用来招纳天下的优秀人才,采用合纵的策略缔结盟约,互相援助,成为一体。在这个时候,齐国有孟尝君,赵国有平原君,楚国有春申君,魏国有信陵君。这四位封君,都见识英明有智谋,心地诚而讲信义,待人宽宏厚道而爱惜人民,尊重贤才而重用士人,以合纵之约击破秦的连横之策,联合韩、魏、燕、楚、齐、赵、宋、卫、中山的部队。在这时,六国的士人,有宁越、徐尚、苏秦、杜赫等人为他们出谋划策,齐明、周最、陈轸、召滑、楼缓、翟景、苏厉、乐毅等人沟通他们的意见,吴起、孙膑、带佗、倪良、王廖、田忌、廉颇、赵奢等人统率他们的军队。他们曾经用十倍于秦的土地,上百万的军队,攻打函谷关来攻打秦国。秦人打开函谷关口迎战敌人,九国的军队有所顾虑徘徊不敢入关。秦人没有一兵一卒的耗费,然而天下的诸侯就已窘迫不堪了。因此,纵约失败了,各诸侯国争着割地来贿赂秦国。秦有剩余的力量趁他们困乏而制服他们,追赶逃走的败兵,百万败兵横尸道路,流淌的血液可以漂浮盾牌。秦国凭借这有利的形势,割取天下的土地,重新划分山河的区域。强国主动表示臣服,弱国入秦朝拜。

延续到孝文王、庄襄王,统治的时间不长,秦国并没有什么大事发生。

到始皇的时候,发展六世遗留下来的功业,以武力来统治各国,将东周、西周和各诸侯国统统消灭,登上皇帝的宝座来统治天下,用严酷的刑罚来奴役天下的百姓,威风震慑四海。秦始皇向南攻取百越的土地,把它划为桂林郡和象郡,百越的君主低着头,颈上捆着绳子(愿意服从投降),把性命交给司法官吏。秦始皇于是又命令蒙恬在北方修筑长城,守卫边境,使匈奴退却七百多里;胡人不敢向下到南边来放牧,勇士不敢拉弓射箭来报仇。秦始皇接着就废除古代帝王的治世之道,焚烧诸子百家的著作,来使百姓愚蠢;毁坏高大的城墙,杀掉英雄豪杰;收缴天下的兵器,集中在咸阳,销毁兵刃和箭头,冶炼它们铸造十二个铜人,以便削弱百姓的反抗力量。然后凭借华山为城墙,依据黄河为城池,凭借着高耸的华山,往下看着深不可测的黄河,认为这是险固的地方。好的将领手执强弩,守卫着要害的地方,可靠的官员和精锐的士卒,拿着锋利的兵器,盘问过往行人。天下已经安定,始皇心里自己认为这关中的险固地势、方圆千里的坚固的城防,是子子孙孙称帝称王直至万代的基业。

始皇去世之后,他的余威(依然)震慑着边远地区。可是,陈涉不过是个破瓮做窗户、草绳做户枢的贫家子弟,是氓、隶一类的人,(后来)做了被迁谪戍边的卒子;才能不如普通人,并没有孔丘、墨翟那样的贤德,也不像陶朱、猗顿那样富有。(他)跻身于戍卒的队伍中,从田野间突然奋起发难,率领着疲惫无力的士兵,指挥着几百人的队伍,掉转头来进攻秦国,砍下树木作武器,举起竹竿当旗帜,天下豪杰像云一样聚集,回声似的应和他,许多人都背着粮食,如影随形地跟着。崤山以东的英雄豪杰于是一齐起事,消灭了秦的家族。

况且那天下并没有缩小削弱,雍州的地势,崤山和函谷关的险固,是保持原来的样子。陈涉的地位,没有比齐、楚、燕、赵、韩、魏、宋、卫、中山的国君更加尊贵;锄头木棍也不比钩戟长矛更锋利;那迁谪戍边的士兵也不能和九国部队抗衡;深谋远虑,行军用兵的方法,也比不上先前九国的武将谋臣。可是条件好者失败而条件差者成功,功业完全相反,为什么呢?假使拿东方诸侯国跟陈涉比一比长短大小,量一量权势力量,就更不能相提并论了。然而秦凭借着它的小小的地方,发展到兵车万乘的国势,管辖全国,使六国诸侯都来朝见,已经一百多年了;这之后把天下作为家业,用崤山、函谷关作为自己的内宫;陈涉一人起义国家就灭亡了,秦王子婴死在别人(项羽)手里,被天下人耻笑,这是为什么呢?就因为不施行仁政而使攻守的形势发生了变化啊。

中篇

秦统一天下,吞并诸侯,临朝称帝,供养四海,天下的士人顺服的慕风向往,为什么会像这样呢?回答是:近古以来没有统一天下的帝王已经很久了。周王室力量微弱,五霸相继死去以后,天子的命令不能通行天下,因此诸侯凭着武力相征伐,强大的侵略弱小的,人多的欺凌人少的,战事不止,军民疲惫。如今秦皇南面称帝统治了天下,这就是在上有了天子啊。这样一来,那些可怜的百姓就都希望能靠他安身活命,没有谁不诚心景仰皇上,在这个时候,应该保住威权,稳定功业,是安定,是危败,关键就在于此了。

秦王怀着贪婪卑鄙之心,只想施展他个人的智慧,不信任功臣,不亲近士民,抛弃仁政王道,树立个人权威,禁除书古籍,实行严刑酷法,把诡诈权势放在前头,把仁德信义丢在后头,把残暴苛虐作为治理天下的前提。实行兼并,要重视诡诈和实力;安定国家,要重视顺时权变:这就是说夺天下和保天下不能用同样的方法。秦经历了战国到统一天下,它的路线没有改,他的政令没有变,这是它夺天下和保天下所用的方法没有不同。秦王孤身无辅却拥有天下,所以他的灭亡很快就来到了。假使秦王能够考虑古代的情况,顺着商、周的道路,来制定实行自己的政策,那么后代即使出现骄奢淫逸的君主,也不会有倾覆危亡的祸患。所以夏禹、商汤、周文王和周武王建立了国家,名号卓著,功业长久。

当今秦二世登上王位,普天之下没有人不伸长脖子盼着看一看他的政策。受冻的人穿上粗布短袄就觉得很好,挨饿的人吃上糟糠也觉得香甜。天下苦苦哀叫的百姓,正是新皇帝执政才能的表现。这就是说劳苦人民容易接受仁政。如果二世有一般君主的德行,任用忠贞贤能的人,君臣一心,为天下的苦难而忧心,丧服期间就改正先帝的过失,割地分民,封赏功臣的后代,封国立君,对天下的贤士以礼相待,把牢狱里的犯人放出来,免去刑戮,废除没收犯罪者妻子儿女为官家奴婢之类的杂乱刑罚,让被判刑的人各自返回家乡。打开仓库,散发钱财,以赈济孤苦穷困的士人;减轻赋税,减少劳役,帮助百姓解除急困;简化法律,减少刑罚,给犯罪人以把握以后的机会,使天下的人都能自新,改变节操,修养品行,各自谨慎对待自身;满足万民的愿望,以威信仁德对待天下人,天下人就归附了。如果天下到处都欢欢喜喜安居乐业,唯恐发生变乱,那么即使有奸诈不轨的人,而民众没有背叛主上之心,图谋不轨的臣子也就无法掩饰他的奸诈,暴乱的阴谋就可以被阻止了。

二世不实行这种办法,破坏宗庙,残害百姓,比始皇更加暴虐无道,重新修建阿房宫,使刑罚更加繁多,杀戮更加严酷,官吏办事苛刻狠毒,赏罚不得当,赋税搜刮没有限度,国家的事务太多,官吏们都治理不过来;百姓穷困已极,而君主却不加收容救济。于是奸险欺诈之事纷起,上下互相欺骗,蒙受罪

罚的人很多,道路上遭到刑戮的人前后相望,连绵不断,天下的人都陷入了苦难。从君卿以下直到平民百姓,人人心中自危,身处穷苦之境,到处都不得安静,所以容易动乱。因此陈涉不凭商汤、周武王那样的贤能,不借公侯那样的尊贵,在大泽乡振臂一呼而天下响应,其原因就在于人民正处于危难之中。

所以古代圣王能洞察开端与结局的变化,知道生存与灭亡的关键,因此统治人民的方法,就是要专心致力于使他们安定罢了。这样,天下即使出现叛逆的臣子,也必然没有人响应,得不到帮助力量了。所谓"处于安定状态的人民可以共同行仁义,处于危难之中的人民容易一起做坏事",就是说的这种情况。尊贵到做了天子,富足到拥有天下,而自身却不能免于被杀戮,就是由于挽救倾覆局势的方法错了。这就是二世的错误。

下篇

秦朝兼并了诸侯,崤山以东有三十多个郡,修筑渡口关隘,占据着险要地势,修治武器,守护着这些地方。然而陈涉凭着几百名散乱的戍卒,振臂大呼,不用弓箭矛戟等武器,光靠锄把和木棍,虽然没

过秦论

有给养,但只要看到有人家住的房屋就能吃上饭,横行天下。秦朝险阻之地防守不住了,关卡桥梁封锁不住了,长戟刺不了,强弩射不了。楚军很快深入境内,鸿门一战,竟然连篱笆一样的阻拦都没有遇到。于是崤山以东大乱,诸侯纷纷起事,豪杰相继立王。秦王派章邯率兵东征,章邯凭着三军的众多兵力,在外面跟诸侯相约,做交易,图谋他的主上。秦君之间互相不信任,从这件事就可以看出来了。子婴登位,最终也不曾觉悟,假使子婴有一般君主的才能,仅仅得到中等的辅佐之臣,崤山以东地区虽然混乱,秦国的地盘还是可以保全的,宗庙的祭祀也不会断绝。

秦国地势有高山阻隔,有大河环绕,形成坚固防御,是个四面都有险要关塞的国家。从穆公以来,一直到秦始皇,二十多个国君,经常在诸侯中称雄。难道代代贤明吗?这是地位形势造成的呀!再说天下各国曾经同心合力进攻秦国。在这种时候,贤人智士会聚,有良将指挥各国的军队,有贤相沟通彼此的计谋,然而被险阻困住不能前进,秦国就引诱诸侯进入秦国境内作战,为他们打开关塞,结果崤山以东百万军队败逃崩溃。难道是因为勇气、力量和智慧不够吗?是地形不利,地势不便啊。秦国把小邑并为大城,在险要关塞驻军防守,把营垒筑得高高的而不轻易跟敌方作战,紧闭关门据守险塞,肩扛矛戟守卫在那里。诸侯们出身平民,是为了利益联合起来,并没德高望众而位居王位者的德行。他们的交往不亲密,他们的下属不亲附。名义上是说灭亡秦朝,实际上是为自己谋求私利。他们看见秦地险阻难以进犯,就必定退兵。如果他们能安定本土,让人民休养生息,等待秦的衰败,收纳弱小,扶助疲困,来指挥东方诸侯新建的各国的君主,就不用担心在天下实现不了自己的愿望了。可是他们尊贵身为天子,富足拥有天下,自己却遭擒获,这是因为他们在覆亡前夕没有作出挽救的措施。

秦王满足一己之功,不求教于人,一错到底而不改变。二世承袭父过,因循不改,残暴苛虐以致加重了祸患。子婴孤立无亲,自处危境,却又年幼而没有辅佐,三位君主一生昏惑而不觉悟,秦朝灭亡,不也是应该的吗?在这个时候,世上并非没有深谋远虑懂得形势变化的人士,然而他们所以不敢竭诚

尽忠,纠正主上之过,就是由于秦朝的风气多有忌讳的禁规,忠言还没说完而自己就被杀戮了。所以使得天下之士只能侧着耳朵听,重叠双脚站立,闭上嘴巴不敢说话。因此,三位君主迷失了路途,而忠臣不敢进谏言,智士不敢出主意,天下已经大乱,皇上还不知道,难道不可悲吗?先王知道壅塞不通就会伤害国家,所以设置公卿、大夫和士,来整治法律设立刑罚,天下因而得到治理。强盛的时候,禁止残暴诛讨叛乱,天下服从;衰弱的时候,五霸为天子征讨,诸侯也顺从;土地被割削的时候,在内能自守备,在外还有亲附,社稷得以保存。所以秦朝强盛的时候,繁法严刑,天下震惊;等到它衰弱的时候,百姓怨恨,天下背叛。周朝的公、侯、伯、子、男五等爵位合乎根本大道,因而传国一千多年不断绝。而秦朝则是本末皆失,所以不能长久。由此看来,安定和危亡的纲纪相距太远了!

俗话说"前事不忘,后事之师"(过去的经验教训不忘记,就是以后做事的借鉴)。因此君子治理国家,考察于上古的历史,验证以当代的情况,还要通过人事加以检验,从而了解兴盛衰亡的规律,详知谋略和形势是否合宜,做到取舍有序,变化适时,所以历时长久,国家安定。

论贵粟疏

西汉 晁错

[原文]

圣王在上,而民不冻饥者,非能耕而食之,织而衣之也,为开其资财之道也。故尧、禹有九年之水,汤有七年之旱,而国无捐瘠者,以畜积多而备先具也。今海内为一,土地人民之众不避汤、禹,加以无天灾数年之水旱,而畜积未及者,何也?地有遗利,民有余力,生谷之土未尽垦,山泽之利未尽出也,游食之民未尽归农也。

民贫,则奸邪生。贫生于不足,不足生于不农,不农则不地著,不地著则离乡轻家,民如鸟兽。虽有高城深池,严法重刑,犹不能禁也。夫寒之于衣,不待轻暖;饥之于食,不待甘旨;饥寒至身,不顾廉耻。人情一日不再食则饥,终岁不制衣则寒。夫腹饥不得食,肤寒不得衣,虽慈母不能保其子,君安能以有其民哉?明主知其然也,故务民于农桑,薄赋敛,广畜积,以实仓廪,备水旱,故民可得而有也。

民者,在上所以牧之,趋利如水走下,四方无择也。夫珠玉金银,饥不可食,寒不可衣,然而众贵之者,以上用之故也。其为物轻微易藏,在于把握,可以周海内而无饥寒之患。此令臣轻背其主,而民易去其乡,盗贼有所劝,亡逃者得轻资也。粟米布帛生于地,长于时,聚于力,非可一日成也。数石之重,中人弗胜,不为奸邪所利;一日弗得而饥寒至。是故明君贵五谷而贱金玉。

今农夫五口之家,其服役者不下二人,其能耕者不过百亩,百亩之收不过百石。春耕,夏耘,秋获,冬藏,伐薪樵,治官府,给徭役;春不得避风尘,夏不得避暑热,秋不得避阴雨,冬不得避寒冻,四时之间,无日休息。又私自送往迎来,吊死问疾,养孤长幼在其中。勤苦如此,尚复被水旱之灾,急政暴虐,赋敛不时,朝令而暮改。当具有者半贾而卖,无者取倍称之息;于是有卖田宅、鬻子孙以偿债者矣。而商贾大者积贮倍息,小者坐列贩卖,操其奇赢,日游都市,乘上之急,所卖必倍。故其男不耕耘,女不蚕织,衣必文采,食必粱肉;无农夫之苦,有阡陌之得。因其富厚,交通王侯,力过吏势,以利相倾;千里游遨,冠盖相望,乘坚策肥,履丝曳缟。此商人所以兼并农人,农人所以流亡者也。今法律贱商人,商人已富贵矣;尊农夫,农夫已贫贱矣。故俗之所贵,主之所贱也;吏之所卑,法之所尊也。上下相反,好恶乖迕,而欲国富法立,不可得也。

方今之务,莫若使民务农而已矣。欲民务农,在于贵粟;贵粟之道,在于使民以粟为赏罚。今募天下入粟县官,得以拜爵,得以除罪。如此,富人有爵,农民有钱,粟有所渫。夫能入粟以受爵,皆有余者也。取于有余,以供上用,则贫民之赋可损,所谓损有余、补不足,令出而民利者也。顺于民心,所补者三:一曰主用足,二曰民赋少,三曰劝农功。今令民有车骑马一匹者,复卒三人。车骑者,天下武备也,故为复卒。神农之教曰:"有石城十仞,汤池百步,带甲百万,而无粟,弗能守也。"以是观之,粟者,王者大用,政之本务。令民入粟受爵,至五大夫以上,乃复一人耳,此其与骑马之功相去远矣。爵者,上之所擅,出于口而无穷;粟者,民之所种,生于地而不乏。夫得高爵也免罪,人之所甚欲也。使天下人入粟于边,以受爵免罪,不过三岁,塞下之粟必多矣。

陛下幸使天下入粟塞下以拜爵,甚大惠也。窃窃恐塞卒之食不足用大渫天下粟。边食足以支五岁,可令入粟郡县矣;足支一岁以上,可时赦,勿收农民租。如此,德泽加于万民,民俞勤农。时有军役,若遭水旱,民不困乏,天下安宁;岁孰且美,则民大富乐矣。

[作者作品]

晁 错

晁错(前200~前154年),西汉文帝、景帝时期的政治家。颍川(今禹州市)人。初从张恢学申不害、商鞅的法家学说。汉文帝时,晁错因文才出众任太常掌故,后历任太子舍人、博士、太子家令(太子老师)、贤文学。在教导太子中授理深刻,辩才非凡,被太子刘启(即后来的景帝)尊为"智囊"。

景帝即位,任为御史大夫。晁错坚持"重本抑末"(即重农抑商)政策,主张纳粟受爵,建议募民充实边塞,积极备御匈奴贵族的攻掠,并进言削藩以巩固中央集权,力倡削弱诸侯,更定法令,得到景帝采纳,招致王侯权贵嫉恨。以吴王刘濞为首的七国诸侯因此以"请诛晁错,以清君侧"为名,举兵反叛。景帝畏于七国连兵,遂将其处死。

《论贵粟疏》是一篇创作于西汉时期的散文,全文观点精辟,分析透彻,逻辑谨严,文笔犀利,具有汪洋恣肆的气势和流畅浑厚的风格。

[译文]

在圣明的君王统治下,百姓不挨饿受冻,这并非是因为君王能亲自种粮食给他们吃,织布匹给他们穿,而是由于他给人民开辟财源。所以尽管唐尧、夏禹之时有过九年的水灾,商汤之时有过七年的旱灾,但那时没有因饿死而被抛弃和饿瘦的人,这是因为贮藏积蓄的东西多,事先早已作好了准备。现在全国统一,土地之大,人口之多,不亚于汤、禹之时,又没有连年的水旱灾害,但积蓄却不如汤、禹之时,这是什么道理呢?原因在于土地还有潜力,百姓还有余力,能长谷物的土地还没全部开垦,山林湖沼的资源尚未完全开发,游手好闲之徒还没全都回乡务农。

百姓生活贫困了,就会去做邪恶的事。贫困是由于不富足,不富足是由于不务农,不从事农业就不能在一个地方定居下来,不能定居就会离开乡土,轻视家园,像鸟兽一样四处奔散。这样的话,国家即使有高大的城墙,深险的护城河,严厉的法令,残酷的刑罚,还是不能禁止他们。受冻的人对衣服,不要求轻暖;挨饿的人对于食物,不要求香甜可口;饥寒到了身上,就顾不上廉耻了。人之常情是:一天不吃两顿饭就要挨饿,整年不做衣服穿就会受冻。那么,肚子饿了没饭吃,身上冷了无衣穿,即使是慈母也不能留住她的儿子,国君又怎能保有他的百姓呢?贤明的君主懂得这个道理,所以让人民从事农业生产,减轻他们的赋税,大量贮备粮食,以便充实仓库,防备水旱灾荒,因此也就能够拥有人民。

百姓呢,在于君主用什么办法来管理他们,他们追逐利益就像水往低处流一样,不管东南西北。珠玉金银这些东西,饿了不能当饭吃,冷了不能当衣穿;然而人们还是看重它,这是因为君主需要它的缘故。珠玉金银这些物品,轻便小巧,容易收藏,拿在手里,可以周游全国而无饥寒的威胁。这就会使臣子轻易地背弃他的君主,而百姓也随便地离开家乡,盗贼受到了鼓励,犯法逃亡的人有了便于携带的财物。粟米和布帛的原料生在地里,在一定的季节里成长,收获也需要人力,并非短时间内可以成事。几石重的粮食,一般人拿不动它,也不为奸邪的人所贪图;可是这些东西一天得不到就要挨饿受冻。因此,贤明的君主重视五谷而轻视金玉。

现在农夫中的五口之家,家里可以参加劳作的不少于二人,能够耕种的土地不超过百亩,百亩的收成,不超过百石。他们春天耕地,夏天耘田,秋天收获,冬天储藏,还得砍木柴,修理官府的房舍,服劳役;春天不能避风尘,夏天不能避暑热,秋天不能避阴雨,冬天不能避寒冻,一年四季,没有一天休息;在私人方面,又要交际往来,吊唁死者,看望病人,抚养孤老,养育幼儿,一切费用都要从农业收入中开支。农民如此辛苦,还要遭受水旱灾害,官府又要横征暴敛,随时摊派,早晨发命令,晚上就要交纳。交赋税的时候,有粮食的人,半价贱卖后完税;没有粮食的人,只好以加倍的利息借债纳税;于是就出现了卖田地房屋、卖妻子儿女来还债的事情。而那些商人们,大的囤积货物,获取加倍的利益;小的开设店铺,贩卖货物,牟取利润。他们每日都去集市游逛,趁政府急需货物的机会,所卖物品的价格就成倍抬高。所以商人家中男的不必耕地耘田,女的不用养蚕织布,穿的必定是华美的衣服,吃的必定是上等米和肉;没有农夫的劳苦,却占有农桑的收获。依仗自己富厚的钱财,与王侯结交,势力超过官吏,凭借资产相互倾轧;他们遨游各地,车乘络绎不绝,乘着坚固的车,赶着壮实的马,脚穿丝鞋,身披绸衣。这就是商人兼并农民土地,农民流亡在外的原因。当今虽然法律轻视商人,而商人实际上已经富贵了;法律尊重农民,而农民事实上却已贫贱了。所以一般俗人所看重的,正是君主所轻贱的;一般官吏所鄙视的,正是法律所尊重的。上下相反,好恶颠倒,在这种情况下,要想使国家富裕,法令实施,那是不可能的。

当今的迫切任务,没有比使人民务农更为重要的了。而要想使百姓从事农业,关键在于抬高粮价;抬高粮价的办法,在于让百姓拿粮食来求赏或免罚。现在应该号召天下百姓交粮给政府,纳粮的可以封爵,或赎罪;这样,富人就可以得到爵位,农民就可以得到钱财,粮食就不会囤积而得到流通。那些能交纳粮食得到爵位的,都是富有产业的人。从富有的人那里得到货物来供政府用,那么贫苦百姓所担负的赋税就可以减轻,这就叫做拿富有的去补不足的,法令一颁布百姓就能够得益。依顺百姓心愿,有三个好处:一是君主需要的东西充足,二是百姓的赋税减少,三是鼓励从事农业生产。按现行法令,民间能输送一匹战马的,就可以免去三个人的兵役。战马是国家战备所用,所以可以使人免除兵役。神农氏曾教导说:"有七八丈高的石砌城墙,有百步之宽贮满沸水的护城河,上百万全副武装的兵士,然而没有粮食,那是守不住的。"这样看来,粮食是君王最需要的资财,是国家最根本的政务。现在让百姓交粮买爵,封到五大夫以上,才免除一个人的兵役,这与一匹战马的功用相比差得太远了。赐封爵位,是皇上专有的权力,只要一开口,就可以无穷无尽地封给别人;粮食,是百姓种出来的,生长在土地中而不会缺乏。能够封爵与赎罪,是人们十分向往的。假如叫天下百姓都献纳粮食,用于边塞,以此换取爵位或赎罪,那么不用三年,边地粮食必定会多起来。

加增太室祠诏

西汉武帝 刘 彻

汉武帝刘彻

朕用事华山,至于中岳,驳获廌,见夏后启母石。翼日,亲登嵩高,御史乘属在庙旁。吏卒咸闻呼唤万岁者三,登礼罔不答。其令祠官加增太室祠。禁无伐其草木,以山下三百户为之奉邑,名曰崇高,独给祠,复亡所与。

[作者作品]

汉武帝刘彻(前156～前87年),西汉的第7位皇帝,杰出的政治家、战略家、文学家。16岁登基,在位54年,开拓汉朝最大版图,在各个领域均有建树,开辟了著名的汉武盛世,功业辉煌。《谥法》说"威武强睿德曰武",就是说威严、坚强、明智、仁德叫武。他的雄才大略、文治武功使汉朝成为当时世界上最强大的国家,他是我国历史上最伟大的皇帝之一。

《加增太室祠诏》中"以山下三百户为之奉邑,名曰崇高",是登封在历史上的最早的名称。

封卓茂为太傅、宣德侯诏

东汉光武帝 刘 秀

前密令卓茂,束身自修执节淳固,断断无他,其心休休焉。夫士诚能为人所不能为,则名冠天下,当受天下重赏故武王诛纣,封比干之墓,表商容之闾。今以茂为太傅,封褒德侯,食邑二千户,赐几杖车马,衣一袭,絮五百斤复以茂长子戎为大中大夫,次子崇为中郎,给事黄门。

[作者作品]

光武帝刘秀(前5～57年),东汉王朝开国皇帝,中国历史上著名的政治家、军事家。新莽末年,海内分崩,天下大乱,身为一介布衣却有前朝血统的刘秀在家乡宛(今河南省南阳市)乘势起兵。公元25年,刘秀与更始政权公开决裂,于鄗县(今石家庄市辖县)登基称帝,为表刘氏重兴之意,仍以"汉"为其国号,史称"东汉"。此后,刘秀逐步扫平各方势力,经过长达12年之久的统一战争,刘秀先后平灭了关东、陇右、西蜀等地的割据政权,结束了自新莽末年以来长达近二十年的军阀混战与割据局面,最终统一中国。刘秀在位32年,社会逐渐从新朝末年的动荡中恢复,故称"光武中兴"。

[相关史料]

卓茂,字子康,南阳宛人也。父祖皆至郡守。初为密州令,教化大行,路不拾遗。《卓茂传》中说,河南20余县受蝗虫之灾,独有密县除外。王莽将卓茂升为京部丞,密县的老少无不哭着送别他。王莽正式摄政时,卓茂便以病为由辞官。更始帝时,卓茂被召为侍中祭酒,当时他70多岁,到了长安,看到一片乱象,便以年老为由请辞。刚刚即位的东汉开国皇帝刘秀就以最隆重的礼节迫不及待地征召了他,让他做太子的老师,给他封侯给他食邑。此文作于建武元年(25年)九月。

光武帝刘秀

贻李膺书

东汉　荀爽

荀爽

久废过庭,不闻善诱。陟岵瞻望,惟日为岁。知以直道,不容于时。悦山乐水,家于阳城。道近路夷,当即聘问。无状婴疾,阙于所仰。顷闻上帝震怒,贬黜鼎臣。人鬼同谋,以为天子,当贞观二五,利见大人。不谓夷之初旦,明而未融。虹蜺扬辉,弃和取同。方今天地气闭,大人休否。智者见险,投以远害。虽匿人望内合私愿,想甚欣然不为恨也。愿怡神无事,偃息衡门,任其飞沉,与时抑扬。

[作者作品]

荀爽(128～190年),字慈明,东汉颍阴(今河南许昌市)人。荀爽兄弟8人俱有才名,当时被人称为"荀氏八龙"。荀爽是"荀氏八龙"中的第六位,若论才学,则数第一。当时有"荀氏八龙,慈明无双"的评赞。汉桓帝延熹九年(166年),太常赵典举荀爽至孝,拜郎中,对策上奏见解后,弃官离去。为了躲避党锢之祸,他隐遁汉水滨达十余年,专以著述为事,先后著《礼》、《易传》、《诗传》等,号为硕儒。

[相关史料]

李膺(110～169年),东汉著名学者,政治家,党锢之祸受害者。字元礼。颍川襄城(今河南襄城)人。出身衣冠望族,祖父李修,汉安帝时官至太尉。举孝廉,历任青州、渔阳、蜀郡太守,任内申明法令,恩威并举。后转乌桓校尉,永寿二年(156年),鲜卑寇掠云中,征度辽将军。延熹二年(159年),为河南尹,揭发宛陵大姓羊元群之罪,反坐罪,罚左校。司隶校尉应奉知情,上疏为李膺等说情,得以免刑任为司隶校尉,与太学生郭泰等交游,反对宦官专擅,致力于纠劾奸佞。延熹九年(166年),党锢之祸发生时,张成的弟子牢修控告李膺等人结党,"共为部党","诽讪朝廷,疑乱风俗",将李膺等人关入北寺狱,株连达200多人。后外戚窦武等出面援救,桓帝才将李膺赦免,但不许为官,居于阳城(今河南登封东南)。

建宁二年(169年),发生第二次党锢之祸。窦武与太傅陈蕃谋诛宦官,任李膺为长乐少府,宦官事先迫使灵帝逮捕窦武。窦武与王甫军激战,兵败自杀,宦官进一步逮捕"党人",李膺及杜密等百余人被捕入狱处死,迁徙、禁锢者"六七百人"。

蔡邕书法论文(四篇)

东汉 蔡 邕

[作者作品]

蔡邕(133~192年),东汉文学家、书法家。字伯喈,陈留圉(今河南杞县)人。汉灵帝时召拜郎中,校书于东观,迁议郎。曾因弹劾宦官流放朔方。汉献帝时董卓强迫他出仕为侍御史,官左中郎将,故后人也称他"蔡中郎"。董卓被诛后,为王允所捕,死于狱中。

蔡 邕

蔡邕博学多才,除通晓经史、天文、音律,擅长辞赋外,书法精于篆、隶。尤以隶书造诣最深,名望最高。蔡邕有女蔡琰(文姬)。

史料记载,东汉大书法家蔡邕曾在嵩山的一个原始山洞里学书三年,感悟出书法真谛,写出传世的书法论文《笔论》《九势》《篆书势》《隶书势》,开创了中国书法理论的体系,奠定了中国书法理论的基础,是中国书法理论长河的主要源头。

[相关史料]

清代《书法正传》中有《蔡邕书说》原文:蔡邕入嵩山学书,八角垂芒,颇似篆焉,写李斯并史籀等用笔势,喈得之,不餐三日,唯大叫"欢喜",若对千人。喈因学之,三年便妙得其理,用笔颇异,当代善书者咸异焉。《蔡邕石室神授笔势》中说:"邕当居一室,不寐,恍然见一客,厥状甚异,授以'九势',言讫而没。"

蔡邕在嵩山古洞学书,天地感应,若得神授,他凭着深厚广博的学术功底,高超的领悟能力,灵敏的艺术感觉,在嵩山大自然的熏陶启示下,忽然就有了思想上的飞跃和艺术上的升华。自然万物生动变化的气势,使他想到了书法中的点画飞动、结构纵横。在书写上入妙通灵,大彻大悟。在字体的纵横分布中,广为汲取自然现象中的美妙风姿,使构想书写在平面上的每一个文字,无色而具图画的灿烂,无声而有音乐的和谐,无动而有着活物般的生机,这里面有着无穷无尽的遐思和妙趣,有着参悟不尽的蕴涵和情致。在这出神入化的意境中,惊天动地的《笔论》诞生了:"……为书之体,须入其形,或坐若行,若飞若动,若往若来,若卧若起,若愁若喜,若虫食木叶,若利剑长戈,若强弓硬矢,若水火,若云雾,若日月,纵横有可象者,方得谓之书矣。"从此,人们生活中最实用的书法,获得了永恒的生命。

蔡邕在嵩山古洞里严格按照《笔论》和《九势》研练书法,将自己的人生观念、哲学思想、宗教意识以及对美学的理解,全部注入到书法的研练中,落在了八分篆隶的字形上。三年后,蔡邕以笔势洞达的隶篆八分书,一鸣天下。

蔡邕在嵩山古洞学书三年,感悟出书法真谛,写出了流传千古的论著《笔论》、《九势》、《篆书势》、

《隶书势》。著名书法理论家陈滞冬的《蔡邕的三篇书法论著解析》中说:《笔论》表现的是艺术,《九势》表现的是形式,《篆书势》表现的是欣赏。蔡邕从书法的形式、创作的心理状态以及欣赏的审美原则三个不同角度对书法这一新兴艺术作了多层次的研究,实际上已构成了一门艺术理论的全部体系,这是蔡邕最重要的贡献。

汉代是古代书法美学的萌发期,当时恰好处在解变隶体,民间已出现普遍应用简捷的行、楷体、章草书,正是在这新旧交替、茫然空白的时代,蔡邕的理论为书法立了极则,成为千古不灭的真理。因此,著名学者王冈、肖去在《论蔡邕对中国书法理论的贡献》中评价:"把蔡邕的书法理论视作中国书法理论史上或书法美学史上的第一块基石是不过分的。"

现代书法家沈尹默评论蔡邕:在中国历史上他第一次把"形"与"象"作为美学范畴正式提了出来,并提出书法艺术要"入其形"、"有可象",这是对书法美学的一大贡献。著名学者谢醴兴书论《九势》:"是一篇富于原则性、可行性的书法理论经典之作,为后世一切书法理论的要据,无论何人写任何书法、经验、比喻、发明都未超越此篇的范围。"

熹平四年(175年),蔡邕认为这些经籍中,由于俗儒穿凿附会,文字误谬甚多,为了不贻误后学,而奏请正定这些经文。诏允后,由蔡邕与堂溪典、杨赐、马日䃅、张驯、韩说、单扬等人正定《鲁诗》《尚书》《周易》《春秋》《公羊传》《礼仪》和《论语》七种经文,46通石碑,由蔡邕等人书写,命工镌刻,立于太学门外,这些碑称《鸿都石经》,亦称《熹平石经》。据说石经立后,立刻轰动了有三万余人的太学,而且也轰动了四周的达官贵人、门第书生。观看摹写者达千人,车水马龙填塞了街巷。石碑上美妙绝伦的八分隶书,使无数书法者为之倾迷,研究效仿者层出不穷,蔡邕被世人称为师宗,蔡邕因负盛名。

一、笔 论

[原文]

书者,散也。欲书先散怀抱,任情恣性,然后书之。若迫于事,虽中山兔豪,不能佳也。夫书,先默坐静思,随意所适,言不出口,气不盈息,沉密神彩,如对至尊,则无不善矣。

为书之体,须入其形。若坐若行,若飞若动,若往若来,若卧若起,若愁若喜,若虫食木叶,若利剑长戈,若强弓硬矢,若水火,若云雾,若日月。纵横有可象者,方得谓之书矣。

[相关史料]

《笔论》先谈书前的准备,继谈书写时的要求,从这一准备和要求,涉及书法艺术的基本理论——体现生活美的问题。书法之所以称为艺术,就在于它和其他艺术一样,能体现出生活美和自然美。

[译文]

书法,是抒发书者的性格、情操的。想写字,要先排除俗务杂念,使性情放任恣肆,具有丰富的想象,然后再执笔挥毫。如若为事所迫,即使用中山兔毫笔,也写不出好字来。

写字,先要默坐静思,随意所适以任情寓性,不能乱说话,要心平气和,态度敬重严肃;这种深沉寂静的神采,如同面对至高无上的皇帝那样,字就没有写不好的了。写字写出的体势,须合乎某种形象。即如坐如行,如飞如动,如往如来,如卧如起,如愁如喜,如虫吃木叶,如利剑长戈,如强弓硬矢,如水火,如云雾,如日月。这些形象,在整个字势中能有所体现,才能称得起是书法艺术。

二、九 势

[原文]

夫书肇于自然,自然既立,阴阳生矣,阴阳既生,形势出矣。藏头护尾,国在其中,下笔用力,肌肤之丽。故曰:势来不可止,势去不可遏,惟笔软则奇怪生焉。

凡落笔结字,上皆覆下,下以承上,使其形势递相映带,无使势背。

转笔,宜左右回顾,无使节目孤露。

藏锋,点画出入之迹,欲左先右,至回左亦尔。

藏头,圆笔属纸,令笔心常在点画中行。

护尾,画点势尽,力收之。

疾势,出于啄磔之中,又在竖笔紧趯之内。

掠笔,在于趱锋峻趯用之。

涩势,在于紧駃战行之法。

横鳞,竖勒之规。

熹平石经残碑

此名九势,得之虽无师授,亦能妙合古人。须翰墨功多,即造妙境耳。

[相关史料]

录《蔡邕书说》和《蔡邕石室神授笔势》原文:

蔡邕书说

蔡邕入嵩山学书,八角垂芒,颇似篆焉,写李斯并史籀等用笔势,嗟得之,不餐三日,唯大叫"欢喜",若对千人。嗟因学之,三年便妙得其理,用笔颇异,当代善书者咸异焉。

蔡邕石室神授笔势

《蔡邕石室神授笔势》曰:"邕当居一室,不寐,恍然见一客,厥状甚异,授以'九势',言讫而没。"

[译文]

书法起始于自然,有了自然,就会产生阴阳了。有了阴阳,姿态和气势就产生了。起笔隐藏,收尾回护,力度就在其中。下笔用力,就会产生漂亮的外形。所以说,气势来了,停都停不住,气势去了,止也止不住。只是因为笔毫柔软,才会产生奇异瑰丽。

凡下笔结构字体,都要使上部覆盖下部,下部承接上部,使字体形递相照应关联,不要使形势相背离。

转笔,应使笔毫左右圆转间断又注意相连续,不要使间断处孤立地显露出来。

藏锋,表现在笔画的起笔和收笔的笔迹,笔画欲左行先要右,到笔画运至左尽头亦向右回笔。

藏头,笔毫逆落藏锋后顺势按捺下去,平铺纸上,令笔心常在点画中运行。

护尾,画点笔势尽时,用力回收笔锋。

疾势,出于短撇和波画之中,又在那竖画的紧趯之内。

掠笔,在长撇的趱锋和峻趯中用它。

涩势,在于紧张快速战斗向前推进的办法之中。

横画,如现鱼鳞平而实不平,竖画如勒马缰放松中又时时紧勒,这就是横画、竖画的规则。

这些名叫九势,得到它虽无尊师传授,也能与古人相妙合。必须笔墨功夫深厚,就可进入妙境了。

三、篆书势

[原文]

字画之始,因于鸟迹,仓颉循圣,作则制文。体有六篆,要妙入神。或象龟文,或比龙鳞,纤体效尾,长翅短身。颓若黍稷之垂颖,蕴若虫蛇之纷縕。扬波振激,鹰跱鸟震,延颈协翼,势似凌云。或轻举内投,微本浓末,若绝若连,似露缘丝,凝垂下端。从者如悬,衡者如编,杳杪邪趣,不方不圆,若行若飞,蚑蚑翾翾。

远而望之,若鸿鹄群游,络绎迁延。迫而视之,湍漈不可得见,指撝不可胜原。研桑不能数其诘屈,离娄不能睹其隙间。般倕揖让而辞巧。籀诵拱手而韬翰。处篇籍之首目,粲粲彬彬其可观。摘华艳于纨素,为学艺之范闲。嘉文德之弘蕴,懿作者之莫刊。思字体之俯仰,举大略而论旃。

[译文]

文字的笔画,开始是依据鸟兽足迹而来的。仓颉遵循圣人之意,创制文字作为大家的范本。篆书体式有六种,都精深微妙入神。或者像龟纹,或者像龙鳞,屈体放尾,长翅短身。笔画下落如黍稷之穗下垂,笔画积聚如虫蛇之错杂盘聚。有的像掀起了波浪,受到振动激荡;有的像鹰耸立身子,鸟显得惊惧,伸颈张翅,势必凌空飞去。有的笔画向内轻捷下笔,交接于内部浓艳,笔迹似断若连,像露珠顺着线路下行,最后凝垂下端。有的笔画像随从,倒悬在别的笔画上;有些彼此平行,排列的很有次第;有的飘逸斜趋,不方也不圆。它们有的若行,有的像飞,行的徐缓,飞的迟慢。

远远的看它们,像是一群鸿鹄在天空往来不绝,倘佯优游。就近看看,有如湍急萦回的流水,不可尽其源头。计研、桑弘羊这些历史上有名的最善计数的人也不能数出它们笔画的曲折,离娄这样历史上有名的目光最亮的人也不能看出它们结字的间隙。公输般、舜臣倕这样有名的巧匠会举手推让而不敢称巧,史籀、沮诵这样著名的书法家和文字创造者也会拱手而搁笔。今安排典籍之篇目,鲜明美好可供观赏。铺陈华丽的文字于洁白精致的细绢上,供学习书写书艺的作为样板。赞扬礼乐教化的丰富蕴含,称颂此篆书作者之高大手笔。思念文字形体之俯仰有仪,我只举其大略论之而已。

四、隶书势

[原文]

鸟迹之变,乃惟佐隶。蠲彼繁文,崇此简易。厥用既弘,体象有度。奂若星陈,郁若云布。其大径寻,细不容发,随事从宜,靡有常制。或穹窿恢廓,或栉比针列,或砥平绳直,或蜿蜒缪戾。或长邪角趣,或规旋矩折。修短相副,异体同势。奋笔轻举,离而不绝。纤波浓点,错落其间。若钟虡设张,庭燎飞烟。崭嵓巇嵯,高下属连。似崇台重宇,增云冠山。远而望之,若飞龙在天;近而察之,心乱目眩。奇姿谲诞,不可胜原。研桑所不能计,辛赐所不能言。何草篆之足算,而斯文之未宣。岂体大之难睹,将秘奥之不传?聊俯仰而详观,举大较而论旃。

[译文]

篆书的变通,是由于隶书,它减损繁文,从此就简单易行。它的用途既然很大,摹写物象又有法度,鲜明如星辰陈空,明盛如彩云布天。它的大字一字一寻见方,小字细如毫发,字体的大小要根据事情的情况来决定,没有一陈不变的常制。有的高大宽宏,有的笔画栉比排列如针划裂痕,有的坦平笔直,有的曲折错杂,有的长斜撇掠如犀角一样劲利,有的笔势又回旋屈折。笔画长短相称,字的形体不同而同样有气势。有的重磔轻提,笔画相离而笔势不绝。小波多点,排列在字中,像悬钟的格架已经张设,像庭中照明的火炬已经点燃。有的介那峻岩坎坷不平又高下相连,像那高台连着重叠屋宇,又像那积聚的云气笼罩在山头。远远看去,像是飞龙在天;就近察看,就感到心乱目眩,因为那笔画奇姿变幻,叫人不能穷尽其笔势的源头。计研、桑弘羊这样善计数的人也不能算出它的曲折,宰予、端木赐这样善于辞令的人也说不清那变幻莫测的笔势。为什么草书篆书就足可称道,而隶书就不予宣扬?是不是规模宏大难以看清,或者是奥秘不能传播?我愉快地沉思详尽地观察,略举大概论说罢了。

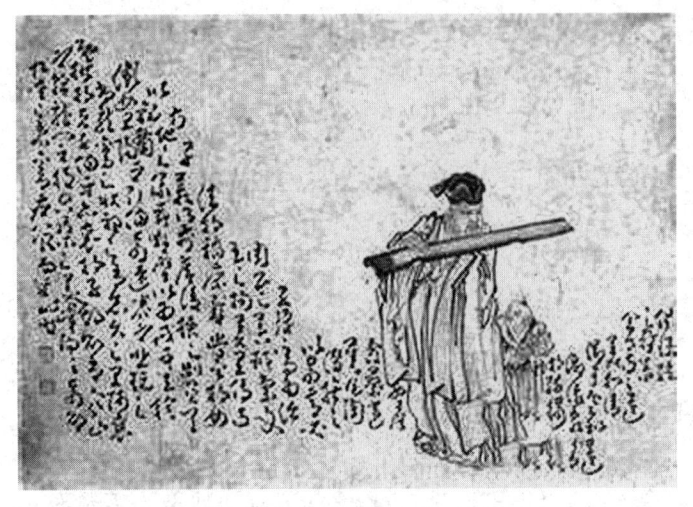

蔡邕创飞白体

论 文

三国 曹丕

[原文]

文人相轻,自古而然。傅毅之于班固,伯仲之间耳,而固小之,与弟超书曰:"武仲以能属文为兰台令史,下笔不能自休。"夫人善于自见,而文非一体,鲜能备善,是以各以所长,相轻所短。里语曰:"家有弊帚,享之千金。"斯不自见之患也。今之文人:鲁国孔融文举、广陵陈琳孔璋、山阳王粲仲宣、北海徐干伟长、陈留阮瑀元瑜、汝南应玚德琏、东平刘桢公干,斯七子者,于学无所遗,于辞无所假,咸自以骋骥騄于千里,仰齐足而并驰。以此相服,亦良难矣!盖君子审己以度人,故能免于斯累,而作论文。

王粲长于辞赋,徐干时有齐气,然粲之匹也。如粲之初征、登楼、槐赋、征思,干之玄猿、漏卮、圆扇、橘赋,虽张、蔡不过也,然于他文未能称是。琳、瑀之章表书记,今之隽也。应玚和而不壮;刘桢壮而不密。孔融体气高妙,有过人者;然不能持论,理不胜辞;至于杂以嘲戏;及其所善,扬、班俦也。常人贵远贱近,向声背实,又患闇于自见,谓己为贤。夫文本同而末异,盖奏议宜雅,书论宜理,铭诔尚实,诗赋欲丽。此四科不同,故能之者偏也;唯通才能备其体。

文以气为主,气之清浊有体,不可力强而致。譬诸音乐,曲度虽均,节奏同检,至于引气不齐,巧拙有素,虽在父兄,不能以移子弟。

盖文章,经国之大业,不朽之盛事。年寿有时而尽,荣乐止乎其身,二者必至之常期,未若文章之无穷。是以古之作者,寄身于翰墨,见意于篇籍,不假良史之辞,不托飞驰之势,而声名自传于后。故西伯幽而演易,周旦显而制礼,不以隐约而弗务,不以康乐而加思。夫然,则古人贱尺璧而重寸阴,惧乎时之过已。而人多不强力;贫贱则慑于饥寒,富贵则流于逸乐,遂营目前之务,而遗千载之功。日月逝于上,体貌衰于下,忽然与万物迁化,斯志士之大痛也!融等已逝,唯干著论,成一家言。

(选自曹丕的《典论》)

[作者作品]

曹丕(187~226年),三国魏文学家。即魏文帝。字子桓,他是曹操之妻卞氏所生长子。少有逸才,广泛阅读古今经传、诸子百家之书,年仅8岁,即能为文,又善骑射、好击剑。建安十六年(211年),为五官中郎将、副丞相,二十二年,立为魏太子。二十五年正月,曹操卒,曹丕嗣位为丞相、魏王。同年十月,以"禅让"方式代汉自立,改元黄初。《典论·论文》是曹丕精心撰著的《典论》中的一篇。《典论》一书,据《隋书·经籍志》著录,共有五卷20篇。所谓"典",有"常"或"法"的意思。所谓《典论》,主要是指讨论各种事物的法则,在当时被视为规范文人言行的法典。据《三国志·魏志》记载,明帝太和四年,曾将这一名著刊该于洛阳太学的石碑上,凡六碑,供人阅读。据严可均《全三国文》考证:"唐时石本亡,宋时写本亦亡。"只有《自叙》见载于裴松子注,《论文》见收于南梁萧统的《文选》中,因而保留完好无缺至今。又据《艺文类聚》卷十六《赞述太子表》,知成书尚在丕为太子时。另观《论文》中有"融等已逝"的话,可知成书当已在汉献帝建安末期。

曹　丕

《典论·论文》包括四部分内容。第一,它批评了"文人相轻"的陋习,指出那是"不自见之患",提出应当"审己以度人",才能避免此累。第二,评论了"今之文人"亦即建安"七子"在文学上的才力及不足,分析了不同文体的不同写作要求,说唯有"通才"才能兼备各体。第三,提出"文以气为主"的命题,说"气之清浊有体,不可力强而致","虽在父兄,不能以移子弟"。这里的"气",实际上指的是作家的气质和个性。曹丕的这一观点,表明他对创作个性的重要性已有比较充分的认识。第四,论述了文学事业的社会功能,将它提到"经国之大业,不朽之盛事"的空前高度,又说"年寿有时而尽,荣乐止乎其身",都不如文章能传诸无穷。

魏晋南北朝是中国文学的一个关键时期,在特殊的社会和文化环境中,文化呈现着多元化的状态。曹丕的《典论·论文》是我国文学批评史上第一篇专题论文,也是汉魏文学批评史上的重要文献。所论的"文"是广义上的文章,也包括文学作品在内,涉及了文学批评的态度、作家的个性与作品的风格、文体的区分、文学的价值等颇为重要的问题,虽不免有些粗略,但在文学研究史上,起了开启文学批评之风气的重要作用。《典论·论文》为创作主体的个性迅速觉醒起到了良好作用,促使中国文学进入了自觉时代,文学创作成为了有目的的自觉追求。

[相关史料]

曹丕的《典论》是一部有关政治、文化的论著,全书大概在宋代亡佚,今仅存《自叙》、《论文》两篇较为完整。

　　建安文学指中国东汉末期建安年间(196~220年)及其前后撰写的各种文学作品,风格独特,在文学史上获得崇高评价。建安是汉献帝的年号,文学史一般所说的建安文学,是建安前几年至魏明帝最后一年(239年)这段时间的文学,实即曹氏势力统治下的文学,而创作主要是在建安年间。曹操父子皆有高度的文学修养,由于他们的提倡,一度衰微的文学有了新的生机。在当时建都的邺城铜雀台(故址在今河北省邯郸市临漳县境内),聚集了一大批文人,诗、赋、文创作都有了新的突破,掀起了我国诗歌史上文人创作的第一个高潮。代表作家主要是曹氏父子(曹操、曹丕、曹植),建安七子(孔融、陈琳、王粲、徐干、阮瑀、应玚、刘桢)。

[译文]

　　文人互相轻视,自古以来就是如此。傅毅和班固两人文才相当,不分高下,然而班固轻视傅毅,他在写给弟弟班超的信中说:"傅武仲因为能写文章当了兰台令史的官职,(但是却)下笔千言,不知所止。大凡人总是善于看到自己的优点,然而文章不是只有一种体裁,很少有人各种体裁都擅长的,因此各人总是以自己所擅长的轻视别人所不擅长的,乡里俗话说:'家中有一把破扫帚,也会看它价值千金。'"这是看不清自己的毛病啊。

　　当今的文人,(也不过)只有鲁人孔融孔文举、广陵人陈琳陈孔璋、山阳人王粲王仲宣、北海人徐干徐伟长、陈留人阮瑀阮文瑜、汝南人应玚应德琏、东平人刘桢刘公干等七人。这"七子",于学问(可以说)是(兼收并蓄)没有什么遗漏的,于文辞是(自铸伟辞)没有借用别人的,(在文坛上)都各自像骐骥千里奔驰,并驾齐驱,要叫他们互相钦服,也实在是困难了。我审察自己(之才,以为有能力)以衡量别人,所以能够免于(文人相轻)这种拖累,而写作这篇论文。王粲擅长于辞赋,徐干(文章)不时有齐人的(舒缓)习气,然而也是与王粲相匹敌的。如王粲的《初征赋》、《登楼赋》、《槐赋》、《征思赋》,徐干的《玄猿赋》、《漏卮赋》、《圆扇赋》、《橘赋》,虽是张衡、蔡邕也是超不过的。然而其他的文章,却不能与此相称。陈琳和阮瑀的章、表、书、记(几种体裁的文章)是当今特出的。应玚(文章)平和但(气势)不够雄壮,刘桢(文章气势)雄壮但(文理)不够细密。孔融风韵气度高雅超俗,有过人之处,然而不善立论,词采胜过说理,甚至于夹杂着玩笑戏弄之辞。至于说他所擅长的(体裁),是(可以归入)杨雄、班固一流的。一般人看重古人,轻视今人,崇尚名声,不重实际,又有看不清自己的弊病,总以为自己贤能。

　　大凡文章(用文辞表达内容)的本质是共同的,而具体(体裁和形式)的末节又是不同的,所以奏章、驳议适宜文雅,书信、论说适宜说理,铭文、诔文崇尚事实,诗歌、赋体应该华美。这四种科目文体不同,所以能文之士(常常)有所偏好;只有全才之人才能擅长各种体裁的文章。文章是以"气"为主导的,气又有清气和浊气两种,不是可以出力气就能获得的。用音乐来作比喻,音乐的曲调节奏有同一的衡量标准,但是运气行声不会一样整齐,平时的技巧也有优劣之差,虽是父亲和兄长,也不能传授给儿子和弟弟。

　　文章是关系到治理国家的伟大功业,是可以流传后世而不朽的盛大事业。人的年龄寿夭有时间的限制,荣誉欢乐也只能终于一身,二者都终止于一定的期限,不能像文章那样永久流传,没有穷期。因此,古代的作者,投身于写作,把自己的思想意见表现在文章书籍中,就不必借史家的言辞,也不必托高官的权势,而声名自然能流传后世。所以周文王被囚禁,而推演出了《周易》,周公旦显达而制作了《礼》,(文王)不因困厄而不做事业,(周公)不因显达而更改志向。所以古人看轻一尺的碧玉而看重一寸的光阴,这是惧怕时间已经流逝过去罢了。多数人都不愿努力,贫穷的则害怕饥寒之迫,富贵的则沉湎于安逸之乐,于是只知经营眼前的事务,而放弃能流传千载的功业,太阳和月亮在天上流转移动,而人的身体状貌在地下日日衰老,忽然间就与万物一样变迁老死,这是有志之士痛心疾首的事啊！孔融等人已经去世了，只有徐干著有《中论》，成为一家之言。

与山巨源绝交书

三国 嵇 康

[原文]

康白：足下昔称吾于颍川，吾尝谓之知音。然经怪此，意尚未熟悉于足下，何从便得之也？前年从河东还，显宗、阿都说足下议以吾自代；事虽不行，知足下故不知之。足下傍通，多可而少怪，吾直性狭中，多所不堪，偶与足下相知耳。间闻足下迁，惕然不喜；恐足下羞庖人之独割，引尸祝以自助，手荐鸾刀，漫之膻腥。故具为足下陈其可否。

吾昔读书，得并介之人，或谓无之，今乃信其真有耳。性有所不堪，真不可强。今空语同知有达人无所不堪，外不殊俗，而内不失正，与一世同其波流，而悔吝不生耳。老子、庄周，吾之师也，亲居贱职；柳下惠、东方朔，达人也，安乎卑位，吾岂敢短之哉！又仲尼兼爱，不羞执鞭；子文无欲卿相，而三登令尹，是乃君子思济物之意也。所谓达能兼善而不渝，穷则自得而无闷。以此观之，故尧、舜之君世，许由之岩栖，子房之佐汉，接舆之行歌，其揆一也。仰瞻数君，可谓能遂其志者也。故君子百行，殊途而同致，循性而动，各附所安。故有处朝廷而不出，入山林而不返之论。且延陵高子臧之风，长卿慕相如之节，志气所托，不可夺也。吾每读尚子平、台孝威传，慨然慕之，想其为人。少加孤露，母兄见骄，不涉经学。性复疏懒，筋驽肉缓，头面常一月十五日不洗，不大闷痒，不能沐也。每常小便而忍不起，令胞中略转乃起耳。又纵逸来久，情意傲散，简与礼相背，懒与慢相成，而为侪类见宽，不攻其过。又读《庄》《老》，重增其放，故使荣进之心日颓，任实之情转笃。此犹禽鹿，少见驯育，则服从教制；长而见羁，则狂顾顿缨，赴蹈汤火；虽饰以金镳，飨以嘉肴，愈思长林而志在丰草也。

阮嗣宗口不论人过，吾每师之，而未能及。至性过人，与物无伤，唯饮酒过差耳。至为礼法之士所绳，疾之如仇，幸赖大将军保持之耳。以不如嗣宗之贤，而有慢驰之阙；又不识人情，暗于机宜；无万石之慎，而有好尽之累，久与事接，疵衅日兴，虽欲无患，其可得乎？又人伦有礼，朝庭有法，自惟至熟，有必不堪者七，甚不可者二。卧喜晚起，而当关呼之不置，一不堪也。抱琴行吟，弋钓草野，而吏卒守之，不得妄动，二不堪也。危坐一时，痹不得摇，性复多虱，把搔无已，而当裹以章服，揖拜上官，三不堪也。素不便书，又不喜作书，而人间多事，堆案盈机，不相酬答，则犯教伤义，欲自勉强，则不能久，四不堪也。不喜吊丧，而人道以此为重，已未见恕者所怨，至欲见中伤者；虽瞿然自责，然性不可化，欲降心顺俗，则诡故不情，亦终不能获无咎无誉，如此五不堪也。不喜俗人，而当与之共事，或宾客盈坐，鸣声聒耳，嚣尘臭处，千变百伎，在人目前，六不堪也。心不耐烦，而官事鞅掌，机务缠其心，世故繁其虑，七不堪也。又每非汤、武而薄周、孔，在人间不止此事，会显世教所不容，此其甚不可一也。刚肠疾恶，轻肆直言，遇事而发，此甚不可二也。以促中小心之性，统此九患，不有外难，当有内病，宁可久处人间邪？又闻道士遗言，饵术、黄精，令人久寿，意甚信之。游山泽，观鱼鸟，心甚乐之。一行作吏，此事便废，安能舍其所乐，而从其所惧哉！

夫人之相知，贵识其天性，因而济之。禹不逼伯成子高，全其节也。仲尼不假盖于子夏，护其短也。近诸葛孔明不逼元直以入蜀，华子鱼不强幼安以卿相。此可谓能相始终，真相知也。足下见直木必不可为轮，曲者不可为桷，盖不欲以枉其天才，令得其所也。故四民有业，各以得志为乐，唯达者为能通之,此足下度内耳。不可自见好章甫,强越人以文冕也;已嗜臭腐,养鸳雏以死鼠也。吾顷学养生之术,方外荣华,去滋味,游心于寂寞,以无为为贵,纵无九患,尚不顾足下所好者。又有心闷疾,顷转增笃,私意自试,不能堪其所不乐。自卜已审,若道尽途穷则已耳。足下无事冤之,令转于沟壑也。

吾新失母兄之欢,意常凄切。女年十三,男年八岁,未及成人,况复多病,顾此恨恨,如何可言。今但愿守陋巷,教养子孙;时与亲旧叙阔,陈说平生。浊酒一杯,弹琴一曲,志愿毕矣。足下若嬲之不置,不过欲为官得人,以益时用耳。足下旧知吾潦倒粗疏,不切事情,自惟亦皆不如今日之贤能也。若以俗人皆喜荣华,独能离之,以此为快;此最近之,可得言耳。然使长才广度,无所不淹,而能不营,乃可贵耳。若吾多病困,欲离事自全,以保余年,此真所乏耳。岂可见黄门而称贞哉!若趣欲共登王途,期于相致,共为欢益,一旦迫之,必发其狂疾。自非重怨,不至于此也。

野人有快炙背而美芹子者,欲献之至尊,虽有区区之意,亦已疏矣。愿足下勿似之。其意如此。既以解足下,并以为别。嵇康白。

[作者作品]

嵇 康

嵇康(224~263年),字叔夜,三国时期魏国谯郡铚县(今安徽省宿州市西)。著名思想家、音乐家、文学家。正始末年与阮籍等竹林名士共倡玄学新风,主张"越名教而任自然"、"审贵贱而通物情",为"竹林七贤"的精神领袖。是当时玄学家的代表人物之一,为人耿直,他幼年丧父,励志勤学。后娶曹操曾孙女(曹林之女)为妻,在曹氏当权的时候,官曹魏中散大夫,世称嵇中散。司马昭曾想拉拢嵇康,但嵇康在当时的政争中倾向皇室一边,对于司马氏采取不合作态度,因此颇招忌恨。司马昭的心腹钟会想结交嵇康,受到冷遇,从此结下仇隙。嵇康的友人吕安被其兄诬以不孝,嵇康出面为吕安辩护,钟会即劝司马昭乘机除掉吕、嵇。当时太学生3000人请求赦免嵇康,愿以康为师,司马昭不许。临刑,嵇康神色自若。奏《广陵散》一曲,从容赴死。

[相关史料]

《与山巨源绝交书》,嵇康写给朋友山涛(字巨源)的一封信,也是一篇名传千古的著名散文。这封信是嵇康听到山涛在由选曹郎调任大将军从事中郎时,想荐举他代其原职的消息后写的。信中拒绝了山涛的荐引,指出人的秉性各有所好,申明他自己赋性疏懒,不堪礼法约束,不可加以勉强。他强调放任自然,既是对世俗礼法的蔑视,也是他崇尚老、庄无为思想的一种反映。

[译文]

嵇康谨启:过去您曾在山嵚面前称说我不愿出仕的意志,我常说这是知己的话。但我感到奇怪的是您对我还不是非常熟悉,不知是从哪里得知我的志趣的?前年我从河东回来,显宗和阿都对我说,您曾经打算要我来接替您的职务,这件事情虽然没有实现,但由此知道您以往并不了解我。您遇事善于应变,对人称赞多而批评少;我性格直爽,心胸狭窄,对很多事情不能忍受,只是偶然跟您交上朋友罢了。近来听说您升官了,我感到十分忧虑,恐怕您不好意思独自做官,要拉我充当助手,正像厨师羞于一个人做菜,要拉祭师来帮忙一样,这等于使我手执屠刀,也沾上一身腥臊气味,所以向您陈说一下可不可以这样做的道理。

  我从前读书的时候,听说有一种既能兼济天下又是耿介孤直的人,总认为是不可能的,现在才真正相信了。性格决定有的人对某些事情不能忍受,真不必勉强。现在大家都说有一种对任何事情都能忍受的通达的人,他们外表上跟一般世俗的人没有两样,而内心却仍能保持正道,能够与世俗同流合污而没有悔恨的心情,但这只是一种空话罢了。老子和庄周都是我要向他们学习的人,他们的职位都很低下;柳下惠和东方朔都是通达的人,他们都安于贱职,我哪里敢轻视议论他们呢!又如孔子主张博爱无私,为了追求道义,即使去执鞭赶车他也不会感到羞愧。子文没有当卿相的愿望,而三次登上令尹的高位,这就是君子想救世济民的心意。这也是前人所说的在显达的时候能够兼善天下而始终不改变自己的意志,在失意的时候能够独善其身而内心不觉得苦闷。从以上所讲的道理来看,尧、舜做皇帝,许由隐居山林,张良辅助汉王朝,接舆唱着歌劝孔子归隐,彼此的处世之道是一致的。看看上面这些人,可以说都是能够实现他们自己志向的了。所以君子表现的行为、所走的道路虽然各不相同,但同样可以达到相同的目的,顺着各自的本性去做,都可以得到心灵的归宿。所以就有朝廷做官的人为了禄位,因此入而不出,隐居山林的人为了名声,因此往而不返的说法。季札推崇子臧的高尚情操,司马相如爱慕蔺相如的气节,以寄托自己的志向,这是没有办法可以勉强改变的。每当我读尚子平和台孝威传的时候,对他们十分赞叹和钦慕,经常想到他们这种高尚的情操。再加上我年轻时就失去了父亲,身体也比较瘦弱,母亲和哥哥对我很娇宠,不去读那些修身致仕的经书。我的性情又比较懒惰散漫,筋骨迟钝,肌肉松弛,头发和脸经常一月或半月不洗,如不感到特别发闷发痒,我是不愿意洗的。小便常常忍到使膀胱发胀得几乎要转动,才起身去便。又因为放纵过久,性情变得孤傲散漫,行为简慢,与礼法相违背,懒散与傲慢却相辅相成,而这些都受到朋辈的宽容,从不加以责备。又读了《庄子》和《老子》之后,我的行为更加放任。因此,追求仕进荣华的热情日益减弱,而放任率真的本性则日益加强。这像麋鹿一样,如果从小就捕捉来加以驯服饲养,那就会服从主人的管教约束;如果长大以后再加以束缚,那就一定会疯狂地乱蹦乱跳,企图挣脱羁绊它的绳索,即使赴汤蹈火也在所不顾;虽然给它戴上金的笼头,喂它最精美的饲料,但它还是强烈思念着生活惯了的茂密树林和丰美的百草。

  阮籍嘴里不议论别人的过失,我常想学习他但没有能够做到;他天性淳厚超过一般人,待人接物毫无伤害之心,只有饮酒过度是他的缺点。以致因此受到那些维护礼法的人们的攻击,像仇人一样的憎恨他,幸亏得到了大将军的保护。我没有阮籍那种天赋,却有傲慢懒散的缺点;又不懂得人情世故,不能随机应变;缺少万石君那样的谨慎,而有直言不知忌讳的毛病。倘若长久与人事接触,得罪人的事情就会每天发生,虽然想避掉灾祸,又怎么能够做得到呢?还有君臣、父子、夫妻、兄弟、朋友之间都有一定的礼法,国家也有一定的法度,我已经考虑得很周到了,但有七件事情我是一定不能忍受的,有两件事情是无论如何不可以这样做的:我喜欢睡懒觉,但做官以后,差役就要叫我起来,这是第一件我不能忍受的事情。我喜欢抱着琴随意边走边吟,或者到郊外去射鸟钓鱼,做官以后,吏卒就要经常守在我身边,我就不能随意行动,这是第二件我不能忍受的事情。做官以后,就要端端正正地坐着办公,腿脚麻木也不能自由活动,我身上又多虱子,一直要去搔痒,而要穿好官服,迎拜上级官长,这是第三件我不能忍受的事情。我向来不善于写信,也不喜欢写信,但做官以后,要处理很多人间世俗的事情,公文信札堆满案桌,如果不去应酬,就触犯礼教失去礼仪,倘使勉强应酬,又不能持久,这是第四件我不能忍受的事情。我不喜欢出去吊丧,但世俗对这件事情却非常重视,我的这种行为已经被不肯谅解我的人所怨恨,甚至还有人想借此对我进行中伤;虽然我自己也警惕到这一点而责备自己,但是本性

还是不能改变，也想抑制住自己的本性而随顺世俗，但违背本性又是我所不愿意的，而且最后也无法做到像现在这样的既不遭到罪责也得不到称赞，这是第五件我不能忍受的事情。我不喜欢俗人，但做官以后，就要跟他们在一起办事，或者宾客满坐，满耳嘈杂喧闹的声音，处在吵吵闹闹的污浊环境中，各种千奇百怪的花招伎俩，整天可以看到，这是第六件我不能忍受的事情。我生就不耐烦的性格，但做官以后，公事繁忙，政务整天萦绕在心上，世俗的交往也要花费很多精力，这是第七件我所不能忍受的事情。还有我常常要说一些非难成汤、周武王和轻视周公、孔子的话，如果做官以后不停止这种议论，这件事情总有一天会张扬出去，为众人所知，必为世俗礼教所不容，这是第一件无论如何不可以这样做的事情。我的性格倔强，憎恨坏人坏事，说话轻率放肆，直言不讳，碰到看不惯的事情脾气就要发作，这是第二件无论如何不可以这样做的事情。以我这种心胸狭隘的性格，再加上上面所说的九种毛病，即使没有外来的灾祸，自身也一定会产生病痛，哪里还能长久地活在人世间呢？又听道士说，服食术和黄精，可以使人长寿，心里非常相信；又喜欢游山玩水，观赏大自然的鱼鸟，对这种生活心里感到很高兴；一旦做官以后，就失去了这种生活乐趣，怎么能够丢掉自己乐意做的事情而去做那种自己害怕做的事情呢？

　　人与人之间相互成为好朋友，重要的是要了解彼此天生的本性，然后成全他。夏禹不强迫伯成子高出来做官，是为了成全他的节操；孔子不向子夏借伞，是为了掩饰子夏的缺点；近时诸葛亮不逼迫徐庶投奔蜀汉，华歆不硬要管宁接受卿相的位子，以上这些人才可以说始终如一，是真正相互了解的好朋友。您看直木不可以做车轮，曲木不能够当椽子，这是因为人们不想委屈它们原来的本性，而让它们各得其所。所以士、农、工、商都各有自己的专业，都能以达到自己的志向为快乐，这一点只有通达的人才能理解，它应该是在您意料之中的。不能够因为自己喜爱华丽的帽子，而勉强越地的人也要去戴它；自己嗜好腐烂发臭的食物，而把死了的老鼠来喂养鹓雏。我近来正在学习养生的方法，正疏远荣华，摒弃美味，心情安静恬淡，追求"无为"的最高境界。即使没有上面所说的"九患"，我尚且不屑一顾您所爱好的那些东西。我有心闷的毛病，近来又加重了，自己设想，是不能忍受所不乐意的事的。我已经考虑明确，如果无路可走也就算了。您不要来委屈我，使我陷于走投无路的绝境。

　　我刚失去母亲和哥哥的欢爱，时常感到悲伤。女儿才十三岁，男孩才八岁，还没有成人，而且经常生病。想到这些就十分悲恨，真不知从何说起！我现在但愿能过平淡清贫的生活，教育好自己的孩子，随时与亲朋友好叙说离别之情，谈谈家常，喝一杯淡酒，弹一曲琴，这样我的愿望就已经满足了。倘使您纠缠住我不放，不过是想为朝廷物色人，使他为世所用罢了。您早知道我放任散漫，不通事理，我也以为自己各方面都不及如今在朝的贤能之士。如果以为世俗的人都喜欢荣华富贵，而唯独我能够离弃它，并以此感到高兴；这样讲最接近我的本性，可以这样说。假使是一个有高才大度，又无所不通的人，而又能不求仕进，那才是可贵的。像我这样经常生病，想远离世事以求保全自己余年的人，正好缺少上面所说的那种高尚品质，怎么能够看到宦官而称赞他是守贞节的人呢！倘使急于要我跟您一同去做官，想把我招去，经常在一起欢聚，一旦来逼迫我，我一定会发疯的。若不是有深仇大恨，我想是不会到此地步的。

　　山野里的人以太阳晒背为最愉快的事，以芹菜为最美的食物，因此想把它献给君主，虽然出于一片至诚，但却太不切合实际了。希望您不要像他们那样。我的意思就是上面所说的，写这封信既是为了向您把事情说清楚，并且也是向您告别。嵇康谨启。

巢许论

西晋 石崇

客有问于余曰:"昔许由、巢父,距尧之让,逍遥颐神,宝已遗世。司马以假托之言,必无此实。窃以为然。"余答之曰:"是何言欤!盖闻圣人在位,则群材必举。官才任能,轻重允宜。大任已备,则大抑大材使居小位。小材已极其分,则不以积久,而令处过材之位。然则稷播嘉谷,契敷五教,皋陶夔龙,各已授职。其联属之官,必得其材。则必不重载兼置,斯可知已。巢许则元恺之俦。大位已充,则宜敦廉让以励俗,崇无为以化世。然后动静之教备,隐显之功著,故能成巍巍之化。民莫能名,将何疑焉?"

石崇

[作者作品]

石崇(246~300年),西晋文学家。字季伦,小名齐奴。渤海南皮(今属河北)人。元康初年(291年),出任南中郎将、荆州刺史。在荆州"劫远使商客,致富不赀。元康初,出任荆州刺史,曾劫远使商客,在洛阳置金谷园。园中有亭台楼阁,清泉茂林,鱼池假山,还有青竹翠柏,以及各种奇花异草。单单各种果树就有上万株。名人雅士常常在这里聚会,一边吃喝玩乐,一边吟诗作赋。

[相关史料]

许由简介见《讥许由文》。

巢父,姓樊名仲,号巢父。《高士传·巢父传》载:巢父是上古尧时的隐士,居深山不营世利,年老以树为巢,就寝其上,故被人们称为"巢父"。

晋皇甫谧《高士传》中记载:尧让天下于许由,许由不受而逃去,于是遁耕于中岳,颍水之阳,箕山之下。尧又召为九州长,许由不欲闻也,洗耳于颍水滨。时其友巢父牵犊欲饮之,见许由洗耳。问其故。对曰:"尧欲召我为九州长,恶闻其声,是故洗耳。"巢父曰:"子若处高岸深谷,谁能见之?子故浮游,欲闻求其名声,污吾犊口!"牵犊上流饮之。这便是历史上著名的许由洗耳,巢父恐污牛口的故事。

君道篇

东晋 葛洪

黄帝东到青丘,过风山,见紫府先生,受《三皇内文》,以劾召万神;南至负陇,荫建木,观百灵之所登,采若乾之华,饮丹恋之水;西见中黄子,受九茄之方;过崆峒,从广成子受《自然之经》;北到洪堤,上具茨,见大隗君、黄盖童子,受《神芝图》;还陟王屋,得《神丹金诀记》;到峨眉山,见天真皇人于玉堂,

葛洪

请问真一之道。

黄帝生而能言,役使百灵,可谓天授自然之体也,犹复不能端坐而得道。故陟王屋而受丹经。到鼎湖而飞流珠,登崆峒而问广成。至具茨而事大隗。适东岱而奉中黄,入金谷而咨滑子。论导养而质元素二女。清推步则访山稽、力牧。讲占候则询风后。著体诊则受岐雷。审攻战则纳五音之策。穷神奸则记白泽之辞。相地理则书青鸟之说。救伤残缀金冶之术。故能毕该秘要,穷道尽真,遂乘龙以高跻,与天地乎罔极也。

[作者作品]

葛洪(284～364或343年),东晋道教学者、著名炼丹家、医药学家。字稚川,自号抱朴子,汉族,晋丹阳郡句容(今江苏句容县)人。三国方士葛玄之侄孙,世称小仙翁。他曾受封为关内侯,后隐居罗浮山炼丹。著有《神仙传》《抱朴子》《肘后备急方》《西京杂记》等。

《君道篇》提到黄帝传道之师除广成子外,还有紫府先生、中黄君、大隗君、黄盖童子、天真皇人等,所受道经有《三皇内文》《九茹之方》《自然之经》《神芝图》《神丹金诀记》。道教关于黄帝修道成仙的载述与史籍的纪载差别很大,它采纳了当时流传的各种有关黄帝的传说及充斥于道书、方术之书的种种说法,这说明它的史料来源虽然不见得可靠,但与史籍相比采纳面要广得多。

北使洛

南朝宋　颜延之

改服饬徒旅。首路跼险艰。振楫发吴洲。秣马陵楚山。途出梁宋郊。道由周郑间。前登阳城路。日夕望三川。在昔辍期运。经始阔圣贤。伊瀍绝津济。台馆无尺椽。宫陛多巢穴。城阙生云烟。王猷升八表。嗟行方暮年。阴风振凉野。飞云瞀穷天。临途未及引。置酒惨无言。隐悯徒御悲。威迟良马烦。游役去芳时。归来屡徂愆。蓬心既已矣。飞薄殊亦然。

[作者作品]

颜延之(384～456年),字延年,南朝宋文学家。琅邪临沂(今山东临沂)人。曾祖含,右光禄大夫。祖约,零陵太守。父显,护军司马。少孤贫,居陋室,好读书,无所不览,文章之美,冠绝当时,与谢灵运并称"颜谢"。嗜酒,不护细行,年三十犹未婚娶。颜延之和陶渊明私交甚笃。在颜延之江州任后军功曹时,二人过从甚密;其后延之出任始安太守,路经浔阳,又与陶渊明在一起饮酒,临行并以两万钱相赠。陶渊明死后,他还写了《陶徵士诔》。颜延之在当时的诗坛上声望很高,和谢灵运齐名,并称"颜谢"。

颜延之

义熙十二年(416年),刘裕北伐取得胜利,十月,克复洛阳,这是东晋一代中对北方用兵最成功的一次。颜延之奉命到前线祝贺,《北使洛》即作于此年冬天。洛阳在东晋时期屡次失陷,朝廷已把它置之度外。现在一战而捷,得以收复,然而颜延之在奉使赴洛途中却没有欣喜之情,即目所见,中原残破,故国之思结合行役的艰辛,形成了悲凉沉重的气氛。诗中"阴风振凉野,飞云瞥穷天。临涂未及引,置酒惨无言。隐悯徒御悲,威迟良马烦。游役去芳时,归来屡徂愆。蓬心既已矣,飞薄殊已然。"描写景况真实,有很强的艺术感染力。《隋书》称有文集二十五卷,两《唐书》作三十卷,佚。明代张溥辑有《颜光禄集》,收在《汉魏六朝百三家集》中。

因旱蝗上表

南朝宋 范 泰

陛下昧旦丕显。求民之瘼。明断庶狱。无倦政事。理出群心。泽谣民口。百姓翕然。皆自以为遇其时也。灾变虽小。要有以致之。守宰之失。臣所不能究。上天之谴。臣所不敢诬。有蝗之处。县官多课民捕之。无益于枯苗。有伤于杀害。臣闻桑谷时亡。无假斤斧。楚昭仁爱。不禜自瘳。卓茂去无知之虫。宗均囚有异之处。蝗生有由。非所宜杀。石不能言。星不自陨。春秋之有。所宜详察。

礼,妇人有三从之义。而无自专之道。周书父子兄弟。罪不相及。女人被宥。由来上矣。谢晦妇女。犹在尚方。始贵后贱。物情之所甚苦。匹妇一室。亦能有所感激。臣于谢氏。不容有情。蒙国重恩。寝处思报。伏度圣心。已当有在。礼春夏教诗。无一而阙也。臣近侍坐。闻立学当在入年。陛下经略粗建。意存民食。入年则农功兴。农功兴则田里辟。入秋治庠序。入冬集远生。二涂并行。事不相害。夫事多以淹稽为戒。不远为患。任臣学官竟无微绩。徒坠天施。无情自处。臣之区区。不望目靓盛化。窃慕子囊城郢之心。庶免荀偃不瞑之恨。臣比陈愚见。便是都无可采。徒烦天听。愧怍反侧。(《宋书·范泰传》元嘉三年秋旱蝗又上表。)

[作者作品]

范泰(355～428年)南朝宋大臣、学者。字伯伦,南阳顺阳山阴(今湖北光化西北)人。晋豫章太守宁子。为范晔之父。太元初为太学博士,历卫将军谢安。隆安初,以父忧去职,袭爵阳遂乡侯。元兴末为国子博士。义熙初,荆州刺史司马休之以为长史南郡太守,入为黄门郎、御史中丞,出为东阳太守、加振武将军。迁侍中,转度支尚书,徙太常;转大司马左长史右卫将军、加散骑常侍,复为尚书兼司空,迁护军将军,以公事免。宋受禅,拜金紫光禄大夫,寻领国子祭酒。景平初加位特进,明年致仕。南朝元嘉三年(426年)进侍中左光禄大夫国子祭酒,领江夏王师。著有《古今善言》《宋书本传》等。泰博览篇籍,好为文章;爱奖后生,孜孜无倦。

[相关史料]

表,是我国古代向帝王上书言事的一种公文文体。表的主要作用就是表达臣子对君主的忠诚和希望,陈述政治和专议朝政的请求和愿望。《因旱蝗上表》是范泰写给南朝宋文帝刘义隆的一个呈文。

乐 府

南朝梁　刘勰

[原文]

乐府者,"声依永,律和声"也。钧天九奏,既其上帝;葛天八阕,爰爰乃皇时。自《咸》《英》以降,亦无得而论矣。至于涂山歌于"候人",始为南音;有娀谣乎"飞燕",始为北声;夏甲叹于东阳,东音以发;殷整思于西河,西音以兴。音声推移,亦不一概矣。匹夫庶妇,讴吟土风;诗官采言,乐盲被律,志感丝篁,气变金石。是以师旷觇风于盛衰,季札鉴微于兴废,精之至也。夫乐本心术,故响浃肌髓;先王慎焉,务塞淫滥。敷训胄子,必歌九德;故能情感七始,化动八风。

自雅声浸微,溺声腾沸。秦燔《乐经》,汉初绍复。制氏纪其铿锵,叔孙定其容与。于是《武德》兴乎高祖,《四时》广于孝文;虽摹《韶》《夏》,而颇袭秦旧,中和之响,阒其不还。暨武帝崇礼,始立乐府;总赵、代之音,撮齐、楚之气,延年以曼声协律,朱、马以骚体制歌。《桂华》杂曲,丽而不经;《赤雁》群篇,靡而非典。河间荐雅而罕御,故汲黯致讥于《天马》也。至宣帝雅颂,诗效《鹿鸣》。迄及元、成,稍广淫乐。正音乖俗,其难也如此。暨后郊庙,惟杂雅章;辞虽典文,而律非夔、旷。至于魏之三祖,气爽才丽;宰割辞调,音靡节平。观其"北上"众引,"秋风"列篇,或述酣宴,或伤羁戍;志不出于淫荡,辞不离于哀思,虽三调之正声,实《韶》《夏》之郑曲也。逮于晋世,则傅玄晓音,创定雅歌,以咏祖宗;张华新篇,亦充庭《万》。然杜夔调律,音奏舒雅;荀勖改悬,声节哀急;故阮咸讥其离声,后人验其铜尺。和乐精妙,固表里而相资矣。

故知诗为乐心,声为乐体。乐体在声,瞽师务调其器;乐心在诗,君子宜正其文。"好乐无荒",晋风所以称远;"伊其相谑",郑国所以云亡。故知季札观辞,不直听声而已。若夫艳歌婉娈,怨志诀绝;淫辞在曲,正响焉生?然俗听飞驰,职竞新异。雅咏温恭,必欠伸鱼睨;奇辞切至,则拊髀雀跃。诗声俱郑,自此阶矣。凡乐辞曰诗,诗声曰歌;声来被辞,辞繁难节。故陈思称李延年闲于增损古辞,多者则宜减之,明贵约也。观高祖之咏"大风",孝武之叹"来迟";歌童被声,莫敢不协。子建、士衡,咸有佳篇,并无诏伶人,故事谢丝管。俗称乖调,盖未思也。至于斩伎《鼓吹》,汉世《铙》《挽》,虽戎丧殊事,而并总入乐府。缪袭所致,亦有可算焉。昔子政品文,诗与歌别;故略具乐篇,以标区界。

赞曰:八音摛文,树辞为体。讴吟坰野,金石云陛。韶响难追,郑声易启。岂惟观乐?于焉识礼。

（摘自刘勰的《文心雕龙》）

[作者作品]

刘勰(约465～520年),南朝齐梁时文学理论家、文学批评家。字彦和,生活于南北朝时期的南朝梁代。生于京口(今镇江),祖籍山东莒县(今山东省莒县)东莞镇大沈庄(大沈刘庄)。他曾官县令、步兵校尉、宫中通事舍人,颇有清名。晚年在山东莒县浮来山创办(北)定林寺。刘勰虽任多种官职,但其名不以官显,却以文彰,一部《文心雕龙》奠定了他在中国文学史上和文学批评史上不可或缺的地位。

《乐府》的作者虽不是嵩山地域的人,但《乐府》的内容却写的是乐府的文学史,乐府的文学史与嵩山地域紧密相连,所以我们将《乐府》选入此书,以飨读者。

《乐府》选自于刘勰的《文心雕龙》。据《梁书·刘勰传》记载,刘勰早年家境贫寒,笃志好学,终生未娶,曾寄居江苏镇江,在钟山的南定林寺里,跟随僧佑研读佛书及儒家经典,32岁时开始写《文心雕龙》,历时五年,终于书成我国最早的文学评论巨著,该书共计3.7万余字,分10卷50篇,书超前人,体大而虑周,风格迥异,独树一帜,对后世影响颇大。

"乐府"本来是西汉封建政府中的一个机构,"府"是官府,"乐府"就是管理音乐的官府,其任务是掌管音乐,兼采集各地的民间诗歌和乐曲。后来渐渐有人把这机构里所保管的歌曲也称为"乐府",于是这两字就从一个官府的名称变成一种诗歌体裁的名称了。这种体裁的范围渐渐扩大,不仅包含汉代乐府机构里所创制和保管的作品,也逐渐包括后代收集的民歌以及文人学习模仿这些作品而产生的新的诗歌。"乐府"和一般的诗歌区别在于它是配乐的诗歌,但后代所谓乐府诗却也包含不少与音乐无关的作品。刘勰在本篇中所讲论的,主要是配乐的诗歌,但也涉及少数不配乐的作品。

刘 勰

在本篇里,刘勰关于乐府的含义、起源,从汉代庙堂乐府的特点到三国魏晋乐府的特点都作了详细的说明。并且,还涉及到乐府总体的特征,即乐与府的关系、雅咏与心声、协律与不入乐,把乐府作为一种独立文体论述的原因等等。所以说,刘勰的《乐府》篇是一篇乐府文体的文学史。全篇内容分三个部分。第一部分讲乐府的含义、起源和教育作用。第二部分讲乐府的产生和汉、魏、晋时期乐府诗的发展历史。第三部分阐述音乐和诗歌的关系,并说明自己为什么在《明诗》篇之外另写一篇《乐府》的原因。

[相关史料]

《文心雕龙》是一部理论系统、结构严密、论述细致的文学理论专著。成书于公元501~502年(南朝齐和帝中兴元、二年)间。刘勰《文心雕龙》的命名来自于黄老道家环渊的著作《琴心》。其解《序志》云:"夫文心者言为文之用心也,昔涓子(环渊)《琴心》,王孙巧心,心哉美矣,故用之焉。"

乐 府

全书共10卷,共50篇,包括总论、文体论、创作论、批评论4个主要部分。总论5篇,论"文之枢纽",是全书理论的基础;文体论20篇,每篇分论一种或两三种文体,对主要文体都作到"原始以表末,释名以章义,选文以定篇,敷理以举统";创作论19篇,分论创作过程、作家个性风格、文质关系、写作技巧、文辞声律等问题;批评论5篇,从不同角度对过去时代的文风、作家的成就提出批评,并对批评方法作了专门探讨;最后一篇《序志》说明自己的创作目的和全书的部署意图。这部著作虽然分为四个方面,但其理论观点首尾一贯,各部分之间又互相照应。正如作者在《附会篇》中所说:"众理虽繁,而无倒置之乖;群言虽多,而无棼丝之乱。"其体大精思,在古代文学批评著作中是空前绝后的。

[译文]

所谓"乐府",是用宫、商、角、徵、羽的音调,来引申发挥诗意,又用黄钟、大吕等十二律来和五音配合。不但传说天上常奏《万舞》,而且上古葛天氏的时候也曾有过八首乐歌。此外如黄帝时的《咸池》、帝喾时的《五英》,等等,现在都无从考究了。以后夏禹时涂山女唱《候人兮猗》,是南方乐歌的开始。有娀氏二女唱《燕燕往飞》,是北方乐歌的开始。夏代孔甲在东阳作《破斧》歌,是东方乐歌的开始。商代整甲在西河想念故居而作歌,是西方乐歌的开始。历代音律声调的演变,是很复杂的。一般老百姓唱本地的歌谣,采诗官借以搜集舆论,乐师则给这些歌辞制谱,使人们的情志、气质通过各种乐器表达出来。因此,晋国的乐师师旷能从南方歌声里看出楚国士气的盛衰,吴国的公子季札也能从《诗经》的乐调里看出周王朝与各诸侯国的兴亡,这确是很精妙的。音乐本来是用以表达人的心情的,所以它可以透入到人的灵魂深处。先代帝王对此非常注意,一定要防止一切邪乱和失当的音乐,教育贵族子弟时,一定要选择有关政治功德的乐曲。因此,乐曲中所表达的情感,能感动天、地、人和春、秋四时;其教育作用可以远达四面八方。

自从雅正的音乐渐渐衰落以后,淫邪的音乐便渐渐兴起。秦始皇时烧了《乐经》,西汉初年想恢复古乐。由乐师制氏记下音节,叔孙通定下礼容和法度。汉高祖时作《武德舞》,汉文帝时作《四时舞》,虽说是学习古代的《韶乐》和《大夏》,却也继承了秦代的旧乐,所以,中正和平的乐调便难于再见了。到武帝重视礼乐,建立乐府这个机构,综合北方的音节,采取南方的腔调,还有李延年以美妙的嗓音来配合乐律,朱买臣和司马相如用《楚辞》的体裁来写歌辞。像《安世房中歌·桂华》等乐章,文辞华丽而违反常规;《郊祀歌·赤雁》等作品,语言虽美而不合法度。河间献王刘德曾推荐古乐,但武帝很少采用,所以汲黯对武帝的《天马歌》表示不满。宣帝时所作的乐章,常常模仿《诗经》中的《鹿鸣》。到元帝、成帝时,渐渐推广淫邪的音乐。因为雅正的音乐不能适应一般人的爱好,所以难于发展。后汉的郊庙祭祀,由东平王刘苍写了新的歌辞;辞句虽文雅,但音节上却与古乐不同。到三国时魏的曹操、曹丕、曹睿,他们的气质高朗,才华美妙,用古题乐府写时事,音节也美妙而和平。但读了曹操的《苦寒行》、曹丕的《燕歌行》等作品,觉得里边无论叙述宴饮或哀叹出征,内容都不免过分放纵,句句离不开悲哀的情绪;虽然直接继承汉代乐府诗,可是比之《韶乐》《大夏》等古乐却差得远了。到了晋代,傅玄通晓音乐,写了许多雅正的乐歌,来歌颂晋代的祖先;张华也写了一些新的篇章,作为宫庭的《万舞》。但杜夔所调整的音律,节奏舒缓而雅正;晋初荀勖所改制的乐器,音节却比较感伤而急促。所以阮咸曾批评他定的不协调,后来有人考查了古代的铜尺,才知道荀勖改的不对。可见和谐的乐曲之所以能达到精妙的地步,是要各方面相配合的。

由此可知,诗句是乐府的核心,声律是乐府的形体。乐府的形体既然在于声律,那么乐师必须调整好乐器;乐府的核心既然在于诗句,那么士大夫应该写出好的歌辞来。《唐风》中说:"喜爱娱乐,不要过度。"季札称之为有远见。《郑风》中说:"男男女女互相调笑。"季札认为这是亡国的预兆。由此可见季札听《诗经》的演奏,并不仅仅是注意它的声调。至于后来乐府诗中,写缠绵的恩爱或者是决裂的怨恨;把这些不适当的作品制成谱,怎能产生良好的音乐呢?但是一般流行的,主要倾向于新奇的乐章。雅正的乐府诗是温和严肃的,人们听了都厌烦得打呵欠、瞪眼睛;对奇特的乐府诗就感到十分亲切,人们听了就喜欢得拍着大腿跳起来。所以诗句和声调都走到邪路上去,从此越来越厉害了。《乐府》的辞句就是诗,诗句配上声律就变成歌。声律配合辞句时,如果辞句过于繁杂,便难于节制。所以曹植说,左延年善于增减原作,太多了便删去一些。这说明歌辞应该注意精炼。试看汉高祖的《大风歌》,以及汉武帝的《李夫人歌》,辞句并不多,而歌唱者很容易配合音节。后来曹植、陆机等人,都写过较好的诗,但并没有令乐师制谱,所以不能演奏。一般人认为他们的诗不合声律,其实这是没有经过仔细考虑的挑剔。此外,还有传说黄帝令岐伯制《鼓吹曲》,到汉代又出现《饶歌》和《挽歌》,等等,虽然内容有军事和丧事的区别,但都算是《乐府》的一种。还有缪袭的作品,也值得我们注意。从前刘向整理文章,把"诗"和"歌"分开;所以我现在另写这篇《乐府》,以表示其间的区别。

总之,各种乐器产生种种动听的音乐,而好的歌词却是其中的主干。首先在乡村里产生了歌谣,宫廷中谱制成种种乐章。卓越的古乐很难继承,不正当的音乐却容易开展。从这里不仅看到了音乐的演变,更可看出礼法的盛衰。

讥许由文

北魏 糜元

潜居默静,隐于箕山。身在布衣,而轻天下。世人归其高行,学者以为美谈。夫际会之间,矫时所誉。乃抽簪散发,背时逆命,隐于山林之中。以此自高,非以劝智能之士,入通达之教。故讥而责之曰:

太上贵德,其次立功。世殊时异,不得而同。故伯禹过门而不入,稷契刻节而奋庸。股肱帝室,作民王公。今子生圣明之世,得观雍熙之治,则当摅不朽之功,畅不羁之志。龙飞凤起,修摄君司。佐天理物,干成王事。若子以尧为闇主,则历代载其功;以民为贪乱,则比屋可封。若夫世浊时昏,上无贤君,忠臣不出,小人聚群,即当揆烦理乱,跨腾风云,光显时主,拔济生民,何得偃蹇藏形蔽身?夫道不虚行,士不徒生。生则干时,为国之桢。故伊尹干汤,周公相成,兴治济世,以致太平。

生有显功,没有美名。人生于世,贵能立功。何得逃位,矫世绝踪?丹朱不肖,朝有四凶。尧访求贤,逊位于子。度才处分,不能则已,何所感激?临河洗耳,山居巢处,执心不倾。辞君之禄,忘君之荣;居君之地,避君之庭。立身若此,非子之贞。欲言子智,则不事圣君;欲言子高,则鸟兽同群。无功可纪,无事可论。

[作者作品]

糜元,字子正。三国时期人。《讥许由文》《吊夷齐文》,对儒家盛传的高士许由、伯夷、叔齐极尽讥嘲揶揄之能事,是曹魏时的俳谐佳构。

[相关史料]

许由(前2155~?),中华隐士之开山鼻祖,远古时代的贤人,高洁清节的名士,尧、舜、禹的老师。字武仲,阳城槐里人(今登封箕山槐里村),一说登封黄城沟(今登封君召乡黄城村、陈家沟、李家沟一带)人。许由就是尧舜时期声名显赫的贤人,他不仅作过掌管四时方岳之职的四岳、掌管祭祀的礼官秩宗,还作过掌管刑律的理官,并制作五刑,后被封于嵩山脚下的登封、许昌一带。在许由的卓越领导下,许部落在许地(今许昌一带)迅速发展壮大。尧很欣赏许由的才干,意将帝位禅让于他,许由坚辞不就,洗耳颍水,隐居箕山(今嵩山之阳的登封市东南),卒葬箕山之巅。尧帝曾为他筑墓,封其为

许 由

"箕山公神,配食五岳,后世祀之"。

请隐嵩高表
北朝北魏 裴衍

臣幸乘昌运,得奉盛化,沐藉炎风,餐佩唐德,于生于运,已溢已荣。但摄性乖和,恒苦虚弱。比风露增加,精形侵耗。小人愚怀,有愿闲养。伏见嵩岑极天,苞育名草,修生救疾,多游此岫。臣质无灵分,性乖山水,非敢追踵轻举,仿佛高踪,诚希药此沉疴,全养禀气耳。若所疗微痊,庶偶影风云,永歌至德。荷衣葛屦,裁营已整;摇策纳屐,便陟山途。谨附陈闻,乞垂昭许。

[作者作品]

裴衍,字文舒。学识优于诸兄,才行亦过之。事亲以孝闻,兼有将略。仕萧宝卷至阴平太守。景明二年(501年),始得归国,授通直郎。裴衍欲辞朝命,请隐嵩高。北魏世宗元恪作了一个答文。

[相关史料]

北魏宣武帝元恪(483～515年),孝文帝元宏次子,母文昭皇后高照容。太和二十一年(497年)正月甲午,立为皇太子,太和二十三年(499年)四月十二即位,在位16年。死于延昌四年(515年)春正月,终年33岁。庙号世宗,谥号宣武皇帝。

[附录]

答裴衍诏
北朝北魏宣武帝 元恪

知欲养疴中岳,练石嵩岭,栖素云根,饵芝清壑,腾迹之操,深用嘉焉。但治缺古风,有愧山客耳。既志往难裁,岂容有抑?便从来请。

上匡谬正俗表
唐 颜扬庭

臣扬庭言,臣闻纤埃不让。嵩华所以极天,涓流必纳。溟渤所以纪地,况乎业隆学海。义切为山,庶进篑于崇高,思委输于润泽。恭惟皇帝陛下,诞膺睿图,光临大宝。隆周比迹。远迈成康。炎汉俦功。近超文景。时和玉烛。龙图荐于长河,道包金镜。龟书浮于清洛。收羽林之蠹简,俾备蓬山。采汲冢之旧文,咸归延合。一言可善,屡动宸衷。九术不遗,每回天睠。臣亡父先臣师古,尝撰匡谬正俗,藁草纔半,部帙未终。以臣豐犯幽灵,奄垂捐弃。攀风罔及,陟岵增哀,臣敬奉遗文,谨遵先范。分为八卷,勒成一部。百氏纰缪,虽未可穷。六典迁讹,于斯矫革,谨赍诣阙。奉表以闻,轻触威严,伏深震悚。永徽二年十二月八日,符玺郎臣颜扬庭上。勅旨。颜师古业综书林,誉高词苑。讨论经史,多所匡正。前件书发明故事,谅为博洽。宜令所司录一本付秘书合。仍赐其子符玺郎扬庭绢五十匹,永徽三年三月十五日,中书侍郎来济宣。

[作者作品]

颜扬庭为唐代著名学者颜师古之子。

[相关史料]

颜师古(581~645年),唐初儒家学者,经学家、语言文字学家、历史学家。字籀,隋唐以字行,故称颜师古。京兆万年(今陕西西安)人,祖籍琅玡临沂(今山东临沂市)。颜之推孙。父亲为颜思鲁。少传家业,遵循祖训,博览群书,学问通博,擅长于文字训诂、声韵、校勘之学。隋文帝仁寿年间,由尚书左丞李纲举荐,任安养县(今湖北襄樊)尉。隋大业十三年(617年),太原留守李渊起兵入关,授朝散大夫,拜敦煌公府文学馆学士,累迁中书舍人,专掌机密。唐太宗即位,拜中书侍郎、封琅琊县男,官至秘书监,弘文馆学士。家学渊源,精文字训诂之学。贞观(627~649年)中,与国子祭酒孔冲远同定《五经正义》,并录字体数纸,成《字样》一卷。除《匡谬正俗》外,另注《汉书》100卷及《急就章》,为世所重。颜氏以世俗之言多谬误,质诸经史,匡而正之,谓之《匡谬正俗》。贞观十九年(645年),颜师古随从太宗征辽东,途中病故,终年65岁,谥曰戴。颜师古一生著述很多,主要著作有与人合撰的《五经正义》《大唐礼义》《令》,自撰的有《急就章注》《汉书注》20卷、《匡谬正俗》8卷、《颜师古集》60卷。其中《匡谬正俗》8卷是其子颜扬庭根据颜师古遗作整理。

颜师古

颜师古所作《匡谬正俗》已属晚年,以致此书未成而终。其子颜扬庭所作的《上匡谬正俗表》上于朝,其表云:臣先亡父先臣师古尝撰《匡谬正俗》,草稿才半,部帙未终。《匡谬正俗》是颜扬庭"谨遵先范,分为八卷,勒成一部"的。朝廷对颜师古颇为赞赏,高宗令来济宣其敕旨,"师古业综书林,誉高词苑,讨论经史,多所匡正,前件书发明故事,谅为博治"(见《匡谬正俗校注》所辑《上匡谬正俗表》及敕旨)。

《匡谬正俗》8卷182条,前4卷55条,主要讨论《论语》《礼记》《春秋》等诸经训诂音释;后4卷127条,则博及诸书,讨论《史记》、《汉书》等书字义、字音及俗语相承之异。书中所正谬误,多属古书字句训义、读音、形体等,间有当时俗语,少数以问答形式阐释词语来源演变。匡正涉及的典籍有《诗经》、《论语》、《尚书》、《礼记》、《春秋》、《左传》、《史记》、《汉书》、汉赋、六朝史书。《匡谬正俗》是一部未完稿,虽然篇幅不多,但是所包括的方面很广,而且说理精到,为后代学者所一致推崇。

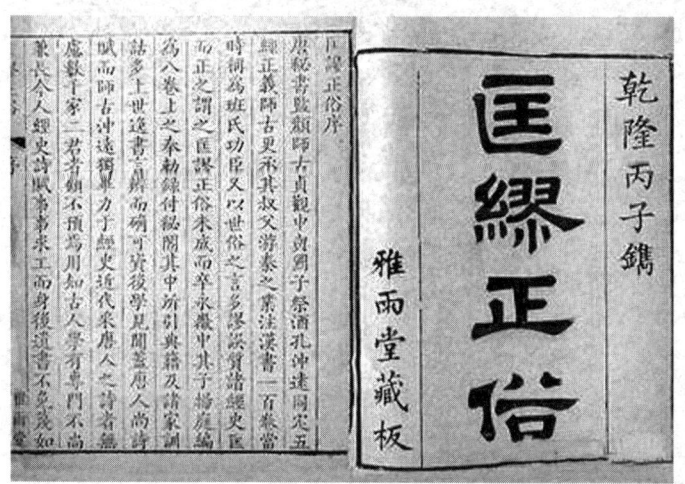

匡缪正俗

告柏谷坞少林寺上座书

唐太宗　李世民

太尉尚书令、陕东道、益州道行台、雍州牧、左右武侯大将军、使持节凉州总管、上柱国秦王世民，告柏谷坞少林寺上座、寺主以下徒众，及军民首领士庶等：

比者天下丧乱，万方乏主，世界倾沦，三乘道绝，遂使阎浮荡覆，戎马载驰，神州糜沸，群魔竞起。我国家膺图受箓，护持正谛，驭象飞轮，光临大宝，故能德通黎首，化阐锱林，既沐来苏之恩，俱承彼岸之惠。王世充叨窃非据。敢逆天常，窥觎法境，肆行悖业。今仁风远扇，慧炬照临，开八正之途，复九寓之迹。法师等并能深悟机变，早识妙因，克建嘉猷，同归福地，擒彼凶孽，廓兹净土。奉顺输忠之效，方着阙庭；证果修真之道，更弘象观。闻以欣尚，不可思议。供养优赏，理殊恒数。今东都危急，旦夕殄除，并宜勉终茂功，以垂令范。各安旧业，永保休佑。故遣上柱国德广郡开国公安远往彼，指宣所怀，可令一二首领来此相见，不复多悉。

四月卅日

[作者作品]

李世民(599~649年)，唐朝第二位皇帝，在位23年，年号贞观。陇西成纪（天水秦安）人。唐朝著名的政治家、军事家。是唐高祖李渊和窦皇后的次子。早年随父亲李渊进军长安于618年建立唐朝，他率部征战天下，为大唐统一立下汗马功劳，被封为秦王、天策上将。先后率部平定了薛仁杲、刘武周、窦建德、王世充等军阀，在唐朝的建立与统一过程中立下赫赫战功。公元626年发动玄武门之变夺位登基后，开创了著名的贞观之治，他虚心纳谏，厉行俭约，轻徭薄赋，使百姓休养生息，各民族融洽相处，国泰民安，对外开疆拓土，攻灭东突厥与薛延陀，重创高句丽，设立安西四镇，被各族人民尊称为天可汗，为后来唐朝全盛时期的开元盛世奠定了重要基础，"功大过微，故业不堕"，为后世明君之典范。庙号太宗，谥号文武大圣大广孝皇帝。

唐太宗李世民

[相关史料]

隋朝末年，"天下丧乱，万方乏主"，"神州糜沸，群魔竞起"。李渊父子起兵晋阳反隋，武德三年（620年），秦王李世民率兵攻洛阳王世充。武德四年四月二十七日少林寺僧志操、惠玚、昙宗等13人助李世民攻洛阳，翻城墙拎王世充侄子王仁则以归。李世民嘉其义烈，于同年四月卅日下诏表彰。《告柏谷坞少林寺上座书》是秦王李世民颁予少林寺13棍僧的诏书。

上高宗书

唐 释玄奘

玄奘少来,颇得专精教义,惟于四禅九定,未暇安心。今愿托虑禅门,澄心定水。窃惟此州嵩高少室,岭嶂重叠,峰涧多奇。含孕风云,包蕴仁智,果药丰茂,萝薜清虚。其间复有少林、伽蓝、闲居等寺,皆跨枕岩豁,萦带林泉。佛寺尊严,房宇闲邃,即后魏三藏菩提留支译经之处也。实可皈依,以修禅观。两疏朝士,尚解归海;巢许俗人,犹知栖箕。玄奘出家为法,翻滞寰中,清风激人,念之增愧。

[作者作品]

释玄奘(602~664年),汉传佛教史上最伟大的译经师之一,中国佛教法相唯识宗创始人。俗姓陈,名祎,嵩山地区偃师人。出家后遍访佛教名师。太宗贞观三年(629年),玄奘从京都长安出发,历经艰难抵达天竺。游学于天竺各地,贞观十九年(645年)回到长安,在大慈恩寺等寺院进行研究和翻译佛经直到圆寂。玄奘所译佛经,多用直译,笔法谨严,所撰有《大唐西域记》,为研究印度以及中亚等地古代历史地理之重要资料。玄奘的故事在民间广泛流传,例如《西游记》中心人物唐僧,即是以玄奘为原型。

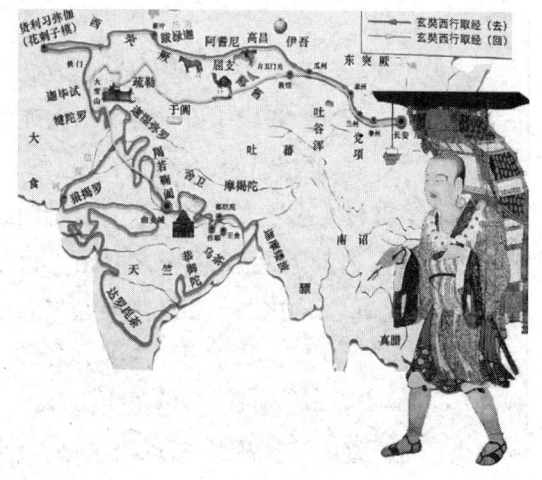

玄奘西行

[相关史料]

玄奘西天取经回国后,请求翻译自己带回的657部佛经,唐太宗即命京师留守梁国公房玄龄专门负责监护翻译工作,所需物资由国家供给。玄奘先后在长安弘福寺、大慈恩寺译经,唐太宗为之写《大唐三藏圣教序》,皇太子写了《述三藏圣教序》。这期间,玄奘希望将少林寺作为自己最终栖托之地,为国家翻译经典。唐太宗贞观十九年(645年)二月上书皇帝,请求"望为国就彼(少林寺)翻译",但未获允,敕命就西京弘福寺译经。显庆二年(657年)至显庆三年二月,唐高宗在洛阳居住,这一次玄奘亦陪从。此次在洛阳停留达一年之久,玄奘终于有机会回故乡探望。玄奘的父母早逝,"坟陇颓毁,殆将湮灭"。他问访亲故,又是"沦丧将尽",亲人已"零落殆尽"。他深自愧疚:"不能陨亡,偷存今日",感慨"岁月如流,六十之年,飒焉已至,念兹遗速,则生涯可知。加复少因求法……途路遐遥,身力疲竭。顷年以来,更增衰弱。顾阴视景,能复几何?"在这种复杂心理的状态下,玄奘于显庆二年(657年)九月三十日写了"上高宗表",申请入嵩山少林寺修禅观并翻译佛经。

玄奘一再申请入少林寺,是有着多种缘由的。首先,他想摆脱皇帝的严密控制。玄奘在皇帝身旁,不得不分心应对许多宫廷俗事。其次,玄奘仰慕北魏印度高僧和翻译巨匠菩提流支等人在少林寺"翻经堂"翻译《十地经论》的故事,亦欲效仿。再次,同在嵩山少林寺与玄奘的故乡缑氏县之东南的凤凰谷陈村,近在咫尺。长住少林寺译经,等于和长眠于地下的父母共处一地,近在身旁,和这里的乡亲们同在一起,有回归故里之感。在为国做事的同时,可以慰藉一下他长期漂泊在外而内心深处那种隐隐的思亲恋乡的情感。最后,从师承上追源,玄奘与少林寺关系密切。玄奘在相州(今河南安阳)

时,师承慧休,慧休得自少林寺的传承是:跋陀——慧光——道凭——灵裕——慧休,则玄奘是少林寺开山祖师跋陀下五代法孙。玄奘在长安时,从师僧辩,而僧辩得自少林寺的传承是:跋陀——慧光——法上——融智甲靖嵩——智凝——僧辩,则玄奘是跋陀下七代法孙。

但是,"帝览表不许",又遭婉拒。纵然是有再多的缘由归宿少林寺,但玄奘还是选择忘掉自己,服从了国家。玄奘圆寂于陕西玉华寺,葬于白鹿原。后来皇帝又下特别敕书,改葬在樊川。现在嵩山地域除保存有玄奘故居以外,在偃师市还建有唐僧寺,以资纪念。

以嵩高为当天之中

杨尔京《象纬订》

昔人以嵩高为当天之中,是就地而观天也。其北从天之出于地而始其南,至天之没于地,而终连北极,出地三十六度,极南至五十五度当嵩高之上,合来得九十一度为天在地上之半,当天之中耳。若欲求天之中,须自北极而始,至南极而终,取一百八十二度而中分之。从北极积至九十一度,才为天中。则除去北极之出于天上者三十三度,自北极至嵩高之上止,五十五度耳。又其南十二度之夏至之日道,又其南二十四度为春、秋分之日道。秋分之日道者,乃天之中道也,所谓赤道是也。日行中道为二分,自中道而北,向内二十四度为夏至之日道。自中道而南向外二十四度,为冬至之日道。二至之道相去通计四十八度。从中道而内外分之,俱在嵩高之南,虽夏至日道犹去嵩巅十二度。故从地上而观,但见日在南行也。甘氏曰:镇星主嵩高山。石氏曰:镇星一名地侯。《山河两戒考》注:填一作镇,镇静也。五星之中镇行最迟,故以为镇也。《荆州占》:"填星出东方三百三十日而夕伏西方。三十日而复晨见东方。其行岁填一星,故名填星。"《淮南子》载:"中央土也。其神为镇星,日行二十八分度之一,岁行十三度百一十二分度之五,二十八岁而周。"孔仲达《左传疏》:"土三百七十七日行星十三度。瞿昙断达按历法,镇星一年行十二度十一万六千四百三十三分度之四万六千二百七十一。二十九年百六十八日千九百七十六分日之千一百三十七而周天,是三百八十三年而十三周天。"巫咸曰:"填星所宿者,其国安,大人有喜。"

一行《大衍历》载:"鹑火、大火、寿星、豕韦为中州,其神主于嵩丘,填星位焉。"

[作者作品]

杨尔京,具体情况不详。

《以嵩高为当天之中》主要是从星野、天文上论述。

上刘右相书

唐 王 勃

盖闻圣人以四海为家,英宰与千龄合契。用能不行而至,春霆仗天地之威;以息相推,时雨郁山川之兆。胡有玄蛟晚集,凭鹤鼎而先鸣;苍兕晨惊,运龙韬而首出。并能风腾雾跃,指麾成烈士之致;蠖屈虬奔,谈笑坐群卿之右。未如越苍海,弃行间,排紫微,谒天子。于是遭不讳之主,拥非常之位,龙章凤黻照其前,锵金鸣玉叠其后。三灵叶赞,超然奉天下之图;四海承平,高步取寰中之托。君侯之富贵足矣,圣朝之付遇深矣。故知阳侯息浪,长黝卧横海之鳞;风伯停机,大鹏息垂天之翼。及其投形巨壑,触丹浦而雷奔;假势灵飙,指青霄而电击。神气洋洋,谓鳞翻使之然也。殊不知两仪超忽,动止系于无垠;万化纠纷,舒卷存乎非我。是以陈平,昔之智士也,俯同降卒;百里奚,曩之达人也,亲为饿隶。当其背强敌,转康衢,雄虑耿于风云,危途迫于朝夕。岂自期荣称相府,西藩专虎据之图;宠冠斋坛,东向举熊飞之策。顾盼可以荡山岳,咄嗟可以降雷雨。遂令用与不用,是非于楚汉之间;知与不知,得失于虞秦之际。故曰:死生有数,审穷达者系于天;材运相符,决行藏者定于已。君侯足下,可不谓然乎?

借如勃者,眇小之一书生耳,曾无击钟鼎石之荣,非有南隘北阁之援,山野悖其心迹,烟雾养其神爽。未尝降身摧气,逡巡于列相之门;窃誉干时,匍匐于群公之室。所以慷慨于君侯者,有气存乎心耳。实以四海兄弟,齐远契于萧、韩;千载风云,托神知于管、鲍。不然,则荷裳桂楫,拂衣于东海之东;菌阁松楹,高枕于北山之北。焉复区区屑屑,践名利之门哉?至尊以摇河徙岳之威,当立地开天之运。圣人有作,群材毕举。星辰入仕,揖让朱鸟之门;风雨称臣,奔走苍龙之阙。方欲停旒金室,引成康于己任;避广瑶林,复尧舜于兹日。可谓明明穆穆,尽天子之容貌矣。抑尝闻之:丹山九仞,烟峰非数篑之功;紫极千门,云台佞万楹之力。故天下至旷,神器不可独专;天道无私,玄勋有待而立。《书》曰:"元首明哉,股肱良哉。""好问则裕,自用则小。"况掌万国之权,受一人之宠,动见臧否,言知利害,君侯足下,何时易耶?虽有大命,不资童子之言;而恭此小心,敢进狂夫之说。伏见辽阳未靖,大军频进,有识寒心,群黎破胆。昔明王之制国也,自近而至远,先仁而后罚,征实则效存,徇名则功浅。是以农疏千里,仅逾重石之乡;禹截九州,不叙流沙之境。岂才不及而智有遗哉?将以辨离方而存正功也。虽至人无外,甲兵曜天子之威;王中有征,金鼓发将军之气。而长城在界,秦汉所以失全昌;巨海横流,天地所以限殊俗。辟土数千里,无益神封;勤兵十八万,空疲帝卒。惊烽走传,骇秦洛之;飞刍挽粟,竭淮海之费。于是乘奸放命者,出绳以生威;因公挟私者,入闾阎而竞法。虽一物失所,泰阶延旰食之忧;而百战方雄,中国鲜终年之乐。

图得而不图失,知利而不知害,移手足之病,戒腹心之疾。征税屈于东西,威信蹇于表里。语曰:"胜之不武,不胜为辱。天下之责,四面至矣。"诚可远凝高策,上荐忠言,决人事于去就,合天情于终始。遂令回麾转楫,背青丘而鹜,列障分亭,巡苍波而守。昔者齐侯以力,方城为楚国之辞;虞帝崇文,苗人失洞庭之险。况乎仗德绥乱,以真乘邪,明逆顺之端,耸华夷之望。虽复舳舻沸海,旌旗触天,铁山四面,金城千里,亦不能为敌人计矣。此君侯之未谕一也。

盖闻星回日运,御洪荒者贞夫一;电照风行,制寥廓者归乎静。《易》曰:"复其见天地之心乎?"语曰:"动之斯和,绥之斯来。"是知源洁则流清,形端则影直,大道起而仁义息,神化周而市狱定。虽复体元立教,省灾耀知远之书;顺时宰物,宥罪发精微之典。而况浇风易渐,淳化难归?孔明耿介於当朝,子舆殷勤於易箦,盖有由也。伏见边凶尚梗,殊恩屡发,亡命山泽者,日月相趋,朝脱桎梏,夕还图圄。奸徒抱袂因时立侥幸之谋,顽夫顿足,中路纡吁嗟之惨。皆由宽胜於猛,人迷所习,劝沮不彰,廉耻相冒。亦有公卿失职,耻受▢符之任;郎宫有衅,俯舍铜墨之荣。又焉可以宏长风流,抑扬众务者也?且夫朽索充羁,不收奔马之逸;轻缗振网,或随吞舟之势。况非常之化,方洽於齐人;无妄之恩,乃及於群小。将恐匡衡、管仲,复灵诏於下泉矣。古之善为国者不然。信赏而必罚,道德而齐礼,泽配风雨而无曲惠,威振雷霆而绝私戮。交书筭币,伏慈厚之师;投金散璧,树仁明之长。故虽开衢室,盖明堂,亦将四三皇而六五帝矣,此君侯之未谕二也。

盖《易》曰:"天地之大德曰生,圣人之大宝曰位,何以守位曰仁,何以聚人曰财。"是知发挥地利,农桑启其业;振荡天功,泉贝流其用。伏睹前制屡扰,事非画一,廛市萧然,人情怪动,夫烦简并用,未尽交易之宜;轻重齐行,适启兼并之路。於是连掩者,闭肆而乘其屈;布衣韦带者,阖门而受其困。五方竞爽,务浅术以相雄;百郡争胜,驱末技而成弊。田夫织妇,衣食鲜终朝之给;巨驵洪商,舆马挟封君之势,盖有由来矣。故曰国储阙於九载,则公上无所给;家廪乏於三年,则妻子非其有。夫阴阳覆逆,天地之常数;百六运穷,汤尧所不免。一旦洪泉决地,大旱焦山,风雨於一岁之间,霜雹於数州之境。繁运广役,首尾於中外;沓税增徭,日夕们都鄙。爕阴阳者,将何以处之? 一夫窃议,公之盛德亏矣。愚谓严程峻法,绝轻陋之货,则奸□之源塞矣。沿风正典,重耕耘之务,则邪赢之计沮矣。然後远宏教旨,大变流俗,法立有犯而必施,令出唯行而不返。违公窃铸者,具五刑之戮;因时力田者,悬一命之赏。不然,则贾生、晁错,复流涕而言矣,此君侯之未谕三也。

嵩衡不拒细壤,故能崇其峻;江海不让纤流,所以存其广。是以星台晓辟,上台忘吐握之劳;月殿宵兴,中宇轸山林之慕。知夫御天下者,必待人也。《诗》曰:"济济多士,文王以宁。未见君子,忧心如醉。"伏见皇明远烛,帝采遝宣,张乐岱郊,腾勋社首。徵廉察孝,瑶坛虚不次之阶;署行议年,检动非常之诏。天下可谓幸甚矣。於是友月朋霞之客,背青皋而至;冯唐颜驷之才,排紫阁而集。夫岂知终始异数,泾渭同流,萝薜失图,簪缨解体? 惜哉! 群英雾散,名侯招蔽善之嫌;天下雷同,君子鲜长鸣之地。而欲招绝足,致真龙,难矣! 此君侯之未谕四也。

《易》曰:"拔茅连茹,以其汇征吉。"岂非顺物不若招类,报国不如进贤。阳事瞳雨露归,阴驾凝而风霜厉。莫不观时有记,抚气相求。穷则独善其私,达则兼善天下。而利已疵物者,以自任为身谋;知进忘退者,谓专荣而得计。岂知夫尺波易谢,寸晷难留? 陵谷好迁,乾坤忌满? 君侯足下出纳王命,升降天衢,激扬凤 之前,趋步麟台之上,亦复知天下有遗俊乎? 夫心之精微,口不能言也;言之微妙,书不能文也。伏愿辟东阁,开北堂,待之以上宾,期之以国士,使得披肝胆,布腹心,大论古今之利害,高谈帝王之纲纪。然後鹰扬豹变,出蓬户而拜青墀;附景挟风,舍苔衣而见绛阙。幸甚! 斯不为难矣。庶几乎 卵不弃,终感元枵之精;骏骨时收,或致飞黄之锡。书生王勃死罪死罪再拜。

[作者作品]

王　勃

王勃(649 或 650 ~ 676 或 675 年),唐代诗人。汉族,字子安。绛州龙门(今山西河津)人。王勃也与杨炯、卢照邻、骆宾王齐名,齐称"初唐四杰",其中王勃是"初唐四杰"之冠。王勃的文学主张崇尚实用。当时文坛盛行以上官仪为代表的诗风,"争构纤微,竞为雕刻","骨气都尽,刚健不闻"。代表作有《滕王阁序》《送杜少府之任蜀州》等。

《上刘右相书》是王勃的成名之作,但有学者根据《新唐书》记载的"麟德初,刘祥道巡行关内,勃上书自陈,祥道表于朝,封策高第"的时间分析,刘祥道龙朔三年(663 年)拜的右相,而麟德是唐高宗李治的年号,只有两年(664 年正月 ~ 665 年十二月),也就是说王勃作此文时只有十四五岁。从这篇文章的很多内容上看,不可能是王勃自己写的。

龙门应制
唐 宋之问

宿雨霁氛埃,流云度城阙。河堤柳新翠,苑树花先发。洛阳花柳此时浓,山水楼台映几重。群公拂雾朝翔凤,天子乘春幸凿龙。凿龙近出王城外,羽从琳琅拥轩盖。云罕才临御水桥,天衣已入香山会。山壁崭岩断复连,清流澄澈俯伊川。雁塔遥遥绿波上,星龛奕奕翠微边。层峦旧长千寻木,远壑初飞百丈泉,彩仗红旌绕香阁,下辇登高望河洛。东城宫阙拟昭回,南阳沟塍殊绮错。林下天香七宝台,山中春酒万年杯。微风一起祥花落,仙乐初鸣瑞鸟来。鸟来花落纷无已,称觞献寿香霞里。歌舞淹碧景欲斜,石关犹驻五云车。鸟旗翼翼留芳草,龙骑駸駸映晚花。千乘万骑銮舆出,水静山空严警跸。郊外喧喧引看人,倾都南望属车尘。嚣声引飚开黄道,王气周回入紫宸。先王定鼎山河固,宝命乘周万物新。吾皇不事瑶池乐,时雨来观农扈春。

武则天在龙门命群官赋诗

[作者作品]

宋之问(656~713年),初唐时期著名诗人。又名少连,字延清。虢州弘农(今河南省灵宝县人)。青年时即以善五言知名。唐高宗上元二年(675年)进士,任考功员外郎。武则天执政时,武则天召他与杨炯分直习艺馆。后出为洛州参军,转尚方监丞左奉宸内供奉。预修《三教珠英》。武后幸洛阳龙门,令从官赋诗,左史东方虬诗先成,武赐锦袍,及之问诗成,武称其诗愈高,夺虬锦袍以赏之问,之问诗名更炽。因而,留下了龙门赛诗夺锦袍的典故。宋之问前期所赋,大多为歌功颂德之作,文辞华靡,内容空泛,是典型的宫廷诗。然而,他和沈佺期的律诗,格律严整,体制完备,使五律七律形成了定格,学者称为"沈宋体"。元稹《唐朝工部员外郎杜君墓志铭》称:"沈宋之流,研炼精切,稳顺声势,谓之为律诗"。他们共同标志着格律诗的成熟与定型,对唐诗的发展有一定的作用。

据《纪事》云,这个故事发生在武则天建立大周之后,御驾临幸洛阳龙门香山寺之时。香山寺始建于北魏,原为唐代印度僧人日照的墓地,武则天天授元年(690),由武三思奏请核准为佛寺,命名香山寺。香山寺的上方则有武则天的行宫望春宫。武则天常御香山寺坐朝,有次游龙门时"命群官赋诗,先成者赐以锦袍"。并由她的文学侍从著名才女上官婉儿主持并裁定优劣。结果左史东方虬首先写好,题为《咏春雪》:"春雪满空来,触处似花开。不知园里树,若个是真梅?"于是,按事先约定的规则把锦袍赐给东方虬。东方虬"拜赐。坐未安",宋之问的诗成,上官婉儿认为"文理兼美",而且也得到大家的公认:"左右莫不称善"。于是,武则天"乃就夺锦袍衣之。"这就是文坛佳话"龙门夺袍"。

贺封禅表

唐 崔 融

臣某等言:伏奉某日诏书,有霜年月日有事于中岳,恭闻大礼,不胜忻怃。臣闻巡狩者何?臣某等言,伏奉某日诏书,有某年月日,有事于中岳。恭闻大礼,不胜臣闻巡狩者何?观人风而叶时月。封禅者何?增天高而益地厚。然则圣帝临下,必有玉帛万国之事焉;明王在上,必有柴望百神之礼焉。伏惟天皇,御宝位,膺璇历,宅颢气以开元,鼓淳风以成化。宗文祖武之业,天祚弥光;制礼作乐之功,皇猷载远。四方无事,不闻犬吠于国中;六合清平,唯睹雁行于道路。恩周道植,德沦洞冥,东鱼西鸟,不召而自至;元秬黄荆,应图而合牒,嵩维中岳,洛阳下都。三台崛起,五衢相映。风雨交会,实惟天地之中;威灵肃然,固是神明所伏。可以光昭累圣,可以谒款上元。展时迈于仙宫,叶岁巡于福地。象天之道,备法驾而非遥;望君之来,因名山而有日。臣等饮和昌运,冒宠崇班,用虽微于犬马,情谅兼于鸟兽。三呼在听,欣承汉后之仪;群议不行,窃鄙晋皇之德。限以官守,不获称贺轩墀,无任悚踊之至,谨附某奉表申贺以闻。

[作者作品]

崔 融

崔融(653～706年),字安成。唐代齐州全节(今章丘)人。初应八科制举,皆及第,累补宫门丞、崇文馆学士。中宗李显为太子时,崔融为侍读,兼侍属文,东宫表疏多出其手。崔融为文华美,当时无出其上者。凡朝廷大手笔,多由皇帝手敕,付其完成。其《洛出宝图颂》《则天哀册文》尤见工力。作《则天哀册文》时,苦思过甚,遂发病而卒。

崔融的《贺封禅表》写于万岁通天元年(696)腊月十一日,女皇武则天在嵩山举行了盛大的封禅大典。这次封禅,是封太室、禅少室。武则天备了一篇《升中述志碑》文,睿宗书,碑极壮伟,立于嵩山之巅。封祭仪式完成以后,发布诏令,大赦天下,改年号为万岁登封,天下百姓免缴当年租税,民间可以连续九天聚会饮酒,以示庆祝。十四日,禅少室,在少室山万羊岗设坛祭地,立《大周封祀坛碑》。二月辛巳,尊神岳天中王为神岳天中黄帝,灵妃为天中黄后。为纪念这桩大事的完成,她下旨将年号改为"万岁登封","改嵩阳县为登封","改阳城县为告成",表示大功告成。此时,崔融上《贺封禅表》。

谏武后避暑三阳宫疏

唐 张 说

宫距洛城百六十里,有伊水之隔,萆坂之峻。过夏涉秋,水潦方积。首环山险,不通转远。河广无梁,咫尺千里。扈从兵马,日费资饷,太仓武库,并在都邑。红粟利器,蕴若山丘。奈何去宗庙之上都,安山谷之僻处,是犹倒持剑戟,示人槽柄。臣窃为陛下所不取。大祸变之生,在人所忽。故曰安乐必戒,无行所悔,不可一也。告在褊小,万方辐辏,填郭溢郭,并锸无所。排斥居人,蓬宿草次。风雨暴至,不知庇托。孤茕老病,流转衢巷。陛下作人父母,将若之何？不可二也。池亭奇巧,荡诱上心。削峦起观,竭流涨海。俯贯地脉,仰出云路。易山川之气,夺农桑之土。延木石,定斧斤。山谷连声,春夏不辍,劝陛下作此者,岂正人邪？《诗》云,人亦劳止。汔可小康,不可三也。御苑东西二十里,外无垣墙扃禁。内有榛丛溪谷。猛毅所伏,暴慝所凭。陛下往夕轻行,警跸不肃,历蒙密,乘险巇。卒有逸兽狂夫,惊犯左右,岂不殆哉！《易》曰:思患豫防,颇为万姓持重。不可四也。

今北有胡寇觑边,南有夷獠骚缴,关西小旱,耕稼是忧。安东近平,输漕方始。臣愿及时旋轸,深居上京,息人以展农,修德以来远。罢不急之役,省无用之费。澄心澹怀,惟亿万年。苍苍群生,莫不幸甚,臣度刍议,十不从一,何者？沮盘游之娱,间林沚之玩。规远图,替近适。要后利,弃前欢。未沃明主之心,已戾贵臣之意。然不爱死者,惧言责不职耳。

[作者作品]

张说(667~730年),唐代文学家,诗人,政治家。字道济,一字说之。其先自范阳徙河南,更为洛阳人。永昌中,武后策贤良方正,诏吏部尚书李景谌糊名较覆,说所对第一,后署乙等,授太子校书郎,迁左补阙。代表作品有《岳州山城》、《与赵冬曦君懋子均登南楼》等。

疏是古代一种专门议论朝政的文章。久视年间,女皇武则天到三阳宫避暑,到了秋天还不回京。张说针对此事冒死进谏,写了这篇《谏武后避暑三阳宫疏》,言语犀利,毫不客气,提出要追求长远的利益,抛弃眼前的欢乐,否则,必然危及安全,后果难以预料。

张 说

[相关史料]

三阳宫,位于登封告成镇东南约3公里处的石淙河北崖坡上。《唐书·则天皇后》记载:"圣历三年(700年)造三阳宫于嵩山。"还有史料记载:唐久视元年(700年)正月建三阳宫,楼阁亭台,周折崖畔,极为壮观。四月,武则大携同太子、公主、群臣到此游乐。

石淙河,位于登封市东南部,是颍河上源左岸支流,因河水击石淙淙有声,故名。石淙河发源于登封市东北太室山北麓的九龙潭,河道呈西北东南向,流经登封市唐庄、卢店、大冶、告成四乡镇,至告成镇双庙村注入颍河,全长35.7公里,流域面积90平方公里。石淙河流至告成镇东南,在此汇聚成潭,两岸崖石陡峭,形如刀切,崖下潭水洞黑,深不可测,以其形状取名车厢潭。潭内怪石交错,山清水秀,风景优美。潭南有一巨石突立水中,石顶平整,可容数十人,世称乐台。河水至此两分,恰似碧绿匹练,悬挂两边。北岸有一天然石洞,内有一平方石板,据说武则天到此游览,常宿其上,故称娘娘洞,又称娘娘炕。娘娘洞北有一洞穴,临洞口可观赏鱼跃,所以俗称观鱼洞。周久视元年(700年),武则天曾在此大宴群臣,饮酒赋诗,观赏美景,故名"石淙会饮",为中岳嵩山名景之一。

赐卢鸿一还山制

唐玄宗　李隆基

　　昔在帝尧,全许由之节。缅惟大禹,听伯成之高。则知天子有所不臣,诸侯有所不友,遯之时义大矣哉。嵩山隐士卢鸿一,抗节幽远,凝情篆素。隐居以求其志,行义以达其道。云卧林壑,多历年载。《传》不云乎:举逸民,天下之人归心焉。是乃飞书岩穴,备礼征聘。方伫献替,式弘政理。而矫然不群,确乎难拔。静已以镇其操,洗心以激其流。固辞荣宠,将厚风俗。不降其志,用保厥躬。会稽严陵,未可名屈。太原王霸,终以病归。宜以谏议大夫放还山,岁给米百硕、绢五十匹,充其药物,仍令府县送隐居之所。若知朝廷得失,具以状闻。

[作者作品]

唐玄宗李隆基

　　唐玄宗李隆基(685~762年),亦称唐明皇。712~756年在位。唐睿宗李旦第三子。唐隆元年(710年)六月庚子日申时,李隆基与太平公主联手发动"唐隆政变"诛杀韦后。712年李旦禅位于李隆基,后赐死太平公主,取得了国家的最高统治权。前期注意拨乱反正,任用姚崇、宋璟等贤相,励精图治,他的开元盛世是唐朝的极盛之世,在位后期宠爱杨贵妃,怠慢朝政,宠信奸臣李林甫、杨国忠等,加上政策失误和重用安禄山等佞臣,导致了后来长达八年的安史之乱,为唐朝中衰埋下伏笔。

[相关史料]

　　卢鸿一(?~740年前后)唐画家、诗人,著名隐士。一名鸿,字浩然,一字颢然,本幽州范阳(今河北涿县东北)人,徙居洛阳,后隐居嵩山(今登封市)。博学,善篆籀,工八分书,能诗。画山水树石,得平远之趣,与王维相当。开元初(713年),玄宗遣使备礼至嵩山征召卢鸿,再征不至。开元五年(717年)玄宗又下《征隐士卢鸿一诏》征聘,诏书表示"虚心引领""翘想遗贤",要求卢鸿"幡然易节,副朕意焉",卢鸿只得赴征。开元六年(718年)至东都洛阳,谒见不拜。唐玄宗又为卢鸿一下《授卢鸿一谏议大夫诏》,但卢鸿一固辞。唐玄宗只得将卢鸿一放归嵩山,赐以隐居之服,官营"东溪草堂"。本书所选《赐卢鸿一还山制》为开元六年(718年)玄宗所下的诏书。

[附录]

征隐士卢鸿一诏

唐玄宗　李隆基

　　朕以寡薄,忝膺大位。尝恨玄风久替,淳化未升。每用翘想遗贤,冀闻上皇之训。以卿黄中通理,钩深诣微,穷太一之道,践中庸之德,确乎高上,足侔古人。故比下征书,伫谐善绩。而每辄托辞,拒违不至。使朕虚心引领,于今数年。虽得素履幽人之贞,而失考父滋恭之命。岂朝廷之政与生殊趋耶?将纵欲山林而不能返乎?礼有大伦,君臣之义不可废也。今城阙密迩,不足为劳。便敕赍束帛之贶,重宣斯旨。想有以幡然易节,负朕意焉。

授卢鸿一谏议大夫诏

唐 玄宗 李隆基

卢鸿一应辟而至。访之至道,有会淳风。爰举逸人,用劝天下。特宜受谏议大夫。

嵩山仙人诗(二首)
唐 李 白

[作者作品]

李 白

李白(701~762年),唐朝伟大的浪漫主义诗人,在我国历史上,被誉为"诗仙"。字太白,号青莲居士。祖籍陇西成纪(今甘肃天水附近),先世于隋末流徙西域,李白即生于中亚碎叶(今巴尔喀什湖南面的楚河流域,唐时属安西都护府管辖)。幼时随父迁居绵州昌隆(今四川江油)青莲乡。天宝元年(742年),因道士吴筠的推荐,被召至长安,供奉翰林。文章风采,名动一时,颇为唐玄宗所赏识。后因不能见容于权贵,在京仅3年,就弃官而去,仍然继续他那飘荡四方的流浪生活。公元756年,即安史之乱发生的第二年,他感愤时艰,曾参加了永王李璘的幕府。不幸,永王与肃宗发生了争夺帝位的斗争,失败之后,李白受牵累,流放夜郎(今贵州境内),途中遇赦。晚年漂泊东南一带,依当涂县令李阳冰,不久即病卒。

李白一生绝大部分在漫游中度过。其诗歌大多为描写山水和抒发内心的情感为主,诗风雄奇豪放,想象丰富,语言流转自然,音律和谐多变。他真正能够广泛地从当时的民间文艺和秦、汉、魏以来的乐府民歌中吸取其丰富营养素材,集中提高而形成他的独特风貌,构成其特有的瑰丽绚烂的色彩。李白存世诗文千余篇,代表作有《蜀道难》《梦游天姥吟留别》《将进酒》等诗篇,有《李太白集》传世。李白创造了古代积极浪漫主义文学高峰,为唐诗的繁荣与发展打开了新局面,批判继承前人传统并形成独特风格,歌行体和七绝达到后人难及的高度,开创了中国古典诗歌的黄金时代。李白是屈原之后最伟大的浪漫主义诗人,有"诗仙"之称。与杜甫齐名,世称"李杜"。存世诗文千余篇,有《李太白集》30卷。

唐代是我国诗歌创作的高峰。李白的诗歌是唐代浪漫主义作品的代表。李白的一生,除了短短三年左右,没正式官职而以"布衣侍丹墀"的翰林供奉和几个月的永王璘幕僚外,其余的日子,不是隐居就是游历。李白一生与嵩山结下了不解之缘,他曾多次在嵩山寻仙访道,并写了多首有关道教神仙方面的诗,《赠嵩山焦炼师》和《凤吹笙曲》就是从中所选。

一、赠嵩山焦炼师

嵩山有神人焦炼师者,不知何许妇人也。又云生于齐梁时,其年可称五六十。常胎息绝谷,居无室庐,游行若飞,倏忽万里。世或传其入东海,登蓬莱,竟不能测其往也。予访道少室,登三十六峰,闻风有寄,洒翰遥赠。

二室凌青天,三花含紫烟。中有蓬海客,宛疑麻姑仙。道在喧莫染,迹高想已绵。
时餐金鹅蕊,屡读碧苔篇。八极恣游憩,九垓常周旋。下瓢酌颍水,舞鹤来伊川。
还归空山上,独拂秋霞眠。萝月挂朝镜,松风鸣夜弦。潜光隐嵩岳,炼魄栖云幄。
霓裳何飘飘,风吹转绵邈。愿同西王母,下顾东方朔。紫书倘可传,铭骨誓相学。

[相关史料]

游走如飞焦炼师

焦炼师,名焦静真。唐朝嵩山著名女道士、隐逸。生于齐梁时。焦静真隐居嵩山,羽化成仙,非常有名。据说焦静真已经200多岁了,其年貌只有五六十岁的样子。她于嵩山修上清法,常胎息绝谷,居无室庐,游走如飞,奔忽万里。世传或其入东海,登蓬莱,竟不能测其往也,人称"神人"。《续仙传》载云:"女真焦静真经海诣蓬莱求师,至一山,见道者指言曰:天台山司马承祯名在丹台,身居赤城,真良师也。静真既近,诣承祯求度,未几升天。"焦静真在嵩山修炼期间,当时在嵩山的诗人李白、李颀、钱起、王维等名家,处于对焦炼师的敬佩之意,皆写有诗。

二、凤吹笙曲

仙人十五爱吹笙,学得昆丘彩凤鸣。始闻炼气餐金液,复道朝天赴玉京。
玉京迢迢几千里,凤笙去去无边已。欲叹离声发绛唇,更嗟别调流纤指。
此时惜别讵堪闻,此地相看未忍分。重吟真曲和清吹,却奏仙歌响绿云。
绿云紫气向函关,访道应寻缑氏山。莫学吹笙王子晋,一遇浮丘断不还。

[相关史料]

王子乔(约前565～前549年),东周人。王氏的始祖。王子乔是黄帝的42代后人,本名姬晋,字子乔,周灵王的太子,人称太子晋。《古诗十九首》之十五:"仙人王子乔,难可与等期。"汉刘向《列仙传·王子乔》载:"王子乔者,周灵王太子晋也。好吹笙,作凤凰鸣。游伊洛之间,道士浮丘公接以上嵩高山。三十余年后,求之于山上,见桓良曰:'告我家:七月七日待我于缑氏山巅。'至时果乘白鹤驻山头,望之不得到,举手谢时人,数日而去。"

与魏居士书

唐 王 维

足下太师之后,世有明德,宜其四代五公,克复旧业。而伯仲诸昆,顷或早世。唯有寿光,复遭播越。幼生弱侄，藐然诸孤，布衣徒步，降在皂隶。足下不忍其亲，杖策入关，降志屈体，托于所知。身不衣帛，而于六亲孝慈。终日一饭，而以百口为累。攻苦食淡，流汗霡霂，为之驱驰。仆见足下，裂裳毁冕，二十余年，山栖谷饮，高居深视。造次不违于仁，举止必由于道。高世之德，欲盖而彰。

又属圣主搜扬仄陋，束帛加璧，被于岩穴。相国急贤，以副旁求，朝闻夕拜。片善一能，垂章拖组。况足下崇德茂绪，清节冠世。风高于黔娄善卷，行独于石门荷蓧。朝廷所以超拜右史，思其入践赤墀，执牍珥笔，羽仪当朝，为天子文明。且又禄及其室养，昆弟免于负薪，樵苏晚爨。柴门闭于积雪，藜床穿而未起。若有称职，上有致君之盛，下有厚俗之化。亦何顾影局步，行歌采薇？是怀宝迷邦，爱身贱物也。岂谓足下利钟釜之禄，荣数尺之绶？虽方丈盈前，而蔬食菜羹。虽高门甲第，而毕竟空寂。人莫不相爱，而观身如聚沫。人莫不自厚，而视财若浮云。于足下实何有哉！

圣人知身不足有也，故曰："欲洁其身，而乱大伦。"知名无所著也，故曰："欲使如来，名声普闻。"故离身而返屈其身，知名空而返不避其名也。古之高者曰许由，挂瓢于树，风吹瓢，恶而去之。闻尧让，临水而洗其耳。耳非驻声之地，声无染耳之迹。恶外者垢内，病物者自戕。此尚不能至于旷士，岂入道者之门欤！降及嵇康，亦云："顿缨狂顾，逾思长林而忆丰草。"顿缨狂顾，岂与俯受维絷有异乎？长林丰草，岂与官署门阑有异乎？异见起而正性隐，色事碍而慧用微。岂等同虚空，无所不遍；光明遍照，知见独存之旨耶？此又足下之所知也。

近有陶潜，不肯把板屈腰见督邮，解印绶弃官去，后贫。《乞食诗》云："叩门拙言辞。"是屡乞而多惭也。尝一见督邮，安食公田数顷。一惭之不忍，而终身惭乎！此亦人我攻中，忘大守小，不□其后之累也。孔宣父云："我则异于是，无可无不可。"可者适意，不可者不适意也。君子以布仁施义、活国济人为适意。纵其道不行，亦无意为不适意也。苟身心相离，理事俱如，则何往而不适？此近于不易，愿足下思可不可之旨。以种类俱生，无行作以为大依，无守默以为绝尘，以不动为出世也。

仆年且六十，足力不强。上不能原本理体，裨补国朝。下不能殖货聚谷，博施穷窭。偷禄苟活，诚罪人也。然才不出众，德在人下，存亡去就，如九牛一毛耳。实非欲引尸祝以自助，求分谤于高贤也。略陈起予，唯审图之。

[作者作品]

王维（701～761年），唐朝山水田园诗派代表诗人、画家、音乐家。字摩诘，祖籍山西祁县。开元九年（721年）中进士，任太乐丞。张九龄执政后，王维受其赏识，擢右拾遗，后历监察御史、左补阙、库部郎中、吏部郎中、给事中。安史之乱起，王维因扈从不及而被俘，被迫接受伪职。唐军收复两京后，王维因罪下狱，旋即释放，迁太子中允。数年后，王维去世，终年61岁。王维是盛唐诗人的代表，今存诗400余首，重要诗作有《相思》《山居秋暝》等。

王维精通佛学，有"诗佛"之称。佛教有一部《维摩诘经》，是王维名和字的由来。因母亲师事嵩山普寂大照禅师，王维曾全家迁移到嵩山东溪，在此居住多年。《与魏居士书》即是他的嵩山之作。

王 维

[相关史料]

《与魏居士书》是朝廷要魏居士当官,魏居士心里很矛盾,王维为此所写。全文中心思想是积极鼓励魏居士入仕,认为入仕利国、利民、利家、利己。为此还对古代著名的逸士高人作出评论,批评了拒仕的许由、嵇康,讥讽了弃官的陶潜。王维于此用了三个历史人物(朱买臣、袁安、管宁)由贫士入仕的典故,所谓"免于负薪樵苏晚爨,柴门闭于积雪,藜床穿而未起",即指免于贫困饥寒的意思。从《与魏居士书》来看,大概魏居士将自己的道性看得很重,担心入仕会有"利钟釜之禄,荣数尺之绶"的嫌疑,王维劝励他:虽方丈盈前,而蔬食菜羹;虽高门甲第,而毕竟空寂。人莫不相爱,而观身如聚沫;人莫不自厚,而视财若浮云,于足下实何有哉!这是王维以"入仕而出世"的禅宗观念调和儒释最精彩的论述,旨在宣扬入仕而浮云富贵荣华的思想精神。

虎牢关铭(并序)

唐 贾 至

虎牢关之战

天弛定位,山川据其极;王侯设险,虎牢拥其要。镇之以五岳,维嵩萃焉;迫之以四渎,洪河突焉。宜其咽喉九州,阃域中夏,赞经纶之攻拒,却欃枪之凌暴。乃若金火代变,山河分裂,胁从力争。议散约结,时则汉祖守之以临山东,坐清三齐,强楚踯躅而不进。隋氏失驭,中原板荡,封豕洊食,龙战元黄。时则太宗据之以拒河朔,克擒丑夏,伪郑肉袒而请命。于戏!自周室微弱,虎狼并吞,盛衰千祀,正闰更王,而政和民安,一统长久。汉氏昭于前载,我唐光于兹日,其创业之主。戡定功业,咸在斯地。意者天开险固为霸王之器乎?圣作功业知窅冥之意乎?不然,何期事时影响若此也。又闻诸郑志曰:制岩邑也,虢叔死焉。而汉唐绍兴,得非山灵河神正直是辅。乃知不独恃险,而颠沛者在于凉德欤!天宝七载,至自宋都,西经洛阳,歇鞍登兹,怀古钦望。鉴山河之壮丽,想威灵而咫尺,慨然有怀。敢献颂曰:

逸矣维嵩,峻极于天;磅礴崔嵬,北临洪川;岳渎会险,蹙折封泉;实开虎牢,作固伊瀍;维此虎牢,天设巨防;攻在坤下,拒在离傍;昏恃以灭,圣凭而王;峥嵘豁呀,孟门相向;伊昔汉祖,戡秦统周;勃敌相及,此焉淹留;终夷海春,遂夏鸿沟;乘舺而东,奄有九州。隋氏败绩,黎人艰阻。帝命太宗,陈师鞠旅;跌骑偩傎,云旗容与;擒夏克郑,在此一举。日月永清,昆虫得所,岁在戊子,西经登兹,神祇肃然,悯亡凄其。虢叔返道,复隍慭师;项氏烹苴,莫能守之,险易同涂,成败异时。德不在鼎,王孙布词。三苗不循,魏武忸怩;逆失顺获,古今同期;申凿勒铭,庶警将来。

[作者作品]

贾至(718~772年),唐代文学家。字幼隣,贾曾之子,洛阳人。天宝初以校书郎为单父尉,与高适、独孤及等交游。天宝末任中书舍人。安史乱起，随玄宗奔四川。乾元元年(758年)春，出为汝州刺史，后贬岳州司马，曾与李白相遇，有诗酬唱。代宗宝应元年(762年)，复为中书舍人，官终散骑常侍。贾至以文著称当时，甚受中唐古文作家独孤及、梁肃等推崇。著有文集30卷。

[相关史料]

虎牢关位于今荥阳市城西15公里汜水镇西部，是历代兵家必争之地。此关南连嵩岳，北濒黄河，山岭夹持，深谷交错，形势险要，一线羊肠小道贯通东西，史称"锁天中，控四鄙"之地，为天下雄关之一。秦末，楚汉争霸在此长期进行攻守战，著名的有"成皋之战"。《三国演义》中著名的"三英战吕布"的描述，使这里成为令人向往的名胜之地，今仍有"张飞城"、"吕布城"、"三义庙"（纪念刘备、张飞、关羽的庙）等胜迹。

与少室李拾遗(李渤)书

唐 韩 愈

十二月某日，愈顿首：伏承天恩，诏河南敦喻拾遗公，朝廷之士，引颈东望，若景星、凤鸟之始见也，争先睹之为快。方今天子仁圣，小大之事皆出宰相，乐善言如不得闻。自即大位已来，于今四年，凡所施者，无不得宜。勤俭之声，宽大之政，幽闺妇女，草野小人，饱闻而厌道之。愈不通于古，请问先生，世非太平之运欤？加又有非人力而至者，年谷熟衍，符贶委至；干纪之奸，不战而拘累；强梁之凶，销铄缩栗，迎风而委伏。其有一事未就正，自视若不成人。四海之所环，无一夫甲而兵者。若此时也，拾遗公不疾起与天下之士君子乐成而享之，斯无时矣。昔者孔子知不可为而为之不已，足迹接于诸侯之国。今可为之时，自藏深山，牢关而固距，即与仁义者异守矣。想拾遗公冠带就车，惠然肯来，抒所蓄积，以补缀盛德之有阙遗，利加于时，名垂于将来，踊跃悚企，倾刻以冀。又窃闻朝廷之议，必起拾遗公。使者往，若不许，即河南必继以行。拾遗征君若不至，必加高秩，如是则辞少就多，伤于廉而害于义，拾遗公必不为也。善人斯进其类，皆有望于拾遗公，拾遗公倘不为起，是使众善人不与斯人施也。由拾遗公而使天子不尽得良臣，君子不尽得显位，人庶不尽被惠利，其害不为细。必望审察而远思之，务使合于孔子之道乃善。幸甚！愈再拜。

[作者作品]

韩愈(768～824年)，字退之，唐河内河阳(今河南孟县)人。自谓郡望昌黎，世称韩昌黎。唐代古文运动的倡导者，宋代苏轼称他"文起八代之衰"，明人推他为唐宋八大家之首，与柳宗元并称"韩柳"，有"文章巨公"和"百代文宗"之名。著有《韩昌黎集》40卷，《外集》10卷，《师说》，等等。

[相关史料]

李渤(772～831年)，李渤与其兄长李涉(号青溪子)都是当时的著名文学家。字浚之，号少室，嵩山洛阳人。后魏时横野将军、申国公李发的后裔。父李钧，任殿中侍御史，因不能养母而被世所废。李渤以家中的污点为耻，不肯任官，隐居庐山，后迁居嵩山登封清微宫。元和初年(806年)，户部侍郎李巽、谏议大夫韦况交替荐举他，

韩 愈

诏令以右拾遗的名义招他。李渤上书辞谢,不肯受官。元和四年(809年)十二月,洛阳令韩愈写《与少室李拾遗书》,劝隐居嵩山的李渤应朝廷之请出来当官。

说 骥

唐 刘禹锡

[原文]

伯氏佐戎于朔陲(戎:古代兵器总称,这里指军队。佐戎:辅佐将领,即将领的幕僚之类,相当于现在的参谋),获良马以遗予。予不知其良也,秣之稊秕,饮之污池。庌樆也,上库而下蒸;羁络也,缀索而续韦(熟牛皮)。其易之如此。予方病且寠,求沽于肆。肆之驵亦不知其良也,评其价六十缗。将剂矣,有裴氏子嬴其二以求这之,谓善价也,卒与裴氏。裴氏所善李生,雅挟相术,于马也尤工。覩之周体,眙然视,听然笑,既而抃随之。且曰:"久矣吾之不覩于是也,是何柔心劲骨,奇精妍态,宛如锵如,晔如翔如之备邪!今夫马之德全然矣,顾其维驹藏锐于内,且秣之乖方,时用不说于常目。须其齿备而气振,则众美灼见,上可以献帝闲(木栏之类的遮拦物,这里指马厩),次可以鹭千金。"裴也闻言竦焉。遂俶其仆,斸其皂,筐其恶,屦其溲,催(单人旁改禾字旁)以美荐,秣以芗粒,起之居之,澡之挋之,无分阴之息。斯以马养,养马之至分也。居无何,果以骥德闻。

客有啃予以丧宝,且讥其贸也微,予洒然曰:"始予有是马也,予常马畜之。今予易是马也,彼宝马畜之。宝与常在所遇耳。且夫昔之翘陆也,谓将蹄将啮,抵以挝策,不知其蹴云耳。昔之嘘吸也,谓为疵为疠,投以药石,不知其喷玉耳。夫如是,则虽旷日历月,将至顿踣,曾何宝之有焉?由是而言,方之于士,则八十其缗也,不犹腧于五羖皮乎?"客谡而竦。予遂言曰:"马之德也,存乎形者也,可以目取,然犹为之若此。矧德蕴乎心者乎?斯从古之叹,予不敢叹。"

刘禹锡

[作者作品]

刘禹锡(772~842年),唐朝中晚期著名诗人,有"诗豪"之称。字梦得,唐朝彭城(今徐州)人,祖籍洛阳。唐德宗贞元九年(793年)进士,历任监察御史、礼部郎中、夔州刺史、太子宾客分司东都洛阳。政治上主张革新,是王叔文派政治革新活动的中心人物之一。仕途中多次外贬,永贞年间曾参与"永贞革新"。诗文与与柳宗元并称"刘柳"。晚年住在洛阳,与白居易唱和较多,时称"刘白"。

[相关史料]

古文中有说、论二体,二者性质相近,而又有区别。论,着重在论理;说,着重在说明、申释。文章分前后两部分。前一部分重在叙事,叙述了得马、售马、相马、善养马和果得良马的始末。虽有良马,但未遇识者时,则以常马畜之,不知其举足腾跃乃踏云之举,反而以为是要踢人,动辄鞭打。如此待之,"何宝之有"?而以慧眼识之,并以宝马畜之,方得良骥。其关键就在于一要遇识,二要善待。《说骥》寄托的是才高运厄、怀才不遇的愤懑不平之情。对于埋没和摧残人才的封建制度所进行的有力抨击,则具有更加广泛深刻的社会意义和现实意义。

[译文]

（一位）在北方边陲军队当参谋姓伯的（朋友），得到一匹良种马送给了我。我不知道它的好处，喂它吃的是稗草和秕谷，给它喝的是污水池的水。马厩和马槽那里，是上面闷（不通风）下面热气蒸腾；马笼头和缰绳，都是绳子和牛皮连缀起来的。对待那马简单到如此（的地步）。我当时生病而且很穷，（牵它）到市场去卖。市场上的马贩子也不知道它的优良所在，估的价是六十串铜钱。将要卖了，有个姓裴的先生用超过他的价钱的两倍要求购买，（我）认为这是个好价钱，最终还是卖给了姓裴的了。姓裴的交好的姓李的先生，一直具有看相之术，对于相马也很精通。察看马的周身形体，瞪着眼睛看，满脸笑容，最后鼓起掌来。并且说道："我很久没有看见这样的马了，这是多么柔顺的身体强劲的骨骼，奇妙的精气美好的姿态，婉转铿锵的嘶鸣，光华灿烂疾如飞翔它全都具备啊！当今马的优点它全都具备啊，看这马真是将精锐蕴藏在内，但是用错误的方法喂养，经常用它去做它所不喜欢的普通的事。必须等到它牙齿长全精气得到提振，那就所有的优点耀眼地显现出来，上可以献进皇帝的马厩，再次也可以卖千金之价。"裴先生听了肃然起敬。于是督告他的仆人，不让它干活，用筐清理它的马厩的污物，用绘有蛤蜊图案的尊装它的粪便，喂最好的草料，吃（加工了的）苇草，起居（要照顾好），洗完澡要擦拭干（身体），不分什么时刻没有怠慢的。这样养马，是养马之最啊。过了不久，果然是以好马著称。

有的客人安慰我丧失了宝贝，还讥诮卖得那么便宜，我坦然说道："当初我拥有这匹马，我当普通马养它。如今卖了这马，他当宝马养它。宝和普通就在于其是否被认识（知遇）啊。原来它要跳跃，以为是要踢要咬（人），（它）得到的是鞭打，不知道它能跑如驾云。原来它的嘶鸣，认为是瑕疵是犯病，给它吃药扎针，不知道那嘶鸣是美好的声音。这样的情况，那么经过长年累月，必将使它疲顿趴倒，那又那来的什么宝啊？这么来说，卖给一般的人，就算八十串铜钱，不就是超过五只黑公羊的皮吗？"客人（马上）起立肃然起敬。我于是说："马的优点，存在于它的形体之中，可以凭眼睛看见，但是还会是这个样子。何况德行蕴藏在心中的人呢？这是自古以来令人感叹的啊，我不敢说什么的啊。"

与元九书（节选）

唐　白居易

仆常痛诗道崩坏,忽忽愤发,或废食辍寝,不量才力,欲扶起之。嗟乎！事有大谬者,又不可一二而言,然亦不能不粗陈于左右。

仆始生六七月时,乳母抱弄于书屏下,有指"之"字、"无"字示仆者,仆口未能言,心已默识。后有问此二字者,虽百十其试,而指之不差。则知仆宿习之缘,已在文字中矣。及五六岁,便学为诗。九岁谙识声韵。十五六,始知有进士,苦节读书。二十已来,书课赋,夜课书,间又课诗,不遑寝息矣。以至于口舌成疮,手肘成胝。既壮而肤革不丰盈,未老而齿发早衰白；瞥然如飞蝇垂珠在眸子中者,动以万数,盖以苦学力文之所致！

又自悲家贫多故,年二十七,方从乡赋。及第之后,虽专于科试,亦不废诗。及授校书郎时,已盈三四百首。或出示交友如足下辈,见皆谓之工,其实未窥作者之域耳。自登朝来,年齿渐长,阅事渐多。每与人言,多询时务；每读书史,多求理道。始知文章合为时而著,歌诗合为事而作。是时皇帝初即位,宰府有正人,屡降玺书,访人急病。

仆当此日,擢在翰林,身是谏官,月请谏纸。启奏之间,有可以救济人病,裨补时阙,而难于指言者,辄咏歌之,欲稍稍进闻于上。上以广宸听,副忧勤;次以酬恩奖,塞言责;下以复吾平生之志。岂图志未就而悔已生,言未闻而谤已成矣!

又请为左右终言之。凡闻仆《贺雨诗》,众口籍籍,以为非宜矣;闻仆《哭孔戡诗》,众面脉脉,尽不悦矣;闻《秦中吟》,则权豪贵近者,相目而变色矣;闻《登乐游园》寄足下诗,则执政柄者扼腕矣;闻《宿紫阁村》诗,则握军要者切齿矣!大率如此,不可遍举。不相与者,号为沽誉,号为诋评,号为讪谤。苟相与者,则如牛僧孺之诫焉。乃至骨肉妻孥,皆以我为非也。其不我非者,举世不过三两人。有邓鲂者,见仆诗而喜,无何鲂死。有唐衢者,见仆诗而泣,未几而衢死。其余即足下。足下又十年来困踬若此。呜呼!岂六义四始之风,天将破坏,不可支持耶?抑又不知天意不欲使下人病苦闻于上耶?不然,何有志于诗者,不利若此之甚也!然仆又自思关东一男子耳,除读书属文外,其他懵然无知,乃至书画棋博,可以接群居之欢者,一无通晓,即其愚拙可知矣!初应进士时,中朝无缌麻之亲,达官无半面之旧;策蹇步于利足之途,张空拳于战文之场。十年之间,三登科第,名落众耳,迹升清贯,出交贤俊,入侍冕旒。始得名于文章,终得罪于文章,亦其宜也。

[作者作品]

白居易

白居易(772~846年),唐朝杰出的现实主义诗人、文学家,唐代新乐府运动的倡导者。字乐天,别号醉吟先生。祖籍太原(今山西省太原市)人。祖父白锽因出任嵩山巩县县令又喜爱新郑山水而迁居东郭宅(今新郑市城关镇8公里东郭寺村),白居易就出生在这里。贞元十六年(800年)中进士,官至翰林学士、左赞善大夫。其仕途险象四伏,举步艰难。会昌二年(842年),以刑部尚书致仕,闲居洛阳,皈依佛教,以诗酒自适。晚年居于洛阳龙门山东山香山寺,自号香山居士。白居易一生在嵩山地区生活多年,在这里写下了大量的诗文。今存诗近3000首,与嵩山地区有关的诗篇就有800多首。著有《白氏长庆集》,共有71卷。代表诗作有《长恨歌》、《卖炭翁》、《琵琶行》等。

《与元九书》写于元和十年(815年),其时作者在江州司马任上。

[相关史料]

元稹是白居易的好友。他们交往密切,唱酬谢之作甚多,得意时以诗相戒,失意时以诗相勉,论诗作文观点相似,志同道合,感情深厚。白居易从自己的勤学苦读,谈到仕宦之后潜心诗歌创作,以及作品的巨大影响,在总结经验时,着重谈到文学创作与现实的关系,得出"文章合为时而著,歌诗合为事而作"的结论。

[译文]

我经常对诗道的破坏感到痛心,恍恍惚惚地就激愤起来,有时正在吃饭就吃不下去了,夜里睡不着觉。我没有估量自己才力的不足,就想马诗道恢复起来。唉!事竟与愿违,又不是几句话可以说尽的,但是还不能不向您粗略地陈述一番。

我出生六七个月的时候，乳母抱着我在书屏下边玩，有人指着无字之字教给我。我虽然嘴上说不出来，但是心里已经默默地记住了。后来有人拿这两个字问我，即使试验十次百次，我都能准确地指出来。那么我是生来就与文字有缘了。到五六岁，就学习做诗，九岁通晓声韵，十五六岁开始知道考中进士的荣耀，就刻苦读书、20岁以来，白天学习作赋，夜里刻苦读书，间或也学习作诗，连睡眠和休息都顾不上了。甚至于嘴和舌头都生疮，手和肘都磨成茧。眸子里总是一晃一晃的，好像飞着挂着珠，动不动就以万计。这大概是刻苦学习奋力做诗造成的，自己感到很悲哀。

　　因家庭贫困而又多事故，27岁才应进士第。考中以后，虽然专心于分科考试，还是没有停止作诗。到了做校书郎的时候，诗作足有三四百首。有时拿出来让足下这样的朋友们看。大家一见都说写得工巧，其实我并没有达到诗作者的水平。自从到朝廷作官以来，年龄渐长，经历的事情也渐多，每逢与人谈话，多询问时政，每逢读书史，多探求治理国家的道理。这才知道文章应该为时事而著作，诗歌应该为现实而创作。这时候，皇帝刚刚继位，政府之中有正直的人士，屡次下诏书，调查人民的疾苦。

　　我正是在这时升做翰林学士，又做左拾遗的官，亲手领取写谏章的用纸，除写奏章直接向皇帝陈述意见之外，有可以解救人民疾苦，弥补时政的缺失，而又难于直接说明的事项，就写成诗歌，慢慢地让皇帝知道。首先是用来开阔皇帝的见闻，对他考虑和处理国家大事有所帮助。其次是报答皇帝的恩情奖励，尽到谏官的职责。最后是实现个人平生振兴诗道的心愿。没有想到，心愿没有实现而悔恨已经产生，诗歌没有闻于上，而诽谤却已经形成了。

　　我还要请您允许我把这件事彻底地说说。凡是听到我的《贺雨诗》，众人就一起喧嚷起来，已经认为不合适了。听到我的《哭孔戡诗》，众人就面呈怒色，都不高兴了。听到《秦中吟》，有权势的显贵和近臣都相视变色。听到我的乐游园寄足下诗，执政者就扼腕痛恨。听到我的《宿紫阁村诗》，掌握军权的人就切齿痛恨。大都这样，不能全都举出了。与我没有交谊的人说我是沽名钓誉，恶意攻击，嘲笑诽谤。假使是与我有交谊的，就以牛僧孺揭露时政而被斥逐的教训警戒我，甚而我的兄弟妻子都认为我是错的。那认为我没错的，整个世上也不过二三个人。有一个邓鲂，看见我的诗就高兴，不久他就死了。还有一个唐衢，读了我的诗就哭泣，不久唐衢也死去了。另外就是足下了，而足下十年来又困顿到这步田地。唉！难道六义四始的传统，上天就要破坏它而不能支持了吗？还是我不知道上天的意愿就是不让人民疾苦闻于皇帝呢？要不然的话，为什么有志于作诗的人不顺利到这样严重的地步呢？

　　但是，我自己也思量过，我只不过是关东一个普通人罢了。除去读书作文之外，其他事是糊糊涂涂一无所知，甚至连书法、绘画、奕棋、博戏那样可以与众人交换联欢的事，我都一无通晓。就是说，我的愚笨是可想而知了。当初应进士试的时候，朝廷里面连一个疏远的亲戚也没有，达官之中连一个曾有过一面之识的朋友也没有。争取功名我不善于奔走趋附。科举考试我也没有可靠的凭借。但是，十年之间我却三次中第，名声为众人所知，足迹达到侍从之官。在朝廷之外与贤俊之士相交结，在朝廷之中就服侍皇帝。开始我是由于文章知名的，最后又由于文章获罪，那也是应该的。

李德裕论文(二篇)
唐　李德裕

[作者作品]

李德裕

李德裕(787~850年),唐代文学家、政治家,曾在武宗李炎朝任宰相。字文饶,宰相吉甫子也。真定赞皇人(今河北省赞皇县人),历任翰林学士、浙西观察使、西川节度使、兵部尚书、左仆射,并在唐代文宗大和七年(838年)和武宗开成五年(840年)两度为相。李德裕少力学,善为文,虽在大位,手不去书。著有《会昌一品集》20卷,别集10卷,外集4卷。李德裕曾在洛阳伊阙南置闾泉别墅,为当时著名园林,后成为洛阳八景之一。常和白居易等名士在此饮宴酬唱。

一、夷齐论

昔夷齐不食周粟,饿于首阳之下,仲尼称其仁,美其德。盖以取其节,而激贪也。所谓周粟者,周王所赋人之禄是也。谏而不从,不食其禄可矣!至于闻淑媛之言,辄飧薇薇,斯可谓不智矣。夫薇蕨者,元气之所发生,四时之所顺成,日月之所烛,风雨之所育,周焉得而有之哉!若以粟者周人之播殖,则夷齐得非周人乎!反覆其道,尽未当理。然夷齐之行实误!后人于陵仲子慕夷齐者也,乃至不义其兄之禄,洁则洁矣,仁岂然哉!厥后商雒四友,畏秦之酷,避秦之祸,岂止洁身而已?然飧紫芝以为粮,饮泉以为浆,终老南山,以养其寿,斯可谓仁智兼矣。

[相关史料]

伯夷、叔齐是商末孤竹君的两个儿子。相传其父遗命要立次子叔齐为继承人。孤竹君死后,叔齐让位给伯夷,伯夷不受,叔齐也不愿登位,先后都逃到周国。周武王伐纣,二人叩马谏阻。武王灭商后,他们耻食周粟,誓死不作周的臣民,采薇而食,饿死于首阳山(位于今偃师市境内)。

二、张良论

观张良之所以谋国处身者,何其与范蠡相似也。方勾践栖于会稽,范蠡劝其卑身以事吴。厚赂太宰(喜否)以解其难,而谋所以报吴者。及勾践乘吴之敝,复栖吴王姑苏之上,求哀请命,勾践不忍,欲赦之。范蠡不可,援枹进兵,卒刎其颈。勾践既霸,蠡以书辞勾践,乘舟浮海以行,终身不反。而大夫种遂赐剑以自杀。方高祖困于鸿门,张良劝其屈己以谢项羽,深交项伯以脱于祸,而谋所以破羽。及高祖定三秦,与楚相持于荥阳、成皋间,既割鸿沟为界,羽解而东。高祖亦欲罢兵归国,良独谏曰:"此天亡之时,不因机而遂取之,此养虎自遗患者也。"汉兵追羽,卒灭之。高祖既帝,良导引辟谷,欲以赤松子游;韩、彭、英、卢皆被菹醢。故夫智谋之士,处厄之时能忍辱以伸其志,当事机之会能决断以收其功,功成名遂,能高举远引以全身,微二子吾谁与归?

[相关史料]

张良(约前250~前186年),西汉开国功臣,著名的政治家、谋略家。字子房,战国末期韩都(今新郑市)人。张良是秦末汉初伟大而又杰出的谋士、大臣,与韩信、萧何并列为"汉初三杰"。张良曾劝刘邦在鸿门宴上卑辞言和,保存实力,并疏通项羽叔父项伯,使刘邦得以脱身。后张良运筹帷幄,佐汉高祖刘邦在楚汉战争中最终夺得天下,以功封"留侯"。

赠萧炼师

唐 许浑

炼师贞元初,自梨园进为内妓,善舞《柘枝》,宫中莫有伦比者,宠锡甚厚。及驾幸奉天,以病不获从,遂失所止。洎复宫闱,上颇怀其艺,求之浃日,得于人间。后闻神仙之事,谓长生可致,乞奉黄老。上许之,诏居嵩南洞清观,迨今八十余矣。雪肤花颜,与昔无异,则方龟鹤之寿,安得不由所尚哉!因赋是诗,题于院壁。

曾试昭阳曲,瑶斋帝自临。红珠络绣帽,翠钿束罗襟。双阙胡尘起,千门宿露阴。出宫迷国步,回驾轸皇心。桂殿春空晚,椒房夜自深。急宣求故剑,冥契得遗簪。暗记《神仙传》,潜封《女史箴》。壶中知日永,掌上畏年侵。莫比班家扇,宁同卓氏琴。云车辞凤辇,羽帔别鸳衾。网断鱼游藻,笼开鹤戏林。洛烟浮碧汉,嵩月上丹岑。露草争三秀,风篁共八音。吹笙延鹤舞,敲磬引龙吟。旄节纤腰举,霞杯皓腕斟。还磨照宝镜,犹插辟寒金。东海人情变,南山圣寿沈。朱颜常似渥,绿发已如寻。养气齐生死,留形尽古今。更求应不见,鸡犬日骎骎。

[作者作品]

许浑(约791~约858年),晚唐最具影响力的诗人之一。字用晦,一作仲晦,祖籍安州安陆(今湖北安陆),寓居润州(今江苏镇江)。文宗大和六年(832年)进士及第,先后任当涂、太平令,因病免。大中年间入为监察御史,因病乞归,后复出仕,任润州司马。历虞部员外郎,转睦、郢二州刺史。晚年归润州丁卯桥村舍闲居,自编诗集,曰《丁卯集》。其诗皆近体,五七律尤多,句法圆熟工稳,声调平仄自成一格,即所谓"丁卯体"。

《赠萧炼师》是许浑在嵩山寻仙访道时所作。

[相关史料]

萧炼师,唐代在嵩山修炼的道人。

许浑

嵩山诗文(二篇)

唐 李商隐

[作者作品]

李商隐(813~858年),晚唐著名诗人。字义山,故又称李义山,号玉溪(谿)生、樊南生(樊南子),邠国公杜悰的表兄弟。祖籍怀州河内(今焦作市下辖沁阳市、博爱县),生于河南荥阳(今郑州荥阳)。曾客居嵩洛。开成二年(837年)进士。历任校书郎、弘农尉、节度判官、太学博士、盐铁推官等。大中十二年(858年)病卒于郑州。李商隐善骈文,尤工诗,为晚唐大家,与杜牧齐名,人称"小李杜"。诗内容丰富,余味无穷。今有《李义山诗集》6卷,文集有今人辑本《杂纂》。

李商隐

一、嵩阳寻师(东还)

自有仙才自不知,十年长梦采华芝。秋风动地黄云暮,归去嵩阳寻旧师。

[相关史料]

《嵩阳寻师》是李商隐在嵩山寻仙访道时所作。

二、寄令狐郎中

嵩云秦树久离居,双鲤迢迢一纸书。休问梁园旧宾客,茂陵秋雨病相如。

[相关史料]

《寄令狐郎中》是作者李商隐于武宗会昌五年(845年)闲居洛阳时,寄给长安故友令狐绹的诗。令狐绹这时正任右司郎中,所以题称"寄令狐郎中"。嵩山与秦川远隔,各在一方。以各自所见的"嵩云"和"秦树",寄寓思念。该诗以感谢故人关心之名籍以修好,久别远隔,两地思念,正当自己闲居多病、秋雨寂寥之际,忽得故交寄书殷勤问候自己,格外感到友谊的温暖。

答梅圣俞寺丞见寄

宋 欧阳修

忆昔识君初,我少君方壮。风期一相许,意气曾谁让。交游盛京洛,尊俎陪丞相。骐骥日相追,鸾凰志高扬。词章尽崔蔡,论议皆歆向。文会忝予盟,诗坛推子将。谈精锋愈出,饮剧欢无量。贾勇为无前,余光谁敢望!兹来五六岁,人事堪凄怆。南北顿睽乖,相离独飘荡。失杯由画足,伤手因代匠。

移书虽激切,拙语非欺诳。安知乃心愚,而使所言妄。权豪不自避,斧质诚为当。仓皇得一邑,奔走逾千嶂。楚峡听猿鸣,荆江畏蛟浪。蛮方时俗异,景物殊气象。绿发变风霜,丹颜侵疾痒。常忧鹏鸟窥,幸免江鱼葬。今兹荷宽宥,迁徙来汉上。憔悴戴囚冠,驱驰嗟俗状。王事多倥偬,学业差遗忘。未能解绶去,所恋寸禄养。举足畏逢仇,低头惟避谤。欣闻故人近,岂惮驱车访?一别各衰翁,相见问无恙。交情宛如旧,欢意独能强。幸陪主人贤,更值芳洲涨。菱荷乱浮泛,水竹涵虚旷。清风满谈席,明月临歌舫。已见洛阳人,重开画楼唱。怡然壹郁写,暂尔累囚放。自从还邑来,会此骄阳亢。神灵多请祷,租讼烦笞榜。犹须新秋凉,汉水临清漾。野稼荡浮云,晴山开叠嶂。聊以助吟咏,亦可资酣畅。北辕如未驾,幸子能来贶。

[作者与作品]

欧阳修(1007～1073年),北宋时期政治家、文学家、史学家和诗人。字永叔,自号醉翁,晚年号六一居士,谥号文忠,世称欧阳文忠公,吉安永丰(今属江西)人。幼年丧父,家境贫困,刻苦读书,宋仁宗天圣八年(1030年)进士,后以右正言(谏官)充任知制诰(主管经皇帝起草诏令)。由于上疏为先后被排挤出朝的杜衍、范仲淹、韩琦、富弼等名臣分辩,被贬为滁州太守。后又知扬州、颍州,再回朝廷任翰林学士、史馆修撰。晚年曾任枢密副使、参知政事(副宰相)等高官,死后追赠太子太师,谥文忠。

欧阳修继承唐代韩愈"文以载道"的精神,发扬唐代古文运动传统,被公认为北宋中期的文坛领袖,在散文、诗词、史传等方面有较高的成就,曾与宋祁合修《新唐书》,独撰《新五代史》,尤以散文对后世影响最大,与唐韩愈、柳宗元、宋王安石、苏洵、苏轼、苏辙、曾巩合称"唐宋八大家"。

欧阳修

欧阳修任西京(今洛阳)留守推官期间,与梅尧臣、尹洙结为至交,游嵩山,磋诗文,给嵩山的历史文化增加了下许多珍贵的财富。《答梅圣俞寺丞见寄》就是他在嵩山地域活动期间与梅尧臣的来往时的问答诗。

[相关史料]

梅尧臣(1002－1060年)北宋著名现实主义诗人。字圣俞,宣州宣城(今属安徽)人。宣城古称宛陵,世称宛陵先生。初试不第,以荫补河南主簿。50岁后,于皇祐三年(1051年)始得宋仁宗召试,赐同进士出身,为太常博士。以欧阳修荐,为国子监直讲,累迁尚书都官员外郎,故世称"梅直讲"、"梅都官"。在北宋诗文革新运动中他与欧阳修、苏舜钦齐名,并称"梅欧"或"苏梅"。曾参与编撰《新唐书》,并为《孙子兵法》作注,所注为孙子十家著(或十一家著)之一。有《宛陵先生集》60卷,有《四部丛刊》影明刊本等。

梅尧臣与欧阳修是北宋文坛名冠天下的领袖,也是志同道合的朋友。天圣九年(1031年)初,梅尧臣由桐城调任河南县主簿。同年秋,因妻兄谢绛任河南府通判,梅尧臣避亲嫌调迁距洛阳不远的河阳县任主簿,河阳离西京洛阳很近。当时西昆诗派的首要人物钱惟演判河南府兼西京留守,欧阳修任西京留守推官,还有尹洙等人也官于西京。梅尧臣常与这些名人往还,很受推崇,并与欧阳修成为莫逆之交。从梅尧臣30岁那年在洛阳初逢欧阳修,到梅尧臣59岁辞世,凡29年,两人的互帮互助,不离不弃,聚则乐而

游,别则思而梦,其情可歌可泣,友谊从未间断并不断地加深。而伴随这种友谊的则是俩人的诗作。在梅尧臣《涡口得双鳜鱼怀永叔》、欧阳修著名的嵩山游组诗《嵩山赋十二题》、欧阳修的《送梅圣俞归河阳序》《书梅圣俞稿后》等大量诗作往来中,欧阳修的《答梅圣俞寺丞见寄》便是其中一首。

管仲论
宋 苏洵

[原文]

管仲相威公,霸诸侯,攘夷狄,终其身齐国富强,诸侯不敢叛。管仲死,竖刁、易牙、开方用,威公薨于乱,五公子争立,其祸蔓延,讫简公,齐无宁岁。

夫功之成,非成于成之日,盖必有所由起;祸之作,不作于作之日,亦必有所由兆。故齐之治也,吾不曰管仲,而曰鲍叔。及其乱也,吾不曰竖刁、易牙、开方,而曰管仲。何则?竖刁、易牙、开方三子,彼固乱人国者,顾其用之者,威公也。夫有舜而后知放四凶,有仲尼而后知去少正卯。彼威公何人也?顾其使威公得用三子者,管仲也。仲之疾也,公问之相。当是时也,吾意以仲且举天下之贤者以对。而其言乃不过曰:竖刁、易牙、开方三子,非人情,不可近而已。

呜呼!仲以为威公果能不用三子矣乎?仲与威公处几年矣,亦知威公之为人矣乎?威公声不绝于耳,色不绝于目,而非三子者则无以遂其欲。彼其初之所以不用者,徒以有仲焉耳。一日无仲,则三子者可以弹冠而相庆矣。仲以为将死之言可以絷威公之手足耶?夫齐国不患有三子,而患无仲。有仲,则三子者,三匹夫耳。不然,天下岂少三子之徒哉?虽威公幸而听仲,诛此三人,而其余者,仲能悉数而去之耶?呜呼!仲可谓不知本者矣。因威公之问,举天下之贤者以自代,则仲虽死,而齐国未为无仲也。夫何患三子者?不言可也。

五伯莫盛于威、文,文公之才,不过威公,其臣又皆不及仲;灵公之虐,不如孝公之宽厚。文公死,诸侯不敢叛晋,晋习文公之余威,犹得为诸侯之盟主百余年。何者?其君虽不肖,而尚有老成人焉。威公之薨也,一乱涂地,无惑也,彼独恃一管仲,而仲则死矣。

夫天下未尝无贤者,盖有有臣而无君者矣。威公在焉,而曰天下不复有管仲者,吾不信也。仲之书,有记其将死论鲍叔、宾胥无之为人,且各疏其短。是其心以为数子者皆不足以托国。而又逆知其将死,则其书诞谩不足信也。吾观史䲡,以不能进蘧伯玉,而退弥子瑕,故有身后之谏。萧何且死,举曹参以自代。大臣之用心,固宜如此也。夫国以一人兴,以一人亡。贤者不悲其身之死,而忧其国之衰,故必复有贤者,而后可以死。彼管仲者,何以死哉?

[作者作品]

苏洵(1009~1066年),北宋散文家。字明允,四川眉山人(今属四川)人。与其子苏轼、苏辙合称"三苏",均被列入"唐宋八大家"。应试不举,经韩琦荐任秘书省校书郎、文安县主簿。

苏洵

长于散文,尤擅政论,议论明畅,笔势雄健。有《嘉祐集》15卷。苏洵的散文论点鲜明,论据有力,语言锋利,纵横恣肆,具有雄辩的说服力。

[相关史料]

管仲简介见《管晏列传》。

[译文]

管仲作丞相辅佐桓公,称霸于诸侯,排斥打击夷、狄等异族,终其一生都使齐国富强,诸侯不敢背叛。管仲死后,竖刁、易牙、开方被重用。桓公死于宫廷内乱,五位公子争抢君位,此祸蔓延,直到齐简公,齐国无一年安宁。

功业的完成,不是成功于完成之日,必然由一定的因素而引起;祸乱的发生,不是发作于作乱之时,也必有其根源而预兆。因此,齐国的安定强盛,我不说是由于管仲,而说是由于鲍叔。至于齐国的祸乱,我不说是由于竖刁、易牙、开方,而说是由于管仲。为什么呢?竖刁、易牙、开方三人本就是乱国者,但重用他们的是齐桓公。有了舜才知道流放四凶,有了仲尼然后才知道杀掉少正卯,那桓公是什么人,回头看来,使桓公重用这三个人的是管仲啊!管仲病危时,桓公询问丞相的人选。此时,我想管仲将推荐天下最贤能的人来作答,但他的话不过是"竖刁、易牙、开方三个人,不讲人情,不能亲近"罢了。

唉,管仲以为桓公果然能够不用这三个人吗?管仲和桓公相处多年了,该知道他的为人了吧。桓公是个音乐不停歇于耳,美色不离开眼的人。如无此三人,就无法满足他的欲望。他开始不重用他们,只是由于管仲在,一旦管仲没了,这三人就弹冠相庆了。管仲以为自己的遗言就可束缚桓公吗?齐国不怕有这三人,而是怕没有管仲。有管仲在,那这三人只是普通人罢了。若不是这样,天下难道缺跟这三人一样的人吗?即使桓公侥幸而听了管仲的话,杀了这三个人,但其余的这类人,管仲能一个也不剩地除掉他们吗?唉!管仲是不懂得从根本上着眼的人啊!如果他趁着齐桓公询问时,推荐天下贤人来代替自己,那么管仲虽死,齐国也不算是失去了管仲。这三人又有什么可怕的,就是不提他们也可以啊!

五霸中没有比齐桓公、晋文公再强的了。晋文公的才能比不上齐桓公,他的大臣也都赶不上管仲。晋灵公暴虐,不如齐孝公宽厚。可晋文公死后,诸侯不敢背叛晋国。晋国承袭文公的余威,还能在一百年里充当盟主。为什么呢?因为它的君主虽不贤明,但是还有老成练达的大臣存在。桓公死后,齐国一败涂地,这没有什么疑问啊!他仅依靠一个管仲,管仲却死了。

天下并非无贤人,确实是有贤臣而没有明君。桓公在世时,就说天下再没有管仲这样的人才。我不相信。管仲的书里有记载他将死时论及鲍叔牙、宾胥无的为人,并列出他们各自的短处。这是他心中认为这几个人都不能托以国家重任。而且预料自己将死。这部书实在是荒诞,不值得相信。我看史鳅,因为活着不能荐用蘧伯玉和斥退弥子瑕,为此有身后劝谏之事。萧何临死,推荐曹参代替自己。大臣的用心,本来应该如此啊!国家因一个人而兴盛,一个人而灭亡。贤人不悲痛自己的死亡,而忧虑国家的衰败。因此必须再推选出贤明的人来,然后才可以放心死去。那管仲,凭什么可以死掉呢?

苏轼文（三篇）

宋 苏 轼

[作者作品]

苏 轼

苏轼（1037～1101年），字子瞻，号东坡居士，北宋眉山人。唐宋散文八大家之一。他学识渊博，多才多艺，在书法、绘画、诗词、散文各方面都有很高造诣。他的书法与蔡襄、黄庭坚、米芾合称"宋四家"；善画竹木怪石，其画论、书论也有卓见。是北宋继欧阳修之后的文坛领袖，散文与欧阳修齐名；诗歌与黄庭坚齐名。他的词气势磅礴，风格豪放，一改词的婉约，与南宋辛弃疾并称"苏辛"，共为豪放派词人。苏轼学术著作有《易传》《书传》等，诗文有《东坡全集》《东坡乐府》。

一、上梅直讲书

[原文]

轼每读《诗》至《鸱鸮》，读《书》至《君奭》，常窃悲周公之不遇。及观《史》，见孔子厄于陈、蔡之间，而弦歌之声不绝，颜渊、仲由之徒相与问答。夫子曰："'匪兕匪虎，率彼旷野'，吾道非邪，吾何为于此？"颜渊曰："夫子之道至大，故天下莫能容。虽然，不容何病？不容然后见君子。"夫子油然而笑曰："回，使尔多财，吾为尔宰。"夫天下虽不能容，而其徒自足以相乐如此。乃今知周公之富贵，有不如夫子之贫贱。夫以召公之贤，以管、蔡之亲而不知其心，则周公谁与乐其富贵？而夫子之所与共贫贱者，皆天下之贤才，则亦足与乐矣！轼七八岁时，始知读书，闻今天下有欧阳公者，其为人如古孟轲、韩愈之徒；而又有梅公者，从之游，而与之上下其议论。其后益壮，始能读其文词，想见其为人，意其飘然脱去世俗之乐，而自乐其乐也。方学为对偶声律之文，求斗升之禄，自度无以进见于诸公之间。来京师逾年，未尝窥其门。今年春，天下之士，群至于礼部，执事与欧阳公实亲试之。诚不自意，获在第二。既而闻之，执事爱其文，以为有孟轲之风；而欧阳公亦以其能不为世俗之文也而取，是以在此。非左右为之先容，非亲旧为之请属，而向之十余年间，闻其名而不得见者，一朝为知己。退而思之，人不可以苟富贵，亦不可以徒贫贱。有大贤焉而为其徒，则亦足恃矣。苟其侥一时之幸，从车骑数十人，使闾巷小民，聚观而赞叹之，亦何以易此乐也。《传》曰："不怨天，不尤人。"盖"优哉游哉，可以卒岁"。执事名满天下，而位不过五品。其容色温然而不怒，其文章宽厚敦朴而无怨言，此必有所乐乎斯道也。轼愿与闻焉。

（选自《苏轼文集》卷四十八）

[相关史料]

《上梅直讲书》中的梅直讲，即梅尧臣，其简介见《答梅圣俞寺丞见寄》。

梅尧臣曾由欧阳修荐，为国子监直讲（辅佐博士的一种官职），累迁尚书都官员外郎，故世称"梅直讲"、"梅都官"。宋仁宋嘉佑二年(1067年)苏轼进士及第,当时的主考官为欧阳修,参评官为梅尧臣。苏轼考中后,写了这封信表示自己对欧阳修、梅尧臣的感激之情,也抒发了"士遇知己之乐",反映出作者内心的抱负。

[译文]

我每次读到《诗经》的《鸱鸮》,读到《书经》的《君奭》,总是暗暗地悲叹周公没有遇到知己。等到读了《史》,才看到孔子被围困在陈国和蔡国之间,而弹琴唱歌的声音没有断绝,并与颜渊、仲由等学生互相问答。孔子说:"我不是犀牛老虎那样的野兽,为什么要沦落到在野外游荡的境地?我为什么落到这田地呢?"颜渊说:"先生的理想非常宏大,所以天下不能接受;虽然这样,不被人接纳又有什么担忧的呢?不被人接纳之后更能显现出您是君子。"孔子温和地笑着说:"颜回,如果你有很多财产,我给你当管家。"虽然天下没有人接受孔子的理想,但孔子和他的学生竟能够自我满足而且是这样的快乐。现在我才知道,周公的富贵实在还比不上孔子的贫贱。凭召公的贤能,管叔、蔡叔的亲近,却不能够了解周公的心思,那么周公跟谁一同享受这富贵的快乐呢?然而跟孔子一同过着贫贱生活的人,却都是天下的贤才,光凭这一点也就值得快乐了啊!

我七八岁的时候,才知道读书。听说如今天下有一位欧阳公,他的为人就像古代孟轲、韩愈一类人;又有一位梅公,跟随欧阳公交游,并且和他共同议论文章。从那时起,我日益成长,才能够读先生们的文章词赋,想象出先生们的为人,领会到先生们潇洒地摆脱世俗的快乐,而陶醉在自己的快乐之中。因为我当时刚刚学做诗赋骈文,想求得微薄的俸禄,自己估量没有什么才能可以进见诸位先生,所以来到京城一年多,不曾登门求教。今年春天,天下的读书人聚集在礼部,先生和欧阳公亲自考查我们。我没有想到自己,竟得了第二名。后来听说,先生喜欢我的文章,认为有孟轲的风格,而欧阳公也因为我能不作世俗的文章而录取我,因此我能留在及第的行列里,不是左右亲近的人先替我推荐,不是亲戚朋友为我请求嘱托,从前十多年里听到名声却不能进见的人,一下子竟成为知己。退下来思考这件事,觉得人不能够苟且追求富贵,也不能够空守着贫贱,有大贤人而能成为他的学生,那也很值得自负了。如果凭一时的侥幸而得意,带着成队的车马和几十个随从,使里巷的小百姓围着观看并且赞叹他,又怎么能代替这种快乐啊!《左传》上说:"不埋怨天,不责怪人",因为"从容自得啊,能够度过天年"。先生名满天下,但官位不过五品;面色温和而不恼怒;文章宽厚质朴而没有怨言。这必定有乐于此道的原因,我希望听到先生的教诲啊。

二、留侯论

[原文]

古之所谓豪杰之士者,必有过人之节。人情有所不能忍者,匹夫见辱,拔剑而起,挺身而斗,此不足为勇也。天下有大勇者,猝然临之而不惊,无故加之而不怒。此其所挟持者甚大,而其志甚远也。

夫子房受书于圯上之老人也,其事甚怪;然亦安知其非秦之世,有隐君子者出而试之。观其所以微见其意者,皆圣贤相与警戒之义;而世不察,以为鬼物,亦已过矣。且其意不在书。

当韩之亡,秦之方盛也,以刀锯鼎镬待天下之士。其平居无罪夷灭者,不可胜数。虽有贲、育,无所复施。夫持法太急者,其锋不可犯,而其末可乘。子房不忍忿忿之心,以匹夫之力而逞于一击之间;当此之时,子房之不死者,其间不能容发,盖亦已危矣。

千金之子,不死于盗贼,何者?其身之可爱,而盗贼之不足以死也。子房以盖世之才,不为伊尹、太公之谋,而特出于荆轲、聂政之计,以侥幸于不死,此圮上老人所为深惜者也。是故倨傲鲜腆而深折之。彼其能有所忍也,然后可以就大事,故曰:"孺子可教也。"

楚庄王伐郑,郑伯肉袒牵羊以迎;庄王曰:"其君能下人,必能信用其民矣。"遂舍之。勾践之困于会稽,而归臣妾于吴者,三年而不倦。且夫有报人之志,而不能下人者,是匹夫之刚也。夫老人者,以为子房才有余,而忧其度量之不足,故深折其少年刚锐之气,使之忍小忿而就大谋。何则?非有生平之素,卒然相遇于草野之间,而命以仆妾之役,油然而不怪者,此固秦皇之所不能惊,而项籍之所不能怒也。

观夫高祖之所以胜,而项籍之所以败者,在能忍与不能忍之间而已矣。项籍唯不能忍,是以百战百胜而轻用其锋;高祖忍之,养其全锋而待其弊,此子房教之也。当淮阴破齐而欲自王,高祖发怒,见于词色。由此观之,犹有刚强不忍之气,非子房其谁全之?

太史公疑子房以为魁梧奇伟,而其状貌乃如妇人女子,不称其志气。呜呼!此其所以为子房欤!

东汉留侯张良

[相关史料]

《留侯论》中的留侯张良,见李德裕《张良论》中的简述。

[译文]

古时候被人称作豪杰的志士,一定具有胜人的节操,(有)一般人的常情所无法忍受的度量。有勇无谋的人被侮辱,一定会拔起剑,挺身上前搏斗,这不足以被称为勇士。天下真正具有豪杰气概的人,遇到突发的情形毫不惊慌,当无故受到别人侮辱时,也不愤怒。这是因为他们胸怀极大的抱负,志向非常高远。

张良被桥上老人授给兵书这件事,确实很古怪。但是,又怎么知道那不是秦代的一位隐居君子出来考验张良呢?看那老人用以微微显露出自己用意的方式,都具有圣贤相互提醒告诫的意义。一般人不明白,把那老人当作神仙,也太荒谬了。再说,桥上老人的真正用意并不在于授给张良兵书(而在于使张良能有所忍,以就大事)。

在韩国已灭亡时,秦国正很强盛,秦王嬴政用刀锯、油锅对付天下的志士,那种住在家里平白无故被抓去杀头灭族的人,数也数不清。就是有孟贲、夏育那样的勇士,没有再施展本领的机会了。凡是执法过分严厉的君王,他的刀锋是不好硬碰的,而他的气势是不可以凭借的。张良压不住他对秦王愤怒的情感,以他个人的力量,在一次狙击中求得一时的痛快,在那时他没有被捕被杀,那间隙连一根头发也容纳不下,也太危险了!

富贵人家的子弟,是不肯死在盗贼手里的。为什么呢?因为他们的生命宝贵,死在盗贼手里太不值得。张良有超过世上一切人的才能,不去作伊尹、姜尚那样深谋远虑之事,反而只学荆轲、聂政行刺的下策,侥幸所以没有死掉,这必定是桥上老人为他深深感到惋惜的地方。所以那老人故意态度傲慢无礼、言语粗恶的深深羞辱他,他如果能忍受得住,方才可以凭借这点而成就大功业,所以到最后,老人说:"这个年幼的人可以教育了。"

楚庄王攻打郑国,郑襄公脱去上衣裸露身体、牵了羊来迎接。庄王说:"国君能够对人谦让,委屈自己,一定能得到自己老百姓的信任和效力。"就此放弃对郑国的进攻。越王勾践在会稽陷于困境,他到吴国去做奴仆,好几年都不懈怠。再说,有向人报仇的心愿,却不能做人下人的,是普通人的刚强而已。那老人,认为张良才智有余,而担心他的度量不够,因此深深挫折他年轻人刚强锐利的脾气,使他能忍得住小怨愤去成就远大的谋略。为什么这样说呢?老人和张良并没有平生的老交情,突然在郊野之间相遇,却拿奴仆的低贱之事来让张良做,张良很自然而不觉得怪异,这本是秦始皇所不能使他惊恐,项羽不能使他发怒的原因。

汉高祖之所以成功,项羽之所以失败,原因就在于一个能忍耐、一个不能忍耐罢了。项羽不能忍耐,因此战争中是百战百胜,但是随随便使用他的刀锋(不懂得珍惜和保存自己的实力)。汉高祖能忍耐,保养那完整的刀锋(把自己的精锐实力保养得很好,等待对方的衰弊),这是张良教他的。当淮阴侯韩信攻破齐国要自立为王,高祖为此发怒了,语气脸色都显露出来,从此可看出,他还有刚强不能忍耐的气度,不是张良,谁能成全他?

司马迁本来猜想张良的形貌一定是魁梧奇伟的,谁料到他的长相竟然像妇人女子,与他的志气和度量不相称。啊!外柔内刚,这就是张良之所以成为张良吧(言外之意:正因为张良有能忍之大度,所以,尽管他状貌如妇人,却能成就大业,远比外表魁梧的人奇伟万倍)!

三、晁错论

[原文]

天下之患,最不可为者,名为治平无事,而其实有不测之忧。坐观其变,而不为之所,则恐至於不可救;起而强为之,则天下狃於治平之安而不吾信。惟仁人君子豪杰之士,为能出身为天下犯大难,以求成大功;此固非勉强期月之间,而苟以求名之所能也。

天下治平,无故而发大难之端;吾发之,吾能收之,然后有辞於天下。事至而循循焉欲去之,使他人任其责,责天下之祸,必集於我。

昔者晁错尽忠为汉,谋弱山东之诸侯,山东诸侯并起,以诛错为名;而天子不以察,以错为之说。天下悲错之以忠而受祸,不知有以取之也。

古之立大事者,不惟有超世之才,亦必有坚忍不拔之志。昔禹之治水,凿龙门,决大河而放之海。方其功之未成也,盖亦有溃冒冲突可畏之患;惟能前知其当然,事至不惧,而徐为之图,是以得至於成功。

夫以七国之强,而骤削之,其为变,岂足怪哉?错不於此时捐其身,为天下当大难之冲,而制吴楚之命,乃为自全之计,欲使天子自将而已居守。且夫发七国之难者,谁乎?己欲求其名,安所逃其患。以自将之至危,与居守至安;己为难首,择其至安,遣天子以其至危,此忠臣义士所以愤怨而不平者也。

当此之时,虽无袁盎,错亦未免於祸。何者?己欲居守,而使人主自将。以情而言,天子固已难之矣,而重违其议。是以袁盎之说,得行於其间。使吴楚反,错已身任其危,日夜淬砺,东向而待之,使不至於累其君,则天子将恃之以为无恐,虽有百盎,可得而间哉?

嗟夫!世之君子,欲求非常之功,则无务为自全之计。使错自将而讨吴楚,未必无功,惟其欲自固其身,而天子不悦。奸臣得以乘其隙,错之所以自全者,乃其所以自祸欤!

[相关史料]

晁错简介见《论贵粟疏》。

[译文]

　　天下的祸患,最不好办的,是表面上太平无事,但实际上却有无法预料的隐患。坐在那里看着事情在变化,却不想办法去解决,恐怕事情就会发展到不可挽救的地步;但一开始就用强制的手段去处理,那么天下的人由于习惯太平安逸,就不会相信我们。只有那些仁人君子杰出人物,才能挺身而出为天下的人去承担大难,以求建立伟大的功业。这当然不是在短时期内由那些只图求名的人所能做到的。

　　天下太平,无缘无故挑起大难的开头,我能挑起它,我也要能收拾它,然后才有言辞向天下的人交代。如果事到临头,却想慢慢避开它,让别人来承担责任,那么天下的祸患必然集中在自己身上。

　　从前晁错竭尽忠心为汉朝出力,谋划削弱山东诸侯的势力。山东诸侯联合起兵,借诛杀晁错的名义反叛朝廷。但是皇帝不能明察,就杀了晁错来向诸侯解释。天下的人都悲叹晁错因为尽忠朝廷而遭杀身之祸,却不知晁错也有自取其祸的原因。

　　古时候能够建立大功业的人,不只具有超出一般的才能,还必须有坚忍不拔的意志。从前大禹治水,凿开龙门堤口,疏通大河,让水流进大海。当他的功业尚未完成的时候,也有堤坝溃决和洪水横冲直撞的可怕灾难。只因为他事先估计到这种必然性,事情来了并不惊慌,而是从容不迫地规划解决,所以最后获得了成功。

　　七国诸侯那样强盛,却要一下子削弱它们,他们起来叛乱有什么奇怪的呢?晁错不在这个时候献出自己的全部身心,替天下人做抵挡大难的先锋,控制吴、楚等国的命运,却为保全自己着想,想使皇帝亲自带兵出征,自己在后方防守。那么试问,挑动七国叛乱的是谁呢?自己想求得名誉,又怎能逃避祸患呢?因为亲自带兵出征极为危险,留守后方十分安全,你自己是挑起大难的罪魁祸首,却选择十分安全的事情来做,把极为危险的事情留给皇上去担当,这是忠臣义士愤恨不平的原因哪。

　　在这个时候,就算没有袁盎(与晁错为政敌)进言,晁错也未必能免除杀身之祸,为什么这样说呢?自己想留在后方防守,却让皇帝亲自出征。按照常理上说,皇帝已经很难于忍受了,又加上很多人不同意他的建议,所以袁盎的话就能在这中间发生作用。假使吴、楚发叛,晁错挺身而出承担危险,日夜操劳,率兵向东去阻击他们,不至于使自己的君王受牵累,那么皇上将依靠他而无所畏惧,即使有一百个袁盎,可以离间得了吗?

　　唉!世上的君子,想要建立不平凡的功业,就不要专门去考虑保全自己的计策。假使晁错自己带兵去讨伐吴、楚,不一定没有成效。只因为他想保全自己,就使得皇上不高兴,奸臣能够乘机进言。晁错用来保全自己的计策,不就是用来自己害自己的吗?

上枢密韩太尉书

宋 苏辙

[原文]

　　太尉执事:辙生好为文,思之至深。以为文者气之所形,然文不可以学而能,气可以养而致。孟子曰:"吾善养吾浩然之气。"今观其文章,宽厚宏博,充乎天地之间,称其气之小大。太史公行天下,周览四海名山大川,与燕、赵间豪俊交游,故其文疏荡,颇有奇气。此二子者,岂尝执笔学为如此之文哉?其气充乎其中而溢乎其貌,动乎其言而见乎其文,而不自知也。

辙生十有九年矣。其居家,所与游者不过其邻里乡党之人;所见不过数百里之间,无高山大野可登览以自广;百氏之书,虽无所不读,然皆古人之陈迹,不足以激发其志气。恐遂汩没,故决然舍去,求天下奇闻壮观,以知天地之广大。过秦、汉之故都,恣观终南、嵩、华之高,北顾黄河之奔流,慨然想见古之豪杰。至京师,仰观天子宫阙之壮,与仓廪、府库、城池、苑囿之富且大也,而后知天下之巨丽。见翰林欧阳公,听其议论之宏辩,观其容貌之秀伟,与其门人贤士大夫游,而后知天下之文章聚乎此也。太尉以才略冠天下,天下之所恃以无忧,四夷之所惮以不敢发,入则周公、召公,出则方叔、召虎。而辙也未之见焉。

且夫人之学也,不志其大,虽多而何为? 辙之来也,于山见终南、嵩、华之高,于水见黄河之大且深,于人见欧阳公,而犹以为未见太尉也。故愿得观贤人之光耀,闻一言以自壮,然后可以尽天下之大观而无憾者矣。

辙年少,未能通习吏事。向之来,非有取于斗升之禄,偶然得之,非其所乐。然幸得赐归待选,便得优游数年之间,将归益治其文,且学为政。太尉苟以为可教而辱教之,又幸矣!

[作者作品]

苏辙(1039~1112年),北宋散文家。与其父苏洵、兄苏轼合称"三苏",均在《唐宋八大家》之列。字子由,自号颍滨遗老。眉州眉山(今属四川)人。嘉祐二年(1057年)与其兄苏轼同登进士科。神宗朝,为制置三司条例司属官。因反对王安石变法,出为河南推官。

哲宗时,召为秘书省校书郎。元祐元年为右司谏,历官御史中丞、尚书右丞、门下侍郎因事忤哲宗及元丰诸臣,出知汝州,贬筠州、再谪雷州安置,移循州。徽宗立,徙永州、岳州复太中大夫,又降居许州,致仕。苏辙为文以策论见长。工诗,亦能词。苏辙著有《栾城集》,包括《栾城后集》《栾城三集》和《栾城应诏集》。

宋仁宗至和三年(1056年),苏轼、苏辙兄弟随父亲去京师,在京城得到了当时文坛盟主欧阳修的赏识。第二年,苏轼、苏辙兄弟高中进士,"三苏"之名遂享誉天下。苏辙在高中进士后给当时的枢密使韩琦写了一封信,这就是《上枢密韩太尉书》。

苏　辙

关于本文的主题,比较普遍的看法是苏辙想通过这封书信拜见韩太尉。苏家并非世族大家,苏氏父子三人出蜀进京,虽然兄弟二人同科进士,一时荣耀无比,但在朝中却是人生地不熟,无人提携扶帮,日后的路也并不好走。何况宋时进士已是多如牛毛,虽然苏轼在礼部的考试中一鸣惊人,但苏辙却仍是籍籍无名。当时文有欧阳修,武有韩琦,能获得两人的支持和帮助是苏轼兄弟在政坛站稳脚的基础。苏轼已经因为一篇文章让欧阳修赞不绝口,收为弟子,苏辙就只能从韩琦这方面打开通口了。时韩琦任枢密使,可谓位尊权重。苏辙想通过这封信来打动韩琦,从而得到他的接见和赏识。

[相关史料]

韩琦(1008~1075年),北宋政治家。字稚圭,自号赣叟,相州安阳(今河南安阳)人。天圣进士。他与范仲淹率军防御西夏,在军中享有很高的威望,人称"韩范"。韩琦一生,历经北宋仁宗、英宗和神宗三朝,亲身经历和参加了许多重大历史事件,如抵御西夏、庆历新政等。在仕途上,韩琦曾有为相十载、辅佐三朝的辉煌时期,也有被贬在外前后长达十几年的地方任职生涯。但无论在朝中贵为宰相,还是任职在外,韩琦始终替朝廷着想,忠心报国,都为北宋的繁荣发展做出了贡献。在朝中,他运筹帷幄,使"朝廷清明,天下乐业。"在地方,他忠于职守,勤政爱民。是封建社会难得的官僚楷模。《宋史》有传。有《安阳集》50卷。

[译文]

太尉执事:辙生性喜好写文章,对此想得很深。我认为文章是气的外在体现,然而文章不是单靠学习就能写好的,气却可以通过培养而得到。孟子说:"我善于培养我的浩然之气。"现在看他的文章,宽大厚重宏伟博大,充塞于天地之间,同他的气的大小相衬。司马迁走遍天下,广览四海名山大川,与燕、赵之间的英豪俊杰交游,所以他的文章疏放不羁,颇有奇伟之气。这两个人,难道曾经执笔学写这种文章吗?这是因为他们的气充满在内心而溢露到外貌,发于言语而表现为文章,自己却并没有觉察到。

辙出生已经十九年了。我住在家里时,所交往的,不过是邻居同乡这一类人。所看到的,不过是几百里之内的景物,没有高山旷野可以登临观览以开阔自己的心胸。诸子百家的书,虽然无所不读,但是都是古人过去的东西,不能激发自己的志气。我担心就此而被埋没,所以断然离开家乡,去寻求天下的奇闻壮观,以便了解天地的广大。我经过秦朝、汉朝的故都,尽情观览终南山、嵩山、华山的高峻,向北眺望黄河奔腾的急流,深有感慨地想起了古代的英雄豪杰。到了京城,抬头看到天子宫殿的壮丽,以及粮仓、府库、城池、苑囿的富庶而且巨大,这才知道天下的广阔富丽。见到翰林学士欧阳公,聆听了他宏大雄辩的议论,看到了他秀美奇伟的容貌,同他的学生贤士大夫交游,这才知道天下的文章都汇聚在这里。太尉以雄才大略称冠天下,全国人依靠您而无忧无虑,四方各蛮夷惧怕您而不敢侵犯,在朝廷之内像周公、召公一样辅君有方,领兵出征像方叔、召虎一样御敌立功。可是我至今还未见到您呢。

况且一个人的学习,如果不是有志于大的方面,即使学了很多又有什么用呢?辙这次来,对于山,看到了终南山、嵩山、华山的高峻;对于水,看到了黄河的深广;对于人,看到了欧阳公;可是仍以没有谒见您而为一件憾事。所以希望能够一睹贤人的风采,就是听到您的一句话也足以激发自己雄心壮志,这样就算看遍了天下的壮观而不会再有什么遗憾了。

辙年纪很轻,还没能够通晓做官的事情。先前来京应试,并不是为了谋取微薄的俸禄,偶然得到了它,也不是自己所喜欢的。然而有幸得到恩赐还乡,等待吏部的选用,使我能够有几年空闲的时间,将用来更好地研习文章,并且学习从政之道。太尉假如认为我还可以教诲而屈尊教导我的话,那我就更感到幸运了。

初见嵩山

宋 张 耒

年来鞍马困尘埃,赖有青山豁我怀。日暮北风吹雨去,数峰清瘦出云来。

[作者作品]

张耒(1054～1114年),北宋中晚期重要文学家,擅长诗词,为苏门四学士之一。《全宋词》中有他的多篇作品。早年游学于陈,学官苏辙重爱,从学于苏轼,苏轼说他的文章类似苏辙,汪洋澹泊。其诗学白居易、张籍,如:《田家》《海州道中》《输麦行》多反映下层人民的生活以及自己的生活感受,风格平易晓畅。著作有《柯山集》50卷、《拾遗》12卷、《续拾遗》1卷。《宋史》卷四有传。

《初见嵩山》是宋代诗人张耒的一首七言绝句。诗中用曲折的笔墨描写嵩山的独特景物,表达了诗人仕途失意之后借嵩山来慰藉情怀的思想感情。

张　耒

书黄帝诸书后
宋　朱　熹

黄帝聪明神圣,得之于天。天下之理无不知,天下之事无不能。上而天地阴阳造化发育之原;下而保神练气愈疾引年之术,庶物万事之理,巨细精粗,洞然于胸次。是以其言有及之者,而世之言此者,因自托焉,以信其说于后世。至战国时,方术之士遂笔之书,以相传授。如列子所引,与《素问》《握奇》之属,盖必有粗得遗言之彷佛者,如许行所道神农之言耳。周官外史所掌三皇五帝之书,恐不但若此而已。

朱　熹

[作者作品]

朱熹(1130～1200年),字元晦、一字仲晦,号晦庵、晦翁、考亭先生、云谷老人、沧洲病叟、逆翁。祖籍南宋江南东路徽州府婺源县(今江西省婺源)。朱熹是程颢、程颐的三传弟子李侗的学生。19岁进士及第,曾任荆湖南路安抚使,仕至宝文阁待制。为政期间,申敕令、惩奸吏、治绩显赫。南宋著名的理学家、思想家、哲学家、教育家、诗人,闽学派的代表人物,世称朱子,是孔子、孟子以来最杰出的弘扬儒学的大师。其著作甚多,辑定《大学》《中庸》《论语》《孟子》为四书作为教本立于学宫,自宋朝至今800年。

《路史》(二篇)
南宋　罗　泌

[作者作品]

罗泌(1131～1189年),字长源,号归愚,南宋孝宗时庐陵(今江西吉安)人。罗泌自幼力学,精习

罗 泌

诗文,一生不事科举。罗泌喜好游历,曾游炎陵山,寓襄阳11年。漫游对他从事史学研究产生过一定的作用。由于历代史书极少记录远古史事,罗泌为了补上洪荒之史,遂博采各种典籍,以至道藏、纬书,积数十年之功,于宋孝宗乾道年间撰成《路史》。为了使内容更加充实,罗泌常携书稿在身,不断订正,最后终成47卷:前纪9卷,述三皇至阴康无怀之事;后纪14卷,记太昊至夏桀之事;国名纪8卷,记夏商周三代各诸侯国姓氏、地理;发挥6卷、余论10卷,为辩难考证。此书为杂史。书名《路史》,即中国历史文化的"大史"之意。

《路史》采用道家等遗书的说法,再上溯高推旧史所称"三皇五帝"以上的往事,记述了上古迄两汉以来有关历史、地理、风俗、氏族等方面的传说和史事,取材繁博庞杂,是神话历史集大成之作,文章华丽而亦富于考证,言之成理。除《路史》外,罗泌还留下著作多种,主要有《易说》《六宗论》《三汇详证》《九江详证》等。

《黄熊化论》和《启母石》均选自罗泌的《路史》。《黄熊化论》中的鲧化黄熊和《启母石》中的大禹妻子涂山氏化石生启都是和大禹治水有关的神话。

一、黄熊化论

昭七年传:子产云,其殛羽山,其神化为黄熊,入于羽渊。梁武帝谓熊不入水当是能鳖。孔颖达云:神化不可以常言。若云能鳖,何由入寝?若以梦化为不可常则,可止矣!以今东海祭鲧庙者不用鳖与熊,白岂化为二物邪,人自为尔,窃按"能"亦"熊"属,非指熊鳖,而熊、能亦并音宏,又切之以奴来。语云欲得不能,光禄茂才是也。故程晏《花黄熊评》谓晋侯之祀有五不可。而柳子厚《非国语》谓,好事者为之,凡有为也。然于《杂记》更谓化为玄鱼,其大千尺。故鲧之字从鱼从玄,不知鲧为禹父,而鲧鲧乃玄鱼名。王嘉云:舜命禹疏川道岳,遍日月之下,惟不践羽山之地。济巨海则鼋龟为梁,逾峻岭则神龙为负,圣德所感。而神化之事互说不同,玄鱼黄熊四音相乱。盖疑于此也。王充亦云:远殛羽山,又化而入羽渊,非人之所得知。而为鲧之初,斯未可审。且晋侯之梦,象熊罴之占,自有所谓:侯疾偶当自衰,故子产因以言之。后遂以为信尔。又按《琐语·晋春秋篇》云:平公疾,梦朱熊窥屏,与《传》又不侔矣。大抵左氏多诬刘子元。复引之以为黄龙入门,益为昏听。

二、启母石

夏后氏生,而母化为石,此事之异,闻者说见《世纪》。盖原禹母获月精石,如薏苡,吞之而生禹也。《淮南子》之《修务》云:"禹生于石。"注谓:修已感石坼胸而生,故说者以为夏后生而母复为石。今登封东北十里有庙,庙有一石,号"启母石"。应劭、刘安、郭璞、李彤、随巢、王炯、王韶、窦苹等皆云:启母历代崇祀,亦以为之启母。按:元封元年,武帝幸缑氏,制曰:"朕用事华山,至中岳,见夏后启母石。"伏云:启母化为石,启生其中。地在嵩北,有少室姨神庙,登封北十二里。云:启母之姨,而偃师西二十五里,复有启母小姨行庙。

《淮南子》:禹通轘辕涂山,欲饷,闻鼓乃来。禹跳石,误中鼓。涂山忽至,见禹为熊,惭而去。至嵩山下,化为石。禹曰:"归我子。"石破北方而生启。盖本乎。此事正与广德所祠,乌程张渤圣河,夫人李饷至鸣鼓事正同。见事实。乃《桐汭志》、《谩录》等,故记:以为大禹之化,厥有由矣。虽然启母之庙,顾野王、卢元明等又以为阳翟妇人。《嵩高记》云:阳翟妇妊三十月,子从背出。五岁入山学道,为母立祠,曰:开母祠。则又疑后母矣。历载传讹,故得而为之说。

请宝公长老住持嵩山会善寺疏

金 无名氏

窃以饮光得处,契拈花微笑之机;达摩传来,明立雪安心之印。自后花芳五叶,焰续千灯,不有当人,孰为宗匠?伏惟宝公长老,灵机迅发,逸辩高超。传祖佛心,骊珠独耀于沧海;开人天眼,桂轮孤朗于碧霄。法度既席,宗师遴选。海滨岸上,希收舡子之纶;嵩岳山中,愿列曹溪之派。溯流举棹,顺水张帆,愿驰云驭而来,俯慰众情之望。

[相关史料]

宝公(1085~1150年),金代著名高僧。临济宗滁州琅邪山广照慧觉的大弟子。普照宝公累主大刹,是嵩山荥阳县洞林大觉禅寺的第一代临济宗大宗师,金大定年间道价日重,王公大臣莫不钦敬。因主持郑州普照寺时间最久,所以人称"普照宝公"。从临济宗传承上说,他与创立"杨岐派"的方会、创立"黄龙派"的慧南是法兄弟。普照宝公的弟子众多,其知名的五大弟子有普照、法海、悟鉴、教亨、竹林藏,其中法海、悟鉴、普照、教亨4人先后住持少林寺。

敦请栖云真人住持嵩阳观疏

金 马居仁

窃以大道含弘,施生有普;至人慈悯,利益无方。住既随缘,行亦应物。眷嵩阳之胜地,寔方外之洞天。绿水逶迤,青山环抱。背标玉柱,枝不老之乾坤;傍挂金壶,贮无穷之日月。启母石圣迹盘礴,将军柏老干轮囷。乃古师传道之场,亦上士修真之所。青羊再降,重玄广布于人间;白鹿上升,尘世又遭于劫火。遂令胜概,亦被兵残。人物虽非,山川良是。必欲振起衰废之迹,须仰老成了达之人。恭维栖云真人,躬祖法渊源,宗道流模范。游息乎清虚之境,逍遥于淡泊之场,曩求黄帝之珠,得于罔象;今斵郢人之鼻,运为成风。以扶持妙教为心,以整顿玄纲为任。圣凡同喜,缘法大行。未尝徇利而居成功,惟欲尽力而兴胜事。汴水之志愿已毕,便可转身;嵩山之功行未施,正当下手。况此有幽深之趣,可以为栖隐之居。仰望慈怜,俯从恳请。四面云山改色,满川花木生光。兴仙迹于千年,止劳一举;祝圣君之万岁,第效三呼。便好承当,无烦退让。

[作者作品]

马居仁,金代登封县令。《敦请栖云真人住持嵩阳观疏》是马居仁任登封县令期间,所写的一道公文。

[相关史料]

栖云真人(1177~1263年),俗姓王,法号志谨,又叫王栖云。元代全真道士。自幼夙有道缘,及长至山东拜郝太古为师,口传心受,道法大进。太古仙逝后,韬光晦迹,由是获全于乱世。后从长春真人北游燕蓟,隐居于山林之间,诸方学者多从之质疑,令闻遐播。长春仙去,遂远出游方,所至之处,老少贵贱与方外之士皆罗拜于前,愿为门弟子者动以千数。无论童隶,凡有拜问,即答之,其云:"凡隶玄门,皆太上之徒,吾之昆季也。天下之患,莫大乎傲慢轻易。道性人人具足,奚分长幼乎?"闻者无不叹服。金宣宗贞祐年间,王志谨于盘山开门授徒,讲道论玄,四方学者称集。元朝时,赐号"惠慈利物至德真人"。门人论志焕编次其言为《盘山栖称王真人语录》90余条。王志谨论道,以《清静经》为宗兼融禅宗心性本净之说,颇具道禅混融色彩。

栖云真人认为金丹乃是人的本来真性,修行者首先得明自己本分事,次要通教化,尤其要在境上炼心,对境无心,不染不著,顺其自然。又称"人生于世,所为所作,无不报应。"借佛教轮回报应说,屡屡告诫习道之人要常思己过,切忌骄矜,应韬光晦迹,安贫守朴,"苦己利他,暗积功行。"于初学者确有指点迷津之功。元中统四年(1263年)羽化,倾城号泣三日。

投金龙玉册纪事

元 杨奂

今皇帝接百王之统席,三叶之庆祉,绍烈祖圣,考之丕基。极天之覆,罄地之载,齿发之属,靡不臣服。思所以推崇祀事,仰答鸿休。乃诏设大醮三千六百,分位于长春宫。上下神祇,以至于水陆草木所主,咸在焉。戊申春二月望,班净侣于宫廷之内,度材庇司,各肃其事。七昼七夜,无有风雨。嘉气神光,恍如有应。两厢承平故老,举手加额,以谓胜衣以来,未之睹也。事讫,按礼敦遣提领佑玄通义大师马守心、使者密里吉女,相与投金龙玉简于名山大川。是岁夏五月乙丑届洛,甲戌率有司,致命中岳祠所。科范载举,灯烛交辉,涧溜销声,岭松弭响。群卫百灵,拱侍俯听。是以叹嗟不足,穆诵丛兴。夫削繁文,屏末节,重吏之扰也;减从骑,省馈饷,虑物之费也。天既父之以诚,民又子之以爱。所谓人和而神和,于斯征之矣。它时濡兰台之笔,缉郊祀之礼,则黄云之飞,万岁之呼,将不愧于汉矣。

[作者作品]

杨奂(1186~1255年),金朝文学家、诗人。又名知章,字焕然。乾州奉天人。11岁丧母。早丧母,哀毁如成人。金末,尝作万言策,指陈时病;欲上不果。元初,隐居为教授,学者称为紫阳先生。蒙古太宗八年(1236年),下诏诸道进士会考,杨奂辞别赵天锡,北上应试。同年八月,杨奂应试东平路,两中赋论第一,以进士及第,是为状元。中书耶律楚材钟爱杨奂的才气和人格,推荐他做了河南路征收课税所长官兼廉访使。蒙古宪宗元年(1251年),杨奂告老还乡。著有《正统书》60卷、《还山集》60卷。

[相关史料]

龙是道教用来向神灵传递表章的交通工具。投龙属于黄箓大斋,玉简是投龙最关键的物品。史料记载,投龙是一种道教仪式。求愿者用一种名叫"投龙简"的东西给神灵写信,写完信,放个小金龙,派他送信,祭告"天地神祇",乞求保佑。投放地点一般是名山大川,或在山顶,或在洞穴,或在水边,或在乱石丛中的某个石头缝里。古代的龙简有金简、银简、铜简、玉简等。杨奂的《投金龙玉册纪事》,记述的就是奉朝廷之命到中岳祠所投龙简的事。

寄英禅师师时住龙门宝应寺

金 元好问

我本宝应僧，一念堕儒冠。多生经行地，树老井未甃。一穷缚两脚，寸步百里难。空余中夜梦，浩荡青林端。故人今何如？念子独轻安。孤云望不及，冥鸿杳难攀。前时得君诗，失喜忘朝餐。想君亦念我，登楼望青山。山中多诗人，杖屦时往还。但苦诗作祟，况味同酸寒。清凉诗最圆，往往似方干。半年卧床席，疟我疥亦顽。济甫诗最苦，寸晷不识闲。倾身营一饱，船上八节滩。安行诗最工，六马鸣和銮。郁郁饥寒忧，惨惨日在颜。老秦诗最和，平易出深艰。脱身豺虎丛，白髮罹惸鳏。张侯诗最豪，惊风卷狂澜。窈繁天和泄，外腴中已干。城中崔夫子，老笔郁盘盘。家无儋石储，气压风骚坛。我诗有凡骨，欲换无金丹；呻吟二十年，似欲见一斑。大笑揶揄生，已复不相宽。爱君梅花篇，入手如弹丸。爱君山堂句，深静如幽兰。诗僧第一代，无愧百年间。思君复思君，恨不生羽翰。何时溪上石，清坐两蒲团。

[作者作品]

元好问（1190~1257年），金元之际著名文学家，金代北方文坛领袖。字裕之，号遗山，世称遗山先生。太原秀容（今山西忻州）人。系出拓跋魏，唐诗诗人元结后裔。金末名士元德明之子。正大元年（1224年），中博学宏词科，授儒林郎，充国史院编修，历镇平、南阳、内乡县令。八年（1231年）秋，受诏入都，除尚书省掾、左司都事，转员外郎。金亡不仕，往来嵩山的箕山颍水间，创作甚富。元好问诗文史学，萃于一身。著作有《论诗》《遗山先生文集》《遗山乐府》《中州集》《南冠录》《诗文自警》《东坡诗雅》《壬辰杂编》等等。晚年以编纂金史自任，四处搜集史料，著录达百万字，取名为《野史》，成为元人修《金史》的重要参考资料。又辑金代诗人250余人

元好问

的诗作，并以诗存史，各系作者小传，名《中州集》。当时一些名人的碑铭、墓志多出其手。元好问是我国金末元初最有成就的作家和历史学家，文坛盟主，是宋金对峙时期北方文学的主要代表，又是金元之际在文学上承前启后的桥梁，被尊为"北方文雄""一代文宗"。元宪宗七年卒于获鹿寓舍。

金代时期，元好问与少林高僧东林志隆、木庵性英等皆有交往，《少林药局记》就是元好问在与少林高僧交往中的作品。

《寄英禅师师时住龙门宝应寺》中的英禅师，即后来的金代著名少林寺住持木庵性英。从金正大元年（1224年）至金亡的金天兴三年（1234年）前后十年间，少林寺住持为"孔门禅"的思想领袖木庵性英。木庵性英善诗，时人把木庵性英看作是一位"诗僧"。木庵性英，弱冠做举子，后受到博州（今山东聊城）高仲常的影响，出家为僧，从万松老人淘汰法门。贞祐初（1213年）他南渡黄河，居洛西子盖山。木庵性英与三乡（今河南省宜阳县三乡镇）人辛愿、赵宜之、刘景玄、元好问等常常聚在一起讨论诗词文章而成为好友。特别是北方文坛一代宗师元好问，是性英40多年的好友。元好问曾为他作

诗:"不见木庵师,胸中满尘泥。西窗一握手,大笑倾冠巾。"其感情之真挚,可以想见。性英出世后,先是在龙门西山宝应寺做住持多年,后才到了少林寺。金哀宗时,赵秉文奉命祠太室山过少林寺而会见性英。时性英倦于迎来送往,思欲退席,赵秉文作书挽留,书中称赞他:"书如东晋名流,诗有晚唐风骨。"

论诗三十首(三首)

金　元好问

[作者作品]

元好问是金代著名诗人和文学理论批评家。元好问论诗主张天然真淳,反对堆砌雕琢,重视独创精神,宣扬恢复建安以来诗歌的优良传统,是位有独到见解的诗歌评论家。元好问的《论诗三十首》是继杜甫之后运用绝句形式比较系统地阐发诗歌理论的著名组诗。他评论了自汉魏至宋代的许多著名作家和流派,表明了他的文学观点,对后世有重要影响。

本文所选《论诗三十首》中的三首,从中可见诗人元好问用绝句形式论诗的风格。

第七首

慷慨歌谣绝不传,穹庐一曲本天然。
中州万古英雄气,也到阴山敕勒川。

[相关史料]

这首诗评论了北朝民歌《敕勒歌》。《敕勒歌》描绘了开阔壮美而又和平安定的草原风光,有豪放刚健、粗犷雄浑的格调。元好问重视民歌,前两句他肯定、推崇这首民歌慷慨壮阔深厚的气势,推举它不假雕饰而浑然天成。后两句点出了中原文化对北方少数民族地区文化的影响。敕勒本是北方一个游牧民族名称,居住地方在敕勒川(今山西北),元好问认为,看《敕勒歌》的产生和风格,是中原的慷慨豪迈的气魄传给了阴山下少数民族的艺术作品。《敕勒歌》表现了我国境内各民族文化的相互影响和渗透。

第二十二首

奇外无奇更出奇,一波才动万波随。
只知诗到苏黄尽,沧海横流却是谁?

[作品解读]

这首诗是对求奇追险诗风及其流弊的批评。苏轼、黄庭坚是北宋影响巨大的著名诗人,两人的诗歌都有很高的成就。苏轼的诗歌气象宏阔,铺叙宛转,意境恣逸,笔力矫健,常富理趣,但苏诗散文化、议论化倾向明显。苏轼有满腹才学,难免在诗中卖弄,以出新意。黄庭坚作诗则力求新奇,选材僻熟就生,喜用他人未用的典故和字句,造拗句,押险韵,做硬语,诗风生新瘦硬峭拔,善于出奇制胜。他所用"夺胎换骨"、"点石成金"增加了"以才学为诗"的倾向。苏、黄两人在技巧上力求出新,对传统有所发展变化,取得了卓著的成绩,因此元好问承认了他们在诗歌上的成就"只知诗到苏黄尽"和影响力"一波才动万波随"。但是另一方面,苏黄的后学者却往往没有苏黄的才力,未得其长,先得其短,容易出现一味崇尚奇险、堆砌生典、搜罗怪异形象,语言生硬晦涩、词句雕琢不自然的弊端("奇外无奇更出奇")。元好问批评了苏、黄诗歌缺点所造成的不良风气,同时,这也反映了元好问崇尚自然、雅正,反对险怪、雕琢的诗歌思想。

第三十首

撼树蜉蝣自觉狂,书生技痒爱论量。
老来留得诗千首,却被何人校短长?

[作品解读]

这首诗是《论诗三十首》的最后一首,也是结束语。作者自谦自己像蚍蜉撼树一样不自量力,只是书生一时技痒爱议论罢了。元好问在这组诗中基本按时间顺序评论了自汉魏到宋代的许多著名的诗人和诗歌流派,针砭时弊,旗帜鲜明地表明了自己的文学观点,对后世有重要影响。

启母石辩

明　孙原贞

嵩山之阳旧有启母庙,废久。前有一石,高二丈余,阔半之,长如之。中傍裂小石,号启母。按郡志载:《淮南子》云,启母,涂山氏之女。禹治洪水,经轘辕山,谓涂山氏曰:"欲饷,闻鼓声乃来。"禹跳石误中鼓。涂山来,见禹方化熊,惭之而去,嵩高山下化为石。禹曰:"归我子。"石破而生启。何其怪诞之甚也。《书》曰:"予创若时,娶于涂山,辛壬癸申,启呱呱而泣,予弗子,惟荒度土功。"此禹急治水而不暇顾其家。正《孟子》所谓八年于外,三过其门而不入,是也。于时弃四载,导百川,若化为异物,以拯时之溺,岂一世之人不见,独涂山氏见之哉!禹岂待涂山亲馈而食哉!涂山亦未必随其所之,而饷之也。涂山见禹化为熊而惭,何其自化为石,以庙食于世,而不惭也哉!夫物有化者,如雉化为蜃,蛇化为龙。物之化者固多,含华之化石为羊,化于幻术;郫之虎死为石,化于正术。

启母石

其形自若也。武昌之妇化望夫石,因形似而妄传也。牛哀化虎,杜宇化子规,人化物也。张路斯、郑祥远龙化人也。事虽不经,然但言其形质之变,而耳口鼻犹备,未尝离绝性情,犹蛇雉之化龙蜃也。今以善灵之人,化为石,若是其高且大,千夫不能举,百牛不能移,不首不肢,而聩然其形,不耳目,不口鼻,而顽然其性,懵然无复知觉运动,以暴露于天地之间,乃谓之神,不待智者,而知其妄也。余视山之上石崖,斜裂二道,中缺一处,曰虎头岩,相传李筌得《阴符经》其中,恐即此石迸裂坠地,而为此岩也。意者庙在是,人因庙废,而名遂移于石。及左氏云:"舜殛鲧于羽山,其神入于羽渊,化为黄熊。于其子也。"好事者因而附会其说,以讹传讹。至唐永淳二年,新其庙,立碑以表厥灵。而骚人墨客,又往往咏其事。夫何不信《书》、不信《孟子》,而《淮南子》之说是信?盖其泥于所闻,昧于所见,自以为神,实有此灵迹。诬圣人,惑后世,而竟莫知其非,故不容于不辨也。

[作者作品]

孙原贞(1388~1474年),名瑀,字原贞,以字行。江西德兴人。明永乐十三年(1415年)进士,授司部主事,历郎中。正统初年,以荐擢河南右参政,再迁浙江布政使。后来担任兵部左侍郎,镇守浙江,景泰三年(1452年)六月进兵部尚书,是年十二月调福建。有《岁寒集》,不久又回到浙江。英宗复位后罢归。孙原贞所至有劳绩,在浙江尤著名。《启母石辩》是孙原贞游历嵩山时所写。

[相关史料]

启母石,也叫启母化石。位于嵩山的太室山之阳、登封城北3公里处的万岁峰下。《汉书》注曰:启,夏禹子也。其母,涂山氏女也。禹治洪水,通轘辕山,化为熊。先谓涂山氏曰:"欲响,闻鼓声乃来。"熊凿石掘土,石落中鼓,禹妻涂山氏闻鼓声送饭。见夫变熊,羞惭而归,至嵩山下化为石。方孕启,禹随后追来,大喊:"归我子!"石破北方而生启。

郑声辩

明 高 拱

或问孔子曰放郑声。郑声淫乃朱子注《郑风》云"郑卫之乐,皆为淫奔。"然以《诗》考之:《卫诗》三十有九,而淫奔之诗才四之一;《郑诗》二十有一,而淫奔之诗已不翅七之五。是则郑声之淫有甚于卫矣!故夫子论为邦独以郑声为戒,而不及卫,盖举重而言,固自有次第也。安成刘氏则曰:《郑诗》之有《缁衣》《羔裘》《女曰鸡鸣》《出其东门》数篇,乃乐中之玉也。他如《大叔于田》及《清人》,诗虽无足尚,犹幸非为淫奔而作。若《大叔于田》则亦未免有男女相悦之疑,是其二十一篇之中,晓然不为淫奔而作者五六篇而已。故曰淫奔之诗不翅七之五。然自昔说诗者惟以《东门之墠》与《溱洧》为淫诗。今朱子乃例以淫奔斥之者,盖即其乱而得其情,正以发明放郑声之旨。不然,则卫、齐、陈诗诸篇非无淫声,夫子何独以郑为当放哉?其说是否曰郑诗非郑声也,郑声非郑俗也。孔子云"恶郑声之乱雅乐"。夫郑声者,郑之乐也。郑声、雅乐皆言其音,非指其词。雅为古调,郑乃新声。新声人多悦之,故能乱雅。若以淫媟之词歌于里巷者为郑声,则明是狎亵,何能乱雅乎?且淫媟之词歌于里巷者,固非所以被之管弦金石,奏之宗庙朝廷者也,则何谓郑声?

昔魏文侯曰:寡人端冕而听古乐,则恐卧;听郑卫之音,则不知倦。敢问古乐之如彼,何也?新乐之如此,何也?子夏曰:夫古乐,和正以广,以文、以武、以相、以雅。君子于是语,于是道古。修身及家,平均天下。此古乐之发也。夫新乐,奸声以滥,溺而不止,乐终不可以语,不可以道古。此新乐之发也。今君之所好者,其溺音乎!夫乐者,与音相近而不同。此又郑卫之音之说也。惟其相近不同,故似是而非能乱雅乐。夫子所谓郑声淫者以此。诚谓其声调淫靡流荡,能散人之心志,而使之懈慢,故放之耳,非谓其词语之淫媟也。而朱子乃谓淫为男女淫乱之淫,而以郑声当之。又于郑诗咏他事者,力改旧序,而强解为淫奔之诗,以合圣人放郑声之说,则亦甚牵合矣!

自淫之义不明,遂使谈风俗者云:郑土狭而险,山居谷汲,男女亟会聚,故其俗淫。然则故邻地也,为邻国时顾不土狭而险,山居谷汲,男女亟会聚欤?而何邻诗之不淫也?卫、齐、陈诗诸篇既亦有淫诗,而郑之淫诗旧惟《东门之墠》与《溱洧》为然,则亦诸国等耳。乃力改旧序以多其数,而谓孔子举重而言,盖非惟不得郑声之说,亦非淫之本旨也。

(见《高文襄公文集》)

高 拱

[作者作品]

高拱(1513~1578年),明代嘉靖、隆庆时大臣,明中叶有才干的政治家之一。字肃卿,号中玄。祖籍山西洪洞,先世避元末乱迁徙河南新郑。祖父高魁,官工部虞衡司郎中。父高尚贤,正德十二年(1517年)进士,官至光禄寺少卿。高拱为嘉靖进士。穆宗为裕王时,任侍讲学士。嘉靖四十五年(1566年)以徐阶荐,拜文渊阁大学士。明神宗即位后,高拱以主幼,欲收司礼监之权,还之于内阁。与张居正谋,但张居正在太后前责高拱专恣,致被罢官。万历六年(1578年)死于家中。七年,赠复原官。著作有《高文襄公集》。

[相关史料]

《郑声辩》中的郑声即源于春秋战国时期《诗经》中的有关郑国的《郑风》诗。春秋时代郑国的统治区大致包括今河南的郑州、荥阳、登封、新密、新郑一带地方。郑风为《诗经》国风中的内容。十五国风中,《郑风》的篇目最多,有21篇。近代以前的诗经研究者都对郑风颇有微词,斥之为"淫诗"。孔子在《论语·卫灵公》中提到"郑声淫,佞人殆",自此,郑声就一直被冠以"靡靡之音"、"亡国之音"的头衔。作为出生于古郑国之地明代著名官吏高拱,对于历史名人孔子等曾给予"郑声之淫"的说法,颇感不适,特写了这篇《郑声辩》,进行论理说辩。

嵩岳祈雨疏

明 刘日材

具官刘日材,新承上命,来句中邦。窃惟明以敷庶政者,官司之职也。幽以赞万化者,神灵之功也。粤惟山川锡羡有自来矣。恭睹嵩高当天地之中,为四岳之长,其兴云物而福黔黎,又非众山所能班者。材千里之官,三句抱疾,外悯亢旱之灾,内怀瘝旷之愆,用是涉洛汭,度轘辕,历少室而东,夙戒香帛,祗谒于中岳嵩山之神曰:

惟神磅礴,两间絪缊;二气摩荡,穿以植表。上应三垣,压鸿庞以宅中。下临五界,襟江淮而带河洛。虹流贯中国之枢,引恒霍而肩岱华。天柱作四方之极,辅阴阳宣化之令,播乾坤生物之仁。肇自虞封,秩望久崇于邃古;咏传周雅,人文焕发于岁时。于赫厥灵,迈九州而独盛;有严禋祀,联四岳以居尊。材伏念江湖浮梗,庐阜庸樗。荷帝命之光临,蕃宣中土;赖岳祇之助顺,阴骘下民。惟肸蠁之潜孚,肆明禋之昭格。青幢黄盖,俨焉飞石室仙霞;玉镜丹砂,蔼若吐瑶坛瑞雾。伏祈神力广运,灵贶丕彰。风云会而雷雨时行,沛甘霖于函夏;日星明而霜雪时降,消氛祲于寰区。动植昭苏,飞潜咸若。政流教洽,百辟贤其贤而亲其亲;时和岁丰,万姓乐其乐而利其利。呼声动地,永庆万岁之尧年。秀色参天,载诞多方之吉士。庶兹朴遨,仰藉骈礳。上纾负扆之怀,内慰倚门之望。抱此下情,用申虔告,神其鉴之。

[作者作品]

刘日材,明代大臣。嘉靖三十二年(1553年)进士,曾任河南右布政使、贵州提学等职。刘日材任河南右布政使时,为到嵩山祈雨而作《嵩岳祈雨疏》。

古代祈雨

嵩山少林寺赐紫住持曹洞正宗第二十六代禅师道公碑铭

明 董其昌

《明钦命道公无言禅师行实碑》(局部)

佛者,凡夫之觉者也。凡夫以不觉,故身、口、意为三业;佛以觉故,在身为律,在口为经,在意为禅。禅之于佛焉,近矣!而不足以传佛之心。若夫震旦之少林,其西竺之灵山乎?故海内之名蓝静刹,曰律寺,曰讲寺,曰禅寺,而少林得称祖庭。其高僧尊宿,曰律师,曰法师,曰禅师,而少林得称宗师。虽世谛流布乎亦非诸方所敢望矣。其祖达摩而宗曹洞,何也?盖自药山云岩以宝镜三昧,羽翼别传,而价寂二公,立为五位,君臣正偏,回互之旨,开无门之门,施出楔之楔,所以提纲宗拣魔异者,视诸家为独密,故五宗皆法王也。而周遇其历,时惟曹洞。少林之于曹洞,亦犹鲁之秉《周礼》也。宗则言路绝矣,其举扬颂,古若雪窦圆悟、天童,投子之评唱,又何也?《契经》不云乎:麤言及细语,皆归第一义,良以情封,则棒喝皆接响。见瞥则回互无停机。上士以之契同,下士以之愤悱。故颂古非洞宗也,而洞宗寄也。吁,初祖悬丝之记,亦可念也已。

自唐以来,代推一人,主持法席。二十五代为幻休,休公得法子以百数,道公为最,休公没,诸龙象众,愿以事休公者事之,公固让,不敢应。浮沈云水者,十有四年。法堂草深,宗徒雨散,于是登封令请于宗伯,循故事署公主持少林,时则皇帝万历壬辰之十月也。师自领众以来,十有七载。戒行冰洁,机辩泉流。或升堂普说,或入室小参,莫不摧彼疑城,登之觉岸。明镜屡照而不疲,洪钟待叩而辄应。典型卓尔,清规肃然。作宾王家,名动京阙。于是有贝叶之藏,五铢之衣。精镠出于尚方,绽功传于中使。璎珞供养,金汤护持。固以续诸祖之慧命,亦以广圣主之福田者矣。师虽心冥一乘,而行崇六度。诸所檀施,斥修漏因。其居也,有幻出之宝坊。其游也,有随身之香积。顷者,飞锡山海,瞠目云霄。愿得人而传衣,乃处阴而息影。曰:吾将面壁老矣。少林之开堂者,必有记。师之上足通慧等,属不佞昌记之。忆师昔为休公谒文,故宫保陆文定公时惟不佞昌。与征士陈继儒,皆缔莲社之交,征柏亭之义,二十年心许,今始酬因尔。

师名正道,字无言,洪都新建胡氏子,父永泰,母杨氏。初祝发于上蓝寺璘和尚,年二十,从知休禅师,受禅那大旨。居南岳净缾崖,不甚契,乃谒逊菴于树屏,听法于东岩大方,受戒于无尽。遍参诸方,至少林而得法于幻公,幻公升座,问如何是洞上家风。幻公曰:"月下三花树,峯前双桂枝。"又问曰:"和尚还别有么?"曰:"惟此一事实。"师于言下大悟,即呈偈曰"云攒峰顶,日锁幽岩,木人拊掌,石女舒颜。"休公印可,赞之以偈,盖许为人天师云。系之铭曰:

嵩高少室,天地之中,大乘气象 郁郁葱葱。破颜未会,面壁真风。祖佛非殊,惟变乃通。其一,般若无知,灵光不昧,如清凉池,如大火聚。直下便是,拟向即背。奇哉众生,具如来慧。其二,五家宗□,如画师。虚空可拈,丹青不施。泥牛月吼,木马风嘶。不居空劫,不落今时。其三爱有道公,僧中之杰,传涅盘心,吐广长舌。双桂开敷,三花屹嶂。一代时教,永存珉碣。

大明万历三十七年正月吉旦,门人慧如等立石。

[作者作品]

董其昌(1555~1636年),明代后期著名画家、书法家、书画理论家、书画鉴赏家。字玄宰,号思白,官至南京礼部尚书。董其昌才溢文敏,通禅理、精鉴藏、工诗文、擅书法、精绘画。当时少林寺请他为圆寂的无言正道撰写碑文,并书丹及篆额,可能是从他书文水平及在文化界的名望考虑,因为此碑是立于少林寺常住院内的慈云堂院,与少林寺同在,要永久保存的。历史证明,董其昌所撰文、书丹并篆额的这通碑,已经成为嵩山碑刻中的一通名碑。碑主无言正道是明代著名禅宗大师和钦命少林寺住持,著名的书画大家董其昌所撰的碑文、书法完全与碑主的在嵩山佛教界的地位与精神相得益彰,相映生辉。

[相关史料]

无言正道(1547~1623年),明代禅宗大师和钦命少林寺住持。法名正道,字无言,号雪居,称无言道公。江西洪都人,俗姓胡,初削发于江西上蓝寺,拜璘和尚为师。后到少林寺拜幻休为师。在幻休数百个得法弟子中,道公最出色,深得休公真传。幻休圆寂后,于明神宗万历二十年(1592年),礼部任命正道为第26代少林寺住持。在道公主持少林寺31年间,整顿寺院,寺风纯正。道公不仅是少林寺住持,还是北方禅宗的首领,声誉卓著,"作家王家,名动京阙",被称为"僧中之杰"。道公任住持时,重修寺院,先后有八位王子跟随道公出家,同时有多位太医跟随王子到少林寺交流技艺,使得少林文化空前繁荣。道公在位期间创立了少林南院永化堂,传承少林绝学,少林三宝禅学、武学、医学后继有人。道公还请求官府免除少林寺粮差,这是少林历史上最后一次豁免粮差。他的另一个重大贡献是带领弟子,千辛万苦,在少林寺南山丘上种下千万棵柏树,使寺南不毛之地,长成郁郁葱葱的柏林,人称"柏坡"。道公此举可谓千古一人。道公是有史可查主持少林寺时间最长的住持之一,也是明末声誉最为显赫的名僧。

董其昌

《嵩吟》(题词)

明 高 出

卢氏与登封,虽俱隶周南,然东西相望者,盖五百里。云往令,即五六年,有足不涉其地,若风马牛然。而余二年内,凡以职事,再游嵩。则余实好嵩,兼甚好元鼎先生也。余之再游也,入其境,见土辟而民讴歌,则知元鼎忠以仁矣。接其邑,见市不饰而士和悦,则知元鼎敏以有孚矣。造其庭,见政平而理,百姓附豫,则知元鼎宽以栗简以信决矣。元鼎察盗如神,三月而无盗;听讼如神,三月而无讼。元鼎未尝事钩钜,而方百里之内,其细民孺妇之起居,罔不悉也;其远井墟里之疾痛,罔不闻也;其米盐钱谷之委措,罔不平也。余亲见元鼎晨起听堂,皇耳目手口之用交作而不爽,犹与客宴谈衎衎,精神映带,旁掩数人,不崇朝而一日之事治。则左右顾二室夸客吟啸而已。元鼎天下才也。此即之于天下,岂不如指诸掌哉!每循览古今文章之士,其识议多好为矜诞,而于事多迂疏不任,舍日不能也,而妄矫之不屑。遂令世人相诟病,以为无益殿最窃尝愤之。当吾世而得一元鼎先生也,直为千古文士生色。出也,请执鞭焉。元鼎为嵩岳主人,又实好嵩。爱以稽古证今之力,发探奇揽胜之踪。一一吟咏,而表章之命曰《嵩吟》。夫嵩去洛百里,自周汉都洛以来,嵩若几席之山矣。而记载可考者,尚寥寥于今。谁谓古多有心人?元鼎是役也,于山灵实千载知己。出虽好嵩,然主客之间则有分矣。《嵩吟》近体类王摩诘,古体类鲍明远。此自元鼎能事海内,所咸闻知。子曰:"诵诗三百,授之以政,不达。""虽多,亦奚以为!"则元鼎之治行殊尤卓绝,盖有本者。如是,世人勿谓余阿所好,不则浅之乎窥元鼎哉。

[作者作品]

高 出

高出(1574~1655年),明朝诗文家。字孩之,号槎亭,海阳县徽村人。明万历二十六年(1598年)进士。历任曲周、卢氏两县知县及户部主事、郎中、江南布政使司参议、山西按察使、按察副使、辽东监军道等职。一生不畏权贵,廉洁奉公。卢氏县大饥,高出捐俸救灾,并上书请求赈济,救活饥民数万。曾试行改革租佃制,以减轻富户对佃民的盘剥,民受其益,敬献"德泽蓬门"颂匾。豪门贵族惧高出执法森严,唆使致仕名宦进京告状,以"收买民心,图谋不轨"之诬词陷害高出。天启帝降旨,命高出率军镇守辽阳。因军事失利,下狱12载,死于监牢。

高出著有《崂山记》《鹤山观海市记》等散文,后在狱中著有《镜山庵全集》。高出在嵩山活动期间,曾写有《嵩阳十八咏》《箕山》《同傅元鼎游中岳》《春是偕元鼎沿洛入嵩》诗歌多首,《嵩吟》是其中之一。

灾异说

清　贾攀鳞

天不祚明,灾害迭至;汜以瘠土穷民,被祸尤惨。从前流氛焰发,已沸中原之鼎而速其毙,加以怀帝庚辰,旱魃为虐,岁无所入,民间罄悬。登封豪徒李际遇等啸聚山林,斩木揭竿,号召附近饥民、不数月乌合数十万,日肆掳掠,是岁冬,民困饥死者不胜计。越明年辛巳春困滋甚:有骨肉至亲而相食者,有死葬家人之腹中者,有生润他人之刀镬者,有儿童出游邻人执杀如鸡者,有饥馑在道,路人争取如饴者,有窥其独处掩取之者,有因其新瘗而发食之者。因之瘟疫大作,相视莫救,或阖门悉登鬼录,或比户不觏人形,邑之饿而死、病而死,死而家无噍类者,盖强半云。其鹄形鸠面,尫羸喘息之状,又何待言?及夏禾麦大登,害气稍息,而前此之蠢动者,已如燎原之火,不可扑灭。汜去贼巢仅百里,骚扰我疆场,凭陵我城池,颠越我民人,虽皆守死相拒,而农事废矣,家庐毁矣,衣粮非其有矣,眷属不可保矣,流寇屠戮之余,复为此辈所糜烂。至甲申又旱,茕茕遗子,皆取草实木皮,以延旦夕,益苦无聊。汜民至此,其仅存者约十之一二。至庚辰祸积数年。至皇清定鼎之三年,乙酉而祸始息。

则奇荒大乱之相因,有若符券,且至不可收拾。如此,岂尽气数然欤!抑亦人事非也。水不能灾尧,旱不能灾汤,水旱不能灾尧汤之民,又奚以故?造命胜天,理有必然。始知耕三余一之制,古人之为计甚长,而十二荒政,久已不举。耿寿昌常平之设,犹为近古,近则名存而实亡矣。吾诚有望于民之自为计者,更有望于后世之为民计者,且有望于后之为民计而即自为计者。

[作者作品]

贾攀鳞,清代康熙年间诗人,汜水县人(今荥阳)。清顺治二年(1645年)进士,曾任陕西神木县知县。有诗《广武原诸冢》传于后世。

《灾异说》记叙了明末至清初发生于汜水的寇灾、旱灾、水灾、瘟疫等天灾人祸所造成的"民困饥死者不胜计"的惨状。

郑风论

明　王文定

《郑风》21篇,其旳为淫泆之辞者《野有蔓草》《溱洧》二篇,可疑而难决者《丰》一篇而已。其他《缁衣》《叔于田》《清人》《羔裘》《女曰鸡鸣》《出其东门》七篇,语意明白,难以诬说,至于《将仲子》《遵大路》《有女同车》《山有扶苏》《萚兮》《狡童》《褰裳》《东门之》《风雨》《子衿》《扬之水》凡11篇,《序》《说》《古注》皆有事证可据。而朱子一切翻倒,尽以淫奔目之,而蔽以"放郑声"一语。殊不知孔子论治则放声,述经则删诗正乐,删之即所以放也。删而放之,即所以正乐也。若曰放其声于乐而存其辞于诗,则诗乐为两事矣。且使诸篇果如朱子所说乃淫泆狎荡之尤者,圣人欲垂训万世,何取于此而乃录之以为经也邪?反正诡道,侮乱圣言,近世儒者若马端临、杨镜川、程篁墩诸人皆已辩之矣。又曰郑、卫多淫声,如《桑中》《溱洧》男女戏谑之诗,盖亦多矣,孔子尽删而放之。其所存者,发乎情止乎礼义，而可以为法戒者也。中间三四篇盖皆删放之余，习俗所传。而汉儒于经残之后，见三百之数目有不足者，乃取而补之，而不知其为世教之害也。按《左传》韩起聘郑，郑六卿饯于郊，宣子请皆赋。子齹赋《野有蔓草》。宣子曰："孺子善哉，吾有望矣。"子太叔赋《褰裳》，子游赋《风雨》，子旗赋《有女同车》，子柳赋《萚兮》。宣子曰："二三君子，数世之主也，可以无惧矣。"夫饯大国之使而所赋皆淫奔之诗，辱国已甚，宣子又何以叹其为数世之主乎？此亦一证。且知《野有蔓草》亦必非淫诗也。

[作者作品]

王文定，明朝，嘉靖年间人。《郑风论》是作者对"郑声之淫"的个人观点。

[相关史料]

"郑风"为《诗经·国风》中的内容，共有21首诗。春秋时代郑国的统治区大致包括今嵩山地域的郑州、荥阳、登封、新密、新郑一带。"郑风"就是这个区域的诗。

郑风诗图

留侯论

清 魏禧

忠臣以兴复为急，虽杀身殃民而无悔。仁人以救民为重，故通权达节以择主。子房始终之节皎然明白，忠臣仁人兼而有之，奈何后世独以智谋见推也！古今草昧之际，奇才志士得一失一，自非根本忠孝之性，达于天地之心，其能为三代以下之完人乎？因作此论，而附识之。

客问魏子曰："或曰子房弟死不葬，以求报韩。既击始皇博浪沙中，终辅汉灭秦，似矣。韩王成既杀，郦生说汉立六国后，而子房沮之何也？故以为子房忠韩者，非也。"魏子曰："噫，是乌足知子房哉！"人有力能为人报父仇者，其子父事之，而助之以灭其仇，岂得为非孝子哉？子房知韩不能以必兴也，则报韩之仇而已矣。天下之能报韩仇者，莫如汉。汉暨灭秦，而羽杀韩王，是子房之仇，昔在秦而今又在楚也。六国立则汉不兴，汉不兴则楚不灭，楚不灭则六国终灭于楚。夫立六国，损于汉，无益于韩；不立六国，则汉可兴，楚可灭，而韩之仇以报，故子房之志决矣。

魏 禧

子房之说项梁立横阳君也，意固亦欲得韩之主而事之。然韩卒以夷灭。韩之为国与汉之为天下，子房辨之明矣。范增以沛公有天子气，劝羽急击之，非不忠于所事，而人或笑以为愚。且夫天下公器非一人一姓之私也。天为民而立君,故能救生民于水火;则天以为子,而天下戴之以为父。子房欲遂其报韩之志而能得定天下祸乱之君,故汉必不可以不辅。夫孟子学孔子者也,孔子尊周,而孟子游说列国,惓惓于齐梁之君,教之以王。夫孟子岂不欲周之子孙王天下而朝诸侯,周卒不能。而天下生民不可以不救。天生子房以为天下也。顾欲责子房以匹夫之谅,为范增之所为乎?亦已过矣!

[作者作品]

魏禧(1624～1680年),明末清初散文家,与汪琬、侯方域并称清初散文三大家。字冰叔,一字叔子,号裕斋。江西宁都人。明末诸生,明亡隐居翠微峰勺庭,人称勺庭先生。后出游江南,以文会友,传播其明道理、识时务、重廉耻、畏名义的学说,结纳贤豪,以图恢复。他的文章多颂扬民族气节人事,表现出浓烈的民族意识。还善于评论古人的业迹,对古人的是非曲直、成败得失都有一定的见解,著有《魏叔子文集》。

[相关史料]

《留侯论》中的张子房(张良)简介,见李德裕的《张良论》。

嵩阳书院山长文(二篇)

清 耿 介

耿 介

[作者作品]

耿介(1622～1693年)清朝官员、太子之师,著名理学家、教育家、方志家。字介石,号逸庵,人称"嵩阳先生"。河南登封城关人。离官后,立志兴复嵩阳书院,广聘名师,聚徒讲学,慕名而来求学的人络绎不绝,当时学生最多时达500余人,使嵩阳书院成为全国闻名的书院办学典范。耿介除办学外,还写有大量的有关嵩山及嵩阳书院的诗文。崇祯六年(1633年),耿介到嵩阳书院春游,看到书院破败景象,听到"程门立雪"的故事,立志从教,兴复嵩阳书院,自任院长。康熙二十三年(1684年)编修《嵩阳书院志》。

《辅仁会约》是耿介在嵩阳书院任山长时,所制订的书院学规。《嵩阳书院请冉永光先生启》是耿介作为嵩阳书院的山长,邀请冉永光先生到嵩阳书院讲学的书信。

一、辅仁会约

古之学者,体用一原,所以性道文章,未尝判为二事,自科举兴,而体用稍分矣。虽竭毕生攻苦之力揣摩成熟,只是为文章用语以性道,则群起而疑之。讵知性道文章,犹根本枝叶,根本不培,则枝叶不茂。前辈冯少墟云:"以理学发挥于词章,便是好举业;以举业体验诸身心,便是真理学"旨哉何其言简意尽也。然则今日论学,正不必烦多其辞,只是于举业上加一行字,然非藉同人切磋砥砺之益,恐不能相与有成。曾子曰:"君子以文会友,以友辅仁。"今拟立会以辅名,即吾人之所攻苦揣摩者,验之于

心,体之于身,性道文章合而为一,则修其辞为有德之言,见诸用为有本之学,不亦伟乎?后列会约数则,因以就正请益焉。

每月初三日,一会嵩阳书院为文,二艺日长渐加,不用柬邀,晨刻齐集,序揖序坐,须体貌严肃,精神收敛,题出沉静构思,庶心志专一,文益精妙、

会中宜崇简约,日用饮食,围坐多不过八器,不用酒,恐乱清神。

培养根本,惟是读书。张横渠先生有言:书以维持此心,一时放下,则一时德性有懈。所读之书大约以《孝经》《小学》《四书》《五经》《性理大全》及《通鉴纲目》等书为主。立定课程,不致间断,于发奋忘忧之味,久之,和顺于道德,优游于钜度,到得克实光辉,亦不过从此积累去耳。

每月十八日,一会嵩阳书院,将一月来所读之书,互相考究印证。盖经书中圣贤言语,无非身心性命之理,纲常伦纪之事,若只在书册上寻求,纵使探讨精深,终与己无干涉。须得朋友大家讲论直教,一言一句皆与我身上有着落贴实处,觉得圣贤所说之心,就是我之心;圣贤所说之理。就是我心中之理。如此融贯浃洽,庶几可以坐言起行。孔子以学之不讲为忧,孟子曰:"博学而详说之,将以反说约也。"丽泽之益,盖可忽乎哉。

士君子以品行为先,然大段最害事是利字,而自利起于自私,须是平日于义利公私之间,辨别是平日于义利公私之间,辨得分明,然后向往不错,此处稍一含糊,便是君子小人之判。但徒然辨别无益。功夫只要克己,能克去己私,便是光明俊伟圣贤路上人。陆象山访朱子于白鹿洞,为学者讲义利章,切中隐微深锢之病,此尤今日之急务也。

我辈以辅仁名会,仁如何辅?须就日用间事亲、从兄、动静、语默、辞受、取予、应事、接物试验学力。而要归迁善变改过。每当会时,凡我同人一月内言行得失,互相点检,善则称美,过则规整,无本至诚,毋徇形迹,庶几乐取为善,闻过则喜之义。然亦须自己独知之地,有省察可治意思,方好受忠告之益,不然则护疾忌医,恐非口舌所能争也。

学求为己,原非为人,若能见得确,守得定,凡是非毁誉之来,皆足为吾切磋砥砺之地。誉则勉以副之,毁则自修自治,行有不得,反求诸己。若一味在外面弥缝,即使回互得毫无破绽,究竟只成就一个乡愿。朱子云:"须是在我者无歉,仰不愧,俯不怍,别人道好道不好,何容心焉?"此言宜三复之。

二、嵩阳书院请冉永光先生启(选录)

伏以道原于天,龟龙泄图书之秘;学本诸圣,伊洛绍洙泗之传。故继往开来,端赖高贤模范;而守先待后,咸仰硕儒宗风。率髦士以凫趋,依讲堂而鹄俟。恭惟老年台先生:吾道主盟,斯民先觉。科名冠中豫,文章追先辈之遗;理学擅东京,著作洗末流之弊。蔼如霁月光风雅度,俨然泰山乔岳德辉。入理深微而教学相长,负笈远近,皆有涵育薰陶之益,竟是今日鹿洞;见道精确而声气应求,把臂朝夕,殊无同异离合之迹,胜似当年鹅湖。虽则咸感一心,但犹睽隔两地。慨自圣贤不作,致邪说诐行交兴;因而仁义不明,使风俗人心俱敝。世无砥柱,谁挽颓波?借兹董帏,传经书于颍上;移来绛帐,开坛坫于天中。就而正焉,德不孤矣。双溪河畔春来,桃李芳菲;三公石边冬去,松柏苍郁。有时徘徊川上,叹逝者之如斯;或则流连观澜,悟盈科之有本。看天光云影,触处见性命流行;睹鱼跃鸢飞,随时皆道体呈露。英才统归教育,喜君子之乐有三;品汇胥受裁成,欣大造物不腻。肃凭鱼素,遥企龙光。临启驰青之至。

子产论

清 马骕

国非有强弱也,得其人者昌,不得其人者亡。郑小国耳,居南北之冲。自庄、厉以来,晋楚交躏其地。国之不亡,幸矣。乃以五岁即位之简公,国家内乱,疆场外扰。悼、共方争,边吏日警。而不数年间,外患以平,内政以修,解甲息民,国家晏然称治焉,谓非子产之力乎?

其始从政也,舆人谤之,同列猜之,迨其后谁嗣歌矣?甚至铸刑书,作丘赋而民不怨,贤能任矣;甚至放游楚,杀驷黑,而大夫不怒,使当大国而权藉凭焉。管仲蒍猎之功不足多也。乃受政之日,惴惴然国逼族宠之是惧,有子皮左右先后之,犹惧弗克胜,无他。春秋之国郑称多事,固难

子产为政 郑国化弱为强

治也。自桓、文霸而郑始病;自悼、共争而郑始危。成公从楚,鄢陵不振;僖公从晋,邲会不终。郑盖不可问矣!齐桓之世,郑虽受兵而"三良"为政,诸侯莫之敢轻。今者子驷之侈焉而死,子孔之专焉而死,伯有之愎焉而死,伯石、丰卷之流犹耽耽焉,郑益不可问矣。子产奔晋,子皮止之,委以大权,而子产乃得行其志。郑之有子皮,齐之有鲍叔牙也。子产之功不及管仲者,则以无大国耳。虽然有幸焉,晋悼霸而郑人赖以反正,晋楚成而郑人得以休息。萧鱼以后国无外敌,入陈以后国有兵威。

子产为政,郑国化弱为强之时也,而子产之贤足以任之。是以列国之君卿大夫咸钦其人而重其才。外交固、内事举、民赖以安,惠孔厚也。死之日,郑人丈夫舍玦珮,妇人舍珠珥,丁壮号哭,老人儿啼,曰:"子产去我死乎,民将安归?"呜呼!生令民爱,死令民哀,如子产者所称古良臣也。

[作者作品]

马骕(1621~1673年),清朝山东邹平人,字宛斯,又字聪御。顺治期进士。精史学。历淮安推官、灵璧知县。研究先秦历史,对《左传》尤其融会贯通,著《左传事纬》。又纂录先秦史事,撰《绎史》,因其专治上古史,时称"马三代"。

[相关史料]

子产简介见《子产论政宽猛》。

郑伯克段于鄢论

清 万斯大

段于庄公兄弟也,而有君臣之义。恃母而骄以至于乱,绳以国法,不得不讨。庄公之失,始在顺母志而授之以京,终在段入鄢而复穷之以伐。夫段为姜氏爱子,庄欲顺母志,夫岂别无富之贵之之道邪

夫？岂不知段之多才好勇，而反予以为乱之资邪！在庄于此无奈母之数请而姑以予之，亦谓可以快其求、盈其愿，而不意其后之至于此也。先儒谓庄故予之以养成其恶。然则予之之日，庄预计曰吾予以京，彼必作乱；彼作乱，吾必克之。藉令段作乱，而公不闻，或伐之而京不叛，反助段于取胜，则郑将为段有。此虽至愚者不为，而郑庄肯为之乎？盖母不请，庄必不予。母请而庄予，是徇母之私而不能裁之以制也。如谓庄素有杀段之心，则当请制时，何不因以毙之。而反以岩邑辞之也。迨乎乱作而致讨，亦出于不得已。然段久于京，而京叛之，穷而入鄢，复何能为？斯时谕之以礼，怀之以恩，段非归死，必且自亡。而庄更蹙之以兵，是兄弟之情，君臣之谊，段固忘之；而庄亦与俱绝之矣。《春秋》不书"段奔"，而书"郑伯克段"，其以此夫。

[作者作品]

万斯大（1633～1683年），清朝经学家。字充宗，别字褐夫，因患足疾而自号跛翁，浙江鄞县（今宁波）人。生逢丧乱，不事科举业，授徒自给，读书之外无他事。尝携幼子万经，馆于武林，慨然以穷经自任。深研经学，尤精《春秋》《三礼》，积十余年之功，著《学礼质疑》《礼记偶笺》《礼仪商》《周官辨非》，考据考证，务求确实，不立异，不苟同，重裁断。黄宗羲曾赞道："斯大之论礼，可使百氏无坚城也。"继辑《春秋》240卷，后焚于火，晚年复辑，绝笔于昭公。临终犹说："吾在梦寐中，仿佛与友人论季武子立后事。"尚撰有《学春秋随笔》，根柢三礼，以释三传，四明经学，为之一振。清初浙东学派诸大家中，治经推斯大。兼长诗，有诗集《丁灾草》《甲阳草》，尚修有《濠梁万氏宗谱》。

《郑伯克段于鄢论》是作者对"郑伯克段于鄢"所作的论述。

[相关史料]

郑庄公简介见《郑伯克段于鄢》。

《郑伯克段于鄢》记述的是春秋时期郑庄公在鄢地打败共叔段的历史事件。郑庄公与共叔段原本兄弟，只因共叔段在其母武姜的怂恿下，以"请制"屡行不义之事，终被郑庄公名正言顺地以"仁义之师"克之于鄢。这个故事充分说明："多行不义必自毙"。人生在世，打败自己的往往不是别人而是自己；毁灭自己的也往往不是别人而是自己。因此，每一个人，特别是领导干部，一定要去贪欲，避邪恶，戒骄横，存正气，办可为之事，做有德之人。否则，必将为人民所唾骂，为历史所抛弃。

郑庄公

嵩阳书院考

清　冉觐祖

余读《宋史·职官志》，内云："宋初有庐山白鹿洞书院，太平兴国二年，以知江州周述，请赐九经嵩阳书院。至道二年，赐院额及印本九经岳麓书院。咸平四年，以郓守臣李允则奏，下国子监降释文等书应天府书院。国初，戚同文授徒，后无继者，大中祥符三年，建书院，诏以曹诚为助教，赐院额，四书院外又有茅山书院"云。据此，则嵩阳书院为四大书院之一明矣。

《文献通考·学校考》内云:"太宗太平兴国二年,知江州周述言庐山白鹿洞,学徒常数十百人,乞赐九经肄习,诏国监经给本,仍传送之。先时南唐升元中,白鹿洞学馆,以李道为洞主掌其教。又赐石鼓书院敕额,唐元和间,衡州李宽所建,国初赐额。真宗大中祥符二年,应天府民曹诚,即楚丘戚同文旧居造舍百五十间,聚书数千卷,博延生徒,讲习甚盛。府奏其事,诏赐额,曰应天府书院,命奉礼郎戚舜宾主之,仍令本府幕职官提举以诚为府助教。八年赐潭州岳麓书院额。始开宝中,郡守朱洞首度基创宇,以待四方学者,李允请于朝,乞以书藏。方是时,山长周式以行义著,八年,召见便殿,拜国子学主薄,使归教授,赐书院名,增赐中秘书。宋兴之初,天下四书院建置之本末如此。此外又有西京嵩阳书院,赐额于至道二年;江宁府茅山书院,赐田于天圣二年。嵩阳、茅山后来无闻,独四书院之名著。"据此,则以白鹿、石鼓、应天、岳麓为四书院,而嵩阳在四书院之外。是二说者,予尝疑之。及阅吕东莱先生《白鹿书院记》云:"国初,海内向平,文风日起,儒生往往依山林即闲旷以讲授,大率多至数十百人。嵩阳、岳麓、睢阳、白鹿茸,天下所谓四大书院,天子尝驿致经书,命官赐禄,俾生徒肄业。"东莱宋儒,其知四书院必核,可以明《宋史》之是而《文献通考》之误。夫天下之大,千百年之遥,不履其地、询其人而欲悉其事迹无一爽者,盖亦难矣。予于此不能无遗议于马贵与也。《嵩山志》云:"太室书院在太室南,五代周时建,宋至道三年,赐名太室书院,藏九经。河南守臣上言甘露降于书院讲堂。景祐二年,敕西京重修,赐额更名嵩阳书院。王曾奏置院长,给田一顷馐。"此说较《宋史》、《通考》二书为详。睢阳于宋为应天府,东莱所云睢阳书院即应天书院,亦犹嵩阳书院之为太室书院,异名而同实也。茅山书院不在四书院之内,无庸言。而石鼓书院独见于《通考》,嵩阳既为四书院之首,则石鼓当与茅山同观矣。予谓四大书院,当尤重嵩阳、白鹿,盖嵩阳为二程过化之地,而白鹿为朱子规恢之所也。较二者之中,程子又开其统,为理学不祧之宗,凡有志私淑,而不知振兴嵩阳书院可乎哉?耿逸庵先生身任院事,经营无遗力,建宇置田,藏书集士,倡明理学,远绍二程之绪,予喜嵩阳书院可以从此不废矣。故考其大略如此,使人知所重,若沿革之迹,自具书院志中。

[作者作品]

冉觐祖(1636~1718年),清朝藏书家、经学家,嵩山历史文化名人。字永光,号蝉庵。中牟大孟乡人,祖籍山东。17岁在鄢陵中秀才,不久补考博士子弟员,顺治十一年(1654年)到卫辉(今河南汲县)百泉参加乡试,见书贩陈列大量名贵书籍,竟竭尽所有,购买了《四书》《五经》大全及著名诗文集等,因而不再专心应考,回家埋头研读,立志于著作。康熙三十年(1691年)进士,官翰林院检讨。潜心理学,曾主讲于嵩阳书院,作《为学大指》《天理主敬图》以教学生。主编有《中州通志》,著有《五经四书详说》《性理纂要》《阳明疑案》《正蒙补训》《尚书详说》《四书玩注》及诗文杂著20余种。

[相关史料]

《嵩阳书院考》中的"考"应当是过去"考据学"的一种体裁。考据学持慎重求证的治学态度,反对空泛而粗放的论证方法。清政府曾以编修《四库全书》的方式,笼络天下知识分子。考版本、纠错谬、辨音义,终使考据之学大盛。清代以来,考据学派的活动已形成一种文化现象。考据学中的重证据、

冉觐祖

实事求是的学术精神和方法,已经成为文化"遗传"的一个基因。在此文化背景下,重考据、讲推理已不只是个人行为,而是中国学者做学问的一种基本态度。

嵩阳书院位于登封市城北3公里嵩山太室山南麓峻极峰下,因坐落于嵩山之阳,故名嵩阳书院。始建于北魏孝文帝太和八年(484年),时称嵩阳寺。隋改为嵩阳观,唐改为奉天宫。宋至道三年(997年),太宗赵光义给"太乙书院"赐名"太室书院"匾额,并赐九经子史,置校官,生徒数百人。宋景祐二年(1035年)宋仁宗赵祯赐额为"嵩阳书院"。金大定年间(1161~1189年)书院废,更名为承天宫。明重修后复改为"嵩阳书院"至今。

宋代理学的"洛学"创世人程颢、程颐兄弟都曾在嵩阳书院讲学,此后,嵩阳书院成为宋代理学的发源地之一。北宋时期,嵩阳书院与河南睢阳书院(又名应天书院)、湖南岳麓书院、江西白麓洞书院并称我国四大书院。

藏书楼讲语

清　王又旦

王又旦

甲子十一月十七日,嵩阳书院藏书楼落成,讲《公都子》一章毕,进诸生诲之曰:自古学宫之外,有书院之设,原是要学者从身心性命处体究,以为圣为贤自期,异日当有用于天下国家,不可徒务章句口耳,以博取功名之地。然人之所以不能为圣为贤,只是看得圣贤高远,曰我辈如何敢望圣贤?殊不知圣贤此心此理,我亦此心此理。如适间所讲仁义礼智,试默默自思:我原有此性否?其发而为恻隐、羞恶、辞让、是非,试默默自思:我原有此情否?诚知此性此情,我与圣贤原自不异。即时加讲究,时加体认,时加涵养,时加躬行实践,日积月累。觉得存心处事无一不合着天理,异日出而任天下国家之事,自卓然有所树立。历观古来名臣贤相,有大过人者,何一部自心性学问中来耶?不然,而徒为记诵词章之学,即竟日咿唔,不过因题目作文字,其于此心此理终是茫昧,一日得志,只是向声色货利驰逐。安能做出胞民与物事业?岂不有负此居诸乎?如今先要立得志定,一心向圣贤路上去,看得此身至大,看得此心此理至尊至贵,其于一切富贵利达,皆有我得志弗为底意思,方是豪杰之士,方不负嵩阳书院作养之意也。诸生其勉之。

[作者作品]

王又旦(1636~1687年),明末清初著名诗人。字幼华,号黄湄,明邰阳(今陕西省合阳)县百良乡百良村人。清顺治十五年(1658年)戊戌科进士,由潜江知县历官户科给事中,户部都给事。擅诗,善缔章绘句,文采风流,官声诗名并重,时与诗坛领袖王士禛并称"二王"。

王又旦曾主讲于嵩阳书院。藏书楼,为嵩阳书院的一座建筑。

辅仁居铭

清 窦克勤

日月迈矣,尔胡弗振。尚其砥砺,濯垢从新。二五之精,无极之真。随处发见,尔盍引申。主静立极,前惟圣人。尔试思之,为何如身。若能明德,醇乎其醇。是云得天,不自子泯。苟曰不然,是为凡民。尔弗能立,曷于友询。友通性命,用辅吾仁。君亲夫妇,昆弟之伦。友能讲明,周行示频。就而正焉,斯道无湮。名教躬任,德必有邻。居斯地也,学务其纯。一得匪满,谦受闾阎。良贾深藏,若虚岂贫?言动之则,兰臭之亲。今人与居,先民是遵。友导以善,可书之绅。若复苦口,或益之珍。久居于斯,此义用申。相尔文质,庶或彬彬。极尔造诣,美大圣神。愿言朝夕,劝戒谆谆。形虽不齐,性则维均。岂或我友,弗告之津。必欲与尔,圣道同臻。

[作者作品]

窦克勤(1653~1708年),清朝理学家、教育家、修志家、嵩山历史文化名人。字敏修,号静庵。耿介讲学于嵩阳书院,他在6年中5次到嵩阳书院听讲,非常虚心,学业大进。后被邀请任嵩阳书院主讲。主要著作有《理学正宗》15卷《婚礼丧礼辑略》《圣学集成》《天德王道编》《事亲庸言》《泌阳学规》《嵩阳酬和集》等,是名副其实的嵩山文化名人。

佑圣酬恩疏

清 顾汧

伏以嵩高维岳,休征协应于彤庭;□服无涯,灵贶遄臻于紫阙。萃崇闳之纯嘏,嘉惠灵长;鉴悃款之微忱,降临有赫。虔同寮寀,颙叩冈陵。恭惟中岳嵩山之神,清宁永奠,屹峙宅中。日升月恒,巩皇图于孔固;峰回翠绕,翼景运以常新。兹当我皇上御寓日久,登俗邦隆,海晏河清,声教已无不讫;民安物阜,时雍具见成风。犹恐蔀屋艰难,庙堂轸念,爰开廪以赈乏,复蠲赋以恤灾。自此八郡飞鸿,咸宁干止;两河庶草,胥庆昭苏。允惟宸极之深仁,悉荷神祇之炯鉴。偶以过劳违豫,旋喜万安。斯皆真宰力扶,上灵默相,共保齐天之福曜。广垂济世之弘体。某等谊切臣工,戴深君父,敢不沥披丹缕,仰答神霄。伏愿四序增华,三辰加灿。氛祲消而嘉详集,眷一人有道之长;寒暑节而风雨时,乐四海无虞之福。肃将涓末,统冀崇涵。谨疏。

[作者作品]

顾汧,清朝政治人物。字伊在,号芝岩,天郎子。江苏长洲(今苏州)人。康熙十二年(1673年)进士,改庶吉士,授翰林院编修,历任礼部右侍郎、河南巡抚等官。坐事罢,起历宗人府丞,致仕卒。著有《凤池园集》。

[相关史料]

康熙三十二年(1693年)七月,时任河南巡抚的顾汧,与祭者河南府知府臣孙居湜、河南府通判臣朱作舟、登封县知县张圣浩、儒学教谕臣张大椿、训导臣王之凤、候选光禄寺署丞臣傅锡瑕、候选主事臣傅而永、候选知县臣郭瑛、候选训导臣焦钦宠、臣高一鳞,进士候选知县臣景日昣等,虔恭岳祠(中岳庙),祭祀岳神,斋明三日。《佑圣酬恩疏》是当时顾汧所作的祭祀文。

重修千佛阁疏
清 焦钦宠

粤自灵山暮岁,以鹿苑转轮。师林揭要,独付迦叶。迤传二十八祖,乃至达摩大士。宝珠南耀,德水东流。梁武帝之庭,圣谛不契。于是神光参讨,断臂安心。而如来正法眼藏大行于震旦之方。虽宗分五派,教续千灯,有律、有讲、有禅。惟少林寺提衍评唱,借教明心,兼斯三者,得称祖庭焉。大雄殿之后,为法堂,为方丈。方丈之后,凿山为阁,以奉毗卢。千佛飞栋,连甍巍然,焕然迥出林木烟云之外,最称雄丽。数十年狂飚之所震撼,灵雨之所飘击,遂使梵王法界、祇园珠林、檐摧鸟翠、晓风寂铃铎之响;瓦碎鸳鸯,夜月游鼯鼠之迹。四方游屐至,易以瞻崇;息心了义者,无所托止。善白缘公,悯然兴念,欲复旧观。通计财物,约费千金。时讪举羸,良非易事。欲走燕赵秦晋间,持疏募化。余素非佞佛,而尝谓其平等心与吾儒忠恕,未为刺谬。倘由此念扩而充之,即不必为声闻、为圆觉、为菩提萨埵而宏济。愿欲无有出于此念之外者,仰祈同志于其所至,泚笔应之。毋徒为有漏因果,生息忽心。他日勒石二室三华之间,功德无量。

[作者作品]

焦钦宠(1644~1722年),清朝修志家、诗人。字锡三,号檽林,嵩山登封人。康熙三十五年,焦钦宠奉登封县令,完成《少林寺志》初稿。后由其子焦如蘅在此稿基础上,加以裁酌,编纂成《少林寺志》。焦钦宠出身于修志世家,父亲焦复亨,伯父焦贲亨,儿子焦如蘅皆于修志。清代《登封县志》共修5次,现仅存有4种版本,其中前3种,皆出于焦氏家族。

[相关史料]

千佛阁是嵩山少林寺内的一大建筑。

重修中岳嵩山神道碑疏
清 景日昣

景日昣

阳城以西,岳祠而南,有碑蠹然,是为神道。名山作户,三在曲径穿来;高岳点睛,一带烦尘隔断。肇自上代,讫于有明。寒暄积寻,风雨薄蚀,楼斯颓焉。莫遂知章之请,础则断矣。曷禁禹锡之悲,将仍旧基用谋改作,工斯兴于一日,赀寔借于十方家君。矢心建复,愧乏玉带镇山。小子有怀书言,敢希纱笼题壁。爰抽短疏,聿作先驱。伏愿斥羡却赢,廓挥金之洪度;抡材鞭石,结种玉之福缘。特为从史,咸当踊跃。

[作者作品]

景日昣(1661~1733年),字冬旸,号嵩崖,登封大冶人。15岁被选入嵩阳书院深造,从师耿介。康熙十四年(1677年)入嵩阳书院求学,从师于一代名儒汤斌、耿介等。康熙二十七年戊辰科进士。

历任广东高要县知县、监察御史、鸿胪寺少卿、大仆寺少卿、都察院副都御史等,后升任礼部侍郎、户部侍郎,赐资政大夫,加礼部尚书衔。景日昣曾是乾隆皇帝幼年时的老师,三次主持科举考试。雍正三年(1725年),景日昣告老还乡,隐居于嵩山逍遥谷,专门从事著书立说,文章闻名于世,广泛流传,影响深远。曾主讲于嵩阳书院。著有《说嵩》《菘台书》《嵩崖尊生》《嵩岳庙史》《口施食》《龙潭寺志》等书。

[相关史料]

中岳嵩山神道碑立于中岳庙之南。

尊王弼论

清 朱彝

毁誉者,天下之公,未可以一人之是非,偏听而附和之也。孔颖达有言,传《易》者,更相祖述,惟魏世王辅嗣之注,独冠古今。盖汉儒言《易》,或流入阴阳灾异之说。弼始畅以义理。此伊川程子语其徒,学《易》先看王弼注也。惟因范宁一言,诋其罪深桀纣。出辞太激,学者过信之。读其书者,先横"高谈理数,祖尚清虚"八字于胸中,谓其以老庄解《易》。然弼既注《易》,别注《老子》,义不相蒙,未尝以老庄解《易》也。吾见横渠张子之《易说》矣,开卷诠乾四德,即引迎之不见其首,随之不见其后,二语中如谷神刍狗,三十为一毂,高以下为基,皆老子言。在宋大儒何尝不以老庄言《易》?然则弼之罪,亦何至深于桀纣耶?

朱彝

[作者作品]

朱彝,清朝书画家。字小尊,号铁岸道人,安徽芜湖人。擅书法、能绘画,其画传神极妙,并工花卉,后入上海制造局绘图处。

[相关史料]

王弼(226~249年),三国时期经学家,魏晋玄学的主要代表人物之一。字辅嗣,曹魏山阳郡(今山东济宁、鱼台、金乡一带)人。王弼曾任尚书郎。少年有文名,曾为《道德经》与《易经》撰写注解。由于《道德经》的原文逸散已久,王弼的《道德经注》曾是本书的唯一留传,直到1973年中国政府在马王堆发现《道德经》的原文为止。与何晏、夏侯玄等同倡玄学清谈,为人高傲,"颇以所长笑人,故时为士君子所疾"。王弼与钟会、何晏等人为友。

王弼

祝神说

清　宋茂源

　　神固不可亵,而亦不可媚。古圣王之制祀典,盖示人以报本反始之义,非欲借是以邀福免祸也。降及后世,人主德薄,不能整躬化民,往往以神道设教,使民有所畏忌不敢肆而为恶,虽不及古,亦无大谬。

　　自佛氏祸福之说流入中国,而世之祀神者乃愈不可问矣!自省会都邑以及乡村镇店,建观修寺,百般供奉,不一而足;甚者妇女烧香玩会,百十为群,抛头露面、道路奔驰,家长恬不为怪。间有端人正士,面斥其非,鲜不嗔目吐舌,指而罪之,以为亵侮神明,必造诛谴。呜呼!天地间果有如此之神乎?

　　夫神所以赏善罚恶也。人能存心正大,作事光明,即终年不焚一香,不设一醮,神必福之;若心地奸险,损人利己,即日日焚香,时时拜祷,神必不佑。如不问其善恶,而惟以祀我者为善而福之,不祀我者为恶而祸之,是乃倚势作威福之小人,而谓聪明正直之神,亦如是乎?

　　近来乡村所祀之神,不可枚举。而尤艳者惟火神:盖以火性猛烈,急切不能容物,供养稍有不至,灾祸立见。呜呼!此说之误久矣!岂有名之谓神,而浅狭急燥与平民争一敬哉?盖闻天地之气,正每不能胜邪。自三代之衰至于今,邪魔遍满寰宇,大而呼风唤雨,小而偷梁盗黍,往往假窃正神名号,作威福于其间。不惟愚夫愚妇,不能辨其真伪而畏敬奉承,即顶冠束带,身列儒林者,亦多随俗沉浮,而不少察也!呜呼!俗尚如此,吾将谁与言哉!

　　窃愿自此以往,凡我庶民之家,祗祀其祖先,有主设主,无主为位。每逢四时佳节以及婚姻、生子、忌辰,陈设告虔,竭力从厚。其余可祀之神,若水、火、土、谷,不过秋冬报赛,虔诚一祭而已。慎勿建立会事,大张香火,祀不正之神,耗有用之材,诚恐丰亨之年,每岁敬神花费,何止百金?若将此钱积米谷,焉有凶年饿死逃亡之苦?或曰:"神不亏人"。夫神固不亏人,而人自亏之,神亦无如之何耳。

　　呜呼!异端之说,入人骨髓,世人抵死不悟,余甚悲之。故于课诵之暇,作为是说。庶阅者悟民义之当务,而不惑于鬼神之不可知,因以劝化愚俗,而使复归于正也,则幸矣!

[作者作品]

　　宋茂源,清朝嵩山历史文化名人。字静深,号守拙,荥阳人。励志讲学,以随处体认本心为宗旨。曾在荥阳县衙,随知县谢益作事。著有《愚狂集》《杂兴集》。宋茂源笃孝终身如孩童:每自外归,门外即呼其母,声相续,至见母乃止。

　　《祝神说》是作者宋茂源对嵩山民间祭祀诸神的议论说明。

教孝说

清　禹祥年

　　人子有一日之孝,有四时之孝,有三年之孝,有终身之孝,有千年之孝,何以明其然也?问安视膳,昏定晨省,此一日之孝也,一日不可缺也。冬温夏清,出告返面,此四时之孝也,四时不可违也。执亲之丧,齐麻哭泣,寝苫庐墓,附身附棺,必诚必敬,此三年之孝也,三年不可忘也。维时父母没矣,无亲之可养矣。缥缈白云,音容莫觌,而还观此身,见吾身在,即犹是父母在也。即以父母爱我身之心视此身,即以我爱父母之心爱此身。兢兢于修持,务保而守之。勿陷于匪彝,而罹于罪恶,体全受全归,至死而后已,此终身之孝也。终身不可忽也。

然吾身终矣,遂谓孝亦从终乎?未也。勤修当身之名实,以垂世翊教,令后之人称而述之曰:"嗟!乃翁之积德深,而贻谋远也。一再传而犹然未艾也。"此千万世之孝也,尤在乎人之能为千万世计也。

[作者作品]

禹祥年,字履倩,号一峰。嵩山历史文化名人。先世为浙江余姚人,明代迁居河南荥阳汜水。禹祥年能诗善文,长于书画,风流儒雅,名噪三河。先后任宁陵训导、直隶满城县、唐县知县。荥阳著名的文物"一峰园石刻"就是以禹祥年的号命名。

《教孝说》是作者禹祥年所作的一篇有关孝道的论文。

溱洧考(二篇)

清 张龙甲

[作者作品]

张龙甲,清朝学者、嵩山历史文化名人。郑州人。光绪年间著有《重修彭县志》《古郑城考》等。

溱水,古水名,源于新密市东北的白寨镇,与洧水在交流寨村会流后称双洎河,最后注入贾鲁河。西汉时期,桑钦《水经》中《溱水篇》:"溱水出郑县西北平地,东过其县北,又东南过其县东,又南入于洧水。郦道元《水经注》:记郑武公迁都于新郑,将郑韩故城北之溱水搬迁到密县,改溱水为黄水。"

洧水,古水名,源出今登封市阳城山,自长葛县以下故道原经鄢陵、扶沟两县南至西华县西入颍水。中华民族的始祖黄帝曾在洧水一带建立部落,号为有熊氏。当时,此河还无名,黄帝一部下建议在有熊氏的"有"前加三点水取名。黄帝领首,也就定下了一个"洧"字。北宋时为丰富蔡河水量以资漕运自长葛县东南引洧水经鄢陵、扶沟两县北东汇蔡河。元时因蔡河为黄河所夺而改入贾鲁河。明时又名双洎河。

中华民族发源于以黄河流域为中心的广阔地域,尤其是黄河中下游地区特别适应早期农耕,高光晶在《中国国家起源》一书中说黄河中下游:"这一地区由于地壳运动。地层断裂层的互相推挤,导致地表局部的隆起或下沉,造成峰峦和山谷。从而形成许多山间盆地或谷地。如像西的伊洛盆地、汝颍谷地、溱洧谷地,以及太行山东坡的林县盆地等。嵩山以东和以北,是黄河冲积平原。从整体来看,是一片广漠的平畴旷野……由于当时气候温暖湿润,这些地区覆盖着森林……这些都有利于原始农业的产生和发展。"以黄河中游为中心的中原地区以其优越的地理环境,成为中华民族的重要发祥地之一,是中华民族的文化的摇篮,黄河也正是固此被誉为母亲河。由于黄河在中国文明起源中的地位和在中华文明形成中发挥的主要作用,千百年来黄河已经成为中华民族的鲜明徽标,成为中华文化的重要符号。

溱洧两水的交流处位于新密市曲梁镇最东部,两条河流在此汇集为一条新的河流——双洎河。溱洧交流处的北边100米处的高台之上,立着一通石碑。碑文赫然标明"溱洧交流处"。碑文记述:溱水发源于白寨牌坊沟鸡络岭,洧水发源于登封马岭山,在此处汇流,汇流后称双洎河。北面的村子,名曰"交流寨"。

一、洧源考

洧水河

洧水历登封、密、新郑、长葛、洧川、鄢陵、扶沟、西华八县入颍,盖巨津也。诸志无不记载。然率以超化之金华泉为源,或更溯平陌之河为脉。而于正源多略之。《水经》:洧水出河南密县西北马岭山。《注》云:出马岭山下。亦言出颍川阳城山。山在阳城之东北,盖马岭之统目焉。按:古阳城县在今登封县东南三十里。世呼告成。《左传》杜预注:阳城山在阳城县东北。《登封县志》:嵩岳太室山东北二十里曰东龙门山,龙门山东曰马岭山,山势相联,洧水所出。李白题《元丹丘山居》云:北倚马岭,连峰嵩丘是也。则马岭亦统名阳城,盖一山也。此山在古阳城县东北。《汉书·地理志》:阳城山洧水所出。《说文》曰:洧水出颍川阳城山。皆指是山也。今洧水出马岭山下,地名土观。其东北三四里有助泉,西南流经土观合洧东南流。《注》云:经一故台南,俗谓之阳子台。此出土观,流未远之地,非今密县西南之阳子台也。《注》又云:又东经马岭坞北,在山上坞下泉流北注,亦谓洧别源也,而入于洧水。今密县西牛店西十里景店,乃登封界。景店西南有土山,东西狭长,上甚平坦,西偏陡起,上列小郭即马岭坞也。后人建寺于顶,今呼马岭寺,或讹马鸣寺。其北下有水,北注洧水,皆与注合也。自此东流,经牛店北转东南流。《注》又云:绥水会焉。绥水出方山绥溪。又云:经上郭亭南注洧。今方山在密县西北二十余里。县西又有士郭保,其可验也。《注》又云:又东襄荷水注之,水出北山子节溪,亦谓之子节水。东南流入于洧。此水皆在今密县之西,而总会于县西南护堤口。《注》又云:洧水又东会滴沥泉,则经今县东南天仙庙之滴沥泉折峻山间,山水冲激,乱石星罗于沟底。大雨则泉随雨集,涨满平川;霁则细泉伏流石下,至超化以下,方见而不伏。故土人谓洧水明流者百余步,暗流者四十余里。若直以超化为源,而强指相近之山为阳城、马岭。则山川易位,准之诸书皆不合矣。

以上皆洧水上流历登封、密县二境录之,以著其源。

二、溱水考

溱水出今密县东北,经今新郑西北入洧。《水经》言,出郑县西北,东过县北,又东南过县东,又南入洧。道元之注证为黄水非溱水。其所叙溱入洧处曰:悬流奔壑,崩注丈余。其下积水成潭,即今响潭河也。实在新郑县西北境。今详考地势,钦所言县北县东者,乃古郑城也。《方舆纪要》:古郑城在县西北,相传郑武公始都此。必秦汉时仍其地置县。钦西汉人。因据县城以著水之所经,至元魏时,已移治今县。故道元疑溱不得迳新郑城而会洧也。并按溱水上流,今总曰王寨河,中流总曰曲梁河,俱在密境。凡行五十余里,下流响潭河,入新郑境一二里,即入洧。其源出密之董家沟,沟首有地名一里坡。坡有大丘如覆釜,俗名老锅冈,即《注》之鸡络坞也。东南经光武店西。《注》云:贾复城。复,光武之臣,故土人易其称耳。又东南流,梁家山水入之。山在一昊坡南八里,中隔分山东麓,水在梁家山北出而东南流入溱。溱水又东南经光武店南，名王寨河。又东，椿八河入焉。河出椿树坡，在梁家山东南六里。椿八水东流至小张河入溱。溱又东南，经马家寨东，东南流经堂儿湾，龙潭沟水会焉。沟即白石坡，在椿树坡西南十里。龙潭东南流经观音堂西北，地曰壶瓶嘴。又转而东北流，经苇园会白马池水，至堂湾入溱。《密志》以龙潭为溱源，与《水注》实为乖矣。溱水复东，左会龙泉洼水，洼在光武店之东曰光武村南三里，水出石沟间，有五六泉，汇而西南流，又转而东南至堂湾，南流入溱。溱又东经土门东南流，石窝水自北来注之。水出石窝，在光武村东南八里。东南流至土门入溱。溱又东南，李家沟水右会焉。水出李家沟在观音堂东北四里，东北流入溱。溱又东南侧曲梁店西转，抱其南名曲梁河。愍水自西北来入之。即《注》所云"左合愍水也"。水出光武店东七里危家沟，沟南岸有大岭，东西连接。沟在岭北，东流至太山西南王家口，折而南流。经曲梁东南入溱。溱又东南，承云水入之。《注》之"承云山水"也。山在曲梁东五里，亦一大阜也。其南有水三四处，细流涓涓汇于朱家寨下。东南流至岳村，东下太山庙，西入于溱。溱至此，正在郐城之东，西去郐城八里。溱又东南流，经古郑城东南，今无城。报恩寺所居，即其地也。又北有城隍庙，或云盖古子产祠也。

溱 水

水东有小城曰报恩城。城东有水，出水泉集之左右，双源会合。经小城东南入溱。溱水复折而西流有石磴陡下，泻为深潭。广三四亩，中多大石，欹侧四五处。悬流激鸣，世谓响潭河。潭下又西流至邓家湾，河底宽平，柳泉水自北来注之。《注》云："经郐城西之柳泉"，即今樊家沟水也。以其经郐城西，故谓之郐水。《注》似谓溱水即郐水，岂因郐水入溱，遂得兼称欤，溱水又西南经古郑国，南入于洧。自此溱洧合流，谓之双洎河。

崇俭约

清 傅 楙

窃闻俗宜尚古，礼贵维风，况丰凶无一定之时，而财务亦易尽之数；若不抑奢崇俭，何以酌盈剂虚？兹与亲友约：偶而几筵，止罗五簋；寻常贺吊，无过三星；弄璋、弄瓦之辰，无劳设席；三旬、五旬之寿，不必称觥；祭奠率真，奠资高棹，婚姻循礼，岂假华衾？届节之馈遗，徒费往还，概宜停止；临歧之赆钱，终烦酬答，务酌重轻；果尔则彼此可以两全，亦有无不致相耀。至若殡埋之事，尤属风化所关。丧必称家，无取拮据，而致困葬，惟竭力不烦粉饰以争妍。近多作乐鼓吹，用吉从凶，试问良心之慊与不慊？又好纸糊从卫，炫虚鲜实，还看俗之风宜与不宜？与其停柩在堂，何如随时营窆？若守文公家礼，不用僧道讽（诵）经，即遵孟子明言，亦止棺衾从厚。

又有启者，官粮早办，免吏役之追呼；赌博急屏，杜村邻之讦告。狗人则累己，慎勿保揭银钱；健讼亦伤财，切戒衙门出入。鲜衣怒马，太觉纷华；瓦缶茅檐，谁云鄙陋？与为无益之费，不若济贫；设有好

生之心,还宜戒杀。从此余一余三,备灾备祲;胥还敦而返朴,庶易俗而称风。诚阋邑之要图,而当今之急务也。

聊陈俚语,略见苦心。倘高贤或以为迂,惟不肖独行其是而已。

[作者作品]

傅楙,荥阳人。清朝嵩山历史文化名人。《崇俭约》为傅楙所作的一篇论文。

戊午十二月社会示

清　许勉燉

照得家有塾而党有序,学贵藏修;尊所闻而行所知,功宜懋勉。经天纬地,都从书卷得来;致主泽民,皆本秀才做去。咬得菜根断,一生事业方成;立得脚跟牢,百代勋业始建。志趋何可不远大,品行何可不光明?谢太傅布衣时,早有公卿之望;范蜀公举子日,便知廊庙之才。乞火扫门,终非贤俊;求田问舍,岂是英雄?身游芹藻之中,固见姱修不乏;名厕膠庠之内,亦或败检时闻。为乡党所刺讥,衣冠丧气;受公庭之斥辱,学校蒙羞。是以上宪念切作人,情殷造士。举行社会颁示科条,不独多士作千古才人,实欲望诸生树百年大节。

某滥竽墨绶,学制华封,乐为同志裁成,喜与群贤切琢。所愿愈加砥砺,深自濯磨。共成磊磊落落之人,勿效琐琐屑屑之才;共立堂堂正正之品,勿学庸庸碌碌之流。

订期于二月朔日,各社长传集阖社生监,群集明伦堂上,遵奉抚宪条约,按簿籍查。善相劝,过相规,端藉良师益友;入则孝,出则弟,不愧待后守先。联一日之襟裾,论文讲道;设两斋之几席,治事明经。日就月将,儒行因尔弥茂;春絃夏诵,文风从此益遒。听文闱声声,无非麟凤,看名花朵朵,尽是参苓。在邑令与有荣施,尔诸生宁忘鼓舞?所有月课经书诗赋等题,预行颁发窗下制成,至会日当堂一齐交卷。考三冬之攻苦,慎勿抄说雷同,费寸晷之钻研,足给读书积学。特示。

[作者作品]

许勉燉,清朝嵩山历史文化名人。字思晦,浙江海宁人。幼嗜学,深沐家训。雍正二年(1725年)以进士历任河南鲁山、永宁、柘城、正阳等县知县,乾隆三年(1738年)任汜水知县,皆有政绩。政暇延揽文学,加意培育人才,增建成皋、广宁两书院。博诗文,工楷书,一时望重艺林。并主修《汜水县志》。

《戊午十二月社会示》是许勉燉于嘉庆二年(1797年)任汜水知县时所作的一篇示文,意在集合全县生员,研讨学问。

祈雨碑文

清　张凤冈

河南等处提刑按察司分巡河南道并兵备佥事汤彬,谨遣汝州同知张凤冈专具赍帛,遍告于本州城隍及山川、社稷、风云、雷雨诸神曰:

常闻:明则有礼乐,幽则有鬼神,幽明本无二理,感应实同一机。朝廷外设司、府、州、县等官,俾之治数教政刑之责,欲其遵生养而治争夺,凡以为民而已,于凡境内必立城隍,及建山川、社稷、风云、雷雨诸神,欲其御灾捍患,以相明之所不及,亦以为民而已。载在祀典,春秋淳祀,有常无忒,即今汝州及郑县、登封地方,自五月不雨,六月不雨,旱魃为灾,早晚田禾、麻、豆等项尽皆青干枯槁,将来秋成无望,百姓惊惶,本道率令僚属屡行祈祷,寂无感应,此固日夜之所隐忧,寝食为之不宁者也。诚使本道及有司官吏奉取不谨,德政有缺,刑罚不中,凡有灾处,宜及于在上之人,民则无辜,地方无预,夫何至于此极也?如或风俗薄恶,不孝不友,亦有养之无素,教之无法,在上者与有责耳,非尽皆小民,加淫祸一概人民至于此极也。旱既大,其靡有孑遗。再使五日不雨则田无晚禾;十日不雨则野无青草。上亏国计,下殒民生,盗贼疾疫,相继而起,老弱转于沟壑,精壮散于四方,其害将有不胜言者、不忍言者,关有溺于水,热于火,仁人介于其侧,必将为拯救不暇,民之灾旱,无异水火,正尔诸神之所宜动心者,顾忍坐视不救,将以为有知乎,将以为无知乎?况嵩峰汝洛,尤为境内名山大川,其能兴云雨、显灵异,又非他神之比,今皆漠然无闻,上负朝廷建立之意,下辜一方奉祀之心,诸神独无责欤?歉年不顺成,八腊不通,将来匮神乏祀,非惟为尔神羞,于神亦有不利矣?为此,遣官

古人祭祀祈雨

遍告惟神阴鸷,默相转祸为福,普施霖雨,救此一方,使涂炭之民,复有更生之望,则精爽昭于不昧,佑锡于无穷,而报赛之物亦可安享于永久矣,官民幸甚,地方幸甚,为此激切,祈恳之至。

嘉庆十四年岁次乙丑六月既望吉日

[作者作品]

张凤冈,清朝官吏,曾任汝州同知。

[相关史料]

祈雨是古代农业社会重要的祭祀与礼仪活动,为历来的封建统治者所重视。祈雨的本质是原始信仰,不同形式的祈雨活动分别对应不同层次的神灵祈祀。祈雨就是通过宏伟的祭坛、丰盛的祭品、殷切的祈祷,甚至有壮观的舞乐以及肃穆的氛围等一系列仪式化的符号和象征行为,祭祀天帝及相关诸神灵,祈求风调雨顺,五谷丰登。清朝时期祈雨活动无论在官方还是民间都很盛行。《祈雨碑文》显然是一篇官方祈雨文,撰文者汝州同知张凤冈于清嘉庆十四年(1809年),在当地大旱,久而无雨的情况下,由官方出面,祭告本州城隍及山川,社稷,风云,雷雨诸神:一是表述旱情;二是祈求诸神降雨。

驱蝗檄

政府文书

嘉庆八年(1803年)六月,奉抚宪马札开:照得螟蝗为患,关系田禾,地方官竭力扑捕,尽心人事;尤当虔诚祈祷,为民请命。昔《礼》有蜡祭八神之义,《诗》有"秉畀炎火",乞灵田祖之文,则知禳灾一法,古人所重。查我朝康熙癸未(1703年)间,吴中传有妇人趁柴船行数里欲去,自云:"我乃驱蝗使者,即俗所称'金姑娘娘'。今年江南有蝗灾,上天不忍小民乏食,命吾渡江取鸟雀以驱蝗蝻,可遍谕乡农,

书金姑娘位号,供奉祭祷"倏忽不见。继而常州一带,果有蝗虫北来,乡民如言尊奉,蝗即驱除。详载志乘。现据考城、商丘等县,各禀报飞蝗入境,延飞西南,除已饬属扑捕外,并应齐心虔祷,遍谕乡农,恭书"金姑娘娘神位"祈禳,以期上格苍穹,仰邀神佑云云。

[作者作品]

这是一篇古代政府公用的檄文。所谓檄文,即古代用于晓谕、征召、声讨等的文书。特指声讨敌人或叛逆的文书。而这一篇则是奉巡抚马的指示而驱赶消灭蝗虫的檄文。史载:"清 嘉庆八年(1803年),嵩山地域大旱,蝗成灾,收成甚微。"在这种发生了严重自然灾害的背景下,政府的工作当务之急,就是驱捕蝗虫。由于处于封建迷信的社会,在驱檄文中,面对"照得螟蝗为患,关系田禾"的大事,要求地方官务必做好两件事:其一,"地方官竭力扑捕,尽心人事";其二"尤当虔诚祈祷,为民请命。"在当时科学落后的情况下,要求地方官员这样做是可以理解的。

蝗 灾

本文中的"奉抚宪马札开",即尊奉巡抚马的指示。巡抚,官名。明洪武二十四年(1391年)遣皇太子标巡抚专职。清以巡抚为省级地方政府的长官,总揽一省的军事、吏治、刑狱、民政等。因兼兵部侍郎衔,也称抚军。又因明清两代巡抚例兼都御史或副都御史衔,故也称抚院。宪,封建社会属吏称上司为宪。札:书信,公私文书。本文中的"照得",也作"照对",自宋以来,公文布告中的开头用语。意为查察而得。文中的"秉畀炎火",意为把这些害虫都付给烈火。《诗·北山·大田》:"既方既皁,既坚既好,不稂不莠。去其螟螣,及其蟊贼,无害我田稚。田祖有神,秉畀炎火。"本文中的"祈灵",即求助于所谓神灵或某种权威。田祖,传说中的神农。《周礼·春官·龠章》:"凡国祈年于田祖。"注:"祈年,祈丰年也。田祖,始耕田者,谓神农也。"

颁发义学条约

清 娄 谦

所以设立义学者,原为非养贫家子弟起见。为之师者,即宜以非养之责自任。富户敦请之师,功课勤惰,尚有其父兄稽考;至义学则彼此泛视,无有过而问者。岂知此中者皆贫家子弟,其望教也尤亟。其教之之权,尤全在于为师者是赖。若仅视为具文,有名无实,何取此一二无拘束者,以旷寰(耽误贫苦人家子弟的岁月)岁月乎?

子弟之才智,虽不可多得,然有教无类,因其质而造就之,总在尽心焉耳矣!如其质地开朗,易于上进,固宜诱掖奖劝,使之立志向学。且诫其家勿以杂务分其心,勿以无谓辍其业,俾终身实受吾益,而后为成人之美也。即质仅中人以下,不能习举业者,亦须教以识字、写字,通晓大主,变化气质,将来或农、或商,借以安分守身,不至嗜利忘义,作奸犯科,流为乡曲秕民也。

其教法于每日功课之暇,将孝、悌、谨信,爱众、亲仁等类格言懿行,随其记性之高下,或三四字,或三四语,与之讲解粗浅义理,何者为孝,何者为悌?如格言:"孝则竭力养志"、"悌则徐行后长"之类。懿行:"孝则于田号泣"、"悌则有庳(古国名,相传舜其弟象于此)亲爱"之类。谨信等项亦然。如此指导,虽鲁钝者,二年亦能晓数百字义,既可借以启其悟,并可借以端其心。功课不烦,而为益甚大。积至二三年,习与性成,鄙薄者将渐循谨矣!

又仪节为幼学第一事,言动举止,均须闲以礼法,断不可因陋就简,听其抵掌翘足,致同戏儿。"蒙以养正",正以此也。各塾师务深体予意,勿视为泛言、常言而忽之!其逐日所识之字句,令每人各记一本,随时温诵回解,且以便予亲诣查验也。

[作者作品]

娄谦(1782~1844年),字益甫,号涧筠,其先为会稽人,父诞禧幕游南昌,遂寄籍。嘉庆年间举人,曾任河南商城知县。道光四年(1824年)任汜水知县,循循儒者,在任善政甚多。修文庙,起书院,立义塾12处,尝诣塾讲经,申孝悌,明礼让。又重修屈子祠。10年后任光州知州。生平得钱,即以购书,左右到处恒满。

作者娄谦简介见此书"芄仕周先生易经讲义序"。

据文中所述,文中所指的义学当属在县政府的倡导下,或由政府出资,或由县内有义士发起、有富户赞助为贫苦人家子弟创办的小学。《孟子》云:"不成规矩,不成方圆。"随着全县义学数量的增多,如何对其管理是办学的一大难题。作为一名知县的娄谦,针对全县义学状况,向全县颁发的义学条约,尤其是对义学的职责与义务、教育与教法,教化与品性等初级教育的要求,强调培养人材,提高农村贫家子弟的素质,让他们知道礼义廉耻,懂得先贤之书,要达到"不能习举业者,亦须教以识字、写字,通晓大主,变化气质,将来或农、或商,借以安分守身",通过传授"孝、悌、谨信,爱众、亲仁",达到教化的目的。

清代农村的义学的发展,对增强当时的农村教育基础教育,特别是小学教育有着重要的作用。虽然很多规则反映了封建社会的陋习,但从大势上看,清代义学之设为定制,就说明了义学的重要性。虽然义学带有很大程序的自制性,但就条约的内容看,它与当时官学体系的学规是不无联系的。汜水县所颁发的这个义学条约,对这种自治性教育方式教育规则起到了指导和宪性作用。

李修馆先生德教铭

清 孙钦昂

桧阳李修馆先生,讳芸生,以同治十年八月十九日卒于里第。春秋七十有二,是年十月一日,葬于城西北之原,门人执绋而送者敷十百人。既葬会哭。将退,咸瞻望徘徊,恋恋不能去。一口谓钦昂曰:"先生固自不朽,所著《三可堂集》,莫不目为文章盛业,益不朽。然其一生行谊,志于幽而未诗于显,仰溯渊来兹,其何以昭示也?是宜碑铭,铭之则莫如子宜。"钦昂不敢辞,时先生之子茂才、元沆早殁,孙元楷嗣。门人以告,元楷舍杖再拜,则相与刻铭。文曰:

陇西之裔,育鬻晋阳。有明迁密,世务农桑。旷僚而贵,天爵扬扬。赠公曰玢,诞生哲人。神光照舍,芒耀星辰。冲龄多故,灵萱早凋。烟寒土挫,家室漂摇。赠公有行,远游汝邑。仲叔父母,抚之成立。束发受书,群儿莫及。事叔父母,如事父母。蔼然孝子,交称众口。岁值饥疫,天灾流行。痛失所抚,俯仰伶仃。含辛励学,由苦得卓。弱冠就试,芹宫秀擢。由是科岁,试辄冠军。文名鹊噪,砚铁生春。赠公迎还,涕洟讯澜。欢承菽水,循彼陔兰。蔼然孝子,里党嗟叹。叔父之债,身后累累。人久焚券,焉望其归。百计摒挡,而竟归之。追承先志,传为盛事。闻望日增,鹗荐屡膺。年近强仕,贤书始登。令即大起,抗节金貂。用作霖雨,九野流膏。用操鉴衡,满月当霄。鞭顽朴梗,亦足以豪。天胡靳之,浮云蔽日。若益其疾,实高其躅。授以逵铎,鸣应山谷。士习骶骿,砥砺俗儒。潢汗行潦,朝满夕除。浅根薄植,摇落须臾。不有哲人,孰破其愚。矫矫先生,吐纳闳深。松柏苍翠,悠悠古心。文成一字,百炼精金。谱为风雅,抗坠其音。教先敦品,力振委靡。笃因其材,栽培无已。罔日蔽明,明司以耳。声入心通,洞然条理。大鸣小鸣,叩者惊喜。宋儒之理,汉儒之经。春华秋实,茂育群英。巍科飙举,扬于王庭。亲知皆云,三族推仁。久交而敬,方之平仲。又如彦方,德被一乡。人感其惠,而畏其刚。君子恺恺,逊谢弗遑。人亦有言,往者城守。率众登陴,寇闻远走。倚重官民,叙功惟首。君子谦谦,勋劳弗有。廉本于孝,施无望报。责己恕人,罔非身教。岂独斯文,开示蕴奥。哲人萎矣,山木颓唐。怆动遐迩,况列门墙。冰渊遗训,追念涕滂。瓣香敬爇,略次行藏。用垂厥后,后人有作。世泽芬芳,发舒磅礴,勒石为铭,寿同嵩洛。

[作者作品]

孙钦昂,字师竹,清代河南荥阳人。清朝官吏,嵩山本土历史文化名人。孙树之长子。咸丰六年(1856年)进士,改庶吉士。同治三年(1864年),由翰林院编修调任广西学政。后官兴泉永道,驻厦门,多有政绩。

大清道光年间,郑州须水镇孙庄村有名的"父子双翰林,一门三进士"就是说孙钦昂一家。据查孙氏家族中最早进入仕途的是孙树之,他于1825年(清道光乙酉年)获拔贡衔,在山东禹城、菏泽县任知事,因政绩卓著,民众集资赠一匾额,上书"同卿仁慈"悬挂在孙宅大门上直到民国初年。其长子孙钦昂,咸丰五年(1855年)中举,次年中进士,钦点翰林院编修,甲子年调任广西学政,福建省兴、泉、永道,官居三品。其季子孙钦晃也是进士出身,历任刑部主事,广西庆远府知府、桂林府知府。孙树之之孙钦昂之子孙综源,于清光绪十一年(1875年)钦点翰林,尊其父孙钦昂为"老翰林",故人称"小翰林",习称"父子双翰林",加上孙钦晃也是进士出身,三人合称"一门三进士"。孙钦昂是这个家族中威望和官职最高的人。

家庭教育作为建立在血缘关系基础上的教育,天然地赋有德育的功能,父母是孩子的第一任教师,长辈是孩子们的榜样,家庭中的传统德育教育,有相当大的成分在于言传身教,家庭习惯尤为重要。很多人认为是习惯成自然,自然成性格,性格决定命运。古代如此,当今亦如此。孙钦昂撰写的《李修馆先生德教铭》所记述的李修馆先生的德教,没有具体的说教,没有典型的事例,只是记述了李修馆一生真实的作法,在其家长里短的生活中,他的所作所为,无形中有了一个道德的规范,他的敦德、孝道、尊长、励学、儒雅以及在其影响下,出现了"春华秋实,茂育群英"的后辈,这实在是一件"世泽芬芳,发舒磅礴"的事情。

留余匾铭

清 牛瑄

留耕道人四留铭云：留有余，不尽之巧以还造化；留有余，不尽之禄以还朝廷；留有余，不尽之财以还百姓；留有余，不尽之福以还子孙。盖造物忌盈，事太尽，未有不贻后悔者。高景逸所云：临事让人一步，自有余地；临财放宽一分，自有余味。推之，凡事皆然。坦园老伯以留余二字颜其堂，盖取留耕道人之铭，以示其子孙者。为题数语，并取夏峰先生训其诸子之词，以括之曰：若辈知昌家之道乎？留余忌尽而已。

时同治辛未端月朔，愚侄牛瑄敬题。

[作者作品]

牛瑄（？～1877年）清朝名臣。字荔庵（又蕊庵），嵩山巩义市河洛镇官殿人。同治四年（1865年）进士。任翰林院编修，官至传胪。光绪三年（1877年）嵩山大荒，饿死人甚多。当时，牛瑄的好友吴元炳在江苏任巡抚，他专程拜访，拟借助筹粮，赈济乡里。因为此事忧劳过度，在随同筹募的第一批稻米北归时，途中不幸染病，卒于上海。牛瑄善书法，工文辞，对人谦和，受民爱戴，是康百万家门婿。其书法之作，人多视作珍品。

[相关史料]

"留余匾"是"康百万庄园"珍藏的中华名匾之一，长1.65米，宽0.75米。全匾共计174个字，除标题"留余"二字为篆书外，其余为字体流畅的行楷。匾文作者为同治年间进士牛瑄，作于1871年，已有100余年历史。该匾现悬挂于康百万庄园主宅区一院过厅内，是康家教育子弟的家训匾，也是儒家"财不可露尽，势不可使尽"中庸思想的集中体现。"留余"匾造型独特，形似一面展开的上凹下凸形旗帜。上凹意为：上留余于天，对得起朝廷；下凸意为：下留余于地，对得起百姓与子孙。

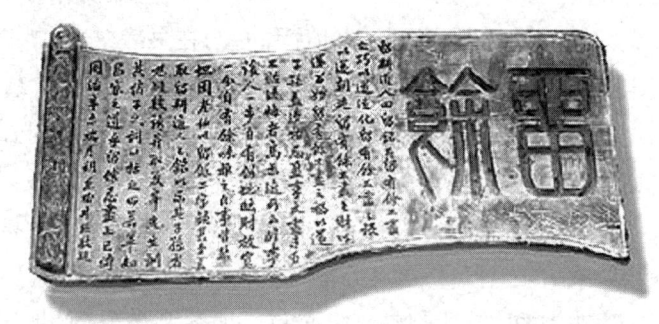

牛瑄的留余匾铭

第二部分　序跋文

序跋是古代散文的一大类别。序和跋性质相近,内容、体例大致相同,都是对某部著作或某一诗文进行说明的文字,因而可合称序跋文。

序文大约在汉代才出现,初期的序文一是都置于书后,与后世不同;二是书序的内容还包括全书的目录和提要。如司马迁在《史记》书后写的《太史公自序》便是这样。

序,指序文,又写作"绪"、"叙",有时还称为"引"、"导言"、"题辞",犹如今日的"引言"、"前言"。是说明书籍著述或出版意旨、编次体例和作者情况的文章,也可包括对作家作品的评论和对有关问题的研究阐发。"序"一般写在书籍或文章前面,对其写作缘由、内容、体例和目次加以叙说的文字;跋,指跋文,又称"题跋""跋尾"或"后序",是写在书后或文章后说明的文字。一般的书有序无跋,如觉得序意未尽,后面仍可有跋。明人吴师曾《文体明辨》说:"按题跋者,简编之后语也。凡经传子史、诗文图书之类,前有序引,后有后序,可谓尽矣。其后览者,或因人之请求,或因感而有得,则复撰词以缀于简末,而总谓之题跋。"序一般是对全书的总体说明,跋一般只是有感而发。跋的内容亦较灵活,或抒情,或考订,或议论,长短不拘。跋的作用与序大体相似。跋与序虽然是一回事,但在语言上却略有不同。因为跋或后序、题后之类实际是对序的补充,所以一般都更为简劲峭拔,不像序那样详细丰富。

序跋类的文章大都是夹叙夹议。明徐师曾《文体明辨》说序文"其为体有二:一曰议论,二曰叙述"。这说明序文有的侧重议论,近似论说文;有的侧重记叙,近似记叙文。而且好的序文往往声情并茂,具有浓厚的文学色彩。如此书所选的《秋日宴洛阳序》、《秋日宴石淙序》、《游少林寺序》等都是用赋体的语言写成,语言华丽,非常精彩。跋文也可分为两类:一类是学术性的,包括读后感和各种考订;一类是文学性的,可视为富有情趣的散文小品。在各种应用文体中,序是具有较大的文学价值或史料价值的。

序有自序和他序之分。自序偏于说明著作宗旨、撰写经过、编写体例等,还可就书中的重点和难点,作简要的阐述。自序有时也称前言。他序则常常要对作者、作品作介绍和评论,或对书中的观点作引申和发挥。不论是自序还是他序,都承担着帮助读者更好地理解图书内容的任务。自序和他序也可以并用,不同的观点还可以展开争鸣。

古代散文中还有一大类别,即为赠序文。古代送别各以诗文相赠,集而为之序的,称为赠序。赠序文是专为送别亲友而写的文章,这里的所谓"赠序"与"序跋"类的序文性质不同。虽然"赠序"可说是由"诗序"演变而来(当初亲友饯别相互赠诗而有"诗序"),但后来淡化了这种联系,成为直接的"临别相赠"。赠序文的内容多推崇、赞许或勉励之辞,一般以叙友谊、叙交游、道惜别、慰离情为主;但优秀作品往往借此抒发作者理想,表达自己的识见,以及相互期勉的真挚感情,成为叙事、说理而又兼抒情的散文,可以写的各有声色。如《送李补阙归少室养疾子》《送石处士序》《送陈经秀才序》《赠无言道公慈惠道场彻座还山序》等。

此外,古代还有一类以"序"的作品,是为一些名人所建的祠堂、廊坊、楼亭等建筑景观作序的,如《两烈女祠序》《贞石亭序》《赵配公先生建坊序》《温泉铭小序》等,其目的与书序都有着异曲同工之妙。

郑风诗序

春秋　卜　子

《缁衣》,美武公也。父子并为周司徒,善于其职,国人宜之,故美其德,以明有国善善之功焉。

《将仲子》,刺庄公也。不胜其母,以害其弟,弟叔失道而公弗制,祭仲谏而公弗听,小不忍以致大乱焉。

《叔于田》,刺庄公也。叔处于京,缮甲治兵,以出于田,国人说而归之。

《大叔于田》,刺庄公也。叔多才而好勇,不义而得众也。

《清人》,刺文公也。高克好利而不顾其君,文公恶而欲远之不能,使高克将兵而御狄于境,陈其师旅,翱翔河上,久而不召,众散而归,高克奔陈。公子素恶高克进之不以礼,文公退之不以道,危国亡师之本,故作是诗也。

《羔裘》,制朝也。古之君子,以风其朝焉。

《遵大路》,思君子也。庄公失道,君子去之,国人思望焉。

《女曰鸡鸣》,刺不说德也。陈古义以刺今,不说德而好色也。

《有女同车》,刺忽也。郑人刺忽之不婚于齐。太子忽尝有功于齐,齐侯请妻之,齐女贤而不取,卒以无大国之功,至天见逐。故国人刺之。

《山有扶苏》,刺忽也。所美非美然。

《萚兮》,刺忽也。君弱臣强,不倡而和也。

《狡童》,刺忽也。不能与贤人图事,权臣擅命也。

《褰裳》,思见正也。狂童恣行,国人思大国之王已也。

《丰》,刺乱也。婚姻之道缺,阳倡而阴不和,男行而女不随。

《东门之墠》,刺乱也。男女有不待礼而相奔者也。

《风雨》,思君子也。乱世则思君子不改其度焉。

《子衿》,刺学校废也。乱世,则学校不修焉。

《杨之水》,闵无臣也。君子闵忽之无忠臣良士,终以死亡而作是诗也。

有女同车

出其东门

《出其东门》，闵乱也。公子互争，兵革不息，男女相弃，民人思保其室家焉。

《野有蔓草》，思遇时也。君之泽不下流，民穷于兵革，男女失时，思不期而会也。

《溱洧》，刺乱也。兵革不息，男女相弃，淫风大行，莫之能救焉。

[作者作品]

卜子(前507～前？年)，指卜商，字子夏，春秋末年晋国温地(今河南温县)人，一说卫国人。性格勇武，为人"好与贤己者处"。以"文学"著称，曾为莒父宰。孔子逝后，他到魏国西河进学，主张国君要学习《春秋》，吸取教训，以防止臣下篡权。提出过"仕而优则学，学而优则仕"的思想，还主张做官要先取信于民，然后才能使其效劳。有《诗序》《易传》。卜子就是孔子的学生卜商子夏。在孔子弟子中，卜商子夏是习《诗》传经的最优秀的弟子。《后汉书·徐防传》：《诗》《书》《礼》《乐》，定自孔子；发明章句，始于子夏。考之于《论语》《礼记》等先秦儒书，其说不谬。

[相关史料]

"郑风"简释见《郑风论》。

上海博物馆于1994年从香港抢购回来的1200多枚竹简，经课题组专家数年来的整理研究，由上海古籍出版社于2001年11月出版了《上海博物馆藏战国楚竹书》。第一册的第一篇便是《诗论》。这次公布的《诗论》，共计完简、残简29支，约109字。简文的内容是关于《诗经》的评论，《诗论》的作者就是子夏，因此有专家论证，竹简《诗论》可能就是失传了2000多年的子夏《诗序》。

郑风诗传

春秋　端木子

郑武公养贤而赋《缁衣》。子曰："于《缁衣》见好贤之至也。"

郑庄公封弟段于京。祭足谏之不听，大夫风之。赋《将仲子》。

大叔段，多才而好勇，郑人爱之，赋《叔于田》。段不义而得众，郑人归之，赋《大叔于田》。

郑世子忽辞婚于齐，祭仲谏之。赋《有女同车》。

公子互争，齐楚交伐，郑国大乱，其臣谋欲谏而救之。赋《萚兮》。

郑文公使高克御狄于境，不召，师溃。大夫忧之，赋《清人》。

郑灵公弃其世臣，而任狂狡，子良忧之。赋《扶胥》

子良谏用狂狡，灵公不听，将去其国，赋《麦秀》。

子良去国，不忘谏君，赋《褰裳》。

郑灵公好倡，国人化(以下缺)子讥之。赋《溱洧》。

子皮为政,忠直文武,子产美之。赋《羔裘》。

夫妇相戒,以勤生乐善(以下缺)美之。赋《女曰鸡鸣》。

郑有贞士,宜其〈以下缺〉俗赋《出其东门》。

[作者作品]

端木子(前520~前456年),指端木赐,字子贡,春秋时卫国人。孔子的得意门生。善于辞令。经商曹、鲁间,富至千金。并参与政治活动,历任鲁、卫两国之相。述有《诗传》。据《左传》等史书可知,在孔子那个时代,外交礼宾人员的语言训练主要取之于《诗》,这已成为当时的一种习尚。孔子也曾说:"不学《诗》,无以言",《诗》已成为当时语言训练的主要教本。《诗》就是后来成为"六经"之一的《诗经》。在《诗》的学习中,孔子不仅要求学子们搞通弄懂《诗》的本来意义,而且要求他们能对《诗》"活学活用",在外交礼宾场合能顺手拈来以达己意,但是,没有相当的灵活性和敏锐性是难以做到的。在孔子的门徒中,子贡很好地做到了这一点。《论语·学而》曾记载孔子、子贡师徒二人对答,子贡灵活运用《诗经·卫风·淇奥》中"如切如磋,如琢如磨"的诗句来回答老师提问的情形。孔子认为子贡的回答十分贴切,"断章取义"恰到好处,故而称赞子贡:"始可与言《诗》已矣",而且说子贡"告诸往而知来者",认为他对该诗的理解达到了心领神会的地步。孔子死后,子贡守墓六年,师生之情胜过父子。

《五岳图》序

西汉 东方朔

五岳真形者,是山水象也,盘曲回转。陵阜形势,高下参差,长短舒卷。波流涌于奋笔,锋芒畅乎岭崿。云林玄黄,有如书字之状。是以天真道君,下观规矩,拟踪趣向,因如字之韵,随形而名山焉。昔黄帝征师诸侯,与蚩尤战于涿鹿之野,遂禽之。诸侯咸宗轩辕为天子,代神农,是为黄帝。天下有不顺者,从而征之。破山通道,未尝宁居。东至于海,登太山,勒岱宗。西至崆峒,登鸡头。南至于江,登熊湘。北逮荤粥,合符釜山,而邑于涿鹿之野。迁徙往来,无有常处。察四岳,并有佐命之山,惟南岳孤特而无辅。乃章词三天太上道君,命霍山潜山为储君。奏可。帝乃自造山,躬写形像,连五岳之后。又命青城为丈人,署庐山为使者,形皆以次相续。此适始于黄帝耳。古书五岳真形,首目者乃是神农前世。太上八会群方,飞天之书法,殆鸟迹之先代也。自不得仙人释注显出,终不可知。

[作者作品]

东方朔(前154~前93年),本姓张,字曼倩,西汉著名词赋家,在政治方面仕途也颇具天赋,他曾言政治得失,陈农战强国之计,但汉武帝始终把他当俳优看待,不得重用。东方朔一生著述甚丰,后人汇为《东方太中集》。代表作有《答客难》《非有先生论》。

[相关史料]

《五岳图》即《五岳真形图》。据《汉武帝内传》记载:汉末方士鲁女生采药于嵩山,遇一神女,自称为三天太上侍官,以《五岳真形图》授之,并告以施用节度,据称其图"可以威制五岳,役使众灵。"《抱朴子》云:"凡修道之士栖隐山谷,须得此图佩之,则山中魑魅、精灵、虫虎、妖怪一切毒物皆莫能近矣。"其实,此图系方士实地考察山岳的鸟瞰图,为入山之指南,后经配以老君符文,而被神话化,认为具有护符保身之功能。

金谷诗序

晋 石崇

[原文]

余以元康六年,从太仆卿出为使,持节监青、徐诸军事、征虏将军。有别庐在河南县界金谷涧中,或高或下,有清泉茂林,众果、竹、柏、药草之属,莫不毕备。又有水碓、鱼池、土窟,其为娱目欢心之物备矣。时征西大将军祭酒王诩当还长安,余与众贤共送往涧中,昼夜游宴,屡迁其坐,或登高临下,或列坐水滨。时琴、瑟、笙、筑,合载车中,道路并作,及住,令与鼓吹递奏。遂各赋诗以叙中怀,或不能者,罚酒三斗。感性命之不永,惧凋落之无期,故具列时人官号、姓名、年纪,又写诗著后。后之好事者,其览之哉!凡三十人,吴王师、议郎关中侯、始平武功苏绍,字世嗣,年五十,为首。

[作者作品]

石崇(249~300年),字季伦,祖籍渤海南皮(今属河北省沧州市南皮县),生于青州,小名齐奴。西晋时期文学家,尤善诗文。史载其父石苞祖上无名,因其相貌非凡,而被重用,官至司空。石崇乃石苞之子,亦容貌堂堂。元康初年,出任南中郎将、荆州刺史。后官至太仆,历任征虏将军,累迁至侍中。永熙元年(290年),出为荆州刺史。在荆州"劫远使商客,致富不赀",与王恺、羊琇奢靡相斗富,在洛阳河南县置金谷园,与潘岳、陆机等结为二十四友。永康元年(300年),淮南王司马允政变失败,因旧与赵王司马伦心腹孙秀有隙,被诬为司马允同党,与潘岳、欧阳建一同被族诛,并没收其家产。有石崇与宠妾绿珠之情爱一节,曾为后人所乐道。

[相关史料]

西晋巨富石崇(字季伦)在洛阳郊外建造别墅,这是一座非常豪华的私家园林即"金谷园"。石崇的"穷奢极欲"与金谷园的"冠绝时辈",在历史上都有记述的。元康六年,石崇在金谷园举行盛宴,邀集苏绍、潘岳等30位名士,以为文酒之会。其时盛况可从石崇《思归引》中窥见一斑:"登云阁,列姬姜,拊丝竹,叩宫商,宴华池,酌玉觞"。事后,石崇留下轰动一时的《金谷诗序》。

[译文]

我在元康六年,从太仆卿外任为使持节监青、徐诸军事、征虏将军。有别墅在河南县界金谷涧中,那里有的地方高峻,有的地方低下,有涌流的清泉,茂密的树林,还有各种果树、竹子、松柏、草药之类,没有不齐备的。又有加工粮食的水碓,养鱼池,土窟等,那些作为赏心悦目的景物也都具备了。

当时征西大将军祭酒王诩要回长安,我与众贤一起给他送行,到涧中去。白天黑夜地游乐欢宴,多次变更地方。有时登高临下,有时依次坐在水边。当时把琴、瑟、笙、筑和乐人一起载于车中,众人同时演奏。等到了住地,让他们与鼓吹轮流顺次演奏。于是众贤都饮酒赋诗来抒发心中感怀,有的作诗不成,就罚酒三杯。感慨人生之短暂,恐怕各自凋落也无常。因此一一列举当时人的官号、姓名、年纪,并把他们所写的诗著收录在后面。后世的好奇之人,便可一阅了。参加游宴的一共有30人。吴王师、议郎关中侯、始平武功苏绍,字世嗣,50岁,为其中首席。

王勃序文(二篇)
唐 王 勃

[作者作品]

王勃(649~676年)唐朝著名文学家。字子安,绛州龙门(今山西河津)人。王勃才华早露,与杨炯、卢照邻、骆宾王齐名,号称"初唐四杰",王勃是"初唐四杰"之首。他们力求摆脱齐梁艳风,扩大诗歌的题材,表现积极进取的精神和抑郁不平的愤慨。王勃的诗今存80多首,赋和序、表、碑、颂等文,今存90多篇。

《黄帝八十一难经序》《秋日宴洛阳序》,是王勃在洛阳活动期间时所写。

一、黄帝八十一难经序

《黄帝八十一难经》,是医经之秘录也。昔者岐伯以授黄帝,黄帝历九师以授伊尹,伊尹以授汤,汤历六量以授太公,太公授文王,文王历九师以授医和,医和历六师以授秦越人,秦越人始定立章句,历九师以授华佗,华佗历六师以授黄公,黄公以授曹夫子。曹夫子讳元字真道,自云京兆人也。盖授黄公之术,洞明医道,至能遥望气色,彻视腑脏。洗肠刳胸之术,往往行焉;浮沈人间,莫有知者。

王 勃

勃养於慈父之手,每承过庭之训曰:"人子不知医,古人以为不孝。"因窃求良师,阴访其道,以大唐龙朔元年岁次庚申冬至後甲子,予遇夫子於长安。抚勃曰:"无欲也。"勃再拜稽首,遂归心焉,虽父伯兄弟,不能知也。盖授《周易章句》及《黄帝素问难经》,乃知三才六甲之事,明堂玉匮之数。十五月而毕,将别,谓勃曰:"阴阳之道,不可妄宣也。针石之道,不可妄传也。无猖狂以自彰,当阴沈以自深也。"勃受命伏习,五年於兹矣,有升堂睹奥之心焉。近复钻仰太虚,导引元气,觉滓秽都绝,精明相保,方欲坐守神仙,弃置流俗。噫,苍生可以救耶?斯文可以存耶?昔太上有立德,其次有立功,其次有言言,非以徇名也,将以济人也。谨录师训,编附圣经,庶将来君子,有以得其用心也。

二、秋日宴洛阳序

夫以东京胜地,南吕高秋,三涂镇而九派分,白露下而清风肃。或出或处,人多朝野之欢;以嬉以游,时极登临之所。征衣流寓,切下走之蓬襟;解榻邀期,属上宾之桂席。於是齐道实,款琴樽,倜傥论心,留连促膝,但有潘杨之密戚,得无管鲍之深知?簪组盛而车马喧,庭宇虚而管弦亮。近临铜陌,斜控银墟。菊照新花,泛轻香於远次;荷凋晚叶,翻翠影於长波。听瞩方穷,献酬逾洽。年忘小大,傲天地於平生；志混荣枯，得林泉之意气。愿长绳以系日，几近光阴；思短札以凌，或陈歌咏。人采古韵，成者先呈。

许由先生颍阳祠庭献酹文序

唐 柳 识

识壬辰岁夏四月，客有自洛东游，至先生遗庙。而颍水古风，旧山岿然，追怀古踪，慕美至道，以时酒敬酬于灵，既酹既拜，献乎言曰：天清既能久，地静不能朽。先生清静，天地全性。出于胚浑，入于鸿蒙。云游鸟还，翕郁和风。当时帝道，已平滋章，欲深大朴。散于人未，散于山林。乃有巢父，杳冥同心。尧赍公器，退然见推。遇圣相感，不得不知。耳虽濯于清流，道终播于无为。所谓春膏时蒸，朽业自滋，先生含德，唐尧发之。颍阳之仁德日大，天下之禄利日卑。且圣王所重者名器，至人所重者感通。推以大名，义同让终。廉能感俗，道自为功。任应会之偶然，生垂后之清风。人登云岭，多忆箕颍。猗欤先生，山水齐名。兹焉遗庙，万古芬馨。

[作者作品]

柳识，唐代散文家。字方明，襄州襄阳（今湖北襄阳）人。曾官屯四郎中、集贤殿学士。代宗时官左拾遗。工文辞，与萧颖士、元德秀、刘迅相上下，"而识练理创端，往往诣极，虽趣尚非博，然当时作者，伏其简拔"（《新唐书·柳识传》）。《全唐文》存其文8篇。

别嵩岳二三真人序

唐 陈子昂

夫爱名山，歌长往，世有之矣。放身霄岭，宴景云林，卑俗不可得而闻，时士不可得而见。则吾欲高视终古，一笑昔人。嵩山二仙人，自浮丘公、王子晋上朝玉帝，遗迹金坛，凤箫悠悠，千载无响。吾每以是临霞永慨，抚膺叹息。尝谓烟驾不逢，羽人长往。去嚣世，走青云，登玉女之峰，窥石人之庙。见司马子微、冯太和，霓裳眇然，置壑独立。真朋羽会，金浆玉液，则有杨仙翁玄默洞天，贾上士幽栖牝谷。玉笙吟凤，瑶装驻鹤。方且迷轩辕之驾，期汗漫之游。吾亦何人，躬接兹赏。实欲执青节，从白蜺，陪饮昆仑之庭，观化玄元之府。宿心遂矣，冥骨甘焉。岂知琼都命浅，金格道微。攀倒景而迷途，顾中峰而失路。尘紫俗累，复汩吾和。仙人真侣，永幽灵契。翳青芝而延伫，遥会何期？结丹桂而徘徊，远心空绝！紫烟去，黄庭极，仰廖廓而无光，视寰区而寡色。悠悠何往，白头名利之交；咄咄谁嗟，玄运盛衰之感。始知杨朱岐路，墨翟素丝，向乎辞家而不归，鲍焦抱木而枯死，可以恸，可以悲。古人之心，吾今得之矣！

陈子昂

[作者作品]

陈子昂(661~702年),唐代文学家,初唐诗文革新人物之一。字伯玉,四川省射洪县人。他是富家子弟,年轻时任侠使气,不务正业。18岁时候,谢绝门客,发愤向学,几年之间,就成绩惊人。他写了《感遇诗》38首,被行家惊为"此子必为海内文宗"!陈子昂24岁中进士,一再上书,得到武则天的重视。因有知遇之感,30岁时候,他写《大周受命颂表》《大周受命颂四章》。官至右拾遗。解职归乡后受人所害,忧愤而死,年仅42岁。陈子昂的作品,主张上追汉魏风骨、贬抑齐梁浮艳,所以,"起八代之衰"的第一人是陈子昂,不是韩愈。韩愈自己也说"国朝盛文章,子昂始高蹈",就是指此。陈子昂存诗共100多首,其中最有代表性的是《感遇》诗38首,《蓟丘览古赠卢居士藏用》7首。其诗风骨峥嵘,寓意深远。

[相关史料]

《别嵩岳二三真人序》显然是一篇寻仙访道之文,文中浮丘公、王子晋、马子微、冯太和、杨仙翁、贾上士等皆为在嵩山活动的仙人。

夏日诸从弟登陆汝州龙兴阁序

唐 李 白

夫槿荣芳园,蝉啸珍木,盖纪乎南火之月也。可以处台榭,居高明。吾之友于,顺此意也,遂卜精胜,得乎龙兴。留宝马於门外,步金梯於阁上。渐出轩户,遐瞻云天,晴山翠远而四合,暮江碧流而一色。屈指乡路,还疑梦中;开襟危栏,宛若空外。呜呼!屈、宋长逝,无堪与言。起予者谁?得我二季。当挥尔凤藻,挹予霞觞,与白云老兄,俱莫负古人也。

[作者作品]
李白简介见《赠嵩山焦炼师》。

[相关史料]
唐代汝州辖七县:梁、郏城、鲁山、叶、襄城、龙兴、临汝,州治在梁县(今汝州市),梁县有一座龙兴阁,此阁高峻巍峨,雕梁画栋,古朴典雅,远近知名。登上此阁可以远眺伏牛群山,远观汝水碧波。

池上篇并序

唐 白居易

都城风土水木之胜,在东南偏。东南之胜在履道里。里之胜,西北隅,西闬北垣第一第,即白氏叟乐天退老之地。地方十七亩,屋室三之一,而岛树桥道间之。初,乐天既为主,喜且曰:虽有台,无粟不能守也,乃作池东粟廪;又曰:虽有子弟,无书不能训也,乃作池北书库。又曰:虽有贵朋,无琴酒不能娱也,乃作池西琴亭,加石樽焉。乐天罢杭州刺史时,得天竺石一,华亭鹤二以归,始作西平桥,开环池路;罢苏州刺史时,得太湖石、白莲、折腰菱、青板舫以归,又作中高桥、通三岛径。罢刑部侍郎时,有粟千斛,书一四,洎藏获之习筦、磬、弦歌者,指百以归。先是颖川陈孝山与酿酒法,味甚佳;博陵崔晦叔与琴,韵甚清;蜀客将发授《秋思》,声甚淡;弘农杨贞一与青石三,方长平滑,可以坐卧。太和三年(829

年)夏,乐天始得请为太子宾客,分秩于洛下,息躬于池上。凡三任所得,四人所与,泊吾不才身,今率池中物矣。每至池风春,池月秋,水香莲开之旦,露清鹤唳之夕,拂杨石,举陈酒,援崔琴,弹《秋思》,颓然自适,不知其他。酒酣琴罢,又命乐童登中岛亭,合奏《霓裳散曲》,声随风飘,或凝或散,悠扬于竹烟波月之际久之。曲未竟,而乐天陶然已醉,睡于石上矣。睡起偶咏,非诗非赋,阿龟握笔,因题石间。视其粗成韵章,命为《池上篇》之尔。

十亩之宅,五亩之园。有水一池,有竹千竿。
勿谓土狭,勿谓地偏。足以容膝,足以息肩。
有堂有庭,有桥有船。有书有酒,有歌有弦。
有叟在中,白须飘然。识分知足,外无求焉。
如鸟择木,姑务巢安。如龟居坎,不知海宽。
灵鹤怪石,紫菱白莲。皆吾所好,尽在吾前。
时饮一杯,或吟一篇。妻孥熙熙,鸡犬闲闲。
优哉游哉,吾将终老乎其间。

[作者作品]

白居易简介见《与元九书》。

白居易的《池上篇并序》写的是他在洛阳履道里的居所白氏宅园的风景。

[相关史料]

白居易宅园位于洛阳履道里狮子桥东。长庆四年(824年),白居易罢杭州刺史,秋至洛阳,从姓田的手里买得故散骑常侍杨凭履道里宅园。因钱不足,以两马抵偿。之后的岁月,白居易陆续不断充实修缮其园景。白居易晚年居洛18载,很多时间都在他的履道里宅园度过。白居易宅园在杨氏之手,是南园北宅,一池三岛,竹篁幽径。经白居易之手,又重修了宅居建筑、南园书库、粮仓、平桥、高桥等,开辟了府西水亭院,修建了水斋,叠置了明月峡和白苹洲,并在南园西桥下构筑了小楼、叠石筑堰、修滩,新建了池上小阁、草亭和岸边明月廊,种植了大量翠竹和花木等。其园景空间艺术之升华完全在于白居易的构思和设计。

在我国封建社会发展到鼎盛时期的唐代,园林是自然与社会、人与自然相联系的艺术空间。白居易是一个名副其实的造园学家。他是诗人,喜欢鉴赏园林,写出那么多鉴赏园林的诗作;他研究过绘画,写过画论,师法造化,洛阳白氏宅园就是他从绘画创意中造出的风景园林;他也研究过音乐,能弹琴歌舞,重视理水和借景,使音乐与山水为一境,意境宜亲。从《池上篇并序》可看出诗人就是以典型的山水形象为模本,以真实的自然材料为依据,以诗情画意为追求目的的艺术境界来塑造自然美的艺术形象的。

梁肃序文(二篇)

唐 梁 肃

[作者作品]

梁肃(753~793年),唐朝散文家。字敬之,一字宽中。安定(今甘肃泾川)人,世居陆浑(今河南嵩县东北)。建申元年(780年)至京师,登文辞清丽科,授太子校书郎。贞元五年(789年),召为监察御史,转右补阙、翰林学士、皇太子诸王侍读、史馆修撰。梁肃师事独孤及,也是古文运动先驱作家。作古文,尚古朴,为韩愈、柳宗元、李翱所师法。代表作有《过旧园赋》《代太常答苏端驳杨绾谥议》《常州刺史独孤及集后序》《兵箴》《台州隋故智者大师修禅道场碑铭》等。《送韦拾遗士仪归嵩阳旧居序》《送李补阙归少室养疾序》这两篇作品皆为梁肃在嵩山活动期间所作。

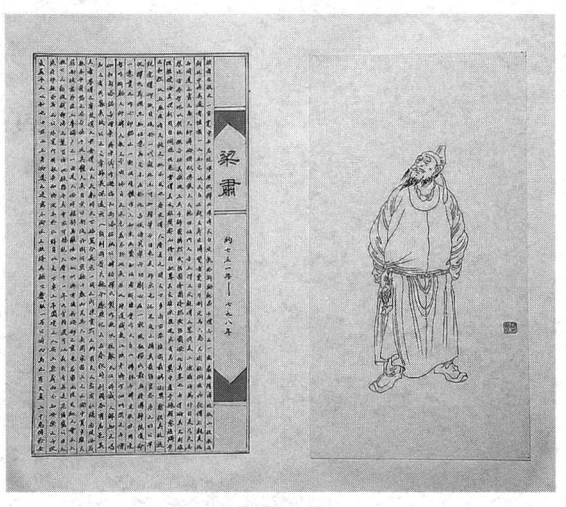

梁 肃

一、送李补阙归少室养疾序

昔司马相如当汉六叶,为言语侍从之臣。今天子用人文化成,亦以君有相如之才,擢居谏职,且掌宸翰。赋颂书奏,粲然同风。

夫君子之道,与保命与时,三者并,则不期达而达;不然,则或鼓或罢,或塞或通。是以长卿屡去其官,而君亦以疾退息,各其时也。君曩时《祭夏圭(一作主)颂》,比於驭龙射虎,其词最盛,如夏云秋涛,变化腾涌,蔚乎当代,学者诵之。及夫朝夕论思,上尤所器异。故乞身之表七上,而後赐告,有以见圣王之爱才也。夫贤者境不静,则神不怡,身不安则疾不去。故夫子暂游江湖,乐其静也;复还少室,就其安也。《易传》称「养正则吉」,矧夫气甚和,志甚迈,兴愈赡而才未竭。是行也,方憩於云林之中,陶然自养,以饵浩气;然後阶浮悻翼疾风,登紫垣,步清汉。当此时,无妄之疾,抑自去不暇,安肯住於肌肤间哉?

始君未为近臣,时论有积薪之叹;及其造退,朝廷厚优贤之礼;今也于归,君子赋《考槃》诗。此数者,足以观子之义,不可以不序焉尔。

[相关史料]

唐代创设的补阙和拾遗两个官职均为以谏为职的谏官。左、右拾遗——咨询建议官员,字面意思是捡起皇帝的遗漏(政策失误),相当于当代的监察兼助理机构。左、右拾遗为正八品官职,除了元代,汉族统治者朝代介以左为大,右为小。所以左拾遗比右拾遗大一些(元代以右为大)。

史料记载:武则天垂拱元年(685年)设置拾遗,置左拾遗于门下省、右拾遗于中书省,职掌与左右补阙相同,位从八品上。

二、送韦拾遗归嵩阳旧居序

高人出于华族,冠冕处乎山林,于士仪见之矣。在魏周际,逍遥韦公,语默之间,全清净之道。间馀二百载,之子以纯懿贞粹,追烈祖之踪。一门清风,光映今古,可谓全美也已。初,士仪与孔君述睿同隐于嵩邱。上嗣位,举逸民,孔以谏议大夫徵,且调护太子。乘舆还自汉中,吾子方徜徉于松桂之下,鹤板入谷,拜左拾遗。固辞献纳之任,遂有江湖之适。议者称孔之兼善,吾子之自得,出处一辙,消息同符。然后知刻意而高,待时而动者,俱失其道理矣。扬州刺史杜公蕴伊邵之望,悦禽息之风。士仪依仁游道,几历寒暑。既浩然有归思,乃乎以将行。子尝同召谏官,同被儒服,所不同者,执季公之御,与蹈颍阳之尘而已。会脱缰锁,随烟霞,访吾子于岷岩之侧,岂或碌碌久为躁静之异乎?先书寄怀,且以序众君子考槃之什。

权德舆序文(二篇)

唐 权德舆

权德舆

[作者作品]

权德舆(759~818年),唐朝宰相,文学家。字载之,天水略阳(今甘肃秦安县)人。历官太常博士、起居舍人、知制诰,至礼部尚书、同平章事,任宰相,在政治上表现出不畏邪恶的政治品格。权德舆是以道德文章进身,有独到政见的政治家,同时是一位有诗文主张的文学家。权德舆既执政事,又行文学,为文强调并实践了"有补于时"的社会功能,从内容上讲,是以达到"体物导志"或"明道"为目的。这种主张从其所写的疏、论、表中已有领略,是其政治活动的组成部分。权德舆的议、疏、铭、序虽有议论,出文简粹。《酷吏传议》(《权集》第30卷)辨析刚酷弱仁,为郅都鸣不平;《奏于董所犯当明刑正罪疏》说理有力,行气如虹,不觉其短。权德舆的文学创作有《权载之文集》50卷,40卷文章中,有大量的疏、论、表、碑、铭、书、记、序等;有诗10卷。

从《送韦起居老舅假满归嵩阳旧居序》文看,显然是外孙给舅舅的送行之言。韦起居此人资料不详,但从史料来看,韦起居在当时也是一个名人,诗人王维、郑谷都有写他的诗作。

一、送韦起居老舅假满归嵩阳旧居序

九年正月,左史韦公移疾,既逾时,左曹以闻,得请当免,遂以角巾野服,如东周旧山中。朝廷缙绅先生之徒,车毂击于通逵,觞酒交于竹林,执其衣袪,惜乎分阴,弦晦屡移,其欢不厌,或发于歌咏,以将厚意。外孙权德舆序而言曰:大凡士之生世,有二道焉:其出也,宣其功绪,播其利泽,纳忠服劳,以服天下。其处也,味导之腴,与古为徒,休影息迹,以闲身世。不如是者,细则牵於利欲,大则困于得丧,识真者羞之。公之先扶阳,始以丞相致仕,为西汉盛典,逍遥以安车不屈,为北朝外臣。至是左史又能伸其志,以宏其道,嘉遁德风,盛乎一门。况吾君用太和理万物,动者静者,各遂其方。则陈力以致用,洁身以宏教,其利一也。故左史得以聪明为骈枝,以名声为缠缴。无耗气,无焚和。退然葆真,独与道往,鸥鸟不动,家人忘贫。是行也,朵颐者知惧矣。出车家林,挥手青门,拥途而祖者,唯恐不及。合欢也,忘印绶之轻重;陈诗也,无章句之约束。放言无择,造适则笑,行觞无筹,既醉而罢。亏成彼是,曾不得栖於念虑之中,而惠风闲云,飘拂左右,动用视听,无非大方。推是类而广之,则泛清伊,陟嵩邱,又可知也。小生无以为赠,谨序其所以然附于编。

二、中岳宗玄先生吴尊师集序

道之与物,无不由也,无不贯也。而况本于玄览,发为至言。言而蕴道,三辰之丽天,百嘉之丽地。

平夷章大,恬淡温粹,飘飘然轶八纮而溯千古,与造物者为徒。其不至者,遣言则华,涉理则泥。虽辩丽可嘉,采真之士不与也。

宗元先生吴君,其知言者欤。先生讳筠,字贞节,华阴人。生十五年,笃志于道。与同术者隐于南阳倚帝山。阅览古先,遐蹈物表,芝耕云卧,声利不入。天宝初,玄纁鹤书征至京师。用希夷启沃,吻合玄圣。请度为道士,宅于嵩丘。乃就冯宗师齐整受正一之法。初,梁贞白陶君以此道授升玄王君。自王君至先生,凡五代矣。皆以阴功救物,为王者师。十三年,召入大同殿,寻又召居翰林。玄宗在宥,天下顺风祈向。乃献《玄纲》三篇,优诏嘉纳。志在遐举,累章乞还。以禽鱼自况,薮则为乐。得请。未几,盗泉污于三川,羽衣虚舟,泛然东下。接匡庐,登会稽,浮浙河,息天柱。隐机埋照,顺吾灵龟。有诗放言,以畅天理。且以园公歌咏于紫芝,弘景怡悦于白云。故属词之中,尤工比兴。观其自古王化与《诗·大雅》吟,步虚词、游仙杂感之作,或遐想古理以哀世道,或磅礴万象用冥环枢。稽性命之纪,达人事之变,大率以啬神挫锐为本。至于奇采逸向,琅琅然若夏云瀌,而凌侧景。昆阆松乔,森然在目。追近古,游方外,而言六义者,先生实主盟焉。至若总论谷神之妙,则有《玄纲》。哀蓬心嵩目之远于道也,则有《神仙可学论》。疏瀹澡雪使无落吾事,则有《洗心赋》《岩栖赋》。修胸中之诚而休乎天均,则有《心目论》《契形神颂》。其他抗章寓书、赞美序别,非道不言而可行,泊然以微妙,卓尔而昭旷,合为四百五十篇。博大真人之言,尽在是矣。大历十三岁,岁直鹑首,止于宣城观。焚香返真于虚室之中。门弟子邵冀玄者,率领其徒,宁神于天柱西麓,从其命也。

太原王颜,常悦先生之风,采道已熟。自先生化去三岁,颜为御史中丞,类斯遗文为十三篇,拜章上献,藏在密府。冀元者遍得先生之道,于槁木止水,刳心遗形。自先生化去二十五岁,以其文编,请传永久。其有逍遥卓诡之论,犹不列于此。至若挺神奇、祛鬼怪、告炼蜕之地,合朌蠁之府,皆备于刻金石者之说。今徒采获斯文,以序大略。且俾后学知道者,必知言云。

[相关史料]

吴尊师,即吴筠(？~778年),唐代嵩山道士,著名道教学者、文学家。字贞节,号"宗玄先生"。华阴(今属陕西)人,一说为鲁中儒士。吴筠少通经史,尤善属文,举进士不第。15岁有志于道学,曾与同好者隐于南阳倚帝山。后入嵩山,师从道教上清派法主潘师正,受授上清经法,苦心钻研,尽通其术。吴筠著有《宗玄先生文集》传世。

韩愈序文(二篇)

唐 韩愈

[作者作品]

韩愈简介见本书《与李少室拾遗书》。

一、送石处士序

[原文]

河阳军节度御史大夫乌公为节度之三月,求士于从事之贤者。有荐石先生者,公曰:"先生何如?"曰:"先生居嵩、邙、瀍、穀之间,冬一裘,夏一葛,食朝夕饭一盂,蔬一盘。人与之钱则辞,请与出游,未

尝以事辞,劝之仕不应。坐一室,左右图书,与之语道理,辨古今事当否,论人高下,事后当成败,若河决下流而东注,若驷马驾轻车、就熟路,而王良、造父为之先后也,若烛照,数计而龟卜也。"大夫曰:"先生有以自老,无求于人,其肯为某来耶?"从事曰:"大夫文武忠孝,求士为国,不私于家。方今寇聚于恒,师环其疆,农不耕收,财粟殚亡。吾所处地,归输之途,治法征谋,宜有所出。先生仁且勇,若以义请而强委重焉,其何说之辞?"于是撰书词,具马币,卜日以授使者,求先生之庐而请焉。

先生不告于妻子,不谋于朋友,冠带出见客,拜受书礼于门内。宵则沐浴,戒行李,载书册,问道所由,告行于常所来往。晨则毕至,张上东门外。酒三行,且起,有执爵而言者曰:"大夫真能以义取人,先生真能以道自任,决去就。为先生别。"又酌而祝曰:"凡去就出处何常,惟义之归。遂以为先生寿。"又酌而祝曰:"使大夫恒无变其初,无务富其家而饥其师,无甘受佞人而外敬正士,无昧于谄言,惟先生是听,以能有成功,保天子之宠命。"又祝曰:"使先生无图利于大夫而私便其身。"先生起拜祝辞曰:"敢不敬蚤夜以求从祝规。"于是东都之人士咸知大夫与先生果能相与以有成也。遂各为歌诗六韵,遣愈为之序云。

[相关史料]

古代称有才德而不敢做官的知识分子为处士。本文于元和五年(810年)六月间。元和四年(809年),河北恒州成德军节度使王士真死,其子五际宗统率军队不服从朝庭诏命,唐宪宗命令吐突承璀率兵讨伐。乌重胤于元和五年(810年)四月就任河阳军节度使,其地处转运要道,责任重大。乌上任不久即访问贤才,渴望共济国事。石洪为洛阳人,德高望重,颇具才略,一度为黄州录事参军,后归隐洛北十年之久。当乌氏以国之大事相邀,石洪便欣然出山就任其幕府参谋。东都人士作诗饯别,并请韩愈写序以赠之。韩愈在序中期望乌氏与石洪以道义为归依,并祝两人合作成功,兼寓箴规之意,具有丰富的现实与理想意义。

[译文]

河阳军节度使、御史大夫乌大人,做节度史三个月,向手下贤能的人们征求贤士。有人举荐石先生,乌大人说:"石先生怎么样?"回答说:"石先生居住在嵩邙山、瀍谷河之间,冬天一件皮衣,夏天一件麻布衣服;吃的吗,一天吃一盆饭、一盘蔬菜。别人给他钱,就谢绝;请他一起出游,没有找借口拒绝的;劝他当官,便不理睬;住的只有一间房,左右全是图书。跟他谈道论理,辩论古今的事物的得失,评论人物的高下,事后成败与否,就如同河流决堤向下游奔流注入东海,就如同四匹马拉着轻车走熟路,而历史著名驾御高手王良、造父也与他不相上下啊,听了他的话就如同明烛高照一样地亮堂、就如同数目计算了一样清楚并且可以预卜未来。"乌大夫说:"石先生有志于隐居自在到老,不求于人,他肯为我来当官吗?"手下的人说:"大夫您文武全才忠孝具备,为国家求才,不是为自家私利。当今反寇聚集在恒地,敌军环视着边境,农田无法耕种没有收成,钱财粮草殆尽,我们所处的地方,是回归中原运输的要道,治理的方略征讨的谋划,应该有适当的人来出谋划策。先生您仁义并且勇敢,如果凭仁义邀请他并坚决委以重任,他能有什么托词拒绝?"于是撰写邀请函,准备好车马和礼物,占卜选择好吉日交给使者,找到石先生的住处拜请他。

石先生没有告诉妻儿,没有与朋友商量,戴好帽子系好衣带正装接见客人,在家里拜受聘书和礼物。晚上就沐浴更衣,准备好行装,书籍装上马车,问清楚道路,与经常来往的朋友告别。清晨他们就全到了,在东门外布置好饯行仪式,酒过三巡将要起身的时候,有人拿着酒杯说:"乌大夫的确能够凭义理选取人才,先生您的确按照道理给自己责任,决定去留。为先生您饯行了。"有又人敬酒祝愿说:"凡是辞官上任离别相处又有什么长久不变的呢?惟有不变的是以道义作为依归。这就为先生干杯。"又有人敬酒祝愿道:"愿先生让乌大夫不要改变初衷,不要为了自家富裕而使军队饥饿,不要甘愿忍受佞人而要对外尊敬正直人士,不要蒙昧于谗言,只听先生的,因此能有成就,确保天子的宠信和任命。"又有人祝愿道:"希望先生不要在乌大夫那图谋利益,而为自身的私利方便图谋。"石先生起身拜谢道:"怎敢不日夜尽忠职守来做到遵从你们的祝愿和规劝!"于是东都的人士,都知道乌大夫和石先生果然能够互相合作而有所成就。便各自做12句的诗歌,让我为这作序。

二、《送温处士赴河阳军》序

[原文]

"伯乐一过冀北之野,而马群遂空。夫冀北马多天下,伯乐虽善知马,安能空其群邪?"解之者曰:"吾所谓空,非无马也,无良马也。伯乐知马,遇其良,辄取之,群无留良焉。苟无良,虽谓无马,不为虚语矣。"

东都,固士大夫之冀北也。恃才能深藏而不市者,洛之北涯曰石生,其南涯曰温生。大夫乌公以鈇钺镇河阳之三月,以石生为才,以礼为罗,罗而致之幕下;未数月也,以温生为才,于是以石生为媒,以礼为罗,又罗而置之幕下。东都虽信多才士,朝取一人焉,拔其尤;暮取一人焉,拔其尤。自居守、河南尹,以及百司之执事,与吾辈二县之大夫,政有所不通,事有所可疑,奚所咨而处焉?士大夫之去位而巷处者,谁与嬉游?小子后生,于何考德而问业焉?缙绅之东西行过是都者,无所礼于其庐。若是而称曰:"大夫乌公一镇河阳,而东都处士之庐无人焉。"岂不可也?

夫南面而听天下,其所托重而恃力者,惟相与将耳。相为天子得人于朝廷,将为天子得文武士于幕下。求内外无治,不可得也。愈縻于兹,不能自引去,资二生以待老。今皆为有力者夺之,其何能无介然于怀耶?

生既至,拜公于军门,其为吾以前所称,为天下贺;以后所称,为吾致私怨于尽取也!

留守相公首为四韵诗歌其事,愈因推其意而序之。

[相关史料]

石处士和温处士隐居在洛阳一带,韩愈与他们的关系密切,都是好朋友。石处士因大义而征召,温处士也因大义应聘出仕。这篇文章就是在送温处士时写的。文章赞扬了温处士出众的才能和乌大夫善于识人、用人的德才,作者惜别了两个老朋友,心里难过。但更希望人尽其才,他们都能得到任用,表达了为朝廷得到人才而欣慰以及自己失友的惋惜心情。

[译文]

伯乐一经过冀北的原野,马群就空了。冀北是天下马最多的地方,伯乐虽然擅长相马,怎么能使那里的马群空了呢?解释的人说:"我们说的空,不是没有马了,而是没有好马了。伯乐能识马,一遇到好马就把它挑去,马群里留不下一匹好马。如果没有一匹好马,那么说没有马,也不能算是假话了。"

东都洛阳,原本是士大夫的"冀北"。有真才实学而隐身不仕的,洛水的北岸有一位,叫石生,洛水的南岸有一位,叫温生。御史大夫乌公凭借度使的身份镇守河阳的第三个月,认为石生是个人才,就依照礼仪,把石生招入幕府。没有过几个月,又认为温生是个人才,于是通过石生作媒介,又把温生招入幕府。东都有真才实学的人尽管很多,可是怎么禁得起早晨挑选一个,把最好的带走,晚上挑选一个,把最优的带走呢?这样一来,从东都留守、河南尹起,到各部门的主管和我们两县的官吏,如果政事上遇到疑难问题,或者办案时遇到可疑点,找什么人去商量妥善解决呢?辞官回乡的士大夫们和谁一起游玩呢?青年后辈又到哪里去考究德行、请教学业呢?东来西往经过洛阳的官员们,也无法依礼到他们的住所去拜访。像这样也就可以说是:"御史大夫乌公一到洛阳,洛阳处士们的住所里就没有人了。"难道不行吗?

皇帝处理天下大事,所托付、依靠出大力的,只有宰相和将军罢了。宰相为皇帝搜罗人才到朝廷,将军为皇帝选拔文人武士到军帐里,如果这样,要使国家内外不安宁,那是不可能的了。我被束缚在这里,不能自己引退,想依靠石、温两位的帮助度过晚年。现在,二位都被有权力的人要走了,这又怎能不使我耿耿于怀呢?

温生初到,在军门拜见乌公时,希望把我前面所说的,代为天下人祝贺;把我后面所说的,替我表示对选尽人才这件事的抱怨。

东都留守相公(指朱馀庆)首先写成一首四韵诗来赞美此事,我便依照他的诗意写了这篇序。

送别

醉吟先生墓志铭并序
唐 白居易

先生姓白,名居易,字乐天,其先太原人也,秦将武安君起之后,高祖讳志善,尚衣奉御。曾祖讳温,检校都官郎中,王父讳锽,侍御史,河南府巩县令。先大父讳季庚,朝奉大夫,襄州别驾,大理少卿,累赠刑部尚书、右仆射。先大父夫人陈氏,赠颍川郡太夫人。妻杨氏,弘农郡君。兄幼文,皇浮梁县主簿。弟行简,皇尚书膳部郎中。一女,适监察御史谈弘谟。三侄:长曰味道,庐州巢县丞;次曰景回,淄州司兵参军;次曰晦之,举进士。乐天无子,以侄孙阿新为之后。

乐天幼好学,长工文,累登进士、拔萃、制策三科,始自校书郎,终以少傅致仕。前后历官二十任,食禄四十年。外以儒行修期身,中以释教治其心,旁以山水风月歌诗琴酒乐其志。前后著文集七十卷,合三千七百二十首,传于家。又著《事类集要》三十部,合一千一百三十门,时人目为《白氏六贴》,行于世。凡平生所慕所感,所得所丧,所经所遇所通,一事一物已上,布在文集中,开卷而尽可知也,故不备书。大历七年正月二十日,生于郑州新郑县东郭宅。以会昌六年月日,终于东都履道里私第,春秋七十有五。以某年月日,葬于华州下邽县临津里北原,祔侍御、仆射二先茔也。

启手足之夕,语其妻与侄曰:吾之幸也,寿过七十,官至二品,有名于世,无益于人,褒优之礼,宜自贬损。我殁,当殓以衣一袭,送以车一乘,无用卤簿葬,无以血食祭,无请太常谥,无建神道碑;但于墓前立一石,刻吾《醉吟先生传》一本可矣。语讫命笔,自铭其墓云:

乐天乐天,生天地中,七十有五年。其生也浮云然,其死也委蜕然。来何因?去何缘?吾性不动,吾形屡迁。已焉已焉!吾安往而不可?又何足厌恋乎其间?

[作者作品]

白居易简介见《与元九书》。

白居易在67岁时,写了这篇《醉吟先生传》。这个醉吟先生,当然就是他自己。白居易认为文学是反映自己人生哲学的工具,对此,白居易以自己人生与作品,作了最好的诠释。白居易以毕生精力从事创作,一生留下了3000多篇诗文,"凡平生所慕所感,所得所失,所经所遇所通,一事一物以上,全都在文集中,开卷而尽可知也。"以《醉吟先生墓志铭并序》说,白居易一生的经历遭际、穷通得失以及他的"所慕"(人生理想和价值取向)、"所感"(对生活的体验和思考)均记录、表述在他的诗文中了。

唐故工部员外郎杜君墓志铭并序

唐 元 稹

叙曰:余读诗至杜子美而知大小之有所总萃焉。始尧舜时,君臣以赓歌相和,是后诗人继作,历夏、殷、周千馀年,仲尼缉合选练,取其干预教化之尤者三百篇,其馀无闻焉。骚人作而怨愤之态繁,然犹去风雅日近,尚相比拟。秦、汉已还,采诗之官既废,天下妖谣民讴、歌颂讽赋、曲度嬉戏之词亦随时间作。至汉武帝赋《柏梁》诗,而七言之体兴。苏子卿、李少卿之徒,尤工为五言。虽句读文律各异,雅郑之音亦杂,而词意简远,指事言情,自非有为而为,则文不妄作。建安之后,天下文士遭罹兵战。曹氏父子鞍马间为文,往往横槊赋诗。其遒壮抑扬,冤哀悲离之作,尤极于古。晋世风概稍存。宋、齐之间,教失根本,士子以简慢歙习舒徐相尚,文章以风容色泽放旷精清为高。盖吟写性灵,流连光景之文也。意义格力固无取焉。陵迟至于梁、陈,淫艳刻饰,佻巧小碎之词剧,又宋、齐之所不取也。

唐兴,官举大振。历世之文,能者互出。而又沈、宋之流,研练精切,稳顺声势,谓之为律诗。由是而后,文变之体极焉。然而莫不好古者遗近,务华者去实;效齐、梁则不逮于魏、晋,工乐府则力屈于五言;律切则骨格不存,闲暇则纤浓莫备。至于子美,盖所谓上薄风骚,下该沈宋,言夺苏李,气吞曹刘,掩颜谢之孤高,杂徐庾之流丽,尽得古今之体势,而兼人人之所独专矣。使仲尼锻其旨要,尚不知贵,其多乎哉。苟以其能所不能,无可无不可,则诗人以来,未有如子美者。

是时山东人李白亦以奇文取称,时人谓之"李杜"。余观其壮浪纵恣,摆去拘束,模写物象,及乐府歌诗,诚亦差肩于子美矣。至若铺陈终始,排比声韵,大或千言,次犹数百,词气豪迈而风调清深,属对律切而脱弃凡近,则李尚不能历其藩翰,况堂奥乎!

予尝欲条析其文,体别相附,与来者为之准,特病懒未就耳。适遇子美之孙嗣业启子美之柩,襄祔事于偃师。途次于荆,雅知余爱言其大父之为文,拜余为志。辞不能绝,余因系其官阀而铭其卒葬云。

系曰:昔当阳成侯姓杜氏,下十世而生依艺,令于巩。依艺生审言,审言善诗,官至膳部员外郎。审言生闲,闲生甫;闲为奉天令。甫字子美,天宝中献三大礼赋,明皇奇之,命宰相试文,文善,授右卫率府胄曹属。京师乱,步谒行在,拜左拾遗。岁馀,以直言失官,出为华州司功,寻迁京兆功曹。剑南节度严武状为工部员外郎,参谋军事。旋又弃去,扁舟下荆、楚间,竟以寓卒,旅殡岳阳,享年五十九。夫人弘农杨氏女,父曰司农少卿怡,四十九年而终。嗣子曰宗武,病不克葬,殁,命其子嗣业。嗣业贫无以给丧,收拾乞丐,焦劳昼夜,去子美殁后馀四十年,然后卒先人之志,亦足为难矣。

铭曰:维元和之癸巳粤某月某日之佳辰,合窆我杜子美于首阳之山前。呜呼!千载而下,曰此文先生之古坟。

[作者作品]

元稹(779~831年),唐朝文学家。字微之,别字威明,唐洛阳人。为北魏宗室鲜卑族拓跋部后裔,是什翼犍之十四世孙。元稹登书判出类拔萃,授秘书省校书郎。官至武昌军节度使。早年和白居易共同提倡"新乐府运动"。世人常把他和白居易并称"元白"。元稹诗辞浅意哀,仿佛孤凤悲吟,极为扣人心扉,动人肺腑。元稹的创作,以诗成就最大。其乐府诗创作,多受张籍、王建的影响,而其"新题乐府"则直接缘于李绅。作有传奇《莺莺传》,又名《会真记》,为后来《西厢记》故事所由。有《元氏长庆集》60卷,补遗6卷,存诗830多首,收录诗赋、诏册、铭谏、论议等共100卷。

《唐故工部员外郎杜君墓系铭并序》是元稹为著名诗人杜甫撰写的墓志铭。该文详细论述了我国文学史上的现实主义传统之后,高度评价了杜甫的现实主义诗风的历史作用,一反盛唐以来长期冷落杜甫、忽视杜诗的社会潮流,第一个对杜甫及其现实主义传统作出了前所未有的高度评价。由此奠定了杜甫在中国古典诗词中的"诗圣"地位。

元　稹

[相关史料]

杜甫简介见《杜甫本传》。

欧阳修序跋(二篇)

宋　欧阳修

[作者作品]

欧阳修简介见本书《答梅圣俞寺丞见寄》。

欧阳修在翻阅当年自己曾和梅圣俞、杨子聪、谢希深、尹师鲁、王几道六人游历嵩山所作的诗时,情不自禁地回忆,当时游历嵩山的其他5人都相继去世,现独有自己还在世,感物追往,无限感慨。为此,写了《六一题跋》。

一、六一题跋

右《幽林思》,庐山林薮人韩覃撰。余为西京留守推官时,因游嵩山得此诗,爱其辞翰皆不俗。后十余年,始集古金石之文,发箧得之,不胜其喜。余在洛阳,凡再登嵩岳,其始往也,与梅圣俞、杨子聪惧;其再往,与谢希深、尹师鲁、王几道、杨子聪惧。当发箧见诗以入集时,谢希深、杨子聪已死。其后,师鲁、几道、圣俞相继皆死。盖游嵩在天圣十年,是岁改元明道,余时年二十六。距今嘉祐八年,盖三十一年矣。游嵩六人,独余在耳。感物追往,不胜怆然。六月旬休日。

二、送陈经秀才序

[原文]

　　伊出陆浑,略国南,绝山而下,东以会河。山夹水东西,北直国门,当双阙。隋炀帝初营宫洛阳,登邙山南望,曰:"此岂非龙门邪!"世因谓之"龙门",非《禹贡》所谓导河自积石而号龙门者也。然山形中断,岩崖缺呀,若断若镌。当禹之治水九州,披山斩木,遍行天下,凡水之破山而出之者,皆禹凿之,岂必龙门?

　　然伊之流最清浅,水溅溅鸣石间。刺舟随波,可为浮泛;钓鲂捌鳖,可供膳羞。山两麓浸流中,无岩崭颓怪盘绝之险,而可以登高顾望。自长夏而往,才十八里,可以朝游而暮归。故人之游此者,欣然得山水之乐,而未尝有筋骸之劳,虽数至不厌也。

　　然洛阳西都,来此者多达官尊重,不可辄轻出。幸时一往,则驺奴从骑吏属遮道,唱呵后先,前俟旁扶,登览未周,意已怠矣。故非有激流上下、与鱼鸟相傲然徙倚之适也。然能得此者,惟卑且闲者宜之。

　　修为从事、子聪参军、应之县主簿、秀才陈生旅游,皆卑且闲者。因相与期于兹夜宿西峰,步月松林间,登山上方,路穷而返。明日,上香山石楼,听八节滩,晚泛舟,傍山足夷犹而下,赋诗饮酒,暮已归。后三日,陈生告予且西。予方得生喜与之游也,又遽去,因书其所以游以赠其行。

[相关史料]

　　欧阳修在任职西京留守推官时,与杨子聪、张应之等友人出游龙门的途中,新结识了陈秀才陈经。短短的相处之后,陈秀才又要西往长安,于是作者写下了这篇文章,作为赠别陈秀才的礼物。

[译文]

　　伊水发源于陆浑县,流过洛阳南面,越过伊山而下,向东汇合于黄河。东西两山夹持着伊水,北面对洛阳城门,正当伊阙。隋炀帝初时在洛阳造宫殿时,登上北邙山南望说:这岂不是龙门吗!所以世称伊阙为"龙门",但它不是《尚书·禹贡》所记载的大禹"导河积石"的龙门。然而山在这里截断,高大的山崖张开一个缺口,像是自然断裂又像人工开凿。当年大禹在九州治水,劈山斩棘,足迹踏遍全国,凡是河水破山而出的,都是大禹所开凿,哪里仅是开凿龙门呢?

　　然而伊水的流水最为清澈见底,河水发出潺潺之声在山石间飞溅。撑着小船在水面随波逐流,可以泛舟游览;河中钓鲂鱼,刺龟鳖,可作为佐餐的佳肴。两山的山脚都沉浸在水中,没有危崖峭壁和曲折难行的险境,因而可以登高四处眺望。在漫长的夏日来游览,只有十八里路程,可以清晨出游傍晚归来。所以游览龙门的人能够尽情地享受山水的乐趣,却不会感到身体的疲劳,即使多次游览也不会觉得厌倦。

　　但是洛阳是西京,到这里来的大多是达官贵人,他们不可能随随便便地轻易出游。倘若前往游龙门,就会有牵马的士兵、骑马的随从、衙门的僚属挤满了道路,前呼后喝而行,先导的侍从不离左右。

送陈经秀才

登山游览还没有走遍,兴致已经消失殆尽。所以没有在伊水激流中泛舟往来,和游鱼飞鸟一般放纵的舒适。然而,能够领略这种游览乐趣的,只有地位低下而又有闲暇的人才相宜。

我为西京留守推官,杨子聪为河南府户曹参军,张应之为河南县主簿,秀才陈经游学到这里,都是地位低下而又有闲暇的人。于是彼此约定在这一夜住宿龙门山西峰广化寺,月色下漫步松林之间,攀登菩提峰的上方阁,直到山路尽头才返回寺庙休息。第二天,登上香山石楼,静听八节滩激流的水声,傍晚坐船游览伊水,沿着山脚从容自得顺流而下,吟诗饮酒,到天黑才回城。过了三天,陈秀才告诉我将要西往长安。我正为结识陈秀才得以和他一起游览而高兴,而他又急于要走了,于是就写下这次游历的经过,作为赠别的礼物。

《洛阳名园记》跋

宋　李格非

[原文]

论曰:洛阳处天下之中,挟肴(殽)、渑之阻,当秦、陇之襟喉,而赵、魏之走集,盖四方必争之地也。天下常无事则已,有事,则洛阳必先受兵。予故尝曰:"洛阳之盛衰,天下治乱之候也。"

方唐贞观、开元之间,公卿贵戚开馆列第于东都者,号千有余邸;及其乱离,继以五季之酷。其池塘竹树,兵车蹂践,废而为丘墟;高亭大榭,烟火焚燎,化而为灰烬,与唐共灭而俱亡者,无余处矣。予故尝曰:"园圃之兴废,洛阳盛衰之候也。"

且天下之治乱,候于洛阳之盛衰而知;洛阳之盛衰,候于园圃之废兴而得,则《名园记》之作,予岂徒然哉?

呜呼!公卿士大夫方进于朝,放乎一己之私意以自为,而忘天下之治忽,欲退享此乐,得乎?唐之末路是矣!

[作者作品]

李格非(约1045~1106年),字文叔,章丘(今济南市章丘县)人。北宋著名学者、文学家,著名女词人李清照之父。李格非勤奋好学,博学多通,善文章,兼通经学。宋神宗熙宁九年(1076年)中进士,历任冀州(今河北冀县)司户参军、试学官,郓州(今山东东平)教授,检讨,广信军(今河北徐水遂城西)通判,礼部员外郎、提点京东刑狱等职。绍圣二年(1095年),李格非召为校书郎,著作佐郎。是年撰成他的传世名文《洛阳名园记》。《宋史·李格非传》云:"尝著《洛阳名园记》,谓洛阳之盛衰,天下治乱之候也。其后洛阳陷于金,人以为知言。"《洛阳名园记》10卷,记洛阳名园,自富郑公(富弼)以下凡19处。北宋朝廷达官贵人日益腐化,到处营

李格非

造园圃台谢供自己享乐,李格非在对这些名园盛况的详尽描绘中,寄托了自己对国家安危的忧思。

北宋末年,国家外患频仍,内部政治腐败,国势日非。身处洛阳的李格非有感而发,写了《洛阳名园记》这篇跋(即"后记")。

[译文]

洛阳处在全国的中心,凭借着殽山、渑池的险要地势,控制着通往秦、陇的要害之地,又是赵、魏边境上四方往来的必经要道,是各方必争的战略要地。天下正常没事也就罢了;一旦发生变乱,那么洛阳一定首先遭受兵患。所以,我曾经说过:洛阳的兴盛和衰败,是天下太平或战乱的标志啊。

正当唐朝贞观、开元之间,高官贵族在东郡洛阳建造官舍,设置住宅的,号称有千余家。等到唐朝末年天下大乱,接踵而起的又是梁、唐、晋、汉、周五代更替的残酷的战争,洛阳的那些挖有池塘、栽种竹树的宅园,遭受兵车的蹂躏践踏,毁坏成一片废墟。高大的凉亭、宽敞的水榭,也被战火焚烧,化为灰烬。它们与唐朝共灭俱亡,竟没有剩下一处了。因此,我曾经说过:园林的荒废与兴盛,是洛阳繁盛与衰败的标志。

既然天下的安定与战乱,通过洛阳的盛衰观察就可以知道;洛阳的盛衰,通过这些园林的废兴观察也可以知道。那么,我写这本《名园记》,难道是徒劳的吗?

唉!达官显贵们正当被朝廷进用的时候,个人私欲放纵,任其所为,忘记了国家的安定和动乱,却想在自己退隐后享受园林的乐趣,可能吗?唐朝的末路就是这样啊。

《洛阳名园记》序
宋 张琰

山东李文叔记洛阳名园,凡十有九处,自富郑公而终于吕文穆,其声名气焰见于功德者,遗芳余烈,足以想象其贤。其次,世位尊崇,与夫财力雄盛者,亦足以知其人经营生理之劳。又其次,僧坊以清净化度群品,而乃斥余事,种植灌溉,夺造化之功,与王公大姓相轧。

夫洛阳,帝王东西宅,为天下之中。土圭日影,得阴阳之和;嵩少瀍涧,钟山水之秀。名公大人,为冠冕之望;天匠地孕,为花卉之奇。加以富贵利达,优游闲暇之士,配造物而相妩媚,争妍竞巧于鼎新革故之际,馆榭池台,风俗之习,岁时嬉游,声诗之播扬,图画之传写,古今华夏,莫比观文叔之记可以致近世之盛。

可以信文叔之言,为不苟且。夫识明智审,则虑事精而信道笃,随其所见浅深为近远,大小之应于熙宁变更,天下风靡,有所必不可者。大丞相司马公为首,后十五年,无一不如公料者,至今明验,大效与始言若合符节。文叔,方洛阳盛时,足迹目力,心思之所及,亦远见高览,知今日之祸,曰"洛阳可以为天下治乱之候。"又曰"公卿高进于朝,放乎一己之私意,忘天下

洛阳名园一景

之治忽。"呜呼!可谓至言哉。文叔在元祐,官太学。丁建中靖国。再用邪朋,窜为党人,女适赵相挺之子,亦能诗上赵,相救其父,云"何况人间父子情。"识者哀之。

今记称,潞公年九十而杖屦东西,按太师丙午生,正绍圣乙亥岁。遣逐岭表立党之二年,诬谤宣

仁,圣烈废降,昭慈献圣,羣阴已壮,芽蘖弄权,宰相不必斥其名后。内相王明叟指言"绍圣,当国之人如操舟者,当左而右,当右而左,旁观者,为之寒心。"与文叔所言"放乎一己之私意,而忘天下之治忽。"若相终始。愚故曰"其言真不苟且也。"

噫!繁华盛丽过尽,一时至于荆棘,铜驼遍于伊洛。虽宫室苑囿,涤除皆尽。然一废一兴,循天地无尽藏,安得光明盛大,复有如洛阳众贤佐中兴之业乎?季父浮休侍郎咏长安废兴地,有诗云"忆昔开元全盛日,汉苑隋宫已黍离。覆辙由来皆在说,今人还起古人悲。"感而思治世之难,遇嘉贤者之用心,故重言以书其首。

绍兴八年(1138年)三月望日豳国张琰德和序

[作者作品]

张琰(?~1276?)南宋诗人。字汝玉,广陵(治今江苏扬州)人。有节概,补州牙兵(麾下掌旗的兵)。恭宗德祐二年随淮东制置使李庭芝溃围,元兵追及,战死。著名名诗《铜雀台》。

[相关史料]

《洛阳名园记》为李格非所撰。李格非简介见书《〈洛阳名园记〉跋》。

《卢鸿草堂图》跋

宋 叶梦得

卢鸿草堂图,旧藏中贵人刘有方家。余往有庆历中摹本,亦名手精妙。犹记后载唐人题跋云:"相国邹平段公家藏图书。并用所历方镇印记。咸通初,余为荆州从事。与柯古同在兰陵公幕下,阅此轴。今所历岁祀,倏逾二纪。荐罹多难,编轴尚存。物在时迁,所宜兴叹。丁未年,驾在岐山涿郡。子耆记。"又书:"己酉岁重九日,专谒大仪。遂载览阅。累经多难,顿释愁襟。子耆再题。"

邹平公,段文公也。柯古,其子成式字也。子耆,不知何人。涿郡盖亦卢氏望。兰陵公,或云萧邺。其罢相,出为荆州节度使,正咸通初。成式终太常少卿,则所谓大仪也。丁未,僖宗光启二年。己酉,昭宗龙纪元年。此画,宣和庚子余在楚州,为贺方回取去,不归。当时余方自许昌,得请洞霄。思卜筑于此山之下。视图中草堂、樾馆、枕烟庭、幂翠亭等,眇然若不可及。今余东西两岩,略有亭堂十余所。比年松竹稍环合,每杖策登山,奇石森耸。左右诘曲,行云霞中。不知视鸿居为如何,但恨水泉不壮,无云锦池、金碧潭耳。

谢康乐云:"良辰、美景、赏心、乐事,四者难并。"天下咏之,以为口实。韩魏公在北门作四并堂,公功名富贵,无一不满所欲,故无时不可乐,亦以是为贵乎?余游行四方,当其少

叶梦得

时,盖未知光景为可惜,亦不以是四者为难得也。在许昌,见故老言:韩持国为守,每入春,常日设十客

之具于西湖。且以郡事委僚吏,即造湖上,使吏之湖门。有士大夫过,即邀之入,满九客而止。辄与乐饮终日,不问其何人也。曾存之常以问公曰:"无乃有不得已者乎?"公曰:"汝少年,安知此?吾老矣,未知复有几春。若待可与饮者而后从,吾之为乐无几,而春亦不吾待也。"余时年四十三,犹未尽以为然。自今思之,乃知其言为有味也。

[作者作品]

叶梦得(1077~1148年),北宋诗人。字少蕴,自号石林居士,苏州吴县(今江苏苏州)人。哲宗绍圣四年(1097)进士。累官中书舍人、翰林学士、吏部尚书、龙图阁直学士。晚年居吴兴(今属浙江)弁石林立之卞山,以读书、吟咏为乐,能诗文,长于词。其早期词作多佚。宋室南渡后,所作一变早期华绮作风,转向简淡雄杰,多感怀国事,成为豪放派后继者之一。著有《建康集》《石林诗话》,词集《石林词》。

卢鸿一隐居嵩山期间,自绘其胜景为《草堂十志图》,有摹本,此图收录于《故宫名画三百种》。《全唐诗》录存其骚体诗十首,名《嵩山十志》,为描写嵩山十景、歌咏自己的隐逸生活之作。

[相关史料]

卢鸿一简介见《赐卢鸿一还山制》。

《阴符经》跋

宋 晁公武

后唐少室山布衣李筌序云:《阴符经》者黄帝之书,或曰受之广成子;或曰受之玄女;或曰黄帝与风后玉女论阴阳门甲,退而自著其事。阴者,暗也;符者,合也。天机暗合于事机,故曰阴符。皇朝黄庭坚鲁直尝跋其后云:《阴符经》出于李筌。熟读其文,知非黄帝书也。盖欲其文奇古,反诡谲不经。盖谲不经。盖揉杂兵家语,又妄托子房、孔明诸贤。训注尤可笑,惜不经柳子厚一棒击也。

[作者作品]

晁公武(1105~1180年),南宋著名目录学家、藏书家。字子止,人称"昭德先生"。宋朝钜野(今山东巨野县)人,晁冲之之子。靖康末年入蜀避乱,宋高宗绍兴二年举进士第。初为四川总领财赋司,办事有才干。绍兴时,官为监察御史、知恭州、荣州、合州,迁四川安抚制置使、兴元府知府、成都知府等职。乾道七年(1171年)回京师,以敷文阁直学士、左朝仪大夫除临安府少尹,官至吏部侍郎。有良吏之目,官累礼部侍郎。《郡斋读书志》20卷,文多散佚,存于今者唯《郡斋读书志》。

晁公武

[相关史料]

《阴符经》简介见《阴符经》篇。

《握奇经》跋

宋 高似孙

风后《握奇经》三百八十四字,其奇妙本乎奇正相生,变化不测。盖潜乎伏氏之画,所谓天、地、风、云、龙、鸟、蛇、虎,则其为八卦之象明矣。盖注奇读如奇耦之奇,则尤可与《易》准。诸儒多称诸葛武侯八阵,唐李卫公六花皆出乎此,唐裴绪之论又以为六十四卦之变,其出也无穷。若此则所谓八阵者,八卦之统尔。焦氏《易》学,卦变至于四千九十有六。奇正相错,变化无穷,是可以名数该之乎?然观太公《武韬》,且言牧野之师有天阵,有地阵,此固出于握奇。而又人阵焉,此又出于天地之外者,非八阵、六花所能尽也。独孤及作《风后八阵图记》有曰:黄帝顺煞气以作兵法,文昌以命将,风后握机制胜,作为阵图。故八其阵,所以定位。衡抗于外,轴布于内,风云负其四维,所以备物也。虎张翼以进,蛇向敌而蟠,飞龙翔鸟,上下其势,所以致用也。至若疑兵以固其余地,游军以按其后列,门具将发,然后合战。弛张则二广迭举,掎角则四奇皆出。图成樽俎,帝用经略。北逐獯鬻,南平蚩尤,遗风冥冥,神机未昧。项籍得之霸西楚,黥布得之奄九江,孝武得之攘匈奴。唐天宝中,客有得其遗制于黄帝书之外篇,裂素而图之。按鱼腹之图,全本于握机,颐其妙,穷其神者,武侯而已。独孤及以为项、黥、武帝得之未之思欤。

高似孙

[作者作品]

高似孙(1158~1231年),字续古,号疏寮,鄞县(今浙江宁波)人,一说余姚(今属浙江)人。南宋孝宗淳熙十一年(1184年)进士,调会稽县主簿,历任校书郎,出知徽州,迁守处州。宁宗庆元六年(1200年)通判徽州,嘉定十七年(1224年)为著作佐郎。理宗宝庆元年(1225年)知处州,后任建康提举,进崇禧观祠禄。晚家于越,为嵊令史安之作《剡录》。著有《疏寮小集》《剡录》《子略》《蟹略》《骚略》《纬略》等。

《握奇经》又称《握机经》《幄机经》。相传其经文为黄帝大臣风后撰,姜尚太公加以引申,汉武帝丞相公孙弘作注解。一般书后还附有佚名的《握奇经续图》和题为晋朝的马隆所述的《八阵图总述》。《握奇经》是中国古代关于八阵布列的兵书,主要论述古代八阵的组合与运用,用五行和八卦的思想来理解和阐释八阵,并以奇正之说来讨论八阵的战术变化。

双溪醉隐集
——为耶律楚材儿子耶律铸作诗《跋》
金　木庵性英

双溪一代佳公子也,早岁作诗有声,每一篇出辄诵人口,遇得意处,不下古手。此盖天机颖脱,有不可掩者使然也。是岁秋八月,以诗近百篇寄赵虎岩,虎岩赵君诗人也,见之击节赏叹,以谓天下奇才,而欲版行,一新耳目焉。而属予题于后。或者曰:'及公之少作,其可乎?'予曰不然。昔唐元微之,有《代曲江老人百韵》及《清都夜境》等篇;至于元和中,李长吉、高轩过二公之作,皆年未及冠,今在集中,数百年间孰能以少壮为辨而少之邪? 言诗者不当以区区岁月计其工拙矣。

岁次甲寅季冬二十有五日,木庵老衲性英题。

[作者作品]

木庵性英,金元时期著名少林高僧,诗人、书法家。性英为僧数十年,不仅以诗僧闻名于世,且以道誉名重一时。性英一生以诗交友,与其唱和的文人墨客很多,当时的文学名流元好问、赵秉文、耶律楚材、耶律铸、杨弘道、段成己、高克恭皆为性英的好友。性英一生所做的最后的事,是给耶律楚材的儿子耶律铸的《双溪醉隐集》写了这篇《跋》语。

《杨通老移居图》跋
南宋　刘克庄

一帽而跣者,荷药瓢书卷先行。一髫而牧者,负布囊驱三羊继之。一女子蓬首挟琴,一童子肩猫,一童子背一小儿,一奴负琴又继之。细君抱一儿骑牛,别一儿坐母前,持棰曳绳殿其后。处士攒眉凝思,若觅句然。虽妻子奴婢,生生服用之具,极天下之酸寒蓝缕,然犹畜三琴,手不释卷,其迂阔野之态,每一展玩,使人意消。旧题云:杨通老移居图。本朝处士魏野有亭榭。林通无妻子。惟杨朴最贫而有累,恐是画朴。但朴字契玄,不字通老。明日翻故纸得朴集,洛人臧浦为序,有朴绝句云云。放翁跋云:四婆即处士之配。苏峤季真家有处士夫妻像,野逸如生。凡集所载,与卷内物色皆合,骑牛者四婆,作诗送朴赴召者也。

[作者作品]

刘克庄(1187~1269年))南宋诗人、词人、诗论家。字潜夫,号后村。福建莆田人。辛派词人的重要代表,词风豪迈慷慨。在江湖诗人中年寿最长,官位最高,成就也最大。官至工部尚书,升兼侍读。咸淳四年(1268年),特授龙图阁学士。初名灼,师事真德秀。刘克庄在诗、词之外,尚有不少散文著作。生前曾自编文集,嘱林希逸为序,继有后、续、新三集,其季子山甫汇为《大全集》200卷。词集有《宋六十名家词》本

刘克庄

《后村别调》1卷,《后村长短句》5卷,今人钱仲联有《后村词笺注》4卷。

[相关史料]

杨朴(921~1003年),北宋嵩山隐士、乡野诗人,世居嵩山新郑东里(郑韩故城内)。杨朴性恬淡,好学,善诗文,士大夫多传诵。在乡野诗人中,与魏野齐名。杨朴不愿做官,终生隐居嵩山乡野。史料记载,杨朴每乘牛往来嵩山脚下的郭店,尝杖策入嵩山穷绝处,构思为歌诗,凡数年,得文百余篇。其同学毕士安官居相位,举荐杨朴于太宗,太宗以布衣召见,试其文才。杨朴作《蓑衣》诗:"软绿茅蓝著胜衣,依船吟钓正相宜。蒹葭影里和烟卧,菡萏香中带雨披。狂脱酒家春醉后,乱堆渔舍晚晴时。直饶紫绶金章贵,未肯轻轻博换伊。"太宗爱其才,欲授官任用,杨朴坚辞不受,作《归耕赋》以明志。太宗赠给束帛使他还乡。

《杨通老移居图跋》中的杨通老即是杨朴。

《木庵集》序引

金 元好问

东坡读参寥子诗,爱其无蔬笋气,参寥用是得名。宣、政以来,无复异议。予独谓此特坡一时语,非定论也。诗僧之诗,所以自别于诗人者,正以蔬笋气在耳。假使参寥子能作柳州《超师院晨起读禅经》五言(指柳宗元五言诗《震诣超师院读禅经》诗),深入理窟,高出言外,坡又当以蔬笋气少之耶?

木庵性英上人,弱冠作举子,从外家辽东,与高博州仲常游,得其议论为多;且因仲常得僧服。贞祐初南渡河,居洛西之子盖,时人固以诗僧目之矣。三乡(在今河南省嵩县)有辛敬之(辛愿,字敬之,《金史有传》)、赵宜之、刘景玄,予亦在焉。三君子皆诗人,上人与相往还,故诗道益进。出世住实应(洛阳龙门山宝应寺),有《山堂夜岑寂》及《梅花》等篇传之京师,闲闲赵公、内相杨公、屏山李公及雷、李、刘、王诸公,相与推激,至以不见颜色为恨。予尝以诗寄之云:"爱君《山堂》句,深精如幽兰;爱君《梅花》咏,入手如弹丸,诗僧第一代,无愧百年闲。"曾说向闲闲公(指赵秉文),公亦不以予言为过也。近年《七夕感兴》,有"轻河如练月如舟,花满人闲乞巧楼。野老家风依旧拙,蒲团又度一年秋"之句,予为之击节称叹,恨杨、赵诸公不及见之。

己酉冬十月,将归太原,侍者出《木庵集》,求余为序引。试为商略之:上人才品高,真积力久,住龙门、嵩少二十年,仰山又五六年。境用人胜,思与神遇,故能游戏翰墨道场而透脱丛林窠臼,于蔬笋中别为无味之味;皎然所谓"情性之外不知有文字"者,盖有望焉。正大中(1224~1231年),闲闲公侍祠太室,会上人住少林久,倦于应接,思欲退席。闲闲公作书留之云:"书如东晋名流,诗有晚唐风骨。"予谓闲闲虽不序《木庵集》,以如上语观之,知闲闲作序已竟。然则向所许"百年以来为诗僧家第一代者",良未尽欤!

[作者作品]

元好问简介见《寄英禅师师时住龙门宝应寺》。

在《木庵集序引》中,元好问、赵秉文等大文学家们给木庵性英以很高的评价,自不当虚言。当时,木庵性英是少林寺住持,也是属于全国一流的文人,这样的文人住持少林寺,自然要为少林寺的文化建树做贡献。从另一方面说明,在历史上,少林寺不仅有禅、有武,亦有诗,荟萃当时全国的文化精英,是金末元初少林寺得以中兴的文化基础。

诗送少林寺僧宗擎序

明 俞大猷

予昔闻河南少林寺有神传击剑之技,后自去中回,取道至寺,僧自负精其技者千余人,咸出见呈之。予视其技已失古人真诀,明告众僧,皆曰:"愿受指教。"予曰:"此必积之岁月而后得也。"众指年少有勇力者二人,一名宗擎,一名普从。随余南行出入营阵之中,时授从阴阳变化真诀,复教以智慧觉照之戒。及三余载,二人曰:"噫,有余矣!乞归。以所受之教,转授寺众,以永其传可也。"遂许辞去。倏尔又十三年矣,门者急报,有一僧求见,与之进,乃宗擎也。谓普从已化为异物,惟宗擎回寺以剑诀禅戒传之,众僧所得最深者近百人,其传可永也。去岁二月间,来都下戒坛受戒,留久未回。昨始闻知,即来叩见。予怡然喜。异乡故旧,得再相逢,一叙往事,芥子针锋,佛家取论,不甚奇乎?诗以遗之:

学成伏虎剑,洞悟降龙禅。杯渡游南粤,锡飞入北燕。

能行深海底,更陟高山巅。莫讶物难舍,回头是岸边。

[作者作品]

俞大猷(1503~1580年),明朝武学名家、抗倭名将、诗人、兵器发明家。字志辅,又字逊尧,号虚江,福建泉州北郊濠市(今洛江区河市镇)濠格头村人。世系军官家庭出身。先后拜儒学大师王宣、林福和军事家、《赵注孙子兵法》的作者赵本学等人为师,学习《易经》与兵书,皆得三家所长,精通《易经》与兵书。后又从师于棍法大师李良钦学剑(棍)术和骑射,使其武艺集诸大家之精华,达到了"剑术天下第一",跨马而骑,引弓飞矢,百发百中的境界。

俞大猷

嘉靖十四年(1535年)中武进士,授千户,授任为守卫金门、同安一带。历任百户官、参将、总兵、都督同知等职。明嘉靖三十一年(1552年),以江直、徐海为首的一伙海上盗寇,勾结倭寇进犯镇海关,骚扰浙东、苏南。明廷将俞大猷调防宁、绍、台、温四府,常驻镇海拒寇。次年,俞大猷使倭贼连败于松门、普陀、昌国、临山、观海等地,取得了金塘岛抗倭大捷。嘉靖三十四年(1555年),俞大猷于浙江嘉兴斩倭寇约2000人。次年接任浙江总兵,先后平定浙西倭患,以及盘踞舟山的倭寇巢穴。嘉靖四十一年(1562年),俞大猷从山西被调任福建总兵。次年,会同戚继光等人攻克福建莆田东南平海卫,再度给予倭寇强烈打击,歼敌2200多人,并收复平海卫和兴化城(今莆田)。经过俞大猷的努力,至嘉靖四十五年,基本消除倭寇对东南沿海的侵扰与祸害。俞大猷著有《兵法发微》《剑经》《洗海近事》《续武经总要》等军事、武术作品,后人将俞大猷生平所作诗词等编汇成《正气堂集》。

中国武术发展史中,俞大猷是一个举足轻重的人物。他根据自己所用的棍法编著成的《剑经》(现为我国武术经典著作之一),用于实战,传于后世。尤其是传承了少林武术中的拳术和棍法,丰富了遗留在福建的少林拳，现称南拳，凸显与少林拳之差异。特别值得一提的是，在少林寺在棍术几乎失传的情况下，俞大猷真诚地将少林棍法回传给少林僧人，以致少林棍法得以在少林寺继续传承，发扬光大。这一事例充分说明俞大猷在少林武术发展史是有重大贡献的。

[相关史料]

嘉靖四十年（1561年），俞大猷由北方云中奉命南征时，途经河南，因素闻"河南嵩山少林寺有神传击剑之技"（俞大猷历来以棍为长剑，所以"击剑之技"即为棍术），故特别造访少林寺。俞大猷观摩了有1000多名寺僧表演的少林棍术后，直言不讳地对方丈小山宗书说："此寺以剑技名天下，乃传久而讹，真诀皆失矣！"并说学习棍术必须掌握总诀，即刚柔、阴阳、攻守、动静、审势、功力、手足等动作的运用。他在小山陪同下，游历了本山大小庵场及达摩壁洞等处，见寺前有块山地，形势更奇，便说："此地可建一个十方禅院，以增少林之胜。"小山方丈慨然说："建院之责，愚僧任之，即可平治地基以经始也。而剑诀失传，请示真诀，则有望于名公了。"俞大猷说："此必积之岁月而后得，非旦夕可授而使悟也。"为向少林寺回传少林棍法真诀和《剑经》（实为《棍经》），小山方丈挑选了两位年少而勇力的僧人宗擎、普从，随俞大猷南行抗倭前线。俞大猷在出入营阵之中，时时授二人以阴阳变化真诀，又教以智慧觉照之戒。三年之间，二人皆得真诀，虽说未入得心应手之神通，但"十步一人，千里不留行"的功夫是学得差不多了。俞大猷令二僧"以所授之教转授寺众，以永其传。"俞大猷写《少林寺僧学成予剑法告归》一诗赠送，云："神机阅武再相逢，临别叮咛意思浓。剑诀有经当熟玩，遇蛟龙处斩蛟龙。"此后，二人辞行，北归少林寺。他们将所学剑诀禅戒传给寺众，所学最深者达百人。从而，使少林棍法得以继传。鉴于俞大猷向少林僧人宗擎回传少林棍法的历史意义，福建泉州洛江区俞大猷纪念馆亦塑其弟子少林僧人宗擎像侍于俞大猷塑像右侧。

读"郑风"跋

明 茅 坤

《诗》非全经也。盖自秦燔经，唯《易》为卜筮书，故得不禁，其余百家尽绝。而杂出于当时穷山绝谷学士大夫所献者，或谓《诗》三百篇，悉由里巷讽诵所传，故秦不能灭。以予观之，今竹帛所书而藏之石室者，犹或有错简而讹文者出焉，而里巷之口相授，岂得独沿而存之？二南者，孔子之所甚爱之诗也。今其男女暴乱之间，已不可读。而至于郑卫以下，率多妇人女子淫奔亵狎不经之辞，今之人少知礼义者犹羞读之，而况孔子所删术六籍以遗万世，宁为列而载之也哉？且淫奔之恶至于郑卫极矣，而孔子犹为存之，则推孔子当时所删者，何也？孔子他日又曰"放郑声"，又曰"吾恶郑声之乱雅乐也"。其深愤而痛绝之屡矣！何至于以其所欲放者，而复著之为经也？或者求其说而不得，谓圣人之所备善恶以示美刺之义。殊不知《诗》之所谓刺者，如《巷伯》《简兮》《狼跋》《式微》之类，大略逸人、佞士、暴君、乱臣之所指，刺其间足以考国之治乱得失，而备鉴戒征存亡者是也，岂必如郑卫之诗之谓也哉？然则郑卫之诗伪与？曰"非伪也"。大抵《诗》之言淫谑者为里巷所布，易传而难灭，如今南北所传声技之类是也。孔子尝删之不列于经，而其俗之所传固有不能口禁而人熄之者。秦没而汉求亡经于天下，则学士大夫各采所传，以补三百之数，往往杂出而并见之耳。予故曰《诗》非全经也。次其说如左，俟同志者择焉。

[作者作品]

茅坤(1512~1601年),明代散文家、藏书家。字顺甫,号鹿门,归安(今浙江吴兴)人,明末儒将茅元仪祖父。嘉靖十七年进士,官广西兵备佥事时,曾领兵镇压广西瑶族农民起义。茅坤文武兼长,雅好书法,提倡学习唐宋古文,反对"文必秦汉"的观点,至于作品内容,则主张必须阐发"六经"之旨。编选《唐宋八大家文抄》,对韩愈、欧阳修和苏轼尤为推崇。茅坤与王慎中、唐顺之、归有光等,同被称为"唐宋派"。有《白华楼藏稿》,刻本罕见。行世者有《茅鹿门集》。《读郑风跋》表达了作者对"郑风"、"淫诗"独特的看法和观点。

[相关史料]

"郑风"简介见《郑声辩》。

茅 坤

《嵩岳志》序(二篇)

[相关史料]

陆柬编撰的《嵩岳志》是现存最早的一部全面记述嵩山的专著。《嵩岳志》全文不过3万余字,但它完全推翻了原登封县令的初稿,而重新分类编写,遂使这部志书条理清晰,体例完备,记载详赅而不鞠滥,堪称一部优秀山志。全书除首列几幅山图外,文字共分六门,为岳形、灵毓、秩祀上、秩祀下、摭遗和叙例,共上下二卷。其中上卷包括岳形和灵毓二门,乃本书精华所在,岳形门对嵩山范围内的山川峰峦、寺观祠庙、古迹名胜,以至一崖一石,都作了简明扼要的介绍,部分景观条目下,还选录了最能反映其历史来历的碑碣古文一篇或诗数首,而使人对此遗迹的来龙去脉更加一目了然。灵毓门则为嵩山地区历史名人的小传汇编,秩祀门则记载了历代帝王和官员对嵩岳祭祀祈祷的情况,摭遗为择录古籍上有关嵩山故事传说和逸闻。最后的叙例,是陆柬自述编纂此书过程及凡例,揭示了他编纂本志书的宗旨和方法。

陆柬在编纂此书时,共引用了各类图书127种之多,而其中有不少今已失传的古籍,如《少林古今集录》《河南咏古集》,以及一些河南地方人士的诗文集等。还有一些现今多已残缺或极为罕见的元明善本,如《翰墨大全》《事文类聚》《锦绣万花谷》等书,其中也引用有不少今已失传图书中的原文。所以,《嵩岳志》的资料价值弥足珍贵。

一、《嵩岳志》序
明 陆 柬

余家去嵩岳五百里,尝慕汉太史公游江淮,上会稽,探禹穴,窥九疑,浮沅湘,北涉汶泗,过游梁楚以归,甚胜游资其博雅。家于大梁,少从先人涉汶泗矣。疆仕以来,淮楚、燕蓟、魏晋、并代,则尝游之。第以晚嗣向平之愿未遂,虽近如嵩,未暇登览也。忆先曾祖,讳贵。隐居河滨,于肃愍公曰:"嵩少、太行、河洛,豫之大观也。惟子所好,须游涉者。"乃疏荐我祖教谕巩县学。祖曰:"游须宦乎?巢父、许由

嵩岳志

不阳城隐耶?"辞不官,而间自往游,为许由隐居赋以归。弘治中,先君大理,讳清。亦尝是游,多吟咏,稿佚不可追。余童子时,则尝诵记《登岳》一篇。余既时时颂记先人赋诗,企怀胜境,往来梦寐中。隆庆庚午,责官河东。道巩洛,舆人指语,东北高山,隐隐云雾中,半含夕日,葱郁蒸布。望之,心弥蕴快,为《望岳诗》三章。时待御上饶蒋公、金陵杨公,先后属余删正岳志。归乃取而阅次,觉前简详略未宜也。遂为旁搜载籍,列成体裁,为书六篇(一岳形、二灵毓、三秩祀上、四秩祀下、五撷遗、六叙例,即此篇也)。所愧考核未备,辞亏典雅,不足为岳重尔。删繁补遗,续来传远,俟诸后之君子,庶不负两侍御标显之心。余乃拜,受益之惠其深矣。

隆庆辛未十月甲午,浚仪陆柬书。

[作者作品]

陆柬,字道函,号梦州,河南祥符(今开封)人。嘉靖二十九年(1550年)进士,曾任大理寺评事,仕至贵州都匀知府。陆柬出身于书香门第,祖辈历任教职,陆柬自幼受家庭熏陶,爱读书,工诗文,学识渊博,尤其留心于地方文献,醉心于金石考古,常常出没于荒野苍莽间。每遇有价值的断碑残碣,皆执笔抄录之。所以《祥符县志》称他"郡邑文献,多所搜录。"正由于他这个特点,身为监察御史的蒋机才在文人云集的河南省会中,选中了他来编纂《嵩岳志》。陆柬的著述,除了《嵩岳志》外,尚有诗文专著《道函集》。

陆柬在《嵩岳志·序》中,简要写了他对嵩岳的向往、印象,以及编写《嵩岳志》的体例情况。

[相关史料]

明隆庆年间,身为监察御史的蒋机巡按河南,游览了嵩山,说其名山无志,遂嘱咐登封知县草创嵩山志书。但这部书稿交到蒋机手中后,蒋认为编纂粗率,体例不完,因而携稿到省会开封,敦请开封地方著名文人陆柬加工重编。不久,蒋机离任,陆柬又得到了蒋机后任杨家相和河南巡按栗永禄的支持,历时一年有余,终于在隆庆五年(1571年)完成了此书,从而结束了嵩山无志传世的历史。

陆柬是开封人,又爱游历,淮、楚、燕、蓟、魏、晋、并、代都留有他的足迹,但未到过嵩山。他以他在《嵩岳志》中叙述了他自幼对嵩山的向往,而不无遗憾地说:"虽近如嵩山,示暇登览也。"接受编纂此书后,本可以趁机到嵩山一游,进行实地考察,但又因去山西做官,期限紧迫,而未如愿。只是在前往山西时,在路途上远远遥望,嵩山隐陷于云雾之中,因赋《望岳》诗三章,以表露他对嵩山的向往。虽然陆柬没有亲临嵩山,但以他丰富的学识和考古经验,以及拥有大批图书资料的优势,弥补了这个缺陷。

二、《嵩岳志》序

明 栗永禄

余尝披览载籍,睹世所称名山胜境,咸有志纪。即不论名胜,苟一丘一壑,少涉奇秀,鲜有不缀文人笔者。乃若嵩山,奠位中天,雄冠四岳,体势之峭崿,峻极于层霄;灵秀之蟠结,笃生乎申甫。风雨交而阴阳会,封爵远而祀典隆。仙人逸士往往藏修,墨客骚工纷纷赋咏,固九州之巨险,天下之奇观也。顾旷然独无志焉,非缺典耶!

隆庆庚午,余受命抚治中土,询及诸僚,佥言久缺。盖慨然有意焉。第下车伊始,吏治民瘼方轸,余念未遑及也。逾岁辛未,巡台杨方湖氏观风河洛之墟,驻节嵩封之境,陟岩峣而盱远瞩,抒藻思而振雄吟,一时草木生辉,山灵增气矣。乃其讫事入汴也,手一编受余曰:"此《嵩山志》也。前院日峰蒋公,敕县令草创而未备,梦洲陆公搜辑而集成者也。"请余序而梓之。余受而观之,见其引用诸籍,不下百五十种,而门分类列,霞烂星辉,古今事迹,粲然大备。举其概,如历代敕修之碑,龙章凤篆,颂述其育物镇国之功也;如名公游览之作,妙思清才,摅发其登高怀古之兴也。三十六峰有赋,而烟云吞吐之状,倏隐倏见,不可穷也。谪仙炼师有赠,而神游八极之表,凌霄跨鹤,不可蹑也。少林面壁之功,凝神入定,堕体黜聪,归于空也。启母化石之辨,汲冢怪谈,承谬传讹,不可信也。其他奇文僻事,于嵩相涉者,罔不旁搜远索,萃为完璧矣。斯《志》也,置之几案,时一观焉。全嵩之佳胜,薿薿在目,固不必履登封之趾,陟二室之巅,而后为游嵩也。

呜呼!山海之经,著于景纯,十洲之记,成于曼倩。皆能撰著奇诡,传示后来,至今资艺匠之斧。斯志谓不可与争先耶?夫明兴二百余祀,嵩无志,志嵩自二巡台始,可谓遇矣。然非付之梦洲氏,则其纂辑未必如是之精备也。而余又得享其成,以慰乎夙心,亦非幸耶?兹为序。

隆庆辛未仲冬至日,赐进士第、巡抚河南都察院右副都御史、上党栗永禄书于大梁之状猷堂。

[作者作品]

栗永禄,字士学。明嘉靖二十三(1544年)进士,授寿州知州,擢苏州府同知,历任陕西按察司佥事、副使,浙江布政司参政,改河南巡抚,擢兵部侍郎,改南京总督粮储,因事罢官归。起为兵部侍郎,迁甘肃巡抚。著有《学易集》《正俗冗谈》《云中奏议》《抚豫疏稿》。隆庆五年(1571)六月,河南巡按栗永禄为《嵩岳志》写了这篇序文。

《嵩书》序(三篇)

[作者作品]

《嵩书》是明代登封知县傅梅纂集历史上有关嵩山的地理、历史、艺文等方面史料,结合自己多年对嵩山考察所得而编撰而成的一部嵩山专志。

傅梅(1565～1642年),字元鼎,顺德邢台(今河北邢台)人。明万历三十五年(1607年)授登封知县。任职5年,有政绩,擢刑部主事。因得罪权贵,被罢官。崇祯中,被重新起用,任台州(今属浙江)知府。后解职归家。崇祯十五年(1642年),清兵围邢台,傅梅捐金助知府吉孔嘉守城,城池被攻破,傅梅殉难,时年78岁。死后,朝廷追赠太常寺少卿。清乾隆时,谥忠节。

嵩高维岳,峻极于天

一、《嵩书》序
明 李维桢

民部傅元鼎,善古文词,尤精于《史记》,以为六经之鼓吹。既令登封,讨论中岳故实,仿《史记》八书著《嵩书》,五年而后成,;厘之为篇十有三,盖自天文地理、古今帝王封禅、祠宇、都会、城邑、公卿大夫士,生于斯、仕于斯、隐于斯、游于斯,所纪载、题咏,与仙真之遗迹,鬼神之灾祥,缁黄志托处,鸟兽草木之品汇巨细,兼该图史毕具矣。余仕中州,从钧台望岳,近在几席。三度欲往,皆以事夺,每用为恨。今得是书,卧而游之,幸甚。昔郑夹漈、马贵与艺文类目,名山有记、有录、有谱、有图。而称书自元鼎始。郑《通志》有卢鸿一《嵩山记》焉,《通考》无之。而嵩山有书自元鼎始。《易》之观阴阳,《书》之导山水,《诗》之识名物,《春秋》之明褒贬,《礼》之节文,《乐》之律度,体例并举,贯三才,总百家,即以伯仲《史记》,言有大而非夸也。元鼎有轶才,好倜傥。大节为刑部郎狂且阑入青宫,将为要离、荆轲之所为。执下司寇,以事出非常,邪议纷起。元鼎力赞主者,默定爰书,戮一人而逆谋胆落,主鬯以安。寻推择使谳三晋,所平反数百人狱牒,为天下第一役。甫竣,抗疏指陈阙政,多批鳞语。疏留中,忌者中之,谪籍。事白,即其家起为南度支郎。其僚有居前功者,已骤跻卿列。而元鼎绝口不言,遂无殊尤之擢,随牒平进,不得休足辇下。

夫嵩岳降神,生申及甫。申之德曰柔惠且直,仲山甫之德曰柔嘉维则。嵩山在天地中,其神聪明正直而壹。元鼎修明祀事,其德足以昭其馨香,神实临之。是以能直能则,刚不茹,柔不吐,可以闻四国、可以柔万邦。是书也,先成民而后致力于神。神人以和犹之,山然财用,于斯乎出原隰衍沃,衣食于是乎生其所,由来宏远矣。如第以夸多鬪縻,吊诡钓深,比于山经野史,秘诸帐中,助挥麈之谈而已。未为不知元鼎,未为真知元鼎也。

李维桢

[作者作品]

李维桢(1547～1626年)字本宁,京山人。隆庆二年(1568年)进士。由庶吉士授编修。博闻强记,与同馆许国齐名,馆中为之语云:"记不得,问老许;做不得,问小李。"万历三年(1575年)外放陕西参议,迁提学副使,历河南、江西、四川参政,进浙江按察使。天启初,以布政使家居,年70余。召修《神宗实录》。累官礼部尚书。李维桢性乐易旷达,文章弘肆,卓负重名垂40年,然多率意应酬之作。有《大泌山房集》134卷,及《史通评释》等传于世。

二、《嵩书》自序
明 傅梅

肃皇帝乙丑之岁,先扬州府君四上春官。三试既毕,为二月壬午。夜宿邸中,梦有冕而自称山人者,排闼拜谒,直入内室,寤而识之。数日,家报至,第四子生。问悬弧之时,则梦寤之顷也。府君私念曰："既冕而犹称山人,是儿必不贵。"遂名曰"山子"。山子年七岁,从父官山东。始出就外傅,更名曰梅,则受《诗》季父南皋先生。年十一,从父官宛南,则受《易》吉水罗先生。年十六,从父官京师,则受《春秋》麻城梅先生。后遂以《春秋》举京兆。自府君谢郡,数载即世。梅年三十,北游成均,乃从建业焦先生受《书》。再十年,丁先恭人艰。又友里中吴生读"三礼"。盖三十余年,泛滥六艺之中,卒无所遇,久待公车,不觉颠毛短矣。

夫学者,载籍极博,犹考信于六艺。梅自发未燥,即从事铅椠,自谓二酉之藏,多所涉猎;今虽老大偃蹇,不敢跳入二氏,惟是以六艺为折衷也。六艺之指,包罗帝王,兼总民物,撮其要约,三才之道备矣。试举其大,凡天地、阴阳、五行之奥,肇于《易》焉;尧、舜、禹、汤、文、武纪纲、政事之范,布于《书》焉;朝廷、宗庙、燕享、军旅、邦国、里巷、山川、溪谷、禽兽、草木之况,畅余《诗》焉;人伦品秩、进反周折之度,偵天地之情,神人之和,辨析于《礼》、《乐》焉。至于《春秋》事辞之微,经权之宗,是非之变,皇帝王霸升降之运尽矣。圣人势穷而数极,后有受命者默而成之,神而明之耳。故曰:考诸三王而不谬,建诸天地而不悖,质诸鬼神而无疑,百世以俟圣人而不惑,知言哉!子思之阐祖德,无能易之已。然仲尼之自言曰:"述而不作,信而好古。""盖有不知而作之者,我无是也,多闻,择其善者而从之;多见而识之,知之次也。"盖天地设位,代之者圣人。圣人亦数变矣。上古之时,无所谓文字,惟结绳而治耳。自庖羲氏易之以书契,仰观俯察,始画八卦,为作之鼻祖。神农、黄帝继之而增卦爻,而著《本草》,而垂衣裳,而制律吕。至尧、舜之世,治历明时,齐政徽典,二典三谟,焕乎其有文章也,凡五变而盛矣。夏后、殷、周之世,制作损益烂焉,方策忠质文互用,至于文无可加,凡三变而极矣。仲尼辙环列国,归而叹曰:"凤鸟不至,河不出图,吾已矣夫!"遂述六经。圣人而至此也,变之尽矣,非不能作,无庸作耳。

尝窃谓:功业者,持世之法度;言语者,救世之津梁。要以德行为基,中和为致,不可诬已。前人有言:死而不朽者三。予弗敢赓。夫世代迁易,理势递移,乘时遘会,非实有所得,尝试而漫为之,功于何有?若夫言也者,往往出于约结之人,或束于局,梏于格,意不得自宣,思借空言以俟来哲。举而措之,嚣嚣也。故非盛德君子谓之亹言,世见夫亹言者有当乎哉?六艺而后,奇勋伟伐著于榻帙者,历历可数。即以论著自显,代不乏人,要以体大而赡,志旷而肆,综百氏之流,探六经之秘,则不能不服膺司马子长焉。子长世为太史,以其宏博恣其驰骋,述先人之意,为《史记》百三十篇,自黄帝迄天汉,盖治乱善败之林,今古火薪之寄。序《天官》,则悉天地阴阳之奥,其准于《易》乎?著《平准》《河渠》《律》《历》,则尽民物经制之蕴,其源于《书》乎?《礼》《乐》两书,极二经之汇,而列传中,更举山川、草木、鸟兽,《诗》所未殚者,其《诗》之流乎?至其褒善贬恶,微词隐义,贯穿于百三十篇者,庶几孔氏家法也。彼以绝代之才、超世之识而遭李陵之祸,名辱身冤,安得不鸣?今读其自序,固曰:昔西伯拘羑里,演《周易》;孔子厄陈蔡,作《春秋》;屈原放逐,著《离骚》;左丘失明,厥有《国语》;孙子膑脚,而论《兵法》;不韦迁蜀,世传《吕览》;韩非囚秦,《说难》《孤愤》。此人皆意有所郁结,不得通其道也,以此发愤遂志,卒欲藏之名山,副在京师,俟后世圣人君子。其思深,其情可念矣。今国家坐袭承平之业日久,上视士太轻,求士太薄。自制举义外,别无物色之典。无论三代耕莘、钓渭之遇杳不可复;即如中古束帛尺书、下贲岩穴,寻常细事,亦成旷仪矣。士生斯时,一降世格,生平之气立尽。噫!天下一家,谁肯北走胡、南走越哉!虽有豪杰,不得不俯首就之,屈志受之,此其常也。

梅既以数奇,二十载待于公车不第,乃谒选天曹,试当领县。探策得济北之商河,既组而悔,喟然叹曰:"男子生而桑弧蓬矢以射四方,六合内事皆分内事。"予自少至壮,东未尝观海,南未尝渡江,西未尝入关,北未尝至塞。既不能如子和世官太史,得细览石室金匮之书,广其闻见;又不能如子长游江淮,上会稽,窥九嶷,浮沅湘,涉汶泗,过梁楚,征巴蜀,略邛笮、昆明,以纵览天下之胜,扩其胸怀。徒区区守一簿书,局促辕下,俟河之清。人寿几何? 于是陈牒铨部,乞返初服,当事者弗许。未几,乃自商河移令登封。甫入境,见二室插汉,不觉跃然,喜曰:"此古所谓中岳嵩高也。"夫天下之山让岳,四方之岳让中。梅卑卑黄绶,俨然称兹山主,虽一城仅如斗大,而左右前后无非山者,因思先大夫曾名予"山子",以示贱于稚龄,殆成凤谶矣。又思,子,美称也,在周班爵列第四等,应分茅土方五十里。今郎官出宰百里,舆图倍之,又主祭境内名山,得比于古之诸侯,岂偶然哉!

嵩故无书,古今一切礼乐名物,委诸草莽掌故之谓何? 梅窃有志焉,以初至无年,拮据荒政,未敢诵言纂述。今在官且逾五载,徼天之幸,时和年丰,百姓顺化。五载之内,诸台荐剡凡二十一上。前年奏最考功,谬以治行高第拜圣天子尺一之纶,褒奖备至,先大夫暨先恭人晋秩号有加。小子梅深自惟念,无足报称万一。《鲁论》有言:贤者识其大者,不贤者识其小者。梅封疆下吏,生未见中秘之书,太史公所云明圣盛德,非职所载;功臣、世家、贤士大夫之业,亦非职所述。即以孔子大圣,当其为委吏、乘田时,其所自称,表会计、牛羊之外,无越思焉,固未尝豫计郈莱夷、复侵疆、堕三都、诛少正卯等事也。今夫嵩山在《禹贡》名为外方,汉制大邑曰令,小邑曰长,梅所领,小邑也,奄有全嵩得称外方长? 在山言山,于是退公布卷,搜旧捃新,考证往古之失得,发明昭代之典则,期以补职方之遗,备史官之采。凡有关于嵩山者,芟其烦芜,正其缺谬,分曹列类,自天象始。

嵩山秋景

维天垂象,散者列星。太阳之荣,万物之精。填官土位,主兹中央。分经遵纪,职在保章。辨色审度,以观妖祥。慎哉下土,勿谓杳茫。述星政第一。

二气肇分,万类森然。峙而为山,流而为川。奠方布润,千祀万年。岘山堕泪,邺渠永传。一丘一壑,得丽斯延。仰止嵩高,峻极于天。述峙胜第二。

形胜自天,选胜则人。景山揆日,土木以新。物盛必衰,消息环循。繁华馀几,化为埃尘。既伤实亡,更虑名湮。眷兹遗址,怀彼先民。述卜营第三。

粤稽虞帝,省方惟时。柴望山川,侯度以垂。举隅而反,中岳可知。后皇封禅,作俑者谁? 三公视秩,万岁传疑。警跸盘游,殷鉴在兹。述宸望第四。

或谓才贤,生不择地。载观往迹,降实不易。出必有为,气必有萃。造化钟灵,适与之值。人亦有言,圣以学至。告尔后哲,聿贞厥志。述岳生第五。

岩岩嵩岳,作镇中州。冠盖至止,怀彼前修。仕无显晦,泽斩名留。德功尚矣,言亦千秋。悠悠我思,皇皇我忧。不知我者,谓我何求。述宦履第六。

大人达道,高士隐迹。异遇殊趋,各安所适。泉石寄情,烟霞癖癖。玉质辉山,珠光媚泽。处则皓皓,出则赫赫。捷径终南,虚声何益。述岩栖第七。

黄帝无为,天下以理。清净养性,厥惟李耳。可以御政,可以全己。且与化齐,而畏生死。举世皆迷,曰求久视。外身身存,知者与几。述黄裔第八。

浩浩乾坤,茫茫亭毒。圣凡均性,华夷同育。圣人大备,斯文炳煜。若梦若非,佛生天竺。三乘谁分,五宗惑俗。愈远愈离,吾道吾赘。述竺业第九。

坤德凝厚,载岳巍然。巍然者岳,宝藏兴焉。简册匪诬,微显可诠。生之居之,总总绵绵。方内资用,方外延年。删同存异,奕世珍传。述物华第十。

土有坟羊,山有灵夔。造化变态,不知所为。界幽生异,境绝集奇。出鬼入神,若信若疑。溺之障意,通之解颐。博物君子,无为世嗤。述灵绪第十一。

四始炳焕,六义昭敷。世变体分,代有前驱。咏歌陈志,天藻自摅。登高能赋,庶几大夫。完石非宝,有瑕或瑜。披榛觅路,不惮删锄。述韵始第十二。

日星代明,云汉为章。高山峨峨,流水洋洋。天地之文,悠久无疆。前为后师,今传昔名。以继以开,有裁斯成。知我罪我,先民是程。述章成第十三。

外方长曰:余吏隐阳城,述《嵩书》十三篇,统计二十余万言。食则噍之,寝则枕焉,手判文书,心摇袖札者逾岁。仰极天道,俯究物情,上下数千年间,自六籍所及以逮今,兹凡象纬次舍、流峙动静之故,州域国邑、宫室田里、君臣朝野、礼乐制度、词赋文章之迹,即仙释之流,诡异之事,细而至于夭乔鸟兽、鳞介器物之属,亦为品诠,悉合规度,务在昭垂鉴戒。非雅驯不轨于正者,靡得而载焉。虽博逊子长,不敢自谓成一家之言,然彼以其十识其大者,吾以其一识其小者云耳。至若所谓有能绍明世,正《易传》,继《春秋》,本《诗》《书》《礼》《乐》之际,故非此书所敢任也。噫!身已诎矣,名已晦矣,言之传否,遑足计乎?先正有言:圣人之言海也,苟能通阴阳之气,达水泉之流,以海为归者,皆海之溢也。夫小子亦囿于世变而不能已者也。

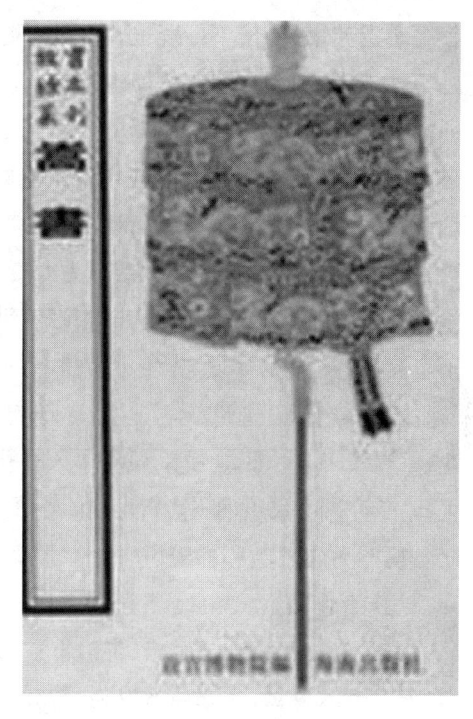

《嵩书》

万历四十年,岁在壬子,冬十月望。

[作者作品]

《〈嵩书〉自序》为傅梅于万历四十年(1612年)十月,给自编的《嵩书》所作的序。

三、《嵩书》后序

明 王履和

《嵩书》者,宇宙间必不可无之书也。周官天子有内史、外史。内史掌叙事之法,受纳访以诏王听治;外史掌四方之志及三皇五帝之书。惟时列国无私史,其国中之事志而藏于王室,即史也。故天子时巡以察之,皇华使又比而奏之。上以此同文,下以此考政。于四方之掌故若无藉焉,至杞宋无证,宣尼致叹,则三代而后文献之关大也。况名山大川,为天地阴阳之会,帝王望秩之所,神圣贤哲孕毓之区。仙释灵异之所托,财用之所出,礼乐名物之所兴,固可委诸草莽,为古今来一大缺政哉!文献之谓何?此吾邢傅元鼎先生《嵩书》所由成也。先生居嵩五载。始至治盗,二年救荒,三年城城。百废修举,四民顺化。嵩人社而稷之,而先生精神不与也。语曰:用志不分,乃凝于神。则嵩之有书也,先生之精神为之也。

嵩于古为外方地,亦曰泰室,亦曰崧高。书成而弁以"嵩"者,尊岳也。王者法天而立极,星野者以辨风雨灾祥,天气与地气通也,先王体国经野所以重人事也,故首书之也。山自二室、三台、五乳而外,即一峰、一峦、一拳石、一抔土,必以大书经之,而小书纬之也。嵩之甲天下者山也,故书不厌祥也。惟水亦然。故颍、洧、休而外,即溪、涧、陂、堰之必疏其支而穷其委也。建置有关于嵩者,颓垣、圮迹、遗宫、夜台之无遗焉;其无关于嵩者,虽丽弗书也。故编户、履亩之不具举也。志嵩非志邑也。书宸望者,秩祀祭告以礼阴而礼阳也。笾豆之事,则有司存,非守土责而谁责也!其生于嵩而书之者,其事嵩,其人嵩也。其仕于嵩隐于嵩而书之者,其人非嵩,其事嵩也。其它有其人无其事与有其事逸其人者之宁退弗书,传信不传疑也,示不敢滥也。有记载而无褒讥者,褒讥史事也,示不敢僭也。仙籍禅宗之不外焉者,腾光吐图皆休祯也,非以是为其异也而志之也。金石、丹砂、草木、鸟兽,凡为嵩之所有,即非书之所无者,乃成其为嵩也。阴阳之会,鬼神所凭,其间奇灵幽怪,《上林》《子虚》所不载而亦载之也,神道设教圣人所不废也。诗首《大雅》而文苑首宸翰也,以正始也,以化成天下也。而自著附焉者,书先生自书以明谦也。考证必本之六经而参以史者,正经也。君子反经而已。经正则庶民兴也。为篇十有三,为卷二十有二。而或以为博焉,而或以为文焉者,非先生意也。先生固慎于选言者也。它日先生入为司寇郎,默定大狱以靖非常,谳晋狱牒为近代法家所无。先生每语人曰:"吾得之为令者多也。"志不忘嵩也。迫忌者中之,先生不为白,曰:"执嵩之人而问之可也。"然则嵩之有先生也,犹地之有嵩也。先生之有是书也,犹嵩之有先生也。地与献与文,则天下之三重也。大以经天地,远以翼圣真,上以赞帝业,下以俟来学。日月为昭,陵谷争久。孔子曰:天之未丧斯文也。孟子曰:予岂好辨哉,予不得已也。先生曰:予亦囿于天道而不能自已也。小子和退而志曰:《嵩书》者,宇宙间必不可无之书也。

里社后学王履和仲美识

[作者作品]

王履和,字仲美,号福田,邢台人。为人奇英俊爽,博学强记。每作诗文,均以史、汉为宗,韩、苏为章,而耻古人藩篱,因此闻名遐迩,被称为邢台才子。当时顺德府的名士邢台李平田(李椿茂)、傅元鼎(傅梅)、黄伯谦(黄元功)俱有才子名,与王履和并称邢台四大才子,又有南和张仲锡、内丘崔元晖与他们被称为顺德府六大才子,常与其诗文唱和,并自愧不如,公推王为祭酒。王履和生性好客,四方知名之士颇多慕名造访。41岁时,因母丧过哀,一病不起而英年早逝,平生著作多散失,经李春茂、傅梅、黄元功代为搜集,辑成《清遗堂诗》《清遗堂乐府》等集,刻版刊行于世。

《嵩吟》序

明　冯时可

古字才从木,木生枝干,自小而大,为室为器,天下取用焉。故能用天下,则称才。孔子称"才难",指元恺五臣十乱。而颜氏传圣道,亦曰"既竭吾才"。圣贤所谓才以此。三代以上言才不以文,三代而下始以能文称才子。文者,才之一枝也。气漓世降,人各有心。上不知才,下多娼才。独文章见于简册,神气骨泽,耳目不能掩,齿颊不能干。故以此当才,即以此取士。然其所取制义,又文之末枝也。夫其求才也,不以全才,而取才之一枝于文。及其衡文也,又不以古文,而取文之末枝于义。恶乎得士! 故当世所谓才,或以吏薄文,或以文饰吏。以吏薄文,斗捷逞锋,伺色承颜,取办为能而已。以文饰吏,摛词绘句,窃剩拾馂,取媚为悦而已。恶乎才! 才者,心之灵也。心之灵与天地为昭,而不能以天地任。故文不能宗经本圣,政不能毗主奠邦,其所称才,亦陋亦哉。

吾读《嵩吟》,知傅元鼎才也。元鼎宰登封值无年。民骚几变,竭力抚摩。居未几,萑苻无聚,茧丝无逋,野无俘,邑无侠。披鹑茹藿,斋廷肃然。神明廉洁之誉,独迈两河。政暇,则从宾客游嵩颍间。隐沦之踪,仙释之迹,才彦之章,残碑断碣,没草蚀藓,手自磨拓。兴会所至,一一诗之。大篇春容,小言峻洁。汉魏盛唐,不仿自诣,岂非兼才哉! 所为《嵩吟》,余读之,未尝不击节也。在山言山,辄以嵩喻。嵩压天地中,当阴阳会,钟灵畜秀,吐云嘘雾,以霖雨四野,育发万,产人杰而壮形势,其才也。若其恋骧峰踊,泉飞涧语,献妍呈媚,使人悦耳目而适神情,则其才之馀而已。元鼎茹沉瀣之清气,涵空洞之灵枢,嶷然廓然,与兹山之致相抗,而不相下。倅焉而感,勃焉而兴,神工意匠,机动天流,金科锦囊,孰为渶淰,孰为峥嵘! 故曰:心惟有一,才宁有两。能以天地任,则能以天地察。若元鼎,真用天下之才也。彼以文饰吏,以吏薄文,沾沾习气,而庸庸口吻,则培塿耳,荟蔚耳。不足观,以何足用?

[作者作品]

冯时可(约1541~约1621年)字元成,号文所,隆庆五年(1571年)进士。先后任过广东按察司佥事、云南布政司参议、湖广布政司参政、贵州布政司参政。他本是首辅张居正的门生,却不肯附和张居正的权势,因此并不受张居正的重用。他的一生淡泊名利,著述甚富,文学造诣颇高,与邢侗、王稚登、李维桢、董其昌被誉为晚明文学"中兴五子"。

[相关史料]

《嵩吟》为明代登封知县傅梅唱咏嵩山的个人诗集,诗集中有当时的著名诗人赵南星、高出、冯时可等人为之题词或作序,对傅梅评价很高。虽然以现存傅梅诗作论之有溢美之嫌,但这些诗文从一个侧面反映了傅梅的社会交往和他对嵩山的考察与热爱。

傅梅简介见《〈嵩书〉序》。

赠无言道公慈惠道场彻座还山序

明 丘禾实

西方之学,初未尝有宗教之分也。自曹溪妙契,扫却一切语言文字,而宗始分。宗非利根不契,非密证不显,非时节因缘不至。单传直指,两人莫逆。譬之纪昌、飞卫相遇而射于道,势无并胜。卒之矢锋相触,坠于地而尘不扬。故宗者,彻则俱彻,锋相触而不觉;迷则总迷,矢集身而不知。夫宗何易言之也!

末法以来,宗门渐寂。即有所传,又皆即言语文字而衍之。夫衍之纸上,与了之胸中,何啻千里! 举前人口中珠似人,在在皆宝,然觅之非吾家物。如童子尘饭涂羹,非不快意,不可言饱。夫宗何易言之也! 少林为震旦初明之地,宗风之盛,千载一日。嗣其传者,于今为无言禅师。师之言曰:言者疑之府也,无者执之根也。然与疑人,无宁执我。以此字曰"无言"。夫师欲无言,宁不谓利根不值,棒喝无

施乎？正为棒喝无施，庶几藉大善知识，金口而木舌。故师之所不能言者，师无以言。为若人所为，即师言者，师不得辞言也。余素闻师名，无繇一至少林叩之。顷以慈慧坛陈中贵升之，迎杖锡来京，阐宗风于慈慧禅林，凡六阅月。嗟乎！此师所为不得辞言者乎？予观林公、慧远之流，造诣深至不可涯涘，然机锋所触，有不能忘。师非其人乎？师阐义不遗余力，然所契合常在不言之际。如巧斫轮不在规矩，如善命中不在彀率。顾学者机缘未至，率以耳食，或者矢集身而不知耳。余始忆师必豪举者，既而见之，恂恂如也。由此以观师，虽不能辞言，亦何尝有言乎！但自了了，宁忌纸上。前人口中珠安在？非大众家常茶饭，学者第验往归。时实耶，虚耶？当知师之不以尘饭涂羹遇世也。先是陈中贵既赴少林迎师，上忽有所震怒，逮者十人，中贵与焉。已而闻中贵行实以师,,乃嘉叹，并九人宥之。

嗟夫！中贵之愿力方度，而师之慈航已度及十人矣！何论法云广覆，一月普现，言下省悟者，宁有量哉？法愿既毕，师觅故锡还山，至尊前后锡予，漠然不与。独中贵等欲以余言为赠，余告之曰："尔师随缘度世，执心顿化。然言与言，不言与不言，其意安在尔？不能往受棒喝，而欲以余言为师赘庞乎？"师生闻之一笑。

[作者作品]

丘禾实（1570～1614年），字有秋，一字登之，号鹤峰。新添卫（今贵州省贵定县城关镇）人。明万历二十六年（1598年）进士，选庶吉士，入翰林院，散馆授检讨（从七品）。为云贵两省士子入翰林院授职第一人。二十九年（1601年），奉命巡视湖广、云南、贵州。三十二年（1604年），授会试同考官。三十八年授会试考官，同年，升右春坊右赞善（从六品），四十年升右春坊右谕德。次年升右春坊右庶子（正五品），旋授武科会试主考官。丘禾实才高学博，游历丰富，勤于笔耕，擅长诗文。计有《丘禾实文集》《丘禾实诗集》《丘氏家乘》《经筵进讲录》《循陔园集》《循陔园集类编》等。

[相关史料]

无言正道（1547～1623年），明末著名高僧，北方禅宗领袖，钦命嵩山少林寺住持。无言正道俗姓胡，法名正道，字无言，自号雪居。俗姓胡氏，江西洪都新建人。万历十八年（1590年）底，登封县令及寺院僧众共推正道任少林寺住持，并送朝廷祠部任命文书于道公。明万历二十年（1592年），钦依无言正道为嵩山少林寺第26代方丈。无言正道住持嵩山少林寺31年，整复寺院，雄风再振，在佛教界享有很高的地位。天启三年（1623年），无言正道圆寂后，由著名书法家董其昌撰文、书丹并篆额的《嵩山少林寺赐紫住持曹洞正宗第二十六代禅师道公碑铭》；赐王锡爵撰文，愈汝为篆额，董其昌书丹的《无言道禅师碑》；由明代著名佛学家鲁凤仪撰文，乐元声楷书，虞淳熙篆额的《赐嵩山少林禅寺传法住持曹洞正宗第二十六世嗣祖沙门无言道公雪居禅师行实碑记》。无言被誉为"僧中之杰，传涅盘心，吐长广舌。双桂开敷，三花屹嶫，一代时教，永存珉碣"。其法嗣甚众，徒嗣慧喜、徒孙海宽等相继主法少林。明清以后，有不少著名诗人对他写有赠诗，散见于嵩山史料中。

嵩阳书院讲义序文（二篇）

清 耿 介

[作者作品]

耿介简介见《辅仁会约》。

一、《周易浅解》序

昔者圣人有以治万世之天下,必先有以正万世之人心。使人心正,则天下得其治,而圣人忧世之心始慰,此易之所由作也。盖自包羲画卦,文王系缘,周公系爻,蕴义理于占筮之中。吾夫子赞易,则发挥义理而兼占筮,作为十翼,用以范围天地,曲成万物,定天下之吉凶,成天下之亹亹,纳斯世于寡过之域。故三旨之书,至夫子而大备。秦汉以来,或泥于术数,而不得其融通之理,或流于虚寂,而不得其中正之极。易之道于是始晦,有宋周子,特表太极图。以太极为阴阳五行万物之本,而贯之以一诚。程子易传,谓体用一源,显微无间,随时变易以从道。邵子深悟画前之易,而以天时人事,互相考验。朱子则有本义,有启蒙,发图书经纬之藏,闸天地生成之秘,明奇偶象数之原,推求蓍卦之法,使人于六十四卦三百八十四爻,观象玩辞,观变玩占不迷于吉凶悔吝之途,以为用舍从违之准。尝曰:洁净精微,是之谓易,体之在我,动有常吉。夫天地之易,吾心之易也。故立天之道,曰阴与阳。地之道,柔与刚,立人之道,曰仁与义。诚能一动一静,仁以为本体,义以为裁制,则吾心之易,合乎天地之易,将有吉无凶,有得无失,有善无恶。风俗还于质朴,气运臻于淳古。人心正而天下得其治矣。此朱子本义,所以深契三贤四圣之心。而善学易者,必以朱子为归也。新安张子翰仙,与孟云浦吕明德两先生同里,潜心理学,博综经书,靡不窥其奥义,而尤沉酣周易。居恒取朱子之书,坐卧寝食其中者数年,为之标举其太旨,敷陈其正义,曲畅其辞中之趣,默悟其言外之神,隐者显之,微者彰之,幽者著之,秘者发之。名曰浅解,久藏箧笥。会秉铎偃城,乃校正刊刻,以训诲多士。庚午春,承手书相寄求为序,余反覆披玩,寻绎,于其命名之意,而知翰仙之深于易者也。盖天地阴阳万物之理,莫不由浅以见深,如太极深也,而示之卦画,则浅矣。形而上之道深也,而不出于形而下之器则浅矣。寂然不动深也,而感而遂通天下之故,则浅矣。以至上天之载无声无臭深也,而化育周流昭著于时行物生之中。天命之性,不睹不闻,深也。而道体呈露,分布于日用伦常之际,体中固含用也。而必于用处见体,静中固有动也。而必于动时观静,以为深而未始不浅,以为浅而未始不深。微乎微乎,非深于道者。孰能识之,余是以于命名之意,而知翰仙之深于易者也。即书之以为序。

二、《孝经易知》序

吾读孝经,至于民用和睦,上下无怨,灾害不生,祸乱不作,通于神明,光于四海,未尝不抚卷流连,作而叹曰:呜乎,孝之道大矣,观一圣一贤,一堂问答之际,唐虞雍穆,三代熙皞之象,宛然在目,盖呕欲其行之也。故夫子曰:吾行在孝经,而卒以不得行。及读论语,见孔门言仁言孝,又未尝不抚卷流连,作而叹曰:呜呼,孝道之大大于此矣。盖孝之理,一仁之理,仁之理一,天之理也。是理在天为元,赋于人为仁。天地生物之心,元气流行,万物无不发生、长育。人得天地生物之心,参天地赞化育,则可谓分殊而理一,用大而体约矣。吾夫子删定赞修,他书皆不自名经,而独于孝经,则自名之。又曰:夫孝天之经也,地之义也,民之行也。岂不以无人不得天地之理以为性,即无人不以生物为心,无人不以生物为心,即无人不以爱亲为念,经常不易之道,未尝一日泯于人心乎?有世道之责者,亦何不念此也?今天下车书一统,海宇又安。圣天子躬行仁孝,以礼乐彝伦,化道天下,将见太和之气,在宇宙间。然则欲求德之本,而教所由生,舍孝经何以哉?诚使凡为子者,人手一编,朝夕讲贯,心得躬行。由一家而一国而天下,和顺吉祥之气,洋溢充周,以之为臣则忠,以之为弟则弟,以之交友则信礼者。履此者也,义者宜此者也,智者知此者也,信者信此者也,乐者乐此者也。孝之所融液

者深,则仁之所汽暨者溥。唐虞雍穆三代熙皞之象,无难再见今日矣。介山居无事,沉潜是经,盖亦有年不揣妄谬,折衷前儒之旨,务归简要,编次成帙,刊行以广其传。其于风俗人心,有所裨益与否?非愚之所敢知也。

《嵩山志》序(四篇)

[相关史料]

《嵩山志》是清代登封知县叶封和登封文化名人焦贲亨合编的一部嵩山志书。《嵩山志》根据《水经注》等典籍,将嵩山境内的箕山、阳城诸山及颍、氵水诸水,以及嵩山系列山脉的浮戏等山,延袤150余里,分属洛、偃、巩、密诸邑,均一一载述入志。此志书不是按山、水、峰、崖、寺、观分类叙述,而是将一切自然景观和人文景观统统集在形胜一门。然后划分地域,一片一片论述,这样在某一方位之内,都有什么古迹、碑碣、寺庙、峰峦、泉瀑等,均一目了然。全书条理分明,简繁适当,被称作是嵩山的一部导游书。

至于诗文不列专类,而附有关条目之后,人物只收与嵩山山水有关的人物,并不因系地方名人而收,以区别于县志人物志。

一、《嵩山志》自序

清 叶 封

嵩山居四岳之中,《诗》有之:"嵩高维岳,峻极于天。"《尔雅》曰:"山大而高,曰嵩。"寓内之山,无高且大于嵩者乎?是不然。无论岱华,即峨嵋之天半,匡庐之周四百里,天台之直上八千丈,高大皆倍,而奇秀过之,方且俯首而为之下,不敢自多。岂非以其正位居尊,不与群方比絜,与抑神灵所钟,故在形象之表也。蜀人扬慎曰:"古有四岳,不闻以五,嵩非岳也。"则《诗》之言非与记。《礼》者曰:"五

太室山美景

岳视三公。"《汉书·郊祀志》曰:"中岳嵩高也。"谓之非岳,何说之稽?且夫自有天地,即有此山,含泽宣气,以生万物,布大造之德于无言,盛不为加,衰不为息。封之金泥玉检,不为荣。践之牛羊、樵牧,不为辱。极之戎马争战,不为震惊。而兴云布雨,修贡效珍,历数千年不替。古帝王、将相、名贤,以及仙真、神异为之登礼焉,经营焉,栖息托迹焉。嵩故无藉于人,而人之仰嵩者,甚大且久。不为之记载,其何以表神灵而为群岳之宗主也?记嵩山者,元魏有卢元明,唐有卢鸿一,皆不传。元明之书,杂见于他籍者十余条。鸿一仅存其目于郑氏《通志》。至明隆万间,有祥符陆柬《嵩岳志》、邢台傅梅《嵩书》,遗椠无存。

国朝顺治年间,乡先生焦君贲亨,取前书裁润之,为《嵩高志》,其间繁简位署,互有短长。不佞封自延平司法,改令登封,求嵩之掌故,得一寓目。谬以名山之志,与郡邑不同。郡邑无所不志。志山者,止巡游、秩祭,与隐遁、仙释二三策而已。且名籍无多,累累篇什皆艺文也,分类翻阅,颇繁稽考。

鄙意欲以形胜分二室诸山,其间峰岩、洞涧、亭台、宫刹,以及赋颂、诗歌、序记、碑跋之类,即系下方,使人披览即得。人物止传栖逸,无论生长游寓,总与山水有关涉者载之。其他条类,亦取其简切而止,稍异于岱史、衡华诸志。商之焦君,甚然之,且悔其往作。日相考论,积有草稿,属招移辟莱,修举废坠,卒卒民事未暇也。越四年,会予友俞子汝言自客洛来视予。俞子辞荣好道,志在名山,博识善衡鉴,具良史才。予喜甚,延留署中,相为裁缀已,又与焦君再三雠校,始克成书。考昔巡游之辙,周穆、汉武而后,无过于元魏孝明、唐高宗、胡武二太后,离宫别馆,弥山亘谷犹有存焉者乎?浮图老子之宫,崇饰极丽,而今皆煨烬之,余一二观刹,非遗甓故构也。隐沦之彦,莫盛于唐、田、武、卢、元,可继巢、许之躅。而二程、司马诸贤公卿大儒,以提举管勾崇福宫而至者,是为名山增重。至揽奇咏胜,沈、宋、王、李、梅、欧、元、雷诸公,倡酬往复,至今有余慕焉。若夫饶胜情胜,具上嵩顶七十四次,如刘秘监几者,古今一人;而令长好事,则楼异、傅梅而已。封生数千年之后,顾得考其遗佚,舍记载无由知。惜才识弇鄙,不能润饰其胜,以比于楼、傅二君。特以职事奉岳祠,篦民事之隙,部分条系不辞其僭,而为是志,并题数语于端。

康熙十三年岁次甲寅冬十月朔日,登封县知县叶封撰。

[作者作品]

叶封(1623~1687年)字井叔,号慕庐,又号退翁,先世浙江嘉善人。其父任湖广黄陂县令,殉难死于任所,遂迁籍定居于湖北黄陂。家贫,刻苦自学,清顺治十六年(1659年)进士,官登封知县,有善政。迁西城兵马司指挥。晚年,居于武昌樊湖,以渔钓自娱,著书为乐。叶封以诗作闻名于当时,与著名诗人王士祯、宋荦等互相唱酬,号称"十子"。王士祯还亲自为他点定诗集《慕庐集》和《嵩游集》,并为之作序刊刻。哇封又工书法,其篆隶在当时颇有名气。叶封编纂的《嵩阳石刻集记》二卷收入《四库全书》。

《〈嵩山志〉自序》是叶封于康熙十三年(1674年)为其编纂的《嵩山志》所作的序言。

叶 封

二、《嵩山志》序
清 焦贲亨

《山海经》志山也,而兼水,而独详于物产。《水经注》志水也,而兼山,于古迹、人物、艺文靡不详焉。盖古者山水之纪,昉于《禹贡·九州》,导山导水,皆有次第,有原委,二书亦然。后之志山水者,必如二书,而其言始备。顾后世之志,皆从类例,山与山为类,水与水为类,而次第原委,莫或详焉已。余生于嵩下,即以嵩言之。嵩山左为太室,右为少室,嵩其总名也。左右联翩之山,颖与洧导之东,而尽于许郑;狂与需导之西,而止于伊阙,如两翼;然雉水环其后,箕山二熊列其前,故《释名》曰嵩竦也。谓六十峰之竦起,而群山为卫也。世所传《嵩高山记》数条,有牛山、侯山。而鸡鸣、望都两峰,卢鸿勒铭其上。则似六十峰不足以尽嵩,而二室之峰,似亦不必一一与六十峰相印合也。元魏卢元明之《嵩高山记》、唐卢鸿之《嵩岳志》,今皆失传。明隆万间,陆柬、傅梅皆因县志以成书者也。所载唐韦行俭《新修岳庙记》,而碑已亡。唐碑存者,裴漼少林寺、武三思封祀坛、李林甫嵩阳观、灵运禅师升仙太子

永泰寺诸碑。启母少姨嵩岳,则文存碑亡也。元魏碑存者,嵩阳寺而已。傅志其文,陆削不录。文实鄙陋,可不录也。其他篇什,同异参半,傅增汉吕常中岳石阙铭,与开母少室石阙题名、唐韩愈天封观题名、明袁宏道嵩游五记。列传,傅视陆颇详,而多支蔓。形胜,则因陋袭讹,陆、傅皆同。陆间附祥符诗,傅半载自诗,间多创名。

国朝顺治初,少司空傅景星有《嵩书》钞本,删其创名,删乡、保、里、祠,以别于县志。增蔡邕王子乔碑合蒂迎辇花一条。庚子冬,余刻《嵩高志》于兰水署中,增巩、缑与宋八陵,增马纯《倚箔山录》、大周降禅碑。《山海经》六条、《水经注》数十条。盖陆、傅之于《山海经》,仅登泰室、少室而已。余读《水经注》,始知大苦、半石、浮戏,皆嵩余山。魏太和中,郦道元为河南尹,嵩山又属王畿,耳目所习,知其言不诬也。余既得是以补前志之阙,因悬金购二卢之书,肆志博采以图更定。康熙壬寅夏,余迁筠阳丞。筠阳藏书之家,备为假观,而二卢之书,卒不可得。拟欲撮其典要,删其繁芜,改名《嵩高志略》。癸卯春,余返初服,二三友朋过从言欢者,皆视此为不急。嗣而家日贫,口众不给,辄亦自悔为不急,推置几案外已。又念兹弗释,翻转寻阅,然而心与事违,终成庋阁。戊申冬,叶公慕庐以名进士来宰登邑,博学好古,注心掌故。余因尽出平生所得,相与论定。公复身历岩崿,遍搜古碑版汇,为删选不窨古诗三千,而存乃三百。增罗泌启母石说、释有挺罗汉洞记、张琬和真庵题名、玄奘上高宗书、王绍宗口授铭。形胜、物产内增谟觫室、石户、襄荷亭、金婴浆、麦饭石、玉女沙。其馀不著名者不悉。吾两人六载商榷,举凡文以人著,人以文存。往迹遗躅,足垂足法者,咸纠正于无缺,以视陆、傅旧志,颇有可观。书成授梓,而慕庐擢司城去。丙辰春,少宗伯杨公尔茂,奉命祭告中岳,解行橐属邑宰万公更生为续刊,讫后令来始克竣。后因备述之,以告后人云。

康熙十八年岁次己未夏四月望日,邑人焦贲亨撰。

[作者作品]

焦贲亨(1625~1659年),字汝将,嵩山登封人。学于嵩阳书院。顺治戊子举人,官瑞州府同知。著有诗文集。《嵩山志》序是作者于康熙十八年(1679)年为自己和登封知县叶封编撰的《嵩山志》所作的序言。

三、《嵩山志》序
清 郎永清

粤稽天下名山,指不胜屈,而尊之为岳者五,岂非以灵秀所钟,超然峻拔,而为万山之宗欤!嵩高山者,奠位天中,为风气所会,阴阳所和。而岱、华、衡、恒,各峙一方,势若环拱,则中岳之雄长宇内,俨然标群岳之极,更奚疑焉。其自上古以迄今兹,数千年来,凡灵贶之感孚,封祀之懿举,隐逸之高躅,名贤之发撝,与夫锡飞羽化,灵物仙踪,骇耳目而荡心胸者,何可胜纪?乃沧桑递变,陈迹多湮,云构丰碑,半毁兵燹。昔时表表名胜,皆不可复问所藉。以昭示后人,独此简策是赖,志乌可少乎!

登之叶令封,治邑有声,尤蓄心掌故。政事之暇间,取乡先生焦君贲亨所揖《嵩高志》而考究之,为之删定,归于简要,遂为良书焉。会天子懋建元储礼成,少宗伯杨公正中,御命驰驿,恭祀于中岳。禋荐既竣,周历游览,觉云物凝辉,嵩少吐耀,恍岳神之昭格也。爰索斯稿而读之,击节称善,遂捐金寿梓,嘱郡守王君来庆董其成,且命余序之。

因取斯刻翻阅,宛身在层峦叠嶂间,不能释卷。辄述其颠末,而余于是窃有慨焉。忆宦游几三十年,五岳之区,所未官其地者,独秦耳。然余尝刺浑源矣,而恒山耸秀,飞石遗踪,未遑一探也。陈臬山左矣,而青互齐鲁,目穷秦越,不获一登也。备藩熊湘矣,而祝融之崔嵬,朱陵之窈窕,无从一陟也。今则望二室,不十舍之遥,亦复徒有神往,宁非生平憾事?夫山人处士,每裹粮相携,不远千里,以快其跻眺之志。至樵夫牧竖,虽未识所以赏心,亦恒得憩足丹岩,逍遥碧涧,以博寸晷之安逸。而析圭担爵者,乃职羁于官守,神劳于簿书,兢兢焉,旷瘝之是惧。即翠色侵眉,无异蓬瀛之隔弱水,其得失相去,为何如耶?余独羡欧、范、梅、谢诸贤,文章功业并赫奕当时,而复有物外之福,以畅其登临啸咏,流光载籍,足与斯岳并永也。今国家栖神,上理河岳,效灵协气,嘉征行将大书屡书之不已。则时勤载笔用昭,垂亿万斯年,不无望于后之君子矣。时康熙丙辰阳月之吉,河南等处承宣布政使司布政使加六级三韩郎永清撰。

[作者作品]

郎永清(?~1686年),清朝大臣。字定庵,汉军镶黄旗人,辽东广宁人。清顺治六年(1649年)以监生任浑源知州。顺治中任江西赣州知府,康熙中官至湖南布政使、山东巡抚、河南承宣布政使,所任各地皆有政绩,蠲赋垦荒,筹划军饷,颇得民心。

四、《嵩山志》后序

清 俞汝言

昔人有言曰:"州有九,历其八;岳有五,游其四。"心窃慕之。夫人捐百事,撰舟车从事山川杖履间,以涤荡其耳目,而开豁其志气,必有裨益于闻见之表者。乃闲静专一之夫,守一亩之宫,裴回于荒岩浅沼,充然自以为得,彼各有取而然也。予家携李,弥望皆平畴大浸,洞庭、天目,在一二百里外,近无足览眺者。既壮废弃,颇有禽尚之志。南逾闽峤,北走云中雁门,侧足齐鲁、梁蔡、燕晋之区,所谓广谷巨川,危峰险濑,冰餐雪饮寒折,胶热流金,无不备历。而名山川往往交臂失之,武彝以寇故未探,泰岱、恒山旋绕其趾,又以事夺,不及登。壬子游洛,值慕庐叶子结契殊深,少同里闬,既长登封,嵩山为其屏扆,治民有异政,百废具举。间考嵩山掌故,出新意部署,删繁就简,勒成一书,名曰《嵩山志》。未知与卢元明、鸿一何如,已远过衡、华、岱史而上之矣。以予有山水之好,命为裁订。予何能加,仅考正一二事而已。予尝谓名山未易登涉,必有卓绝之识,淹贯古今经史,又得逸人高士,稔知其胜者为之导,而胜具足以济之。不然,履其地,而不知其名与其原委,不过耳目之玩已耳。抑古之人,弃妻子交游,入岩壑,侣鹿豕。武仲既不以九州而易我一丘,颢然构草堂,咏十志,自以为南面王乐不是过,何谏议大夫之足云?而千载之下,即以许卢名其山,夫以帝王之巡游,强诸侯之争夺,公卿大夫之樊园圃,筑台榭,而不得名,二逸人名之至今不亦异夫?且夫汉武、唐高、胡武二后,未免遗讥荒晏,而弃瓢涤烦诸迹,土人津津乐道之。山水之契,其专在下乎?虽然使人晏然游处者,夫谁之贻?尝试登嵩,而望其西,则崤、函二关,其东北则成皋、虎牢、回洛之仓,南通昆阳、宛邓,皆秦汉、隋唐百战之地。三涂二室,谧然宁静者有几?今得贤令长,抚循教养,黎民固志。而山林隐遁,亦得安食息焉。谁之力也?慕庐仙生既尽民事,复为是书,他日之游嵩者执此以往,固无烦相导,即寂处者,亦不出户庭而可卧游。予老矣,将息轸丘园,安得他山尽如之?使从事载籍,少慰其夙志哉!

癸丑初夏,同里同学弟俞汝言拜撰。

[作者作品]

俞汝言(1614~1679年),字右吉,秀水(今嘉兴)人。明末曾入复社,抚清不仕,守气节为遗民。俞汝言少孤家贫,好读书,出游四方,搜访典籍。回来后,闭门著述。精熟诸史和明代掌故,著作极繁富,计有《左氏晋军将佐表》《礼服沿革》《汉官差次考》《宋元举要》《崇祯大臣年表》《明世家考》《渐川集》《春秋平义》《春秋四传纠正》等。

《〈嵩山志〉后序》为俞汝言于康熙十二年(1673年)为同学叶封主编的《嵩山志》所作的序。

募重建中岳圣殿序

清 焦复亨

中岳庙大殿

畴昔承乏星沙,距衡岳咫尺,未得时往登眺。洎奉命守河洛,抵襄野钧阳间,望翠峰蠡天,舆人曰:"嵩岳也。"入登封,阮令请谒岳祠,修故事,乃知嵩山隶于郡治。晨夕游其下,毕向子平之志,胜遥思回雁祝融耳。按志,嵩山中岳,乃岱、华、恒、衡之雄者也。配天镇地,孕灵毓贤,妙合阴阳,潜交风雨,载诸经籍素矣。而《礼记》亦称为天子所祭之名山。故历代帝王,或躬诣封禅,或遣官行礼,或水旱盗贼虔恪禳祷,或嗣登大宝柴望祭告。其庪典之隆重如此。昔汉武帝登嵩高山,闻呼万岁者三,因加增太室祠,禁勿伐其草木,以山下户三百为之奉邑,复其口算。北魏太武帝太延元年,立庙嵩岳,置侍祀九十人,唐玄宗开元十八年,敕修中岳祠宇。宋太祖开宝六年,敕修中岳祠,诏县令兼庙令,丞兼庙丞,管勾香火。金世宗大定十四年,奉敕专修,八载始克高竣,咸命翰林待制等官,撰文纪之。历历可考。盖以肤寸之云不崇朝而遍雨天下,岳之灵也。每岁季夏直土日,郡守酌献,间一往,余委县令行事,皆所以代宸望也。而偃、宜、水宁三县,昔有协济牲醴各银八两,今即除荒征熟,而饩羊之名犹有存者。寻当转申藩台,兴复旧额,夫岂寻常百姓鸡豚报赛所敢僭拟者哉?则庙之兴废,关乎中原,非止蕞尔小邑之事也。徘徊遗趾,想象弘规,诚海内祠宇之冠。正殿九楹,壮丽非常。数败基柱础四十八枚,想结构而上,高阔输广,巍峨相称,俨然王者之居矣。殿后穿廊五楹,寝殿七楹,东西两庑九十二楹。前为峻极门,累朝御祭文立碑其下。左右太尉门,东华、西华门,东西重门,又三十余间。路通前衢为礼乐二坊。庑外东西为御香、御帛二亭。又其西陟方馆,朝祭使臣斋宿于其中焉。以上所胪列者,俱于崇祯十四年,逆闯经过,一时被焚,尽成焦土瓦砾之场。余有若观、若楼、若庑、若遥参亭、若黄箓宝殿、若门与墙之仅仅存者,亦皆倾圮歝毁,咸宜修饰未遑也。神恫其无所栖止,人悲其不堪凭吊,业二十载于兹矣。大清定鼎以来,郊社方升于告虔岳渎,即次第柴望。顺治八年,上遣太常寺卿段公国璋祭告中岳,陈钦颁香帛于丘墟榛莽间,甚非熙朝所以绥嘉祉、康兆民之盛心也。圣天子敷文隆教,朝野维新,举废兴坠,此为先务。奚必百年乃兴礼乐,第虑军需旁午,帑无羡金,未敢冒昧具闻。本县绅衿耆庶,议倡募化在下善修。盖神能时雨旸,弭灾沴,有功黎庶。且"维岳降神,生甫及申",诗人颂美。其本庙三月圣会,奔走香火之众,肩摩毂击。好善乐施,虽不乏人,然每社诚庀工□□□。且大殿之为栋之为梁,度长三十五六尺,非附近凡材可胜巨任。董役公直、王贡、谢君辅等,栋隆有吉,施得务宜,故不惮跋涉,逾陇右,出礼县,穷徼通关。羌族酋首马姓者,招募吐番人众,持斧斤采巨松于獂戎山谷。过鸟鼠同穴之山,尚三百余里,吁艰可知矣。浮渭泾河,穿三门七津之险逆沂洛汭,挽陆口岭方至。盘剥转运,所费不赀。外此桷榱、栌栱、碧瓦、文砖、冶钉、礳础,与夫丹臒、藻绘之饰,匠石、土役饮食诸需,又不与焉。量非钜万金未可底绩。念予职司郡务,名山大川得专之。则兴复崇祠,克修典礼,上副当宁。虔恭至望,讵敢怠绥。但一人之力有限,惟冀诸大人君子、缙绅士庶,共成盛举。若论区区登览,旷目烟岚,蹑踪丘壑,犹作衡岳游客旧怀,夫岂然哉!辞曰:二仪剖判,浊坠清扬。厚地磅礴,刚峙柔行。四岳奠位,翠环中央。岩岩嵩高,峻极穹苍。角亢寿次,甘石《经》详。厥德维土,万汇攸昌。奄有两河,遂荒大梁。触石兴云,雨我农桑。降生申甫,诗颂克彰。秩比三公,礼肃太常。代修禋祀,克相家邦。汉武时巡,三呼胪蚃。玉帛继贽,礼与岱亢。劫火不仁,大千灰壤。巍焕庙貌,沦丧榛莽。守来祗谒,慨然悯惶。戒尔乡耆,盍凤宇堂。栋口钜任,需材伏羌。浮泊漆渭,道阻且长。卬须邪许,嵩目劻勷。匪曰锱铢,实待巨镪。鲁废世室,春秋讥伤。转瞬海晏,朝使裸将。俎豆充陈,歌舞致康。聿修灵基,肃共坛场。考循旧制,显敞新章。垣缭野匝,槛窣云香。明德惟馨,神栖有方。遏禳凶札,挚敛吉祥。岁祈屡丰,民悦无疆。

[作者作品]

焦复亨,方志学家,崇祯末年隐士。字阳长,号箕颍外臣,焦贲亨弟,登封人。读书鄙章句,工诗古文辞。著有《诗岳音》《缑籁》《洛阳秋》,方志著作有《登封县志》等。

焦复亨的《募重建中岳圣殿序》记述了登封重建中岳庙大殿的初衷与过程。

嵩阳书院会业序

清 张埙

文章不本之理学者,不可以传世。理学至宋为极盛。嵩阳咫尺伊洛,且二程子过化存神之地,其渊源非无自者。逸庵耿太史兴复书院,与诸生讲究身心性命之理,程朱正胍赖以不坠,乃论学之余兼试制义,孜孜以攻,若揣摩,相劝勉,故士之负道德而通经术者,莫不著为文章,出入于左国班马之间。余不敏,久困场屋,譬如败军之将,今则鞅掌簿书,又何暇向咕哗家效呫唔论得失哉?猥从太史游,每遇课期,取诸生会业,妄加评阅,如登山然,厅峰峭壁,层峦耸翠,悦人心目而凝然者,其体也;屹然者,其势也;浩然莫可测者,其气也。因思文章一道,发乎川岳。登封隶嵩岳下,钟灵毓秀,申甫而后代有人文,且居大地之中,五方风气虽殊,毕竟以此为归,其即江汉朝宗之意乎。昔冯少墟先生云:"以理学发挥于词章,便是好举业;以举业体验之身心,便是真理学。"是集也,虽云举业,而理学未尝不备,异日者悬之国门,藏之名山,庶不负耿太史讲学之功云尔。

[作者作品]

张埙(1640~1695年),清朝登封知县。字庸如,江苏长洲人。康熙十七年,授登封县,单骑之任。招集流亡,督之耕种,相其土宜,课植木棉及诸果实。大修学宫,复嵩阳书院,宋四大书院之一也,延耿介为之师。导诸生以程、朱之学。自县治达郊鄙,立学舍21所。开菁岭二百里,复古轘辕路。建古贤令祠,修鄢公墓,崇祯末为令守城抗贼死者也。在官五年,民知向方,生聚日盛,大书"官清民乐"于门。耿介尝叹曰:"年来嵩、洛间,别一世界矣!"二十二年,以卓异荐,擢广西南宁通判。去之日,民遮道哭,立祠於四乡,肖像祀焉,榜曰"天下清官第一"。张埙在登封任知县期间,多次到嵩阳书院讲学,和耿介等人多有唱和。著有《秋日嵩阳书院》《和耿介恭承学使者吴五崖先生为诸生阐发孝经大义有感》《嵩

阳书院记》等诗文。

《嵩阳书院会业序》是张埙在任登封知县期间,为传播理学,复兴嵩阳书院所作的文章。

《嵩阳书院夜雨联句》序
清　窦克勤

庚申又八月十一日,为嵩阳书院会讲之期,邑大夫张公折柬相邀,余与逸庵先生冒雨往焉。出自东门,旷然无言,静观万物,会于一元。斯时也,雾横野树,云薄秋天,乍隐乍见;时睹红叶,若近若远,偶露青山。顿悟天地之变通,颇识山泽之消息。历崎岖而志坦,望林壑而兴逸。细雨侵衣,欣大造之润泽;丛榛夹石,览地形之参差。竹林隐隐,行云纷纷。烟村晻霭,回环嵩根。既古寺之映远岫,亦讲堂之覆白云。极元章所不能绘,真太白所不能吟。望宫墙而渊乎洗尘嚣,古迹忘其顾盼;拜程朱而凛乎有生气,前哲鼓其进修。但见负笈来游,集生徒而论道;相悦以解,肃衣冠而听经。岳神有灵,应许名儒之垂教;高山仰止,还钦贤侯之作人。既论学之有得,亦适志而偕归。逸庵欲止而且行,顾余曰:"行矣乎?"曰:"行。"既行而且止,顾余曰:"止矣乎?"曰:"止。"行止因任乎无心,去留非邻于有意。扩无累之胸,秋雨为涤;殚有觉之智,鸣鸟皆音。盘桓丽泽之中,流连古柏之侧。神气收敛,志趣幽清。有境皆真,无物不得。既而,微风窗外吹入佳怀,细雨阶前催入诗句。石壁清凉,烟花照耀。倾谈四座,综太极而为言;妙阐三才,识吾心之有主。时则符乎艮止,功惟重乎乾行。理晰卦画之前,神忘形骸之外。得意伸纸,探笔诗囊。意在言先,斯有唱而皆和;兴随笔后,不琢句以雕音。爰是字逾数行,篇联半幅;不觉深院雨歇,秋景历落。凉夜高吟,山川寂寞。乃为之歌曰:一夕千载,乐莫为真。浩浩乎望嵩巅而弛志,浑浑乎握乾枢以游神。我何有哉?名教乐地,夜半天心。明日复有事于探讨,且晏息以安身。

[作者作品]

窦克勤简介见《辅仁居铭》。

几个人同赋一首诗时,人各一句或几句,合而成篇,称联句。《嵩阳书院夜雨联句》是由窦克勤、耿介、景日昣三个而作,窦克勤为之作序。

[附录]

嵩阳书院夜雨联句

清夜谈心悟道体,图书阐透阴阳理。互根妙义泄先天,(窦克勤)太极真传窥本始。元化流行任自然,(耿介)气机通复靡穷已。可知一理贯三才,(景日昣)谁谓百王有二旨?上溯渊源惟执中,(窦克勤)近循堂奥无偏倚。功夫定是法乾刚,(耿介)学问先须求艮止。诚意正心见古人,(景日昣)达天立命称君子。空山雨夜客联床,(窦克勤)深院灯花诗满纸。若论知行并进功,孔门四勿惟克已。

《刻五岳真形图》跋

明 方大美

嵩岳居天地之中,镇周藩而护燕都,为四岳所环拱。《诗》曰"嵩高维岳",生甫及申"是也。

万历甲辰春壬二月,予奉玺书巡行周南。至于嵩岳,秩祀既毕,历览古碑,上刻《五岳真形图》。夫五岳图,乃西王母授于汉武帝,藏之柏梁台者也。昔武帝登崇高,获驳鹿,从官咸闻呼万岁者三,辄令增祠加奉邑。今皇上德侔尧舜,陋汉武于下风。岁遣官谕祭,想嵩岳之灵,将为国家生甫申,又为圣天子呼万岁。如瑞鹿之属,皆应备至。偶睹此碑,狭而卑,殊不称尊崇五岳意。乃属藩左使霍君鹏,行封邑廓图式,易丰碑,创于仲春,成于上巳。是日也,云起二室之间,霞飞三柏之上。众羽人称有青鸟止于峻极殿,安知非王母感图而来耶!《易》曰:"受兹介福于其王母。"此之谓也。故重八卦者衍龙图,绘五岳者赞鸿业。此区区所属,望于诸岳牧要,不徒记山川图书之盛也已。是为跋。

[作者作品]

作者方大美,字黄中,一字思济。明南直隶桐城人。万历十四年(1586年)进士,授常德府推官,升御史,巡按江西,转按河南、顺天,再迁太仆侍少卿,后卒于家。

《五岳真形图》简释见东方朔的《五岳图序》。

《五岳真形图》跋

游少林寺序

清 傅而师

河山老大,古刹犹存;日月劻劳,游人莫负。岁当丙申之夏,入山则夏气成秋。时遭庚癸之馀,到寺而馀香未烬。吾邑狂士,越嵩麓以探奇;津口名流,过辕而选胜。流连面壁,忆象教之开于胡僧;频仰穿碑,知禅林之肇于魏主。六朝如梦,萧条翡翠之林;一苇何心,冷落袈裟之地。遂乃蹑碧殿,历绀园,跻层台,攀曲磴。呼酒入烟峪,乍从竹里遇闲僧;献诗坐石棱,忽过桥边逢野鹿。绿水载钟声飞渡,墨去同鸟翅弯环。聆琐细之禽音,谁来峰顶;折猗傩之椒叶,我问溪头。音不雷同,叶或小大。偶有樵人砍木,丁丁似在云中;不乏牧子骑牛,蠢蠢时来篱外。于是逍遥木路,偃息蛇床。俯钵盂之高岑,何知遇虎;眺莲花之御砦,不惮骑龙。灵雨过清溪,山山滴翠,碎翻水府之天;古雾障幽谷,树树萦青,难觅峡脚之地。拨萝寻径,复逢瀑布之岩;抛石沉潭,欲碎蛟螭之爪。扪苍而相碍,跨珠树以何妨。至于铁笛落而晚岚凝,宿鸟归而远岫暝。梨园度曲,则南园之老猿潜听;箫管叶歌,则缑岭之仙笙助响。松涛聒夜,衣裳生星月之纹;枕簟入林,魂魄遇鸩鹬之梦。所爱者,木鱼锡杖,声光不类于市朝;所谈者,

古鬼癯仙,潇洒全离乎轨杓。时而风吹别涧,浮丘与王子偕来;自知兴坞前贤,吾辈视兰亭并驾。好花恋客,细草留人。听今古之升沉,审阴阳之盈缩。纵郧襄之征兵助饷,集此可以判年;寄乾坤于一笠一瓢,放言真能忘世。他时来寺,寺岂忘予? 一语辞山,山若惜别。行见红飞两屐,人携大始之霞。从此绿贮一心,梦绕空林之磬矣。

[作者作品]

傅而师(1635~1661年),清代诗人,嵩山历史文化名人。字左启,号霄嶂,一号余不。登封人。顺治时期举人。两仕礼闱不第,郁郁卒。明代傅文后裔,有着"天下才子傅而师"之称,曾主编《豫省通志》,笔法酷似司马迁,使得共事的修志官员觉得自愧不如,纷纷搁笔家居。著有《枕烟庭诗集》。

《嵩阳书院志》序

清 郭文华

太室之阳有书院焉。或曰:书院无志,不必志也。而余不谓然。

嵩阳书院,宋藏经处,两程子置散投闲与群弟子讲学地也。其地忽兴忽废、忽盛忽衰,自唐、宋、元、明以迄今,兹政不知历几年所,而今修复之,而今取而志之,盖可兴不可废,可盛不可衰之意也云尔。而况前圣之微言大义,学者之尊闻行知,千百年之人心风俗,皆于是乎系之,而何可不志? 夫书院仅周数亩许耳,其所传残碑断碣,存者不获什一,而其事实又不若邦国四方之条目繁多可纪也。然而书院志书院事也,非他也。志形胜,则钟奇储秀,书院之形胜也。志沿革,则薪尽火传,书院之沿革也。志祀典,则春秋再举而俎豆常馨,书院之祀典也。志学田,则礼耕义种,讲学以耨,仁以聚而乐以安,书院之学田也。志藏书,则今人可居,古人与稽,辨志离经,书院之藏书也。故曰:书院志书院事也,非他也。不有兹志,则人且以二室箕颍,徒资游人往来游览地也;人且以庄老、浮屠诸名胜与兹地存没相等论也。而且崇尚淫祀,祭非其鬼,谓可邀福也;而且沃土阡陌,枯佗淫佚,而古之学者、而今之学者,即无所资为时祀赡养莫之顾也;而且驰骋百家,人异学,户异习,风云月露,竞艳夸靡,而吾道宗旨终古如长夜也。呜呼! 不有兹志,其何以述往古诏来兹乎?

余年友耿逸庵,倡明道学,力行嗜古,为士宗范。时与邑侯牅如张公,集诸子讲学课艺,历寒暑不辍,作人之化,猗欤盛哉! 而惧其典籍弗传也,旁搜博采,汇辑成书。千圣之微言大义,可得而明;学者之尊闻行知,可得而正;千百年之人心风俗,可得而维持,其为功不既大哉。余因为之赘,曰补缺修废,用表曩哲之踪,崇正距邪,永照千秋之鉴。是为序。

康熙壬戌孟冬之吉,年弟郭文华题于主一草堂。

[作者作品]

郭文华,嵩山历史文化名人。此文写于清康熙二十一年(1682年)。

[相关史料]

嵩阳书院是北宋全国著名四大书院之一,也是河南省有史以来第一所高等学府。耿介编辑的《嵩阳书院志》一书,是我国古籍中唯一一部反映嵩阳书院的志书。全书择要论述清初嵩阳书院的办学情况。它以弘扬程朱理学为办学宗旨;它的教育经验对今天我们改革高等教育,仍有不少值得批判继承之处,如对教师人选要求严格,在院主讲的大师如耿介、窦克勤、李来章、冉觐祖、张沐等,无论学问、道德、事功均为当时名师宿儒;有比较完备的教学制度和教学原则;提倡在教师指导下学生自学和集体讨论,质疑问难,师生关系比较融洽;提倡学生相互批评,定期举行"生活会";强调品德修养等。《嵩阳书院志》对我国古代官学、私学、书院教育的比较研究,具有重要的文献价值。

《说嵩》序(二篇)

[相关史料]

《说嵩》是清代登封文化名人景日昣所编纂的一部嵩山志书。全书分地理、星野、沿革、形势、水泉、封域、巡视、古迹、金石、传人、物产、二氏、摭异、艺林、风什等31卷,介绍了嵩山地区地名760余处,古迹218处,金石268处,收历代诗赋744首,文156篇。

说嵩

《说嵩》的撰著者景日昣(约1662~1733年),清朝儒学家、修志家、刻书家。字冬旸,号嵩崖。登封大冶镇人。康熙二十六年(1687年)举人,三十年(1691年)进士。历任广东肇庆府高要县令、礼部侍郎、户部侍郎、礼部右侍郎、加礼部尚书衔。景日昣多次任御史之职,是登封历史上最大的官员之一,其官职最大时相当于现今的国务院副总理。但他为人平和,持政清简,敢于直言,为百姓所爱戴,登封民间号称"景大人"。雍正三年(1725年),年近70岁的景日昣告老还乡,在嵩阳书院的东邻叠石溪建造房屋居住,在嵩阳书院以讲学与著述为乐。景冬旸诗文以古奥而著称,著述刻书有《嵩阳学》、《景日昣诗集》、《嵩台随笔》、《嵩崖集》及史书《说嵩》、《嵩岳庙史》、《嵩台学制》、《会善寺志》、《龙潭寺志》等书14部之多,字数达数千万言。

一、《说嵩》自序

清 景日昣

嵩名胜甲豫川,历代翠华所由,太史轩辕所采,巨卿士骖侍巡游,膏秣所经,莫不搜奇揭藻;传为胜谭。潜夫隐沦之托处,骚客逸流,凭吊援引,亹亹以为刍脍。形诸纪述;发为唱歌,有赏必适,无幽不探,未易一二,为世味声华者语也。语之未赏不怦然神向之。轮辙不逾都亭;向平畴昔之愿,姑矣自公暇晷,展卷以当卧游。不幸而插架富有,缺然名山之犊,得昔人一纪一失,辄为观止。呜乎,褒衣峨冠之族,无山水福也,士大夫以为憾。无何绌于踪迹,并迥于耳目。虽欲涉猎纵览,渺无纪述可寻,则憾之憾矣,其或皇华载历,休余无多。命驾言游,裹粮几何,数晷稽旬,穷秉烛攀跻之力,未知窥千岩万壑之一隅乎?未也。若夫握绾名区,公余济胜,高山在望,幸有主人。而鸣驺之声,不可与山鸟唱和;舆盖之队不能共野人往来。樵语谚谈,故实往往什一。倘有志博洽,旁引触类,令长于此,无亦有未逮者乎?况乎胜地灵薮,锱素所占,其徒辈间亦铮铮于揄扬。一切虚无飘举,飞窬挂锡纸诞词,充塞岩泽。某某仙,某某佛,被山川以不赀,迄无辟正,而遂以为纪游之佳话。则名胜污蔑,将遂终古。耳食之心,异而识之。或偶札之,兴至永言之。而竟援木授,墨以走之。于是二氏浮说,乃为艺林所标附。至于坚城不可摧拉,而山川真面目茫然不可复识矣,《嵩高记》始于北魏卢元明,摭述谐语数则。青牛、伏龟,开母、云母云云。征古者难言之,非实录也。《禹贡》止标外方,《山海经》则有半石、来需、大苦、少室、太室、讲山、婴梁、浮戏诸名。迄唐吴筠分撰各峰,谓之《灵迹》,载诸道藏。宋楼异赋之,勒贞珉以传。而天师之纪,遂与嵩不朽,呜呼,嵩曷不幸而染缁蒙尘,至于不可湔洗也。岂惟嵩哉?鸡林西、玉门东、北燕、南岭,其间佳山水而胜者,何非二氏之沦,而又夐宛于嵩,傅梅作书,于仙佛斐语,喋复称道,不赞一辞。杜撰疑似,锡名作古,桑、郦《经》、《注》失征焉,即颍、隐、洧、勺,不辨其流,他可知也。大半幕客上官赠扬之庾辞,既所作诗文倍之,谓十三篇,即邢台塾刻可也。陆柬《嵩岳志》行迹未及近陬,载车巩洛,过望山阴,邸寓浃旬,编璀闻,邑璨乘为卷帙,浮不近理,挂一漏万无怪也。本朝叶封,令长数年,嘉意文献,可谓勤矣。偕邑孝廉焦贲亨,共事山志。大概祖述邢台原本、唐天师诸说,附于述者之义,无少发明。意亦左袒二氏,未有拒辞。择焉不精,语焉不详。如误颍源于玉泉,溷紫虚于逍遥,稽之舆地,不无舛焉。夫从来地志之难,按区指掌,非将斗靡驾浮而已。《禹贡》域九州,界画山川,谓其不可移易也。文士骋其笔墨,率意游弄,而流峙常形,岂纸上龙蛇所能翻覆者欤?芒履所至,迹之未见其有合也。曹氏《名胜志》,孰苑南金也。纪嵩仅满尺幅,多有未确。平洛涧之石淙,水也,误山;三交水之玉女,砂也,误台。郦《注》东溪系于嵩高县,而误东溪为县。蝌蚪岩与蝌蚪石两地,而误为一。甚者误卢鸿草堂于终南,误温公叠石庄与宜阳。凡此考订之失,使读书索画之士,足迹未覆,奄然自以为是。然则十五国之编,舛谬非小疵也。不胜弹矣,将安所折衷乎?

畛生长嵩下,卯角时侪辈嬉游,陟椒寻涧以为常,居业书院,饭余蹒跚,行吟推敲,临流蹲石,不自意其信步所如。春明秋霁,结伴寻幽,虽蚪仄必历,时时印比于元鼎、井叔之作。稍得其浅肤纰谬之处,中有未安,状走四方,雅友谈次,辄有举隅询及者,为胪说大段,意殊未尽。披史传所载,猎目杂书,涉于嵩者笔之,积三十年,逐识日多,再见三见,则复笔之。厕西台自公之余,搜索曩存类之后,所见皆畴昔已笔者也。则更复其复,或传闻有舛,辄订其是。二说同异,谬取舍之。其无关于嵩,备互发者,广索以证佐之。如是者五阅岁,衷然成帙。自惟架签无多,眈疲久浸,不能从事于乙夜。虽嵩高大观,管蠡多遗,而畛之矻矻编摩者,衰将征迈,亦云毕能。乙未东,被命鸿胪,间署弃拙,因得古人朝隐之适,次第旧稿,比类为编,名曰《说嵩》。不敢雷同昔人,存其说为得失之林;不敢附会异流,仍其迹备见闻之助。主山为干,附见为支。因其位置,罗次比列,便登临者之随地肆考焉。曰嵩高、曰太室上、曰太室阴、曰太室麓、曰太室原、曰少室上、曰少室东、曰少室南、曰少室阴、曰箕山。全嵩本末远近之势,流峙分合之行,古今盛衰之异,贤贵人物,芸生万汇之不齐,在十四篇中矣。以是为经。次为纬说十四篇,博载以详之。曰星野,曰沿革,曰形势,曰水泉,曰封域,曰游祀,曰古迹,曰金石,曰传人,曰物产,曰二氏,曰摭异,曰艺林,曰风什。条陈目张,比类分纂,诸惟从详。仙释之纪,采史传节之,嗜好所违,不欲烦载笔也。夫一睫之力,疏漏殊多。半秃之笔,取裁亦少。札缀已久,不忍删弃。收拾成幞,用备束刍。高明雇问,以代滕颊云尔。然使畛不早贫,则力不能登高陟险,使通籍需次不家食,则时不得披古以证所。使内仕不清班,则势亦不暇编次成帙。凡畛之为此者,生长于嵩,家世膏沐于嵩,休暇赏心,花朝月夕,坐卧于嵩。三径松菊,菟裘将营,行望首丘于嵩。不过闲人之随笔,以志征客之永怀耳。呜呼,未易一二,为世味声华者语也。

康熙五十五年丙申五月五日,嵩人景日畛冬旸氏题于鸿胪寺署之袖烟堂,时祷雨斋居也。

[相关史料]

《〈说嵩〉自序》是景日畛致仕还乡后,晚年在嵩阳书院的东邻叠石溪建造房屋居住期间所作。

二、《说嵩》序

清　张伯行

冬旸先生《说嵩》一书,前十五篇以为经,后十四篇以为纬。或曰:"是书仰观天文,俯察地理,举一嵩之本末,推而极于鬼神之幽,人物之著。纪盛而必逮其衰,语常而不捐其怪,甚矣,先生之闻博而识强也。"余曰:"如若所言,恶足以尽先生哉。昔者方域肇分,神禹作《贡》,嵩于时曰'外方'。《山海经》则曰'太室''少室'。《尔雅》则曰'中岳'。《周语》则曰'崇山'。汉魏以来,书、传、碑、记、诗、歌、赞、颂作者,代不一人,士生于今,将使微者张之,缺者完之,虽欲闻不博,识不强,不可得已,于先生何异焉。"或曰:"吾非侪其说于弛骋者流也。山水之有志也,本于《经》,发明于《注》,今有志而不合乎《经》与《注》者,相环矣。颍、一水,而莫知其同;纶、轮两地,而莫知其异。东溪可以名县,玉溪可以名沙。甚者嵩在周、郑之间,以韩之灭郑,而疑豫于兖;颍据荆州之北,以荆之浸曰颍湛,而疑豫于荆。九州且数变以至于此,先生原始要终正其误谬,星野、沿革、水泉、封域诸篇如指掌然。吾故展卷而叹,以为不可及也。"余曰:"子言诚善,虽然山之为岳者五,而《说》不他及何居?"或曰:"先生固已序之,所谓生长于嵩,家世膏沐,休暇赏心于嵩者也。"余曰:"此特其自道云尔。吾为子究言嵩之说。三代而上,中岳无定名,大抵山之高且大者,在畿以内,则当之。《周礼》立土圭法以正日景,于是天地四时之所交合,阴阳风雨之所和会,谓之土中,《传》称颍川阳城地为然,今之中岳嵩山是已。吾闻之,数起于中者也。《河图》之中,五与十同位,五乘五而十也;北则一与六同位,一乘五而六也;南则二与七同位,二乘五而七也;东则三与八同位,三乘五而八也;西则四与九同位,四乘五而九也。《洛书》之中,有五无十,纵横计之,皆得十有五数。夫数上不必兼下,左不必兼右,若兼乎上下左右而成数者,中之五也,夫岱霍华恒,不必相通。若统乎岱霍华恒而成岳者,中之嵩也。是故其星曰镇,其行曰土,其事曰思,其德曰信。四星皆失填,乃为动;四德悉具信,乃为根。先生之所以道问学而致广大者,坐言起行胥是说焉。先生之举例曰因地感发,随事寄托,是举一嵩而凡统于嵩者,不啻言之该而词之详矣。且是书岂第蕞蕞修辞已哉。"

先生幼从游于汤潜庵、耿逸庵两先生,讲明正学为己任,而一以躬行心得为本,不屑于声音笑貌以博虚名。其中实有所见而学确有所据,书中发明驳正之处,无不深切著明。其感发寄托,诚有关于世道学术,勿视为编纂纪述已也。故纬说自游祀、古迹以下,或存而不论,或论而不议。至峻极寺之天灾,石面穴之物瑞,仙佛二氏蔓延之颠末,无不恻然志之,而欲以土中得失之故,风谕理士大夫也。学者不瘝,乃视与记载之书等,不已陋乎。或曰:"然!向吾止得其说,今而后得先生为说之心也。"

刻既成,余即以前所问答,序其端然。不知《说嵩》之所从来者,且附会于博闻强识之誉,而以余言为希阔也。

赐同进士出身、通议大夫户部右待郎管理钱法仍兼理总督仓场事务、年家眷同学弟仪封张伯行顿首拜撰。

[作者作品]

张伯行(1651～1725年)清朝官员、教育家、藏书家、名儒。

张伯行

字孝先,晚号敬庵,河南兰考人。康熙二十四年(1685年)进士。累官礼部尚书。历官二十余年,以清廉刚直称。其政绩在福建及江苏为尤著。学宗程、朱,及门受学者数千人。谥清恪。康熙曾称誉其为"天下清官第一"。张伯行著作宏富,著有《伊洛渊源续录》《道统录》《正谊堂文集》《困学录集粹》《学规类编》《性理正宗》《小学集解》《续近思录》《广近思录》等(均见四库总目),并传于世。

景冬旸编撰《说嵩》,请到嵩山活动的张伯行为之作序,因而张伯行在嵩山留下了这篇文章。

嵩阳书院讲学序

清 景日昣

大道待人后行,不在上则在下;圣人与我同类,本无古而无今。尼山开万世鸿,邹峄标千秋砥柱。传心之学,云汉为昭;卫道之功,日星并丽。下逮秦汉,穷经而经亡;亦迄晋唐,贱学而学废。欲求印川万月,伊惟传火一灯。汝南倡无欲之宗,关西揭先礼之教。明道不贰过而自乐,伊川主一敬以无耶。太极与先天表里,通书为大易源流。克己、四箴,要与东西铭同心;感兴诸章,实亦首尾吟偕调。伯恭来而《近思录》成,横渠问而定性书著。玩易敬义堂中,吟诗安乐窝内。风徽未斩,遗泽犹新。属当右文之年,欣睹重新日月。幸生讲堂之下,欲游数仞宫墙。长洲夫子之雅意,治法兼司道法;嵩阳先生之笃志,心宗上契儒宗。重宣教铎,用砥狂澜。多士跄跻于杏坛,图书珍藏乎芸阁。儒欲归而斯受,圣复起而必从。爰开讲坛以明道,用坐皋比而阐经。绎圣安贤复之词,会须尚友千古;究尽性至命之训,尤当反求六经。学无常师,法尧夫之刻厉;变乃至道,厪子厚之精思。希元晦颖悟力行,敛正叔周规折矩。周至精、邵至大、程至正,朱子爰集其大成;濂有图、洛有传、关有铭,考亭咸统为一贯。探图说豁然可通,阐性理隐乎有会。后学志欲入笠,学

书院讲学

升堂。幸从事乎函丈,思溯道于星源。读傍花随柳之句,从知风月无边;诵云影天光之章,始识鸢鱼是道。目击盛事,用抒管窥。

[相关史料]

《嵩阳书院讲学序》是景日昣在嵩阳书院讲学期间,所作的讲义。

《嵩岳庙史》序

清 郭瑛

嵩岳居天地之中,绵延数十里,磅礴深厚。风雨之所交,阴阳之所会,中州清淑之气于是乎聚焉。山纡折而东,岳庙居其下。诸峰排立,万壑奔赴,百旷朗邃幽,巍峨雄峻,如游皇都,观帝居,万国辐辏,

群后来朝,摺圭执玉集于在廷者,不可胜数,而嵩岳清淑之气于是乎聚焉。嵩岳诸佳胜,前人志之详矣。类皆志山川,而庙在其中,顾详于山川,不得不略于庙势也。夫庙,山川之大观也。山川详矣,庙又乌得而略之?虽然志犹史也,苟非其人,详也不如其略也。故夫有是志,宜有是人,而其人又必善文章与擅作史之才者,始足以撮其胜而笔之书。而旷朗邃幽巍峨雄峻之观,乃可得而传。

余友景子东旸,少负奇气,博学好古,久为艺林所推重。丙子夏以谒选归,暇日取岳庙志之。凡夫残碑断碣之所留遗,罔不搜采;诸子百家、稗史野乘之所记载,罔不披阅。其稽于古者不为不详,而又非借耳佣目,缀拾故典遂云毕吾事也。景子富于才,尤足于理。其立言也本之于五行,参之以星纪大略,皆取乎中之义而发之,于五运为土,于五色为黄,于五德为信,于五位为中央。运属土,故可以润百谷;色尚黄,故可以涵万象;德主信,故可以宰群动;位处中央,故可以总四方。反覆论说,不逾斯旨,直使此山这真面目、真精神毕呈露于笔墨之间,而岂独崇祠竦建长廊,四起朱甍丹楹,金碧辉映,为足尽岳之胜乎哉!至其问星野,则知为填,为轩辕,为豫州,为柳、星、张。问形胜,则知为懊来,为玉案,为望朝、牧子,为箕山、少室、大小熊诸山。问沿革,则知若为汉,若为魏,若为唐,若为宋、金、元、明诸世。且也规模之所以创始,封号之所以代加,敕诰之所以永垂,历代祀典之所以不废,道书、仙经、别记、杂说之所以考异,以及学士大夫、墨客骚人之高吟绝唱,可歌而可咏,与夫贞臣、孝子、义士之笃生,其间挺然钟山川之秀,而与高岳并千古者,皆可一一而知。故有是志,而嵩岳清淑之气之所聚,于是乎见之;即中州清淑之气之所聚,于是乎见之。孰谓志庙者之非即志山川也,读《庙史》而山川之全胜已得其概焉。其亦一大快事也哉!

时康熙三十五年丙子重阳后二日,年家眷弟郭瑛顿首拜题。

[作者作品]

郭瑛,字谓石,号中峰。举人。清朝康熙三十二年(1693年),曾为登封候选知县。

[相关史料]

由清代登封名人景日昣撰写的《嵩岳庙史》,是唯一存世的古代中岳庙志书。全书分《图绘》、《星野》、《沿革》、《形势》、《营建》、《祀典》、《灵异》、《岳生》、《诗赋》、《艺文》,各为1卷。景日昣在《嵩岳庙史》自序中云:嵩岳庙"其间兴废升沉之故,规制文物之迹,哲人骚士生长于斯,歌颂著作于斯,代远时变,坚石巨刻,崩泐毁没,中古以还无传焉。乃其佚,时时散见于载籍,予故缀罗往昔所志列史稗编所称述,上征天象,中逮人事,下烛舆图,编记详焉。又推周制巡方,就见百年采访歌谣遗意,搜罗名世之士,摭拾作者之林,冀以发抒山灵,摅吐中蕴,而一揆于经,不敢附会其于补职方之遗,备史官之采,登临凭吊,或有少补云。"

温泉铭小序

清　宋名立

汝西门外四十余里有温泉镇。泉出乎地,溅珠跳瀑,源源不穷,其熏蒸之气逼人,虽冰雪天寒皆可雩浴。斯泉者,非惟去垢,并愈癣疥之疾。予谓:濯其身者即可以洗耳恭听其心;润泽一人之肤体者即可以涤除四境之疮痍矣。有牧民之责者慎毋贻笑于汤泉焉。系之以铭:

造物之流泉兮,润民生之枯槁。秉淑气而温和兮,涤余性之烦燥。四体欲其修洁兮,岂扪心而旨皎皎。冀泽以滂沱兮,庶同慈母之襁褓。清可鉴兮知可饮,铭大德而歌熙昊。

[作者作品]

宋名立(1698~1757年),嵩山历史文化名人。字令闻,号补斋,今山东省临沂市苍山县下庄镇纸坊村人。岁贡生,诰授奉直大夫,历任河南裕州、汝州知州,四川达州直隶州牧署,顺庆府知府。宋名立好学上进,知识渊博,不仅能文善书,还先后组织主持编修了《汝州全志》《裕州志》六卷、《达州志》等地方志书。

龙潭寺序

清 施奕簪

　　登封居万山之中,石厚土薄,民惟畏旱,所幸者,深山大泽,实产神龙,可以调风雨,润稼穑,民乃有恃而无恐。邑东二十里,嵩势左垂,悬崖下注为龙潭者九,迭相灌输,祷雨辄应。唐武后与太平公主,常驻跸游此,建离宫于峡口平坦处。开元中改为寺,因地接龙潭,即以龙潭名,并祀龙神于其中。

　　凡官民祈晴祷雨,必先斋宿。盛于唐,历宋元明屡屡兴。鼎革后,僧洞然奋志修复,迄今又阅一甲子,将就圮矣。岁癸亥夏,余因雨泽偶愆,步祷九龙潭。前夕斋宿方丈,瞻顾恻然。询之寺僧,知洞然所辟土田,半为豪强所侵,有名无实,以致殿宇僧寮,渐皆倾仄,不及时修葺,千古名刹,势委榛莽。得雨后,委以麟查,得寺地六顷七十五亩有奇。敦请邑中绅士有材干者,悉心营度,次第兴修。又恐日久难核,岁修无资,仍归废驰,乃于纂修县志后,与焦孝廉远乞傅司训赤玖,采掇龙潭故实,名胜艺文,编辑成书,并将寺内所有田租,除明岁修,详列卷末。若指掌,付之剞劂,广布邑中。俾日后僧俗,皆有所考。即有土著豪强,不肖住持,尺土莫能侵匿。将不数年名刹焕然,永保千秋。神所凭依则有备而无患,其为吾民调风雨而润稼穑者,宁不与山灵福荫,绵亘靡穷也哉?

[作者作品]

施奕簪,清朝登封知县。字佩其,福建晋江人。雍正十三年(1735年)任登封知县,"勤于政事,多所修建,辑邑乘。秉公无私,人尤称之。"施奕簪任登封县知县十多年,重修西关望楼、文庙大殿及其他附属建筑、明伦堂、书院,乾隆九年(1744年)续修《登封县志》。乾隆十年(1745年)还主持重修嵩山少林寺大殿。主持编辑出版第一部《少林寺志》。

《龙潭寺序》为施奕簪在登封任知县期间所作。

[相关史料]

龙潭寺位于登封市东北10公里处的太室山东侧龙潭寺村。寺西有水潭9个,俗称"九龙潭",寺因潭得名。该寺始建于唐高宗年间(650~700年),初为武则天行宫,开元年间改为寺。武则天曾在此兴建九龙圣母殿,规模宏大,金碧辉煌。后历代多有重修。《登封县志》载:"清顺治年间,僧洞然传戒于此,修殿宇,辟土田,嵩山诸寺唯此见兴复。"

《芟仕周先生易经讲义》序

清 娄 谦

　　余于嘉庆丁丑秋,自中州公旋,道出袁浦,谒黎襄勤公于河帅节署。公留余饭;其时公著《河上易》未成,临川李进士培谦亦在座,相与讲论易义,并勉余公余之暇,仍当留心学业。余唯唯而退。盖公宰余邑时与先赠君交契,尝以文字请益也。

中州为河洛名区,自魏王辅嗣后有宋伊川程子、康节邵子,或以义理言易,或以象数言易,而襄勤服官所至,皆有所设施。厥后尽瘁河壖,邀荣名于旷典,锡懋赏于后贤,盖其一生蹇蹇匪躬,所得于易义者深矣。

余莅汜水下车后,即闻邑中苌氏家学渊源。今进士仕周之子其礼,介赵生函三,以其父所辑《易经讲义》八卷,求序于余,余考是编曾进呈国朝四库馆提要中,见于著录,卷首有王方川太史为之序。余友尚乔客明经淹通经学,时客许州,亟邮书示之,尚君亦加弁言。余薄书鞅掌,于易学素无一知半解,何足以序此书?且其讲义之佳处,太史亦言之于前;专言义理,证以史事,简切平易,尚君又详述于后,余复何容赘言哉?独喜进士既有著述,堪垂不朽。长令嗣其枝,以孝廉教谕偃师,人士咸歌其德教;而其礼复知宝守先代遗编,殷殷以县宰一言为重,此其家风有足尚者。既为述其缘起,并思襄勤遗训,不胜山颓木陨之感云。

[作者作品]

作者娄谦简介见此书《颁发义学条约》一文。

《苌仕周先生易经讲义序》是作者任汜水知县时所作。

[相关史料]

苌仕周,清朝名儒。字姬臣,号穆亭,著名武术家苌乃周同父异母之兄,嵩山汜水县(今荥阳)人。清乾隆七年(1742年)进士,官宜君县知县。苌仕周对《易经》钻研甚深,著有8卷,收入《四库全书目录》。

《两烈女词》序

清 谢 益

清朝烈女

西郭成皋书院之右,有二塚焉,将就湮没;余拂拭残碑,一为烈女吴红英,一为烈女而不传其姓字。不禁肃然敬怆然悲慨而欷戏,奋然而感,以为一则名常存、而实常存之,激烈如生也。一则名可湮而实不可湮之,烈性常昭也。夫二女皆巾帼中人,非如男子束发受书,入太学讲道明经也。非如士大夫膺爵受禄,小而邑,大而郡,大而屏潘廾府,力人严瞻视尔室慎枢机也。而以身殉节,视死如归;有杀身以成仁,无求生以害仁;若子之死孝,若臣之死忠;大义明日星,精心贯金石。烈哉!烈哉!洵堪不朽哉!彼见利而忘义,重身而轻国,醉生而梦死,人面而兽心,卒之与草木同腐朽或且遗臭于万年,孰得孰失,孰荣孰辱,孰存孰亡,必有能辨之者。余既修其塚,奠其墓,并作烈女词以褒之。

其词曰:"生为女子,死为女子;守璞完贞,如玉斯美。与其遗臭而生,何如留芳而死?不谋于父兄,不告于闾里;志坚精金,心铭白水。白刃之锋,波流之驶,人望而惊,女撄而喜。自喜坚白之操,而今而后无愧矣!"

[作者作品]

谢益,(1783~1855年),字子迁,浙江省嘉善县人。清嘉庆二十一年(1816年)举人,道光九年

(1829年)授河南汜水知县。境内河堤溃破,亲督工役,由摩天岭开掘阿道,民庆更生。凡举大事,必先咨询之贤士,众允乃行。后为嵩阳书院院长,殁于讲舍。著有《子迁杂著》及诗钞。

[相关史料]

宋代理学的兴起,激励了许多忠孝节义之士,但伴之而来的迂腐观念,流毒亦烈,尤祸及妇女。延续到清代,嵩山地域就出现了很多的贞节烈女,她们大都是用自己年轻的生命为代价,作了贞烈的牺牲品,其事迹大都惊心动魄,这种现象曾引起一些文化学者和历史学家的关注。而汜水知县谢益所做的《两烈女词序》中的这两个烈女,仅是嵩山地区千百个烈女中两个实例。从身为知县的作者所作的文章中,可看出当时政府对烈女行为的褒扬。

《苌乃周先生二十四气拳谱》序

清　宋茂源

武之主于气也,夫人而知之矣;抑知气何自流通飞舞而无滞乎?《易》曰:"太极生两仪,两仪生四象,四象生八卦,八卦一阴阳,阴阳一太极。"是太极为二气之祖,而千变万化之消息者也。

苌乃周及弟子练武图

善武者必先会太极于胸中,而后开阖流动,始能飞舞神化而不测。吾邑苌三先生讳乃周,始固一儒生也。厥后以武名显,传流至今,虽妇女孺子皆知其为苌教手也。余亦习闻其名,究未知其何所传授而技至于此。今得先生是谱而读之,虽二十四气不无师承,要其纵横不测之妙,实从涵养太极中流出夫,乃叹先生之艺,其得力于大易者为独至也。

先生英年聪悟天成,弱冠入泮,与兄仕周俱以文明显。后因笃习拳棒,不求进取,故功名辄止,学弗得大就。使其留意功名,致身贵显,则出其文武之才,以致将相之业,当必大有可观者焉,岂仅区区一教手云尔哉?虽然,斯固不足为先生撼也;先生惟不求显於世,益见先生之高也。吾愿世之阅斯谱者,欲识先生之武,先学先生之文,慎勿遗其本而专事其末焉,则得矣。

[作者作品]

宋茂源简介见《祝神说》。

[相关史料]

苌乃周(1724~1783年)清代嵩山民间武术大师,苌氏武技创编者。字洛臣,号纯诚,又名苌三。河南汜水(今荥阳)人,祖籍四川。明代指挥使苌宋忠之后。自幼酷爱文、武之学,先以文显,为科考贡生;后习枪捶之术。清乾隆年间(1736~1795年)武科获隽杰士第三名。成年后随张八习枪、拳法,又从梁道习棍法,从阎圣道习罗汉拳、洪拳、炮拳、枪、棒等。常访少林寺,曾到温县陈家沟。后游山东、陕西、山西等地,寻师访友,切磋技艺,精研拳理,博采众长为己用。后得字拳四十法,又得猿猴32棒。据《周易》阴阳之理,《黄庭》导引吐纳之术,中医经络气象之学,致力于拳术、拳理研究,删繁就简,终集精华,创苌氏武技和理论,立苌家拳于中州(河南)。历代相传,经 200 年而不衰。苌乃周著作有《苌氏武技书》。该书旧本分《培养中气论》和《武备参考》两部,计 131 篇。

乔孺人九十寿序

清 李师泌

闻之洪范五福,其一曰寿;寿,酬也,以酬德也。顾德有四,而孔子独以寿归仁。或曰:"仁者主静有常,有似于山之不崩,故寿。"或曰:"仁者安土能敦,有合于地之无疆,故寿。"余则谓:"仁者无私心,心全而命自可立;仁者合天理,理得而数不能违。故其于寿有必得,无幸致也。"虽然,仁之难成久矣!孔子尝言曰:"中心安仁者,天下一人。"必谓如此之仁,方可得寿,则其为仁也,难得寿也。仅顾何以杖家、杖乡、杖国、杖朝之年,不乏于世,而如山、如阜、如冈、如陵之词,不绝于祝哉?抑孔子亦有言曰:"我欲仁斯仁至矣。"又曰:"苟志于仁矣,无恶也。"从可知一念之欲亦仁,一事之志亦仁;且可由一念之仁,卜念念之仁,一事之仁,决其事事之仁也。又孰谓其不可以得寿者?此其说盖常于乔母李太孺人徵之矣。

孺人者耆民,永宁公之次女,太学会元公之德配也。少有志节,十七于归,凡其遵母教,守闺范,勤俭相夫,义方训子,加礼于舅姑,和顺于室人,类皆妇道之常,人所能为;而独有无私合理,难能可贵者,则莫如偿遗债,抚遗孤一二轶事。先是,会元公在时,工心计而苦贫,因贷资为经营计,时运不济,卒少赢余。比殁,负累千金,孺人欲偿而未遑也。长男颇聪慧,克勤父业,方期续清负项,而积劳成病,旋亦去世。次男时方幼弱,孺人即锐意归款,虽田产罄尽,朝不谋夕,弗恤焉。其殆有杨妻输财,李母掩钱之遗风乎?尤有异者,夫胞弟占元夫妇并故,遗子松林数岁,孺人视之如己子,抚养成人,再为授室,生子黑儿。无何,松林夫妇又故,遗子无依,孺人躬亲收养,饥食寒衣,疾痛疴痒,靡不关心。稍长又为之延师授读,恩勤周至若此,以视李文姬之抚托孤弟,李穆姜之慈恤前子,何多让焉!余窃因之有感矣!夫人于田产财货,每惜之如命,而于骨肉手足,则嫉之如仇,彼世之瘠人肥己,暴孤凌弱者无论已,即间有轻财重恩之人,或则绌于力而等积款若弁发,或则蔽于私而视同气如隔膜。求其慷慨不吝,情意必周,即须眉男子中往往难之,况敢望诸巾帼女流哉?若孺人之偿夫遗债,抚弟遗孤,绝非强为好名者比,是即一念之欲仁而无私心也,是即其一事之志仁而合天理也。由一念之仁,而卜念念之仁;由一事之仁,而决其事事之仁。将心全而命可立,理得而数不违,举凡耄耋期颐之寿,皆孺人所自致也。继此而颂不崩美,无疆其寿,讵有量哉?

孺人生子二,长桂林,次械林,女一适从九品张松。桂林娶陈氏,早亡,无子。械林娶陈氏,生孙二人:长泮,次汉,女孙三人。泮继嗣桂林,取张氏,生女曾孙一人。汉幼读。比年来,械林经理家务,原业归赵,日渐宽裕,子妇及孙妇俱孝敬惟谨,则又孺人行仁获报之余事耳。今岁己亥,三月初一日为孺人九秩,设悦良辰,戚里钦其德者,咸思制锦以贺。其侄孙潴川丐文于余,余极知弗文,而义难固辞。爰择其难能可贵者,据实为序,用代洪范五福之祝。

[作者作品]

李师泌,字绍邺。清代荥阳白杨村人。嘉庆十八年(1813 年)拔贡。性至孝,授徒里门,课毕即如母所,吟诗歌,唱俚曲,为悦愉。工诗,著有《柏一诗抄》2 卷。

《少林寺志》序

清 张学林

少林寺山门

嵩山名蓝以百数,惟少林最著。自北魏太和间经始,虽历载成毁迭更,而不失故址尺寸。周大象中,曾更名曰"陟岵"。至隋仍复其旧,以迄于今。亦惟少林为最久。嵩既居四岳之中,而寺又踞一山之胜,其见于名贤歌咏者炳炳矣。有明登令傅元鼎探讨故实,著《嵩书》十三篇。国朝康熙间,乡先生汝将焦公取前书裁润之,为《嵩高志》。于是少林之胜附见于篇,然未有专志也。有之,则自焦君远倩始。远倩为汝将先生之后,谓寺之久而且著,固灼然在人耳目,而其间名迹不有纪述,何以垂后?乃援笔作志,其目有八,其卷有四云。盖尝念自有此寺以来,元魏李唐间翠华游豫,尤为极盛。一时离宫别馆之饰,金泥玉检之文,与夫高僧隐士之窟,骚人墨客之遗,丰碑大刻、千章十围之森列,照耀林谷,几与二室群峰并峙不朽。而沧桑递变,不幸为风霜之所剥,兵火之所燔,樵童牧竖之所摧折,欲求当年之仿佛,已邈不可得,徒存其名于残篇零楮之间,以供登临者之想像、凭吊而已,是可慨也。然向非探奇嗜古之士,远寄冥搜,掇拾而抉剔之,则并此区区之名将归于澌尽,不又重可惜哉!远倩之为此志也,距其先世著书之日七十余年矣。寺中胜概,往往守土者不加爱惜,而寺僧辈更缘以为利,其间划削者,又不知凡几。远倩抚名迹之就芜,念先泽之犹新,不惮蹑险仄,穷幽深,屡更寒暑,于嵁岩断壑、颓垣藓壁间,得其片碣只字,摩挲珍惜,如获拱璧而登之竹素,庶几寺之久而且著者,益有以永其传于来兹云尔。

余承乏观察,登邑在所辖内,尝按部其地。今年戊辰春,恭逢车驾东幸,祀岱礼成,复推广德意于四岳、四渎,皆遣官致祭。余又奉檄,肃将祀事,往来于少林。殆将十载,而公程卒卒,无暇穷极林壑之胜。三十六峰笑人久矣。祀事既毕,邑令施君以寺《志》来谒余序。君素培护此寺,而志又其校雠者,余亟携舆中读之。峰峦苍翠,扑人眉宇,不啻卧游其际,既以释余登临不尽之憾,而贤令之留心艺文,远倩之克绍前绪,所愿与读斯编者共珍重而爱惜之也。是为序。

乾隆十有三年,岁次戊辰秋,闰七月既望。中宪大夫、河南分巡河陕汝道按察使司副使京江张学林撰。

[作者作品]

张学林,字图东,江南丹徒人。乾隆十三年(1748年),曾任中宪大夫、分巡河陕汝道按察使司副使京江。

[相关史料]

史料记载,少林寺自建寺以后至清朝乾隆十三年(1748年)的1250多年中,还没有一本专志。有关寺的记载,只能散见于《嵩山志》《说嵩》及河南地方志书与名人的诗文笔记。雍正十三年(1735年),泉州晋江县举人施奕簪(字佩其,)任登封县知县。"勤于政事,多所修建,辑邑乘。秉公无私,人尤称之。"在职期间,主持编辑出版第一部少林寺志。《少林寺志》初稿是登封人焦钦宠在康熙三十五年(1696年)前后完成的。当时知县叶封颇支持其事,遂使"万斛珠玉收贮篚筍"。其后约50年,焦钦宠之孙焦如蘅(字远倩)继承先志,对初稿加以修订,在知县施奕簪的支持下,乾隆十二年(1747年)定稿,次年刊行,计4卷,5万余字。《少林寺志》出版前,施奕簪特请他的上司河南按察司副使张学林为之作序。

赵配公先生建坊序

清 姜 梅

乡先生赵公讳五山,字配公,当时豪杰士也。笃志嗜学,以孝行称。长益倜傥有奇气,凡事之关名教者,毅然独以身任。顾名不挂仕籍,又年未五十而卒。乡人思其德不忘,陈之大吏而请于朝,乃入祀忠义,赐坊以表其行。岁丁丑十月日,工既葳事,邑士夫相与称颂,而寓书于余,属为文以叙之。余虽不及见先生,辱与先生之子交情同昆季,又深悉先生品学,其何敢辞?

余惟古人之论三不朽也,立德而外曰功、曰言,即后世经济文章所自始,然世之以奇杰自命者,非不慷慨期许,乃或闇于事机,怵于权力,委蛇进退,卒为苟同。呜呼!本原之地不深,斯得失之虑熟,而忠义之气衰,即其所蓄积可知矣。

先生禀承家学,束修自爱,思一朴弟子员不可得,又未尝因抑塞,磊落为大言以欺世;而综其生平行事,则类皆有兼人之识,大过乎人之才者。尝夜自荥泽归,遇胠箧者于道,先生故善射,发弹丸中其趾,遽仆,因责以义而劝之改,贼泣且悔。出囊中钱若干与之,促之去。越十年,有贩笠者,踵门请谒,曰:"某固昔年贷公钱者,今幸自给,敢忘公赐耶?"语毕,忸怩。先生笑领之,卒不问其姓氏。

乾隆乙亥,岁旱且灾,斗米几千钱。先生既周给邻里,复出储谷半价粜之,贫无资者不索值,全活无算。初,先生应童试时,屡被黜抑,以慈母病,日侍汤药,不复理前业;然犹录经典,谆谆为及门劝。未几,遭母丧;又未几,奉父讳。哀毁骨立,日止进粥一瓯,既葬,终丧,饭必先奠于主而后食,事必先告于主而后行。里中儇薄子窃笑之,以为是迂曲者,何足与议大事。及至,慨然设施,经纬悉中,又其诚足以感物若此,而后信先生之学之识,其蓄积久,而其量为不可测也。

夫人之读书筮仕,幸而致通显,跻卿贰,或以爵禄利害之私,不免依违观望;而一二环奇卓荦、抱负非常之人,世顾不尽知,知之又未必竟其用,而仅使称善于一乡一邑间,是可慨矣!虽然犹幸有若先生者,作忠义之气以励世而激俗,则彼奇杰自命之士或且怵然改图,致力本原之地,以蕲至于古人之不朽;又安见乡邑之善,无与于天下耶?是则先生之志也夫。是为序。

[作者作品]

姜梅,字萼园,荥阳五里堡人。嘉庆十三年(1808年)举人。文工于言理,名重京师。授馆燕冀闲间最久,所赏鉴民伟大器。著有《同馆诗抄注释》。从《赵配公先生建坊序》文中叙述可知,作者和赵配公先生应是同一乡邻。

贞石亭序

清 景 纶

天地浩然之气,磅礴郁积,或钟于人,或毓于物,其正大坚刚,不遏抑者,良由所付畀然也。故虽历世久远,终遇有志之士为之发隐阐幽,藉以励风俗而式浇薄,宁非甚盛事欤!余以嘉庆辛未莅密,越明年七月,邑孝廉王君彭年,持乡孝廉韩君哲夫所撰《贞石记》及所征贞石亭诗,介学博王君朱亭来言曰:"斯石也,不附权奸,可谓正矣!不畏强横,可谓固矣!命之曰贞,宜矣。惟二百年来,弃置于荒烟蔓草中,恐积久而人莫识其处,且愈久而人竟不知其名也,职是之惧,窃欲因其址,而葺亭以覆之,并勒此记与诗于壁,非徒以饰游观、恣憩息,亦聊以昭鉴戒耳!敢请序。"余受而读之,而不禁憬然也!考密于古为郐国,小而侈,《羔曜?楚沃》怠缓成风,其失正固之义久矣。特地处嵩高之麓,居天下之中,土沃而泉甘,民朴而多寿,其得于天,不可谓非厚也!方有明之季,阉势大张。当时抗奇刑、撄惨祸,百折而不回者,固不乏人;而奔走趋奉尊而戴之者,亦滔滔皆是。迨建祠之令下,土木金碧,穷工极巧,更所在兢靡矣。乃独此摩旗块然之石,义不苟就阶陛,以承刍佞之膝,举之不动,鞭之不起,其壮烈之气洵足与杨、左诸公争先泉壤;而顾听其委于荒原幽岭,日炙雨淋,瓦砾同朽,岂不大可惜哉!夫天既已钟毓而付畀之矣,宁终忍其抑遏而不彰,暴露而不为之护庇耶!于是假乎人而诱其衷,或为之歌咏,或为之记叙,或为之采辑而搜罗;行见巍然焕然,耀于山巅、水涯之次,不仅翰墨之辉光,丹之璀灿已也;将必有勃发其廉立之心,卓然与兹石同不朽者,则此一亭也,所系顾不重乎?予不敏,承乏于兹期年矣。既愧政令之无闻,深喜是举之有益。而观成有日,愿操楄笔从诸君子,相与赋诗宴饮,以落之也,是为序。

[作者作品]

景纶,满族,满洲镶黄旗,清嘉庆十六年(1811年)任密县知县,四年后回任密县知县。嘉庆二十二年(1817年),景纶与江苏武进人谢增重修《密县志》,并开雕成书。景纶刚正廉明,遇事立断。景纶上任后大灾连连,他一面请求上级减免税赋,一面自行筹款,于城乡设立粥场,救活无数百姓;又在县东施茶庵设立义冢10亩,深得百姓称颂。黄河马营口决堤,上级命密县出料助工,景纶以密县不产料具文,再三申详,物料之役遂永久免除。

[相关史料]

贞石,位于新密市白寨乡西部摩旗山南麓拜石岗处。在一青砖蓝瓦、坐北朝南的六角亭子内立一巨石,高丈余,宽4尺许,名曰"贞石"。相传,奸臣魏忠贤当年看中这块巨石,意作生祠拜石之用,不料此石不畏权势,坚贞不屈,拒作拜石。魏忠贤恼羞成怒,遂举钢鞭,猛抽巨石。如今石上三道鞭痕清晰可见。后人崇拜此石品格,建亭纪念,故名"贞石亭"。清朝举人韩城写有《贞石记》,巡抚吴熊光、举人李元泸写有《贞石歌》,员外郎吴赓枚写有《贞石行》。

《嵩岳游记》序(二篇)

[作者作品]

《嵩岳游记》是荥阳人席书锦编撰的一本类似于嵩山导游类的书。此书编撰于光绪甲午即光绪二十年(1894年)正月十日。席书锦当时在登封任嵩阳书院的山长,类似现在的校长。

席书锦在登封任教时,花了五年时间,利用讲学之余,踏遍嵩山。登山巅,穷水源,每遇遗迹残碑,都对其故实加以考究。日积月累,记述了大量笔记。至1894年,到偃师任教后,才将历年旧稿加以整理,编成此书。

这部书虽名为游记,其内容则与游记体例不雷同,而是模仿《洛阳伽蓝记》和《汴京遗迹志》,以嵩阳书院为中心,将嵩山各处名胜古迹景点139处,一一列举介绍。且偏重于人文景观,比如寺庙宫观以及著名碑碣、传说故事等。与其说它是游记,倒不如说它是一部导游手册或景点说明书。

尤其值得一提的是,由于本书所述是作者亲身游览的记录,所以,大都留下了清末时期嵩山各名胜古迹的真实面貌。此书行文简洁,正文虽然不足5万字,但是对嵩山范围内的名胜古迹、历史文物,均灿然列眉,介绍无遗,实为难得。

一、《嵩岳游记》自序

清　席书锦

天下山水之奇,有可俯仰而即寓于目者,有必积岁月而始能搜其奇探其奥者。中州之佳山水,太行自西来,千岩万壑,蜿蜒起伏,奔赴于苏门一隅。山麓有泉自石罅出,数孔相连,如瓮大,平涌而直漱,其积厚故其势壮,其脉远故其流洁,《诗》所谓"毖彼泉水"者也。啸台在其上,晋逸人之所栖止。邵子安乐窝、耶律文正祠暨姚文献、许平仲、孙夏峰讲学旧庐,并罗列左右。南望大官水田,秧青鹭白,烟景如画,近把襟袖间,故卫人之游乐甚,而游亦甚逸也。若嵩岳居天地之中,风雨阴阳之所会合,申、甫、巢、许之所钟毓,梵宇琳宫之所经营,金石篆刻之所留藏,二室东西七十二峰,周围数百里,箕颍石淙,好奇者尤津津乐道。每山必有涧,每涧必有泉,虽不及百泉之胜,众流所萃,往往汇为巨浸。凡游者必戒行李,持数日粮,星饭水宿,非如是不能周历也。余性耽山水,光绪己丑膺嵩阳书院讲席,五历寒暑。课暇,足迹所至,山陟巅,水溯源,遇遗迹残碣,必考其故事而不惮烦屑。落叶满山,策蹇行石径荦确中,仆夫告倦,余犹兴未已也。回忆丁丑暮春,小住苏门,其游之劳逸何如耶? 恒自念曰,中州山水之奇,吾得游其地者有二,且不以暂游而止,山灵招我,想有夙缘存其间乎? 今春将移砚西亳,仍与嵩近,因检辑旧稿,次其游踪,编成四卷,共一百三十九篇,且拟重游,详加审定。昔姚姬传最契聂氏《泰山道里记》,谓考订古今,皆详核可喜。此编敢矜著述,聊师姚氏之意,不欲踵讹袭谬,俾后之游者有所考焉。光绪甲午正月十日,汜水席书锦序。

[作者作品]

席书锦,清朝汜水县人。字相圃,汜水县洼子村人。出生于书香门第,其父席广润,为岁贡。书锦青年时期,为开封府学生员,肄业于大梁书院。光绪十一年(1885年)中举,颇有文名,曾在嵩县、偃师、荥泽等县书院任教,后又游幕于北京。光绪三十二年(1906年)选授河南正阳县儒学教谕。由于

他与当时河南著名地方文献专家张凤台有旧谊,因而在民国初年,又被委任调查河南地方文献和担任河南通志局编辑。1928年出版的《汜水县志》载有其小传,称其享年77岁。由此略可推断,他去世当在1920~1927年之间,又以此推之,其生年当在清道光后期,即1843~1850年之间。

二、《嵩岳游记》序

清　徐世昌

嵩高传世无专书。成皋席君相圃,都讲嵩阳书院,始据今所见,证所闻于古,谛审详考,为《嵩岳游记》四卷。夫嵩高名在天下,四岳环拱,雄镇当中,为有太少二室耳。即游嵩高者,亦以为不至二室之顶,意不厌也。

《记》乃若置二室不遽及之,先立书院为准起,而前后左右,拓四面言之,自近而远辨其方,自下而上计以里,俾后之人有所据,与陟降出入,不至迷于所往。征书而名其地,即远在他方,亦若身亲而得游观之益,盖其书之为世所利赖如此,顾至今尚藏之箧笥未出也。新学既兴,所得不能肤末,辄思出而与先进争不朽之业,腾其口说,日曝诸五都之市,列肆喧眩,以求其售。吾国四千年故国也,传存之书,唐宋视明清加衰少焉,秦汉视唐宋又加衰少焉,秦汉而前,则存无几何,其数盖可指数,顾即此盖可指数之数,使更历世自秦汉至今。今所传明清之书,能不如其数不加衰少,不可知也。韩退之有言:"其用功深者,其收名也远。"售世之多少,与传世之远近,当无或异,壹是如量相加,不能丝毫假借。相圃之书,积五年而后成,书成至今且二十年,审慎不敢遽出,有以也。鸟破卵,鷇縠数飞,然后可望冲天。百尺之台,级基层累而上,蜃嘘气成楼市在海中,姑妄传之耳,决无故实。乃实事以求新书之兴,近不过十许年,已抵我四千年故所传存书之半,而每日售出之数,且十百千万倍蓰于我故。大声不入里耳,歌下里巴人,国中属而和者数千人,吾国之故说,则尝闻之矣。世昌又闻生其水土,犬马亦知人心,而近世生理学家言,凡物之形儿既殊,则其中之所由融结。与其出而程能于世,而为世所裁用,更无一之或同。新书之形儿,我故未有也。写欧米法装演,册大宽纵不及尺咫,小仅半之,而厚辄以衡石程,度纸之正中,折阖作背,翕其两端,面反正皆印蝇头细书,约每书不减十数万言,少亦数万言。一卷之成,古人叹以为难,今一输入海国文明,译著乃若是之易,知言者又所至皆是,予未尝至欧米,在彼或别有一风教,固未可以吾国故所谓著书之例测也。

戊午十月,天津徐世昌序。

[作者作品]

徐世昌(1855~1939年),清末、北洋政府官僚,北洋政府总统。字卜五,号菊人。原籍直隶天津,出生于河南省汲县。公元1879年徐与袁世凯结为盟兄弟,得袁资助北上应试。先中举人,后中进士,授翰林院编修。光绪十二年(1886年)中进士,任翰林院庶吉士。

徐世昌

北洋军阀统治时期多次出任国务卿,公元1918年10月~1922年10月任民国大总统。徐世昌诗、书、画俱晓。为总统时曾成立北京艺术篆刻学校,即后来中央美术院前身。为了阻止新文化运动的高涨,徐极力鼓吹"尊孔读经"以为抵制。退出政界于天津"退耕堂"过隐逸生活后,借助僚友门客编撰书籍20余种。著有《欧战后之中国》《退耕堂政书》《大清琨辅先哲传》《书髓楼藏书目》《东三省政略》等书。徐世昌的书画作品颇有声誉,曾在中国、日本及国外画展中展出。

一个大总统怎为千里之远的席书锦的书写序?荥阳市文史专家陈万卿先生说,徐世昌青少年时期,在郑州一带生活,和河南很多文化名人交情不错,席书锦曾给徐世昌做过幕僚,两人关系也比较熟稔,所以才有写序的可能性。

第三部分　祭祀、祭奠文

　　祭文,是人们在祭奠或者祭祀时朗诵的文章。祭文分为两大类:一类为祭祀文。祭祀是华夏礼典的一部分,是儒教礼仪中主要部分,礼有五经,莫重于祭,是以事神致福。在古代,人们产生万物皆有灵观念的同时,也就出现了祭祀。祭祀对象分为三类:天神、地祇、人鬼。天神称祀,地祇称祭,宗庙称享。当时祭祀天地山川,凭吊古人古迹,往往有祝祷性的文字,称作祭文、祈文或祝文。明徐师曾在《文体明辨序说》中指出:"古之祭祀,止于告飨而已。"其文并无哀伤之意,与后代的哀祭文是两码事。而另一类为祭奠文。祭奠是对逝者的一种悼念仪式,中华传统注重"慎终追远"的一种形式。祭奠文属于应用文的范围,是专门用来追念哀悼亲友丧葬的文字。祭奠的对象为亲人或友人。

　　从祭文的整体概念说,祭文是用来哀悼逝去的亲人或友人,也是用来祭告山川灵物和凭吊古人、古迹的,所以祭文种类是多种多样,祭天、祭地、祭山、祭神、祭人、祭物等,无所不有,用途也是非常广泛。从文章类型上可分为四种类型:祈求降福,驱赶邪魔,祈福免灾,悼念逝者。神灵是前面三种诉诸的对象,归于祷告一类,没有哀悼的意思。第四种祭祀亡灵,它的主要内容是哀悼、祷祝、追念死去的人生前的大概经历,评价、歌颂他的优良品德和主要事迹,寄托思念之情,以此来激励生者。

　　祭吊古人的文章,有时署"祭",有时署"吊",又由于它一般偏重于凭吊之义,故古代在文体上常把它另辟一类称"吊文",实际也是祭文的一种。如唐代李华的凭吊古迹的《吊古战场文》颇有名气。大凡祭吊古人、古迹之作,都是抚今思昔,借古人古事以咏怀。这可以说是祭吊古人、古迹一类文章的特点。

　　另外,与祭文性质相近的还有诔文和哀辞。诔文也与祭文一样,同属哀悼死者的文字,只是最初有"读之以作谥",即能给死者起到评定"谥"号的参考功用。所以,诔文除对死者表示怀念、哀悼,还偏重对死者事迹的记述和对德业、品格的褒扬。但后来因为有了定谥的专门文体"谥议"、"谥册",诔文就不一定与定谥有必然联系了,而且也不再论"贵贱长幼之节"(最初诔文有"贱不诔贵,幼不诔长"的规定)。哀辞,也是哀祭凭吊性的文字,只是哀辞多用于因身遭不幸而死或童稚早亡者。哀辞一般都前有序,记死者生前才德和死因,后用韵语,或四言或骚句,抒发作者的惋惜、哀伤之情。古代的哀祭文类,除一般标"祭、吊、哀、诔"名称外,有时还用"告某、哭某、悼某、葬某、奠某、悲某"等名称,性质是一样的。

　　古代祭文,是中国古代文人笔下一种具有重要意义的文学题材。祭文既有文学性,又有实用性。祭文有韵文和散文两种体裁。祭文的历史从上古时期就有,如以散文形式出现的《尚书》中的《周书·金縢》。春秋之际,《诗经》中的《凯风》《葛生》《黄鸟》《蓼莪》等哀诗,悲切伤痛,传诵于黄河流域。古代祭文有着相对现代祭文更加严谨的格式,古代祭文的辞性又有散文、韵语、俪语之分,韵语又有四言、六言、杂言、骚体、俪体等。两汉时张衡的《司空陈公诔》、蔡邕的《济北相崔君夫人诔》,魏晋南北朝时的曹操的《祭桥公文》、阮籍的《孔子诔》、陆机的《吊魏武帝文》、王粲的《吊夷齐文》、李充的《吊嵇中散文》等祭文名篇,有力地推动了祭文的定形与发展。

唐宋时期,古文运动兴起,骈体形式渐微,散体文字时新。只是由于赋体、骈体接近于诗歌,尚有利于表达感情,所以哀祭文除散体之外,仍有采取赋体、骈体的。但不管采用何种形式,其内容与体例都发生了明显的变化。其一是本期谥法简化,谥议废除,正如徐师曾在《文体明辨》中说的:"古之诔本为定谥,而今之诔惟以寓哀,则不必问其谥之有无,而皆可知之。至于贵贱长幼之节,亦不复论矣。"同时也不再局限于四言,而逐步向骚体、长短句过渡。到了北宋,哀辞终于取代了诔辞的地位。其二是吊文范围也逐步扩大,它不仅可以凭吊死者,而且可以凭吊可悲的事物,如唐李华的《吊古战场文》。其三是祭文名称进一步为社会各阶层所广泛运用。此外还出现告、哭、悼、葬、奠、酹、悲等别称。古代写得好的祭文,多为亡亲亡友而作的追记、生平,称颂死者,有很强的感染力。如李商隐的《奠小侄女寄寄文》、柳识的《许先生颍阳祠庭献酹文》、富弼的《哭尹舍人文》、陈亮的《告祖考文》等。

从写作风格来对比,唐宋祭文各具特色。唐文以情胜,宋文则以理胜。因唐代碑碣墓志,大量涌现,有关死者升降起居之迹,歌功颂德之词,已被此等诔文所囊括,祭文所写,多属哀挽之语,更显得情真意切。宋代的祭文,则由于受到宋诗议论化的影响,也蒙上了一层议论的轻纱。唐宋以后,祭文的格式渐渐趋于定型。元明清以来,祭文写作持续发展,基本上沿续了唐宋祭文的风格。

古代的哀祭文从诔辞开始,经过哀辞、吊文和祭文的沿革,一直发展到现代白话文的悼词、悼念文章、唁电等,清楚地显示了我国哀祭文体伴随着社会演变而向前延续和发展的轨迹。

阳城刘氏妹哀辞

西晋 潘 岳

鸟鸣于柏,乌号于荆。徘徊踯躅,立闻其声。相彼羽族,矧伊人情。叩心长叫,痛我同生。诞育圣王,发奇稚齿。如彼名驹,昂昂千里。刘氏怀宝,未曜随和。伊予轻弱,弗克负荷。禄微于朝,贮匮于家。俾我令妹,勤俭备加。珍羞罕御,器服靡华。抚膺恨毒,逝矣奈何!哀哀母氏,蒸蒸圣慈。震恸擗□,何痛如之!魂而有灵,岂不慕思。嗟哉往矣。当复何时?

[作者作品]

潘岳(247~300年),西晋著名文学家。字安仁,俗称潘安。祖籍荥阳郡中牟县(今属河南)。魏齐王正始八年(247年)出生于今巩义,在巩义境内尚存其父潘芘及潘岳的家族墓地。"太康文学"的代表人物,与陆机、侄潘尼齐名,世称"潘陆""两潘"。祖父潘瑾,曾官安平太守,其父潘芘,做过琅琊太守。但有人认为,从他父亲一辈起,他家实际居住在巩县。他的从父潘勖在汉献帝时为右丞,《册魏公九锡文》即出自其手笔。潘岳从小受到很好的文学熏陶,被乡里称为"神童"(《文选·藉田赋》李善注引),长大以后更是高步一时。

司马炎建晋后,潘岳被司空荀召授司空掾。泰始中,武帝司马炎躬耕藉田,他作《藉田赋》以颂,才名冠世,但为众人所嫉,遂十年不得升迁。咸宁四年(278年),贾充召潘岳为太尉掾。后出为河阳县令,后调补尚书度支郎,迁廷尉评,不久被免职。永熙元年(290年),太傅杨骏召潘岳为太傅府主簿。

潘 岳

杨骏被诛后,他被免职,不久又选为长安令。元康六年(296年)前后,回到洛阳。历任著作郎、给事黄门侍郎等职。与石崇、陆机、刘琨、左思并为"贾谧二十四友",潘岳为其首要人物。永康元年(300年),赵王司马伦擅政,其亲信中书令孙秀诬潘岳、石崇、欧阳建等参与淮南王允、齐王叛乱,被杀,夷三族。

潘岳诗赋都很有名。其作品文辞绮丽,造句工整,用典浅近,作品感情真切动人,对后世影响较大。其代表作有《悼亡诗》、《哀永逝文》、《杨荆州诔》及《闲居赋》、《秋兴赋》、《怀旧赋》、《西征赋》等,潘岳在嵩山洛阳任职时,多来往嵩山的巩洛之间,并写有嵩山的诗、赋。

潘岳是中国历史上最具传奇色彩和悲剧色彩的人物。民间对潘岳最熟悉的是作为中国第一美男的身份,"貌若潘安"是中国人对于一位男子外貌最高的褒奖。据载,17岁时他驾车出游洛阳城,令全城女性群起围观并投掷水果以表爱慕之情。

[相关史料]

《阳城刘氏妹哀辞》是潘岳为胞妹而作。在潘岳的作品中,悼念亲人家属的"亲情哀文",属于分量很大的一部分文章。在他悼念的亲人中,有妻子、儿子、女儿、弟弟、妹妹、从子、岳父、内兄、妻侄、姨侄等,这些人是他生活乃至生命中的一部分,他们的逝去,乃是于他有着切肤之痛。从《阳城刘氏妹哀辞》中,可见他抒发的情感就特别感人。

悼亡诗之一

西晋 潘 岳

荏苒冬春谢,寒暑忽流易。之子归穷泉,重壤永幽隔。
私怀谁克从,淹留亦何益。僶俛恭朝命,回心反初役。
望庐思其人,入室想所历。帏屏无髣髴,翰墨有馀迹。
流芳未及歇,遗挂犹在壁。怅恍如或存,回惶忡惊惕。
如彼翰林鸟,双栖一朝只。如彼游川鱼,比目中路析。
春风缘隙来,晨霤承檐滴。寝息何时忘,沈忧日盈积。
庶几有时衰,庄缶犹可击。

[作者作品]

作者简介见《阳城刘氏妹哀辞》。

潘岳的《悼亡诗》是诗人悼念亡妻杨氏的诗作,共三首,这是其中的第一首。杨氏是西晋书法家戴侯杨肇的女儿。潘岳12岁时与她订婚,结婚之后大约共同生活了24个年头。杨氏卒于晋惠帝永康八年(298年),潘岳夫妇感情很好,杨氏死后,潘岳写了一些悼亡诗赋,除《悼亡诗》三首之外,还有《哀永逝文》《悼亡赋》等,表现了诗人与妻子的深厚感情。在这些悼亡诗赋中,《悼亡诗》三首都堪称杰作,而第一首传诵千古,尤为有名。

这首诗写作时间大约是杨氏死后一周年,即晋惠帝永康九年(299年)。写诗人为妻子守丧一年之后,即将离家返回任所时对亡妻的怀念和心情。人已经死了,但遗物还在,触目惊心,引起自己沉痛的哀思,情感真切动人。《悼亡诗》是潘岳的代表作。?

潘岳的悼亡诗赋有一个明显的特点是富于感情,此诗也不例外。陈祚明说:"安仁情深之子,每一涉笔,淋漓倾注,宛转侧听,旁写曲诉,刺刺不能自休。夫诗以道情,未有情深而语不佳者;所嫌笔端繁冗,不能裁节,有逊乐府古诗含蕴不尽之妙耳。"(《采菽堂古诗选》卷十一)这里肯定潘岳《悼亡诗》的感情"淋漓倾注",又批评了他的诗繁冗和缺乏"含蕴不尽之妙",十分中肯。沈德潜对潘岳诗的评价不高,但是对《悼亡诗》也指出"其情自深"(《古诗源》卷七)的特点。的确,潘岳《悼亡诗》感情深沉,颇为感人。

由于潘岳有《悼亡诗》三首是悼念亡妻的,从此以后,"悼亡诗"成为悼念亡妻的专门诗篇,再不是悼念其他死亡者的诗篇。于此可见,后人写"悼亡"诗,都受他的影响。

为宋公祭嵩山文

南朝宋　范　泰

刘裕敬荐中岳之灵:惟岳作镇长中畿,拟天比峻,降祉发辉。宣和阴阳,通达幽微。既曰辅顺,亦代厥违。霜露所均,万人是依。不以虚薄,志扫不庭。仰纾国耻,俯拯黎氓。望岭怀仁,践境延情。金璧之赠,愧惧交盈。思乐时雍,终凭威灵。旧都既清,三秦期廓。岂惟人谋,亦宜冥略。逝将言旋,自雍徂洛。何以寄怀,一卮清酌。圭璧云乎,深诚攸托。

[作者作品]

范泰(355~428年)南朝宋大臣、学者。字伯伦,顺阳山阴(今湖北光化西北)人。范晔之父。著有《古今善言》《宋书本传》等。范泰博览篇籍,好为文章;爱奖后生,孜孜无倦。

祭祀神灵、祈求神灵,保佑天下太平,是古代皇家最重要的祭祀礼仪。历代帝王每遇新帝大典或其它军国大事,都要或亲自巡狩和祭祀山川,或遣特使者专程前往山川处进行告祀。范泰的这篇《为宋公祭嵩山文》,就是他作为特殊使者,南朝宋武帝刘裕专程到嵩山进行传祭祀的祭文。

谏灵太后幸嵩高表

北朝北魏　崔　光

伏闻明后当亲幸嵩高,往还累宿,銮游近甸。存省民物,诚足为善。虽渐农隙,所获栖亩。饥贫之家,指为珠玉。遗秉滞穗,莫不宝惜。步骑万余,来去经践。驾辇杂逻,竞骛交驰。纵加禁护,犹有侵耗。士女老幼,惟是伤心。秋末久旱,尘壤委深。风霾一起,红埃四塞。辕关峭崄,山路危狭。圣驾清道,当务万安。乘履涧壑,蒙犯霜露。出入半旬,途越数百。飘曝弥日,仰亏和豫。七庙上灵,容或未许。亿兆下心,实用悚栗。且藏蛰节远,昆虫布列。螺蠕之类,盈于川原。车马辗蹈,必有类杀。慈矜好生,应垂未测。诚恐悠悠之议,将谓为福兴罪。厕役困于负担,爪牙窘于赁乘。供顿候迎,公私扰费。厨兵幕士,衣履败穿。昼喧夜凄,罔所覆藉。监帅驱捶,泣呼相望。霜旱为灾,所在不稔。饥馑荐臻,方成俭敝。为民父母,所宜存恤。靖以抚之,犹惧离散,乃于收敛之辰。致此行举,自近及远,交兴怨嗟。伏愿远览虞舜,恭己无为;近遵《老》、《易》,不出户牖。罢劳形之游,息伤财之驾,动循典防,纳诸轨仪。委司责成,寄之耳目。人神幸甚,朝野忭悦。

正光三年,遣有司驰祈嵩岳。

崔 光

[作者作品]

崔光(449~522年),字长仁,本名孝伯,孝文帝赐名光,北魏清河人。孝文帝太和六年(482年)任中书博士,转著作郎,与秘书丞丽彪同撰国史。后因谋略功,实授太子少傅,迁右光禄大夫。516年(孝明帝熙平元年)封为平恩县侯,加授太子太保。崇信佛法,每为沙门,朝贵讲《维摩》《十地》,并著二经义疏30余卷。

[相关史料]

宣武灵皇后(?~528年),北魏宣武帝皇后。安定临泾人。《北史演义》称胡仙真,幼年时受到良好教育,成年时入佛寺为尼。她在佛寺精研佛法,深通佛经义理。曾临朝听政13年,武艺高强,好射箭,爱登山。临朝听政初期,颇有政绩。后大肆崇佛、荒淫无节制等,导致了河阴之变,被沉入黄河溺死。

登箕山祭巢许文

唐 王 绩

怀二子之高烈,皆嵩岳而来游。挹千载之遐轨,登箕峰而少留。昔时慷慨,神国九州。今来寂寞,魂辞一丘。英踪落而犹在,精诚冥而遂幽。山荒庙僻,地古松楸。吾鄙怀之有素,仰前哲之清猷。同声必感,异代相求。如至诚之见接。庶蘋繁之可羞。伏惟尚飨。

[作者作品]

王绩(约590~644年),字无功,号东皋子,绛州龙门(今山西河津)人。隋末举孝廉,除秘书正字。不乐在朝,辞疾,复授扬州六合丞。时天下大乱,弃官还故乡。唐武德中,诏以前朝官待诏门下省。贞观初,以疾罢归河渚间,躬耕东皋,自号"东皋子"。性简傲,嗜酒,能饮五斗,自作《五斗先生传》,撰《酒经》《酒谱》。

[相关史料]

许由简介见《讥许由文》。

巢父简介,巢父、许由故事见《巢许论》。

王 绩

祭嵩高山文

北朝北魏孝文帝 元宏

孝文帝太和十八年,帝祭嵩高。祭文曰:

太极分浑,两仪是生。辰作乾宝,岳树坤灵。昭彰天地,吐纳五精。惟中挺神,祥契幽经。日月交晖,寒暑递成。万象合和,兆类孳盈。爰自化辟,俶庆胥庭。轩辕曜哲,伊祁载形。逮于有周,实光洛祯。川潜龙光,山隐凤亭。三才凭微,七曜依明。人伦倾首,百神柔诚。造厥区夏,历兹三正。应符代绩,孰不斯营。曰乎皇魏,飞虬玄并。螭腾穹象,用九黔嬴。新邦兴略,丕猷罔清。佗琼指阴,淹翠湿亭。河图旷览,升中阙铭。朕成法统,诞邀休宏。开物成务,载铄成龄。迁宇柳方,阐绳城。则直之兴,百堵若星。日瞩流馥,月陆芬馨。锵旋紫宿,景曜黄衡。鸾声嗜嗜,和嘤嘤。归盖如云,还辂若霆。惟嵩岩岩,峻极昊青。惟邑翼翼,长启魏京。荐玉告虔,用昭永贞。纳兹多福,万国以宁。

[作者作品]

魏孝文帝拓跋宏(467~499年),献文帝拓跋弘的长子,北魏王朝的第六位皇帝,原名拓跋宏,后改为元宏。杰出的政治家、改革家。即位时仅4岁,公元490年亲政。亲政后,进一步推行改革:太和十九年(495年)孝文帝从平城迁都洛阳;后又改鲜卑姓氏为汉姓,藉以改变鲜卑风俗、语言、服饰。此外,鼓励鲜卑和汉族通婚;评定士族门第,加强鲜卑贵族和汉人士族的联合统治;参照南朝典章制度,制定官制朝仪。孝文帝的改革,对各族人民的融合和各族的发展,起了积极作用。

北魏太和十八年(494年),孝文帝巡幸嵩山,亲作《祭嵩高山文》,致祭于嵩山。孝文帝在祭嵩山的同年及第年,还祭祀了东岳泰山,北岳恒山,黄河和济水,但《祭嵩高山文》全文264字,而《祭恒岳文》只有78字,《祭岱岳文》96字,《祭河文》128字,《祭济文》125字。仅从字数对比中即可看到北魏皇室对于中岳嵩山的重视。

孝文帝致祭嵩山

杜甫祭文(二篇)

唐 杜甫

[作者作品]

杜甫(712~770年),唐朝伟大的现实主义诗人。与李白合称"李杜"。字子美,自号少陵野老。唐朝河南巩县(今郑州巩义市)人。唐肃宗时,官左拾遗。后入蜀,友人严武推荐他做剑南节度府参谋,加检校工部员外郎。故后世又称他杜拾遗、杜工部。晚年举家东迁,途中留滞夔州二年,出峡。漂

杜甫

泊鄂、湘一带，贫病而卒。杜甫生活在唐朝由盛转衰的历史时期，其诗多涉笔社会动荡、政治黑暗、人民疾苦，被誉为"诗史"。其人忧国忧民，人格高尚，诗艺精湛，被奉为"诗圣"。1962年，杜甫诞生1250周年时，世界和平理事会把杜甫列为世界文化名人之一。

一、祭外祖祖母文

维年月日，外孙荥阳郑宏之、京兆杜甫，谨以寒食庶羞之奠，敢昭告于外王父母之灵：呜呼！外氏当房，祭祀无主。伯道何罪？元阳谁抚？缅维夙昔，追思艰婆。当太后（武后）秉柄，内宗如缕。纪国则夫人之门，舒国则府君之外父。聿以生居贵戚，衅结狂竖。雌伏单栖，雄鸣折羽。忧心慘慘，独行踽踽。悲夫景分飞忽，间于凤凰；咄彼逸人有词，异於鹦鹉。初我父王之遭祸，我母妃之下室。深惟殊涂，酷吏同律。夫人於是布裙扉屦，提饷潜出。昊天不佣，退藏於密。久成凋瘵，溘至终毕。盖乃事存於义阳之谋，名播於燕公之笔。呜呼哀哉！宏之等从母昆弟，两家因依。弱岁俱苦，慈颜永违。岂无世亲，不如所爱？岂无舅氏，不知所归？誓以偏往，测恋光辉。渐渍相勖，居诸造微。幸遇圣主，愿发清机。以显内外，何当奋飞？洛城之北，邙山之曲；列树风烟，寒泉珠玉。千秋古道，王孙去兮不归；三月晴天，春草萋兮增绿。顷物将牵累，事未遂欲，使泪流顿尽，血下相续者矣。捧奠迟迴，炯心依属。庶多载之洒扫，循兹辰之轨躅。

[相关史料]

史料记载：唐太宗李世民的第十子李慎被封为纪王，任襄州刺史，是一个较为开明的贵族，与越王李贞齐名，当时人们把这两个兄弟合称"纪越"。武后执政时，统治阶级内部发生了极大的磨擦和矛盾。许多高祖（李渊）和太宗的子孙都遭受到武后的杀戮。李贞起兵讨伐武后，失败后，李慎也牵连下狱，改姓虺氏，配流岭外，走在中途便死去了。李慎的次子义阳王李琮也被拘入河南狱，他的一个女儿嫁给崔氏，天天穿着草鞋布衣，面容憔悴，徒步出入狱中，送衣送饭，在洛阳的街上往来，使许多人受了感动，人们说她是"勤孝"。李琮的女儿就是杜甫的外祖母。

杜甫外祖母又是舒王李元名的女儿。李元名是高祖的第十八子，太宗的弟弟。杜甫的外祖家虽然是一个盛大的士族，和最上层的统治者通婚，但它承袭下来的并不是贵族的豪华，而是悲绝人伦的惨剧。所以杜甫与他的姨表兄弟荥阳郑宏之在洛阳北邙山曲合祭他们的外祖父母时，他写了这篇充满悲凉气氛的祭文，叙述了这些惨剧。

二、祭远祖当阳君文

维开元二十九年岁次辛巳月日，十三叶孙甫，谨以寒食之奠，敢昭告于先祖晋驸马都尉镇南大将军当阳成侯之灵。初陶唐氏，出自伊祁，圣人之后，世食旧德。降及武库，应乎虬精。恭闻渊深，罕得窥测，勇功是立，智名克彰。缮甲江陵，寝清东吴，邦于南土，建侯于荆。河水活活，造舟为梁，洪涛奔汜，未始腾毒。《春秋》主解，稿隶躬亲。呜呼笔迹，流宕何人！苍苍孤坟，独出高顶，静思骨肉，悲愤心胸。峻极于天,神有所降。不毛之地,俭乃孔昭,取象邢山,全模祭仲,多藏之戒,焞序前文。小子筑室首阳之下,不敢忘本,不敢违仁。庶刻丰石,树此大道。论次昭穆,载扬显号。于以采蘩,于彼中园。谁其尸之,有齐列孙。呜呼!敢告兹辰,以永薄祭,尚飨。

[相关史料]

杜甫的《祭远祖当阳君文》,撰写于唐开元二十九年(741年),这是杜甫在偃师县祭祀先祖晋附马都尉镇南大将军当阳成侯杜预的一篇祭文。

杜预(222~285年),字元凯,京兆杜陵(今陕西西安东南)人。西晋时期著名的政治家、军事家和儒家学者,灭吴统一战争的统帅之一。历官曹魏尚书郎、河南尹、度支尚书、镇南大将军、当阳县侯,官至司隶校尉。功成之后,耽思经籍,博学多通,多有建树,被誉为"杜武库"。著有《春秋左氏经传集解》及《春秋释例》等。

吊伯夷叔齐文

唐 柳 识

洪河之东兮,首阳穹崇。侧闻孤竹二子,昔也馁在其中。偕隐胡为?得仁俾死,青苔草木,苍云秋水。魂兮来何依兮去何止?掇涧溪之毛,荐精诚而已。初先生鸿逸中州,鸾伏西山,顾薇蕨之离离,歌唐虞之不还。谓易暴兮又武,谓墨缞兮胡颜。时一吒兮忘饥,若有诮兮于岩之关。岂不以冠敌在于上,履新处于下,且曰一人之正位,孰知三圣之纯嘏,让周之意,不其然乎?是以知先王之所恤者偏矣。当昔夷羊在牧,殷纲解结,乾道息,坤维绝。鲸吞噬兮鬼孽,王奋厥武,天意若曰:"覆昏暴,资浚哲。"于是三老归而八百会,一戎衣而九有截。况乎旗锡黄钺,珪命赤乌,俾荷钜桥之施,俾申羑里之辜。故能山立云集,电扫风驱。及下车也,五刃不砺于武库,九骏伏辕于文途。虽二士不食,而兆人其苏。普天周土,率土周人。吁嗟先生,逃将奚臻。万姓归饰兮,独郁乎方寸。六合莽荡兮,终跼乎一身。虽忤时而过周,终臣心而恻殷。所以不食其食,求仁得仁。然非一端,事各其志,若旁通以阜厥,躬应变以济其利,则焉有贞节之规,君亲其事。灵乎!灵乎!虽非与道而保全,乃勖为臣之不二。

[相关史料]

作者简介见《许由先生颍阳祠庭献醇文序》。

[相关史料]

伯夷、叔齐是商末孤竹国君的两个儿子,因互让王位而隐居首阳山。武王伐纣,伯夷叔齐曾拦住马头,扣马而谏。周灭商后,两人竟"不食周粟"而死。伯夷叔齐是中国历史上清高、孤傲、不慕虚荣的代表,由伯夷、叔齐产生的夷齐精神更是儒家精神的重要组成部分,"威武不能屈,富贵不能淫,贫贱不能移"是伯夷、舒齐的高尚人格的写照,也是中华民族精神的体现。千百年来,伯夷、叔齐的高风亮节和高尚情操已经成为中华民族的精神象征。

谒许由庙

唐 杨植

尧之聪明,由先生成;尧之治理,由先生始。尧不以天下让先生,先生之道犹昏;先生不以清节避唐尧,唐尧之道何尊。是知天地间,尧而许之,日而月之。生人以来,避让之大,未有如先生者也。若夫锱铢九有,兀极一夫,安能以岩泽枯槁之姿,下圣文神武之德。则知丹朱得尧之体而遗尧之性,先生得尧之性而遗尧之名。是得之者守之不足,遗之者宰之有馀。天用先生秕 康帝王,牢笼六合,欲先生躬戴清规,首出万古。僭贼伪臣之道拜先生庙者,得不戒之哉!使汤之智,读先生书,夏祀不夷也;使发之圣,得先生梦,商庙不墟也。然汤、武圣人之用也,先生圣人之洁也。於乱则吾用,於治则吾洁。二者圣人经时之柄。使汤、武逢尧、舜,是必韬用而先洁矣;先生逢桀、纣,是必舍洁而趋用矣。则圣道变化,岂有殊耶?故喜为云霞,怒为雷雨,先生神也。生为春夏,杀为秋冬,先生功也。结为山岳,融为川渎,先生寿也。星罗月帐,岩灵窒静,先生宅也。圣人无为,金玉在璞,先生富也。功而不宰,人文化成,先生道也。休光烈仪,仰道垂师,先生文也。天机自洁,虽死不褎,先生武也。噫!先生所谓禀天之德,合地之式,居天地中,立帝王则。噫!先生所为往矣。谁能寂见寥廓,但箕颖之上,惟馀清风。噫!先生所谓为圣人之大,标天地之外,揖尧谢舜,畴为吾辈。我来独寻,请祷意深,再拜刻石,取文于心。

[作者作品]

杨植,唐朝人。此文写于唐代宗永泰二年(766年)。据《正德汝州志》记载:"许由庙在西关南,久废积存。明弘治九年(1493年)知州彭纲重建。"庙内保存一块上写"许由庙谒"的石碑,由唐人杨植撰文。

卢殷墓志铭

唐 韩愈

元和五年十月日,范阳卢殷,以故登封县尉,卒登封,年六十五。君能为诗,自少至老,诗或录传者,在纸凡千余篇。无书不读,然止用以资为诗。与谏议大夫孟简、协律孟郊、监察御史冯宿好,期相推挽。卒以病,不能为官,在登封尽写所为诗,抵故宰相东都留守郑公馀庆。留守数以帛来周其家。书荐宰相,宰相不能用,竟饥寒死登封。将死,自为书告留守与河南尹,乞葬己。又为书与常所往来河南令韩愈,曰"为我具棺"。留守尹为具凡葬事,韩愈为买棺又为作铭。十一月某日,葬嵩下郑夫人墓中。君始娶荥阳郑氏,后娶陇西李氏。生男辄死,卒无子。女一人,学浮屠法,不嫁,为比丘尼云。

[作者作品]
韩愈简介见《伯夷颂》。

[相关史料]

卢殷,唐代人。曾任登封县尉。宋《唐庚文录》载:殷凡作诗,须收拾诗材以备用。如昌黎所云"于书无书不读,用以资为诗"是也。殷为诗甚多,昌黎犹称之。而唐集不载,何欤?

祭田横墓文

唐 韩愈

[原文]

贞元十一年九月,愈如东京,道出田横墓下,感横义高能得士,因取酒以祭,为文而吊之,其辞曰:

事有旷百世而相感者,余不自知其何心;非今世之所稀,孰为使余歔欷而不可禁?余既博观乎天下,曷有庶几乎夫子之所为?死者不复生,嗟余去此其从谁?当秦氏之败乱,得一士而可王,何五百人之扰扰,而不能脱夫子於剑铓?抑所宝之非贤,亦天命之有常。昔阙里之多士,孔圣亦云其遑遑。苟余行之不迷,虽颠沛其何伤?自古死者非一,夫子至今有耿光。跽陈辞而荐酒,魂仿佛而来享。

[作者作品]

韩愈简介见《伯夷颂》。

《祭田横墓文》是从《韩愈文选》中节选的。唐贞元十一年九月(795年),韩愈去洛阳路经偃师田横墓时,为悼念田横而作祭文。祭文中对田横的气高节烈、威武不屈的精神给予了高度评价。田横虽然没有完成复国大业,却牢记国耻,不甘受辱,傲视生死,不损名节,其英雄气概,与日月同晖,光照千秋。

[相关史料]

田横(?~前202年),秦末群雄之一,原为齐国贵族,在陈胜吴广大泽乡起义后,田横与兄田儋、田荣也反秦自立,兄弟三人先后占据齐地为王。后汉高祖刘邦统一天下,田横不肯称臣于汉,率五百门客逃往海岛,刘邦派人招抚,田横被迫乘船赴洛阳,在途中距洛阳30里地的首阳山自杀。田横死后,二随从穿着穴墓旁,亦自到。田横死后,二随从穿着穴墓旁,亦自刎。海岛500部属闻田横死,亦全部自杀。史称田横"高节,宾客慕义而从横死,岂非至贤。"

田横墓位于偃师市首阳山镇东。

田 横

[译文]

贞元十一年(803年)九月,我到东都洛阳,经过田横墓旁。我深为田横以崇高的节义而获得手下人拥护所感动,于是取酒祭奠并写成这篇文章以吊唁,文辞如下:

有的事情即使相隔千百年却仍然令人感动,我不知道这是什么原因。如果不是今天同样的事太少了,那为什么它会使我止不住叹息而且哀泣?我在纵观了天下之后,觉得很难找到同田先生类似的行为了!唉,死者是不能复生的,可除了先生我还能慕从谁呢?当秦朝乱亡的时候,能得到一个有才能的节义之士就可以成就王霸之业,为什么有五百之众的义士却不能使先生您免于自杀身亡?可能是您信任的这五百人本事不够,但也可能是上天的自然安排?想当年孔子不也有众多贤能的弟子,却依然惶惶然困厄于陈蔡之间?只要自己没走错道到今天仍然焕发出灿烂的光辉!现在我一边跪着读这篇祭文,一边献上酒浆,恍惚间觉得您的英魂正在光临和享用着。

潘尊师碣文

唐 王 适

古称列仙,自黄帝尚矣。或解形默遁,或练气昭升。然业与代殊,古将今远,闻之者不见,见之者不留,世智以局守曾疑,神人以密化为贵。故其道弥大,其议弥乖,非理契冥通、精存玄览者不可得而论已。

尊师赵国赞皇青山里人也,族潘氏,名师正,字子真,唐嵩山上清之全真者也。尊师体元和之精,含太素之气,诞弥之夕,景光充庐。客曰:"此天阶之祥,非世贵者。"既而生有仙骨,幼无童心,足蹈龟文,手垂过膝,风仪盅《说文》:器虚也,直弓切。秀,操履幽贞。年十二,通《春秋》及《礼》,见黄、老之旨,薄儒、墨之言,白云在天,心已邈矣。十三丧母氏,攀坟柏以泣血,伏冢庐而摧心。缅维大孝严天,非负土之义;慎终崇德,实致福之基。大业云季,回手谢俗,启金丹之术,祈玉清之台,却粒而练肌,鷟菁以虚藏,身外无影,骨间有声。时知玄真人王君居在茅山,山有华阳洞天群仙之府,乃负笈潜往,结草幽居,受秘录于金坛,奉玄文于石室。王君以尊师名著紫简,业盛黄邱,指以所居,告归中岳。于是谒来上国,贡趾中经,漱阴屿之双泉,庇阳崖于二室。寝冥孤宙,垂将十年。以其樵歌尚通隐迹,或至历群崖以选胜,穷绝界而择幽,得逍遥谷者,有古仙之迹。雄峰晃朗,抗升天之阶;牝谷空蒙本文作冢,洞入冥之路。于是因林石结茅构,烧枫柏而戒净,练松以存精。志逸翔云,神含浩气。吞沆瀣以龟息,吸高皇以龙盘。青古不留,丹田已见。冥寂五纪,邈与代殊;想望三清,悠悠景会。

上元三年,天皇大帝幸洛都,睇嵩阜,谒三元之洞,征六甲之图。尊师以道有所申,贵有所屈,竟不屑命,对以无为。后年巡豫许京,属想太室,愿言霄极,伫降云轺,师仍隐几谢以幽疾。至调露元祀,月维孟冬,天子乃印运尧心,凤整轩御,万骑云跃,六龙天飞。清碧瑶之坛,访皇人之道,会师于嵩阳观焉。时天册金轮圣神皇帝潜光宝纬,佐理瑶房,深祈绛阙之游,遥契紫元之妙,霓装羽从,斋心致谒。既而皇眷靡歇,青溪尚深,乃税法驾,寻玄畤,风伯净壑,雨师空岩。日月按晷以流光,星辰环拱而列曜。捫《说文》:扪,持也,普胡切。紫兰以承玉辇,辟丹桂而交翠旗。天步穆清,云居攸止。鸿崖岊以抗室,赤松森而环阶。药铫绝烟,无若火化;林扉拥雾,有同巢居。天皇乃幸结茅,御蟠木,访天人之际,究性命之元。欣然顺风,叹以颓景。睿情迟伫,欲罢不能。爰制有司就师立观,即于逍遥隐谷建隆唐焉。神皇雅尚仙图,永怀秘诀,每洒心咨道,探赜求真,希步景于青元,想餐霞于紫府。尝致书曰:"九宫神秘,顾已通其大纲;太乙紫房,犹未解其深旨。"尊师微言盅答,秘世莫闻。明年仲春,上又以乘舆步辇,致师于洛城西宫。经罳圭之禁林,造上阳之仙阁。龙香竟路,羽盖骈阴。天子侧席斋宫,虚宣室。是日八风澂景,五云卿霭,万姓跂踏以耸瞩,百神禽习而发幽。真与圣冥,显与晦接,迥听千古,斯其一交者矣。寻而瑞节言旋,攀石梁之幽阻;神眷动思,赋瑶池之浩歌。迁延永怀,而不及。乃降制命以嵩阳观为奉天宫。苑接隆唐,地邻隐谷,左辟仙游之路,右启寻真之门。丹陛亘于云扃,紫微通于烟幌。大帝于是排阊阖,弛钩陈,起嵯,御嶙峋,屏中侍,肃外臣,若忘天下,窅然逾旬。后年,夏降师于金阙亭,问三洞之阶,稽七真之秘。神皇亲馈金鼎而献玉厨,五芝云敷,八桂霜靡,允执天师之礼,以旌问道之勤。又以功德事咨祈景福,乃于太子甲第建弘道之坛,老君寿宫立玄元之观。二名禀于师阙,双榜题于帝笔。有制屈德,遥统其纲。将以光振玉司,庆洎当作溢。琼府。上乃降云宇幸观风,命百寮陈九部,衣冠趋而铜路咽,钟鼓奏而天津沸。龙旗鹤盖,纷以挥霍;仙童灵妃,忽其倏闪。须臾声散景灭,若届殊庭;月曙烟飞,已寻幽谷。斯亦上九不疑之遵,反一无迹之行焉。其后乘舆屡陟山宫,必陈襄野之问。尊师深视绝景,不降河宗之居。虽甫对云霓,类蓬壶之悦忽;而玄通梦寐,若阙庭之胗盠。

永淳元年正月乙未,崇朝风霁,乙夜云灭。忽而有闻,若万籁聚;徐而听之,则五音龢。非大帝之乐声,即玄都之仙韵。中使具以状闻,帝曰:"潘尊师其升乎!"即日驾幸,奉天上,谒虚室,帝子扈跸,王姬陪辇。暨于寒峰戢景,旰谷生阴,黄竹申悲,邱陵有赠。寻而高宗厌世,乘彼白云。我师宁极,独守玄牝。后年季夏,一日谓弟子曰:"吾获保兹岭,于今五十馀年。灵异在谷,仙鹤满野。俾吾不接万乘之尊,亦庶几乎轻举矣,今名登玄录,身历太阴,升玄之言信吾命也。"是朔之夕,辰乌丽天,鹿鸣群山,雉雏众谷。翌日,师曰:"吾其蜕矣。"乃阖门入静,端坐焚香。月至于望,日临于甲,命香水,投青符,浴兰房,扳紫褐,曰:"反吾瀞《说文》:无岁也,疾正切。矣。亭午将化,留此十旬,归吾石室。"乃遗形隐景,济神幽欻《说文》:有所吹起。许物切。于时,紫气氤氲以旁烛,红云萧索而上延。郁行芳藻,流晷烟霭之表,若有人焉。圣神皇帝闻而兴趣,乃降宝命式谧松扃曰:去年冬晚,轩皇之贺不追;今岁秋寒,广成之居又寂。以此哀悼,情何可任。赠太中大夫,追谥曰体玄先生。昭国礼也。

尊师业尚盅密,勤悫幽深,理心事天,所宝惟啬,绝圣弃智,不曜其光。故真感冥期,珍图秘学,性与天道,不可得而闻也。若乃崇标旷迹,遐情远意,志摩青云,蓬视紫闼,每叹曰:"大丈夫业于道,不能投身霄岭,灭景云林,而疲疴此山,以烦世主,吾之过乎?"遂欲东求蓬莱,孤舟入海,属天皇敦笃斯道,祈款逾深,迟躅山隅,绝策未往,既而金格有命,镶辔遗区。於戏!昔姑射有神人,尧轻天下;空峒有至道,轩屈顺风。玄真高踪,万古同德,何其盛哉!尊师有弟子十人,并仙阶之秀。然鸾姿凤骨,眇云松者,惟颍川韩法昭。皆禀训瑶庭,密受琼室,专太清之业,遗下仙之俦。谷汲芝耕,服勤于我,盖历岁纪也。昭等永惟尊师灵迹,洞业高深,迈古而弃世往矣,其若之何?乃琢石幽山,申颂玄德。其颂曰:

汉帝得道,白日登天。赤松度世,紫岳乘烟。业秘千古,精沦九仙。真踪谁嗣?猗吾体玄。其一。
体玄谁何?仙骨天植。冲而神秀,幼有至德。云性鸿骞,冥心龟息。玄风独迈,白贲无饰。其二。
金陵福地,茅山洞天。高真灵景,终古贞全。寥寥太素,渺渺升玄。惟我师友,负笈往焉。其三。
始受玉书,即入琼室。机先体二,道惟得一。学备青台,化穷丹术。餐霞允矣,抱景期华。其四。
玄真有命,黄邱是理。烟驾米归,云林莘止。保光藏密,冥机畏美。崾嵝与居,象罔而已。其五。
有唐天子,乐我云仙。芝驾羽盖,蜺旌凤旟。斋心来谒,契道忘筌。瑶池一去,鼎化千年。其六。
煌煌女希,继天而立。黑龙既济,丹凤攸集。宗我仁师,缅怀真级。紫房问道,青元乃习。其七。
玄功聿就,洞业克成。青童肃谒,绛虹来迎。挥神默解,卧升霄行。去去金阙,悠悠玉清。其八。
岩幽碧洞,峰秀金台。少君斯举,青子时来。贞松云郁,虚空霞开。永吉千载,归鹤徘徊。其九。

[作者作品]

王适(770~814年),唐幽州人。官至雍州司功参军。武则天时求高才,唯适与刘宪等四人入第二等。见陈子昂《感遇》诗,曰:"是必为海内文宗矣!"乃请交于子昂。有集。好读书,怀奇负气,不肯随人后举选。宪宗元和初年(806年),提所作书应四科举,对语惊人,不中第。自称为"天下奇男子"。后随李惟简至凤翔,试大理评事,摄监察御史、观察判官。

《潘尊师碣文》,全称《唐默仙中岳体元先生太中大夫潘尊师碣文并序》,实际上是由当时的雍司功王适撰文、潘师正的弟子中岩道士司马承祯书丹的一篇埋于潘师正墓前的类似墓志铭样的悼念性碑文,全文叙述逝者的姓名、籍贯、生平事略,最后用韵文概括全篇,赞扬死者的功业成就。从中可看出潘师正崇道修炼的人生。

[相关史料]

潘师正(585～684年),唐赵国赞皇青山里人,字子真。道教上清派或茅山宗第十一代宗师。出身仕宦之家。自幼熟读六经,并得母口授《道德经》。年十三丧母,庐于墓侧,以至于孝名于世。后入道,曾随师傅王远知至茅山。后移居嵩山传道,先是居嵩山双泉顶,再转逍遥谷,隐居嵩山20余年。其间,潘师正还多次受到唐高宗和武则天的召见,高宗曾敕令在嵩山逍遥宫所在的逍遥谷中建"隆唐观",岭上另建"精思院"作其住址。在嵩山奉天宫增加"令于逍遥谷口特开一门,号曰'仙游门',复于苑北面置'寻真门'"。这种交往至高宗去世。

潘师正

吊苌弘文

唐 柳宗元

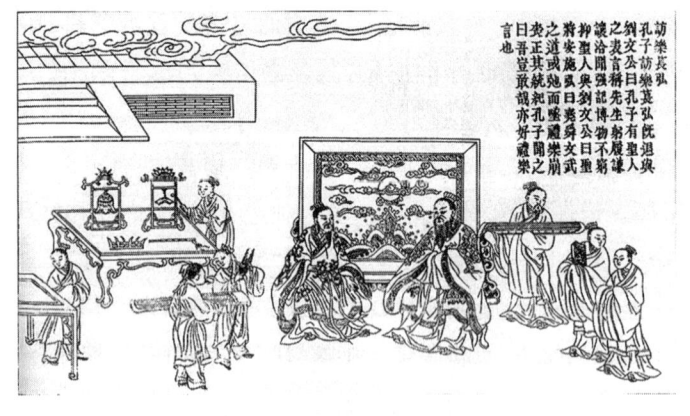

孔子访乐苌弘

有周之赢兮,邦国异图。臣乘君则兮,王易为侯。威强逆制兮,郁命转幽。疹蛊胶密兮,肝胆为仇。奸权蒙侦兮,忠勇以刘。伊时云幸兮,大夫之羞。呜呼危哉!河、渭溃溢兮,横躯以抑。嵩高坏多兮,举首排直。压溺之不虑兮,坚刚以为式。知死不可挠兮,明章人极。

夫何大之炳烈兮,王不寤夫谗贼。卒施快于剽狡兮,怛就制乎强国。松柏之斩刈兮,蓊茸欣植。骐骊折足兮,罢驽抗臆。鸷鸟之高翔兮,孽狐惆而不食。窃畏忌以群朋兮,孰病百而伸一。夫孰病百而伸一。挺寡以校众兮,古圣人之所难。刿援赢以威憨兮,兹固蹈殆而违安。杀身之匪予戚兮,闵宗周之已完。岂城以夸功兮,哀清庙之将残。嫉彪之肆诞兮,弥皇览以为谩。姑舍道以从世兮,焉用夫考古而登贤。

指白日以致愤兮,卒颓幽而不列。扳上帝以飞精兮,黜寥廓而殄绝。揭冯云以矼诉诉兮,终冥冥以郁结。欲登山以号辞兮,愈洋洋以超忽。洄涵其不化兮,形凝冰而自栗。图始而虑末兮,非大夫之操。陷瑕委厄兮,固衰世之道。知不可而愈进兮,誓不涸渝以自好。陈诚以定命兮,俾贞臣以与为。友比干之仁义类兮,缅辽绝以不群。伯夷殉洁以莫怨兮,孰克轨其遗尘?苟端诚之内亏兮,虽耆老其谁珍?古固有一死兮,贤者乐得其所。大夫死忠兮,君子所与。呜呼哀哉!敬吊忠甫。

柳宗元

[作者作品]

柳宗元(773~819年),字子厚,世称"柳河东",唐代文学家、哲学家和散文家,与唐代的韩愈、宋代的欧阳修、苏洵、苏轼、苏辙、王安石和曾巩,并称"唐宋八大家"。一生留诗文作品达600余篇,其文的成就大于诗。

吊苌弘文(晁无咎取此文于《变骚》曰:《吊苌弘文》者,宗元之所作也。苌弘,字叔,周灵王之贤臣,为刘文公之属大夫。敬王十年,刘文公与弘欲城成周,使告于晋。魏献子莅政,悦苌弘而与之合诸侯于狄泉。卫彪 曰:苌弘其不殁乎!周《诗》有之曰:天之所坏,不可支也。及范、中行之难,周人杀苌弘。庄周云:苌弘死,藏其血,三年而化为碧。盖语其忠诚然也。宗元哀弘以忠死,故吊云。)

[相关史料]

苌弘,字叔,资阳市忠义镇高岩山人。他生于距今2400年前的春秋末期,是东周内史大夫。苌弘博学多才,擅长天文,精通音律,著有《大荒东经》等15篇。苌弘不仅是周朝政治家,他还擅长于乐。孔子入周时曾访乐于苌弘,《大戴礼记》谓:"孔子适周,访礼于老聃,学乐于苌弘。"《偃师县志》记载,周大夫苌弘墓碑在县城东山化乡化村。嵩山偃师市山化乡化村,原名"化碧村",因周大夫苌弘埋于此而得名。

祭小侄女寄寄文

唐 李商隐

正月二十五日,伯伯以果子、弄物,招送寄寄体魄,归大茔之旁。哀哉!尔生四年,方复本族。既复数月,奄然归无。于鞠育而未深,结悲伤而何极!尔来也何故,去也何缘?念当稚戏之辰,孰测死生之位?时吾赴湖京下,移家关中,事故纷纶,光阴迁贸,寄瘗尔骨,五年于兹。白草枯荄,荒途古陌,朝饥谁饱?夜渴谁怜?尔之栖栖,吾有罪矣!今我仲姊,反葬有期。遂迁尔灵,来复先域。平原卜穴,刊石书铭。明知过礼之文,何忍深情所属!自尔殁后,侄辈数人,竹马玉环,绣襜文袴。堂前阶下,日里风中,弄药争花,纷吾左右。独尔精诚,不知所之。况吾别娶已来,胤绪未立。犹子之义,倍切他人。念往抚存,五情空热。

呜呼!荥水之上,坛山之侧。汝乃曾乃祖,松槚森行;伯姑仲姑,冢坟相接。汝来往于此,勿怖勿惊。华采衣裳,甘香饮食。汝来受此,无少无多。汝伯祭乳,汝父哭汝,哀哀寄寄,汝知之耶?

[作者作品]

李商隐(813~858年),晚唐著名诗人。字义山,号玉谿

李商隐

(溪)生,又号樊南生。原籍怀州河内(今河南沁阳),祖辈迁荥阳(今属河南)。唐朝荥阳(今郑州荥阳市)。19岁因文才深得牛党要员天平军节度使令狐楚的赏识,引为幕府巡官。25岁进士及第。26岁受聘于泾源节度使王茂元幕,辟为书记。王茂元爱其才,招为婿。他因此遭到牛党的排斥。李党知道后,李商隐便在牛李两党争斗的夹缝中求生存,辗转于各藩镇之间当幕僚,郁郁而不得志,后潦倒终生,46岁便忧郁而死。晚唐诗歌在前辈的光芒照耀下有着大不如前的趋势,而李商隐却又将唐诗推向了又一个高峰。其诗构思新奇,风格秾丽,尤其是一些爱情诗与无题诗写得缠绵悱恻,为人传诵。但部分诗歌过于隐晦迷离,难于索解,至有"诗家总爱西昆好,独恨无人作郑笺"之说。因处于牛李党争的夹缝之中,一生很不得志。作品收录为《李义山诗集》。

李商隐的代表作《祭小侄女寄寄文》文中没有堆砌辞藻之嫌,将寻常琐事絮絮道来,而凄恻哀恸,如泣如诉,感人至深,为千古祭文中的名篇,可与韩愈的《祭十二郎文》媲美。

祭告乐章

宋真宗　赵恒

大中祥符四年(1011年)五月,诏加五岳尊号。遣册礼使、摄太尉、右谏议大夫陈彭年,副使、摄司徒、光禄少卿沈继宗,奉玉书衮章加上中岳号曰中天崇圣帝,中岳后曰正明后。命翰林礼官详定仪注及冕服制度,崇饰神像之礼,以州长吏以下充祀官致祭。

祭告乐章

钟石既作,俎豆在前。云旗飞扬,神光肃然。当驾飙歘,来乎青圆。言备缛礼,享兹吉蠲。(右迎神)

节彼嵩岳,神明之府。秩秩威仪,肃肃云雨。懿号克崇,庶物咸睹。帝籍升名,式绥九土。(右册入门)

岩岩神岳,作镇中央。肃奉微册,尊名孔章。聿降飙驾,载献兰籍。熙事允洽,宝祚弥昌。(右酌献)

祗荐鸿名,寅威明祀。有楚之仪,如在之祭。奠献既终,礼容克备。神鉴孔昭,神禧来暨。(右送神)

[作者作品]

宋真宗赵恒(968~1022年),宋朝第三位皇帝,宋太宗第三子。在位25年。景德元年(1004年),契丹人所建之辽国入侵,宰相寇准力排众议,劝帝亲征,双方会战距首都汴京三百里外之澶渊,局势有利于宋,但因真宗惧于辽的声势,不顾寇准的反对,以每年进贡辽大量金银为"岁币"于澶渊定盟和解。历史上称"澶渊之盟"。此后,北宋进入经济繁荣期。真宗后期,以王钦若、丁谓为相,二人常以天书符瑞之说,荧惑朝野,帝亦浸

宋　真宗赵恒

于封禅之事,朝政因而不举,社会矛盾不断激化,使得宋王朝的"内忧外患"问题日趋严重。

由帝王或者名人致祭山川神灵的祭告颂辞,语言华丽,短小精悍。此类文不但属于哀祭文类,也是古代祭神遗风的流传。

宋大中祥符四年(1011年)五月,真宗赵恒诏加五岳尊号,有祭告诗八首。以下《祭告乐章》为中岳祭告乐章。

御制醮告文

宋真宗　赵恒

维大中祥符八年岁次乙卯二月壬子朔二十五日丙子,皇帝稽首上言:伏以列辟之规,有邦之典,必依凭于神化,用保祐于生民。《礼》存大之言,《书》著咸秩之训。上下之祀,必在于交修;神人之和,乃臻于多福。所以励明诚于鉴寐,奉嘉荐言于苾芬。庶使不测之灵,诞昭于忽怳;无疆之应,允洽于希微。窃念猥以眇躬,绍兹大宝。荷监观于穹昊,承积累于祖宗。致百福之来同,由三神之储祉。向自交驰玉帛,倒载干戈,尉侯聊存,风俗无外。古先盛德之事,罔不繁兴;圆清眷祐之心,由其不显。

国家祀典

发春戒序,吉日协期。夕梦先通,秘文嗣降。既而徇邹鲁之望幸,修云岱之上封。绿错之图,叠承于锡羡;紫烟之燎,言获于升中。以至辑玉于魏脽,旋軨于郏鄏。款后祇而躬祈稽事,朝山园而再展孝思。飚驭下监,璇源邈悟。珍台肇葺,宝宇奉安。将以伸遹,追馨乾玑。定圜阳之位,方答乎天棋;诣涡曲之庭,先朝于道秘。历平台而驻跸,尊艺祖而建都。盛则继扬,祢文悉举。率土修贡,舆诵多欢。律吕回环,未盈七载;礼容首冠,俄已三成。自先置之辰,迄饮至之日。鸿猷景铄,既已有融;美贶祯图,抑复无算。尔乃甘泉兹液,神草纷披。珍木交柯,灵禽接羽。矞云炳蔚,嘉气氤氲。日月扬于荣辉,星宿应于瑞牒。考于曩古,盖坟、史之未传;萃于方今,乃耳目而咸熟。至若齐璇玑之七政,和玉烛之四时;通范围之书文,惠海域之黎献。千仓之积,盈储峙于大农;三尺之繁,措刑辟于司寇。顾惟眇薄,成此治平。故仰报于百灵,用永安于九寓。乃询甲令于掌礼之官,乃访秘科于修真之士。载念始缮仪于岱岳,俄饫至于谯都。或丰厥牲牷,或洁斯蘋藻。或崇坛而斯建,或靖馆而斯临。虽复钦翼内增,斋明上达,然而茫茫层宙,杳杳方舆,其载无声,其功不宰。高也明也,岂神灶之所详知?经之纬之,岂竖亥之所遍步?穹壤之表,非可以臆论;鬼神之形,莫谐乎缕见。寒门所会,既秩序而靡彰;涂山所朝,亦疆宇而曷识。璇台珠阙,邈处于鸿濛之中;金简琅函,莫尽于杳冥之际。其有默熙妙用,幽赞丕功。或命历之云毗,或造化之攸辅。烈风迅雨,仰其节宣;精气幽魂,资其陶冶。或高处于清都紫府,或下居于名

山秘洞。或德及庶物,世罔之闻;或力济群生,人弗之谕。虽茂承于纯嘏,而终阙于丰禋。兹谓弗钦,何伸大报。由是内怀颙若,远考遍宇。广达夤威,以醻况施。矧复载籍地志,缅眺灵区。挺乔岳以奠方,号下都而分治。神乡福地,咸纪宝章。乘烟御风,常回欻驾。是以择阳和之序,瞻峻极之峰。祇遣辒车,遐修醮席。缕形善祷,罄达至虔。夫国之所保者民,民之所尚者生,生之所切者食,食之所丰者岁。倘或疵疠廢作,富庶允登,寿元可期,顺成常洽。然后八荒之外,俗变风移;九服之中,道德齐礼。衣冠不异,何止于缓刑;文告靡施,孰烦于用武。是则天之祐也,神之顾也。敢不励乃志,惩乃心,以保乎盈成,以戒乎逸豫?兢兢为务,庶协于永图;翼翼在怀,实期乎来格。无任恳倒之至。谨言。

天禧三年九月日建。

[相关史料]

大中祥符八年(1015年)二月,宋真宗赵恒自制醮告文,遣使醮告于中岳嵩山,即在中岳庙建坛构亭,立石柱,刻文其上。

祭谢嵩山文

宋 苏 辙

辙昔缘吏役,自陈如洛。道出嵩少,秋雨方淫。繁云如絮,缠覆山上。究观近麓,莫瞩诸岭。据鞍默祷,庶几一见。俯仰未几,豁然云移。如卷重帷,却置山后。连峰角立,草木可数。惊顾窃叹,莫知其由。昔韩愈南征有感于衡。岂以无似,克配前烈。默然惭惕,不以语众。至于今日,十有八年。永怀畴昔,有不能已。谨遣家兵,以茶酒香烛及佛经疏,伸导簿诚。神鉴不昧,景响昭答。

[作者作品]

苏辙简介见《上枢密韩太尉书》

《祭谢嵩山文》为苏辙任知汝州时所作的一篇祭文。

投金龙玉册纪事

元 杨 奂

今皇帝接百王之统席,三叶之庆祇,绍烈祖圣考之丕基。极天之覆,罄地之载,齿发之属,靡不臣服。思所以推崇祀事,仰答鸿休。乃诏设大醮三千六百,分位于长春宫。上下神祇,以至于水陆草木所主,咸在焉。戊申春二月望,班净侣于宫廷之内,度材庀司,各肃其事。七昼七夜,无有风雨。嘉气神光,恍如有应。两厢承平故老,举手加额,以谓胜衣以来,未之睹也。事讫,按礼敦遣提领佑玄通义大师马守心、使者密里吉女,相与投金龙玉简于名山大川。是岁夏五月乙丑届洛,甲戌率有司,致命中岳祠所,科范载举,灯烛交辉,涧溜销声,岭松弭响,群卫百灵,拱侍俯听。是以叹嗟不足,穆诵丛兴。夫削繁文,屏末节,重吏之扰也;减从骑,省馈饷,虑物之费也。天既父之以诚,民又子之以爱。所谓人和而神和,于斯征之矣。它时濡兰台之笔,缉郊祀之礼,则黄云之飞,万岁之呼,将不愧于汉矣。

[作者作品]

杨奂(1186~1255年),元代官吏、诗人。字焕然,号紫阳。奉天县华严里杨汉村(今乾县杨汉村)。金正大八年(1231年),杨奂在汴梁,为前辈士大夫们所赏识,为太学诸生之首,同当时的上层名流赵秉文、李屏山、冯璧等交往密切。金天兴二年(1233年),金京城汴梁失陷,杨奂微服北渡,流落到了元好问所在的赵天锡门下,读书致学,吟诗作赋。元好问与杨奂交谊颇深,很受元好问推崇。蒙古太宗八年(1236年)八月,杨奂应试东平路,两中赋论第一,以进士及第,是为状元。中书耶律楚材钟爱杨奂的才气和人格,推荐他做了河南路征收课税所长官兼廉访使。杨奂到任洛阳,经常在辖区之内,巡视调查。改革弊政,取消对长官额外的所有馈饷,力行廉政。杨奂从政15年,清政廉洁,政绩卓著。蒙古宪宗元年(1251年),杨奂告老还乡。同年九月,元世祖召杨奂入阙,并任命他做参议京兆宣抚司事。在任不久,他屡次上书请求还乡,世祖允准后即回到故乡,修筑屋堂,起名"归来堂",为他养老之所。杨奂虽处垂暮之年,依然悉心经史。著有《朝政近鉴》30卷。

《投金龙玉册纪事》是杨奂在洛阳任职时所作。

加中岳为中天大宁崇圣帝诏文

元世祖　孛儿只斤·忽必烈

朕惟名山大川,国之秩祀。今岳渎四海,皆在封宇之内,民物阜康,时惟神休,而封号未加,无以昭答灵贶。可加上中岳中天大宁崇圣帝,仍遣官诣祠致告,以称朕敬恭神明之意。命玄教宗师张留孙、必阐赤、养哥,赍奉锦幡、香帛致祠下。

[作者作品]

孛儿只斤·忽必烈(1215~1294年),元世祖,元朝的创建者。是监国托雷第四子,元宪宗蒙哥弟。蒙古尊号"薛禅汗",他青年时代,便"思大有为于天下"。孛儿只斤·忽必烈建立了幅员辽阔的统一多民族国家元朝。在位期间,建立行省制,加强中央集权,使得社会经济逐渐恢复和发展。他也曾多次派兵侵略邻国,但多遭失败。同其祖父成吉思汗一样,忽必烈是蒙古民族光辉历史的缔造者,是蒙古族卓越的政治家、军事家。在位35年,1294年正月,在大都病逝,谥号圣德神功文武皇帝,庙号世祖。

至元二十八年(1291年),元世祖忽必烈加封中岳,名"中天大宁崇圣帝",作《加封中岳为中天大宁崇圣帝诏文》,遣使奉锦幡、玉帛致祠下。

忽必烈

礼中岳记

元　李　谦

维嵩之为岳,以其得中正之气。□峻极之权,而神所宅焉。无古今,无终给,配天而育物,配地而作镇。卷舒为云雷,呼吸为雨雾。水旱疾疫之所主,生民休戚之所系。望祭之礼,其有由矣。追乎国朝,岁时荐飨,亦不敢有阙焉。圣天子自践阼以来,十有四载,仰承景命,济于艰难。是以深谋远略,所

向必克,拓残宋四百所之故壤,建大元亿万载之鸿基,统为一家,靡不臣属。亘古雄大,莫可以拟。尚不以圣德自居,皆归于列祖诸神之祐也。至元丁丑岁秋,遣中侍脱忽思传旨,命大臣平章政事阿合马出内府公帑,礼部尚书许国祯摄行祀事,秘书监焦友直为之辅,设醮于长春宫二千四百位。丙辰壬戌,凡七昼夜而毕。乃召洞真人祁志诚,命之曰:"汝代祀于岳渎,意不私己,以社稷生民之为心也。惟汝知之,汝往钦哉。"及遣使张献佐焉。驰传由覃怀南抵洛师,河南府路同知马祥福,以御酒名香,诣祠下斋戒,敬□季冬□□行事。列环佩之仪,设香灯之供,磬折尽礼,宵而罢晓。率诸执事登石楼峰,攀跻险阻,神穴在其上,敬投简册而还。是时也,坚凝之气,化而为春。惨烈之威,散而为融。瑞雾濛濛,彤云郁郁,惠风甘澍,随车而来。山川为之□色,草木为之争辉。神应所致,灵异之不可掩也。来使谓众曰:"真人被命而出,驰驱千里。虽在路次,斋心洁躬,始终寅畏,俯仰百拜,容止未尝少懈也。"临轩之意,不为负矣。

[作者作品]

李谦(1233～1310年),元代翰林集贤大学士。字受益,号野斋。元代东平路东阿县东阿镇(今地属平阴县)人。李谦少有所成,就学于东平学府时,日记数千言,为赋有声。至元十五年(1278年)升待制,护驾至上都(今内蒙古正蓝旗东),受赐银壶、藤枕等。3年后,升直学士,为太子左谕德。曾上陈十事:正心、睦亲、崇俭、几谏、戢兵、亲贤、尚文、定律、正名和革弊。裕宗死后,世祖颇敬重李谦,命李谦至成宗宫为翰林侍读学士。大德六年(1302年),又被召为翰林承旨,李谦以年事已高(时年已71岁)故辞。3年后因太子副詹事王约举荐又被谕召,欲征为太子少傅,仍力辞未就。仁宗即位(1311年)后,特谕召16人赴上都同议军国大政,李谦居首位,被授为集贤大学士、荣禄大夫。后辞职家居。以文章著名于世,为文醇厚古朴,不尚浮华,为学士所宗。著作有《野斋文集》《授时历议》3卷、《古今历参校》等。

至元十四年(1277年),元世祖忽必烈遣使至中岳庙祀中岳嵩山。元代李谦所撰的《祀岳庙记》,详细地记述了这次祭祀中岳庙的经过。

中岳投龙简记

元　吴全节

皇庆二年,岁在癸丑,四月甲子,诏玄教太宗师张留孙醮大长春宫,弭星芒祷雨泽也。圣天子敬天爱民,一诚之发,其答如响。礼成,命玄教真人吴全节、正议大夫太常卿李允中,奉金龙玉简投诸嵩洞。入山之初,一雨遽霁,荐祀之际,轻阴护凉。咸谓使命必当有纪。谨赋五言诗一章,以彰圣治云。

阳城天地中,坤灵奠神岳。积翠千层霄,元气远盘礴。降神生申甫,形势控伊洛。谽谺虎豹蹲,偃蹇蛟龙跃。猛士横戈矛,奇阵出帡幪。簇簇罗旌旗,巍巍耸台阁。玉镜为谁开,金柜为谁钥。远近列画图,周遭峙郛郭。万状不可名,起伏互连络。皇皇圣帝居,历代重封爵。老柏浮苍烟,古殿蚀丹雘。天朝混华夏,秩礼特优渥。皇庆二载春,宵旰轸民瘼。有旨醮长春,玉简命新琢。诏臣走登封,香币致虔恪。邃洞藏宝符,琼音降笙鹤。三呼今复闻,祥风度天乐。小臣奉明祀,三使陟云崿。箕山胜可家,颍水清可濯。遐想饮牛人,高风动寥廓。赐玦知何时,分我云半壑。歌诗勒嵩珉,用赞圣人作。

[作者作品]

吴全节(1269～1346),元代著名玄教道士、领袖。书法家。字成季,号闲闲,又号看云道人,饶州(今江西鄱阳)人。年十三学道于龙虎山,尝从大宗师张留孙至大都见世祖,大德末授玄教嗣师。英宗至治元年(1321年),张留孙卒,其弟子吴全节被授予玄教大宗师、崇文弘道玄德真人,总摄江淮、荆襄等处道教,知集贤院道教事,继续受到优遇。元代中期以后,玄教成为道教中最显赫的一个派别。吴全节工草书,著有《看云集》。

[相关史料]

投龙简,是道教斋醮仪式中的一个环节。封建帝王在举行黄箓大斋、金箓大斋之后,为了酬谢天地水三官神灵,把写有祈请者消罪愿望的文简和玉璧、金龙、金钮用青丝捆扎起来,分成三简,并取名为山简、土简、水简。山简封投于灵山之诸天洞府绝崖之中,奏告天官上元;土简埋于地里以告地官中元;水简投于潭洞水府以告水官下元。这天地水三官又称三元。这种告请三元的投简活动目的是祈求天地水神灵保护社稷平安,人民幸福长寿。

《中岳投龙简》是玄教真人吴全节等于皇庆二年(1313年),奉金龙玉简投诸嵩洞后所作。

吴全节

嵩岳封祀记

元 张维谨

《诗》曰:"崧高维岳,峻极于天。"而蒸腾云雨,喷薄风雷,储祥衍庆,拥祜皇基,是以国之秩祀,其来尚矣。今宪天达道仁文义武大光孝皇帝敬恭神明,岳渎四海,特加封谥。以中岳上为中天大宁崇圣帝,恭遣宣授玄教宗师、总江淮襄等路道教都提点,同集贤院商议道教事张留孙、必阇赤养哥赍奉明诏锦幡香币,二月辛卯抵洛。

时方春旱,二麦将枯,农夫辍耕,禾麻未艺。诏书至,止官民肃迓。播宣竟事,天油然作云,沛然而雨。回生意于乾坤,沸欢声于田里。得非圣感而能如是乎?将行,天宇豁霁。丁酉至祠下,以三月一日己亥,敬陈祀事,仍以设斋赈乏,抚耆耋,惠鳏寡,各当其礼。是时祥云缥缈,瑞气氤氲,草木为之生光,山川为之改色。以万岁三呼,曩闻于前代;人平有象,拭目于斯时。乃圣天子诚之所致也。

陪祀官承务郎河南路总管府判官张道、进义校尉登封县达鲁花赤牙失迷、从仕郎县尹刘时中、主簿兼尉董益,请识其事。不敢以不敏固辞,但纪其实用,为之记云。

[作者作品]

张维谨,元朝人。个人具体史料不详。

代祀中岳记

元 王沂

圣天子即位之九年,有旨敕:光先体道诚明真人张奉御、达合术:唯是五岳四渎,作镇华夏,膏泽生民,厥功懋哉。朕惟巡狩之礼未备,不获躬诣,若其为朕代礼焉。天语一聆,驲驿星发。用六月二十五日,敬至于中岳祠下。洛阳总管成伯禄、□税所大使常德,各以僚属来会。二十七日丁未,祇奉大礼,始终罔愆。即又大集境内道释,洎鳏寡老羸,劳赐之恩,咸用沾丐。时则宿翳净尽,朝日方升。岩岫告祥,纤悉呈露。万岁之声,隐隐可听。要神之意,殆若喜之至,而见于形容者也。于是邦人耆老,再拜嗟异,同辞而进曰:庙废于兵久矣。国朝以来,因人苟且,虽岁时香火不绝,而神之所栖,仅庇风雨。今圣上出内府之财,修历代之典,经营缔构者三岁。适峻极之殿成,而香币来享,使神安新宫之洁,而歆圣祀之丰。百年废坠,一朝而复。是举也,真人实纲维之。且夫人神之情通,幽明之理一。邦人僚吏,犹且不任欣跃,而况于安新宫,歆圣祀而为神者乎!

王沂

[作者作品]

王沂,字思鲁,元代弘州(今张家口阳原)人。《宋史》《辽史》《金史》这三部史书的总裁官。元仁宗延祐二年(1315年)中进士,被任命为临淮令、同知嵩州。后又先后任国史院编修官、国子学博士、翰林待制、待诏宣文阁,做起了为朝廷写材料的事,《四库全书提要》说他"在职文字者几二十年,庙堂著作,多出其手"。有词作《伊宾集》传世。

元世祖至元五年(1268年)六月,元世祖忽必烈遣使王沂祭祀中岳嵩山。元代王沂所著《代祀中岳记》,详细记述了代天子之礼,敬至于中岳祠下,圣祀中岳神的经过。

厘正神号御祭中岳文

明太祖　朱元璋

磅礴中国之中,参穹灵秀,生同天地,形势巍然。古昔帝王登之,察地利以安生民,故祀之曰嵩山。于敬则诚,于礼则宜。自唐始加神之封号,历代相因至今。曩者元封君失驭,海内鼎沸,生民涂炭。予起布衣,承上天后土之命,百神阴佑,削平暴乱,正位称尊。职当奉天地、享鬼神以依时。统一人民,法当式古。今寰宇既清,特修祀仪。因神有历代之封号,予起寒微,详之再三,畏不敢效。盖神与穹壤同始,灵镇中央,其来不知岁月几何。神之所以灵,人莫能测,其职必受命于上天后土,为人君者,何敢预焉。予慎不敢加号,特以中岳嵩山名其名。依时祀神,惟神鉴知。

[作者作品]

朱元璋(1328～1398年),明代大明太祖高皇帝,为大明朝的开国皇帝,是继汉高祖刘邦以来第二位平

明太祖朱元璋

民出身的君主。朱元璋25岁时参加郭子兴领导的红巾军反抗元朝,至正十六年(1356年)被部下诸将奉为吴国公。同年,攻占集庆路,将其改为应天府。至正二十八年(1368年)朱元璋击破各路农民起义军后,在应天府称帝,国号大明,年号洪武,史称明太祖,后结束了蒙元在中国的统治,平定四川、广西、甘肃、云南等地,统一中国。在位统治时期,加强中央集权,澄清吏治,发展经济,恢复生产,被称为"洪武之治"。

[相关史料]

明洪武三年(1370年),厘正神号,明太祖朱元璋诏曰:岳镇海渎,并去前代所封名号,止以山水本名称之。在诏五岳神号时,称嵩山为"中岳嵩山之神",依时祀神。七月,遣使典宝彭恭祭告中岳,所奉祭告文即朱元璋的"厘正神号御祭文"。

嵩岳谢雨文

明 前 人

峻极于天,维嵩之形。于赫厥灵,维嵩之神。兴云致雨,参赞化钧。有祷斯应,粒我蒸民。阴阳为卫,日月为邻。大地为宅,河海为津。永奠中土,百千万春。

[作者作品]

前人,明朝人。"前人"一词,顾名思义,大都指从前的人或前面的人,不是具体的人名。

从《嵩岳谢雨文》看,作者是祭告嵩岳神灵,为民谢雨。

敕祀中岳记

明 夏子成

洪武二年春,正月四日,群臣来贺。皇帝若曰:"朕自起义临濠,率众度江,宅于金陵。每获城池,必祭其境内山川,于今十有五年,罔敢或怠。迩者,命将出师,中原底平,岳渎海镇,悉在封域。朕托天地祖宗之灵,武功之成,虽藉人力,然山川之神,实默相予。况自古帝王之有天下,莫不礼秩尊崇,朕曷敢违!"于是亲选敦朴廉沽之臣,赐以衣冠,俾斋沐端悚以俟。遂以是月十五日授祝币而遣焉。臣子成承诏,将事惟谨。三月初一日祭于祠下。威灵歆格,祀事孔明,砻石镌文,用垂悠久。惟神含育万类,奠于中土,典礼既崇,纲维斯在。尚期阴阳以和,风雨以时,物不疵疠,民庶乂安,是我圣天子之所望于神明者。而亦神明祚我邦家之灵验也。是年三月初一日臣夏子成谨记。

[作者作品]

夏子成,明代大臣。明洪武二年(1369年),太祖朱元璋遣使夏子成祭告中岳。夏子成作《敕祀中岳记》,记述了这次敕祀中岳的经过。

御祭中岳文

明成祖 朱棣

昔者奸臣构祸,屠害诸王,以及于予,不得已以兵救民。赖皇天眷祐,岳镇海渎效灵,获定内难,遂安宗社。爰自即位以来,休息黎庶,普天率土,均视同仁。今安南贼人黎季犛及子黎苍,骄盈凶悖,屡犯边疆。首侵思明府、禄州等处地方,予为宽容,不肯兴师问罪。但遣使谕使还地。黎贼巧词支吾,所还之地,多非其旧。还地之后,复据西平州,逼胁命吏。又侵宁远州地方,占管人民,杀掳男女。边境之人,数年之内,罹其荼毒,其可胜言。况安南之人,受其祸害,不遗一家。占城之地,被其劫掠,已逾数岁。遣人告谕,冀其改过。罔有悛心,益骄益盛。予为天人之主,恭天成命,安忍坐视民患而不之救!今特命将出师,声罪致讨,实出予之所不得已。心在救民,岂敢用兵。尚念兵师远行,离其父母妻子,山川险阻,岚瘴郁蒸,跋涉劳勤,易于致疾。予惟念此,深用不宁。万冀神灵,鉴予诚悃,闻于上帝,赐以洪庥。潜消瘴疠,大振兵威。早歼渠魁,永安遐壤。今年七月十六日兵行,特遣人致香币牲醴,先诣神所。谨告。

[作者作品]

朱棣(1360~1424年),明成祖,明朝第三位皇帝。明太祖朱元璋第四子。生于应天(今江苏南京),时事征伐,受封为燕王,后发动靖难之变,起兵攻打侄儿建文帝,夺位登基,改元永乐。他统治期间社会安定、国家富强,后世称这一时期为"永乐盛世",明成祖也被后世称为永乐大帝。

明成祖永乐四年(1406年)七月,成祖朱棣以征安南,遣使监生李庸祭告中岳。

明成祖朱棣

祀中岳嵩山碑阴记

明 刘定之

皇帝重履尊极,涣布维新之治。涓撰休辰,躬御法服,备礼作乐,临遣近臣遍至宇内,咸秩百神,所以告庆而迎釐也。维岳镇海渎,皆有职于地,而岳居其先。维泰华衡恒,皆并列为岳,而嵩处其中,其为神也,尊矣。臣定之忝承命代祀,夙宵戒励,水驰陆走,抵于岳祠,寔河南登封地也。藩省郡邑之臣,莫不来萃于是,斋戒卜吉,以所赍楮币贸置品物奉所颁祝辞以示来裔,臣敢述其概于碑阴,且系以颂曰:

自判乾坤,即有此山。是为中岳,屹立人寰。东穷日本,西抵月窟。丹陵极南,幽都尽北。此当天心,会总地脉。羲娥黄道,经乎其巅。星宿环绕,以斡化权。雷雨玄功,行乎其下。润泽旁达,以周华夏。古先帝王,孰不来崇。有资灵秀,治化以隆。周宣龙飞,则降其神。是生申甫,辅世长民。汉武虎视,则闻其呼。享国永久,后代所无。于惟圣皇,德迈往古。系心亿兆,复践九五。爰命微臣,躬即岳祠。以告即位,备物缛仪。神知帝德,是用来享。灵官骈罗,阴风森爽。岂惟享之,是降多祉。延洪天寿,恢张人纪。臣忠子孝,岁稔时康。何以为报,祀典永光。

[作者作品]

刘定之(1409~1469年),明代官吏。字主静,号呆斋,谥文安,江西永新人。正统元年(1436年)进士。自洪武十三年(1380年)罢中书省,废丞相之后,设大学士数员参与机务,称为"内阁"。仁宗、宣宗时,"阁职渐崇",英宗天顺以后,"阁权益重",成为实际上的宰相。天顺八年(1464年),宪宗立,刘定之进太常少卿,兼侍读学士,值经筵。成化二年(1466年),命为会试主考,是岁,阁臣李贤死。刘定之入内阁,预机务。翌年八月,升工部右侍郎,仍兼内阁学士。成化四年(1468年),进礼部左侍郎,兼任阁臣如故。明朝中叶,刘定之名闻天下,擅一代文宗,虽武夫悍卒,亦无不慕传。著有《周易图释》《宋史论》《否泰录》《呆斋集》《六安策略》,清代均收入《四库全书》。

明天顺元年(1457年)二月,英宗朱祁镇以复辟,遣通政司参议兼翰林院侍讲刘定之,祭告中岳。为此,刘定之作《祀中岳嵩山碑阴记》。

刘定之

御祭中岳文

明景帝　朱祁钰

惟神奠镇兹土,以庇利为职。比闻连岁伏阴,雨雪过多,农事难举,人民乏食,困惫不胜,朕心悯恻。此固朕之不德所致,然念朕与神受育民之责于天,其任惟均;而神则又独司阴阳阖辟之机,物理变化之运,忍令此沴为民病乎?咎固当归于朕,神亦焉得知而辞?故敢以告。尚冀神庥,大布阳和之惠,溥成发育之功。专俟感通,以慰舆望。

[作者作品]

朱祁钰(1428~1457年),明景帝,明朝第七位皇帝。明宣宗次子,明英宗朱祁镇弟。明英宗被蒙古瓦剌军俘去之后继位,重用于谦等人组织北京城保卫战,打退了瓦剌的入侵。即位后整顿吏制,使吏治为之一新。英宗放回后被其冷落对待,这是他政治上的一大败笔。在位8年。公元1457年,景帝病,王振余党曹吉祥等拥立英宗复位。英宗天顺二年(1457年)二月乙未,废帝为郕王,迁西宫。病中因英宗复辟被废黜软禁而气死,终年30岁。

明景泰四年(1453年)三月,景帝朱祁钰以多雨雪,遣右副都御史王暹祭祷中岳。

祭中岳祈雨文

明 刘宣

乾上而亢,坤上而战。正值衍期之会,箕星好风,毕星好雨,莫为转旋之机,物则不通神妙万物。兹以河南一境,灾旱连旬,百谷将成,群黎失望。豚蹄每专于致祝,污耶未有于满车。岂惟民哉,是吾忧也。昨者,已率僚吏走告神祈,膏泽虽下于民,德施未普于物。欲终其惠,岂宜泛求。窃闻中岳嵩山,天下重镇,阴阳之所磅礴,蛟龙之所隐藏。嘘气成云,散之即雨。乃若寂然不动,诚则感而遂通。此历代已行之明验,而我朝尤崇信而致隆者也。宣斋宿而后敢言,惟吾民之俯念;听毕而能刻应,惟吾神之是依。特此牲帛,用申虔告。

[作者作品]

刘宣(1425~1491年),字绍和,江西安福县人。早孤力学,代父戍直隶永平府卢龙卫。景泰元年(1450年)以儒士举顺天乡试第一,明年登进士,选翰林庶吉士,授编修。刘宣重厚优容,喜愠不见于色。成化三年(1467年)二月,以九年秩满进右春坊右谕德。八月,以修《英宗睿皇帝实录》成,升为右庶子。成化六年(1470年)三月,进南京太常寺少卿。十八年五月,进寺卿,掌国子监事。其在太常寺时,对工作认真负责。明朝属国琉球国学生来中国学习,别人以为糊弄糊弄得了,刘宣不以为然,认为外国学生来学,更应该好好教学,让他们学有所成。琉球学生感激涕零,赠送厚礼答谢,刘宣力辞不受。琉球学生上报宪宗皇帝,皇帝令宣勿辞,宣才接受。成化二十二年(1486年)十月,召为吏部右侍郎。弘治元年(1488年),转左侍郎。弘治三年(1490年)四月,晋南京工部尚书。弘治四年七月初十日卒,年67岁。刘氏生性耿介,谙熟礼仪典故。著有《冲澹集》。

刘宣曾作为明朝皇帝的遣使者,曾到中岳嵩山祈雨,《祭中岳祈雨文》即是他祈雨时,向中岳神宣读的祈雨文。

御祭中岳文

明宪宗 朱见深

明 宪宗朱见深

朕在位二十余年,礼神恤民,夙夜在念。何去秋至冬,雨雪全无;方今春首,地震京师。牟麦无收成之望,士民怀艰窘之忧。朕心恻然,惓切曷已。惟神奠安中土,作镇一方,久享民祀,宁不疚心?兹特遣人远赍香币,用告于神。尚冀弘阐明灵,参赞造化,默夺潜消。俾雨旸时若,物阜民康,宗社奠安,而神亦血食永永矣。

[作者作品]

朱见深(1447~1487年),明宪宗,明朝第八位皇帝。明英宗长子。初名朱见浚。景泰三年(1452年)被废为沂王,天顺元年(1457年),英宗复辟,又被立为皇太子,改名朱见深。于天顺八年(1464年)登基,年号成化。初年为于谦平冤昭雪,恢复景帝帝号,又能体谅民情,励精图治。在位末年,好方术,终日沉溺于后宫与比他大 19 岁的万贵妃享乐,并宠信宦官汪直、梁芳等人,以至奸佞当权,西厂横恣,朝纲败坏。成化二十三年八月(1487年)驾崩,时年41岁。庙号宪宗,谥号继天凝道诚明仁敬崇文肃武宏德圣孝纯皇帝。

明成化二十年(1484年)三月,宪宗朱见深以大旱及地震,遣右副都御史赵文博祭祷中岳。

敬奉令旨祀中岳神记
明 贾德明

维兹嵩高,峻极于天。尊居五岳,位奠中央。其钟灵孕秀,万古雄威,而最灵大者也。故古先哲王,罔不禋祀焉。钦惟皇明君天下以来,岳镇海渎,载在祀典,岁时致祭,亦未尝有阙焉。敬惟周王,守国中原,而嵩山实在封内,将有以祀之。洪武二十六年冬十二月四日乙亥,遣道士沈道崇,赍香币告文,先诣庙所。越十四日乙酉,王驾躬临。是日也,天朗气清,日色妍丽,既而雄风大振,凛然动人。想惟岳神灵威赫奕,来迓王所驾。停驾之时,西日回照,风静尘清,盖王诚心所感,而神为之效灵也。越十五日丙戌,王登峻极之殿,诣于神位行香。道众严饬,朗诵步虚之辞。香雾空濛,有若霓旌羽盖,见于其间。斯神之来,是歆是享。于是露珠凝于林麓,天花散乎峰峦,斯神之感既昭既著矣。载鸾王车,率同臣下,游于嵩山之阳。俟睹仙鹤飞来,屡舞蹁跹,回翔鸣于万岁峰上。王悦怪询及白发道士:"在昔兹山尝有鹤巢否乎?"道士敛容对曰:"臣住兹山有年矣,未尝见斯鹤也。鹤之来也,其以殿下之诚、之格感召而致然也。"又历崇福嵩阳道宫、法王岳戒寺,与夫少室山前。其少室之顶,有石壁光辉发见,五彩灿然,斯乃中和盛德,而诚有不可掩者也。臣德明历记其事矣。又从而为之歌曰:登彼嵩山兮,维周贤王。以诚感神兮,获兹嘉祥。五谷丰登兮,时若雨。德被中原兮,庶民乐康。享国久远兮,既大而昌。

[作者作品]

贾德明,明朝洪武年间官吏。明洪武二十六年(1393年)十二月,敬奉令旨作《祀中岳神记》。

明洪武二十六年(1393年)冬十二月,明太祖朱元璋遣使王悦怪登中岳庙峻极之殿,诣于神位行香祭拜。并游于嵩山之阳,历崇福阳道宫、法王岳戒寺、与夫少室山前。贾德明作《敬奉令旨祀中岳神记》

祭中岳嵩山文
明 赵正学

位应天枢,象维黄机。四岳分方,五行顺则。云雨时典,蕃植群生。载钟才俊,寔国之桢。元精运会,天地为经。重华御世,肇称殷礼。百代纪图,爰开秩祀。爰禳爰祈,亦云报美。吾等奉天子命,巡驻岳封。斋明祠下,顾瞻域中,物穰民阜,维岳之功。爰羞涧藻,爰击鼓钟。维纯佑命,愿屡年丰寿民,福国施及无穷。

[作者作品]

赵正学,嘉靖十七年(1538年)进士。明嘉靖二十年(1541年),任按察使的赵正学到嵩山祭祀中岳神时,作有《祭中岳嵩山文》。

御祭中岳文

明世宗　朱厚熜

朕奉天命，子育万民。所冀岁稔时和，灾害不作。迩者各处地方，水旱、兵荒。人民遭厄，危亡载路。灾变异常，朕心忧惕。惟神上奉帝命，奠济一方，谅垂矜悯。爰命洁士赍捧香帛，特遣抚臣备仪竭虔，诣祠致祭。所冀明神，大彰灵应，潜斡化机。俾气序顺调，雨旸时若，弭解灾劫，溥资丰泰。庶同朕奉天子民之意，而神亦享祀于无穷矣。

朝廷祭祀

[作者作品]

明世宗朱厚熜(1507～1566年)，明朝第十一位皇帝，明宪宗庶孙，明孝宗之侄，明武宗堂弟，兴献王朱佑杬嫡子。1521～1566年在位，在位45年，年号嘉靖。早期整顿朝纲、减轻赋役，对外抗击倭寇，后史誉之谓"中兴时期"。但不久与杨廷和等朝臣在议父兴献王尊号的问题上发生争论，史称"大礼议"之争。后期崇信道教，并痴迷于炼丹，致使后来发生"壬寅宫变"，从此不再理政。嘉靖四十五年(1566年)驾崩，终年60岁。庙号世宗，谥号钦天履道英毅神圣宣文广武洪仁大孝肃皇帝。

明嘉靖三十三年(1554年)五月，世宗朱厚熜以凶荒灾异，遣右都御史邹守愚祭告中岳。

增修岳庙记

明　焦子春

嵩神之崇，庙祀远矣。望秩有经，代靡沿革。规创存人，时递污隆。严致乖其襟情，重轻爽于程量，罔图民庇，畴念元工。上田璆琲，仅罄淫祠。相国金钱，翻瞻伍籍。阳灵颂祇，或隶賊阤。灵锁真栖，讵遑肸饬。盥荐既成故事，葺缮愈等外篇。神远隔于诚薄，稔蛊酿于积慢。二令未若，五行时沴。矫诬吐弃，崇有繇然。夫摘中奠位，职利万而施鸿；事神治民，道相成而务协。瞻极天于封内，挈匕鬯于司存。庙貌不肃，敬恭遗憾。何以昭景贶。崇丰烈，升德馨，隆美报，称我国家怀柔乔岳至意。乃邀天幸，明德轸接。邢台傅侯，甫缠遗爱于去思；东莱唐侯，复畅醇膏于来暮。布恺则齐良，标颖则埒异。譬召父之先杜母，即陆君之继鲜于。宁一有征，百废具举。傅侯之在事也，遇盅思革，积丰利社，台殿倾圮，聿增轮奂之华。具瞻树楔，无逊雄观之丽。东西二衢，扼要为坊。揭位中四岳之尊，表秩视三公之重。丹艧粲匝，金碧焜耀。璇题兰橑，霞绚云飞。绮疏珠帘，带星卷雨。灵冯依以孔安，制宝枚以垂远。足竖伟观于九阮，兼慰崇奉于邦邑。无前之规，斯已并矣。然燕寝列贞明之仪，中唐歊风雨之芘。先有绪而未遑，后同心而若待。唐侯缘坠为举，补塞以完、属蛋蟓之示祲，更螟蝗之害稼。纳隍以遇菑加惕,营筑与荐信具虔。祥费庀材,程工度务,构楹列槛,亭榭翼然。绘绣镂文,步廊轩薵,游衣冠于月夕,萃环佩于瑶阢。遂申作合之崇,曲尽灵闱之胜。珠宫贝阙之瑰异,方此靡逾;华盖金壶之宠虬,繇兹增概。杰构偕旷宇无穷,隆阯与瑶图均固。祝万岁于三呼,岂欺我哉;霈灵泽于群生,益无量矣。然则聪明正直之神,无私佑以幸回;精洁惠和之德,不神庋而贪祸。崇山昤禭之降,鉴馨秽以奚爽。辽窭迤绝之表,惟精气之潜符。故琼室银台,悉本地之壮严。虽瓴甋敷歈,亦成民之明信。钟灵酝醲,固资亭毒之鸿仁。体国为民,允叶生成之至德。幽明契于无形,神人庆于有象。溪毛所以可羞,维岳所以降灵也。傅侯文章政事,卓越夷伦。穹甗载道,镌勒不磨。唐侯岂弟神明,惠爱兼著。舆颂实验与有成,汛泽尚深于滋至。迹其治行并戮,徽声齐芳。掩卓鲁于往篆,扬轨辙于来踪、必有采之观风,传之杀青者,兹不具述。述其所为尽力于民,而致严于神者如此,亦足延元贶于千室,志不朽之一班矣。

[作者作品]

焦子春,明朝官吏。字德元。嵩山登封人。焦子春是从嵩阳书院走出来的优秀学生,嘉靖八年(1529年)进士,官为南京户部主事。隆庆五年(1571年),忽调武选,又改仪部。是时新郑高拱相,识公贤,故三月两迁,而公不知也。时张居正与高拱相不协,就以焦子春为高拱乡人而讽刺都察院,说焦子春是投机钻营中了进士。后经都察院御史根据实际情况和他的才能,升他为六安州知府,量移东昌丞。江陵败,由南北部擢佥事,备兵肃州,累迁陕西太仆少卿,监军宁夏。寻致仕,与友人刘思敬、李轼结嵩阳耆社。万历二十二年(1594年),河南直指使焦子春出山,因邑令丁应泰为劝驾,焦子春坚志不起,逍遥林泉35年,卒年86岁。

明万历年间,焦子春撰有《增修岳庙记》,记述了明神宗增修中岳庙的经过。

中岳庙告文

明 王铎

稽十月十二日,乃中岳尊神成道升真之日。今崇祯三年,复届此日,百神齐集,赴灵效职。策策济济,供事岳神。岳神四面上帝,揖拜神与。帝语:"凡人间善恶予夺,寿命消长之事,增算绵纪,惟神权之;嗜欲开先,惟神兆之;瓜瓞厥生,惟神昌之。今雒阳御史邢绍德,刷心澡品,刮事炼肠,岂神之灵炯所不知,而震夙者屡矣!诞弥口食之后,灾害至又尚未巉立,岂神之哲睿至彝,好是正直坐视之而不恻动也哉?敢荐香醴剌其略为。"神奏之:"绍德者,清邵居体。自诸生以暨今日,事于老母,有温清色,养不如志耶? 曰不矣。豸冠峨峨,铁劲冰寒,懈夙夜而不竭于君耶? 曰不矣。利人济物,吝财不救于汤火,俾荣不生枯,生不转死耶? 罔耻噬取,钩唅孤寡,宅晦田惨,族凉姻畔,否公然私,交人而貌耶? 则又曰不矣。盖修组之间,人所有事,不□其身,而寡往陋非,神代濯也。蓄祥选孕,以茂人之阳华,人之善非,人之所得,宜专也。是神之事也。神欲不事,□不得而不事也。神或曰上帝攸统以阴隲于下,夫惟岳降神,生甫及申,非神之己事乎!昭昭帝庭,荡然无私。况神即请于帝,以绍德孝忠义,二帝必喜,无有不从。闵鲁之修,董汲之才,伊雒之学,瑚琏之器。降以麒麟,卿士大夫孰曰不宜? 且十余年间亦大可疑矣。或者上帝元居,静摄高幽,不预众务,如人世官尊,多隔山客、江斐,致淫昏僭祀之鬼为之扰,为之窃耶? 盖淫昏僭祀之鬼,假盗神威,将以何为? 汨扰人之孕嗣,使愚民溺而求福,不告于神问其罪。汨扰忠孝家之孕嗣,使迟其举,更倍其罪。非神所当,式遏其怒。后至曰予则掊坏法,曰予则戮小肖,曰予则笞郊遂,曰予则屏黜而后愉快哉。况神之所迎者,吉人之善气也。人之善气,神所喜相善诱也。众生中,卿大夫忙修坛豆,洁币祼,非渎非诣,荐实而非食伪,又祷所当祷也。当祷当与,神必允奏于思媚之妇。彩旗是兆,衡薇是委。东方至始明之期,恶月再相齐之异。李子显,母知之奇。假乐出抱,角犀丰盈,实覃实讦,亦孔之呱,其老寿蕃衍也。如云肤寸山则吐之,如雨蕴悬云则界之。鉴善如渴,即与之神,聪明正直,与人谋,与帝谋,则淫祀之鬼不为虐,真不足信矣。如是,远迩思鬖髶于异童。末俗漭醉,欣媸趋良。人皆蝇喧蠓吁,戒恶行而不为。曰法邢御史,恐夸紫乱朱作孽,而为神羞。叩呼人虑世想,因此一变,则神之惠,不仅加于一邢氏子一家而已。如谓受命之柄,神实不司耶;贶善辱恶之心,神实不行耶;予夺消长之数,神实不增减耶。明明在上,凛凛在前,不几以此诬神哉! 令为善至于夺气,求仁因而解心。神何以鼓万物而作人善奸,族云仍邪正杂揉而相寇,上帝不宁,神心不乐,有是理欤? 有是理欤? 敬告。"

王 铎

[作者作品]

王铎(1592~1652年),明末清初大臣、著名书画家、嵩山本土历史文化名人。字觉斯,号嵩樵,河南孟津人。明天启进士。王铎身逢乱世,仕途坎坷多艰。公元1644年李自成攻克北京,崇祯帝殉国于景山。马士英等在南京拥立福王,王铎为东阁大学士。入清后,他降清,清授予他礼部尚书、官弘文院学士,加太子少保。王铎由明朝旧臣变为清廷新贵,在以气节自持的明代遗民眼中是被鄙夷的贰臣,因此,他始终抑郁不乐。入清之后,王铎做了8年的官,于顺治九年(1652年)病逝故里,享年61岁,谥文安。王铎博学好古,工诗文。好古博学,诗文书画皆有成就,尤其书法独具特色,世称"神笔王铎"。

[相关史料]

崇祯三年(1630年)十月十二日,是中岳尊神成道升真之日。在这个日子里,南京户部侍郎吕维祺,原任太常寺卿郭兴言,翰林院侍讲王铎,兵科都给事中张鼎延,吏部稽勋司部郎中张□,巡按陕西监察御史张应辰,兵部车马司主事刘景耀,汾州府推官潘俾,荆州府经历焦一,在登封县署教谕刘鼎,举人何宜健、常克念,恩贡生王镛、傅应星,生员焦复亨、焦蒙亨、储性良、焦贲亨、焦谦亨、焦宗岳、焦宗江的陪同下,到中岳庙祭拜中岳神,全熏沐顿首上祈。

中岳进香建醮记

明 张继宗

嵩山为群岳之纲,镇星之位。奠定四方,表正中极。日月丽此而昭明,风雷由此而鼓舞。今上以圣德神功,垂衣而治。时雍风动,重祭礼神,屡遣大臣驰谕祭报。复亲洒宸翰,赐额殿中。荣光赫奕,山岳增辉。百尔臣工莫不以幸,际清时仰瞻圣化为庆。余不敏,荷恩袭爵以来,凡今五觐天颜。猥以神明微绪,过蒙眷注,御书良马,内缎内茶,骈蕃宠锡,比昔加隆。今春入觐在都,窃以居恒,思报圣恩。惟五岳及武当进香,可以稍展世职之意。缮疏上请,命下之日,会费约从始事北岳,按期届万寿昌辰,建醮祝圣,凡三昼夜礼成之。明日取道走井陉,历三晋,过尧都,读皋陶益契之碑,至今犹想见都俞吁咈之盛焉。惟是人民劫会地震降灾,睹城郭之凋颓,庐舍之倾圮,残黎真有若鸟兽散者。而为国御灾、为民请命之思,益不禁激励奋迅。于是道出闻喜、夏邑,经傅岩之平陆渡河而南,从事兹山。时余家韦庵兄作令登封来会,盖所以敬君事,明守土也。每事赞襄,诚意符合。余于庙庭蠲吉告斋,如北岳礼昭告皇天后土,祝延万寿,禧皇之余,维民之暨。醮毕,犹忆壬申之岁祷雨中州。后民厄时灾,复醮圣殿,疫获消弭,当留记斯山。今重游胜概,而触目感怀,访诸故老,考诸世录。余四十二代祖,于明初洪武十年,奉敕偕太师韩国公李善长代祀嵩山。当时亦尝镌石记事,而今颓废,逸不复举矣。今余幸奉旨命,两设醮祀于兹山,亦皆山川之神,有以潜符默运。若是夫,岂余之行能足以致焉。且闻嵩山之神,在昔有山呼万岁之声,金简玉策之异,生甫及申之灵。史传所书,班班可考。要之皆精神之所感召。故神明相通,而冥合显应。今兹举也,以皇仁之格,被与崇道之精严,当必有若前事,历历不爽而通乎御座者矣!余之山林末技,敢自命诚通、高厚以为功哉?但岁月纪载不可无,言用昭一代盛典,非欲矜己之行,以取誉后世也。是为记。

[作者作品]

张继宗(1666~1715年),字善述,号碧城,正一道龙虎宗第五十四代天师。张继宗2岁继任,由其叔张洪偕摄理教务。公元1679年,张继宗入京觐见康熙皇帝。史载,当时有人争夺张天师之位。康熙令张继宗与其人分坛祷雨分别真假,结果张继宗获胜。

《中岳进香建醮记》是张继宗到中岳嵩山进香时所作。

中岳庙御书扁额及御祭记

清　张圣诰

今上御及三十余年,淳风广被,雅化丕彰。河清海晏,民安耕凿之休;岳峙山环,物普殷繁之象。诰于癸酉春,补令登封。登处嵩麓之阳,倚山为重。自揣凉德短才,膺事神治民之责,夙夜惴慄。莅在初,值亢旱。步祷岳祠,以至龙潭。归未及,邑而澍倾,二麦获收。次年甲戌,飞蝗布境。复祷于岳,随扑旋灭,民得有秋。凡此皆神岳钟灵,故能有求必应。璿宫绀殿,祀事孔明,戴神之德,报神之功,洵不诬也。是岁,天子以前抚中丞阎公之请,钦颁"嵩高峻极"御书仿摹颜扁。孟冬中旬,藩伯三韩李公祗承恭赍。前二日斋宿陟方馆,望旦悬于峻极殿之三楹。俎豆苾芬,雅音翕奏。凝神屏息,对越维严。时祥云叆靆,宝炬熇煌,辉映于天章藻翰间。所谓明德惟馨者,非耶?越明年,岁次丙子,天子轸念灾浸,命辞臣撰给鸿文,敦遣少司寇山左田公,传驿于仲春望后三日,洁诚致祀,为民祈福。斋虔迎奠,香币牲粢,率由旧典。陈辞肃穆,默契希微。凛乎监观,赫濯无事。封号之崇,金泥玉检之盛,以及黄云三呼之异,而知灵爽昭回,实式凭之矣。夫治民事,神宰之职也。诰令邑司祀四年,时享之外,恭逢盛典者二,咸得追随陪列。记之者非独为宰幸,正以昭神功炳耀,福我蒸黎,而圣天子文明恭俭,怀柔百神。为他日采风,所及之一助云尔。

[作者作品]

张圣诰,字紫书,号韦庵。广宁人,官登封县知县。初,顺治五年,圣诰之叔朝瑞知登封县,创修县志。康熙十八年(1679年),圣诰族兄埙亦知是县,又续增之。康熙三十一年(1692年),圣诰又知是县,复因旧本重修。康熙三十五年(1696年)完成刻本《登封县志》10卷。

《中岳庙御书扁额及御祭记》为张圣诰任登封知县时所作。

御祭中岳文

清圣祖　爱新觉罗·玄烨

惟神中天定位,二室奠形,和会阴阳,均调寒暑。朕仰荷天庥,抚临海宇,建立元良,历三十余载。不意忽见暴戾狂易之病,深维祖宗洪业,及万邦民生,所系至重。不得已而有退废之举。嗣后渐次体验,当有此大事时,性生奸恶之徒,各庇邪党,借端构衅。朕觉其日后必成乱阶,随不时究察,穷极始末,因而确知病原,皆由镇压亟为除治,幸赖上天鉴佑,平复嫣初。朕比因此事,耗损心神,致成剧疾。皇太子晨夕左右,忧形于色,药饵必亲,寝膳必视,惟诚惟谨,历久不渝。令德益昭,丕基克荷,用是复正储位,永固国本,特遣专官,敬申殷荐,惟神鉴焉。

康熙皇帝

[作者作品]

康熙皇帝(1654~1722年),清圣祖康熙皇帝爱新觉罗·玄烨,顺治皇帝第三子,清入关后第二位皇帝。他8周岁登基,14岁亲政。在位61年,是中国历史上在位时间最长的皇帝。他平定了三藩叛乱,收复了台湾,驱逐了沙俄势力,又平息蒙藏地区动乱,加强了多民族国家的稳定和统一。在经济和文化建设上,康熙也创下对后世产生积极影响的重大业绩,开创出康乾盛世的大局面。谥号合天弘运文武睿哲恭俭宽裕孝敬诚信功德大成仁皇帝。

康熙帝在位期间,曾多次遣使致祭中岳嵩山。这里所选的《致祭中岳文》为清康熙四十八年(1709年)五月,圣祖仁皇帝爱新觉罗努尔哈赤玄烨以复储,遣内阁侍读学士李中极致祭中岳。

御祭中岳文

清世祖　爱新觉罗·胤禛

雍正皇帝

惟神宅土居中,极天表峻。储精二室,被德群生。朕缵承丕基,新承景命。窃念皇考膺图以来,百灵效顺,四海从风,享升平六十余载。兹当嗣位之始,宜隆祀享之仪,特遣专官,虔申昭告,惟冀时和岁稔,物阜民安,淳风遍洽乎寰区,厚德敷于率土。尚其歆格,鉴此精诚。

[作者作品]

雍正皇帝(1678~1735年),清世宗爱新觉罗·胤禛,清朝第五位皇帝,入关后第三位皇帝,清圣祖康熙第四子。在位13年。雍正在位时期,对有碍于皇权的反对势力大加挞伐,有效地改善了吏治,增加了国库收入,对康乾盛世的连续具有关键性作用。

清雍正元年(1723年)二月,世宗爱新觉罗·胤禛登极,遣内阁侍读瓦浑岱,致祭中岳。

祷中岳文

清 耿 栋

一阴一阳,推迁之序;为寒为暑,代谢之常。惟天有愆阳伏阴,故人有伤寒中暑所痛者。疠气独播于一家,灾星偏积于屡岁。如栋琴瑟三断,数年声孤。鸡鸣手足再分,九载血洒棠棣。既罹蒙庄之变,旋遭卜夏之伤。家门不幸,愈出愈酷。今栋父年越六旬,染瘟体痛。返躬自省,皆栋不孝所致。夫栋之不孝,凡有殃咎宜家栋身,与父母、妻子、兄弟何辜?昔颛顼三子殁为厉鬼,意栋门祚衰微,屡遭此祟耶!恭惟尊神和会阴阳,聪明正直,岂容此魑魅魍魉,肆毒于光天化日之下?语云:"积善之家,必有余庆。"栋曾祖保孤城

祭祀嵩山

于明季,全活亿万。栋父意气慷越,前年督修神祠,矢志青天白日,福善祸淫之谓,何其爽之也!伏讫大彰威灵,除退瘟疫,俾栋父体健增福。栋愿减己算以益父寿,惟神鉴之。

[作者作品]

耿栋,清朝山东沂水人。曾任鸿胪寺序班。

《祷中岳文》是耿栋祭祀中岳嵩山时所作。

周公庙祭祀记

清 郜 煜

粤稽古以迄三代,制作之隆至周而大备。然损益百王,斟酌今古,醇粹精详,率皆□元圣周公所手定,周公之明德远矣。以故祀先师者,前代皆首尊周公。厥后乃专祀孔子焉。夫孔子钦崇前徽,形诸梦寐,生平所企慕惟以周公为。依归,则周公之圣,足以媲美孔子,概可知矣。然则祀周公者,宜普天率土靡有弗然,岂徒一郡一邑哉?而登邑之祀周公也,则以测景之故。周公营洛邑,迁九鼎,察天地之中在豫州阳城。盖以天地之所合,四时之所交,风雨之所和,阴阳之所会,端在兹土也。爰立土圭以测日景,即景之东西广狭,以卜岁之风雨□燠,历乎千载确不能易。元郭守敬虽易土为石,而尺寸莫敢少渝然,则周公圣也,而且神矣。邑令□王父台钦元圣之德,定祀公之典,甚盛举也。圭旁有镇,曰告城。其衿士虑其久而或湮也,思镌贞珉以垂永久,请祀于余。里人也,且即生于告城,可以不文辞?爰盥手濡墨,序周公之所以圣,并周公之所以宜祀,俾学者知诵法孔子,尤不可不尊崇周公也,是为记。

[作者作品]

郜煜,字重光,登封人。康熙五十三年(1714年)举人。曾官山西道监察御史。著有《易经理解》《孝经集注》《太极图说》《通书集注》。

《周公庙祭祀记》撰于乾隆二十年(1755年),全文记述周公营洛邑,过九鼎,察天地之中,在豫州登封阳城定时辰的功绩及人们的祭祀活动。

清朝嵩山地域奉祀神祇以及祠庙祭文集粹

[作者作品]

在古代,嵩山地区各地都奉祀有风、云、雷、雨、山、川、城隍、社稷、先农、龙神、八蜡、孔子、关帝、文昌等神祇,以及名宦、乡贤、义孝、节孝等祠庙奉祀的神祇。从我国传统祭祀上说,祭祀神祇的祭文是非常庄重的大事,从官方到民间普遍受到重视。民间奉祀的祭祀文大都有民间中的才高的文人雅士以固定的形式所写,而官方的奉祀文也都有固定形式的祭文。尤其是在清朝,有些地方政府为了统一、庄重、严肃祭祀之事,还专门下发专门的对各神祇的祭祀文。

《清朝嵩山地域奉祀神祇以及祠庙祭文集粹》是从嵩山地域各县志上摘录的。据史料记载,这些祭祀文大都是按古人固定的形式沿袭下来。

一、乾隆八年(1743年)部颁奉祀神祇祭文

◆风云雷雨山川城隍祭文

惟神赞襄天泽,福佑苍黎。佐灵化以流形,生成永赖;乘气机而鼓荡,温肃攸宜。磅礴高深,长保安贞之土;凭依巩固,实资捍御之功。幸民俗之殷盈,仰神明之庇护。恭修岁祀,正值良辰。敬洁豆笾,祗陈牲币。尚飨!

◆社稷坛祭文

惟神冀安九土,粒食万邦。分五色以表封圻,育三农而蕃稼穑。忝承守土,肃展明禋;时届仲春(秋),敬修祀典。庶丸丸松柏,巩盘石于无疆;翼翼黍苗,佐神仓于不匮。尚飨!

先农坛祭

◆先农坛祭文

惟神肇兴稼穑,粒我烝丞民。颂《思文》之德,支配彼天。念率育之功,陈当时夏。兹当东作,咸服先畴。洪惟九五之尊,岁举三推之典,恭膺守土,敢忘劳民!谨奉彝章,聿修祀事。惟愿五风十雨,嘉祥恒沐于神庥;庶几九穗双岐,上瑞频书于大有。尚飨!

◆龙神祭文

惟神德洋寰海,泽润苍生。允襄水土

之平,经流顺轨;广济泉源之用,膏雨及时。绩奏安澜,占大川之利涉;功资育物,欣庶类之蕃昌。仰藉神庥,宜隆报享。谨遵祀典,式协良辰,敬布几筵,肃陈牲醴。尚飨!

◆八蜡神祭文
于惟尊神,实司岁功。驱螟敛䗪,五谷乃丰。兹当岁䄍,虔具牺牲。神其保佑,惠此生灵。尚飨!

◆周公庙祭文
惟笃生元圣,儒学启蒙。通测日影,选定地中。营建洛邑,成周定鼎。四方朝贡,东都始兴。思兼三王,心系黎民。平定叛乱,率部东征。封藩建卫,大德先行。制礼作乐,天下太平。兹当春(秋)仲,聿将祀典,永荐馨香。尚飨!

◆孔子三代五王祭文
惟王奕叶钟祥,光开圣绪。盛德之后,积久弥昌。凡声教所覃敷,率循源而溯本。宜肃明禋之典,用申守土之忱。兹届仲春(秋),聿修祀事。尚飨!

◆文庙祭文
惟先师德隆千圣,道冠百王。揭日月以常行,自生民所未有。属文教昌明之会,正礼和乐节之时。辟雍钟鼓,咸恪荐于馨香;泮水胶庠,益致严于笾豆,兹当春(秋)仲,祇率彝章,肃展微忱,聿将祀典。尚飨!

文庙祭礼

◆关帝祭文
惟帝浩气凌霄,丹心贯日,扶正统而彰信义,威振九州;完大节以笃忠贞,名高三国。神明如在,遍祠宇于寰区;灵应丕昭,荐馨香于历代。屡征异迹,显佑群生。恭值良辰,遵行祀典。笾陈笾豆,几奠牲醴。尚飨!

◆关帝先代三公祭文
惟公世泽贻庥,灵源积庆。德能昌后,笃生神武之英;善则归亲,宜享尊崇之报。列上公之封爵,锡命优隆;合三世以肇禋,典章明备。恭逢诹吉,祇事荐馨。尚飨!

◆刘猛将军祭文
惟是上赞帝德,下惠生民。时和年丰,螟蝗不兴。兹值岁暮,式荐明馨。神其昭格,庶几鉴歆。尚飨!

◆忠义孝悌祠祭文
惟灵禀赋贞纯,躬行笃实。忠诚奋发,贯金石而不渝;义问宣昭,表乡闾而共式。祇事懋彝伦之大,性挚蒿莪。克恭念天显之亲,情殷棣萼。模楷咸推夫懿德,纶恩特阐其幽光。祠宇维隆,岁时式祀。用陈奠篚,来格几筵。尚飨!

◆节孝祠祭文

惟灵纯心皎洁,令德柔嘉。矢志完贞,全闺中之亮节;竭诚致敬,彰壸内之芳型。茹冰蘗而弥坚,清操自励;奉盘匜而匪懈,笃孝传徽。丝纶特沛乎殊恩,祠宇昭垂于令典。祗循岁事,式荐尊醪。尚飨!

二、地方奉祀神祇祭文选

◆忠义孝悌祠祭文

惟灵禀赋贞纯,躬行笃实。忠诚奋发,贯金石而不渝;义问宣昭,表乡闾而共式。祗事懋彝伦之大,性挚蒿莪。克恭念天显之亲,情殷棣萼。模楷咸推夫懿德,纶恩特阐其幽光。祠宇维隆,岁时式祀。用陈箪篚,来格几筵。尚飨!

◆禜祭城门祭文

诏命临民,职司守土。惟兆人之攸赖,并藉神功;冀四序之常调,群蒙福荫。必使雨旸应候,爰占物阜而民安;庶其寒燠咸宜,共庆时和而岁稔。仰灵枢之默运,聿集嘉祥;襄元化以流形,俾无灾害。尚飨!

◆名宦祠祭文

于惟 诸公,嵩岳先正。彬彬济美,为宪为令。宜民宜人,福有余庆。我后之人,绳武是竞。惟兹仲春(秋),谨以牲帛、醴齍、粢盛、庶品之仪,祗荐于 神。尚飨!

◆乡贤祠祭文

于惟 诸公,嵩岳精英。允文允武,克孝克忠。泰山乔岳,月旦有声。千秋万祀,俎豆光荣。惟兹仲春(秋),谨以牲帛、醴齍、粢盛、庶品之仪,祗荐于 神。尚飨!

◆文昌庙祭文

惟 神迹著西垣,枢环北极。六匡丽曜,协昌运之光华,百代垂灵,为人文之主宰,扶正久彰。夫感召荐馨,宜致其尊崇。兹届仲春(秋),用昭时祀。尚其歆格,鉴此精虔。

◆文昌阁祭文

惟神神功赫奕,圣德昭明。位分天象,职司台衡。朱衣赤舄,耀于七星。赞元开化,启秀育英。普天钦仰,斯文丕兴。今届仲春(秋),虔荐豆登。尚飨!

◆文昌三代祝文

祭引先河之义,礼崇反本之思。矧夫世德弥光,延赏斯及。祥锺累代,炯列宿之精灵,化被千秋,纬人文之主宰。是尊后殿,用答前麻。兹值仲春(秋),肃将时祀,用申告洁,神其格歆。

三、奉祀祠楼庙墓祭文选

◆汤王庙祭文

惟兹偃邑,古称西亳。五实居之,灵爽攸托。贤圣之君,六七代兴。深仁厚泽,浃洽民生。靡害不除,靡利不开。民之戴商,阙惟旧哉。旧届仲春(秋),敬陈牲币。(某)忝邑吏,执爵将事。王其来格,永福斯世。尚飨!

◆魁星楼祭文

惟神七星冠首,六合承辉。德耀青阳,佑人才之奋起;祥开紫电,焕文运之光昌。天象照临,士林忭庆。敬修禋祀,肃展微忱。尚飨!

◆古圣贤祠祭文

惟神或德于野,或功于朝,或以节著,或以名标,或经术盛,或理学昭。精英如在,灵爽非遥。今届仲春(秋),敬荐醴牢。尚飨!

◆两程祠祭文

惟两夫子,伊洛名儒。道高理醇,渊源洙泗,启迪后人。今届仲春(秋),敬修明禋,以刘、李二先生配。尚飨!

◆河神黄大王庙祭文

惟神灵禀山河,功参天地。奇旱传乎韶龀,入水不濡;绩屡著于乡邦,安澜有庆。合龙稳埽,聿昭利济之勋;锡号崇封,久懋酬庸之典。奉粢盛于子姓,瓜瓞长绵;焕家庙之丹青,松楸在望。兹值诞辰之吉,例修展祀之仪。精诚敬达于苹蘩,灵爽式凭乎桑梓。鉴兹筵几,少驻芝旗。尚飨!

黄大王庙匾额

◆薄太后庙祭文

惟神女中尧舜,汉代母仪,辅帝德以坤元,勤传织室;普祥风于稼穑,害戢螟蝗。万姓歌仁,一方蒙惠。宜崇秋祀,以奉灵祠。爰陈蠲洁之仪,冀报在天之爽。尚飨!

◆土地祠祭文

惟神幽祠公署,赫奕无私。威瘅鼫鼠,德符驺虞。今届仲春(秋),理宜致祭。尚飨!

◆旗纛庙祭文(旗纛:古代军队里的大旗。)

惟神旗纛是司,三军所视。威扬阃外,疆圉是恃。霜露既肃,仰答肤功。神其有灵,歆此菲供。尚飨!

◆颜鲁公(颜真卿)墓祭文

惟公生而忠烈,殁则精英。垂勋唐室,卜葬偃城。洁修岁祀,式享神灵。今届仲春(秋),殚诚告献。伏冀来格,如闻如见。尚飨!

第四部分　记传文

"记"字的文字含义是识记,在这种含义基础上,"记"逐步获得了它的文体意义,成为经史中一种专事记录的文章体式。作为一种文体,"记"在六朝获得文体生命,唐代进入文苑,宋代其内容得到拓展,形式更加稳固,体裁更加兴盛。明清时主体性色彩更加浓厚,逐渐成熟稳固。根据史志中以记名篇的书目数量和文学总集中记体文内容的变化和类目的增减,可以更客观地了解"记"作为一种文体其内涵发生的变化。"记"是古代的一种散文体裁,它一般分为山川景物人事记文和笔记文。山川景物人事记文可以记人、记事,可以记山川名胜,可以记器物建筑,故又称"杂记"。在写法上大多以"记述"为主,而兼有议论和抒情成分,抒发作者的感情或见解,阐述某些观点。即景抒情,托物言志。笔记文则以记事为主,它的特点是篇幅短小,长的也不过千字左右;内容丰富,有历史掌故、遗闻轶事、文艺随笔、人物短论、科学小品、文字考证、读书杂记等五花八门。《世说新语》《梦溪笔谈》就是这种文体。虽说是"记"文,但有的"记"文的语言是用诗赋的语言写就,读来精炼绝美,如诗如画,如宋张挺的《浮丘公庙灵泉记》、金代李子樗的《中岳庙记》、金代李林甫的《重修面壁庵记》、元代梁宜的《嵩阳崇福宫修建记》、清代马时芳的《赵氏烈记》等。

传记,单称"传",属广义散文里的一种文体,是一种用来记载人物生平事迹的文章体裁。传记的内容,大体可分为两大类:一类以记述翔实的历史事迹为主,有史传或一般纪传文字等;另一类属于文学范围,多用形象化方法,描写各种著名人物的生活经历、精神面貌及其历史背景。以历史事实为根据,可以运用虚构和想象手法,来恢复其失落的事件环节或细节。它的写作强调历史的纪实性、庄严崇高感和艺术聚焦点。

传记这一体裁在我国产生很早。两千多年前,我国第一部纪传体通史《史记》,不仅是伟大的历史著作,也是传记文学的名著。它叙事翔实清楚,刻划人物形神兼备,语言生动,堪称世界上最壮丽的传记文学之一。

传记的类别多种多样,我国历史上主要有自传、内传、列传、别传、外传、小传、正传等说法。自传有两种情况。一种是属于常用事务文书,是干部履历文件中的一个必要组成部分。它文字平实、简洁,比较客观地展示出传主的社会生活经历和思想发展轨迹;另一种属于自述性文学作品,比较接近于传记文学,是一种用第一人称叙述的人物传记。内传有两种,一种是古代经学家把专门解释经义的书叫内传;另一种是指以记载传主的遗闻逸事为主的传记小说,如《隋书·经籍志二》中有《汉武内传》等。列传一般是用以记述帝王以外的人物事迹,也有记载少数民族和其他国家历史的。如《史记》中的《廉颇蔺相如列传》、《明史》中的《四川土司列传》等。别传是指本传(列于家谱或列于正史的传)

以外的传记,或对本传的补充记载。外传与内传相对而言,也有两种,一种是古代附经作传,广引事例,但不完全以解释经义为主的书;凡人物为正史(以君主传为纲的纪传体史书)所不记载,或正史已有记载而另为作传,其事迹与正史不同,或记其遗闻轶事的传记文章,都称为外传。小传是略记某人事迹的文章,如唐代李商隐写了《李贺小传》(见《李义山集》);还有在诗文总集的前后或附于篇首姓名之下,略述作者籍贯、履历的文字。

人物传记是记叙文体的一种,但人物传记主要是写名人或伟人的生平、事迹。因此,写人物传记时,要抓住其出生年月、主要事迹、人物的评论等进行叙述。古人曾说以人为镜,可以知得失。阅读名人传记,可以从不同的角度启迪我们的智慧,为了让我们走进和了解人类历史上最伟大的灵魂。

黄帝即位

西汉 韩婴

黄帝即位,施惠承天,一道修德,惟仁是好,宇内和平。未见凤凰,惟思其象,夙寐晨兴,乃召天老而问之曰:"风象何如?"天老对曰:"夫凤象,鸿前麟后,蛇颈而鱼尾,龙文而龟身,燕颔而鸡喙。戴德负仁,抱忠挟义。小音金,大音鼓。延颈奋翼,五彩备明。举动八风,气应时雨。食有质,饮有仪,往即文始,来即嘉成。惟凤为能通天祉,应地灵,律五音,览九德。天下有道,得凤象之一则凤过之,得凤象之二则凤翔之,得凤象之三则凤集之,得凤象之四则凤春秋下之;得凤象之五则凤没身居之。"黄帝曰:"于戏,允哉!朕何敢与焉?"于是黄帝乃服黄衣,戴黄冕,致斋于宫,凤乃蔽日而至。黄帝降于东阶,西面再拜稽首,曰:"皇天降祉,不敢不承命。"凤乃止帝东国,集帝梧桐,食帝竹实,没身不去。《诗》曰:"凤凰于飞,翙翙其羽,亦集爰止。"

选自韩婴《韩诗外传》

[作者作品]

韩婴(约前200～前130年),涿郡鄚人(今河北省任丘市人)。《史记》和《汉书》记载,汉文帝时曾任博士,汉景帝时官至常山太傅,后人又称他韩太傅。西汉著名的今文经学家,尤以诗经研究见长,世称"韩诗",与辕固生的"齐诗"、申培的"鲁诗"并称"三家诗"。

韩婴著有《韩诗内传》《韩诗外传》《韩说》等。南宋后仅存外传,可能已经过后人修改。据说他还对《易经》有研究,著有《周易传韩氏三篇》,但未能流传于世,又一说著有《子夏易传》即《韩氏易传》。

[相关史料]

黄帝简介见《金人铭》。

《史记》(四篇)

西汉 司马迁

[作者作品]

《史记》作者司马迁(前145或前135~前87年),字子长,西汉夏阳(今陕西韩城,一说山西河津)人。汉武帝时任郎中、太史令、中书令。中国古代伟大的史学家、文学家,被后人尊为"史圣"。他最大的贡献是创作了中国第一部纪传体通史《史记》。

《史记》是25史的第一部。《史记》记载了上自上古传说中的黄帝时代,下至汉武帝太史元年间共3000多年的历史。司马迁以其"究天人之际,通古今之变,成一家之言"的史实完成的史学巨著《史记》,是"二十五史"之首,被鲁迅誉为"史家之绝唱,无韵之离骚"。

司马迁

中华民族的前身华夏族是以夏商周三族为主体经过长期血缘交汇形成的,因此夏商周三族都自认为是黄帝的后裔,也就是说,黄帝是华夏族的始祖。黄帝,古华夏部落联盟首领,中国远古时代华夏民族的共主。有熊国(今郑州新郑市)少典之子,本姓公孙,后改姬姓,故称姬轩辕。史载黄帝姬水成,因有土德之瑞,故号黄帝。黄帝以统一华夏部落与征服东夷、九黎族而统一中华的伟绩载入史册。黄帝在位期间,播百谷草木,大力发展生产,始制衣冠、建舟车、制音律、创医学等。

一、黄帝世系

黄帝者,少典之子,姓公孙,名曰轩辕。生而神灵,弱而能言,幼而徇齐,长而敦敏,成而聪明。

轩辕之时,神农氏世衰。诸侯相侵伐,暴虐百姓,而神农氏弗能征。于是轩辕乃习用干戈,以征不享,诸侯咸来宾从。而蚩尤最为暴,莫能伐。炎帝欲侵陵诸侯,诸侯咸归轩辕。轩辕乃修德振兵,治五气,艺五种,抚万民,度四方,教熊罴貔貅䝙虎,以与炎帝战于阪泉之野。三战,然后得其志。蚩尤作乱,不用帝命。于是黄帝乃征师诸侯,与蚩尤战于涿鹿之野,遂禽杀蚩尤。而诸侯咸尊轩辕为天子,代神农氏,是为黄帝。天下有不顺者,黄帝从而征之,平者去之,披山通道,未尝宁居。

东至于海,登丸山,及岱宗。西至于空桐,登鸡头。南至于江,登熊、湘。北逐荤粥,合符釜山,而邑于涿鹿之阿。迁徙往来无常处,以师兵为营卫。官名皆以云命,为云师。置左右大监,监于万国。万国和,而鬼神山川封禅与为多焉。获宝鼎,迎日推筴。举风后、力牧、常先、大鸿以治民。顺天地之纪,幽明之占,死生之说,存亡之难。时播百谷草木,淳化鸟兽虫蛾,旁罗日月星辰水波土石金玉,劳勤心力耳目,节用水火材物。有土德之瑞,故号黄帝。

黄帝二十五子,其得姓者十四人。

黄帝居轩辕之丘,而娶于西陵之女,是为嫘祖。嫘祖为黄帝正妃,生二子,其后皆有天下:其一曰玄嚣,是为青阳,青阳降居江水;其二曰昌意,降居若水。昌意娶蜀山氏女,曰昌仆,生高阳,高阳有圣德焉。黄帝崩,葬桥山。其孙昌意之子高阳立,是为帝颛顼也。

[附录]

黄帝世系图

杨宽结合《世本》《大戴礼记》等书所列黄帝世系表是:

```
                    ┌─玄嚣→蟜极→高辛(喾)→┬─挚
                    │                      └─放勋(尧)
少典→黄帝→┤
                    │                      ┌─穷蝉→敬康→句望→桥牛→瞽叟→舜
                    └─昌意→颛顼→┤
                                          └─鲧→禹→启→太康→仲康→┬─相→少康
                                                                  └─贞(封于鲍,以为氏)
```

二、伯夷列传

[原文]

夫学者载籍极博。尤考信于六艺。《诗》《书》虽缺,然虞、夏之文可知也。尧将逊位,让于虞舜,舜、禹之间,岳牧咸荐,乃试之于位,典职数十年,功用既兴,然后授政。示天下重器,王者大统,传天下若斯之难也。而说者曰:"尧让天下于许由,许由不受,耻之逃隐。及夏之时,有卞随、务光者。"此何以称焉?太史公曰:余登箕山,其上盖有许由冢云。孔子序列古之仁圣贤人,如吴太伯、伯夷之伦详矣。余以所闻,由、光义至高,其文辞不少概见,何哉?

孔子曰:"伯夷、叔齐,不念旧恶,怨是用希。""求仁得仁,又何怨乎?"余悲伯夷之意,睹轶诗可异焉。其传曰:伯夷、叔齐,孤竹君之二子也。父欲立叔齐。及父卒,叔齐让伯夷。伯夷曰:"父命也。"遂逃去。叔齐亦不肯立而逃之。国人立其中子。于是伯夷、叔齐闻西伯昌善养老,"盍往归焉!"及至,西伯卒,武王载木主,号为文王,东伐纣。伯夷、叔齐叩马而谏曰:"父死不葬,爰及干戈,可谓孝乎?以臣弑君,可谓仁乎?"左右欲兵之。太公曰:"此义人也。"扶而去之。武王已平殷乱,天下宗周,而伯夷、叔齐耻之,义不食周粟,隐于首阳山,采薇而食之。及饿且死,作歌,其辞曰:"登彼西山兮,采其薇矣。以暴易暴兮,不知其非矣。神农、虞、夏忽焉没兮,我安适归矣?于嗟徂兮,命之衰矣。"遂饿死于首阳山。由此观之,怨邪非邪?

或曰:"天道无亲,常与善人。"若伯夷、叔齐,可谓善人者非邪?积仁洁行,如此而饿死。且七十子之徒,仲尼独荐颜渊为好学。然回也屡空,糟糠不厌,而卒蚤夭。天之报施善人,其何如哉?盗跖日杀不辜,肝人之肉,暴戾恣睢,聚党数千人,横行天下,竟以寿终,是遵何德哉?此其尤大彰明较著者也。若至近世,操行不轨,事犯忌讳,而终身逸乐,富厚累世不绝。或择地而蹈之,时然后出言,行不由径,非公正不发愤,而遇祸灾者,不可胜数也。余甚惑焉,傥所谓天道,是邪非邪?

子曰:"道不同,不相为谋。"亦各从其志也。故曰:"富贵如可求,虽执鞭之士,吾亦为之。如不可求,从吾所好。""岁寒,然后知松柏之后凋。"举世混浊,清士乃见。岂以其重若彼,其轻若此哉?君子疾没世而名不称焉。"贾子曰:"贪夫徇财,烈士徇名,夸者死权,众庶冯生。""同明相照,同类相求。"云从龙,风从虎,圣人作而万物睹。"伯夷、叔齐虽贤,得夫子而名益彰;颜渊虽笃学,附骥尾而行益显。岩穴之士,趋舍有时,若此类名湮灭而不称,悲夫。闾巷之人,欲砥行立名者,非附青云之士,恶能施于后世哉!

[相关史料]

《伯夷列传》是伯夷和叔齐的合传,冠《史记》列传之首。在这篇列传中,作者以"考信于六艺,折衷于孔子"的史料处理原则,于大量论赞之中,夹叙了伯夷、叔齐的简短事迹。他们先是拒绝接受王位,让国出逃;武王伐纣的时候,又以仁义叩马而谏;等到天下宗周之后,又耻食周粟,采薇而食,作歌明志,于是饿死在首阳山上。作者极力颂扬他们积仁洁行、清风高节的崇高品格,抒发了作者的诸多感慨。

伯夷、叔齐是商末孤竹君的两个儿子。相传其父遗命要立次子叔齐为继承人。孤竹君死后,叔齐让位给伯夷,伯夷不受,叔齐也不愿登位,先后都逃到周国。周武王伐纣,二人叩马谏阻。武王灭商后,他们耻食周粟,采薇而食,饿死于首阳山。

伯夷、叔齐在嵩山的遗迹有首阳山、有位于偃师市西北的伯夷、叔齐墓,太室山三皇口东南的"二仙洞"。

伯夷叔齐

[译文]

世上记事的书籍虽然很多,但学者们仍然以"六艺"——《诗》《书》《礼》《乐》《易》《春秋》等经典为征信的凭据。《诗经》《尚书》虽有缺损,但是记载虞、夏两代的文字都是可以见到的。尧将退位,让给虞舜,还有舜让位给禹的时候,都是由四方诸侯长和州牧们推荐出来的,于是,让他们先试着任职工作,主持事务数十年,做出了成就,建立了功绩,然后再把大政交给他们。这是表示天下是极贵重的宝器,帝王是最大的统领者,把天下移交给继承者就是如此的困难。然而,也有人说过,尧要把天下让给许由,许由不肯接受,以为是一种耻辱而逃走隐居起来。到了夏代的时候,又有卞随、务光等人。这些人又为什么要受到称许呢?太史公说:我登过箕山,相传山上有许由之墓。孔子依次评论古代的仁人、圣人、贤人,对吴太伯和伯夷等讲得很详细。我听说许由、务光等节义品德至为高尚,而经书中有关他们的文辞却一点儿也见不到,这是为什么呢?

孔子说:"伯夷、叔齐,不是老记着人家以前的过错,因此怨恨他们的人就少。""追求仁德而得到仁德,又有什么可怨恨的呢?"我对伯夷兄弟的用意深感悲痛,但看到那些逸诗又(不免对孔子说的话)感到诧异。他们的传记说道:

伯夷、叔齐是孤竹君的两个儿子。父亲想把王位传给叔齐,到了父亲去世以后,叔齐要让位给伯夷。伯夷说:"这是父亲的遗命啊!"于是便逃走了。叔齐也不肯即位而逃走。国人只好立孤竹君的第二个儿子为王。这时,伯夷、叔齐听说西伯昌能关心老人,扶养老人,便一起去归附他。等到达那里,西伯已去世了。武王用车载着西伯的神主,追谥为文王,率军东进去征伐商纣。伯夷、叔齐拉住武王的马而谏阻道:"父亲死了却不安葬,大动干戈去打仗,这难道是孝的行为吗?身为臣子,却要去杀害国君,这难道可以算作仁德吗?"周王左右的人准备杀掉他们,太公说:"他们是义人啊!"扶着他们离开了。武王摧毁了殷商的暴虐统治,天下都归附了周朝,而伯夷、叔齐却认为这是很可耻的事,为了表示

对殷商的忠义，不肯再吃周朝的粮食，隐居在首阳山中，靠着采食薇菜充饥。到了由于饥饿而将死的时候，作了一首歌，歌词说："登上那西山啊，采些那薇菜呀！用暴力来取代暴力，不知道这是错误的。神农、虞舜和夏禹，授政仁人相禅让，圣人倏忽辞世去，我辈今日向何方？啊，别啦，永别啦！命运衰薄令人哀伤！"终于饿死在首阳山中。从这些记载来看，伯夷、叔齐是怨呢，还是不怨呢？

有人说："天道并不对谁特别偏爱，但通常是帮助善良人的。"像伯夷、叔齐，总可以算得上是善良的人了吧！难道不是吗？他们行善积仁，修养品行，这样的好人竟然给饿死了！再说孔子的七十二位贤弟子这批人吧，仲尼特别赞扬颜渊好学。然而颜回常常为贫穷所困扰，连酒糟谷糠一类的食物都吃不饱，终于过早地去世了。上天对于好人的报偿，到底是怎样的呢？盗跖天天在屠杀无辜的人，割人肝，吃人肉，凶暴残忍，胡作非为，聚集党徒数千人，横行天下，竟然能够长寿而终。他又究竟积了什么德，行了什么善呢？这几个例子是最典型，最能说明问题的了。若要说到近代，那种品行不遵循法度，专门违法乱纪的人，反倒能终身安逸享乐，富贵优裕，一代一代地传下去；而有的人（诚如孔子教诲的那样，）居住的地方要精心地加以选择；说话要待到合适的时机才启唇；走路只走大路，不抄小道；不是为了主持公正，就不表露愤懑，结果反倒遭遇灾祸。这种情形多得简直数也数不清。（此因颜回积德已功成果满，才寿终正寝。）

孔子说"主义不同的人，不互相商议谋划"，都各自按照自己的意志去做事。孔子又说："富贵如果能够求得，就是要干手拿鞭子的卑贱的职务，我也愿意去干；如果不能求得，那还是按照我自己的喜好去干吧！""天气寒冷以后，才知道松树、柏树是最后落叶的。"世间到处混浊龌龊，那清白高洁的人就显得格外突出。这岂不是因为他们是如此重视道德和品行，又是那样鄙薄富贵与苟活啊！"君子感到痛心的是到死而名声不被大家所称颂。"贾谊说："贪得无厌的人为追求钱财而不惜一死，胸怀大志的人为追求名节而不惜一死，作威作福的人为追求权势而不惜一死，芸芸众生只顾惜自己的生命。""同是明灯，方能相互辉照；同是一类，方能相互亲近。""飞龙腾空而起，总有祥云相随；猛虎纵身一跃，总有狂风相随；圣人一出现，万物的本来面目便都被揭示得清清楚楚。"伯夷、叔齐虽然贤明，由于得到了孔子的赞扬，名声才更加响亮；颜渊虽然好学，由于追随孔子，品德的高尚才更加明显。那些居住在深山洞穴之中的隐士们，他们出仕与退隐也都很注重原则，有一定的时机，而他们的名字（由于没有圣人的表彰），就大都被埋没了，不被人们所传颂，真可悲啊！一个下层的平民，要想磨练品行，成名成家，如果不依靠德高望重的贤人，怎么可能让自己的名声流传于后世呢？

三、陈涉世家

[原文]

陈胜者，阳城人也，字涉。吴广者，阳夏人也，字叔。陈涉少时，尝与人佣耕，辍耕之垄上，怅恨久之，曰："苟富贵，无相忘。"佣者笑而应曰："若为佣耕，何富贵也？"陈涉太息曰："嗟乎，燕雀安知鸿鹄之志哉！"

二世元年七月，发闾左适戍渔阳九百人，屯大泽乡。陈胜、吴广皆次当行，为屯长。会天大雨，道不通，度已失期。失期，法皆斩。陈胜、吴广乃谋曰："今亡亦死，举大计亦死，等死，死国可乎？"陈胜曰："天下苦秦久矣。吾闻二世少子也，不当立，当立者乃公子扶苏。扶苏以数谏故，上使外将兵。今或闻无罪，二世杀之。百姓多闻其贤，未知其死也。项燕为楚将，数有功，爱士卒，楚人怜之。或以为死，或以为亡。今诚以吾众诈自称公子扶苏、项燕，为天下唱，宜多应者。"吴广以为然。乃行卜。卜者知其指意,曰:"足下事皆成,有功。然足下卜之鬼乎!"陈胜、吴广喜,念鬼,曰:"此教我先威众耳。"乃丹书帛曰:"陈胜王",置人所罾鱼腹中。卒买鱼烹食,得鱼腹中书,固以怪之矣。又间令吴广之次所旁丛祠中,夜篝火,狐鸣呼曰"大楚兴,陈胜王"。卒皆夜惊恐。旦日,卒中往往语,皆指目陈胜。

　　吴广素爱人,士卒多为用者。将尉醉,广故数言欲亡,忿恚尉,令辱之,以激怒其众。尉果笞广。尉剑起,广起,夺而杀尉。陈胜佐之,并杀两尉。召令徒属曰:"公等遇雨,皆已失期,失期当斩。借第令毋斩,而戍死者固十六七。且壮士不死即已,死即举大名耳,王侯将相宁有种乎!"徒属皆曰:"敬受命。"乃诈称公子扶苏、项燕,从民欲也。袒右,称大楚。为坛而盟,祭以尉首。陈胜自立为将军,吴广为都尉。攻大泽乡,收而攻蕲。蕲下,乃令符离人葛婴将兵徇蕲以东,攻铚、酂、苦、柘、谯,皆下之。行收兵。比至陈,车六七百乘,骑千余,卒数万人。攻陈,陈守令皆不在,独守丞与战谯门中。弗胜,守丞死,乃入据陈。数日,号令召三老、豪杰与皆来会计事。三老、豪杰皆曰:"将军身被坚执锐,伐无道,诛暴秦,复立楚国之社稷,功宜为王。"陈涉乃立为王,号为张楚。当此时,诸郡县苦秦吏者,皆刑其长吏,杀之以应陈涉。

[相关史料]

　　陈胜(?~前208年),秦朝农民起义领袖。字涉,阳城(今嵩山登封市告成镇)人。

[译文]

　　陈胜是阳城人,字涉。吴广是阳夏人,字叔。陈涉年轻的时候,曾经跟别人一道被雇佣耕地,陈涉停止耕作到田边高地休息,因失望而叹恨了很久,说:"如果有一天富贵了,不要彼此忘记。"同伴们笑着回答说:"你做雇工为人家耕地,哪里谈得上富贵呢?"陈涉长叹一声说:"唉,燕雀怎么知道鸿鹄的凌云志向呢!"

　　秦二世元年七月,朝廷征调贫苦平民九百人去戍守渔阳,驻在大泽乡。陈胜、吴广都被按次序编入戍边的队伍里面,担任了小头目。恰巧遇到天下大雨,道路不通,估计已经误期。误期,按照秦朝法令都要斩首。陈胜、吴广于是一起商量说:"现在逃跑也是死,起义也死,同样是死,为国事而死可以吗?"陈胜说:"全国百姓长期受秦王朝压迫,痛苦不堪。我听说秦二世是秦始皇小儿子,不应当立为皇帝,应当立为皇帝的人是公子扶苏。扶苏因

陈胜吴广起义

为多次劝戒秦始皇的原因,皇帝派他在外面带兵。现在有人听说扶苏没有罪,二世却杀了他。百姓多数听说他贤明,却不知道他已经死了。项燕做楚国的将领的时候,多次立有战功,又爱护士兵,楚国人很爱怜他。有人认为他死了,有人认为他逃跑了。现在果真把我们的这些人冒充公子扶苏、项燕的队伍,向全国发出号召,应该有很多响应的人。"吴广认为陈胜所说的正确。于是二人去占卜。占卜的人知道他们的意图,说:"你们的事情都能成功,将建立功业。然而你们把这件事向鬼神卜问一下吧?"陈胜、吴广很高兴,又考虑卜鬼的事,说:"这是教我们首先威服众人罢了。"于是用丹砂在丝绸上写道:"陈胜王",放在别人用网捕获的鱼的肚子里面。戍卒买到那条鱼回来煮着吃,发现鱼肚子里面的帛书,本来已经对这件事感到奇怪了。陈胜又暗中派遣吴广到戍卒驻地旁边丛林里的神庙中去,在晚上

用竹笼罩着火装作鬼火,像狐狸一样叫喊道:"大楚复兴,陈胜为王!"戍卒们夜里都惊慌恐惧。第二天,戍卒中到处谈论这件事,都指指点点,互相示意的看着陈胜。

吴广向来爱护士卒,士兵们有许多愿意替他效力的人。押送戍卒的两个军官喝醉了酒,吴广故意多次说想要逃跑,惹军官恼怒,让军官责辱自己,以便激怒那些戍卒。军官果真用竹板打吴广。军官又拔出宝剑来威吓,吴广跳起来,夺过宝剑杀死军官。陈胜帮助他,一同杀死了两个军官。陈胜、吴广召集并号令众戍卒说:"你们碰到了大雨,都已经误了朝廷规定的期限,误期就会杀头。就算朝廷不杀我们,但是戍边的人十个里头肯定有六七个死去。再说好汉不死便罢,要死就要取得大名声啊!王侯将相难道是天生的贵种吗?"众戍卒都说:"听从您的命令。"于是就冒充是公子扶苏、项燕的队伍,顺从人民的心愿。军队露出右臂作为标志,号称大楚。他们筑起高台,在台上结盟宣誓,用尉的头祭告天地。陈胜自立为将军,吴广为都尉。起义军首先攻下大泽乡,吸收民众参军后接着攻打蕲县。蕲县攻下之后,就派符离人葛婴率领部队去夺取蕲县以东的地方,攻打铚、酂、苦、柘、谯等地,都攻占下了。在行军时又沿途吸收群众参加起义军,等到到达陈县,起义军已有战车六七百辆,骑兵一千多人,步兵几万人。攻打陈县时,郡守和县令都不在城中,只有守丞的谯门中同起义军作战。守丞战败,被杀死了,起义军就进城占领了陈县。过了几天,陈胜下令召集三老、豪杰一起来集会议事。三老、豪杰都说:"将军亲身披着坚固的铁甲,拿着锐利的武器,讨伐无道的秦王,进攻暴虐的秦朝,重新建立楚国,论功劳应当称王。"陈胜就立为王,宣称要重建楚国。在这时,各郡县受秦朝官吏压迫的人,都惩罚那些当地各郡县的长官,杀死他们来响应陈涉。

四、管晏列传

[原文]

管仲夷吾者,颍上人也。少时常与鲍叔牙游,鲍叔知其贤。管仲贫困,常欺鲍叔,鲍叔终善遇之,不以为言。已而鲍叔事齐公子小白,管仲事公子纠。及小白立为桓公,公子纠死,管仲囚焉。鲍叔遂进管仲。管仲既用,任政于齐,齐桓公以霸,九合诸侯,一匡天下,管仲之谋也。

管仲曰:"吾始困时,尝与鲍叔贾,分财利多自与,鲍叔不以我为贪,知我贫也。吾尝为鲍叔谋事而更穷困,鲍叔不以我为愚,知时有利不利也。吾尝三仕三见逐于君,鲍叔不以我为不肖,知我不遭时也。吾尝三战三走,鲍叔不以我怯,知我有老母也。公子纠败,召忽死之,吾幽囚受辱,鲍叔不以我为无耻,知我不羞小节而耻功名不显于天下也。生我者父母,知我者鲍子也。"

鲍叔既进管仲,以身下之。子孙世禄于齐,有封邑者十余世,常为名大夫。天下不多管仲之贤而多鲍叔能知人也。

管仲既任政相齐,以区区之齐在海滨,通货积财,富国强兵,与俗同好恶。故其称曰:"仓廪实而知礼节,衣食足而知荣辱,上服度则六亲固。四维不张,国乃灭亡。下令如流水之原,令顺民心。"故论卑而易行。俗之所欲,因而予之;俗之所否,因而去之。

其为政也,善因祸而为福,转败而为功。贵轻重,慎权衡。桓公实怒少姬,南袭蔡,管仲因而伐楚,责包茅不入贡于周室。桓公实北征山戎,而管仲因而令燕修召公之政。于柯之会,桓公欲背曹沫之约,管仲因而信之,诸侯由是归齐。故曰:"知与之为取,政之宝也。"

管仲富拟于公室,有三归、反坫,齐人不以为侈。管仲卒,齐国遵其政,常强于诸侯。后百余年而有晏子焉。

晏平仲婴者，莱之夷维人也。事齐灵公、庄公、景公，以节俭力行重于齐。既相齐，食不重肉，妾不衣帛。其在朝，君语及之，即危言；语不及之，即危行。国有道，即顺命；无道，即衡命。以此三世显名于诸侯。

越石父贤，在缧绁中。晏子出，遭之涂，解左骖赎之，载归。弗谢，入闺。久之，越石父请绝。晏子惧然，摄衣冠谢曰："婴虽不仁，免子于绁何子求绝之速也？"石父曰："不然。吾闻君子诎于不知己而信于知己者。方吾在缧绁中，彼不知我也。夫子既已感寤而赎我，是知己；知己而无礼，固不如在缧绁之中。"晏子于是延入为上客。

晏子为齐相，出，其御之妻从门闲而窥其夫。其夫为相御，拥大盖，策驷马，意气扬扬甚自得也。既而归，其妻请去。夫问其故。妻曰："晏子长不满六尺，身相齐国，名显诸侯。今者妾观其出，志念深矣，常有以自下者。今子长八尺，乃为人仆御，然子之意自以为足，妾是以求去也。"其后夫自抑损。晏子怪而问之，御以实对。晏子荐以为大夫。

太史公曰：吾读管氏牧民、山高、乘马、轻重、九府，及晏子春秋，详哉其言之也。既见其著书，欲观其行事，故次其传。至其书，世多有之，是以不论，论其轶事。

管仲世所谓贤臣，然孔子小之。岂以为周道衰微，桓公既贤，而不勉之至王，乃称霸哉？语曰"将顺其美，匡救其恶，故上下能相亲也"。岂管仲之谓乎？

方晏子伏庄公尸哭之，成礼然后去，岂所谓"见义不为无勇"者邪？至其谏说，犯君之颜，此所谓"进思尽忠，退思补过"者哉！假令晏子而在，余虽为之执鞭，所忻慕焉。

[相关史料]

《管晏列传》是春秋时期齐国两位名相管仲和晏婴的合传。《管晏列传》在传述管仲和晏婴相齐称霸的业绩时，显然有意在探索、论证一个如何对待贤才的问题。

管仲(？～前645年)，春秋初期齐国著名的政治家、哲学家、改革家。字仲，名夷吾。嵩山登封颍上(今登封君召乡红石头沟颍上河村)人。早年经商，初事齐国公子纠，后经鲍叔牙保举，任其为卿。辅佐齐桓公，对内政外交政策进行全面的改革，制定了一系列富国强兵的方针策略，被齐恒公任为上卿，尊称"仲父"。执政40年，因势制宜，分设各级官吏，选拔士子，赏勤罚惰，征赋税，统一铸造、管理钱币，制定捕鱼、煮盐之法；对外采取"尊王攘夷"的外交策略，使齐桓公成为

管 仲

春秋时代的第一个霸主。他秉政3年，齐国大治，成为"五霸之首"。《管子》是先秦诸子时代百科全书式的巨著，是托管仲之名而博采众家之长的一部论文集。不是一人一时之笔，也不是一家一派之言。内容比较庞杂，涉及政治、经济、法律、军事、哲学、伦理道德等各个方面。写作年代大抵始于战国中期直至秦、汉。

《国语·齐语》、《史记·管晏列传》、《管子》、《左传》等都有记载管仲的生活传记，《论语》中也有几处关于孔子对他的评论。苏洵在《管仲论》中，对管仲做出了分析和批判。

晏婴(？～前500年)，字仲，谥平，齐国夷潍(今山东高密)人。事齐灵、庄、景三公，景公时为相，参政达50余年。今传《晏子春秋》一书。

[译文]

管仲,名夷吾,是颍上人。他年轻的时候,常和鲍叔牙交往,鲍叔牙知道他贤明、有才干。管仲家贫,经常占鲍叔的便宜,但鲍叔始终很好地对待他,不因为这些事而有什么怨言。不久,鲍叔侍奉齐国公子小白,管仲侍奉公子纠。等到小白即位,立为齐桓公以后,桓公让鲁国杀了公子纠,管仲被囚禁。于是鲍叔向齐桓公推荐管仲。管仲被任用以后,在齐国执政,桓公凭借着管仲而称霸,并以霸主的身份,多次会合诸侯,使天下归正于一,这都是管仲的智谋。

管仲说:"我当初贫困时,曾经和鲍叔一起做生意,分财利时自己总是多要一些,鲍叔并不认为我贪财,而是知道我家里贫穷。我曾经替鲍叔谋划事情,反而使他更加困顿不堪,陷于窘境,鲍叔不认为我愚笨,他知道时运有时顺利,有时不顺利。我曾经多次作官多次都被国君驱逐,鲍叔不认为我不成器,他知道我没遇上好时机。我曾经多次打仗多次逃跑。鲍叔不认为我胆小,他知道我家里有老母需要赡养。公子纠失败,召忽为之殉难,我被囚禁遭受屈辱,鲍叔不认为我没有廉耻,知道我不因小的过失而感到羞愧,却以功名不显扬于天下而感到耻辱。生养我的是父母,真正了解我的是鲍叔啊。"

鲍叔推荐了管仲以后,情愿把自身置于管仲之下。他的子孙世世代代在齐国享有俸禄,得到封地的有十几代,多数是著名的大夫。因此,天下的人不称赞管仲的才干,反而赞美鲍叔能够识别人才。

管仲出任齐相执政以后,凭借着小小的齐国在海滨的条件,流通货物,积聚财富,使得国富兵强,与百姓同好恶。所以,他在《管子》一书中称述说:"仓库储备充实了,百姓才懂得礼节;衣食丰足了,百姓才能分辨荣辱;国君的作为合乎法度,"六亲"才会得以稳固""不提倡礼义廉耻,国家就会灭亡。""国家下达政令就像流水的源头,顺着百姓的心意流下。"所以政令符合下情就容易推行。百姓想要得到的,就给他们;百姓所反对的,就替他们废除。

管仲执政的时候,善于把祸患化为吉祥,使失败转化为成功。他重视分别事物的轻重缓急,慎重地权衡事情的利弊得失。齐桓公实际上是怨恨少姬改嫁而向南袭击蔡国,管仲就寻找借口攻打楚国,责备它没有向周王室进贡菁茅。桓公实际上是向北出兵攻打山戎,而管仲就趁机让燕国整顿召公时期的政教。在柯地会盟,桓公想背弃曹沫逼迫他订立的盟约,管仲就顺应形势劝他信守盟约,诸侯们因此归顺齐国。所以说:"懂得给予正是为了取得的道理,这是治理国家的法宝。"

管仲富贵得可以跟国君相比拟,拥有设置华丽的三归台和国君的宴饮设备,齐国人却不认为他奢侈僭越。管仲逝世后,齐国仍遵循他的政策,常常比其他诸候国强大。此后过了百余年,齐国又出了个晏婴。

晏婴像

晏平仲,名婴,是齐国莱地夷维人。他辅佐了齐灵公、庄公、景公三代国君,由于节约俭仆又努力工作,在齐国受到人们的尊重。他做了齐国宰相,食不嫌味,妻妾不穿丝绸衣服。在朝廷上,国君说话涉及他,就正直地陈述自己的意见;国君的话不涉及他,就正直地去办事。国君能行正道,就顺着他的命令去做,不能行正道时,就对命令斟酌着去办。因此,他在齐灵公、庄公、景公三代,名声显扬于各国诸侯。

越石父是个贤才,正在囚禁之中。晏子外出,在路上遇到他,就解开乘车左边的马,把他赎出来,用车拉回家。晏子没有向越石父告辞,就走进内室,过了好久没出来,越石父就请求与晏子绝交。晏子大吃一惊,匆忙整理好衣帽道歉说:"我即使说不上善良宽厚,也总算帮助您从困境中解脱出来,您为什么这么快就要求绝交呢?"越石父说:"不是这样的,我听说君子在不了解自己的人那里受到委屈而在了解自己的人面前意志就会得到伸张。当我在囚禁之中,那些人不了解我。你既然已经受到感动而醒悟,把我赎买出来,这就是了解我;了解我却不能以礼相待,还不如在囚禁之中"于是晏子就请他进屋待为贵宾。

　　晏子做齐国宰相时,一次坐车外出,车夫的妻子从门缝里偷偷地看她的丈夫。他丈夫替宰相驾车,头上遮着大伞,挥动着鞭子赶着四匹马,神气十足,洋洋得意。不久回到家里,妻子就要求离婚,车夫问她离婚的原因,妻子说:"晏子身高不过六尺,却做了齐的宰相,名声在各国显扬,我看他外出,志向思想都非常深沉,常有那种甘居人下的态度。现在你身高八尺,才不过做人家的车夫,看你的神态,却自以为挺满足,因此我要求和你离婚。"从此以后,车夫就谦虚恭谨起来。晏子发现了他的变化,感到很奇怪,就问他,车夫也如实相告。晏子就推荐他做了大夫。

　　太史公说:我读了管仲的《牧民》《山高》《乘马》《轻重》《九府》和《晏子春秋》,这些书上说的太详细了! 读了他们的著作,还想让人们了解他们的事迹,所以就编写了他们的合传。至于他们的著作,社会上已有很多,因此不再论述,只记载他们的佚事。

　　管仲是世人所说的贤臣,然而孔子小看他,难道是因为周朝统治衰微,桓公既然贤明,管仲不勉励他实行王道却辅佐他只称霸主吗? 古语说:"要顺势助成君子的美德,纠正挽救他的过错,所以君臣百姓之间能亲密无间。"这大概就是说的管仲吧?

　　当初晏子枕伏在庄公尸体上痛哭,完成了礼节然后离去,难道是人们所说的"遇到正义的事情不去做就是没有勇气"的表现吗? 至于晏子直言进谏,敢于冒犯国君的威严,这就是人们所说的"进就想到竭尽忠心,退就想到弥补过失"的人啊! 假使晏子还活着,我即使替他挥动着鞭子赶车,也是我非常高兴和十分向往的啊!

汉武帝登嵩山

东汉　班　固

　　春正月,行幸缑氏。诏曰:"朕用事华山,至于中岳,获驳鹿见夏后启母石。翌日亲登嵩高,御史乘属,在庙旁士卒咸闻呼万岁者三,登礼罔不答。其令祠官加增太室祠,禁无伐其草木。以山下户三百为之封邑,名曰嵩高,独绘祠,复亡所兴。"行,遂东巡海上。

《汉书》节选

[作者作品]

　　班固(32~92年),东汉官吏、史学家、文学家。史学家班彪之子,字孟坚,汉族,扶风安陵人(今陕西咸阳东北)。班固自幼聪慧,9岁能诵读诗赋,13岁时得到当时学者王充的赏识,建武二十三年(47年)前后入洛阳太学,博览群书,穷究九流百家之言。建武三十年(54年),其父班彪卒,自太学返回乡里。居忧时,在班彪续补《史记》之作《后传》基础上开始编写《汉书》,至汉章帝建初中修成。善辞赋,有《两都赋》等。

班　固

[相关史料]

《汉书》，又称《前汉书》，由我国东汉时期的历史学家班固编撰，是中国第一部纪传体断代史，"二十四史"之一。《汉书》是继《史记》之后我国古代又一部重要史书，与《史记》《后汉书》《三国志》并称为"前四史"。《汉书》全书主要记述了上起西汉的汉高祖元年（公元前206年），下至新朝的王莽地皇四年（23年），共230年的史事。《汉书》包括纪12篇，表8篇，志10篇，传70篇，共100篇，后人划分为120卷，共80万字。

十五从军征

汉　乐府诗

十五从军征，八十始得归。道逢乡里人：家中有阿谁？
遥看是君家，松柏冢累累。兔从狗窦入，雉从梁上飞。
中庭生旅谷，井上生旅葵。舂谷持作饭，采葵持作羹。
羹饭一时熟，不知贻阿谁！出门东向看，泪落沾我衣。

[作者作品]

《十五从军征》选自《乐府诗集·横吹曲辞·梁鼓角横吹曲》。

《十五从军征》是一首暴露封建社会不合理的兵役制度的汉代乐府民歌。全诗突出写了"十五从军征，八十始得归"的老士兵的形象，描绘了一个在外征战的老兵返乡途中与到家之后的种种场景。饱经风霜、苍老惶切的老人，无须顾忌、直言不讳的乡亲，衰草古柏荒坟的家园，共同构成了一幅真实动人的具有社会意义的主题的画面，典型地反映了汉代社会现实的一个侧面。尤其是主人公和他的家的相互映衬的叙写，把作品的主题和艺术水平都推向了一个新的高度：服了整整65年兵役的人，竟然还是全家唯一的幸存者，那些没有服兵役的亲人们，坟上松柏都已葱葱郁郁，可以想见他们生前贫寒凄苦的生活还不如每时每刻都可能牺牲的士卒；作品具体写的是主人公为国征战65载却有家归不得，等到归时却又无家可归的不幸遭遇和惨痛心情，而他的不幸与那些苟生且不能只有走进静默、暗湿、冰冷的坟墓的亲人们相比，他又是"幸运者"了。这样，作品就不仅仅暴露了封建兵役制度的黑暗、罪恶，不仅仅表现了80老翁一人的不幸，而且反映了当时整个社会现实的黑暗，表现了比个人不幸更深广的全体人民的不幸和社会的凋敝、时代的动乱，使作品的主题得到了升华。

十五从军征

此诗通过主人公的遭遇，不仅抒发了这一老兵"少小离家老大回"的情感，揭示了封建兵役制度给劳动人民造成的苦难，反映了劳动人民在当时黑暗的兵役制度下不平和痛苦的社会现实，表达了诗人对封建兵役制度给劳动人民造成的苦难的怨恨与同情的思想感情。作品真实、深刻、令人感愤，催人泪下，具有一定的史诗意义。

全诗写得既含蕴简洁，又深湛凝重，内容的取舍剪裁，结构的布置安排，都恰到好处，独具匠心，很好地收到了"意在言外"、主旨尽在言与不言中、意境深远、韵味绵长的艺术效果。

[相关史料]

乐府诗集是继《诗经·风》之后，一部总括中国古代乐府歌辞的著名诗歌总集，由宋代郭茂倩所编。现存100卷，是现存收集乐府歌辞最完备的一部。主要辑录汉魏到唐、五代的乐府歌辞兼及先秦至唐末的歌谣，共5000多首。它搜集广泛，各类有总序，每曲有题解。乐府原是古代掌管音乐的官署。乐府搜集演唱的诗给被称为乐府诗。

"乐府"，本是掌管音乐的机关名称，最早设立于汉武帝时，南北朝也有乐府机关。其具体任务是制作乐谱，收集歌词和训练音乐人才。歌词的来源有二种：一部分是文人专门作的，一部分是从民间收集的。后来，人们将乐府机关采集的诗篇称为乐府，或称乐府诗、乐府歌词，于是乐府便由官府名称变成了诗体名称。乐府双璧（又名长篇叙事诗双璧）为《木兰诗》与《孔雀东南飞》。和《诗经》，《楚辞》同名。

洛阳汉魏古诗（二首）

选自《古诗十九首》

[相关史料]

《古诗十九首》最早见于《文选》，为南朝梁萧统从传世无名氏《古诗》中选录十九首编入，编者把这些作者已经无法考证的五言诗汇集起来，冠以此名，列在"杂诗"类之首，后世遂作为组诗看待。关于《古诗十九首》的作者和时代有多种说法，《昭明文选·杂诗·古诗一十九首》题下注曾释之甚明："并云古诗，盖不知作者。"今人综合考察《古诗十九首》所表现的情感倾向、所折射的社会生活情状以及它纯熟的艺术技巧，一般认为它并不是一时一人之作，它所产生的年代应当在东汉顺帝末到献帝前，即公元140～190年之间。

《古诗十九首》是乐府古诗文人化的显著标志。汉末文人对个体生存价值的关注，使他们与自己生活的社会环境、自然环境，建立起更为广泛而深刻的情感联系。过去与外在事功相关联的，诸如帝王、诸侯的宗庙祭祀、文治武功、畋猎游乐乃至都城官室等，曾一度霸踞文学的题材领域，现在让位于与诗人的现实生活、精神生活息息相关的进退出处、友谊爱情乃至街衢田畴、物候节气，文学的题材、风格、技巧，因之发生巨大的变化。

《古诗十九首》是在汉代民歌基础上发展起来的五言诗，内容多写离愁别恨和彷徨失意，思想消极，情调低沉。但却有很高的艺术成就，长于抒情，善用事物来烘托，寓情于景，情景交融。运用朴素自然的语言，通过委婉曲折的方式，表示出深挚怅恨的感情来，从而达到内容与形式的统一。《驱车上东门》和《青青陵上柏》两诗中，都充分体现了以上所说的风格特色。《古诗十九首》在五言诗的发展上有重要地位，在中国诗史上也有相当重要的意义，它的题材内容和表现手法为后人师法，几至形成模式。它的艺术风格，也影响到后世诗歌的创作与批评。就古代诗歌发展的实际情况而言，刘勰的《文心雕龙》称它为"五言之冠冕"，钟嵘的《诗品》赞颂它"天衣无缝，一字千金"。"千古五言之祖"是并不过分的。诗史上认为《古诗十九首》为五言古诗之权舆的评论例如，明王世贞称"（十九首）谈理不如《三百篇》，而微词婉旨，碎玉并驾，是千古五言之祖"。陆时庸则云"（十九首）谓之风余，谓之诗母"。

一、驱车上东门

　　驱车上东门,遥望郭北墓。白杨何萧萧,松柏夹广路。
　　下有陈死人,杳杳即长暮。潜寐黄泉下,千载永不寤。
　　浩浩阴阳移,年命如朝露。人生忽如寄,寿无金石固。
　　万岁更相送,贤圣莫能度。服食求神仙,多为药所误。

[作者作品]

　　《驱车上东门》是用抒情主人公直抒胸臆的形式写出的,表现了东汉末年大动乱时期一部分生活充裕、但在政治上找不到出路的知识分子的颓废思想的悲凉迷茫,表达了对黑暗社会的批判。

驱车上东门

　　东汉京城洛阳,共有12个城门。东面三门,靠北的叫"上东门"。郭,外城。汉代沿袭旧俗,死人多葬于郭北。洛阳城北的北邙山,是丛葬之地;诗中的"郭北墓",正指邙山墓群。主人公驱车出了上东门,遥望城北,看见邙山墓地的树木,不禁悲从中来,便用"白杨何萧萧,松柏夹广路"两句写所见、抒所感。萧萧,树叶声。主人公停车于上东门外,距北邙墓地还有一段路程,不可能听见墓上白杨的萧萧声,然而杨树叶之所以萧萧作响,乃是长风摇荡的结果;而风撼杨枝、万叶翻动的情状,却是可以远远望见的。望其形,想其声,形成通感,便将视觉形象与听觉形象合二而一了。还有一层:这位主人公,本来是住在洛阳城里的,并没有事,却偏偏要出城,又偏偏出上东门,一出城门便"遥望郭北墓",见得他早就从消极方面思考生命的归宿问题,心绪很悲凉。因而当他望见白杨与松柏,首先是移情入景,接着又触景生情。"萧萧"前用"何"(多么)作状语,其感情色彩是十分强烈的。写"松柏"的一句似较平淡,然而只有富贵人墓前才有广阔的墓道,如今"夹广路"者只有松柏,其萧瑟景象也依稀可想。于是由墓上的树木想到墓中的死人,有了对人死去的感慨和诉说。主人公对于生命的短促如此怨恨,对于死亡的降临如此恐惧,而得出的结论很简单,也很现实:神仙是不死的,然而服药求神仙,又常常被药毒死;还不如喝点好酒,穿些好衣服,只图眼前快活吧!

　　生命短促,人所共感,问题在于如何肯定生命的价值。即以我国古人而论,因生命短促而不甘虚度光阴,立德、立功、立言以求不朽的人史不绝书。不妨看看屈原:他有感于"日月忽其不淹兮,春与秋其代序"而"乘骐骥以驰骋,来吾导夫先路",力求奔驰于时代的前列;有感于"老冉冉其将至兮"而"恐修名之不立",砥砺节操,热爱家国,用全部生命追求崇高理想的实现,将人性美发扬到震撼人心的高度。回头再看这首诗的主人公,他对人生如寄的悲叹,当然也隐含着对于生命的热爱,然而对生命的热爱最终以只图眼前快活的形式表现出来,却是消极的,颓废的。生命的价值,也就化为乌有了。

二、青青陵上柏

青青陵上柏,磊磊涧中石。人生天地间,忽如远行客。
斗酒相娱乐,聊厚不为薄。驱车策驽马,游戏宛与洛。
洛中何郁郁,冠带自相索。长衢罗夹巷,王侯多第宅。
两宫遥相望,双阙百余尺。极宴娱心意,戚戚何所迫?

[作者作品]

　　《青青陵上柏》与《驱车上东门》在感慨生命短促这一点上有共同性,但艺术构思和形象蕴含却很不相同。《驱车上东门》的主人公望北邙而生哀,想到的只是死和未死之前的生活享受;这首诗的主人公游京城而兴叹,想到的不止是死和未死之时的吃好穿好。

　　在这首诗中,作者先从人生短促、不如行乐的感叹写起,再用"斗酒"、"策驽马"、"游戏宛洛"等语来表示自己安贫守贱,自得其乐;然后又以自己在京洛所看到的豪华景象作衬托,由此联想到那些豪门贵族正该尽情享乐了吧?然而为什么反倒戚戚忧惧不可终日了呢?从最后两句的微微嘲讽中,表达了作者那种安于贫贱、达观自遣的思想。

　　从全诗章法看,分指双方较合理,但又绝非忧乐对照。"极宴"句承写"洛中"各句而来,自然应指豪权贵。主人公本来是因生命短促而自寻"娱乐"、又因自寻"娱乐"而"游戏"洛中的,结句自然应与"娱乐"拍合。当然,主人公的内心深处未尝不"戚戚",但口上说的毕竟是"娱乐",是"游戏"。从"斗酒"、"驽马"诸句看,特别是从写"洛中"所见诸句看,这首诗的主人公,其行乐有很大的勉强性,与其说是行乐,不如说是借行乐以销忧。而忧的原因,也不仅是生命短促。

　　生当乱世,作者不能不厌乱忧时,然而到京城去看看,从"王侯第宅"直到"两宫",都一味寻欢作乐,醉生梦死,全无忧国忧民之意。自己无权无势,又能有什么作为,还是"斗酒娱乐","游戏"人间吧!"戚戚何所迫",即何所迫而戚戚。用现代汉语说,便是:有什么迫使我戚戚不乐呢?(改成肯定语气,即"没有什么使我戚戚不乐")全诗内涵,本来相当深广;用这样一个反诘句作结,更余味无穷。

　　《青青陵上柏》描写东汉时期的洛阳宫阙崔巍,第宅罗列,冠盖往来。它让我们从中不仅看到了当时洛阳的繁茂景象,而且又证实了前人所说《古诗》产生于曹植、王粲时代之疑误。董卓焚烧后的洛阳,已经是"坦墙皆顿僻,荆棘上参天"(见曹植《送应氏》);"河洛丘墟,函夏萧条"(见《晋书·孙楚传》)如此景象。据此看来,《青青陵上柏》产生于曹、王之前是无疑的了。

娇女诗

魏晋　左　思

吾家有娇女,皎皎颇白皙。小字为纨素,口齿自清历。
鬓发覆广额,双耳似连璧。明朝弄梳台,黛眉类扫迹。
浓朱衍丹唇,黄吻烂漫赤。娇语若连琐,忿速乃明集。
握笔利彤管,篆刻未期益。执书爱绨素,诵习矜所获。

其姊字惠芳,面目粲如画。轻妆喜楼边,临镜忘纺绩。
举觯拟京兆,立的成复易。玩弄眉颊间,剧兼机杼役。
从容好赵舞,延袖像飞翮。上下弦柱际,文史辄卷襞。
顾眄屏风书,如见已指摘。丹青日尘暗,明义为隐赜。
驰骛翔园林,果下皆生摘。红葩缀紫蒂,萍实骤柢掷。
贪华风雨中,眴忽数百适。务蹑霜雪戏,重綦常累积。
并心注肴馔,端坐理盘鬲。翰墨戢闲案,相与数离逖。
动为垆钲屈,屐履任之适。止为荼荠据,吹嘘对鼎立。
脂腻漫白袖,烟熏染阿锡。衣被皆重地,难与沉水碧。
任其孺子意,羞受长者责。瞥闻当与杖,掩泪俱向壁。

[作者作品]

左　思

左思(约250~305年),西晋著名文学家,其《三都赋》颇被当时称颂,造成洛阳纸贵。字太冲,齐国临淄(今山东淄博)人。晋武帝时,因妹左棻被选入宫,举家迁居洛阳,任秘书郎。晋惠帝时,依附权贵贾谧,为文人集团"金谷二十四友"的重要成员。永康元年(300年),因贾谧被诛,遂退居宜春里,专心著述。后齐王司马冏召为记室督,不就。太安二年(303年),因张方进攻洛阳而移居冀州,不久病逝。

《娇女诗》是中国最早吟咏少女情态诗之一。左思以诗人的敏锐和慈父的怜爱,选取了两个女儿寻常的生活细节,写出了两个女儿幼年逗人喜爱的娇憨,同时也写出了两个女儿令人哭笑不得的天真顽劣,展露了幼女无邪无忌的纯真天性。《娇女诗》确实是一首很有特色的好诗。俩少女稚气拙朴的情态和形态,写的真切生动,展现了自然本真的生命意趣,蕴含着人之初生的纯净美。

左思出身寒门,虽有大才,在当时的门阀制度下屡不得志,只好在诗中表述自已的抱负和对权贵的蔑视,歌颂隐士的清高。人们常说:自古洛阳出才子。西晋时著名的文学家左思,就是古代文坛上灿若群星的洛阳才子之一。

华佗传

三国　陈　寿

[原文]

华佗字元化,沛国谯人也,一名旉。游学徐土,兼通数经。沛相陈珪举孝廉,太尉黄琬辟,皆不就。晓养性之术,时人以为年且百岁而貌有壮容。又精方药,其疗疾,合汤不过数种,心解分剂,不复称量,煮熟便饮,语其节度,舍去辄愈。若当灸,不过一两处,每处不过七八壮,病亦应除。若当针,亦不过一两处,下针言:"当引某许,若至,语人。"病者言"已到",应便拔针,病亦行差。若病结积在内,针药所不能及,当须刳割者,便饮其麻沸散,须臾便如醉死,无所知,因破取。病若在肠中,便断肠湔洗,缝腹膏摩,四五日,差,不痛,人亦不自寤,一月之间,即平复矣。

故甘陵相夫人有娠六月,腹痛不安,佗视脉,曰:"胎已死矣。"使人手摸知所在,在左则男,在右则女。人云"在左",於是为汤下之,果下男形,即愈。

县吏尹世苦四支烦,口中乾,不欲闻人声,小便不利。佗曰:"试作热食,得汗则愈;不汗,后三日死。"即作热食而不汗出,佗曰:"藏气已绝於内,当啼泣而绝。"果如佗言。

府吏兒寻、李延共止,俱头痛身热,所苦正同。佗曰:"寻当下之,延当发汗。"或难其异。佗曰:"寻外实,延内实,故治之宜殊。"即各与药,明旦并起。

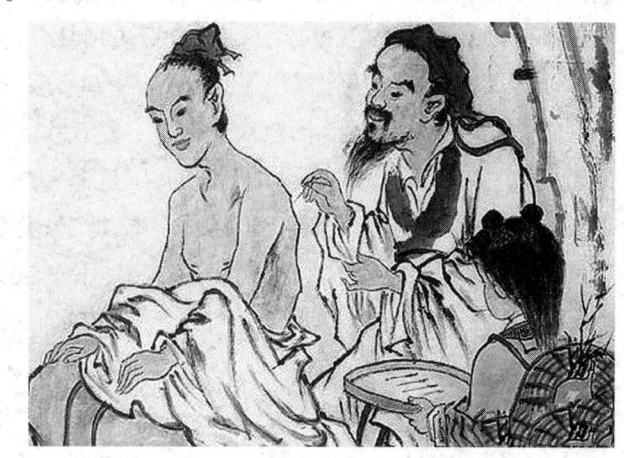

神医华佗

佗行道,见一人病咽塞,嗜食而不得下,家人车载欲往就医。佗闻其呻吟,驻车往视,语之曰:"向来道边有卖饼家,蒜齑大酢,从取三升饮之,病自当去。"即如佗言,立吐蛇一枚,县车边,欲造佗。佗尚未还,小儿戏门前,逆见,自相谓曰:"似逢我公,车边病是也。"疾者前入坐,见佗北壁县此蛇辈约以十数。

广陵太守陈登得病,胸中烦懑,面赤不食。佗脉之曰:"府君胃中有虫数升,欲成内疽,食腥物所为也。"即作汤二升,先服一升,斯须尽服之。食顷,吐出三升许虫,赤头皆动,半身是生鱼脍也,所苦便愈。佗曰:"此病后三期当发,遇良医乃可济救。"依期果发动,对佗不在,如言而死。

太祖闻而召佗,佗常在左右,太祖苦头风,每发,心乱目眩。佗针鬲,随手而差。

李将军妻病甚,呼佗视脉。曰:"伤娠而胎不去。"将军言:"闻实伤娠,胎已去矣。"佗曰:"案脉,胎未去也。"将军以为不然。佗舍去,妇稍小差。百余日复动,更呼佗。佗曰:"此脉故事有胎。前当生两儿,一儿先出,血出甚多,后儿不及生。母不自觉,旁人亦不寤,不复迎,遂不得生。胎死,血脉不复归,必燥著母脊,故使多脊痛。今当与汤,并针一处,此死胎必出。"汤针既加,妇痛急如欲生者。佗曰:"此死胎久枯,不能自出,宜使人探之。"果得一死男,手足完具,色黑,长可尺所。

佗之绝技,凡此类也。然本作士人,以医见业,意常自悔。后太祖亲理,得病笃重,使佗专视。佗曰:"此近难济,恒事攻治,可延岁月。"佗久远家思归,因曰:"当得家书,方欲暂还耳。"到家,辞以妻病,数乞期不反。太祖累书呼,又敕郡县发遣。佗恃能厌食事,犹不上道。太祖大怒,使人往检:若妻信病,赐小豆四十斛,宽假限日,若其虚诈,便收送之。于是传付许狱,考验首服。荀彧请曰:"佗术实工,人命所县,宜含宥之。"太祖曰:"不忧,天下当无此鼠辈耶?"遂考竟佗,佗临死,出一卷书与狱吏,曰:"此可以活人。"吏畏法不受,佗亦不强,索火烧之。佗死后,太祖头风未除。太祖曰:"佗能愈此,小人养吾病,欲以自重,然吾不杀此子,亦终当不为我断此根原耳。"及后爱子仓舒病困,太祖叹曰:"吾悔杀华佗,令此儿强死也。"

初,军吏李成苦欬嗽,昼夜不寤,时吐脓血,以问佗。佗言:"君病肠痈,欬之所吐,非从肺来也。与君散两钱,当吐二升余脓血讫,快自养,一月可小起,好自将爱,一年便健。十八岁当一小发,服此散,亦行复差。若不得此药,故当死。"复与两钱散,成得药去。五六岁,亲中人有病如成者,谓成曰:"卿今强健,我欲死,何忍无急去药,以待不祥?先持贷我,我差,为卿从华佗更索。"成与之。已故到谯,适值佗见收,匆匆不忍从求。后十八岁,成病竟发,无药可服,以至於死。

广陵吴普、彭城樊阿皆从佗学。普依准佗治,多所全济。佗语普曰:"人体欲得劳动,但不当使极尔。动摇则谷气得消,血脉流通,病不得生,譬犹户枢不朽是也。是以古之仙者为导引之事,熊颈鸱顾,引挽腰体,动诸关节,以求难老。吾有一术,名五禽之戏,一曰虎,二曰鹿,三曰熊,四曰猿,五曰鸟,亦以除疾,并利蹄足,以当导引。体中不快,起作一禽之戏,沾濡汗出,因上著粉,身体轻便,腹中欲食。"普施行之,年九十余,耳目聪明,齿牙完坚。阿善针术。凡医咸言背及胸藏之间不可妄针,针之不过四分,而阿针背入一二寸,巨阙胸藏针下五六寸,而病辄皆瘳。阿从佗求可服食益于人者,佗授以漆叶青黏散。漆叶屑一升,青黏屑十四两,以是为率,言久服去三虫,利五藏,轻体,使人头不白。阿从其言,寿百余岁。漆叶处所而有,青黏生于丰、沛、彭城及朝歌云。

陈 寿

[作者作品]

陈寿(233~297年),西晋史学家。字承祚,巴西安汉(今四川南充)人。在蜀汉时曾任卫将军主簿、东观秘书郎、观阁令史、散骑黄门侍郎等职。当时,宦官黄皓专权,大臣都曲意附从。陈寿因为不肯屈从黄皓,所以屡遭遣黜。进入西晋,历任著作郎、长平太守、治书待御史等职。陈寿对历史最大的贡献是著《三国志》。陈寿在西晋国都洛阳,历经10年,著成《三国志》,详细记载了从魏文帝黄初元年(220年)到晋武帝太康元年(280年)60年的历史,完整地记叙了自汉末至晋初近百年间中国由分裂走向统一的历史全貌。

[相关史料]

《华佗传》主人公华佗(约145~208年),字元化,沛国谯(今安徽亳州谯城区)人。东汉医学家,精内、妇、儿、针灸各科,尤其擅长外科。他曾用"麻沸散"麻醉病人后再实行剖腹手术,是世界医学史上应用全身麻醉进行手术治疗最早的医学家。华佗对养生和预防保健尤为注重,并身体力行,编创一套"五禽戏",仿鹿、熊、虎、猿、鸟的动作,时常操练,以强身祛病。今江苏沛县有华祖庙,庙中的一副对联,总结了华佗的一生:

医者剖腹,实别开岐圣门庭,谁知狱吏庸才,致使遗书归一炬;

士贵洁身,岂屑侍奸雄左右,独感史臣曲笔,反将厌事谤千秋。

[译文]

华佗字元化,是沛国谯县人,又名旉。曾在徐州地区漫游求学,通晓几种经书。沛国相陈硅推荐他为孝廉,太尉黄琬征召他任职,他都不就任。华佗懂得养生之道,当时的人们认为他年龄将近一百岁,可外表看上去还象壮年人一样。又精通医方药物,他治病时,配制汤药不过用几味药,心里掌握着药物的分量、比例,用不着再称量,把药煮热,就让病人服饮,同时告诉服药的禁忌或注意事项,等到华佗一离开,病人也就好了。如果需要灸疗,也不过一两个穴位,每个穴位不过烧灸七八根艾条,病痛也就应手消除。如果需要针疗,也不过扎一两个穴位,下针时对病人说:"针刺感应应当延伸到某处,如果到了,请告诉我。"当病人说"已经到了",随即起针,病痛很快就痊愈了。如果病患集结郁积在体内,扎针吃药的疗效都不能奏效,应须剖开割除的,就饮服他配制的"麻沸散",一会儿病人就如醉死一样,毫无知觉,于是就开刀切除患处,取出结积物。病患如果在肠中,就割除肠子病变部分,洗净伤口和易感染部分，然后缝好腹部刀口，用药膏敷上，四五天后，病就好了，不再疼痛。开刀时，病人自己并不感到疼痛，一个月之内，伤口便愈合复原了。

原来的甘陵（诸侯国名）相的夫人有孕六个月了，腹痛不安，华佗察看脉搏，说："胎儿死了。"派人用手摸知道所在位置，在左边则为男婴，在右边则为女婴。人说"在左边"，于是喂汤药流产它，果然产下男婴形状，随即痊愈。

县吏尹世苦手和脚燥热，口中干燥，不想听到人声，小便不顺畅。华佗说："试着做吃热食，出汗则痊愈；不出汗，此后三日内死亡。"立即做吃热食而不出汗，华佗说："五脏的元气已断绝在体内，当呼叫哭泣而死亡。"果然如华佗所言。

府中官吏倪寻、李延同时来就诊，都头痛发烧，病痛的症状正相同。华佗却说："倪寻应该把病邪泻下来，李延应当发汗驱病。"有人对这两种不同疗法提出疑问。华佗回答说："倪寻是外实症，李延是内实症，所以治疗他们也应当用不同的方法。"马上分别给两人服药，等第二天一早两人一同病好起床了。

一天，华佗走在路上，看见有个人患咽喉堵塞的病，想吃东西却不能下咽，家里人用车载着他去求医。华佗听到病人的呻吟声，就停车去诊视，告诉他们说："刚才我来的路边上有家卖饼的，有蒜泥和大醋，你向店主买三升来吃；病痛自然会好。"他们马上照华佗的话去做，病人吃下后立即吐出一条蛇一样的虫，他们把虫悬挂在车边，到华佗家去拜谢。华佗还没有回家，他的两个孩子在门口玩耍，迎面看见他们，小孩相互告诉说："像是遇到咱们的父亲了，车边挂着的'病'就是证明。"病人上前进屋坐下，看到华佗屋里北面墙上悬挂着这类寄生虫的标本大约有十几条。

广陵郡太守陈登得了病，心中烦躁郁闷，脸色发红，不想吃饭。华佗为他切脉说："您胃中有好几升虫，将在腹内形成毒疮，是吃生腥鱼、肉造成的。"马上做了二升药汤，先喝一升，一会儿把药全部喝了，过了一顿饭的工夫，陈登吐出了约摸三升小虫，小虫赤红色的头都会动，一半身体还是生鱼脍，病痛也就好了。华佗说："这种病三年后该会复发，碰到良医才以救活。"按照预计的时间果然旧病复发，当时华佗不在，正如华佗预言的那样，陈登终于死了。

曹操听说华佗善治病，就把他召去，让他常守在身边。曹操被脑神经痛所苦，每当发作，就精神烦乱，眼睛昏花。华佗只要针刺膈俞穴，应手而愈。

李将军的妻子病得很严重，召唤华佗切脉，说："胎儿受到伤害而不能去除。"将军说："听说确实胎儿受到伤害，胎儿已经去除了。"华佗说："切脉，胎儿没有去除啊。"将军以为不是这样。华佗告辞离去，妇人稍微好些，百余日后又发病，再召唤华佗，华佗说："此脉象（按照）先例有胎儿。先前应该生两个婴儿，一个婴儿先去除，血出得太多，后面的婴儿没有及时产下。母亲自己没感觉到，旁边的人也没有领悟。不再接生，于是不得生产。胎儿死了，血脉不能回复，必然干燥附着他母亲的脊背，因此造成许多脊背疼痛。如今应当施以汤药，并针刺一处，这个死胎必定产下。"汤药针刺施加后，妇人疼痛急着想要生产。华佗说："这个死胎日久干枯，不能自己出来，适宜派人掏取它。"果然得到一个死去的男婴，手足完备，颜色发黑，长大约一尺。

华佗卓绝的医技，大都像以上所说的那样。然而他本是读书人，却被人看成是以医术为职业的，心里常感懊悔。后来曹操亲自处理国事，病情更加严重，就让华佗专门为他个人看病。华佗说："这病近乎难以治好，不断地进行治疗，可以延长一些寿命。"华佗长期远离家乡，想回去看看，就对曹操说："刚才收到家中来信，正想短时回家一趟呢。"到家后，用妻子有病为借口来推托，多次请求延长假期不肯回来。曹操几次用书信召他，又命令郡县派人遣送华佗返回。华佗自恃有才能，厌恶吃侍候人的

饭,还是不上路。曹操很生气,派人前往查看:如果他妻子确实生病,就赐赠四十斛小豆,放宽假期;如果他虚假欺骗,就逮捕押送他回来。因此把华佗递解交付许昌监狱,拷问要他服罪。荀彧向曹操求情说:"华佗的医术确实高明,关系着人的生命安危,应该宽容赦免他。"曹操说:"不用担心,天下会没有这种无能鼠辈吗?"终于判决了华佗死罪。华佗临死前,拿出一卷医书给守狱的官吏,说:"这书可以用来救活人。"狱吏害怕触犯法律不敢接受,华佗也不勉强,讨火来把书烧掉了。华佗死了以后,曹操脑神经痛仍旧没有好。曹操说:"华佗本来能够治好这种病。这小子有意留着我的病根,想借此来抬高自己的地位,既然如此,如果我不杀掉他,他最终也不会替我断掉这病根的。"直到后来他的爱子仓舒病危,曹操才感叹地说:"我后悔杀了华佗,使这个儿子活活地死去了。"

　　当初,军中小吏李成苦于咳嗽,早晚不能入睡,经常吐带脓的血,因此询问华佗。华佗说:"您的病是肠道痈疽脓肿,咳嗽所吐出来的,并非从肺里来。给您药末两钱,应当吐出二升余脓血,终了,能自己保养,一月可以小起,好好自己把握珍爱,一年便能健康。十八年当有一次小的发作,服用这个药末,也将再痊愈;若无如果不得此药,仍旧要死。"再给两钱药末。李成得到药,走了五六年,亲戚中有病似李成的人,对成说:"您如今强健,我要死了,怎么人心没危急隐藏药物,以等待我不幸?先拿来借给我,我痊愈,为您向华佗再索要。"李成给了他。由于(这个)缘故到了谯地,正好赶上华佗验明收下,忽略不愿意再向华佗求药。十八年后,李成病终于复发,无药可服,以至于死去。

　　广陵人吴普、彭城人樊阿都曾跟华佗学过医。吴普遵照华佗的医术治病,许多人被治好救活了。华佗对吴普说:"人的身体应该得到运动,只是不应当过度罢了。运动后水谷之气才能消化,血脉循流通畅,病就不会发生,比如转动着的门轴不会腐朽就是这样。因此以前修仙养道的人常做'气功'之类的锻炼,他们摹仿熊攀挂树枝和鸱鹰转颈顾盼,舒腰展体,活动关节,用来求得延年益寿。我有一种锻炼方法,叫做'五禽戏',一叫虎戏,二叫鹿戏,三叫熊戏,四叫猿戏,五叫鸟戏,也可以用来防治疾病,同时可使腿脚轻便利索,用来当作'气功'。身体不舒服时,就起来做其中一戏,流汗浸湿衣服后,接着在上面搽上爽身粉,身体便觉得轻松便捷,腹中想吃东西了。"吴普施行这种方法锻炼,活到九十多岁时,听力和视力都很好,牙齿也完整牢固。樊阿精通针疗法。所有的医生都说背部和胸部内脏之间不可以乱扎针,即使下针也不能超过四分深,而樊阿针刺背部穴位深到一二寸,在胸部的巨阙穴扎进去五六寸,而病常常都被治好。樊阿向华佗讨教可以服用而且对人体有好处的药方,华佗便拿"漆叶青黏散"教给他。药方用漆叶的碎屑一升,青黏碎屑十四两,按这个比例配制,说是长期服用此药能打掉三种寄生虫,对五脏有利,使身体轻便,使人的头发不会变白。樊阿遵照他的话去做,活到一百多岁。漆叶到处都有,青黏据说生长在丰、沛、彭城和朝歌一带。

《后汉书》(二篇)

南朝宋　范　晔

[作者作品]

　　范晔(398~445年),南朝宋著名史学家。字蔚宗,顺阳(今河南淅川东)人。范晔早年曾任鼓城王刘义康的参军,后官至尚书吏部郎。宋文帝元嘉元年(424年)因事触怒刘义康,左迁为宣城郡(郡治在今安徽宣城)太守。后来他又几次升迁,官至左卫将军、太子詹事。宋文帝元嘉九年(432

年),范晔因为"左迁宣城太守,不得志,乃删众家《后汉书》为一家之作",开始撰写《后汉书》。元嘉二十二年(445年),因有人告发他密谋拥立刘义康,于是以谋反的罪名被处以死刑。范晔一生对社会的最大贡献则是撰写了被后人称之为前四史之一的《后汉书》。范晔以《东观汉记》为蓝本,对其他各家撰著博采众长,斟酌取舍,并自定体例,订伪考异,删繁补略,写成《后汉书》。范晔自元嘉九年至元嘉二十二年(432～445年)被杀止,写成了《后汉书》10纪,80列传。原计划作的10志,未及完成。今本《后汉书》中的8志30卷(八志自司马彪《续汉书》补入)。

《后汉书》是一部记载东汉历史的纪传体断代史,"二十四史"之一。《后汉书》是继《史记》、《汉书》之后又一部私人撰写的重要史籍。与《史记》《汉书》《三国志》合称"前四史"。全书主要记述了上起东汉的汉光武帝建武元年(25年),下至汉献帝建安二十五年(220年),共195年的史实。

范晔

一、杨震列传

[原文]

杨震字伯起,弘农华阴人也。延光二年代刘恺为太尉。帝舅大鸿胪耿宝荐中常侍李闰兄于震,震不从。宝乃自往候震曰:"李常侍国家所重,欲令公辟其兄,宝唯传上意耳。"震曰:"如朝廷欲令三府辟召,故宜有尚书敕。"遂拒不许,宝大恨而去。皇后兄执金吾阎显亦荐所亲厚于震,震又不从。司空刘授闻之,即辟此二人,旬日中皆见拔擢。由是震益见怨。震前后所上,转有切至,帝既不平之,而樊丰等皆侧目愤怨。俱以其名儒,未敢加害。寻有河间男子赵腾诣阙上书,指陈得失。帝发怒,遂收考诏狱,结以罔上不道。震复上疏救之曰:"臣闻尧舜之世,谏鼓谤木,立之于朝;殷周哲王,小人怨詈,则还自敬德。所以达聪明,开不讳,博采负薪,尽极下情也。今赵腾所坐激讦谤语为罪,与手刃犯法有差。乞为亏除,全腾之命,以诱刍荛舆人之言。"帝不省,腾竟伏尸都市。会三年春,东巡岱宗,樊丰等因乘舆在外,竞修第宅,震部掾高舒召大匠令史考校之,得丰等所诈下诏书,具奏,须行达上之。丰等闻,惶怖,会太史言星变逆行,遂共谮震云:"自赵腾死后,深用怨怼;且邓氏故吏,有恚恨之心。"及车驾行还,便时太学,夜遣使者策收震太尉印绶,于是柴门绝宾客。丰等复恶之,乃请大将军耿宝奏震大臣不服罪,怀恚望,有诏遣归本郡。震行至城西几阳亭,乃慷慨谓其诸子门人曰:"死者士之常分。吾蒙恩居上司,疾奸臣狡猾而不能诛,恶嬖女倾乱而不能禁,何面目复见日月!身死之日,以杂木为棺,布单被裁足盖形,勿归冢次,勿设祭祠。"因饮鸩而卒,时年七十余。弘农太守移良承樊丰等旨,遣吏于陕县留停震丧,露棺道侧,谪震诸子代邮行书,道路皆为陨涕。

[相关史料]

杨震(54～124年),东汉大臣,以严于律己、公正清廉、无私无畏而闻名于世。字伯起,弘农华阴(今陕西华阴东)人。少好学,明经博览,无不穷究,时人誉为关西孔子杨伯起。杨震一直不应州郡的征召,年50岁,始仕于州郡。当朝大将军邓骘闻其贤而辟之,举茂才,屡次升迁,迁荆州刺史、东莱太

守。他到东莱上任时,途经昌邑(今山东省巨野东南),以前经他举荐的荆州秀才王密时任昌邑县令,为答谢杨震对自己的举荐之恩,趁夜深人静怀揣10锭黄金到驿馆拜见杨震。杨震对王密此举毅然拒绝。王密说:"夜里没有人知道这事。"杨震说:"天知,地知,我知,你知,怎么说没有人知呢?"王密惭愧地出门走了。这就是著名的历史故事《杨震四知》。

元初四年(117年),征为太仆,迁太常。永宁元年(120年),代刘恺为司徒,后又代刘恺为太尉,负责军事。皇亲国戚每每向他推荐自己的亲信,他都不准。因正直不屈权贵,又屡次上疏直言时政之弊,为宦官樊丰等所忌恨。当时安帝下诏让使者为乳母王圣在皇宫外大兴土木,建造私宅。中常侍樊丰及侍中周广、谢恽等更相鼓动,扰乱朝廷。杨震数次进谏,安帝拒不采纳,引起了朝野不满。延光三年(124年),宦官樊丰、周广、谢恽等人趁安帝东巡泰山,争相修豪宅,竟伪造诏书,调拨国库钱粮,占为已有,挥霍一空。杨震明察暗访,准备好奏章,等安帝回朝上奏。樊丰等听说了,惶恐万状。正好太史说星变倒行,就一起诬陷杨震说:"自赵腾死后,杨震深为怨怒。并且为邓骘的旧部,怀恨在心。"等安帝返回,在太学待吉日入宫,晚上派使者持节收杨震太尉印绶,杨震于是闭门不见宾客。樊丰、周广等人暗中勾结陷害杨震,请大将军耿宝上奏说杨震不服罪,心怀怨恨。安帝竟听谗言,下诏将杨震贬为庶人,遣回华阴原籍。杨震在遣返乡途中,行至洛阳夕阳亭(城西雍门外),想到国家危在旦夕,而自己去报效无门的现状,悲愤不已,他召集家人说:"为官不能效忠于国,不能报答于民,千古落骂名,生有何益?"说罢饮鸩自尽。

杨震死后一年多,汉顺帝刘保即位(126年),奸臣樊丰、周广等被杀,杨震门生虞放、陈翼往京城为杨震翻案。朝廷都称颂杨震是忠臣。顺帝才下诏封杨震的两个儿子为郎,赠钱百万,用很高的礼节将杨震改葬于华阴潼亭。下葬的时候,一群大鸟集结在他的墓前,俯仰悲鸣,泪下沾地。葬礼完毕才飞去。郡守将这种神奇景象汇报给顺帝,加上当时连续发生灾异。顺帝觉得这一定是上天显灵,告诉大家杨震是被诬陷而死的。于是下诏说:"已故太尉杨震,正直为怀,辅佐时政,而小人颠倒黑白,陷害忠良,上天发威,屡降灾害,求神问卜,都说是杨震枉死的缘故。"于是派人在杨震的墓前立了一尊高高的石鸟像,彻底为杨震平反昭雪。

[译文]

杨震,字伯起,是弘农郡华阴县人。延光二年(123年),代替刘恺做太尉。帝舅大鸿卢耿宝向杨震推荐中常侍李闰的哥哥,他没有听从。耿宝就亲自前去拜访杨震说:"李常侍是皇上重用的人,想让你征召他的哥哥做官,我只是传达皇上的意思罢了。"杨震说:"如果皇上想让三府征召,那么应有尚书的文书。"于是拒不答应,耿宝忿然而离去。皇后的哥哥执金吾阎显也向杨震推荐亲近的人,杨震又没有答应。司空刘授听说这件事,立即征召了这二人,且十天中都得到提拔。因此杨震更加被怨恨。杨震前后所上的奏折,常常击中要害,皇上已经渐渐不满,而樊丰等人都极端仇视。只因他是名儒才不敢加害。不久有个河间的男子赵腾到宫殿上书,指陈政事得失。皇上大怒,就把赵腾关入监牢受审,以欺君犯上的罪名结案。杨震又上奏折救赵腾说:"我听说尧舜的时候,在朝堂设置谏鼓谤木;殷周圣君,百姓怨骂,就自我反省,休养德行。这是为了达到耳聪目明,直言不讳,广泛征求下层意见,全面了解民间疾苦的目的。现今赵腾直言犯上的罪行,与杀人犯法不同。请为他减免,保全他的性命,以鼓励百姓发表言论。"皇上始终不悟,赵腾竟在京城的闹市被处死。后来正逢延光三年(124年)春天,皇上东巡泰山,樊丰等人趁皇上在外,争着大修宅第,杨震的属官高舒把工匠召来拷问,获得樊丰等人伪造下发的诏书,就写成奏折,准备等皇上回来就递上去。樊丰等人闻知,十分害怕。正碰上太史说星象逆行,就一起诬陷杨震说:"自从赵腾被处死,杨震就因此而深怀怨恨,况且他是邓氏的旧吏,本来就

杨震拒金

心怀不满。"等皇上回京,在太学等待吉时回宫,当夜派使者收回杨震的太尉印绶。于是杨震闭门谢绝宾客。樊丰等人仍怨恨他,就请大将军耿宝上奏说杨震不服罪,心怀怨恨。皇上就下诏把杨震遣送回原籍。杨震走到城西的几阳亭,就慷慨地对儿子门人说:"死是士人本分。我承蒙皇上厚爱,身居高位,憎恨奸臣狡猾而不能惩处,厌恶后宫作乱而不能禁止,有何面目再见日月!我死以后,用杂木做棺材,布单被只盖住身体,不要埋葬在祖坟,不要设立祭祠。"于是饮鸩酒而死,终年70多岁。弘农太守移良遵照樊丰等人的旨意,派官吏在陕县截住杨震的丧车,露出棺材停在路边,罚杨震的儿子们代替邮差传递公文,沿途百姓都替他伤心流泪。

选自南朝范晔《后汉书》

二、王景治河

[原文]

永平十二年,议修汴渠,乃引见景,问以理水形便。景陈其利害,应对敏给,帝善之。又以尝修浚仪,功业有成,乃赐景《山海经》《河渠书》《禹贡图》及钱帛衣物。夏,遂发卒数十万,遣景与王吴修渠筑堤,自荥阳东至千乘海口千余里。景乃商度地势,凿山阜,破砥绩,直截沟涧,防遏冲要,疏决壅积,十里立一水门,令更相洄注,无复溃漏之患。景虽简省役费,然犹以百亿计。明年夏,渠成。帝亲自巡行,诏滨河郡国置河堤员吏,如西京旧制。景由是知名。

选自《后汉书·王景传》

[相关史料]

王景(约30~85年),东汉时期著名的水利工程专家。字仲通,乐浪郡诌邯(今朝鲜平壤西北)人。少时博览群书,爱好天文技艺。明帝时,与将作谒者王吴用堰流法修治浚仪渠,颇有成效。永平十二年(69年)又奉诏与王吴监修汴渠。自荥阳东至千乘海口,凡千余里,勘察地势,修渠筑堤,疏通游积,修立水门。次年渠成,河汴分流,消除了自西汉平帝以来河、汴决口,汴渠东侵之害。治河所采取的"十里立一水门"的措施也成为多沙河流取水的一项重要技术发明。王景由此知名,三迁为侍御史,后历任河堤谒者、徐州刺史、庐江太守。

相传庐江境内有楚相孙叔敖修造的芍陂稻田,东汉时已有荒废。王景修复芍陂,教导百姓犁耕、蚕织,并制订法度。由此土地垦辟倍增,境内百姓丰足。后卒于官。王景作有《金人论》,颂洛邑之美,以阻迁都。又集各书所载卜筮堪舆日相之属,适于事用者,作《大衍玄基》。

王景

[译文]

永平十二年(69年),天子商议治理汴渠的事,就召见王景,询问治水地理形势和便利条件。王景陈述治水的利害,灵敏迅速,皇帝很欣赏。又由于他曾经治理过浚仪,就赐给他《山海经》《河渠书》《禹贡图》以及钱币布帛衣服物品。夏天,朝廷终于征调几十万军队,派王景和王吴修筑渠道和河堤,从荥阳到千乘海口有1000多里。王景于是测量地形,打通山陵,清除水中沙石,直接切断大沟深洞,在要害之处筑起堤坝,又疏通引导阻塞积聚的水流,每十里修造一座水闸,使得水流能够来回灌注,不再有溃决之害。虽然王景节约工程费用,但花费还是以百亿计算。第二年夏天,水渠建成了。皇帝亲自巡视,下诏书要靠黄河的郡国设立负责河堤的官员,一如西汉的制度。王景由此知名。

《洛阳伽蓝记》(二篇)

北朝北魏　杨衒之

[作者作品]

杨衒之(约511~559年),北魏散文家。北平(今河北满城)人。曾任期城郡太守。他在公元547年行经北魏旧都洛阳,当时正在战乱之后,贵族王公耗费巨资所建佛寺,已大半被毁,他有感而写作了《洛阳伽蓝记》,回忆当年的盛况,记录佛寺园林的盛衰兴废,对当时的豪门贵族、僧侣地主的豪奢淫逸,寓有讥评之意,为后人提供了许多生动的实景。它既是一部内容丰富、条理清晰的史学专著,也是一部文辞优美的文学作品。

一、洛阳大市

[原文]

出西阳门外四里御道南,有洛阳大市,周回八里。市东南有皇女台,汉大将军梁冀所造,犹高五丈余。景明中比丘道恒立灵僊寺于其上。台西有河阳县,台东有侍中侯刚宅。市西北有土山鱼池,亦冀之所造。即《汉书》所谓"梥土筑山,十里九坂,以象二崤"者。

市东有通商、达货二里,里内之人尽皆工巧屠贩为生。资财巨万,有刘宝者,最为富室。州郡都会之处皆立一宅,各养马十疋。至于盐粟贵贱,市价高下,所在一例。舟车所通,足迹所履,莫不商贩。是以海内之货,咸萃其庭,产匹铜山,家藏金穴。宅宇踰制,楼观出云,车马服饰拟于王者。

市南有调音、乐律二里,丝竹讴歌,天下妙伎出焉。有田僧超者,善吹笳,能为壮士歌、项羽吟,征西将军崔延伯甚爱之。正光末,高平失据,虎吏充斥,贼帅万俟丑奴寇暴泾岐之间,朝廷为之旰食,诏延伯总步骑五万讨之。延伯出师于洛阳城西张方桥,即汉之夕阳亭也。时公卿祖道,车骑成列,延伯危冠长剑耀武于前,僧超吹壮士笛曲于后,闻之者懦夫成勇,剑客思奋。延伯胆略不羣,威名早着,为国展力,二十余年,攻无全城,战无横阵,是以朝廷倾心送之,延伯每临阵,常令僧超为壮士声,甲胄之士莫不踊跃,延伯单马入阵,旁若无人,勇冠三军,威震戎竖。二年之间,献捷相继。丑奴募善射者射僧超亡,延伯悲惜哀恸,左右谓伯牙之失钟子期不能过也。后延伯为流矢所中,卒于军中。于是五万之师,一时溃散。

市西有延酤、治觞二里,里内之人多酝酒为业,河东人刘白坠善能酿酒。季夏六月,时暑赫晞,以罂贮酒，暴于日中，经一旬，其酒味不动。饮之香美，醉而经月不醒。京师朝贵，多出郡登藩，远相饷馈，踰于千里，以其远至，号曰鹤觞，亦名骑驴酒。永熙年中，南青州刺史毛鸿宾赍酒之藩，路逢贼盗，饮之即醉，皆被擒获，因此复名擒奸酒。游侠语曰："不畏张弓拔刀，唯畏白坠春醪。"

市北有慈孝、奉终二里，里内之人以卖棺椁为业，赁輀车为事。有挽歌孙岩，娶妻三年，妻不脱衣而卧，岩因怪之，伺其睡，阴解其衣，有毛长三尺，似野狐尾，岩惧而出之，妻临去，将刀截岩发而走。邻人逐之，变成一狐，追之不得。其后京邑被截发者，一百三十余人。初变为妇人，衣服靓妆，行于道路，人见而悦近之，皆被截发。当时有妇人着彩衣者，人皆指为狐魅。熙平二年四月有此，至秋为止。

洛阳大市

别有阜财、金肆二里，富人在焉。凡此十里，多诸工商货殖之民。千金比屋，层楼对出，重门启扇，阁道交通，迭相临望。金银锦绣，奴婢缇衣，仆隶毕口。神龟年中，以工商上僭，议不听衣金银锦绣，虽立此制，竟不施行。

[译文]

出了西阳门四里外的御道南，就是洛阳大市，周长有八里。市场东边是东汉大将军梁冀建造的皇女台，差不多有五丈多高。在景明年间，有一个叫道恒的和尚又在皇女台上修建了灵仙寺。皇女台西是河阳县，皇女台东是侍中侯刚的宅邸。市西北有土山和鱼池，也是东汉梁冀建造的，即《汉书》上所说的"挖土造山，十里之内九道斜坡，模拟嵩山东西双峰"的人造土山。

市场东边有通商里和达货里，里内住的全都是些精明能干以屠宰和贩货为业的生意人，他们的资产非常丰厚。其中有一个叫刘宝的，是里内家室最富有的人。他在全国各个州郡的都会中都建有一处经商的宅院，每个宅院内都养着十匹马，以至于连市场上食盐、粮食的贵贱，价格的高低，都以刘宝家的价格为准。凡是船和车能到达的地方，都有刘宝家经商的脚印，没有一处是他家商贩到不了的地方。所以从全国各地运来的所有货物，全都集中在他的庭院里，其资财相当于汉文帝时拥有铜山自由铸钱的邓通，富有程度可与东汉光武帝时世称国家金穴的郭况相比。宅第房屋早已超过了朝廷的礼制规定，高楼观阙高出云外，车马服饰可与王侯比美。

市场的南边有调音里和乐律里，里内住的都是些吹拉弹唱的艺人，是培养天下名艺的场所。有一个叫田僧超的艺人，很会吹胡笳，能吹奏壮士歌、项羽吟。征西将军崔延伯非常欣赏他。正光末年，高平失守，官吏们成群结伙如虎似狼，继而贼军头目万俟丑奴以暴力手段劫掠了泾州和岐州，皇帝为此愁得吃不下饭,命令崔延伯统帅步兵以及骑兵共五万人出兵征讨万俟丑奴。崔延伯的军队从洛阳城西的张坊桥出发,也就是汉时称作夕阳亭的地方,当时满朝文武为崔延伯出师饯行祭路,车骑整队成列,走在前边的崔延伯,高冠长剑非常威武,田僧超跟在后面,吹奏壮士曲,激越的吹奏声,使懦夫听了勇气倍增,侠客听了斗志昂扬。崔延伯胆略出众,威风闻名于世,在为国家效力的二十多年间,从来就是攻城城必破,交战无敌手,所以朝廷尽心竭力为他送行。崔延伯每次面对敌军时,总是先令田僧超吹奏壮士曲,身披盔甲的战士们听了田僧超的吹奏,没有不踊跃冲杀战场的。崔延伯更是身先士卒只身单马冲入敌阵,旁若无人而勇冠三军,其威风致使异族小子震撼惶恐。两年之间捷报相继不断传到朝廷上。后来万俟丑奴招募了射箭高手,射死了田僧超,崔延伯惋惜哀恸悲伤不已,他身边的将士们感慨地说:把崔延伯当时的心情比作俞伯牙失去钟子期的悲愤毫不过分。后来崔延伯也中了飞箭,丧身军中,于是五万军队,也因无主而溃散。

  市场西边有延酤里、治觞里,里内居住的人大多数以酿酒为业。其中河东人刘白坠最擅长酿酒。夏末六月,酷暑炎热光照强烈,他以小口大肚的瓦器装酒,暴晒在烈日下,过上十天酒味照常不变。喝起来醇香味美,喝醉了一月不醒。京城里朝廷中的达官贵人,断不了要到外地做官,或者到封地去,大家带着刘白坠酿造的酒远途相互馈赠,此酒随人跨越千里。远路饮用,被人们称为鹤觞,又名叫骑驴酒。在永熙年间,南青州刺史毛鸿宾带着刘白坠酿造的酒到封地去,半路上遇到了盗贼,盗贼见酒便饮,饮后即醉,结果全部被官方擒拿捉获。因此刘白坠的酒又被叫做擒奸酒。游侠中传说:"不怕张工拔刀,只怕白坠春醪。"

  市场北边有慈孝里和奉终里,住在里内的人是以卖内外棺材和出租丧车为生的。其中有一个唱丧歌的人叫孙岩,他取过妻子整整三年,他的妻子从来不愿意脱衣睡觉。孙岩觉得奇怪,有一天等妻子熟睡后,他偷偷地解开妻子的衣服,发现妻子身上长着三尺长的毛,就像野狐狸的尾巴一样。孙岩惊恐害怕,于是就把妻子休了,妻子临走时剪去了孙岩的头发。邻人闻讯追赶,那女人却变成狐狸急速奔跑,邻人没有追上。自此以后,京城里有一百三十多人被剪去了头发。起初人们不知道在路上行走的衣着妖艳的女人是狐狸变的,等人们凑到她跟前,就会被剪去头发。因此在当时,只要有穿着艳丽衣服的妇女,人们都要指着说是狐狸变的。这件事发生在熙平二年的四月,一直到了秋天才截止。

  另外有阜财里、金肆里,里内住的都是富人。以上共有十个里,里内居民多数是工商买卖人。这里千金之家门挨门,高楼对面是高楼,层层大门开启,往来通道相连,彼此登临眺望,里内人人穿金戴银锦绣耀眼,里门内连奴婢仆人都过着豪华的生活,他们身着绸缎,尝遍了五味八珍。神龟年间,朝廷认为这些买卖人家享用过度僭越了礼制,于是规定不让他们穿戴金银锦绣,虽然有此禁令,但始终没有施行。

二、白马寺

[原文]

  白马寺,汉明帝所立也,佛入中国之始。寺在西阳门外三里御道南。帝梦金神长丈六,项背日月光明,胡人号曰佛。遣使向西域求之,乃得经像焉。时白马负经而来,因以为名。明帝崩,起祗洹於陵上。自此以后,百姓冢上,或作浮图焉。寺上经函至今犹存。常烧香供养之,经函时放光明,耀於堂宇,是以道俗礼敬之,如仰真容。浮屠前,柰林蒲萄异於馀处,枝叶繁衍,子实甚大。柰林实重七斤,蒲萄实伟於枣,味并殊美,冠於中京。帝至熟时,常诣取之,或复赐宫人。宫人得之,转饷亲戚,以为奇味,得者不敢辄食,乃历数家。京师语曰:"白马甜榴,一实直牛。"

有沙门宝公者,不知何处人也。形貌丑陋,心机通达,过去未来,预睹三世。发言似谶,不可解,事过之后,始验其实。胡太后闻之,问以世事。宝公曰:"把粟与鸡呼朱朱。"时人莫之能解。建义元年,后为尔朱荣所害,始验其言。时亦有洛阳人赵法和请占"早晚当有爵否?"宝公曰:"大竹箭,不须羽。东厢屋,急手作。"时不晓其意。经十馀日,法和父丧。大竹箭者苴杖;东厢屋者,倚庐。造《十二辰歌》,终其言也。

[译文]

白马寺,是汉明帝所建,佛教传入中国是从这里开始的。它位于洛阳出西阳门(洛阳从南数起的第二道城门)三里外御道的南边。(相传)皇帝夜里梦见一个金人,身高一丈六尺,背上脖颈后面放射光芒,就是西方天竺国的佛,就派遣了使者去西域取经求佛,就求得了佛经佛像。当时是用白马驮着经书佛像回来的,于是就把它作为寺庙的名字。汉明帝驾崩后,在他的陵寝上建起了一座僧徒修习佛法的场所(就是白马寺了)。从此以后,百姓的坟墓上,有的也建一座佛塔了。寺庙里的经文至今还保存着,人们常常烧香供奉它,佛经有时也大放光明,照亮了殿堂,所以(无论)僧人和普通人,都非常恭敬地待它,就好像看见了佛的真容一般。寺里的佛塔前。栽种的沙果和葡萄和其他地方的都不一样,枝繁叶茂,所结的果实非常硕大。沙果的果实重七斤,葡萄大的像枣一样,味道非常特殊鲜美,在洛阳城都数一数二。皇帝每到果实熟了的时候,常常下旨来取,有时又赐给宫里的人。宫里的人得了之后,又招待亲戚吃,都认为是世上奇异的美味,得到的人常常不马上就吃,而是辗转数家。京城里就流传一句话:"白马寺的甜果,一个就价值一头牛。"

洛阳白马寺

有一个和尚叫宝公,不知道是哪里人,相貌丑陋,通达事理,知晓过去和未来,能预先知道三世的事情。所说的话像预言一样,不能理解,但是事情过后,才验证了他的话是真的。胡太后听说了,就问他世事,他抓一把米给鸡,嘴里发出"朱朱"的唤鸡声。当时的人都不知道是什么意思。建义元年时,太后被尔朱荣害死了,才验证了他的话。当时也有个洛阳人赵法和向他占卜:"我什么时候能做官?"宝公说:"大竹箭,不须羽。东厢屋,急手作。"当时的人还是不知道意思。过了一个多月,赵法和的父亲死了,"大竹箭",就是服父丧所用的粗竹杖,"东厢屋",就是在中门东侧搭制的守丧的房子。当初宝公所作的十二字歌诀,都被说中了。

木兰诗
北朝民歌

[原文]

唧唧复唧唧,木兰当户织。不闻机杼声,惟闻女叹息。问女何所思,问女何所忆。女亦无所思,女亦无所忆。昨夜见军帖,可汗大点兵。军书十二卷,卷卷有爷名。阿爷无大儿,木兰无长兄。愿为市鞍马,从此替爷征。

东市买骏马,西市买鞍鞯,南市买辔头,北市买长鞭。旦辞爷娘去,暮宿黄河边。不闻爷娘唤女声,但闻黄河流水鸣溅溅。旦辞黄河去,暮至黑山头。不闻爷娘唤女声,但闻燕山胡骑鸣啾啾。

万里赴戎机,关山度若飞。朔气传金柝,寒光照铁衣。将军百战死,壮士十年归。归来见天子,天子坐明堂。策勋十二转,赏赐百千强。可汗问所欲,木兰不用尚书郎。愿驰千里足,送儿还故乡。

爷娘闻女来,出郭相扶将;阿姊闻妹来,当户理红妆;小弟闻姊来,磨刀霍霍向猪羊。开我东阁门,坐我西阁床。脱我战时袍,著我旧时裳。当窗理云鬓,对镜帖花黄。出门看伙伴,伙伴皆惊忙:同行十二年,不知木兰是女郎。雄兔脚扑朔,雌兔眼迷离;双兔傍地走,安能辨我是雄雌?

木兰从军

[作者作品]

《木兰诗》是一首著名的北朝民歌,又名《木兰辞》,选自宋代郭茂倩编的《乐府诗集》,在中国文学史上与《孔雀东南飞》合称为"乐府双璧"。《木兰诗》讲述了一个叫木兰的女孩,女扮男装,替父从军,在战场上建立功勋,回朝后不愿作官,只求回家团聚的故事。热情赞扬了这位女子勇敢善良的品质、保家卫国的热情和英勇无畏的精神。该诗叙事晓畅,风格古朴,代表了北魏文学的最高成就。

郭茂倩(1041~1099年),字德粲,北宋郓州须城(今山东东平)人。为莱州通判郭劝之孙,太常博士郭源明之子。北宋神宗元丰七年(1084年)时为河南府法曹参军。编有《乐府诗集》百卷传世,以解题考据精博,为学术界所重视。

[相关史料]

《木兰诗》中所指的东市、西市是当时北魏京都洛阳的市场。"可汗"是北魏皇帝的称谓。其"明堂"是洛阳宫城建筑。木兰朝辞父母,暮宿黄河边,可见木兰家在洛阳附近。这首民歌流传很广,影响很大,据说最先流传在嵩山地域一带。

[译文]

织布机声一声接着一声,木兰姑娘当门在织布。织机停下来不再作响,只听见姑娘在叹息。

问姑娘在想什么,问姑娘在思念什么。姑娘并没有想什么,姑娘并没有思念什么。昨夜看见征兵的文书,知道可汗在大规模征募兵士,那么多卷征兵文书,每卷上都有父亲的名字。父亲没有长大成人的儿子,木兰没有兄长,木兰愿意去买来马鞍和马匹,从此替父亲去出征。

到东边的集市上买来骏马,西边的集市买来马鞍和鞍下的垫子,南边的集市买来嚼子和缰绳,北边的集市买来长鞭(马鞭)。早上辞别父母上路,晚上宿营在黄河边,听不见父母呼唤女儿的声音,但能听到黄河汹涌奔流的声音。早上辞别黄河上路,晚上到达黑山(燕山)脚下,听不见父母呼唤女儿的声音,但能听到燕山胡兵战马啾啾的鸣叫声。

行军万里奔赴战场作战,翻越关隘和山岭就像飞过去一样快。北方的寒风中传来打更声,清冷的月光映照着战士们的铠甲。将士们经过无数次出生入死的战斗,有些牺牲了,有的十年之后得胜而归。

归来朝见天子,天子坐上殿堂(论功行赏)。记功木兰最高一等,得到的赏赐千百金以上。天子问木兰有什么要求,木兰不愿做尚书省的官,希望骑上一匹千里马,送我回故乡。打开我闺房东面的门,坐在我闺房西面的床上,脱去我打仗时穿的战袍,穿上我姑娘的衣裳,当着窗子整理像云一样柔美的鬓发,对着镜子在额上贴好花黄。出门去见同营的伙伴,伙伴们都非常惊呀:我们同行十二年之久,竟然不知道木兰是女孩子。

提着兔子的耳朵悬在半空时,雄兔两只脚时常动弹,雌兔两只眼时常眯着(所以容易辨别)。雄雌两只兔子一起并排着跑时,怎能辨别出哪只是雄兔,哪只是雌兔。

龙门山三龛记

唐 岑文本

若夫藏室延阁之旧典,蓬莱宛委之遗文,其教始於六经,其流分于百氏,莫不美天地为广大,嘉富贵为崇高。备物致用,则上圣□其发育;御气乘云,则列仙体其变化,兹乃尽域中之事业,殚方外之天府,逾系表而称笃论,□帝先而谓穷神。岂非徇森漫于陷井者,未从海若而泳天池也;矜峻极于块阜者,未托山只而窥地轴也。焉识夫无边慧日,垂鸿晖于四衢;无相法宝,韫善价于三藏。泊乎出□器之外,寂焉超筌蹄之表。三界方于禹迹也。犹大林之匹豪端;四天视於侯服也。若龙宫之方蜗舍。升彼岸而舍六度,则周孔尚溺于沈沦;证常乐而捐一乘,则松高莫追其轨辙。由是见真如之寂灭,悟俗谛之幻化。八儒三墨之所称,其人填邱陇矣,柱史园吏之所述,其旨犹糠秕矣。若夫七觉开□。八正分涂,离生灭而降灵,排色空而现相。唯妙也掩室以标其实,唯神也降魔以显其权。故登十号而御六天,绝智于无形之地;遗三明而冥五道,应物于有为之域。是以慈悲所及,跨恒沙而同跬步;业缘既启,积僧只而比崇朝,故能使百亿日月,荡无明于大夜,三千世界,隮法云於下土。然则功成道树,非炼金之初;迹灭坚林,岂断筹之末? 功既成,俟奥典而垂范;迹既灭,假灵仪而图妙。是以载雕金玉,阐其化于迦维;载饰丹青,发其善于震旦。绳绳乎方便之力至矣!巍巍乎饶益之义大矣!

文德皇后道高轩曜,德酌坤仪,淑圣表于无疆,柔明极于光大。沙麓蕃祉,涂山发祥。来翼家邦,嗣徽而赞王业;聿修阴教,正位而叶帝图。求贤显重轮之明,逮下彰厚载之德。忠谋著於房闱,孝敬申於宗祀。至诚所感,清胙魄于上,至柔所被,荡震腾於下。心系忧勤,行归俭约。胎教克明,本枝冠於三代;阃政攸叙,宫掖光于二南。陋锦绘之华,身安大帛;贱珠玉之宝,志绝名瑞。九族所以增睦,万邦所以至道。宏览图籍,雅好艺文,酌黄老之清静,穷诗书之溥博。立德之茂,合大两仪,立言之美,齐明五纬。加以宿殖远因,早成妙果。降神渭涘,明四谛以契无生,应迹昭阳,驰三车以济有结。故绵区表刹,布金犹须达之园;排空散花,踊现同多宝之塔。谅以高视四禅,俯轻末利;深入八藏,顾蔑胜鬘。岂止厘降扬蕤,轶有妫之二女;载祀胜实,越高辛之四妃而山已哉!

左武侯大将军相州都督雍州牧魏王,体明德以居宗,膺茂亲而作屏,发晖才艺兼苞礼乐。朝读百篇,总九流于学海;日摛三赋,备万物于词林。驱鲁卫以骖镳,驭梁楚使扶毂。长人称善,应乎千里之外,通神曰孝,横乎四海之滨。结巨痛于风枝,缠深哀于霜露。阳陵永医,怀镜衾而不追;闕宫如在,望阶除而增慕。思欲弭节鹫岳,申陟岵之悲,鼓枻龙池,寄寒泉之思。方愿舍白亭而退举,莹明珠于兜率;度黄陵而抚运,荫宝树於安养。博求报恩之律,历选集灵之域。以为百王建国,图大必揆于中州;千尊托生,成道不□于边地。惟地三州,是总六合。王城设险,曲阜营定鼎之基;伊阙带堈,文命辟襄陵之□穹窿极天,峥嵘无景,幽林招隐,洞穴藏金。云生翠谷,横石室而成盖,霞舒丹巘,临松门而建标。崇基拒于嵩山,依希雪岭,□流注于德水,仿佛连河。斯固真俗之名区,人只之绝境也。

王乃馨心而弘喜舍,开藏而散龟贝。楚般竭其思,宋墨骋其奇。疏绝壁于玉绳之表,而灵虬星列;雕□石于金波之外,而尊容月举。或仍旧而增严,或维新而极妙。白豪流照,掩莲花之质;绀发扬晖,分檀林之侣。是故近瞻宝相,俨若全身,远鉴神光,湛如留影。嗤镂玉之为劣,鄙刻檀之未工。杲杲焉逾日轮之丽长汉,峨峨焉迈金山之映巨壑。耆阁在目,那竭可想。宝花降祥,蔽五云之色;天乐振响,夺万籁之音。是以睹法身之妙,而八难自弭;闻大觉之风,而六天可陟。非正真者,其孰能与于此也?善建佛事,以报鞠育之慈;广修福田,以资菩提之业。非纯孝者,其孰能与于此也?昔简狄生商,既轮回於名相;公旦胙鲁,亦流遁于国城。犹且雅颂美其功,同和于天地;管弦咏其德,□□于鬼神。况乎慧灯普照,甘露徧洒,任姒尊名,具之以妙觉,间平茂实,成之以种智。是用勒绀碣于不朽,譬彼法幢,陈赞述于无穷,同□□偈。俾夫衣销劫石,与金刚而比坚,芥纳须弥,随铁围而齐固。□感□词,乃作颂曰:

十号开绪,二谛分源。有为非宝,无相称尊。光宅沙界,大居给园。仁舟戡溺,智炬排昏。缘发现迹,化终还净。色身蹔掩,灵照远镜。布金降真,攻玉图圣。五道有截,三乘无竞。帝唐御纪,太姒定祥。功济赤县,德穆紫房。十品散馥,三慧腾光。广辟香地,载纽玄纲。卓尔英王,至哉茂则。丹青神甸,监梅王国。掷地□文,横海迈德。孝思不匮,报恩罔忒。聿修净业,于兹胜境。梯危紫□□□翠岭。勒石表相,因山摹□。希圣虽遥,求心宁永。豪光(阙八字)只树楼似增成。飞泉洒汉,危石临星。岩垂日近,松□□□□□□□□□来游□□□□垂杯川□□□□□□□□□□纯孝克宣,胜业载圆,邪山灭地,倾□□□□□□□□□皇祚于下(阙)。

贞观十五年岁次辛丑十一月

[作者作品]

岑文本(595~645年),字景仁,南阳郡棘阳县(今新野县)人。唐初贞观朝的宰相之一,封爵江陵子,也是隋唐时代重要的文学家。岑文本成名甚早。于隋末萧铣在江陵建立地方政权时,即任岑为中书侍郎,专职管理典藏文书。唐太宗当朝以后,先任秘书郎,复任中书侍郎,并受命与令狐德棻编撰《周书》,文章练达;终官拜中书令,与长孙无忌、高士廉、唐俭、杨师道、刘洎、马周、褚遂良并列宰相团。唐史记载着岑文本的特质说:不仅富有文采,且洁身自爱。每次被嘉奖或升迁时,不喜反忧,因为深感责任一次比一次重。岑文本因责任感使然,在贞观后期越来越见重于唐太宗;征高句丽时,太宗委任他总务后

岑文本

勤,总司物资的调配,其重要性如同汉初的萧何。原本皇帝有心栽培他为辅佐后任皇帝的骨干,但未料此番东征意义职责重大,致操劳过度,加上前线战事先盛后衰,压力倍增,岑终染病不治,遽逝于幽州(今中国河北省)军中。

贞观十年(636年),长孙文德皇后去世,其子李泰(太宗四子)在洛阳龙门山开凿佛窟,为长孙皇后冥福,数年凿成。贞观十五年(641年),由岑文本撰文记其事,褚遂良书丹,刻于龙门石窟宾阳中洞与南洞之间石壁上。

刘希夷诗(二首)
唐 刘希夷

[作者作品]

刘希夷(约651~679年),唐朝著名诗人。字庭芝,嵩山汝州(今汝州市)人。幼年丧父,随母在外祖父家居住至20岁,始返嵩山汝州定居。上元二年(675年)进士。俊美姿容,谈笑风生,聪慧天成,精通音律,善弹琵琶,能歌善咏,不拘礼俗。好为宫体诗,词调悲苦,风格柔婉,与时尚不合,初不为人所称赞。

刘希夷

一、代悲白头翁

洛阳城东桃李花,飞来飞去落谁家?洛阳女儿异颜色,行逢落花长叹息:
今年花落颜色改,明年花开谁复在?已见松柏摧为薪,更闻桑田变为海。
古人无复洛阳东,今人还对落花风。年年岁岁花相似,岁岁年年人不同。
寄言全盛红颜子,须怜半谢白头翁。此翁白头真可怜,伊昔红颜美少年。
公子王孙芳树下,清歌妙舞落花前。光禄池台开锦绣,将军楼阁画神仙。
一朝卧病无人识,三春行乐在谁边?宛转娥眉能几时,须臾鹤发乱如丝。
但看旧来歌舞地,唯有黄昏鸟雀悲。

二、嵩岳闻笙

月出嵩山东,月明山益空。山人爱清景,散发卧秋风。
风止夜河清,独夜草虫鸣。仙人不可见,乘月近吹笙。
绛唇吸灵气,玉指调真声。真声是何曲,三山鸾鹤情。
昔日落尘俗,愿言闻此曲。今来卧嵩岑,何幸承幽音。
神仙乐吾事,笙歌铭凤心。

修中岳庙记

唐 李方郁

上四年,用大司计侍郎为丞相。其明年,以我相秉枢机,我公章纶诰。宜为避嫌,遂自阁下拜河南尹。将辞,上悄然谓公曰:"前时洛水为灾,洛民大溃,四走无逃,至有没死者,岂胜其冤耶?而公今去,我无东顾之患矣!"公既至理事,先以恤民为寄。活生瘗死,大开廪庾,赈贫乏,饱饥肠,暖寒体,极于畿甸,靡不周悉。而又蠲逋租,省徭赋,俾安稳其起居,勤强其事业。故远迩之民相贺而歌曰:"天灾流行兮代有,下民昏垫兮时数。命无以逃兮谅自嗟,岂将天怒我。尹之慰恤兮实解予之愁苦,夫得耕兮,妇得织。日出得作兮,日入得息。此固我君之忧民系,俾我尹来即。"又歌曰:"明明在上兮天子圣,四方取则兮我公令。疲民苏息兮公之政,一日将去兮,谁活民之性命!"

其都之南,嵩岳横亘。其岳有庙,距都百里。每岁季夏日,直土用御署祝文,用牺牲粢盛,醴齐庶品,诏我公有事于王礼。既公周视庙宇堂殿廊庑,见其崩陊圮毁,剥癣颓堕,垣墉漫靡,榱栋失次,梁栱差欹。顾谓其邑令李方郁曰:"吾闻大地列岳五,嵩山居其一。其岳镇中天,群峰苍翠,异色;其冈峦重叠,异状;其出云瞹曃,异气;其草木森耸,异岫;其葩卉荟翳,异香;其群鸟间关,异听;其溪涧瀺灂,异流。若此之状,触目周匝,四时迭观,吞吐气象。环一山之上,道宫、佛寺、高阁、危楼尽萃其中。我国家以神之灵,塑神之形。俾神之明,福我苍生。峨峨其冠,整整其衣。兵仗骈列,羽卫参差。天子以时视三公礼而祠之。要神之德既厚矣,报神之功亦重矣。所宜威吐形容,华焕宫宇。奈何以危毁至是?俾尔民之进拜祷祝,将何瞻仰乎?我今出府库十万。恣以功用。尔宜专其事,俾尔心与吾心,不可以异。"方郁谨再拜受命。退而自言曰:"方郁为吏禀指使,上不敢罔公,中不可欺神,下不能苦民,岂可不成耶!"遂鸠工藏事,四旬而就。见若赤白之交映矣,见若金碧之分辉矣,见若榱桷之粉绘矣,见若栱斗之光赫矣,见若檐溜之矗截矣,见若沟垅之端隆矣,见若户牖之照烛矣,见若垣墉之齐削矣。旭日明媚,夹坛殿之飞翚;朝霞卷舒,助峰峦之起秀。则知公之指制,可以迈古冠今,使海内神庙,修洁崇盛,无逾于中岳。公天发晶朗,岳钟秀粹,群妙符识,万顷澄襟。琼树冰壶,涵澈于神宇;黄钟朱瑟,铿奏丁文章。况公尹正之能,抚民之美,愚知其不日而将与吾相,连枝于台座之中,至美于庙堂矣!方郁忝官在县,行及秩满。特蒙公录以微迹,上表量留,付之修饰。辄敢叙德纪事,刻石以记。

[作者作品]

李方郁,唐玄宗时期人。唐开元十八年(730年),时任登封县令的李方郁,奉河南尹之命修饰中岳庙,鸠工藏事,四旬而就,使岳庙修洁崇盛,面貌焕然一新。李方郁为此次修葺撰写了《修中岳庙记》。

新修嵩岳中天王庙记

唐 韦行俭

太室为九州之险,五岳之冠,孕灵生贤,作镇地中。自汉武闻万岁之呼,令祠官加增其祠,厥后元魏徙庙于岳之东南。开元十八年,元宗征元封故事,再饰祠宇。天宝初,又命秩视王礼,封为中天王,编在祀典。每岁六月,天子遣河南尹至岳下,洁斋,具牲牷圭币以行事,祝史执笾豆樽俎以陈辞。望秩之祭,以崇配天之敬,岁无违者。而年祀浸久,其土偶、木偶,及东序、西序、南向、北向,图形象者,皆风落之,日烜之,雨濡之,尘败之。或墉垣缺陷,彩缋漫灭,不怒之威,盖阙如也。汉南元戎荥阳郑公,由荥阳守而尹洛邑,用端密温文,宣明教化,为导人之道,聆其积弊,俾革其故。自中天王洎夫人缨绥冕服,首饰步摇,间以金翠,彰用五色。旁罗四岳、四渎,施于启母、少姨之伦。其余交乎户室,立于阶闼,操大屈,注仆姑,执殳秉钺,环列庑下。由四墉周于墙垣,过祠及门。瞻其容卫者,首如顶,目如瞋,臂如戟,吻如相,稽擎跽屏息,若交门之有乡坐拜者焉。夫古之牧人事神,必交修之。人仰神之正直,神依人之明德,以享丰福,以荷百禄,真为政之本也。前代五岳视三公,皇家之制宠逾五等。今征郑公崇饰肃祇之旨,盖所以奉国典,尊君命也。庚申岁,行俭作吏,承命藏事宫庭,因款识于石,播美厥后云。

[作者作品]
韦行俭,建中时人。唐德宗时的官吏。

嵩阳观记

唐 李林甫

域中之大有四,道为之首,而王者统焉。方外之人有五,神为之首,而圣者用焉。非道也,无以致神;非神也,莫能感圣。自炎师水玉,轩访峒山,窅藐汾阳,徘徊河上,且犹私一己之利,屈万乘之尊。或得之而不存,或求之而不及。则未有弘心六合,玄化被于海隅;涤览九重,异人臻于阙下。密传仙契,潜彼神功,端拱紫庭,坐进金鼎,如我开元天宝圣文神武皇帝之至感也。盖德迈者其业崇,道弘者其化博。上初勘巨难,篡睿图,以为唐虞盛理,教人而已矣。乃昭礼物,考经志,于是乎帝典王纲,罔不毕备。及夫一戎夏致雍熙,又以为轩昊上德,恭己而已矣。乃敦清静,复淳朴,于是乎偃甲垂衣,示于无欲。故载历三纪,功苞九皇,乃时有真人方士,不召而至者,俨然而进曰:"臣闻昔者太初之先也,尝有受命握符,一君千岁,后代圣人顺其外为封禅,修其中为导养。故玉检有不死之名,金丹为长生之要。五三以降,兹道蔑闻,陛下承紫气之真宗,接黄神之远运,玉检之文已备,金丹之验未彰,天将授之,其在今矣。"

上览其议,而告之言:"朕闻神丹者,有琅玕雪霜,二化五转。太乙得之,为上帝之伯;元君得之,为下教之尊。必将假无为之功,任自然之力,乃可就矣。"于是考灵迹,求福庭。以为嵩阳观者,神岳之宅真,仙都之标胜。直中天暑景之正,记烈祖巡游之所。抱汝含颍,风交雨会,阴阳之所烝液,偓佺之所往还,丹灶琳堂,往往而在。乃命道士孙太冲亲承密诏,对授真诀,一之日披图于天府,二之日陈醮于山坛,然后俾太乙启炉,陵阳传火,积炭于庑下,投药于鼎中,固以扃镝,室其窗户,隙光不容,人迹罕到。自河尹官属、邑宰吏寮,目对封泥,手连印署。太冲乃与中使薛履信衔命而东,涉海沂,过蒙羽,行且千里,归已十旬。然后克日聚观,开封发印,余烬未灭,还丹赫然,则已六转矣。明年移药于缑氏山升仙太子庙,其役制之功,神异之效,又如初焉。每至降御祠,陈祝册,紫泥素表,倏忽飞天。玄酒玉杯,缤纷移座。祠宫愕眙,供吏惊呼:"灵贶昭答,有如此者!"其余瑞鹤卿云,祥光秘语,匪朝伊夕,不可胜记。按《中丹经》云:"金华符成,威光鼎就,则有朱鸟呈异,白日激辉。"斯非类乎?

九转既毕,驰驲以献,圣主方涤虑穆清,斋心虚白。神期应会,如含契焉。于是三事百寮,奉觞称贺,曰:"陛下抚群黎而归寿域,上休降殊休而报圣德,神丹一御,与天无极。且夫弘化至道,先烈也;还风太初,昌运也;异人委质,圣感也;灵药荐寿,天符也。此四者,皇图帝载所未闻焉。"

微臣预春秋之徒,忝申甫之地,上清事隐,非鲁册之敢征;大洞功成,岂周颂之能纪。强铭琬琰,永播乾坤,其辞曰:

太古兮上皇,千岁兮一君。自轩辕兮独往,遂历代兮无闻。有唐兮英圣,六叶兮十纪。惟天宝兮合符,故淳风兮变始。嵩有峰兮颍有澜,交灵气兮集仙坛。资圣寿兮效神丹,神丹御兮福庭会。虹霓旗兮紫云盖,临万邦兮弥亿载。

[作者作品]

李林甫(683~752年),唐宗室人。小字哥奴,唐玄宗李隆基时的著名奸相。李林甫善音律,无才学,会机变,善钻营,是一个口有蜜而腹有剑的阴险之徒。后跻身李唐高层统治者行列。开元二十二年(734年)五月,拜相,为礼部尚书、同中书门下三品。开元二十四年(736年)底代张九龄为中书令,大权独握。李林甫居相位19年,专政自恣,杜绝言路,助成安史之乱。

李林甫在嵩山活动时,除撰文《嵩阳观记》外,还撰写有著名的《大唐嵩阳观纪圣德感应之颂》碑文。

[相关史料]

嵩阳书院简介见《嵩阳书院考》。

李林甫

中岳越禅师塔记

唐 李 华

智之深者,反照;仁之大者,无思。反照而万物同明,无思而一切咸寂。真如往乎无住,妙有生乎不生,惟禅师至其极也。

禅师法号常超,发定光于大照大师,垂惠用于圣善和尚,证无得于敬受阇梨。司徒郭公举为东京大德,御史中丞郑公表敷教于三吴。乃沿汉至黄鹤矶。州长候途,四辇瞻绕,请主大云寺。浩浩群醉,愿沾醒药。于是以梵王纲地,还其本源;楞伽法门,照彼真性。荆越之俗,五都侨人,有度者矣。宝应二年暮春季旬之二日,灯灭于禅居。吊杖百千,江哀山悴。凡人诸佛正位二十九夏,存父母遗体五十九年。门人宝藏、熙怡等,号捧香甓,建塔东冈,遵像法也。禅师沧州人,姚姓,灵和应于海碣,弱岁齿于儒者。既而舍孔氏之经,为释门之胤。闻西河摄护第一,乃往从师。次诸嵩颍,服勤上法,理妙词简,神凝道深。盖六度之龟麟,人天之海岳也。

嗟夫,雨宝之珠,伏于泥下;燎原之火,隐在木中。开示有期,继生宗范。摩诃达摩,以智月开瞖,法雷破聋。七业至大照大师,门人承嘱累者,曰圣善和尚。环注源流,含灵福备。乃灌其项,龙像如林。及狂房逆天,两京沦翳。诸长老奉持心印,散在群方,大怖之中,人获依怙。则不言之教,无为之益,广矣大矣,觉之正之。默兹口。照不为深乎?弟子司封员外郎赵郡李华,泣举双林,敬表仁旨。时广德二年正月六日。

[作者作品]

李华(约715~774年),唐代散文家,诗人。字遐叔,赞皇(今河北元氏)人。开元进士。官至吏部员外郎。因在安禄山陷长安时受伪职,被贬为杭州司户参军。后因风痹去官,后又托病隐居山阳以终,信奉佛法。其诗辞采流丽。有《李遐叔文集》。作为著名散文家,与萧颖士齐名,世称"萧李"。亦有诗名。其传世名篇有《吊古战场文》。《中岳越禅师塔记》是李华在嵩山活动期间所作。

李 华

风后八阵图记

唐 独孤及

物不终静,必受之以动。当纯坤用事,阴疑于阳,刚龙战于野,大朴已散,圣盗并起,故戎马生。乃有力吞八荒,争截九有。大者天柱折,地维绝;小者作慝庐山,负阻中冀。上帝凭怒,下民是恤,乃眷武德。黄帝受之,始顺杀气以作兵,法文昌以命将。于是乎征不服,讨不庭。其谁佐命?曰:"元老风后。"盖戎行之不修,则师律用爽;阴谋之不作,则凶器何恃。故天命圣者,以广战术,俾悬衡于未然,察变于倚数,握机制胜,作为阵图。夫八宫之位正,则数不僭,神不忒,故八其阵,所以定位也;衡抗于外,轴布于内,风云附其四维,所以备物也;虎张翼而进,蛇向敌而蟠,飞龙翔鸟,上下其势,所以致用也。至若疑兵以固余地,游军以按其后,列斗具将发,然后合战。弛张则二广迭举,犄角则四奇皆出。必使陷坚阵,拨深垒,若星驰天旋,雷动山破。魏之鹤列,郑之鱼丽,周武之熊罴,昆阳之虎豹,出非以律,咸异于是。既而图成樽俎,帝用经略,北清涿鹿,南平蚩尤,勘黎于阪泉,省方于崆洞,底定万国,旁罗七曜,鼎成龙至,去而上仙。于是遗风冥冥,时亡而图存焉。余戏!圣迹长往,神机不昧,酌其流者,犹足以决胜三军,御侮万里。故项藉得之以霸西楚。黥布得之奄有九江,汉孝武得之,攘匈奴,服瓯越,东牧猎貊,西拓大夏。然则圣图幽赞,未始有涯。

天宝中,客有为韬钤者,得其遗制于黄帝书之外篇,裂素而图之。胜败之关,在我股掌,天地之心,见于毫末。议欲献诸策府,用广武事,会天子以不战为师,无为为宝。则是图也,兴于多难,废于升平,湮沦不书,盛德共没。乃旌诸图侧,以为三皇之故事,六艺之余伎云。

[作者作品]

独孤及(725~777年),唐朝军事家、文学家,太常博士。字至之,洛阳人。玄宗天宝末举洞晓玄经科。补华阴尉。代宗时以左拾遗召,改太常博士,迁礼部员外郎,历濠、舒二州刺史,以治课加检校司封郎中。官至常州刺史,卒,谥宪。世称

独孤及

独孤常州。性孝友，喜鉴拔后进，为文彰明善恶，长于论议，与李华、萧颖士等齐名。著有《毗陵集》。

独孤及撰写的《风后八阵图记》，全称《云岩宫风后八阵兵法图》，是一通立于密县黄帝宫的碑文。《风后八阵图记》详细记载了黄帝九战九败于蚩尤之后，率兵退守于新密黄帝宫，与大将风后共同研创了我国最早的八阵兵法，还简要地介绍了风后八阵兵法在战争实战中的神奇作用。《风后八阵图记》为研究历史记载黄帝在中原的有关活动提供了有力的证据，对我国古代兵法的研究也将起到重要作用。

[相关史料]

《八阵图》是黄帝和风后研创，"用经略，北清涿鹿，南平蚩尤，底定万国"，统一中原的事迹。该图共分九幅，一幅为八阵正图，其他八幅为八个阵式，即：天覆阵、地载阵、风扬阵、云垂阵、龙飞阵、虎翼阵、鸟翔阵、蛇蟠阵。

伯夷颂

唐 韩 愈

[原文]

士之特立独行，适于义而已，不顾人之是非：皆豪杰之士，信道笃而自知明者也。

一家非之，力行而不惑者寡矣；至于一国一州非之，力行而不惑者，盖天下一人而已矣；若至于举世非之，力行而不惑者，则千百年乃一人而已耳；若伯夷者，穷天地、亘万世而不顾者也。昭乎日月不足为明，崒乎泰山不足为高，巍乎天地不足为容也。

当殷之亡，周之兴，微子贤也，抱祭器而去之。武王、周公，圣也，从天下之贤士，与天下之诸侯而往攻之，未尝闻有非之者也。彼伯夷、叔齐者，乃独以为不可。殷既灭矣，天下宗周，彼二子乃独耻食其粟，饿死而不顾。繇是而言，夫岂有求而为哉？信道笃而自知明也。

今世之所谓士者，一凡人誉之，则自以为有余；一凡人沮之，则自以为不足。彼独非圣人而自是如此。夫圣人，乃万世之标准也。余故曰：若伯夷者，特立独行，穷天地、亘万世而不顾者也。虽然，微二子，乱臣贼子接迹于后世矣。

[作者作品]

韩愈简介见前《送石处士序》。

[相关史料]

伯夷、叔齐是商末孤竹君的两个儿子。相传其父孤竹君欲立次子叔齐为继承人。孤竹君死后，叔齐让位于伯夷。伯夷以为逆父命，遂逃之，而叔齐亦不肯立，亦逃之。伯夷叔齐奔往西方，在周地部落中养老，与周文王关系良好。后周武王讨伐纣王，伯夷和叔齐不满武王身为藩属讨伐君主，加上自己世为商臣，二人扣马谏阻。武王不听，不久周灭亡商朝。武王灭商后，他们耻食周粟，采薇而食，饿死于首阳山。

[译文]

读书人的立身行事独特，符合道义罢了。不理会别人的赞誉或批评的，都是豪杰之士，也是忠实地相信自己的道并且清楚知道自己的人。全家的人批评他，仍坚定执行而不迷惑的人很少。至于一国一州的人批评他，仍坚定执行而不迷惑的，大概整个天下只有一人罢了。若是到了全世界的人都批评他,仍坚定执行而不迷惑的,则千百年来只有一人罢了。像伯夷这样的人,是穷尽天地,经历万世也不回头的人。(与他比较),即使光明的日月也不算亮,雄峻的泰山也不算高,宽广的天地也不算能包容。

当殷商要灭亡而周要兴盛时,微子这样的贤人都抱着祭祀的器具离开殷商。武王、周公是圣人,率领天下的贤士和诸侯前去进攻殷商,未曾听说有人批评过他们。独有伯夷、叔齐认为他们不该。殷商灭亡后,天下承认周为宗主国,伯夷、叔齐二人独认为吃周的粮食是羞耻的,即使饿死也不后悔。由此说来,他这样做难道是要博取什么吗?是因为忠实地相信自己的道并且清楚知道自己罢了。

现今的所谓读书人,当有一人称誉他,自以为该得到更高的赞誉。有一人不满他,自以为别人的话未尽正确。他可以独自批评圣人而自以为是到如此的地步。圣人的行事是万世的标准啊。所以我认为,好像伯夷这样的人,是立身行事独特,穷尽天地,经历万世也不会回头的人啊。虽然这样,如果没有他们二人,乱臣贼子便会接连不断地出现在后来的世代了。

嵩山会善寺戒坛记

唐 陆长源

嵩高得天下之中也。所谓名山福地,异人灵迹,往往而有。汉晋间,高僧植贝多子于西峰,一年三花。因为浮图,遂为寰中之真境。又有两阜中断,豁为石门。飞流萦回以喷薄,乔木森辣以布护。先是有高僧玄同律师、一行禅师,铲林崖之欹倾,填乳窦之崄崟,甃玉立殿,结琼构廊,旃檀为香林,琉璃为宝地,遂置五佛正思惟戒坛。思惟者,以佛在贝多树下思维,因名贝多为思维。即三花之义在此。自河洛烟尘,塔庙崩褫。上都安国寺临坛大德乘如,修慈业广,秉律道尊。志度有缘,法庇群动,慨兹堙坠,遂为闻彻。寻有诏申,命安国寺上座藏用,圣善寺大德行严,会善寺大德灵珍、惠海等住持,每年建方等道场,四时讲律。藏用上人逸躅遍寻,高情独迈。美殿塔之严丽,赏泉石之胜绝。其迹不朽,其教益弘。于是钟梵相闻,幡盖交荫。岂独炉峰名岳,空记远公之行;沃洲精舍,重述道林之迹。

时贞元十一祀龙集乙亥大火西流之月也。

[作者作品]

陆长源(?~799年),唐苏州吴人,字泳之。陆余庆孙。始在薛嵩幕府,常从容规切。历建、信二州刺史。韩滉兼领江淮转运使时,充副使。入迁都官郎中,改万年令,出为汝州刺史。德宗贞元十二年,授宣武军行军司马,决断汴州政事。寻知留后事,遇军乱被害。工诗,与孟郊交厚。有《唐春秋》《辨疑志》。

《嵩山会善寺戒坛记》是陆长源于贞元十一年(794年)任汝州刺史时所作。

[相关史料]

会善寺戒坛位于登封市太室山南麓

会善寺山门

积翠峰下会善寺西边西戒坛院内。会善寺位于少林寺东侧不远处,孝明帝正光元年(520年),会善寺有僧众千人,堂宇千间。会善寺戒坛创立于唐开元元年(713年),据唐德宗贞元十一年(795年)陆长源撰《嵩山会善寺戒坛记》载:"一行禅师与玄同律师铲林崖之欹倾,填乳窦之窈窕,鳌玉立殿,结琼构廊,旃檀为香林,琉璃为宝地,遂置五佛正思维戒坛。"这就是闻名于后世的"琉璃戒坛"。

继高僧一行之后,会善寺琉璃戒坛又先后于开元十四年(726年)、贞元十年(799年)重兴过。日本高僧圆仁记载说,元和二年(828年),唐政府颁布禁止百姓随便剃度为僧的命令,仅有五台山戒坛与会善寺琉璃戒坛不在此限。据称,当时"每岁前来受戒的僧徒辄达1000多人,每日晋献洁供而礼佛的人士亦有数百"。可见琉璃戒坛地位之重要。

会善寺戒坛遗址,在净藏禅师塔东侧,五代时寺院被毁,戒坛亦遭厄运,今仅存唐代武士石柱一根。宋太祖年间予以重建,并赐名大会善寺嵩岳琉璃戒坛。

嵩山十志

唐 卢鸿一

[作者作品]

卢鸿一(? ~740前后)唐朝书画家、诗人,著名隐士。一名鸿,字浩然,一字颢然,本幽州范阳(今河北涿县东北)人。徙居洛阳,后隐居嵩山(今登封市)。博学,善篆籀,工八分书,能诗。画山水树石,

卢鸿一画作《嵩山十志》

得平远之趣,与王维相当。开元初(713年),玄宗遣使备礼至嵩山征召卢鸿,再征不至。开元五年(717年)玄宗又下诏征聘,诏书表示"虚心引领""翘想遗贤",要求卢鸿"翻然易节,副朕意焉",卢鸿只得赴征,开元六年(718年)至东都洛阳,谒见不拜。授谏议大夫,固辞,放归嵩山,赐以隐居之服,官营"东溪草堂",并让他带官归山,每年可得到粮米100石、布绢50匹。而且还使他随时记下朝廷的得失,直接把状子交给玄宗。卢鸿一回山后,聚徒五百余人,讲学于草堂之中,成为一时之盛。自绘其胜景为《草堂十志图》,有摹本,图录于《故宫名画三百种》。《全唐诗》录存其骚体诗十首,名《嵩山十志》,为描写嵩山十景、歌咏自己的隐逸生活之作。

一、草 堂

草堂者,盖因自然之溪阜。前当墉汕,资人力之缔构。后加茅茨,将以避燥湿,成栋宇之用。昭简易,叶乾坤之德,道可容膝休闲。谷神同道,此其所贵也。及靡者居之,则妄为剪饰,失天理矣。词曰：

山为宅兮草为堂,芝兰兮药房。罗蘼芜兮拍薜荔,荃壁兮兰砌。蘼芜薜荔兮成草堂,阴阴邃兮馥馥香,中有人兮信宜常。读金书兮饮玉浆,童颜幽操兮不易长。

二、倒景台

倒景台者,盖太室南麓,天门石崖。杰峰如台,气凌倒景台。登路有三处可憩,或曰三休台。可以邀驭风之客,会绝尘之子。超逸真,荡遐襟,此其所绝也。及世人登焉,则魂散神越,目极心伤矣。词曰：

天门豁兮仙台耸,杰屹崒兮云倾涌。穷三休兮旷一观。忽若登昆仑兮,中期汗漫仙。耸天开关兮倒景台,鲨颢气兮轶嚣埃。皎皎之子兮自独立,云可朋兮霞可吸,曾何荣辱之所及。

三、樾馆

樾馆者,盖即林取材,基巅柘架,以加茅茨。居不期逸,为不至劳。清谈娱宾,斯为尚矣。及荡者鄙其隘阒,苟事宏洒,乖其实矣。词曰：

紫岩限兮青溪侧,云松烟茑兮千古色。芳蘼蘼兮荫蒙茏,幽入构馆兮在其中。霏蘼蒙笼兮开樾馆,卧风霄兮坐霞旦。粤有宾兮时庋止,樵苏不爨兮清谈已,永岁终朝兮常若此。

四、枕烟庭

枕烟庭者,盖特峰秀起,意若枕烟。秘庭凝虚,宕若仙会。即扬雄所谓"爱静神游之庭"是也。可以超绝纷世,永洁静神矣。及机士登焉,则寥阒恍惚,愁怀情累矣。词曰：

临泱漭兮背青荧,吐云烟兮合窅冥。恍欻翕兮沓幽蔼,意缥缈兮群仙会。窅冥仙会兮枕烟庭,竦魂形兮凝视听。闻夫至诚必感兮祈此巅,挈颢气兮养丹田,终仿像兮观觌灵仙。

五、云锦淙

云锦淙者,盖激流冲攒,倾石丛倚。鸣湍叠濯,喷若云风。诡辉分丽,焕若云锦。可以莹发灵瞩,幽玩忘归。及匪士观之,则反曰寒泉伤玉趾矣。词曰：

水攒冲兮石丛耸,焕云锦兮喷汹涌。苔骇荤兮草羃缘,芳幕幕兮濑溅溅。水石攒丛兮云锦淙,波连珠兮文沓峰。有洁冥者媚此幽,漱灵液兮乐天休,实获我心兮夫何求。

六、期仙磴

期仙磴者，盖危磴穹窿，回接云路。灵仙仿佛，若可期及。儒者毁所不见则黜之，盖凝冰之谈信矣。词曰：

霏微阴壑兮气腾虹，迤逦危磴兮上凌空。青霞杪兮紫云垂，鸾歌凤舞兮吹参差。咫尺云路兮期仙磴，鸿驾迎兮瑶华赠。山中人兮好神仙，想像闻此兮欲升烟，铸丹炼液兮伫还年。

七、涤烦矶

涤烦矶者，盖穹谷峻崖，发地盘石。飞流攒激，积漱成渠。澡性涤烦，迥有幽致。可为智者说，难为俗人言。词曰：

灵矶盘礴兮溜奔错，漱泠风兮镇冥壑。研苔滋兮泉珠洁，一饮一憩兮氛想灭。磷涟清淬兮涤烦矶，灵仙境兮仁智归。中有琴兮徽以玉，峨峨汤汤兮弹引此曲，寄声知音兮同所欲。

八、幂翠庭

幂翠庭者，盖崖巘积阴，林萝沓翠，其上悬幂，其下深湛。可以王神，可以冥道矣。及喧者游之，则酣谑水日，汩清薄垢矣。词曰：

青崖阴兮月涧曲，重幽叠邃兮隐沦躅。草树绵幂兮翠蒙茏，当其无兮庭在中。当其有兮幂翠庭，神可王兮道可冥。有幽人兮张素琴，白玉徽兮缘水音，德之愔兮澹多心。

九、洞元室

洞元室者，盖因崖作室，即理谈玄，室返自然，元斯洞矣。及邪者居之，则假容窃次。妄作虚诞，竞生异言。词曰：

岚气肃兮岩翠冥，室阴虚兮户芳迎。披蕙帐兮促萝筵，谈空空兮核元元。蕙帐萝筵兮洞元室，秘而幽兮真吉。返自然兮道可冥，妙思洞兮草玄经，结幽门兮在黄庭。

十、金碧潭

金碧潭者，盖水洁石鲜，光涵金碧，岩葩林茑，有助芳阴。鉴洞虚彻，道斯胜矣。而世士缠乎利害，则未暇游之。词曰：

水碧色兮石金光，滟熠熠兮溁湟湟。泉葩映兮烟茑临，红灼灼兮翠阴阴。翠相鲜兮金碧潭，霜天洞兮烟景涵。有幽人兮好冥绝，炳其焕兮凝其结，悠悠千古兮长不灭。

嵩岳少林寺新造厨库记

唐 顾少连

启迪真乘,无相之门寂;发挥象教,有为之功大。非无不可以臻极,非有不可以化凡。亦由瞻影求形,见烟知火。通如来诱善之路,为群暗向明之阶。沿浅诣深,其实一也。自汉明帝梦金人履殿,讯之于庭。采傅毅旳然之词,得竺乾惟肖之像。精庐始构,塔庙继兴。大抵三教之行,各有其属;尊严所奉,齐壹厥心。若游息不殊,则其道闲杂;若散漫无守,则其风寂寥。是以从其先师,皆致室处。孔徒有庠序,道士有楼居,而释流谓之寺。此圣人所以崇其教也。

少林寺者,盖权舆于太和中,废于承先,更名于大像,锡田于开皇。若乃应天顺人,擒盗助信,摧魔军于充斥,保净土于昏霾,此又昭彰于我唐也。其神异之尤,若跋陀之经始灵塔,劫火不焚,指昒泉流,使之西注。稠公挥杖而二兽解斗,惠可割臂而三业息尘。芬兰丛植于缁林,鸾鹤连翔于法界。则有惠光、昙隐播芳烈于前,玄素、明遵嗣徽音于后。庋止者皆同一姓,来仪者无复二乘,盖释氏之庵中,西方之别馆也。况其土圭表正,风雨所均;嵩高峻极,山岳之秀。交艮兑之清气,积仙灵之秘踪。故其志道之人、好奇之士,系尘笼者屡至,求宴坐者永栖。菩萨色身,未能忘食,苾刍老疾,斯用依仁。而库舍不营,坊厨偪陋。每王城信士供施所储,柏谷上田获敛所入,虽真如之性,不假多藏,而大道之行,恶其弃地。释法真聿来从学,推尚住持,永言创立,志在弘济。乃执于僧众,陈于□官,愿因农隙,以果营建。河南尹杜公黄裳多历胜因,素崇净业,聆风响应,如契夙心。于是躬主办之勤,假清白之俸。復次,都人白仙鹤、李秀、孙光、杜珍等,共殖嘉苗,用兹景福。脱鄙俗之缰锁,成智慧之舟航。钱财无翼而自飞,寒暑不期而继至。单贫展效,富有匦财。神龙施珠,香象均力。加以寺半崖巘,路蹑凌兢。伐松柏于山巅,治瓴甓于岩下。佛教善诱,人忘其劳。爰始爰谋,是启是辟。平其坎窖,相其广轮,梓人作程,郢匠施巧。积干如阜,运斤成风。真公杖锡指麾,语言澳(阙)先饥以班食,伺渴而馈浆,酬以壮傭,任以老事。期不挏日,工无废时。为楣为栌,为桴为桷。洪纤合度,寻尺中规。凿枘靡乖,朴斫惟称。板干既具,墙垣以兴。支撑得其宜,缔构取诸壮。以周饎爨,用固扃鐍。风雨攸除,尘泥莫侵。若乃曲突以舒烟,疏窦以流恶。陈其鼎鬲,扃其釜鬵。释之蒸之,惟精惟洁。俾其渖汁有所注,气焰有所通。香风时来,荡涤烦燠。斯乃厨之制也,深中以虚受,阖扉以制出。陈其□木代,施其缄縢,取之用之,不费不约。必使公供无所耗,岁计惟其明。玄关载施,成我密固,此又库之宜也。乃崇佛宇,栏楯孔严;乃饰僧堂,屋壁增焕。新亭弘敞,阅香积之饭;危楼耸擢,俯耆阇之山。每至华钟大鸣,旭日三舍,缁徒总集,就食于堂,莫不永叹表诚,肃容膜拜。先推尊像,次及有情。泊蒲牢之吼馀,海潮之音毕。五盐七菜,重秬香粳来,自中厨列于广榭,咸造勿亵。已事而竣,勤求者无次第之劳,暮齿者有终焉之托。不愆于素,克壮其犹。

检校上座僧净业,寺主灵湊,都维那智寰,典座道悟、惟清、老宿圆济、僧如空、惟陜等,虔奉矢谋,克昭毕务。故得庄严宝地,丰洁中餐。纂绍前规,招延后学,以是功德侯其祔。而夫教不自弘,因人而大。有以法从中得,默契真空;有以事假外缘,用扶正谛。总是二者,其维真公。

真公俗姓张,杭州盐官人也。历劫勤道,髫年出家,(□)虽冥心于此山,盖授记于前(□)。不然者,安得弘誓既发,群心悦随,兴立招提,如此其盛!

大历之季,少连尝吏登封。暇日之游,竹园伊迩,次宗之依惠远,凿齿之慕道安,尘俗之人,幸不遐弃,一行入仕,二纪于兹。前年典选洛师,邂逅相遇,名山在目,道友依然,愿言从之,王事拘我。于是得其轨躅,作《厨库记》云。

时贞元戊寅岁皇帝缵服之廿载也。

[作者作品]

顾少连(741~803年)唐代官吏。字夷仲,吴县(今属江苏)人。历官书判、典校秘书、主簿、监察御史、翰林学士、中书舍人、京兆尹,政尚宽简,号良吏,擢吏部尚书、兵部尚书、东都留守。

[相关史料]

顾少连的《嵩岳少林寺新造厨库记》撰于唐贞元戊寅,即贞元十四年(798年)。少林寺厨库,原名香积厨,现为本寺僧人的斋堂。香积厨位于少林寺大雄宝殿之东,坐东向西,正对大雄宝殿之东山墙。从文中可知,香积厨建于唐贞元间。后代多次改修。1928年毁于兵火。1995年在原址重建。

顾少连

白居易诗文(二篇)

唐　白居易

[作者作品]

白居易简介见《与元九书》。

一、修香山寺记

龙门香山寺

[原文]

洛都四野山水之胜,龙门首焉。龙门十寺观游之胜,香山首焉。香山之坏久矣,楼亭骞崩,佛僧暴露。士君子惜之,予亦惜之,佛弟子耻之,予亦耻之。顷予为庶子宾客分司东都,时性好闲游,灵迹胜概靡不周览,每至兹寺,慨然有葺完之愿焉。迨今七八年,幸为山水主,是偿初心,复始愿之秋也。似有缘会,果成就之。噫!予早与故元相国微之定交於生死之间,冥心於因果之际。去年秋,微之将薨,以墓志文见托。既而元氏老状其臧获、舆马、绫帛洎银鞍、玉带之物,价当六七十万,为谢文之贽,来致於予。予念平生分,文不当辞,贽不当纳。自秦抵洛,往返再三,讫不得已,回施兹寺。因请悲知僧清闲主张之,命谨干将士复掌治之,始自寺前亭一所,登寺桥一所,连桥廊七间,次至石楼一所,连廊六间,次东佛龛大屋十一间,次南宾院堂一所,大小屋共七间,凡支坏补缺,垒乂覆漏,□亏墁之功必精,赭垩之饰必良,虽一日贝梯,越三月而就。譬如长者坏宅,郁为导师化城。於是龛像无燥湿?多泐之危,寺僧有经行宴坐之安,游者得息肩,观者得寓目。关塞之气色,龙潭之景象,香山之泉石,石楼之风月,与往来者耳目,一时而新。士君子佛弟子,豁然如释憾刷耻之为。清闲上人与予及微之,皆夙旧也,交情愿力,久知之,憾往念来,欢且赞曰:"凡此利益,皆名功德,而是功德,应归微之,必有以灭宿殃,荐冥福也。"予应曰:"呜呼!乘此功德,安知他劫不与微之结后缘於兹土乎?因此行愿,安知他生不与微之复同游於兹寺乎?"言及於斯,涟而涕下。唐太和六年八月一日,河南尹太原白居易记。

[相关史料]

香山寺位于洛阳市南龙门东山南山腰,伊川县彭婆乡草店附近。据《华严经传记》载:该寺在"龙门山阳,伊水之左。"香山寺建于北魏熙平元年(516年)。天授元年(690年),武则天称帝后,梁王武三思奏请武则天予以重修,正式命名为"香山寺"。唐文宗太和三年(829年),大诗人白居易任河南尹,到大和六年(832年),他用其为密友元稹写墓志文所得酬金六七十万,施修香山寺,并亲自撰写了《修香山寺记》一文,后又常住寺内,自号"香山居士"。

[译文]

洛阳周边的山水景色,以龙门居首。龙门十寺游玩观赏的胜地,以香山居首。香山已经荒废很久,楼阁亭子崩坏倒塌,寺庙里的僧人居住在露天里(房顶失修)。士人君子为香山可惜,我也如此;佛门弟子以这种情况为耻,我也如此。

不久我作为庶子宾客分管东城区,那时我爱好游玩,名胜古迹都去了个遍,每次到这个寺,都会对这种破败的情况感慨,希望能把这个寺修复完整。到现在已经七八年了,侥幸的是山水的主人,这是偿心愿的时候了。好像是机缘注定适逢其会,果然完成了。

啊!老子当年和元相国(元稹)是生死之交,心意相通。去年秋天,元稹在弥留之际把写墓志文的事情托付给我。后来他的家人给了一些银两、丝帛、绸缎等等作谢礼,价值六七十万。我和元稹是好友,为他作文是我不当推辞的,不能收礼。(他的家人)从山西到洛阳数次往返(劝我收下),我推辞不过(就收下了),现在用来修葺香山寺。

于是请悲知和尚清闲做主,让得力的人修葺香山寺。从寺前开始,修亭一所,登寺桥一座,连桥廊七间,接着修石楼一所,连廊六间,次东佛龛大屋十一间,次南宾院堂一所,大小屋共七间。有倒塌的地方重新建起,缺角的地方补起,筑起石墙,盖住漏雨的地方,工艺精湛,装饰美好。开工后准备了梯子(进出),经过三个月才修葺完毕。就像老人的破房子变成大城一样。

从此以后佛龛佛像不用担心淋雨受潮,寺里的僧人可以安心地坐禅生活,游人有了休息的地方,赏景的人有了美景可看。边关的气色,龙潭的景色,香山的泉水怪石,石楼的清风雅月,游人络绎不绝。士人君子和佛门弟子都舒展胸怀一雪前耻。

清闲上人与元稹和我是交往多年的老朋友,长久的知己,(我们)追忆过去,展望未来,(他)很高兴,赞美说:"凡是这种有益的事情,都叫做功德,而这个功德,应该属于元稹,(他)肯定会消弭宿业,积下阴德。"我回应道:"啊!乘这个功德,怎么知道在以后的轮回里能不能和元稹在这里结缘,又怎么知道来生能不能和元稹一起再次游玩这里呢?"说道这里,我的泪水流了下来。唐太和六年八月一日,河南尹太原白居易记。

二、送张山人归嵩阳

黄昏惨惨天微雪,修行坊西鼓声绝。张生马瘦衣且单,夜叩柴门与我别。愧君冒寒来别我,为君酤酒张灯火。酒酣火暖与君言,何事入关又出关。答云前年偶下山,四十馀月客长安。长安古来名利地,空手无金行路难。朝游九城陌,肥马轻车欺杀客。暮宿五侯门,残茶冷酒愁杀人。春明门,门前便是嵩山路。幸有云泉容此身,明日辞君且归去。

[相关史料]

白居易、孟贯、杜荀鹤、常建很多唐代诗人都写有关于"张山人"的诗,从这些诗作中看,张山人隐居嵩阳佛寺,和多位诗人皆有交往。由此推想,张山人在当时很可能是一位名人,惜史料不详。

颍亭记

唐 陈 宽

颍水之滨,有地可以览山川之秀者,九山祠在焉。西北余,予升之,见颍水直北劈地而来。眷如隙光,端如匣剑,视若中面,使人毛磔。又见太室与大隗等列领群峰而来,萃屹不得进,蹭蹬却倚,三十六峤若立指焉。而近北左手,烟云草树,浓淡覆露,各尽其态。平视之,令人意远超超然,若万里之鹤也。予曰:"可树亭哉!"遂召匠氏,授以程度。匠氏曰:"诺。"退而有言曰:"假吾令不德,主未闻惠,人未蒙仁,止其几而遽以麻览为怀乎?"予闻之甚羞,而以为不闻也。夫阳翟自颍阳达许昌,皆汉郡颍川属,是乃吾土也。予不肖,假长于此,虽获戾于人而不避者,吾将识其来乎。及成,会邑中彦髦,以落之中宴客。有举爵而称曰:"吾斯山河之秀,可与岘首争,请名之颍亭。"遂名之。若使解,携手值良辰,嘉宾二三,声酒缓进。既揖既抗,对之益酣。因书石以介其壁,俾览者征之。当敏树政,无敏树亭,以禹匠氏之意也。唐大中庚午岁三月九日丁亥,摄阳翟令陈宽撰。

[作者作品]

陈宽,唐宣宗李忱时期,任阳翟(今禹州市)令。

[相关史料]

唐宣宗李忱大中四年(850年)三月,时任阳翟令的陈宽撰写了这篇《颍亭记》。

颍亭位于禹州市九山寺旁,系唐代古禹州的一个著名景点。唐代诗人韩琮、王涯、李献能,金代诗人元好问,元代诗人田云、张公儒等,皆写有关颍亭的诗作。

平泉山居记文(二篇)

唐 李德裕

[作者作品]

李德裕简介见《夷齐论》

一、平泉山居草木记

余尝览贤相石泉公家藏书目有《园庭草木疏》,则知先哲所尚,必有意焉。予二十年间,三守吴门,一莅淮服,嘉树芳草,性之所耽,或致自同人,或得于樵客,始则盈尺,今已丰寻。因感学《诗》者多识草木之名,为《骚》者必尽荪荃之美,乃记所出山泽,庶资博闻。

木之奇者,有天台之金松、琪树、稽山之海棠、榧桧、剡溪之红桂、厚朴、海峤之香柽、木兰、天目之青神、凤集,锺山之月桂、青飕、杨梅,曲房之山桂、温树,金陵之珠柏、栾荆、杜鹃,茆山之山桃、侧柏、南烛,宜春之柳柏、红豆、山樱,蓝田之栗梨、龙柏。其水物之美者,荷有白蘋洲之重台莲,芙蓉湖之白莲,茅山东溪之芳荪。复有日观、震泽、巫岭、罗浮、桂水、严湍、庐阜、漏泽之石在焉。其伊洛名园所有,今并不载。岂若潘赋《闲居》,称郁棣之藻丽;陶归衡宇,喜松菊之犹存。爰列嘉名,书之于石。

己未岁,又得番禺之山茶,宛陵之紫丁香,会稽之百叶木芙蓉、百叶蔷薇、永嘉之紫桂、簇蝶,天台之海石楠,桂林之俱那卫,台岭、茅山、八公之怪石,巫山、严湍、琅邪台之水石,布于清渠之侧;仙人迹、马迹鹿迹之石,列于佛榻之前。是岁又得锺陵之同心木芙蓉,剡中之真红桂,稽山之四时杜鹃、相思、紫苑、贞桐、山茗、重台蔷薇、黄槿、东阳之牡桂、杜石、山楠,九华山药树天蓼、青枥、黄心栲子、朱杉、龙骨。庚申岁,复得宜春之笔树、楠木、推子、金荆、红笔、密蒙、勾栗、木堆。其草药又得山姜、碧百合。

平泉山居

[相关史料]

平泉山居是唐代武宗时宰相李德裕的别墅。故址在今龙门山南伊川县境内的梁沟村。这里地处深邃的壑,沟内泉水清澄,周围岗峦起伏,自然形势秀丽。园中除书楼、瀑泉亭、流杯亭、西园、双碧潭等建筑外,园中搜罗了来自全国各地的奇花异卉、珍木奇石。此文章记述了各种花木的名色、来历,但却未涉及园中景物的布局,然而,从文中所记,人们还是能看出该园的非同一般。

二、平泉山居戒子孙记

经始"平泉",追先志也。吾随侍先太师忠懿公,在外十四年,上会稽,探禹穴,历楚泽,登巫山,游沅湘,望衡峤。先公每维舟清眺,意有所感,必凄然遐想,瞩目伊川。尝赋诗曰:"龙门南岳尽伊原,草树人烟目所存。正是北州梨枣熟,梦魂秋日到郊园。"吾心感是诗,有退居伊、洛之志。前守金陵,于龙

门之西,得乔处士隐沦空谷,处士天宝末,避地远游,近废为荒榛。首阳孤岑,尚有薇蕨;山阳旧径,唯余竹林。吾乃剪荆莽,驱狐狸,始立班生之宅,渐成应叟之地。又得名花珍木奇石,列于庭际。平生素怀,于此足矣。

吾尝以为出处者,贵得其道;进退者,贵不失时,古来贤达,多有遗恨。至于玄祖潜身于柱史,柳惠养得于士师,汉代郏曼容官不过六百石,终无辱,殆邈难及矣。越蠡激文牛以肥遁,留侯托黄老以辞世,亦其次焉。范睢感蔡泽一言,超然高谢;邓禹见功臣多败,委远名势,又其次也。矧吾者刘葵,无卫足之智处,雁有不鸣之患。虽有泉石,杳无归期,留此林居,贻瞰后代。

鬻"平泉"者,非吾子孙也。以"平泉"一树一石与人者,非佳子弟也。吾百年后,为权势所夺,则以先人所命,泣而告之,此吾志也。《诗》曰"维桑与梓,必恭敬止",言其父所植也。昔周人之恩召伯,爱其所憩之树;近代薛令君于禁省中,见先祖所据之石,必泫然流涕,汝曹可不慕之?唯岸为谷、谷为陵,然后已焉,可也。

李贺小传

唐　李商隐

[原文]

京兆杜牧为李长吉集序,状长吉之奇甚尽,世传之。长吉姊嫁王氏者,语长吉之事尤备。

长吉细瘦,通眉,长指爪,能苦吟疾书。最先为昌黎韩愈所知。所与游者,王参元、杨敬之、权璩、崔植辈为密,每旦日出与诸公游,未尝得题然后为诗,如他人思量牵合,以及程限为意。恒从小奚奴,骑距驴,背一古破锦囊,遇有所得,即书投囊中。及暮归,太夫人使婢受囊出之,见所书多,辄曰:"是儿要当呕出心乃已尔。"上灯,与食。长吉从婢取书,研墨叠纸足成之,投他囊中。非大醉及吊丧日率如此,过亦不复省。王、杨辈时复来探取写去。长吉往往独骑往还京、洛,所至或时有著,随弃之,故沈子明家所余四卷而已。

长吉将死时,忽昼见一绯衣人,驾赤虬,持一板,书若太古篆或霹雳石文者,云当召长吉。长吉了不能读,欻下榻叩头,言:"阿弥老且病,贺不愿去。"绯衣人笑曰:"帝成白玉楼,立召君为记。天上差乐,不苦也。"长吉独泣,边人尽见之。少之,长吉气绝。常所居窗中,勃勃有烟气,闻行车嘒管之声。太夫人急止人哭,待之如炊五斗黍许时,长吉竟死。王氏姊非能造作谓长吉者,实所见如此。

呜呼,天苍苍而高也,上果有帝耶?帝果有苑圃、宫室、观阁之玩耶?苟信然,则天之高邈,帝之尊严,亦宜有人物文采愈此世者,何独眷眷于长吉而使其不寿耶?噫,又岂世所谓才而奇者,不独地上少,即天上亦不多耶?长吉生二十七年,位不过奉礼太常,时人亦多排摈毁斥之,又岂才而奇者,帝独重之,而人反不重耶?又岂人见会胜帝耶?

李贺

[作者作品]

李商隐简介见《嵩阳诗文》。

[相关史料]

李贺(790~816年),唐代诗人。字长吉,河南福昌(今河南宜阳)人。郡望陇西,家居福昌之昌谷,后人因称"李昌谷"。元和年间往来于长安、洛阳之间,曾以诗歌作品拜谒韩愈,韩愈劝他考进士,但与李贺争名额者认为,李贺之父名"晋肃",晋与进同音,因此李贺考进士便是犯了父名之讳。为此,韩愈曾作《讳辩》,但李贺终于未能被录取。在长安时曾担任过奉礼郎,27岁即因病去世。李贺在极短的生命中,为诗歌开辟了一个崭新的天地,被誉为"鬼仙之才";其诗风追求怪奇,主观想象极为丰富,后人因而称为"长吉师心,故尔作怪"。晚唐的杜牧、李商隐、温庭筠以及后代的许多诗人都受到他一定的影响。

李母常说"是儿要当呕出心乃已尔",李贺终因贫病交加而英年早逝,李商隐在《李贺小传》中,以惋惜与同情,将诗人看似妄诞的临终幻觉采撷入传,使人们更能领会到奇幻的仙游情景之悲剧意味。

[译文]

京兆杜牧给李贺的诗集作序,描绘李长吉的奇特之处很是详尽,世上流传李贺的这些事迹。李长吉的嫁入王家的姐姐说起长吉的事来尤其完备。

李长吉身材纤瘦,双眉几乎相连,手指很长,能苦吟诗,能快速书写。最先他被昌黎人韩愈所了解。与长吉一起交游的人,以王参元、杨敬之、权璩、崔植这些人最为密切。长吉每天早上出去与他们一同出游,从不曾先确立题目然后再写诗,如同他人那样凑合成篇,把符合作诗的规范放在心里。他常常带着一个小书童,骑着弱驴,背着一个又古又破的锦帛制作的袋子,碰到有心得感受的,就写下来投入囊中。等到晚上回来,他的母亲让婢女拿过锦囊取出里面的诗稿,见所写的稿子很多,就说:"这个孩子要呕出心才罢休啊!"说完就点灯,送上饭给长吉吃。长吉让婢女取出草稿,研好墨,铺好纸,把那些诗稿补成完整的诗,再投入其他袋子,只要不是碰上大醉及吊丧的日子,他全都这样做,过后也不再去看那些作品,王参元、杨敬之等经常过来从囊中取出诗稿抄好带走。长吉常常独自骑驴来往于京城长安和洛阳之间,所到之处有时写了作品,也随意丢弃,所以沈子明家的仅是所保存下来的李贺的诗作只有四卷罢了。

李长吉快要死的时候,忽然在大白天里看见一个穿着红色丝帛衣服的人驾着红色的苍龙,拿着一块木板,上面写着远古的篆体字或石鼓文,说是召唤长吉,长吉全都不认识,忽然下床来磕头说:"我母亲老了,而且生着病,我不愿意去啊。"红衣人笑着说:"天帝刚刚建成一座白玉楼,马上召你去为楼写记。天上的生活还算快乐,并不痛苦啊!"长吉独自哭泣,旁边的人都看见了。一会儿,长吉气绝。他平时所住的房屋的窗子里,有烟气,袅袅向上空升腾,还听到行车的声音和微微的奏乐声。长吉的母亲赶紧制止他人的哭声,等了如同煮熟五斗小米那么长时间,长吉最终死了。嫁入王家的姐姐不是那种编造、虚构故事来描述长吉的人,她所见到的确实像这样。

唉!天空碧蓝而又高远,天上确实有天帝吗?天帝确实有林苑园圃、宫殿房屋、亭观楼阁这些东西吗?如果确实如此,那么上天这么高远,天帝这么尊贵,(天上)也应该有文学才华超过这个世上的人物啊,为什么唯独对长吉眷顾而使他不长寿呢?唉,又难道是世上所说的有才华而且奇异的人,不仅仅地上少,就是天上也不多吗?长吉活了二十七年,职位不过奉礼太常,当时的人也多排挤诽谤他。又难道是有才华而且奇异的人,天帝特别重视他,而世人反倒不重视吗?又难道是人的见识会超过天帝吗?

风穴七祖千峰白云禅院记

五代后汉　虞希范

汝州风穴寺贞禅师塔

二仪交泰,东君所以耀其明;三教迭兴,西域所以生其圣。漉沉沦于苦海,解执缚于迷途。有相无相之众生,类不仁于刍狗;三千大千之世界,诚有谕于芭蕉。不可以智知,不可以识识。人能弘道,道不远人。阐提之起教大权。般若之摄心彼岸。是知法要,安得不辅助王化哉。风穴禅院,汝乳之北,嵩少之南,路广由旬,地安窆堵。后魏,山前为香积寺。属当兵火,像毁寺焚。有乡人卫大丑,收以材石,构成佛堂于此山之西北,镇压风穴,即今之院基是也。至隋,又为千峰寺。大邺中,释教中否,缁侣流离。直至唐初,只为阿兰若耳。

开元年,有贞禅师袭衡阳三昧,行化于此,溘然寂灭,示以阇维。有崔相国、李使君名嵩,与门人等,收舍利数千粒,建塔九层,玄宗谥为七祖塔,见今存焉。大中初,有禅主道源,开拓山门,重光梵刹。十三年四月一日,塑释迦像,取舍利安于佛心。其后,大道凌迟,中原版荡。燕雀无檐边之宿,鸿鹄多垄上之嗟。代谢年移,何处访辟蛇行者?陵迁谷变,谁能寻伏虎高僧?七十年间,荒凉若是。良由天道周星,物极不返。又曰:不有废也,其何以兴?固之兴之端属在师矣。禅师法号匡沼,俗姓刘氏,浙东处州松阳县人也。于护国寺出家,得佛心印,为人天师。百谷来归。上善服沧溟之量;众星含曜,中秋推皎月之光。自清泰初(934年),禅师以身现身,上德不德,挈携瓶锡,来往林泉,谓:幽栖为匡界之基。谓:宴坐作修行之地。参禅者便息四方之志,问法者不远千里而来。不十年间,僧徒辐凑矣。于是改易经堂,修创佛殿。川原革故,庭宇鼎新。一日,前郡守、陇西李公与僚佐及诸寺高僧、城隍士庶,请开法席,为演真宗。禅师即破我山明麈智刃。示以平等之说,成其正觉之因。无何,毛落飞凫,人皆逐鹿。虽然骚动,不废宴安。虑玉石之俱焚,就城隍之避难。图南羽翼,晋阳之寻起真人(后汉高祖刘知远起兵太原),拱比星辰,汉祚之重兴。哲后(皇太后李氏)、皇帝(隐帝)继周立极,缵禹开基。荡荡玄风,巍巍大业。太保、汝南公功驰百战,清畏四知。冀膺报政之间,率有列藩之拜。加以释门墙仞,须依国王、大臣。法宇栋梁,况在毗卢花藏。乾祐二年(949年),夏,四月一日,禅师即命僧知表,改塑毗卢佛一尊,左右五事(按一佛、二弟子、二菩萨),报凤愿也。于古佛心,得佛舍利三千粒,迎于郡城。供养一七日。依旧藏焉。有前镇安军马步军教练使刘越,即故太尉之嗣子,和顺积中,英华发外,因居丧纪,曾到仁祠忆侍行。春,当游胜境,睹兹成像,愿结良缘。出净财以募工人,琢贞珉而防高岸。先是清信士周崇进,清信女崔氏,相次发心,共回一念,用成绘事,皆费资金。上座僧审晤敬舍衣盂,尽图金碧。知事僧良辩、云悟、法圆、弘久等竞开道眼,洞达禅关,并以因缘,赞成其事。希范内惟固陋,久荷慈悲。直管窥天,莫识五天之大;倾蠡挹海,孰知四海之深。秉笔知惭,叙事难既曼殊不语,长闻瞻卜之香,弥勒下生,庶见龙花之念。

乾祐三年岁在庚八月十五日记。

[作者作品]

虞希范,五代后汉乾祐年间曾任登仕郎、试大理司直、前守临汝县令兼殿中侍御史。《风穴七祖千峰白云禅院记》是虞希范撰写于五代后汉乾佑三年(950年),并刻立为碑,树立于撰汝州市风穴寺内。

[相关史料]

风穴寺又名香积寺、千峰寺,位于汝州市区东北9公里处的风穴山中。始建于东汉初平元年,后经北魏、唐、宋、元、明、清历代重修与扩建。风穴寺保存了唐、宋、元、明、清历代的文物和建筑,其中最完整的三个建筑是唐代七祖塔、宋代悬钟阁和金代中佛殿,这三个建筑被称作是风穴寺的三大国宝。

郡楼望嵩少作

宋 宋庠

旷荡三河阔,东西二室连。埋云峰树短,抱日岭霞鲜。黛压周南野,岚薰鞏右天。峥嵘元气外,磅礴太虚前。斜麓横包堑,倾崖碧逗烟。巢荒尧客隐,笙断洛储仙。夙尚临风结,幽怀傺里悬。功名青史后,才器散樗边。整顿登山屐,签题炼药篇。采芝应有路,种玉得无田。喻指存真契,如灰息世缘。寄声鸾鹤侣,千载共来旋。

[作者作品]

宋庠(996~1066年),曾任北宋仁宗朝宰相。初名郊,字伯庠,入仕后改名庠,更字公序。安州安陆(今湖北安陆)人,后徙居开封雍丘(今河南杞县)。乡试、会试、殿试均第一,连中三元,官至兵部侍郎同平章事,与弟宋祁并有文名,时称"二宋"。诗多秾丽之作,著有《宋元宪集》《国语补音》等。

宋庠

[相关史料]

望嵩楼为唐宋时期汝州州衙后花园里的风景楼,是官方接待名人、上级官员的地方,是汝州城的标志性建筑,因此又叫汝州郡楼。明《正德汝州志》记有"望嵩楼传为刘禹锡为汝州刺史时所建"。唐、宋、金、元时期与黄鹤楼、岳阳楼齐名,有江北第一楼的美称,许多人不知汝州却知望嵩楼,正像现在大多数知道岳阳楼却不知岳阳楼所在县市一样。根据元代汝州通判尚野的《望嵩楼记》描述,汝州望嵩楼的楼基是高20米左右的石台,登上望嵩楼,向北举目远眺,就能望见闻名遐迩的嵩山。

庆历三年(1043年),宋代状元宋庠出知河南府,路经汝州,在此登上望嵩楼,写了这首《郡楼望嵩少作》诗。据史料记载:《郡楼望嵩少作》一诗中的郡楼,即汝州的望嵩楼。

杜甫本传

宋 宋祁

甫,字子美,少贫不自振,客吴越、齐赵间。李邕奇其材,先往见之。举进士不中第,困长安。天宝十三载,玄宗朝献太清宫,飨庙及郊,甫奏赋三篇。帝奇之,使待制集贤院,命宰相试文章,擢河西尉,不拜,改右卫率府胄曹参军。数上赋颂,因高自称道,且言:"先臣恕、预以来,承儒守官十一世,迨审言,以文章显中宗时。臣赖绪业,自七岁属辞,且四十年,然衣不盖体,常寄食于人,窃恐转死沟壑,伏惟天子哀怜之。若令执先臣故事,拔泥涂之久辱,则臣之述作虽不足鼓吹《六经》,至沈郁顿挫,随时敏给,扬雄、枚皋可企及也。有臣如此,陛下其忍弃之?"

会禄山乱,天子入蜀,甫避走三川。肃宗立,自鄜州羸服欲奔行在,为贼所得。至德二年,亡走凤翔上谒,拜右拾遗。与房琯为布衣交,琯时败陈涛斜,又以客董廷兰,罢宰相。甫上疏言:"罪细,不宜免大臣。"帝怒,诏三司亲问。宰相张镐曰:"甫若抵罪,绝言者路。"帝乃解。甫谢,且称:"琯宰相子,少自树立为醇儒,有大臣体,时论许琯才堪公辅,陛下果委而相之。观其深念主忧,义形于色,然性失于简。酷嗜鼓琴,廷兰托琯门下,贫疾昏老,依倚为非,琯爱惜人情,一至玷污。臣叹其功名未就,志气挫衄,觊陛下弃细录大,所以冒死称述,涉近讦激,违忤圣心。陛下赦臣百死,再赐骸骨,天下之幸,非臣独蒙。"然帝自是不甚省录。

时所在寇夺,甫家寓鄜,弥年艰窭,孺弱至饿死,因许甫自往省视。从还京师,出为华州司功参军。关辅饥,辄弃官去,客秦州,负薪采橡栗自给。流落剑南,结庐成都西郭。召补京兆功曹参军,不至。会严武节度剑南东、西川,往依焉。武再帅剑南,表为参谋,检校工部员外郎。武以世旧,待甫甚善,亲至其家。甫见之,或时不巾,而性褊躁傲诞,尝醉登武床,瞪视曰:"严挺之乃有此儿!"武亦暴猛,外若不为忤,中衔之。一日欲杀甫及梓州刺史章彝,集吏于门。武将出,冠钩于帘三,左右白其母,奔救得止,独杀彝。武卒,崔旰等乱,甫往来梓、夔间。大历中,出瞿唐,下江陵,溯沅、湘以登衡山,因客耒阳。游岳祠,大水遽至,涉旬不得食,县令具舟迎之,乃得还。令尝馈牛炙白酒,大醉,一昔卒,年五十九。

甫旷放不自检,好论天下大事,高而不切。少与李白齐名,时号"李杜"。尝从白及高适过汴州,酒酣登吹台,慷慨怀古,人莫测也。数尝寇乱,挺节无所污,为歌诗,伤时桡弱,情不忘君,人皆怜之。坟在岳阳。有集六十卷,今传。

[作者作品]

宋祁(998~1061年),北宋文学家。字子京,安州安陆(今湖北安陆)人,后徙居开封雍丘(今河南杞县)。天圣二年(1024年)进士,官翰林学士、史馆修撰。与欧阳修等合修《新唐书》,书成,进工部尚书,拜翰林学士承旨。卒谥景文,与兄宋庠并有文名,时称"二宋"。诗词语言工丽,因《玉楼春》词中有"红杏枝头春意闹"句,世称"红杏尚书"。

[相关史料]

杜甫简介见《杜甫祭文》。

[译文]

杜甫,字子美,少时家贫不能够养活自己,旅居于吴、越、齐、赵之地。李邕对他的才学感到惊奇,先前去见他。参加科举考试落第,困居长安。天宝十三年,唐玄宗朝拜献祭于太清宫,祭祀天地和祖宗，杜甫进献了三篇赋。皇上对这几篇赋感到惊奇，让他在集贤院等待诏命。命令宰相考试文辞，提拔为河西尉，杜甫没有接受任职，后来改为右卫率府胄曹参军。（杜甫）多次献上赋和颂（两种文体），于是就自己大力赞扬自己，并且说："臣的先祖恕、预以来，继承儒学保有官位十一代，等到（祖父）审言时，凭文章显扬于中宗时。臣依赖继承的祖业，从七岁开始写文章，将近四十年，然而衣不蔽体，常常靠人接济生活，私下里担心会死在荒郊外，还希望皇上同情、怜爱我。如果让臣继承先祖的旧业，改变地位低下的长时间的屈辱，那么臣的著述，即使不足以宣扬六经，极为含蕴深刻、感情抑扬，切合时宜、文思敏捷，可以企望赶得上扬雄、枚皋。有这样的臣子，陛下怎能忍心舍弃呢？"

适逢安禄山叛乱，杜甫避乱奔走于泾、渭等三江流域。唐肃宗即位，杜甫疲因衰弱想要从鄜州投奔皇帝临时的驻地。（中途）被寇贼捉住。后来杜甫逃了出来，逃往凤翔拜谒唐肃宗，被授右拾遗的官职。杜甫和房琯是平民之交，房琯因为受他的门客董延兰（牵累），被罢黜了宰相职务。杜甫上疏说："罪行小，不应该罢免大臣。"唐肃宗大怒，召见三司来质问。宰相张镐说："如果让杜甫抵罪，这是在断绝言路。"唐肃宗（怒气）才缓解。杜甫谢罪说"琯，是宰相的儿子，年轻时就建立有远大理想要成为纯儒，有大臣的体器。时人认为房琯有三公之才。陛下果然委以宰相一职。我看他深切地为陛下担忧，形色中显出大义，可是他的性情有些傲慢。我感叹他功名没成，志气被挫败，非分地希望陛下您弃小错取大德，所以冒着死罪陈述，我直言激怒、违背了圣意。陛下赦免了最当白死的我，又赐我还乡，这是天下的大幸，不仅我独自蒙受圣恩。"可是皇帝从此很少罢免和录用了。

当时，杜甫所在的地方到处是盗寇抢掠，而杜甫家眷寓居于鄜州，生活终年艰难贫穷，小儿子甚至被饿死。于是杜甫亲自前往鄜州探视。严武因为与杜甫是世交老友，对待杜甫非常友好，亲自到杜甫家探望。杜甫见严武，有时竟不穿衣服，而性格褊狭放诞，曾经酒醉登上严武床，瞪着眼说："严挺之竟然有这样的儿子"，严武也是暴躁勇猛的人，表面上看不在意，可是内心恨杜甫。有一天想要杀杜甫，将出去的时候，帽子被帘子的钩钩住好几次，左右的人（把这件事）告诉严武的母亲，严武的母亲跑去相救严武才作罢。严武死后，崔旰等作乱，杜甫往来于梓州、夔州之间。大历年间，杜甫出了瞿塘峡，又从长江溯流而上到沅江、湘江，以便去登南岳衡山。于是暂住耒阳，游览南岳庙，突然发大水，十多天找不到东西吃，耒阳县令备船来迎接，才得回来。县令为他摆设了烤牛肉和白酒，杜甫喝得大醉，晚上就去世了，享年五十九岁。

杜甫旷达不拘礼俗，又不自我约束检点，喜欢谈论天下大事，调子虽高却不切实际。他与李白齐名，当时称为"李杜"。杜甫曾多次身经叛乱，坚守节操，没有污点。他所作的诗歌，感伤时局又懦弱无为，感情上忘不掉皇上，人们都很同情他。杜甫的墓在岳阳。他有集六十卷，被流传到今天。

法海寺石塔记

宋　张　哲

是塔工讫，琢石待笔。凭予故人阎子云宾，跨山干词，以惊其新。于戏！昭迷导愚，佛自有书；褒空颂无，僧自有徒。斯塔也，物微不足增辉；斯文也，才经不足借名。但写其因，录其形，载其岁月，雕其姓字，而腾之于无穷之龄，惟密邑法海寺上首。帝咸平二年（999年）二月五日夜，有籍人安南郡仇知训者，忽梦寐中，自算造石塔，既觉，遂弃己财，泊旁诱郡好，共果厥势。凡绳准高下，规模洪促。即山以探索良珉，发地以斗即奇势，皆自知训襟臆出；所购匠氏但备磨刻而已。二年四月二日营始，八月

十日先以舍利瘗于地室。今岁二月九日休作。錾莲经七,以围其躯,置金像十四,以实其虚。双扉乍豁,仙窟匿雪;短槛危笼,星绳缠空;十寻峻峙,迫若跃地;九迭岖峣,远疑悬霄。其或人恬天惺,清飔韵铃;阴漫地腻,狂苔骏砌;射翠飞寒,太少之颜;匝步攒观,汴洛之间;淡岭凝烟,塔与同坚;洧水长流,塔与争延。不以土,不以木,惟石刚介也,俾风雨朽之不速;不为宫,不为坛,惟塔也高众,使今古仰而不殚。噫!人之来者,阅塔游记,知功辨志,则如堂之地,永新佳致,与他邑异。

时咸平四年七月十五日记

[作者作品]

张哲,北宋时期人。张哲于北宋咸平四年(1001年),撰写了《法海寺石塔记》。

[相关史料]

法海寺塔方形,九级,位于密县(今新密市)老城西街路北法海寺内,为汉白玉石构建造,周身刻有《莲花经》和佛教故事画像。密县(今新密市)法海寺始建于北宋咸平二年(999年),宋咸平四年(1001年)建成,寺名为宋真宗所赐。

法代表佛教的经藏,是经藏的海洋,这里取名法海,取意法海慈航,诞先登岸,深入经藏,智慧如海的佛典。法海寺元末,寺毁于兵火,唯塔独存,寺院于明清多次重修。法海寺塔在建筑结构、外部造型、艺术装饰等方面都有许多特点,是研究我国造塔史的重要参考资料之一。法海寺塔除自身的建筑特色外,更兼词人风骚、书法艺术、佛经画像于一身,其价值已超越建筑本身。新中国成立前,我国著名建筑学家梁思成曾到新密考察,写有《密县法海寺石塔调查记》,对这一宋代建筑精华称赞不已。

丛翠亭记

宋　欧阳修

[原文]

九州皆有名山以为镇,而洛阳天下中。周营汉都,自古常以王者制度临四方,宜其山川之势雄深伟丽,以壮万邦之所瞻。

由都城而南以东,山之近者阙塞、万安、轘辕、缑氏,以连嵩室,首尾盘屈逾百里。从城中因高以望之,众山靡迤,或见或否,惟嵩最远最独出,其崭岩耸秀,拔立诸峰上而不可掩蔽。盖其名在祀典,与四岳俱备天子巡狩望祭,其秩甚尊,则其高大殊杰,当然。

城中可以望而见者,若巡检署之居洛北者为尤高。巡检使内殿崇班李君,始人其署即相其西南隅而增筑之,治亭于上,敞其南北,向以望焉,见山之连者、峰者、岫者,络绎联亘,卑相附,高相摩,亭然起,蟑然止,来而向,去而背。颓崖怪壑,若奔若蹲,若斗若倚。世所传嵩阳三十六峰者,皆可坐而数之。因取其苍翠丛列之状,遂以丛翠名其亭。亭成,李君与宾客以酒食登而落之,其古所谓居高明而远眺望者欤!既而欲纪其始造之月,因求修辞而刻之云。

[作者作品]

欧阳修简介见《答梅圣俞寺丞见寄》。

[相关史料]

宋仁宗天圣八年(1030年)欧阳修中进士,次年即任西京洛阳留守推官,年仅24岁,英气勃发,才华横溢,与梅尧臣、尹洙(洛阳人)等文友结为至交,互相切磋诗文。欧阳修在西京一"守"就是三年,

《丛翠亭记》《洛阳牡丹记》就是欧阳修在洛阳任职时所写的两篇记文。

[参考译文]

天下九州各有名山作为一方镇守,而洛阳是九州的中心。它是周朝的都城,又是汉朝京都。自古以来,它常常以帝王的规模气派君临四方,它的山川形势,雄伟壮丽,令万邦仰慕。

洛阳的南面转东,近处有阙塞、万安、轘辕、缑氏等山,都与嵩山相连,山脉蜿蜒盘曲,岭岭相接,超出百里以外。从城内高处望去,众山逶迤,有的可看见,有的看不见,而只有嵩山最远,也最高,它的山峰耸立而秀丽,挺立于群峰之上。嵩山属于祀典之列,与其他四岳一样,都是天子出巡时瞻仰祭拜的所在,它的地位尊贵,那么它的不同凡响,是理所当然了。

城中可以望见嵩山的,是城北巡检署,它地势最高。巡检使、内殿崇班李君,一上任就看中了官署内西南角的地形,然后加高,在上面建造亭子,敞开亭子南北两面,以便远望。从亭中望去,能看到群山或山山相连,或高峰耸立,或洞穴幽深,一座座,一处处,连绵而接,低的相依,高的相挨,有的突兀而起,有的高耸,凌空而立,有的迎面而来,有的背对而去。倾斜的山崖,怪特的山壑,像奔走,像蹲伏,像争斗,像偎依。世上传说的嵩山之南三十六峰,都可坐在亭子上一一数清。因此,根据亭子前面群山苍翠丛列的景色,便以"丛翠"命名这个亭子。亭子建成后,李君与宾客们登上亭子,举行酒宴庆贺落成,这不是古时候所说的"居高明而远眺望"吗?然后想要记下亭子建造的年月,求我作文而刻在碑上。

记闻(三则)

宋 司马光

[作者作品]

司马光(1019～1086年),北宋政治家、文学家、史学家。字君实,号迂叟,陕州夏县(今山西夏县)涑水乡人,世称涑水先生。宋仁宗宝元元年(1038)中进士,在汴州任官多年,官至门下侍郎、翰林学士。历仕仁宗、英宗、神宗、哲宗四朝。他反对王安石变法,成为保守派领袖。后辞官居洛阳15年,专力主编了中国历史上第一部编年体通史《资治通鉴》。他生平著作甚多,主要有史学巨著《资治通鉴》《温国文正司马公文集》《稽古录》《涑水记闻》《潜虚》等。

司马光为人温良谦恭、刚正不阿,其人格堪称儒学教化下的典范,历来受人景仰。《富弼》《吕蒙正》《石中立》皆为司马光撰写的人物小传,从中可见司马光的做人、为人的态度及写作风格。

司马光

一、富弼

[原文]

富公为人温良宽厚,泛与人语,若无所异同者。及其临大节,正色慷慨,莫之能屈。智识深远,过人远甚,而事无巨细,皆反复熟虑,必万全无失然后行之。

宰相,自唐以来谓之礼绝百僚,见者无长幼皆拜,宰相平立,少垂手扶之;送客,未尝下阶;客坐稍久,则吏从傍唱"相公尊重",客踧踖起退。及公为相,虽微官及布衣谒见,皆与之抗礼,引坐,语从容,送之及门,视其上马,乃还。自是群公稍稍效之,自公始也。

自致仕归西都,十馀年,常深居不出。晚年,宾客请见者亦多谢以疾。所亲问其故,公曰:"凡待人,无贵贱贤愚,礼貌当如一。吾累世居洛,亲旧盖以千百数,若有见有不见,是非均一之道。若人人见之,吾衰疾,不能堪也。"士大夫亦知其心,无怨言。尝欲之老子祠,乘小轿过天津桥,会府中徙市于桥侧,市人喜公之出,随而观之,至于安门,市为之空,其得民心也如此。及违世,士大夫无远近、识与不识,相见则以言,不相见则以书,更相吊唁,往往垂泣,其得士大夫心也又如此。呜呼!苟非事君尽忠,爱民尽仁,推恻怛至诚之心,充于内而见于外,能如是乎?

[相关史料]

富弼(1004~1083年),宋朝政治家,曾任宰相。字彦国,洛阳(今洛阳东)人。天圣八年举茂才异等。宋仁宗庆历二年(1042年)出使契丹,以增加岁币为条件,拒绝割地要求;次年任枢密副使,与范仲淹等推行庆历新政。旋被排挤居外。至和二年(1055年),与文彦博同任宰相,在位7年,唯务守成,无所兴革。后因母丧罢相。英宗时,召为枢密使,封郑国公,旋出判河阳。熙宁元年(1068年)入朝,宋神宗赵顼问他如何处理边事,请神宗对边事"二十年口不言兵"。次年,复为相,以反对王安石变法,求退,出判亳州。后退居洛阳,上疏请废新法。元丰六年(1083年)病卒。

富弼赈灾

[译文]

富弼性格温和,为人宽厚,经常与他人交谈,好像没有不一样的。但涉及国家生死存亡的大事的时候,他就义正严辞,什么也不能让他屈服。智谋与见识深远,比其他人强多了,大事小事,都反复考虑,必须万无一失之后才去做。

自唐朝以来,官员向宰相行礼,宰相可不用还礼,来拜见的人,无论老少都要行礼,宰相站立的时候,都有年轻侍从垂首扶着他;送客时,不用下台阶;如果客人坐得久了,旁边的侍从就喊"相公尊重",客人就恭敬不安的起身退出。但到了富弼做宰相,即使是小官或百姓来见他,都能以平等的礼节来对待,请他坐下,心平气和地与来见人说话,客人走时送到门口,看到客人上马,才回来。自此众官员纷纷学习富弼,(以上礼节)源自富弼啊。

自从卸任回到西都,十多年了,几乎不出门。晚年的时候,有宾客来拜见的时候,常常称病谢绝。亲人问他为何不见客,富弼说:对待他人,无论富贵贫贱贤达愚钝,都应一样的以礼相待。我家几代人居住洛阳，亲戚好友成百上千，如果有的见有的不见，不是同等对待了。如果人人都见，我病情会加重，受不了。士大夫们都知道他的用意，没有怨言。曾经想去老子祠，乘坐小轿路过天津桥，会府中徙市于桥侧，市人看到富弼出行而高兴，伴随着观看，都到了安门，市面因为这件事儿而冷清了，富弼如此深得民心。等到富弼去世时，士大夫不论远近，认识不认识，见面了就相互转告，见不到面的，就写信，相互吊唁，常常落泪，富弼如此受士大夫爱戴。哎呀！如果不是尽忠职守为皇帝办事，尽仁尽义关爱民众，他的恳切至诚充满内心，表现在外，能这样吗？

二、吕蒙正

[原文]

吕蒙正相公不喜记人过。初任参知政事，入朝堂，有朝士于帘内指之曰："是小子亦参政耶！"蒙正佯为不闻而过之。其同列怒，令诘其官位姓名，蒙正遽止之。罢朝，同列犹不能平，悔不穷问，蒙正曰："一知其姓名，则终身不能复忘，固不如无知也，不问之何损？"时人皆服其量。（选自宋·司马光《涑水纪闻》）

[相关史料]

吕蒙正（944~1011年），北宋宰相。洛阳人。幼年贫苦，孜孜好学。宋太宗太平兴国二年（977年）状元，作监丞通判升州，数年迁为翰林学士拜左谏议大夫参加政事。遇事敢言。太宗曾夸称京城繁盛，他则当面指出郊外因饥寒而死者甚多，不惧犯颜。太宗、真宗两朝，他曾三居相位。后累封至同平章事、昭文馆大学士，加司空、太子太师，封蔡国公。真宗景德二年（1005年）辞归洛阳。

吕蒙正

[译文]

吕蒙正宰相不喜欢记着别人的过失。刚担任副宰相，进入朝堂时，有一位中央官吏在朝堂帘内指着吕蒙正说，"这小子也能参与谋划政事吗？"吕蒙正装作没有听见似的走过去了。与吕蒙正同在朝廷的同僚非常愤怒，下令责问那个人的官位和姓名。吕蒙正急忙制止，不让（那位同僚）查问。退朝以后，那些与吕蒙正同在朝班的同僚仍然愤愤不平，后悔当时没有彻底追究。吕蒙正则说："一旦知道那个人的姓名，就终生不能忘记，因此还不如不知道那个人的姓名为好。不去追问那个人的姓名，（不问他的名字）对我来说有什么损失吗？"当时在场的人都佩服吕蒙正的度量（气量）。

三、石中立

[原文]

中立性滑稽，尝与同列观南御园所畜狮子，主者云县官日破肉五觔以饲之。同列戏曰："吾侪反不及此狮子耶？"中立曰："然。吾辈官皆员外郎（借声为'园外狼'）也，敢望园中狮子乎！"众皆大笑。朝士上官辟尝谏之,曰:"公名位非轻,奈何谈笑如此?"中立曰:"君自为上官辟,何能知下官口?"及为参知政事,或谓曰:"公为两府,谈谐度可止矣。"中立取除书示之曰:"《敕》命我'可本官参知政事,余如故',奈何止也?"尝坠马,左右惊扶之,中立起曰:"赖尔'石'参政也,向若'瓦'参政,齑粉久矣!"

石中立

[相关史料]

石中立(972~1049年),宋朝大臣。字表臣,洛阳人。以父荫补西头供奉官,后擢直集贤院,校雠秘书。累迁尚书礼部侍郎,判吏部南曹。改判户部句院,迁史馆修撰,纠察在京刑狱。以吏部郎中、知制诰领审官院。历右谏议大夫,给事中,翰林学士,判秘阁。宋仁宗景祐四年(1037年)拜参知政事。以太子少傅致仕。著有文集20卷,已佚。

[译文]

翰林学士石中立生性诙谐幽默,曾与同僚观看南御园的狮子。主管者说:"朝廷每天要破费五斤肉来养它们。"同僚调侃说:"我们这些人的待遇反而不如狮子呀!"石公说:"的确是这样啊!我们这些官员都是'园外狼'(员外郎),敢盼望'园中狮'的待遇吗?"众人大笑。官员上官辟曾经劝石公说:"公名望、地位尊贵非常,为何谈笑却如此轻率呢?"石君说:"你是'上官鼻'(上官辟),怎能知道下官口呢?"等到石公做参知政事的时候,有人对他说:"公为两府之长,诙谐的言谈大概可以停止了吧!"石公拿出委任状给他看,并且说:"吾皇命我'可带着原来的官职作参知政事,其他一切可保持原样'我为什么要停止(诙谐)呢?"他曾从马上坠下,左右大惊,赶忙扶起,石公起来后说:"幸亏我是个石(头)参政,如果是瓦参政什么的,早就摔得粉碎了。"

独乐园记

宋 司马光

[原文]

孟子曰:"独乐乐,不如与人乐乐;与少乐乐,不若与众乐乐。"此王公大人之乐,非贫贱所及也。孔子曰:"饭蔬食饮水,曲肱而枕之,乐在其中矣。"颜子"一箪食,一瓢饮","不改其乐"。此圣贤之乐,菲愚者所及也。若夫鹪鹩巢林,不过一枝;偃鼠饮河,不过满腹。各尽其分而安之,此乃迂叟之所乐也。

熙宁四年迂叟始家洛,六年买田二十亩于尊贤坊北关,以为园。其中为堂,聚书出五千卷,命之曰"读书堂"。堂南有屋一区,引水北流,贯宇下。中央为沼,方深各三尺。疏水为五派,注沼中,若虎爪。自沼北伏流出北阶,悬注庭中,若象鼻。自是分而为二渠,绕庭四隅,会于西北而出,命之曰"秀水轩"。堂北为沼,中央有岛,岛上植竹。圆若玉玦,围三丈,揽结其杪,如渔人之庐,命之曰"钓鱼庵"。沼北横屋六楹,厚其牖茨,以御烈日。开户东出,南北列轩牖,以延凉飔。前后多植美竹,为消暑之所,会之曰"种竹斋"。

沼东治地为百有二十畦,杂莳草药,辨其名物而揭之。畦北植竹,方若棋局。径一丈,曲其杪,交相掩以为屋。植竹于其前,夹道如步廊,皆以蔓药覆之。四周植木药为藩援,命之曰:"采药圃"。圃南为六栏,芍药、牡丹、杂花各居其二。每种止植二本,识其名状而已,不求多也。栏北为亭,命之曰:"浇花亭"。洛城距山不远,而林薄茂密,常若不得见。乃于园中筑台,构屋其上,以望万安、轩辕,至于太室。命之曰:"见山台"。

迂叟平日多处堂中读书,上师圣人,下友群贤,窥仁义之原,探礼乐之绪。自未始有形之前,暨四达无穷之外,事物之理,举集目前。所病者,学之未至,夫又何求于人,何待于外哉!志倦体疲,则投竿取鱼,执衽采药,决渠灌花,操斧剖竹,濯热盥手,临高纵目,逍遥相羊,唯意所适。明月时至,清风自来,行无所牵,止无所柅,耳目肺肠,悉为己有,踽踽焉、洋洋焉,不知天壤之间复有何乐可以代此也。因合而命之曰:"独乐园"。

或咎迂叟曰:"吾闻君子之乐必与人共之,今吾子独取于己,不以及人,其可乎?"迂叟谢曰:"叟愚,何得比君子?自乐恐不足,安能及人?况叟所乐者,薄陋鄙野,皆世之所弃也,虽推以与人,人且不取,岂得强之乎?必也有人肯同此乐,则再拜而献之矣,安敢专之哉!"

[作者作品]

作者司马光简介见《记闻三则》。

[相关史料]

独乐园为司马光在洛阳修《资治通鉴》时修建的生活和工作园林。据清嘉庆《洛阳县志》载:"考得宋司马温公独乐园遗址,在洛阳城东南伊洛河间司马街村。今已为乡民村寨。"独乐园占地面积20余亩,合今1.3公顷,应包括住宅部分。在当时即被认为是个小园,"不可与他园班"。但它的园林文化寓意丰富,每一景物,不仅有生活实用价值,并寄托一种精神境界。园中有读书堂、钓鱼庵、采药圃、见山台、弄水轩、种竹斋、浇花亭7个景观,司马光对这7个景观都作有诗解。园林的功能之一是寄托心灵境界的空间,司马光为独乐园赋予的文化内涵可为深刻。

司马光独乐园

神宗熙宁年间,王安石推行新法。司马光反对新法,被贬为西京(洛阳)御史台,熙宁六年(1073年),购地20亩,筑园。

[译文]

孟子说:一个人欣赏音乐的乐趣,不如与别人一起欣赏更快乐,与少数人一起欣赏音乐的乐趣,不如与众人一起欣赏更快乐。这是王公贵族的乐趣,不是贫贱的人所能达到的(境界)。孔子说:"吃粗粮,喝冷水,弯着胳膊当枕头睡觉,其中也自有它的乐趣。颜回"一箪饭(盛饭的圆形竹器),一瓢水","不改变他的乐趣"。这是圣人贤人的乐趣,不是愚笨的人所能达到的(境界)。像那"鹪鹩(是一类小型、短胖、十分活跃的鸟)在林中筑巢,不过占据一根树枝;鼹鼠到河中饮水,不过喝饱肚子",各尽自己的本分而相安无事。这才是我(迂叟)所追求的乐趣。

熙宁四年,我才举家定居洛阳,六年,在尊贤坊北关买了二十亩田作为家园,它的中间作为厅堂,(在堂中)集中了五千卷书,把它命名为读书堂。读书堂的南边有一处屋子,引水往北流贯连屋下,中间作为水池,方圆和深度各为三尺。疏导水流分五处注入水池中,(形状)像老虎的爪子;从水池的北面隐蔽流出北面的台阶,悬空注入庭院下面,(形状)像大象的鼻子;(水)从这里又分为二条小渠环绕庭院的四角然后在西北面汇合流出,把它命名为弄水轩。厅堂的北面又有一个水池,中间有岛,岛上种了竹子,(岛)像玉玦一样呈圆形,环绕有三丈方圆,将竹梢收拢打成结,像打渔人的草屋,把它命名为钓鱼庵。水池的北面有六间并排的屋子,加厚了它的墙壁和屋顶来抵御烈日。开门往东,南北的窗子可以吹来凉风,前后多种植优雅的竹子作为清凉消暑的所在,把它命名为种竹斋。水池的东边,整治出一百二十畦田,错杂地种植着花草药材,为了辨识它们的种类名称,给它们(挂上字牌)作为标志。畦的北面也种了竹子,像棋盘一样呈方形,直径一丈左右,弯曲它的顶梢,使它交错通达遮蔽作为屋子。在它的前面种上竹子,形成像步廊一样的夹道,都用藤蔓芍药等覆盖着它,四周种植草木药材等作为藩篱,把它命名为采药圃。药圃的南面有六个围栏,芍药、牡丹、杂花各占二个,每种(花)只种了两丛,(为了)辨识它的名称形状罢了,不求多种。围栏的北面有个亭子,把它命名为浇花亭。洛阳城距离山不远,但树木丛生茂密,常常看不到,于是在园中砌筑石台,在它的上面修建屋子,来眺望万安、轘辕,直到太室(都能看见),把它命名为见山台。

我平日大多在读书堂中读书,上以先哲圣人为老师,下以诸多贤人为朋友,究查仁义的源头,探索礼乐的开端,期望在未曾获得成就之前就达到进入无穷之外(的境界),把事物的原理,全部集中到眼前。所担忧的是学未有所成,对人又有什么祈求,对外又有什么期待呢?神志倦怠了,身体疲惫了,就手执鱼竿钓鱼,学习纺织采摘药草,挖开渠水浇灌花草,挥动斧头砍伐竹子,灌注热水洗涤双手,登临高处纵目远眺,逍遥自在徜徉漫游,只是凭着自己的意愿行事。明月按时到来,清风自然吹拂,行走无所牵挂,止息无所羁绊,耳目肺肠都为自己所支配。一个人孤独而舒缓,自由自在,不知道天地之间还有什么乐趣可以替代这种(生活)。于是(将这些美景与感受)合起来,把它命名为独乐园。

有人责备我说:"我听说君子有所快乐必定和别人共享,现在您只为自己获得满足却不顾及别人,这难道可以吗?"我(非常)抱歉地说:"我愚笨,怎么能够比得上君子,自己快乐唯恐不足,怎么能够顾及别人?何况我所感受的乐趣粗俗低下,都是世上人所抛弃的(东西),即使推荐给别人,别人尚且不要,难道能够强迫他们(接受)吗?如果也有人愿意(与我)同享这种乐趣,那么我则非常感激并且把它奉献出来,怎么敢专享这种乐趣呢?"

王德用

北宋　王安石

[原文]

公讳德用,字符辅,其先真定人也。

至道二年,太宗五路出师,以讨李继迁之叛,而武康公出夏州。当是时,公为西头供奉官而在武康之侧,年十七,自护兵当前(当前:在面前,前面),所俘斩及得马羊,功为多。及归,公又请殿将。至隘,公以为:"归之至隘而争先,必乱;乱而继迁薄我,必败。"于是又请以所护兵驰前至隘而阵。武康为公令于军曰:"至阵而乱行者,斩!"公亦令曰:"至吾阵而乱行者,吾亦如公令!"至阵,士卒帖然,以此行而武康公亦为之按辔。继迁兵相随属,左右皆望公,莫敢近。于是武康公叹曰:"王氏有儿矣!"

明道元年,除福州观察使。军人挟内诏(内诏:不经过外朝,直接由宫中发出的皇帝的诏命),求为军吏。公争曰:"军人敢挟诏以干军制,后不可复治;且军吏不可使求而得,得则军人必大受其侵。"明肃太后固使与之，公固不奉诏。已而太后亦寤，卒听公。于是天子心贤公，遂以公检校太保、签署枢密院事。公固辞："武人不学，不足以当大任。"

始，人或以公威名闻天下，而状貌奇伟，疑非人臣之相。御史中丞孔道辅因以为人言如此，公不宜典机密，在上左右。天子不得已，以公为武宁军节度使、徐州大都督府长史，赴本镇，赐手诏慰遣。或闻孔道辅死，以告曰："是尝害公者，今死矣。"公愀然曰："孔中丞岂害某者乎？彼其心所以事君，当如此也，惜乎朝廷无一忠臣。"

嘉祐九年，进封鲁国公。明年二月辛未，公以疾薨。

公忠实乐易，与人不疑，不诘小过，望之毅然有不可犯之色。及就之，温如也。平生少玩好，不以名位骄人。而所得禄赐，多散之亲党。善治军旅，宽仁爱士卒，士卒乐为之用。与士大夫游，士大夫亦多服其度，以为莫能窥也。

（选自王安石《临川文集》，有删节）

[作者作品]

王安石（1021～1086年），字介甫，号半山，抚州临川（今江西临川）人。北宋著名的思想家、政治家、文学家、改革家。列宁曾称他为"中国十一世纪时的改革家"。王安石潜心研究经学，著书立说，被誉为"通儒"，创"荆公新学"，促进宋代疑经变古学风的形成。哲学上，用"五行说"阐述宇宙生成，丰富和发展了中国古朴素唯物主义思想；其哲学命题"新故相除"，把中国古代辩证法推到一个新的高度。王安石工散文，是"唐宋八大家"之一。其散文论点鲜明、逻辑严密，有很强的说服力，充分发挥了古文的实际功用。亦工诗，其诗"学杜得其瘦硬"，擅长于说理与修辞，晚年诗风含蓄深沉、深婉不迫，以丰神远韵的风格在北宋诗坛自成一家，世称"王荆公体"。有作品《王临川集》、《临川集拾遗》、《临川先生歌曲》等存世。

王安石

[相关史料]

王德用（980～1058），字元辅，原赵州（今河北赵县）人，其父徙居郑州管城。父超为怀州防御使，补衙内都指挥使。王德用17岁随军出击李继迁，为先锋，率万人战铁门关，俘获甚多。累迁内殿崇班，历殿前左班都虞侯、英州团练使等。天圣初，以博州团练使知广信军，后历知冀州、随州、青州、澶州等地。明道间拜保静军节度使、定州路都总管，使契丹慑服议和，以功拜同中书门下平章事，封祁国公，改冀国公。皇祐三年（1051），以太子太师致仕。后起为河阳三城节度使、枢密使，同中书门下平章事，封鲁国公。德用有谋略，治军有方，善以恩抚下，故多得士心。率军临边，未尝观矢石、督攻战，但其名闻四夷。德用貌雄毅，面黑，闾阎男女小儿，皆呼他为"黑王相公"。赠太尉、中书令，谥武恭。

王德用墓位于新郑市龙湖镇荆王村东南300米。其墓地上部分无存，仅存石碑两通，东西排列。东侧碑刻为宋大中祥符年间所立，碑首、碑身、碑座断为三截，碑首阴刻篆书"精忠之碑"。西侧碑刻为宋庆历四年（1044年）立，碑首缺失。王德用墓前现立有郑州市人民政府所立的"王德用墓碑刻"一通。

[译文]

王德用，字符辅，他的祖先是真定（今河北正定县以南）人。

至道二年，宋太宗派出五路军队出兵讨伐李继迁（963～1004年，宋朝党项割据首领，西夏地方政权的创建者）叛乱，而武康公（王德用之父王超）出兵夏州（古地名，在今陕西横山县西）。在这时，王德用担任西头供奉官（西头供奉官：原名"内西头供奉官"，政和二年改名"左侍禁"），在王超身边，年龄17岁，自从统率军队担任先锋以来，他俘获斩杀的人以及得到的马羊都很多，功劳很大。等回到军中，王德用又请求担任殿将。到了一个关隘，王德用认为："回师到关隘，士兵如果争先恐后，势必造成混乱；出现混乱而李继迁攻打我军，我军必败。"于是又请求允许自己用他所率领的士兵火速赶往隘口并摆好阵势。王超在军前对王德用下命令道："到了阵前而胡乱行动的人，斩！"王德用也命令道："到了我的阵前胡乱行动的人，我也一定遵照将军的命令执行！"到了阵前，士兵们安定顺从，按照要求井然有序地前进，王超也因此扣紧马缰慢慢地走。李继迁的士兵紧随其后，周围的敌人都看着王德用（过去），没有人敢靠近。于是王超感慨道："我王家有个（有出息的）儿子！"

明道元年，王德用被授予福州观察使。有军人拿着内诏（不经过外朝，直接由宫中发出的皇帝的诏命），请求担任军官。王德用进谏（争："诤"的本字）道："军人敢于依仗昭命来干预军队制度，以后就无法再整治；况且，军职不能允许靠求取得到，靠这种方法得到职务那么军人一定会大受其害的。"明肃太后坚决地要让王德用给予（那个军人）官职，公坚决地不接受命令。不久太后也觉悟了，最终听从了王德用的劝谏。因此宋仁宗认为王德用贤德，就让他担任检校太保、签署枢密院事。王德用坚决地推辞道："我是一介武夫（武人：指军人，此处谦称自己）没有学问，不能够担当这样重大的责任。"

起初，有人认为王德用威名天下皆知，相貌奇伟，恐怕不是做大臣的相貌。御史中丞孔道辅于是认为（既然）人们像这样议论，王德用（就）不（再）适合执掌重要而秘密的大事，跟随在君王身边。天子不得不让王德用去担任武宁军节度使、徐州大都督府长史，王德用去徐州上任之前，宋仁宗赐手诏来抚慰送别他。有人听说孔道辅死了，把这个消息告诉王德用说："这是曾经陷害你的人，现在死了。"王德用忧愁凄怆地说道："孔中丞哪里是陷害我啊？他的忠心用来侍奉国君就该是这样的，可惜啊，朝廷中没有一个忠臣了。"

王德用墓碑刻

嘉祐九年，王德用进封为鲁国公。第二年二月辛未，王德用因为患疾病而死。

王德用忠诚老实，乐观平易，与人交往不疑心，不诘责别人的小过错，远看他刚毅有不可侵犯的神情。等到接近他，就会发现他温柔和蔼的样子。一生少有玩赏爱好，不凭借名声官位傲慢待人。他所得到的俸禄和赏赐，大多散发给亲友乡邻。他善于治理军队，对士兵宽厚仁爱，士兵们乐于为他效力。王德用与士大夫交往，大家也大多佩服他的气度，认为没有谁能窥察清楚（他的气度）。

寇天师传

宋　贾善翔

天师寇谦之,字辅真,上谷平昌人。后魏刺史赞之弟子也。远祖仁,汉成帝时隐王屋山,白日升天,号明真先生。仁之孙曰俊,亦乘龙而去。父冯翊公,为河东太守。以建元乙丑岁七月七日,生天师。年十六,长八尺有余。至十八岁,乃倾心慕道。幽感上达,有仙人成公兴,佣身于谦之从母家。因易之,使垦田。一日,于林下筭《周髀》不合。兴因教之,应手而成。谦之乃叹赏。有顷忽谓谦之曰:"法师有意学道,可能与某游乎?"遂与之游华山,尝采药食。谦之自此,不复饥。又隐于嵩阳山数年。一日谓谦之曰:"某出,当有人将药相遗,但食之。"果如所言,视其药,皆毒虫恶物,乃恐惧而去。兴还具对。兴叹曰:"法师未易得仙,但可为王者师。"复曰:"某不久留,翌日午时当去。"及期果化。谦之遂守志嵩阳不复出。神瑞二年四月一日,遽有二人衣翠羽衣,冠洞云冠,乘龙持麾

寇谦之

来曰:"老君至。"徐闻音乐之声,斯须太上乘白玉车,九龙骖驾,威仪赫奕,神仙导从,集止山顶。谦之虔心作礼。见辟五宫门,台阁岌然。太上坐白银华林下,敕仙伯爵王方平引谦之前立,曰:"吾得中岳集仙宫主奏称,张道陵登真以来,修善之人无所师授。今有中岳道士寇谦之,行合自然,宜处师位,故吾来授汝以天师之任,及云中音诵《新科经戒》。自开辟而来,不传于世,今运数当出,汝宜宣之。佐国扶命,以化生灵。"遂出《新科经戒》九卷,谦之受讫。五云台殿俱隐。泰常二年正月十五日,太上复降,又赐《新科符录》十余卷,且戒之曰:"前后《符录》,得人可授。授非其人,罪及汝身。"谦之稽首奉教,而后志行日新。始光中,朝廷遣洛州刺史梁公,率官僚千余人,诣出迎师至阙。时朝野未甚信奉,惟司徒崔浩师事之,上疏曰:"臣闻圣王受命,则天应以瑞。《河图》《洛书》皆寄言虫兽,未若今日人神对接也。昔汉高虽曰英圣,四皓犹不屈之。"上悟其言,乃命使奉玉帛祭嵩岳,及赐师宫馆。前席问道,礼遇益恭。后欲授辅弼之位,师固辞。降诏曰:"我今圣帅,太上四临,神仙六降,并授天经科法,量其所感,乃真圣也。"遂建都坛创静轮天宫,制作威仪一如《经戒》。于量天下归仰焉。至庚辰岁,师请为帝祈福于中岳。精诚通感太上,冥授帝以"太平真君"之号,并冠服符箓。师还具奏。是岁改为太平真君元年。二年,谦之奏曰:"今陛下以真君御世,建静轮天宫,自古未之有也。当受符箓,以彰圣德。"上然其言,乃登坛受之。九年正月七日,谓弟子曰:"吾昨梦成公兴召我于中岳仙宫。"五月二十五日,果羽化。有清气若烟出口中,至天半乃消。其体渐缩。识者谓之尸解。降年八十四。至七月十五日,东都沈猷采药于嵩岳顶,见天师身作银色,光明如日,由是知为仙人。

[作者作品]

贾善翔,北宋道士,中国道教名人。字鸿举,号"蓬丘子",蓬州(今四川蓬安)人。善谈笑,好琴,嗜酒,曾与苏东坡交游。

《寇天师传》记述了道教改革家、中岳道士寇谦之出家,后在嵩山修道,并受老君授命,"佐国扶命,以化生灵"并成功改革道教,后羽化成仙的人生历程。

永定陵修奉采石记

宋　乐辅国

若乃土圭定国,卜洛□二宅之雄,地镇秉灵,维嵩冠五岳之首,风雨之所会,阴阳之所和,居然得天地之心,绰尔是皇王之宅。周汉已降,实曰名都。我国家运□隆兴,创业垂统,削平多垒,奄宅中□邑长百万之师,城阙有亿兆之众,相水陆五达之要,□漕运万计之饶,所以控淮汴之上游,为都畿之胜地,比之全盛又绝拟伦。

伏自太祖、太宗,应顺天人,追尊祖祢,钦崇懿号,迁奉寝园,乃于定鼎之都,以□藏金之地。爰从吉兆,□建宏规,协举孝恩,高迈五陵之制。恭承道荫,聿钟万世之基。大行皇帝祇□璇图恢融,宝命启迪,□逢迎粹和,绍二圣之令猷,超九皇之懿范。睿文冠古,穷经天纬地之源;神武膺期,成拨乱反正之业。仁以守位,孝以奉先,四时固绝于畋游,七庙弥敦乎恪谨。爰自君临兆庶,德服华夷,运神策于边荒,执利器于掌握。四夷即叙,不施烽燧之辉;百姓乂安,不识军旅之事。绵延怙泰,盛节交修,翠巘泥金,聿举增高之典;神雕殿壁,复施益厚之□。以至延欵驭于寰清,授珍符于秘殿。奉□夷之海,昭示仙源,瞻睟穆之容,延昌宝祚。显道宗之积累,则幸景毫以朝真,答□帝之贻谋,则款阳□而荐号。顾能事之毕举,□宸念而增虔,旰□万机,焦劳庶务,六一丹就,百灵无□鼎之缘,二十功成,□后□攀□髯之叹,莫不哀缠。圣嗣痛结宫闱,六龙未达于杳冥,四海遽闻于遏密。俟临远日,爰上□瀍涧之滨,□苍梧之野,□集事岂□人□命威塞军节度使侍卫亲军步军副都指挥使夏公守恩、充修奉部署左骐骥使忠州防御使入内都知蓝公继宗充修奉钤辖。二公荷先朝拔擢之恩,副当宁选抡之寄,同心戮力,夙夜在公,仗钺而来,得以便宜从事,募诸道兵士工匠来赴,力□表请文武官僚,使命分掌其事。虽钦承治命,以俭约而处先,而遵法古仪,在坚固以为事。计用安砌皇堂石二万七千三百七十七段,门石一十四,侍从人物象马之状六十二。凡有名山,悉皆寻访。缑氏县南有粟子岭者,盖少室之西山,万安之东岭也,多产巨石,岩棱温润,罕与为比。辅国忝居麾下,仍属提封,首奉指□司计置还以益赡为□乃命中贵内殿崇班李知常,左侍禁李丕远与辅国同办其事,部领工匠四千六百□,峭峻不□行路杳绝,居民固无井泉以充日用,汲引甚远,饮歠或愆。士民之心方增劳止,忽有石泉一眼涌出,并岩谷中有清泉一派,临于山址,其源深而流长,□味甘而且美。□而至□云□嗷嗷之心,不胜其乐,倘非一人之孝感,二公之至诚,不能致也。拜井水涌,□止于耿恭;刺山泉飞,靡专于李广。挺生杰出,何代无人! 此山旧有神祠,绵历时岁,栋宇摧坏,且基址具存。因与同僚议其完葺,撰诸材瓦,假力余工,曾未浃旬,俨然新庙,冀其降福,以庇兹民。复有灵蛇,出为瑞应,其色皎洁,其状蜿蜒,爰有飞章,达于天听,特诏中使,颁睿旨,赍名香,率道流二十人,建灵场三昼夜。并设清醮,以答神贶。而又□宣宸慈,抚恤士伍,饵以医药,赍以物帛,群情感激,罔不尽心。每梯霞蹑云,□崖抱栈,若履平地,咸欲先登。镌琢之声,闻数百里。凡所攻采,应手而得,□今所出,如同影响,般挈相继,有若风雷,而未及前期,厥数大备。自暮春之令序,逮献袭之届辰,以□系时,其功就毕,洎乎充用,抑有羡余。辅国□处下□,叨预陈力,□观事实,仍仰徽猷,秉笔直书,辞亦无愧。至于崇奉陵域,种植松楸,严肃威仪,秘邃宫阙,规模宏壮,制度久长,亦二帅之输忠,诸君之协葺,固不可□而备言也。聊书采石一时之事,乃万□之一二矣。

时乾兴元年八月十日记

[作者作品]

乐辅国,北宋乾兴元年(1022年)为文林郎、守河南府缑氏县主簿。

[相关史料]

《永定陵修奉采石记》概括了宋陵选址的风水依据。意为:巩县这个地方,是风雨所会,阴阳所合,天地的中心位置,从来都是帝王所居之地,嵩山的峻极峰正是天和地的中心柱。在宋陵地宫的顶部,绘制的就是这样的星象图。北宋皇陵对陵地的选择及对地形的利用有两个特点,一是与历代帝陵或居高临下或依山面河不同,宋陵恰恰相反,它面嵩山而背洛水,陵区诸帝、后陵中轴线的方向皆北偏西若干度,正朝向嵩山少室主峰;二是各陵自然地势呈南高北低,东穹西垂状,陵台于地势最低处,一反我国古代建筑基址逐渐增高,而将主体建筑置于最崇高位置的传统。北宋皇陵风水理念的反常做法,彻底颠覆了我国传统的建筑理念,被古建筑专家称为世界建筑史上"唯一的孤例"。

翻开浩瀚的宋史,在宋真宗的永定陵,就发生过一件因为"五使"擅权而引发的一件当时惊动朝野的大事,即太监雷允恭擅移皇堂案。宋真宗驾崩后,刘皇后主持真宗的丧葬安排,刘皇后任用自己的亲信太监雷允恭担任山陵都监,负责永定陵的修建时,雷允恭自作主张,舍旧穴,改在原选地上面百步处开挖皇堂,结果新穴下面出现了碎石和流沙,后来挖出了水。工程被迫停止。结果,雷允恭被杖死在巩县监狱,山陵使宰相丁谓被贬,刘皇后也很失面子。

洛阳记文(二篇)

宋 周师厚

[作者作品]

周师厚(1031~1087年),宋朝写吏。字敦夫,号仁热,北宋时鄞(今浙江省鄞县)人。周师厚是名臣范仲淹的侄女婿。北宋皇祐五年(1053年)进士,为西安令,历提举湖北常平、通判河南府及保州,官至荆湖南路转运判官。

据书中自序,宋元丰四年(1081年),周师厚官居洛阳,就其所见所闻,并在参阅李德裕的《平泉花木记》、欧阳修的《洛阳牡丹记》的基础上,写了《洛阳花木记》、《洛阳牡丹记》,记载各种奇花异卉,洛阳牡丹109种。

一、洛阳花木记(节选)

余少时,闻洛阳花卉之盛甲于天下,常恨皆未能尽观其繁盛妍丽,窃有憾焉。熙宁中,长兄倅绛,因至东都谒告往省亲。三月过洛,始得游精蓝名圃。赏及牡丹,然后信向之所闻为不虚矣。会迫官期,不得从容游览。元丰四年,余莅官于洛,吏事之暇,因得博求谱录,得唐李卫公《平泉花木记》,范尚书、欧阳参政二谱,按名寻讨,十始见其七八焉。然范公所述五十二品,可考者才三十八;欧之所录者二篇而已。其叙钱思公双桂楼下小屏中所录九十余种,但概言其略耳。至于花之名品,则莫得而见焉。因以余耳目之所闻,见及近世所出新花,参校三贤所录者,凡百余品,其亦殚于此乎? 然前贤之所记与天下之所知,洛之所植牡丹而已。至于芍药天下以维扬称首,然而知洛之所植,其名品不减维扬,

而开头之种殆不如也。又若天下四方所产珍蘩佳卉得一于园馆，足以为美景异致者，洛中靡不兼有之。然天下人徒知洛土之宜花，而未知洛阳衣冠之渊薮。王公将相之园第鳞次而栉比。其宦于四方者，舟运车辇取之于穷山远徼，而又得沃美之土与洛人之好事者又善植，此所以天下莫能拟其美且盛也。今摭旧谱之所未载，得芍药四十余品、杂花二百六十余品叙于后，非敢贻诸好事者，将以待退屋灌叟按谱而求其可致者，以备亭馆之植云尔。

牡丹（千叶五十九，多叶五十）

千叶黄花其别十　姚黄、胜姚黄、牛家黄、千心黄、甘草黄、丹州黄、闵黄、女真黄、丝头黄、御袍黄。

千叶红花其别三十四　状元红、魏花、胜魏、红都胜、紫都胜、瑞云红、岳山红、间金红、金系腰、一捻红、九蕊红、刘师阁、大叶寿安、细叶寿安、洗妆红、蹙金球、探春毯、二色红、蹙金楼子、碎金红、彤云红、转枝红、盖园红、越山红楼子、紫丝旋心、富贵红、不晕红、寿妆红、玉盘妆、双头红（亦开多叶）、遇仙红、簇四簇五、间金、探春球。

千叶紫花其别十　双头紫、左紫、紫绣球、安胜紫、大宋紫、顺圣紫、陈州紫、袁家紫、婆台紫、平头紫。

千叶绯花一　潜溪绯。

千叶白花其别有四　玉千叶、玉楼春、玉蒸饼、一百五。

多叶红花其别三十二　鞓红、大红（深粉红）、湿红、承露红、添色红、鹤翎红、朱砂红、揉红、胭脂红、献来红、贺红、大晕红、林家红（色深红）、两京强、观音红、青州红、玉楼红、双头红、汝州红、独看红、鹿胎红、缀州红、试妆红、玲珑红、青线棱、延州红、苏家红、白马山、夹黄蕊、丹州红、柿红、唐家红。

多叶紫花其别十四　泼墨紫、冠子紫、叶底紫、光紫、段家紫、银合棱（左紫之单叶者）、经箧紫、莲花萼、大紫（亦名长寿紫）、索家紫、陈州紫、双头紫、承露紫、唐家紫。

多叶黄花其别三　丝头黄、吕黄、古姚黄。

多叶白花一　玉酸白。

二、洛阳牡丹记

各种牡丹

姚黄千叶黄花，色极鲜洁，精彩射人，有深紫檀心，近瓶青旋心一匝，与瓶并色，开头可八九寸许。其黄花本出北邙山下白马司坡姚氏家。今洛中名圃中传接虽多，唯水北岁有开者，大岁间岁乃成千叶，余年皆单叶或多叶耳。水南率数岁一开千叶，然不及水北之岁也。盖本出山中宜高，近市多粪壤，非其木性也。其开最晚，在众花雕零之后，芍药未开之前。其色甚美，而高洁之性，敷荣之时，特异于众花，故洛人贵之，号为花王。城中每岁不过开数朵，都人士女必须倾志往观。乡人扶老携幼，不远千里。其为时所重如此。

胜姚黄靳黄，千叶黄花也。有紫檀心，开头可八九寸许，颜色深于姚黄，然精彩未易胜也。但频年有花，洛人所以贵之。出靳氏之圃因姓得之，皆在姚黄之前。洛人贵之皆不减姚花。但鲜洁不及姚而无青心之异焉。可以亚姚而居丹州黄之上矣。

牛家黄，亦千叶黄花。其先出于姚黄，盖花之祖也。色有红与黄相同，类一捻红之初开时也。真宗自汾阴还，驻跸淑景亭，赏花宴诸从臣，洛民牛氏献此花，故后人谓之牛花。然色浅于姚而微带黄色，其品目当在姚靳之下矣。

千心黄，千叶黄花也。大率类丹州黄而近瓶碎近蕊特盛，异于众花，故谓之千心黄。

甘草黄,千叶黄花也。色红,檩心色微浅于姚黄。盖牛丹之比焉。其花初时多单叶,今名园培壅之盛变千叶。

丹州黄,千叶黄花也。色浅于靳而深于甘草黄。血檩心深红,大可丰叶。其花初出时,本多时,名园栽接得也,间成千叶,然不能岁成就也。

闵黄,千叶黄花也。色类甘草黄而无檩心。出于闵氏之圃,以此得名,其品地盖甘草黄之比欤。

女真黄,千叶浅黄色花也。元丰中,出于洛氏银李氏园中,李以为异,献于大尹潞公,公见而要之命女真黄。其开头可八九寸许,色类丹州黄而微带红,温淘淘匀荣,其状色端整类刘师阁而黄。诸名圃皆未有,然亦甘草黄之比欤。

丝头黄,千叶黄花也。色类丹州黄,外有大叶如盘,中有碎叶一簇,可百余分。碎叶之心有贯丝数十茎耸起而特立,高出于花叶之上,故目之为丝头黄。唯天黄寺僧房中一本特佳,他圃未之有也。

御袍黄,千叶黄花也。色与开头大类女真黄。元丰应天院神御花圃中植山篦数百,忽于其中变此一种,因目之为御袍黄。

状元红,千叶深红花也。色类丹砂而浅,叶杪微淡,近萼渐深,有紫檩心,开头可七八寸。其色甚美,迥出众花之上,故

黄牡丹

洛人以状元呼之。惜乎开头差小于魏花,而色深过之远甚,其花出于安国寺张氏家,熙宁初方有之,俗谓之张八花。今流传诸圃甚盛,龙岁有此花,又特可贵也。

魏花,千叶肉红花也。本出晋相魏仁溥园中,今流传特盛。然叶最繁密,人有数之者,至七百余叶而大如盘。中堆积碎叶,突起圆整如覆钟状,开头可八九寸许,其花端丽,精彩莹洁,异于众花。洛人谓姚黄为王,魏花为后,诚为善评也。近年又有胜魏、都胜二品出焉。胜魏似魏花而微深,都胜似魏花而差大,叶微带紫红色。意其种皆魏花之所变欤。岂寓于红花本者其子变为为胜魏,寓于紫花本者其子变而为都胜也?

瑞云红,千叶肉红花也,开头大尺余,色类魏花微深。然碎叶差大,不若魏之繁密也。叶杪微如云卷状,故以瑞云目之。然与魏花迭为盛衰,魏花多则瑞云少,瑞云多则魏花少。意者草木之妖,亦相忌疾而势不并立矣。

岳山红,千叶肉红花也。本出于嵩岳,故此得名。色深于瑞云,浅于状元红,有紫檩心,鲜洁可爱花唇微淡,近萼渐深,开头可八九寸。间金,于叶红花也。微带紫而类金系腰,开头可八九寸许,叶间有黄蕊,故以间金目之,其花盖天,黄蕊之所变也。

金系腰,千叶黄花也。类间金而无蕊,每叶上有金线一道,横于半花上,故目之为金系腰。其花本出于缑氏山中。

一捻红,千叶粉红花也,有檩心。花叶之杪各有深红一点,如美人以胭脂手捻之,故谓之一捻红。然开头差小,可七八寸许。初开始多青折,开时后变成红耳。

九萼红,千叶粉红花也,茎叶极高大,其苞有青跃九重,苞未拆时,特异于众花,花开必先青,折数

日然后色变红。花叶多皱蹙,有类揉草。然多不成就。偶有成者,开头盈尺。

刘师阁,千叶浅红花也。开头可八九寸许,无檗心。本出长安刘氏尼之阁下,因此得名。微带红黄色,如美人肌肉然。莹白湿润,花亦端正。然不常开,率数年乃见一花耳。

寿安有二种,皆千叶肉红花也,出寿安县锦屏山中,其色似魏花而浅淡。一种叶差大,开头不大,因谓之大叶寿安。一种叶细,故谓之细叶寿安云。

洗妆红,千叶肉红花也,元丰中,忽生于银李圃山篦中,大率似寿安而小异。刘公伯寿见而爱之,谓如美妇人洗去朱粉,而见其天真之肌,莹洁温润,因命今名。其品第盖寿安,刘师阁比欤。

蹙金球,千叶浅红花也。色类金而叶杪皱蹙,内有黄棱断续于其间。因此得名,然不知所出之因。今安胜寺及诸园皆有之。

探春球,千叶肉红花也。开时在谷雨前,与"一百五"相次开。故目曰探春球。其花太率类寿安红,以其早开,故得今名。

二色红,千叶红花也。元丰中出于银李园中,于接头一本上歧分为二色,一浅一深。深者类间金,浅者类瑞云。始以为有接头,祥细视之,实一本也。岂一气所钟而有深浅厚薄之不齐欤?大尹潞公见而赏异之,因命今名。

粉牡丹

蹙金楼子,千叶红花也。类金系腰,下有大叶如盘,盘中碎叶茂密耸起而圆整,特高于众花。碎叶皱蹙,互相粘缀,中有黄蕊,间杂于其间。然叶之多虽魏花不及也。元丰中,生于袁氏园中。

碎金红,千叶粉红花也。色类间金,每叶上有黄旦如星如黎粟大故谓之碎金红。

越山红楼子,千叶粉红花也。本出自会稽,不知到洛之因。近心有长叶数十片耸起而特立,状类重叠莲,故有楼子之名。

彤云红,千叶红花也。类状元红,微带绯色,开头大者几盈尺,花唇微红、近萼渐深,檗心之中皆莹白,类御袍红。本出月波堤之福严寺,司马温公见而爱之,目之为彤云红也。

转枝红,千叶红花也。盖间岁乃成千叶,假如今年南之千叶,北之多叶,明年北之千叶,南之多叶。每岁互换,故谓之转枝红。其花大率类寿安云。

紫粉旋心,千叶红花也。外有大叶十数重如盘,盘中有碎叶百许簇于瓶心之外,如旋心芍药,然上有紫粉丝数十茎,高出于碎叶之表,故谓之曰紫粉旋心。元丰中,生于银李圃中。

富贵红,不晕红,寿妆红,玉盘妆,皆千叶粉红花也,大率类寿安而有小异。富贵红色差深而带绯红色,不晕红次之,寿妆红又次之。玉盘妆最浅淡者也,大叶微白,碎叶粉红故得玉盘妆之号。

双头红,双头紫者,皆千叶花也。二花皆并蒂而生如鞍子而不相连属者也。唯应天神御花圃中有之,不有多叶者,盖地势有肥瘠,故有多叶之变耳。培壅得地力有簇五者,然开头愈多,则花愈小矣。

左紫,千叶紫花也。色深于安胜,然叶杪微白,近萼渐深,突起圆整有类魏花,开可八九寸,大者盈尺。此花最先出,国初时生于蒙民左氏家。今洛中传接者甚多,然难得真者。大抵多转不成千叶,虽长寿院弥陀寺一本特佳,岁岁成就。旧谱所谓左紫,即齐头紫,如碗而平,不若左紫之繁密圆整,而有夫含棱之异云。

紫绣球,千叶紫花也。色深而莹泽,叶黄而圆整,因得绣球之名。然稚得欠花,崐大率类左紫云。但叶杪白色,不如左紫之唇白也。比之陈州紫、袁家紫,特大同而崐小异耳。

安胜,紫花也。开头径尺余。本出于城中千叶安胜院,因此得名,近岁左紫与绣球最难绣花,唯安胜紫与大宋紫特盛,岁岁皆有,故名圃中传接甚多。

大宋紫,千叶紫花也。本出于永宁县大宋川豪民李氏之圃,因为大宋紫。开头极盛,径尺余,众花无比其大者。其色大率类安胜紫云。

顺圣,千叶花也。色深,类陈州紫。每叶上有白缕数道,自唇到萼,紫白相间,浅深同,开头可八九寸许。熙宁中方有。

陈州紫、袁家紫,一色花,皆千叶,大率类紫绣球,而圆整不及也。

潜溪绯,本千叶绯花也,有皂櫐心色之致美,众花少与比者。出龙门山潜溪寺,本后唐相李沨别墅。今寺僧元好事者,花亦不成千叶。民间传接者虽众,大率皆多叶花耳惜哉!

玉千叶、白花无櫐心,莹洁如玉,温润可爱。景佑中,开于范尚书宅山篦中,细叶繁密,类魏花而白。今传接于洛中虽多,然难花。不岁成千叶也。

玉楼春,千叶白花也。类玉蒸饼而交,有楼子之状。元丰中生于河清县左氏家,献于潞公,故名曰玉楼春。

玉蒸饼,千叶白花也,本出延州,及流传到洛,而繁盛过于延州时。花头大于玉千叶,杪莹白,近萼微红,开头可盈尺。每到盛开,枝多低,亦谓之软条花云。

承露红,多叶红花也,每朵各有二叶,每叶之近萼处,各成一个鼓子花样。凡有十二个,唯叶杪折展与众花不同。其下玲珑不相倚着,望之如雕缕可爱。凌晨如有甘露盈润,其香益更旖旎。与承露紫大率相类,唯其色异耳。

玉楼红,多叶花也,色类彤云红,而每叶上有白缕数道若雕镂然,故以玉楼目崐之。

一百红者,千叶红花也。洛中塞食众花未开,独此最先,故此贵之。

洛阳李氏园池诗记

宋 苏 辙

洛阳古帝都,其人习于汉唐衣冠之遗俗。居家治园池,筑台榭,植草木,以为岁时游观之好。其山川风气,清明盛丽,居之可乐。平种广衍,东西数百里,嵩高少室,天坛、王屋,冈峦靡迤,四顾可挹。伊、洛、瀍、涧,流出平地。故其山林之胜,泉流之洁,虽其间阎之人,与公侯共之。一亩之宫,上瞩青山,下听流水,奇花修竹,布列左右,而其贵家巨室园囿亭观之盛,实甲天下。

若夫李侯之园,洛阳之一二数者也。李氏家世名将,大父济州,于太祖皇帝为布衣之旧,方用兵河东,百战百胜。烈考宁州,事章圣皇帝,守雄州十有四年,缮守备,抚士卒,精于用间,其功烈尤奇。李侯以将家子,结发从仕,历践父祖旧职,勤劳慎密,老而不懈,实能世其家。既得谢,居洛阳,引水植竹,求山谷之乐,士大夫之在洛阳者,皆喜从之游,盖非独为其园也。凡将以讲闻济、宁之余烈,而究观祖宗用兵任将之遗意,其方略远矣。故自朝之公卿,皆因其园而赠之以诗,凡若干篇。仰以嘉其先人,而俯以善其子孙。则虽洛阳之多大家世族,盖未易以园囿相高也。

苏 辙

熙宁甲寅，李侯之年既八十有三矣，而视听不衰，筋力益强，日增治其园而往游焉。将刻诗于石，其子遵度官于济南，实从予游，以侯命求文以记。予不得辞，遂为之书。

熙宁七年十一月十七日记。

[作者作品]

苏辙简介见《上枢密韩太尉书》。

苏辙的文学成就，主要也体现在散文方面。虽雄杰之气不如其兄苏轼，但他的文于冲和淡泊中蕴蓄着沉雄雅健，在艺术上亦达到很高成就，在当时即负有盛名。《洛阳李氏园池诗记》是苏辙于熙宁七年（1074年）十一月写作的一篇散文。

[相关史料]

李氏园池，实际上就是李格非《洛阳名园记》中的仁丰园。仁丰园是北宋开国功臣李继勋家族的私家园林。李继勋，祖籍大名元城（今河北大名县东），从其祖父起，李氏迁居洛阳。李继勋少年时与洛阳夹马营的赵匡胤成为布衣之交，后来，他们与石守信等八人结成"义社十兄弟"，成为赵匡胤发动陈桥兵变代后周建北宋的基本力量。李继勋在剿灭北汉、统一北方的四次大战中屡建功勋，曾任安国军节度使、昭义军节度使等。在此期间，他对洛阳李氏旧居进行了大规模的营建。宅院建成后，宋太祖赵匡胤取《国语》中的"畜义丰功谓之仁"的典故，赐名"仁丰园"。李继勋的子孙皆为名将，对仁丰园进行整修，使仁丰园誉满天下。仁丰园位于洛河南岸的睦仁坊（今安乐镇白碛村北）。宋朝的仁丰园实际上是以培植牡丹为主的花园，苏辙在《洛阳李氏园池诗记》记载"上瞩青山，下听流水，奇花修竹，布列左右，而其贵家巨室园圃亭观之盛，实甲天下。"

永泰陵采石记

宋　曾孝广

大行哲宗皇帝，以今年正月十二日已卯，奄弃万国。朝廷循故事，遣官采石，修奉陵寝。孝广被诏同文思使罗允和宫苑副使带御器械麦文晒实董其事，凡辟文武官朝请郎孙熙以口及部役等二十有六员。以二月十日丁未开山，于五月十一日丁丑毕功。取大小石二万七千六百有余，视元丰八年，盖增多五千二百七十有二焉。凡役兵匠九千七百四十有四。取石既伙，惧役功疲困，而功不时集，复请募近县夫五百，俾悉挽巨石，以讫其事。

然属运寒气疠，自京都逮于四方，人多疾疫。而况大山深谷之间，岚雾蒸郁，朝暮冲冒，病者宜甚。于是，时其药食，至覆藉之具，无一不备，仍分处太医，各俾诊治，日且躬行巡视，由是病者千七百余人，而不可治而死者，盖亦百厘之二，逃者纔五十人耳。

聚者既众，不患食不足，常患水不给。山之东南，旧有碾子一泉，方春日，用且乏，乃并西于桃花谷天井泉，至谷口凡四里，续大竹二百二十有四，引水日二千余缶，于是水给而无渴饮之患。

前此兴作而死者，皆留瘗山中，及功毕，往往不复完掩。今乃奉制，悉给钱焚收，置敛具以归其家，居山土人皆云:"每至久积阴晦,常闻山中有若声役事之歌者。意其不幸横夭者,沉魂未得解脱逍遥而然乎?于是大集浮屠众,恭作佛事,即重五书夜,为设冥阳水陆金箓宝符无碍道场,以荐拔其苦,于其生者,既足饮食,具医药,所以抚恤之无不至;于其死者,又置敛具,设佛事,所以度脱之无不尽此无它盖以谓兴大役举大事使人人忘劳而赴功,是亦臣子遵奉之志耳,故不敢不勉云。元符三年五月十二日,朝奉大夫、都水使者、都大提举采石曾孝广谨记。"

[作者作品]

曾孝广(1040~1100年),字仲锡,福建晋江人。累官少师户部尚书兼显谟阁直学士。曾孝广于神宗元丰乙丑(1085年)为北外都水丞,负责管理河渠、津梁、堤堰、水运等事务。宋元符三年(1100年)五月,时任朝奉大夫、都水使者、都大提举采石的曾孝广撰写了这篇《永泰陵采石记》碑文。

《永泰陵采石记》记述了修筑宋哲宗赵煦寝陵的采石经过。赵煦,北宋第七位皇帝,于公元1086年执政,共当了15年皇帝。元符三年(1100年)正月,哲宗赵煦驾崩,葬于今天河南巩义的永泰陵。按照丧葬礼仪,立即开始浩繁的陵墓建筑工程。据此文记载,规模十分惊人。遣官采石,派文武官员26名,组成采石领导管理机构,于元符三年(1100年)二月十日开山,至五月十一日毕功,历时3个月,采石2.76万余块,征用士兵役匠9744人。其间又"募近县民夫五百人","俾悉挽巨石以讫其事"。文中说修永泰陵时"然属运寒气,疠目凉都,逮于四方,人多疾疫,而况大山深谷之间,岗雾蒸郁,朝暮冲冒,病者宜甚"。当时朝廷虽也派太医"各俾诊治",终杯水车薪,无济于事。此文详细地记述了他们劳动的繁重,生活的困苦,劳动环境的恶劣,以至于出现了"由是病者千七百余人""前此兴作而死者,皆留瘗山中,及功毕,往往不复完掩"的悲惨景象。

浮丘公庙灵泉记

宋 张 挺

嵩高之下,曰緱氏山,昔周灵王太子子晋吹笙之地也。子晋受道于浮丘公,公接而仙去。距山不远,遗冢俱存,民俗传为浮丘公藏剑之所。即其巅,构祠以祀焉。俯瞰道周,更为别庙,里民岁时祈报。逮至政和三年夏六月,泉出庭下。澄澈象鉴,醴甘过饴,映带清流。入初易之,俄鸥凫泳者辄死,众乃惊悟,始识景贶。病者请祷,饮之即愈。于是相与谋,甃以文甓,疏为方沼,藻饰丹臒,祈向云来。洪惟水安为邑,肇自大宋,圣祖神宗,号剑所闶。而崧高之岳,作镇中土,介邑之间,真仙所宅,灵显辈出。宜有福泽,惠施于民。稽考传记,寔表国之祥。比年而来,朝廷清明,百度修举。综名核实,礼制乐成。河清海晏,芝禾并秀。木石荐祉,元善奇功。珍符嘉瑞,史不绝书。盖由皇天眷佑,上德昭明,格致休美,以懋大业。顾不伟欤!则儒学之士,竞为词章,揄扬盛事,播诸声诗,以荐郊庙,实惟时也。今灵泉出于福地,神异焯然,莫之殚载。挺虽不才,承乏州县。歌咏圣德,则臣子之职,敢以菲陋而辞?谨著大略,以告来者。其辞曰:

嵩山之阳,复岫重冈。山维緱氏,作镇其旁。蒸为卿云,舒成景光。仙圣之宅,其神无方。在昔帝子,系自周王。浮丘挹袖,绛阙扶将。夜月吹笙,乘云帝乡。鹤驭莫返,风唫松篁。遗宫庙食,宝剑珍藏。后千余年,醴流其唐。觇疴疗疾,起瘖愈尪。惟神之惠,表国之祥。帝德广运,修明馨香。地不爱宝,天锡会昌。年谷顺成,降福穰穰。本支百世,万寿无疆。如山之崇,如泉之长。小臣作诗,德音不忘。

[作者作品]

张挺,北宋徽宗政和年间大臣。

[相关史料]

浮丘公,传为远古神仙,升仙太子王子晋之师。东汉刘向《列仙传》载,浮丘公接王子晋上嵩山修炼,30余年后,子晋学成后,在偃师府店村南的缑山上驾鹤升仙。据宋政和四年(1114年)刻立的《浮丘公庙灵泉记碑》可知,北宋末这里已经建有浮丘公庙。缑氏山附近有浮丘洞,相传浮丘公曾居于此,后建浮丘公庙,庙有灵泉。

《洛阳名园记》(节选)

宋 李格非

[作者作品]

李格非简介见《洛阳名园记·跋》。

富郑园

洛阳园池,多因隋唐之旧,独富郑公园最为近辟,而景物最胜。游者自其第,东出探春亭,登四景堂,则一园之景胜可顾览而得。南渡通津桥,上方流亭,望紫筠堂,而还右旋花木中,有百余步,走荫樾亭,赏幽台,抵重波轩,而止。直北走土筠洞,自此入大竹中。凡谓之洞者,皆斩竹丈许,引流穿之,而径其上。横为洞一,曰土筠;纵为洞三:曰水筠,曰石筠,曰榭筠。历四洞之北,有亭五,错列竹中,曰丛玉、曰披风、曰漪岚、曰夹竹、曰兼山。稍南有梅台,又南,有天光台。台出竹木之杪。遵洞之南而东,还有卧云堂。堂与四景堂并南北。左右二山,背压通流。凡坐此,则一园之胜可拥而有也。郑公自还政事归第,一切谢宾客。燕息此园,几二十年,亭台花木,皆出其目营心匠,故逶迤衡直,闿爽深密,皆曲有奥思。

[相关史料]

富郑园,北宋宰相富弼所建。富弼,洛阳人,曾任宰相,反对王安石变法。富郑园的南部为湖,湖北岸设四景堂,堂前有月台临水。李格非说:"独富郑园最为近辟,而景物最盛。"元丰五年(1082年)由文彦博、富弼发起之"洛阳耆英会",集洛阳士大夫老而贤者12人于富郑园中置酒相乐,作诗赋词,成为千古美谈。

吕文穆园

伊洛二水,自东南,分注河南城中,而伊水尤清澈。园亭喜得之,若又当其上流,则春秋无枯涸之病。吕文穆园在伊水上流,木茂而竹盛,有亭三。一在池中,二在池外,桥跨池上,相属也。洛阳又有园池中有一物特可称者,如大隐庄——梅;杨侍郎园——流杯;师子园——师子是也。梅,盖早梅,香甚烈而大。说者云"自大庾岭移其本至此。"流杯,水虽急,不彷触为异。师子,非石也。入地数十尺,或以地考之,盖武后天枢销铄不尽者也。舍此又有嘉猷会节、恭安溪园等,皆隋唐官园,虽已犁为良田,树为桑麻矣。然宫殿池沼,与夫一时会集之盛,今遗俗故老,犹有识其所在,而道其废兴之端者,游之亦可以观万物之无常,览时之倏来而忽逝也。

[相关史料]

吕文穆园,是北宋宰相吕蒙正建的私人园林。吕蒙正,洛阳人,为人质厚宽简,素有重望,以正道自持,遇事敢言;太宗曾夸称京城繁盛,他则当面指出郊外因饥寒而死者甚多,不惧犯颜。太宗、真宗时他曾三居相位。《洛阳名园记》中记载:吕文

复建中的吕文穆园

穆园"在伊水上流,木茂而竹盛,有亭三,一在池中,二在池外,桥跨池上,相属也。"由于园子依山傍水,林木繁茂,竹子青翠,鲜花芬芳,又有清澈的伊河水从园子中间流过,因而成为洛阳一景。

仙鹤观记

宋　王夷仲

□老之法,要其所归,惟清静寂灭,全自然之性,不以外物縻于中者也,□□□老之法也。迁史叙老子,□□□又传记,有说老子□域而始□□者,所以其书相出入□虽异,而其归一也。其法□于汉,蔓于晋魏梁隋之间,后之欲缺道之相胜也,则□者必忌于老,老者必疾于□迭攻交毁,歧而二焉。然神之宫遍彪天下,竦然相望,鲜华伟壮,莫之□加,其徒丰衣旨食,凡中夏四民之□倾奉之心慊慊然,患不能穿隆极侈以充其志也。老之居,唯通都大邑□一二,垣颓屋败,仅有存者,其徒常汲汲于□间,且犹不克自资于温饱也。呜呼!彼何盛而此何衰耶!岂□之者,能恢张其说,谓极天之上而上,际地之下而下,泊人之死生、去来、贵贱、寿夭,凡生人之大恶欲,莫不毕出于□而主之焉。是以鼓动群众,使趋向之如走号令,虽四海九州之外,莫不一其心也。老之法有羽化,久视,驱役鬼神,移变星文之休咎巇□,□于桧襄厌伏之事,英雄伟人苟奉而有之,岂少哉!盖□者众而老者寡,□□之人随时趋舍,向于彼而忽丁此也。故□治老之宫者,非奉道笃信之士不可成已。

缑氏县前记有周灵太子晋控鹤升仙之事,故城东三里有仙鹤观者,得号于李唐间,年祀寝远,屋址因废。庆历中,里中之乐善者凡数十人,相与叹曰:"是观且废,今不能复之,则何以使瞻仰信奉以渐于善乎!"乃卜地得县署之东口裁百步,状于县大夫冀君,□为请命于府,曰"可"。得道士左庆之,清苦者也,使居此□□□□年,观之门墙殿宇□庆之一,□□造吾□□为是观也,用非□于民,而积丐其微,□足其须役非□而作。盖即旧号而起其废,功非逾乎制,而裁能庇其像,请文勒石,以章兴修之志于后。

余谓蠹于民,擅于役,逾于制者,皆过也,今无一焉,恶得不为之书乎哉!

大宋皇祐二年九月乙酉记。

[作者作品]

王夷仲,北宋进士。《仙鹤观记》是王夷仲撰写于宋皇祐二年(1050年)九月,并刻立于仙鹤观的碑文。

[相关史料]

仙鹤观位于偃师市缑氏镇西恭陵所在的景山岭南。据缑氏县旧志记载,在城东三里处原有唐代"控鹤升仙"于此的仙鹤观,因年久毁废,到了宋仁宗庆历年间(1041~1048年)才有乐善者数十人共谋恢复,申请批准,在县衙东边百步处建观塑像。从文中"功非愈乎制,而裁能庇其像"看,这座重修的仙鹤观,似不很大。但据碑阴《重修仙鹤观实录》所记,此观地基竟达28.3亩之多,其规模可想而知。

嵩山二题
宋 李廌

[作者作品]

李廌(1059~1109年),北宋著名学者、诗人。字方叔,号德隅斋,又号济南先生。嵩山阳翟(今禹州市)人,一说华州(今陕西华县)人。李廌勤奋力学。神宗元丰年中,以文章见苏轼于黄州。苏轼极为称其文才:"谓其笔墨澜翻,有飞沙走石之势,抚其背曰:'子之才万人敌也!'"并解衣相助。苏轼与范祖禹荐李廌于朝廷,但无结果。中年应举落第,绝意仕进,寓居长社(今河南长葛县),布衣终身,为苏门六君子之一。李廌著有《济南集》《德隅斋画品》《师友谈记》《四库全书总目》均有著录。李廌遍游嵩山,写有很多咏颂嵩山风景名胜方面的诗,《嵩山二题》是其中之一。

李 廌

一、登嵩顶

丈夫有奇气,坐井直郁郁。谒来古嵩州,携手登太室。中峰到绝顶,北岭太峭壁。山河在股掌,带砺何足述。星分九州野,块列七雄场。放怀宇宙间,想见天地辟。下观云雷变,憨尔龙鬼役。下方万仞底,草树霭蒙密。愈知天下小,助我浩气直。平生四方志,登临聊感激。嗟嗟封禅娅,游豫朝百辟。诬辞与惭德,可笑乎四峥。庙社尚不阅,财用遑肯恤。万兵树丰碑,数丈压岣嵂。岂知市朝变,辇路蔽荆棘。同登八仙坛,再题三醉石。君无笑余怯,登临常股栗。为宝千金躯,夷路犹恐失。存我厚苍生,岂效伯昏逸。归卧听天鸡,扶桑观日出。

二、夜宿嵩山峻极中院

丙子岁三月十有二日游嵩山宿峻极中院时,天气清朗,山月甚明,因以阴壑生虚,籁月林散清影为韵诗各六句。

阳崖转窅窕,层林蔽重阴。披榛过舆马,缘云得幽寻。坐觉真境寂,兹焉悟赏心。平时峥嵘想,局蹐在城郭。言登诸峰胜,幽情散寥廓。焉能乘海桴,终期老丘壑。日背西岭没,月向东岭生。殷霞未隐彩,皓露已舒明。斗柄坐可挹,政恐河汉倾。微云起前础,出山忽纤余。风吹去何之,闲意满太虚。倚柱聊目送,我生何滞愚。尘居倦喧卑,区中憎陋隘。游目宇宙间,山河真砺带。一啸万林端,呼风作天籁。风回荔萝香,意与尘气别。杳杳云际钟,皎皎松上月。触焉感幽处,蜡屐俟明发。阴磴顽雪积,老崖白云深。扪萝陟鸟道,扬尘落乔林。下方有粟场,俯见归飞禽。舍鞿陟层巘,老步独多叹。笑谈谷传响,松声递萧散。欲寻草堂池,土室无僧赞。松风憩俗驾,抚心愧营营。登临念胜土,乌用千载名。愿与妇子俱,终焉住神清。穿云上虚无,彷佛凌倒景。微茫鸿鹄背,指点众山顶。出日上扶桑,徘徊万林影。

嵩山峻极峰

圣竹林寺五百大阿罗汉洞记

宋　释有挺

原夫大法界中,支那东震旦大国圣宋寿山,得其最高胜妙者,惟中岳嵩山,卓然耸拔青云之表。林峦□秀,四季嘉木岑崟,群山趋揖,长时异花芬芳。玉镜珍宝,辉然是处光明。岩洞泉源,清流千古澄澈。谷风松韵,时呼万岁之声;瑞气祥云,昼锁千寻之境。是国家禀佛戒,福神中天玉英崇圣帝领镇之地,宫庙之所也。是山之中,有圣竹林寺,何知之乎?古传记云:唐蜀僧法藏来游是山,长安道稠桑店逢一梵僧,持盂肩锡,问曰:"上人胡来,而欲何往?"曰:"云游嵩岳圣景。"曰:"可附一书与竹林寺堂中上座?"曰:"我久闻彼刹是圣寺罗汉所居,尝憾未闻其因,可愿仁听高论,开发前去。"曰:"上人岂不闻吾佛当年灵山会上,以正法眼藏分付大迦叶传芳流布,授记付嘱大国圣主贤臣,兴崇外护,无令断绝。敕诸大菩萨、天龙八部、一切神祇保卫国界。敕五百大阿罗汉,不得入灭,长在人间。天上赴供,为大福田。今诸尊者将诸眷属止住其中。是寺随机缘或隐或现,缘熟者尝见。"曰:"今日得闻未闻。"接书分卫而行。法藏来至嵩前,问人曰:"竹林寺何所是?"答曰:"但去到嵩岳寺,入石三门,登逍遥台望之,山腹是也。"来至岳寺,入三门,常住院礼谒众僧,安衣盂毕,问曰:"竹林寺门从何处入?"曰:"我等尝闻是圣寺,未曾得见。但观山腹三洞深?无穷,每有信士,沿岩登险,□幸虽得入圣寺瞻敬,又随诸尊者赴帝释斋,因得嚫三铢绢,心生爱着,不觉身坠岩前,圣境都失矣。"时耆年僧曰:"人间天上,荣显富贵,真奇异物,积之山岳。若非是大权菩萨具正见,晓达明了,应缘利生,授用自在。心常离欲,示现贪染爱着。心圆梵行,示现有诸□患。心常,示现随类生死,心行佛行,示现逆顺境界。心无取证,深悟禅理妙道。或不如然,则为少分梦幻境物耽染,爱着恃之,迷醉漂荡,生死三界流转,更□少暇。回光自照,究乎真实妙道,大患为障,莫过此也。汝今为出家上人,同圣寺诸尊者授天主供养,事非小缘,何故未除流俗爱物心?非唯窃服圆顶,犯戒律章条重,亦乃自昧真心妙道。玷吾门何多乎?今此天绢亦非汝用之物,当献至尊,颇为佳矣。"法藏具表进,时明皇在位,圣恩抚问,倍加宣赐。

尔后,岩洞圣境光明,至今求者应现愈多。院主崇政,诱掖檀信施财,运土木等,欲依山上洞样,建造一所。斤斧才兴,感五罗汉诣虢州卢氏县畅氏家,托梦家长曰:"嵩岳寺今造罗汉洞,汝家当铸铁像五百身。"畅氏梦觉,令人至寺,果见兴工造洞,还报畅氏,乐然铸施五百余尊。像成,随喜信士之家,愿

各以香花幡盖,依次经从迎接送至洞完像。到奉安之次,陈、蔡二善友,挈袈裟五百余条至,披挂像身,应量齐等。于是四方崇信,一至春首,香花供送,驾肩隘道,然灯烧烛,盘迎品馔,供养精诚,得其感应。灯未点之,火光自然,斋食异香,圣像先现。是洞今有三经藏花塔状三圣洞,香花供献。施者齐陈获之感应,三处俱有。

夫圣境无边,顺机各异无欺,纵目可观,有昧触途莫见。名山太室,佛刹隐现其中。圣凡交参,昼夕往来无间。登临香火,万口一称获斯圣境光明。盖今日之盛时,一人圣德圣感之至化。伏愿圣寿无疆,金枝玉叶永茂,帝道佛道同兴,金轮法轮并转,亲白仙族同固盘。维文武贤臣,皆存忠烈,风调雨顺,军民康安;四海晏清,万邦率服;群生遂性,三教长隆。知洞悟言,丐记传于金石,永久无坠。

有挺因普为,缺正见佛行,执有生死轮转,不了根本清净者,修进圆之。仍集佛教眼目,兼以禅宗中妙旨,录作明证。俾令一切悟明了达,根本清净,具足正见佛行,修进证大菩提。缘斯曾住是圣寺前白莲庵,将乎十年,时亲瞻觌圣境光明殊胜,不思议事,非笔舌可穷。今固敢简略一二,以塞其命。颂曰:

天下名山孰后,先嵩高神著混元前。圣凡共聚宁分别,庙刹相依亦混然。蓬岛三山根不固,华胥一境梦非坚。宝光玉柱擎云汉,春色峯峦戴晓天。几柏倒生垂洞谷,千松偃盖覆岩巅。登临香火心同愿,上祝今皇万万年。

[作者作品]

释有挺,北宋绍圣至崇宁年间(1095~1106年)的嵩山僧人。

《圣竹林寺五百大阿罗汉洞记》撰于宋代崇宁元年(1102年),文中记述的竹林圣景,只是一个美丽的传说,亦可说是对佛教圣迹的神话。

岳祠盟记

宋 岳 飞

[原文]

自中原板荡,夷狄交侵。余发愤河朔,起自相台。总发从军,历二百馀战。虽未能远人夷荒,洗荡巢穴,亦且快国雠之万一。今又提一旅孤军,振起宜兴。建康之城,一鼓败房,恨未能使匹马不回耳。故且养兵休卒,蓄锐待敌。嗣当激厉士卒,切期再战。北逾沙漠,蹀血房廷,尽屠夷种。迎二圣归京阙,取故地上版图。朝廷无虞,主上奠枕,余之愿也。河朔岳飞题。

[作者作品]

岳飞(1103~1142年)南宋军事家、民族英雄、抗金名将。字鹏举,汉族。北宋相州汤阴县永和乡孝悌里(今河南省安阳市汤阴县菜园镇程岗村)人。岳飞在军事方面的才能则被誉为宋、辽、金、西夏时期最为杰出的军事统帅、连结河朔之谋的缔造者。同时又是两宋以来最年轻的建节封侯者。

宋高宗绍兴十年(1140年),岳飞大破金兵于蔡州(今上蔡县)后入登封,以登封为大本营,奋勇抗敌。在将要离开登封继续前进时,岳飞携同几位著名将领到中岳庙朝拜岳神,并在中岳庙将军门内的墙壁上题写《岳祠盟记》。

[相关史料]

岳祠,即中岳庙,位于中岳嵩山太室山东麓的黄盖峰下,距登封市区1公里,是中岳嵩山的主庙与象征,是中原地区最大的一处庙宇,是中华五岳中现存规模最大、保存最完整的道教建筑。中岳庙原名为太室祠,也称岳祠,始建于秦代,是祭祀中岳嵩山山神的地方,北魏时才改名称"中岳庙"。汉武帝于元封元年游览嵩山,命祠官加以扩建。此庙坐北朝南,东眦牧子岗,西邻望朝岭,前对玉案山,背靠黄盖峰;自中华门起,经遥参亭、天中阁、配天作镇坊、崇圣门、化三门、峻极门、嵩高峻极坊、中岳大殿、寝殿至御书楼共11进,长达1.3华里,共有楼、阁、宫、殿、亭、台、廊等各种建筑400余间,面积10万余平方米,是我国五岳之中现存规模最大的古代建筑群。

[译文]

自中原地区混乱动荡以来,异民族相继入侵。我从河北相州立志发愤,年纪轻轻就投身于军队,经历了二百多次战斗,虽然未能攻入边远的领域,扫荡敌人的巢穴,却也为雪洗了国仇的

民族英雄岳飞

万分之一而痛快。如今又率领一支孤军,从宜兴奋勇起兵。在收复建康的战役中,一举击败了敌人,只恨未能使其匹马不回罢了。所以暂且休整部队,养精蓄锐等待敌人再来。接着即将激励部队,期望再战立功,向北越过沙漠,在敌国的朝廷上杀得敌人血流遍地,把异族侵略者全杀光,(然后)迎接二位皇帝回到京城的宫殿,收复失去的疆土,向朝廷呈上户籍册和疆域图,使朝廷不再忧虑,使皇上能够安宁地睡觉,这就是我的愿望啊。河朔岳飞题。

《容斋随笔》(二则)

宋 洪 迈

[作者作品]

洪迈(1123~1202年),南宋著名文学家。字景卢,号容斋,又号野处。洪皓第三子。饶州鄱阳(今江西省上饶市鄱阳县)人,官至翰林院学士、资政大夫、端明殿学士、副丞相、封魏郡开国公、光禄大夫。卒年80岁,谥文敏。洪迈学识渊博,著书极多,文集《野处类稿》、志怪笔记小说《夷坚志》、编纂的《万首唐人绝句》,笔记《容斋随笔》,等等,都是流传至今的名作。

《容斋随笔》是南宋洪迈所著的史料笔记,被历史学家公认为研究宋代历史必读之书。这部书内容范围颇广,资料甚富,包括经史百家、文学艺术、宋代掌故及人物评价诸方面内容。它对后世产生了较为深远的影响,《四库全书总目提要》推它为南宋笔记小说之冠。

作为一个勤奋博学的士大夫,洪迈一生涉猎了大量的书籍,并养成了做笔记的习惯。读书之际,每有心得,便随手记下来,《容斋随笔》是其多年博览群书、经世致用的智慧和汗水的结晶。《容斋随笔》共分《随笔》、《续笔》、《三笔》、《四笔》、《五笔》,共5集74卷1220则。其中,《容斋随笔》16卷,

329则;《容斋续笔》16卷,249则;《容斋三笔》16卷,248则;《容斋四笔》16卷,259则;《容斋五笔》10卷,135则。因书未成而作者过世,故《五笔》仅为10卷。据作者宋朝洪迈自述,《容斋随笔》写作时间逾经近40年。其中,仅《容斋随笔》16卷,成于南宋淳熙七年(1180年),洪迈前后共用18年精力完成。

作者在《容斋随笔》卷首开宗明义:"余老去习懒,读书不多,意之所之,随即纪录,因其先后,无复全次,故目之曰随笔。"该书问世之际便震动朝野,就连当朝皇帝赵眘也对其爱不释手,将其作为自己的案头书。《宋史》称洪迈"幼读书日数千言,一过目辄不忘,博极载籍,虽稗官虞初,释老傍行,靡不涉猎"。

洪 迈

《容斋随笔》内容繁富,议论精当,是一部涉及领域极为广泛的著作,自经史诸子百家、诗词文翰以及历代典章制度、医卜、星历等,无不有所论说,而且其考证辨析之确切,议论评价之精当,皆倍受称道。其最重要的价值和贡献是考证了前朝的一些史实,如政治制度、事件、年代、人物等,对历代经史典籍进行了重评、辨伪与订误,提出了许多颇有见地的观点,更正了许多流传已久的谬误,不仅在中国历史文献上有着重要的地位和影响,而且对于中国文化的发展亦意义重大。

一、裴晋公禊事

[原文]

唐开成二年三月三日,河南尹李待价将禊于洛滨,前一日启留守裴令公。公明日召太子少傅白居易,太子宾客萧籍、李仍叔、刘禹锡、中书舍人郑居中等十五人合宴于舟中,自晨及暮,前水嬉而后妓乐,左笔砚而右壶觞,望之若仙,观者如堵。裴公首赋一章,四坐继和,乐天为十二韵以献,见于集中。今人赋上巳,鲜有用其事者。予按《裴公传》,是年起节度河东,三年以病丐还东都。文宗上巳宴群臣曲江,度不赴,帝赐以诗,使者及门而度薨。与前事相去正一年。然乐天又有一篇,题云《奉和裴令公三月上巳日游太原龙泉忆去岁禊洛之作》,是开成三年诗,则度以四年三月始薨。《新史》以为三年,误也。《宰相表》却载其三年十二月勾中书令,四年三月薨。而帝纪全失书,独《旧史》纪、传为是。

摘自《容斋随笔》

[相关史料]

《裴晋公禊事》的主人公裴度(765~839年),字中立,河东闻喜(今山西闻喜东北)人。唐代中期杰出的政治家、文学家。裴度出身河东裴氏的东眷裴氏,为德宗贞元五年(789年)进士。宪宗时累迁司封员外郎、中书舍人、御史中丞,支持宪宗削藩。视行营中军,还朝后与武元衡均遇刺,武元衡遇害,裴度亦伤首,遂代其为相,拜中书侍郎,同中书门下平章事,后亲自出镇,督统诸将平定淮西。元和十三年(818年)淮西平,拜金紫光禄大夫、弘文馆大学士、上柱国,封晋国公,世称"裴晋公"。后历仕穆宗、敬宗、文宗三朝,数度出镇拜相。晚年随世俗沉浮以避祸。官终中书令,故称"裴令"。开成四年(839年)卒,赠太傅,谥号文忠。会昌元年(846年)加赠太师,后配享宪宗庙廷。

[译文]

唐文宗开成二年(837年)三月三日,河南尹李待价将在洛水边举行除灾求福的祭祀大典,前一天去信给河南留守裴度。裴度第二天召集太子少傅白居易,太子宾客萧籍、李仍叔、刘禹锡,中书舍人郑居中等15人,在船上大摆宴会。从早晨直到晚上,玩水的玩水,奏乐的奏乐,赋诗的赋诗,饮酒的饮酒,远远望去,就像神仙一般,观看的人挤得水泄不通。裴度先赋诗一首,余人接着唱和,白居易作了十二韵诗,献给与会诸人,现存于他的诗集中。现代的人写上巳诗,很少使用这个典故。我查《裴度传》得知他在这年被起用为河东节度使,开成三年因病请求调回洛阳。文宗上巳日在曲江也大宴群臣,裴度没有赴会,文宗写诗赐给他,使者才到大门口,裴度就死了。和上次的事正好相隔一年。但白居易又有一篇作品,题为《奉和裴令公三月上巳日游太原龙泉忆去岁禊洛之作》,是开成三年所作的诗,那么裴度是开成四年三月才死的。《新唐书》认为是开成三年,无疑是搞错了。《宰相表》却记载裴度开成三年十二月担任中书令,四年三月病故。然而帝纪中却全无记载,只有旧唐书的纪和传记载正确。

二、嵩山竹林寺

西京嵩山法王寺,相近皆大竹林,弥望不极。每当僧斋时,钟声隐隐出林表,因目为竹林寺,或云五百大罗汉灵境也。有僧从陕右来礼达摩,逢一僧言:"吾竹林之徒也,一书欲达于典座,但扣寺旁大木,当有出应者。"僧受书而行,到其处,深林茂竹。无人可问,试扣木焉。一小行者出,引以入,行数百步,得石桥,度桥百步,大刹金碧夺目。知客来迎,示以所持书。知客曰:"渠适往梵天赴斋,少顷归矣。"坐良久,望空中僧百余,驾飞鹤,乘狮子,或龙或凤,冉冉而下。僧擎书授之,且乞挂搭,坚不许,复命前人引出,寻旧路以还。至石桥,指支径,令独去。才数步,反顾,则峻壁千寻,乔木参天,了不知寺所在。

选自《容斋随笔·夷坚丁志》

[相关史料]

佛教最早的活动场所为竹林精舍,竹林由此成为佛教信徒所追慕的"圣境灵地"。在中国被称作"竹林寺"的寺院有十多座,但数嵩山圣竹林寺最为传奇。当佛教在东汉时期传入中国后,嵩山就开始建立寺院。佛教在嵩山传播时,便与竹林结下了不解之缘。嵩山自古就盛产竹子,而竹子与佛教以及儒教"君子比德于竹"思想的结合产生了丰厚的嵩山佛教竹林文化。据嵩山民间传说及史料记载,嵩山竹林寺始建于北魏。唐玄宗时期,僧人崇政又在原址重建。现在立于嵩山会善寺的明代大钟,上面便镌刻有当年捐赠的竹林寺僧人名字,"竹林寺五百尊老之众:觉泰、觉纹、觉秀、觉贤、觉能僧众"等。竹林寺当年香火鼎盛,是嵩山地区最著名的寺院之一。后来嵩山竹林寺湮灭无踪,因而在当地民间留下了"竹林寺升天"的传说。从此"天上竹林,地下少林"、"天不灭竹林,地不灭少林"在嵩山地区广为流传。

杨时求学

宋　侯仲良

[原文]

杨时,字中立,南剑将乐人。幼颖异,能属文,稍长,潜心经史。熙宁九年,中进士第。时河南程颢与弟颐讲孔、孟绝学于熙、元之际,河、洛之士翕然师之。时调官不赴,以师礼见颢于颖昌,相得甚欢。

其归也,颢目送之,曰:"吾道南矣。"四年而颢死,时闻之,设位哭寝门,而以书赴告同学者。至是,又见程颐于洛,时盖年四十矣。一日见颐,颐偶瞑坐,时与游酢侍立不去,颐既觉,则门外雪一尺矣。

[作者作品]

　　侯仲良,宋理学学者。华阴人。字师圣,祖籍太原孟县。仲良父侯可,字无可,官至殿中丞。侯可晚年仍深究理学,就学者众多,"故自陕而西,多宗先生之学"。其甥程颢称其学为"华学"。侯可之姐侯氏,年十九,嫁伊川程珦,其子程颢、程颐,为宋代理学大家。侯仲良继承其父"华学"理论,又融合两位表兄二程的"洛学"学说。侯仲良和"二程"都曾先后拜周敦颐为师,是名副其实的理学学者。侯仲良一生论讲经述,通贯不穷。侯仲良遗有著述《论语说》和《雅言》。《雅言》是侯仲良记载二程事迹和学说思想的重要著作,后人出于对侯仲良的崇敬,尊称他为"侯子",故其书又称《侯子雅言》。"杨时求学"就是由这部书记载流传下来的。

　　《杨时求学》实际上说的是"程门立雪",即宋代学者杨时和游酢向程颢程颐拜师求教的的故事。《侯子雅言》的作者侯仲良是程颐的内弟,想来这个故事应该具有一定的真实性。

[译文]

　　杨时,字叫中立,是剑南将乐地方的人。小的时候就很聪颖显得与众不同,善写文章。年稍大一点即潜心学习经史,宋熙宁九年进士及第,当时,河南人程颢和弟弟程颐在熙宁、元丰年间讲授孔子和孟子的学术精要(即理学),河南洛阳这些地方的学者都去拜他们为师,杨时被调去做官他都没有去,在颍昌以学生礼节拜程颢为师,师生相处得很好。杨时回家的时候,程颢目送他说:"吾的学说将向南方传播了。又过了四年程颢去世了,杨时听说以后,在卧室设了程颢的灵位哭祭,又用书信讣告同学的人。程颢死以后,又到洛阳拜见程颐,这时杨时已四十岁了。一天拜见程颐,程颐正闭着眼睛坐着,杨时与同学游酢就侍立在门外没有离开,程颐察觉的时候,那门外的雪已经一尺多深了。

程门立雪

倚箔山录

宋 马 纯

　　颍阳县北十五里曰倚箔山,山有洞,若三间屋大,洞中潭水深不可测。人或渫多致雷雨变时,有笙箫闻于邑中,移时乃止,盖龙吟也。宣和末,有张道人居洞前茅屋中。其人清瘦轻强,眼颇碧色,举止若儿童。他人居此者,率不过月余,必有怪恐怖而去。甚者,雷雨挈置山下。独张居已三年,初无所见。又一僧极山野衫衣蓝缕,与张同处亦已数月。张云:凡潭水微动,须臾有云生于水上,稍出洞去,即山下必雨。雨止,云乃覆山,有龙复归。数日前,僧坐椅诵《法华经》,俄一白蛇出水,其大如梁,由僧之前右绕,盘于左,其高如椅。僧恐怖,无如之何,厉声曰:"龙王之出,必欲闻经。老僧为龙王讲此一品。"既终,回施甫毕,蛇由旧径右绕入潭中。张又云:常遍走此诸山,中有洞穴数十,皆不知名,往往有人骨积于傍。一日,至洞中行数十步,觉地软,扪之,乃知行大蛇背上,急奔走而出。又云:亦有好洞穴,但深僻不可居,路险常人难到。盖张登山,由石壁其上如飞,故能深历也。

[作者作品]

马纯,字子约,自号朴楸翁,单州武城(今属山东)人。绍兴(1131～1162年)中,为江西转运副使。隆兴(1163～1164年)初,以太中大夫致仕。有"智术甚优,博识多闻"之称。后退居越之陶朱乡,采当时杂事,著《陶朱新录》,多涉怪异,论者比之于洪迈《夷坚志》,今存清抄本、《四库全书》本。

[相关史料]

倚箔山位于登封市西北部,君召乡北境,少室山西侧的紫云山的中岭。山势端正方广,东西两峰尖削拱峙,自伊川东望,西峰陡立,形如倚箔,故称倚箔山。马纯所记的《倚箔山录》实际上记述了居倚箔山洞前茅屋中的张道人,亲见亲历山洞中潭水龙王的灵异故事。

少林药局记

金 元好问

少林英禅师为余言,昔青州辩公初开堂仰山,自山下十五里负米以给大众。其后得知医者新公度为僧,俾主药局。仍不许出子钱以赢余,恐以利心防道业。新殁,继以其子能,二十年间斋厨仰给,而病者亦安之。故百年以来诸禅刹之有药局自青州始。

兴定末,东林隆主少林,檀越有以白金为百年斋者,自冠彦温以下百家。图为悠久计,仍复用青州故事,取民所必用、疗疾之功博者百余方为药,自病者自择焉。僧德、僧侠精深而周密,又廉于财,众请主之。故少林之有药局自东林隆始。局事之备,迨于三年矣,余幸以文记之。

予以为:医,难事业。自歧、黄、卢、扁之书而下,其说数万千言,皆典雅渊奥,本于大道之说,究乎死生之际。懦者不暇读,庸人不解读。世之学者非不艺专而业恒。至其终身,有不免为粗工者,其可谓难矣!佛之徒方以禅定为习,于世间法皆以为害道而不敢为。间有言医者,特儒者之谈禅尔。有能了知味因、断除病本,知子之书所为大医王者学?谓之专则不可也,劳则辞,久则厌,不合则离。泛然而来,悠然而往,其视粥鱼斋鼓,如传舍中物而不留,顾其肯老岁月于参术间乎!谓之恒则亦不可也。不恒不专,取未必甚解之人,而付之司命之事,病者何赖焉?故廉者取之,付一而有余,治药不得不良,十愈一人,千愈百人,盖犹有所望也。贪者为之,乾设而不定,治药不必皆良,蛇床而当蘼芜,荠苨而乱人参,昌阳而进豨苓,飞廉而用马蓟。佐使之异用,畏恶之相攻,其祸可胜言哉。古语有之:"良医之不能无药愈疾,犹良将之不能以无兵制敌也。"兵有形,有形则易见,善用之者能以杀人者生人;药之性难穷,难穷则不善用之者,反以生人者杀人,岂不惧哉。今子则不然,若德若浃之实与廉,皆选之十百辈有不可得者,子固得所使矣!时节州士无不适,其当炮炙生熟,无不极其性。德与浃固亦尽其皮矣。虽然,吾恐他日有不善其后者,出入将曰:"药局之坏,自某人始。"未必不以予为知言也,故备述之,使来者监观焉。

[作者作品]

元好问简介见《寄英禅师师时住龙门宝应寺》。

金代时期,元好问与少林高僧东林志隆、木庵性英等皆有交往,《少林药局记》就是元好问在与少林高僧交往中的作品。

[相关史料]

少林药局是天下第一古刹嵩山少林寺于公元1217年创建的医疗机构,主要以为寺内众僧及周边百姓诊断治疗为主要事务。少林药局由金代少林寺住持东林志隆禅师,于金兴定四年1220)创办,最初拥有治疗各病的秘方百余方,至民国时已有各种论医著述百万言,药方上千方,但由于佛门戒律极少外传。2000年4月,《少林武功医宗秘笈》珍藏本问世,其中包涵了少林寺29代方丈行正大和尚临终前流传下的少林医宗秘方。2004年,少林寺重新恢复少林药局建制,并公布千余方少林医宗秘方,随后推出了部分产品,均以"少林药局"为注册商标。

李纯甫记文(二篇)

金 李纯甫

[作者作品]

李纯甫(1177~1223年),金代著名文学家。字之纯,号屏山居士,弘州襄阴(今河北阳原)人。承安二年进士。喜谈兵,屡上疏论时事。尝三入翰林,深得皇帝赏识,后卒于京兆府判官任上,时年47岁。工于散文,文风雄奇简古,想象奇特,颇有卢仝、李贺之风。李纯甫喜佛学,与禅僧士子来往,力探奥义,取儒道两家书,牵引杂说,错综诸经,著为别解。注释解说了《楞严经》《金刚经》《老子》《庄子》,著《鸣道集解》《金刚经别解》《楞严外解》等,耶律楚材为作序。

金兴定四年(1220年),少林寺住持东林志隆与居士王知非等人募资,历时两年,重修了面壁庵(初祖庵)和雪亭西舍。该文于兴定四年(1220年),李纯甫应东林志隆之请而撰写了《重修面壁庵记》。李纯甫在《重修面壁庵记》中,畅谈佛学要旨,论证儒、佛得失,阐弘达摩西来之旨,鲜明了对儒佛结合的观点。金代时期,儒学家与佛教中的大德高僧多有往来,一些著名的文学家隐于嵩山,由儒入佛,参学少林,也是一种儒学与佛教融合的实例。

一、重修面壁庵记

屏山居士(李纯甫),儒家子也,始知读书学赋,以嗣家门,学大义以业科举,又学诗以道意,学议论以见志,学古文以得虚名。颇喜史学,求经济(经国济世)之术;深爱经学,穷理性之说。偶于玄学,似有所得;遂于佛学,亦有所入。学至于佛,则无可学者。乃知佛即圣人,圣人非佛,西方有中国之书,中国无西方之书也。吾佛大慈,皆如实语:发精微之义于明白处,索玄妙之理于委曲中。学士、大夫犹畏其高而疑其深,诬为怪诞,诟为邪淫,惜哉! 龙宫海藏琅函贝叶,无虑数千万言,顶之而不观,目之而不解。且数百年老师宿德,又各执其所见,裂于宗乘,汩于义疏,吾佛之意扫地矣! 悲夫!

梁普通中,有菩提达摩大士,自西方来,孤唱教外别传之旨,岂有吾佛教外复有所传乎? 特不泥于名相耳! 真传教者,非别传也。如有雅乐,非本色则不成宫商;如有甲第,非主人则不知庭户。自师之至,其子孙遍天下,多魁闳磊落之士,硕大光明,表表可纪。剧谈高论,经造佛心。渐于义学、沙门,波及学士、大夫,潜符密契,不可胜数。其著而成书者,清凉(五台山清凉寺澄观)得之,以疏《华严》;圭峰得之,以妙《圆觉》;无尽(张商英,北宋宰相)得之,以解《法华》;颍滨(苏辙,字子由)得之,以释《老子》;吉甫(吕惠卿,北宋宰相)得之,以注《庄子》;李翰(唐代学者)得之,以述《中庸》;荆公(王安石)

父子得之,以论《周易》;伊川兄弟(二程)得之,以训《诗》(诗经)《书》(尚书);东莱(吕祖谦,婺学之宗)得之,以议《左氏》;无垢(张九成,南宋理学家)得之,以说《语》(《论语》)、《孟》(《孟子》)。使圣人之道,不坠于寂灭,不死于虚无,不缚于形器,相为表里,如符券然。虽狂夫愚妇,可以立悟于便旋顾盼之顷。如分余灯,以烛冥室,顾不快哉!道冠儒履,皆有大解脱门;翰墨文章,亦为游戏三昧。此师(达摩)之力也。

新学晚生,愧无以报,今因少林主人隆公,命其侍者海净问讯屏山,曰:"照了居士王知非暨刘菩萨,并其徒储道人,重修面壁庵,既已落成,请记其岁月。"时大金兴定四年中元之前一日也。随喜之余,又洗手焚香而为之赞曰:

玄光未启,玉锁生苔。灵台未洗,金镜尘埋。铁牛穿鼻,石女怀胎。孰为具眼,鼻祖西来。舟行万里,禅心如灰。壁观九年,梵音如雷。不戒而戒,不斋而斋。一衣一钵,五叶花开。或仗或拜,或嗔或舞。謦欬扬眉,频呻唱举。或咄或咦,或吽或普。拍树药拦,灯笼露柱。弹指张弓,吹毛击鼓,跌宕形容,径庭言语。大漫汗中,剖浑仑处。有者个在,又怎么去。津然可口,如甘露浆。薰然入骨,如苍蒲香。如发管钥,如施印章。金仙海藏,同时放光。窃吾糟粕,贷吾秕糠。粉泽孔孟,刻画老庄。八万四千,清凉道场。屏山说破,谁敢承当。

李纯甫

[相关史料]

面壁庵,也叫初祖庵、南庵,位于登封市少林寺西北2公里许的五乳峰南下小丘上,占地面积约3000平方米,坐北面南,三面临壑,风景清幽。明万历三十三年(1605年)《初祖庵创建凉殿牌坊无量功德碑》载:"此初祖庵者,我初祖面壁地也。"此庵为纪念禅宗初祖达摩而建。庵内主要建筑始建于宋宣和七年(1125年),后历代多次增修,但主要构件仍保留着宋代特征。

二、新修雪亭西舍记

昔达摩大士面壁九年,神光宿业儒术,且尚玄学,遂见祖师于此地,立雪断臂,方得西来意。尽发孔老言外不传之妙,大显于世,士大夫有疑之者,仆作《面壁庵记》,已辩之矣。此记既出,诸儒有哗而攻仆者曰:"观密二师,固学佛者,李翰、王介甫、吕惠卿、苏子由、张天觉亦佞佛之徒耳。如伊川、东莱、无垢诸先生,其视佛老如仇雠,然子以为得佛之道,不亦诞乎?"仆笑应之曰:"诸先生之书尚在,所谓阳挤而阴助者多矣。真得祖师扫荡之意,学者疑其云云,是对痴儿不得说梦也。"如致堂先生胡寅在伊川门下,排佛之尤者,著《崇正辩》七十余篇,诟骂嗔笑,无所不至。虽然止骂,像季以来,破戒僧耳。近得其所著《读史管见》,其言历诋诸儒,谓荀况正而失之驳,董仲舒粹而失之泥,杨雄潜而失之软,王通懿而失之陋,韩愈达而失之浅。由秦汉至五代千三百年,无知道者,至于斲轮操舟之工,雕刻刺绣之巧,累丸升竿之习,及其精也,疑于不可思度,况人之所以为大于此者乎?老氏知之,故有真以治身,土苴为人之说,佛氏知之,故有不立文字,指心见性之传。又曰:老庄之言,奥窈宏达,非荀杨诸子所能及。又曰：深读佛书，其庭户未易知，其奥宎未易穷，其辩未易折，其精极之地未易到，岂老庄所得拟哉！其说如此，学者当熟思而详考之。吁陈无已，谓儒者不得其传，固得罪于儒者，仆为谓者，亦得其传，又得罪于儒者。然则儒者果得其传乎？果不得其传乎？得与不得，相去几何？呜呼！噫嘻！孔老复生，不废吾言矣。遂书此言，以为雪亭西舍记。

[相关史料]

《新修雪亭西舍记》是作者李纯甫的论佛、儒二者的论文，述说了孔子、董仲舒、韩愈、老庄、荀况和信佛者李翱、王介甫、吕意卿等人的情况。撰文者李纯甫曾隐于嵩山，与少林寺僧人关系密切，并至少林寺参学。《新修雪亭西舍记》就是李纯甫隐居嵩山期间，少林寺住持东林志隆请他所撰。

昔者，初祖达摩面壁九年，二祖慧可立雪断臂得真传，故其所乃立雪庭遗址。后东林志隆和尚与居士重修初祖庵和雪庭西舍，请屏山居士李纯甫《重修面壁庵记》和《新修雪亭西舍记》。但该文撰写时间晚于《重修面壁庵记》。查历史纪年表，兴定六年为元光元年，但元光年号为八月所改，而立碑时间是二月，故纪年应为兴定六年（1222年）。

中岳庙记

金 李子樗

名山之在天下，为不少矣。其间巍然为国之巨镇者，灵岳有五，嵩其一也。然恒、衡、岱、华，皆据其区域之偏，孰与夫宅四方之正中，得土行之正位，峻极于天，若是之大者乎！此圣王所以载在祀典，享以帝号，尊而庙之，古今所同也。如汉之元封，增祠太室，创为奉邑，名曰"崇高"，亦示其尊崇之意，礼至隆也。唐之登封，用示神岳，因以属县改曰"登封"，亦取其封祀之意，仪至缛也。考厥由来，盖有是祠，然后有是县。县非徒置也，为祠而置之也。则为县宰者，岂可不敬而奉之哉？圣朝有天下以来，岁时之祭，特命有司行之；祠宇之废，亦命有司修之，著为常令。其为人臣者，固当尊奉其令也。然岁时之祭，已闻有司行之矣；祠宇之废，未见有司复修而崇起之也。

中岳庙

越正大之五禩，蒲察公以廉能辟，来宰是邑。下车未几，已有能声。一日谒祠下，观其栋桴摧折，丹青漫灭，慨然有完葺之志。以为国之事，莫大于祀；礼之经，莫大于祭。今神宇如是，上无妥圣帝之尊严，下无以副邦人之瞻仰，殆不称明天子所以重祀之意，岂君充臣行之道欤？乃具状以闻。既而公檄委公以本职监董其事。公以得遂所请，即舍于庙侧，朝夕从事，筹计摹度。以官给所贮白金，悉就工役。于是居民子来，荷锸辇土，运斤制木，陶瓴甓，施绘藻，扶倾而正，易故而新，皆忘其役使之劳，盖公能说以先之也。公又喜割己俸以佐其用，胥吏亦乐出己财以为之助。故敛不及民而用度足，所费省而其功大。经始于正大己丑之五月，落成于是岁之九月。观其殿宇复完，廊庑载敞，仪像之采服增饰,楼观之碧瓦更新,门闼阶陛,悉加整肃。华不侈,质不陋,一遵曩日制度而润色之。至于三浚寒泉,益祠室之清;六植仆碑,增祠室之观。公之用心,可谓尽矣。所为"经之营之","不日成之"也。宜乎庙祠烜赫炳耀,众目骇视,恍如复幻出一新盛景于斯也。然公犹以为未尽轮奂之美,恐有负朝廷之委任也。非不矜其能,不伐其功者,能与于此哉!县人张师鲁等,乐观其事,来请于仆以记之。仆喜公政迹之多善,此又善政中之一端耳。姑以经始落成之岁月而识之,敢为之铭。其词曰:

惟天之清,有栁其星。精气下降,孕为岳灵。惟岳之位,宅中央地。其势巍高,其德刚粹。汉唐之隆,礼具升中。仍置奉邑,崇高登封。国朝累圣,山灵告庆。岁时之祭,有司是命。公来下车,敬谒之初,载瞻栋宇,岁久摧如。乃摭祠令,具以申请。既而公府,委公完整。公意欣然,度官府钱。悉就工役,说以为先。仍割已奉,以佐其用。胥史闻之,亦为风动。及臻厥成,炳耀丹青。俨若仪像,峥然栋楹。县人好事,请仆以记。惟公之功,暨公之治。已播民歌,功成治异。更待仆言,是为言赘。

[作者作品]

李子樗,金代登封人。金哀宗正大五年(1228年),中岳庙曾作过大的修葺,李子樗为此撰文,记述了这次修葺的经过。

[相关史料]

中岳庙简介见《岳祠盟记》。

白龙潭圣水感应记

金 李廷训

柏岩山白龙潭者,书史未详。闻诸父老云:唐末五代始有是庙,每遇岁旱,祷之颇应。大金承安四年,自冬涉春,至四月中,骄阳入饥,频年旱荒,今又若此。权州宣武将军完颜石见,以清政蒙朝廷特加宠擢,自唐州司侯本州防判。下车之始,刻意教民,兴利除害,奸党远,良民安。既而岁饥,谷麦涌贵。公询诸耆老,云:"自来岁旱,必以祈祷。"公问:"何处取水?"有以郡东武应王庙水应者,公即迎水至郡。凡经三七日,雨意益远。一日,正衣冠坐堂上,默念之。俄有一人鬓发皓然,气宇磊落,长揖坐侧,谓公曰:"岁旱若此,祷非其神。本郡柏岩山有白龙潭者,其龙即守护超化寺舍利宝塔之龙神也。胡不往祷?"公欣然应之曰:"有是哉?"老人曰:"无疑。"公曰:"公何人,居止何处?"老人曰:"不必问,后自知。"言讫而去。

公窃思曰:"此老公倨傲若此,得非诞妄!"询门吏,皆对曰:"无。"公大惊,始悟其非常人也。问:"郡中有超化寺否?"对曰:"副都纲僧福连,即超化寺僧。"召问:"超化寺有舍利塔否?"曰:"有之。"又问:"柏岩山有白龙潭否?"曰:"有之。"公曰:"在寺何处?"曰:"在寺西南十里许。"公曰:"有何灵异?"曰:"庙中无碑刻,但古传祷雨即应。"备询其详,又陈数事甚异可骇。于是具陈前说,举众欢呼。叹未曾有,即罢武应水。命行管城令怀远将军夹谷,同副都纲前诣柏岩山,召近村耆老,备询其事,所说亦同。令喜。谓副都纲曰:"圣境殊胜,非我见闻,岂得符契若此。"即往潭侧,觏其岩石峭峙,峰峦峻拔,潭水莹净,湛然澄泑,色如琉璃,望之悚然,若不可近。令曰:"真龙神窟宅也!"整冠炷香,再拜懃祷。忽有大石自山顶而下,声若暴雷,周旋屈曲,落于潭中,众皆战慄。既而无毫发损伤,令复再拜,汲水。闻雷声殷殷,发潭中,潭水涌沸,有白云冉冉孤飞,幕圣水之上。令与众徒步迎水,至超化寺,置舍利塔下,礼敬达旦。

翼日，同本县官僚、士庶，伎乐伞盖，并本寺僧众，香花幢幡，送至梅山之北。权州躬率官僚人等，迎至坛场，具陈呗梵。少间，白云油然，骤风忽起，震雷激电，大雨如绳，霈然洪澍，平地已逾二尺。不食顷，翻波逆浪，汪洋东倾，如决大河，须臾晴霁，众皆称贺。公曰："嘻！此龙神之德，令尹之功也。"呜呼！将槁之苗，青绿生动，变为丰岁矣。请留圣水一日，精严敬养，次日送还。自此雨泽频降，并岁大稔。白龙威神功德，巍巍乎无得而名焉。是权州心务民事，获龙神相报有如此者。诸公谓予当记是事示将来，庶几灵迹胜缘，昭著无穷耳！

[作者作品]

李廷训，新密人。于金章宗承安四年（1199年）撰写此稿。

[相关链条]

嵩山神奥，闻名天下。白龙潭圣水就是嵩山灵异之一景。清嘉庆二十二年《密县志》记载：又东白龙潭水西南来，注之。源出柏岩山阴，有石湫，大石覆之。祷雨多奇应，渊上有白龙庙。其水环岭而出，经罗义湾入洧。当地民间传说，白龙以百姓是有求必应，天旱就为百姓们送上救命雨，在嵩山新密、登封、新郑、荥阳、禹州一带都传得很神。

嵩山大崇福宫记

元　张仲寿

霄壤间有灵地，不得乎伟人，不能耀其迹；有伟人不际乎熙运，不能行其道。故必熙运启而后有以感召乎伟人，伟人出而后有以显发乎灵地。匪今斯今，振古如斯。瞻彼嵩高，众岳所宗，构宫其间，精祇攸会，盖土宇灵奇之最者也。自箕山月冷，颖水云荒，苔封启母之石痕，草掩穆王之辙迹。越嬴秦而值汉，始于其地创万岁观。历三国六朝，浸久浸圮，而至唐则重建太乙观，又经五代兵革而复圮，逮于宋乃改为崇福宫。金抄燹余，可怜焦土；林号无尽，泉咽不竭。兔葵燕麦，动摇春风。过而览者，为之踌躇而太息。

夫形势郁盘，其地未尝改也；气钟精秀，其人未尝乏也。而或显或微，且兴且废，兹岂偶然之故。嗟夫，世故轮云，熙洽之运其亦真难遇哉！天佑皇元，神圣迭兴，际覆极载，靡有尺寸。一动一植，衣被昭回。五三以来鲜俪也。矧嵩当中土，荫茅二室，岂无抱道合真，足以备广成之问者，其不于此奋然而直遂其为乎？是以嵩之重阳帝君，有高第长春师丘君俦其逢，即有振起之渐；继之以栖云乔君志嵩承其志，用展经营之规。玄化流通，妙机诱掖，富赀贫力，近输远致，载庀以招迓而定。为殿曰宝珠，曰重阳；为堂曰宝箓，曰蝉蜕，曰真宫。主有室，众有寮，宾有馆。外而门庑，内而靖院，以至库厩庖湢，莫不毕具。仍以余力修治真君、玉仙、启母三观。创白云一堂，使旧者俱新焉。三十六奇峰，翠连羣趾；百万重道气，光浮金碧。鸾旌纷下，鹤笙时来。山川以之而增辉，洞天由是而改色。吾知岳降神生甫申，于以翊邦家万亿年太平之盛，嵩不益效灵于今日乎。大德己亥，钦奉玺书，追封乔氏为虚静妙渊真人。今彭君志坚、罗君道全，实典是宫。既嗣葺巨丽，于前有光，且缅思往绩，荣服新霈，犹惧不闻于后。遂遣其徒来京师，丐予文记之。

顾縶身尘鞅，恨未能一登峻极，续貂题名温公纪行之尾。固甚喜其遇圣元非常之运，而营嵩高非常之地。于是长春、虚静二师，乃所谓非常之人，此其相因而成，信非偶然者，是可书也。若以为道不同而靳于言，则吾岂敢。至大辛亥正月二十七日记。

[作者作品]

张仲寿(1252~1324年),元代官吏。字希静,号畴斋,钱塘(今杭州)人。初为内臣,官至翰林学士承旨。行、草宗羲、献甚有典则,亦工大字。

张仲寿于至大四年(1311年),在嵩山作《嵩山大崇福宫记》。

龙门记

元 萨都剌

洛阳龙门

洛阳南去二十五里许,有两山对峙,崖石壁立,曰龙门。伊水中出,北入洛河,又曰伊阙。禹排伊阙,即此。两山下,石罅迸出数泉,极清冷,惟东稍北三泉,冬日温,曰温泉。西稍北崖,河下一潭极深,相传有灵物居之,曰黑龙潭。两崖间昔人凿为大洞,为小龛,不啻千数。琢石像诸佛相、菩萨相、大士相、阿罗汉相、金刚相、天王护法神相。有全身者、有就崖石露半身者,极巨者丈六,极细者寸余。跌坐者、立者、侍卫者,又不啻万数。然诸石像旧有裂衅,及为人所击,或碎首、或损躯,其鼻、其耳、其手足或缺焉,或半缺全缺。金碧装饰悉剥落,鲜有完者。旧有八寺,无一存。但东崖岭有垒石址两区,余不可辨。有数十碑,多仆,其立者仅一二。所刻皆佛语,字剥落,不可读,未暇详其所始。今观其创为,似非出于一时。其工力财费,不知费几十万计。盖其大者必作自国君,次者必王公贵戚,又其次必富人而后能有成也。然予虽不知佛书,抑闻释迦乃西方圣人,生自王公,为国元子。弃尊荣而就卑辱,舍壮观而安僻陋,斥华丽而服朴素,厌浓鲜而甘淡薄,苦身修行,以证佛果。其言曰:"无人我相。"曰色即是空,曰寂灭为乐。其心若浑然无欲,又奚欲费人之财,殚人之力,镌凿山骨,丧元气,而假像于顽然之石,饰金施采,以惊世骇俗为哉!是盖学佛者习妄迷真,先已自惑,谓必极其庄严,始可耸人瞻敬,报佛功德。又操之以轮回果报之说,谓人之富贵贫贱,寿夭贤愚,一皆前世所自为,故今世受报如此。今世若何修行,若何布施,可以免祸于地狱,徼福于天堂,获报于来世,前不可见,后不可知,迹人于恍惚茫昧之途。而好佛者溺于其说,不觉信之深,而甘受其惑,至有舍身燃臂施财,至为此穷极之功。设使佛果夸耀于世,其成之者必获善报,则八寺巍然,诸相整然,朝钟暮鼓,缁流庆赞,灯灯相续于无穷。又岂至于芜没其宫,残毁其容,而苍凉落莫如此哉!殊不知佛称仁王,以慈悲为心,利益众生,必不徇私于己,而加祸福于人,亦无意于色相以欺人也。予故记其略,复为之说,以祛好佛者之惑人,以工学佛者毋背其师说,以求佛于外,而不求佛于内。明心见性,则庶乎其佛之徒也。

[作者作品]

萨都剌(约1272~1355年),元代著名回族诗人、画家、书法家。字天锡,号直斋,答失蛮氏(回族)。其先世为西域人,萨都剌则生于雁门(今山西代县)。幼岐嶷不群,长愈颖敏,遍结豪俊,文辞雄

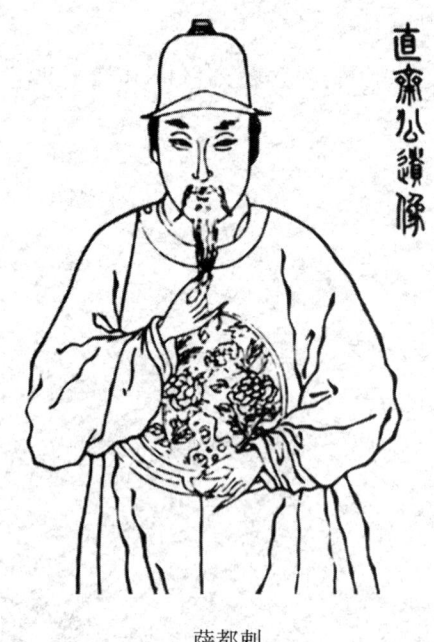

萨都剌

健偶傥。泰定四年(1327年)进士,授应奉翰林文字,擢南台御史,以弹劾权贵,左迁镇江录事司达鲁花赤,累迁江南行台侍御史,左迁淮西北道经历,晚年居杭州。为官清正,曾有发廪赈灾、救助难民、禁止巫蛊、移风易俗等政绩。萨都剌善绘画,精书法,尤善楷书。其非汉,然深厚于汉文。他宦游多年,足迹遍及长城内外,大江南北,性好游,至得意处,必留题咏。工诗歌而长于情,流丽而清婉,描写细腻,贴切入微。后人曾推崇萨都剌为"有元一代词人之冠"。著有《雁门集》。

[相关史料]

龙门,春秋战国时代就被称作"伊阙"、"阙塞",因为有伊水北流,两岸的山崖高高耸立着,就像天然的门阙一样。"龙门"称谓的最早出现,大概开始于隋炀帝时期。《元和郡县图志》卷5河南府条云:"初,炀帝尝登邙山,观伊阙,顾曰:'此非龙门耶?自古何因不建都于此?'仆射苏威对曰:'自古非不知,以俟陛下。'帝大悦,遂议都焉。"从隋唐之东都洛阳城的营建来看,洛阳宫之端门,和外郭城的定鼎门,正对着伊阙。而封建帝王们又常自比为"龙",因而就将这正对着皇宫的天然门户改称为"龙门"。

萨都剌的《龙门记》,主要记述了龙门西山中的龙门石窟。如《龙门记》中云:"伊阙两岸间,昔人凿为大洞,为小龛,不啻千数。琢石像诸佛相、菩萨相、大士相、阿罗汉相、金刚相、天王护法神相。有全身者,有就崖石露半身者。极巨者丈六,细者寸余。跌坐者,立者,侍卫者,又不啻万数。然诸石像旧有裂隙,及为人所击,或碎首,或损躯。其鼻耳、其手足或半缺,或全缺,金碧装饰悉剥落,鲜有完整者。"萨都剌的记述,成为元代时期龙门石窟面貌的一个佐证。

阳城山记
元 许有壬

告县,度邓家岭山开一大区,乃嵩岳正落,四处冈峦盘向,中发一土形小巅,迤脉下为夷阜古阳城地。周公营东都,求土中具景台,立土圭以测日景。表石高八尺,状如柱,古所制,尚存。台后文宪王庙。庙后原筑观星台,其危嶫,古砌整制。台背下有量天尺,其制划石成三溜槽。石三十六方,色深青异常品,每阔三尺六寸,旧有挈壶走水漏刻,以符日景。更北有中禁城故址。

[作者作品]

许有壬(1286~1364年)元代文学家。字可用,彰德汤阴(今属河南)人。延祐二年(1315年)进士及第,授同知辽州事。后来官中书左司员外郎时,京城外发生饥荒,他从"民,本也"的思想出发,主张放赈救济。河南农民军起,他建议备御之策十五件。后任集贤大学士,不久改枢密副使,又拜中书左丞。他看到元朝将士贪掠人口玉帛而无斗志,就主张对起义农民实行招降政策。许有壬诗、词、散文均能。以散文数量最多,名气较大。著有《至正集》81卷,《圭塘小稿》13卷。

[相关史料]

阳城山,位于嵩山南麓的告县(今登封市告成镇)。《阳城山记》中的东周周公测影台、元代观星台,都是我国古代天文科技观测建筑,闻名中国乃至世界。

重修学记

元 余阙

洛于天下为中土,而嵩少奠乎其间,以当天下中和之气。嵩少之来,其东为箕山,其流为颍水,而置禹州于其间,以当中州清淑之气。其山川之丽,民物之美,昔许由尝薄万乘之尊,而惟乐乎是其地之特胜于他州可知矣。余尝过浚仪,思欲一至其州,登箕山,诚叔今为禹儒学正,谒予合肥,道其州县大夫修学之政,且愿属笔以纪其事。余备位史氏,凡山川、风俗、守吏、治教之悉固所欲闻,而禹又平生之所欲游而不得者。盖余闻之,五方之土,厚薄有不同,人生其间,因以为美恶之异。而王者之教亦随其地以为势之难易也。雍州土厚而水深,文王用之以成二南之化。如此其远及其衰也,而强教果敢之气犹足以相列沫。邦之民一变商心辛之化。而桑间濮上之俗至其后世如此。其敝由其风气之偏,故其民之浮靡□更历数圣莫之能胜也。禹受天地之中气,其民之生宜无甚过不及之性,而易于为善。帝尧之教所以劳来匡直之者,宽而使之栗直而使之温刚而欲其无虐,简而欲其无傲要以约其情正其性使归之中而已。以今中州之地易与为善之民,而邦君大夫兴学以导之,其化之易犹转凡而下千仞之冈,操轻舟泛大河而东也。异时余若得如余志以游于禹,入其学,观于诸生之循循然,交于其士大夫,观其文行之尔雅,游于其乡,见其民之孝弟忠信以亲其上,事其长相与追道,其贤兄弟未必不在于斯也。学之功则作灵星门,东西二庑及其游息之亭。其重学则吏目夷山张劳,勤劳于是则阳翟县尹大梁杨泰、儒学正马立信,提调学校则知州事李候端文也。

[作者作品]

余阙(1303～1358年),元末官吏。字廷心,一字天心。西夏人的余荫,党项人后裔。先世为唐兀(即党项羌族)人,世居河西武威(今甘肃武威)。元统元年(1333年)进士,历任泗州同知、翰林学士、监察御史,参与编纂《宋史》。公元1353年,守安庆,为都元帅,淮南行省右丞。1357年冬,陈友谅围安庆。公元1358年正月,城破,余阙引刀自刭,年56岁。余阙为政严明,治军与兵士同甘苦,有古良史风。注《易经》,有《青阳集》,元朝赠爵豳国公。《元史》本传称余阙"留意经术,《五经》皆传注。"精通儒学,又称"其为文又有气魄,能达其所欲言。"

《重修学记》为余阙到禹州参观兴学后而作。

许文正公祠堂记

元 郑冲霄

有天下之德者,可以享天下之祀。有后世之善者,可以永后世之思。盖德之服人也深,人之报德也至,故随其所在而祀焉。景仰追慕,愈久而不能忘也。先生号鲁斋,讳衡,字仲平,金大安元年己巳(1209年)生于新郑县阳缓里。幼有异禀,凤性生知。及冠,讲诵大小学二书,精思痼瘝不舍。语人曰："吾于是书,信之如神明,敬之如父母矣。"正大壬辰(1232年),河南兵变,北渡流寓于魏,下帷讲诵。窦先生子声一见,甚加礼敬。姚雪斋公茂方以道学自任,闻先生苦学力行,因过魏,三老会聚,谈论终日,亹亹忘倦,如冰壶秋月,凛凛逼人。既而雪斋隐于苏门,时有赵江汉仁甫传授伊洛之学,先生闻之即访求焉,日与雪斋讲求义理,辨析精微。先生晨起取伊川《易》肃容端坐,精诵不辍。又悉取晦庵集注《四书》读之,优柔厌饫,涣然冰释,怡然自得,气象雍容。行已接物有孟轲之勇,颜子之仁,其涵养功夫皆从《大学》《中庸》中来。四方从学者甚众,其教人之法,必自《小学》始。先生自隐居苏门,躬耕山田,清苦践履,一介不取,家至屡空,歌诵晏如弗问也。人或馈之,皆弗受也。庚申中统建元(1260年)春,圣上御极,召至阙下顾问。直节正言,守素不仕,告还。明年春秋复两被召征,以疾不起。继而

许文正(许衡)

遣使复召,赴都堂传奉圣旨,参议中书省事。丞相安童素闻先生德义,心诚悦服以师事之。又至上都,眷顾愈厚,屡蒙访问。奏时务五事,皆尧舜之道,上嘉纳焉。至元六年(1269年),命立朝仪定官制,拜资善大夫中书左辖,俸禄皆辞不受,以疾告还。改授集贤院大学士兼国子祭酒,立国子学,教胄子兼选四方英俊之士,以为国子伴读。复命较历,复授集贤院大学士,兼领太吏院事。逮新历成,改曰授时历。自先生入院,锡赉愈隆。上每北还,必问起居,问疾赐药、赐杖。又命肩舆上殿,赐坐,劳问久之。乞骸以归。上悯其老,诏许还家,仍遣中使,安车送还。改授其子嘉议大夫,怀孟路总管,以便奉养。十八年(1281年)三月,以病终于家。嗣天子即位之二年(1297年),思悼其贤,诏赠司徒,封荣禄大夫平章政事,谥文正。予初受业于先生之门,大德辛丑(1301年)居新郑县尹。询于部民,访先生故居,与先贤子产、名儒白乐天之旧墟近焉。其钟秀挺生,是此方又出一贤相尔。先生盛朝元老,当代真儒,理宜建祠,岁时景仰,以表人杰地灵之验。于文宫坤隅以基以筑,僚属同心协力,辇材运甓,并工偕作,卒成厥功。为堂三楹,截然一新。其像尊严,垂绅正笏,巍然使人起敬。经始于大德七年(1303年)冬,落成于八年(1304年)夏,卜吉安神,合邑士大夫妥侑以礼,神人以和。今也祠像肇新,使此邦之人有所观法,兴起时能,玩味发明伊洛之学,以卫中州之气,反躬践履,诚敬交孚,人皆有士君子之行者,是亦私淑而已矣。将见异日郑人惠其盛德,久而不忘于斯堂也,于是乎谨志。

大德八年夏,新郑邑令郑冲霄。

[作者作品]

郑冲霄,新郑人。许衡的学生,元代时期曾任新郑县令。

[相关史料]

许文正(1209~1282年),元代著名哲学家。名许衡,号鲁斋先生,字仲平,新郑县人。许衡34岁时,始得程颐的《伊川易传》、朱熹的《四书集注》,倾心研读,视为"进德之基",由此崇信程朱理学。公元1271年,忽必烈改国号为元,复任许衡为集贤殿大学士兼国子祭酒,领太史院事,修授时历。在兼管太学间,著《中庸直解》《大学直解》等书以为课本,并聘医、算等师,以教授汉蒙弟子,在北方传播理学和医算等六艺。在蒙元刚入主中原时,许衡提倡儒学,行"汉法",间接地保护了当时较为先进的中原文化,促进了民族融合。

元大德八年(1304年)夏,其门人、时任新郑尹令的郑冲霄为朝廷表彰许衡,在新郑老城内黉门街,敕建了许文正公祠,并撰写了《许文正公祠堂记》记。元大德八年(1304年)由吕士文书丹,刻写成碑,立于祠中。明成化时,知县黄肃重修,河东薛瑄作碑记。清康熙时知县石日琮重修并作碑记。今祠废不存,但作为历史上一个特殊的纪念建筑物,从碑文中可见当时的意义。

颍谷书院记
元 王 沂

登封,古郑分。颍阳在郑为城颍。庄公迁其母武姜之地也。城颍东有庙,以祀颍谷之考叔。《传》曰:"非此族也,不在祀典。"考叔在之矣。庙不知何代立,民事之谨。皇庆二年春,里之耄得宣圣庙废址于城西北隅。断碑仆地者三。披翳郁读之,则宋大观初所颁学制,元丰、崇宁间建修所立石也。乃即其处剪榛棘,剪恶木,心营目顾,因高就下,为殿以祀先圣先师,为堂以讲诵。岁久,圮壤不葺。后至元五年秋,工部郎中温侯格非时居颍阳,谒之,见其区位湫偪,垢蚀埃翳。大惧神弗临享,率其里之士,出私财斥新之。堂殿宏敞深靖,像设必以制。翼以修廊,缭以崇墉。栖有庐,斋有室。又为祠,以舍考叔像。岁时,邑吏率僚属诸生,奉笾豆簠醪以荐。涓重币以聘学完行修士为师,以教其乡之子弟。于是岩才里秀,屦接户外,弦诵之声相继矣。登封县尹阎询,具其始末,请于河南守郡使者。覆如言,乃闻于朝。如请匾曰"颍谷书院"。里之进士翰林供奉柏府乌台,请记。

余尝过成皋、颍川之墟。望崇高诸山,低回俯仰,慨想夫郑桓武至今,数千百年,其勋名震耀一时,岂无其人?而考叔独俾其乡尸而祝之,岂其根于天性者同然欤?呜呼,岂惟有以施于人,仰又有以施后世?凡观感兴起者,相推于无穷,此孝所以原百行也欤,不然何其民之不忘也?嵩高处四方之中,四序节而风雨时,故水旱蝗之灾少。中和之气降而在人,其人寡求而易足,其士向善而嗜义,故夺攘斗讼视诸邻邑,有不为也。因进德之地,有宫室以肆业之,有师友□磨砻之。锡类之风声未泯泯也,上之人奖观封植未已也。吾见其人材出,孝弟兴,以答朝廷乐育之大德,则于建斯无负矣。书院之兴,耆老史诚肇之,温侯继之。营董之勤,自德安儒学教授段荣祖,耆老田春、史诚而下,列姓名于石阴。系以诗曰:

颍水洋洋,白石齿齿。言采其芼,酌彼流清。春阳载晖,草生萋萋。悠悠我思,神其来归。陵迁谷改,何千万载。维皇之衷,心乎莫解。莫解千心,毗昔毗今。嗟颍之人,俨乎其临。来观来游,率斯以求。视彼嵩丘,无怠而修。

[作者作品]

王沂简介见《代祀中岳记》。

[相关史料]

颍谷书院原名颍考叔祠,亦称纯孝伯庙,位于登封市颍阳镇西门外。该庙是为纪念春秋纯孝伯颍考叔而建。颍考叔(?~前712年),春秋时郑国(都于新郑)大夫,初为颍谷(今登封县西南一带)封人,即掌管郑国西部边疆的官吏。郑庄公因出生时难产,自小母亲武姜就讨厌他,而偏爱其弟共叔段。郑庄公即位后,其母武姜为共叔段请封京城(今嵩山荥阳东南),共叔段在京城修城扩兵,并将郑国的属地收为己有,做好了叛乱的一切准备,约定日期,由其母武姜打开都城大门,里应外合以夺取王位。郑庄公二十二年(前722年),郑庄公平定其弟共叔段叛乱,逐其母武姜于城颍(登封颍阳),并发誓

"不及黄泉勿相见"。颍考叔劝庄公"阙地及泉,隧而相见",庄公从之,后母子和好如初。为此,颍考叔得了一个纯孝的美名,后世遂称颍考叔为纯孝伯。

颍考叔祠宋时改建为书院,元顺宗还特赠"颍谷书院"匾额。元代著名史学家王沂撰写了《颍谷书院记》流传于世。

玉仙圣母庙记
元 王国仁

汜水古成皋郡。越城之东十里余,有白杨村。村之东有玉仙圣母庙,封号太素元君之神。是庙胡建于此?而圣母胡眷注于此?兢阅古史,有熊氏女三人,幼而岐嶷恬淡无欲于世。即欲脱离之,含真葆素,避游鹿门之乡,其既也,得道全神返,葬于豫州成皋之野。而士女每每设白羊以祭之。

按《密志》载圣母返魂于密,纯白载道。灵郁所钟,郁为白松数株,高大莫伦,玉液雪肤,色泽可掬,浓花顿远。黄虞以来,垂今不朽。而密邑与汜地相距仅百里余,志载言传,宛若契券,是非臆说也。圣母在密,则凝其秀于物;在汜则毓其秀于人,何说也?盖汜境河水涌猛,土多沙卤,宜所产有多椎鲁而不纯者;今采其风咸合,其□实而不华,俗厚而不薄,士俊其行,女雅其容,民纯于朴,盖圣母之太素所遗,玉质所留也。其□佑攸隆如此哉!

噫!记古昔民詠其德,众自为祭,女多祈福。历周秦至汉明帝时,人饬佛寺,而圣母始有其庙。又重修于大元至正之年。迄今物旧岁久,正寝倾圮,两楹俱废,而神几于无所棲。是村东渠王君讳崇德倡义施地一亩,枸材鸠工,而乐从者若干人,于是规制益广,金碧益辉,庙貌益肃,神祇安安,视昔有加焉。

夫庙貌尊则英灵爽,英灵爽则承祀肃,承祀肃则人心咸化而鬼神监诚。是庙之建,诚有不得已者。岂曰,淫祀无益?又岂非分渎福乎?盖王君清白吏也,其为人亦冲素好雅,故建此庙以风扇人心,使知尚素敦朴云。是为记。

[作者作品]

王国仁,元代汜水县人。王国仁在元至正年间(1342~1368年)重修玉仙圣母庙后,撰写此文。

[相关史料]

王国仁撰写的《玉仙圣母庙记》,是一通刻于至元元年(1264年),立于巩义市东南75里九顶山玉仙圣母庙内的碑文。玉仙庙中供奉的主神为玉仙圣母。碑曰:"按元素经云:其玉仙圣神母者,乃太古之神女也。"《神佛总谱之道教神祇名录》载——民俗诸神——玉仙圣母——太古初期的神女,农历三月十一诞辰,神号为"太素元君"。从中可知,太素元君就是玉仙圣母。"太素"乃丝绸之源,"元代"乃祖始之神。当地民间传说,太古之时,显圣嵩山,垂慈神州,济世化民,普福众生。《重修玉仙圣母庙记》碑文记述了玉仙圣母的圣迹与灵异,表达重修玉仙庙人的愿望"神藉人灵,人仗神佑。人神交感,影响昭彰。"

嵩阳崇福宫修建记

元　梁　宜

　　夫嵩高方四岳为居中,崇福塆琳宫为最古,而全真稽道教则为独隆。盖金世季年,重阳王真君非藉绍授恍悟道于空际,别阐一家门风。一时海内奔趋景向,如鸟投岑郁,鱼赴渊海,惟恐其后而罔及。太祖皇帝启运龙朔,首召重阳大弟子长春丘真人,深渥眷注。尝侍燕间,恒以清静养民不杀为言。上甚嘉纳。至混一区夏,于是有孚。崇福宫,踞嵩岳之麓,即汉万岁观,有奉邑。唐改曰太乙,宋升为宫,以太乙殿改祈真,又曰保祥。左右建真宗元神、本命二殿。天圣中,保祥北为真宗御容殿。像真献后于西阁帐内。宫设提举管勾,以主祝釐。高选若、范忠文、刘元城、吕献可,皆尝奉祠。司马温公及子康、程明道与父太中,迭任斯职,余不能殚举,皆当代闻人。离宫掖其东,殿阁千楹有奇。累朝于兹避暑。奕棋、樗蒲、泛觞,三亭尚存。魏天师寇谦之、唐真人刘道合,庆历董道绅、宋王崇祐、王成之、张若柔,俱有道者也,一出于是宫。迨毁于金兵。事定,道流稍集,殿廊渐次粗完。奉玺书、蠲徭赋、禁樵牧。苟有得,令亟葺其弊损,而庇卫均岳祠矣。初戊戌岁,知宫正一赵道人,因翟讲师志深、王君德明,游方至嵩,将邀留之。二人辞曰:"我辈凉薄奚堪。必欲得人,长春大弟子乔公比已渡河,舍此无出其右。"于是府县僚佐合道官,相率具疏状,恳请凡四,阅岁壬寅,才允。远近豪右知之,或割地,或输财,填辏其门。王德明又以纲纪自任,缮毁起废,创构七真堂、钟吕祠、方丈、厨湢、庚库、百务咸兴。乔没,周真人志谨嗣。周没,提点罗公道全嗣。公征记理出侵没上田若干亩,仍凿导涧

嵩山崇福宫

泉,造碾砲数区,构静虚乔真人祠,真君、启母二庙,天师宝箓殿,像设悉备。复大起琉璃三清崇殿,规制宏邃,节税樏栋,涂金间碧,极其绚丽。高真容服尊严,见者莫不辣肃。公之志信,谓勤且敏焉。公累受惠和慈济广德大师宗主都提点,被以金冠法服。一日偕中岳,提点张公德良状其颠末,踵求记文。乃思之曰:境非人弗胜,道非世弗弘。人重则胜其境,世向则弘其道。境与道则卜于人之重轻、世之向背而已。崇福之在嵩阳,虽以甲宫而占神岳,其或不得人不依世而胜于弘,殆难以轻议也。今乔真人倡于前,而罗公缵于后,厥功浩博,固有加于曩昔,然揆之宋日,十犹未一。伊发启全真教,自重阳始大振,全真教则自国家始,由罗公溯之重阳,本源寔一。躅其武者,苟存存不替赞治期,以扩祖师之玄学,将见宋日光盛,顿还旧观。则余不能无少冀。因系以铭。铭曰:

　　名山弥区,神岳特五。四峙四方,嵩独中处。宫观环嵩,真境多所。縈美崇福,耀迹良古。万岁三呼,夸绝汉武。涣表灵异,筑观峰下。运绍李唐,寅信愈溥。改曰太乙,化需玄府。际宋殊遇,眷礼孰伍。崇福易宫,鸿庆集祐。真宗真献,容像奉贮。儒臣侍祠,管勾提举。左跨离宫,堂皇属庑。乘舆驻跸,爰逃庚暑。倏残金寇,慨归一炬。胡彼杰构,遂成焦土。圣元龙飞,帝临寰宇。咸秩无文,恪敦望

旅。全真适兴，重阳立祖。丘刘谭马，相为翼羽。长春高弟，静虚仙侣。众恳忍拒，来居山主。荆棘瓦砾，荒凉难睹。芟夷蕴崇，坦斯坳阻。架木结茅，仅庇风雨。次第营葺，羽流稍聚。豪家右族，非取竟予。懋讫于成，悉就秩叙。罗公继嗣，沥诚干蛊。力弘教门，心勤志苦。水行碾硙，反田垦墅。不懈益虔，访究基绪。祠阁斋廊，庖湢廥庚。积以岁年，轮奂弗粗。鼎创崇殿，罄竭肝膂。匠巧工鏖，动合规矩。翠瓦浮岚，槾甍骞舞。彰施丹碧，费计万巨。夙闻嵩神，生申及甫。咏之风雅，作周哲辅。面箕背少，川原朊朊。昌延皇祚，假灵锡嘏。猗嗟罗公，业行莫数。希踪巢许，攀驾钟吕。策驰风雷，丹伏龙虎。福祐洛民，繁禧濡煦。仓盈稷黍，杼广缉缕。人不灾疾，物不疵疠。穿珉坚密，刊我铭道。昭示方来，讵云小补。

[作者作品]

梁宜，元朝人。至正三年（1343年），曾任河南府路总管。

[相关史料]

崇福宫，原名万岁观，位于登封市市区北部，嵩山太室山南麓万岁峰下。创建于汉武帝元封元年（前110年），西汉武帝刘彻率群臣礼登崇高山，听到山谷中有三呼万岁之声，遂称此山峰为万岁峰，在山顶敕建万岁亭，在山下敕建万岁观。唐高宗时，将万岁观改名太乙观。五代年间废毁。宋真宗时（998～1022年）把观提升为宫，更名曰崇福宫，成为供奉道家神仙，为皇朝祈福的琳宫真馆。

北宋时期的崇福宫虽为道家神仙宫，但由宫廷管理，管理者却是北宋大儒。当时主管崇福宫的官员名儒先后有：范仲淹、司马光、程颢、程颐、朱熹、李纲、韩维等百余名人。到仁宗天圣年间（1023～1032年），宫内建筑达1000余间，该宫不但是道教活动场所，而且也是名儒著书习学之地，具有较高的历史研究价值。金兵进入中原后，崇福宫被付之一炬。元朝建立后，崇福宫演化为纯正的道教场所，建有七真堂等，成为全真教道场。金代著名高道丘长春在嵩阳崇福宫传全真龙门派。丘长春的弟子乔志嵩，居嵩山崇福宫30余年，为该宫宗主，弟子甚众，赐栖云虚静真人号。

重修纯孝伯庙记

元 王 益

一羹之孝遗其亲，一言之谏悟其君。是谓因子道而尽臣道，载芳声于简策，享庙祀于无穷者，其纯孝伯考叔之谓与。登封城颍仅一舍，曰水神里，实颍水出焉。其地即故郑之封。其上则伯之祠也。未详何自始立。且伯之事，在春秋二百四十二年之初。稽之于《左传》，其所从来远矣。有司以岁时致祭，吾民以旱干祈祷。至元五年，襄邑彭侯孝先来尹登封。以故事祀祠下。顾檐梁摧栋挠，弗称展礼。乃谋诸监县瓮吉剌公、主簿曹琰，曰："忠臣烈士，载在祀典。累朝诏旨，申敕有司捐洁致祭。矧纯孝伯与忠臣之列。吾属忝守祀之官，庙貌若此，理宜新之。"金赞其义，乃谕石道、胥店二保编民凡二百户，特事葺治，仍免杂调。众愿为之，富者输其财，贫者效其力，工则助其艺。趋事赴功，不令而集。兴役于己卯之春，落成于庚辰之秋。正殿四楹，三门闳壮称是，醮台周垣，悉完坚好。

呜呼！伯之神血食于兹，有年矣。庙复新如初，使人过祠下者，莫不有以起发其爱亲之良心焉，亦莫不有以感动其事君之忠悃焉。则知伯之立纲常、垂世范于臣子者，其有穷乎？又知彭侯生百世之

下,景仰遗迹,惧废守祀,刻石示远,以敦风俗者,亦宜与之无穷矣。铭曰:

颍水之浒,颍谷之垠。有庙北向,爰昔封人。当春秋际,道丧人文。天笃生伯,躬践彝伦。克忠克孝,乃义乃仁。既善为子,斯良为臣。舍羹为母,托意谏君。俾黄泉誓,化为亲亲。垂则不匮,锡类可闻。《左传》其事,《西铭》是陈。前代行著,后王谥尊。封爵列伯,曰孝曰纯。血食庙享,几秋几春。有司典祀,岁时惟寅。历久摧移,无以庇神。用宏旧制,轮奂斯新。镌珉纪实,永永攸存。

[作者作品]

王益,元代登封人。

《重修纯孝伯庙记》是王益于元代至元五年(1268年),为登封石道颍源之畔的颍考叔庙撰写的一篇记文。王益在本文中说:"一羹之孝遗其亲,一言之谏悟其君。是谓因子道而尽臣道,载芳声于简策,享庙祀于无穷者,其纯孝伯考叔之谓与……则知伯之立纲常、垂世范于臣子者,其有穷乎?"由此可知,颍考叔的纯孝事迹在嵩山地域影响之广泛而深远。

[相关史料]

颍考叔(?~前712年),春秋时郑国(都于新郑)大夫。初为颍谷封人,即管理郑国西部边陲嵩山西部颍水上游一带的长官。郑庄公因出生时难产,自小母亲武姜就讨厌他,而偏爱其弟共叔段。郑庄公讨伐其弟共叔段后,因恶其母助段,而将其母姜氏置于城颍(今登封颍阳),并发誓"不及黄泉,毋相见也"。颍考叔巧妙化解了他们母子间的矛盾,"阙地及泉,隧而相见",庄公从之,后母子和好如初。因此,颍考叔赢得了纯孝的美名,《左传》载:"君子曰:颍考叔,纯孝也,爱其母,施及庄公。"颍考叔被后世君王封为纯孝伯。登封石道颍源之畔建有颍考城庙,颍阳建有颍考叔祠,颍考叔在明代还被列入登封乡贤祠敬奉。宋时,颍阳的颍考叔庙改建为颍谷书院;元时,元顺帝还特赐"颍谷书院"匾额。

纯孝伯庙具体情况见《颍谷书院记》。

颍考叔

请水少室记

明 李 祯

宣德辛亥夏五,登封缺雨特甚,予按县深以为忧。翌日丁卯,率属吏行香,遣通判俞延辅赍祝文,取水九龙池。是日,郊外雨。戊辰,再遣请水少室。水至,予免冠跽候道左,过乃起,奉安于僧寺。礼成,延辅进曰:"方取水时,有物浮水上,意谓断梗,弗之顾。俄而昂首振尾,谛视之,蜿蜒也,其色赤黄,悠然而逝。"父老喜曰:"龙视,雨至矣!应在午未,赤黄午未色也。"予未信。少焉,云起潭上,绵亘嵩岳,午刻尽,果大澍,逾时乃止。已巳,予率如县耍毅、县丞魏吉、教谕刘锐暨父老等,躬送水于潭,俱牲醴以祭。呜呼!神可谓灵也。已苗稿而苏之,岁俭而丰之,神之爱民何其仁哉!神德不敢忘,神灵不可泯。乃作迎亭、送神辞二章,刻真潭上,以答神贶,俾民岁时歌以祀神云。其辞曰:

神之潜兮,居幽阴。珠宫严兮,贝阙深。出游衍兮,水之浒。峭壁苍苍兮,白昼沉沉。箫鼓喧阗兮,众乐谐音。牲牷登俎兮,清酒载斟。民稽首兮,神愿来歆。神之蛰兮,胡能测。呵雷公兮,奔走风伯。敷祐下民兮,口甘泽锡。以丰稔兮,多稼穑。祈蚕行蚕兮,种麦宜麦。鸡豚蕃兹兮,无有灾厄。祇奉香火兮,曷其敢忒。万子孙兮,宁忘大德。

明宣宗宣德辛亥夏

［作者作品］

李祯（1376～1452年），明代官吏。字昌祺,多称李昌祺,一字维卿,庐陵（今江西吉安）人。永乐二年（1404年）进士,选翰林院庶吉士,曾参与修撰《永乐大典》,擢礼部郎中。洪熙元年（1425年）,以才望卓异,迁广西布政使,后又任河南布政使。李祯一生刚严方直,素抑豪强,以廉洁宽厚著称。家居20余年,足迹不至公府。不以书名,行、楷亦可观。著作有《运甓漫稿》《容膝轩草》《侨庵诗馀》《剪灯馀话》。

《请水少室记》是李祯于明宣德六年（1431年）任河南布政使时所撰写。

庙学记

明　刘定之

密为开封钧州属邑。其地被山林,带原隰,无大河巨川便商贾末利之趋,而良畴沃壤可务农足食。故其土重厚忠信,宜其务学也易,特在乎善导之耳。当今圣明,御宇薄海内外,教化大行,庠序轮奂,弦歌洋溢,在处皆然。而况密这士习甚善,可无作而兴乎？予以使事过密,凤翔岳君宗令兹土,鸠工修学,新其旧,完其缺,材木必良,甓瓦必坚。礼殿两庑,及列戟之门,供祀之处,所以崇圣贤者先之；明伦堂两斋至会馔之所,肄业藏修之舍,所以安师生者次之；他如浚泮池,辟射圃,缭周垣,莫不以次成焉。是时主簿潜山鲍鼎等,咸与君合志一意。教谕涂君,予同郡也,为了道其实,请为之纪。夫所贵于学者,为其能养士而使之明孔、曾、思、孟之学,《易》《诗》《书》《春秋》之经,子史之说也。其明乎是者,无非修己治人,使君臣、父子、夫妇、兄弟、朋友之道行,则家齐国治天下平,而代天理物者有所赖。然则修学之功,岂不大哉！密之长民者,知从事于此,密之士继今以往,吾知发闻者日众,而国家亦可收用贤之效矣。故特书之,以示劝！

［作者作品］

刘定之简介见《祀中岳嵩山碑阴记》。

［相关史料］

庙学亦称孔庙,是古代中国尊儒崇文之所,亦为祀圣贤、习礼仪、讲经籍、议文事之地,嵩山地域各市县都建有文庙,这也说明古代对教育的重视。文庙最初以祭拜孔圣而兴起,元明以后就有了孔庙和学庙合一的特征。据《密县志》载：密县庙学,古名为"先师孔子庙",始建年代无考。元至正二年（1342年）重修,元末兵毁。明洪武二年（1369年）知县冯万金因旧址草创。成化年间,知县温厚增修如制。弘治年间,知县叶预修建东西二斋。正德年间,知县李朝阳,易棂星门之木者以石。明末后毁。后在清代顺治、康熙、雍正、嘉庆年间,此庙得到不同程度的始建、增补与修建。

本是一个小小的密县庙学,何以请到当朝宰相、大学者刘定之为之撰文,何以关系,史料无载。但此碑作为县级庙学的记载,还是十分难得可贵。

周公祠堂记

明 陈 宣

昔周公营洛时,仰观俯察,以道莫大于天地。天地之中,不有以考验之,则凡所以裁成辅相者,无定据立于此而参于彼,其功反有以补其过与其不及。峻极无间,万古一圣人如周公者,又焉可诬之耶。呜呼,周公之心,何心也! 恒言洛当天地之中。周公以土圭测之,非中之正也。去洛之东南百里而远,古阳城之地,周公考验之,正地之中处。乃立石表八尺,状如柱,以测日景之远近长短,以正四方,以定四时成岁。台废表存,相传犹曰"测景台"。台北又筑观星台。台甚高且宽,旧有挈壶漏刻,以符日景而求中之法尽矣。其故迹与天地相为悠久,而不能泯灭。以至于今日,岂鬼神护之,使独存耶? 抑亦天将以彰周公之功,使后人得以依凭论世,识圣人之心于数千载之上,非耶? 尝考《正义》云:"周公度日景,置五表。今阳城是周公测景之处,古迹犹存。"《地理志》以河南阳城县南有测景台,刻石表焉。王朴亦云:古者置圭于阳城,以其近洛也。尚慊其中在洛之东偏,或者以世远人亡,议非周公之手迹,然则彼皆非欤? 唐遣使往交州等地,立表以求之,是岂周公之知弗若欤? 由是观之,信非周公不能作此也。

弘治丙辰,宣来守河南,明年巡属邑登封。而城在境上,即往求所谓天地之中故迹。周遭而谛视之,窃叹曰:"周公成文武之德,立法图治于天地,后世其精到有如此者,不有测然而为之动,岂人心者耶?"遂命登封吏筑城四围,中谋立祠,以报公功。墙完而祠未绳墨,迟至于辛酉之冬,壬丘邝君以进士知县事,暇日进君以《稽古》,君知所重,祠不日告成。题其门曰"周公测景祠"。中作周冢宰周公之位,特牲以告公曰:"维周多圣兮,于赫周公。伟周公之功兮,咸秩功宗。严祠翼翼兮,秉彝周公。神之格兮不可度,邈千古之阊风。"并记之。

[作者作品]

陈宣(1418~1509年),字文德,号潜斋,明代平阳慕贤东乡柘园人(今苍南仙居乡),是明中叶的一员清廉能吏。父亲陈序在乡里以行孝著称,著有《植柘稿》一书。陈宣少时鲁钝,但勤奋异常。郑思恭在《东昆仰止录》中言其"读书五七行,日移晷,不能成诵,跪而自挞,苏苏陨涕,人以'流涕宣'呼之。稍长,奋志攻苦,不出户外,所熟读书,终身默识不遗一字,既而迅笔立就,词理皆到。"

[相关史料]

周公祠,在登封测景台和观星台之间,位于登封观星台院内。始建于明弘治十四年(1501年)。明万历十年(1582年),清嘉庆十四年(1809年),两次重修。庙内立有清光绪十九年(1893年)的《重修元圣庙碑记》。公元1982~1984年河南省古建所落架重修。

幽胜寺记

明 邵 进

佛故西方圣人焉。以大圆觉设一切空,以大慈悲度一切众。始于不言,而至于无所不言;无所不言,而至于无言,是为佛法最上乘。如以薪传火,薪尽而火穷也。故世尊拈花,迦叶微笑,超然独得,尚何可以言语求哉? 其后达摩祖师西来入中国,居嵩山少林寺,面壁者九年,惟传心宗,至今名著宙。是

皆能化人为善,师范后人者也。尚朗上人俗姓徐,自幼脱障出家卧佛寺。既长,为避喧烦,移居幽胜寺,明五眼,净六根,奉戒持身,明心扫垢;见其性,知其几,卓出尘表,可谓无忝佛氏之法矣!寺南有大隗即具茨山,轩辕黄帝问道于广成子,其遗亦尚有存者。西有黑龙池,每岁旱,官民祷雨多有感应。山川明秀,景物华,对峙环拱,迥出尘寰,超然一胜概也。又岂荒凉野刹之可比也哉!一日朗上人嘱予为记,刻铭于石。故笔其大概,用昭后世。

[作者作品]

邵进,明成化十三年(1477年)进士,官为监察御史,新郑人。

[相关史料]

幽胜寺位于新郑市西南风后顶西侧,今千户寨乡柿树行村,又名幽盛寺。《幽胜寺记》是邵进于明成化十三年(1477年),任监察御史时所写的一篇碑文。作者在文中记述了佛教传播和幽胜寺重建经过。其中特别记述到"其寺南有大隗即具茨山,轩辕黄帝问道于广成子,行殿尚能悠久有存焉"的历史渊源。

新建汤王庙记

明　高尚贤

颖川城郭之阴,有丘曰钧台,州自之名者。昔夏启会诸侯享此。汤恶于桀,囚之夏台。夏台即此台。实块土,而明耿耿与太华相峙,夫有以重之也。启之贤不圣于汤。启享会乃常典。汤否于此而王业基之,尤为异迹。台之有藉于汤审矣!世远俗謟,民狃于鬼。惟冀为祸福者。是祠而罔台之思。郡侯刘公守是邦三载,政以德孚,民以化渐,道以古植。厥惟咸绪。乃踪寻古圣贤之在境内者,墓则表之,神则祠之。近代淫祠悉毁悉更。乃登斯台也而喟曰:"显德之匿而因福之。求民之懑也,教之敝也。夫标迷莫如崇典,诏来莫如征往。"于是乎因旧祠,屏旧像,主汤其中而定祀焉。祠淫而典,台废而兴矣。是役也,财糜官费力罔民妨翼如岂如。壮观起瞻谒焉者,糜不惨桀之烈而痛汤之遭,县幸其亡之忽而兴之勃也。君子谓斯举也有三善焉。祠开厥新,崇正祀也。址仍厥故,谨民财也。仁者之祠而虐者之彰,昭鉴戒也。崇祀,礼也。谨财,仁也。昭戒,知也。礼以基之,仁以成之,知以永之,岂惟明神是歆?实以斯民是赖。君子谓刘公于是乎能此邦矣。公名魁,字焕吾,庐陵人。种德积学为君子儒云。

[作者作品]

高尚贤(1484~1536年),明朝官吏,嵩山本土历史文化名人。字大宾,号风溪,新郑县人。高魁子,高拱父。明正德十二年(1517)进士。初授工部主事,改礼部仪制司主事、精膳司员外郎。嘉靖年间任山东按察司佥事、陕西按察司佥事、光禄寺少卿等官职。

[相关史料]

汤王庙,为祭祀商朝第一代帝王商汤而建的庙。商汤(?~约前1588年),子姓,名履。商王朝的创建者。《三字经》有"汤伐夏,国号商,六百载,至纣王"。前1617~前1588年在位,共30年,其中17年为夏朝商国诸侯,13年为商朝国王。今人多称商汤,又称武汤、天乙、成汤、成唐、大乙、高祖乙。新郑汤王庙今已无存。

翁家港之战

明 郑若曾

六月初四日,发兵至闵行镇,蔡公牌仰僧兵为前哨。初八日,至新场镇。次日,至南汇嘴中后所扎营。初十日,遗骑兵往六团巡哨,闻有贼百余人在焉。奋力追击,贼惧而逸,只存母子船五只。钻木取火烧去其三,以绝巢穴。余二只亦为风浪所粉。

十一日黎明,天员与指挥朱某方议往八轩迎战,留提管僧无极等于六团下营,会韩都司玺委朱指挥往八团巡哨,朱遂先至八团,被贼杀伤部兵29人。时六合知县董邦政兵先被贼杀者亦40人矣。是晚僧兵至八团,驻监生乔铠庄。有杨指挥、樊指挥者,先在庄前扎营。天员令其入内,自以兵捍贼于外。贼使人觇僧多寡,庄人谓之曰:"其数吾不能知,但知其煮粥米一石,每人分啜二碗而已。"贼闻之即走。

次日哨探贼在二团三团,天员乃引兵南还。至一团之翁家巷遇敌,已申时矣。

僧兵抗倭

天员曰:"天未晚,犹可战也。"率僧兵25骑前哨,众兵继之。

倭贼登屋了望者二人。天员率诸哨为先锋,月空等排阵于后。见贼下屋,天员心觉其设伏,即冲前堵杀,不容埋伏。贼忙迫换计,裹衣包为八扛锱我兵。天员下令曰:"如有抢倭财物,妨误大事者斩。"众骑不敢有所取。

月空、无极横列阵为长蛇之形,韩都司、王守备等继其后,相离约百余步。阵法:两人持长枪,之后铁棍砍刀相间而列,弓弩火器左右参错。阵形既定,各嚼靛花一丸于口。倭贼见僧兵列阵,度不能伏,其头目称赵大王者,即举扇招贼归战。诸贼扯去衣袖及内外襟,令人舁一门板,西向植地,以枪支定,二善弩者夹门隐身而立,二小倭递箭于傍。贼首40人,俱衣绿,排为一字形当其先,余60人俱衣绯列于左右,各持兵笼,仰天而揖。揖毕,令刀手驱所掳民抬前所裹衣包八扛,撒地而走。僧兵知其为无用之人,不之迎也,亦莫敢越垒而趋利焉。天员引骑兵左右闪开,诱贼前进。贼先发矢,僧兵亦发矢。天员传令停射交锋,无极摧阵,呼伽蓝三声,大喊:"杀!杀!"长枪手奋勇前戮,贼舞刀乱砍,钩枪手随长枪而进,从隙钩贼之足,箭手发射,铁棍随钩枪而进,击死钩倒之贼,刀手继之。贼一面欲支长枪,又欲却箭,不虞钩蛇循地而至,不能更顾其足也。

僧兵临战,暗约以靛青涂面,贼见青脸,红布蒙头,疑为神兵,胆已唬落。战时,左右弓弩火炮齐发,天员引骑兵绕出贼后,韩都司家兵与铳箭手三四十人随之,围贼于中。贼大败,斩首40余级。贼舍死溃围,骑兵开一角纵之走,匿王氏屋中。僧兵围之,以火攻贼。贼穿壁而逸,半陷入靛坑中,长枪手刺杀之。仅存20余人,逃入老营,合守营者共50余人。僧兵攻之急,一倭妇出走,乃赵大王妻也。僧有名某者,骁勇绝伦,持铁棍逾堑沟击杀之。时已昏黑,不能战,遂收兵而还。行若干里,至中前所扎营,贼戴夜奔柘林,杀一巡检、二弓兵,即如金山。

十四日,天员等坚壁不出,调养刀箭所伤。更选壮僧70余人,合韩都司家兵张忠等30余人,更为征剿之计。是日也,韩都司等官悉至营来谢,而以银牌称贺焉。

此战大获全胜。

选自郑若曾的《江南经略·僧兵首捷记》

[作者作品]

郑若曾

郑若曾(1503~1570年),明清之际著名的布衣军事家、战略家。昆山人,字伯鲁,号开阳。1535年(嘉靖十四年),郑若曾33岁考取秀才,后被推荐入国子监就读,成为贡生。仕途失利后即归居乡里,潜心钻研学问。然而他胸怀大志,凡天文地理、山经海籍无不周览。

嘉靖三十年间(1553~1555年),我国东南沿海地区频遭倭寇侵扰,官军在御倭战争中纷纷败下阵来。此时朝廷派胡宗宪任剿倭总指挥,此公广招有识之士,由于郑若曾平时善言兵事,自从倭患发生后,他就绘制了一些沿海地图,由苏州府刊行,为胡公所识,征聘入军中为幕僚,辅佐平倭事宜。之后郑若曾撰写了许多有关御倭方面的著作,还亲自参加抗倭斗争。因平倭有功,朝廷授锦衣,郑若曾没有接受;胡公又推荐他去修国史,郑若曾亦没有答应。后世评价:郑若曾身处倭寇最猖狂的时代,运用世界地理知识对日本及周边国家开展深入而广泛地研究,制订了一系列御倭的方略,并倡导全民抗倭,最终与戚继光、唐顺之等共同平定了倭寇之乱,是当时最卓越的军事家之一。他的军事著作如《日本图纂》、《筹海图编》、《江南经略》等对后世产生了深远的影响。

嘉靖时,明王朝海防松弛,沿海卫所"战船、哨船,十存一二",士兵也只剩十分之四,而仅存的部队也因制度腐败、军纪废弛而战斗力极弱。在倭变突起,不及调集中央军队的情况下,只好临时就地征召当地战斗力较强的地方武装。所谓"僧兵",就在这时开上了战场。少林寺僧官月空就是在这时带领武僧开到了东南沿海前线。他们在平倭的战斗中,手持长枪、砍刀、铁棒、铁棍等少林器械,英勇顽强,拼命杀敌的精神,史料多有记载。

据《云间杂志》:嘉靖三十三年(1553年)元月,倭寇向上海、江阴、太仓一带大举侵犯,明王朝征调各地乡夫参战,少林僧月空接到都督万表檄文,与自然率少林应募武僧30余名赴松江抗倭,傍贼结营,一贼舞双刀而来,月空坐不动。将至,身忽跃起,从贼顶过,以铁棍击碎贼首。又见顾炎武《日知录》载:嘉靖中少林僧月空受都督万表檄文,御倭于松江。其徒30余人,自为部伍,持铁棒击杀倭寇甚众,皆战死。月空和尚等抗倭御敌于疆场壮烈殉国,其绩甚嘉,可歌可泣。

郑若曾的《翁家巷之战》记载的就是在嘉靖三十二年(1553年),少林武僧月空及僧兵们在此次战役中的战斗情况。

[相关史料]

史籍明确记载有僧兵参加的抗倭战役,只有杭州、赭山、翁家港、白沙滩、叶谢镇、马家浜、六里桥、巢门七次。这七次战役,都发生在今天的上海、江苏、浙江,也就是所谓的"长三角"一带,时间则是嘉靖三十二年(1553年)至嘉靖三十四年(1555年)间。这正是倭寇大举侵扰江浙地区而明朝地方政府和卫所军队仓促应战的时期。《僧兵首捷记》开首便云:"国家承平日久,民不习兵。东南文物之地,武备尤弛。嘉靖癸丑春,倭人猾夏,我祖宗之制,非奏请不得擅动军旅。有司仓皇不及以闻,权起民兵御之。"显然,江浙地区抗倭的这一支僧兵,也是作为民兵的一支,开上战场的。这一支僧兵的参战,亦属军事紧急时不得已而为之。僧兵尽管在战场上建立功勋,但往往不贪图富贵,在战争局势和缓之后,选择离开。所以,当明朝开始大规模扫荡倭寇,僧兵"班师后,当道莫与奏功,而仅赏银牌,退归山刹。"

明代僧兵

自嘉靖三十四年(1555年)下半年开始,明王朝任命了张经、赵文华为总督大臣,统筹剿倭,并调集正规军或建立新军,对倭寇开始进行大规模的围剿。戚继光、俞大猷等人,就是在这时走上抗倭战场并成为一代名将的。这一支人数并不多且属于临时征调的僧兵,很有可能就从这时起退出了抗倭的主战场。也就是说,这支僧兵参加抗倭的时间,主要是在戚继光、俞大猷等所率正规军参战之前。

新建十方禅院记

明　俞大猷

佛教虚以其虚,虚天下之实;仁厚教实以其实,实天下之虚。二教并行于天地千万载之间,有道君子之评论详且尽矣!兹姑未暇及。

予昔闻河南少林寺,有神传长剑技。嘉靖辛酉岁,自北云中奉命南征,取道至寺。僧负其技之精者,皆出见呈之,予告其住持小山上人曰:"此寺以剑技名天下,乃传久而讹,其诀皆失矣。"复着芒鞋扶竹杖,游本山大小庵场,历达摩面壁石洞,遍览金乘珠藏,龙步虎音之区。见寺前有一山地,其形势更奇,又告小山上人曰:"此地可建一小院,以增此寺之胜。"小山而慨然曰:"建院之责,愚僧任之,即平治其基以经始也。剑诀失传,示以真诀,是有望于名公。"予谓:"是非旦夕可授而使悟也。"即择其僧之年少有勇者,二人,一名宗擎,一名普从,随往南征,三载之间,谆谆示之,皆得其真诀。虽未造于得心应手之神,其十步一人,千里不留行,亦庶几矣,乃辞归。

越十有四五载,今万历丁丑岁四月间,予适在京师神机营提调车兵,报有一僧求见,与之进,乃宗擎也。谓普从已化为异物,惟宗擎归,以真诀广传寺僧,得其法者亦多也。因欲戒坛听戒,锡飞至此。予喜,复授之"剑经",勉以益求其精之意云。嗣又有本寺僧名普明者至,谓寺前山地,向命只盖一院。小山有志,未就而化。近住持幻休大师,欲踵其事,命普明主之。普明乃本寺无空大师之嫡孙,恐力不逮,即抵京师求无空俗徒御马蓝太监张公遇、卢公鼎、高公才,各输俸资以助之,近已落成,名曰十方禅院。乞名公赐文勒碑,以垂不朽。

予以院为普明上人之主建,二三内相之助成,其各存心,欲旦夕焚香祝颂:一则愿圣天子寿考之万年;一则愿四海民物之康阜;一则四方游僧过往来客有所栖止;一则宗擎剑法又得广传。此院后进之行者,以待忠义之士,有时取卫社稷之用。其为利溥而功用大概如此,非持增旧寺之胜而已也。故乐为记之。

[作者作品]

作者俞大猷(1504~1580年),明代卓有建树的武术家和杰出的军事家。字志辅,号虚江,福建晋江人(今福建泉州市人),与唐顺之、戚继光等为著名抗倭将领,驰名于武林,时称"俞龙戚虎"。俞大猷是作为一名成功的将军而为我们所知,他曾经任中国5个边疆的地方长官。他生于福建省晋江的一个军人世家,而他辉煌的军事生涯在很大程度上归功于他对中国东南沿海倭寇的平定。

俞大猷自幼好习文练武,对古代军旅与民间武艺均有独到见解,且剑法高超,钩刀枪钯样样精通,尤以棍法称著于世,并对棍法理论作过精辟的研究。他擅长各类兵器,提出习练器械应以棍为主,棍理明了,即可通晓各类兵器。戚继光的棍法曾受过俞大猷的指点与传授。俞大猷擅长有名的"荆楚长剑"棍法,编著了棍法著作,名为《剑经》,受到当时武术家们的赞赏。这部棍法理论和技艺专著,是中华武术遗产宝库中的著名经典著作之一。明代军事家何良臣在其著的《陈纪》中说:棍法之妙,尽于大猷《剑经》,"学者悉心研究","久则可自称无敌"。戚继光称俞大猷的棍法"一架一戳,如转园石于仞之山,再无住歇"。可见俞大猷棍法的精妙。

[史料记载]

嘉靖四十年(1561年),俞大猷因抗倭自北方奉命南征,途经河南。因素闻"河南嵩山少林寺有神传长剑之技",故特别造访少林寺。所谓"长剑之技",即棍术。寺僧自负其技,有数百人参加了少林棍术的表演。俞大猷观看后,发现少林寺僧的棍术因久失传,直言不讳地对方丈小山宗书说:"此寺以剑技名天下,乃传久而讹,真诀皆失矣!"小山宗师恳请俞大猷指教。俞大猷告知众僧,学习棍术必须掌握总诀,即刚柔、阴阳、攻守、动静、审势、功力、手足等动作的运用。俞大猷在小山陪同下,游历了本山大小庵场及达摩壁洞等处,见寺前有块山地,形势更奇,便说:"此地可建一个十方禅院,以增少林之胜。"小山方丈慨然说:"建院之责,愚僧任之,即可平治地基以经始也。而剑诀失传,请示真诀,则有望于名公了。"俞大猷说:"此必积之岁月而后得,非旦夕可授而使悟也。"为向少林寺回传少林棍法真诀和《剑经》(实为《棍经》),小山方丈挑选了两位年少而勇力的僧人宗擎、普从,随俞大猷南行抗倭前线。俞大猷在出入营阵之中,不断地"时授以阴阳变化真诀,复教以智慧、觉照之戒"三年之间,二人皆得真诀,虽说未入得心应手之神通,但"十步一人,千里不留行"的功夫是学得差不多了。二僧请归,俞大猷令二人"以所授之教转授寺众,以永其传。"临别,俞大猷写《少林寺僧学成予剑法告归》一诗赠送,云:"神机阅武再相逢,临别叮咛意思浓。剑诀有经当熟玩,遇蛟龙处斩蛟龙。"此后,二人辞行,北归少林寺。他们将所学剑诀禅戒传给寺众,所学最深者达百人。从而,使完善之后的少林棍法得以继传。

基于俞大猷在嘉靖四十年时在嵩山少林寺观武时,向少林寺住持小山宗书所提"可建一个十方禅院"的建议,少林寺僧普明于万历五年(1577年),到北京拜见俞大猷,禀报小山上人有志创建十方禅院事,但因"未就而化",住持幻休大师"欲踵其事",命普明主其事,"十方禅院"落成,。普明请求俞大猷为其撰写创建碑记。俞大猷认为此举意义有四:其一,愿天子圣寿万安;其二,愿四海民物康阜;其三,愿四方游僧有其栖所;其四,愿古人棍术真诀经宗擎又传少林寺,"以待忠义之士,有时取卫社稷之用"。为此,俞大猷撰写了《新建十方禅院》,文章叙述了俞大猷访问少林寺的经过,以及授以宗擎、普从棍法的情况。同时,他又为《新建十方禅院碑》题写了碑额。今碑已失,碑文存于俞氏所著《正气堂集》之中。

周公测景台暨新庙记
明 陈凤梧

登封县东南三十里,有先圣周公测景台,迄今二千余载,岿然独存。考之《周礼·大司徒职》曰:"以土圭之法测土深。正日景以求地中。日南则景短多暑;日北则景长多寒;日东则景夕多风;日西则景朝多阴。日至之景,尺有五寸,谓之地中。天地之所合也,四时之所交也,风雨之所会也,阴阳之所和也。"盖周公相成王定都于洛。立土圭以测日景,求地中。其制度精审,有非大圣人不能作者。所谓考诸三王而不谬,建诸天地而不悖,质诸鬼神而无疑,百世以俟圣人而不惑者也。先周公而圣者曰:尧、舜、禹、汤、文、武,达而行道于上;后周公而圣者曰:孔子、孟子,穷而明道于下。惟周公以元圣任行道之责,而兼明道之功。观之六经,则可知矣。《易》有六十四卦爻辞,所以著阴阳变化之妙也。《书》有《无逸》《立政》诸篇,《诗》有《豳风》《文王》《清庙》诸什,所以明修身治天下之道也。《春秋》虽未有辞,然本鲁史之旧文,实祖周公而寓一王之法也。至于《周礼》《仪礼》,则斟酌损益,极深研几,尽制礼作乐之妙,极经天纬地之文。前乎千万世之既往,后乎千万世之方来,盖未有能过之,亦未有能易之者也。周公之功,其可谓盛矣。孔子之道,实传之周公。故曰:"甚矣,吾衰也。久矣,吾不复梦见周公。"

自昔论大圣人者,必以周、孔并称。而汉唐以来,祠于学宫,率以周公为先圣,孔子为先师。自后尊孔子为先圣,而学者不复知有周公矣。故愚尝欲建议,以周公、孔子并祀于学,而未之举也。己卯之冬,承乏汴台。明年春,公牒稍暇,乃稽图经,得所谓测景台者,亟檄有司,葺其颓坏,芟其繁芜,以复古制。台之北旧有周公庙,久而湮废,复令重修之。殿门墙,焕然一新。匾曰"先圣文宪王庙",盖唐所封爵谥也。乃遣儒官祭告,仍著为定式。岁以春秋次丁,有司致祭如仪。庶以表元圣之制作,而系千古之瞻仰云尔。崇德报功,岂止于是哉!有司请文纪其事,谨拜手稽首而为之书。其承檄修复,则知县韩锡、典史李崇学也。而观星台在庙之北,相传亦周公所筑,因并及之,以传疑云。

[作者作品]

陈凤梧,明朝官吏、诗人。字文鸣,又字静庵,庐陵泰和(江西泰和县柳溪)人。明弘治九年(1496年)进士,历任湖广提学佥事、河南按察使、右副都御使、巡抚应天十府、吏部郎中。正德中官湖广右参政,终南京都御史。陈凤梧曾修《岳麓志》,著有《四书六经集解》《修辞集》《湖南道学渊源录》《仪礼注疏》《集定古易》等。

《周公测景台暨新庙记》为陈凤梧任职河南按察使时所写。

[相关史料]

周公测景台位于登封市告成观星台院内。测景台,又称周公测景台,测影台,学名"八尺表",俗名"无影台",是我国古代立八尺表测量日影、验证时令季节、计年的一座纪念性的石表,为我国古代立八尺表(土圭)测日影的遗制。测景台最早是立八尺木杆为表,下用砂土培成平台为圭,方向是正南正北,表与圭成直角,日中测量日影。夏至日影1.5尺,正是地球绕太阳运行一个回归年的时刻。相传周文王第二子周公姬旦为营建东都洛阳,经测定,嵩山脚下的阳城(今登封告成镇)为"天下之中"。

于是,他在这里建测景台,以此来"测土深,正日景",验证四时季节,现存测景台始建于唐,刻"周公测景台",仿周公土圭之制,刻立八尺石表,并在台后建周公庙,以示纪念周公。

名山记

明 慎 蒙

宋欧阳修与郭刑部简:承谕,以嵩山之游,岂胜跂羡。此乐为山人处士得之。衣冠仕宦比其汲汲,得如其志,非老则病矣。虽有登临之兴,勉强而为之,已不胜其劳也。若神完气锐,惟意所适,如公之乐者,百无一二人也。

[作者作品]

慎蒙(1510～1581年),字子正,号山泉,归安人,著名明朝大臣、学者。明朝嘉靖进士,在朝廷任监察御史。著有《天下名山诸胜一览记》。

天中阁记

明 朱 衡

嵩山居岱、华、衡、恒之中,秩祀有典,栖神有祠,盖自古迄今,昭灵炳烈。不特兴云雨,生甫申已也。山去登封县八里而近,为峰二十有四。黄盖峰突兀中起。祠居其阳,弘丽崇赫,亦雅称明禋矣。嘉靖戊午,余承乏中州,得谒祠下。周览历视,乃中门一区,会山之胜,而结楹卑陋,望气览秀,恒不足焉。余集有司,议为改创。而工巨费穰,未敢率作。无何,余亦迁去。袭余议者,谓不可已。乃游其说于巨室大贾。而凡衣被神贶于伊洛之间者,咸乐施予。期年,致金百镒。遂白于县。采硕材,伐坚珉,鸠工兴事。表以崇台,覆之重屋,洞辟门阙,钩连栏槛。岩峦因之生色,日月以之蔽亏。诚名岳之冠宇,而全洛之甲观也。经始于壬戌之夏,县尹刘汝登主之。甲子秋,署县经历李元寔落厥成。于是巡抚河南、户部侍郎兼金都御史、临朐迟公凤翔,巡按河南监察御史、慈溪颜君鲸,有事岳祠,踵登斯构。顾见河流带绕王屋、少室夹峙,云冉冉时起封中。欣相谓曰:"嵩高之胜萃于斯,豫土

中岳庙天中阁

之大萃于斯。不有嘉名,何以标美?思异时首议为余,乃遣诸生陈涵、刘永澄来,属余为之名与记。"

余方奉命河沛上,将辞以未遑。而趯然夙心之不能忘也,辄神游焉。惟是洛邑当天地之中,而嵩又当洛之中,斯构在嵩中峰下,其为天中奚疑?矧神之降陟,凭氛气,蹑光景,恒于天之中,而不可即。故史云:"积高之地,神明所。"然则岳灵所止非天中乎?或曰:"嵩非天之中,乃地之中。"夫辰极之不

动者,天之体也;充周而不可穷者,天之气也。天之体包络乎地之外,而其气常行乎地之中。繇圭表所测,道理所均,嵩位在地中,而天中亦在焉。苟泥其说,则天地之中多不相值。而资终资始于其间者,不几于爽乎?余又闻之,人受天地之中以生,故帝王为山岳之主,其治统于中;圣贤发山岳之祥,其道通于中。以至万象森罗,品夫登斯构也,将不有静与天俱,动与天游,而三极大中之矩,浑然在中者乎?因肇名曰"天中阁"。适吴下周子天球以辟至,俾大书以榜诸楣,而纪其事于石。

[作者作品]

朱衡(1512~1584年),字士南,万安人。嘉靖十一年(1352年)进士。历知尤溪、婺源,有治声。迁刑部主事,历郎中。出为福建提学副使,累官山东布政使。嘉靖三十九年(1560年),进右副都御史巡抚其地。嘉靖四十四年(1565年),进南京刑部尚书。隆庆元年(1567年),加太子少保。隆庆六年(1572年),诏朱衡兼任左副都御史,经理河道。在盛应期罢后30年,他循新河遗迹完成了新河的开通工程,给河道运输带来了很多便利。

[相关史料]

天中阁为中岳庙的大门,原名"黄中楼",明嘉靖四十一年(1562年)改建为天中阁。天中阁建筑雄伟,形似北京天安门,下筑高8米、宽30米的墩台,上建重檐歇山顶楼阁5间,四角回廊,丹柱绿瓦,彩绘斗拱,雪花棂门,下券左中右三门,中门上额刻"中岳庙"三个大字,每券门上钉有虎头钉126个,阁前二侧月台上各蹲立石狮一尊,左雄右雌,均高3.2米,雕刻精巧,栩栩如生。置身阁上,举目四望,青山绿水,尽收眼底。整体建筑非常雄伟。天中阁修葺由嘉靖四十一年(1562年)之夏开始,历时3年,至嘉靖四十三年(1564年)秋竣工落成。当时,任职于右副都御史巡抚的朱衡前来参加天中阁的落成之礼,写下这篇《天中阁记》,记述了当时的情况。

重修崇福观记

明 张 祚

嵩山在登封县城北五里许,奇峰峻巘,巀然云表,寔中州之镇,而五岳之一也。山之阳有万岁观,乃肇建于汉者,唐改太乙。其栋宇宏杰,金碧绚丽,极一时之盛。迄于五季,崇奉益虔,修饰弥壮。宋改崇福宫,其正殿曰:"祈真保祥"。殿之左右,建真宗元辰、本命二殿。天圣中,保祥殿北又建真宗御容、像真二殿。别建三亭,以为士人大游憩之所,曰樗"奕棋",曰"蒱",曰"泛觞"。山之颠又有甘泉亭,引流曲水,以娱登览者。其间多嘉木异卉,奇花灵药,可采而饵,真神仙之境也。终宋之世,奉祀若范文正公、吕献可、司马温公、程明道,皆当时之名臣。而自拓拔魏以降,住持此观者,若寇谦之、刘道合、董道绅、王成之、张若柔之属,亦皆当时所称羽流之有道也。历代之崇重如此。元季厄于兵燹,繇是璇题翠宇,化为煨烬。玄墀铅砌,鞠为榛莽。其岿然独存如鲁灵光者,惟三清古殿,虽山颠之甘泉亭,亦仅存遗址耳。

入国朝以来,百有余年,名缁道流,募缘葺治者不乏,然终不能复唐宋之盛,好事者每以为憾。成化癸巳,道士李本聪僧本宽,相与协心,誓复其旧,而力未能。成化甲午夏五月,皇帝遣太监郑公同、顾公恒、宁公瑾、中官蓝公安,护送崇王之国。事竣,将归复命于朝,道经登封,时予与河南右方伯东鲁杨公浩,适弥节于兹,遂从诸常侍登嵩山,谒中岳,酌流觞之清泚,抚先秦之古松,观前代之遗刻,心旷神怡,充充乎若有所得。降诣崇福,周览遗迹,慨然兴叹。退坐丈室,焚香啜茗。而僧本宽、道士本聪,拜具请于诸公曰："兹观之废百余年,未有能复之者,宿缘盖有待也。今诸常侍毕集于此,经营缔构,以复汉唐之盛,以为鸾鹤戾止之地,盖在今日矣!"郑公曰:"诺。"首捐白金若干,以助其费,而顾公、宁公、蓝公,亦皆出金币以施之。且属予曰:"观成不可无纪,子其为文。巉诸石,俾后世知之。"

诸公既还朝,本聪等遍告于好事者,于是大族巨贾,翕然乐助,输菽粟,施布帛,资以银楮者无虚日。本聪等乃市美材,鸠良匠,卜日兴事。或因其旧而循之,或复其废而建之,经始于是岁六月朔,而以十二月望迄工。殿宇言言,门闳将将,修廊靓深,彩旌旖旎。百年之废,兴于一旦矣。本聪等走汴,速予记。

予惟嵩山名存祀典,而兹观又肇自古昔,非它宫观比也。今诸常侍协力以兴之者,岂徒以为美观,而徼一己之福哉?盖欲居于斯者,斋祓厥心,寅清朝夕,上为吾皇祝釐,下为吾民祈福,庶几风马云车,陟降兹观,爰锡纯嘏,俾寿而臧,俾炽而昌,用敷锡于多方,蟊贼屏而百谷用成,戎狄宾而五兵不试,黄河安流而无泆溢之忧。草木昆虫,罔不咸若,风雨寒燠,皆以时至,此诸公之意也。土木宏丽之观云乎哉!乃为之记。

[作者作品]

张祚,明代人,具体情况不详。

[相关史料]

崇福观(即崇福宫)简介见《嵩阳崇福宫修建记》。

汜水县城隍庙记

明　陈万言

我太祖高皇帝以大圣之德,为神人之主,既一海内,正疆域,设官守,即大正祀典,礼以义起,首举城隍之祀,贵重其神,使与郡邑长吏分幽明之治。其著于令甲曰:"庙必视其郡邑之厅事高广为差,郡守贰、邑令佐必先誓于庙,而后视篆。有事于山川,则载其主以合食于坛;有事于厉,则位其主于中,而押群祝焉。"凡誓庙之语,祀厉之文,皆出高皇帝所亲定。惓惓于礼乐幽明之间,其大则惟欲神人合德,以为民福,而戒夫人之不职者,获罪于神,以为民病也。

盖尝敬诵之而仰叹曰,呜呼,严哉!汜水为开封属邑,古称成皋,天设巨防,九州之咽喉,中夏之阃域也。洪武初,故有城隍庙、勅封为显佑伯。其建高增拓之详,见于□城熊峯石公记备矣。正德辛未夏,山水暴侵,殿宇倾坏,塑绘苔落。邑人淡佐,用是为歉,义形於色,奋欲一鼎焕之。因率里氓合谋并力,募之以义,动之以诚,辇材鸠工,不戒而孚。次弟兴举,无弗完者。重门既新,宫寝有严,金碧有耀。

经始于嘉靖五年二月,讫工于嘉靖八年十月,为之以渐,人不劳,费不乏,藏事之旦,神用顾歆。

于是征文记其成,然考之城隍之祀不经见,盖萌于唐而渐盛于宋、元,先儒尝疑其祀与社会复者。然窃以为谷本在木行之数,禹并列之为六府,所以重民之社也。若城隍与社之祀随所在而各致其隆,岂非重民之卫乎?夫中霤门井之有功于一家坊,水庸邮表畷之有功一乡,礼尚祀之,而况高城深池之有功于一郡一邑者哉!

我高皇帝智出千古,一令之行,一禁之止,诸侯服来,百神效职,城隍之神,封伯锡爵,遂为著令。官之滥刑、滥狱、苞苴、封殖以厉民,民之强梁、恣肆、欺天、罔人而无所不至者,神必重殛之乎。遂以为记。

[作者作品]

陈万言(？~1535年)，明朝官吏。大名府元城(今河北大名县)人，明世宗朱厚熜孝洁肃皇后之父。其女陈莲于嘉靖元年(1522年)九月册立为皇后，十月又封为顺妃。陈万言因此由廪膳生员升为鸿胪寺卿，赐第黄花坊，之后其又转升为中军都督府同知(从一品)。嘉靖二年八月，陈万言被加封为泰和伯(世袭，岁禄千石)，其夫人冀氏被封为一品夫人，其子陈绍祖被加封为尚宝司丞。此文写于嘉靖十年(1531年)十月。

[相关史料]

城隍庙是道教的祭祀场所。城隍，起源于古代的水(隍)庸(城)的祭祀，为《周宫》八神之一。"城"原指挖土筑的高墙，"隍"原指没有水的护城壕。古人造城是为了保护城内百姓的安全，所以修了高大的城墙、城楼、城门以及城壕、护城河。他们认为与人们的生活、生产安全密切相关的事物，都有神在，于是城和隍被神化为城市的保护神。道教把它纳入自己的神系，称它是剪除凶恶、保国护邦之神，并管领阴间的亡魂。城隍是自然神，凡有城池者，就建有城隍庙。

汉留侯祠记

明 高 拱

龙之为物能升降上下，兴云雾，泽下土，非人所能致也。而古乃有豢龙氏者何？盖龙有欲，故可以所欲豢之；可豢，故亦可以图也。虽然，此凡龙耳。若神龙，则不然。彼其心无所系，而变幻莫可测。其所食犹凡龙也，即豢龙氏之食亦未尝不食也。然一食即去，既不知其为何人，而亦不记其为何处。夫若是，孰得豢之？不可豢也，况可图耶？汉兴，佐命之臣，三杰为最。而三杰中，智莫如留侯，才莫如淮阴。乃淮阴竟以反诛。嗟乎！淮阴岂尝反哉？徒以其艳于功名之际，不能自脱，故有以坚高帝死之之心，而遂不能免也。今观夫分地稍迟，则失期不至。欲王齐急，则请假王。降为淮阴，则怏怏无聊，羞与哙等伍。信于功名何如者？帝固以为信之才若彼，而其功名之念又若此。使我在，固有所以处之者；吾不在，则嗣子安能处之？处之而不当意，信其可但已乎？脱如分地迟，奚啻失期；脱如欲王齐急，奚啻请假；脱如有淮阴之谪，奚啻怏怏，羞伍哙等。嫌衅一起，则嗣子者必且为所鱼肉。而事去矣，天下其能如信何？故必有以死信而后吾乃可以死，此固高帝之心不能时刻忘者也。而信亦岂无所以致之者欤？悲夫！以信之才，可以雄视千古，固亦龙也。而惜其艳于功名之际不能自脱，则其为龙也凡。是故始为人所豢，而卒为人所图也。若留侯者，虽则以身从汉，决策帐中，然或去或来，其超然不羁之意已久孚于高帝之心。至其成功也，侯之则侯，食之邑则食，固亦汉廷诸功臣伍也，而曾未有一毫岸异离群之迹。乃无何既引疾以去，谢迹人间，使天下之人

汉留侯张良

徒有咨嗟叹息，而竟莫识其意之所在。是可得而豢欤，抑可得而图欤？然则，侯亦神龙矣哉！或曰侯不系情于汉，独奈何系情于韩，而必为报仇。嗟乎！忠孝丈夫之大致也。父之仇弗与共戴天，君犹父

也,有君父之仇而不以报,非丈夫也,是故侯之志始终乎是焉。惟其志专报主,而无所系于功名之际,是故卒有以成其志,而亦卒无以累其身。譬之神龙者,虽不可豢,固亦不可犯也。而驱风鞭霆,索天下不义之人而系杀之,亦未尝不为也。讵祗谓不可豢而已哉?若是则可为留侯也已矣!世传侯为韩人,而自哀侯灭郑,遂徙都郑。越百四十有七年,而后灭于秦,则侯正郑人也。而郑故无祠,予乃特易地一区,建祠祀侯。盖不惟乡人之后进寓景仰之意,而父母之邦,英爽时临,或亦有所依焉。乃予则为迎送神辞,俾奏之以乐,尸辞曰:

摧嬴楚兮报韩,偕赤松兮弃人间。横四海兮神游,怀故都兮暂还。溱之水兮陉之山,桑麻蔚兮春草斑。恨美人兮未来,徙怛郁兮心颜。(上迎神)

蕙盖兮兰旌,被芰荷兮带杜蘅。愉将语兮未然,触光景兮烝烝。瑶席兮琼芳,纷竽瑟兮满堂。神连卷兮留予,抒灵贶兮明明。日易暮兮欢情多,神思归兮可奈何!(上降神)

风欻举兮云中,杳天际兮冥鸿。吸颢露兮餐霞,舞苍景兮御风。思君兮太息,河之渚兮山之侧。躔芳武兮逍遥,絷安施兮赠弋!(上送神)。

[作者作品]

高拱(1513~1578年),明代嘉靖、隆庆时大臣。字肃卿,号中玄。新郑人。嘉靖进士。穆宗为裕王时,任侍讲学士。先世避元末乱迁徙新郑。祖父高魁,官工部虞衡司郎中。父高尚贤,正德十二年(1517年)进士,官至光禄寺少卿。嘉靖四十五年(1566年)以徐阶荐,拜文渊阁大学士。明神宗即位后,高拱以主幼,欲收司礼监之权,还之于内阁。与张居正谋,但张居正在太后前责高拱专恣,致被罢官。万历六年(1578年)死于家中。七年,赠复原官。著作有《高文襄公集》。高拱是明中叶有才干的政治家之一。

[相关史料]

汉留侯,即西汉开国功臣张良,简介见李德裕的《张良论》。

汉留侯祠,又名子房宫,是祭祀汉留侯张良的祠。明嘉靖年间,少师高拱于新郑县(今新郑市)北门外建汉留侯祠,并撰写这篇《汉留侯祠碑记》。

重修少林寺记

明徽王 首阳子

予尝闻少林寺之胜也,盖嵩阳第一观云。按《舆地》,中岳嵩山,天地之中,所谓风雨之交,阴阳之会。是以嵩东南六十里为石峡峪,庄祖、简祖窀穸其中。又东南六十里为三峰山,我恭考之寿藏在焉。说者谓岳神灵秀,钟于人杰。《诗》称"生甫及申",盖从古而然矣。

岁壬子,予承天子显休,命嗣奉国,王乃惟祖考之德郁焉。思存而请于朝,得展谒松楸,盖庶于礼,追远思酬,罔极云尔已矣。礼成,因取道嵩山,求所谓少林寺者而缔游焉。时维仲春,风日融合,乃遵猴氏,礼岳神,历二室,阅三台,纵目巢由之峰,振衣壶丘之巅,飘乎若逐青炎而超自然,恍与王子下上,而聆厥风声焉。山环水玄,林木翳郁。而少林之胜,于是乎栗如、穆如、枚如、彬如,谅哉壮观,盖不啻如所闻而已。乃指初祖庵,曰:古哉!斯面壁影石,兀然危坐九年一夕者,非达摩乎?然禅宗自此兴矣。登少室峰,曰:卓哉!慧可之志也。飞雪积腰,而立不移踵,卒传衣法,非至性其孰能之?既乃读庄简碑,泫然曰:懿哉!斯予祖考之志,手泽存焉。凡以贲表观也,可无继诸?于是捐若干金,命住持僧悟万,董役重修甘露台藏殿。我朝颁降藏经,金铜圣像。丽焉绘饰方丈,起盖立雪亭,为直指单传心法之处。俄尔,天垂瑞相,五色祥光。须臾,复放金光,上彻霄汉。是岁初秋中旬一日也,诚少林祖源殊异之祯哉!山川之气象,见钟灵之应感耳。凡厥殿宇、亭台、门径、阶墀,颓者翼焉,敝者饰焉。越明年春,万来告成。且曰:"是役也,有三善焉:肇修殷祀,敦本也;俞然后行,遵度也;增饰名刹,崇古也。崇古,义也;遵度,恭也;敦本,仁也。一举事而三善集焉,可无纪乎?"予不敢居,则纪其岁月,勒诸石。

时嘉靖三十二年岁在癸丑孟春吉旦,皇明亲藩徽王首阳子书。

[作者作品]

作者朱载埨(？~1556年),明朝藩王。当时明廷及藩王与少林寺高僧,关系密切,来往频繁。徽王首阳子(即徽王府浦城王朱载埨)向少林寺捐黄金若干,命少林寺住持竺东悟万修葺少林寺甘露台的"藏经殿",并绘饰"方丈室",起盖"立雪亭"。此工程在少林寺住持竺东悟万的主持下,于嘉靖三十二年(1553年)完成。徽王首阳子亲自撰文并书丹了《嘉靖重修少林寺记》碑,立于登封少林寺慈云庵(今少林寺院碑廊)的西墙外。碑文不但记载了徽王捐资重修少林寺之事,还抒发了徽王游览中岳之感叹。

嘉靖三十四年(1555年)徽王府又为少林寺修建牌坊,徽王朱载埨书丹了牌坊上的楹联。次年,朱载埨因罪自杀。

[相关史料]

明代少林寺高僧,多为明廷及藩王座上贵客。因此,少林寺作为一座皇家寺院,其住持不但由朝廷选定,而且对于寺院的建设与发展,也给予大力扶持。由于朝廷和少林寺之间的相互作用,有明一代嵩山少林寺和政府以及皇室的关系一直很密切,少林寺日常的佛事活动、高僧的去向安排,皇室的法事的需请,等等,深受朝廷及皇亲国戚的关注和支持。朝廷中亲王及太监、官吏与少林寺高僧也关系密切,互有走动,来往频繁。在这样的文化背景下,徽王首阳子投资重修少林寺。且曰:"是役也,有三善焉:肇修殷祀,敦本也;俞然后行,遵度也;增饰名刹,崇古也。崇古,义也;遵度,恭也;敦本,仁也。一举事而三善集焉,可无纪乎?"

创置学田记

明 安九域

大学以养士为先,国家以育材为要。自古郡国庠校学田之设,凡以为养士育材计耳。郑庠缺此典久矣!是以寒士无赖,废业者苦于奔走,乞哀者困于帙,无异乎心田之日芜也。时郑之良牧晋阳甲科岐翁马老先生雅重文轨,作兴士类,设田养士。方有事于图维,适丰城彌翁李老先生以庚午大魁,丁丑秋来署郑庠教,造士以严,率人以身,士之沐春风者将不日而化矣。目击贫生持敕告竭者纷至,怅不怿。于是谋诸郑士部生子贞、李生馨欲创学田以养贫生,以培士节。贞等承命谨唯唯。不数日,得邑民高定田百四十七亩,持券以报,翁遂捐金三十两八分,如数以偿。自是郑庠无田而有田。义哉此举也,可以风矣!时有高生讳拣,乃少师元翁老先生弟,敬服翁之德义,慨然以己业膏腴田二百亩,并庄基牛只车辆农器俱全,约百金余,操书致以献,愿不价。翁大悦,欣然受之。因而闻诸该司学道李批,儒官之俸最簿,捐金之义可风。既有百石之储,足免贫生俯仰出入,听该学酌量。遂移檄本县,师生俱以花币礼奖焉。翁始为耕获计,择佃户以定所入之数。既为贫生计,分极次以限所出之时。谨收贮则输禄粮以建学仓。怜客丧则就学田以修义冢。虑经久则刊书册以颁诸生。不惟郑之贫士有资,虽宦游家属没亦有窀穸矣。泽同溱水,与流俱长,千载而下沐惠德者犹可想见其慈祥也已。噫嘻!弼翁其仁人已乎。岁辰翁以释褐去,郑士思之未尝不为之感泣焉。岁壬午,岐翁于田复益以百亩。夫田益多则泽益广,贫生恤则士节培,岐翁之德又将高并陟巅矣!传曰:"德流者思,功崇者庸。"斯哲人之经也,诸翁以之。弼翁既去之五年,是为癸未岁,代署郑教事训导蜀雅龙桥赵嵩暨寅丈西洛伊泉阎相咸慕翁高谊,欲树棠阴以风后人。故登诸丰碑,冀永其传焉。是为记。

[作者作品]

安九域,禹州人。明万历年间御史。

古时的学校在创置和兴举的过程中,祠置学田,或由名人或官吏募捐钱款、书籍,充教育经费,保障书院正常运转,这是古代办学的主要经费来源。《创置学田记》由御史安九域于明万历十一年(1583年)撰文,全文主要记述了新郑县学宫创置学田的具体事例。

古贤祠记

明 蔺完植

古贤无祠,有之,自益轩吕先生始。贤无定位,定之,亦自益轩吕先生始。先生治偃之明年,率诸生访拜二程先生之墓,建祠宇于城内。又撤东郭外一旧祠而新之,题其额曰"古贤"。古贤者何?殷太师比干、伯夷舒齐、汉田氏横、卓氏茂、魏王氏弼、唐褚氏遂良、颜氏真卿、许氏远、杜氏甫,宋朱氏光庭诸贤者。或产于斯,或宦于斯,或游寓,或丘陇在焉,故并祀之。然则伊尹何以不祀?有专祠也。然偃为西亳地,古昔贤人众矣,曷为乎独以诸先生祀哉?曰:亦从简册中之最著者而显扬之耳。其不祀徐有功,奈何?以其从祠宣圣庙也。然则卓茂、朱光庭,又何以祠?曰:偃之为县,自秦始。县之名宦,则自汉卓茂始也。若二程先生接孔孟真传,朱光庭又接二程之真传,故特表而出之。

夫节义文章,莫非吾师;瞻依兴起,莫非吾学。诸君子于古圣先贤之道,或得之为忠孝,或得之为廉节,或得之为文章、政事。其所居之位不同,所履之迹不一,其为道一也。道在则皆可师。后之宦者、学者,景廉洁,则慕首阳之高风;披肝胆,则怀玉阶之碎首;为文章,则绍伊洛之渊源;作吏治,则思汉庭之卓异。或受先朝之顾命,或为睢阳之砺齿,或效鲁公之不屈,夫亦随所居之位,尽所履之节,以求合乎古圣先贤之道而已矣。然则贤祠之建,此物此志也。

完植当庙新之日,适膺乡荐,将公车北上,未克同诸弟子员随益轩先生瞻礼。然益轩先生实为吾徒师表,习闻其节义、文章之教,故更喜其成,而乐为之记也。诗曰:岂悌君子,遐不作人。先生有焉。高山仰止,景行行止。吾辈其勉旃。时万历四十三年丙午十月日。

古贤祠

[作者作品]

蔺完植,字无翳,号六一,明代偃师县蔺窑村人。父亲蔺芑曾以"孝义"闻名乡里。蔺完植从小刻苦攻读,明万历三十五年(1607年)进士,历任南京都察院经历、户部郎中、湖广衡州知府等官职。他清正廉洁、执法如山,每到一个地方,兴利除弊,倍受好评。

[相关史料]

古贤,即古代贤人。在古代,很多地方都建有祭祀古代贤人的祠堂。蔺完植所作的《古贤祠记》中的古贤祠,记述的是偃师古贤祠,祠内祭祀有我国古代名人比干、伯夷、舒齐、田横、卓茂、王弼、褚遂良、颜氏卿、许远、杜甫、朱光庭等诸贤者。从文中内容看,古贤祠是在一旧祠基础上,修建一新。蔺完植于万历四十三年(1615年)在古贤祠成新之时,写了这篇《古贤祠记》。

嵩阳记文(二篇)

明 傅 梅

[作者作品]

傅梅简介见李维桢的"《嵩书》序"。

一、嵩阳留书记

傅生夙有士安之癖,不能一日释书。初来登封时,以十簏自随。一切裘葛之属及器具,不能满二簏,其八簏皆书也。《十三经》《二十一史》与周秦以来诸子集杂文粗具。受事半载之后,棼政稍解,颇足三余。时就斋中翻阅,尚友千古,殊甚愉快,顿组绶之婴我躬也。庚戌夏六月,予以公事趋府,留二童子守舍。忽淫雨三昼夜不休,斋圮,书罹于水,二童子不能救。又再日,予始归,急从泥淖中检寻,已糜烂什二矣。鳞次曝日中,欲就断缺处有所补拾。遍问境内求他本无论不得,即不能举其名。而其庠中所藏,自经学数种外,间与诸弟子员谈及寻常子史百家,皆相顾骇叹,以为异闻。夫嵩山洛水,自古图书之国也。岳秀所钟,岂无颖异之士足负荷斯文者,徒以荒僻孤陋白首面墙。噫!此岂诸生之罪哉,其亦不幸焉而已。窃惟天下之物,有聚必有散。以散为聚,其聚乃长。如古人舍宅为寺,虽非正道,然后世因其寺而存其宅,并知其人。其他连云甲第湮没于草莽而不识辨识者,不可胜数也。予积书愈二十年,迻随宦邸,弗忍暂离,自谓终身为我有矣。乃不与水期,而水坏之。其自今而后可以坏吾书而出吾意料所不及者,宁独水哉!先儒有言:积书以遗子孙,子孙未必能读。矧予至五十仅四载,尚未有悬弧之望。自觉年来善病,目力日短,其不能长作蠹鱼万卷中,亦已明矣。与其积书遗所不可知之人,散诸不可意料之地,孰若即以嘉惠登封之后学,尚可望不朽哉。况诸生师事予且四载,恩义兼尽。予从政此邦,幸不得罪于清流。异日有豪杰之士,以吾书为梯航,博极载籍直窥作者,将爱视吾书,比于召伯之甘棠勿翦勿伐。庶几人与书两相引重,彬彬然足称一方之文献,自此始矣。于是诠次完整无缺者得三千卷有奇,谱列其目录,印识其首尾,留之黉宫,置大二庋而钥之。敬告后之宦兹土者,若邑之搢绅先生、博士弟子欲有所考诵者,或就而翻,或请而阅,毕则仍还其所,无损失为焉。傥有嗣予志者,次第增加,岁计世计得比于宛委西室之藏,予若旦暮遇之矣。

二、醉雨亭记

登封邑于嵩高之下,山水美秀。于朝暮从衙斋左右顾盼,万壑千崖若在几席,意甚悦之,未尝一醉也。岁时赛惟往来山中,遇白石清泉,境与心会,徘徊忘返,亦未尝一醉也。或与嘉宾韵士追岩岫林莽之间,觥筹交错,亦未尝一醉也。盖三年于兹矣。忆予自万历丁未冬始受事,踰腊无雪,明年岁在戊大旱,明年岁在己又大旱,境内半菽不登。予舍郊露祷,日以身代牲。天弗悔祸,仓皇请蠲请赈,斟酌十三荒政,布之民间,挽其流徙。乃又日奉司晨功,令督课茧丝如束湿薪。蕴瘁崇劳,精血销亡且尽。虽有酒如池,安能醉乎!入庚戌至四月下弦又不雨,上下汹汹。时予奉檄往宜阳均赋,诸父老送之郊。与之诀曰:"令不德致召天罚。救荒无奇策,吾两截两试之,幸而少效。今公私既竭,吾策穷矣。过端阳不雨,自投劾去耳,不忍复见若辈流离也。"言已挥泣而别,特置驿道上。居宜阳六日,为五月朔。正目断魂摇之际,邑中雨报至矣。未逾旬,四封雨报络绎矣。既望事竣,迁道龙门,渡伊水自吕店入境,宿颍阳。晨遵少室而归,过城门不入,趋祭岳庙。礼成,循太室省稼焉。诸父老迎之郊,欣欣相劳慰,非复别时景象也。予连日舆中所见,夫芸妇馌如云兴川涌,不觉乐甚。稍息树下,顾问左右:"有酒乎?"顷之,有以壶觞献者。官民絮谭,皆垄亩树艺之事。欢饮至暮,遂聩然醉矣。噫!予三截攒眉送日,借此一醉耳。傥失今天不雨,饥馑相仍,民何恃而不亡?民亡予安得独存?将颠越之不暇,奚暇取醉?然则今日醉予者,非山非水亦非酒也,雨也。是年果称大有,西成既毕,众即其地建一亭,以志不忘。予命之名,并为之记。时万历庚戌十月望也。

夏侯募习壮勇保城御寇记

明　王铎

偃师旧无兵,有之自我夏侯始。夏侯治优盟津,移剧吾偃,丁流氛煽扬,敢迷天纪,秦、晋、蜀、楚,疆圉弗靖,封豕孽狐,引强骑迅,散若飞鸟,止若长云,暴若豺狼,疾苦风雨。由河北济黄流□陕、灵、嵩、卢诸州县,暨南阳、汝归等处,呼吸倏□,介马立至,险不能守,众不能保,老者杀,少者戮,掳人妇,辇人财,无贵无贱,同为枯骨,□骼涂野,腥血流原,势之危穷,实足寒心。土人弄兵。转相劫略,幸灾乘间,争揭杆以应贼。致使中原之内,狼□炳炫,弧矢□威。

侯奋然召父子弟谓曰:吾贼兵疲不足仗,贼又最獗,尔民又素不知兵,未投刃而魄先夺。使剧贼致死者十余人,白昼入市,有不弃而走者乎?况贼以数十万众,倘一旦临城下,鞭门一呼,势且气靡算穷,鼠拱受屠。尔等皆良民,将见无噍类矣。不早自植立,望援客兵,远莫致也。况客兵之扰,不下于贼,与覆车同轨者,未尝安。乱何有定?顾方略谓何耳。忠义在人心,奚虑不济。城中外健儿不下数十百,曷若募习为守备计?于是下招募之令,应时而得□勇少年五千人,差选而转相属领。猱升虎吼,跃熊贯鹄,有张以奉、王永礼、张汝德、郑以敬其人;长□劲弩,奋击乐战,有刘应升、张凤麟、秦国柱、吕和其人;巧侦善望,殿后攻锋,有赵德成、阎崇德、寇天衢、史天禄、郭一文其人。俱列籍簿,衔以把总,于以分队,而纪此五千人者甚详也。才气雄武,局于伟壮,有千总刘邦辅、吴道昌、梁进观、秦时登、台允升、刘应壮、王永仁、胡天宠,其对峙而申□此五千人者,又甚当也。其教操号头官有郭一元者,□鸷轻疾;其火器官有吴道直者,沉毅刚果。犹虑十羊九牧,其意难行,虽有韩、白、孙、吴,不能振也。于是有

□□□者,膂力过人,胆略出众,俾踞守备以统之,务相制不相掣,工食设处无碍。

措置暨定,遂申告曰:猛马不触木,□狗不自投于河,虽聋虫而不自陷,况人乎?一夫不率,合境罹殃。谁无身家?肆情奸令其尚激愤用壮。俾聪明尽赴旗鼓之节,强毅足犯死伤之地。志定金石,信匪盟誓。吾且以必赏议勤劳,以详明去聋昧。共济之谊,正在今日。病同者,胡越相救,忧同者,不结自亲。玩寇不图至于噬脐,冲当决水,焰承烈火,逆风扑燎,摧岸塞河,知其难也。桓桓之众,赳赳之群,奋袂而呼,昂首而前,尽罗服,听义烈,发心亲上死长之志,慷慨感巘之气,贮在颜面。月定六操,经画周密,防范严整,戒令深至,纪律严明,貔虎为侣,鸟蛇为阵,首尾蛇伸,左右翼张,锋随指顾,锷应回翔日,雹噪之声,山倾河泄,鼓鼙之气,霆斗雷驰,戈回白日,剑薄浮云,神武振耀,严而有威。激义气以贯虹,发精诚而石开。咒可截,蛟可断,守可固,战可胜,一可当百,将鬼神无所逃遁,岂蠢寇不足震慑者哉!

未几,流寇数万狼奔豕突,羡漫南山,睥睨城阙。伊洛之南,氛雾蔽天。我侯爰执桴鼓,大誓于众。指画尽奇正之机,发号申严凝之令。沉谋可以掩菁蔡,变化可以抟阴阳。糟粕韬钤,刍狗风角,智使骋谋,勇使骋力,奋升成之勇,励击贼之气。威荡乎其外,情浑合乎其中。霜刃交光,鼍鼓腾声。旗帜相望,叼斗相闻。乃侦乃守,谨备无意。长子帅师,大人用律。耀武河干,扬威四境,屹屹猴邱,山灵滋振。保全一方。潜来辄去,邀灵三次。大都侯平昔悬白日于百里,推赤心于万人。树恩结信,除器戒备,制变有方,卜筮图像,易师之象,曰地中有水师,君子以容民,畜众以言乎?水伏于地,兵伏于民,当养民而豫教之也。侯真得豫之义也哉!恢宏大略,宜勒金石,众且征言于余。予不佞,遂以侯之置兵肄习勋昭捍卫者,佥次而付之为记。侯将晋陟大卿,文武宪邦,九边烽火,悉赖严明。兹亦策露一斑云。其他文章、政事、修城、捕蝗、磨崖、纪鸿者,不啻多多,无容赘。

侯讳士誉,号衷白,中天启辛酉乡进士,山东莱之高密人。时崇祯九年十月吉旦。

[作者作品]
王铎简介见《中岳庙告文》。

王铎撰写的《夏侯募习壮勇保城御寇记》记述了崇祯九年(1636年)偃师知县夏士誉募习壮勇5000人守城,负隅顽抗,使县城未被李自成领导的农民起义军攻破。但从侧面可以看出当时起义军发展迅速,势不可挡。

禹州记文(二篇)

清 史廷桂

[作者作品]
史廷桂(1623~1667年),字中黄,号书巖,萧山(今属浙江杭州)人。清初官吏。曾任济南府肥城知县,清顺治年间(1644~1661年)任河南开封府禹州知州。《重建禹州明伦堂记》《留侯洞记》这两篇文章,都为史廷桂在任禹州知州时所作。

一、重建禹州明伦堂记

古者,立国造基先营成均,尊学宫也。汉承废学之后,郡县创学稍缺。嗣后,则率与都邑官府并营建云。辛丑春,予奉简命守兹土。甫下车,谒先师庙庭,见其门庑者墟然也。堂斋茂草,禀廨荆榛。所巍然者一庙庭耳。然且榱捭土漱不葺且就圮。予因喟然曰:"学不可以已。是无之而可不学也,而况乎一郡之人之学哉。如之何其废也,居业无所典,教不先长,上责也。即地残户耗,无为羡财计。宁不能倡之,自我应之在若乎?"而或曰:"前之侯兹土者,非无公也。志者第食节事,时民咸安其居。乐事劝功,然后兴学。今公初莅,恐事勿能乐,功勿能劝,兴未遑也。"呜呼!信斯言也,学迄无成而禹将可以不学哉!予于是毅然请之节使沈公,公曰:"子大夫之志也,而予志也。帑金五十,庶其为多士先。"予遂用捐资贷录,鸠工饬材,简干理者程书焉。斲而斐之,确而绳之。门其门,庑其庑,堂于明伦。钟鼓既设,殿葺大成。俎豆式虔,缭垣迢迢,阶所翼如。朱榜、漆筵、丹绘、黝垩,凡银三百五十七两,钱一千二百缗,木石灰漆涂刻共三千一百工。工成,延州士大夫以共迎节使公,而觞之于堂,以进言曰:"是学也,非夫汉以来之所不能废,而历传勿替以至于今日者乎。乃以前此之学,初不知何时所创,而一旦圮于寇焉。曾几何年,而乃今奕然兴焉。是岂非成非难,毁亦非易耶。是岂非止吾止进吾进,又岂蹊门之路,用之则成;山径之茅,舍之则塞耶。顾始以为:集巨工者无渝时,成教化者无躐举。而自建迄成曾不三月,则知不锐决者无以成学业,不刚果者无以成功名。虽然已成之绪,不扶将倾。既树之功,不植将落。禹诸士其进于斯,以深志夫学之不可以已也,则推之由后其僅,犹夫今日之学乎哉!"节使公曰:"有是哉。子大夫之言,其勒之石以为记。"

[相关史料]

明伦堂是传承了千年的文化教育品牌,过去是具有一定社会地位的社会精英讲学论道的地方,同时也承担着传播文化与学术研究的功能。"明伦"二字出自《孟子·滕文公上》,"夏曰校,殷曰序,周曰庠;学则三代共之,皆所以明人伦也,人伦明于上,小民亲于下。"意思是乡里办的地方学校的名称,夏朝叫"校",商朝叫"序",周朝叫"庠";至于国家办的学校即大学,三个朝代都叫"学"。无论是乡学还是国学,共同的目的都是阐明并教导人们懂得人与人之间的伦理道德标准。从宋代开始,文庙、书院、太学、学宫便皆以明伦堂来命名讲堂。对庙学合一的中国古代来说,各地的文庙不仅是祭祀大成至圣先师孔子的地方,也是当地的官办学校。当地的学子大多数都会在其中学习。明伦堂作为"明人伦"的讲学厅,多设于文庙、书院、太学、学宫的正殿,是当时参加科举考试的社会精英们获取知识与智慧的庄严神圣的讲堂。

二、留侯洞记

吾人有称箕山颍水而不深巢许之思者乎!嵩高清淑,箕颍是融。巢许者,箕颍之融融之也。而箕颍者则又巢许之风风之者也。禹城环颍水间,郭之东皋清流潆溯,滨有土洞俗曰"留侯"。侯盖韩人,而兹则韩地。重所生与。旁复一洞,为金道士訾亘栖息之所。闻訾曾署名仙箓矣,而曷以慕留侯而就之也?岂真从赤松子游,而为千载下羽流之所不能去欤?抑山川间气融之,风之,前为巢许,后为留侯,而訾盖绻其流风者也,则无惑乎?余之俯洞盘桓临流三叹而思,欲筑室其间也。节使沈公先已亭于洞之上。而余因之接构三楹,垣之、茨之、像之、额之、花栏而竹径之。壬寅上巳,觞咏其间。节使公吟兰亭右军之辞而颜亦畅于轩。余亦揭惠风和畅句而与客分韵焉。是日也,晴莎蔟染,烟柳萦丝,素鲔腾波,黄鹂博吹,晖徐北郭,爽自西山,映带有无之际,神情舒卷之中。亦巢,亦许,亦留,亦訾。无乃悠然其悉契于心,而若交于睫欤!是则山川之所以融人物欤!人物之所以风山川,千馀年来有二三辈。倘以吾与节使公续于其间,颍水箕山当不寂寞也。

[相关史料]

留侯,即张良封号。张良简介见《张良论》。

留侯洞位于禹州市东关外一华里处的颍河东岸。据说张良幼年时曾在城东颍河之滨的书塾内读书学习,因此禹州百姓于金朝正大四年(1227年),在城东一里颍河东岸,就岸崖建成三条洞殿,供奉张良,称为留侯洞,又名张良洞。紧邻张良洞的是一条同样大小的砖券洞"訾仙洞"。据说是武当派掌门马钰真人的师弟訾桓道长,因敬佩留侯张良,就隐居于此,为张良供奉烟火。后人有感于他佑护张良神位,学道修身矢志不移,就在他居住修炼的洞内为他塑像,把他尊称为"訾仙",故而此洞被命名为"訾仙洞"。另外一条建筑格局与其他两洞相同的洞殿,是张良恩师黄石公的祭洞,人们称之为"黄石洞"。内有黄石公塑像一尊。以张良洞为首的这组古朴典雅的洞殿式建筑,完全沿河岸修建于崖壁之上,虽无雕梁画栋,飞檐斗拱,但与自然相融,古色古香,别有一番韵味。因此,留侯洞的景致自古以来就倍受人们的青睐,被列为旧禹州八景之首,名为"东里春游"。

建伊尹祠记

明 吕 侯

自古侈谈王佐之烈者,辄云伊、傅、周、召,而伊实冠三圣而首盛云。当伊之相汤于亳也,化隆允殖治格皇天厥勋懋矣,而揆其自不越莘野乐道之中。盖尧舜之道,道之源也,性命之实际也。辞受取与进退事,使一以贯之者也。

而越千载而冥契之者,吾独得于吕侯。夫冥契之真,不在崇祀之靡文,而亦不遗羹墙之神交,则建祠一事,侯又乐道于伊尹,而欲亲见之者也。侯洞性道之秘,阐正修之学,此尧舜相传之意也。亭亭物表,冰玉争洁,粮镶赎锾,纤尘不以点躬,即一介不取之操也。苟利闾里,慨然捐俸为之代输矿税,疏注涧水,费资三百余金而不恤,即千驷弗视之标也。群茕独之众,聚养冬生院,而犹巡行阡陌,时察色民之疾苦,而噢休之,即一夫不获之辜也。他如训养抚众,兴学、练兵诸政,载在政录,未易更仆总之,伊尹以天下安危为己任,而吕侯以四境辑宁为己责。伊尹天下之任如此其

伊尹与商汤在一起

重,而吕侯四境之责如此其切,故户有弦诵之声,路无遗殍之望。文教显赫,起百年久湮之运;武科奋扬,开一代未有之先。孰非以道学□吏治之明效乎?则孰非乐伊尹之道而亲见之者乎!故曰:建祠一事,是亦羹墙之神交也。

偃为西亳,伊尹冢在焉。治西十里吓田寨左,传有祠宇,倾圮已久。侯莅偃,业修两程、古贤二祠矣,叹元圣妥灵之无所也。聿建祠于新寨道南,基因社学之旧。而庙貌巍峨,环植以柏,焕然一新耳目之观。侯之用功勤矣!盖惟志伊尹之志,故崇伊尹之祀,异日晋秩卿相,规厝庙堂,酬知觉斯民之愿,馨尧舜其君之施,俾王佐之盛,百世接踵。而阿衡不能专美,有商是记也。虽不足以模侯德业之盛,而

亦获附侯之钟鼎,以垂不朽矣。故忘其固陋而僭为之纪。

侯讳纯如,字孟谐,辛丑进士,南直隶吴江人也。万历四十四年岁次,疆圉协治三月朔日记。

[作者作品]

吕侯,讳吕纯如,字孟谐,一字益轩,吴江人。万历二十九年(1601年)辛丑科进士,官至兵部侍郎。撰有《学古适用篇》91卷。

吕侯于明万历四十四年(1616年)作《建伊尹祠记》。

[相关史料]

伊尹(前1649~前1549年?),名挚,今洛阳人。因为其母亲在伊水住居,以伊为氏。伊尹为中国商朝初年著名丞相、政治家,是中华厨祖。传说,他本是有莘氏的陪嫁奴隶,陪嫁到商汤那里,为商汤厨师。伊尹,不甘作奴隶,于是利用向商汤进食机会向商汤分析天下形势。商汤很欣赏他,便取消了伊尹奴隶身份,并提拔他为宰相。公元前1600年,他辅助商汤灭夏朝,商朝建立。他任丞相期间,整顿吏治,洞察民情,使商朝初年经济比较繁荣,政治比较清明。太甲即位时昏庸无能,伊尹软硬皆施,把太甲流放到桐地(今河北临漳),建宫居住,达3年之久。伊尹自行摄政管治国家。直到太甲后悔了,才迎回太甲,复辟执政,使太甲变成了一位圣君。伊尹历事商朝商汤、外丙、仲壬、太甲、沃丁五代50余年,为商朝立下汗马功劳。沃丁八年(前1549年),伊尹逝世,终年100岁。沃丁以天子之礼把伊尹安葬在商汤陵寝旁,以表彰他对商朝做出的伟大贡献。

李侯读书堂记

清　张光祖

岁已卯,邑侯江陵李公治郑八年,修废举坠,政绩升闻。诏书特下,行将入为谏官矣。父老攀辕卧辙不能留。于是感公之德,创建生祠,勒碑于道左,俾往来者观之。知郑之前有子产,其事业彪炳不朽;而后又有公,德政累累亦不朽如是也。当公之莅兹土也,甫下车,首重文学,修高文襄公祠,为课士之所,复延名士教授其中。而四郊亦皆立义学,其廪米束修悉出公俸禄为之。又刊《大学衍义》诸书,授士诵读。用是成人、小子,岁有进益焉。郑地素薄,火耗之弊久为民累,公鉴其弊痛革之。间有封者,公即退还之。条银额数计八千余。即以一分论,岁可得七八百金。积至八年其数可十倍矣。公悉还之民间,不少染。客有为之筹者,曰非此,何以为日用资?公曰:"吾惟自食其力可矣,吾向者不招人垦荒耶。今米麦可以炊饭,黍稷可以酿酒,养彘则肉可食,纺棉则布可衣,以及果蔬箕帚皆出于所垦之地,只此足矣,他复何求耶?"由此观之,公所用者惟新郑之水而已。官之廉,求之天下当必以公为第一矣。政事之余,尝巡行郊原,察民间疾苦。邑东有水涝之患,公相其地势开沟渠,通水道,至今赖之。时汴省有荆州协豆之议,士民闻之皆惊惶失措。公力为陈请,声泪俱下。开府佟公感公之诚,遂为允免。则是公之福郑民身受之,而全省亦阴受之也。他如建魁楼以兴文教,息祠讼以安良民,劝垦荒田则给以牛种,招抚逃亡则宽其赋税,驱蝗虫不为灾,祷雨而甘霖立沛,此合邑之所共知共见者也。先是公于邑治北修兴学书院,百姓感公之德,建生祠于其后,名曰读书堂。不曰生祠,而曰读书堂,盖不敢忘公振兴文教之意云尔。敬记。

[作者作品]

张光祖(1602~1680年),清朝官吏。字大光,号包嶂,清代新郑人。四川提督学政按察使司佥事。顺治丑年(1649年)进士,任山东恩县知县。因为政绩卓著,升任兵部职方司员外郎(兵部执掌地图、军制、操练、征讨的官员)。康熙元年(1662年),任四川学使。著有《广增稿》《见山草劝学书》《乃文辨》等。

[相关史料]

李永庚,清代湖广江陵(今湖北江陵)人。永庚顺治辛丑年(1661年)进士。康熙七年(1668年),永庚任新郑县令。上任不久,重修新郑名人、明代宰相高文襄公(拱)祠堂,作为读书人学习场所,又聘请知名学者任教,在城外四方设立义学,老师薪金都从李永庚的薪金里面支出。新郑土地贫瘠,官府伙食支出长期成为百姓的累赘,他明察其中的弊病,予以革除,这一项银子8年可达8000余两,他全部退还百姓。他经常深入民间,体察百姓疾苦。县东有水涝灾患,他勘测地势,带领百姓开挖沟渠,疏通水道,根除水患,造福乡里。当时汴省(今河南)年年向荆州无偿调运粮食,老百姓苦不堪言。后经李永庚向巡抚请求,免去了输送粮食。李永庚在任期间,以建设魁星楼来振兴教育,平息诉讼来安抚百姓,提供耕牛、种子来开垦荒地,减免赋税来招抚逃亡,驱逐蝗虫来消灭蝗灾,祈祷上苍来求取甘霖。因此,深受百姓拥戴。李永庚治理新郑8年,政绩名闻朝廷。朝廷特别下诏,晋升他为监察御史。离别新郑的时候,父老乡亲爬上车辕,躺在车前,都想阻止李永庚离去。

康熙十四年(1675年),新郑百姓创建永庚生祠,名叫"李侯读书堂",来铭记李永庚振兴父教的功德,并在大路旁立李侯永庚碑。

嵩阳书院记

清　王日藻

嵩岳宅天中,为阴阳风雨之会。汉唐以来,往往有天子之车辙马迹焉,其间琳宫贝阙不可胜计,中有以书院称与岳麓、睢阳、白鹿棋列而为四者,则自五代周昉也。夫五代日寻干戈,中原云扰,圣人之道,绵绵延延,几于不绝线矣。而书院独肇于斯时,岂非景运将开,斯文之未坠已。始基与欤迨有宋,五宿躔奎,两程夫子应期而出,先后提点嵩山崇福宫,昌明正学于时,濂洛关闽递薪传,俾尼山之渺旨微言,昭昭若揭日月,则诸儒之功诚不容泯灭也。顾沧桑屡易,书院兴废不常,昔时藏经之所,已无复有存者。一二考古之士,徒寻残碣于荒烟蔓草中,良可深慨。今幸焕然维新,有加于灵光之旧矣。为之追考沿革之由,其颜曰太室书院者,则五代周之所经始也。其更曰嵩阳书院者,则

嵩阳书院

故宋景祐之所涂也。其烬于金,砾于元。别即嵩阳观废址筑室以祀夫子者,则故明登封令曒城侯泰之所改卜也。其再罹兵燹。伐棘披蓁,复筑三楹以祀地程夫子,并祀有宋提举官勾司马温公以下十有四人者,则本朝登封令楚黄叶封之所粉复也。其增筑专祠,特祀二程朱夫子,并广辟学舍以招集生徒者,

则邑人耿太史介及今令长洲张埙之所扩而大之、踵而成之也。其中有祠、有堂、有居、有斋、有旁舍、有义田、有庖湢之所、有丽牲之碑，缭以周垣，翼廊庑，而规制始大备。

夫理学之明非一日矣，岂尽运会使然？亦无人焉表章绝业，扶起坠续，以至此耳。兹当圣天子投戈讲艺、崇儒右文之时，薄海内外莫不蒸蒸向化。登邑僻处万山中，赖有贤士大夫增修兹院，率邑之誉髦，讲学弦诵于其中，倡之一隅，俾四方闻风慕义，于以矩步先贤，扶掖来学，不几与鹅湖、鹿洞后先媲美哉。

余奉命抚豫方，以兴起文教为首图，值兹书院鼎新，而无一言纪其事，非所以崇道统、励儒修也，抑余因之有感焉。按邑志，嵩阳旧以观名，乃羽人栖真之地也。昔汉武好谈神仙，其时，文成武利之徒纷纷竞以其说售，故銮舆幸嵩时，观中三柏咸受将军封。后千百年而书院兴，理学炽而百家衰，犹之日月昭而爝火息。虽二将军嶙峋苍翠，巍然尚存，为问今之春诵夏弦与昔之天风步虚孰胜？当必有能辨之者，于是乎书。

[作者作品]

王日藻（1623～1700年），字印周，号闲敕，却非，一号无住道人，江南华亭（今上海金山干巷）人。顺治十二年（1655年）进士，授工部主事，累官至河南巡抚，先后上疏请改折捐粮（以银代粮）、赈饥平狱、定盐引（盐的计量单位）、免堡课（军粮）等事，均被采纳施行。又请开垦荒田44万余顷，悉成良田。擢刑、户两部侍郎，拜工部尚书，后转户部，任纂修《赋役全书》总裁。康熙三十八年（1699年）帝南巡时召见，褒赏有加，旋以永定河工起用。翌年卒于工所。书法超妙，亦工诗文，著有《秦望山庄集》《梁园草》《爱日吟庐书画别录》。

[相关史料]

嵩阳书院简介见《嵩阳书院考》。

嵩阳书院记

清 汤 斌

嵩阳书院在登封县城北，建自五代，宋初与睢阳、白鹿、岳麓号四大书院。其地背嵩面颍，左右少室箕山，诸峰秀矗云表，中天清淑之气于是焉萃。至道中赐九经子史，置校官，生徒至数百人，称最盛。二程子尝讲学于此，后人因建祠。明末兵乱，倾圮殆尽。国朝崇儒右文，知县事黄州叶封建堂三楹，祀二程、朱子，而以地邻崇福宫，凡宋臣之带崇福宫衔者，皆祀之。叶侯既迁京职，邑人大名兵备副使逸庵耿先生介，家居讲学，以和朱为道统，所宗不当与诸贤列，复蠲赀建堂三楹，迁主崇祀。又作讲堂三楹，颜曰丽泽，旁署两斋，曰博约，曰敬义；书舍若干楹，庖门垣具备。自康熙十八年春至次年秋讫工。知县事长洲张侯埙，以兴起斯文为任，月吉讲学课艺其中，多士彬彬向风。逸庵作书属余为记，余适承乏史局，方恨不得从事几席，与闻绪论，其何敢辞？然逸庵之意岂欲余记营建岁月而已乎？或欲有言以告多士也。

窃以孔子教人之书，莫详于《论语》。当时及门称颜子为好学，当与言而终日不违者，今所记不过问仁、问为邦二章而已，然天德王道备矣。颜子谓夫子循循善诱，博文约礼，今他无可考，即二章思之意者，虞夏商周之礼乐制度，即所谓博文；而克己复礼之训，即所谓约礼，与特学有体用，问有先后耳。《中庸》言明善诚身而列其目，亦自博学审问始。孔子言知不废多问多见，而语子贡以一贯，则又以多学而识之者为非,其所以一贯之旨终隐而不发,即与门第子言求仁之方。为仁之要多矣,而仁之体则罕言也,岂圣人之过为隐与？及读《易乾卦象传》与《中庸》首章,而后知道之大原莫明于斯也。盖道之大,原出于天,而仁者,天道之元也。知天人同原,则知吾心与天地流通而往来无间,民胞物与之念油然而生,而戒慎恐惧自不容已,故程子谓学者须先识仁以此也。然仁之为体,非可口传耳授也,在人之默识耳。孔子自十五志学,至能立、不惑,五十而后知天命也。以大圣人而若此,则知命亦难矣。今之讲学者,聚数十百人于堂而语之曰天命云何,心性云何,将大本大原皆为口耳影响之谈,学者于俄倾之间,与闻性道之秘,其不至作光景玩弄,视诗书为糟粕,礼仪三百、威仪三千为粗迹也,几希矣,斯亦讲学者之过也。夫道无所谓高远也,其形而下者,具于饮食器服之用;形而上者极于声无臭之微,精粗本未无二致也。孔子语颜子曰:"非礼勿视,非礼勿听,非礼勿言,非礼勿动。"而语樊迟曰:"居处恭,执事敬,与人忠。"圣人与上智中材所言皆不越是。盖以天命流行,不外动容周旋,而子臣弟友即可上达天德。所谓无行不与者,此也;所谓知我其天者,此也。今功利词章、举业技艺之习,陷溺人心,士子穷年,志在利禄名誉,而天之所与我者茫然也,是其学迥非圣人之学矣。夫《中庸》之博学,将以笃行也;颜子之博文,将以约礼也;大《易》之穷理,将以尽性至命也;《大学》之格物,将以修齐治平也。今滞事物以为穷理,未免沉溺迹象,既支离而无本;离事物以言致知,又近于堕聪明亦虚空而鲜实。学路久迷,习染日深,偶尔虚见,未为真得。非默识本体,诚敬存之,绵绵密密,不贰不息,前圣心传何能会通无间？故曰苟不至德至道不凝焉。呜呼！岂易言哉。

逸庵之学,以主敬为宗,以体天理为要,可谓得程朱正旨矣。吾惧学者之易视之也,故因记书院而详之,欲其深思而自得之也。张侯明经起家,治行多可纪,与逸庵相与有成,尤足嘉也,吾又惧来者之不能继,故备书之以告之君子。

[作者作品]

汤斌(1627～1687年),清初理学名臣。字孔伯,号荆岘,晚号潜庵。河南睢州人。出身阀阅旧族。一生清正廉明,所到之处体恤民艰,弊绝风清,政绩斐然。康熙二十六年(1687年)改任工部尚书,被劾,未一月忧惧而死。雍正十年入祀贤良祠,谥文正,从祀文庙。著有《汤子遗书》。

[相关史料]

嵩阳书院简介见《嵩阳书院考》。

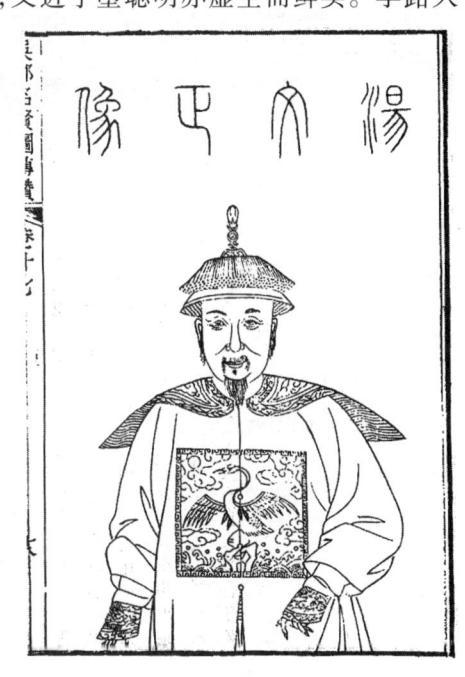

汤 斌

嵩阳书院讲学纪事

清 张 沐

登邑故有嵩阳书院,立太室怀抱中,为宋二程及朱晦庵三先生勾管提点处,历代为重,颓而复兴。然卒未闻屋庑繁起,有师弟蔚然相从讲学其中者,有之,自太史耿逸庵先生始。

兹庚申秋,沐衔简命将之资任,登侯张使君牗如不远数百里赐书,要余绕道嵩少,一睹书院胜概。使君宰登有贤声,值岁饥民贫兵饷火急春荒之际,郡县各有势不能为民请命之意,而使君抗言当事,挺

然缓征。迄秋成,百姓感德纳赋,遂绝献朴。余入境见登父老家户立位焚香,称颂德泽不休,郊迎设馆,率缙绅师生就讲书院中。余曰:"使君忘余之陋,盖亦借以兴起多士,不敢固辞。但此何时,而使君犹暇然作鹿洞、鹅湖事,贤可知矣。"使君则归功太史,曰:"茂草遗址突起栋宇,聚子衿刻期谈文论道,皆耿先生任也。某时厘不能为民父母之虑,特每就正邑之仁贤,以警疏惰。"太史曰:"自昔二程既尝在兹邑矣,而兹邑中,并不闻有某某曾相从听讲,受业者岂遂无人,要有贤父母为之作成鼓励,自古难耳。"余又不禁喜,称使君与太史为两难焉。讲席间领使君及太史谈说颇多,余略发挥敬字为振。临行,逸庵先生请记事,余不能辞。先生又曰:"适阐敬字,如敬则仁,不敬则忍。敬则智,不敬则昏。敬则勇,不敬则懦。"并宜录载记中。余曰:"不识其当听之多士而可。"归馆秉烛序事,以答先生之命。

[作者作品]

余不禁叹赏,此真民之父母也!督策用亟恐不迅至此。至使君降尊礼下,书院讲学

张沐(1630～1712年),字仲诚,号起庵,上蔡塔桥人,历明清两朝,活了83岁,是著名的理学家、方志学家。张沐一生著述有记载的就有23部之多,主要有《四书疏略》《五经疏略》《为学次第》《图书秘典》《溯流史学钞》《童经》《通俗女儿经》《学道六书》《前川楼文集》等。这些著述,文笔清新,通俗易懂,独标精蕴。

张沐作为名儒,曾被嵩山名儒耿介邀请任嵩阳书院主讲。

[相关史料]

嵩阳书院简介见《嵩阳书院考》。

密县记文(二篇)

清　韩继文

[作者作品]

韩继文,嵩山密县(今新密)人。明崇祯丙子科(1636年)举人。

《学宫碑记》写于清顺治六年(1649年),文中主要记述了密县学宫毁于兵火后,在李贤侯"即慨然揖俸,为通邑倡"的主导下,重建学宫的经过。

《惠政桥记》中的惠政桥位于原密县(今新密市)老城西关外,原名广济桥。明代密县人魏尚谦建,崇祯五年(1632年)毁于大雨。清顺治七年(1650年)密县知县李芝兰捐俸重建,更名为李公惠政桥。桥东西向,坐落于西关河上,为三孔拱券石桥,长21米,宽5.1米,高5.5米,桥北面饰龙首,南面饰龙尾突出于桥外。在20世纪70年代,扩宽公路,桥面南侧随路加宽3.3米,仍以青石垒砌,与原石桥结为一体。

一、学宫碑记

学者,取法圣人,期于明体达用,展畴采于当官,留功名于汗简,以无负我大圣人宫墙之望,而后此心始为愉快。故凡宦迹履,莫不必芬祀事聊馨尊崇于万一,顷缘乾坤鼎沸,庙貌倾颓,裸献无所,而精诚莫达,蒿目扼腕,亦莅政服官者之所同也。密学毁于兵,数年于兹矣,前任崔侯,建正殿五楹,仅属草创,尚穿风日,其戟门两庑、崇圣祠、明伦堂俱荡然无存,宫墙沦落,过者兴嗟,今李贤侯,以辽左世胄来守兹土,谒庙之初,不胜于邑,即慨然捐俸,为通邑倡。亟皇经画,量日鸠庀,首大成殿及棂星门,丹垩重施,轮奂增美,使人知圣域之崇严,愈切仰之思也;次建崇圣祠三楹,使人知渊源自出,虽圣人亦有亲也,而孝思不可以不隆;次建两庑十四楹,列祀明贤,使人知作圣有阶,尽人可至,虽后儒亦能跻也。而景仰不可以不切,次建戟门三楹、明伦堂五楹,宫墙外望,邃密闳深,使人知五教敷于斯,五典惇于斯,而圣功王化,庶可次第而兴举也。侯之嘉惠于密宁有涯哉!是役也,经始于戊子十月,落成于己丑六月,不劳民财,不烦民力,而成此莫大之功,为密造无穷之福。文不敏辱,在宇下睹此赩迹,不能已於言,谨识其略如是。他如侯之盛美,别有记载,固更仆莫能敷也,姑俟异日载歌棠芾焉可矣。

二、惠政桥记

密城西郭外,有深涧,涧水盈涸不常,非桥梁不济。而密之龙脉,发于嵩高,蜿蜒东来,遇水界止,则城郭不得受气焉。过峡引龙尤维桥梁是赖。旧有桥,石甃相半,不甚坚完。崇祯壬申,大雨圮于水,经乱未能复,迄今咸以为憾。我李贤侯之莅密也,将及四载,政兼三异:未尝恃钩箝而奸得;未尝勤敲朴而颂理;未尝工催科而赋足;未尝穷雀符而盗息;未尝亶综核务姑息而民畏且爱。即其簿书之暇,修举废坠,凡境内旧迹,次第兴复。率以百世为量,费且不赀,而民未知病,此必有不令而行之术焉。客冬乘农隙,议修兹桥。宵旰筹画,不烦士民,捐金五百余两,粮二百余石,庀材鸠工,选石弃甃,期垂永久。时出相视,以均劳逸。民不怨读,而趋若子来;工无滞溜,而成以不日。跨海鲸鲵,垂天蟏蛸,投杖涧壑之上,卧影波流之中,可谓惠而知政矣。兴作之始,西郭水涸,忽涌甘泉,以资工汲;槛楯不备、苦难猝办,虔祷山灵,遂掘得石楯念余章恰符规制,灵异若此,谓非济人之诚所感欤!桥既成,侯之功于是不朽矣,谨记。

嵩阳书院讲学记

清 吴子云

戊午之冬,余奉命视学中州。越明年嘉平上浣校士入洛,事竣取道嵩少间。山势巉岩,林樾萧瑟。松桧斑驳而苍郁,尚有汉唐时所植。时方大雪始霁,山风忽起,猿鸟乱鸣,心目旷然,诚不自知嚣尘之远也。山之北麓,旧有嵩阳书院,为宋代诸贤讲学之所,岁久倾废。邑逸庵耿先生以名进士起家,官禁近,盖以斯道为己任者,休沐里居,毅然修葺,读书其内,诸生遂多从之游。其学不以藻缋为工,不以名闻利养为业,痛濂洛之绪久湮,务求上接性道之传,居恒以澹以宁,裘一袭、菜一盂,朝夕默以通其悟而言以畅其宗,每揭义利之辨,天人之防,以示学者。余过之,先生方坐皋比,列生徒质疑问难于其前,余亦得微聆其绪论,不禁耸然异之。继更为余设茗粥蔬笋之供,宛若康节百源山中风味,余盖不敢不饱焉。其西偏,先生更自为斋三楹,适当汉柏之中,邀余坐良久,益令人凌竞之气消。呜呼！敦教化、成风俗,余窃有责焉。顾日就期程、走道路,其所以使士子赴绳尺而较优劣者,不过一日之墨而已,即或孝悌廉让、风义素著之士,未尝不即为奖赏之,其害焉者,未尝不亟亟惩诫之。然相勉在俄倾之间,相求凭官师之说,旅进旅退,又安能涵渐渍,使多士皆能悉其所以然而蒸兴不能已也？故余不得已于六经诵习外,更为刊刻条约,使皆习《孝经》,临试辄先询其能习与不能习,俾皆识敦其本而复其初诚。以孝之为道,自天子、诸侯、公卿、大夫以至士庶,人无不有所当尽。近之,虽在子弟之间,远之,天地之大,无不可以一贯而相通。将无多士或可即寻常日用中,悖逆不作,和顺日重生,地察天明,神明彰矣,当亦为行远自迩,登高自卑之一助乎？而余终以为不能长养涵育,使常如一堂之谘请为较切也。

书院课堂

耿公乃能追白鹿之遗徽,仿鹅湖之旧事,修之身即以示之人,得诸内即以语诸外,官守之所不及规,程度之所不能喻,皆可以使之心解而志得。呜呼！可谓贤矣！且其学首主敬,敬其身未有不能其事亲者矣,事其亲未有不益淬其身者矣。余望多士以孝,而更有耿公主敬以作之基,则其辅教化而裨风俗,于以上报圣天子之庥命无难也。昔嵩少多隐君子,在唐有李拾遗渤者,昌黎韩公屡招之仕,以为朝廷光宠。今耿公则非素未登朝者也,其实有意于正学之广暨乎。余虽不敢自附昌黎,而拔茅连茹之意固未衰也。时同来者,为登封令张子埙,余门下士也,仁心为质,固亦有志于道而且厚加意于斯民者也,于是并书以为记。

[作者作品]

吴子云,字霞蒸,号五崖,今属于安徽省桐城市人,清顺治十二年(1655年)进士,历庐州府教授、国子监助教,迁户部郎中。河南提学道增秩,以参议用。补成都同知。先后辖雅州、温州、屏山政务,皆以清廉著声。

[相关史料]

嵩阳书院简介见《嵩阳书院考》。

嵩阳书院讲学记

清 林尧英

海内之为书院者四,而嵩阳居其一。地据太室之南,即汉嵩阳观故址,改为太室书院,自五代周祐间赐额今名,金元时废。明嘉靖中,知县侯君泰重修之,后毁于兵燹。康熙八年,余友知县黄州叶君封筑堂三楹,祀宋提举崇福宫十四人。今更辟其堂专祀二程朱子,又旁构学舍,集士之有志者,肄业讲论于其中,则太史逸庵耿先生之所缔造也。盖先生于程朱之学,心体力行积有岁月,复与睢阳汤孔伯、小蔡张仲诚先生往来切,一时中原人士喁喁然向风。癸亥春,余校士洛中,窃心往从之,会淫潦大作,试事剧不果。是岁之秋,中丞华亭王公,延先生于大梁书院,余列坐隅,闻讲《太极图说》《孝经疏衍》,则益心仪先生。先生订以后会。今岁三月试竣,出天津、陟猴岭、过辕关,宿邑之馆。厥明谒先圣庙,遂肃事于书院,伏谒程朱三夫子,叩龟山诸儒。于别院,诸生环列,请先生开导益切,始讲《论语》一贯章。余不揣谬,呈《克己复礼琐说》以就正,先生以为可与语道,濒行引晦翁在南康时,与象山讲义利章勒石故事,谓今日之会不可无记,复以洛闽传授之遗相勖,阅累月未及报,邮书谆属,遂不辞固陋,乃言曰:天生人而异之,以性存之于一心,形之于践履,达之为丰功伟伐,穷之为守约乐天,大约弗越尽己及人二端。程门二夫子之学,所谓识得仁理而诚敬存之者,其宗旨也,由是传之龟山、豫章、延平,至朱子而大畅其说。然则朱子之学,谓非得伊洛之源哉?今天子风厉宇内,崇尚实学。先生本二程朱子之训,俾洛士闻之,又欲与闽之士共闻之,推而广之以达之天下,引掖来学之心如是其至,而以绝续之业孜孜致诲,余何足以当之耶?窃观朱子以后,由宋迄明,代有讲习。自烽燧以来,文公书院旧在武夷五曲,堂基仅存,以是叹闽学之不克振也。虽然余即不足塞先生之望,使持是训也以语于乡之人,安知不有人焉?闻风兴奋,如昔时直乡诸儒,或亦二程朱之所默为启者乎?则洛学之有造于闽也,且世世矣。尽己及人之间下学所宜单心也,可不勉乎哉?不然,悠悠忽忽,日复一日,岂惟自远于程朱之门,抑亦弗自振拔,为先生羞,余滋惧矣。登封令王君又旦实心向学,其所修复,有裨于斯地甚备,余记成因属之,以质于先生,用志弗谖云。

[作者作品]

林尧英,字蜚伯,莆田人。顺治十八年(1661年)进士,由兵马司指挥历官河南提学道佥事。著有《澹亭诗略》。

林尧英作为清朝名儒,曾被嵩山名儒耿介邀请任嵩阳书院主讲。

[相关史料]

嵩阳书院简介见《嵩阳书院考》。

桧阳书院记

清　衷鲲化

尝诵《大雅·崧高》之篇,而叹山岳之钟灵远也。汉魏以来,颍川郡名贤接踵,殆难更仆数,至宋程氏二子出,倡明理学,孔子之道赖以不坠。尤其著焉者也,近代如新郑高文襄,禹州马端肃,洛水吕忠节,后先相望;而月川、西川、云浦诸贤,尤能导源河洛。类皆挺生嵩岳之墟,其丰功伟烈,硕德宿学,足以彪炳一时,声施后世。密近接嵩东,且居大隗溱、洧之间,相传为黄帝访道处,亦神皋奥区也。岂遂阒然无人,起而追踪前修,为密之山水生色耶?而密之名乃特以令此者之卓太傅著。夫太傅抽簪新室,封爵建武,上接西汉经术之终,下开东汉名节之始,虽治密事迹,别无可考。而其"律设大法,礼顺人情"二语,则立身行己之道,实为密之人士教之矣。余莅任五载,观密之人士多天资聪颖,能读书之才则蕴蓄于前,安知不发越于后?况嵩麓灵秘所结,磅礴郁积,意必有特立奇伟非常之人出,而振川岳之光者,此亦有司所亟,当风励造就之也。余夙有志乎此,因于西街置地,创建桧阳书院,讲堂、斋房、廊庑、庖湢俱备,为学子肄业之地。又置田,岁收租入以充延师膏火之资。揭朱文公白鹿洞学规于堂壁,附以象山义利之说,俾诸生朝夕服习焉。庶几得窥天人性命之旨,致修词立诚之功,以备朝廷举贤任能之用。将见文章事业,可以后先媲美,川岳钟灵,信为不爽。于以上慰太傅,于馨香频藻之余,是

则余之志也已。

[作者作品]

袁鲲化,清康熙年间密县知县。康熙二十二年(1683年),密县知县袁鲲化在县治西(今新密市城关镇东街村)建桧阳书院,并撰写了创建文《桧阳书院记》。袁鲲化在此文中写道:"尝诵《大雅·崧高》之篇,而叹山岳之钟灵远也。汉魏以来,颍川郡名贤接踵,殆难更仆数,至宋程氏二子出,倡明理学,孔子之道赖以不坠"。于是,就有了"于西街置地,创建桧阳书院,讲堂、斋房、廊庑、庖湢俱备,为学子肄业之地。又置田,岁收租入以充延师膏火之资"。此文记述了创建桧阳书院由来与过程。

释源大白马寺舍利塔灵异记

清 颍如琇

己巳之岁二月八日,孝明皇帝刘庄驾临鸿胪卿寺,谒二三藏,问对数次,弥加礼重。时迦叶、摩腾启陛下曰:"寺之东邻是何馆室?"皇帝曰:"彼中畴,昔无故忽然涌起,可及丈余,人或之平,寻复隆阜。其上往往时发光明。民所异之,乃闻上国政,因谄祀典,遂名'洛阳土地之神'。其所阜者,土俗谓之圣冢,凡所祝告,皆随恳愿。自周而下,蝉联祭享,情未知由。"三藏曰:"噫,余尝于中印度躬览全藏,其中有云,如来灭度百年之后,有阿恕伽王造八万四千七宝塔,安佛舍利,耶阁罗汉,运以神通,将右手掩日,放八万四千光,摄众宝塔,住彼光内,旁视四维,上极空界,八万四千,同时而葬。"又曰:"东土支那,有一十九处。世主有缘,为时而出。余今至此,屡目神光,无异中印度。今陛下所言圣冢者,乃十九数中之一,必不虚焉。"是时,二三藏遂请皇帝并百寮同诸圣冢前。三藏敷座具而谛礼,皇帝与宰臣亦礼。当礼次,圣冢上现一圆相影,二三藏兼皇帝三身如鉴照容,分明内现。其余臣寮,但睹其光,不现其身。众相谓曰:"我辈寡福,不现其身。"由是念言,各见自身,独在光内。皆曰"其光偏照于我"。已而二三藏以梵语赞叹,而众咸称未之有也。时皇帝圣情悦怿,语二三藏曰:"朕若不偶二师,岂能觉佛遗祐乎?"自是方深信释迦牟尼真身舍利之塔也。皇帝遂敕所司,命禀三藏制度,崇建浮图。自是年三月一日起首,至庚午岁十二月八日,厥功告毕。凡九层,高五百尺,岚若岳峙,号曰齐云。至后周二年四月八日,塔上现五色神光,天香氤氲,罔知何至。而自光中出一金掌,持起宝塔,可高尺余,色如琉璃,内外明彻,自午及申,微微方隐。时皇帝洎宰臣并士庶咸瞻胜相,钦玩无斁。人之右绕,光亦右绕;人之左旋,光亦左旋。皆悉叹仰,不知所以然而然也。当是寺数千众,中有梵僧九人,僧伽摩罗等咸谓:"正是阿恕伽王七宝所造之塔真样也。竺乾亦有三处,我曾数礼奉,因是灵感,弥益信心,庆流终古。"

是塔来源,人多不解。余遍考塔前碑记,皆荒唐无稽,各执臆说。独柰圆内有石碣一方,叙塔之原委。可惜字迹模糊,不成句读,愧不能续其后。继席风穴,躬览佛藏,得是记,喜出望外,方知是塔乃释迦舍利塔也。创于汉之永平己巳,号曰齐云,高五百余尺。余既知其由,何何湮没,敬列贞珉,以志不朽。

释源颍石琇谨跋,柰林书记笺微机书丹。监院性智、知客性□同众立石。大清雍正十二年三月吉旦。彭店姚进孝镌字。

[作者作品]

颍如琇(1658~1731年),清朝著名高僧,曾任汝州风穴寺、洛阳白马寺住持。俗姓潘,字颍石,法名颍石绣,世籍洛阳。在嵩山风穴寺受戒、学道30余年,为传临济正宗第35世法嗣。颍如琇善诗文,工书画,才学横溢。著有《句瞿诗集》及白马、白云语录。

《释源大白马寺舍利塔灵异记》是一通于大清雍正十二年(1734年)三月,由白马寺住持颙如绣作跋文,奈林书记笈微机楷书的横条石碣。撰文者不详。碑文不仅叙述了齐云塔所出现的灵异,还记述了齐云塔的建造原委及建塔时间。

[相关史料]

释迦舍利塔,又名齐云塔,乃佛法传入中国后所建的第一座佛舍利塔,创建于东汉己巳年(69年),即创建白马寺的第二年,至今已有1900多年的历史。我国早期的佛塔皆为木结构,大约在五代时,鉴于我国木塔容易烧毁而导致火灾,故而改为砖塔,但形状仍仿木塔建筑。据塔前金代撰写的《大金国重修河南府左街东白马寺释迦舍利塔》碑文说:在北宋靖康元年(1126年),木塔遭劫火一炬,寺与浮图俱废,唯留遗址。金大定十五年(1175年),白马寺彦公大士重建砖塔13层,高160余尺。今之齐云塔,就是此次所修,是一座四方形密檐式砖塔。塔身上下共13层,通高53米余,齐云塔整个塔体结构严谨,造型别致。塔内中空,有踏窝可攀登而上。塔的第十层向南有门,俗称"南天门"。出南天门,由塔外再向上三层,可直达塔顶。

太和山元武台记

清　冉觐祖

康熙丁丑之夏五月,余友龚子圣综居于汜水虎牢之西。虎牢为古战场地,今属县郡。盖天中一大险要区也。其地北近河洛、周围多险窒峻岭。昔贤高尚其志者,往往卜廛于斯。呜呼!阮籍意疏,稽康体放,潘安仁之灌畦,垂纶有自来矣。

汜城东北一隅,孤峯特起,嶙岣千刃,势出天表,则太和山之元武台也。筑台之意,象武当之有太和宫也。

此台四时皆宜:春明景和,山光如黛,朝辉夕烟,紫绿万状。熙然如春,则宜于春。朱明启候,草木长茂,凉飙四至,百鸟变声。旷然如夏,则宜于夏。若夫秋云幻态,秋月扬辉,落叶哀蝉,声悽入絃。寥然如秋,则宜于秋。冰霜在庭,群峯凝雪,层阴寒沍,与空苍然。懔然如冬,则宜于冬。

崎岖而进,凡三折而后达于绝顶层霄之域。台之上,白云缥渺,入户穿窗;台之下,比屋环处,乱点蜂房。至如雾雨空濛,千岩显晦。俯视平川,白水汪濊,冥冥茫茫然如江之汇。及乎晚风飒,云敛晴空,星月交光,汜水沦涟,与月上下,渔火部屯,明灭林外。村墟夜春,若远若近。登斯台者,心目披豁,恍置身于清虚碧落间,备四时之气,而观一郡之风,巍乎高哉!洵虎牢之巨观哉!

近因地震台倾,法象露处。汜贤侯张公即思捐俸建修,奈两袖清风,独力未就。而汜之士民,又无有身任其劳者,佥曰:"此台工程浩大,修复维艰,非一篑一木,可按月计日而成也。"

是年龚子遨游其上,偶一寓目,辄徘徊叹息不忍去。归而谋诸三韩、安赵二公,二公慨发善愿,倾囊倒箧,捐数千金以授龚子,又嘱邵子五玉、熊子善长、申子敬之、阎子粟完分任其事。汜贤侯张公捐俸百金,日犒酒饩,别勤惰,又敦请邑庠生王子连城、张子恂如、赵子明我督工建修。于是邑民或分升斗,或割锱铢,量力捐助,乐趋恐后。千夫万杵,动若雷鸣,肩石担泥,奔若集雨。爰择佳辰,高升画栋,聚台边顽石助讲堂,布地上黄金,共成胜举。安真武于台中,仰净宇于天半崇牙复翼,阴彩雕棁、曲经回廊,无美不备。

厥后龚、熊诸公继安、赵二公善念,创普陀崖于台东,建广生殿于台后,弘开琼宇,肃布斋坛,高高下下,幽趣无穷。呼!可谓胜矣!但富于烟霞,贫于供养,即清流可吸,枯木可刈,难为无米之炊也。且法轮未展,先展食轮;六处维新,当先坛处。安、赵二公,又置养善地两顷,以为悠远焚修之资。

从兹僧有坐性,寺有传灯,松膏常继,虚堂昭辉焕之仪,桂魂高悬,大地尽琉璃之界,试看:金铺射晴旭,可容驾象法王来;朱宇纳层云,不碍鸣鸾仙子过。空中楼阁,再扬钟鼓之音;物外烟霞,复辟琳琅之境。樵歌与梵呗相答,渔火与佛灯相映。近山而猿鹤参禅,傍水而鱼龙听法。耳目莫非吉祥,民物尽登仁寿。风光无尽,兴会常新,倘高人扶筇扫石,正堪读易说诗;若韵士载酒寻芳,亦足骋怀娱目。千年名迹,不论茂草;一邑胜概,尽收襟囊。凭高怀古,有文章山水之乐焉!以视奔劳烦苦,永填苦海,真不啻霄壤之隔矣。

夫远稽前模,非不涂金垩绣,近阅台制,已成坯宇且颓;一旦鼎建聿新,有以安神祇,且以快登临,其山灵之感召然。与抑物穷则泰,否极而通,其变迁有如是也!龚子真不虚此游矣,后之览者其勿忘诸公之德也夫。

[作者作品]

冉觐祖简介见《嵩阳书院考》。

《太和山元武台记》写于康熙三十六年(1697年)五月。

[相关史料]

太和山,位于古汜水县。

嵩阳书院讲学纪事

清 窦克勤

庚申秋,逸庵耿先生约予到嵩阳书院。时邑令长洲牖如张公先至,广文先生偕多士数十余人皆会集焉。张公命讲书三章,开疑解惑,阐发不倦。逸庵先生以躬行实践为多士劝勉。余观一时之教之盛,因不禁喟然叹曰:伊洛宗风,其在斯乎,其在斯乎!

盖大道之在天下,自尧舜以来,相传至今而不泯者道具于性,而非吾性之外有所为道也。何谓性?天命是也。天命维何?仁、义、礼、智是也。天以阴阳五行化生万物,气以成形,而理亦赋焉。人孰不禀天之气?孰不具天之理?而往往貌视此形,则惑也。不知吾身为天所生之身,因不知气为我所得于天之气,则刚大之塞天地,鲜有直养而无害者矣。不知气为得于天之气,因不知理为天所赋之理,私欲蔽锢而厌弃乎近,荡检愈闲,以自失其仁、义、礼、智之性者,比比矣。嘻!人性皆善,而邪正悬殊,不啻什百千万之不可以计数,由无人焉倡之于前,以正其习,而一其

书院考试场景

趋，故人心不知自返，如此也。昔尧、舜、禹、汤、文、武、周公达而在上，孔、曾、思、孟、周、程、张、朱穷而在下，为之君，为之师，无非以吾性之所固有者为学，亦无非以吾性之所固有者为治、为教，故其时之感化而慕德者，莫不蒸蒸然由乎道之当然而乐其治，服其教，以无悖其所学。呜呼！大圣大贤之为斯道所维系者，岂浅鲜哉！兹值讲学之期，予偶得与于其中而见。夫阐经明道既有人焉以开其先，则守先待后必有人焉以嗣响，况阳城居天地之中，周公测景台具在，见古圣人遗迹，犹可见古圣人制作之深心。而法度之何以垂，政教之何以施，当必有按经传遗书以讲究于嵩阳书院之中，而坐言可以起行者，不徒沾沾焉以口耳之功、记诵之末为讲学已也。不专以此为学，是有真精神与古圣相流通；不专以此为讲学，是有真会悟与古圣相符契。有真精神、真会悟以生乎圣人之后，而求合乎圣人之心，即资口耳之功、记诵之末为讲学，亦无不可也。是举也，逸庵先生倡之，复得牖如张公力成之，士之生此，可谓千载一时哉。

嵩岳钟灵，继此发天地之光华，为宇宙耀美。予在五百里内，当不至仰嵩巅之不可企及，则犹或如今日焉徒步来观，亦未可知尔，夫岂无其人乎？八月十九日记。

[作者作品]

窦克勤简介见本书《辅仁居铭》。

重修少林寺记

清　傅景星

盖闻一灯照世，光变通天之日月；五叶发光，香传大地之丛林。而禅家衣钵，直指单传。因得皮肉骨髓不同，斯佛之所由选，而僧之所繇及第也。粤稽少林禅寺，系天下佛门之祖庭，始自魏孝文帝创，栖跋陀。及达摩西来，面壁九年之后，二祖神光立雪传法以来，祖祖相传，灯灯相续于是。升堂入室，选佛印心，爰开不二法门，云集十方贤圣。玄津宝筏，金绳觉路，故海寓衲子靡不果腹而实归，谛闻而划醒焉。沿暨明兴之世，业发皇觉之祥，宏敷华鬘，大阐宗风。乃以末业式微，揭竿四起。野猿悲而出谷，飞鸟为之惊栖。于是风沙迷目，梵宇穿云。即缁流法侣，祇虞山不高，林不密矣。洞天福地，铁甲金戈，而少林千百年祖庭遭赤眉，夜占南山祸及之，险乎危哉！不为绿林众啸之巢穴者，幸有堂头彼岸大师，法讳海宽，字涵宇，直隶内邱王氏子，绍隆祖位，嵩少主席。巩法雨之金汤，存佛轮于劫火。此道未丧，一灯长明。秉正法之权衡，摧邪魔之宫殿。而后乃变换沧桑，复还佛土。升法王之宝座，系一线以中天焉。大师既□衣钵，为佛门正主，继往开来。为选佛计，能不为选佛场计哉？忽耳通舌本，感动人天，西方好音，为勤上智。际分守许公、分巡范公各现宰官，身修菩萨得，欲补缺陷之乾坤，而还世界于平掌。税驾少室，相与捐赀，而换新之。庀材伐石，选匠集工。肇始于壬辰孟夏，告成于癸巳仲秋。凡单传大殿，法喜、禅悦两堂，至于武圣祖师钟楼、藏阁、山门、方丈，悉次第毕就。金碧辉而垩靓焕，彩映祖庭，而光霏性焰。因索余言，庸勒不朽。夫余言能不朽哉？佛氏之不朽者，菩提妙心也；圣学之不朽者，盛德至善也。今两台以圣德至善，成大师菩提妙心，方开万叶宝莲，炯干枝慧炬，寰区佛子云耳，得所皈依，而况重以甘棠蔽芾，湛露浠微哉！有斐君子终不可谖兮。今清泉定鼎，三教维新。祝圣寿之无疆，而载佛日于重期者，夫且永永，固不待余言不朽也。愧不文，而为之记。

[作者作品]

傅景星（？～1669年），明朝进士、清朝政治人物。字梦祯，明朝登封县人。崇祯十年（1637年）

登进士，授山西平阳府推官、山东道监察御史、陕西巡按御史、顺天巡按御史等。明亡后归附清朝，顺治四年（1647年），授太仆寺少卿。顺治六年（1649年），改左通政。顺治八年（1651年），升任通政使。次年改都察院左副都御史、工部右侍郎。

[相关史料]

清朝初期，少林寺住持彼岸海宽联络了一批地方官，如"分守许公、分巡范公各现宰官，身修菩萨得，欲补缺陷之乾坤，而还世界于平掌"，捐资重修少林寺。傅景星的《重修少林寺记》记述了这次重修少林寺的经过，自顺治九年（1652年）孟夏至顺治十年（1653年）仲秋，费时1年零3个月。重修后的少林寺"凡单传大殿，法喜、禅悦两堂，至于武圣祖师钟楼、藏阁、山门、方丈，悉次第毕就。"

茨山书院记

清　胡　浚

塾家序遂，忆生平所读之书；立长颁经，钦圣代既章之典则。夫列槐仿市，合更邹鲁于莱乡；覆栎题斋，宜茸堂坛于蔬圃。固服官之先务，亦成化之大原，此茨山书院所由创也。逆自釜斋白马，序列东西；玉化黄鱼，学均左右。有虞氏教垂祝鲤，下庠并絿风于回舟；周公旦诗制烹瓠，序室续灵鼍之建鼓。下至命承天子，教立诸侯。泮宫则水漾茆芹，米廪则酱羞榆芥。九年法备，统遍四郊；一道风淳，历三代。既乃宗宫禾黍，并及灵台。大国鱼盐，别开稷馆，拥彗行而议横处士，呼航盛而说创名家。乡校濒危，论堂久废。其至宫邻故宅，几毁藏书；机坑诸儒，遂名冤谷。孟氏明伦之旨，枉说齐梁；汉高过鲁之祠，未遑庠序。及当武帝，始自文翁。剖玉垒之铜符，辟锦江之石室。巴人子弟，愿入金钱；蜀国轩楹，悉图贤圣。由是风行州牧，并礼师门。大则璜池半以壅水，牺樽笋俎，歆先圣以埒东胶；次则茨宇创诸名山。玉策金縢，聚生徒而开书院。孔林遗瓮，河涯洙泗之堂。邹国残碑，墓左中庸之舍。河间树古，还祀毛公，巨野薪枯，遐宗曾子。更若泰山万仞，岳麓千秋。玉渊订黎㻫之顽，石鼓据丞湘之会。沉沉白水，匹南岳之苹蘩；蔌蔌丹崖，跨东湖之鯸䱜。闽王宫畔，揭号紫芝，匡裕庐边，仍名白鹿。以洎织帘古远程雷，抱膝荒庐。樊川讲学之区，车渚囊萤之迹，莫不方弘蛾术，类奖云从，资五夜之寒簦，赐九经之定本。盖百氏之言日炽，而轨诸大道，则诐淫绝而正学明；五常之性本同，而泽彼微言，斯砥砺深而气质变。协瑞图之玉马，腾治世之绛螭。此所以翔书有圃，历邃古以无殊；育士需林，遍群黎而莫外者也。而乃邻人旧国，偏乏精庐；轩帝崇丘，独鲜藏室。问多材于东里，则羽修禅创，全无玉砚岿台；揽遗迹于西阳，则陨峰茨岭，止有幽胜诸寺。敖山雅绝，讵奏弦歌，圃泽贤凋，孰吟雨。嗟乎！北海之黉堂谁嗣，西河之石窟虚存？投斧殷殷，裹粮奚适；约绳怅怅，负笈焉从。刘公珙废慨潭州，何嗟及矣；倪若水庙修阙里，岂异人哉？由是特减俸钱，就营都巷，迹怀南苑，仍郑大夫食邑之嘉名；址获北郊，即杨处士行吟之故里。斋依修业，高垣则坊补金声；阁跂尊经，小巷则街临玉带。织红葉而作绵，爱看君子之花；翳苍桧以成林，宛睎圣人之植。垲居通邑，静拟阴冈，缩绳而位合就阳，授室而地符中国。遂乃隶敦梾杵，工献新图，户裁穆野之桑，梁采周冈之柏。杏堂桂阁，约仿珠园，月峡云关，全规石洞。覆亭志乐，便盎颜井之铭，阖户观机，拟和周扉之韵。至若像安重屋，直望黄涯，佩濯洪池，借呼赤涧。土墙瓦灶，称学士之羹藜；砥室青帘，乐先生之置杖。悫挐采石，美轹沧江，尽容业聚千三，奚止景题二十。而且岩岩高座，聘则醇儒；亶亶圆冠，烝皆髦士。执经辞陇，尽柳湖梅岭之英；鸣鼓升堂，抉孔思周情之奥。珠琴宝瑟，绝类西唐，绿帙青缣，差希东鲁。而某亦条颁长幼，畴给坟垆，授一编而议明诚，第两斋而分甲乙。云垂玉篆,夏冬发竹简之微;树盖玄堰,朔望习桑弧之礼。铭新警濯,奚假洧盘;列阵雄文,无须孙垒。岂第教恢夛户,振晦雨于鸡鸣,夫亦化仰依风,翮彩翎于翔凤也。

特是从来论说,向有学官。率土藏修,历崇横宇。十六悬编钟编磬,伶工之库垾虞阶;三万卷牙轴牙签,博士之掌伴延阁。象环綦组,肃画珠庭,玄酒壶樽,蔼宾玉杖。是以桂阳修教,襄邑兴贤,苏湖益第子之员,毗陵图孝友之传。亦惟是儒联旧庙,敦黻冕于棳门。术咏先王,陈脡修于奥阼。若乃柳溪斫础,花阁翘簪,宫碣石以承筐,垣铃冈而擢秀。得毋制殊七里,适成刘楚之迷床;对异三雍,只作咏我之枝指。而不知四科广录,择且俟诸太常;一艺能通,升必由于司马。书社之青衿总万,岂能馨菝葫芦;上台之黑帻盈三,讵暇全收黄小。即近代屡增饩廪,岁广诸生。春干秋仑,几凌太始之七千;逸壁残帷,奚第荆州之三百。要之令刊选举,成数难加;政握宗师,异才罕进。而此外白苦久困,朱锦初缘,歌市中以卖薪,隐海滨而牧豕。噫嘻悬已,斋粥难供;辗转悠哉,蒲编曷借。苇圃茨檐之下,牛宫马磨之间,舞勺焉穷,饮瓢曷极。脱使弃同社枥,塞任蹊茅,研六籍以无从,诵百篇而莫授。白襦未逮,绛账

书院师生

难逢,岂不下忘蒙养之要功,上负诞敷之至意欤!矧复历观射圃,遍阅斋厅。五经宁乏生员,九品俨当师氏,而实樽助祭,惟知执馔登牢;执贽升阶,止较壶浆篚帛。卧碑如昨,率长荒苔;暑石虚悬,鞠为茂草。亦有盘甘苴蓿,力行监课之方;文缀豨苓,雅辨离经之志。郑虔官冷,解励寒毡;伏胜年高能知脱简。而坛窥绿瓷,剩说科名;楼耸青云,惟攻射策。

行寻《论》《孟》,依然攫桂之资;墨揣王唐,划说穿杨之技。求若《诗》推韩《传》,《易》嗣田生。咀玉版之醇浓,证漆文之同异。儒家经术,足被苍黎;夫子文章,直通性命。砚凭涅铁,床任穿藜,全无彻尾之勤,焉得破荒之论。何似衣抠董舍,简肄眭门,互探活水于神源,俯视浮云于余子。稷锄乍了,指点新知,荜辂偕乘,商量旧学。始识要均鼓箧,广助圜桥,鑪亭会友,标泳泽而尤真。小学希贤,揭证人而不愧者也。且夫光磨玉镜,本应玑旋。俗易黄图,原嘻风偃。即此疆分百里,户审千丁,图传黄盖之名,人笃《缁衣》之好。自彼奻黎恃险,虢郊崇贪,食溱洧以民贫,介济洛而赋重。时则怨生苌楚,慨寄烹鱼,局灞釜之咨嗟,絮衣裳之琐屑。洎乎司徒寄帑,庶弟分珪。射王逞繻葛之军,置母惨重泉之誓。频年奔桥,祸酿雍姬,一梦征兰,贱升燕姞。遂乃汲夸山谷,狭中之聚会成风;人惧萑苻泽畔之剽互伏。折擅折杞,佩玉以无惭;乘马乘黄,侈释冰而自喜。下逮湿疆入魏,负黍归韩,值九国之战争,扼山川之要害。庐田牛马,只说房稠,幕盾鞪鍪,惟言拥劲。狗屠诸仲,遽寻睢盱之仇。犀首绐需,竞习纵横之智。殆若楚咻置岳,便更卷舌之侏离;邠土封秦,顿改献豜之忠厚。钟鸣应氏,訇磕斯须。水变从盂,方圆倏忽。何况玉房寸鬵,赋厥性而皆恒。缇履双鲜,肖乃形而合践。商周虞夏,统述心传。《礼》《乐》《诗》《书》,共渐道训。而有不人修五事,家叙九畴。追素髀之古贤,蹑羔裘之洵美。服官从政,绩印三良。问崇知骃,博凌七子。度亦喻复王而莫许,疑适我而难谂。此则作应天章,寻关圣绪。莘莘子弟,殖功尤急于田畴。秩秩斯干,集事宜先于教诲尔。爰从经始,乞此落成。砻砥黑以书名,汁卵黄而纪实。若夫返求体用,深析几微,融践义之精粗,叩耽思之次第。则野栖室壁,理学堪绳;州隶荥波,典型未泯。两

程伊迩,请缘右雏以求仁。一德吾邻,试续耕莘而问志。

[作者作品]

胡浚(约1689~1758年),清代诗人。字希张,号竹岩,浙江会稽人。康熙五十九年(1720年)举人。乾隆时,举博学鸿词。知淯川县,以事落职。浚精诗古文,尤工骈体。著有《绿箩山房文集》24卷,诗集33卷,《四库总目》传于世。

[相关史料]

茨山书院是清朝新郑县所建的一个书院,从胡浚的《茨山书院》一文看,在当时应该是很有名气。但不知何因,后世无存。

建杜工部祠记

清 张 汉

先生生于巩,归葬于巩。而世称先生不举巩何哉?盖先生籍出楚,而卒楚,故称襄阳;仕秦称少陵;流寓于蜀称成都之浣花溪。故诗在秦、楚、蜀独多,洛中绝少;即过汴州,登吹台,慷慨怀古,亦无诗。世故不识先生为巩人。呜呼!诗,小技也。有时亦系其地之显晦,岂小焉者哉。汉守河南郡五载于兹矣。每过巩邑洛汭之间,先生之故里有神存焉。古人谓:"殁而可祀于其乡者"。先生定无愧。乃闻其冢在巩之康家店,祠则无有。喟然叹曰:"是非后死者之责欤?"汉不守兹土,斯已耳。又况先生之诗,汉愿学焉,如子舆氏之于先师孔子者欤。汉乃于巩之东站,为先生置祠三楹,以慰吾生平愿学之意,而又访求后裔,置奉祀先生一人。自是人人知先生为巩人矣,而汉窃有未慊于心者。蜀中山水奇险,雄杰甲天下,形状不可名言,得先生诗表而传之,工力与山川匹敌。往往经历其地者,至掀髯叫绝,谓山川之胜与先生之诗皆有造物者为之,故如是。即未游于蜀者,得先生诗卧而游焉,亦可不必亲至其地,而可厌其嗜奇之心。洛阳则天地之中,虽山水略让于蜀,而自庖羲、有熊氏以来,其名迹最多复最奇,所系又重以大。令先生当日老死其乡,洛中名胜一一据其遗迹,见之吟咏,而道其所以然,论著必奇且确。惜先生竟未之及,吹台慷慨,所怀几何!是不能不为洛中之憾。虽山川题咏,代不乏人,如集大成者之无其人也。岂造物者不欲尽发其奇哉?汉一拜先生,每怀此憾。因置先生祠并及之。

清雍正丁未菊月立。

[作者作品]

张汉(1680~1759年),清朝官吏、诗人。字月槎,号莪思,晚号蛰存。石屏(今属云南)人。康熙五十二年(1713年)进士,雍正五年(1729年)任河南府知府。乾隆间举博学鸿词科,授检讨,改御史。著有《月槎集》《留砚堂诗集》。张汉在嵩洛活动期间,写有《苌弘墓》《游石淙》《秦槐》《嵩山汉柏歌》《偃师晓发》《诗圣祠》《巩县东看隔水桃花》《颜鲁公墓》等很多歌咏嵩洛风景名胜的诗作,大多散见于嵩洛史料之中。

[相关史料]

杜工部祠位于巩义市。明嘉靖三十四年(1555年)《巩县志·祠祀》载:"杜工部祠,在孝义里,今废"。在明朝时,今康店的名称是孝义里,或叫孝义保。乾隆十年《巩县志》记载:"杜工部祠,旧在康家店,已倾。"樊凌涛的"老龙窝杜工部祠"载:巩义市康家店老龙窝的杜甫后代裔孙和时人,在诗人长眠自己的家乡后,就在诗人的故里修建了杜工部祠,进行祭祀。但工部祠何时又出现在南窑湾呢?清雍正五年(1727年),张汉撰文的《建杜工部祠记》回答了这个问题。此文载:乃闻其冢在巩之康家店,祠则无有。喟然叹曰:"是非后死者之责欤?"于是,张汉乃于巩之东站(今南窑湾),为先生置祠三楹,以慰吾生平愿学之意,而又访求后裔,置奉祀先生一人。

汜水知县记文(二篇)

清　许勉燉

[作者作品]

许勉燉,字思晦,浙江海宁人,乾隆年间曾任汜水知县。此文就是许勉燉于乾隆八年(1743年)润四月,任职汜水知县所撰。

一、三山书院记

汜有书院旧矣。东曰"振雅",西即系以古郡曰"成皋",距城相望不三里而有二,诸生诵读声相闻,盖博习亲师有资,敬业乐群有地矣!古之学者,家有塾,党有庠,术有序,无之而非学也。今自成均、辟雍而外,行省郡邑莫不立文庙以奉师表,即往往建书院以育英才,而宅中都会之处,风声尤殊,则地灵所钟,人文所集,理有固然。

夫域异小大,学无小大。邑之有治,是亦邑之中与其都会也。弦歌鸣和于东西,而阛阓杂呶介厥中,不为诸生谋修息之所于泮林之侧,大惧彼都曷咏城阙成谣。士之游于邑者,于何观德问业?是则学之不光,抑亦教之有阙!

余来是邦,怀此久矣。顾力未遑举,国子生何子宪古慨起任之,度地营舍,割已产百亩助膏火,而余乃得增拘橼宇,拨置河滩地八顷有奇以廓生之。既成名之曰"三山"。三山者:案也、印也、卧龙也。缘堞而鼎峙,治胜概在是,斯气精爽萃是将使迎其气以发蔚然之秀,而且系名维近,用别于东与西也。于是延山长,主讲席,选邑士之俊,俾就学焉。时乾隆壬戌之六月也。

既与立课程,公余则造而考其业,诸生彬彬咸谒。爰进而诏之曰:"贤亦知学之所以为学乎?宣圣开宗明义首揭学而时习为训。夫取今日所未知、未能者而学之,此学之始也。取前日所已知、已能者而习之,此学之继也。又取平日所习知、习能者,而时时寻绎之,此学之尤间断、无穷尽也。不熟不已,即熟而犹不已,自古神圣贤人以及通儒名彦,下至百工众技,未有不习而能底于成者。故温故知新,可以为师。知新即寓温故中,则所学在我,其应不穷。温故者时习之谓也。"子夏云:"日知其所亡,月无忘其所能。"学以日记,习以月计,西河之教,疑于夫子所自来矣。

"且夫学非一端而已也,师氏以三德三行教国子,司徒以六德、六行、六艺宾兴之,子以四教:文、行、忠、信。教弟子则以余力学文,教颜子则先博我以文。文者诗书六艺为学者入手工夫。古人八岁入小学,教之以礼、乐、射、御、书、数。乐正之造士也,春秋教以礼乐,冬夏教以诗书。而子所雅言,亦惟诗书执礼。其徒身通六艺者七十有二人。"经解曰:"入其国其教可知温柔敦厚诗教也,疏通知远书教也,广博易良乐教也,洁静精微易教也,恭俭庄敬礼教也,属辞比事春秋教也。"由此观之,教之所以为教,学者之所以为学,何一不本于六经,而后进之于六德、六行者哉?

善乎柳河东之论文曰:"本之书以求其质,本之诗以求其恒,本之礼以求其宜,本之春秋以求其断,本之易以求其动,此吾所以取道之原也。参之穀梁氏以厉其气,参之孟荀以畅其支,参之庄老以肆其端,参之国语以博其趋,参之离骚以致其幽,参之太史以着其洁,此吾所以旁推交通而以为之文也。"

韩昌黎《进学解》曰:"先生只不绝吟于六艺之文,手不停披于百家之编。"皆言学者取材之富与用力之勤也。"昌黎又曰:"作为文章,其书满家,上窥姚姒,浑浑无涯;《周诰殷盘》,诘屈聱牙;《春秋》谨严,《左氏》浮夸,《易》奇而法,《诗》正而葩,下逮庄骚,太史所录,子云相如,同工异曲。"此言学者逢源之效而自得之乐也。

诗不云乎,惟其有之,是以似之。盖学以经为主,而辅之以秦汉诸子及唐宋八家、关闽濂洛五子之文,兼综遐览,以广求其见闻,而会通其义蕴,及其有得,发而为文,汩汩然来,而且浩乎沛然。然则为学之方,非博无由返约,非多学而识,无由语以一贯也。

夫穷经岂徒通经而已哉?经明者行修,而人为完人。经术经世务而用,皆实用泽之躬,而措之国家、天下,胥是物也。今之学者,抱残守阙,其病首在空疎;朝诵夕忘,其病更在苟且。欲救苟且之病,则以温故知新之说进;欲救空疎之病,则以研经学古之说进。此非余一人之私言也,先圣昔贤所以垂教立训,莫不由是也。

既以语诸生,复录而勒之,且述所以设是院之意,以告后之学者。

[相关史料]

三山书院位于嵩山荥阳市老城东门内。清乾隆七年(1742年)监生何宪古捐资建于汜水镇。置田100亩以供师生膏火,知县许勉燉拨滩地800多亩佐其成,并亲撰了《三山书院记》详明原委。后废。

二、傅岩里商相祠堂记

天下学者皆宗诸孔子,自王国辟雍,下逮大小郡邑,无不建学立庙;自天子以至公卿、大夫、士,无不北面拜跪。且千古为学之方,莫备于《大学》《论语》,水有源,木有本,六艺所折衷者在是也。

虽然,发圣学之蕴,非创自孔子也。实始见于《说命》,曰:"学于古训乃有获",此即述而不作,信而好古之旨也。曰:"惟学逊志务时敏",此即学而时习,与学而不厌之旨也。曰:"惟斅学半,念终始典于学。"此即朋自远来与诲人不倦之旨也。至《大学》首揭三纲领明德见于尧典,而《说命》所云惟天聪明,惟圣时宪者,非即明德之说乎。新民见于康诰,而说命所云惟臣钦若,惟民从父者,非即新民之说乎?而且亟其要归曰:"虑善以动,动惟厥时",又曰:"惟厥攸居,政事惟醇",非即明德、新民,止于至善之说乎?然则内圣外王之道,毕举于《说命》中,而为《大学》所原本也。独是孔子之庙遍天下,而商相之祠寥寥无闻,抑又何欤?

夷考傅岩之野,《地理今释》谓在今山西平阳府平陆县东北二十五里,一名隐贤社。《水经注》云:河涧水出虞山东南,迳傅岩,历传说隐室前,俗名圣人窟。予初涖汜水,观邑志所载,城西为傅岩里,旧有商相祠,久废,辄为之慨然而叹!嗣因事过其里,则有祠三楹,庙貌聿新。乃其后裔聚族于此,整理于十余年之前者也。更为之欣然而喜。

今子姓夏谋扩其旧模,孝廉子默清记之于予。询其先世,云自洪洞迁居是里。洪洞距平陆不远,其渊源可溯也。其本支有自也,长幼数千指,一村之中无二姓也。士食旧德,农服先畴,工用高曾之规矩,源之远者流自长,本之固者末必大,有由然矣。

堂既成,岁时伏腊,荐饷合食。行其庭,良臣股肱之容,俨乎如将见之。捧其器,盐梅酒醴之训,乎如将闻之。尊祖故敬宗,敬宗故睦族,虽不能及阙里之盛典,而后人报本追源之心,则固无间也。第不知居平陆者,尚有傅氏苗裔否？亦能饬庀祠宇,以奉蒸尝否？其散处四方者,亦复能如汜邑傅氏,葺其先祠否？

惟是帝赉良弼,旁求作相,前承伊莱之业,后启邹鲁之传,《说命》三篇,训词深厚,垂教无穷。则是祠也,非独傅氏子姓之宗主,而实天下万世凡为学者,所学宗主也欤！是为记。

[相关史料]

《汜水志》载:"城西为傅岩里,旧有商相祠,久废。"汜水知县许勉燉的《傅岩里商相祠堂记》记述的就是这座祠堂的源流。文中的商相,传说为商朝武丁宰相。

沔阳良牧禹公传

清 方 履

禹公讳殿鳌,字大川,号谦斋。河南汜水人。凤禀异姿,气识卓越,举康熙庚子乡试第一。雍正十年任沔牧精强敏练,端方廉介,人不敢干以私。才谞优赡,擘划烦剧,若驾轻就熟。听讼折狱,明察平允,情伪不能遁法,无觊觎,然不事深文钩距,开诚布公,委曲诚谕,民皆输忱畏服。

先是,沔田赋混淆,卤莽者缘旧额,赋重亩歉,历岁江汉水涨,湖数多淤为腴田,赋最下,且多无赋者。田则广轮踰度,又有产鬻饷存者,吏因缘为奸,诡弊丛生。民害剥肤,所抗租庸虽钳钛敲扑,卒不能偿,由是积岁多逋欠。前牧常以此中白简,卒莫有能定划一之规制者也。公廉得其要领,乃力请台使者疏题,行清丈法,委官四十余员,分丈四境。公则周历田野,冒雨风,蒙霜露,悉心咨访,严稽隐漏栽害之弊,胥役无敢高下其手,一切册籍书算,及官役廪食之资,支给外皆出捐办,不扰民间丝粟。三年报竣,计丈出田四万一千余顷,较原额溢一万一千余顷。视田饶瘠,定赋为五则,足旧额五万一千余两之正供,不加铢黍。分为五乡,百里赋准乎田,田归乎里,里隶乎乡,有业者户给一单,按籍瞭然,册成,上之督抚题允,定为章程。昔之重赋,至此乃大轻,自是民无逋欠,官无忝罚,吏无侵牟;盖自明迄今,三百余年所未有者。

沔俗多玩娱隄工,豪右往往以己隄飞派贫弱,即筑己隄,亦薄削掩土而已;迁水泛溃决,屡户辄至破家逃徙。自清丈后,垸堤险易,皆以丈册均派为准。公先捐资筑堤为式,不惮泥途险远,身亲周历,奖励劝谕,民皆踊跃遵式,刻期完工。即南北江部堤为州同州判职掌者,公亦巡视,董率不懈。故能比岁有秋水利。官役苛索堤工陋规,公为详革永禁。民修堤防者,不苦诛求,至今利赖之。

学宫岁久多圮敞,公倡诸绅士,屡年缮葺,瓴甋墙垣,丹垩皆精整钜丽。遴选俊生,延师教习,祭祀乃备乐舞。修复文昌阁、迎恩楼诸胜蹟。辟玉带书院为义馆,萃生童诵读其中,月课文艺,具醴饌,精心品藻,士蒸蒸砺文学。童子入乡校者,燕饮鼓吹,亲送之黉舍。弘奖人才,培植士气,不肖子衿及奸豪市魁,皆屏迹不敢恩公庭。

能声著闻,他郡县有疑狱,宪使多委谳决。如当阳民周贤士等隐重辟,公鞫得其实,为平反之。天门傅阿吴之命案,荆州道之关税,皆酌情按律无枉滥。督抚以公治行高等,屡书报最。乾隆四年,特旨召见,上已心注公。念沔泽国凋疲,资公拊循,俾返任,公益励靖共。

六年春,大修北口横堤,巩若金城。堤成而民不劳。七年夏,淫潦为灾,襄川二水并溢,荆安州县多被水者,沔受害独酷。富民闭仓不粜,米谷腾贵,民大艰食。公多方抚辑,劝谕富民,招徕商贩,详报

水灾,蠲正额二万有奇,南米二千有奇。请发赈谷一十七万六百余石,遍指乡村,按月逐户给发。倡募绅士制绵襦数百,以衣寒者,全活不可胜计。是岁大计,复举廉能。上以黄州为湖北剧郡,公夙负声望,特简知黄州府。本朝百年来,未有久任多善政蒙异擢如公者也。民思公者,立石颂德,设公位于纪恩书院,以志不忘云。

[作者作品]

方履,汜水县(今荥阳)人。清朝嵩山本土历史文化名人,编有《金石萃编补正》。

[相关史料]

禹公,即禹殿鳌,字大川,号谦斋,河南汜水(今荥阳)人。清朝嵩山本土历史文化名人。

一峰禹先生传

清　张开东

洛阳古称多贤哲之侣,汉东观、南阳、长沙诸庐在焉,至今往者吊之。余望嵩山北邙,邈难登矣!故咏歌弗及。己未(康熙十八年,公元1679年)馆于复州刺史谦斋公署,乃得一峯先生云。刺史既授所著《五方元音》及《琴谱》各集,又赠以一峰墨榻。读其行述墓志,益想见其为人。呜呼!先生往矣!先生负丈夫之概,然诺不苟。其于人也,无所顾忌,退而相接,冲和盎溢,循循如弗逮,岂非粹然儒者流也?书法宗晋,虽草书飞舞,不愆于度。好鼓琴,能作书声鸟语。购一铁箫,吹之锵锵有玉音,别号铁箫道人。客有浙江余某者,随其父宦于豫,父死不得归,先生与其祖素有识,给以地葬之。乃延之家,居室服物悉备,阅二十余年如一日。及其死,俱以礼葬。今两塚宛在汜水。世之好客自喜,结声气至哀穷困,死生不二,难矣!罩怀之山有石焉,先生爱其一峯,移之园,晨夕觞咏其下,一时名流赠答,如中牟冉永光、柘城窦静奄两太史之类,刊有一峰题词行世,故学者慕之,咸称为一峰先生也。先生秉铎宁陵最久,课士与子侄,共相切劘,多所成就。雍正丁未,迁满城令,年已六十有六。阅三载,以劳卒于官。櫬归,堕泪泣送者数千人。没后之感,至于如此。呜呼!先生之为人尤遗憾矣!长君谦斋公领庚子乡荐,刺汋阳。汋素无任三年者,公历十一载。整饬弗懈,夜烛治官书,稍暇即与余论诗、古文。服食不求甘美,不买一妾以自奉。衙舍冷如僧院。壬戌秋将迁施南司马,辞曰:"我先君事迹已有言者,先生何以目之?"余谨拜手称唯。公爱弹琴以别。

[作者作品]

张开东(1702~1781年),字宾阳,别名白莼,号青梅居士、海岳游人,茅山张家人。贡生,为蒲圻(现今赤壁市)有名书画家、旅游家、文学家、诗人。一生慷慨好义,打抱不平,是一位乾隆年间的传奇式人物,其传说故事,广为流传。代表作品有《白莼诗集》《海岳文集》等。

《一峰禹先生传》为作者张开东为禹履倩所作的传记。文章记叙了禹先生"一峰"之名的由来和事迹。

[相关史料]

禹履倩,汜水人,贡生,曾任山东满城知县。性爱石,得石一峰,移置于园,故称一峰先生。据史料记载,禹履倩生前曾与当时嵩山冉觐祖、王露、云中官、焦钦若等文化名人多有交往,并在一起专门为一峰图作有同题《题一峰图》诗。

创建西亳书院

清　朱续志

间考古，昔有学校之制，而无书院之称。自五季后迄于赵宋，而鹿洞、岳麓、应天、石鼓、嵩阳诸院，彰彰着闻者，盖以其时周、程、张、朱诸先儒，递阐圣谛，学探本源，远绍孔孟之传，上接中天以下列圣闻知之统，地以人传，而书院之称，乃大着于后世。嗣是以还，或设于官，或设于土著之士，若民一郡邑学官而外，率别立精舍，几欲更仆未易悉数矣。豫省大梁书院自圣祖仁皇帝御赐题额，世祖宪皇帝复敕命延师训迪，月给膏火，河郡周南书院前署府，安溪李公廓而大之，时余代庖洛阳，实襄事焉。今我郡伯曹宪台尤加意培植，委曲恳到，诸德造学有师承，文行交励，皆恪守宋儒正学，务砥实行，不独人文蔚起，连掇巍科，仅诩稽古之荣也。

余初莅偃邑，于在城二程书院敦请名宿，慎简俊髦，勤加考课，冀有成效，已五载于兹矣。近者上邀天幸，岁事屡丰，子弟多赖雅意，向学者视昔尤伙。爰约邑中岁贡生赵筑，诸生李麟定、王吉士，相地西郊，特捐俸置基若干丈，建堂、设庑、门塾垣墉，以次就理，几案诸物，亦皆备具。延邑诸生李麟定职掌教事，虔诹吉日，率诸生徒三十二人，拜师授学。

既成礼，乃进诸生而嘱之曰："无本不立，无文不行。古之学者，怀文抱质，未尝仅以词华见也。诸子幸生两程夫子桑梓近地，闻风私淑，尤易为力，不事远求也。请即以偃之乡先生共傅两程之学，若朱与刘者为诸子劝。"

昔伊川先生之于公掞也，称其笃学力行，至于没齿，志不渝于金石，行可质于鬼神。在家在邦，临民临事，动静一由于至诚。范内翰淳父，谓其诚明笃实，行直而方。又谓其从两程学，以格致为进道之门，以诚正为人德之方。李校书端伯之称质夫也，以为纯德懿行，不愧君子。又谓其所授有本末，所知造渊微。其履也安，内日加重，面无交战之病。其行也果，外虽温然可观。遇事刚毅有为。于戏！作人如二公，其亦可以止矣！

今诸子有意来学，尚其循循□□，各取法于乡先生之学、之行，以遥寻濂、洛、关、闽之绪，因以印心于邹鲁，安见危微精一之旨，不即于是乎在耶？圣人可学。古人有言，谅不余欺。如是，则兹院人材之盛，将亦风气日上，后来出人，直与大梁、周南踵迹履发，联翩而起，而亳西片椷，且不难与豫之应天、嵩阳古昔二院同流传丁无既焉。即余之借荣施于诸子者，实巨且永矣。时邑绅士共谋伐石以纪创建巅末，乞余属词，因即书此以应之。

[作者作品]

朱续志，字晓村，山东平阴人。康熙五十年(1711年)举人，雍正五年(1727年)进士，任偃师知县。朱续志于清乾隆十年(1745年)二月撰写《创建西亳书院》，内容记述创建西亳书院的文化背景、教育理念、书院规模、建筑堂舍、拜师授学等情况，是清朝县办书院的一个具体事例。

[相关史料]

偃师西亳书院之名"西亳"，源于"商汤定都西亳"。公元前16世纪，商汤率诸侯讨伐荒淫暴虐的夏代国王桀，桀败走，死于南巢。汤即天子位，定都西亳。西亳位于今偃师城西洛河北岸的尸乡沟一带。清乾隆十年(1745年)，朱续志任偃师县令，领导过修伊洛大堤，创建西亳书院，整饰县内文物等，在偃师颇有政声。

赵氏节烈记

清 马时芳

贞烈女

世所称烈女传,流风余韵,披拂寰宇,尚矣。而前明吕新吾先生着《闺范》一书,宣布缙绅间,壶中奉之以为闺臬。盖闺门为起化之地,古今垂训立教,未有不于是为竟然。而穷乡妇女,目不识丁,激于义气,拚命捐生,一往而莫可御者则又何也。岂非人性皆善,而天理民彝之灿然未尝少歇绝于人心也哉。余至巩,闻有赵氏者张金玉之妻也。于归三载,夫殁,氏涕泣,不欲生。太翁谓之曰:"吾老且病,汝复如此,是重吾悲也。且守难死易,汝能为其难者乎?"氏唯喏,誓以死守。太翁殁,其村有人欲娶之,纳资财于舅姑。氏不可,强之,遂投危崖下,几死。异养母家数月而还,孝事姑舅不息。而欲娶者复寻前议,不使妇知,夜率众破扇入,捆载而去,纳窑中,氏号呼,披发泣血,顾求死不可得,乃给娶者曰:"若必欲吾从汝,当告吾父兄知,以礼行之则可;不然,有死而已,必不能强我也。"娶者喜,依其言出,氏得间,闭窑门自尽死,一时轰轰传颂。行道之人,有流涕者。嗟嗟!死生亦大矣,士大夫读圣贤书,平居振袂扬声,矜言节概,及一旦临利害,值事变,委靡瑟缩,腼颜面而包羞不顾者何可胜道。今赵氏一纤弱妇人,义气懔然,坚定从容,屡挫而弥奋,是诚有大过人者。足以维风敦节,不第巾帼取为法则而已也。有司上其事,天子嘉之,时降纶音,宠锡优渥,俾建坊于其地,为世矜式,不其庥哉!呜呼!若赵氏者,生敦令德,死着芳名,夫亦可以含笑于地下矣!巩之人士,欲详述其事,昭示来兹。而属其文于余。爰为记其颠末如此。

赞曰:"人生虚华,悠悠若何。惟有道义,终古不磨。烈哉赵氏,其节靡他。我闻三叹,慷慨为歌。本欲殉夫,多一迟延;今缢而死,如饴斯甘。得遂初志,随夫九原。丝萝琴瑟,允偕前缘。夫待于幽,相见恸哭,卿实为我,遭此荼毒。旋复收泪,揽衣粲然,山盟海誓,惟汝能贤。冰玉其心,铁石为肝。芬芬馥馥,扈芷纫兰。嵩峰之侧,洛水之滨。往来过者,视此贞珉。"

[作者作品]

马时芳(1761~1837年),清代理学家,嵩山本土历史文化名人。字城之,号平泉。禹州人。马时芳出身于书香门第。父亲是个小官吏,他14岁时便随父亲住在江西临潽县署中,就学于王宜震门下,开始接受儒学的启蒙教育。父亲任满后,他又随父返回故里,博览儒家经典,但终无大益。年近弱冠之时,他对李绂的《陆子学谱》、孙夏峰的学生赵御众的亲笔遗稿潜心钻研,逐步形成了自己的理论和主张。嘉庆十九年(1814年)受封丘教谕,道光七年(1827年)任巩县教谕。除执教外,他仍专心从事理学研究。著有《朴丽子》《求心录》《马氏心书》等,总数不下百卷。

[相关史料]

马时芳于道光年间(1827~1837年),撰写了《赵氏节烈记》,记述了巩县赵氏的烈女人生。"赵氏者张金玉之妻也,于归三载,夫殁,氏涕泣,不欲生。太翁谓之曰:'吾老且病,汝复如此,是重吾悲也。且守难死易,汝能为其难者乎?'氏唯唯,誓以死守。闭窑门自经死,一时轰轰传颂。"

封建社会以来一直对妇女进行"三从四德"的训诫和教化,女人面对自己的婚姻、家庭和个人幸福只能在多妻主义的丈夫面前,恪守"一夫一妻主义",为不贞的丈夫坚守贞节,至死不渝。旧时的民间把刚正有节操的女子,抗拒强暴或殉夫而死的女子称为烈女。此文中的赵氏,只不过是千百个贞节烈女中的一个。

贞石记

清 韩 城

贞石者,邑东山之片石也。石无知之物也,石而小无知之尤者也。何为称以贞?贞,忠臣、义士、烈女、节妇之美德,而以石当之,则其为石也大矣!明季魏阉之祸,甚于汉之常侍。天子方宠嘉之,恐不至,令天下为立生祠。中外遐迩,海隅山陬,皆惶恐奉诏,而密之令跄尔。乃召匠氏,庀鸠材物,出府库,竭民财,悉力经营。一日常数省,试其工之勤惰、工拙。将落成,令徘徊于两楹之间,而曰:"异日者,稽颡而后拜欤?抑拜而后稽颡欤?!"顾泥涂于斯则亵,其藉以石。顾悟石工曰:"石欲其精,如玉斯莹,三日之内,将于汝乎观成。"而工皇皇尔!裹糇粮,陟岩巘,南山之南,北山之北,皆将有足迹焉。后得石不圆而方,中坚外强,赫赫有光。工曰:"可以"。乃量度其长短、广狭、厚薄、大小,约其轻重,拭其色,叩其质,计其工之劳逸多寡,走告令。令称善。谕士庶,择吉日,将以致是石,而密之民攘攘尔。石在摩旗之坂,不能辇致,故工劳且倍。至日,令亲料丁役,催财物,检械器,使金工执金器,木工执度器,石工执工,役人各执其物;修道路,治桥梁,将沛然而致乎斯石。至则工人相其势,度其形,以审厥宜。工曰:"木称之,扛以犄角,角横犄纵;绳挶之,据以刚维,纲疏维密。"人承以肩,如栉斯比,左之、右之、参之、伍之、错之、综之、隙行、仄行、连行、纤行,齐其声桀桀然,合其声格格然,将沛然而致乎是石,而石则屹屹尔。工曰:"非石有余也,力不足也。"承其弥逢,老者易以壮,弱者易以强,将沛然而致乎是石,而石复屹屹尔。令又使人,前执酒糜,后执鞭捶,曰:"用命者赏,不用命者诛!"人畏诛而趋赏,各鼓舞其力,以必欲致是石,而石终屹屹尔,工役相顾无策。而令亦曰:"已而!吾宁舍之而归尔?"而其状有所惘惘尔。异哉斯石!其殆所谓抱璞自完者耶!易曰:"介于石不终,曰贞吉。"言君子之洁身立行,如石之介而能贞也。因相与贞斯石,贞石不往,必将有他石往,而应其求者。卒之魏珰诛,而祠污且潴,石亦遂渐灭于荆榛草莽瓦砾中矣。而贞石独存,盖正而固之谓贞。

[作者作品]

韩城,密县人。乾隆三十六年(1771年)举人,曾任鹿邑训导。

[相关史料]

见《贞石亭序》相关资料。

偃师县镇民任天笃九世同居记

清 刘文徽

偃师城南顾县镇有任氏,子姓同居,迄今九世,咸啧啧称盛事。顾县镇者,成周缑氏邑故城。"顾","故"字讹也。其地土厚水深,良田广四顷。任氏自山西来居,以耕以食,男、妇蕃衍至一百六十余口仍合□,历百余年如一日。乾隆甲辰岁,何大中丞以其事上诸朝,天子嘉悦,亲洒宸翰,赐诗章匾额以旌;复赍锱币表宅里。任氏之盛,遂□唐寿良张氏、宋江州陈氏而上之矣。

余询其家长,天笃出家训,观之,严肃中礼。则先是天笃祖开昌生五子,欲试其心,潜以金二百匿麦□中。为士尧、士舜拾之以告。开昌曰:"天赐也,曷取之。"二人以"子无私蓄"坚请,开昌知真能笃天显者,乃立永不析产议,使士尧更条为《家训》:一曰婚姻为人伦之始,二曰孝弟为风化之源,三曰杜私为正家之要,四曰勤俭为持家之法。博引经书史传事,先儒家训,以己意发明之。其丧祭用朱子礼,母溷僧道,与余先赠大夫竹园公训相合。若冬至祭始祖,立春祭先祖,本程子意,兼用丘文庄。累世同居,得行立春一祭之议,则核矣。其尤得易家人受以睽深意,言家道之离恒由妇人,田真泣树,缪肜自挝,往事俱在。于新妇,三日庙见后,家长召至中堂,导以□恶利害,反复引伸,俟无间言,乃使视佐雍。不率者,姑教之,无弃礼,卒愧悟。朔望日,聚子弟中堂讲《孝经》《小学》,次日,以《孝经》《女训》训妇女,山绎毋惮劳。以故妇女毋私馈,毋私假,毋饰容观,毋适私室,以交□礼义。或不终所天,毋再适人,称完节焉。其闲子弟之法,毋逐末,毋入城市,毋□□□生,耕读外,惟学医济人,毋索谢。不能者,执百工之业,自食其力。毋废人,毋见尊长僭□,毋口斥人。非其居室,分昭穆以环中堂,毋紊。厨分内外左右,毋逾阈。男、妇以班序食,毋僭越,毋□咤。过其村者,望云树融合,烟火蔼郁,书声车,声相上下也。有司问以不析产故,对曰:"不忍也。"与张公艺对唐高宗书"百忍"字,词异而旨尤深挚。闻其言,孝弟之心未有不油然生者。

夫任氏草野细民,鹑居□食,优游太和之宇,非有语言文字之牖,瑰异奇绝之行,而天性所敦,积为大顺,此由百余年来国朝仁义礼让之化,潜孚默率,有不知其所以然而然。慈圣天子龙章墨宝,辉映嵩邙河洛之间,发潜德幽光,益彰郅隆之治。守斯土者,忭庆为何如也! 爰撮其事为记,微独□任氏子孙以守先训者报国恩,绳绳勿替,而四方观听者,奉为则效,闲家富家之法,其在斯乎? 其在斯乎!

[作者作品]

刘文徽,清朝乾隆年间大臣。刘文徽于清乾隆四十九年(1784年)撰写了《偃师县镇民任天笃九世同居记》,记述了任天笃九世同居的持家之法及和睦景况以及乾隆帝对他的褒赏。

[相关史料]

《旌表事实始末及刘太守九世同居记》载:儒学俏生任天笃,任氏家长,居顾县镇。自其四世祖光玉至四世孙瑞丰,九世同居共爨,男妇共160余口。先是庠生士尧为家督,立家训四条,天笃等遵守焉。首重丧祭,以老幼为丰俭,用朱子家礼,不用僧道。冬至祭始祖,立春祭先祖。禀程子意,兼合丘文庄。累世同居,得行立春一祭之论。家仅地四顷,食指繁,婚嫁议俭。新妇入门,许用纨绮,庙见后即贮。公厨止给布衣。女十岁,授以棉花,教纺织。随时变易,以为妆查之资。虑家道之离,恒起妇人,新妇庙见三日后,即以此反复开导,俟无间言,乃使执中馈。比二年,自操井曰,理饔飧。年五十,始不执役。或有不终所天者,各妇更番代之,无累以劳,用励贞孝。厨分内外左右,男妇以先后次食。

世行敦朴,无外交。岁时,馈问有定规。亲党中有贫者,必委曲周恤。子弟读书外,唯学医活人,不许索谢。余皆自食其力,亦不敢轻斥前辈名。

偃师县顾县镇任天笃家九世同居,在当地传为佳话。乾隆四十九年(1784年)乾隆帝巡幸嵩洛时,河南巡抚何裕城请旌偃师县民任天笃九世同居事奏疏。御赐诗章、匾额,以旌其门,加赏大缎2疋,白银50两,令其自建坊。

神垕山神庙记

清 周世子

古者,诸侯祭封内山川,诚以名山大川必有神祇主之。生祥致瑞、御灾捍患,其赫然灵异者俱载夫祀典。祭飨有坛,奠谒有庙,神所依归而人得瞻仰,礼不辍也。其或僻处遐远,名不登于图志,事不接于耳目,非以异自著,则人何由知之而兴事神之礼哉。神垕山在州之野。岗峦岩壑之瑰奇,林目泉石之幽邃,固不下于岳镇,而人迹罕到世未有知者。永乐二年秋,有瑞兽出焉。白质而黑文,圆首而修尾,行则二虎随之。其性不食生物,不践生草,望之虽若悍猛,迫之则甚驯扰,即《瑞应图》所称驺虞是也。封人来启其状,父王卜日往观。至境,计设槛取之。越三日,雷雨大作,逮夜而云开天朗。兽乃徐步入槛中,竟生致之以归。导以鼓吹,卫以旌麾,民庶争先快睹,欢忻踊跃。知为太平之致。御制金勒加锡礼以褒焉。内外群臣拜表称贺,而兹山之名一旦播于天下矣。尝闻麒麟、白泽、凤凰、神雀之属出则为祥瑞。今伯父皇帝在位,礼贤恤民仁恩溥洽,风恬俗熙,遐方异域重译来献。和气致祥,驺虞之出固其宜矣。然而寰宇之广,不现于他境而独于兹山,则神祇之灵亦有以阴相之也。山在本国封内,未有祠庙。父王既归国,推本所自,实惟山川之灵,产兹瑞兽以为国家之休祯,不可以不报。乃命工择也,建栋宇、设香火、妥神之灵,礼也。庙成,谨撰迎郑神曲歌以侑之。辞曰:"山靡靡兮水冷冷,神所宅兮山有灵。驺王出兮贡彤庭,帝王之瑞兮协于图典。经神有庙兮山之上,朝出游兮暮还止。俎有牲兮樽有醴,舞傞傞兮乐声起。雨不骤兮风不颠,牛羊在野兮禾黍在田。降福祉兮来绵绵,佑我邦家兮于千万年。"

[作者作品]

周世子,本文摘自清顺治《禹州县志》,作者情况不详。

[相关史料]

神垕山神庙是禹州市的一个名胜。周世子的《神后山神庙记》记述了这座山神庙的源流。

汜水杂记(二篇)

清 谢益

[作者作品]

谢益,字子迁,浙江省嘉善县人。清嘉庆二十一年(1816年)举人,授河南汜水知县。境内河堤溃破,亲督工役,由摩天岭开掘河道,民庆更生。后为嵩阳书院院长,殁于讲舍。著有《子迁杂著》及诗钞。

《养老引年记》由汜水知县谢益撰写于清道光九年(1829年)。此文是当时汜水县为养老引年而下发的一个告示,这个告示向我们传达出在当时社会条件下,汜水县署对老年人生活的重视和待遇。

《节孝总坊记》由汜水知县谢益撰于清道光九年(1829年),此文记述了汜水县署建节孝总坊的募捐与建修情况。

一、养老引年记

惟皇上建极十有八年八月十日,为万寿辰。前此圣上五十圣诞,凡天下之耆年硕德,皆已特邀旷典,而汜邑为尤盛。兹庙斯期,仰体寿考作人之意,敬延邑之八十以上者于县署,恭行养老引年之礼。并订于每岁春秋二仲一燕(燕,通宴。即仲春、仲秋各宴饮一次)。一时曳杖而来者,童颜鹤发,步履康强。一堂耆老,共谈笑于几筵函丈之间,猗欤,休哉!

今之饱食而暖衣,仰事而俯育,得以优游于太平之岁月者,皆亲沐圣天子深仁厚泽于无穷也。凡其子孙昆季,自当黾勉于孝友睦姻任恤,或农、或工、或商,汲汲挈挈,箕裘罔坠,以仰副圣主仁寿斯民之至惠。上有尧舜之君,下皆尧舜之民,不将超汉唐,轶殷周,而成于变时雍之休风哉!爰谨叙其事,以记其盛。

二、节孝总坊记

邑之建节孝总坊也,我朝之盛典也,数百人饮茹含蘖,数百年潜德幽光、或贞、或烈、或节、或孝、或妇、或女,同得旌表入祠,流芳百世,诚何如之盛事也哉?

余前署卫辉之新乡县,将其邑数百闺秀,详请入奏,命未下而已卸县事,建坊之事,特有待于后人。前岁宰成皋,急询邑之绅士,以为前任娄涧筠大尹任事时,会详请旌,而奉宪驳。后此署事者,或一年,或半年,未及复行详请,是以久延。予以为前在新乡时之有待于后人者,今莅斯邑,将前任亦有待于我也,亟为之详核查访,于前次奉驳者,更正之;未汇入者,附益之;共得四百九十七人,详请于上宪,即特奏奉旨建总坊入祠。恩给坊银三十两,于是聚邑中绅士筹之,鸠工聚材,非三百金以上不能竣事。时有邑中贤绅士刘中义、周志礼、赵文星、李中奇、禹东柱、刘承猛、禹敦化、赵函三三十人任募捐;柴乃顺、朱光闽、吴光升、雒士杰、王福兴、傅廷彦、张孔道六人任建修。遂得不日成之,辉煌而巩固,人与汜水而长清者,坊亦与方山而永峙。照圣恩以表苦节,诚何如之盛事也哉?邑之绅士请曰:"是事也,不可以无记。"余曰:"然。"谨记其巅末,爰勒贞珉以垂不朽。

[相关史料]

节孝,意为贞节和孝顺。宋代以至明清,特别重视节孝,家族中出了节妇孝子,是全家族的光荣。因此,节孝坊是对守节女子的一种表彰。节孝坊承载了中华民族忠诚孝义的优秀精华,也包含着封建礼教残害妇女的糟粕。汜水县所建的这个节孝总坊,也是嵩山地域节孝坊、祠的一个缩影。

屈子祠记

清 邵 堂

浮戏之山,汜水出焉。逶迤而西,林木奥衍,溪流环带,郁然深美而秀拔者,是为石底山,汉屈伯彦讲学处也。旧有台建祠其上,后为浮屠所居,改为圣母庙,其兴废之由,盖不可得而详矣。

窃维屈子生东汉末,党锢之狱方起,独能退栖山林,传经于家,不与三君、八俊者流,同罹于祸。而其姓名,仅附见于郭太传。然称太就学三年,博通坟典,名震京师。盖其有得于隐居乐道之义,而深沉明达,不屑于名利,盖可知也。古所谓乡先生殁而祀于社者,此非其伦欤?

时代隔绝,欲访其遗事而不可复得,其所留遗,祇此岿然一土址,而今又将沦没于风月土砾中,坐令古之遗泽,任其堙废而不彰,亦守土者之咎矣。

购地立祠,专司崇拜,砻诸贞石,以垂久远,庶此邦读书稽古之士,知所景仰焉。今虽不能复台之故基,而二千余年将废之迹,籍以存其实,而永其传,未始非表扬前哲之一助矣。后之司是土者,勿以具文视之可也。

[作者作品]

邵堂,字无斁,号子山,青浦人。嘉庆二十二年(1817年)进士,官氾水知县。著有《大小雅堂集》。

[相关史料]

屈子祠位于氾水县涧沟。屈子祠中祭祀的屈子,即屈伯彦,古城皋之地一位汉代大儒。《氾水县志"人物》载:"屈伯彦,成皋人。《后汉书·郭林宗传》:就成皋屈伯彦学,三年业毕,博通坟典,意其人必淹雅之儒也。屈伯彦是当时享有美誉的饱学之士,相传他所居在氾流深处,山谷清幽,今人名其地曰屈村,有读书台遗址"。据清代《涧沟屈子祠记》碑所载:在这个地方做官的人和文人们,或者给他盖祠堂纪念他,或者到他的家里祭拜他。祭奠或祭拜他时,长篇诵文表达不了感情的时候,就齐声高唱先生的美德……也足见他对后人的影响和后人对他的无比敬仰。

始建于汉朝的屈子祠在历史发展的长河中,几经埋没,读书台也是几经修复。间或有人修建,继起书院、古庙、义学,使屈子学风、屈子精神绵延下来,成为嵩山地域之文化之精粹。

设立二十保义学记

清 杨炳堃

今夫人劳思善,处瘠土而无虑浇淫,经正民兴,舍响学而莫言陶淑。古者族党州闾之会,读法饮射无非教也,长幼揖逊,无非学也。而且乡必有学,家必有塾,其民八岁而入小学,举凡孝悌忠信睦姻任恤之道,类皆耳熟能详,躬行不息,风之淳亦法之善也。义学之设,其犹乡学家塾之遗乎?我朝文教覃敷,治化翔洽,薄海内外,庠序盈门。下而一乡一曲,力能自给者,类皆就傅从师,以教其子弟,几几讲诵,相闻风行草偃矣。惟是

古代义学

沽涂之侣,守旧畬者不乏贫氓,陇阪之间习刍牧者,类皆佣趁。此牵车服贾,谋升斗以瞻昕朝;负荷析薪,业樵采以资饘粥。若而人者,欲其子弟之礼馈修羊,经讲牧豕盖嘎嘎乎难之!爰是我大中丞程公,

方伯杨公,太守栗公特于义学一事俯焉,孜孜实力兴办。比岁以来,各邑报设义学者不下数百处。炳堃忝牧是邦,奉令承教,于丁亥春,大集簪裾,各输囊橐,每保设义学一二处,城乡共得三十处。计捐地五顷九十六亩,钱四千八百六十八千文,每年可得稞息钱六百三十八千三百九十文。营始维艰,图终匪易,除一切捐项募程通详立案外,用特立石,将乐助芳名,捐输钱数,及地亩房间,四至座落逐一开载,永垂不朽。所望后之君子,举善事而扩充之,俾有基弗坏,经费常赢。将见陈书鼓箧,四郊多弦诵之声,摩义渐仁,比户沐诗书之泽,实不胜有厚望云。

道光壬午岁密邑令杨炳堃

[作者作品]

《设立二十保义学记》是由密县邑令杨炳堃撰文,于清朝道光二年(1822年)刻立在密县的一通碑。碑文内容是叙述其设立十保义学的情况,从中可看到当时兴学重教的优良传统。

作者杨炳堃,浙江湖州人,清道光二年(1822年)任密县知县。在任期间,他发动群众兴修水利,垒堰开渠15道,新增稻田2070亩;整顿小煤窑秩序,废除了残无人道剥夺工人人身自由的"窝铺"制度;大力兴办义学,发展教育,使贫寒子弟271人得以入学读书。清《密县志》载:"杨炳堃在密县任职七年来生活朴素,廉洁奉公,一切薪蔬食物,全部现钱购买;下乡视察,亦自备鞍马,不扰民一草一木",在历史上是个百姓拥戴的清官。

[相关史料]

义学也称"义塾"。古代一种免费学校,资金来源为官款、地方公款或地租设立或私人筹资的学校。学生多为贫寒子弟,免费上学。该碑名为"设立二十保义学记"中的保,即当今的村。通过碑文可以了解到,当时设立义学的组织保障和资金保障为"于丁亥春,大集簪裾,各输囊橐,每保设义学一二处,城乡共得三十处。计捐地五顷九十六亩,钱四千八百六十八千文,每年可得稞息钱六百三十八千三百九十文。营始维艰,图终匪易,除一切捐项募程通详立案外,用特立石,将乐助芳名,捐输钱数,及地亩房间四至座落逐一开载,永垂不朽。"

圣水峪记

清 李统一

密之东北隅有圣水峪。峪于文为山谷,此水出山谷间,故称峪。有石穴,径六七尺,深可丈余,水出其底。居民以砖石之,高六七尺,周围两丈余,上铺石板,下向南有门,水出其中,世所称圣水峪池者也。其名圣者,圣神明不测之号。此水有数异,人不能测,故因以名焉。其异奈何?凡山谷之泉,皆以旱涝为盛衰,此则亢阳连月不为减,霖雨弥旬不为增,有夷险一节之象焉。此其异一也。岁交饥则渐减,或停而不流,甚或伏而见底。底有小坎,深不盈尺,汲者以瓢挹之,终日如故。及将丰,则渐增渐盛,不数日而涌出池门,居民以之占丰凶,有前知之象焉,此其异二也。下流有水磨及郑州之东船亦行焉,虽合众流而此水独巨,得之则磨加疾,船加载,磨夫工皆知之,此其异三出。北宋都汴,以汴水运粮,汴源出荥南大周山东北,合京索诸水,而圣水自西南注之,至中牟为汴水,故此水亦为汴源。父老相传,曾有海菜从池中浮出,寺僧以筛承之,得菜数莒,则其源通尾闾可知,此其异四也。有此数异,人以为不测,故名圣也。更有甚异而颇涉不经者,嘉庆癸酉河南大饥,人相食,相传此池涸至底,底有平石若床,群儿辄嬉游其中,及甲戌之春,忽见老叟卧石上,之曰:"速去!"狗且吠汝,儿惊走出,甫及门,水已在其后矣。此语虽不经,然以上诸异推之,安知穴底之非龙宫耶?穴纯石无土,摩挲既久,皆光滑如砥,水甚清而色黑,有游鱼长数寸,出没水中,至池门即回,终不出,人亦莫能得焉。池上有龙王庙,以池水黑故称黑龙王,且以别于池西之黄龙也,池之东北有九岭,号为九龙口。其西北有小山塞之,名蜘蛛山,有群龙吸蛛之意。俗伪为孤山,则浅矣。光绪甲辰有白铭堂者世居峪上,谓圣水虽载邑志而语甚略,未足尽圣之字义,请余为记,余因续之以俟后之采访者。

[作者作品]

李统一,清代密县举人。同治六年(1867年),撰《圣水记》一文。

[相关史料]

圣水峪位于新密市白寨乡圣水峪村北山谷间。水出自山谷谓之峪,加上水之传奇颇多,故名圣水峪。此水系泉水,出自石穴,长流不息。穴直径六七尺许,深数丈,上以砖石垒砌,高六七尺,周围两丈余。水出其中,清而泛黑,有小鱼出没其中,游至洞口即回,人可望不可得。有说此水与海相通,曾有海菜自穴翻出。此水逆而西流,行5华里许入郑州郊区,为贾鲁河主源。

圣水裕风光

嵩阳老农(焚券行)

清 王诜桂

道光丁未秋,中州大饥,巩洛间人,率贱价鬻其田。嗣奉功令准还赎。登封民张希寓、希添兄弟,家不及中资,购洛阳李鸣岐等二十余人田八十亩有奇,不取原值,尽还之。洛人感其义,请于官。太守贾运生臻制《义民歌》,书"高义可风"四字旌其门。是时项城靳孝廉菊圃栗斑主讲嵩阳书院,归述于其友王丹君诜桂。丹君者,中州布衣以诗鸣者也,作《焚券行》,似古谣歌,字字沁人心脾,足励浇俗,录后:

眉山苏长公,焚券还宅,阳羡说高风。寥寥千百载,谁继芳踪?近得嵩阳之老农。嵩阳遭凶岁,饥民鬻田作生计,富儿居奇拥财币,升斗谁肯涸辙济?老农心恻然,售而谋诸弟,曰有同心。行之毋濡滞,可惜田家非素封,金尽而止限于势。未几大有年,流离琐尾返故廛。芃芃其麦,惟我之田,欲赎不能心忧煎。老农知其返,急召曰来前,酒馔纷纷罗几筵,返我乡里,辞彼道路,当欢而悲。我知其故,爰有酒令畅离怀,尽出旧券付兰炷。田各归主,君等勿误,满堂泣拜,泪下如雨。兄弟怡怡,了此天趣。河南大尹旌其乡,义民歌编孝友张,口碑心史,令名煌煌。富窟钱虏真铸错,愧焚券之农叟,或梦醒黄粱。

[作者作品]

王诜桂,清朝诗人。王诜桂撰写的《嵩阳老农(焚券行)》,记述了嵩阳老农"登封民张希寓、希添兄弟,家不及中资,购洛阳李鸣岐等20余人田80余亩,不取原值,尽还之"的高贵品质。

溪南柏记

清 刘馀佑

大少室,自竺仙卓锡,梵圣开灯,诸祖传法,历朝崇化之地。无言上人挂衲主持,玄风遐播。以故檀那瞻向藩王,敬礼不禁。万锱之施用,资祇园之布。爰拓南坂,鼎创精蓝。薙荆架寓,联楹八区,以居其徒侣。寮后艺柏,几半谷麓。此菲一朝一夕之辨,一手一足之劳也。鹫林驼犷,刹景增朦。严加陀于有象,振象教于陵夷。斯其功德,讵浅鲜云。且系周殿下遵奉瞿昙之懿意,普宏耆腊之盛心。凡在披祝,永以成守。若或剪伐条枚,弛毁成业,无论贻玷法门,自取阿鼻之堕,而开罪世纲,亦难逃斧之诛。敢以诵言,用告来兹。

岁丙寅长至,因采辑故迹,至少溪南白衣殿。前有残碑卧阶下,洗读之,知为刘邑侯卫柏之言。跌去一角,其柏于雍正十三年敕修寺日,庀材伐取一空。急采此文入志,俾后人见此如见柏云。

[作者作品]

刘馀佑,清朝官吏。字申徽,号玉吾,又号"燕香居士",宛平人。其自称滨宛者,先世滨州人也。明万历四十四年(1616年)进士,官兵部左侍郎。入清朝,官至户部尚书。

[作品史料]

史料记载,钦命嵩山少林寺住持,少林寺第26代方丈无言正道在住持少林寺期间,带领寺僧,千辛万苦,在少林寺南山丘上种下了千万棵柏树,人称"柏坂"。即《溪南柏记》中所说的"溪南柏"。到了清代,雍正十三年(1735年)闰四月,清世宗爱新觉罗·胤禛颁发圣旨,敕修嵩山少林寺。这次大修工程是由河东总督兼河南巡抚王士俊(1691~1756年)主办,不仅增设了山门,修葺了天王殿、大雄宝殿、法堂,还创建了少林寺山门及两侧的寮房,形成了今天少林寺的格局,耗银达9000两之多。由于此次修寺用材较多,王士俊急于求成,下令就地取材,遂将南山坡上由无言正道率弟子们辛勤种下的数千株柏树"斩伐一空"。

桧阳王孝子传

清 路璜

咸丰三年六月粤贼破归德,入豫境,围汴梁不克,大兵尾击贼渔散星兮。余逃窜密邑,邑王氏世族也,代为儒业,七世同居,一门雍睦,人以为有古陈氏义门之风。适贼势汹汹,日近逼,邑小兵众,居民皆外徙引避。有王儒人者,其夫宜庵,太学生,八旬而寡,年百令,貌若婴孩。适遭利不能他出,举家谋以幼弱寄乡,暂避凶焰。孝子为王儒人过继男,性异人,平日事父母以孝闻。慨然以母耄年遘疾,偕宝人张氏侍奉,誓死等他移。谕众各自为计,勿恋我。当是时烽火日数警,合邑皆空。而孝子三人据一室,朝夕间视如平日。俄贼入城,杀声四起,有数贼突入,执孝子以白刃加颈,索钱吊米粮。濒死者累,且问胡不避,孝子以亲老遘疾,夫妇相守不忍离对。贼咤之,以告之酋长。其亦入视,询故弗信。谕导入室,见儒人黄髫鲐背坐,喜其不欺。出号于众曰,是真孝子也。不可犯,以长刀置门外,余贼纷至过,辄相戒不敢近。其酋携幼僮杀鸡烹饪为食,日将晡,未举火,贼谓孝子曰:吾据此,若等不克火食。得无馁若亲因饭及肉糜各一盂,享孺人,孝子夫妇跪进食。贼又俟孝子同食,始就寝。孝子终夜不安席,而微窥贼无相害意。甫黎明,贼去。次日举家啼,贝孝子无恙。群相惊以为得神助,而王孺人疾亦旋愈,健饭犹如平日。军饷急,余适奉宪札,赴宛属劝捐,其从子安侯司马,同事斯矣,安侯固醇笃士也。旅馆中备悉其颠末如此,余叹今之士大夫其务鲜华兢声气沈溺而不返者而论矣,即平昔读圣贤书侈谈忠孝,以节义自推重。及一旦风鹤告惊,仓惶失措非为身家计,即为趋谍不特披坚陷阵忘身捍患者无人即孤城,仗节视死如归者亦复不多见。均之不死于贼,即死于法。呼吸之间泰山鸿毛判为天壤,是其求巧而反拙欲避,而仍蹈冥冥中若有默为司之者。嗟乎,大道不明,性为习远。目前暂图苟全已事相率借口,四维不张是帅天下而甘为典涩也。如孝子者,大义了然,临难不避。知有亲而不知有身,且以螟蛉之寄胞,若幸免之心。迄今闻者犹为扎舌,而孝子固行所无事,卒之义感凶顽履危获安。古人求忠臣必于孝子之门,推是心以服官临民六尺可托。百里可寄即不幸事业万难必张,立节全名不致苟忍偷生贻羞当世,如孝子者,可以风矣。孝子名格凝,字道夫,国学生即以是秋卒。天不佑善,闻者惜之。安侯待事平,行将闻于朝为之旌,安侯从堂弟辅臣,为余辛亥所荐士,有通家谊,是不可不书。

[作者作品]

路璜,字渔宾,一字小竹,贵州毕节人。清朝官员,进士出身。道光二十五年(1845年)进士,后官河南知县。辑有《蒲编堂诗》。《桧阳王孝子传》实际上是一通刻立于密县(今新密市)桧阳王格凝家坟的碑文,全文记述了孝子王格凝的典型事迹。

[相关史料]

当孝子,尽孝道,是中华民族的确传统美德,又是封建社会意识形态的主要内容,自古以来就有"百善孝为先"的训导。在今天,很多传统的道德标准受到了挑战,但是"孝"依然被作为一个必须遵守的行为准则受到尊重。传承和弘扬孝道,彰显孝子精神,仍然具有伟大的现实意义和深远的历史意义。

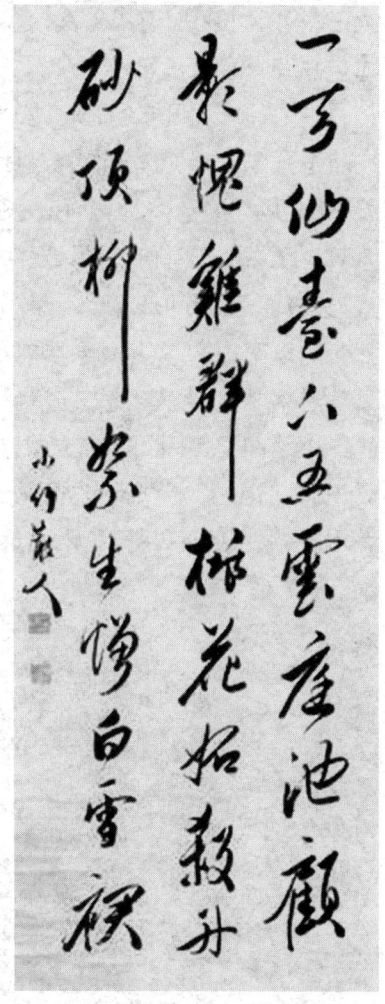

路璜书迹

灾荒纪实

清 牛长庚

盖闻天灾流行,国家代有;汤祷桑林,宣忧旱魃,春秋书无麦无禾,下自秦汉以来,凶年饥岁,史不绝书。是皆得之耳闻也,今复述所目见:

道光丙午,河南麦收甚薄,七、八月间亢旱,秋虽见粒,而麦未曾种,至次年丁未夏,始落雨犁许,所种秋苗均足,生意勃勃,日新月异。历南亩者,谓秋成可望,咸顾而乐之。孰意穗将吐,雨复缺,数旬之间,尽成枯槁,而人民于是大困矣!八月间,雨连绵十数日,麦始偏种。是时,两季未收,十室九虚,米价日腾,寒饿日多,田宅什物逐日贱,而剥榆皮以疗饥,寻蒺藜以延命,目睹之际,均可伤也。

然此时荒旱之地,不甚广大,河亦未北决,东南之粮,源源而来,兼蒙皇恩沛施,冬月至次年春,赈仓米,赈白米,赈银两,故米价虽贵,每斗过千钱,亦无多日。且人事尚活,稍能动作,即可糊口。而爨火不举,闭门饿死,卖妻鬻女,逃之远方者,间亦有之,而不甚多;至发塚盗物,纠众行抢,绝未之闻也。戊申夏,时疫流行,死者甚众。二麦丰登,粮价顿减,斗米钱三百有零。自是之后,家给人足,连年丰乐,村塾日多,文风亦起,斯真安平康乐之世矣!

迨咸丰三年,粤军北来,五月二十日巳刻,至汜城盘踞数日,被清军击退,济河而北。吾村幸未被扰,从此风鹤屡警,人心不靖。颖亳之间,捻匪并起,东方一带州县,数被抢掠。及咸丰十一年八月初六日至汜城。正堂衙署,尽被烧毁。游贼入吾村者,有十数人。十一日南由三家店入巩,至十六日早晨,突折而返。是时,众皆下寨,猝不及防,人畜财物携掠裹去者甚多。幸秋收颇丰,亦未见为甚苦。然自是以寨为家,数年无安居之日矣。

逆氛既靖,天灾未歇:同治以来,非无麦即无禾,九年辛未六月二十日夜响晨,暴雨沛降,日暮乃止。山地冲没者,不可胜纪。汜城南门重修无多年,水至,竟连基趾拥去。至十年六月二十七日,复降暴雨,较前更猛,予往地审视,见面面飞瀑,处处滚浪,岗坡之间,亦成泽国。水超城过,又高数尺。人畜木料,顺水而下,尽至龟山之足而没,盖惨莫惨于此矣!

灾荒图

水下后一日,汜水口大王庙脊,众闻有声,梯视之,见游渣复一人焉,犹有声息,扶而下之。其人遂以不死。又东乡高平之地,水至之时,人从屋中见鱼尺许,盖亦一奇闻也。

厥后雨泽甚艰,丰年甚少。光绪三年,无麦,秋未成粒。三年春斗米千钱,卖衣物者即已成市,然犹望有麦也。孰意麦未成,秋又十没,种麦之时,麦更未种。且东西朔南,赤地数千里,地广人众,并遭此厄。冬月斗米钱至二千。四年春竟至二千八九。田产、衣服、器物,有卖主无买主,即值百作一,亦未易出手。每见箱、柜、桌、凳、床、机、门窗以及梁栋等件,俱属成器,售主难觅,不得已破开作薪,论斤卖出。盖始造之时,不知费钱多少矣!惜哉!

且乡村皆有屠沽,集镇遍设肉架,牛羊骡马,斤肉二十余钱,而宰杀几尽,鸡犬为之一空。不但此也,麦秸乃牲畜所食,秫秆本灶火所需,竟有捣作面而食之者。凡草木之类不甚苦者之无不食,更不待问矣!

尤可惨者,三年夏,男女东逃,即相继不绝,九月以后愈众,百十成群,行装载道,男担女负,扶老携幼,奔走拮据,啼饥号寒之状,实有不可胜述,亦不忍备述者。

又兼人口大出,贩人者,即在庠、在监、科甲巨富,亦无禁忌。于是村村皆有人客,处处俱是卖主,有父卖其女者,有夫卖其妻者,有弟卖其嫂,兄卖其弟妇者,有女童养于夫家,彼此商量伙买者,有妇人自寻买主而随去者,更有将己妻卖出作本而转贩人者,有作中说合,十分抽一而使佣钱者。论价则少于处女,姿容绝美者亦不及十千,而其次可知。道路之间,走者贫(负)者,小车推,大车载者,相继如绳。每一主领三五人,领十数人,甚至领六七十人,七八十人,类皆割弃骨肉,离分结发,临岐之时,不知若何号呼,血泪沾襟者。此境此情,见之有不伤心者,必非人情。然以此渔利而获利者甚少,且反至伤身,可知非可为之事也。

至于在室未逃之人,有死而席裹者;有死而横道者;有死而就其室,封涂其门者;有一门尽死而无人看顾者。有棺木者,十无二三焉。加以瘟疫流行,病而死者,指不胜屈。尸身遍野,虽有犬亦皆不食,盖甚多也。至人民相食,虽未亲见,亦时时闻之。且盗贼蜂起,劫掠时闻,即卖男鬻女之钱,反被抢夺;而身横道路者,不一而足! 此真生民之大劫也! 幸而次年,麦丰收,民有生机。否则靡有孑遗矣! 痛足思痛,伤心惨目,濡笔记之,以示后人云。

[作者作品]

牛长庚,清末汜水人。教授四方,成就甚众。著有《救荒记》《贞烈传》。

牛长庚撰写的《灾荒纪实》,记述清朝道光二十六年至二十七年(1846~1847年)、咸丰三年(1853年)、咸丰十一年(1861年)、同治九年至十年(1870~1871年)、光绪三年至四年(1877~1878年)所发生在嵩山地区的灾荒(天灾人祸),记述了大灾到来之时,汜水县的民间惨状。全文记述具体,发人深省。

龙山书院记

清 赵五星

龙山书院,昔之三山书院也。乾隆年间,晦葊许邑尊莅汜,慨然以振兴文教为己任,于治城西北隅创修数楹,及肄业各斋者,延明师,筹膏火,来学之士日益众。

儒学教育

惟时治城东有振雅书院,西有成皋书院,相去里许,诵声终宵不辍。每当风清月朗,公偕友人散步于山水之间,聆书声则怡然乐也。曰:"风俗之美,不当如是乎?"政暇,亲至各斋所,口讲指划,尔时登巍科,入词馆者,后先相望也。承平日久,振雅、成皋两书院,仅如饩羊之存,而三山书院亦因经济不给,旋作旋辍。同治年间,有合商为一之议,亦未办理妥协,因事中止,实可惜也。

筱云老父台官印尔炽,以雁门名族,承家学渊源,来莅兹土,悯闾里之维艰,劳心抚字;寻名贤之遗矩,殚力经营。诸凡善举,次第就理,汲汲然犹以整理书院为要务,商诸绅董,于治城东街购房数十间,重加修理,延师开课。因时地之不同,取三山之名而颜之曰:"龙山书院",示更新也。抑尤有望焉者,天之生人,各有为圣贤之资,古今须臾耳,天地蘧庐耳,百年光阴,转眼易逝,不与此时策励,将何以卓然自立于天地之间?况汜邑距洛百余里,明道伊川,实接先圣心传,赵江汉、许鲁斋、姚文献、孙徵君、汤潜庵诸先哲讲学苏门,又与吾汜接壤,其阐发微言,不啻提吾耳而命吾面也。由此上溯邹鲁,潜心力行,不自暴弃,深造之久,自有所得,将处为纯儒,出为名臣,庶可答父母养育生成之恩;而我父台作养人才之至意,亦于地为无负矣。

区区文艺之末,亦奚取诸?科名夸耀,夫俗子之耳目以为美观,则又卑之无甚高论。星不工文,千里驰驿,尊命不敢辞,故抒其所见所闻。以为可教而辱教焉,则幸甚。

[作者作品]

赵五星,开封府汜水县人。光绪九年(1883年)进士。同年五月,著交吏部掣签分发各省,以知县即用。

[相关史料]

龙山书院,即昔日的三山书院,位于嵩山荥阳市老城东门内。清乾隆七年(1742年)监生何宪古捐资建于汜水镇,置田100亩以供师生膏火。知县许勉燉拨滩地800多亩佐其成,并亲为记详明原委。后废。关于三山书院最初的情况,本书中许勉燉的《三山书院记》有详细记述。

第五部分 游记文

游记其实是杂记的一种,把它单列出来,是因为它在杂记中占有比较特殊的位置。游记是描写旅行见闻的一种散文形式,以山川胜景、自然风物为题材,专门记写作者游踪的文章。游记的取材范围极广,可以描绘名山大川的秀丽瑰奇,可以记录风土人情的诡异阜盛,可以反映一人一家的日常生活面貌,也可以记下一国的重大事件。同时在叙写见闻中又饱满着作者的独特感受,表达作者的思想感情。常常熔叙述、描写、抒情、议论于一炉,文笔轻松,语言生动,记述较为翔实,给人以丰富的社会知识和美的感受。游记的写法多种多样,可以尽情描绘名山大川的秀丽瑰奇,尤其精于描写,以山野流水、传达山川神貌为擅长;可以记录不同地区的风土人情。

"记"是游记散文的本体特征,一切游记散文都离不开"记"。"记"因为彻底摆脱了文体的束缚,不再受制于"赋""书"和"序"的文体限制,所以"记"可长可短,有话则长,无话则短。我国的山水文学开始于魏晋,成熟于唐宋,至明清而成为文学散文中的重要一体,对现代游记散文有深远的影响。

本书在选择游记散文的同时,还选有古代旅游诗,由于中国古人崇尚天人合一,认为人类就是在山水中孕育出来的,

古人出游

自始就与山水相依存。认为山水是人类的安身立命之所,构成生态环境的基础,因而在中国古诗中存在大量旅游诗作,根据旅游者所到之处,纵情山水,所见所闻,无不引起人们的遐想,在阅读诗作的同时,获得陶冶和启发。

旅游是一种风雅的行为,天然地与文学发生着联系。中国自古就有"读万卷书,行万里路"之说,把游历与文学相提并论。在人与自然山水的关系上,旅游文化体现出的一种主导的积极的精神就是:天人合一,重视人与自然山水的和谐与协调。通过对欣赏自然美,艺术美和社会美的描写把我国旅游景点的特点充分展露出来,展示了古人对自由的追求和个性发展以及创造精神。

嵩山地域山脉连绵起伏,水流纵横交错,名胜古迹、山川景物数不胜数,这为历代文人提供了绝好的写作对象。秀丽的景象加上文人卓越的才华,为嵩山留下了大量的文化瑰宝。本书中所选古人游

记,全是历代嵩山游记散文与诗的名篇佳作。阅读这些作品,不但可以观赏嵩山地域的自然风貌,名胜古迹,风土人情,而且可以欣赏到不同作者的精湛的艺术构思,领略不同作者的游记散文的非凡魅力。

黄帝游嵩

汉 司马迁

《史记·封禅书》载:黄帝时万诸侯,而神灵之封居七千。天下名山八,而三在蛮夷,五在中国。中国华山、首山、太室、泰山、东莱,此五山黄帝所常游,与神会。

[作者作品]
司马迁见《黄帝附世系图》中简介。

[相关史料]
《史记》简释见《黄帝世系》。

步出夏门行(组诗)

三国魏武帝 曹操

[作者作品]
曹操(155~220年),东汉末年杰出的政治家、军事家、文学家、书法家,三国中曹魏政权的缔造者。字孟德,一名吉利,小名阿瞒,沛国谯县(今安徽亳州)人。曹操以汉天子的名义征讨四方,对内消灭二袁、吕布、刘表、马超、韩遂等割据势力,对外降服南匈奴、乌桓、鲜卑等,统一了中国北方,并实行一系列政策恢复经济生产和社会秩序,奠定了曹魏立国的基础。文学方面,在曹操父子的推动下形成了以三曹(曹操、曹丕、曹植)为代表的建安文学,史称"建安风骨",在文学史上留下了光辉的一笔。曹操在世时,担任东汉丞相。魏朝建立后,曹操被尊为魏武帝,庙号太祖。

曹操精兵法,善诗歌,抒发自己的政治抱负,并反映汉末人民的苦难生活,气魄雄伟,慷慨悲凉;散文亦清峻整洁,开启并繁荣了建安文学,给后人留下了宝贵的精神财富,史称建安风骨,鲁迅评价其为"改造文章的祖师"。同时曹操也擅长书法,尤工章草,唐朝张怀瓘在《书断》中评其为"妙品"。有集30卷,已散佚。明人辑有《魏武帝集》,今又有《曹操集》。

《步出夏门行》是乐府旧题,又名《陇西行》。夏门,是洛阳的一个城门。《步出夏门行》是曹操用乐府旧题创作的组诗,作于建安十二年(207年),作者北征乌桓胜利时。东汉末年,正当军阀逐鹿中原之时,居住在辽西一带的乌桓强盛起来,他们南下攻城掠地,成为河北一带的严重边患。建安十年(205年),曹操摧毁了袁绍在河北的统治根基,袁绍呕血而死,其子袁谭、袁尚逃到乌桓,勾结乌桓贵族多次入塞为害。当时,曹操处于南北夹逼的不利境地:南有盘踞荆襄的刘表、刘备,北有袁氏兄弟和乌桓。为了摆脱被动局面,曹操采用谋士郭嘉的意见,于建安十二年夏率师北征,五月至无终,秋七月遇大水,傍海大道不通,后接受田畴建议,断然改道,经徐无山,出卢龙塞,直指柳城,一战告捷。九月,胜利回师,途经碣石等地,借乐府《步出夏门行》旧题,写了这一有名的组诗。

这组诗共分五部分,开头是序曲"艳",下面是《观沧海》、《冬十月》、《土不同》、《龟虽寿》四章。

作者先以神龟、腾蛇为喻,说明神物寿命虽长,神通虽大,都逃脱不了死亡。从而表明宇宙万物有生必有死,有始必有终,这是自然的规律,是不以人的意志为转移的。人不应该幻想长生不死,而应该利用有限之年,建功立业,如"老骥伏枥,志在千里"。况且人的寿命长短也不是全由天决定的,人可以发挥主观能动性,顺应自然,养治身心,延年益寿,与天争时,始终保持昂扬乐观的进取精神。全诗描写河朔一带的风土景物,抒发个人的雄心壮志,反映了诗人踌躇满志、叱咤风云的英雄气概。作品意境开阔,气势雄浑。诗人的这种积极的人生态度是十分可贵、可取的。

[相关史料]

曹操在嵩山历史文化核心区的遗迹主要有二处:

一是曹操初出江湖的第一战的发生地——荥阳市汜水镇西的虎牢关。公元190年,也就是汉献帝初平元年。因为董卓弄权宫闱,曹操刺杀其未果,事败逃到陈留,后来矫诏征兵,组建18路诸侯联军,杀向汜水,讨伐董卓。

二是洛阳的汉魏洛阳城,在曹魏时代,曹操对于洛阳,有着极为复杂的感情。在曹操的一生中,洛阳是他政治生命的起点(20岁就任"洛阳北部尉"),也是他政治生命的终点(66岁"王崩于洛阳")。董卓初立汉献帝时,曹操曾经矫诏讨伐,董卓兵败烧掉了洛阳。从表面上看,曹操的发兵,间接毁掉了盛极一时的洛阳城,以至于建安元年七月,献帝重返洛阳时,面对一片废墟无处安身。曹操在许昌为其重建新都的同时,并没有忘记恢复洛阳都城的繁华。在献帝建安末年,曹操西征归来,即下令重修洛阳城。先是在北面修建了正始殿。而

曹 操

且,其建筑大胆地采取了中轴线的形式,从宫门到第一、第二道城门,都在一条中轴线上。这在中国城建史上,具有划时代的意义。因为在三国之前,都城建筑是没有中轴线概念的,从曹魏时代开始,才有了这种形制。间接毁掉洛阳,又重新修建洛阳,洛阳的兴衰似乎系于曹操。但洛阳之于曹操,还有双重的意义。一个是他在洛阳厚葬了关羽;另一个就是他在这里走到了生命的终点。曹操北归西高穴,他的江湖就此结束了。他的儿子曹丕在曹操去世的几个月后,废掉汉献帝,自己做了皇帝。孙刘也先后效仿。三国的时代真正开始了。

艳

云行雨步,超越九江之皋。临观异同,心意怀犹豫,不知当复何从?

经过至我碣石,心惆怅我东海。

[相关史料]

《艳》是曹操的组诗《步出夏门行》的第一首,主要介绍写这一组诗的原因、背景或者内心的思想感情,相当于诗序或序言。这种写法一直影响到元杂剧。有的元杂剧在正剧之前有一段短剧称为艳段,相当于序幕。

观沧海

东临碣石,以观沧海。水何澹澹,山岛竦峙。
树木丛生,百草丰茂。秋风萧瑟,洪波涌起。
日月之行,若出其中。星汉灿烂,若出其里。
幸甚至哉,歌以咏志。

[相关史料]

《观沧海》头二句说明"观沧海"的位置:诗人登上碣石山顶,居高临海,视野寥廓,大海的壮阔景象尽收眼底。"水何澹澹,山岛竦峙"是望海初得的大致印象,有点像绘画的粗线条。在这水波"澹澹"的海上,最先映入眼帘的是那突兀耸立的山岛,它们点缀在平阔的海面上,使大海显得神奇壮观。"树木丛生,百草丰茂。秋风萧瑟,洪波涌起。"这儿,虽是秋天的典型环境,却无半点萧瑟凄凉的悲秋意绪。作者面对萧瑟秋风,极写大海的辽阔壮美:在秋风萧瑟中,大海汹涌澎湃,浩淼接天;山岛高耸挺拔,草木繁茂,没有丝毫凋衰感伤的情调。这种新的境界,新的格调,正反映了他"老骥伏枥,志在千里"的"烈士"胸襟。接着,他将大海的气势和威力托现在读者面前:"日月之行,若出其中;星汉灿烂,若出其里。"茫茫大海与天相接,空蒙浑融;在这雄奇壮丽的大海面前,日、月、星、汉(银河)都显得渺小了,它们的运行,似乎都由大海自由吐纳。诗人在这里描写的大海,既是眼前实景,又融进了自己的想象和夸张,展现出一派吞吐宇宙的宏伟气象,大有"五岳起方寸"的势态。这种"笼盖吞吐气象"是诗人"眼中"景和"胸中"情交融而成的艺术境界。过去有人说曹操诗歌"时露霸气",指的就是《观沧海》这类作品。这首诗写秋天的大海,能够一洗悲秋的感伤情调,写得沉雄健爽,气象壮阔,这与曹操的气度、品格乃至美学情趣紧密相关。

《观沧海》,从字面看,海水、山岛、草木、秋风,乃至日月星汉,全是眼前景物,这样纯写自然景物的诗歌,在我国文学史上,曹操以前似还不曾有过。它不但通篇写景,而且独具一格,堪称中国山水诗的最早佳作,特别受到文学史家的厚爱。

冬十月

孟冬十月,北风徘徊,天气肃清,繁霜霏霏。
鹍鸡晨鸣,鸿雁南飞,鸷鸟潜藏,熊罴窟栖。
钱镈停置,农收积场。逆旅整设,以通贾商。
幸甚至哉!歌以咏志。

[相关史料]

《冬十月》写于初冬十月,时间比前首稍晚。前八句写初冬的气候和景物。"鹍鸡",鸟名,形状像鹤,羽毛黄白色。北风刮个不停,严霜又厚又密,鹍鸡晨鸣,大雁南飞,猛禽藏身匿迹,熊罴入洞安眠,肃杀严寒中透出一派平和安宁。中四句写人事。钱、镈,两种农具名,这里泛指农具。"逆旅",客店。农具已经闲置起来,收获的庄稼堆满谷场,旅店正在整理布置,以供来往的客商住宿,这是一幅十分美妙的图景。诗篇反映了战后在局部地区人民过上的安居乐业的生活,及诗人要求国家统一、政治安定和经济繁荣的理想。朱乾说:"《冬十月》,叙其征途所经,天时物候,又自秋经冬。虽当军行,而不忘民事也。"

土不同

乡土不同,河朔隆冬。流澌浮漂,舟船行难。
锥不入地,蘴藾深奥。水竭不流,冰坚可蹈。
士隐者贫,勇侠轻非。心常叹怨,戚戚多悲。
幸甚至哉!歌以咏志。

[相关史料]

《土不同》说的是北伐乌桓之后,回到冀州,这里的乡土与黄河以南的土地有很大不同。到了深冬,河里漂浮着冰块,舟船难以前行;地被冻得用锥子都扎不进去,田地荒芜长满干枯厚密的蔓菁和蒿草。河水冻结不流动,上面由坚硬的冰覆盖,人都可以行走。有识之士穷困潦倒,而好勇斗狠的人却不在乎随意犯法。为此作者叹息怨恨,心中充满了悲伤和忧愁。全诗描写了河北由于袁绍的统治导致的民生凋敝,社会秩序不安定的现状。

龟虽寿

神龟虽寿,犹有竟时。腾蛇乘雾,终为土灰。
老骥伏枥,志在千里;烈士暮年,壮心不已。
盈缩之期,不但在天;养怡之福,可得永年。
幸甚至哉!歌以咏志。

[相关史料]

在曹操的这些诗中,名垂千古的是《龟虽寿》。曹操当时击败袁绍父子,平定北方乌桓,踌躇满志,乐观自信,便写下这一组诗,抒写胸怀建功立业的豪情壮志。此时曹操已经53岁了,不由想起了人生的路程,所以诗一开头便无限感慨地吟道:"神龟虽寿,犹有竟时,腾蛇乘雾,终为土灰。"古来雄才大略之主如秦皇汉武,服食求仙,亦不免于神仙长生之术的蛊惑,而独曹操对生命的自然规律有清醒的认识,这在谶纬迷信猖炽的时代是难能可贵的。更可贵的是如何对待这有限的人生。曹操一扫汉末文人感叹浮生若梦、劝人及时行乐的悲调,慷慨高歌曰:"老骥伏枥,志在千里。烈士暮年,壮心不已。"曹操自比一匹上了年纪的千里马,虽然形老体衰,屈居枥下,但胸中仍然激荡着驰骋千里的豪情。他说,有志干一番事业的人,虽然到了晚年,但一颗勃勃雄心永不会消沉,一种对宏伟理想追求永不会停息啊!

这首诗始于人生哲理的感叹,继发壮怀激烈的高唱,复而回到哲理的思辨:"盈缩之期,不但在天;养怡之福,可得永年。"曹操对人

步出夏门行

生的看法颇有一点辩证的思维,他首先讲尊重自然规律,人总是要死的。接着讲人在有限的生命里,要充分发挥主观能动性,去积极进取,建功立业。最后再谈到人在自然规律面前也不是完全无能为力的,一个人寿命的长短虽然不能违背客观规律,但也不是完全听凭上天安排。如果善自保养身心,使之健康愉快,也是可以延年益寿的。

《龟虽寿》更可贵的价值在于这是一首真正的诗歌,它开辟了一个诗歌的新时代,汉武帝罢黜百家,独尊儒术,把汉代人的思想禁锢了三四百年,弄得汉代文人不会写诗,只会写那些歌颂帝王功德的文赋和没完没了地注释儒家经书,真正有感情,有个性的文学得不到发展。直到东汉末年天下分崩,风云扰攘,政治思想文化发生重大变化,作为一世之雄而雅爱诗章的曹操,带头叛经离道,给文坛带来了自由活跃的空气。他"外定武功,内兴文学",身边聚集了"建安七子"等一大批文人,他们都是天下才志之士,生活在久经战乱的时代,思想感情常常表现得慷慨激昂。正如《文心雕龙·时序》说:"观其时文,雅好慷慨,良由世积乱离,风衰俗怨,并志深而笔长,故梗慨而多气也。"尤其是曹操,鞍马为文,横槊赋诗,其诗悲壮慷慨,震烁古今,前无古人,后无来者。这种充满激情诗歌所表现出来的爽朗刚健的风格,后人称之为"建安风骨",曹操是最突出的代表。千百年来,曹操的诗就是以这种"梗慨多气"风骨及其内在的积极进取精神,震荡着天下英雄的心灵。也正是这种可贵特质,使建安文学在中国文学史上闪烁着夺目光彩。关于曹操的文学地位,过去常为其政治业绩所掩,而不为人重视,其实,他在中国文学发展史上,是有卓越贡献的人物,特别对建安文学有开创之功,实在是应当大书一笔的。

煌煌京洛行

三国魏文帝 曹 丕

天天园桃,无子空长。虚美难假,偏轮不行。
淮阴五刑,鸟尽弓藏。保身全名,独有子房。
大愤不收,褒衣无带。多言寡诚,抵令事败。
苏秦之说,六国以亡。倾侧卖主,车裂固当。
贤矣陈轸,忠而有谋。楚怀不从,祸卒不救。
祸夫吴起,智小谋大,西河何健,伏尸何劣。
嗟彼郭生,古之雅人,智矣燕昭,可谓得臣。
峨峨仲连,齐之高士,北辞千金,东蹈沧海。

[作者作品]

作者简介见《笔论》。

孟子云,不信仁贤,则国空虚。此则诗人咏京洛之微意也。《魏风》园桃,尚有实可食,本诗园桃,并无子而空长。忧心歌谣,亦魏文篡汉,托为《黍离》之作也。

通过评价历史人物,表明了诗人的立场和观点。前四句直言虚美者多败,表明人才应具有真才实学,而不应徒有华丽的外表。五至八句论韩信与张良之事,通过对比表达赞赏张良的态度。九至十二句言行事不能太极端,物极必反,反则受其乱。十三至二十四句通过评价历史人物的功过是非,从不同的侧面补足前意。末尾句赞扬鲁仲连,与前面赞扬张良形成了呼应之势,至此也表明了诗人的人生态度。

步出夏门行

三国魏明帝 曹叡

步出夏门,东登首阳山。嗟哉夷叔,仲尼称贤。君子退让,小人争先。
惟斯二子,于今称传。林钟受谢,节改时迁。日月不居,谁得久存。
善哉殊复善,弦歌乐情。商我夕起,悲彼秋蝉。变形易色,随风东西。
乃眷西顾,云雾相连。丹霞蔽日,彩虹带天。弱水潺潺,叶落翩翩。
狐禽失群,悲鸣其间。善哉殊复善,悲鸣在其间。朝游清冷,日暮嗟归。
？迫日暮,乌鹊南飞。绕树三匝,何枝可依。卒逢风雨,树折枝摧。
雄来惊雌,雌独愁栖。夜失群侣,悲鸣徘徊。芃芃荆棘,葛生绵绵。
感彼风人,惆怅自怜。月盈则冲,华不再繁。古来之说,嗟哉一言。

[作者作品]

曹叡(204~239年),字元仲,史称魏明帝,中国三国时期曹魏的第二位皇帝,公元226~239年在位。沛国谯县(今安徽亳州)人,魏文帝曹丕长子,母文昭皇后甄氏。从小得到祖父曹操的喜爱。曹叡23岁即位,在位期间指挥曹真、司马懿等人成功防御了吴、蜀的多次攻伐,并且平定鲜卑,攻灭公孙渊,颇有建树。然而统治后期,大兴土木,耽于享乐。景初二年(238年),曹叡病逝于洛阳,时年36岁,庙号烈祖,谥号明皇帝,葬于高平陵。因其临终前托孤不当,导致后来朝政动荡。

曹叡能诗文,与曹操、曹丕并称魏氏"三祖",文学成就不及曹操、曹丕。原有集,已散佚,后人辑有其散文2卷、乐府诗10余首。

咏怀(二首)

三国 阮籍

步出上东门,北望首阳岑。下有采薇士,上有嘉树林。
良辰在河中,凝霜沾衣襟。寒风振山岗,玄云起重阳。
鸣雁飞南征,鶗鴂发哀音。素质游商声,凄怆伤我心。

王子十五年,游衍伊洛滨。朱颜茂春华,辩慧怀清真。
焉见浮丘公,举手谢时人。轻荡易恍惚,飘遥弃其身。
飞飞鸣且翔,挥翼且酸辛。

[作者作品]

阮籍(210~263年),三国魏诗人。字嗣宗。陈留尉氏(今属河南)人。是建安七子之一阮瑀的儿子。曾任步兵校尉,世称阮步兵。崇奉老庄之学,政治上则采谨慎避祸的态度。与嵇康、刘伶等七人为友,常集于竹林之下肆意酣畅,世称竹林七贤。

阮籍是中国文学史上继建安文学之后正始文学时代的诗人。当时正处于魏晋之交，社会上一群文士从外表上看放浪、恣纵、旷达、不守礼法，而在他们的内心深处有一份内在的悲哀和痛苦。阮籍的诗寄托深远，而其志气狂放、纵逸、幽微、深隐，蕴藉深厚，在痛苦无人可诉的时候，把零乱、悲苦的内心感情用诗文表现出来。只是，由于处境的危险，他只能用隐蔽的象征的语言来表达自己的思想感情，用笔曲折，含蕴隐约。《咏怀诗》在中国诗歌史上占有崇高的地位。这些诗反映了阮籍的政治思想、生活态度，尤其是对于人生问题的反复思考。

阮 籍

河 水

北魏 郦道元

河水自洛口又东，左径平皋县南，又东径怀县南，济水故道之所入，与成皋分河，河水右径黄马坂北，谓之黄马关。孙登之去，杨骏作书与洛中敌人处也。河水又东径旋门坂北，今成皋西大坂者也。升陟此坂，而东趣成皋也。曹大家《东征赋》曰：望河洛之交流，看成皋之旋门者也。河水又东径成皋大伾山下，《尔雅》曰：山一成谓之伾。许慎、吕忱等并以为丘一成也。孔安国以为再成曰伾，亦或以为地名，非也。《尚书·禹贡》曰过洛汭，至大伾者也。郑康成曰：地喉也，沇出伾际矣。

在河内修武、武德之界，济沇之水与荥播泽出入自此。然则大伾即是山矣。伾北，即《经》所谓济水从北来注之者也。今济水自温县入河，不于此也。所入者，奉沟水耳，即济沇之故渎矣。成皋县之故城在伾上，萦带伾阜，绝岸峻周，高四十许丈，城张翕险，崎而不平。《春秋传》曰：制，岩邑也，虢叔死焉。即东虢也。鲁襄公二年七月，晋成公与诸侯会于戚，遂城虎牢以逼郑求平也。盖修故耳。《穆天子传》曰：天子射鸟猎兽于郑圃，命虞人掠林。有虎在于葭中，天子将至，七萃之士高奔戎生捕虎而献之天子，命之为柙言之东虢，是曰虎牢矣。然则虎牢之名，自此始也。秦以为关，汉乃县之。城西北隅有小城，周三里，北面列观，临河岩岩孤上。景明中，言之寿春，路值兹邑，升眺清远，势尽川陆，羁途游至，有伤深情。河水南对玉门。昔汉祖与滕公潜出，济于是处也。门东对临河，侧岸有土穴，魏攻北司州刺史毛德祖于虎牢，战经二百日，不克。城惟一井，井深四十丈，山势峻峭，不容防捍，潜作地道取井。余顷因公至彼，故往寻之，其穴处犹存。河水又东合汜水，水南出浮戏山，世谓之曰方山也。北流合东关水。水出嵩渚之山，泉发于层阜之上，一源两枝，分流泻注，世谓之石泉水也。东为索水，西为东关之水。西北流,杨兰水注之,水出非山,西北流注东关水。东关水又西北,清水入焉。水自东浦西流,与东关水合,而乱流注于汜。汜水又北,右合石城水,水出石城山。其山复涧重岭,敧叠若城,山顶泉流,瀑布悬泻,下有滥泉,东流泄注。边有数十石畦,畦有数野蔬。岩侧石窟数口,隐迹存焉,而不知谁所经始也。又东北流注于汜水。汜水又北合鄤水,水西出娄山,至冬则暖,故世谓之温泉。东北流径田鄤谷,谓之田鄤溪水,东流注于汜水。汜水又北径虎牢城东。汉破司马欣、曹咎于是水之上。汜水又北流注于河。《征艰赋》所谓步汜口之芳草,吊周襄之鄙馆者也。余案昔儒之论,周襄所居在颍川襄城县,是乃城名,非为水目,

原夫致谬之由,俱以汜郑为名故也,是为爽矣。又案郭缘生《述征纪》,刘澄之《永初记》,并言高祖即帝位于是水之阳,今不复知旧坛所在,卢谌、崔云,亦言是矣。余案高皇帝受天命于定陶汜水,不在此也。于是求坛,故无仿佛矣。河水又东径板城北,有津,谓之板城渚口。河水又东径五龙坞北,坞临长河。有五龙祠。应劭云:昆仑山庙在河南荥阳县。疑即此祠,所未详。又东过荥阳县北,蒗渠出焉。

大禹塞荥泽,开之以通淮、泗,即《经》所谓蒗渠也。汉平帝之世,河、汴决坏,未及得修,汴渠东侵,日月弥广,门闾故处,皆在水中。汉明帝永平十二年,议治渠,上乃引乐浪人王景问水形便。景陈利害,应对敏捷,帝甚善之,乃赐《山海经》《河渠书》《禹贡图》及以钱帛。后作堤,发卒数十万,诏景与将作谒者王吴治渠。筑堤防修堨,起自荥阳,东至于乘海口,千有余里。景乃商度地势,凿山开涧,防遏冲要,疏决壅积,十里一水门,更相回注,无复渗漏之患。明年渠成,帝亲巡行,诏滨河郡国置河堤员吏,如西京旧制。景由是显名,王吴及诸从事者,皆增秩一等。顺帝阳嘉中,又自汴口以东,缘河积石,为堰通渠,咸曰金堤。灵帝建宁中,又增修石门,以遏渠口。水盛则通注,津耗则辍流。河水又东北径卷之扈亭北。

郦道元《水经注》节选

[作者作品]

郦道元(约470~527年),字善长,范阳涿州(今河北涿州)人。北朝北魏地理学家、散文家。仕途坎坷,终未能尽其才。他博览奇书,幼时曾随父亲到山东访求水道,后又游历秦岭、淮河以北和长城以南广大地区,考察河道沟渠,搜集有关的风土民情、历史故事、神话传说,撰《水经注》40卷。文笔隽永,描写生动,既是一部内容丰富多彩的地理著作,也是一部优美的山水散文汇集。可称为我国游记文学的开创者,对后世游记散文的发展影响很大。

《水经注》以《河水》开卷,河水指的是黄河。上古的地名比后代简单,黄河就称"河",长江就称"江"。河流的通名早期称"水",黄河称为"河水",长江称为"江水",直到《水经注》时代还是这样。

[相关史料]

三国时期人著有《水经》。郦道元系统地对《水经》进行注释,就是《水经注》全书共40卷,全面而系统地介绍了水道所流经地区的自然地理和经济等诸方面内容。《水经注》全

郦道元

书30多万字,详细介绍了中国境内1000多条河流以及与这些河流相关的郡县、城市、物产、风俗、传说、历史等。该书还记录了不少碑刻墨迹和渔歌民谣。《水经注》文笔雄健俊美,既是古代地理名著,又是优秀的文学作品。

嵩山诗(二首)
唐 王 维

归嵩山

[作者作品]

王维(701~761年),唐朝山水田园诗派代表诗人、画家、音乐家。字摩诘,原籍太原祁州(今陕西省祁县)人。他出身官僚地主家庭,早年丧父,母崇信佛教,因受影响,年少时便信佛教。后因母亲师事嵩山普寂大照禅师,王维举家迁到洛阳,不久,又迁到嵩山脚下的东溪。唐开元九年(721年)进士第一。任过太乐丞、右拾遗等官,安禄山叛乱时,曾被迫出任伪职,后两京收复,降职为太子中允,复累迁至给事中,终尚书右丞,死于任上。王维在诗歌上的成就是多方面的,无论边塞、山水诗,无论律诗、绝句等都有流传人口的佳篇。有"诗佛"之称。苏轼评价其:"味摩诘之诗,诗中有画;观摩诘之画,画中有诗。"今存诗400余首,重要诗作有《相思》《山居秋暝》等。

王维曾在嵩山脚下居住,来来往往之间,自然是对嵩山别有情谊。除《归嵩山作》《赠中岳焦炼师》外,他写有多首与嵩山有关的诗作。

一、归嵩山作

清川带长薄,车马去闲闲。流水如有意,暮禽相与还。
荒城临古渡,落日满秋山。迢递嵩高下,归来且闭关。

二、赠中岳焦炼师

先生千岁余,五岳遍曾居。遥识齐侯鼎,新过王母庐。
不能师孔墨,何事问长沮。玉管时来凤,铜盘即钓鱼。
竦身空里语,明目夜中书。自有还丹术,时论太素初。
频蒙露版诏,时降软轮车。山静泉逾响,松高枝转疏。
支颐问樵客,世上复何如。

送别诗(三首)

唐 李颀

李 颀

[作者作品]

李颀(690~751年),唐朝著名诗人。嵩山登封人。开元十三年(725年)进士,任新乡尉。天宝初,流连于长安、洛阳。曾长期居住于嵩山一带,与诗人高适、王维、崔颢及王昌龄关系密切,交往唱和。由于久未升迁,便辞官归隐于颍阳东川隐居,到道家的玄妙世界中寻求精神上的安慰。其玄理诗和田园山水诗,反映了这种生活情趣。诗以写边塞题材为主,风格豪放,慷慨悲凉,七言歌行尤具特色。

以下三首诗是李颀在嵩山地域活动时所作,诗中带有明显的地域特色。

一、少室雪晴送王宁

少室众峰几峰别,一峰晴见一峰雪。隔城半山连青松,素色峨峨千万重。
过景斜临不可道,白云欲尽难为容。行人与我玩幽境,北风切切吹衣冷。
惜别浮桥驻马时,举头试望南山岭。

二、送卢逸人

洛阳为此别,携手更何时。不复人间见,只应海上期。
清谿入云木,白首卧茅茨。共惜卢敖去,天边望所思。

三、送刘四赴夏县

九霄特立红鸾姿,万仞孤生玉树枝。刘侯致身能若此,天骨自然多叹美。
声名播扬二十年,足下长途几千里。举世皆亲丞相阁,我心独爱伊川水。
脱略势利犹埃尘,啸傲时人而已矣。新诗数岁即文雄,上书昔召蓬莱宫。
明主拜官麒麟阁,光车骏马看玉童。高人往来庐山远,隐士往来张长公。
扶南甘蔗甜如蜜,杂以荔枝龙州橘。赤县繁词满剧曹,白云孤峰晖永日。
朝持手板望飞鸟,暮诵楞伽对空室。一朝出宰汾河间,明府下车人吏闲。
端坐讼庭更无事,开门咫尺巫咸山。男耕女织蒙惠化,麦熟雉鸣长秋稼。
明年九府议功时,五辟三征当在兹。闻道桐乡有遗老,邑中还欲置生祠。

夏日游石淙诗

摘于《全唐诗》

夏日游石淙诗并序
唐　圣制（武则天）

夫圆峤方壶,涉沧波而靡际;金台玉阙,陟玄圃而无阶。惟闻《山海》之经,空览《神仙》之记。爰有石淙者,即平乐涧也。尔其近接嵩岭,俯届箕峰,瞻少室兮若莲,睇颍川兮如带。既而蹑崎岖之山径,荫蒙密之藤萝,汹涌洪湍,落虚潭而送响;高低翠壁,列幽涧而开筵。密叶舒帷,屏梅氛而荡燠;疏松引吹,清麦候以含凉。就林薮而王心神,对烟霞而涤尘累。森沉丘壑,即是桃源;淼漫平流,还浮竹箭。网薜荔而成帐,笮莲石而如楼。洞口全开,溜千年之芳髓;山腰半坼,吐十里之香粳。无烦昆阆之游,自然形势之所。当使人题彩翰,各写琼篇。庶无滞于幽栖,冀不孤于泉石,各题四韵,咸赋七言。

　　三山十洞光玄箓,玉峤金峦镇紫微。均露均霜标胜壤,交风交雨列皇畿。
　　万仞高岩藏日色,千寻幽涧浴云衣。且驻欢筵赏仁智,琱鞍薄晚杂尘飞。

侍游应制
皇太子臣显上

三阳本是标灵纪,二室由来独擅名。霞衣霞锦千般状,云峰云岫百重生
水炫珠光遇泉客,崖悬石镜厌山精。永愿乾坤符睿算,长居膝下属欢情。

侍游应制
太子左奉裕率检□□□大都护相王臣旦上

奇峰嶾嶙箕山北,秀崿岩峣嵩镇南。地首地腑何曾似,天目天台倍觉慙。
树影蒙笼郭叠岫,波声汹涌落悬潭。凤愿紫宸居得一,永欣丹扆御通三。

侍游应制
太子宾客上柱国梁王臣三思上

此地岩壑数千里,吾君驾鹤□乘龙。掩映叶光含翡翠,参差石影带芙蓉。
白日将移冲叠巘,玄云欲度碍高峰。对酒鸣琴追野趣,时闻清吹入长松。

侍游应制
内史臣狄仁杰上

宸晖降望金舆转,仙路峥嵘碧洞幽。羽仗遥迎鸾鹤驾,帷宫直坐凤麟洲。飞泉洒液恒疑雨,密树含凉镇似秋。老臣预陪玄圃宴,余年方共赤松游。

侍游应制
奉宸令臣张易之上

六龙骧首晓骙骙,七圣陪轩集颍阴。千丈松萝交翠幕,一山丘水当鸣琴。青鸟白云王母使,垂藤断葛野人心。山中日暮幽岩下,冷然香吹落花深。

侍游应制
麟台监中正县开国男臣张昌宗上

云车遥裔三株树,帐殿交阴八桂丛。礀崄泉声疑度雨,川平桥势若晴虹。叔夜弹琴歌白云,孙登长啸韵清风。即此陪欢游阆苑,无劳辛苦向崆峒。

侍游应制
鸾台侍郎臣李峤上

羽盖龙旗下绝冥,兰除薜幄坐云扃。鸟和百籁疑调管,花发千岩似画屏。金灶浮烟朝漠漠,石床寒水夜泠泠。自然碧洞窥仙境,何必丹丘是福庭。

侍游应制
凤阁侍郎臣苏味道上

琱舆藻卫拥千宫,仙洞灵谿访九丹。隐暖源花迷近路,参嵯岭竹扫危坛。重崖对耸霞文驳,瀑水交飞雨气寒。日落宸襟有馀兴,徘徊周瞩驻归銮。

侍游应制
夏官侍郎臣姚元崇上

二室三涂光地险,均霜揆日处天中。石泉石镜恒留月,山鸟山花竞逐风。周王久谢瑶池赏,汉主悬惭玉树宫。别有祥烟伴佳气,能随轻辇共葱葱。

侍游应制
给事中臣阎朝隐

金台隐隐陵黄道，玉辇亭亭下绛雰。千种冈峦千种树，一重岩壑一重云。花落风吹红的历，藤垂日晃绿蓁蓁。五百里内贤人聚，愿陪阊阖侍天文。

侍游应制
凤阁舍人臣崔融上

洞口仙岩类削成，泉香石冷昼含清。龙旗画月中天下，凤管披云此地迎。树作帷屏阳景翳，芝如宫阙夏凉生。今朝出豫临玄圃，明日陪游向赤城。

侍游应制
奉宸大夫汾阴县开国男臣薛曜上

玉洞幽寻更是天，朱霞绿景镇韶年。飞花藉藉迷行路，啭鸟遥遥作管弦。雾隐长林成翠幄，风吹细雨即虹泉。此中碧酒恒参圣，浪道昆山别有仙。

侍游应制
守给事中臣徐彦伯上

碧淀红涔崿嶂间，淙嵌㵿岨浐成銮。琪树璇娟花未落，银芝窟咤露初还。八风行殿开山榜，七景飞舆下石关。张鸾席云平圃宴，煌煌金记蕴名山。

侍游应制
右玉铃卫郎将左奉宸内供奉臣杨敬述上

山中别有神仙地，屈曲幽深碧涧垂。岩前暂驻黄金辇，席上还飞白玉卮。远近风景俱合杂，高低云石共参差。林壑偏能留睿赏，长天莫遽不丹曦。

侍游应制
司封员外臣于季子上

九旗云布临嵩室，万骑星陈集颍川。瑞液含滋登禹膳，飞流荐响入虞弦。山扉野径朝花积，帐殿帷宫夏叶连。微臣献寿迎千寿，愿奉尧年亿万年。

侍游应制
通事舍人臣沈佺期上

金舆旦下绿云衢,彩殿晴临碧涧隅。溪水泠泠杂行漏,岩烟片片绕香炉。
仙人六膳调神鼎,玉女三浆捧帝壶。自昔汾阳纡道驾,何如太室览真图。

侍游应制
崇文馆学士　宋之问

离宫秘苑胜嬴州,别有仙人洞壑幽。岩边树色含风冷,石上泉声带雨秋。
鸟向歌筵来度曲,云依帐殿结为楼。微臣昔忝方明御,今日还陪八骏游。

世传宋之问此诗是在此场景发生之后所作。

[作者作品]

《夏日游石淙诗(并序)》作者是女皇武则天及其大臣。武则天简介见《大唐天后御制诗书》。

久视元年(700年)五月十九日,武则天在石淙河大宴群臣,唱和作诗。参加石淙会饮的君臣有武则天及其从臣皇太子臣李显、太子左奉裕率检□□□大都护相王臣李旦、太子宾客上柱国梁王臣武三思、内史臣狄仁杰、奉宸令臣张易之、麟台监中正县开国男臣张昌宗、鸾台侍郎臣李峤、凤阁侍郎臣苏味道、夏官侍郎臣姚元崇、给事中臣阎朝隐、凤阁舍人臣崔融、奉宸大夫汾阴县开国男臣薛曜、守给事中臣徐彦伯、右玉铃卫郎将左奉宸内供奉臣杨敬述、司封员外臣于季子、通事舍人臣沈佺期共17人,他们即兴作同题诗。在此之后,由左奉宸大夫汾阳县开国男臣薛曜刻在石淙河摩崖碑上,名为《夏日游石淙诗(并序)》。

女皇武则天

[相关史料]

嵩山玉女台下的平洛涧,涧水清澈见底,金鱼游戏,草影跳动,水击石响淙淙有声,故名"石淙河"。河两岸的巨石中间,有一大水潭,水面墨绿,深不可测。潭中有一块大石独出水面,高约5米,宽约丈余,石顶平整如案,可围坐十余人。唐大周久视元年(700年)五月,武则天游中岳嵩山时曾在此平台上大宴群臣,笙笛歌舞,即兴作诗,即所谓"石淙会饮"。

题嵩山逸人元丹丘诗(六首)

唐 李 白

[作者作品]

李白简介见《赠嵩山焦炼师》。

元丹丘,唐朝嵩山高道。元丹丘,丹邱生,字霞子,李白称他为丹邱子。唐朝汝州叶县人。元丹丘生性超然,脱俗,恬淡风流。"五岳寻仙不辞,一生好名山游。"曾游居于嵩山、颍阳等地,与李白友谊甚笃。李白一生多次到嵩山访道寻仙,与元丹丘在道教修炼和成仙方面多有具体的探讨和交流。

元丹丘是李白20岁左右在蜀中认识的道友,他们曾一起在河南颍阳嵩山隐居,学道。李白和元丹丘的交往很深,元丹丘是被李白看作是长生不死的仙人,在《李太白全集》中写给他的诗多达10多首,著名的有《元丹丘歌》《题元丹丘颍阳山居》《题嵩山逸人元丹丘居》《西岳云台歌送丹丘子》《寻高凤石门山中元丹丘》《闻丹丘子于城北营石门幽居因叙旧以寄之》等,其代表作之一的《将进酒》就是李白在与元丹丘、岑勋的对酒中诞生的。由于与元丹丘的交情,李白结识了元的老师胡紫阳,后多有接触和往来。

李白一生与元丹丘的交游,其时间则始于唐玄宗开元十四年(726年)、止于天宝六载(747年)前后,共22年。李白在这一时期的文学创作与思想变化,均受到了元丹丘较大的影响。

本文选取李白题写元丹丘诗六首。从这些诗中,可见李白与元丹丘情志相投,友谊深厚。

一、观元丹丘坐巫山屏风

昔游三峡见巫山,见画巫山宛相似。疑是天边十二峰,飞入君家彩屏里。
寒松萧瑟如有声,阳台微茫如有情。锦衾瑶席何寂寂,楚王神女徒盈盈。
高咫尺,如千里,翠屏丹崖灿如绮。苍苍远树围荆门,历历行舟泛巴水。
水石潺湲万壑分,烟光草色俱氤氲。溪花笑日何年发,江客听猿几岁闻。
使人对此心缅邈,疑入嵩丘梦彩云。

[相关史料]

《观元丹丘坐巫山屏风》主要是写诗人在四川欣赏巫山屏风画的过程与感受。起笔四句乍见巫山屏风时的感受:以真形画,疑画为真,隐时现呈扑朔迷离之势。接下来,六句写鉴赏巫山屏风画后的感受:"如有声"、"如有情",诗人由疑而入迷,竟从画中听出有声,见出有情;可是转眼间幻觉顿失——"徒盈盈",眼前只是一片寂静——"何寂寂",诗人复由迷而生疑;"高咫尺,如千里",原来只是一幅画,并非实景,诗人又由迷而悟。然而,审美过程并没有到此为止,诗人进一步对画面作了仔细观照,"苍苍"以下六句,即随着诗人视线的转移,由远而近,从大到小,有层次地展现出画面景物。正是在这一凝神观照的过程中,由于画面的逼真,使诗人再一次心生幻觉,坠入迷境。把诗人审美过程中上述微妙而复杂的心理感受及其变化,表现得如此真切生动,既有历历在目之感,也有亦幻亦真的惊艳,表达出诗人自由洒脱、无拘无束的超凡想象力。

此外,诗中对画面景物的再现,纯从实处着笔,但由于它是围绕诗人的审美心理感受及其变化为中心而展开的,因而既给人历历在目之感,又毫无呆板琐细之嫌,其中所隐含的美妙神话传说,不仅极大地丰富了画面的内涵,更能激起人们美好的情感联想。

此诗的写作的时间,当在天宝中期。

二、题嵩山逸人元丹丘山居

白久在庐霍,元公近游嵩山,故交深情。出处无间,岩信频及,许为主人,欣然适会本意,当冀长往不返,欲便举家就之,兼书共游,因有此赠。

家本紫云山,道风未沦落。沉怀丹丘志,冲赏归寂寞。朅来游闽荒,扪涉穷禹凿。夤缘泛潮海,偃蹇陟庐霍。凭雷蹑天窗,弄景憩霞阁。且欣登眺美,颇惬隐沦诺。三山旷幽期,四岳聊所托。故人契嵩颍,高义炳丹臒。灭迹遗纷嚣,终言本峰壑。自矜林湍好,不羡市朝乐。偶与真意并,顿觉世情薄。尔能折芳桂,吾亦采兰若。拙妻好乘鸾,娇女爱飞鹤。提携访神仙,从此炼金药。

[相关史料]

《题嵩山逸人元丹丘山居》是李白写诗人的求仙历程,抒写他所喜欢的道家精神,想归隐山林,喜欢空灵沉寂的环境。向往神仙,喜爱隐居。老朋友元丹丘素来住在嵩山与颍水,高尚的道行连皇家都知道。李白发现元丹丘断绝俗风骚扰,不与尘世来往的美好真意,诗人表达了"我的爱人喜欢求仙,我女儿也好道。我们志同道合,相互帮助,一起修炼,一起升天。"的美好愿望。

此诗是李白于唐开元二十三年(735年)夏所作。

三、题元丹丘颍阳山居

丹丘家于颍阳,新卜别业。其地北倚马岭,连峰嵩丘,南瞻鹿台,极目汝海,云岩映郁,有佳致焉。白从之游,故有此作。

仙游渡颍水,访隐同元君。忽遗苍生望,独与洪崖群。
卜地初晦迹,兴言且成文。却顾北山断,前瞻南岭分。
遥通汝海月,不隔嵩丘云。之子合逸趣,而我钦清芬。
举迹倚松石,谈笑迷朝曛。益愿狎青鸟,拂衣栖江濆。

[相关史料]

从诗中"卜地初晦迹,兴言且成文。却顾北山断,前瞻南岭分"的句子中,可知李白是初次到元丹丘的颍阳山居。此诗写诗人的求仙地历程,抒写他与元丹丘的情谊以及共同的情趣。

四、题元丹丘山居

故人栖东山,自爱丘壑美。青春卧空林,白日犹不起。
松风清襟袖,石潭洗心耳。羡君无纷喧,高枕碧霞里。

[相关史料]

元丹丘是个道士,他在嵩山脚下、颍水岸边建了几间房子,这就是颍阳山居。他是李白的好朋友,李白到了这里,看到他住的地方北依马岭,连峰嵩丘,南瞻鹿台,北极汝海,云岩掩映,颇有佳致,心里非常喜欢,就接连写了好几首诗送给元丹丘。这首诗就是其中之一。

这首诗的头两句,先用东山表明故人隐居的事实和山居对他的意义,再写山峦之美和故人的喜好。这样交代一句,下面就不再写景了。中间四句刻画故人的形象,还在年富力强的时候,故人就高卧山林,太阳老高了,还不起床,这是一个疏懒的人的形象。古人所谓的高士就是这样的,他们鄙弃功名利禄,追求闲云野鹤般的人生境界。"松风清襟袖,石潭洗心耳"两句运用古典故事来刻画这个形象的精神风貌,将故人比作古代隐士高人,意境深远;松涛阵阵,伫立在风中的听者心有会意;石潭清清,住在它旁边的观者心耳早已清净。其人格之高洁,尽在不言之中。前两句是画肉,这两句是画骨,这样,诗人笔下的形象不但有形态,而且有精神,于是就具有了人格魅力,具有了诗人仰慕的人格魅力。其实,这也是诗人是在刻画他心目中的理想的形象,追求功成身退,隐居山林的生活。

五、元丹丘歌

元丹丘,爱神仙,朝饮颍川之清流,暮还嵩岑之紫烟,三十六峰常周旋。

长周旋,蹑星虹,身骑飞龙耳生风,横河跨海与天通,我知尔游心无穷。

[相关史料]

开元二十九年(741年)秋冬间,元丹丘奉诏入京,次年(即天宝元年)受到持盈法师(即玉真公主)赏识,被封为道门威仪使。元丹丘受李白之托,荐之于玉真公主,然后玉真公主又荐之于其兄玄宗皇帝,于是李白才有了奉诏入朝之幸运。

此诗当作于李白与元丹丘在唐朝开元年间在嵩山隐居的时期。道教信奉"长生久视"的神仙之术,李白对求仙学道十分入迷。道教的神话常常会激发诗人的丰富想象,仿佛道士们过的也是神仙生活,也能摆脱人世间的种种限制,享受神仙的超脱和自由,以满足他们向往自由的心理和愿望。

李白和元丹丘

《元丹丘歌》是李白赞扬元丹丘爱神仙的诗。"爱神仙",一作"好神仙",以"好"字为是。正因为元丹丘喜好神仙之术,所以他才长期在嵩山修练。下三句就是对他常年在嵩山中求仙学道的夸张描写。"朝饮颍川之清流,暮还嵩岑之紫烟,三十六峰常周旋。"诗中把元丹丘长期在嵩山的活动浪漫化,夸张地说成是一天之内的活动。仿佛他已成仙得道,有了神仙飞腾之术。早上,他还在清清的颍川边饮水,晚上就出现在紫烟缭绕的嵩山峰顶,在嵩山三十六峰的绝顶灿列处都有元丹丘的踪迹。嵩山有太室、少室二山,二山各有三十六峰,共计七十二峰。大概在唐时嵩山有名字的只有三十六峰,后来愈来愈多,但三十六峰也只是一个约数,言其多而已。下面诗中着重写元丹丘的神通:"长周旋,蹑星虹。身骑飞龙耳生风。横河跨海与天通。"星虹,指流星和虹霓。蹑是踏的意思。"蹑星虹"即脚踏流星和虹霓。以上诗句意即脚踏星虹,身骑飞龙,速度之快,星驰电闪,只觉得两耳生风。可以横跨江河,飞越大海,在天空自由邀游,一直通向神话中的天国。即借飞升以向往自由,借游仙以寄托理想。诗的最后一句说:"我知尔游心无穷。"《文苑英华》"游心"作"心游",意思就更为明显。原来"蹑星虹"、"乘飞龙","横河跨海"的无穷之游,都只是"心游"而已。这一切都是诗人想象中的产物,并非真实。原来只是精神上的一番自由和逍遥之游,这与庄子"游心"(《庄子·则阳》:"知游心于无穷。")的精神邀游完全一致。

《元丹丘歌》是歌谣体,用三、三、七的句式。使诗句更加活泼,富有变化。诗的前半首和后半首结构重叠,有一种长短相间,循环复沓的音乐美。后半首的首句与前半首的来句还用顶针格的修辞手法,使前后段自然衔接,天衣无缝。此诗有语言明白如话,自然天鲛的民歌风味,读起来朗朗上口。由此可见,此诗也是李白学习民歌的优秀结晶。

六、以诗代书答元丹丘

青鸟海上来,今朝发何处?口衔云锦书,与我忽飞去。
鸟去凌紫烟,书留绮窗前。开缄方一笑,乃是故人传。
故人深相勖,忆我劳心曲。离居在咸阳,三见秦草绿。
置书双袂间,引领不暂闲。长望杳难见,浮云横远山。

[相关史料]

《以诗代书答元丹丘》是李白写给好友元丹丘的一首五言古诗。李白在作这首诗的时候,已在京城长安拼搏了三年,即天宝三年(744年),元丹丘给李白写信来给他打气鼓励,于是李白就写了这首诗,权作回信。

《以诗代书答元丹丘》开篇六句以神奇恍宕之笔,借古诗中常用的传书使者青鸟为喻,巧妙地交待了接到友人来书的事件。从"青鸟海上来"到"书留绮窗前",其间似虚似实,变幻曲折,想象奇妙。"开缄"二句,承接上文,点明就里。"一笑",见出诗人打开书后由疑虑转为快慰的心态变化;称元丹丘为"故人",说明二人交往已早,情谊深厚。下面二句交待来书内容。"深相勖",见出勉励之切;"劳心曲",见出忆念之深。这两句诗,将来书内容全部囊括,将元丹丘对诗人既勉励又忆念的一片深情表露无遗。最后六句转从诗人一方着笔,写他对友人的真挚怀念。"离居"二句借"咸阳"代指长安,表明诗人在长安已滞留了三年之久;一个"秦草绿",已暗寓诗人见春草而思友之意。"置书"二句用"引领不暂闲"力状诗人翘首远望的神态,正面表现浓重而炽热的思友情感。最后两句写望而不见的怅惘之情。"浮云横远山",境界迷蒙而苍茫,以此作结,含蓄蕴藉,无限愁思流溢于言语之外。

《以诗代书答元丹丘》有两个显著特点:一是青鸟的形象及其在这首诗中的作用。青鸟是神鸟,是西王母的使者。传说在西汉时候,汉武帝看到一只青鸟飞来,然后,西王母就到了。在这首诗里,青鸟就充当了李白的好朋友的信使。诗人天真地想:从东方飞来的信使呀,你具体是从哪里飞来的呢?衔着一封信来,丢到我手里就飞走了。天边云里,不见了你的身影,只有那封信还是实实在在的。很显然,诗人从神话里借来青鸟的形象,让这个可爱的小精灵传递自己与好朋友之间的思念。于是这种思念就显得很美。另一点要注意的是诗人的神态。是谁的来信呢?打开一看,是好朋友的,诗人由衷而笑。老朋友在信中一方面勉励诗人要克服困难,一定要在京城站稳脚跟;另一方面也表达了自己的思念之情。读着来信,诗人不禁想到自己在长安已经三年,芳草绿了又黄了,黄了又绿了。三年过去了,自己却不能和亲密好友相聚。遥望好友的方向,浮云、远山截断思念的路。这里诗人的心情有一个先是开心后来忧伤的转化过程。接到友人的来信,知道是友人写的,无疑给在尘世中打拼的诗人以温暖的安慰。但诗人又被信中内容勾起了对以往美好时光的回忆。此诗先以青鸟开篇,引出故人的来信,再概述来信的内容,道出故人对自己的勉励牵挂,最后写两人分别已久,相互怀念。这首诗显著的特点,就是表达上的委婉,以及对好友的深切情谊和挂牵。这首诗清新俊逸,舒卷自如,写情而不外露,写景而含深情,配以奇妙的想象和形象的画面,盎然有味。

赠萧炼师

唐 许 浑

　　炼师贞元初,自梨园进为内妓,善舞《柘枝》,宫中莫有伦比者,宠锡甚厚。及驾幸奉天,以病不获从,遂失所止。洎复宫闱,上颇怀其艺,求之浃日,得于人间。后闻神仙之事,谓长生可致,乞奉黄老。上许之,诏居嵩南洞清观,迨今八十余矣。雪肤花颜,与昔无异,则方龟鹤之寿,安得不由所尚哉!因赋是诗,题于院壁。

　　曾试昭阳曲,瑶斋帝自临。红珠络绣帽,翠钿束罗襟。双阙胡尘起,千门宿露阴。出宫迷国步,回驾轸皇心。桂殿春空晚,椒房夜自深。急宣求故剑,冥契得遗簪。暗记神仙传,潜封女史箴。壶中知日永,掌上畏年侵。莫比班家扇,宁同卓氏琴。云车辞凤辇,羽帔别鸳衾。网断鱼游藻,笼开鹤戏林。洛烟浮碧汉,嵩月上丹岑。露草争三秀,风篁共八音。吹笙延鹤舞,敲磬引龙吟。旎节纤腰举,霞杯皓腕斟。还磨照宝镜,犹插辟寒金。东海人情变,南山圣寿沈。朱颜常似渥,绿发已如寻。养气齐生死,留形尽古今。更求应不见,鸡犬日骎骎。

许 浑

[作者作品]

　　许浑(约791~约858年),晚唐最具影响力的诗人之一。字用晦,一作仲晦,祖籍安州安陆(今湖北安陆),寓居润州(今江苏镇江)。文宗大和六年(832年)进士及第,先后任当涂、太平令,因病免。大中年间入为监察御史,因病乞归,后复出仕,任润州司马。历虞部员外郎,转睦、郢二州刺史。晚年归润州丁卯桥村舍闲居,自编诗集,曰《丁卯集》。其诗皆近体,五七律尤多,句法圆熟工稳,声调平仄自成一格,即所谓"丁卯体"。

[相关史料]

　　萧炼师,唐时在嵩山修炼的道人。从许浑的《赠萧炼师》并序中我们知道,萧炼师是唐德宗贞元年间内廷里一个跳柘枝舞很出色的舞伎,她"善舞柘枝,宫中莫有伦比者。"同时她也是一个有节操的头脑清醒的艺人。有一次,她跟皇帝出游,装病留在民间,但皇帝并没有放过她,设法寻她。萧炼师并提出要去修道求仙。这在当时是神圣的事,皇帝也不好阻止,她因此得以善终。一直活到80多岁。萧炼师在当时非常有名,除许浑写有萧炼师的诗外,孟郊、李益等诗人都写她的诗作。

游嵩山寄答文(二则)

宋 谢 绛

[作者作品]

谢绛(994～1039年),以文学知名。字希深,富阳(今属浙江)人。宋真宗大中祥符八年(1015年)进士,授太常寺奉礼郎、知汝阴县。擢秘阁校理、同判太常礼院。仁宗即位,迁太常博士,出通判常州。天圣中会修国史,为编修官。史成,迁尚书祠部员外郎、直集贤院、通判河南府。景佑中,擢知制诰,判吏部流内铨、太常礼院。使契丹还,出知邓州。宝元二年(1039年)卒,年46岁。有文集50卷(一作80卷),已佚。

北宋明道元年(1032年)九月,时任尚书祠部员外郎、直集贤院、通判河南府的谢绛与欧阳修、尹洙、杨愈、王复同游嵩山。事后,谢绛写了这篇《游嵩山寄梅殿丞书》,详细描写了他与欧阳修等人游嵩山的情况。

一、游嵩山寄梅殿丞书

圣俞足下。近有使者东来,付仆诏书,并御祝封香,遣告嵩岳,太常移文,合用读祝、捧币二员,府以欧阳永叔、杨子聪分摄。会尹师鲁、王几道至自缑氏,因思早时约圣俞有太室中峰之行,圣俞中春时遂往,仆为人间事所窘,未遑也。今幸其便,又二三子可以为山水游侣,然亟与之议,皆喜见颜色,不戒而赴。

十二日,昼漏未尽十刻,出建春门,宿十八里河。翌日,过缑氏,阅游嵩诗碑,碑甚大,字而未镌。上缑岭,寻子晋祠。陟辕辕道,入登封,出北门,斋于庙中。是夕寝既兴,吏白:"五鼓有司请朝服行事。"事已,谒新治宫,拜真宗御容。稍即山麓,至峻极中院,始改冠服,却车徒,从者不过十数人,轻赍遂行。是时秋清日阴,天未甚寒,晚花幽草,亏蔽岩壁,正当人力清壮之际,加以名簪谈燕之适,升高蹑险,气豪心果。遇盘石,过大树,必休其上下,酌酒饮茗,傲然者久之。道径差平,则腰舆以行;嵲崒陡甚,则芒屩以进。窥玉女窗、捣衣石,石诚异,窗则亡有。迤逦至八仙坛,憩三醉石,遍视墨迹,不复存矣。考乎三君所赋,亦名过其实。

谢 绛

午昃,方抵峻极上院,师鲁体最溢,最先到。永叔最少,最疲。于是浣漱食饮,从容间,跻封禅坛。下瞰群峰,乃向所跂而望之,谓非插翼不可到者,皆培塿焉,邑居、楼观、人物之夥,视若蚁壤。世所谓仙人者,仆未知其有无,果有,则人世不得不为其轻蔑矣。武后封祀碑故存,自号大周。当时名贤皆无姓名于碑阴,不虞后代之讥其不典也。碑之空无字处,睹圣俞《记乐理国而下四人同游》,镌刻尤精。

仆意古帝王祀天神,纪功德于此,当时尊美甚盛,后之君子不必废之坏之也。

又寻韩文公所谓石室者,因尽诣东峰顶。既而与诸君议,欲见诵《法华经》汪僧。永叔进以为不可,且言圣俞往时尝云斯人之鄙,恐不足损大雅一顾。仆强诸君往焉,自峻极东南,缘险而径下三四里。法华者,栖石室中,形貌,土木也;饮食,猿鸟也。叩厥真旨,则软语善答,神色晬正。法道谛实,至论多矣,不可具道,所切当云:"古之人念念在定,慧何由杂;今之人念念在散,乱何由定。"师鲁、永叔扶道贬异,最为辩士,不觉心醉色怍,钦叹忘返,共恨圣俞闻缪而丧真甚矣。是夕,宿顶上,会几望,天无纤翳,万里在目。子聪疑去月差近,令人浩然绝世间虑。盘桓立清露下,直觉冷透骨发,羸体将不堪可。方即舍。张烛,具丰馔醴酒,五人者相与岸帻褫带,环坐满引,赋诗谈道,间以谑剧。然不知形骸之累、利欲之萌为何物也。夜分,少就枕以息。

梅尧臣

明日,访归路,步履无苦,昔龃鼠穷伎能上而不能下,岂近此乎。午间,至中院,邑大夫来逆,其礼益谨。申刻,出登封西门,趋颍阳,宿金店。十六日晨发,据鞍纵望,太室犹在后,曲路南西,则但见少室。若夫观少室之美,非由兹路,则不能尽,诸邑人谓之冠子山,正得其状。

自是行七十里,出颍阳北门,访石堂山紫云洞,即邢和璞著书之所。山径极险,扪萝而上者七八里,上有大洞,荫数亩,水泉出焉。久为道士所占,爨烟熏燎,又涂填其内,甚渎灵真之境。已戒邑宰,稍营草屋于侧,徙而出之。此间峰势危绝,大抵相向,如巧者为之。又峭壁有若四字,云"神清之洞"。体法雄妙,盖薛老峰之比。诸君疑古苔藓自成文,又意造化者笔焉,莫得究其本末,问道士及近居之民,皆曰:向无此异,不知也。少留数十刻,会将雨而去。犹冒夜行二十五里,宿昌氏店。马上粗若疲厌,则有师鲁语怪,永叔、子聪歌俚调,几道吹洞箫,往往一笑绝倒,岂知道路之短长也。十七日,宿彭婆镇,遂缘伊流,陟香山上下方饮于八节滩上。始自峻极中院未及此,凡题名于壁、丁石、于树间者,盖十有四处。

大凡出东门极东而南之,自长夏门入,绕嵩轘一匝四百里,可谓穷极胜览。切切未满志者圣俞不与焉。

今既还府,恐相次,便有尘事侵汨,故急写此奉报,庶代一夕之谈。不宣。绛顿首。

二、又答梅圣俞书

绛白:前自嵩岭回,即致书左右,本为与足下不得同此胜事,诸君所共叹恨。自入山至还府,凡一登临、一谈话、一食饮间,必广记而备言之,欲使足下览见本末,与夫方驾连袂之不若间,可以助发一笑,勤勤在此尔。及辱报,反谓诧兹行而陋中春之游,疑足下遽答使者,视前书之未详也。虽讽阅郑重,然秘不示外,何则? 非诸君本意,恐传之而惑。方欲道此以干聪明而未敢也,忽得五百言诗,自始及末诵次游观之美,如指诸掌,而又语重韵险,亡有一字近浮靡而涉缪异,则知足下于雅颂为深。刘宾客有言"人之神妙,其在于诗",以明诗之难能于文笔百倍矣。今足下以文示人为略,以诗晓人为精,吾徒将不足游其藩,况敢与奥阼也,叹感叹感。不宣。绛顿首。

[相关史料]

《游嵩山寄梅殿丞书》中的梅殿丞、梅圣俞,即梅尧臣,其简介见《答梅圣俞寺丞见寄》。

[附录]

希深惠书言与师鲁永叔子聪几道游嵩因诵而韵之

宋　梅尧臣

闻君奉宸诏,瑞祝钦灵岫。山水聊得游,志愿庶可就。岂无朋从俱,况此一一秀。方蕲建春陌,十刻残昼漏。初经缑氏岭,古柏尚郁茂。却过轘辕关,巨石相撑斗。夕斋礼神祠,法衮被藻绣。毕事登山椒,常服更短后。从者十数人,轻赍不为陋。是时天清阴,力气勇奔骤。云岩杳亏蔽,花草藏涧窦。傍林有珍禽,惊眙若避彀。盘石暂憩休,泓泉助吞漱。上窥玉女窗,嵲绝非可构。下玩捣衣砧,焜燿金纹透。尹子体雄恢,攀缘逾习狃。欧阳称壮龄,疲软屡颠踣。竞欢相扶持,芒屩资践蹂。八仙存故坛,三醉孰云谬。鄙哉封祀碑,数子昔镌镂。偶志一时事,曷虞来者诟。绝顶瞰诸峰,隘然轻宇宙。遥思谢尘烦,欲知群鸟兽。韩公传石室,闻之固已旧。当时兴稍衰,不暇苦寻究。东岩暗壑中,释子持经咒。于今二十年,饮食同猿狖。君子聆法音,充尔溢肤腠。尝期蹑屐过,吾侪色先愀。遂乖真谛言,兹亦甘自咎。中顶会几望,凉蟾皓如昼。纷纷坐谈谑,草草具觞豆。清露湿

文人之交

巾裳,谁人苦嬴瘦。便即忘形骸,胡为恋缨绶。或疑桂宫近,斯语岂狂瞀。归来游少室,嶕崪殊引脰。石室迢递过,探访仍邂逅。扪萝上岑崟,仙屋何广袤。乳水出其间,涓涓自成溜。凡骨此熏蒸,灵真安可觏。霞壁几千寻,四字侔篆籀。咸意苔藓文,诚为造化授。标之神清洞,民俗未尝遘。忽觉风雨冥,无能久瞻扣。匆匆遂宵征,胜事皆可复。俚歌纵喧哗,怪说多驳糅。凌晨阙塞阳,追赏颜匪厚。穷极四百里,宁惮疲左右。昨朝书报予,闻甚醉醇酎。所嗟滞远方,心焉倍如疚。

嵩山纪行

宋　邵伯温

司马温公居洛时,尝同范景仁过韩城,抵登封,憩峻极下院。登嵩顶,入崇福宫、会善寺。由轘辕道至龙门,游广爱、奉先诸寺。上华严阁、千佛岩,寻高公堂。渡潜溪,入广化寺,观唐郭汾阳铁像。渡伊水,至香山皇龛,憩石楼,临八节滩,过白公影堂。凡所经从,多有诗什,自作序曰游山录,士大夫争传之。公不喜肩舆,山中亦乘马,路险策杖以行,故嵩山题壁曰:"登山有道:徐行则不困;措足于平稳之地,则不跌,慎之哉!"其旨远矣。

方公退居于洛也,齐物我,一穷通,若将终身焉。一日出相天下,则功被社稷,泽及生灵。

[作者作品]

邵伯温(1057～1134年),北宋著名哲学家。字子文,其先范阳(今属河北)人,后迁居嵩山洛阳。

邵雍之子。官至利州路转运副使。继承邵雍的象数学并加以阐释。提出"一"为宇宙的本原,认为"一"或"太极"在事物之先而存在,强调"一"或"太极"只存在于"圣人"心中。著有《河南邵氏闻见录》20卷、《易学辨惑》1卷、《河南集》《皇极系述》《皇极经世序》《观物内外篇解》近百卷,均由《宋史本传》并传于世。《嵩山纪行》是他与司马光、范景仁等同游嵩山而写。

超化寺舍利塔

金　王庭筠

苍山亭亭如覆盎,佛塔东西屹相向。林头初日射重檐,黄金丹沙眸生光。
中华此塔第十五,图说所传应不妄。智慧薰成舍利灵,夜半奇芒时一放。
想见当时阿育王,魔叱神工鞭鬼匠。云车瘴海挽炎沙,沙底黄肠三万丈。
石拟方面簟席叚,铁锢瘦中腰鼓样。功夫巧密业长久,位置雄尊令高张。
地皮浮水肤寸许,旱溢与之俱下上。嵩山归山夏秋雨,雨潦纵从岁相荡。
贴然并寺向东去,终劫不敢生波浪。天龙围护夜叉守,山寺平安塔无恙。
塔前树秀老不死,树下水流多益旺。再拜初尝一勺甘,洗我三生烦恼障。

[作者作品]

王庭筠

王庭筠(1151～1202年),金代文学家、书画家。字子端,号黄华山主、黄华老人、黄华老子,别号雪溪。金代辽东人(今营口熊岳),米芾之甥。庭筠文名早著,金大定十六年(1176)进士,历官州县,仕至翰林修撰。文词渊雅,字画精美,《中州雅府》收其词作16首,以幽峭绵渺见长。

[相关史料]

超化寺,原名"阿育王寺",坐落于新密市南7.5公里处的超化镇超化村,西依嵩山,南傍马鬼山,北望青屏,东瞰大隗,绿树成荫,景色宜人。

超化寺建于东汉桓帝年间(147年),迄今已近两千年的历史。阿育王,古印度摩揭陀国王。或译作阿轮迦、阿轮柯,意为无忧王。起初信婆罗门教,后改奉佛教。超化寺拥有阿育王所供奉十九座佛陀真身舍利塔之一,列"名刹拾伍"。寺院兴于北魏,盛于唐朝。据"北齐造像碑"记载,净土宗祖师昙鸾法师曾经在此担任维那,著名的超化诗歌本是宫庭音乐,也是在这时走进佛教,成为佛教法乐的。明朝时又流入民间,现今仍保留有600多年前的笙、管、工尺谱等演奏、记乐遗物。寺院在唐朝时达到鼎盛,僧众有2000多人,寺院面积方圆10公里,这里曾是净土祖庭,也是接纳十方衲子的一大道场。沧海桑田,几经兴衰寺院面目被毁,明清两代虽屡有修复却难见当年雄风。民国年间倭寇入侵,战乱不断,僧人为护民众,寺院惨遭浩劫,院墙坍塌,庙宇被毁。

超化寺塔位于超化下寺西南坡,名"舍利塔",又名"超化塔"、"中寺古塔",建于唐开元二年(714

年),为13级方形砖塔,高30余米。地砖质地坚硬细腻,经千余年仍坚实完好。1969年11月塔被拆除时,出土有汉白玉舍利函、北齐造像碑头、唐碑等文物。其中汉白玉舍利函内装舍利盒2个,盖上有铭文纪年,现存河南博物院;北齐造像碑和部分残佛现藏新密市博物馆。

送郝讲师住崇福宫

金 元好问

大方之家几知津,郝君七十老斲轮。书文五车喙三尺,剧谈混沌今犹神。太玄博士为绝倒,君言夸矣天公嗔。长安冠盖罗青云,洛阳车马争红尘。怪君掉头不肯住,寂寞来作由东邻。嵩高维岳古所秩,三十六帝有外臣。玄都石坛待飙驭,宫殿突兀松轮囷。上界仙人邓云山,洞天治所名司真。蓬莱方丈去不远,明星玉女时相亲。瑶华可撷兰可纫,烟霞永隔尘中人。黄鹄一去不复还,长驱万里谁能驯。为我殷勤谢邓君,玉华岁晚当年分。

[作者作品]

作者元好问简介见《寄英禅师师时住龙门宝应寺》。

[相关史料]

崇福宫位于嵩山太室山南麓万岁峰下。初名万岁观,创建于西汉元封元年(前110年),宋代改名崇福宫。宋代主管崇福宫的名儒先后有:范仲淹、韩维、吕诲、司马光、赵野、李纲、李邴、徐应龙、刘光祖、倪思、王居安、崔与之、许奕、曹彦约、程颢、程颐、杨时、朱熹、晁咏之、张耒、黄彦、王考通等不下百人。崇福宫不但是名儒云集之地,也是历代著名道学方士栖身传教之所。如:北魏的寇谦之、唐代的刘道合、宋代的董道绅、金代的丘长春等,都在道教史上留有盛名,均在此主持过道场。北宋末年金兵入侵中原,崇福宫毁于战火,仅存三清古殿。元朝建立后,崇福宫演化为纯正的道教场所,建有七真堂等,成为全真教道场。

追述嵩少之游(二首)

金 冯璧

元光间予在上龙潭,每春秋二仲月,往往与元、雷游历嵩少诸蓝。禅师汴公,方事参访,每相遇,辄挥毫赋诗,以道闲适之乐,今犹梦寐见之。儿子谓,近以公故抵任城。禅师附寄诗,以叙畴昔。未几,驻锡东庵,因造谒间,出示裕之数诗。醉笔纵横,亦略道嵩游旧事。感叹之余,漫赋二首。

性理诸方已遍参,归来一锡驻东庵。山中莲社旧招隐,旅舍阿戎新对谈。
诗笔如君僧有几,文章愧我老无堪。绫书大字拈香疏,须趁微之酒半酣。

少林修竹欲天参,竹外幽闲草结庵。顾我虽存惟白发,与君曾此共玄谈。
干戈横绝境犹梦,草树荒残人岂堪。腊瓮松醪髹莫预,商歌悲壮不能酣。

[作者作品]

冯璧,金代著名文学家。贞祐三年(1215年),迁翰林修撰。

送王生西游

金 赵 元

紫径仙人今渊云,骑风御气七尺身。丈夫耻与哙等伍,故作野鹤昂鸡群。
往年书剑游梁日,咳唾中间满珠璧。温子徒劳手八叉,苏老犹迷日五色。
慨然拂袖游嵩阳,西南陌上书传香。仲宣堂堂舍我去,举杯却愁愁更长。
去程相近黄袍节,三十六峰如玉列。龙门风叶堕红绡,洛浦芦花舞晴雪。
勋名细事犹秋毫,政可痛饮读离骚。天津月照紫绮裘,緱岭风吹青玉箫。
我无羽翼随君起,浩歌相送秋光里。凭高西望青茫茫,落日无情下寒水。

[作者作品]

赵元(约1215前后在世),金代诗人。字直之,号愚轩,忻州定襄人。约金宣宗贞佑中前后在世。经童出身,举进士不第。以年及调巩西主簿,未几失明,去职。其父赵淑,字清臣,与元好问的叔父为莫逆之交。因而,赵元与元好问亦来往密切,时有唱和。其作品得以保存,实赖元好问的收录。赵元自少攻书,作诗有规矩。泰和(1201年)以后,有诗名河东。李纯甫作诗称之,名益高。南渡(1214年)后,赵元往来洛西山中,其诗为赵秉文、雷渊、崔遵等所推重。赵元失明后,万虑一归于诗,故诗益工。尤其是他后期诗的淡泊自然,为他人所不易及。

赠陕西李廉使古意(二首)

元 卢挚

一

威凤览德辉,来自丹穴山。孤鹤慕文采,飞从浙江干。
凤饮必醴泉,啄食惟琅玕。箫韶奏虞庭,凤仪五云间。
朝阳忽西驰,梧竹随凋残。孤鹤黯秋影,雁鹜相与还。
长鸣九皋恨,月落天风寒。

二

娟娟秦关月,偏照嵩山云。山云自无心,而能远淄尘。
崧云初未闲,下有幽栖人。暗暗风雨交,悠悠去来频。
时时宿檐端,姿态如相亲。悲鸣动遥夜,天衢屏游氛。
秦关谩修阻,月辉皓无垠。愿言奋西飞,奈此由东邻。

[作者作品]

卢挚(约1242~1315年),字处道,一字莘老,号疏斋,又号嵩翁,元代涿郡(今河北涿州市)人。至元五年(1268年)进士,任过廉访使、翰林学士。卢挚虽然身为显宦,却有不少向往闲适的隐居生活、以及描写质朴自然的田园风光的作品,如(双调·蟾宫曲)《田家》,描写了盛夏农村"看荞麦开花,绿豆生芽"的景象,语言本色,意致自然。诗文与刘因、姚燧齐名,世称"刘卢"、"姚卢"。与白朴、马致远、珠帘秀均有交往。散曲如今仅存小令。著有《疏斋集》(已佚)、《文心选诀》、《文章宗旨》。今存散曲120首。皆收入隋树森编纂的《全元散曲》。内容多是怀古唱和、寄情山林诗酒、写景咏物等作,风格与其诗文不同,变典雅蕴藉为自然活泼,表现出元前期北散曲作家清丽派的特色,对散曲的发展有较大影响。贯云石评其曲"媚妩,如仙女寻春,自然笑傲"(《阳春白雪序》)。今有李修生《卢疏斋集辑存》。

登嵩山记

明　薛正言

永乐二年春正月,右军都督扶风马公、工部侍郎城刘公、山东都指挥同知清河张公,偕正言朝王,止于汴。时都督弟仪宾、季容从京来,因相与自汴取道登封还河南。其月六日,至嵩山神祠下,肃谒毕,步出两庑,观历代封祠碑,遂宿登封官舍。都督曰:"河南之山惟嵩为大,古名贤之所赏识,当求暇以继胜览,竟不可得。今适与诸公过此,可一登乎?"

翌早,教谕贾原善来谒。同出县治北涉涧壑荆棘,行八九里,望玉镜峰,甚奇。贾曰:"此峰道迂僻,不可往也。"往观启母石,石傍旧有启母祠,毁,故基碑石具在。继碑四五,卧荆榛,字磨灭不可考。惟一新碑建石左,记今周王临观岁月。启母祠西数十步,为崇福宫废基,上一平丘甚高。侍郎曰:"是必有佳处。"同都督衣而上,乃得故堂基,中有流觞曲水渠,皆凿石为之。渠圆而正,周坐可十数人,盖昔游观者宴饮之所。渠东一穴泉,贾曰:"此穴泉甚清,流于渠中,今竭矣。"都督曰:"原泉亦有废兴乎?"于是循山西行,约三二里,一峰巍然而南,贾曰:"此汉武帝登封时,神人呼万岁之所。"峰之半,乃昔嵩阳观故基,有唐天宝年碑,碑东古柏三株,积翠婆娑可爱,中一株尤大。都督命从者五人联手抱之,围始合。树下石刻曰"汉武帝封大将军"。余柏或三围、五围,皆历千百年者。众坐玩不忍去。贾曰:"法王寺有天门、宝塔、月峡之胜,观嵩者必登此峰,然后见其高广。"诸公遂行。登十余里,始至其寺,有殿堂可延坐。一老僧出谒,庞眉古貌,须髯苍然,于于如也。仪宾怜之,赈以楮币。众皆解衣憩息,或坐谈咏眺望,适意良久。都督登天门峰,峰峻极,余老不能上,坐峰树卜,不觉倦卧。诸公登者,令从人以石击塔,作虾蟆声,欢呼大笑。复命人速余,且翼之行。余既登,东瞻月峡,西观少室,南望南阳、许汝。诸山皆出没在千百里外。空日澄明,端倪无际,旷焉茫焉,不知天之为高,地之为下,而登陟出于灏气之上也。都督曰:"子于此亦有异于所见之高广乎?"余曰:"观嵩者,不徒以高广为异也。"公曰:"何谓也?"余曰:"嵩据天地之中,崇峻而端直,磅礴而方广,得坤道直方大之体焉。峰之起伏于上,二十有四,备六运四时之数焉。造化蕴蓄如此,岂高广足以嵩之观哉!"公曰:"然,天地开辟之始,奠兹山于中土者,非偶然也。"相与缓步,缘峰而下,至岳麓寺(嵩岳寺)。由岳麓寺峰而西,至会善戒坛,以望永泰四寺,峰峦之胜,皆不及法王所见高广矣。

时日已晚,侍郎曰:"当往少林寺,以尽余兴。"乃联辔西出山麓夹道,丛木交蔽,重峰叠巘,争奇后先,令人应接不暇。近寺一里许,数僧来迎。须臾鼓钟声自岚翠中出,楼殿金碧,掩映林峦间,与夕阳同辉。都督指曰:"此景之最奇处。"侍郎曰:"不登法王寺峰,无以见嵩之高广;不登少林寺,峰无以见嵩之幽奇。"乃入寺,晚饭毕。寺僧导登五乳峰,观达摩面壁洞。洞前有受记亭,亭设达摩神光受记像。近阶古柏一株,甚翠。僧曰:"此六祖慧能手植。"香案上一石长二尺许,僧曰:"石中有达摩背坐像,乃面壁时精神所寓者。"余观其石乃湍激之石,像若人为之者。众皆笑余。都督曰:"易明也。"令从者抱石前,以水石磨之,像如故,众愈神之。余因解之曰:"昔梁魏时,奉佛者率以崇饰庙,糜费生人,故达摩西来,不立文字,见性成佛,盖示人以静也。当时人鲜悟晓,面壁九年而去,岂区区寓精神于一石,以示神异于后世哉!"是夜,宿少林寺方丈室。明日出辕关。

都督道语余曰:"吾年才弱冠,即领戎事,溯大江,上三峡,崎岖巴蜀间,凡山之奇异者,靡不周览。及出守张掖,陟关陕,越丰镐,周旋乎上郡,祁连之广,月氏之高,靡不遍历。然巴蜀之山,偏于奇峭。张掖之山,苦于荒远。求夫具天地清淑之气,得中正之体者,惟嵩山为然。吾思之历年,而今始得与诸公登览,以遂其生平企慕之怀,岂非幸欤。"予因叙述其事,乃复为之言曰:嵩于五岳为最尊,故《诗》有"峻极于天"之颂。神有降生申甫之异,秦汉以来封祀崇敬,礼秩具存。今宫观寺宇遗基,皆历代崇奉地也。余幸陪诸公登临,虽不见当时之盛,而于荆榛草莽中,有以观夫直方正大之体,以把夫清明和淑之气,以极夫天地造化蕴蓄之妙,岂小补哉!

山中僧人

[作者作品]

薛正言,明代官员。官至应天府尹。永乐二年(1404年)正月,薛正言游历嵩山,撰写了《登嵩山记》。

游少林寺

明 刘 咸

尝读古人诗,知有少林寺。十年欲往苦无因,今朝始得遂初志。危峰五乳高插天,势于少室相联绵。青霄帘幕贯星斗,白日窗户通岚烟。山僧见客喜相迓,环立道傍留驻马。苍忙延入禅关中,殷勤罗拜法堂下。循廊导引看残碑,一一指点谈当读。崇建只称唐宋盛,品题亦识苏黄奇。须臾邀我凌山顶,直向悬崖览胜景。溪边洗钵汲清泉,洞底拾薪煮香茗。为言此山高法窝,开创缘自僧跋陀。以从藏经入中国,筑台释字功居多。后来达摩方卓锡,九年此中坐面壁。功成只履向西归,尚遗灵影在山石。当时慧可皈依深,断臂立雪求安心。灯灯继续几千载,妙法相传犹至今。从容问答未及已,忽听萧飒松风起。层岩徙倚重徘徊,但觉烦襟清似洗。归来幽兴殊未阑,还登钟阁穷遐观。凭槛独立久延伫,置身恍在青云端。大雄殿西古轮藏,金碧荧煌屹相向。月下平分宝塔阴,空中每接仙韶响。吁嗟好山真可居,公程促迫将何如?平生尘土满胸臆,安能为我俱清除。出门别僧僧送罢,又复回顾与僧话。他年优诏许归田,准拟相寻结莲社。

[作者作品]

刘咸,明代官吏、学者。泰和人。在嵩山地区活动时,曾留下了不少的诗作。明代永乐十年(1412年)进士,后曾任河南道提刑按察司佥事、按察使。在嵩山留有不少诗文。

游嵩记(二篇)

明 周叙

[作者作品]

周叙(1392~1452年),明代谏臣,诗人。字功叙,吉水县人。自幼聪慧,11岁时能作诗。永乐十六年(1413年)进士,选庶吉士。所作《黄鹦鹉赋》有"伟灵鸟之珍异,鸣圣世之治平"句,深得明成祖赞许,授为编修,历官侍读、直经筵。宣德元年(1426年)三月,周叙奉诏祭宋陵。这期间,他用了三天的时间,游历了嵩山的辕辕关、少林寺、会善寺、中岳庙、嵩阳书院、崇福宫、启母石、法王寺、测景台、观星台等景观。著有《诗学梯航》《唐诗类编》,今不传。有《石溪文集》7卷、附录1卷。

一、游嵩阳记

宣德丙午三月十五日,予在巩祀宋陵毕,瞻望嵩少诸山,慨然想其胜。与广文宜春吴公逊志,约游焉。行李仆御已戒,至期,闻有达官至,吴君不果行。

越二日,予遂携邑庠生王庸、刘清、李暄同往。行二十五里,至黑石渡。沿洛南上,河水清驶,水滨山石荦确。下步行二里余,午食将军赵仁家。又行半舍许,地曰漫流冈。上有郭汾阳庙。环庙古柏数百株,苍翠蔚然可爱。有碑二通。一金元光二年天党越琢撰。云汾阳尝领兵清河上。至是,索乌粟不获。里人告以是邦西南冈尝出毒雾为灾,故田谷不秋,无以供饷。汾阳乃旋军登其上,以压之。毒因以息,里人遂立庙祀之。相传祠下有洞,时有声隆隆然。盖毒雾所出处。予惟古人

嵩阳美景

称扫清氛祲,汾阳之谓矣。一则猴山东老人所题。老人逸其名,必宋元显者。夜宿原良村王庸家。自巩至是,七十余里。

翌旦,遵赵城,陟辕辕道。石径崎岖,盘回以上。中有关名崿岭,老卒数人守之。时天旱,邑人祈祷甚久。忽微雨从西北来,予顾谓二生曰:"今日之游固乐,天复雨又乐之尤也。"转南仅五里,入少林寺。竹木蔽翳,仰不见日。花草余香,郁郁袭人。寺在五乳峰麓。少室山当其南,隐若屏列。寺僧闻客至,迎迓甚恭。佛殿后为讲堂。堂后有立雪亭,则佛徒惠可受法于达摩处。惠可尝侍达摩,雪深至

腰不去,竟得其法。予因叹曰:"昔游定夫、杨中立立雪于程门,卒传其道。惠可学佛法亦然。使世之为弟子者,皆若此,其学讵者邪?"因观历代所建碑刻,其文最旧,则有梁武帝御制《达摩大师赞》,前刻欧阳圭斋序。皆唐宋以下文字。又向西北,循山崖深入三里许,攀援而上。山势岈然环抱,视寺之台殿、山之林壑,若在席下。是为达摩面壁庵。庵有石影,云达摩面壁九年之遗迹也。时雨止云收,烟雾澄霁。幽鸟玄蝉,鸣声上下,倏然有尘外之想。僧云,西南八里巅,有慧可庵,有卓锡泉。以榛莽蒙翳,不果上。寺主僧曰圆宗者,甚能言。相与论辩亹亹,亦自可敬。饭毕启行,逾十里,则嵩山少室。东西对屹,山色掩映,苍翠如滴。路循深洞,滩石礧硊,按辔徐行,发毛森竖。俄经一小土神祠南,忽有赤衣童子疾趋道左。令导途者索之,称久不见。窃自念曰:"连月旱暵。而赤色者,南方朱火之象也。是岂旱魃之流欤?"因相与名其地曰"赤童子山"。又行十里,憩邮亭中。亭后一里,有寺名会善。刻元雪庵所书茶榜。字径三寸许,遒伟可观。观毕既出,晚至登封,假馆学宫。自原良至是,又六十里。

明日同广文刘仲武、司训吴永康,谒中岳神祠。且默祷久旱,祈赐雨泽。礼毕,而县丞李政继至。祠在县东八里,嵩山之阳。中原壤地平旷,有山亦培塿不崎岖。唯嵩山绵延磅礴,骑奔云盝,长数十里,屹然在天地之中。诸山环列,势若星拱,盖乾坤秀粹所钟,宜神灵之宅也。祠规制极宏壮。峻极殿南,为降神殿。三面皆图申甫像,丹青颇剥落,而笔意苍古。督李丞命画工模之。宋金以来石刻百数,惟王曾奉敕撰者,碑最穹壮。字体虽甚劲丽,文漫灭不可读。并命诸生,用纸摹拓,以考其旧。既出,李具酒殽于道室,相与宴饮甚欢。室后有竹数百竿,微风度之,铿然有声,如击金石。此又洛中之仅见也。

又明日,与仲武、永康循北门,游嵩阳观。观久废,惟古柏三株存。大者围几三丈,高两倍之。相传汉武帝封为大将军。有石刻识其下。次者亦几二丈围云,望之如张帟幄,如拥车盖,风动如闻丝竹之音。相对久之,不能去。前有天宝三载纪圣德感应碑,高大异常制,书法极妙。又从东度涧涧,寻崇福宫,即太乙观。林深,从者迷失道,往返数四,始达。宫亦屡废,惟三清殿存,亦至元间重修者。旁屋近毁于野火,道官依殿以居。旧有奕棋、樗蒲、泛觞三亭,今俱圮。今泉名太乙,岁久亦湮,则泛觞亭之故址也。二宫观俱汉、唐、宋以来,天子巡幸暨王公卿士宴游之所。方其盛时,珠宫琳馆,金碧交映,銮舆所至,草木生辉。及其废也,荒烟断础,鞠为丘墟,樵人牧竖,得而辱焉。噫,方外之流,恒自视其道与天地长久永存。今既若此,岂非物之兴废,固自有时哉?升高以望远,则箕颍诸山川隐然如画,追想巢、由之高风。西则少室三十六峰,绮绾绣错,高插霄汉。深悲李山人之陈迹。目与景接,心契神会,超然若御灏气,游鸿濛而不知其所止也。稍东有启母石,云涂山氏所化。其说怪诞不经。极西有法王寺,亦名刹。殿宇颓圮,惟浮屠俨然。面下,则有周公测景、观星二台废址。北顾嵩高二十四峰,舒奇献秀,历历可指。并山顶而东,则又有所谓卢鸿岩、投龙洞,皆嵩阳胜处。拟次日再约往游,是夕予冒风寒,颇不怿,且疲于登陟,遂不果。而顾予先后之所已赏者,其所得亦可谓富矣。因累书其事于简,以识予是游之勤。并各书一通,一以遗巩邑广文吴公,俾想见兹游之胜;一以留登封学宫,以备他日好游者之故实云。

二、游少林记

由辕辕道转南仅五里,入少林寺。竹木蔽翳,仰不见日。花草余香,郁郁袭人。寺在五乳峰下,少室山当其南,隐若屏列。寺僧闻客至,迎迓甚恭。佛殿后为讲堂,堂后有立雪庭,则佛徒慧可受法于达摩处。慧可尝侍达摩,雪深至腰不去,竟得其法。予因叹曰:"昔游定夫、杨中立立雪于程门,卒传其道。慧可学佛法亦然。使世之弟子者皆若此,其学讵有不成者耶!"因观历代所建碑刻,其文最旧则有梁武帝《御制达摩大师赞》,余皆唐宋以下文字。又向西北,循山崖深入三里许,攀援而上,山势岈然环抱,视寺之台殿,山之林壑,若在席下,是为达摩面壁庵。庵有石影,云达摩面壁九年之遗迹也。时雨止云收,烟雾澄霁,幽鸟玄蝉,鸣声上下,倏然有尘外之想。僧云西南八里,巅有慧可庵,有卓锡泉,以榛莽蒙翳,不果上而去。

游嵩记

明 乔 宇

辛卯秋八月,予归自京口,取道为嵩岳之游。道出亳州,州人薛君采来迓。予往官吏部时,君采尝为郎属,因拉之同行。九月七日丁巳,抵登封县。八日戊午,谒中岳庙。庙在黄盖峰下,去县东八里许。退观历代碑刻,中一断碑,八分书也。字画劲美,类唐徐浩,疑为唐碑。余碑约五六十,皆宋元金并我朝所树立者。阅之不能遍也。出庙东北行四里,为卢岩。又三里,为卢岩寺,俗呼为"上卢岩",盖唐卢鸿居地。自下寺至此,崖谷幽竹树阴翳,嵩少之佳处也。寺后有瀑布泉,尤为殊胜。泉出岩顶下,泻石壁,长逾数百尺,阔止尺余。寺僧云:"泉旧阔二三尺,今岁旱,泉势顿减。"然即如兹,所见者亦甚奇丽。正德庚午,予奉命祭山东沂山。其山亦有瀑布,二泉形致相类,并北方之名泉也。九日己未,出邑北门,行五里,游崇福观。又二里,次山下。自此登山而行。山路诘曲,循峰而西,路皆斗绝。行十五六里,经西流泉,山气凄烈,冰已厚寸许。又四五里,至白鹤观。观去绝顶,尚二三里。时日已将晏,乃坐观前,饮酒数行。饮毕,予上造北极庙,盖岳之绝顶。庙侧有玉井,冬夏不竭。始予入登封境,远望嵩岳,未知岳之高也。至于山麓,所见犹然。比登绝顶,四顾群山,拱列于下,北眺大河,迤逦而东,然后知岳之崇高也。君采素清臞,至观前已疲甚不能绝顶。予归顾而笑曰:"若输我一筹矣。其亦用老子之道,辟盈而后人邪。"归抵县,已二鼓。十日庚申,复出城,西北行五里,至嵩阳宫。观三将军柏。其最大者,围用六人。相传汉武帝所封。在汉时已为钜木,则斯木之寿远矣。历年既久,状特奇怪。予往岁代祀平阳娲皇庙。庙有古木,与此木可伯仲。意天下之木,殆未有甲于二木者。午后至少林寺。是夜宿寺中。翌日辛酉,游初祖庵。庵在寺后,林壑之美,倍于卢岩。自庵后陟五乳峰,即少室之别峰。行十余里,始至峰顶。有达摩面壁洞。下望诸山,宏阔不逮嵩岳,而峰峦四合,攒丛映带,亦少室诸峰之冠云。十二日壬戌,出少林,崿岭口,渡伊洛水,抵偃师。

游 嵩

世尝谓,游五岳为物外之福。予素爱山水,不减昔人。而游山之福,似为过之。恒、泰、华三岳,往岁皆尝寓目。自余名山如句曲、清凉之属,非五岳列者,尚不与焉。今老矣,复得历览嵩岳之胜。五岳之中,所未游者,独衡岳耳。昔贤有缺陷世界之语,谓人间之福不宜备享。况物外之福,可尽取乎?由是言之,予阿堵中虽欠祝融诸峰,未为不可也。

山游凡五日,共得诗若干首。具《游嵩集》中。嘉靖辛卯九月。

[作者作品]

乔宇(1457~1524年)明朝大臣、文学家。字希大,号白岩山人,明山西乐平(今山西昔阳)人。明成化二十年(1484)进士,官至吏部尚书。幼从父入京师,学于杨一清,成进士后复从李东阳游,诗文雄隽,兼通篆籀。明梁维枢《玉剑尊闻》曰:"徐霖尝语人,有明以来,乔宇篆法第一,他人莫敢望也。"著有《乔庄简公集》、《游嵩集》等。

乔宇的《游嵩记》撰于嘉靖辛卯,即嘉靖十年(1531年)秋。

游嵩山记

明 都 穆

癸酉十一月朔,予至洛阳,欲图嵩山之游。二日丙寅,至偃师县。三日丁卯,离偃师,沿洛河南行五里渡河。十里,登唐庐陵王墓,上石人马暨石表犹存,中一碑高大,字漫灭不可读。三十里,至崿岭口。两山对峙,石道崎岖,乃唐高宗幸少林寺时所凿。山行八里,至少林。寺在少室山北麓,后魏主孝文为胡僧跋陀建。一碑刻唐太宗为秦王时赐寺僧御箚,有云:"王世充叨窃非据,敢违天常。""法师等并能深悟机变,早识妙因。""擒彼凶孽,廓兹净土。""闻以欣尚,不可思议。""今东都危急,旦夕殄除。并宜勉茂功,以垂令范。"盖当时寺僧之立功者,十有三人。惟昙宗大将军,其余不欲授官,赐地四十顷。此可补《唐书》之缺,惜无有知之者。少林僧至今以武勇闻,则其所从来远矣。寺佛殿后为讲堂。后左右有立雪亭。昔僧慧可尝侍达摩,雪深至腰不去,卒嗣其法。今僧中称为二祖。出西廊百步,有甘露台。胡僧跋陀于此翻经,天降甘露,故名。西北上山二里,至达摩庵。殿前有六祖手植柏。又上一室,门外石刻"达摩面壁之庵"六大字,宋蔡卞书。室中塑达摩像。案置一石,高仅二尺,广尺余。其上达摩之形宛然,拭之益显。盖庵之上四里有达摩洞。兹石乃其九年所面。古谓,精诚可通金石。谅哉!回至方丈,适登封令李性甫远来相迓。夜酌同宿寺中。

四日戊辰,性甫以事先去。寺主僧文载言,经阁后有古槐一株。视之,其高十丈,围三十尺。文载诵文潞公游寺诗,有"五品封槐今尚在"之句,则其寿可知。第未知封自何时,莫能考也。也寺东行十五里,折而东北三里,至戒坛。入门,破屋三楹,其中碑四,刻元学士李溥光所书茶榜。字径三寸,遒伟可爱。后即戒坛,倾圮已久。旁有唐大历二年敕戒坛寺碑。寺左百步为会善寺法堂。中有后魏嵩阳寺碑,后刻云"大唐麟德元年移植于此",可谓古矣。佛殿右偏,有泉出自山中。惟供寺中之汲,通之俾资灌溉,则伏而不流。僧云,唐有高僧晏公于此讲《法华经》,龙作人来听,晏知其龙也,告以寺乏水,遂送此泉。盖其相传如此。东南行,时有飞雪。十里至登封察院,雪乃大作。性甫张燕,陪饮者学谕尹亨伯、司训梁文升,皆予同郡人也。

五日己巳,雪犹未止,亨伯招饮学宫。六日庚午,雪霁。登封东行,嵩山近目,雪蒙其颠。而玉田璚树,复相带映,其清逼人,恨无惊人之笔如范宽辈者,以图之耳。八里至嵩山神祠。祠在黄盖峰下。盖嵩山巍然中国之中,其周围二百里群山拱列,有类儿曹。宜其秀钟灵聚,为五岳之尊。而黄盖一峰,在山东南尽处,其宅神灵九宜。祠之外,有亭翼然。过客惮于人谒,多展拜于此。入门三重,咸有古柏。或乔或偃,或俯或伏,或屈而蟠,或怒而攫,或奋而欲腾,又或如帷幄之张、车盖之拥,几二百株。三门之内,四岳神祠分列左右。又入门,有降神殿。壁绘生甫及申像。岁久,惜多剥落。谒岳神殿。

其西为御香亭,每朝廷降香,悉贮于是。祠多历代碑刻,不能尽读。午饮祠之公宇。饮毕,东行二里,折而北二里,山之北麓,入卢岩寺。盖唐卢鸿隐处,后遂为僧庐。其上四里,复有卢岩上寺。闻石壁飞瀑数丈,视此殊胜,路陡雪深,竟莫能至。

七日辛未,登封北三里,至嵩阳废观。其中所存,惟唐李林甫圣德感应颂、元五祖七真堂记二碑,及三古柏。柏之高皆不逾三丈,大者六人围之。下旧有石刻云"汉武帝封大将军"。其次,四人围之不尽。道士云:"此次将军也。"皆形状怪甚,不可图绘。夫汉武迄今,千五百年。柏在当时则已受封,其寿固不测。以今视之,殆殷周时物耶。其又次,亦三人围之。予平生见柏之古者多矣,若二封柏岂惟予所未见,尽天下之寿木或未有能过之者。奇哉,奇哉!又东三里,据山之阳者,为崇福宫。其后名为万岁山。昔汉武帝临幸,闻空中呼万岁者三,因即其地建万岁观。唐更名太乙。宋于此奉安真宗御容,设提举管勾以祝釐。中故有奕棋、樗蒲、泛觞三亭,今唯存泛觞之石。予命道士,引泉委曲流之,立饮其上。而寒风砭人,数杯即罢。下山东行一里,观启母石,事见《淮南子》,其说不经。后之人盖尝辨之。四里,还察院宿。

都 穆

[作者作品]

都穆(1459～1525年),明代文学家。字符敬,吴县人。弘治十二年(1499年)进士,官礼部郎中,加太仆少卿而归。好读书,至老不倦。生平著作最富,如《西使记》《金薤琳琅录》《玉壶冰》《听雨纪谈》诸书,邑志称其旧所刊行者20种。其中,《寓意编》脍炙人口。

都穆的《游嵩山记》写于正德八年(1513年)。

嵩游记

明 唐 枢

山纯石岸,岸雄亘纵横,宏削杂出,太室在东,少室在西,正南望皆土星镇儿。太室张拥而伏,少室差高而狭,泉石幽奇莫可殚状。庙在太室东麓,庙左北行,入卢岩下寺,旋绕缭山腰隘径,陟卢岩上寺,泉落泠泠汤汤,易步改响。寺过,飞泉亭圞谽高豁,上突而下敛。水自空散注,石势扼激,涌则如练,疏则若曳珠帘,风飚犹零雨飘蒙。予坐乱石堆移晷,心目澄闶,忽有悟处,复峻陟仰绕峦叠。登太室,石虚中如屋,近附峰岩多状,其次如栉,其薄如片,其耸如插,其合如瓣。其判、其绎、其悠、其发、其霱、其隐,如作巧铲钱。又西陟而降入石穴中,复出小径,凭架过高登岩,登祖师庙,嵩之峻极处也。四眺千里外,诚一大观。西下银子沟,攀萝迹石罅,山谷胜美拟在太室,境上小峰巍蠢可万计。幽泉随现随闭,直疑白练曲状长蛇,点比巨星。下老君洞,西逾大冈,过七星汉,山垣一区,美嶂种种。又逾数冈,入二祖法王寺,更闾衎,伫玩地涌金莲处。南山为嵩阳宫,瞻拜二程书院,观汉封三柏。树肤理松虚,无滋腻新态。

乃入登封县,访管仲、颍考叔旧里。西发入会善寺,饮六祖泉,观戒坛茶榜书刻。入戴仙沟,探丹

书之故垆。入玉皇沟,寻汉武之雄驻。二沟乃少室妙境矣,峰峦更丽拔,群尖簇起,人谓数百里远望,如莲花出。

经轘辕关,憩少林寺坐。山皆土,且稍卑小,二室交脉处。其石岫呈奇,自远近案,木星外复大土星高覆,景事幽赏,可爱,可想,不可状。诚高隐灵窟。乃登初祖庵,观面壁像及影石。顽石长二三尺,广半之,达摩坐时所面,即成影,后有琢磨深入不尚不泯。其旁肖二祖立雪状,予曰:"嗟乎!天下何莫非精神所注哉?达摩倡敕神光,虔参追忆机灵,求同志于斯,今谁可屈指也?"悚省愧慨,下登甘露台,观汉武三品封槐。经永泰寺,尼总持道场,度云峡关、参驾店、拜汤王祠。经缑氏山,访浮丘公藏剑之地,登子晋吹笙故台,乃渡洛水。

[作者作品]

唐枢(1497~1574年),明代官吏。字惟中,号子一,人称一庵先生,浙江归安(今湖州)人。少时学于湛若水。明嘉靖五年(1526年)进士,授刑部主事。言官劾李福达,不得狱辞要领,唐枢上疏,提出六"所疑"六"不用疑",请朝廷明释,以正福达之罪。因触嘉靖帝,怒削职为民。隆庆初年复官。曾与孙济、蔡玘等15人,结岘山逸老之社。以年老加秩致仕。回湖州,讲学于东门,三吴之地有不少名人皆出于其门下。嘉靖四十一年(1562年),湖州知府张邦彦奉巡抚浙江监察御史张宪之意,在湖州城东北隅择地建"吴兴唐一庵书院",作为唐枢会讲之所。唐枢关心经世之务,亲历九边及越、蜀、滇、黔等地,凡山川险阻厄塞,了如指掌。蹑屦茹素,至老不衰。著有《木钟台集》,编有《嘉靖归安县志》《嘉靖乌程县志》《嘉靖孝丰县志》《万历湖州府志》等。

游少林记

明　文翔凤

出登封西二十五里,至少林寺。寺当少室阴,有峰曰五乳,自少室拖一臂北抱寺。是日,馆于达摩衣钵之堂,有榜曰:单传其法,座如王居,为诸士辨儒释,并大地山水。陟立雪亭,问秦槐,僵矣。纵观已,俾焦子复亨题予并十士之名于石琢之。出门,诸生请余过其主法僧,盖曹洞宗世一人派达摩者。遂观秦槐赝者于左院。自跋陀之甘露台西北,陟初祖庵,观面壁影石。石可二尺许,白质玄文,如胡僧之愿而微侧者,异之。洞抉绝岩数百武,畏毒热,弗前。问贝多三花,以萝之施于柏者,对摩六祖手植柏。归,观僧之以掌搏者、剑者、戟者。遂以舆西南,陟钵盂峰之二祖庵。十生从,峻不可马。咸自拥盖,徒喘前,坚辞不可。庵四井,两两相准,云二祖卓锡得之。有石丈余,当绝壑,即觅心台,亭之俗曰"炼魔",予命焦生题曰"摩苍"。下坂藉草,为诸生谈智仁勇。归则就饷其主法者。夜则录山中所得诗示诸生,有"杯中翠色来嵩少,座上清芬送颍箕"之句。明日,遂行。回首少室,冠立莲折,若送归客然。

[作者作品]

文翔凤(1625年前后在世),明代大儒、官吏。字天瑞,号太清,陕西三水(旬邑)人。万历三十八年(1610年)进士。文翔凤曾在山东莱阳、河南伊川县、洛阳县及山西任县官等职。文翔凤的官职后来升为南京光禄寺少卿,但他不去赴任而回归故里,闭门著述。尝自制五岳冠,并以五岳自号;亦称东极。文翔凤论学"以事天为极则",大力提倡尊孔,故其思想宗旨可以概之以"事天尊孔"。著有《九极篇》《太微经》20卷、《文太青文集》2卷,均《四库总目》并传于世。

游嵩记

明 袁洪愈

户部郎泗泉先生奉上命巡河洛，提粮参议从之。行次登封县，谒中岳之神，然云兴，微雨润土。礼既成，天色霁朗。遂诣嵩阳书院，瞻拜二程夫子，凛凛若存。书院左右三柏，大者围圆六丈许，次五丈许，次二丈余，传称汉封将军者也。纪德颂功，穹碑载道，因感古人之事业文章，与山川流峙，千古不朽。于是履巇岩，渡曲涧，载览载行，登跻岭畔。四顾万山若星拱极。《诗》云："崧高维岳，峻极于天。"岂虚语哉！山寺静深，古柏盘郁，柳桃初发，风轻日丽，朗吟剧饮，兴不可遏。少焉，月出嵩门，三五光满，众皆仰指，欢然称奇。酒复数行，策马南下，陶然醉寝。

晨兴出县东南三十里，观测影台。周公所制石尺三百六十，盖注水测景者，询诸父老，莫知其详，渊乎邈矣。下台而东，入龙华寺。寺小幽洁，松桧满庭。僧云人迹罕到，解带憩焉。浮白数十。又东行二里，登山巅，视扁鹊庙，明月从之良久。南望许由冢，少室三十六峰，各极奇怪，茂林岑寂，藏僧千众。寺之得名，殆以此夫。昔所闻达摩面壁传心，子晋吹笙引凤，有遗踪焉。纵游三日，日至夜分。万虑澄然，尘嚣远隔，不知其耽恋也。

守巡兹土者，大参水阳先生、佥宪三泉先生，皆以数十里外投简遗诗，若慕兹游之胜者。嗟乎人生寄迹两间，百年如梦，超脱形骸，优游自适，能几何时？而乃营营利禄，不知返悟，其得为达人乎哉！参议有感于斯，因纪岁月，何敢上望于兰亭、赤壁之文也耶。泗泉，刘其姓，恩县人；亢水阳，临汾人；三泉，永安人，名鲁生；思谦，腾蛟者也；参议为长州袁洪愈，别号裕春。四人同榜进士，一时合并，亦非偶尔。嘉靖三十九年，岁次庚申，春三月中旬。

[作者作品]

袁洪愈（1516～1589年），明代大臣。字抑之，号裕春。苏州府吴县（今属江苏苏州市）人。嘉靖二十六年（1547年）进士，官至南京太常寺少卿。隆庆五年（1571年）以病致仕。万历中，起故官，迁南京工部右侍郎，进右都御史，升南京礼部尚书。万历十五年（1587年）改为南京吏部尚书，同年十二月，引年乞休。帝重其清德，加太子少保致仕。

宿暖泉寺游嵩山少林寺记

明 王世懋

余以东还，困于顾募之费，乃谋买小舟，自洛入长河。既抵洛阳，即以一僮，先令至孙家湾觅舟。孙家湾者，负山面洛，去偃师县东二十里而近。余未至偃师，僮来言，已得下贾舴艋。日下舂抵湾，欲入舟。舟人告未备，乃之暖泉寺宿焉。

寺在洛北，两山夹泉，下注于洛。循涧入可一里许，见石上流泉弥漫。居民就泉种稻。稻香四发，心殊乐之。已入寺，寺颇窄。僧贫甚，就中庭施坐憩焉。已乃携姚生出寺，观所谓暖泉者。僧指示泉出处，缕缕潜布而已。入沟，始涓涓有声，已汇为一大池。池底如碎珠上溢，不可胜数。其泉至冬时暖甚，夏秋间温于他水而已。余步临池岸，目玩蓁柳，手弄珠泉。忽举头，见南山一带，苍翠异常。问之，即嵩山二室也。为程几何,曰七十里而近。余东跻泰岱,西登华山,南上匡庐太和,独以中岳未游,为平生歉。见此,不觉神飞,即谋以二日往返,不至滞长年。而姚生亦相从臾。遂命僮募土人舁舆,决策裹粮,乃返方丈。饭毕,迟月且上,顾谓姚生曰:"若知吾待月意乎?出此百武,水泉流大石上,真佳境也,不可当吾暇失之。"生曰:"吾固念此,乃挟乙瓢酒削囊中脯。"出寺行久之,至石间。盖其地三泉所会也。暖泉之东,泉自山北出者,为大涧。暖泉据高,西南行至石间,始欲下坠入涧,而山之西忽一涧旁出。水淙淙东注,与暖泉争流石罅间。已乃并入窠曰,下坠涧底。其石坡陀,可容数十人。余乃选胜跌坐,悠然命酒。时月甫上,复为阴云所翳。余谓毋遽坐,可销浮云也。久之,果莹无纤云,朗耀如昼。童子赤脚水中,壅石激水,而决其上流。二渠轰然四注,飞涛雨喷,卧石尽如沐浴。独余所坐最高,不能濡也。月光晶晶射之,珠迸玉碎,其声则硁訇鏦铮。大者如鸣百鼓,细者如奏笙竽。平生快意,不数有也。坐将夜分,恐宓妃窃听。翠羽凌波,姗若有人,乃振策而返。四顾阒然,惟闻隔山犬吠而已。赋得二诗。

山中寺院

质明而起,就舆渡洛。南望少室,如屏若在衡前。东瞰原隟,土阜凛起,前后相望。舁夫云:"此赵宋太祖、太宗陵也。皆在巩县界,偃师得分祭"云。上下山坂四十里而遥,始抵招提寺,一饭而行。寺老僧出迓甚恭,云:"去此二十里,入山。以十里上山,入少林。"僧请为导而行。出寺,渡涧而南,则登封官道也。近山一大村市,荷担者络绎于道。始知登封县在山南,凿山为道而过。舆至山上,二里许,见一石门天险,两崖皆奇石陡立。舆夫云:"旧有巡检司,今革去。而峡以北为偃师界,峡以南为登封界"云。下舆纵步回视,洛南北百里如掌。望少室峰,皆重峦削成,瓌伟特出。意其下必有奥壤,岂其为少林所卓锡耶。行久之,见路有二岐。南上者,登封大道也。稍折而西,果繇少室下趋少林。

蛇行三四里许,渐入西径。山围欲尽,而少林殿角已桂林端矣。山门前跨大涧,泉淙淙自西而东,不知所从始,亦不知何所出。山林木蔽亏藤垣萝壁迤逦下上,及门二绰楔径窅如也。殿庭老柏森列,碑碣罗立。大雄殿不甚宏,而制度坚雅,犹是宋时重建者。入殿礼佛毕,西参六祖殿,东谒紧那罗。紧那罗者,元末神僧,怖红巾不入寺者也,故即为寺伽蓝云。拜毕,住持法师常润号幻休者,始出迎。初犹以世礼见,而微有傲色。余与俱入方丈,指所著衣,谓曰:"昔现宰官身,今成居士服。愿与法门游,毋为世礼局。"余拜师亦拜,便欣然对坐而谈。讶其声不似北僧,叩之,则江西进贤人也。初余寓京师广慧寺谈少林,广慧僧云,此非有德望者不能居。昨以礼币来,聘得一名僧主之矣。及是行也,雅欲遇高僧,与谈问之。舆夫云,此山有一僧,能不食数日,不畏虎狼,已成道矣。欣然问招提僧,冀一遇之。僧云,此僧已久去,今住持亦高僧可谈者也。语次因问此僧。师云诚有之。此僧无名,不知何处人,亦不知夏腊几何。人以僧著大鞋,呼之即应,因即名"大鞋"。生不识一字,遇寺开讲,亦辄来听。居五乳峰上达摩洞中。冬夏一衲。每日,下山三四里许,乞食。常以二更时,独行归洞。如遇大雨雪,即四五日不出。好事者讶而寻之,见俨坐如常。间有携之饭者,固却。即留,亦不食。云,本欲省事,恐缘此遂烦人也。心如墙壁,真能离恐怖者。诸人问道,随意答之。语必简而玄。一缙绅固叩真谛。答云:"君辈每患口有是言,心不能然。但能认真干去便是,何必它问?"此语尤切中今时士大夫病。问其所以去。曰:为人寻觅渐多,恐尚有损漏。已入终南山矣。因叹渠功行至此,犹恐为世缘累。吾悲火宅莲花,岂易生长?师语次,知余为太仓人,因问:"与王荆石侍郎同宗否?"余答以至亲相厚。师已知昙阳大师事矣。且问:"朝事作何处分?"余曰:"已寝。"因出大师传赠之,师且具斋为款,相与登方丈后高台上瞻眺。因谋与游,曰:"近此惟初祖庵最胜,可即日游。余胜处,非竟二三日不可。"余谢舟人,不待,乃亟就方丈。斋毕,与师偕出寺西行。

时日已崦嵫矣。上下山麓间,望少室苍翠转来相逼,使人应接不暇。其东高山云气晻霭于上,曰太室。太室最东,曰黄盖峰。峰下有中岳神庙焉。就山中视之,太室为高。师云,出山,则少室岿然矣。且语且行。先至一所曰讲经台。乃高僧菩提流支讲经处也。有小庵,僧居之。台亦具延览之胜。览毕下台,因问流支何以毒初祖。曰:"此亦示魔耳。"余因语调达事,师亹亹能讲。更西,则五乳峰尽出。祖庵老僧出迎,胡跪道左。师笑曰:"此好道王先生。毋用此法待之。"因与共登庵上。谒祖师像毕,出视庭前。四柏树皆合抱参天,而三株为老藤所缠。生理稍困,围杀无藤者十之三。师曰:"此即所谓少室三花也。"殿后更一室,前种二松,偃盖古色。其藤亦三百年外物也,即松柏可知矣。殿西一室,祖师面壁像塑焉。傍立二祖雪中。而前置一石,即祖师面壁影也。石不盈二尺,师像眉目胡髯皆具,袈裟纹如西域衣。石理亦光润可爱。先是招提寺中亦有一石,作祖师披巾像,不能甚分明。云亦自嵩山得之,竟不知其所以。师云:"五乳峰形如凤张两翅,而祖庵正当凤头,即少林寺形胜不能逮也。须庵后视之,乃尽胜概。"因与步庵后。平地将十余亩,松柏森列,五峰了了可观,真如凤舞。师云:"祖取五乳,后派果有五支。达摩洞在峰半,隐隐可望。云亡它奇,可毋登也。"余谓此山形胜如此,世主得无有垂涎者乎?师曰:"昔跋陀三藏开创时,有谶云:后五百年,当有女主来,欲葬此。因叱水不令东流。唐则天后果至此,欲夺其地。竟以无水而止"云。出庵,再望少室,西角峰峦尤异,划如有缺。庵僧云:"此少室西天门也。盖其上有四天门,中有三十六峰。泉石天池之胜,不可殚记。特未易登耳。然三门犹可攀掖至,独西天门缺处,望之一铁楞窗,俨然玲珑,竟不可践其处。"师云:"似群仙所往还也。"余素闻长老言,少室胜于太室。今见果尔,恨不能一蹑其巅。又少室下一台,高百余丈。当庵之西南面,其地似胜。询之为二祖庵。其上乃有泉可汲,一僧居之。问可登否,曰步而上,上下可六七里。顾日力足力俱不能,伫视恨恨而别。返入方丈,已昏黄矣。与师各归房小憩。余饭毕,草四绝句赠师。师亦篝灯览《昙阳大师传略》毕。顷之,月上。命童子视师,则已就寝。呼之起,三人坐庭中。山月皎甚,少室当前,房栊闺静,松萝隐约。命童出囊中天池茶供师。师首问:"传中僧乃隆魁耶!渠昔从二三僧来受法。老僧为人最诚实,有学业,是宜其获遇。"因与纵谈禅旨。师言无生理,山河大地,俱为妄念所结。余因发一难:"使当劫初,不起一幻念,即佛亦无。如此则理何所寄?今却缘有此身,然后得成是佛。然则无生乃从生得乎?"师笑曰"此论诚有之,其解难亦不甚透。"余谓,《圆觉经》中"以幻修幻"四字便了。师偶未之及也。坐将夜分别去。次晨起,师复设饭。饭毕,赠以诗,殷勤不能别。谓余"路头既正,便须精进做上,勿堕小果"。且托寄声道印。道印者,即隆魁也。步出庭中,请余观宗伯陆公穸碑。文甚环伟,而盛称师解悟功行,当主是山之义。盖其徒走华亭,求得者。怪师拳拳道陆公不已,盖有以也。人正是去此名根难耳。

下山复饭招提,入舟促长年鼓舵行。十余里,而少室犹在空际,依依若相送者。润师言不诬矣。初余意雅慕少林,愿与高僧谈。而嵩山之胜止一寓目,不求甚竟,且以不误行色为快。故纪游,特称少林寺云。

[作者作品]

王世懋(1536~1588年),明朝著名学者、诗人、文学家、园艺家、鉴赏家、书法家。字敬美,号麟州,又号损斋、墙东居士,太仓州(今江苏省太仓市)人。著名文学家、史学家王世贞之弟。嘉靖三十八年(1559年)中进士,官至太常少卿。善诗文,专精古文辞,擅书法,书无俗笔。著有《东游记》《王仪部集》《艺圃撷余》《世说新语》《名山游记》《奉常集词》《窥天外乘》等传世。

嵩游记(二篇)

明 冯时可

[作者作品]

冯时可(约1542~1621年)明朝著名文学家。字敏卿,号元成,松江华亭人。隆庆五年(1571年)进士。官至湖广布政司使参政(从三品)。以著述甚富而名,撰有《左氏释》《左氏讨》《上池杂识》《两航杂录》以及《超然楼》《天池》《石湖》《皆可》《绣霞》《西征》《北征》诸集。

冯时可的这两篇《嵩游记》作于万历庚戌,即万历三十八年(1610年)九月。

嵩游记一

宇内山灵者,必佛刹宅焉。刹籍山为干,山籍刹为衣。交相重,而刹视山尚有废兴。然有终不废者,以不可废者与俱焉。洛迦以观自在,五台以文殊,峨嵋以普贤,曹溪以六祖,鸡足以迦设,终天地而无废,惟其以灵宅耳。山水天地尤物,禅佛则万劫尤物也。洛为天地中,自成周至唐,屡为都,故称京洛。无论离宫、秘苑,即《洛阳伽蓝记》所称宝塔、净宫等灵台,匹阿房者,率与荆棘铜驼并归乌有。乃独少林一寺,毫眉绀发获以永托。岂非摩公妙理神通一乘、大法拥护神州者,为不可废故然耳!山自太室分来,,委蛇百折而至,此为少林寺。寺正当少室阴,其前特立一屏,翠色点霄汉。诸峰四起,凤翔鹭举若趋而复顾,若攫而旋止,互相怀孕。门前跨大涧,潕泉争射,素霓纵横,潺潺泪泪,松风引声,钟磬互答,真灵境也。殿廷柏参天,与穹碑共林林立,争古争苍。自门而天王殿、大雄殿进,为讲堂,为方丈,为初祖殿,为毗卢殿。以次高下,举首皆睹,张屏如可揽也。西为初祖别殿。紧那罗者,元末神僧,怖红巾不入寺,故即为寺伽蓝云。从院东西穿诘曲过甘露台,古树根俨欹石,虚处如梁。已出寺门,折而西北,登初祖庵。庵前四柏,皆合抱。有凌霄藤穿其三株,发华于杪。殿西一室,塑祖师面壁像。旁立二祖雪中。前置一石。石白地墨绘,现祖影甚肖。先是一儒者欲刷去之,愈刷愈现,乃置之。不知达摩不以影传,不以影重,即尽刷去,亦无损达摩。此所谓有不可废者在耳。从庵后百步,地平如掌,奇树森列。五乳峰如凤张两翅,拥翼是庵。传闻祖取五乳峰,后果有五支派,则五宗,果天兆也。已下山,复从寺门南过涧登岭。十余里,凡数十盘,与寺百相背百相朝。陂陀既尽,地始坦平,二祖庵建焉。折而南,危峰特起,摩天限日。倚峰为台,即慧可觅心台,亦名炼魔台。下临绝壑,最为幽胜。从台望山缺处,伊、洛二河出绿烟中,如云如带,湾环若有动意。已归院,与禅师谈殊胜。师名正道,字无言。自唐来,代推一人主法席。幻休当二十五代,弟子百数,当升坐师。问:"如何是洞上家风?"幻公再启之师,于言下大悟,呈偈曰:"云攒峰顶,月锁幽岩,木入抚掌,石女舒颜。"休公印可因授以法师。虽一乘冥心,而六度崇行,所至皆结胜缘。万历壬辰十月,以宗伯牒来,领住持事,戒行机辨,越诸耆宿。寺门东南,有三四庵,称南院。皆师所建,亦甚钜丽。周藩王为大檀越焉。非师行业愿力信于人,恶使王者破悭若此!

尝谓佛教之行,非人力也,天实行之。自顶日感梦,满月流光,佛始萌芽。其所谓本觉,即吾儒本性。一念未起,常寂常照,佛由此发六度万行,乃至圆佛果;儒则发仁义礼智,以成圣道。至齐梁而佛道弊漏,因小果几于沉溺。学圣者亦牿于名物器数,非一贯真传。自摩公东来,单题直指,匪但学佛者得其说以振沉溺,即学儒者亦借其旨以破支离。天所纵乎!世儒尝谓,佛氏厌生死,欲免生死。此以律仙尚不可。矧于佛夫!仙能操生死,亦非欲免生死者。佛氏则当本心一念未起,无生死可得。是曰:彻生死。彻生死者,不没生死,不出生死。不没不出,以至菩萨行满,成等正觉,则能现三身,化万类,不与三界并坏、万劫俱尽。即或仍现生死,皆是权现,非实现也。摩公破棺只有只履,乃权现耳。其面壁九年,折齿不恨,遇毒不雠,皆从辛苦修行,心如墙壁。遂如摩尼,一彻万彻,如云开日见,山河大地,罔不毕照。故以禅证佛,若摩公亦自生民以来未有者也。天行之恶可废?以其所不可废,乃其所尝兴废,则兹地亦禅家邹鲁也。

是日同游者,吾乡戚不磷。语余曰:"兹寺前屏太近,以客逼主。故招提者率自外来。"余曰:"此天中也,万方灵秀所会。摩公只履,非自远来耶!自神光至无言,二十六代,如贯玉联珠,以应是郁葱。夫岂偶然!自此传宗相续,以宇宙为伽蓝,以无穷为子孙,宁一方雄哉!"

嵩游记二

"华山台立,嵩山如卧",此古语也,未能标胜。袁中郎吏部谓"华山如峨冠道士振衣天末,嵩则眠龙而濯",似近矣,犹未尽胜。夫两山间岂无磈卓耿介耸然陵宇宙者耶,何以独言眠也?山称室,言藏也。诸山包罗拥翼,如六师护师,如群官从帝,林林列列,何以亟得!夫执珪负扆、秉干运筹者而尽其姿态,二室之不能尽,固若斯也。登太室者,从万岁峰迂回,二十余里至中峰巅。下望群峭巉辟,卑相逊,高相竞,或攒戟,或覆敦,貌状不一。其上有玉女窗、捣衣石、八仙坛、三醉石、天门泉,俱没灌莽。惟龙潭泓然如旧观耳。山之奥为白鹤观故址。三峰背负,左右绝壁相对,大熊峰施屏其前,诸山簇拥,幡如幢如,意气渐上,秀色逼人。一松亭亭立其间,顶结如盖,受日光若绨衣。中郎深叹赏,以为绝胜,语令君傅元鼎,须置亭舍于兹,令游者信宿,始不负此山。余至嚼其言,然尚未亭盖,令君方拮据民事,且次弟及之也。少室北面如高城。自汉武驻跸,名为御砦。下多深壑,愈探愈幽。其南面则九顶莲花是也。峰峦如千叶芙蓉迫际,为群山所翳,未易悉其妙。自汝上来者,望之愈远愈明。从修武道来者,则若古钟。从邑望,又若拥髻少女,仿佛半面。上有四天门,包罗群胜。三门皆可攀掖至,独西天门划如有缺。其缺处望之,一铁棂窗。俨若玲珑,卒莫能践。岂群真往还道耶?太室东山有卢岩。从黄盖峰左东行数里,得一涧水,潺潺环绕山砦。沿涧而北,为下寺。渐陟而高,则为上寺。折而右,削壁四合,茂林隐映。瀑水悬其间,雾雪纷飞与烟相薄,得日照为益奇。唐处士卢鸿一隐

嵩山地域

于此。三征方至,卒请归山。故知此地幽胜,非长安剑履所能易耳。去太室三十里,为石淙。从箕山历周公测景台而东,皆平原土阜。忽得一涧,石错立其间。石不甚高大,而磊块特拔水漱其根。淳黛畜练,可流觞,可分棚饮。唐则天后挟二张,嬉晏于此。磨崖二碑尚俯潭上。其景小有致,故是闺阁中物耳。余与傅令君及戚山人为三日游,颇得其概。其他具诸纪不能尽述。

大抵山以骨奇,以肤润。而幽深秀,苍然郁然,则非骨与肤所能领。余尝游闽、浙、黔、粤诸山,见其争雄负异,窃讶造物者,胡为挩怪鞭奇,窾穴混沌,而鬼神土石若此?今睹二室,奇不巧琢,徒如波斯胡肆,瑰丽骇目耳。又譬之人,欹碕吊诡,高自标置,非不雅拜天下,而浅衷挟肠,不可经方统物。曾不如夫中和平淡,造次不能窥,而肩天下有余能。盖是处所谓天地之中,阴阳之会。山水人物皆然。其不能尽者,固深于尽者也。

万历庚戌九月二十五日记。

游嵩岳

明　栗永禄

巍乎太室何嵯峨,傍曰少室差肩磨。总号嵩高几千丈,覆压百里睨洪河。黄盖峰南圭测景,东横玉案平如屏。浮丘道士常来游,三鹤翩翩尚浮影。虎头狮臂峙其间,彩凤玄龟尚可攀。子晋消息近传否,檀香石笋颐仙颜。朝岳登临可望洛,紫薇积翠天中阁。当年白乐亦盘桓,凝碧迎霞瞰寥廓。更有琼壁龙堪奇,系马逍遥驯白麇。赤脚凭虚憩息处,达磨面壁遗须眉。山中梼柮者谁女,青秋月夜犹闻杵。甘露瀼瀼降岳台,白云坛上多仙侣。君不见,太已泉、石柱川,至今夹水流潺湲。又不见,轩辕山、凤凰峪,藤萝亏蔽相旋曲。倏忽云雨倏忽风,神物变态畴能踪。我来拄杖探奇绝,一日邀游六十峰。追惟汉武肃明荐,嵩呼万寿今犹羡。我朝祀典更加隆,岁时俎豆芬坛墠。微臣芹曝何所祈,愿祈磐石绵鸿基。从此再生申及甫,河清岳镇绥华夷。功纪太常存社稷,山川倍见生颜色。皇皇带砺同邦休,地久天长垂万亿。

[作者作品]

栗永禄,明朝官吏。字士学,山西潞州人。栗铭曾孙。嘉靖二十三年甲辰(1544年)进士。以宗亲外授寿州(今属安徽)知州,历官苏州同知、陕西按察司佥事、副使、浙江布政司参政,改河南巡抚,擢兵部侍郎,改南京总督粮储,因事罢官归。起为兵部侍郎,迁甘肃巡抚。著有《学易集》《正俗冗谈》《云中奏议》《抚豫疏稿》。

嵩游记

明　王士性

盖予少怀向子平之志,足迹欲遍五岳。乃今始得自嵩始云。

时岁在辛巳六月,余以朗陵令满秩,繇宛赴汴,跂足可得望二室,乃以日壬戌,入登封界。步骑上下山坂,繇鸟道中出。江北多土山童峙,有河渎而无涧溪。独此石栈宛转,草木离披,紫溪水其下,恍惚如行天姥岭。亦嵩山首途一胜也。未至登封二十里,遥望叠,如蹲虎豹。意奇之,问牧者,云:此名御砦,即少室。是夜入县宿,风雨骤翻盆下,暝不见山。质明稍霁,起出户视之,则嵩山兀立县城之北,而少室从西峙,二室皆白云衣其半。余乃策骑北门。时细雨犹拂人面。先跞崇福宫稍东,为启母石。石正方三十尺,而厚称之。余笑为涂山氏即示化,当不至膨脖如是。宫后奕棋、樗蒲二亭俱废,止存泛觞遗石。转而西,二里入嵩阳宫。外立唐巨碑,碑后植汉封三柏。其最大者南枝一节瘅甚,从者指此木瘿也,空其中。余遂割瘿,注酒满引之。毕,入拜二程夫子像。复西五里法王寺。寺前石池丈许。紫金莲开中秋一月,云神光说法时,从地涌也。土人往往移去即毙。惜不及其开时见之。日午,寺僧以笙箫度法曲。饭毕,出山门复西二里,会善寺,乃岳神受戒于禅师处。右为戒坛,今亦废,惟余四天王石柱。门外树李学士溥光茶榜,笔陈如列戟。复西二十里,少林寺。寺恒楹碍日,龙象如山,长夏无暑。碑刻种种,苏子瞻、赵孟頫辈其尤者。殿前桧柏入霄汉。问秦封槐,则风摧二十年矣。今寺东一槐,亦可数百年。黠僧往往谬指以夸,游人无辨者。寺八百余僧。自唐太宗退王世充,赐昙宗官,僧各习武艺俱绝。寺为跋陀所创,后四十年,而达磨来自西竺。跋陀翻经处,天降甘露,西有甘露台。是夜宿方丈,听律师大千为众僧说法,推极禅宗亹亹至愉快也。

明日,诣初祖庵。行里许,入谒祖。白晰修眉凤目,僧言此太子东渡像也。后居东土,尝六毒,面虽稍赤,然非今所传巨眼胡僧云。庵前三花树,盖凌霄藤附桧而生者。花正开,深红可爱,自达磨未至时有之。左一柏,高与花树并。云卢能钵盂中带至也。余为书"六祖手植柏"字。庵后一小亭,为达摩面壁影石。石顽,高可二尺,隐隐一僧坐石中。比丘无言指石曰:"公知祖之苦心乎?晋魏末,世人修斋诵经,佛正法眼藏失。故祖不立文字,以九年寂坐见性,遗影而示之教。所谓金石可贯也。"余曰:"唯唯。第此迹还当扫却。《楞伽》四卷,何必非文?彼其三周渡海,暂以指迷。不则顽寂枯僧堕落外道,又此胡引之也。"为书偈曰:"活人做死事,难向一切说。打破这片石,方许见如来。"无言首肯久之。相携登五乳峰。盖山形为飞凤,又若五乳然者。时白云复瑗瑗起山腰,咫尺不见人。累随六里许,云过处则以袖藏之,至洞挥袖,片云从掌畔飞出也。洞在右乳。入洞则寒洌粟起不可禁。傍陷一隙无底。僧云,洞初为火龙居。祖至,从此中去也。下山转而南十里,上二祖庵。庵前岩壁绣缀。井四,为二祖卓锡而成者。泉相去丈许,味各异。南上一里,为祖炼魔台。登台,则见伊洛二河环绕其下。河外邙山横亘。山外复为黄河一线西来。河北又见中条诸山,逶迤不绝。二百里内,皆一目尽之。卓哉,观也!此去少室绝顶不远,欲遂登之。以时大雨后,山涧流水急没入胫,且山陡无别道,故不果也。下山再宿。

次日转而东,数十里至岳庙。庙亚少林。壁画申、甫二像,大树林立。从黄盖峰下仰视,东峰凹处,是称嵩门。乃由黄盖峰卜挹卢岩瀑布,不啻龙湫。此去丘顶不数里,亦以雨不果行。而嵩岳之游止是矣。山亘数百里,大都皆岩石苍翠相间,峭壁环崖而立,如芙蓉城列抱于上。太室其大者,少室、钵盂、子晋诸峰皆然。而三十六峰则蔑蔑如吐蕊,远望之共成一山也。其寺皆隋唐以前建。而法王一刹,则汉永平佛法初入时,在达摩四百后之先。其碑刻穹窿,数十百道。多古今名贤手笔。而唐碑皆刻佛像无数于上,亦与今制异。其树多桧柏,即秦五品,汉三将军外,古木蘸天,亦多与寺俱起。经千百年,此宜他寺所不得伯仲也。

然余独怪宇内名山,亡论岷峨、王屋,即余家八千丈下,犹穷日乃陟其巅。二室顶不三十里而遥,而以为神州首岳。至《诗》称"峻极于天",岂此山嶒嶙崒崿,突出于平原大陆内,以自轩豁,特标所胜为奇耶?抑戴日至下,为天中。钟颢苍最清淑之气,以总领诸岳而然乎?或谓山高为嵩。《诗》称岳之"嵩高",非嵩岳之高也。盖尧时止有四岳。余闻于杨用修之言云。

[作者作品]

王士性(1546～1598年),明代杰出的地理学家和旅行家。字恒叔,号太初,又号元白道人。浙江临海人。王士性在万历五年(1577年)中进士拜授官职之后,利用做官的有利条件,宦游全国各地,足迹遍及明代的两京十二布政司,惟福建未到。其游历地域如此广阔,非一般人能够企及。他在游历中进行了广泛的考察,清初学者杨体元在《刻广志绎序》中谈到王士性"志险易、要害、漕河、海运、天官、地理、五方风俗、九徼情形,以及草木、鸟兽、药饵、方物、饮食、制度、早晚、燥湿、高卑、远近,各因时地异宜,悉如指掌。"王士性在晚年息游之后,有充裕的时间对以前的所见所闻进行归纳整理,不断思索提炼,形成了较为系统、全面而有深度的著作《五岳游草》12卷,《广游记》2卷,《广志绎》6卷,为后人研究明代历史提供了诸多可信的史料。

王士性

嵩少游记

明　周梦阳

余生平有山水癖。一移中州,经年走平陆。往闻天中山在汝阳,索视无有,祇虚得名耳。南阳亦称隆中山,然堇堇据高地,窃吾郡之似,而实则非也。

庚寅冬十月,始有汝洛之往。于是西取中牟、郑州道。不至郑三十里,榜列子故居于道傍。亟喜立视,无所见。是《周雅》所称圃田处也,以郑圃当之,误矣。由郑州人密,多行夹道中。若涧底忽平壤,则西山一抹,隐隐眉睫间。将至密三四里,有松数十仞。一株出地而三岐,自七尺许。品分之,肤白如雪,柔泽如凝脂。指揞之,液辄津津出,香气可挹。相传黄帝时,有三女俱得道。一夕逝,合葬其下。明年松生焉。即未必实然,然亦奇矣。出密县而西,上下冈阜,嵩山青翠,英英来逼人。而逦迤南一孤峰,岿然独秀。问其名,曰御寨也。余视御寨,若嵩山首耳。即至嵩,乃知远数十里,为少室,派不相蒙矣。羽士以乐来迎。至别室改服,谒中岳庙,祀之。庙当黄盖峰东麓。即汉武登礼时,见有黄云起如盖,故以名。登封弟子员肃然在列。余讶其远来,触吾禁。而有司者以观礼告,遂不复问。礼成,谢去诸生徒。遍视碑碣。唐仅二,宋金元独多。东下稍偏为神库,守以四铁人。像亦奇丑,然不免杂夷意。盖金元人所铸也。神安得有私藏?即有之,亦何烦此四介士?为之一笑。又出二戟门,为天中阁。其制闳敞钜丽,眺览无际。阁下一偃松,根迸起出地外,干去地不盈尺,藉别木支撑之。而枝叶苍茂,与植者无以异。其为汉唐间物,不问可知矣。东南望,有周公观星、测景台,许由弃瓢岩,以多涧谷,不欲往。会日莫,止登封宿。平旦,北出城,诣嵩阳宫。宫当嵩山之阳,翠屏如带。唐玄宗炼药于此。有李林甫穿碑颂之。字为八分书,颇足观。而世以其人故,不甚传。碑之傍三钜柏,汉武帝所封三将军也。大者在中央,七人围。次居南,围六人。又次居北,围亦可四人。纹理纽拗,绝不类近代树。因念帝以求葡萄、善马,不难贰师将军封广利,何如此柏为不朽哉?宫名数更易,旋亦废。嘉靖初,有知县侯泰者,饬为嵩阳书院。肖二程像于其中,不识何以竟澌灭,今祇颓垣耳。其东有启母石,方广数丈，谓为启母所化，启从此中出也。殊怪诞不足信。事在《淮南子》。孙尚书原贞著为文辨之。循嵩阳，西走少林道。道傍浮屠以十数，制特伟。迫而视之，有称特进光禄大夫、大司徒者。叹元人重僧至若此。乃知山之㘭，会善寺在焉。披莱折而入其中。唐碑一，宋元遗迹独多。泉自山巅来灌寺中。至山门汇为池，绝不欲出门外。即雨甚，亦不溢也。是殆不可解。寺刻元人布袋和尚像，并有赞，俱雅驯。惜其石断而为三。余命山僧砌合之。又西，为戒坛寺。寺已废，其基址不甚阔，而石人、石础、石梁、石级，皆曲尽工巧，与余所见大内中辽后梳妆台基，无以异。门房不能蔽风雨。下贮元学士李溥光茶榜，文甚丽，字画亦古健，有晋人风。读罢而去。

下峻坂，走夹涧十余里。苍翠岹㠗，应接不得暇。顾见碧琉璃，色象殊异，高与山齐。从者曰："此毗卢阁也，少林近矣。"纵辔而前，林益密。林之中忽出箫鼓，则寺僧业已导余行。入禅林，列柏如戟。东偏僧舍间，蔽阴数亩，无异盛夏者，秦时槐也。叶不能不凋，然独后于诸树，气王故耳。登大雄殿礼佛。佛像庄严，其殿亦壮固坚质。佛前供垆文古而细，必宋以前器，本朝无此。殿后为堂。殿方丈者四，每登辄高数十尺。最后为道间所见毗卢阁，慈圣宣文皇太后建以贮藏经。凿山为基，其制闳旷无与比。董其事者，一中贵人，出而肃余，礼甚备。欲请从余游，许之。于是周览碑刻，林林四出，目不及瞬。余命主僧指唐宋碑示我。其所知，仅则天诗与唐宋二三文赋耳。余自偶辨五七通，为唐刻，主僧不能知也。

少室山壁

西出，走五乳峰下，求初祖庵。曲涧盘旋，步武多石磴，而树根参差，出若虬龙然。盖三里许，始至庵。庵凡三重，最后塑达摩像。其前一立石，可二尺，则面壁时所映影也。庵前五柏树，其一六祖所手植。端伟畅茂，截然参天。其三苍藤缘之，度春夏间盛长，必有异。山中人谓为"少室三花"者，非是，盖不得其说而为之辞耳。下庵，至甘露台，树亦异。遥望钵盂峰头，二祖庵如在天际矣。余问道所从上。中贵人色怖，不能往，谢别去。余独欣然往登之。崖磴绝险，过一峭壁下，势如削成。僧谓此子晋峰也。而前僧乐忽作，若子晋吹笙迓我者，为之解颐。是时峰头多坠叶，高下不可辨。扪萝拾级而上。久之始至。庵负阳抱阴。台上下有井四，比比相向。汲之，为啜数口。盖少室苦无水，尽为跋陀叱而西。而是峰有之，良足异已。上庵门楼，望炼魔台。道不甚隔远，然峭峻不可近。僧谓游人鲜至二祖庵，及至炼魔台者益少。余笑而去，须臾陟其上。诸峰尽低，太室当前，亦似不敌也。振衣四顾，见西北平衍，云树蓊翳，有白如练者，若灭若没。僧谓此黄河之流。其西两细线，伊与洛耳。往午霁时，见之甚分明，不似此。余甚叹不得际此霁，而又幸不为僧所愚。观亦奇矣。既下庵，日已薄崦嵫。却望兹峰，上广下锐，乃其中又特污。世以钵盂名之者近似。还少林，返照在壁，枫树远近相映带，目光欲眩。因忆沈佺期"绀园澄夕霁"之句，有味也。中贵人邀饭余，余不能拒。与谈禅，颇亦能解肤间语。漏下而别，不欲遂就寝，坐待月挂殿角间，乃入寐。迟明启行，僧以余独未观转轮藏也，复止往观之。伏数人于下，藏为一回。余指问僧："此将法华转，抑将转法华？"僧不能答。是法华转耳，不告而去，就肩舆。复过御寨，望所谓天门，则一壁如削，飞鸟不度，是宜古今人不能至矣。然时时回首，顾不能释也。

周子曰:余既游嵩山少林寺,已慊夙愿,而尤以卢岩未至为憾。卢岩者,唐隐士卢鸿潜修处也。泉从山巅飞瀑流,景绝胜。盖在登封东二十里。余自密县来过其岩,道甚近,顾无有知之者。至少林,始访求,远矣。岂天不欲穷吾观也,而留以待异日耶?

[作者作品]

周梦旸,明代官员,曾任提学副使。撰有《水部备考》。明万历十八年(1590年),撰《嵩山游记》。

游嵩山少林记

明　金忠士

自古称壮游者,必曰五岳名山。昔向子平慨然有志,而不能滞留于嫁娶之未毕也。彼草莽之臣,尚且难之,刓冕而组者,位有专守,政有专营,其于游也不益难乎?今天下仕而兼游,则惟二三台臣。岁奉天子明命,巡行天下。治无定所,凡域内名山大川,莫不有车轮马迹焉。予承乏台班数载,初按贵竹古牂牁夜郎境也,山水奇特,不减诸夏。以荒徼弗列于《禹贡》职方。流寓既鲜,其土人复质朴不解品题,闻于世者何泯泯乎?再按两浙,为天下首藩。予所经山,如天目、会稽、四明、雁荡类,水如钱塘、震泽、富春、苕溪类,为名人韵士铺张扬诩,不啻若方丈瀛洲,信称佳丽。然祀典所列五岳、四渎,浙不得一焉。则亦非宇内之大观矣。浙役竣,乃有中州之命。中州为古帝王畿甸,是天地阴阳之会,四时风雨之交也。颇慰夙念,欣然戒行。戊申仲春,入大梁。大梁虽省会,仅倚河为固,无他山水之观。藩臬大僚每每道嵩山之胜,时引领西望,见二室诸峰,隐然插汉,若灭若没,即《诗》所咏"峻极于天,维岳降神"者也。未几,当按部众谓,故事宜自河北始。乃从廪延渡河,驻共城者久之。沿卫涉淇,历邺下,抵覃怀,望济渎,每于舆中见所谓韩陵、隆虑、苏门、王屋诸山,领之而已。意则常在嵩高也。六月上弦次日,复从盟津渡河而南,入于洛,乃成周定鼎之地,所命为天下中者。前瞻伊阙,后眺北邙,伊、洛、瀍、涧,映带左右。问封人以云台、铜驼、金谷诸古迹,则已化为荆榛瓦砾之场,仅存其名耳。为之一慨。十余日,公事少间。守者白中岳在登封境内,故事宜谒祭。乃豫檄登封令,具祝帛粢盛以待。下弦次日,驱车渡伊水而东,过缑氏宿辕。庚辰昧爽,呼栉沐东行。

少林寺塔林

时天雨新霁,冯轼望见半空晴云欲堕,远近峰岫次第出没眉睫间,意甚快之。二十里至崿岭口。石道盘回险峻,乃二室中分处也。本一岭,为唐高宗凿辇路,两壁对峙,如车厢状。东南行八里,至少林寺。寺在少室山北麓,五乳峰之阳。太和中,后魏孝文为胡僧跋陀创建者。抵方丈暂憩。分守廖少参君如龙，以陪巡同至来谒。寻郡倅姚九万、司理杨体仁、登封令傅梅，皆次第入见。出乃稍饭。饭已，住持僧捧茗来供。略啜之起。由方丈后登立雪亭。昔僧慧可侍达摩，雪深至膝不去，卒嗣其法。又后为毗卢阁，乃故伊王别殿材移于此。极壮丽，倚峰趾而寺穷。复转从法堂前行。视碑刻林立。一碑载，唐太宗为秦王时遗寺僧书，约起兵擒王世充。后僧中立功者十三人，惟昙宗拜大将军，余赐柏谷庄地四十顷。此足补《唐书》之阙。至今寺僧以武勇闻，从来远矣。转西廊百步，为甘露台。昔跋陀于此翻经，天降甘露，故名。西北穿林麓，三里至初祖庵。松柏甚奇古。又西北一团殿，门外石刻"达摩面壁之庵"六大字，为宋蔡卞书。又傍一碑赞十六字，为黄庭坚书。室中塑达摩像。案庋一石，高二尺，广尺许，石理肖达摩像。相传九年面壁时，精诚所通，影人石不灭。然石体绝不类山上者，殊可疑也。舆旋，僧引至经阁后秦槐处。其高十丈，围三十尺。文潞公少林诗有"五品封槐"句，不知何所考。午刻，少参君招饮溪南方丈中。观群僧角艺，尽酒十巡乃起。引辔东行约十五里，舍官路，寻小径而北，远望山根会善、法王诸寺，密树森森，不暇往。直趋嵩阳宫，观汉封三柏。大者围三丈五尺，次者三丈，又次者二丈。根干扶疏，疑三代时物。夫汉武雄材，鞭笞四夷。读太史公《卫霍传》，谓有天幸不至乏绝而已。今其人与骨俱朽，独三柏得称将军，巍然独存，良足叹也。傍有丰碑，为李林甫《圣德感应颂》。奸臣谀词，何不划去？再觅韩退之题名、欧阳永叔跋，竟无所得耳。予仰瞻嵩顶，诸峰高出无际。夕阳掩映，苍翠之色可掬。傍眺少室，益复崔峨崒嵂，若与太室竞爽者，真奇观也。东望承天、崇福二宫，皆荒废，不欲往。

遂入城，抵公署少憩。县令入白，岳庙俎豆毕备，请祭期。又白，城东南有所谓卢岩、石淙、箕山、颖水诸古迹，咸请揽辔一往。予皆面却之，谕令代省牲明发修祀。事毕，即南趋汝上。令唯唯而出。是夜，天忽阴云密布，三更而雨作。鸡既鸣，犹霏霏不已。予乃传谕呼，盖辛巳平明，冒雨以往。出东门抵庙，雨少止。礼成在霁。少参君招饮天中阁。予谢之，赴弭节堂更衣。令呈送宋王曾、陈知微等碑文。不遑览，仓卒遂起。仅从褰帷中，遥瞻黄盖峰之状。其庙制重门隆宇，碑碣如堵，松桧如云，亦未得从容历览。至若汉武帝遇青童、获玉人、闻呼万岁，与浮丘、子晋诸仙迹，亦于图志中寻阅而已，弗得一一就其地质也。由旧路复入城，饭移时，即发出西门。日始高舂矣。渡小河，山水流颇急。改肩舆南行。是岁登封旱独苦，自春正月不雨。至于夏六月，麦既槁，四野尚无青苗。父老纷纷伏泣道傍，控告蠲赈。予即为下藩司议之：夫山行本属乐事，连日之游畅矣。观兹菜色槛褛之众，黯然生悲。王勃云"识盈虚之有数"真名言也。五十里出邑境。回望兹山，愈远愈峻。乃知诗人"于天"之咏，良非欺我。

《白虎通》云："中央之岳，独加高字者何？中央居四方之中，可高故也。"噫，予三奉简书，去国门几万里，足迹且半天下，于五岳今始游其一。又驰驱王事，以一日而欲尽六十诸峰之观，何异尝一脔于九鼎，游信难矣。然得游五岳之中而高者，其他四岳俱可圆通，即谓之遍游五岳可也。是为记。

[作者作品]

金忠士（1556～1618年），明代官吏。字元卿，一字葵之，号丽阳，宿松城关人。幼聪颖，家贫而不辍学，明万历十九年（1591年），一跃举于乡，深为临川章伯玉所器重。次年入京应试，登进士，授江西乐平县令。金忠士初任有声，民歌德政，官历江西乐平县令、监察御史、按察司副使、右佥都御史（巡抚延绥）。著有《历任奏议》《西征记》《旭山集》存世。

《游嵩山少林记》约作于万历三十六年（1608年）。

龙门山观石像

明 公鼐

阙塞当伊水,谁开选佛场。坤舆基橐籥,循甲辟收藏。融结真源秀,苞符瑞应长。中分龙擘划,两翼凤翱翔。偃盖穹窿起,连箕曲折张。巨灵双掌奋,独力五丁强。洛汭难为苑,神都雁作堂。旁罗包大壑,凭藉倚崇冈。迹肇雍门外,灯传少室旁。刬峰凿栋宇,穿巘架岩廊。创造从元魏,增修迄盛唐。琢磨如砥砺,莹润比珩璜。缩朒旋螺壳,绵联贴蜜房。丹梯承画拱,碧嶂接雕梁。悬度弘慈荫,凭虚竖宝坊。巍峨罗藻井,嵓岈带华珰。丈六金身具,大千沙数量。棘端施刻削,芥子纳针芒。宋玉形容巧,吴毫肖貌良。神通亿万化,好种八千彰。一一妍媸辨,三三前后行。威神标建立,童子婉清扬。表里形俱满,忧欢意总忘。月容永寂灭,狮吼意含章。象数弥寰宇,蜂歌应羽商。时瞻绀色象,长放白毫光。圆镜恒澄澈,空华任杳茫。云台犹脱略,烟阁逊颛顼。兵燹纷河已,沧桑变不常。郁攸多酷烈,泽

公 鼐

洞几怀襄。鬼国多贤劫,风轮转法王。毗耶还磊落,舍利陷汪洋。魑魅披猖域,狐狸出没乡。袈裟成缕裂,丹雘失辉煌。剥蚀增皴皱?,陵彝走跛羊。妆涂虚点染,布施枉张皇。女主真妖孽,胡僧信虎狼。岂能资冥福,祇足益昏狂。国计倾蛮輓,民穷动昊苍。山灵原翊卫,福地本荣昌。梦树应常住,还林定未亡。古今劳鉴戒,来往向趋跄。玉节经名刹,锋车到尚方。驱驰兼夙夜,临眺饱星霜。海自浮沤见,花仍优钵芳。皈依思印证,回向爱清凉。八部俄周遍,三生待审详。风幡疑幻妄,霄驾动彷徨。佳相非功德,成陈益感伤。薄游同露电,馀恨付嵩邙。潦尽寒潭洁,原高落照黄。驱车出净域,檐日满林香。

[作者作品]

公鼐(1558~1626年),明代著名文学家、诗人。字孝与,号周庭,今山东蒙阴人。万历二十九年地(1601年)进士,万历前期"山左三大家"之一。官至礼部右侍郎兼翰林院侍读学士、协理詹事府詹事、两朝实录副总裁、赠礼部尚书。他提出"齐风"的诗歌主张,与于慎行、冯琦时称"万历前期山左三大家",在晚明诗坛占有重要的地位,三人一起标举"齐风",共同推动了万历前期山左诗坛的发展,以地域之风影响全国,成为晚明诗风走向的先导。史评"其为人刚正,时群小乱朝,鼐则多有列论同,指陈切至。"后因病而归故里。死后谥文介。公鼐所著的《问次斋稿》31卷,为明万历刻本,现藏于美国国会图书馆,国内版本的《问次斋集》则毁于战乱。

少林观僧比试歌

明 公鼐

震旦蕞林首嵩少,苾荔千馀尽英妙。战胜何年辟法门,虎旅从兹参象教?
我度轘辕适仲秋,晓憩招提到上头。倏忽绀园变芰舍,缁徒挺立如貔貅。
袒裼攘臂贾余勇,抗声鼓锐风雷动。蠚目斜视伏狙趋,距跃直前霜鹘速。
迅若奔波下崩洪,轻若秋篆随轻风。崖目高眭慑猛兽,伸爪奋翼腾游龙。
梭穿縠转相持久,穷猿臂接狡兔走。李阳得闻下老拳,世随取偿逞毒手。
复有戈剑光陆离,挥霍撞击纷飙驰。狮吼螺鸣屋瓦震,洞胸斫胫争毫厘。
专门练习传流古,凭轼观之意欲舞。自从武德迄当今,尔曹于国亦有补。
偶来初地听潮音,观兵何事在祇林?棒喝岂是夹山意,掌击宁观黄檗心?
彭泽载酒惬幽赏,崖桂高悟对潇森。一时佛谓散空华,庭音满院风泉响。

[作者作品]

作者公鼐简介见《龙门山观石像》。

[相关史料]

公鼐于中秋节游少林寺,在此观看了少林武僧的演武之后,为武僧宏大的演武场面,精湛的武技所吸引,于是奋笔写下歌颂少林武僧的这首七言古诗《少林观僧比武歌》。

游象极洞

明 傅梅

嵩山金壶峰下,大石逾亩,面开一洞,厥形正圆,俗名鸡卵。左右双井,可探而酌,天然之奇,非人力也。易以今名,实梦中得之。

谁剖鸿开太极,包涵元气郁萧森。疑经鬼斧中央劈,应遇仙下界临。穿自云根通地肺,划从石窦见天心。青萝密抱乔松老,碧草纷随曲径深。背倚孤峰惟鸟度,面开双井侍龙吟。玉浆穴古非难觅,丹灶烟寒尚可寻。引水便应通别涧,凭虚从此见长林。梦回还忆山灵语,归去生憎暝色侵。

[作者作品]

傅梅简介见李维桢的《〈嵩书〉序》。

嵩游记(系列篇)

明 袁宏道

[作者作品]

袁宏道(1568~1610年)明代文学家,字中郎,又字无学,号石公,又号六休。荆州公安(今属湖北公安)人。袁宏道在文学上反对"文必秦汉,诗必盛唐"的风气,提出"独抒性灵,不拘格套"的性灵说。与其兄袁宗道、弟袁中道并有才名,合称"公安三袁"。

明万历三十七年(1409年),袁宏道游览嵩山,撰写了以下几篇游记。

袁宏道

嵩游第一

度缑岭,越轘辕关,西南折入山坳,则少林寺也。少室截然横其前,诸山怀之,天然回合,如有尺度。京洛之间,古迹废尽,独此寺犹存典型。日者过东都,觅故宫遗址,了不可识。询李文叔所记名园,亦无有。而伊阙两崖,废像残碣,崩剥苔芜间,令人堕泪。此中差强人意,不复为此寂寂叹矣。樗道人曰:"今好事家所贵者,曰古、曰完、曰款识。山狩于虞,古也;雾窗云寮,飞布崖壑,完也;隋唐以来碑碣,森列庭中,款识也。"堂头僧曰:"道人欲置兹山于贯城市耶,请以一转语酬价矣。"樗道人曰:"有大力者负之而趋。"余大笑。堂头僧者,曹洞下儿孙,主斯院者也。从院东西穿诘曲磴道中,过甘露台,有古树,根如欹石,虚处如梁。已出寺,西折行,观初祖影石。石白古地墨绘,酷似应真像。老僧曰:"涧中自有此石。能为水、树、云、影。"余曰:"然。石以影重。达摩之重不以影,不以石,不以面壁,此中不须蛇足也。"已从庵后出,行三十余盘,得初祖洞。洞中石如波卷,不尽五乳峰者数丈。已下山,度南岭,十余里,得慧可觅心台。台形如盂倚翠壁。下临伊、洛,黄河苍莽,行绿烟中。已归院,遍历轩除庖湢,休于丈室。顾樗道人语曰:"是中有余衣屦迹焉。云树烟峦,若旧识者。余梦游兹山久矣。"晓起出门,童白分棚立。乞观手博。主者曰:"山中故事也。"试之,多绝技。欲登少室,无所得路,乃止。少室奇秀,迫视不可见,远乃得之。行修武道者,望若古钟,仰出诸山上。从汝来者,唯见千叶芙蓉,与天俱翠,摇曳云表而已。山四匝皆壁,群山翳其外。迫之,乃不见巅而见翳,游人多不愊。夫豪杰之偶于众也,凡才得肩而蔽之。及时地得远,肩蔽者与腐草俱尽,而天下始望之若飞仙,获其只字以为至宝。士患不特达耳。余数年前,走南阳道,见远翠干霄。土人曰:"九顶莲花寨也。"了不知所谓。及过崿岭,忽有举此名者,始知所见在五百里外也。少室之秀,特可知矣。

嵩游第二

出东关里许,有皂巾而敝蓝者,请曰:"由西华道耶。"余不解。及至岳祠,从垣之西窦人,不觉一笑。祠在黄盖峰下偏峰之左。东行数里得涧。寂无人声,芦风水响,环绕山砦。沿涧而北,得山足。涧与山曲折,如月半弓。渐高得寺,寺尽而岩,卢浩然旧居也。至今犹袭其姓。山至此忽两分,如人张左右臂。当胸腹处削壁千仞。根虚而却,如割大瓮之半。水从丫处出,初犹粘壁,雾雪纷飞。忽然坠空,千丝直下,激石为屑,散布一涧。时方下春,日与烟相薄,而瀑溅之风,复生态其间,正视不一色。去瀑十许步,巨石岌嶪。游人各踞一石,望瀑而饮。回风忽射,稀点洒面,起立欲避,而雨脚已斜卷去。朱非二曰:"少时读《天台赋》,知有瀑布。不知其奇丽如此。"问余,余曰:"三见之矣。见于五泄者如奔雷,其观伟。见于黄岩者如立玉,其观逸。若夫苍寒霏微,帘披绡曳,此为最幽矣。"登封令傅元鼎曰："尝夏月雨后经此飞涛。挂壁激石,倒立如柱,响震一山。"余曰："然。古人谓夏山如滴,冬山如睡。瀑亦有之。夏瀑如怒,冬瀑如喜。此正卢君喜时也。"壁石多奇,或为霞,或为绀,或为岚。而根下有石数丈,云峦洗出,其纹如刻画。涧中多白石,墨浪界之,与影石相似。独不能为人物耳!涧西有小洞,容数人。其下流峡中,石几、石凳、石板,遒妍不一,与碧潭相映,为山中绝景。

嵩游第三

道阳城废址,入会善寺。寺半圮,有泉冷然,及门而没。西去数十武为戒坛。颓栏败砌,皆镂隋唐佳句。人物山水,细入毫发。石柱上有唐宋题名,字极清。寺故魏孝文避暑宫也。唐以来,习毗尼者居之,遂有坛。古碑刻完好者,《菩萨戒经》,大历十三年协律郎高坚书。魏天平二年嵩阳寺碑,不著撰书姓氏。末云:"唐麟德元年九月庚申,从嵩阳观移来。"乃知嵩阳古梵刹也。门之右,有大历二年中书门下牒。其下勒代宗手敕二十四字,无一笔

卢崖瀑布

蚀者。碑阴勒《戒坛记》,汝州刺史陆长源撰,河南陆郢书,隶法遒逸。戒坛西南麦畦中,有开元十五年道安禅师碑,广平安儋撰兼书。末云:"建塔僧破灶。"损一字,盖神僧破灶堕也。塔已荒,不可识。而碑尚可拓。今人但知戒坛寺《茶榜》,可发一叹。山僧云:"古碑甚多,磨为时贵书且尽。"余自少林入嵩庙,阅碑如林。然耳目可及,或无他厄。数碑沉沦恐不免。聊载之以俟永叔、德甫耳。东过嵩阳宫,观汉三柏。大者七人围,皮如皱石,望之若山。干不甚修者,土掩其本也。今宫之石柱,犹存其一。掘三尺余,乃见础。古宫殿基,高常逾仞。柏之地视阶,不当高于基三尺耶。柏之得封也。必以伟,在汉已为故物。前此之积埃,又不知几许。余意非去土数丈,不能尽其修伟也。旧志谓,石上有韩文公题名、欧阳文忠公跋。遍觅无有。偶见石柱上有宋人书"崇宁三年三月十日,观退之题"。其半没土,具锸求之。左方得邢和叔题名。右方有云:"余与子由考试西洛进士毕,同游二室诸寺。最后过天封精思,观道子画,遂行。熙宁五年九月十日也。"其下不书款,又称子由不以氏,语气酷似大苏。是时,子由以忤安石,出为河南府推官。而子瞻《送杭州进士》诗序有云:"熙宁五年,钱塘之士贡于礼部者九人。十月乙酉,宴于中和堂。"公是年监试杭州,不应复至洛也。其人定佳士,当是西京教授王平甫辈耳。韩、欧书竟不见。退之题最简古,今载集中。郡邑志俱不收。韩集非僻书也。永叔跋见《集古录》,郡志有之。永叔先后凡数至。其一,与梅圣俞俱,即跋中所云"登峰顶,观龙潭石记"者也。其一,与谢希深诸人俱,有见神清洞一事。希深书云:"师鲁语怪,永叔、子聪歌俚调,几道吹洞箫,往往令人一笑绝倒。"至数百载,如见其眉目也。野史载,钱思公守西都,欧、谢同在幕下。一日自嵩山归,暮抵龙门香山。雪大集,忽烟霭中车马渡伊水,则思公遣厨传歌伎来到。因传语曰:"山行良佳,少留龙门赏雪,无遽归也。"宋人风韵乃尔。柏之右丰碑一,与太室争杰。其文不足言,书则徐浩八分体。字字生动欲飞。书家所云:"怒猊抉石,渴骥奔泉"不虚也。东过崇福宫,宫荒寂甚。即有宋诸贤所尝提举者。宫之左为启母石。石三丈余,旁裂小石。事载《淮南·鸿烈》,甚诞。而唐崔融《启母庙碑》云:

"汉臣之笔泉墨海,陈其令名;秦相之一字千金,叙其嘉应。"又引郭璞、李彤为证,则谓真有其事矣。石之前,叠石为门,其半已颓。右方有字,皆大篆。风雨蚀且尽。视元魏碑尤古。年号上隐隐一"光字",而"户曹史某"及"辛癸"之间,数字尚可识。

嵩游第四

古云:"华山如立,嵩山如卧。"二语胜画。非久烟云者,不解造是语也。然余谓华山如峨冠道士,振衣天末;嵩则眠龙而癯者也。登嵩之路凡数处。从万岁峰者为汉封故道。迂回二十余里,至中峰巅。下视诸峰,危石削壁。或悬或仄,态貌奇古。因忆谢绛与梅圣俞书,所谓玉女窗、捣衣石、八仙坛者,按图索之,去此当不远。然石上无片字。从者百许人,无一导引者,可恨也。山巅一颓室侧有古井,甚晶莹,旱岁不竭。前复有小峰,疑即古封禅坛。规制亦敞。余问道士:"此为峻极上院耶?"道士茫然。余笑曰:"若得刘伯寿为导,当无此苦矣。"稍东,为白鹤观故址。背负三峰,左右皆绝壁。大熊诸山屏其前。横者如案,拥者如髻,列者如眉。幽邃平远,太室之奥宅也。一松亭亭立,秀杰非常。观废已久,山中树大于腕者,动遭翦伐。而此松独存,殆有物护之。松下遗迹宛然。募童子,能得片碣者与百钱,得故瓦砾者数钱。一时隶卒散尽,披荆求之。得古瓦数片,皆琉璃,龙其首,唯碣不可得。欲过别峰,而暝色已迫。余谓元鼎曰:"松间得一亭,旁构小室。游者宿其上五日,始为不负此山也。"山之奥处不必论。其指名者,如韩公之龙潭、欧公之天门泉、范公之三醉石,皆不能以一日穷。今之游者,一宿少林,舆而过太室之前,至嵩庙天中阁倚栏一观,归而向人曰:"吾已尽嵩山矣。"是尚未观其肤也。东行里许,天昏黑,不可得旧道。从者曰:"从野猪坡下稍近,但险耳。"余笑曰:"嵩山无险!"乃杖策行崎崖中。约十五里至山足。是日晓出城,未至门百步许,见城外有白烟突起,以为爆烟也。顷之,忽化为环,大可数围,直入云际,不灭者久之。

嵩游第五

石淙非嵩也。系之嵩后者,水从东涧注,嵩之余也。晓起,见檐外丝雨,颇不快。倚轩瞻太室,翠色若滴,知非雨候也。驰而出东门,纤尘不起,翻以为乐。过箕山,望许由冢,云片鳞鳞如欲坏。至测景台,乃见日。折而东,倚涧行,山皆土阜,甚舒缓。将至石,半里许,渐闻水声。及至,一涧皆石,如稠林之笋,四顾不得寸肤。不知是石何时飞来。转眄之间,向之土阜何处徙去也。石错立波中,布置猥巧。四匝之山,宜高则为峰、为巘、为屏,若约吾目,使不外见其朴也。中央之山,宜平则为砥、为屿,若以供吾布席置酒之用也。石之大者可坐十许人。小者可分棚角饮,飞筹走觥,近可手揽,远可绳度也。当涧之冲,列三峰以拒水。水漱其根,如瓮如齿,斜飞正射,交注潭中,激以观其怒也。绕石皆深潭,幽冷如黛,以观其色也。至涧之下流,石忽自夹,两崖青壁削立,长可十余丈。水至此如匹练,所以蓄其浩瀚,逸其奔放也。石之丽在壁,水之丽在峡。踞中央者,眩于欹危,不敢迫视。则又为洞于崖之南,人穿洞腹,出至唇而拓,水之深碧、石之奇峭,可以坐而收也。涧上之山,高者不过二十仞,卑者数仞。水可以步计,石可以笏计。然其胜为箕颍之冠。其去太室也。二十里而遥。

游超化寺记

万历己酉辰日,出密城,观白松,酌于滴沥蓬之岩;南入超化寺,观溱洧发源处。溪流浩淼,所至皆泉,而金华泉最大,月牙次之。大竹蔽亩者十余家。竹之内为池,珠泉喷出,芦花如雪浪,深可半里,溪上皆稻田。寺在昔为胜概,今已废。背溪面山,左有古塔,石门上题名甚多,王晋卿诸人皆有题字。一碑没土中,见其首,知其为北朝制也。掘之,字尚可识,齐河清二年置。白玉像碑阴有维那昙鸾名,是尝学于流支者也。程伯子有诗,黄鲁直有题额,皆可拓。溪之上多石壁,亦有题名者。渡溪而西,僧塔甚多,塔碑仅存,皆唐宋间人。一塔八方,每方皆勒古名人诗,镂其句之景于石,堆叠起伏,其生公可中亭一面,尚完好,今之画苑不如也。东北行里许,至一潭,缥碧可爱,上有危壁,数鸳鸯浮其下,见人惊起。题其壁曰:"二郎洞",乃还。

同傅元鼎游中岳

清 高 出

卢氏去岁山五百里,往令多不至。予实慕嵩兼甚慕之鼎,特往游焉,遂与元鼎登其巅。
嵩高自上古,峻极造太清。嵾皋表天柱,欻吸绝生成。
三花发瑶检,露叶夹云茎。二室相横亘,揖让若弟兄。
决眼入三河,他山皆径径。登陟惬心期,招携兼友生。
平生五岳兴,兹也结初盟。主宾在不负,俱留千载名。
悠悠一世人,历览各含情。相对尽为客,偶尔感合并。
饱闻前朝事,万乘拥霓旌。秩祀隆百代,壮哉帝王程。
山川纪功德,星辰扬光精。牲壁久灭没,探策竟谁明。
后世绝省方,黎庶适无惊。礼乐贵通变,馨香惟利贞。
四月早颇甚,茂宰忧如醒。为君鼓薰风,一为解愠鸣。
神岭白日蔽,高阁丹霞平。渺渺怀古仙,登举鸿毛轻。
愿随浮丘伯,云中学吹笙。

高 出

[作者作品]

高出(1574~1655年)字孩之,海阳县徽村人。明万历二十六年(1598年)考中进士。历任曲周、卢氏两县知县及户部主事、郎中、江南布政使司参议、山西按察使、按察副使、辽东监军道等职。一生不畏权贵,廉洁奉公。卢氏县大饥,高出捐俸救灾,并上书请求赈济,救活饥民数万。任按察使期间,获悉恶豪王一民恃势横行,为害地方。他查明罪状,依法惩治。其子私收富商马华堂10幅唐寅画卷,高出得知后,当众送子入狱悔罪;自己免薪三个月,以示教子不严之过。高出常微服出访,体察民情。目睹贫富悬殊,慨然赋诗:"公余信步察民情,朱门筚户景不同,公孙陶陶居楼阁;农子茕茕栖窑洞。"曾试行改革租佃制,以减轻富户对佃民的盘剥,民受其益,敬献"德泽蓬门"颂匾。豪门贵族惧高出执法森严,唆使致仕名宦进京告状;权阉以"收买民心,图谋不轨"之诬词,陷害高出。天启帝降旨,命高出率军镇守辽阳。因军事失利,下狱12载,死于监牢。

游嵩山日记

明 徐霞客

余髫年蓄五岳志,而玄岳出五岳上,慕尤切。久拟历襄、郧,扣太华,由剑阁连云栈,为峨眉先导;而母老志移,不得不先事太和,犹属有方之游。第沿江溯流,旷日持久,不若陆行舟返,为时较速。乃陆行汝、邓间,路与陕、汴略相当,可以兼尽嵩、华,朝宗太岳。遂以癸亥(天启三年,公元1623年)仲春朔,决策从嵩岳道始。

凡十九日,抵河南郑州之黄宗店。

由店右登石坡,看圣僧池,清泉一涵潭,停碧山半。山下深涧交叠,涸无滴水。下坡行涧底,随香炉山曲折南行。山形三尖攒立如覆鼎,众山环之,秀色娟娟媚人。涧底乱石一壑,作紫玉色。两崖石壁宛转,色较缜润。想清流汪注时,喷珠泄黛,当更何也!

十里,登石佛岭。又五里,入密县界,望嵩山尚在六十里外。从岐路东南二十五里,过密县,抵天仙院。院祀天仙,黄帝之三女也。白松在祠后中庭,相传三女蜕骨其下。松大四人抱、一本三干,鼎耸霄汉,肤如凝脂,洁如傅粉,蟠枝虬曲,绿鬣舞风,昂然玉立半空,洵奇观也!周以石栏,一轩临北,轩中题咏绝盛。徘徊久之,下观滴水,涧至此忽下跌,一崖上覆,水滴历其下。还密,仍抵西门。三十五里,入登封界,曰耿店。南向为石淙道,遂税驾停宿,税通"脱"焉。

二十日 从小径南行二十五里,皆土冈乱垄。久之,得一溪。渡溪,南行冈脊中,下瞰则石淙在望矣。余入自大梁即开封之古称,平衍广漠,古称"陆海",地以得泉为难,泉以得石尤难。近嵩始睹蜿蜒众峰,于是北流有景、须诸溪,南流有颍水,然皆盘伏土碛中。独登封东南三十里为石淙,乃嵩山东谷之流,将下入于颍。一路陂陀屈曲,水皆行地中,到此忽逢怒石。石立崇冈山峡间,有当关扼险之势。水沁入胁下,从此水石融和,绮变万端。绕水之两崖,则为鹄立,为雁行;蹲中央者,则为饮兕,为卧虎。低则屿,高则台,愈高,则石之去水也愈远,乃又空其中而为窟,为洞。揆估计崖之隔,以寻八尺为寻尺计,竟水之过,以数丈计,水行其中,石峙于上,为态为色,为肤为骨,备极妍丽。不意黄茅白苇中,顿令人一洗尘目也!

登陇,西行十里,为告成镇,古告成县地。测景台在其北。西北行二十五里,为岳庙。入东华门时,日已下春日落时分,余心艳卢岩,即从庙东北循山行。越陂陀数重,十里,转而入山,得卢岩寺。寺外数武步,即有流铿然,下坠石峡中。两旁峡色,氤氲成霞。溯流造寺后,峡底蠹崖,环如半规即半圆,上覆下削。飞泉随空而下,舞绡曳练,霏微散满一谷,可当武彝之水帘。盖此中以得水为奇,而水复得石,石复能助水,不尼阻止水,又能令水飞行,则比武彝为尤胜也,徘徊其下,僧梵音以茶点饷,急返岳庙,已昏黑。

二十一日 晨,谒岳帝。出殿,东向太室绝顶。按嵩当天地之中,祀秩排列次序为五岳首,故称嵩高,与少室并峙,下多洞窟,故又名太室。两室相望如双眉,然少室嶙峋,而太室雄厉称尊,俨若负扆画斧之屏风。自翠微以上,连崖横亘,列者如屏,展者如旗,故更觉岩岩。崇封始自上古,汉武以嵩呼之异,特加祀邑。宋时逼近京畿,典礼大备。至今绝顶犹传铁梁桥、避暑寨之名。当盛之时,固想见矣。

太室东南一支,曰黄盖峰。峰下即岳庙,规制宏壮。庭中碑石矗立,皆宋、辽以来者。登岳正道,乃在万岁峰下,当太室正南。余昨趋卢岩时,先过东峰,道中见峰峦秀出,中裂如门,或指为金峰玉女沟,从此亦有路登顶,乃觅樵预期为导,今遂从此上。近秀出处,路渐折,避之,险绝不能径越也。北就土山,一缕仅容攀跻,约二十里,遂越东峰,已转出裂门之上。西度狭脊。望绝顶行,是日浓云如泼墨,余不为止。至是岚气即雾水气愈沉,稍开则下瞰绝壁重崖,如列削削玉,合则如行大海中。五里,抵天门。上下皆石崖重叠,路多积雪。导者指峻绝处为大铁梁桥。折而西,又三里,绕峰南下,得登高岩。凡岩幽者多不畅,畅者又少回藏映带之致。此岩上倚层崖,下临绝壑,洞门重峦拥护,左右环倚台嶂。初入,有洞岈然,洞壁斜透;穿行数武步,崖忽中断五尺,莫可着趾。导者故老樵,狷捷敏捷,狷如猿猴,侧身跃过对崖,取木二枝,横架为阁道。既度,则岩穹然上覆,中有乳泉、丹灶、石榻诸胜。从岩侧跻而上,更得一台,三面悬绝壑中。导者曰:"下可瞰登封,远及箕、颍。"时浓雾四塞,都无所见。出岩,转北二里,得白鹤观址。址在山坪,去险就夷,孤松挺立有旷致。又北上三里,始跻绝顶,有真武庙三楹。侧一井,甚莹,曰御井,宋真宗避暑所浚挖掘疏导也。

真武庙中。问下山道,导者曰:"正道从万岁峰抵麓二十里。若从西沟悬溜而下,可省其半,然路极险峻。"余色喜,谓嵩无奇,以无险耳。亟从之,遂策杖前。始犹依岩凌石,披丛条以降。既而从两石峡溜中直下,仰望夹崖逼天。先是峰顶雾滴如雨,至此渐开,景亦渐奇。然皆垂沟脱磴,无论不能行,且不能止。愈下,崖势愈壮,一峡穷,复转一峡。吾目不使旁瞬目不斜视,吾足不容求处息也。如是十里,始出峡,抵平地,得正道。过无极洞。西越岭,趋草莽中,五里,得法皇寺。寺有金莲花,为特产,他处所无。山雨忽来,遂借榻僧寮小屋。其东石峰夹峙,每月初生,正从峡中出,所称"嵩门待月"也,计余所下之峡,即在其上,今坐对之,只觉云气出没,安知身自此中来也。

二十二日 出山,东行五里,抵嵩阳宫废址。惟三将军柏郁然如山指柏树郁郁葱葱干大枝繁,汉所封也;大者围七人,中者五,小者三。柏之北,有室三楹,祠二程先生指程颐程颢。柏之西,

嵩阳书院将军柏

有旧殿石柱一,大半没于土,上多宋人题名,可辨者为范阳祖无择、上谷寇武仲及苏才翁数人而已。柏之西南,雄碑傲然,四面刻蛟螭一种龙甚精。右则为唐碑,裴迥撰文,徐浩八分书书法之一种也。又东二里,过崇福宫故址,又名万寿宫,为宋宰相提点处。又东为启母石,大如数间屋,侧有一平石如砥。又东八里,还返岳庙,看宋、元碑。

西八里,入登封县。西五里,从小径西北行。又五里,入会善寺,"茶榜"在其西小轩内,元刻也。后有一石碑仆墙下,为唐贞元《戒坛记》,汝州刺史陆长源撰,河南陆郢书。又西为戒坛废址,石上刻镂极精工,俱断委草砾。西南行五里,出大路,又十里,至郭店。折而西南,为少林道。五里,入寺,宿瑞

光上人房。

二十三日 云气俱尽。入正殿，礼佛毕，登南寨。南寨者，少室绝顶，高与太室等，而峰峦峭拔，负"九鼎莲花"之名。俯环其后者为乳峰，蜿蜒东接太室，其阴则少林寺在焉。寺甚整丽，庭中新旧碑森列成行，俱完善。夹墀台阶上之空地二松，高伟而整，如有尺度。少室横峙于前，仰不能见顶，游者如面墙而立，辄谓少室以远胜。余昨暮入寺，即问少室道，俱谓雪深道绝，必无往。凡登山以晴朗为佳。余登太室，云气弥漫，或以为仙灵见拒，不知此山魁梧，正须止露半面。若少室工于掩映，虽微云岂宜点浼？今则霁甚，适逢其会，乌可阻也！乃从寺南渡涧登山，六七里，得二祖庵。山至此忽截然土尽而石，石崖下坠成坑。坑半有泉，突石飞下，亦以"珠帘"名之。余策杖独前，愈下愈不得路，久之乃达，其岩雄拓不如卢岩，而深峭过之。岩下深潭泓碧，僵雪四积。再上，至炼丹台。三面孤悬，斜倚翠壁，有亭曰小有天，探幽之屐指足迹，从未有抵此者。过此皆从石脊仰攀直跻，两旁危崖万仞，石脊悬其间，殆无寸土，手与足代匮而后得升以手足来代替登山设备的缺乏而爬上山。凡七里，始跻大峰。峰势宽衍，向之危石，又截然忽尽为土。从草棘中莽莽南上，约五里，遂凌南寨顶，屏翳遮蔽之土始尽。南寨实少室北顶，自少林言之，为南寨去。盖其顶中裂，横界南北，北顶若展屏，南顶列戟峙其前，相去仅寻丈，中为深崖，直下如剖。两崖夹中，坑底特起一峰，高出诸峰上，所谓摘星台也，为少室中央。绝顶与北崖离倚，彼此斩绝不可度。俯瞩其下，一丝相属。余解衣从之，登其上，则南顶之九峰森立于前，北顶之半壁横障于后，东西皆深坑，俯不见底，罡高空之强风风乍至，几假翰凭借红色的羽毛飞去。

从南寨东北转，下土山，忽见虎迹虎的足印大如升。草莽中行五六里，得茅庵，击石炊所携米为粥，啜三四碗，饥渴霍然去。倩庵僧为引龙潭道。下一峰，峰脊渐窄，土石间出，棘蔓翳之，悬枝以行，忽石削万丈，势不可度。转而上跻，望峰势蜿蜒处趋下，而石削复如前。往复不啻数里，乃迂过一坳，又五里而道出，则龙潭沟也。仰望前迷路处，危崖欹石俱在万仞峭壁上。流泉喷薄其中，崖石之阴森崭巉山高状者，俱散成霞绮。峡夹涧转，两崖静室如蜂房燕垒。凡五里，一龙潭沉涵疑碧，深不可规测量以丈。又经二龙潭，遂出峡，宿少林寺。

二十四日 从寺西北行，过甘露台，又过初祖庵。北四里，上五乳峰，探初祖洞。洞深二丈，阔杀之即宽度不及深度，达摩九年面壁处也。洞门下临寺，面对少室。地无泉，故无栖者。下至初祖庵，庵中供达摩影石。石高不及三尺，白质黑章，俨然胡僧立像。中殿六祖手植柏，大已三人围，碑言自广东置钵中携至者。夹墀二松亚少林。少林松柏俱修伟，不似岳庙偃仆盘曲，此松亦然。下至甘露台，土阜蓦起，上有藏经殿。下台历殿三重，碑碣散布，目不暇接。后为千佛殿，雄丽罕匹。出饭瑞光上人舍。策骑趋登封道，过轩辕岭，宿大屯。

二十五日 西南行五十里，山冈忽断，即伊阙也，伊水南来经其下，深可浮数石舟。伊阙连冈，东西横亘，水上编木桥之。渡而西，崖更危耸。一山皆劈为崖，满崖镌佛其上。大洞数十，高皆数十丈。大洞外峭崖直入山顶，顶俱刊小洞，洞俱刊佛其内。虽尺寸之肤，无不满者，望之不可数计此所记叙，即著名龙门石窟。洞左，泉自山流下，汇为方池，余泻入伊川。山高不及百丈，而清流淙淙不绝，为此地所难少见之景。伊阙摩肩接毂指接连不断非常繁盛，为楚、豫大道，西北历关、陕。余由此取西岳道去。

[作者作品]

徐霞客（1586～1641年），明代旅行家，地理学家，散文家。名弘祖，字振之，号霞客，江苏江阴人。他自21岁起出游。30余年间，东涉闽海，西登华山，北及燕晋，南抵云贵两广，游历了今日的江苏、浙江、山东、河北、山西、陕西、河南、安徽、江西、福建、广东、广西、湖南、湖北、贵州、云南等地。他在旅行中备尝艰险,遇盗被劫、绝粮乞食,均未挫其意志。观察所得,按日记载,死后由他人整理成《徐霞客游记》。他以目验的事实,修正了许多古代地志的延误之处,破除了若干迷信臆说。他从朴素的科学方法出发,阐明了地下水压力原理,得出河流流速与流程成反比的分析,观察到地形、气温、风速对植物生态的影响。特别是他实地勘查了100多个石灰岩溶洞,正确指出岩溶地貌的成因和特征。这一发现,早于欧洲人约两个世纪。他用日记体写的记游散文,运用了丰富的描绘手段,具有恒久的审美价值。

明天启三年(1623年)仲春,徐霞客从郑州到密县,再到登封,上嵩山,前后只用了五六天时间。所到之处,徐霞客所见所闻,都写在了他的《游嵩山日记》中。

[相关史料]

嵩山又称嵩岳、玄岳、中岳,为五岳之首。分太室山和少室山两大部分,以少林河为界,太室山如大屏风横亘在登封县北,少室山如一朵巨莲,耸峙在登封县西。古时称石洞为石室,该山有石洞,皆以石室相称,徐霞客的游记中也多用"石室"。嵩山被称为"文物之乡",东汉三阙(太室、少室、启母)。北魏时建的嵩岳寺塔等皆很有名,另有历代碑刻,庙宇多处。

徐霞客

该记从嵩山外围写起,尽显嵩山周围秀色,如香炉山之奇峰异水、天山院古松玉立等,并对山下水流溪径进行了描绘与分析,其文有此精彩铺垫,为进入嵩山之游而渲染了某种难得的气氛。

到了卢岩寺,即状其瀑布胜状,对山石交映成趣描写颇为成功,对太室绝顶的描写将游记引入到对嵩山最中心的考察,把太室山之雄厉展现得非常充分,其后对各山峰、洞窟、庙宇之方位,峡谷、流水之优劣一一作了记叙,最终以登少室为高潮,对少室之少林寺、珠帘飞泉、炼丹台等作了详尽的描绘,对其山势云状、寨舍林木极尽周详衍化。全文曲折有致,布局严谨,其语言的活泼生动也极为难得。

游云岩宫记

明　马士芳

朴丽子入云岩,见老翁歛膝端坐于岩内。须眉如雪,面奕奕有光,知非常人,趋前致敬。老翁曰:"子何来?"对曰:"游风后顶。"曰:"风后之游乐乎?"曰:"乐。""风后顶与云岩孰胜?风后顶高峻,云岩幽秀,各据其胜,未易轩轾。"老翁曰:"风后顶高而露足,大而无林,孤峙天表,而无所包含蕴育,此外状也。云岩在大壑中,远望,窈然无所见比至前。岭角一转,万家轩呈,恍惚变幻,惊目骇瞩。岩之中云气森然,嘘吸巅壁,酝酿霖泽。岩之外嶅岈怪石,如入武库,矛戟森森,深窟寒潭,蛟龙盘据。以时出没,感雷霆而神变化,又有苍松翠竹,奇花异草,禽鸟五色,飞鸣上下,斑斓成文,韵谐韶頀,此内状也。老夫爱之,故常居之。"徐又曰:"观子衣冠动止,岂业儒者乎?"对曰:"然。"曰:"既业儒,知儒之真乎?"曰:"小子寡昧,何足以知之。"老翁曰:"孔孟而后,真儒辈出,代不乏人。其失也,汉芜、唐浮、宋陋,祛此三者,可以知真儒矣。"朴丽子唯唯拜教。欲有所请,顾视老翁,目已瞑,遂退。

[作者作品]

马士芳,明代密县人。

[相关史料]

云岩宫,位于密县刘寨乡。清,雍正九年《河南通志·古迹下》:"云岩洞,在密县城东四十里,风后讲武处,洞中有黄帝、风后像及唐人独孤及八阵图碑。"

绥水随游记

清 田 颖

龙门之上,洛水之客,灵邱猪潭,五枝一歇。有人赶来,攒入巩穴。负山难行,地轴可接。直至绥溪,才见日月。浮戏、方山,乃为之宅。沸洞猖狂,转寺右侧。跋前踬后,逗留不得。下为助泉,道士一抉。取之不尽,用之不竭。称为灵感,众皆大悦。道士神通,卖弄仙诀。随之百步,踩成地脉。从南转来,四十五褶。石人脚下,海眼未塞。遇见洧水,叫我爹爹。一自寺后,北转如线。独行默默,狗泉再现。稳脚不住,暗至龙潭。龙崖之嘴,抛头露面。龙鼻之脑,珠挂成串。下寺之前,翻花舞练。到卧牛坪,转眼不见。偷下拐峪,坡前射雁。萧鱼之口,如饥如渴。望梅止之,亦自不觉。月牙范村,三家相托。负之而趋,方山东河。崖迴路转,寻伴问郭。胡地之头,超化之脚。遇见洧水,叫我哥哥。拥之而往,东与溱合。

[作者作品]

田颖,清朝密县人。

[相关史料]

绥水发源于新密市西北五指岭绥溪,沿登封、新密两市交界处的凤凰山南流,经登封市的土观、玉台折而东南,进入新密市牛店镇境,经月台、李湾、石匠窑、牛店、谭村湾、补子庙、张湾、打虎亭、夏庄河、城关镇的东瓦店,超化镇的湖地、龙潭,到河西注入洧水,全长34公里,河床宽100~300米,流域面积319平方公里。建有李湾水库和总长49公里的南北干渠,可灌溉土地1680公顷。

登嵩高

清 耿 介

余为诸生时,偕同人登嵩一次,屈指三十有六年矣。其间或浮沉仕宦,或因循疾病,追念昔游,恍如隔世。迩来结庐嵩麓,坐卧北窗,是对中峰,虽神情近在咫尺,而形胜远出天外,魂梦所至,未尝不在二十四峰间。客岁秋,王子明明府订游嵩之约,会值阴雨未果。乙丑初夏,天气融和,景物韶媚,乃选日载酒杖藜蹑屐,乘兴往游。循御路直上,石磴盘曲,林木深邃,历险逾岩,攀藤附葛,遇有幽胜即为流连。休茂树以凝神,倚危岩而观瀑。若乃声断哀猿,响闻杜鹃,玩物适情,触景会心,穷深极远,引人入胜。其将登也,千尺陡峡,万仞绝壑,战兢临深,跬步不敢离,戒惧乃知。造物无言,动举之际,莫非至教及其既登?纵目八荒,驰情四表,叹宇宙之寥廓,悟盈虚之无尽。天覆地载,终古如此,大道浩浩盖可知矣。已而日将薄暮,重阴四合,林峦含翠,川岳隐形,凡所灿陈都归收敛。客亦布席清坐,引觞徐酌,商确古今,讨论性命,至夜分始就寝。晨起。烟霭蔽空,一望乾坤,瀰瀰茫茫,杳无涯际,恍若置身天半,正不知自尘世视之以为何如。乃冒雨缘云,迤逦而下,十步之内但闻人语,不觉已至卢崖西岭,隐隐见黄盖峰,仆夫喜曰:"至矣,至矣。"是游也,一日之间而阴晴明晦,阖辟动静,阅历几遍天道人事。千变万化其理一而已矣,宁容得一毫固必耶。爰系以诗曰:

　　《禹贡》纪外方,峻极称维岳。填星位中土,厚重留浑朴。
　　结庐对山灵,有邻不寂寞。终是睹面貌,细意罕领略。
　　初夏天气和,践此登嵩约。石径逾嵚岑,敬慎防履错。
　　古木喜攀援,红泉分脉络。涧深窥无底,崖倾势欲落。
　　巉岏辟嵩门,混沌无斧凿。才过铁梁峡,参差见碧阁。
　　奋勇陟其巅,解衣共磅礴。指点辨黄流,翘首望京落。
　　乾坤自絪缊,宇宙何寥廓。呼吸帝座通,仿佛闻天乐。
　　须臾重阴布,泾濛蔽岩壑。时雨润万物,尘氛为洗濯。
　　夜久方静息,晨钟惺然觉。遵彼来时路,高下费斟酌。
　　移晷出谷口,此身欣有托。回看玉柱峰,白云纷漠漠。

[作者作品]

耿介简介见《辅仁会约》。

雪后从偃师至登封度少室山崿岭

清　陈维崧

已酉首春月十七,渡洛晓发杨林东。嶙峋负黍忽拔地,涌出菡萏攒苍穹。
我行弭节蹑绝顶,歊歔浩气蒸鸿濛。是时万山正积雪,冰崖铁繡光玲珑。
白踏中原莽浩浩,红抹旸谷光熊熊。恭闻嵩山压天下,五岳异株此当中。
百王燔瘗去昭报,列圣柴望彰尊崇。我生江表若培塿,何异斥鷃栖樊笼。
昨年驱车走燕赵,亦复羸马经山东。北恒东岱掉臂过,探奇未获登龙嵸。
惟此我更有夙契,岳灵忆昔叨骈幪。前朝熹庙岁乙丑,余祖六表孙得雄。
含饴摩弄感视贶,嘉名肇锡去维崧。此行讵料陟山麓,礼合膜拜酬神功。
何为过庙不敢人?尔与童殁将无同。呜呼此亦人有故,贫贱自恨无终劳。
短衣敝骭泥没踝,见此转使山灵痛。依人奔走觅衣食,似尔岂得夸桑蓬。
挥鞭掩面凌绝后,矫若鸷鸟搏天风。趁入山势似相捕,遮莫失脚愁虚空。

[作者作品]

陈维崧(1625～1682年),清代词人、骈文作家。字其年,号迦陵。宜兴(今属江苏)人。清初诸生,康熙十八年(1679年),举博学鸿词,授翰林院检讨,54岁时参与修纂《明史》,4年后卒于任所。现存《湖海楼词》尚有1600多首。风格豪迈奔放,接近宋代的苏、辛派。

[相关史料]

崿岭,一名轘辕山。位于巩、登、偃交界一带,在嵩山的太室之西,少室之北,中分界也。从巩义鲁庄西南入境向东十里接山,境内峰高海拔520米。其势陡峻,山道盘旋,将去复还,谓之"十八盘"。因状似轘辕而名轘辕山,上有轘辕关,为汉置八关之一。《淮南子》所载,禹治洪水,通轘辕山,化为熊,即在此地。《管子·地图篇》云:"轘辕之险。"房玄龄注:谓路形若辕,而又轘曲,缑氏东南轘辕道是也。古为东都洛阳通往东南的关隘要道,今有偃登公路通过,山南有著名古刹少林寺。

蜀道驿程记

清 王士祯

王士祯

初六日,晨发禹州,暮抵新郑。县城北五十里,过周世宗陵,三十里过裴晋公墓,里许涉洧水。《经》云:"洧水出密县西南马岭山,又东过郑县南。"注:洧水自郑城西北入,而东南流迳郑城南,其上即子产乘舆济人处。县,故轩辕有熊氏国,郑灭郐,徙居此,曰新郑。郑君乙二十一年,韩哀侯灭郑,复徙居之。所云郐居阳郑之间,食溱洧焉。溱水亦出密县,东南流至新郑城西北与洧合。班志云:"洧水东南至长平入颍,行五百里。县为高文襄拱故里,宋名臣王沂公、鲁简肃公、欧阳文忠公、吕正献公,皆葬于此。"盖颍川在宋时为近畿,卿相多赐葬地。他如范蜀公葬襄城,杨文公、蔡文忠公、晏元献公、宋元献公兄弟皆葬禹州,不归葬也。

[作者作品]

王士祯(1634~1711年),清代著名诗人。字贻上,号阮亭,别号渔洋山人,故又名王渔洋。山东桓台县新城人。清顺治十二年(1655年)进士,历官扬州推官、刑部尚书。曾游历嵩洛。论诗创"神韵说",多写日常琐事,个人情怀,吟风弄月,状水绘山,装点太平。著有《带经堂集》,有自选《渔洋山人精华录》、笔记《居易录》《池北偶谈》。《蜀道驿程记》有记载。王士祯有三个名字:生前叫王士禛,死后改叫王士正;乾隆皇帝欣赏他的作品,又命改为王士祯。

嵩游(二篇)

清 田雯

[作者作品]

田雯(1635~1704年),清康熙朝名臣,诗人。字纶霞,又字子纶(一作紫纶),号山姜,又号漪亭,晚号蒙斋,山东德州人。清朝康熙三年(1664年)进士,曾督学江南,督粮湖北,后升江南、贵州巡抚,官至刑部户部侍郎。田雯一生为官清廉,颇有政绩,深得康熙帝赏识信赖。且力崇古学,能诗善文。其诗以"奇丽"著称,散文风格与竟陵钟、谭颇近。著有《古欢堂集》。

一、游太室记

神祠，在黄盖峰下，登封县东八里。祠门三重，古柏几百株。三门之内，四岳神祠，分列左右。东有降神殿，绘"生甫及申"像于壁，剥落已半。西为御香亭，历代以来，封禅记功德地也。谒岳神殿祀事毕，下西阶，古柏鳞次，桀石丛峙。石上遍刊祝釐辞，祠姓氏。周览移晷，回登天中阁少憩。

理策至山麓，仰视一峰入云，石色青绀如画，岚流雾垂，上合下竦，是为万岁峰。其麓为入川所必经也。篮舆行十里至中峰。昔人云：嵩山如卧眠龙而癯，望之浑成秀拔，若不知有嵚崎参差之势者。及涉中峰之巅，群峰争出，若攒图之托霄上，烟云吞吐，日月蔽亏，林木翁郁，鸟兽游鸣，阴晴变态。二十四峰环列于中峰左右上下，不可名状。如谢绛所称玉女窗、捣衣石，但略括一二矣。

东五里许为卢崖，崖有卢鸿一宅，今为寺。两山忽张，匹练下垂，微飙风之则左右动，奔涧荡壑，众山皆响，为嵩山佳处。昔鸿一隐此，作《十志》以自豪，抱微尚、鸣高蹈已耳。而来游者莫不凭襟怡情，因以思慕于其人矣。东有白鹤观，背负三峰，大小熊山屏其前，为嵩高之奥宅。三峰多石室，远眺一室，豁达洞开，与他室异。或即谡觞室也。南七里径崇福宫投洞龙，力疲思返。

登嵩

余以半人疾，未及跻嵩之绝顶也。然眺洛河，瞻伊阙，顾以历历目中矣。桑钦《水经》曰："昆仑之墟，去嵩高五万里，地之中也，嵩山绝顶，直上可接。"吾欲御风而行，探昆仑之墟矣。又三里抵嵩阳观，有柏二株，大可十人围，闻在汉已为巨木，殆殷周时物。柏之奇，若雏松之新绿，香泽凝脂，翠滴人衣。坐其下，如张帷幕，谡谡风鸣，如闻丝竹声。旁有石幢，上勒唐宋人题名，有似杂采帖也。嵩阳观碑，顸赑丰硕，在观门之西，徐浩八分书，遒古可爱。邀饮至藏书楼下，日将昳，遂登车以归。

诘旦东行，路出箕山左，沿澺水下流，复探石漴之胜。磈砢崎岖，负险相望。百二十里过禹州，达襄城境。

康熙丙子二月雨辰记。

二、游少林寺记

丙子二月癸丑，渡黄河，达盟津境西南十五里，陟北邙山。山童无林木，峻坂上下，土衍石连。二十里为北邙之尾，蜿蜒势断，陇分溪平，洛河如线，萦带东注，乃汝邓之通津矣。南径偃师县，过唐卢陵王墓，石表犹存。远瞩崟崟，山势争高，步径裁疏，石道参差，是唐高宗幸少林寺所凿。缑氏吹笙祠，与轘辕关相望，行八里至少林寺，寺少室之北垂也。少室有五乳峰，飞乳五道，云与之平，委折五回，方可登蹑，俯视群山，积若蚁垤。寺在其麓，元魏孝文为西域僧陀跋建也。入寺层而上，憩后讲堂。又移坐甘露台立雪亭，一老僧牵拂相招，四周檐际，观秦松六祖手植柏，柯叶贞萎，蔽亏曦景。左右碑以百数，汉以前者,率漫漶不可读。自晋讫唐,完毁半焉。一碑刊唐太宗为秦王时讨王世充赐寺僧御扎,盖当时僧之立武功者十三人,惟昙宗授大将军,其余不欲官,赐紫罗袈裟各一袭,此可补唐书之阙矣。寺门南向面山,为少室之背。层崖刺天,横若列屏。崖下林茂泉清,风烟披薄,取畅山情,依回忘返。三十六峰,多在山之阳,李渤海隐庐存焉。往游者必岩栖之士,随樵唱扪茑葛以入。非然。空羡升猱莫侣飞鸟矣。寺前为水,导源钵盂峰下,过少溪桥东流,详载顾少连厨库记。行二十里,经石堂山紫云洞,为邢和璞读书处。又十里,溜相承,泉响不断,白云流于邃谷之下,红霞冒于丛柯之上,纵目遐瞩,思不周赏。晚抵登封县宿。

腊日踏雪少林

清　傅而师

三冬暄暖全无雪,半夜分飞又放晴。乱后几人寻古寺,兴来吾辈出孤城。渡头仿佛欵溪棹,鹤背飘飘子晋笙。簇簇圆沙镂虎迹,泠泠瀑水泻冰声。禅枝乳窦通明灭,山势茶烟识送迎。不有许询设问难,那知支遁语纵横。携琴懒杀嵇中散,呼酒狂魔阮步兵。星别上方骚客醉,诗联好句瓦鸡鸣。劫灰圻地僧无恙,老树号风鸟易惊。此夕烧灯侵白晓,他时结伴劚黄精。霜钟撞破浮生梦,空影高悬山月明。

[作者作品]

傅而师(1635~1661年),清朝著名修志家。字余不,又字左启,号霄嶂。文学家王鑨的女婿,嵩山登封人。明朝傅文后裔,傅作舟之子,其叔父傅作霖、傅作砺皆为进士。傅而师天资绝伦,自小读书过目不忘,8岁时就能"日诵万言,为文援笔立就。"民间有着"神童"之称。17岁中举,候选知县,曾任西安教谕,婚娶大书法家王铎的三弟王鑨之女为妻。傅而师博览群书,工诗赋,下笔千言立就。后来曾被推为中州诗文两坛盟主,因博学多识,天文地理、星相医卜等无不精通。因此被称为"天下才子傅而师"。两仕礼闱不第,郁郁卒,年仅27岁。葬于登封城南北旨村,其墓志铭现存中岳庙。

嵩山游记(二篇)

清　冉觐祖

[作者作品]

冉觐祖及嵩阳书院简介见《嵩阳书院考》。

一、游嵩阳书院记

余闻嵩阳书院之名旧矣,自顾尘俗对圣贤而滋愧,欲游辄止者数数也。戊辰九月既望,耿逸庵先生招予游,因景子东旸为导,而偕吴子天凝往游焉。

书院踞嵩山之阳,群峰在后,如张翠屏,去县治甚迩。出县北行,迤逦皆曲径,有土阜四面皆具,乃古阳城遗址也。近书院,溪水东南流,石子为水激,弥漫于涂。渐陟而高,见嵩阳书院额焉。门之右穹碑矻立,金光四映,门之内双柏盘曲云际,苍秀不可名状。予未及谛视,趋谒大成殿展拜至圣主前,施诣讲堂之左,肃揖二程朱子祠,过讲堂至藏书楼。少憩,徐周观廊庑,书楼之旁东西向者,三益、四勿两斋也。讲堂之右,并讲堂而南向者,诸贤祠也。大成殿之旁,左而南向者,辅仁居,右而南向者,丽泽堂也。大门内东西向者,敬义、博约两斋也。丽泽堂介两柏间,面其次,背其大也。柏中空,四旁如丛生而实一体,枯死参半,理赤而肤白。就而絜之,大者八人连臂仅能周,次亦周六人,所谓汉封将军者也。门屏间有树,高逾人肩,围二尺许者,紫薇也。观已,逸庵先生觞予藏书楼下。酒数行,摄衣而登,经史满架,擅牙签象轴之胜。回望山色,了了如在几案间,而县治佳气蟠空,屋宇鳞次,亦似不越咫尺也。生徒集楼下揖而退,循循雅饬,无异安定弟子,可以知逸庵重生之教矣。予乃危坐而有所思,良久,起而质诸逸庵先生,曰:"书院之制,非有所伤其以义起乎?前祀至圣,溯道源也。中建讲堂为会讲之地,而祀程朱于左,示理学之所宗也。大《易》云:'敬以直内,义以方外。'颜子云:'博我以文,约我以礼。'先儒尝摘为要语,信是入门第一义,故首揭门内也。丽泽者,致朋友讲习之乐;而辅仁又以示取友者之不专会文已也。由是相观,而善以明教也。而复以三益,见资之友者深。四勿,见持之身者始终无容弛也。"逸庵先生曰:"唯唯。是固吾所望于二三子也。"会日暮将归,裴回二柏之下,不忍去,忾然叹曰:

嵩阳秋色

"是二柏何其幸哉! 夫三将军之毁于火,人知其不幸矣!"予谓是二柏即不毁,而托处于烟岚草石之际,其为幽人韵士之所吟赏,亦暂耳,犹为不遇也。今则并植书院,日见端人正士雍容揖还于其侧,有时风过树间,清籁四起,与读书吾伊之声相为唱和。予知柏必为大雅者流化下庄之质而文以礼乐,无复以将军目之矣。复见柏耸而立,紫薇俯而侍,似有少长尊卑之序焉。逸庵先生曰:"紫薇亦百余年物,原自崖谷移来。"予闻之益喜先生之涵育无遗材也。既出,而群至初所望穿碑下,读其文,乃李林甫颂明皇丹成事。或曰其事,幻其文,谈其人奸邪,碑宜毁;或曰以徐浩八分书,有拓摹者,姑存之。予曰:"存之宜也,而不必以浩之书。"盖唐时此地为天封观,道士居之。今为书院,生徒云集,读书谈道其中,其相去奚啻霄壤。不读是碑,无以知此地之辱于昔而荣于今也,亦无以知肇造书院与兴复者之功超轶往古也。吴子天凝曰:"是宜记之,以志兹游之盛。"归而挑灯为之记。

二、游嵩顶记

己巳冬,予卜居嵩阳。礼山以庚午初春至,同就逸庵先生问伊洛宗旨。每从书院至叠石溪,行而吟,坐而论,于川上悟慎独,于鸢飞鱼跃得有事勿正之意。意固不徒在山水间也,然遥瞩中峰,亦不禁有旷然遐举。想锡三先生时以韵语相唱酬,莫逆于心,畅谈所及,嵩少六十峰罗列胸中,而实未尝履中峰也。会礼山将归，因共订游嵩约。

四月十三日，集予寓舍，并綮出东门，道经启母石左抵万岁峰下，仆夫舁兜随之。自御路而上，平乘险步，率相半也。盘回数里，有大石斜欹，水涓涓循石下，蹬道岘嶩不能舒足，仆夫竞趋水掬饮，而予四人亦荫林樾少息焉。询诸樵人，曰："此石梯也。"小僮投石，声砰訇，良久乃梯之上道益险。西折陟峻岭，有石坎二，或指为汉武卓旗处。予谓武皇仪仗当有之，而石坎恐不足以建高牙也。岭南陲古树数株，以拥肿不材得全，坐其下西望书院、叠石溪诸亭，历历在目。又数里，得平原，林木荟郁，炎暍顿捐。绿草绣地如茵，坐卧皆适。小树亭亭，花白而香，锡三曰："山查花也。"群就而玩之。移时，逸庵先生预戒僮仆为饮食具，拾枝而爇。食饮皆遍，叩原何名，无知者，但识其下为野猪坡云。于是乘而西北行，石涧光莹，深可万仞，惶然神悚不敢复下视。道旁石壁如削，奇巧作云烟状，长林傍道，亏蔽天日，画眉送好音从林际出，令人爱不能去。有泉仰出，施汲而烹。小僮折来花数种，香袭人裾，不可识。予题壁云："天光归涧细，石状学云奇。不辨何花草，风来香自披。"盖纪实也。北望两山缺处，林隙隐隐露天光，锡三指曰："铁梁峡也。"予曰："两山过峡是为峡，而铁梁何有哉？"逾峡多佳境，危石岩，洞穴幽邃，岂古之所称石者欤？西上，履高登崖之背，道北出西岐，蜿蜒渐下至崖口，有门焉，依石窦而开，穿窦，石泐巨甓，惴惴覆压是惧。小桥阔裁二尺，下临不测。抚槛扪石而度，丛竹菱黄，草舍欲颓，石洞阒寂，丹灶久废。乳泉在上洞，旱涸不能滴沥，仅有湿痕而已。室内有邢子愿大书"嵩阳一览"四字，横为几案，无珍惜之者。俯视承天宫、二郎观如咫尺，而崖谷陡峻，登降无路，纡折二十里而后至，真太室第一奥区也。崖至中峰，可三四里，樵牧不及，茂森丰草愈高而愈秀。中峰之巅，真武庙三楹甚隘，道士茶寮化为灰烬。庙后石洞北向，非斧凿所及，疑造物者与此山俱辟也。北百武有台，台下甃为洞，已半圮，上仅容数人，四顾群山崱屴，尽为此峰作儿孙矣。以少室之峭拔崒崒，亦似不足为钜观，乃知古人之尊太室非无见也。少室下五乳环抱，去树苍苍者为少林寺。北望邙山如丘陇，邙之阴，东西绵亘颢气接天者，黄河也。太行若隐若现，不知几百千里矣。卢店、唐庄诸村落，近在山足，烟霭簇簇。县治小如蔬圃，屋宇不辨，仅有庙庭琉璃光明时一闪灼耳。因叹九州之大，此峰巍然镇其中，阴阳之所会欤，太极之所涵欤，缅溯厥初，莫能究诘。逸庵先生命酒饮台上，以风起移山坳。行次玉井，漻然深碧，之甘寒。南登老翁峰，奇石壁立，扳树下窥，目为之眩，《志》云高五十丈者，犹不足尽也。仆人有欲践石者，逸庵先生辄止之。予曰："先生仁哉！登高临深其共戒之矣。"近西一峰，视法王、嵩岳两浮图，貌若插孤梃耳。夕阳已下，寒风切肌，遂不复西，而东峰甚近，亦罢不能登矣。归庙，各易衣呼酒，予以脾病辍饮，亦乘兴嚼一卮。月初出，微云暗暧，渐升则皎皎无纤翳，极目望远，白光漫空，恍若积水之溫瀁，故予得句云："皓月中天时极目，忽疑千顷水茫茫。"非亲历者不能知此况也。小僮击钟数杵，其声呿嘈动听，或曰："夜半得无惊帝座乎？"逸庵先生命环坐联句，期尽二烛。予曰："卧而联不少舒耶？"及就枕竟各鼾然寐矣。明发，予以二绝句偿诗逋，锡三、逸庵、礼山各有作。庙无可勒处，收之奚囊，礼

少室山绝顶

山援毫，题名庙碑之阴。仆夫有书俚语于壁者，为之哄然。而行路东下，岩岫改观，胜地随在而有，惜无人表出耳。迤逦至涧底，徐出蹑卢岩，上望而兴羡不可即。亭午方至寺，正殿已墟，伽蓝、天王二殿岿然存，阅数石，皆有人所竖，无唐迹矣。西岩下卢灏然旧洞，有遗像，僧髡像首，谓灏然舍宅为寺，身为僧也。予谓："灏然，贤者。玺书征谏议且不起，岂肯以舍宅出家，得罪名教哉？或其身后式微，缁流窥伺而得之，像之髡也，皆缁流之诞也。"顾僧无足语，姑置之，竟造瀑布石下。石大而凹，中层纹横发如犬、蛤之倚壁，上张下缩，水从上奔注，跳珠喷屑，不附于石，人立石根面前，自悬水晶帘矣。或对石而望，当如冰绡曳长空，此瀑布之胜，可意会者，惜旱涸不之见也。三石委地，石各一字，曰千、曰梯、曰晴，缺其一，亦无题识。僧指东皋为灏然，花台尚有紫薇遗种，岂"枕烟""幂翠"址欤？前过浅涧，下如砥平，白石黑理，锡三示予袁中郎题"墨浪石"字，不及谛视而去。至卢岩下寺，寺亦敝。转而西南，取道田间，穿岳庙遵大道而归，回望虎头、万岁诸峰，又复穹然高大矣。因悟学苟自画，即培亦为高，若不自足登一峰，而继之高者，失矣，更登一峰，而继之高者，又失矣。中峰之境要，不可不一至也。又因登山之竭蹶，归路之坦适，而知精进者上达，颓惰者下达，可作是观也。礼山曰："游之通于学也，如是夫。"既归，锡三以荷盏速礼山饮，其言曰："游而不困，且将为八分书盍来视之。"予谓其使曰："先生矜余勇乎。"礼山大笑。逸庵先生亦以扇联赠礼山。归，益叹服二先生之健，后游可重订哉。锡三者，邑明经焦钦宠也。逸庵者，太史耿介也。礼山，襄城李来章也。予，牟阳冉觐祖也。

游中岳记

清 潘耒

自昔说《禹贡》者，有三条四列之名，而唐僧一行，分天下山河为两戒，不及乎中。盖南北条皆连绵到海，而中条甚短，及豫而尽。譬之人身，正脉之结为心胸，不与手足同其修袤也。嵩岳在《禹贡》为外方，实中龙之少祖，于豫州山为最高，故称中岳。汉唐都洛阳，宋为陪京，视嵩如园囿间物，名人才士多至焉。南宋以还，则寥寥矣。

余夙有五岳之盟，既至大梁，锐意一游中岳。时方炎暑，人谓不便登陟，多尼之者，余弗显也。遂以辛巳六月四日，发汴城，过中牟郑州，南行至曲梁，见数峰横亘，是为具茨之山，黄帝所尝游也。将至密县，有天仙庙，云是帝女葬处。庙中有白松，一根三干，骈立参天。往时龙鳞雪肤，芬香洁白，诗人称为玉树，枯且二十年，枝条犹多奇状，神物或能复生，未宜伤残也。庙前有滴沥泉，出自覆崖。崖乃碎石攒簇而成，广裁寻丈，薄止尺许，四旁皆土，不知泉从何来。渗如雨点，成潭成涧，土人谓之滴水蓬，亦泉之变格也。过密县，则见嵩山尨茸苍翠，穹然造天，五十余里乃抵岳庙。庙在黄盖峰下，居山之正南，朱甍碧瓦，壮丽如王居。庙门步至殿可里许，樛松古柏，森列成行。历代告祭之碑，错置庭庑，披览不给。庙南百余步，有石阙，立自东汉时，刻字漫灭，可辨者数言而已。庙前有小市，中州人焚香瞻礼者，三四月间为盛。轰隐逊于东岳，然东人所媚者碧霞元君，不如礼中岳者，名正而言顺也。

自庙西行数里，至登封县。县令张紫书，问所须，答言惟须《嵩志》一部，山舆一乘。既得之，则议游径：先岳西，次岳东，后登嵩顶。明日出北郭三里许，过启母石。石侧立如削，山间常有之，启母化石之说绝谬悠，而汉唐人为之立阙立庙，若真有其事者，殊可笑也。去石百武为崇福宫。嵩山昔多道观，今自岳庙外，唯此宫尚存，然荒寂甚，黄冠无可与语者。

西过叠石溪，至嵩阳书院。院在魏为嵩阳寺，唐为嵩阳观，宋为天封宫，至明废尽。别有太室书院,建于周世宗时,宋朝常赐九经,亦久废。明嘉靖间,邑令乃即嵩阳宫址,建书院,寻复废。近时叶井叔为令,始修复之。耿逸庵先生,倡道嵩阳,增筑屋舍,以家财置膳田,集士之有志于学者,廪给而启迪之,处则身为之师,出则延名师董其事。规条一仿鹿洞,所造就良多。先生没而风规渐替,为感叹者久之。院中旧有汉封柏三木,一毁于火,一风折其半,惟一木尚完,下合上岐,六人围之不尽。挺立干霄,肤理如铁石,真先秦三代物也。柏旁石柱多唐宋人题名,韩退之所题则亡矣。唐天宝中感应颂碑,极高大。其事则炼还丹,其文则李林甫,以徐浩八分,故多摩拓者。以其年计之,丹成而禄山之兵作矣。

北去三里许,为法王寺。寺在嵩山中,最先建,最知名。今殿堂仅存,残僧四五人守之,古碑无一存者。去兹百武,有嵩岳寺。本魏离宫所改,极宏丽,今尤荒凉。访李北海碑,其亡久矣。

西去五里许,至会善寺,在唐时亦最盛,主法席者多载传灯,安国师珪禅师破灶堕,其尤著者也。今则浮石禅师之孙夫隐主之,济宗一灯孤悬于此,北僧不习参叩,未免法堂前草深一丈耳。寺中有魏嵩阳寺碑、唐戒坛碑、景贤禅师塔记、楷书梵纲经,戒坛前有道安禅师碑,皆绝佳。而殿前有佛祖宗派图,乃明天顺间所立,叙法系甚详,以龙潭信系于天王悟之下,记文乃洞中人所作,而盛会推济宗,则知昔人犹自平怀也。此寺既富古迹,又甚清幽,为停一宿。质明西北行十里许,距永泰寺甚近,以其尼寺也,止不往。

嵩山法王寺

又十里许,至少林寺。寺在少室北麓五乳峰之阳,宽闳幽邃,形胜天然,当跋陀造塔,慧光翻经,已著神异。自达摩南来,潜栖兹寺,竟得神光,以传心印,东土禅宗,肇兴于此。然诸祖之后,盛化他方,不居少林,灯录所载唐宋尊宿,主席少林者绝少。至元世祖时,雪庭裕公,奉诏来为住持,称开山第一代。其后人世居之。然法道不甚光显,其中兴洞宗者,在吴越间,于少林无预也。而少林住持,以衣紫赐礼,故号称宗主。自二十八代后,遂无继席者,殿宇亦倾颓且尽。近日越僧普润,以豫抚之力鼎新之,闳丽甲于一方。普润知余能为方外之文,请碑记其事,余诺之,为留三宿。山深屋广,盛暑竟日清凉。古柏二百余章,皆挺直端圆,无少侧媚态,庭除明净,月写其影,如荇藻纵横。菩提树不逢花时,而凌霄多托根柏旁,作花柏顶,殷红可爱。碑刻无虑二三百通,墙壁间触目皆是。秦王告、武后诗、裴潜碑等,人所常拓。余独搜得齐周碑二通,嵩阳石刻录中所不载,叶井叔最好古而遗之目前,信集古之难也。近日洞宗人,以意削去上世五代,云本之少林碑。余观诸碑所称代世,或多或少,或自洞山数之,或自雪庭数之,参差不一,莫可凭准。而祖堂中两壁所绘像,则丹霞淳等,五代具存,足征删削之谬矣。东庑有紧那罗王像,云示现元末,解红巾之难,寺僧习手搏者奉为祖师。然唐太宗破王世充时,已得昙宗等之助,则僧兵之来久矣。

初祖庵去寺二里许,云是达摩面壁处。壁间有李屏山庵记,真能发明祖意者,而嵩志削之,儒者之拘也。像旁一石,有纹如僧趺坐,俗谓初祖九年面壁,影透入石而成。余观此石,是水中石子,水波荡漾,久而成人物花鸟者甚多,此偶似僧耳,何足为异。且初祖所面者,墙壁之壁,非石壁也。况此尺许石子,并非石壁邪。

欲上二祖庵,登御砦,以道荒塞不可行而止,遂正登封。道出二室之间,舆行二十里。左瞻嵩西诸峰,雄峭摩天,右眺少室东峰,秀耸拔地,如从昆阆间行,十倍山阴道上矣。登嵩巅有二路,从西麓万岁峰上,颇陡峻,自东麓卢岩上,道新修稍平坦。

翌日遂东行过岳庙,折而北,可五里,至下卢岩寺,易山舆。三里许至上卢岩寺,是卢鸿一故居,在嵩山东掖下,峭壁四围,境绝孤回。瀑布自北壁下,雨后壮盛,不灭匡庐天台,惜久旱,细流滴沥,不见其奇。寺废无僧,图志中十景不可问,得之意拟而已。西上三休台,折而北,路虽阔,多碎石碍足,亦鲜树林。稍前逾一领,则见松杉满谷,清溪潺潺,奇禽回翔,异花烂漫,迥非尘境。渡溪而西,旁及上嵩山之脊。向所望虎头狮子诸高峰,皆以次低伏。又西至御路,与西上之径会。道更平坦,屣履徐步,飘飘如御风而行。又北过大小铁梁峡,削壁百寻,下临无地,石驾桥以过。俯视壑中,叠石嶙刚,雷轰斧劈,猱所不能攀缘也。

又北过天门,双峰中断,风云出入其间。折而西北,乃上中峰之顶,宋时有峻极峰禅院,今为真武殿。有阁三楹,无人居之。旁有玉井天池,冬夏不竭。

又上百步,乃为绝巅,古封禅坛址也。独立天心,万峰在下,云开日朗,纤翳不生,北望极于成皋玉门,黄河一线包其外;西则洛都伊阙,隐隐见之;东则方山具茨,绵亘原隰。而南山列案数重,大小熊双圭三尖诸峰,并峻嶒岈崿,叠翠浮青,陆浑三途,皆在指点间。游目尽数百里,始知嵩山之高,信无与偶。唯少室相为伯仲,而尊严雄杰则逊之,独标为岳,有以也。山巅寺院若存,当为停信宿,今苦无驻足处,遂循故道还卢崖。计上下可五十里,日且暝矣。寺荒不可栖泊,复东北行数里,投龙潭寺宿焉。潭有九,乃一泉冲激而成,水色深黑,有龙宅焉,祷雨辄应。寺在涧旁深坞中,地绝胜而久废。五十年前,有僧洞然修复之,为律堂,引潭水溉田,刀耕火种,不募外缘。僧众常数十人,会当白月之夜,诵戒布萨,济济可观。寺虽新开,而威仪整肃,门庭洁清,汴洛间所希觌也。

翌日循焦河而南,可三十里,渡颍水,至告成镇,即古之阳城也。周公卜洛,立表测景,以此为地中,今有测景台存焉。台高五丈,纵广三丈,形体正方,而阙其北面十之二,云以悬壶滴漏。当阙处,铺平石一行于地,其长视台之高,广可二尺许,刻水道其上,以承壶漏,视水所至以定时,俗谓之量天尺。规制古朴,思理精微,非周公不能作。台南一石,高丈许,上立一表,其长八尺,是谓土圭。此唐仪凤中所立,见于杜氏《通典》,今以石表为测景台,而谓崇台为观星台,非也。三代仪器,仅存于此。其说则诸家不同,当与知历者推明之。

次日从告成东行,东七里,观石淙,唐武后尝率太子相王群臣游焉。各赋诗刻石,石错布涧旁,或欹或立,如家园中假山。平乐涧水,萦绕石足,激湍成涟,小有姿致。然石仅数拳,水裁一勺,特盆盎间物耳。而袁中郎作记,过为形容,一似武夷九鲤,盖此石曾遭张易之辈镌石剥肤,故天以此洗其辱也。告成之南数里,为箕山,许由墓在山巅,庙在山半,弃瓢有岩,洗耳有池,巢许高风如觌,而山童然无可祠仰,志云多松柏可避暑,非其质矣。是皆岳之支山裔水,穷探及此,游事可以告竣。

盖留山中者旬日,视他过客差详审,终以未登少室之巅,有遗憾焉。究观二室之体势,太室如踞地苍龙,长身危害,蜿蜒北来,骧首于南,鳞爪四出,或舒或蟠,端严可畏;少室如千叶莲花,御砦为莲房,三十六峰为菡萏,五乳则莲叶也。环而望之,随地异形,各呈巧妙,河南淮北之山,诚无高且秀于此者。易象论卦爻,以居中得正为贵,兹山宅四维之心,绾八埏之轴,可谓居中矣。恒岳偏于东北,衡山偏于西南,而此奠位土中,当阳端拱,可谓得正矣。夫是以帝室王都,环布其旁,圣哲贤豪,罗生其麓,中州清淑之气,磅礴结聚于此。故诗称"峻极",传言"配天"。杨用修疑唐虞止有四岳,古帝时巡,之远不之近,故《虞书》不言中岳,而周雅言之,非前缺而后增也。

潘耒

余既耽山水，兼有嗜古之癖，二室在汉唐邦畿之内，古迹尤多。斯游也，于古器见测景之台，候日之表；于古木见嵩阳之柏，天仙之松；于古刻见三石阙之篆，皆二三千年物。所得六朝唐宋碑刻，不下数十通，他山游未有此也。虽夏节炎蒸，而深岩大壑，境自清凉。兼有油云惠风，时相披拂，都忘登陟之劳，令少迟疑则觌面失之矣。人不可以不勇决也，如是夫！

[作者作品]

潘耒（1646～1708年），清初学者。字次耕，一字稼堂、南村，晚号止止居士，藏书室名遂初堂、大雅堂，吴江（今属江苏苏州）人，潘柽章弟。师事徐枋、顾炎武，博通经史、历算、音学。清康熙十八年（1679年），举博学鸿词，授翰林院检讨，参与纂修《明史》，主纂《食货志》，终以浮躁被降职归里。康熙四十二年（1703年），康熙赐复原官，坚辞不受。著有《类音》《遂初堂诗集》《文集》《别集》等。晚年崇信佛学，好山水，历游名胜，为文记之。

嵩阳游记（二篇）

清　李来章

[作者作品]

李来章（1653～1721年），清朝文学家。名李灼然，别号礼山，河南襄城县人。康熙乙卯举人，由知县历官兵部主事。著有《连阳八排风土记》《岭海拾遗》《洛学篇》《随笔》《京华见闻录》《云山书院志》及《礼山园集》8卷等。

一、同观汉柏记

予闻汉名久矣。庚午春正月十七日，始获来观。自此每读书日课毕，辄盘桓双柏下，或至忘餐，然心能领略而口不足以宣之，至于笔墨，则益苦钝拙，以是，虽酷爱双柏而不能作记也。

二月十有二日，查子无玷来自东都，胸藏万卷，眼空千古，予绝不敢望，而林壑之僻颇与相同。饭罢自藏书楼南下，相与往观双柏，大者围可三丈五六尺，干之高仅得其半，干以上皆岔出，袁中郎谓为宫观积土所掩埋，或然也。枝杪密叶森森然，人立其下，苍翠之色欲湿衣袂。其背细纹如鬘，或如叠浪，如旋螺，积雨霉之，浑然石质，即细睇亦不辨其为木也。其余三面樵斧所伤，皮肤半缺，今砌砖护之。稍南一枝大略相同，但围减数尺耳。土人因汉武之封，呼大者为大将军，小者为次将军云。昔都少卿穆游嵩山，指为殷周间物，亦以在汉武时，柏非雄伟不获封，而木之雄伟者，非历千余年不能有也。予谓此特拘墟之见耳。人以千年为至久，安知柏不视为旦暮？然自其敖雪霰而争风雷，峥嵘于宇宙之间，非得太古淳庞之气，固不能也，则谓其生于洪荒之代者近。是时方午后，天晴无风，院庭寂然，柏影在地。予谓无玷，必宿此俟听清籁，方为不负双柏耳。无玷笑曰当徐议之。

[相关史料]

汉柏,即嵩阳书院中的"汉封将军柏"。传说,西汉元封元年(前110年)正月,汉武帝刘彻登游嵩山加封中岳后,又来到这里(当时为嵩阳道观)游览,他一进门,看见一棵柏树身材高大,枝叶茂密,赞叹不已,说道:"朕游遍天下,从未见过这么大的柏树呢!"汉武帝面对此树仰望再三,感叹之余,信口赐封它为"大将军"。封罢大将军,汉武帝在群臣的呼拥下,朝院内走去。来到正院,迎面又看见一棵大柏树,这棵柏树要比"大将军"大得多,汉武帝心中颇为懊悔。但金口已开,没法更改。最后,他还是拿定主意,指着面前的大柏树说,"朕封你为二将军"。当时群臣觉得加封的不合理,想向皇上建议,但又不敢直言,只好向皇上提示说:"这棵柏树比前院那棵柏树大得多呀!"汉武帝固执已见,大声斥责道:"先入者为主。"群臣吓得连忙叩头称"是",谁也不敢再吭了。汉武帝继续往前走,又见到一棵更大的柏树,他犹豫了一下,心想,怎么一棵比一棵大?可我已赐封在先,又不能改口,还是按先来后到次序加封吧。于是面对柏树说:"再大你也是三将军了。"群臣们面面相觑,谁也没有说话。三棵受封的大柏树,因皇帝封的不合理,都感到不是滋味?"三将军"柏认为自己是嵩山中最大的柏树,却封了个"三将军",太不合理,又恼又怒,一气之下,枝叶枯萎,一命呜呼!现在游人已看不到它了。"二将军"感到自己比"大将军"大得多,却被封为"二将军",实在委屈。它虽心怀不满,却不敢直说,一下把肚皮气炸了,现在树干下部还有裂痕,游人能置身里边往返。"大将军"也深感受之有愧,没脸抬头见人,因而经常低着头弯着腰,不敢见游客。久而久之,慢慢地变成了现在这样子。

二、同游叠石溪记

观汉柏毕,遂往游叠石溪查子、无玷于马上遥指东山之麓有亭露其顶者,逸庵先生曰天光云影亭也。未至溪数十武,径渐狭,相与舍骑而步下石磴,闻水声淙淙,襟怀为之肃然。磴穷得川上亭,踞石环坐,酒三行,遂起去。先是,予尝同永光从逸庵先生来游,相距未十日,而红杏烂熳,绿柳旖旎,风光顿异。前观始信天地日新之机,无时不在目前,特昧者不察耳。渡溪而南,得天光云影亭,地颇宽敞,即无玷马上摇鞭所指者也。西望三十六峰如画图,东上为观澜亭,亭构丛石间,竖者横者,可倚可坐,若造物预位置之以待幽人

叠石溪

者。下有巨石次弟布水中,可通往来,永光谓其奇不减天台石梁也。愈石梁抵北岸,有方塘,中种石莲,塘上有亭,曰君子。稍憩亭上,无玷极叹诸亭清幽,曰:"海内名园多以人胜,此独以天胜。"亭后为藤华坞,再上,乱石槎枒,径益险仄,土人言自此可寻金壶峰。余欲同无玷奋余勇穷其胜,而无玷以日暮遽返马上。余谓无玷曰:"山游赖胜友,使诸君子有以先余而鼓其惰气,将由金壶而登绝顶矣。流览八荒,呼吸通乎帝座,岂不壮哉?"大抵自藤华坞上水流溪中者,至观澜亭为巨石所咽,较石磴声益奇。其由君子亭北穿畦而西者,至川上亭之背,园丁决之,飞洒竹林,若卢崖瀑布,但不能喷薄激射耳。与

斯游者,东旸景子、予甥万子、文伯凡六人,例得并记,时庚午二月十二日也。襄城李来章记。

[相关史料]

叠石溪位于嵩阳书院东侧。溪源自太室山之阳高登岩澎湃而下,经象极洞、承天宫,一路崩崖坠涧,或泻而为瀑,或渟而为渊,或溅而为濑,至嵩阳书院门前汇入西溪。叠石溪为嵩山太室之名溪,有着非常美丽的风光,历史上有很多古代诗人在此作诗吟唱。北宋时,有司马光别墅叠石溪庄在此,俗称温公别馆。宋神宗熙宁年间(1068~1077年),司马光买地置庄于叠石溪旁,故名。

游三公石记

清 梁家蕙

庚申春三月,余与天暇、孝标同侍先生于嵩阳书院。迟日融和,惠风澹荡,万物欣欣向荣。沿溪杨柳绰约掩映,顾而乐之,徘徊咏歌汉柏间,依依不忍去,有童冠偕游、春风舞雩之意。俄而密云四布,微雨淅沥,先生诵韩魏公《喜雨》诗"须臾慰满三农望"之句,余亦歌《风雨》三章,深既见君子之思焉。少间,饭罢雨歇。先生顾谓曰:"此去书院里许,西北山麓有三公石,久欲游览未果,乘此雨后山青,爽气逼人,盍往观乎?"因散步至其处,见三石鼎峙,意致各别。攀藤寻蹊,各陟其巅。大者朴厚深沉,精神收敛,蕴蓄有三代以上气象;次卓荦奇伟,颇露风骨;又次瑰异幽邃,数丈之势,不啻千岩万壑。要之三石皆可容二十人,可坐可卧,可读书,可弹琴,可奕棋,可饮酒赋诗。其左则七星岭,蝉联络绎,昭垂绅委佩之度;其右则象鼻山,突兀嶔嵌,具盘踞攫铄之雄。最上一峰,壁立万仞,可望而不可即。先生曰:"此峰可名卓尔,盖取仰高见道之意。"时则烟霭横空,冉冉白云生于足下,不觉心旷神怡,恍若置身天际,飘飘然凌云气而直上也。坐定,先生曰:"此石五色灿烂,具五行之性,兼备五德焉。"余敬请教。先生曰:"其元气浑沦,敦艮不迁,非仁耶?端严特立,内直外方,非义耶?尊卑小大秩然,有谦逊之容似礼;经烈风雷雨弗迷坚贞,贯寒暑阅古今不变,又似智与信。夫人禀阴阳五行之秀气以生,尚有不克全此五德,而维石兼之,石诚有道君子哉。使移此于大都名区,贤士大夫之所赏鉴留连者,不知凡几,乃偃蹇沦落于荒榛茂草,樵夫牧竖指而目之,亦足悲已。盖闻古者道全德备可居坐论之位,今石之德如此,其可谓不愧厥名者矣。"须臾,缘岭而下,至七星泉,渊然澄湛,可悟道体。傍晚复归书院,回视三公石处,远在天半,惟茫茫一片白云耳。因思此石,嵩岳钟灵,可与三柏媲美,阅汉唐宋明,名臣大儒登嵩游览者不乏,岂足迹未至?何竟无一题咏耶?启母荒唐之言啧啧传颂,而此何泯没耶?抑石之遇不遇有时,必待今日之游而始传耶?余深幸此石之传,而因叹先生即境会心,无往不见道之所存也。是为记。

[作者作品]

梁家蕙,清代名儒,嵩山本土文化名人。祖籍登封骆驼崖村。饱学诗书,文武兼备。清康熙五十年(1711年)中举人,曾在嵩阳书院、禹州白沙书院讲学。

[相关史料]

三公石,又名三醉石,位于嵩山的太室山南麓玉柱峰下。石形如三人醉酒欹卧之状,故名。宋代的范仲淹、欧阳修、梅尧臣诸公登嵩期间,曾观此石,并各有诗咏之。清代耿逸庵改名"三公石",题字于其上。三石鼎立,大者雄伟高耸,拉手可以攀上,高低排坐,可容10余人;次者秀丽挺拔,上有雨水一涡,常年不涸,石上裂口内有野生荆棘数株,枝干疏落,为百年古物;又次者,形如峦嶂,当中崩裂,林梢丛生,无土而繁茂。

成皋怀古

清　禹殿鳌

穆王驰八骏,东虞命养虎。郑人昧守险,三驾争寸土。一旦虎奔若亡羊,秦失其鹿群雄张。乌骓白蛇两无常,弃之则弱据则强。成皋始见真龙游,拔山力竭断鸿沟。拊背搤吭四百秋,何人能觅关中侯。更从晋魏来,干戈曰寻仇。反覆朝暮间,东齐而西周。鹬蚌相持渔翁得,王师所至无南北。功成还家尽锦衣,草木欣然生颜色。百二锁重关,六千挽强弩。翻身仰射落旄头,即位坛高尊九五。铭勋勒石作者谁?后有唐宗前汉祖。闻鸡起舞抒壮抱,饮马睡虎安足道。右麟苔没埋幽宫,画戟凝霜咽悲风。古来天授非人力,函关岂可丸泥封。嗟哉黑子邑,谋士丧其筹,武夫沥其血,青怜碧涧寒谷月,空照荒碑堆白骨,国之表里重山河,山河险隘攻战多。英雄莫作垓下歌,地利终不如人和。我闻吊古战场正如此,安得万年长际太平春,甲兵一洗天河水。

[作者作品]

禹殿鳌,字大川,号谦斋,成皋县人。举乡试第一,清雍正十一年(1733年)任沔阳知州。他为官清正廉洁,精强能干,谦和谨慎,纯朴厚道。

[相关史料]

成皋位于河南省荥阳市区西北部16公里的汜水镇。成皋,本古东虢国,春秋郑制邑,因西周穆王在此牢虎而得名虎牢关。这里秦置关、汉置县,以后的封建王朝,无不在此设防。春秋之郑,战国之韩,皆为重地。秦始皇帝二十六年(前221年),秦统一六国,分天下为36郡,荥阳、成皋隶三川郡。楚汉争霸亦相持于此。西汉属河南郡,东汉改为成皋县,属河南尹。三国魏复名成皋,属河南郡。晋、北魏沿袭不变,东魏属荥阳郡,北齐、北周时

唐代虎牢关之战画像

属成皋郡。北周宣政元年(578年)置荥州,州治成皋县,隋开皇三年(583年)改荥州为郑州,州治成皋。隋初属郑州,开皇十八年(598年)更名为汜水县。唐武德四年(621年)析汜水县西境复置成皋县,属郑州。贞观元年(627年)复为汜水县。1948年汜水、广武二县合并置成皋县,治所在今荥阳市广武镇。1951年徙治汜水镇,属郑州专区。1954年划归荥阳县。在今荥阳市汜水镇西北有成皋故城。

成皋是一个古战场,历史上许多军事活动均发生于此。春秋鲁隐公五年(前718年)郑败燕师于此;鲁襄公二年(前571年)晋悼王会诸侯于戚以谋郑,用孟献子"请城虎牢以逼郑"之计,开始在此筑城;楚汉争霸时(前203年),刘邦、项羽在此争城夺关。特别是东汉末年,吕布在此大战刘、关、张,更使虎牢关威名大震;唐代李世民大战窦建德、宋代岳飞大破金兵于竹芦渡,一直到元、明、清仍是鏖战纷繁,时闻杀声。

携友人登风后顶放歌

马时芳

  危峰绝樵径,攀木以猿路。蠢蠢造其巅,万象归指顾。嘘吸直疑能帝阊,大山小山若儿孙。莽苍村落履阡陌,错综郡邑连樊垣。七圣迷处襄城野,漠漠平畴点青萍。北望洪河之水势奔放,下有风后八阵之碑立。嶙殉龙虎鸟蛇悉祖比,五花六花及八门。况复登临值重九,深秋气象尤鲜新。清风洒淅吹短发,红叶缤纷浮绿樽。酒酣起舞为君歌,我操北曲君南音。岩穴哄哄如赓和,樵儿牧竖争吹唇。是日游者遍山谷,峰端壑底声相因。须臾歌声渐渐合,大杯巨盏操鸡豚。到坐不复问名姓,献酬何能分主宾。号呶脱落无拘忌,坐令小群成大群。却忆今日晓,零雨飞霾云。已脱登山屐,倏忽见红轮。岂是山灵知好客,挣扎为我驱埃尘。我与此山实有缘,欲归不归日夕曛。此是具茨正东峰,轩黄访道曾此中。抚长松,天地为我生回风。

[作者作品]

  马时芳简介见《赵氏节烈记》。

[相关史料]

  风后顶,即风后顶山,海拔765米,位于具茨山东,今划归新郑市管辖。风后顶山,是风后助黄帝有功,黄帝封于风后的封地,以示永远纪念。《世本》曰:"风姓,大昊伏羲之后。"《史记正义》《帝王世纪》云:"黄帝梦大风吹天下之尘垢皆去。帝悟而叹曰:风为号令,执政者也。垢去土,后在天。天下岂有姓风名后者哉?于是依占而求之,得风后于海隅,登以为相"。风后是黄帝的三公之一,是一名有史可记的的军事家。《汉书·艺文志》记载:风后有《风后孤虚》20卷,《风后》13篇,图2卷,另撰《握奇经》等,特别是风后研创的《风后八阵图》,帮助黄帝打败了蚩尤,平定了天下。风后的《风后八阵图》被后世很多军事家所使用,都发挥了巨大的作用,获得了军事上的胜利。所以,他的军事名著得以传至今天。清《新郑县志》记载:"具茨山与密县连界,其最高峰为风后顶,在新郑境内。风后顶亦取黄帝六相之称。"

石 淙

清 魏 源

  石淙在平地,已不见嵩,而嵩之水口也。盖太室之北原,受平洛洞之委,其上游,水行地中,至阳城之山,石壁百仞,水漱石根,始汇为潭,束为涧,折西,石愈奇。是为上下两石淙。南北两崖,各有洞窟可避兵,有唐武后磨勒诗记两淙。

  洞水之石,如怒笋林立,如饮咒卧虎,高或数丈,平或半亩,纵横偃仰,肤骨色态,穷丽极妍。水索其根,穿其腹,幽黝沉碧,相得相忘,极人世光色,无可名状,全混怒狂啮噬之态。是为车箱潭。潭之下,峡愈束,水愈静,筏泛其中,青天如垂片二,人语如出瓮中。而青壁上,复呀石门。游人登岸,皆穿洞腹,出坐石辰,可觞席其上,以览水石之奇。造物赃人至矣哉!

  自此出峡,旷然禾畴,与峡中各一天地,视东溪、南溪之可游不可家者,又有桃源人世之别。盖三溪嵩室之胜,石淙又三溪之最胜矣。

[作者作品]

魏源(1794~1857年),字默深,邵阳(今湖南邵阳)人。道光举人,入赀为内阁中书,改知州。后成进士,知东台,官至高邮知州。曾从刘逢禄学《公羊春秋》。和龚自珍同属主张"通经致用"的今文学派,人称"龚魏"。鸦片战争时,在两江总督裕谦幕府,参与浙东抗英战役。痛愤时事,著《圣武记》。后又将林则徐主持翻译的西方史地资料《四洲志》和历代史志等增补为《海国图志》,主张"师夷长技以制夷"。主张自设船厂,加强海防,抵抗外国侵略。对后来资产阶级改良主义运动有一定影响。能诗文,其诗颇有揭露清政府腐朽统治、体现爱国思想之作,风格遒劲。其文深入显出,独辟町畦。有《古微堂集》《元史新编》《老子本义》《诗古微》等书,并协助江苏布政使贺长龄编成《皇朝经世文编》。

魏 源

[相关史料]

石淙,实为石淙河。南北朝时称平洛水、平洛溪水,唐代称石淙水,即今之石淙河。因河水击石淙淙有声,故名石淙河。发源于太室山东麓玉女台下平洛涧,因以为名。河道呈西北东南向,流经登封市唐庄、卢店、大冶、告成四乡镇,至告成村东入颍河。全长35.7公里,流域面积90平方公里,河床平均宽100米,沿岸有水库、干渠、电灌站,下游处于嵩山风景名胜区之观星台景区。《水经注·颍水》:"颍水又东,平洛溪水注之,水发玉女台下平洛间,世谓之平洛水。"即指此水。

石 淙

游慈云寺

清 李友陶

象岭一曲,虎溪一湾,有招提焉。慈云经深红藓,窗侵翠微,松风萝月,水声淙淙……。余,尝三生六道之说久矣,及观如来之迹,登陆降魔之峰、访铸钟遗处长老。往往述其事甚奇。至若明之南宗顺,以长沙刺史之了,浮木杯,正丛林,垂纶铒钓狞龙,一时诵梵音者,且不下四五百人。前因后果其信然耶,抑道其所道耶。余每遇名山如读异书。初余之游是地也,峰转三山不减武夷九曲,步步引人入胜。

嵩阴慈云寺

[作者作品]

李友陶,清代诗人。

[相关史料]

慈云寺,位于嵩山之阴的巩义市大峪沟镇民权村南部的青龙山中。这里四山旁围、一水中流、峰峦联亘、林木掩映、环境十分幽静,是休闲度假的理想境地。据登封法王寺《重修大法王寺碑记》云:"嵩阴慈云,洛阳白马,嵩阳法王,乃中国作寺之始。"唐贞观二十三年(649年),玄奘法师奉敕重修,后经宋、元、明、清历代多次重修。慈云之名,意为佛之慈心广大如云,荫庇整个世界。

古槐行

清 梁道奂

吾闻漆园之叟纪大椿,寿夸八千秋与春。植树岂识尊生法?使我心游目想望轮赫。轩辕城在茨山麓,故国从来多乔木。荒郊绿树杂枣梨,不见黛色参天蠹。深阒官署有古槐,蟠根错节何年栽。大腹中空恁玲珑,劫火想经电与雷。铁干不死枝重茂,二千尺高形崔嵬。匠石鲜顾斧斤免,置身知处村不材。晚送夕阳,朝迎早旭,绿荫遮满邻家屋。上有将子之慈乌,乳哺填写鷇卵无岁无。下有营穴之蝼蚁,纷纷成聚更成都。飘摇不畏风兼雨,争从此处辟门户。蚍蜉宁识繁柯德,引类呼群相唤咻。吁嗟乎!王祐三公该报应,刺史广栽称善政。南省尚书察音声,将军依坐事堪听。奈何耸立县尹衙,锻炼冰霜傲烟霞。阅尽居官贪与洁,远无甲子记年华。每逢六月蝶蜂哄,花香犹向老夫送。催来夏课记畴昔,卧把残书此间诵。差喜不学淳于芬,一枕清风无幻梦。

[作者作品]

梁道奂,清嘉庆年间新郑县令。

清嘉庆六年(1801年),梁道奂撰写了《古槐行》。此文取古诗体裁,神话般地描述千年古槐饱经沧桑不畏风雨雷电,阅尽清官和污吏,赞贤鞭恶,叙事抒情,气质淳朴,有述有感,读之耐人寻味。

[相关史料]

新郑市城东门外有一棵很大的槐树,树干已经空了,腹中有一座四五尺高的诗碑,人们叫它"槐抱碑",碑名就是梁道奂撰写的《古槐行》。

游箕山记

清　王庄临

颍阳正北二十里为紫云山,予当春秋暇日,偕友人屡至其巅,北眺伊洛,南顾汝颍,佳境应接不暇。直东过挡阳峰,陟三皇砦,蹊径陡削,上下极艰,视紫云为更险矣。极东而最高者号嵩顶,为五岳冠,振古名人多游焉。东南四十里一峰,峰北耸拔,较嵩微屈,两端高,中略低,视之如枕者即箕山。为许由避帝尧之所,思登览未及也。

癸丑(1913年)仲夏丙子,予谒师于箕阴,其地距箕不过六七里。次日,吾友郑君冠英及其居停梁君宪章偕来,遂约为箕山之游。戊寅,及王君思勉、高君文钊、刘君六庚、郭君临川数人同往。走三里许有涧焉,南北石崖高数仞,层层外出平正,坐卧甚便,其底浑然一块,中有石注注水,深叵测,观者寒栗,绝无隙缝,与两崖为一色而幽雅可观。《志》所称"箕阴避暑"处,则箕之西北麓也。

观已至郭君处,天大雨,半日又竟夜,游兴为之一阻。己卯,午饭毕,忽晴霁,王君诸人归馆,予偕郑、梁二君登箕山,微泥涂足。坡中有水池二,若井形,人谓即"许由洗耳泉"。稍憩复上,及巅,有庙三楹,邑人岁祀许征君。旁有两庑,而周围垣墉颇倾圮。庙东数十步,石垒屹立,苍然古色,相传即"许征君墓"。太史公曰:余登箕山,其上(盖)有许由冢。信夫!稍南水数大池,可饮可浴,见牧童辈多坐卧啸歌其上。四望尽高山大陵,壑中村落遥接,树

箕山许由墓

绿禾青,鸟声上下,任听瞻而不穷。斯时胸襟极开阔,盘桓不忍去云。

噫!此地虽不及嵩峰之高,三皇砦、当阳、紫云诸山之险,然予尝登紫云山、三皇砦,见其巉岩峻削,诡怪百态,忽高忽下,步履维艰,未有似此山巅,广平数千亩,易于牧荛,而便于耕种也。惟东崖为最陡,挂瓢岩即在此。昔发匪之乱,邑人环箕筑砦避兵,遗址尚存。宣统辛亥(1911年)之变,土人复就高处筑砦,为异日避难地。则千秋万岁后,许征君为不孤。故有德者必有邻!

迤逦而南山殆尽,又折而西,是夕寓东白栗坪郑君学舍,屈指已出游四日,忆父母定依闾望也。庚辰黎旦,梁君遣仆夫牵骑送予,到金店促之归,即于是日返里。

[作者作品]

王庄临(1885~1975年),清末民初嵩山地区历史文化名人。亦名庄林,字敬斋、子敬,登封颍阳北街人。清光绪儒童,喜书法,善文章,精药道,通易学。穷毕生精力执掌"普泰和"药局,严格遵照古法炮制中药,选材地道,疗效显著,医家患者,喜用其药,誉满嵩颍,延誉四方。其为人,宽厚仁义,乐善好施;与人谈,引经据典,循循善诱。常言:"所贵于天下之士者,为人应排患释难,解纷乱而无所取也。"

王庄临是清光绪二十三年(1897年)中副榜入选国史馆眷录以教授终身——洛阳名儒高祐先生的得意门生、入室弟子,其人、其文、其书,甚得高先生器重赞佩。王庄临的《游箕山记》文,深得在嵩阳书院执教有年的乃师高祐先生赞评:"妙于刻画,得柳州诸记之胜"。

[相关史料]

箕山,位于嵩山南约20公里处,海拔高度约600~800米,属中低山系。箕山山系属伏牛山系余脉的一支。出自登封市南向东蜿蜒至禹州市南著名的三峰山、柏山后,消失在茫茫的豫东平原。箕山在登封境内与嵩山山脉隔登封城和颍河相望;在禹州境内隔颍河和颍川平原与具茨山系相望,在禹州形成两山夹平原的独特地形。箕山山系高度在500米以上的山峰有:太平寨山、大石坡寨山、西大洪寨山(大鸿寨)、海眼寺嘴、沙古堆、磨盘山、鸠山、金山岭、银垌山、凤阳山、牛头山、大刘山等。山体由寒武系、奥陶系灰岩构成,局部地方为震旦系石英岩、千枚岩、片岩。山势坡陡,坡度一般在25度左右,局部大于45度,石灰岩地区,岩溶发育,石芽、溶沟、溶洞到处可见。箕山在河南属历史文化积淀厚重的山脉,在登封境内流传有许由墓的传说,在禹州市境内则有关于大鸿、刘秀屯兵、钧州三峰山大战、画圣吴道子、文峰塔等一系列古文化遗迹。

第六部分　辞赋文

　　辞赋，即指楚辞和汉赋。楚辞，是继《诗经》四言体诗以后在中国南部楚国产生的一种新体诗，意即楚地的歌辞。赋，是继"诗经体""楚辞体"后产生的一种趋于散文化的一种新文体。赋是介于诗和散文之间的一种特殊文体，它讲究文采、韵节、对仗和形式的整饬；又像散文，句型自由，可骈可散，兼具诗歌和散文的双重性质。接近散文的称"文赋"，接近于骈文的称"骈赋"。

　　古赋，主要指先秦、两汉的赋。一方面因为它产生的时代早，另一方面也是相对于后代产生的讲求对仗、声律的俳赋和律赋来说的。后代那些仿照汉赋，不讲求对仗、声律的作品，也称为古体赋。《诗经》六义有"风、雅、颂、赋、比、兴"，这里的"赋"是一种写作手法，即"直言赋陈"的意思。"赋"通常是指赋体文章，可以说是一种押韵的散文。这种散文萌芽于战国，成熟于汉代，并占据当时文坛霸主地位，故汉赋与唐诗、宋词、元曲并称。

　　东汉班固在著名的《两都赋序》中写了这么一段话："赋者，古诗之流也。"汉初的赋主要由楚辞演变而来，故称"骚体赋"。骚体赋惟一优秀作家是贾谊，其代表作有《吊屈原赋》和《鹏鸟赋》，显示了由骚体向新体赋的转变。著名的作家作品有扬雄的《逐贫赋》、冯衍的《显志赋》、班固的《东都赋》、张衡的《东京赋》等名篇，都是尽铺陈之能事。即使江淹的《恨赋》《别赋》，也都是用尽许多典故来铺陈恨、别之情。从形式上说，赋与诗、骚都用韵，但问答体的赋，一般首尾用散文，描写部分用韵文。非问答的赋，则序用散文。韵文的句式、字数不拘，以四、六言为主，杂以三、五、七言以及更长的句子。在段与段之间，多用散文性质的连接词，它兼有诗歌和散文的性质。

　　赋的主要特色在于铺陈描绘，典型代表是汉代那些描写京都、畋猎等的大赋。汉大赋是汉代赋体文学的主流，其内容都是描写帝王的宫殿、苑林、游猎、饮宴等宫廷生活，赋体手法是铺陈夸张，是典型的宫廷文学。张衡是赋风转变的开端人物。他除了写大赋之外，还首创了抒情小赋。他的《归田赋》用清新的语言描写了春日美景和自己归田后的恬淡心情。这同汉大赋相比，由长篇变为短篇，由华丽变为清新，由描写帝王生活而变为抒发个人情怀，开辟了赋体文学新的方向。到魏晋时，短赋成为赋的主流，而抒情小赋成就最高，像东汉蔡邕的《述行赋并序》、三国曹植的《洛神赋》、晋阮籍的《首阳山赋》等都是这类作品的代表。

　　汉以后的赋产生了两个发展倾向，一是向骈文方向发展，二是进一步散文化。南北朝时，骈丽之风日盛，古赋变为骈赋（俳赋）。唐宋时，骈丽又变为律赋，徒趋形式，而价值日下。在这种情况下，又出现了文赋，突破格律樊笼，成为骈散结合的自由体裁，取得较高成就，像唐代李白的《大鹏赋》、白居易的《洛川晴望赋》、韩愈的《山呼万岁赋》、北宋吕蒙正的《破窑赋》等，就与普通的文学散文差别不大了。

这一部分除辞赋之外,还选有颂、赞、诗、歌,这一类是用来歌颂或赞扬人物或景致的文章。如宋代欧阳修的《会圣宫颂》、唐代柳宗元的《伊尹五就桀赞》、宋代楼异的《太室二十四峰诗》、明代张维新的《嵩山歌》等都属于这类文章。

王子乔(乐府古辞)

汉 荀 悦

王子乔,参驾白鹿云中遨。参驾白鹿云中遨,下游来。王子乔,参驾白鹿,上至云戏游遨。上建逋阴广里,践近高结仙宫。过谒三台,东游四海五岳,上过蓬莱紫云台。三王五帝不足令,令我圣朝应太平。养民若子事父明,当究天禄永康宁。玉女罗坐吹笛箫,嗟行圣人游八极。鸣吠衔福翔殿侧,圣主享著年悲吟,皇帝延寿命。

[作者作品]

荀 悦

荀悦(148~209年),东汉史学家、政论家,思想家。字仲豫,颍川颍阴(今河南许昌)人。荀悦12岁便能讲解《春秋》。汉灵帝时期宦官专权,荀悦隐居不出。献帝时,应曹操之召,任黄门侍郎,累迁至秘书监、侍中。侍讲于献帝左右,日夕谈论,深为献帝嘉许。后奉汉献帝命以《左传》体裁为班固《汉书》作《汉纪》,写成《汉纪》30篇。建安十四年(209年)逝世,年62岁。荀悦另著有《申鉴》5篇,抨击谶纬符瑞,反对土地兼并,主张为政者要兴农桑以养其性,审好恶以正其俗,宣文教以章其化,立武备以秉其威,明赏罚以统其法,表现了他的社会政治思想。另著有《崇德》。

此诗中的王子乔是一个可以"参驾白鹿云中遨"神仙。而真实的王子乔是东周晋灵公的太子,黄帝的第42代传人,传说会吹萧引凤。因治理洪水的计划与父亲的意见分歧,被贬为平民,在苦闷中郁郁死去,年仅17岁。这位贤明的太子在民间口碑极好,他死后,老百姓传说他是乘鹤登仙去了。汉代荀悦的乐府古诗《王子乔》,以纯真的原始状态,把民间口耳相传的王子乔升天的故事,经过采集加工后,写成了一个可以传唱的歌辞被文献记录、保存下来。

[相关史料]

乐府古辞最初发生于民间里巷,靠着人们的口耳相传才得以传播,呈现出一种灵活的动态的生存方式。经乐府采集、加工、整理以后,才被文献记录、保存下来,具有了相对稳定的文本形式,古辞也便完成了从口头到文本的生存状态的变化。

乐府,中国古代民歌音乐。乐府是古代音乐机关,秦代以来朝廷设立的管理音乐的官署,到汉时沿用了秦时的名称。公元前112年,正式成立于西汉汉武帝时期,收集编纂各地民间音乐、整理改编与创作音乐、进行演唱及演奏等。乐府古辞乃两汉产生的、在两汉魏晋由声乐系统而入器乐系统歌唱的民歌。乐府古辞在语言发展的历史长河中具有重要的历史地位,不仅是因为它来源于民间,更重要的是它富有口语特色,记载了当时的民间语词。

贾谊赋文(二篇)

西汉 贾 谊

[作者作品]

贾谊(前200~前168年),洛阳(今洛阳市东)人。西汉初年著名的思想家、政论家、文学家。18岁即有才名,年轻时由河南郡守吴公推荐,20余岁被文帝召为博士。不到一年被破格提为太中大夫。但是在23岁时,因遭群臣忌恨,被贬为长沙王的太傅。后被召回长安,为梁怀王太傅。梁怀王坠马而死后,贾谊深自歉疚,直至33岁忧伤而死。其著作主要有散文和辞赋两类。散文《过秦论》《论积贮疏》《治安策》等,在历史上有很高的地位;辞赋以《吊屈原赋》《鹏鸟赋》最著名。

《吊屈原赋》为贾谊谪往长沙途经湘水时所作。贾谊之所以被贬谪,据《汉书》本传载,乃是由于他力主改革政制,为勋贵大臣周勃、灌婴等不容所促成。《文选》李善注引应劭《风俗通》说,贾谊也曾被文帝佞臣邓通谮毁。在贾谊看来,他自身的品行、才华、遭遇、结局与屈原类似,所以在《吊屈原赋》中倾注了那种抑郁不平之气,情真意真,既是痛悼逝者,也是用以自悼,情文并茂,分外感人。

《鹏鸟赋》作于贾谊任长沙王太傅三年时。赋前小序说明写作《鹏鸟赋》的缘由。有一天有鹏鸟(俗称猫头鹰)飞到贾谊的屋子里,他认为猫头鹰是不祥之鸟,本来被贬就心情不好,又不适应长沙潮热的气候,觉得自己命不久矣,于是写下这篇《鹏鸟赋》以自遣。

一、吊屈原赋

[原文]

谊为长沙王太傅,既以谪去,意不自得;及度湘水,为赋以吊屈原。屈原,楚贤臣也。被谗放逐,作《离骚》赋,其终篇曰:"已矣哉!国无人兮,莫我知也。"遂自投汨罗而死。谊追伤之,因自喻,其辞曰:

恭承嘉惠兮,俟罪长沙;侧闻屈原兮,自沉汨罗。造讬湘流兮,敬吊先生;遭世罔极兮,乃殒厥身。呜呼哀哉!逢时不祥。鸾凤伏窜兮,鸱枭翱翔。闒茸尊显兮,谗谀得志;贤圣逆曳兮,方正倒植。世谓随、夷为溷兮,谓跖、蹻为廉;莫邪为钝兮,铅刀为铦。吁嗟默默,生之无故兮;斡弃周鼎,宝康瓠兮。腾驾罢牛,骖蹇驴兮;骥垂两耳,服盐车兮。章甫荐履,渐不可久兮;嗟苦先生,独离此咎兮。

讯曰:已矣!国其莫我知兮,独壹郁其谁语?凤漂漂其高逝兮,固自引而远去。袭九渊之神龙兮,?"深潜以自珍;偭蟂獭以隐处兮,夫岂从虾与蛭螾?所贵圣人之神德兮,远浊世而自藏;使骐骥可得系而羁兮,岂云异夫犬羊?般纷纷其离此尤兮,亦夫子之故也。历九州而其君兮,何必怀此都也?凤凰翔于千仞兮,览德辉而下之;见细德之险徵兮,遥曾击而去之。彼寻常之污渎兮,岂能容夫吞舟之巨鱼?横江湖之鳣鲸兮,固将制于蝼蚁。

[相关史料]

屈平,字原,通常称为屈原。又自云名正则,字灵均,楚国丹阳(今湖北秭归)人。楚武王熊通之子屈瑕的后代。屈原虽忠事楚怀王，却屡遭排挤，怀王死后又因顷襄王听信谗言而被流放，最终投汨罗江而死。屈原是中国最伟大的浪漫主义诗人之一，也是我国已知最早的著名诗人，世界文化名人。他创立了"楚辞"这种文体，也开创了"香草美人"的传统。代表作品有《离骚》《九歌》等。

[译文]

贾谊做了长沙王的太傅，已经由于被贬谪离开京城，自己感到很不得意；等到坐船渡过湘水的时候，就写了一篇赋来凭吊屈原。屈原是楚国的贤能之臣。遭受谗言的诬陷而被放逐，作了《离骚》这篇文章，文章的结尾说："算了罢，国家没有一个正直贤能的人，没有一个人了解我啊"于是就跳到汨罗江自杀了。贾谊我追念感伤这件事情，借此来比喻自己，那文章的词句说：

恭敬地承受这美好的恩惠啊，到长沙去做官。途中听说屈原啊，自己沉到汨罗江自杀了。到了这湘江后写一篇文章投到江水中啊，（我）恭敬的凭吊屈原先生，（你）遭受了世间无尽的谗言啊，乃至毁灭了自己的生命。唉！唉！遭逢的时代不好啊。鸾鸟凤凰躲避流窜啊，猫头鹰却在高空翱翔。宦官内臣尊贵显耀啊，用谗言奉承阿谀的人能得志；贤才能臣无法立足啊，端方正派的人却郁郁不得志。世人都认为下随、伯夷恶浊啊，认为盗跖、庄蹻廉洁，（认为）宝剑莫邪粗钝啊，铅质的刀锋利。慨叹抱负无法施展，屈原你无故遇祸啊！这就好比是抛弃了周鼎，而把瓦盆当成了宝物啊；乘坐、驾驶疲牛，使跛驴作骖啊，反让骏马吃力的去拖盐车啊；帽冠低居在下，鞋履反高高再上；这种倒行逆施的行为是不会长久的。慨叹先生你真不幸啊，竟遭遇到这样的祸难！"

总之：算了吧！整个国家没有一个人了解我啊，一个人独自忧愁抑郁能够和谁说呢？凤凰飘飘然向高处飞去啊，自己本来就打算远走高飞。效法深渊中的神龙啊，深深地潜藏在渊底来保护自己；弃离了蟂獭去隐居啊，怎么能够跟从蛤蟆与水蛭、蚯蚓？我所认为珍贵的东西是圣人的神明德行啊，要远离污浊的世界而自己隐居起来；假使骐骥也能够被束缚而受羁绊啊，怎么能够说与狗和羊有分别呢？停留不走一片混乱遭受了这样的灾祸啊，也是您的原因。无论到哪里都能辅佐君主啊，又何必留恋国都呢？凤凰在千仞的高空翱翔啊，看到人君道德闪耀出的光辉才降落下来；看到德行卑鄙的人显出的危险征兆啊，就远远的高飞而去。那窄窄的小水沟啊，怎么能够容下吞舟的巨鱼？横行江湖的鳣鱼、鲸鱼，（出水后）也将受治于蝼蚁。

二、鵩鸟赋

单阏之岁兮，四月孟夏，庚子日斜兮，鵩集予舍。止于坐隅兮，貌甚闲暇。异物来萃兮，私怪其故。发书占之兮，谶言其度，曰："野鸟入室兮，主人将去。"请问于鵩兮："予去何之？吉乎告我，凶言其灾。淹速之度兮，语予其期。"鵩乃叹息，举首奋翼；口不能言，请对以臆：

"万物变化兮，固无休息。斡流而迁兮，或推而还。形气转续兮，变化而嬗。沕穆无穷兮，胡可胜言！祸兮福所依，福兮祸所伏；忧喜聚门兮，吉凶同域。彼吴强大兮，夫差以败；越栖会稽兮，勾践霸世。斯游遂成兮，卒被五刑；傅说胥靡兮，乃相武丁。夫祸之与福兮，何异纠纆；命不可说兮，孰知其极！水激则旱兮，矢激则远；万物回薄兮，振荡相转。云蒸雨降兮，纠错相纷；大钧播物兮，坱圠无垠。天不可预虑兮，道不可预谋；迟速有命兮，焉识其时。

且夫天地为炉兮，造化为工；阴阳为炭兮，万物为铜。合散消息兮，安有常则？千变万化兮，未始有极，忽然为人兮，何足控抟；化为异物兮，又何足患！小智自私兮，贱彼贵我；达人大观兮，物无不可。

贪夫殉财兮,烈士殉名。夸者死权兮,品庶每生。怵迫之徒兮,或趋西东;大人不曲兮,意变齐同。愚士系俗兮,窘若囚拘;至人遗物兮,独与道俱。众人惑惑兮,好恶积亿;真人恬漠兮,独与道息。释智遗形兮,超然自丧;寥廓忽荒兮,与道翱翔。乘流则逝兮,得坻则止;纵躯委命兮,不私与己。其生兮若浮,其死兮若休;澹乎若深渊止之静,泛乎若不系之舟。不以生故自宝兮,养空而浮;德人无累兮,知命不忧。细故蒂芥兮,何足以疑!"

[相关史料]

贾谊任长沙王太傅第三年的一天,有一只鵩鸟(猫头鹰)飞入他的住宅。长沙民间认为猫头鹰是不祥之鸟,它飞到哪家,哪家的主人不久将会死去。贾谊谪居长沙本已郁郁不得志,又凑巧碰上此等不祥之兆,更是触景伤情,悲痛万分,便写下又一汉赋名篇《鵩鸟赋》。此赋借与鵩鸟的问答,抒发怀才不遇之情,并用老庄"齐生死、等祸福"的思想来自我宽慰。《鵩鸟赋》依据道家关于一切事物都处于对立状态中反复变化的观点,对祸福、死生作了极为通达的评述,企图以此求得自己精神上的解脱。"祸兮福所倚,福兮祸所伏。忧喜聚门兮,凶吉同域。"人们通过这些豁达的辞语,可以感觉到贾谊旷达的精神世界中,其实隐藏着深沉的悲哀。

在艺术上,《鵩鸟赋》的形式十分奇特,它以人鸟对话而展开。这种形式是受到庄子寓言的影响,同时也开汉赋主客问答体式之先河。此赋最突出的特点是以议论为主,以议论来抒写对生命忧患的思考,来阐发人生的哲理。议论之中也常运用一些贴切的比喻,来增强议论的形象性,也常用感叹语气来加强议论的情感性。此赋语言凝炼精警,形式上以整齐的四言句为主,也有散文化的倾向,体现着向汉大赋的过渡。

[译文]

太岁运行丁卯之年,草木繁茂四月初夏。庚子那天夕阳西斜,鵩鸟飞来落我房舍。停在我的坐席旁边,神态安详从容闲暇。奇异之物落我门庭,心中惊怪不知其故。翻开谶书卜问吉凶,蓍草占卦预言定数:"野鸟进宅飞落住处,预兆主人将要离去。"拱手作礼请问鵩鸟:"我离此地何方可归,吉祥顺利请告诉我,如有凶险请说其灾。给我留下多少时间,请你一定告期。"鵩鸟长吁似在叹息,昂首看我鼓起羽翼。虽然不能开口说话,请用心意交流应对。

世间万物兴衰变化,原本就是无休无息。如同涡流旋转变迁,推移交替复又回还。元气、形体转换相接,形态变化相递相传。深奥微妙变化无穷,言语岂能叙说周全? 祸患本是福所倚傍,福中有祸潜藏埋

柴京津作品:贾谊与《鵩鸟赋》

伏。忧愁快乐聚于一门,吉祥灾殃本同一域。想那吴国何等强大,夫差正是因此失败;越国狼狈困守会籍,勾践因此称霸于世。李斯游说以成功名,最终却又死于酷刑。傅说当初屈做囚徒,官拜丞相辅佐武丁。祸福相随纠缠错杂,就像麻绳缠绕成结。命运无法详加解说,最终结局谁能预测? 水受激荡来势更猛,箭加外力射得更远。万物回环互相影响,彼此激荡变化周转。云雾蒸腾大雨降临,错综变幻复杂繁纷。大自然如陶钧运物,回旋无尽浩瀚无垠。自然奥秘不可思虑,"道"的规律不以人谋。变化快慢自有命定,问我时刻如何可求?

何况天地就是熔炉,创造化育就是炉工。阴阳二气熊熊炭火,万物如铜熔炼炉中。或聚或散生灭止息,哪有常存不变规则？千变万化以至无穷,未曾见过会有终极。偶尔变化得成人形,何足恋恋珍爱把玩？纵然死去化为异物,何足思虑忧患连连！狭隘之人小处聪明,轻贱别人看重自我;通达之人眼界宽广,生死祸福无所不可。贪吝之徒为钱殉葬,有志之士丧身为名;权欲旺盛死于恋权,芸芸众生苟且贪生。利益引诱穷困所迫,追逐利禄奔走西东。旷达之人不屈于物,千变万化视作等同。愚钝之人拘泥世俗,窘迫困顿如被刑拘;至德之人无视外物,绝世特立独与道俱。众人昏沉惶惶惑惑,好恶爱憎积满胸臆。真德之人万事淡泊,独与大道同止同息。舍弃智虑忘其身形,超然物外心若已丧。空旷辽阔恍恍惚惚,伴随大道一起翱翔。顺着流水随波漂逝,遇到沙洲自然停止。自身全部交给命运,并不私下留给自己。生若浮萍任意漂流,死去就是放松长休。淡漠如同深渊宁静,漂流如同不系之舟。不因活着宝贵自我,养性空明一任沉浮。上德之人不为俗累,乐天知命不知烦忧。琐碎之事细如草芥,何足疑虑挂在心头？

显志赋

东汉　冯衍

冯子以为夫人之德,不碌碌如玉,落落如石。风兴云蒸,一龙一蛇,与道翱翔,与时变化,夫岂守一节哉！用之则行,舍之则藏,进退无主,屈申无常。故曰:"有法无法,因时为业;有度无度,与物趣舍。"常务道德之实,而不求当世之名,阔略杪小之礼,荡佚人间之事。正身直行,恬然肆志。顾尝好俶傥之策,时莫能听其谋,喟然长叹,自伤不遭。久栖迟于小官,不得舒其所怀,抑心折节,意悽情悲。夫伐冰之家,不利鸡豚之息;委积之臣,不操市井之利。况历位食禄二十余年,而财产益狭,居处益贫。惟夫君子之仕,行其道也。虑时务者不能兴其德,为身求者不能成其功。去而归家,复羁旅于州郡,身益据职,家弥穷困,卒离饥寒之灾,有丧元子之祸。

先将军葬渭陵,哀帝之崩也,营之以为园。于是以新丰之东,鸿门之上,寿安之中,地势高敞,四通广大,南望郦山,北属泾、渭,东瞰河、华,龙门之阳,三晋之路,西顾酆、鄗,周、秦之丘,宫观之墟,通视千里,览见旧都,遂定茔焉。退而幽居。盖忠臣过故墟而歔欷,孝子入旧室而哀叹。每念祖考,著盛德于前,垂鸿烈于后,遭时之祸,坟墓芜秽,春秋蒸尝,昭穆无列。年衰岁暮,悼无成功,将西田牧肥饶之野,殖生产,修孝道,营宗庙,广祭祀。然后阖门讲习道德,观览乎孔、老之论,庶几乎松、乔之福。上陇阪,陟高冈,游精宇宙,流目八纮。历观九州山川之体,追览上古得失之风,愍道陵迟,伤德分崩。夫睹其终必原其始,故存其人而咏其道。疆理九野,经营五山,眇然有思陵云之意。乃作赋自厉,命其篇曰《显志》。显志者,言光明风化之情,昭章玄妙之思也。其辞曰:

开岁发春兮,百卉含英。甲子之朝兮,汨吾西征。发轫新丰兮,徘回镐京。陵飞廉而太息兮,随风波而飞扬。纷纶流于权利兮,亲雷同而妒异;独耿介而慕古兮,岂时人之所喜？沮先圣之成论兮,陵名贤之高风;忽道德之珍丽兮,务富贵之乐耽。遵大路而徘回兮,履孔德之窈冥;固众夫之所眩兮,孰能观于无形？行劲直以离尤兮,羌前人之所有;内自省而不惭兮,遂定志而弗改。欣吾党之唐、虞兮,愍吾生之愁勤;聊发愤而扬情兮,将以荡夫忧心。往者不可攀援兮,来者不可与期;病没世之不称兮,愿横逝而无由。

陟雍畤而消摇兮,超略阳而不反。念人生之不再兮,悲六亲之日远。陟九嵕而临崔嶷兮,听泾、渭之波声。顾鸿门而歔欷兮,哀吾孤之早零。何天命之不纯兮,信吾罪之所生;伤诚善之无辜兮,赍此恨而入冥。嗟我思之不远兮,岂败事之可悔?虽九死而不眠兮,恐余殃之有再。泪汍澜而雨集兮,气滂浮而云披;心怫郁而纡结兮,意沉抑而内悲。

瞰太行之嵯峨兮,观壶口之峥嵘;悼丘墓之芜秽兮,恨昭穆之不荣。岁忽忽而日迈兮,寿冉冉其不与;耻功业之无成兮,赴原野而穷处。昔伊尹之干汤兮,七十说而乃信;皋陶钓于雷泽兮,赖虞舜而后亲。无二士之遭遇兮,抱忠贞而莫达;率妻子而耕耘兮,委厥美而不伐。韩卢抑而不纵兮,骐骥绊而不试;独慷慨而远览兮,非庸庸之所识。卑卫赐之阜货兮,高颜回之所慕;重祖考之洪烈兮,故收功于此路。循四时之代谢兮,分五土之刑德;相林麓之所产兮,尝水泉之所殖。修神农之本业兮,采轩辕之奇策;追周弃之遗教兮,轶范蠡之绝迹。陟陇山以踰望兮,眇然览于八荒;风波飘其并兴兮,情惆怅而增伤。览河、华之泱漭兮,望秦、晋之故国;愤冯亭之不遂兮,愠去疾之遭惑。

流山岳而周览兮,徇碣石与洞庭;浮江、河而入海兮,泝淮、济而上征。瞻燕、齐之旧居兮,历宋、楚之名都;哀群后之不祀兮,痛列国之为墟。驰中夏而升降兮,路纡轸而多艰;讲圣哲之通论兮,心愊忆而纷纭。惟天路之同轨兮,或帝王之异政;尧舜焕其荡荡兮,禹承平而革命。并日夜而幽思兮,终倏悼而洞疑;高阳陵其超远兮,世孰可与论兹?讯夏启于甘泽兮,伤帝典之始倾;颂成、康之载德兮,咏《南风》之歌声。思唐、虞之晏晏兮,揖稷、契与为朋;苗裔纷其条畅兮,至汤、武而勃兴。昔三后之纯粹兮,每季世而穷祸;吊夏桀于南巢兮,哭殷纣于牧野。诏伊尹于亳郊兮,享吕望于酆洲;功与日月齐光兮,名与三王争流。

杨朱号乎于衢路兮,墨子泣乎白丝;知渐染之易性兮,怨造作之弗思。美《关雎》之识微兮,愍王道之将崩;拔周、唐之盛德兮,捃桓、文之谲功。忿战国之遘祸兮,憎权臣之擅强;黜楚子于南郢兮,执赵武于溴梁。善忠信之救时兮,恶诈谋之妄作;聘申叔于陈、蔡兮,禽荀息于虞、虢。诛犁锄之介圣兮,讨臧仓之愬知;讥子反于彭城兮,爵管仲于夷仪。疾兵革之寖滋兮,苦攻伐之萌生;沉孙武于五湖兮,斩白起于长平。恶丛巧之乱世兮,毒从横之败俗;流苏秦于洹水兮,幽张仪于鬼谷。澄德化之陵迟兮,烈刑罚之峭峻;燔商鞅之法术兮,烧韩非之说论。诮始皇之跋扈兮,投李斯于四裔;灭先王之法则兮,祸寖淫而弘大。援前圣以制中兮,矫二主之骄奢;镌女齐于绛台兮,飨椒举于章华。擿道德之光耀兮,匡衰世之眇风;褒宋襄于泓谷兮,表季札于延陵。撼仁智之英华兮,激乱国之末流;观郑侨于溱、洧兮,访晏婴于营丘。日曀曀其将暮兮,独於邑而烦惑;夫何九州之博大兮,迷不知路之南北。驷素虬而驰骋兮,乘翠云而相伴;就伯夷而折中兮,得务光而愈明。款子高于中野兮,遇伯成而定虑;钦真人之德美兮,淹踟蹰而弗去。意斟恓而不澹兮,俟回风而容与;求善卷之所存兮,遇许由丁负黍。轫吾车于箕阳兮,秣吾马于颖浒;闻至言而晓领兮,还吾反乎故宇。

览天地之幽奥兮,统万物之维纲;究阴阳之变化兮,昭五德之精光。跃青龙于沧海兮,豢白虎于金山;凿岩石而为室兮,托高阳以养仙。神雀翔于鸿崖兮,玄武潜于婴冥;伏朱楼而四望兮,采三秀之华英。纂前修之夸节兮,曜往昔之光勋;披绮季之丽服兮,扬屈原之灵芬。高吾冠之岌岌兮,长吾佩之洋洋;饮六醴之清液兮,食五芝之茂英。

捷六枳而为篱兮,筑蕙若而为室;播兰芷于中廷兮,列杜衡于外术。攒射干杂蘼芜兮,构木兰与新夷;光扈扈而炀耀兮,纷郁郁而畅美。华芳晔其发越兮,时恍忽而莫贵;非惜身之坏轲兮,怜众美之憔悴。游精神于大宅兮,抗玄妙之常操;处清静以养志兮,实吾心之所乐。山峨峨而造天兮,林冥冥而畅茂;鸾回翔索其群兮,鹿哀鸣而求其友。诵古今以散思兮,览圣贤以自镇;嘉孔丘之知命兮,大老聃之贵玄。德与道其孰宝兮?名与身其孰亲?陂山谷而闲处兮,守寂寞而存神。夫庄周之钓鱼兮,辞卿相之显位;於陵子之灌园兮,似至人之仿佛。盖隐约而得道兮,羌穷悟而入术;离尘垢之窈冥兮,配乔、松之妙节。惟吾志之所庶兮,固与俗其不同;既俶傥而高引兮,愿观其从容。

[作者作品]

冯衍

冯衍,字敬通,京兆杜陵(今陕西省西安市东南)人。东汉辞赋家、道家。京兆杜陵(今陕西西安东南)人。自幼聪慧,博览群书。王莽当政时,隐居不仕。义军起,投更始帝部下;因后降刘秀,故不被重用,出为曲阳县令。在此期间,由于结交外戚,迁为司隶从事,然亦由此而得罪,免官归里,被废于家,闭门自保。明帝即位,上书自辩,终不见用,潦倒而死。

冯衍《显志赋》前有序文,慷慨自论作赋缘由及主旨,表示自己二十余年来,虽然正身直行,好俶傥之策,但时莫能听用其谋,故喟然长叹,自伤不遭,只有退而幽居新丰之东,鸿门之上的祖茔,游精宇宙,流目八纮。历观九州山川之体,追览上古得失之风,悯道陵迟,伤德分崩,并眇然有思陵云之意。于是仿效屈原《离骚》、《哀郢》、《涉江》的笔法风格,抒发了个人遭时不遇的忧愤不平,艺术个性有所加强。

冯衍一生著述赋、诔、铭、说、策等50篇。《显志赋》?作为冯衍的代表作,属于汉赋中思想内容丰富深刻,抒情性很强的一篇作品。赋中多用典故,骈偶对仗,用前代名人的遭际,抒发自己失官的感慨和愤懑。所谓"久栖迟于小官,不得舒其所怀。抑心折节,意凄情悲",正是他写此赋的缘由。赋中借史实以讽谕时政,借追慕古人而抒发其郁抑不平,表现了作者忠而见疏后老庄退隐之情萌生的倾向,同时也抒发了其愤世嫉俗的强烈感情。陆机《遂志赋序》、江淹《恨赋》均举此以为怨、恨的事例。赋用骚体形式写成,词意每仿效楚辞,终以文过其实,显得空洞,感人不深。然而它继王褒《洞箫赋》之后,多用骈偶辞句,对魏晋六朝骈俪文风影响较大。

论都赋

东汉 杜笃

杜笃以关中表里山河,先帝旧京,不宜改营洛邑,乃上奏《论都赋》曰:

臣闻知而复知,是为重知。臣所欲言,陛下已知,故略其梗概,不敢具陈。昔般庚去奢,行俭于亳,成周之隆,乃即中洛。遭时制都,不常厥邑。贤圣之虑,盖有优劣;霸王之姿,明知相绝。守国之执,同归异术;或弃去阻阨,务处平易;或据山带河,并吞六国;或富贵思归,不顾见袭;或掩空击虚,自蜀汉出,即日车驾,策由一卒;或知而不从,久都硗埆。臣不敢有所据。窃见司马相如、扬子云作辞赋以讽主上,臣诚慕之,伏作书一篇,名曰《论都》,谨并封奏如左。

皇帝以建武十八年二月甲辰,升舆洛邑,巡于西岳。推天时,顺斗极,排阊阖,入函谷,观阨于崤、黾,图险于陇、蜀。其三月丁酉,行至长安。经营宫室,伤愍旧京,即诏京兆,乃命扶风,斋肃致敬,告觐园陵。凄然有怀祖之思,喟乎以思诸夏之隆。遂天旋云游,造舟于渭,北航泾流。千乘方毂,万骑骈罗,衍陈于岐、梁,东横乎大河。瘗后土,礼邹郊。其岁四月,反于洛都。明年,有诏复函谷关,作大驾宫、六王邸、高车厩于长安。修理东都城门,桥泾、渭。往往缮离观,东临霸、浐,西望昆明,北登长平,规龙首,抚未央,觇平乐,仪建章。

是时山东翕然狐疑,意圣朝之西都,惧关门之反拒也。客有为笃言:"彼坎井之潢污,固不容夫吞舟;且洛邑之淳潽,曷足以居乎万乘哉?咸阳守国利器,不可久虚,以示奸萌。"笃未甚然其言也,故因为述大汉之崇,世据雍州之利,而今国家未暇之故,以喻客意。曰:

昔在强秦,爰初开畔,霸自岐、雍,国富人衍,卒以并兼,桀虐作乱。天命有圣,托之大汉。大汉开基,高祖有勋,斩白蛇,屯黑云,聚五星于东井,提干将而呵暴秦。蹈沧海,跨昆仑,奋彗光,埽项军,遂济人难,荡涤于泗、沂。刘敬建策,初都长安。太宗承流,守之以文。躬履节俭,侧身行仁,食不二味,衣无异采。赈人以农桑,率下以约已,曼丽之容不悦于目,郑卫之声不过于耳,佞邪之臣不列于朝,巧伪之物不鬻于市,故能理升平而刑几措。富衍于孝景,功传于后嗣。

是时孝武因其余财府帑之蓄,始有钩深图远之意,探冒顿之罪,校平城之雠。遂命票骑,勤任卫青,勇惟鹰扬,军如流星,深入匈奴,割裂王庭,席卷漠北,叩勒祁连,横分单于,屠裂百蛮。烧罽帐,系阏氏,燔康居,灰珍奇,椎鸣镝,钉鹿蠡,驰坑岸,获昆弥,虏侲,驱骡驴,驭宛马,鞭駃騠。拓地万里,威震八荒。肇置四郡,据守敦煌。并域属国,一郡领方。立侯隅北,建护西羌。捶驱氐、僰,寍狼邛筰。东擽乌桓,蹂躪濊貊。南羁钩町,水剑强越。残夷文身,海波沫血。郡县日南,漂概朱崖。部尉东南,兼有黄支。连缓耳,琐雕题,摧天督,牵象犀,椎蚌蛤,碎琉璃,甲玳瑁,戕觜䚡。于是同穴裘褐之域,共川鼻饮之国,莫不祖跂稽颡,失气房伏。非夫大汉之世盛,世藉雍土之饶,得御外理内之术,孰能致功若斯!故创业于高祖,嗣传于孝惠,德隆于太宗,财衍于孝景,威盛于圣武,政行于宣、元,侈极于成、哀,祚缺于孝平。传世十一,历载三百,德衰而复盈,道微而复章,皆莫能迁于雍州,而背于咸阳。宫室寝庙,山陵相望,高显弘丽,可思可荣,羲、农已来,无兹着明。

夫雍州本帝皇所以育业、霸王所以衍功,战士角难之场也。《禹贡》所载,厥田惟上。沃野千里,原隰弥望。保殖五穀,桑麻条畅。滨据南山,带以泾、渭。号曰陆海,蠢生万类。梗枏檀柘,蔬果成实。畎渎润淤,水泉灌溉,渐泽成川,粳稻陶遂。厥土之膏,亩价一金。田田相如,镏株林。火耕流种,功浅得深。既有蓄积,陉塞四临:四被陇、蜀,南通汉中,北据谷口,东阻嶔岩。关函守峣,山东道穷,置列汧、陇,雍偃西戎;拒守褒斜,岭南不通;杜口绝津,朔方无从。鸿、渭之流,径入于河;大船万艘,转漕相过;东综沧海,西纲流沙;朔南暨声,诸夏是和。城池百尺,阨塞要害。关梁之险,多所袷带。一卒举礌,千夫沈滞;一人奋戟,三军沮败。地埶便利,介冑剽悍,可与守近,利以攻远。士卒易保,人不肉袒。肇十有二,是为赡腴。用霸则兼并,先据则功殊;修文则财衍,行武则士要;为政则化上,篡逆则难诛;进攻则百克,退守则有余:斯固帝王之渊囿,而守国之利器也。

逮及亡新,时汉之衰,偷忍渊囿,篡器慢违,徒以埶便,莫能卒危。假之十八,诛自京师。天界更始,不能引维。慢藏招寇,复致赤眉。海内云扰,诸夏灭微。羣龙并战,未知是非。于时圣帝,赫然申威,荷天人之符,兼不世之姿。受命于皇上,获助于灵祇。立号高邑,搴旗四麾。首策之臣,运筹出奇;虓怒之旅,如虎如螭。师之攸向,无不靡披。盖夫燔鱼剸蛇,莫之方斯。大呼山东,响动流沙。要龙渊,首镆铘,命腾太白,亲发狼、弧。南禽公孙,北背强胡,西平陇、冀,东据洛都。乃廓平帝宇,济蒸人于涂炭,成兆庶之亹亹,遂兴复乎大汉。

今天下新定,矢石之勤始瘳,而主上方以边垂为忧,忿葭萌之不柔,未遑于论都而遗思雍州也。方躬劳圣思,以率海内,厉抚名将,略地疆外,信威于征伐,展武乎荒裔。若夫文身鼻饮缓耳之主,椎结左衽镶鍜之君,东南殊俗不羁之国,西北绝域难制之邻,靡不重译纳贡,请为藩臣。上犹谦让而不伐勤。意以为获无用之虏,不如安有益之民;略荒裔之地,不如保殖五谷之渊;远救于已亡,不若近而存存也。今国家躬修道德,吐惠含仁,湛恩沾洽,时风显宣。徒垂意于持平守实,务在爱育元元,苟有便于王政

杜笃

者,圣主纳焉。何则? 物罔挹而不损,道无隆而不移,阳盛则运,阴满则亏,故存不忘亡,安不讳危,虽有仁义,犹设城池也。

客以利器不可久虚,而国家亦不忘乎西都,何必去洛邑之淳潜与?

[作者作品]

杜笃(? ~前78年),又名字季雅,东汉学者。今陕西西安人。学识渊博,但不拘小节,因事在京入狱。狱中写诔文颂扬开国功臣大司马吴汉功业,受光武帝赏识获释出狱。建初三年(78年),以从事郎中随车骑将军马防与西羌作战阵亡。杜笃著《明世论》15篇,均已散佚。著赋、诔、吊、书、赞、七言、女诫及杂文共18篇,今存《论都赋》《吊比干文》等10余篇,以《论都赋》流传最广。

杜笃作有《论都赋》与西汉京都大赋在艺术上迥异,开东汉及后世"论都赋"创作之先河。同时因时代环境、学术思想和个人因素等的影响,与之后的论都赋显现出不同的风貌。作者在《论都赋》中,描绘了西京(长安)的险要地势,说明应定都长安的原因。该作采取大赋设客主问答的形式,开篇以散文为序,本体以韵文展开,语多铺排,言辞辩赡,打破了以往文学之士献赋颂圣娱悦的老例,以赋作为疏章,奏谏国事,提高了赋体文学的政治品位。

逐贫赋

西汉 扬 雄

[原文]

扬子遁居,离俗独处。左邻崇山,右接旷野,邻垣乞儿,终贫且窭。礼薄义弊,相与群聚,惆怅失志,呼贫与语:"汝在六极,投弃荒遐。好为庸卒,刑戮相加。匪惟幼稚,嬉戏土沙。居非近邻,接屋连家。恩轻毛羽,义薄轻罗。进不由德,退不受呵。久为滞客,其意谓何? 人皆文绣,余褐不完;人皆稻粱,我独藜飧。贫无宝玩,何以接欢? 宗室之燕,为乐不盘。徒行负笈,出处易衣。身服百役,手足胼胝。或耘或耔,沾体露肌。朋友道绝,进宫凌迟。厥咎安在? 职汝为之! 舍汝远窜,昆仑之颠;尔复我随,翰飞戾天。舍尔登山,岩穴隐藏;尔复我随,陟彼高冈。舍尔入海,泛彼柏舟;尔复我随,载沉载浮。我行尔动,我静尔休。岂无他人,从我何求? 今汝去矣,勿复久留!"

贫曰:"唯唯。主人见逐,多言益嗤。心有所怀,愿得尽辞。昔我乃祖,宣其明德,克佐帝尧,誓为典则。土阶茅茨,匪雕匪饰。爰及季世,纵其昏惑。饕餮之群,贪富苟得。鄙我先人,乃傲乃骄。瑶台琼榭,室屋崇高;流酒为池,积肉为崤。是用鹄逝,不践其朝。三省吾身,谓予无愆。处君之家,福禄如山。忘我大德,思我小怨。堪寒能暑,少而习焉;寒暑不忒,等寿神仙。桀跖不顾,贪类不干。人皆重

蔽,予独露居;人皆怵惕,予独无虞!"言辞既磬,色厉目张,摄齐而兴,降阶下堂。"誓将去汝,适彼首阳。孤竹二子,与我连行。"余乃避席,辞谢不直:"请不贰过,闻义则服。长与汝居,终无厌极。"贫遂不去,与我游息。

[作者作品]

扬雄(前53～18年),西汉学者、辞赋家。一作"杨雄",字子云,西汉蜀郡成都(今四川成都郫县)人。汉成帝时为给事黄门郎,王莽时,校书天禄阁。后受他人牵累,即将被捕,于是坠阁自杀,未死。后召为太中大夫。一生悉心著述,以辞赋闻名,在散文方面也有一定的成就。辞赋成就媲美于司马相如,世称"扬马"。曾仿《论语》作《法言》,仿《周易》作《太玄》,表述他对社会、政治、哲学等方面的思想,在思想史上有一定价值。另有语言学著作《方言》等。明代张溥辑有《扬侍郎集》,收入《汉魏六朝百三家集》。扬雄主要著作《甘泉赋》《逐贫赋》《羽猎赋》《长杨赋》《河东赋》是汉赋的名篇。

扬　雄

《逐贫赋》是汉代辞赋扬雄家晚年的作品。近人陆侃如《中古文学系年》定位王莽新始建国四年(12年),是年,扬雄65岁。这是一篇寓言赋,通篇用"扬子"和"贫"主客对答的形式,前一部分写主人的怒斥,展现出"外我"的形象,后一部分以"贫"的反驳曲尽其情,寄托"内我"的精神世界。《逐贫赋》描述了作者想摆脱"贫儿"却根本甩不掉的无可奈何之情景:"舍尔远窜,昆仑之巅;尔复我随,翰飞戾天。舍尔登山,岩穴隐藏;尔复我随,陟彼高冈。舍尔入海,泛彼柏舟;尔复我随,载沉载浮。我行尔动,我静尔休。岂无他人,从我何求?今汝去矣,勿复久留。"扬雄想舍弃贫儿,故而跑到昆仑之巅,但贫儿却跟着在天上飞;扬雄躲到山崖里,贫儿也跟着上山来;扬雄摇着船躲到海上去,贫儿也跟着来到海上;扬雄走,贫儿也走,扬雄停下来,贫儿也停下来;扬雄质问贫儿为何要这样跟着自己,他要贫儿赶快离开他,一刻也不能耽搁。由此可知,扬雄想摆脱贫儿,他到处躲,但就是躲不掉,这实际上是他自己辛酸生活的艺术描绘,他用的笔调却是轻松的、充满玩笑的,这种自嘲自解的戏谑很有一种黑色幽默之美感。另外,《逐贫赋》对贫儿的描写也充满了黑色幽默之美:"堪寒能暑,少而习焉。寒暑不忒,等寿神仙。桀、跖不顾,贪类不干。人皆重闭,子独露居;人皆怵惕,子独无虞。"扬雄对贫儿说:"你倒是不错啊,你从小就经得住寒暑的侵袭,你简直就是不会死的神仙,那些盗贼和贪官从来也不会来打扰你,别人要几重门锁着才敢睡,你却敢在露天下睡,别人都提心吊胆的,你却从来都没有担忧。"本来贫儿就可怜得要命,但扬雄却这样和他开玩笑,这实在是一种黑色幽默,由此可以见出扬雄抒情赋的大胆和幽默,它们显露出一种独特的美学色彩。全赋构思奇异,庄谐相生,情节结构完整,人物个性突出,寓意隽永而耐人寻味,对后世产生了深远影响。

[译文]

扬雄远离世俗过隐居生活,四周不是群山就是荒野,自家围墙外有个乞丐,人不但穷而且无礼数。于是他意识到,长期地与这种无礼无义的人相处下去,志向都被磨灭殆尽。因此他向那穷鬼喊道:"你有六大恶习,被抛弃在荒野。好为平常的小兵,对人刑罚屠戮。当匪徒时欺负嬉戏在土堆上的小孩。居住在连排的屋里比邻而居。把恩惠看的如羽毛般轻,对义气看的比罗纱轻。高升时不因品德,离退时不受苛责。长久以来成为了位卑的人,你到底想成什么人?人人都文采华丽,旧衣服一大堆,人人都吃稻米,我却吃剩菜,贫穷没宝物玩,为何这么高兴?请亲戚们来家里吃个饭,本来应该是很愉快的事我却不觉得快乐,交通工具也买不起,背个破箱子到处游学,在家穿的那套衣服简直见不得人,若要出去还得换一件。到处打短工,手脚的老茧越来越厚。有时候下田劳作,任雨水淋湿全身。和我交往的朋友越来越少,生活每况愈下。我就想不通这到底是谁的罪过!我思来想去这主要原因得归咎与你!为了避开你,我逃窜到昆仑山顶。但我发现你还是跟着我,不管我是飞天登山打洞下海都摆脱不掉你。我动你跟着动,我停你跟着停。难道这世道上就没其他人了么?你唯独跟我干嘛啊!我求你你可不可以走啊?不要再留下来了好不好?"

那穷鬼说:"哦哦,你要赶俺走可不可以言简意赅点?说了那么多我都想笑了。但走之前我得把话说清楚,我祖上身心洁白,不事暧昧,凭藉清明仁德,辅佐过帝尧,是后世的典范。他的房屋也是茅草土坯,没雕饰过。到了末世的时候,昏庸无知的人放纵自己。贪食无厌的人很多,贪图富贵的非正道。那些人鄙视我的祖先,骄纵傲慢。修建那些高台琼楼,池子里都是酒,肉堆得比山还高。后世皇帝骄奢贪婪,所以我如鸿鹄高飞而去,不在朝廷堕落。我几次反省,认为我自己并无过错。我常驻你家,给你带来的是无尽的福气。你不记住我的大恩大德,却纠结于我的这点穷气。因为我的存在,使你从小就有禁得住寒暑的习惯,你简直就是不会死的神仙,那些盗贼和贪官从来也不会来打扰你,别人要几重门锁着才敢睡,你却敢在露天下睡,别人都提心吊胆的,你却从来都没有担忧。"话说完后,神情严肃瞪大眼睛看着扬雄,两手撩起衣服下面的边,从屋里走出来。说"我发誓要离开你了,去首阳山。孤竹的两个孩子,将会与我同行。"

我于是让席,对他不停地表示歉意:"这种失误不会再有第二次了,听说了你的深明大义我佩服不已,与你长久相处下去我到死都不会满足。"贫儿于是就不走了,与我游玩与休憩。

东都赋

东汉 班 固

东都主人喟然而叹曰:"痛乎风俗之移人也!子实秦人,矜夸馆室,保界河山,信识昭襄而知始皇矣,乌睹大汉之云为乎?夫大汉之开元也,奋布衣以登皇位,由数期而创万代,盖六籍所不能谈,前圣靡得言焉。当此之时,功有横而当天,讨有逆而顺民。故娄敬度势而献其说,萧公权宜而拓其制。时岂泰而安之哉?计不得已也。吾子曾不是睹,顾曜后嗣之末造,不亦暗乎?今将语子以建武之治,永平之事。监于太清,以变子之惑志。

"往者王莽作逆,汉祚中缺。天人致诛,六合相灭。于时之乱,生人几亡,鬼神泯绝。壑无完柩,郛罔遗室。原野厌人之肉,川谷流人之血。秦项之灾犹不克半,书契以来未之或纪。故下人号而上诉,上帝怀而降监。乃致命乎圣皇。于是圣皇乃握干符,阐坤珍。披皇图,稽帝文,赫然发愤,应若兴云。霆击昆阳,凭怒雷震。遂超大河,跨北岳。立号高邑,建都河洛。绍百王之荒屯,因造化之荡涤。体元立制,继天而作。系唐统,接汉绪。茂育群生,恢复疆宇。勋兼乎在昔,事勤乎三五。岂特方轨并迹,纷纶后辟,治近古之所务,蹈一圣之险易云尔哉?且夫建武之元,天地革命。四海之内,更造夫妇,肇有父子。君臣初建,人伦寔始。斯乃伏牺氏之所以基皇德也。分州土,立市朝,作舟舆,造器械,斯乃轩辕氏之所以开帝功也。龚行天罚,应天顺人,斯乃汤武之所以昭王业也。迁都改邑,有殷宗中兴之则焉;即土之中,有周成隆平之制焉。不阶尺土一人之柄,同符乎高祖。克己复礼,以奉终始,允恭乎孝文。宪章稽古,封岱勒成,仪炳乎世宗。案六经而校德,眇古昔而论功,仁圣之事既该,而帝王之道备矣。

"至乎永平之际,重熙而累洽。盛三雍之上仪,修衮龙之法服。铺鸿藻,信景铄。扬世庙,正雅乐。人神之和允洽,群臣之序既肃。

乃动大辂,遵皇衢。省方巡狩,躬览万国之有无。考声教之所被,散皇明以烛幽。然后增周旧,修洛邑。扇巍巍,显翼翼。光汉京于诸夏,总八方而为之极。于是皇城之内,宫室光明,阙庭神丽。奢不可逾,俭不能侈。外则因原野以作苑,填流泉而为沼。发苹藻以潜鱼,丰圃草以毓兽。制同乎梁邹,谊合乎灵囿。若乃顺时节而搜狩,简车徒以讲武。则必临之以《王制》,考之以《风》《雅》,历《驺虞》,览《驷铁》,嘉《车攻》,采《吉日》。礼官整仪,乘舆乃出。于是发鲸鱼,铿华钟。登玉辂,乘时龙。凤盖棽丽,龢銮玲珑。天官景从,寝威盛容。山灵护野,属御方神。雨师泛洒,风伯清尘。千乘雷起,万骑纷纭。元戎竟野,戈鋋彗云。羽旄扫霓,旌旗拂天。焱焱炎炎,扬光飞文。吐燄生风,欻野歊山。日月为之夺明,丘陵为之摇震。遂集乎中囿,陈师按屯。骈部曲,列校队。勒三军,誓将帅。然后举烽伐鼓,申令三驱。輶车霆激,骁骑电骛。由基发射,范氏施御。弦不睼禽,辔不诡遇。飞者未及翔,走者未及去。指顾倏忽,获车已实。乐不极盘,杀不尽物。马踠馀足,士怒未渫。先驱复路,属车案节。

于是荐三牺,效五牲。礼神只,怀百灵。觐明堂,临辟雍。扬缉熙,宣皇风。登灵台,考休征。俯仰乎乾坤,参象乎圣躬。目中夏而布德,瞰四裔而抗棱。西荡河源,东澹海漘。北动幽崖,南耀朱垠。殊方别区,界绝而不邻。自孝武之所不征,孝宣之所未臣。莫不陆詟水栗,奔走而来宾。遂绥哀牢,开永昌。春王三朝,会同汉京。是日也,天子受四海之图籍,膺万国之贡珍。内抚诸夏,外绥百蛮。尔乃盛礼兴乐,供帐置乎云龙之庭。陈百寮而赞群后,究皇仪而展帝容。

于是庭实千品,旨酒万锺。列金罍,班玉觞。嘉珍御,太牢飨。尔乃食举雍彻,太师奏乐。陈金石,布丝竹。钟鼓铿鍧,管弦烨煜。抗五声,极六律。歌九功,舞八佾。《韶》《武》备,泰古毕。四夷间奏,德广所及。僸佅兜离,罔不具集。万乐备,百礼暨。皇欢浃,群臣醉。降烟煴,调元气。然后撞钟告罢,百寮遂退。

"于是圣上睹万方之欢娱,又沐浴于膏泽,惧其侈心之将萌,而怠于东作也,乃申旧章,下明诏。命有司,班宪度。昭节俭,示太素。去后宫之丽饰,损乘舆之服御。抑工商之淫业,兴农桑之盛务。遂令海内弃末而反本,背伪而归真。女修织纴,男务耕耘。器用陶匏,服尚素玄。耻纤靡而不服,贱奇丽而弗珍。捐金于山,沈珠于渊。

于是百姓涤瑕荡秽,而镜至清。形神寂漠,耳目弗营。嗜欲之源灭,廉耻之心生。莫不优游而自得,玉润而金声。是以四海之内,学校如林,庠序盈门。献酬交错,俎豆莘莘。下舞上歌,蹈德咏仁。登降饫宴之礼既毕,因相与嗟叹玄德,谠言弘说。咸含和而吐气,颂曰:盛哉乎斯世!

"今论者但知诵虞夏之《书》,咏殷、周之《诗》,讲羲、文之《易》,论孔氏之《春秋》,罕能精古今之清浊,究汉德之所由。唯子颇识旧典,又徒驰骋乎末流。温故知新已难,而知德者鲜矣!

且夫僻界西戎,险阻四塞,修其防御。孰与处乎土中,平夷洞达,万方辐凑?秦岭九嵕则工切,泾渭之川。曷若四渎五岳,带河溯洛,图书之渊?建章甘泉,馆御列仙。孰与灵台明堂,统和天人?太液昆明,鸟兽之囿。曷若辟雍海流,道德之富?

游侠逾侈,犯义侵礼。孰与同履法度,翼翼济济也?子徒习秦阿房之造天,而不知京洛之有制也;识函谷之可关,而不知王者之无外也。"主人之辞未终,西都宾矍然失容。逡巡降阶,慄然意下,捧手欲辞。主人曰:"复位,今将授子以五篇之诗。"

宾既卒业,乃称曰:"美哉乎斯诗!义正乎杨雄,事实乎相如。匪唯主人之好学,盖乃遭遇乎斯时也。小子狂简,不知所裁。既闻正道,请终身而诵之。"其诗曰:

《明堂诗》

于昭明堂,明堂孔阳。圣皇宗祀,穆穆煌煌。
上帝宴飨,五位时序。谁其配之,世祖光武。
普天率土,各以其职。猗欤缉熙,允怀多福。

《辟雍诗》

乃流辟雍,辟雍汤汤。圣皇莅止,造舟为梁。
皤皤国老,乃父乃兄。抑抑威仪,孝友光明。
于赫太上,示我汉行。洪化惟神,永观厥成。

《灵台诗》

乃经灵台,灵台既崇。帝勤时登,爰考休征。
三光宣精,五行布序。习习祥风,祁祁甘雨。
百谷蓁蓁,庶草蕃芜繁庑音武。
屡惟丰年,于皇乐胥。

《宝鼎诗》

岳修贡兮川效珍,吐金景兮歊浮云。
宝鼎见兮色纷缊。焕其炳兮被龙文。
登祖庙兮享圣神。昭灵德兮弥亿年。

《白雉诗》

启灵篇兮披瑞图,获白雉兮效素乌。
嘉祥阜兮集皇都。发皓羽兮奋翘英,容絜朗兮于纯精。
彰皇德兮侔周成。永延长兮膺天庆。

[作者作品]

班固简介见《武帝登嵩山》。

《东都赋》是写东都洛阳的赋。因为班固维护建都洛阳,在处理对前汉西都评价上,极为谨慎小心。《东都赋》写了洛阳的形胜、制度、文物等,同《子虚》《上林》的仅写田猎者相比,内容要更为丰富、开阔,也更能集中地、多角度、多方面地展现一个时代政治、经济、文化的发展状况,因而后世时有人加以摹拟,形成"京都赋"的类型。《昭明文选》分赋为十五类,"京都赋"列在第一。《文苑英华》《历代赋汇》等也有"京都"或"都邑"一类。

洛都赋

东汉 傅毅

惟汉元之运会,世祖受命而弭乱。体神武之圣姿,握天人之契赞。挥电旗于四野,拂宇宙之残难。受皇号于高邑,修兹都之城馆。寻历代之规兆,仍险塞之自然。被昆仑之洪流,据伊洛之双川。挟成皋之岩阻,扶二崤之崇山。砥柱回波缀于后,三涂太室结于前。镇以嵩高乔岳,峻极于天。分画经纬,开正涂轨,序立庙祧,面朝后市。叹息起氛雾,奋袂生风雨。览正殿之体制,承日月之皓精。骋流星于突陋,追归雁于轩?令。带螭龙之疏镂,垂菡萏之敷荣。顾灌龙之台观,望永安之园薮。淳清沼以泛舟,浮翠虬与玄武。桑宫茧馆,区制有规。后帅九嫔,躬敕工女。近则明堂、辟雍、灵台之列,宗祀扬化,云物是察。其后则有长冈芒阜,属以首山,通谷岌岢,石濑寒泉。于是乘兴鸣和,按节发轫,列翠盖,方龙辀。被五路之时副,揽三辰之旗旐。傅说作仆,羲和奉时。千乘雷骇,万骑星铺。络绎相属,挥沫扬镳。群仙列于中庭,发鱼龙之巨伟,羡门拊鼓,操麾。讲武农隙,校猎因田。弋高冥之独鹄,连轩鸯之双(二语从《文选·陆机〈齐讴行〉》注补。)搜幽林以集禽,激通川以御兽。跨乘黄,射游麇。弦不虚控,目不徒睎。解腋分心,应箭殪夷。然后弭节容与,渌水之滨,垂芳饵于清流,出漩濑之潜鳞。

[作者作品]
傅毅(约45~约90年)汉代辞赋家。字武仲,扶风茂陵(今陕西兴平东北)人。年少时学问即很渊博,汉章帝时封为兰台令史,拜郎中,和班固、贾逵一起校勘禁中书籍。他模仿周颂清庙篇的笔法,完成十篇显宗颂,赞扬汉明帝的功德,而文名大噪。车骑将军马防擅权时,请傅毅为军司马,并以师友礼待他。等马防因奢侈败家,傅毅也被免官乡归。和帝永元元年(89年),外戚车骑将军窦宪因征匈奴有功而贵显,再请傅毅为主记室,崔骃为主簿。不久窦宪迁大司马后,以傅毅为司马,班固为中护军。傅毅早死,大概在窦宪家败自杀以前。他的著作有诗、赋、诔、颂、祝文、七激、连珠等28篇。其中连珠,是他和班固、贾逵受章帝诏写的。因为假托事物,达到讽谕的目的,贯串情理,如同穿珠,所以叫连珠。今存辞赋《洛都赋》《雅琴赋》《舞赋》等。代表作品有《迪志诗》《歌》等。

史料记载:傅毅之作《洛都赋》,于建初二年(公元77年)前后。傅毅任兰台令史之前,因为献纳此赋得章帝称赏,而拜郎中、为兰台令史。

东征赋

东汉 班昭

[原文]
惟永初之有七兮,余随子乎东征。时孟春之吉日兮,撰良辰而将行。乃举趾而升舆兮,夕予宿乎偃师。遂去故而就新兮,志怆恨而怀悲!

明发曙而不寐兮,心迟迟而有违。酌醍酒以弛念兮,喟抑情而自非。谅不登樔而椓蠡兮,得不陈力而相追。且从众而就列兮,听天命之所归。遵通衢之大道兮,求捷径欲从谁?乃遂往而徂逝兮,聊游目而遨魂!

历七邑而观览兮,遭巩县之多艰。望河洛之交流兮,看成皋之旋门。既免脱于峻崄兮,历荥阳而过卷。食原武之息足,宿阳武之桑间。涉封丘而践路兮,慕京师而窃叹!小人性之怀土兮,自书传而有焉。

遂进道而少前兮,得平丘之北边。入匡郭而追远兮,念夫子之厄勤。彼衰乱之无道兮,乃困畏乎圣人。怅容与而久驻兮,忘日夕而将昏。到长垣之境界,察农野之居民。睹蒲城之丘墟兮,生荆棘之榛榛。惕觉寤而顾问兮,想子路之威神。卫人嘉其勇义兮,讫于今而称云。蘧氏在城之东南兮,民亦尚其丘坟。唯令德为不朽兮,身既没而名存。

惟经典之所美兮,贵道德与仁贤。吴札称多君子兮,其言信而有徵。后衰微而遭患兮,遂陵迟而不兴。知性命之在天,由力行而近仁。勉仰高而蹈景兮,尽忠恕而与人。好正直而不回兮,精诚通于明神。庶灵祇之鉴照兮,佑贞良而辅信。

乱曰:君子之思,必成文兮。盍各言志,慕古人兮。先君行止,则有作兮。虽其不敏,敢不法兮。贵贱贫富,不可求兮。正身履道,以俟时兮。修短之运,愚智同兮。靖恭委命,唯吉凶兮。敬慎无怠,思嗛约兮。清静少欲,师公绰兮。

[作者作品]

班昭(约45~约117年)中国第一个女历史学家。一名姬,字惠班。扶风安陵(今陕西咸阳东北)人。东汉史学家,史学家班彪女、班固与班超之妹,博学高才,嫁同郡曹寿,早寡。兄班固著《汉书》,八表及《天文志》遗稿散乱,未竟而卒,班昭继承遗志,独立完成了第七表《百官公卿表》与第六志《天文志》,《汉书》遂成。帝数召入宫,令皇后贵人师事之,号曰大家。善赋颂,作《东征赋》《女诫》。

班 昭

《东征赋》是东汉才女班昭于永初七年(113年)创作的一篇赋。此赋写了作者随儿子曹成去陈留赴任途中的所见所感,以及离开京城的悲伤和长途跋涉的劳苦,在缅怀先贤、体察民难等中给人以洁身自好、坚持正道、敬业慎行的教导。全赋采取记叙、议论、抒情相间的方式,记叙条理清晰,议论委婉含蓄,抒情回环细腻。

[译文]

在汉安帝永初七年的这一年,我随赴任的儿子一起从京师迁往东边的陈留。时值孟春的阳春季节,选择了良辰吉日启程。早晨匆匆登车上路,傍晚时在偃师夜宿。告别了久居的京城,寄身于陌生的新地。

心里充满了悲伤的情怀,天亮时仍然无法入睡。情知是内心徘徊不前,又无法与命运抗争。手捧着酒杯思绪万千啊!感叹压抑的心情无法排遣。实在是没出生在巢居击蠡的上古时代啊!只怕是再没有机会贡献自己的才力。姑且顺其自然、随同大流的趋势吧,听天由命等待命运的归宿。遵循崎岖的治国之道吧,想寻求捷径又能够听从于谁呢?就这样悄悄的从京师消逝吧,暂且让高傲的魂灵四处漫游。

一路上历经七个城邑,又遭遇了巩县的道路艰险。眺望了黄河与洛水交汇的景象,见识了成皋县著名的旋门壮观。翻越了一座座险峻的山岗,跨越了赫赫有名的荥阳城。在原武县匆匆歇脚用过午餐,当晚露宿在阳武县的桑林之间。渡过了封丘河水马不停蹄的赶路,暗自感叹着思恋的故乡越走越远。地位低下的人难免思念故土啊,自书的叙传里有详细的记载。

沿路前进走不了多久,就到了平丘县的北城边。进入名胜的匡郭之地忍不住思绪遥远,当年孔夫子遭受围困的情景如在眼前。那是个怎样衰乱的世道啊!难怪会有圣人被围困的事件。我久久地在站在那里惆怅徘徊,直到暮色降临而忘记回返。到了长桓县的地界,顺道察访居住在郊外的农民。目睹了蒲城县的古迹废墟,那里早已是荆棘丛生、灌木迷漫。我忧伤的向身边的人请教再三,思慕着子路当年的威望和神灵。卫国人都传颂他的勇敢和义气,到如今还无不称道颂赞。蒲城东南是贤能的蘧瑗的家乡,那里的老百姓也尊重他的坟地。

人世间只有美德永垂不朽啊!身躯埋葬了还有名望长存。典范的著作里赞美不绝啊,人们敬重的是美德和仁贤。吴国公子季扎说过:"卫国君子多而无患",他的话不但可信而且还很灵验。后来的衰落导致了患难不断,于是那里衰败,再也没有兴盛。我懂得上天主宰着人的命运,从此就身体力行接近仁贤。勉励自己实行高尚的言行,对人应尽忠孝、善于宽恕。亲善正直而无怨无悔,让神明知道我的精诚。愿神灵审查并监察我的言行,保佑我真诚善良的辅佐之心。

下面是乱说:君子思考的问题,必定是称道的礼制;为何不各言其志,追慕古人呢?先父所到之处就会有佳作产生,虽然我才思不够敏捷,怎能不效法笔端?人世间的贫贱富贵是不能强求的啊!洁身自好、坚持正道,以此等待时来运转。长寿和短命在于天道,愚钝和聪慧来源相同。安心等待命运的安排,不管它是吉还是凶。敬业慎行不敢懈怠,牢记谦虚时刻反省。清心寡欲于平静,效仿孟公绰为楷模。

张衡赋文(二篇)

东汉 张 衡

[作者作品]

张衡(78~139年),字平子,南阳西鄂(今河南南阳县石桥镇)人。东汉时期伟大的天文学家、数学家、发明家、地理学家、制图学家、诗人。18岁时入洛阳太学学习,后在京都洛阳任职。安帝、顺帝时,曾两度任太史令。永和初,为河间相,拜尚书。张衡观测记录了2500颗恒星,创制了世界上第一架能比较准确地表演天象的漏水转浑天仪,第一架测试地震的仪器——候风地动仪,还制造出了指南车、自动记里鼓车、飞行数里的木鸟,等等。为我国天文学、机械技术、地震学的发展作出了不可磨灭的贡献。由于他的贡献突出,联合国天文组织曾将太阳系中的1802号小行星命名为"张衡星"。

张衡在文学史上占有重要的地位。他是东汉的重要赋家,被后人称为汉赋四大家(司马相如、扬雄、班固、张衡)之一,其代表作《二京赋》在铺叙中引入了针砭现实的议论说理,增强了讽谏意义。

张 衡

一、东京赋

安处先生于是似不能言,怃然有间,乃莞尔而笑曰:"若客所谓,末学肤受,贵耳而贱目者也!苟有胸而无心,不能节之以礼,宜其陋今而荣古矣!由余以西戎孤臣,而悝缪公于宫室,如之何其以温故知新,研覈是非,近于此惑?"

"周姬之末,不能厥政,政用多僻。始于宫邻,卒于金虎。嬴氏搏翼,择肉西邑。是时也,七雄并争,竞相高以奢丽。楚筑章华于前,赵建丛台于后。秦政利觜长距,终得擅场,思专其侈,以莫己若。迺构阿房,起甘泉,结云阁,冠南山。征税尽,人力殚。然后收以太半之赋,威以参夷之刑。其遇民也,若薙氏之芟草,既蕴崇之,又行火焉!慄慄黔首,岂徒跼高天,蹐厚地而已哉?乃救死于其颈!敺以就役,唯力是视,百姓弗能忍,是用息肩于大汉而欣戴高祖。"

"高祖膺箓受图,顺天行诛,杖朱旗而建大号。所推必亡,所存必固。扫项军于垓下,继子婴于轵涂。因秦宫室,据其府库。作洛之制,我则未暇。是以西匠营宫,目瓾阿房。规摹踰溢,不度不臧。损之又损之,然尚过于周堂。观者狭而谓之陋,帝已讥其泰而弗康。"

"且高既受命建家,造我区夏矣。文又躬自菲薄,治致升平之德。武有大启土宇,纪禅肃然之功。宣重威以抚和,戎狄呼韩来享。咸用纪宗存主,飨祀不辍,铭勳彝器,历世弥光。今捨纯懿而论爽德,以春秋所讳而为美谈,宜无嫌于往初,故蔽善而扬恶,祗吾子之不知言也。必以肆奢为贤,则是黄帝合宫,有虞总期,固不如夏癸之瑶台,殷辛之琼室也。汤武谁革而用师哉?盍亦览东京之事以自寤乎?"

"且天子有道,守在海外。守位以仁,不恃隘害。苟民志之不谅,何云岩险与襟带?秦负阻于二关,卒开项而受沛。彼偏据而规小,岂如宅中而图大。"

"昔先王之经邑也,掩观九隩,靡地不营。土圭测景,不缩不盈。总风雨之所交,然后以建王城。审曲面势,泝洛背河,左伊右瀍。西阻九阿,东门于旋。盟津达其后,太谷通其前。迴行道乎伊阙,邪径捷乎轘辕。大室作镇,揭以熊耳。底柱辍流,镡以大岯。温液汤泉,黑丹石缁。王鲔岫居,能鳖三趾。宓妃攸馆,神用挺纪。龙图授羲,龟书畀姒。召伯相宅,卜惟洛食。周公初基,其绳则直。萇弘魏舒,是廓是极。经途九轨,城隅九雉。度堂以筵,度室以几。京邑翼翼,四方所视。汉初弗之宅,故宗绪中圮。"

"巨猾间舋,窃弄神器。历载三六,偷安天位。于时蒸民,罔敢或贰。其取威也重矣!我世祖忿之,乃龙飞白水,凤翔参墟。授钺四七,共工是除。欃枪旬始,群凶靡余。区宇乂宁,思和求中。睿哲玄览,都兹洛宫。曰止曰时,昭明有融。既光厥武,仁洽道丰。登岱勒封,与黄比崇。"

"逮至显宗,六合殷昌。乃新崇德,遂作德阳。启南端之特闱,立应门之将将。昭仁惠于崇贤,抗义声于金商。飞云龙于春路,屯神虎于秋方。建象魏之两观,旌六典之旧章。其内则含德章台,天禄宣明。温饬迎春,寿安永宁。飞阁神行,莫我能形。濯龙芳林,九谷八溪。芙蓉覆水,秋兰被涯渚戏跃鱼,渊游龟蠵永安离宫,脩竹冬青。阴池幽流,玄泉冽清。鸭鷖秋栖,鹘鹠春鸣。鸧鹒丽黄,关关嘤嘤。于南则前殿灵台,龢鸾安福。飋门曲榭,邪阻城洫。奇树珍果,钩盾所职。西登少华,亭候修敕。九龙之内,寔曰嘉德。西南其户,匪雕匪刻。我后好约,乃宴斯息。于东则洪池清蘌,渌水澹澹。内阜川禽,外丰葭菼。献鳖蜃与龟鱼,供蜗蠃与菱芡。其西则有平乐都场,示远之观。龙雀蟠蜿,天马半汉。瑰异谲诡,灿烂炳焕。奢未及侈,俭而不陋。规遵王度,动中得趣。"

"于是观礼,礼举仪具。经始勿亟,成之不日。犹谓为之者劳,居之者逸。慕唐虞之茅茨,思夏后之卑室。乃营三宫,布教颁常。複庙重屋,八达九房。规天矩地,授时顺乡。造舟清池,惟水泱泱左制辟雍,右立灵台。因进距衰,表贤简能。冯相观祲,祈禳禳灾。"

"于是孟春元日,群后旁戾。百僚师师,于斯胥泪。藩国奉聘,要荒来质。具惟帝臣,献琛执贽。当观乎殿下者,盖数万以二。尔乃九宾重,胪人列。崇牙张,镛鼓设。郎将司阶,虎戟交铄龙辂充庭,云旗拂霓。夏正三朝,庭燎晢晢。撞洪锺,伐灵鼓,旁震八鄙,轩磕隐訇若疾霆转雷而激迅风也。"

"是时称警跸已下凋辇于东厢。冠通天,佩玉玺,纡皇组,要干将。负斧扆,次席纷纯,左右玉几而南面以听矣。然后百辟乃入,司仪辨等,尊卑以班,璧羔皮帛之贽既奠,天子乃以三揖之礼礼之。穆穆焉,皇皇焉,济济焉,将将焉,信天下之壮观也。乃羡公侯卿士,登自东除,访万机,询朝政,勤恤民隐,而除其眚。人或不得其所,若己纳之于隍。荷天下之重任,匪怠皇以宁静。发京仓,散禁财。赍皇寮,逮舆台。命膳夫以大飨,饔饩浃乎家陪。春醴惟醇,燔炙芬芬。君臣欢康,具醉熏熏。千品万官,已事而骏勤屡省,懋乾乾。清风协于玄德,淳化通于自然。宪先灵而齐轨,必三思以顾愆。招有道于侧陋,开敢谏之直言。聘丘园之耿絜,旅束帛之戋戋。上下通情,式宴且盘。"

"及将祀天郊,报地功,祈福乎上玄,思所以为虔。肃肃之仪尽,穆穆之礼殚。然后以献精诚,奉禋祀,曰:'允矣,天子者也。'乃整法服,正冕带。珩紞紘綖,玉笄綦会。火龙黼黻,藻绛肇厉。结飞云之袷辂,树翠羽之高盖。建辰旐之太常,纷焱悠以容裔。六玄虯之弈弈,齐腾骧而沛艾。龙輅华辖,金錽镂钖。方钇左纛,钩膺玉瓖銮声哕哕,和铃鉠鉠重轮贰辖,疏毂飞軨羽盖威蕤,葩瑶曲茎。顺时服而设副,咸龙旂而繁缨。立戈迤戛,农舆辂木。属车九九,乘轩并毂。旷弩重旐,朱旄青屋。奉引既毕,先辂乃发。鸾旗皮轩,通帛緁斾。云罕九斿,闛戟豫辀髽毦被绣,虎夫戴鹖。駙承华之蒲梢,飞流苏之骚杀。总轻武于后陈,奏严鼓之嘈灥戎士介而扬挥,戴金钲而建黄钺。清道桉列,天行星陈。肃肃习习,隐隐辚辚。殿未出乎城阙,斾已反乎郊畤盛夏后之致美,爰敬恭于明神。"

"尔乃孤竹之管,云和之瑟。雷鼓萧萧,六变既毕。冠华秉翟,列舞八佾。元祀惟称,群望咸秩。飏栖燎之炎炀,致高烟乎太一。神歆馨而顾德,祚灵主以元吉。然后宗上帝于明堂,推光武以作配。辩方位而正则,五精帅而来摧尊赤氏之朱光,四灵懋而允怀。于是春秋改节,四时迭代。蒸蒸之心,感物曾思。躬追养于庙祧,奉蒸尝与禴祠。物牲辩省,设其楅衡。毛炰豚胉,亦有和羹。涤濯静嘉,礼仪孔明。万舞奕奕,锺鼓喤喤。灵祖皇考,来顾来飨神具醉止,降福穰穰。"

"及至农祥晨正,土膏脉起。乘銮辂而驾苍龙,介驷间以刹耕。躬三推于天田,修帝籍之千亩。供禘郊之粢盛,必致思乎勤己。兆民劝于疆埸,感懋力以耘耔春日载阳,合射辟雍。设业设虡,宫悬金镛。鼖鼓路浅,树羽幢幢。寸是备物,物有其容。伯夷起而相仪,后夔坐而为工。张大侯,制五正。设三乏,厞司旌。并夹既设,储乎广庭。于是皇舆凤驾,□于东阶,以须消启明。扫朝霞,登天光于扶桑。天子乃抚玉辂,时乘六龙。发鲸鱼,铿华锺。大丙弭节,风后陪乘。摄提运衡,徐至于射宫。礼事展,乐物具。王夏阕,驺虞奏。决拾既次,彤弓斯彀达徐萌于暮春,昭诚心以远喻。进明德而崇业,涤饕餮之贪慾。仁风衍而外流,谊方激而遐骛。日月会于龙狼,恤民事之劳痠。因休力以息勤,致欢忻于春酒。执銮刀以袒割,奉胾豆于国叟。降至尊以训恭,送迎拜乎三寿。敬慎威仪,示民不偷我有嘉宾,其乐愉愉。声教布濩,盈溢天区。"

"文德既昭,武节是宣。三农之隙,曜威中原。岁惟仲冬,大阅西园。虞人掌焉,先期戒事。悉率百禽,鸠诸灵囿。兽之所同,是谓告备。乃御小戎,抚轻轩。中畋四牡,既佶且闲。戈矛若林,牙旗缤纷。迄上林,结徒营。次和树表,司铎授钲。坐作进退,节以军声。三令五申,示戮斩牲。陈师鞫旅,教达禁成。火列具举,武士星敷。鹅鹳鱼丽,箕张翼舒。轨尘掩迒,匪疾匪徐。驭不诡遇,射不翦毛。

升献六禽,时膳四膏。马足未极,舆徒不劳。成礼三殴,解罘放麟。不穷乐以训俭,不殚物以昭仁。慕天乙之弛罟,因教祝以怀民。仪姬伯之渭阳,失熊罴而获人。泽浸昆虫,威振八寓。好乐无荒,允文允武。薄狩于敖,既璆璆焉。岐阳之蒐,又何足数。"

"尔乃卒岁大傩,殴除群厉。方相秉钺,巫觋操茢侲子万童,丹首玄製。桃弧棘矢,所发无臬。飞砾雨散,刚瘅必毙。煌火驰而星流,逐赤疫于四裔。然后凌天池,绝飞梁。捎魑魅,斮獝狂。斩蜲蛇,脑方良。囚耕父于清泠,溺女魃于神潢残夔魖与罔像,殪野仲而歼游光。八灵为之震慴,况魃蛊与毕方。度朔作梗,守以郁垒。神荼副焉,对操索苇。目察区陬,司执遗鬼。京室密清,罔有不虩。"

"于是阴阳交和,庶物时育。卜征考祥,终然允淑。乘舆巡乎岱岳,劝稼穑于原陆。同衡律而壹轨量,齐急舒于寒燠省幽明以黜陟,乃反旆而回复。望先帝之旧墟,慨长思而怀古!侯闻风而西遐,致恭祀乎高祖。既春游以发生,启诸蛰于潜户。度秋豫以收成,观丰年之多稌嘉田畯之匪懈,行致赍于九扈。左瞰旸谷,右睇玄圃。眇天末以远期,规万世而大摹且归来以释劳,膺多福以安愈总集瑞命,备致嘉祥。囿林氏之驺虞,扰泽马与腾黄。鸣女床之鸾鸟,舞丹穴之凤皇。植华平于春圃,丰朱草于中唐。惠风广被,泽洎幽荒。北燮丁令,南谐越裳。西包大秦,东过乐浪重舌之人九译,佥稽首而来王。"

"是以论其迁邑易京,则同规乎殷盘。改奢即俭,则合美乎斯干。登封降禅,则齐德乎黄轩。为无为,事无事,永有民以孔安。遵节俭,尚素朴。思仲尼之克己,履老氏之常足。将使心不乱其所在,目不见其可欲。贱犀象,简珠玉。藏金于山,抵璧于谷。翡翠不裂,玳瑁不蔌所贵惟贤,所宝惟穀。民去末而反本,咸怀忠而抱悫于斯之时,海内同悦,曰:'吁!汉帝之德,侯其祎而!'盖蓂荚为难莳也,故旷世而不觌。惟我后能殖之,以至和平,方将数诸朝阶。然则道胡不怀,化胡不柔?声与风翔,泽从云游。万物我赖,亦又何求?德寓天覆,辉烈火烛。狭三王之趦趄,轶五帝之长驱。踵二皇之遐武,谁谓驾迟而不能属?东京之懿未罄,值余有犬马之疾,不能究其精详。故粗为宾言其梗概如此。"

东京洛阳城

"若乃流遁忘反,放心不觉,乐而无节,后离其戚,一言几于丧国,我未之学也。且夫挈缾之智,守不假器。况纂帝业,而轻天位。瞻仰二祖,厥庸孔肆。常翘翘以危惧,若乘奔而无辔。白龙鱼服,见困豫且虽万乘之无惧,犹惕惕于一夫。终日不离其辎重,独微行其焉如?夫君人者,黈纩塞耳,车中不内顾。珮以制容,銮以节涂。行不变玉,驾不乱步。却走马以粪车,何惜騕褭与飞兔。方其用财取物,常畏生类之殄也。赋政任役,常畏人力之尽也。取之以道,用之以时。山无槎枿,畋不麛胎。草木蕃庑,鸟兽阜滋。民忘其劳,乐输其财。百姓同于饶衍,上下共其雍熙。洪恩素蓄,民心固结。执谊顾主,夫怀贞节。忿奸慝之干命,怨皇统之见替玄谋设而阴行,合二九而成谲。登圣皇于天阶,章汉祚之有秩。若此,故王业可乐焉。"

"今公子苟好勤民以谕乐,忘民怨之为仇也;好殚物以穷宠,忽下叛而生忧也。夫水所以载舟,亦所以覆舟。坚冰作于履霜,寻木起于蘖栽。昧旦不显,后世犹怠。况初制于甚泰,服者焉能改裁故相如壮上林之观,杨雄骋羽猎之辞。虽系以隤墙填堑,乱以收罝解罘卒无补于风规,祇以昭其愆尤。臣济多以陵君,忘经国之长基。故函谷击柝于东,西朝颠覆而莫持。凡人心是所学,体安所习。鲍肆不知其怫,鲍其所以先入。咸池不齐度于麟咬,而众听或疑。能不惑者,其唯子野乎?"

客既醉于大道,饱于文义。劝德畏戒,喜惧交争。罔然若醒,朝罢夕倦,夺气褫魄之为者,忘其所以为谈,失其所以为夸。良久乃言曰:"鄙哉予乎!习非而遂迷也,幸见指南于吾子。若仆所闻,华而不实;先生之言,信而有徵。鄙夫寡识,而今而后,乃知大汉之德馨,咸在于此。昔常恨三坟五典既泯。仰不睹炎帝帝魁之美,得闻先生之馀论。则大庭氏何以尚兹?走虽不敏,庶斯达矣。"

[相关史料]

在西汉时期,赋的讽喻效果同赋家的主观愿望之间就存在着差距,以至于后来引起扬雄的批评。到了东汉,讽喻不仅不起作用,甚至还可能招来灾难,这就迫使辞赋家们考虑如何看待和处理赋的社会作用问题。另一方面,社会现实的黑暗以及统治集团所采取的"党锢"等高压政策,使士人普遍受到压抑。物不得其平则鸣,他们越来越多地运用赋这种文学样式抒发自己的不平。于是,东汉文坛上出现了一批感情激切的抒情赋。张衡的《二京赋》就在此背景下创作问世。

《东京赋》中的东京即洛阳。《后汉书·张衡传》说:"时天下承平日久,自王侯以下,莫不逾侈。衡乃拟班固《两都》,作《二京赋》(《西京赋》和《东京赋》),因以讽谏。精思傅会,十年乃成。"这两篇赋的体制比班固的赋更宏大、更细致、更有特色。除了像它以前的事类赋一样,铺写东西南北所有以及宫室、动植物等等外,还写了许多民情风俗。如《东京赋》里写驱逐疫鬼的大傩、方相等,都有极其生动、具体、绘声绘色的描写。

二、归田赋

[原文]

游都邑以永久,无明略以佐时。徒临川以羡鱼,俟河清乎未期。感蔡子之慷慨,从唐生以决疑。谅天道之微昧,追渔父以同嬉。超埃尘以遐逝,与世事乎长辞。

于是仲春令月,时和气清,原隰郁茂,百草滋荣。王雎鼓翼,鸧鹒哀鸣,交颈颉颃,关关嘤嘤。于焉逍遥,聊以娱情。

尔乃龙吟方泽,虎啸山丘,仰飞纤缴,俯钓长流,触矢而毙,贪饵吞钩,落云间之逸禽,悬渊沉之魦鰡。

于时曜灵俄景,系以望舒。极般游之至乐,虽日夕而忘劬,感老氏之遗诫,将迴驾乎蓬庐。弹五弦之妙指,咏周孔之图书,挥翰墨以奋藻,陈三皇之轨模。苟纵心于物外,安知荣辱之所如?

[相关史料]

一般来说,中国古代有作为的文人当他们在仕途中遇到挫折、或不满于当时朝政之时,大都会走向退隐归田、洁身自好的道路。张衡也是其中一例。自东汉安、顺以后,外戚宦官当权,朝政日非,汉顺帝有一段时间曾升迁张衡为侍中,讽议左右。然阉竖终恐张衡揭露他们,永和年间(136~141年)初,张衡遂被罢黜为河间相。永和三年(138年),张衡61岁由河间相上书乞骸骨,《归田赋》就是这时所作。

《归田赋》已很不同于先前的汉代大赋,它开始由叙事大赋转入抒情小赋,风格上也不再追求气势的铺排、辞藻的堆砌,而类似于四六句骈文,开了骈赋的先河。《归田赋》在我国文学史上占有重要的

地位,是千百年来为人们所传诵的优秀篇章。

[译文]

在京都作官时间已长久,没有高明的谋略去辅佐君王。只在河旁称赞鱼肥味美,要等到黄河水清还不知是哪年。想到蔡泽的壮志不能如愿,要找唐举去相面来解决疑题。知道天道是微妙不可捉摸,要跟随渔夫去同乐于山川。丢开那污浊的社会远远离去,与世间的杂务长期分离。

正是仲春二月,气候温和,天气晴朗。高原与低地,树木枝叶茂密,杂草滋长。鱼鹰在水面张翼低飞,黄莺在枝头婉转歌唱。河面鸳鸯交颈,空中群鸟飞翔。鸣声吱喳,美妙动听。逍遥在这原野的春光之中,令我心情欢畅。

于是我就在大湖旁高唱,在小丘上吟诗。向云间射上箭矢,往河里撒下钓丝;飞鸟被射中毙命,鱼儿因贪吃上钩,天空落下了鸿雁,水中钓起了鲟鳢。

不多时夕阳西下,皓月升空。嬉游已经极乐,夜来还不知疲劳。想到老子的告诫,就该驾车回草庐。弹奏五弦琴指法美妙,读圣贤书滋味无穷。提笔作文,发挥文采,述说那古代圣王的教范。只要我置身于世人之外,哪管它荣耀与耻辱的所在。

述行赋并序

东汉 蔡 邕

延熹二年秋,霖雨逾月。是时梁冀新诛,而徐璜、左悺等五侯擅贵于其处。又起显阳苑于城西,人徒冻饿,不得其命者甚众。白马令李云以直言死,鸿胪陈君以救云抵罪。璜以余能鼓琴,白朝廷,敕陈留太守发遣余。到偃师,病比前,得归。心愤此事,遂托所过,述而成赋。

余有行于京洛兮,遘淫雨之经时。涂遭其蹇连兮,潦污滞而为灾。乘马蹯而不进兮,心郁悒而愤思。聊弘虑以存古兮,宣幽情而属词。

夕宿余于大梁兮,诮无忌之称神。哀晋鄙之无辜兮,忿朱亥之篡军。历中牟之旧城兮,憎佛肸之不臣。问宁越之裔胄兮,藐髣髴而无闻。

经圃田而瞰北境兮,悟卫康之封疆。迄管邑而增感叹兮,愠叔氏之启商。过汉祖之所隘兮,吊纪信于荥阳。

降虎牢之曲阴兮,路丘墟以盘萦。勤诸侯之远戍兮,侈申子之美城。稔涛涂之愎恶兮,陷夫人以大名。登长坂以凌高兮,陟葱山之荛陵;建抚体以立洪高兮,经万世而不倾。回峭峻以降阻兮,小阜寥其异形。冈岑纡以连属兮,溪谷复其杳冥。追嵯峨以乖邪兮,廓严窣以峥嵘。攒栎朴而杂榛楛兮,被浣濯而罗生。步巀嶭与台菌兮,缘层崖而结茎。行游目以南望兮,览太室之威灵。顾大河于北垠兮,瞰洛汭之始并。追刘定之攸仪兮,美伯禹之所营。悼太康之失位兮,愍五子之歌声。

寻修轨以增举兮,邈悠悠之未央。山风泪以飙涌兮,气惿惿而厉凉。云郁术而四塞兮,雨濛濛而渐唐。仆夫疲而瘁兮,我马虺隤以玄黄。格莽丘而税驾兮,阴曀曀而不阳。

哀衰周之多故兮,眺濒隈而增感。忿子带之淫逆兮,唁襄王于坛坎。悲宠嬖之为梗兮,心恻怆而怀惨。

乘舫州而湍流兮,浮清波以横厉。想宓妃之灵光兮,神幽隐以潜翳。实熊耳之泉液兮,总伊瀍与涧濑。通渠源于京城兮,引职贡乎荒裔。操吴榜其万艘兮,充王府而纳最。济西溪而容与兮,息巩都而后逝。愍简公之失师兮,疾子朝之为害。

玄云黯以凝结兮,集零雨之溱溱。路阻败而无轨兮,涂泞溺而难遵。率陵阿以登降兮,赴偃师而释勤。壮田横之奉首兮,义二士之侠坟。淹留以候霁兮,感忧心之殷殷。并日夜而遥思兮,宵不寐以极晨。候风云之体势兮,天牢湍而无文。弥信宿而后阕兮,思逶迤以东运。见阳光之显显兮,怀少弭而有欣。

命仆夫其就驾兮,吾将往乎京邑。皇家赫而天居兮,万方徂而星集。贵宠煽以弥炽兮,佥守利而不戢。前车覆而未远兮,后乘驱而竞及。穷变巧于台榭兮,民露处而寝湿。消嘉谷于禽兽兮,下糠粃而无粒。弘宽裕于便辟兮,纠忠谏其骎急。怀伊吕而黜逐兮,道无因而获人。唐虞渺其既远兮,常俗生于积习。周道鞠为茂草兮,哀正路之日涩。

观风化之得失兮,犹纷挐其多远。无亮采以匡世兮,亦何为乎此畿?甘衡门以宁神兮,咏都人而思归。爰结踪而回轨兮,复邦族以自绥。

乱曰:跋涉遐路,艰以阻兮。终其永怀,窘阴雨兮。历观群都,寻前绪兮。考之旧闻,厥事举兮。登高斯赋,义有取兮。则善戒恶,岂云苟兮?翩翩独征,无俦与兮。言旋言复,我心胥兮。

[作者作品]

蔡邕简介见《蔡邕书法论文》。

《述行赋》为蔡邕受宦官之召到洛阳去弹琴的旅途抒怀之作,走到偃师后以病为辞而返回。

[相关史料]

蔡邕曾着诗、赋、碑、诔、铭等共104篇,《述行赋》是蔡邕赋体创作的代表作,也是东汉抒情纪行赋中的名篇。此赋写于桓帝时。赋前的序说明,桓帝时政治黑暗腐败,社会混乱不堪。白马令李云、鸿胪陈君这样的直言人士遭到陷害,中常侍徐璜、左悺等五侯擅贵。统治者不恤民之冻饿疾苦,只知大兴土木、寻欢作乐,过着极端奢侈淫逸的生活。蔡邕因能鼓琴,被作为统治者取乐的工具征召入京,至偃师生病而归,又有感于当时朝中直言之士多遭惨死,心中愤愤不平,因此写了这篇《述行赋》以抒愤。作者借途中所遇古迹,陈古刺今。赋中"穷变巧于台榭兮,民露处而寝湿。消嘉谷于禽兽兮,下糠□而无粒"等句,表现了对人民疾苦的同情。在历来用于歌功颂德的汉赋中,这样的思想内容是难能可贵的。蔡邕的散文字句典雅,音节协谐,多用偶句,表现了汉末文风的转变。

箕山操

东汉 蔡邕

箕山操,许由作也。许由者,古之贞固之士也。尧时为布衣,夏则巢居。冬则穴处,饥则仍山而食,渴则仍河而饮。无杯器,以手掬水而饮之。人见其无器,以一瓢遗之。由操饮毕,以瓢挂树,风吹树动,历历有声。由以为烦扰,遂取捐之。以清节闻于尧,尧大其志,乃遣使以符玺禅为天子。于是许由喟然叹曰:匹夫结志,固如盘石。采山饮河,所以养性,非以求禄位也。放发一优游,所以安己不惧,非所以贪天下也。使者还,以状报尧,尧知由不可动。亦已矣,于是许由以使者言为不善,乃临河洗耳。樊坚见由主洗耳,问之:耳有何垢乎。由曰:无垢。闻恶语耳。坚曰:何等语者。由曰:尧聘吾为天子。坚曰:尊位,何为恶之。由曰:吾志在青云,何乃劣为九洲伍长乎。于是樊坚方且饮牛,闻其言而去,耻饮于下流。于是许由名布四海。尧既殂落,乃作箕山之歌曰云云。许由死。遂葬於箕山。

此下为河间杂歌二十一章。据本文应从《诗纪》改为引声歌。不得以二十一章中已逸之独处吟目之也。

登彼箕山兮瞻望天下,山川丽崎,万物还普。日月运照,靡不记睹。游放其间,何所却虑。叹彼唐尧,独自愁苦。劳心九州,忧勤后土。谓余钦明,传禅易祖。我乐如何,盖不盼顾。河水流兮缘高山,甘瓜施兮弃绵蛮。高林肃兮相错连,居此之处傲尧君。

[作者作品]

蔡邕简介见《蔡邕书法论文》。

蔡邕到嵩山山系的箕山拜谒许由,并撰写了这篇《箕山操》。

[相关史料]

许由简介见《讥许由文》。

巢父简介,巢父、许由故事见《巢许论》。

赠白马王彪

三国魏 曹 植

序曰:黄初四年五月,白马王、任城王与余俱朝师,会节气。到洛阳,任城王薨。至七月与白马王还国。后有司以二王归藩,道路宜异宿止。意毒恨之。盖以大别在数日,是用自剖,与王辞焉。愤而成篇。

谒帝承明庐,逝将归旧疆。清晨发皇邑,日夕过首阳。伊洛广且深,欲济川无梁。泛舟越洪涛,怨彼东路长。顾瞻恋城阙,引领情内伤。

太谷何寥廓,山树郁苍苍。霖雨泥我涂,流潦浩纵横。中逵绝无轨,改辙登高冈。修坂造云日,我马玄以黄。

玄黄犹能进,我思郁以纾。郁纾将何念?亲爱在离居。本图相与偕,中更不克俱。鸱枭鸣衡轭,豺狼当路衢。苍蝇间白黑,谗巧反亲疏。欲还绝无蹊,揽辔止踟蹰。

踟蹰亦何留?相思无终极。秋风发微凉,寒蝉鸣我侧。原野何萧条,白日忽西匿。归鸟赴乔林,翩翩厉羽翼。孤兽走索群,衔草不遑食。感物伤我怀,抚心长太息。

太息将何为?天命与我违。奈何念同生,一往形不归。孤魂翔故域,灵柩寄京师。存者忽复过,亡没身自衰。人生处一世,去若朝露晞。年在桑榆间,影响不能追。自顾非金石,咄唶令心悲。

心悲动我神,弃置莫复陈。丈夫志四海,万里犹比邻。恩爱苟不亏,在远分日亲。何必同衾帱,然后展殷勤。忧思成疾疢,无乃儿女仁。仓卒骨肉情,能不怀苦辛?

苦辛何虑思?天命信可疑。虚无求列仙,松子久吾欺。变故在斯须,百年谁能持?离别永无会,执手将何时?王其爱玉体,俱享黄发期。收泪即长路,援笔从此辞。

[作者作品]

曹植(192~232年),三国时期曹魏诗人、文学家,建安文学的代表人物。字子建,魏武帝曹操第三子,魏文帝曹丕之弟。沛国谯(今安徽省亳州市)人。生前曾为陈王,去世后谥号"思",因此又称陈思王。后人因他文学上的造诣而将他与曹操、曹丕合称为"三曹",南朝宋文学家谢灵运更有"天下才有一石,曹子建独占八斗"的评价。曹植撰写有诗、赋、杂论等100多篇,其代表作有《洛神赋》、《赠白马王彪》、《七哀诗》等。

[相关史料]

《赠白马王彪》是一首抒情长诗,是曹植的代表作。这首诗作于黄初四年,其时,曹植、曹彪、曹彰弟兄3人一同进京朝见曹丕。结果,任城王曹彰在京莫名的死去,曹植、曹彪一同回归封地。他二人本可同行结伴,但遭到监国使者的阻拦,曹植悲愤难当,写下这首80余行的长诗,赠给他的异母弟白马王曹彪。

[译文]

序文:黄初四年正(五)月,白马王彪、任城王彰与我一起前往京城朝拜,迎奉节气。到达洛阳后,任城王不幸身死;到了七月,我与白马王返回封国。后来有司以二王返回封地之故,使我二人在归途上的住宿起居相分隔,令我心中时常忧愤!因为诀别只在数日之间,我便用诗文自剖心事,与白马王离别于此,悲愤之下,作成此篇。

在承明庐谒见我的皇兄,去时返回那旧日封国的疆土。清晨从帝都扬鞭启程,黄昏经过首阳山的日暮。伊水和洛水,多么广阔而幽深;想要渡过川流,却为没有桥梁所苦。乘舟越过翻涌的波涛,哀怨于东方漫长的旅途;回首瞻望洛阳的城楼,转头难禁我哀伤反复。

浩荡的空谷何等寥廓,山间的古木郁郁苍苍。暴雨让路途充满泥泞,污浊的石浆纵横流淌。中间的路途已绝不能再前进,改道而行,登临高峻的山冈。可是长长的斜坡直入云天,我的座马又身染玄黄之疾。

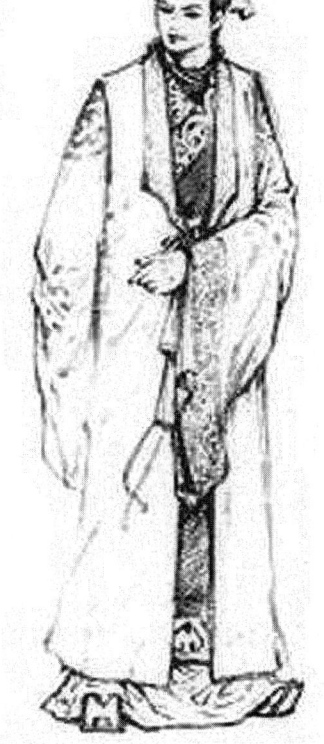

曹 植

马染玄黄,可是仍能奋蹄;我怀哀思,却曲折而忧郁。忧郁而曲折的心志啊,究竟何所牵念?只为我挚爱的王孙即将分离。原本试图一同踏上归路,中途却变更而无法相聚。可恨鸱枭鸣叫着阻扰着车马;豺狼阻绝了当途的要津;苍蝇之流让黑白混淆;机巧的谗言,疏远了血肉之亲。想要归去却无路能行,手握缰绳,不由得踟蹰难进!

踟蹰之间,此地又有什么留恋?我对王孙的思念永远没有终极!秋风激发微薄的凉意,寒蝉在我的身侧哀鸣。广袤的原野啊,多么萧条;白色的日影倏忽间向西藏匿。归鸟飞入高大的林木,翩翩然地扇动着羽翼。孤单的野兽奔走着寻觅兽群,口衔着蒿草也无暇独食而尽。感于物象触伤了我的胸怀,以手抚心发出悠长的叹息。

长叹又能有什么用处?天命已与我的意志相违!何能想到,我那同胞的兄长,此番一去,形体竟永不返归!孤独的魂魄飞翔在昔日的故土,灵柩却寄存在帝都之内。尚存之人,须臾间也将过世而去,亡者已没,我的身体已自行衰微。短暂的一生居住在这世间,忽然好比清晨蒸干的露水。岁月抵达桑榆之年的迟暮,光影和声响都已无法追回。自我审思并非金石之体,顿挫嗟叹令我满心忧悲。

心境的悲伤触动了我的形神,望弃置下忧愁不再复述哀情。大丈夫理应志在四海,纵使相隔万里也犹如比邻。假若兄弟的眷爱并无减削,分离远方,反会加深你我的情谊,又何必一定要同榻共眠,来传达你我的殷勤?过度的忧思会导致疾病,切莫沉溺在儿女之情的缧绁;只是仓卒间割舍的骨肉之情,怎能不让人心怀愁苦和酸辛!

愁苦与酸辛引起了怎样的思虑?如今我笃信了天命的可疑!向众仙寄托祈求终究虚妄,让神人赤松子久久地把我诓欺。人生的变故发生在短暂的须臾,有谁能持有百年的长寿;一旦离别永无相会之日,再执王孙的手,将要等到何期?但愿白马王啊,珍爱您尊贵的躯体,与我一同安度寿者的黄发之年;饮泪踏上漫漫的长路,从此收笔永诀,与君分离。

洛神赋并序

三国 曹植

[原文]

黄初三年,余朝京师,还济洛川。古人有言:"斯水之神,名曰宓妃。"感宋玉对楚王神女之事,遂作斯赋。其词曰:

余从京域,言归东藩,背伊阙,越轘辕,经通谷,陵景山。日既西倾,车殆马烦。尔乃税驾乎蘅皋,秣驷乎芝田,容与乎阳林,流眄乎洛川。于是精移神骇,忽焉思散,俯则未察,仰以殊观。睹一丽人,于岩之畔。乃援御者而告之曰:"尔有觌于彼者乎?彼何人斯?若此之艳也!"御者对曰:"臣闻河洛之神,名曰宓妃,然则君王所见,无乃是乎?其状若何,臣愿闻之。"

余告之曰:"其形也,翩若惊鸿,婉若游龙,荣曜秋菊,华茂春松。仿佛兮若轻云之蔽月,飘飘兮若流风之回雪。远而望之,皎若太阳升朝霞;迫而察之,灼若芙蕖出渌波。秾纤得衷,修短合度,肩若削成,腰如约素。延颈秀项,皓质呈露,芳泽无加,铅华弗御。云髻峨峨,修眉联娟,丹唇外朗,皓齿内鲜。明眸善睐,靥辅承权,瑰姿艳逸,仪静体闲。柔情绰态,媚于语言。奇服旷世,骨象应图。披罗衣之璀粲兮,珥瑶碧之华琚。戴金翠之首饰,缀明珠以耀躯。践远游之文履,曳雾绡之轻裾,微幽兰之芳蔼兮,步踟蹰于山隅。

于是忽焉纵体,以遨以嬉。左倚采旄,右荫桂旗。攘皓腕于神浒兮,采湍濑之玄芝。余情悦其淑美兮,心振荡而不怡,无良媒以接欢兮,托微波而通辞。愿诚素之先达兮,解玉佩以要之。嗟佳人之信修兮,羌习礼而明诗。抗琼珶以和予兮,指潜渊而为期。执眷眷之款实兮,惧斯灵之我欺,感交甫之弃言兮,怅犹豫而狐疑。收和颜而静志兮,申礼防以自持。

于是洛灵感焉,徙倚彷徨,神光离合,乍阴乍阳。竦轻躯以鹤立,若将飞而未翔,践椒涂之郁烈,步蘅薄而流芳。超长吟以永慕兮,声哀厉而弥长。

东晋顾恺之的《洛神赋图》

尔乃众灵杂遝,命俦啸侣,或戏清流,或翔神渚,或采明珠,或拾翠羽。从南湘之二妃,携汉滨之游女,叹匏瓜之无匹兮,咏牵牛之独处。扬轻袿之猗靡兮,翳修袖以延伫。体迅飞凫,飘忽若神,陵波微步,罗袜生尘。动无常则,若危若安,进止难期,若往若还。转眄流精,光润玉颜,含辞未吐,气若幽兰。华容婀娜,令我忘餐。

于是屏翳收风,川后静波,冯夷鸣鼓,女娲清歌。腾文鱼以警乘,鸣玉鸾以偕逝,六龙俨其齐首,载云车之容裔。鲸鲵踊而夹毂,水禽翔而为卫。于是越北沚,过南冈,纡素领,回清阳,动朱唇以徐言,陈交接之大纲。恨人神之道殊兮,怨盛年之莫当,抗罗袂以掩涕兮,泪流襟之浪浪。悼良会之永绝兮,哀一逝而异乡,无微情以效爱兮,献江南之明珰。虽潜处于太阴,长寄心于君王。忽不悟其所舍,怅神宵而蔽光。

于是背下陵高,足往神留,遗情想像,顾望怀愁。冀灵体之复形,御轻舟而上溯。浮长川而忘反,思绵绵而增慕,夜耿耿而不寐,沾繁霜而至曙。命仆夫而就驾,吾将归乎东路,揽騑辔以抗策,怅盘桓而不能去。

[作者作品]

曹植简介见《赠白马王彪》。

《洛神赋》是三国时期魏国文学名家曹植(曹子建)的浪漫主义名篇。《洛神赋》原名《感甄赋》,一般认为是因曹植被封鄄城所作;亦作《感甄赋》,"甄"通"鄄"。唐代《文选》李善注引《记》称:曹植求甄逸女未遂,为曹丕所得。甄逸女被曹丕皇后郭照谮死,曹植有感而作《感甄赋》。魏明帝改题为《洛神赋》。此说亦博得后世多人的认同。此赋以幻觉形式,叙写人神相恋,终因人神道殊,含情痛别。或以为假托洛神,寄心文帝,抒发衷情不能相通的政治苦闷。全赋多方着墨,极力描绘洛神之美,生动传神。格调凄艳哀伤,辞采华茂。洛神,洛水女神,传为古帝伏羲氏之女宓妃淹死洛水后所化。

[译文]

黄初三年,我去京师朝拜天子,回来时渡过洛水。传说洛水神灵的名字叫做宓妃(伏羲的小女儿,玩耍时淹死在洛水,死后被封为洛水之神)。宋玉将楚王遇见神女的故事写成《神女赋》,我就模仿他将这段经历写了下来,是这样的:

我从京城返回东方的封邑(鄄城)。翻过伊阙山,越过轘辕山,经过通谷,登上了景山。这时已经是夕阳西下,车马都很疲乏了。于是在铺满香草的河岸上停下车,让马儿自由自在地在芝草田里吃草歇息。我在树林中安然悠闲地走着,放眼欣赏洛水美丽的景色。忽然,感到心神受到震撼,思绪飘到了远方。猛一抬头,看到一幅奇异景象:一个美如天仙的女子正在山崖之旁。于是忙拉住随从问道:"你看到那个女子了吗?她是谁啊?真是太美了!"随从回答:"臣听说洛水的神灵叫做宓妃,那么,君王见到的莫非是她么?她相貌如何?臣很想听听。"

我说:"她长得体态轻盈柔美像受惊后翩翩飞起的鸿雁,身体健美柔曲像腾空嬉戏的游龙;容颜鲜明光彩像秋天盛开的菊花,青春华美繁盛如春天茂密的青松;行止若有若无像薄云轻轻掩住了明月,形象飘荡不定如流风吹起了回旋的雪花;远远望去,明亮洁白像是朝霞中冉冉升起的太阳,靠近观看,明丽耀眼如清澈池水中婷婷玉立的荷花;丰满苗条恰到好处,高矮胖瘦符合美感;肩部美丽像是削成一样,腰部苗条如一束纤细的白绢;脖颈细长,下颚美丽,白嫩的肌肤微微显露;不施香水,不敷脂粉;浓密如云的发髻高高耸立,修长的细眉微微弯曲;在明亮的丹唇里洁白的牙齿鲜明呈现;晶亮动人的眼眸顾盼多姿,两只美丽的酒窝儿隐现在脸颊;她姿态奇美,明艳高雅,仪容安静,体态娴淑;情态柔顺宽和妩媚,用语言难以形容;穿着奇特人间罕见,骨骼相貌像画中的仙女;她披着鲜丽明净的绫罗做的衣服,戴着雕刻华美的美玉做的耳环;黄金和翠玉作为配挂的首饰,点缀的稀世明珠照亮了美丽的容颜;她踏着绣着精美花纹的鞋子,拖着雾一样轻薄的纱裙,隐隐散发出幽幽兰香,在山边缓步徘徊;偶尔纵身跳跃,一边散步一边嬉戏;左面有彩旗靠在身边,右面有桂枝遮蔽阴凉;她正卷起衣袖将洁白细腻的臂腕探到洛水之中,采摘湍急河水中的黑色灵芝。"

我深深地爱慕上了她的贤淑和美丽,心情震荡,闷闷不乐。苦于没有好的媒人去传达爱慕之情,就用脉脉含情的眼光表达我的爱意,希望真挚的情感能先于别人向她表达,于是解下腰间的玉佩赠与她,表示要与她相约。她真是太完美了,不仅懂得礼仪而且通晓诗歌,她举起美玉与我应答,指着深深的潭水约定会面的日期。我心里充满真诚的依恋,惟恐美丽的神灵在欺骗;传说曾经有两位神女在汉

水边赠白玉给郑交甫以定终身,却背弃信言顷刻不见了,于是我惆怅犹豫将信将疑,收敛了满心欢喜,镇定情绪,告诫自己要严守男女之间的礼仪来约束控制自己。

于是洛神受到了感动,低首徘徊,五彩神光忽隐忽现忽明忽暗,竦起轻灵的身躯像仙鹤一样欲飞还留。她徘徊于香气浓郁的生满椒兰的小路上,流连在散发着幽幽花香的杜衡丛中,怅然长吟抒发长久的思慕,声音悲哀凄厉持久不息。不久众多的神灵呼朋唤友会聚过来,有的在清澈的河水中嬉戏,有的在洛神常游的沙洲上翱翔,有的在河底采摘明珠,有的在岸边拾取美丽的羽毛。洛神由湘水的娥皇、女英跟随着,由水边漫游的汉水女神陪伴着,哀叹匏瓜星的孤零无匹,同情牵牛星的寂寞独居。她举起手臂用修长的衣袖遮蔽阳光扬首眺望,轻薄的上衣在阵阵清风中随风飘动。她行动轻盈像飞鸟一样,飘逸若神深不可测;在水波上细步行走,脚下生起蒙蒙水雾;行踪不定,喜忧不明;进退难料,欲去还留,眼波柔情流动,目光神采飞扬,爱情的喜悦润泽着美丽的面容;好像有许多话含在口中,气息中散发着幽幽兰香;她花容月貌羞涩柔美,深深地吸引着我而不知身在何处。

这时风神将风停下,水神让江波不再起伏,司阴阳神敲响了天鼓,女娲唱起了清亮的歌声;文鱼腾跃簇拥车乘,玉制鸾铃叮咚作响;六条龙齐头并进,载着云车缓缓而行;鲸鲵争相跳跃夹护车驾,水鸟穿梭飞翔殷勤护卫;于是洛神越过水中的岛屿,翻过南面的山岗,回转白皙的颈项,用清秀美丽的眉目看着我,启动朱唇,缓缓陈述无奈分离的大节纲常,痛恨人与神的境遇难同,苦怨青春爱情不遂人意,举起罗袖擦拭眼泪,而泪水不禁滚滚而下沾湿了衣裳;伤心美好的聚会将永远断绝,哀怨从此别离会天各一方。没有表示爱情的信物可以相赠,就将江南的名贵玉环送给我,"虽然隐居在天界,我会时常思念君王……"还没说完,忽然行迹隐去,神光消遁,我怅然若失。

于是我翻山越岭,上下追踪,寻找洛神遗留的足迹。洛神已去,情景犹在,四下寻找,平添惆怅。我盼望洛神的影踪重新出现,于是驾起小船逆水而上,在长江之上任意漂泊不知返回,思念绵绵不绝,更增加思慕之情。夜晚,心神不安难以入睡,厚厚的晶霜沾满衣裳,直到天光大亮。无奈,命令仆夫起驾,继续我的归程。我揽住缰绳举起马鞭,在原地盘桓,久久不能离去。

首阳山赋

晋 阮籍

正元元年秋,余尚为中郎,在大将军府,独往南墙下,北望首阳山,作赋曰:

在兹年之末岁兮,端旬首而重阴。风飘回以曲至兮,雨旋转而纤襟。蟋蟀鸣乎东方兮,鹎鸠号乎西林。时将暮而无俦兮,虑凄怆而感心。振莎衣而出门兮,缨委绝而靡寻。步徙倚而遥思兮,喟叹息而微吟。将修饬而欲往兮,众而笑人。静寂寞而独立兮,亮孤植而靡因。怀分索之情一兮,秽群伪之射真。信可实而弗离兮,宁高举而自俟。聊仰首以广顾兮,瞻首阳之冈岑。树丛茂以倾倚兮,纷萧爽而扬音。下崎岖而无薄兮,上洞彻而无依。凤翔过而不集兮,鸣枭群而并栖。扬遥逝而远去兮,二老穷而来归。实囚轧而处斯兮,焉暇豫而敢誹。嘉粟屏而不存兮,故甘死而采薇。彼背殷而从昌兮,投危败而弗迟。此进谏而不合兮,又何称乎仁义?肆寿夭而弗豫兮,竞毁誉以为度。察前载之是云兮,何美论之足慕!苟道求之在细兮,焉子诞而多辞。且清虚以守神兮,岂慷慨而言之。托言于夷齐,其思长,其旨远。

校:嗟首阳之孤岭,形势窟其盘曲,面河源而抗巖,陇堛限而相属。长松落落,卉木蒙蒙。青罗落漠而上覆,穴溜滴沥而下通。高岫带乎巖侧,洞房隐於云中。忽吾睹兮二老,时采薇以从容,於是乎乃讯其所求,问其所脩:州域乡党,亲戚疋俦,何务何乐,而并兹游矣。其二老乃答余曰:吾殷之遗民也。厥胤孤竹,作蕃北湄,少名叔齐,长曰伯夷。闻西伯昌之善救,育年艾於胡耇,遂相携而随之,冀寄命乎馀寿,而天命之不常,伊事变而无方,昌伏事而毕命,子忽遘其不祥。乃兴师於牧野,遂干戈以伐商,乃弃之而来游,担不步於其乡。余閟口而不食,并卒命於山傍。

[作者作品]

阮籍(210~263年),三国时魏著名思想家、文学家。字嗣宗,陈留尉氏(今河南省尉氏县)人。父阮瑀为魏时建安七子之一。阮籍幼好学,才华超人。其容貌俊雅,志气宏放,傲然独得,任性不羁,喜怒不形于色。博览群籍,尤好老庄学说。嗜酒好啸,能琴善诗。阮籍与嵇康、山涛、向秀、刘伶、阮咸、王戎交游甚密,被称为"竹林七贤"。有《阮步兵籍》。他主要代表作品《咏怀诗》,有部分内容就是写的嵩山及嵩山的风景名胜。

《首阳山赋》阮籍创作的一篇借古抒怀赋。此赋先写作者弃官出门后的孤立无依,再写仰望首阳之吊古情怀,反孔子的"求仁而得仁"的褒扬而发惊世之语,否定伯夷与叔齐的隐居态度而提出"清虚以守神"的处世思想。全赋情感真切,起伏自然,格调清逸,哀婉动人。

[相关史料]

首阳山位于偃师市邙岭乡,为邙山在偃师境内的最高处,海拔359.1米。因"日出之初,光必先及"而得名。

[译文]

正元元年的秋季,我尚为从事中郎,在大将军府任职,独自一人前往南墙之下,向北眺望首阳山,作此赋曰:

在这一年的岁末啊,恰为一旬之首而阴气浓郁。冷风呼啸而遍吹各处啊,寒雨随风旋转而打湿了我的衣襟。蟋蟀长鸣于东侧房间啊,鹍鸠高啼于西边长林。时辰将近日暮而没有朋俦啊,心神凄怆悲切而感物伤心。挥振蒙衣而走出门户啊,系带全部断绝而无处找寻。行步徘徊而遥想遐思啊,喟然叹息而微声低吟。将要整饰衣容而意欲前往啊,众僚属露齿参差而嗤笑本人。沉静中寂寞无聊而独自站立啊,的确是茕然孤单而无靠无依。胸怀着超脱俗世的精粹纯情啊,鄙视那众多虚伪的影射淳真。我的心志确实是值得珍重而不能抛弃啊,宁可高举遐飞而自弃俗尘。

聊且挺身抬头而广视远眺啊,瞻望首阳山的山冈高岑。树木丛聚繁茂而相互倾倚啊,枝叶纷纭萧讽而随风扬音。山的下部崎岖不平而没有深草啊,山的上部通达宽敞而无所凭依。凤凰飞过此山而不降落休息啊,鸣枭结队群飞而并身止栖。凤凰高飞遥逝而向远离去啊,伯夷叔齐二老窘迫穷困而来此附归。实在是囚拘受罪而处于此地啊,哪有闲情逸致而敢于轻言是非。美好的谷物被摒弃而不复存在啊,所以伯夷叔齐甘愿饿死而采食野薇。他们背弃殷商而随从文王姬昌啊,投奔危败之主而不迟疑。此时武王进军而不与之应合啊,又怎能称之为奉行仁义?他们听凭自己的生命长短而无所犹豫啊,却争逐于诋毁和赞誉并以之为人生的标准与法度。细省前代的这些记载啊,有何美好评价足以敬慕?如果道之所求在于微贱无闻啊,为什么二子放诞妄谈而多有言辞?姑且清净虚无而静守精神啊,何必情绪激昂而论述评说!

琴赋序(节选)

三国　嵇　康

[原文]

余少好音声,长而玩之,以为物有盛衰,而此无变;滋味有厌,而此不倦。可以导养神气,宣和情志。处穷独而不闷者,莫近于音声也!是故复之而不足,则吟咏以肆志;吟咏之不足,则寄言以广意。

然八音之器,歌舞之象。历世才士并为之赋颂,其体制风流,莫不相袭。称其材干。则以危苦为上;赋其声音,则以悲哀为主;美其感化。则以垂涕为贵。丽则丽矣,然未尽其理也。推其所由,似元不解音声;览其旨趣,亦未达礼乐之情也。众器之中,琴德最优。故辍叙所怀,以为之赋。

[作者作品]

稽康琴赋

嵇康(224~263年),三国时曹魏著名思想家、音乐家、文学家。字叔夜,魏国谯郡铚县(今安徽省宿州市西)人。正始末年与阮籍等竹林名士共倡玄学新风,主张"越名教而任自然""审贵贱而通物情",为"竹林七贤"的精神领袖。"正始文学"的主要代表。少时孤贫,博览群书,长好老庄,任性简傲。《晋书·嵇康传》载:"天质自然,恬静寡欲""有奇才,远迈不群"。他是曹魏宗室的女婿,曾娶曹操曾孙女,官曹魏中散大夫,世称嵇中散。

嵇康生前当曹魏与司马氏两集团争夺权势的斗争愈趋激烈的时代,长期居于嵩山地域,对教条礼法和官场仕途不以为然,对当权者司马氏采取不合作态度,宁愿在洛阳城外做一个自由自在的打铁匠,提出"非汤武而薄周礼""越名教而任自然"的主张。司马昭的心腹钟会想结交嵇康,受到冷遇,从此结下仇隙。嵇康的友人吕安被其兄诬以不孝,嵇康出面为吕安辩护,钟会即劝司马昭乘机除掉吕、嵇。公元263年,司马昭下令将嵇康处以死刑。据《晋书·嵇康传》载,钟会劝司马昭杀掉嵇康时说:"嵇康卧龙也,不可起。公无忧天下,顾以康为虑耳。"嵇康下狱,神气激扬。临刑,从容自若,面不改色,向其兄索五弦琴,弹起《广陵散》曲,感慨地说:"《广陵散》于今绝矣!"

嵇康通晓音乐,从他的《琴赋》中可以看出,同时他也喜爱弹琴,《晋书·嵇康传》云:"(康)博览无不该通,长好老庄。……弹琴咏诗,自足于怀"。不惟独中散妙解音律,善于弹琴,与他同时代的文人名士多能通晓音乐。这是因为魏晋时代是文人个性张扬与自觉的时代,他们多注重个人修养,好清谈,畅玄风,追求一种名士风度,饮酒、吃药固不可少,弹琴书画也是样样精通。嵇康的《琴赋序》有着丰厚的理论内涵与价值。一是对以往音乐题材作品"危苦""悲哀"风格的概括。二是导养神气、宣和情志的功能观。三是丽藻与情理兼善的主张。

[译文]

我从小就喜欢音乐,长大之后还经常学习它。我认为,物有盛有衰,而音乐则不然。美味有时吃腻,音乐却百听不厌。它可以养生长寿,陶冶性情。使人处于逆境而不忧愁者,莫过于音乐。因此,反复奏曲感到不足,就吟唱诗歌来抒发情志;吟唱还感到不足,就撰写辞赋来表达自己的心情。这样各种乐器,各种舞蹈,历代作家都曾为之作赋,但其体裁风格,无不互相因袭。称赞制作乐器的的材料,则以产自高山峻岭为上;描写乐器的声音,则以悲哀为主;赞美乐器的感人作用,则以令人下泪为贵。这些说法,美是很美,但却没有把道理讲透。究其根源,大概是不懂音乐所致。这些说法的宗旨,并没有表达出礼乐之情。在众多乐器之中,琴的性质最优,故把自己的体会讲述出来,为琴作赋。

思旧赋

魏晋 向 秀

[原文]

余与嵇康、吕安居至接近,其人并有不羁之才;然嵇志远而疏,吕心旷而放,其后各以事见法。嵇博综技艺,于丝竹特妙。临当就命,顾视日影,索琴而弹之。余逝将西迈,经其旧庐。于时日薄虞渊,寒冰凄然。邻人有吹笛者,发音寥亮,追思曩昔游宴之好,感音而叹,故作赋云:

将命适于远京兮,遂旋反而北徂。济黄河以泛舟兮,经山阳之旧居。

瞻旷野之萧条兮,息予驾乎城隅。践二子之遗迹兮,历穷巷之空庐。

叹黍离之愍周兮,悲麦秀于殷墟。惟古昔以怀今兮,心徘徊以踌躇。

栋宇存而弗毁兮,形神逝其焉如!昔李斯之受罪兮,叹黄犬而长吟。

悼嵇生之永辞兮,寄余命于寸阴。听鸣笛之慷慨兮,妙声绝而复寻。

停驾言其将迈兮,遂援翰而写心!

[作者作品]

向秀(约227~272年),魏晋竹林七贤之一。字子期,河内怀(今河南武陟西南)人。官至黄门侍郎、散骑常侍。向秀雅好读书,与嵇康、吕安等人相善,隐居不仕。景元四年(263年)嵇康、吕安被司马氏害死后,向秀应本郡的郡上计到洛阳,受司马昭接见任散骑侍郎、黄门散骑常侍、散骑常侍,与任恺等相善。向秀喜谈老庄之学,曾注《庄子》,"妙析奇致,大畅玄风"。注未成便过世,郭象承其《庄子》余绪,成书《庄子注》33篇。另著《思旧赋》《难嵇叔夜养生论》。

[相关史料]

三国曹魏后期,向秀与嵇康、阮籍、刘伶、阮咸、山涛、王戎等相与友善,常游宴于竹林之下,故世称竹林七贤。向秀与嵇康友情最笃挚。有一时期,嵇康曾锻铁"以自赡给",向秀就拉风箱,做助手,两人"相对欣然,傍若无人"。有一次名公子钟会来访,嵇康"箕踞而锻",好半天也不打个招呼。钟会讨了个没趣,走时,嵇康还嘲问道:"何所闻而来,何所见而去?"恼得钟会一直衔恨在心。这时,司马氏已大权在握,正欲取曹魏而代之,很在乎这些名士的态度,因为这关系到一般士人的向背。山涛和王戎死心塌地加入了司马氏集团。向秀与阮籍等人尽管对司马氏

向 秀

不满,却不愿以卵击石,便以醉酒佯狂、隐居缄默来避祸全身。

嵇康本来也是完全可以采取避世远祸做法。不过,嵇康的妻子是曹操的曾孙女,这种联姻关系,使他在曹魏与司马氏的权力斗争中,很难超然物外。魏景元二年(261年),山涛从吏部郎迁官,推举嵇康以自代,嵇康答以《与山巨源绝交书》,对山涛热衷功名与司马氏专政极尽冷嘲热讽嬉笑怒骂之能事,声明自己不愿同流合污,表现了这位名士峻急刚烈的另一面的性格。他在信中公然"非汤武而薄周孔",专断朝政的司马昭"闻而怒焉"。嵇康是因吕安案件牵连入狱,才被政敌找到借口。吕安(?~263年),字仲悌,东平(今山东东平县)人,为嵇康好友。《魏氏春秋》说吕安性"至烈,有济世志力",更兼他向为嵇康的高致所折服,也是司马氏篡位的有力反对者。移居山阳后,他与向秀也成了好友,一起灌园务农。后因吕安之兄吕巽与吕安之妻有染,便诬陷其弟,嵇康调停过二吕的矛盾。但行止卑污的吕巽投靠司马氏,最终仍以不孝之罪把兄弟送进了大牢。吕安遂引嵇康为证,力辩自己无罪。嵇康一方面作《与吕长悌绝交书》,怒斥吕巽"苞藏祸心",不屑与交;一方面为朋友毅然赴官,"义不负心,保明其事",被收入狱。钟会这时已任司隶校尉,"当世与夺,无不综典",提醒司马昭说:"嵇康是潜卧的龙,最应提防。"又说起数年前毌丘俭起兵反对司马氏时,嵇康曾准备响应,故而力主"因衅除之",免贻后患。史载:嵇康系狱的消息传出,前来探狱慰解的"豪俊"之士络绎不绝;因魏晋之际嵇康才学并世无两,有三千多太学生联名上书,愿意拜他为师,要求当局赦免。见嵇康这么得士人之心,司马昭更不会放过他。景元四年(263年)深秋,嵇康、吕安被害于洛阳东市。

司马氏政权显然是借嵇康之头警告那些拒不合作的士人。在这种险恶的情势下,考虑再三,向秀决定奉本郡之命,以计掾吏入都求官。司马昭一见便挖苦说:"听说你有箕山归隐之志,何以在此?"向秀巧妙答道:"巢由、许行等狷介隐士,不体会尧舜之心,有什么值得效慕的?"既替隐而复仕的矛盾举止自我解嘲,又把路人皆知其野心的司马昭吹捧为尧舜,《晋书·向秀传》说,司马昭闻言"甚悦",向秀因而渡过了劫波,保全了性命。其后,他在朝"容迹而已",做晋朝的官而不尽责,最终死在散骑常侍的任上。

尽管向秀慑于司马氏的淫威,被迫作出让步,但他不像山涛那样,良知泯灭,廉耻丧尽。就在入洛求仕的归程中,他没有径返故乡怀县(今河南武陟),而是绕道北上,特地往访与好友嵇康、吕安一起生活过的山阳旧居,为怀念故友嵇康和吕安写下了这一千古名篇。

[译文]

我和嵇康、吕安的行止相近,他们都有不受拘束的才情。可是嵇康的志向高远而疏阔,吕安的心胸旷达而豪放,之后各自因为一些事情而被杀。嵇康精通所有的技艺,对于音律尤其高妙。当临刑之时,他回头看了看太阳的影子,要过琴来弹奏。正值我将要西行,路过我们旧日的居所,当此之时,太阳渐渐地迫近它的沉落之地,寒冷的冰霜越发显出凄凉的样子,邻里有人吹笛,吹出的声音嘹亮悲摧,追怀往昔一起游玩宴乐的情分,我被这笛声触动不禁深深叹息,所以写下这样的赋。

奉命前往遥远的上京,又回身向北而去。泛舟渡过黄河,路过昔日在山阳的故居。举目看到萧条的旷野,在城脚下停下我的车舆。重履二人留下的遗迹,经过深巷中的空屋。感叹《黍离》的歌声深切地哀悯西周的宗庙,悲伤《麦秀》的调子飘荡在殷朝的废墟。因为抚摸到古老的哀愁而怀念故去的人,我的心徘徊而踌躇。梁栋屋宇都历历存在而没有丝毫损毁,故人的形容和精神已远逝不知所去。当年李斯受罪被杀,为着不能再牵黄犬出上蔡门打猎而恋恋不舍,叹息长吟。我哀悼嵇生将要永辞世间的最后一刻,回顾日影再一次弹响鸣琴。人生的缘分遭际聊寄于瞬间的领悟遇合,剩下的美好生命托付给哪怕只有一寸的光阴。我听到笛子的声音爽朗慷慨,仿佛嵇生绝世的清音得以重临。我的车驾将重新起程,于是执笔写下此刻的心情。

潘岳赋文(三篇)

西晋 潘 岳

[作者作品]

潘岳简介见《阳城刘氏妹哀辞》。

一、西征赋

[原文]

岁次玄枵,月旅蕤宾,丙丁统日,乙未御辰。潘子凭轼西征,自京徂秦。乃喟然叹曰:古往今来,邈矣悠哉!寥廓惚恍,化一气而甄三才。此三才者,天地人道。唯生与位,谓之大宝。生有脩短之命,位有通塞之遇,鬼神莫能要,圣智弗能豫。

当休明之盛世,託菲薄之陋质。纳旌弓于鈐台,讚庶绩于帝室。嗟鄙夫之常累,固既得而患失。无柳季之直道,佐士师而一黜。

武皇忽其升遐,八音遏于四海。天子寝于谅闇,百官听于冢宰。彼负荷之殊重,虽伊、周其犹殆。窥七贵于汉庭,畴一姓之或在?无危明以安位,祇居逼以示专。陷乱逆以受戮,匪祸降之自天。孔随时以行藏,蘧与国而舒卷。苟蔽微以缪章,患过辟之未远。悟山潜之逸士,卓长往而不返。陋吾人之拘挛,飘萍浮而蓬转。寮位儡其隆替,名节漼以陊落。危素卵之累殼,甚玄燕之巢幕。心战惧以兢悚,如临深而履薄。夕获归于都外,宵未中而难作。匪择木以栖集,鹙林焚而鸟存。遭千载之嘉会,皇合德于乾坤。弛秋霜之严威,流春泽之渥恩。甄大义以明责,反初服于私门。

皇鉴揆余之忠诚,俄命余以末班。牧疲人于西夏,携老幼而入关。丘去鲁而顾叹,季过沛而涕零。伊故乡之可怀,疚圣达之幽情。矧匹夫之安土,邈投身于镐京。犹犬马之恋主,窃託慕于阙庭。眷鞏、洛而掩涕,思缠緜于坟茔。

尔乃越平乐,过街邮;秣马皋门,税驾西周。远矣姬德,兴自高辛。思文后稷,厥初生民。率西水浒,化流岐幽。祚隆昌、发,旧邦惟新。旋牧野而历兹,愈守柔以执竞;夜申旦而不寐,忧天保之未定;惟泰山其犹危,祀八百而余庆。鉴广王之骄淫,窜南巢以投命;坐积薪以待然,方指日而比盛。人度量之乖舛,何相越之辽迥!

考土中于斯邑,成建都而营筑;既定鼎于郏鄏,遂钻龟而启繇。平失道而来迁,繄二国而是佑;岂时王之无僻?赖先哲以长懋。望圉、北之两门,感虢、郑之纳惠。讨子颓之乐祸,尤阙西之劾戾。重戮带以定襄,弘大顺以霸世。灵壅川以止鬭,晋演义以献说。咨景、悼以迄丐,政陵迟而弥季。俾庶朝之构逆,历两王而干位。踰十叶以逮赧,邦分崩而为二。竟横噬于虎口,输文武之神器。

澡孝水而濯缨,嘉美名之在兹。夭赤子于新安,坎路侧而瘗之。亭有千秋之号,子无七旬之期。虽勉励于延吴,实潜恸乎余慈。

眄山川以怀古,怅揽辔于中涂。虐项氏之肆暴,坑降卒之无辜。激秦人以归德,成刘后之来苏。事回沈而好还,卒宗灭而身屠。

经渑池而长想,停余车而不进。秦虎狼之强国,赵侵弱之馀烬。超入险而高会,杖命世之英蔺。

耻东瑟之偏鼓，提西缶而接刃；辱十城之虚寿，奄咸阳以取儁。出申威于河外，何猛气之咆勃；入屈节于廉公，若四体之无骨。处智勇之渊伟，方鄙吝之忿悁，虽改日而易岁，无等级以寄言。

当光武之蒙尘，致王诛于赤眉。异奉辞以伐罪，初垂翅于回谿；不尤眚以掩德，终奋翼而高挥。建佐命之元勳，振皇纲而更维。

登崤坂之威夷，仰崇嶺之嵯峨。皋託坟于南陵，文违风于北阿。塞哭孟以审败，襄墨縗以授戈。曾只轮之不返，鍱三师以济河。值庸主之矜愎，殆肆叔于朝市。任好绰其余裕，独引过以归己。明三败而不黜，卒陵晋以雪耻。岂虚名之可立？良致霸其有以。

降曲崤而怜虢，託与国于亡虞。贪诱赂以卖邻，不及腊而就拘。垂棘反于故府，屈产服与晋舆。德不建而民无援，仲雍之祀忽诸。

我徂安阳，言涉陕郛，行乎漫澶之口，憩乎曹阳之墟。美哉邈乎！兹土之旧也，固乃周、邵之所分，二南之所交。麟趾信于关雎，騶虞应乎鹊巢。

憝汉氏之剥乱，朝流亡以离析。卓滔天以大滁，劫宫庙而迁迹。俾万乘之盛尊，降遥思于征役。顾请旋于催、汜，既获许而中惕；追皇驾而骤战，望玉辂而纵镝。痛百寮之勤王，咸毕力以致死。分身首于锋刃，洞胸腋以流矢；有褰裳以投岸，或攘袂以赴水，伤桴栰之褊小，撮舟中而掬指。

升曲沃而惆怅，惜兆乱而兄替；枝末大而本披，都偶国而祸结。藏札飘其高厉，委曹吴而成节；何庄武之无耻，徒利开而义闭。

蹑函谷之重阻，看天险之衿带，迹诸侯之勇怯，筹嬴氏之利害：或开关以延敌，竟遯逃以奔窜；有噤门而莫启，不窥兵于山外。连鸡互而不棲，小国合而成大。岂地势之安危？信人事之否泰。

汉六叶而拓畿，县弘农而远关。厌紫极之闲敞，甘微行以游盘。长傲宾于柏谷，妻覩貌而献餐；畴匹妇其已泰，胡厥夫之缪官！昔明王之巡幸，固清道而后往；惧衔橜之或变，峻徒御以诛赏。彼白龙之鱼服，挂豫且之密纲。轻帝重于天下，奚斯渐之可长。

吊戾园于湖邑，谅遭世之巫蛊。探隐伏于难明，委谗贼之赵庞。加显戮于储贰，绝肌肤而不顾。作归来之悲台，徒望思其何补？

纷吾既迈此全节，又继之以盘桓。问休牛之故林，感微名于桃园。发阌乡而警策，憩黄巷以济潼。眺华岳之阴崖，覯高掌之遗迹。忆江使之反璧，告亡期于祖龙。不语怪以徵异，我闻之于孔公。

愠韩、马之大憨，阻关、谷以称乱。魏武赫以霆震，奉义辞以伐叛。彼虽众其焉用？故制胜于庙算。砰扬桴以振尘，缣瓦解而冰泮。超遂遁而奔狄，甲卒化位京观。

倦狭路之迫隘，轨崎岖以低仰。蹈秦郊而始辟，豁爽塏以宏壮。黄壤千里，沃野弥望。华实纷敷，桑麻条畅。邪界褒斜，右滨汧陇，宝鸡前鸣，甘泉后涌；面终南而背云阳，跨平原而连幡冢。九嵕巀嶭，太一巃嵷；吐清风之飀戾，纳归云之郁蓊。南有玄灞素浐，汤井温谷；北有清渭浊泾，兰池周曲。浸决郑、白之渠，漕引淮海之粟，林茂有鄠之竹，山挺蓝田之玉。班述陆海珍藏，张叙神皋奥区。此西宾所以言于东主，安处所以听于凭虚也，可不谓然乎？

劲松彰于岁寒，贞臣见于国危。入郑都而抵掌，义桓友之忠规。竭股肱于昏主，赴涂炭而不移；世善职于司徒，缁衣弊而改为。

履犬戎之侵地，疾幽后之诡惑。举伪烽以沮众，淫嬖褒以纵慝。军败戏水之上，身死骊山之北。赫赫宗周，咸为亡国。

又有继于此者，异哉秦始皇之为君也！倾天下以厚葬，自开辟而未闻。匠人劳而弗图，俾生埋以报勤。外罹西楚之祸，内受牧竖之焚。语曰：行无礼必自及。此非其効与？

乾坤以有亲可久,君子以厚德载物。观夫汉高之兴也,非徒聪明神武、豁达大度而已也;乃实慎终追旧,笃诚款爱;泽靡不渐,恩无不逮。率土且弗遗,而况于邻里乎?况于卿士乎?

于斯时也,乃摹写旧丰,制造新邑;故社易置,枌榆迁立。街衢如一,庭宇相袭;混鸡犬而乱放,各识家而竞入。

籍含怒于鸿门,沛踟蹰而来王。范谋害而弗许,阴授剑以约庄。白刃以万舞,危冬叶之待霜。履虎尾而不噬,实要伯于子房。樊抗愤以卮酒,咀彘肩以激扬。忽蛇变而龙摅,雄霸上而高骧。曾迁怒而横撞,碎玉斗其何伤?

婴胄组于轵涂,投素车而肉袒。疏饮饯于东都,畏极位之盛满。金墉郁其万雉,峻嵲峭以绳直。庚饮马之阳桥,践宜平之清閾。都中杂遝,户千人亿;华夷士女,骈田逼侧。展名京之处仪,即新馆而莅职;励疲钝以临朝,勖自强而不息。

于是孟秋爰谢,听览余日,巡省农功,周行庐室。街里萧条,邑居散逸。营宇寺署,斯廛管库,蕞芮于城隅者,百不处一。所谓尚冠、脩成、黄棘、宣明、建阳、昌阴、北焕、南平,皆夷漫涤荡,无其处而有其名。尔乃阶长乐,登未央,汎太液,凌建章;萦驳姿而欲骀烫,辒辌诣而轥承光,徘徊桂宫,惆怅柏梁。鸑雉雏于台陂,狐兔窟于殿旁;何黍苗之离离,而余思之芒芒!洪钟顿于毁庙,乘风废而弗县;禁省鞠为茂草,金狄迁于灞川。

怀乎萧、曹、魏、邴之相,辛、李、卫、霍之将;衔使则苏属国,震远则张博望;教敷而彝伦叙,兵举而皇威畅;临危而智勇奋,投命而高节亮。暨乎柘侯之忠孝淳深,陆贾之优游宴喜;长卿、渊、云之文,子长、政、骏之史;赵、张、三王之尹京,定国、释之之听理;汲长孺之正直,郑当时之推士;终童山东之英妙,贾生洛阳之才子。飞翠緌,拖鸣玉,以出入禁门者众矣。或被发左衽,奋迅泥滓;或从容傅会,望表知里。或著显绩而婴时戮;或有大才而无贵仕。皆扬清风于上列,垂令闻而不已。想珮声之遗响,若铿锵之在耳。当音、凤、恭、显之任势也,乃熏灼四方,震耀都鄙。而死之日,曾不得与夫十余公之徒隶齿。才难,不其然乎?

望渐台而扼腕,枭巨猾而余怒。揖不疑于北阙,轵枥里于武库。酒池鉴于商辛,追覆车而不寤;曲阳僭于白虎,化奢淫而无度。命有始而必终,孰长生而久视?武雄略其焉在?近惑文成而溺五利。侔造化以制作,穷山海之奥秘。灵若翔于神岛,奔鲸浪而失水;曝鳞骼于漫沙,陨明月以双坠。擢仙掌以承露,干云汉而上至。致邛、蒟其奚难?惟余欲而是恣。纵逸游于角觝,络甲乙以珠翠。忍生民之减半,勤东岳以虚美。超长怀以遐念,若循环之无赐。

较西朝之焕炳,次后庭之猗靡。壮当熊之忠勇,深辞辇之明智。卫鬒发以光鉴,赵轻体之纤丽。咸善立而声流,亦宠极而祸侈。

津便门以右转,究吾境之所暨。掩细柳而抚剑,快孝文之命帅。周受命以忘身,明戎政之果毅;距华盖于垒和,案乘舆之尊答;肃天威之临颜,率军礼以长擅。轻棘、霸之儿戏,重条侯之倨贵。

索杜邮其焉在?云孝里之前号。悯辍驾而容与,哀武安以兴悼。争伐赵以徇国,定庙筹之胜负;扞矢言而不纳,反推怨以归咎;未十里而迁路,寻赐剑以刎首。嗟主闇而臣嫉,祸于何而不有?

窥秦墟于渭城,冀阙缅其堙尽;觅陛殿之余基,裁岐岠以隐嶙。想赵使之抱璧,浏眄榼以抗愤。燕图穷而荆发,纷绝袖而自引。筑声厉而高奋,狙潜铅以脱臏。据天位其若兹,亦狼狈而可愍!简良人以自辅,谓斯忠而鞅贤。寄苛制于捐灰,矫扶苏于朔边。儒林填以坑窜,诗书炀而为烟。国灭亡以断后,身刑辕以启前。商法焉得以宿,黄犬何可得牵?野蒲变而为脯,苑鹿化以为马;假谏逆以天权,钳众口而寄坐;兵在颈而顾问,何不早而告我?愿黔黎其谁听,惟请死而获可。健子婴之果决,敢讨贼以

纡祸;势土崩而莫振,作降王于路左。萧收图以相刘,料险易与众寡;羽天与而弗取,冠沐猴而纵火。贯三光而洞九泉,曾未足以喻其高下也。

感市闾之蕞井,叹尸韩之旧处。丞属号而守阙,人百身以纳赎。岂生命之易投?诚惠爱之洽著。讦望之以求直,亦余心之所恶。想夫人之政术,实幹时之良具。苟明法以释憾,不爱才以成务;弘大体以高贵,非所望于萧传。

造长山而慷慨,伟龙颜之英主。胸中豁其洞开,群善湊而必举。存威格乎天区,亡坟掘而莫御。临揱坎而累拚,步毁垣以延。

越安陵而无讥,谅惠声之寂寞。吊爰丝之正义,伏梁剑于东郭。讯景皇于阳丘,奚信谮而矜谑?陨吴嗣于局下,盖发怒于一博;成七国之称乱;飜助逆以诛错。恨过听而无讨,兹沮善而劝恶。

皆孝元于渭茔,执奄尹以明贬。襃夫君之善行,废园邑以崇俭。过延门而责成,忠何辜而为戮?陷社稷之王章,俾幽死而莫鞫;怠淫嬖之凶忍,勤皇统之孕育。张舅氏之奸渐,贻汉宗之倾覆。

刺哀主于义域,僣天爵于高安。欲法尧而承羞,永终古而不刊。瞰康园之孤坟,悲平后之专絜。殃厥父之篡逆,蒙汉耻而不雪。激义诚而引决,赴丹爓以明节;投宫火而焦糜,从灰熛而俱灭。

驽横桥而旋轸,历敝邑之南垂。门磶石而梁木兰兮,构阿房之屈奇。疏南山以表阙,倬樊川以激池。役鬼佣其犹否,矧人力之所为?工徒斲而未息,义兵纷以交驰。宗桃汙而为沼,岂斯宇之独镳。

由伪新之九庙,夸宗虞而祖黄。驱吁嗟而妖临,搜佞哀以拜郎。诵六艺以饰奸,焚诗书而面牆。心不则于德义,虽异术而同亡。

宗孝宣于乐游,绍衰绪以中兴。不获事于敬养,尽加隆于园陵。兆惟奉明,邑号千人。讯诸故老,造自帝询。隐王母之非命,纵声乐以娱神;虽靡率于旧典,亦观过而知仁。

凭高望之阳隈,体川陆之汙隆。开襟乎清暑之馆,游目乎五柞之宫。交渠引漕,激溅生风,乃有昆明池乎其中。其池则汤汤汗汗,混瀁弥漫,浩如河汉;日月丽天,出入乎东西;旦似汤谷,夕类虞渊。昔豫章之名宇,披玄流而特起,仪景星于天汉,列牛女以双峙。图万载而不倾,奄摧落于十纪;擢百寻之层观,今数仞之餘趾。振鹭于飞,凫跃鸿渐。乘云颉頏,随波澹淡。瀺灂惊波,唼喋菱芡。华莲烂于渌沼,青蕃蔚乎翠潋。

伊兹池之肇穿,肆水战于荒服;志勤远以极武,良无要于后福。而菜蔬芼实,水物惟错,乃有赡乎原陆。在皇代而物上,故毁之而又复。凡厥寮司,既富而教。咸率贫惰,同整概椁。收罟课获,引缴举效。鳏夫有室,愁民以乐。徒观其鼓枻回轮,灑钩投网,垂饵出入,挺叉来往。纤经连白,鸣桹厉响。贯鳃尾,掣三牵两。于是弛青鲲于網钜,解赪鲤于黏徽;华魴跃鳞,素鰋扬鬐。饔人缕切,鸾刀若飞,应刃落俎,霍霍霏霏。红鲜纷其初载,宾旅辣而迟御。既餐服以属厌,泊恬静以无欲。回小人之腹,为君子之虑。

尔乃端策拂茵,弹冠振衣,徘徊丰镐,如渴如饥。心翘懃以仰止,不加敬而自祗。岂三圣之敢梦?窃十乱之或希,经始灵台,成之不日;惟丰及镐,仍京其室。庶人子来,神降之吉;积德延祚,莫二其一。永惟此邦,云谁之识?越可略闻,而难臻其极。子嬴锄以借父,训秦法而著色;耕让畔以闲田,沾姬化而生棘。苏张喜而诈骋,虞芮愧而讼息。由此观之,土无常俗,而教有定式。上之迁下,均之埏埴。五方杂会,风流溷淆,惰农好利,不昏作劳。密迩猃狁,戎马生郊;而制者必割,实存操刀。人之升降,与政隆替。杖信则莫不用情,无欲则赏之不窃。虽智弗能理,明弗能察;信此心也,庶免夫戾,如其礼乐,以俟来哲。

[相关史料]

潘岳在撰写《西征赋》前,其政治背景相当曲折。晋武帝在位时,他曾在地方上任过"邑宰"(县令),后一度担任过尚书度支郎(财务一灯的职务)。不久即因故被免职。在晋初统治阶级内部斗争中,潘岳先是依附外戚杨骏,杨骏以惠帝母杨太后的关系,攫取了太尉的高职,入朝辅政。由于受到杨骏的赏益。潘岳便成了其亲信之一,被任命为太傅主簿(掌管文书印鉴的官员)。正当他春风得意之时,杨骏于元康元年(291年)被惠帝的贾后所杀,其党徒数千人同时被处死。潘岳亦险遭不测,由于受到好友公孙宏(时任楚王王长史)的庇护,于幸免中出任长安县令。《西征赋》便是潘岳于元康二年(292年)由洛阳赴长安时所记的一路上的心情写照和旅途见闻。

洛阳是西晋的国都,而长安又是西周、西汉的政治中心。两地以及附近的城邑古迹可称比比皆是,美不胜收。潘岳从此经过,自然会引起千端万绪的遐想,对曾在这一带出现过的历史往事感慨万千。因此,本文的绝大部分篇幅并不是写景,而是在咏史,更确切地说,是赋中的"史论"。

作者一方面讴歌了周代开国之初的盛世景象和汉代刘邦政权的不朽业绩。而另一方面又无情地鞭挞了诸如周幽王、秦始皇、王莽、董卓等暴君佞臣的累累罪行。他能够做到言之有据,立论公允,而又给人们一种笔锋犀利的感觉。他对人物评论的标准的确有不符之处(如提到刘邦在取得胜利后曾对项羽的宗亲进行屠戮等),但这可能是当时有过这样的传闻,无伤于大体。

潘岳在逃脱了诛杀之灾后不久便去长安就职,这是一件值得庆幸的事,也可以说是获得了一次能充分展现自己从政才能的绝好时机。因此,他在赋中不时地以歌颂历史人物为契机从而表达了自己的从政钢领:"凡厥寮司,既富而教,咸帅贫情,同整楫棹……夫有室,愁民以乐。""士无常俗,而教育有定式;上之迁下,犹钩之埏埴。""杖信则莫不用情,无欲则赏之不窃。"从言谈话语中可以看出,他已经为自己未来的工作勾画出了一幅蓝图。

潘岳西行

通读潘岳的《西征赋》,《西征赋》相等于韵文体的游记,在辞赋中属于别致的一类。此文规模宏大,描写也较细腻,不管是对描绘沿途的风物,或是记述有关的古人古事,都是颇具匠心。其写作上的一个突出特点,是长于翻用成语,融会史事。特别是在长篇巨制的结构中,运用各种语调,充分地表现出生动变化的崭新风格,打破了汉赋中的一些陈规陋习,开启了后来作家的多种门径,可作为嵩山地区晋赋的代表之作。

[译文]

元康二年五月十八日那天,我坐在车上向西开始了征途,从京都洛阳前往长安。这时我叹息着说:古往今来的历史,确实是太久远了!广远而又令人感到恍惚,从开天辟地时混沌一气而产生了天、地、人三才。所谓三才,就是天、地、人的大道。只有寿命和禄位,才称得起是最宝贵的。寿命有长有短,禄位有顺畅和阻滞,这种现象连鬼神也无法预定,连圣贤也无法预期。

我生活在尽善尽美的太平盛世,寄托了我这孤陋寡闻的庸才。受到了皇室的重用,为国家做出了一些微薄的政绩。可叹的是常为世俗诸琐事所累,还有那种患得患失的表现。我缺乏的是柳下惠那

种直道,在士师的职位上一再被黜。开国的武帝不幸逝世了,全国都停止了娱乐以表示哀悼。当今的天子正处在国丧之时啊,官员们在政务上都听命于宰阳。宰相担任的重担实在太重啊,即便是伊尹,周公那样的贤相也会感到吃力。汉室曾有七姓外戚权贵,其后还有哪一姓能安然存在。缺乏预见危机的眼光以保全其禄位,只是采取威逼人主的手段来表现自己的专权。身陷乱党之手而被杀戮,这不能说是祸从天降。孔子能够根据当时的形势而决定自己是否应该从政,蘧伯玉能够根据国君是否正直而决定自己是否应该出仕。如果不能觉察隐居于山林的高士们,他们是多么超群拔俗而不愿回到世间。可叹的是我们受到了世俗的约束,好像浮萍,蓬草那样随波逐流。随着地位的有时降落,个人的名节也会一落千丈。危险的处境犹如鸡蛋又叠起那样摇摇欲坠,又好像燕子在帐幕里那样危险。心惊肉跳而又小心翼翼,好像面临深渊而足踏薄冰。晚上获准离开国都之外,不到半夜便遇难而亡。如果不是事前选择了安全的环境,树林被焚烧而飞鸟能够存在的可能性就太少了。我幸运遇到了千年不遇的好时代,皇帝的恩德布满乾坤。像秋霜那样的严峻气候有所缓和,像春天那样温暖的厚恩又来到了。用大义的标准来要求我,并让我回家听命。

  皇帝看到我是个忠诚的人,便任命我担任长安的县令。管理着疲惫不堪的当地的百姓,我便携带着家眷前去入关上任。当年孔子在离开鲁国的家乡时曾发出感叹,汉高祖在返还故乡沛地时曾伤怀落泪。这是由于故乡对人们来说是值得怀念的,即便是圣达的人士也会抒发出内心的深情。何况一般的安土重迁的平庸之辈,现在投身于周代的镐京。这就好像犬马也会留恋自己的主人一样,对天子所居的庙堂恋恋不舍。难以割舍的巩县和洛阳一带,在我脑海中萦绕着的是岳父的坟茔。我随后便经过平乐,历经街邮,在皋门桥饲喂马匹,在西同这个地方休息片刻。周天子的盛德太悠远了,可以追溯到上古的高辛氏。周代的始祖后稷文德隆盛,他的后代繁衍昌盛。当初周文王的祖父为避狄侵扰而率部迁于岐地,其德化所及遍及布岐、豳一带。文王,武王的福运高超于当时,使得原有的周政面目一新。从在牧野战胜了商纣王之后,更加讲求怀柔之道以君临天下。通宵达旦不能入睡,担心的是上天所赐的禄位还不稳定。周代的基业虽然像泰山那样稳固,但自己仍认为处境危险,政权历时八百余年而余福犹在。我又看到夏代的亡国之君桀为人骄奢淫逸,最后被流放到南巢而毕命。他当初的处境好像坐在堆积的干柴上等待燃烧,自己还拿太阳比喻个人不会消失。人们的心胸是多么的不同,其差别又是那么大。

  当初周公测定了洛邑这个地方,决定营造、修筑而定都。成王在洛邑定都后,钻灼龟甲以求得卜辞。平王时由于犬入侵而由镐京东迁洛邑,由晋、郑两国来维护王室。周末时的天子难道说就没有邪僻的行为了吗?只是由于依仗着以前的圣王之德的庇护而存在。看到圉北的两座城门,联想起郑伯和虢叔曾在王室危难时进行过庇护。郑伯曾讨伐了发动叛乱沉溺于歌舞的子颓,却在阙西效尤往事。重耳杀死了制造内乱的太叔带而帮助襄王复位,由于他维护了嫡长继承制而称霸于当时。周灵王采取了填土堵塞的办法以解决河水泛滥,太子晋根据实际情况进行陈述劝说。从景王,悼王直到敬王,国势衰败日甚一日。王子朝曾举兵作乱并一度称王,其后经历了悼王,敬王而出现了篡位。过了十代到了郝王时,周王室分裂成东西两个部分。最后被残暴的秦国所吞并,把文王,武王奠定了的周室政权丢掉了。

  跳过孝水时洗了澡并冲洗了我的帽缨,这是由于我赞美孝水这个名称才这样做。在新安时死掉了婴儿,便在路边挖个坑掩埋好。附近有个亭子名叫千秋亭,我的弱子却连七十天也没有活到。我虽然仰慕古代的延陵季子和东门吴在丧子后所表现的豁达心情,而实际上却在内心暗暗悲痛。看到沿途的山山水水引起了我的怀古之心,有时惆怅得在中途停住了马。我认为项羽为人过分残暴,在作战时坑杀了无辜的秦的降卒。他这种行为只能激发起秦人归顺到有德望的一方,促成了刘邦方面的浩大声势。干坏事的人总会落得个恶有恶报的下场,项羽的宗族被消灭得干干净净,而他本人也丧了性命。经过渑池时引起了我的遐想,这时我停下车辆不再前进。秦国是一虎狼成性的强国,而赵国冒着危险去赴渑池之会,他依靠的是著名的英雄蔺相如。蔺相如认为秦王让赵王当众鼓瑟是一件可耻的事,便冒着被杀的危险而强迫秦王击缶。他认为秦王让赵国赠送给秦国十座城邑以表示为秦王祝寿,便反唇相讥地让秦国把咸阳让给赵国,因而取得了胜利。在河外之地申张了赵国的威严,他那种威风又是多么勇猛。回国后又在廉颇面前表现谦虚忍让的姿态,顺服得好像是四肢柔软无骨。他这种大智大勇的精神何其伟大,而廉颇的心胸又何其狭隘。他在一天中取得成就相当于廉颇的一年,两个人相去甚远,无法相比。

当年光武帝在创业时曾遭到赤眉军的围困。大将冯民奉命去讨伐赤眉,在回溪一带虎事失利。光武帝并没责怪他的失利,仍旧肯定他的大德,最后冯异终于奋发图强而攻克了赤眉军。冯异成了东汉政权的开国元勋,使汉室的政令纲纪重新振作起来。我登上曲折逶迤的崤山,仰望高峻的山岭。帝皋的坟墓地处南陵,周文王的坟墓地处北陵。蹇叔在孟明出师时痛哭是由于预料到将会失败,晋襄公穿着黑色丧服准备上阵杀敌。秦国的军队在崤山兵败以致全军覆没,三位将军被俘而渡河。遇到刚愎自大而又庸碌无能的君主,岂能逃得掉蹇叔的朝市之刑。遇到了宽宏大量的秦穆公,把战败的责任统统揽到自己的身上。孟明一再战败而没有被惩罚,最后秦穆公打败晋军而洗刷了自己的耻辱。秦穆公并不是一徒有虚名的国君,他在诸侯中能够称霸确实是有一定原因的。攻下了曲崤之地后还垂涎于虢国,并进一步要灭掉虞国。虞国为贪图一些小恩小惠而出卖了邻国,不到年底国君就被晋军俘获。虞国接受的垂棘美玉又返回了晋国,接受的屈产骏马也返回到晋国的车辆上。虞国的国君缺乏为君之德而百姓又不支持他,致使仲雍的后代祭祀中断。

我来到安阳,随后到了陕邑的外城。通过了漫涧和渎谷,在曹阳的郊野稍事休息。优美的土一望无垠,这是一片很古老的遗址。它是周公,召公分治之地,也就是周南、召南交界之处。《诗经》中的《麟趾》顺承着《关雎》,《驺虞》照应了《鹊巢》。我很痛心于汉末的天下大乱,皇帝流亡在外而形成了四分五裂的局面。万恶滔天的董卓把府库洗劫一空,挟持着天子漂流在外,使得尊严神圣的天子,在道路奔波中思绪万千。李榷、郭汜又要天子重新返回,当初已经同意了的事情又要反悔。追上了天子后便发生了激战,向着天子的车辆发射箭镝。令人痛心的是援助天子的百官,都在用尽气力后而战死。在兵刃之下出现了身首分离的惨状,胸腑也被箭射得洞穿。有的挽起衣袖跑到了岸边,有的撩起衣襟跳到了河里。可叹的是船只太小了,由于争先恐后想要攀登船舷而被砍掉的手指竟有一把一把的。

到了曲沃这个地方后心中感到惆怅,我痛心的是当初晋国的太子由于命名不当的先兆而出现被废弃的结局。当枝叶大于树干将会劈裂,庶子的都邑能与国家相当时必会发生动乱。公子臧,季札都是高风亮节的人物,委弃了曹国、吴国而遗留盛名于世。庄伯、武公是怎样的无耻之徒,只图个人的利益而关闭了仁义之门。踏上了函谷关的重重关隘,看到了地势曲折的险要之地。我看到了六国诸侯在这里胜败的遗迹,想到了秦王计谋的得失,有时打开函谷关以诱敌深入,六国的军队竟然狼狈逃窜。有时紧闭关门不开,长期不向崤山发兵。系在一起的鸡无法栖息,就如向同小国联合在一起。难道说是地势的险要在起作用吗?我确信这是人的因素决定了阻塞或通畅。

汉代的第六个皇帝武帝时开拓疆域,把函谷关迁至新安而改原址为弘农县,对王宫空敞境地心感厌烦,皇帝就便服出外到处游乐。柏谷的亭长不认识皇帝而拒绝他投宿,旅舍的老板娘看到的行为给

 嵩山文化大系

予酬谢,为什么又给她的丈夫封官呢?从前圣明的天子出外巡视时,一定是事先禁止行人来往后才出行。担心外出时由于马匹失足而导致车辆倾覆,便严格要求驾车的人并规定了赏罚标准。白龙变幻成了鱼的形状后,被豫且用密网捉住了。不经心帝王的身份而遨游天下,这种风气怎么能够扩张。在湖邑的庡园凭吊了庡太子,他确实是遭受了巫蛊之祸而丧生。追究一下这件难以澄清的问题的根源所在,确实是谗臣江充一手造成的。武帝对太子采取了杀戮的手段,对骨肉之情不顾。武帝省悟后虽然修建了归来望思之台,而只是"望思"又于事何补。我迈进了庡太子的死处全节时,在这里又徘徊了好久。我访问了周初放牛的故林,在这名为桃园的地方颇有感触。挥动着鞭从阌乡出发了,顺着黄巷来到了潼关。远望华山之阴的悬崖峭壁,看到了高掌的遗迹。想起了秦始皇他的死期。不谈论奇闻逸事来验证世事,我听到过孔子就曾这样说过。我愤恨的是韩遂、马超这些奸贼,依仗着函谷关和潼关的天险来据地称乱。魏武帝像雷震那样发了怒,根据正当的理由来讨伐叛乱。韩遂、马超虽然手下的人多势众又有什么用处,终于被魏武帝的神机妙算所打败。在飞尘扬沙的战鼓声中,韩、马的军队最后只落得个冰消瓦解的下场。二人仓皇逃走去投奔西凉,他们手下士卒的大量尸体被埋进了坟墓。在狭窄的路上行进令人感到倦怠,在崎岖的小路上行进令人时仰时伏。到了秦国地界后地势才有开阔,令人感到心怀豁亮。上千里都是黄土地,广阔的原野望不到边际,到处是一片花草林木,桑、麻作物郁郁葱葱。旁边和褒谷、斜谷为界,右边是清山和陇山;宝鸡在前面鸣叫,甘泉在后面涌出。面向终南山而背靠云阳县,跨过平原而连接潘冢山。九嵕山高峻峨,太一山高耸壮观。阵阵清风不住地吹来,白云聚拢成为一片。南面有天青色的灞水和洁净的产水,又有汤井温泉;北面有清澈的渭水和混浊的泾水,还有兰池和周曲。从郑渠和白渠可以引水灌溉,从水路可以运来淮海一带出产的粮食。零地的竹子生长得十分茂盛,蓝田山盛产玉石。班固的作品里曾有"陆海珍藏"的说法,张衡的作品里曾提到过"神皋区"。这就是《两都赋》中西都宾客对东都主人提到过的地方,也就是《西京赋》中安处先生听到的凭虚公所说的处所。他们所说的难道不对吗?松树的刚劲在岁末会出现。进入郑国的封地后拍手称赞。为了昏庸的天子而竭尽全力,面对灾难而矢志不移。武公父子并为周室的司徒官职,相继身穿朝服以辅佐天子。我又踏上了犬入侵天子的疆土,愤恨的是周幽王是个迷乱昏庸之人。他假装遇到边警而点起烽火,从而使得诸侯们心寒意冷,宠溺于邪恶的褒姒而放纵坏人。后来他的军队在戏水一带大败,幽王本人也死在了骊山。有一个继承幽王的邪恶君主,那就是令人感到可怪的秦始皇。竭尽全国的财力为自己营造坟墓,这是从开天辟地以来没有听说过的事情。营造坟墓的工匠们没有获得任何报酬,竟把他们活埋在坟墓中作为报答。秦始皇死后楚霸王的攻打,内遭牧羊人将他的坟墓焚烧。老话说:行为如果不符合度要求,必定会招致恶果,这不就是一个证明吗?

天地由于普爱众生而能长久存在,君子由于存在厚德之心而装载万物。看一看汉高祖的兴起,并不只是由于他聪明而威武,且有宽阔的胸怀。实际上他能关怀民生,重视友情,对人真诚;他的恩泽普及,没有达不到的地方。普天下的人都无一遗漏,何况对于乡里乡亲?又何况对朝廷中的卿士?在他取得帝位时,便仿照沛郡丰邑的布局,在国都附近又构筑了一座新丰城。连原来的土地祠都易地新建,于是新丰的分榆土地祠便建成了。街道的面貌和原来的一模一样,房屋的面貌也照抄原样。各家的鸡犬混杂地放养在外面,竟然也能各识其家而返回。当年项羽怒气冲冲地驻军在鸿门,刘邦俯首弯腰地去见他。范增企图杀害刘邦而未能得到项羽的同意,便暗地里交给项庄一把剑叫他暗杀刘邦。项庄举起亮闪闪的剑在宴会上舞弄,这是危险的处境犹如霜后树叶一样。已经踏了老虎的尾巴而没有被噬掉,确实是由于张良邀请项伯帮助解围的原因。樊哙怒气冲冲地饮了酒,神情严重激动地咀嚼着猪腿。刘邦脱险后好像从蛇又变成舒展身体的龙。在霸王面前称雄而趾高气扬。范增出了项羽

不听从他的计谋而发怒撞击玉斗,即便是把玉斗撞碎了又有何用。子婴在头颈上缠着丝带于轵道上迎降,乘坐着素车并露出臂膀。疏广、疏受父子在东门饮酒行乐,他们惧怕的地位太高了[容易出现祸患。长安的城墙高大而绵长,不仅高峻而且笔直。到达了饮马桥这个地方,进入了宣平门的城关。城市中人来人往,有上千户家庭和上亿的人,汉人和其他民族的男男女女,在街衢中拥挤不堪。当我看到了长安的外观后,便来到新馆去就职。竭尽我这个平庸之人的才智来从政,只想要求自己应该自强不息。在秋季结束时,我于听政的余暇时间,便到下面去巡视农业生产的情况,并再一次来到农家访问;街市交通一片寂静,居民处分散,不论各种官署,或是店铺栈房,能够集中在一处的,百不挑一。过去人们所说的尚冠、修成、黄棘、宣明、建明、昌阴、北焕、南平等居民区,都已经夷为平地,原貌荡然无存,虽然原貌已不存而名称仍存在。我就近登上了长乐宫和未央宫,遂游于太液池并踏上了建章宫。环绕着马婆殿到达了骀殿,车轮辗过了兮诣殿和承光殿。在桂宫附近徘徊,在柏梁殿前思绪万千。雉在台阶附近鸣叫,狐狸、野兔在殿旁掘窟。黍苗生长得多么茂盛,引起了我的茫茫思绪。大钟坠落于废弃的宗庙,悬钟的钟架由于无钟可悬而荒废了。宫内生长着茂盛的野草,秦始皇铸造的金人被移置到了霸川。

我缅怀萧何、曹参、魏相、邴吉这些良相,也缅怀辛庆忌、李广、卫青、霍去病这些良将;衔君命出使的有苏武,震惊远方各国的有张骞。实行教化能使百姓伦常走上正轨,出征作战能让皇帝的威信显赫;身处危险的境地能表现智勇精神,舍弃性命时能表现出高风亮节。至于像金日䃅那样的忠孝深厚,陆贾那样的晚年生活优游;司马相如,玉褒,扬雄那样的文采斐然,司马迁、刘向、刘歆那样的史学名家;赵广汉,张敞,王遵,王骏,王章那样有名的京兆尹,于定国、张释之那样的听讼名家;汲黯那样的为人正直,郑当时那样的重视人才;终军那样的山东英俊之士,贾谊那样的洛阳才子。这些人头上垂着缓带,身上佩戴鸣玉而出入宫的实在是太多了。有的是异族出身,好像是从泥泽中脱颖而出;有的是善于处世,从表面现象中又看到本质。有的是做出了成绩而被杀害;有的是虽有大才而未被重用。他们都在廷臣中有良好声誉,其言行被人们所周知。人们会联想到他们的言行犹如玉佩的美声还留在人间,铿锵的声音好像就在耳边。当王音、王凤、弘恭、石显等人得势之时,他们热如烈火的权势炙烤着四方,震动了国都和边锤,而当他们死去之日,竟然还不能和上述的十几位名人的仆役相提并论。一个人的名声实在是太难了,不正是这样吗?

随后我便拿起马鞭拂净坐垫,抖掉衣帽上的浮尘,在丰、高一带徘徊,心中好像在想追求什么。心神向往地崇敬着,具有一种无以复加的敬意。我哪里敢梦见古代的三圣,私下认为梦见治世的十位良臣就足矣。当年周文王在修建灵台时,没用多久就修成了;他在丰、高一带建立了王室;百姓们听说后像子女一样来投奔他,神灵在天上也赐给他以福祉;由于他积德为善的缘故使得周室绵长地存在下去,成为历史上独一无二的长命朝代。这个朝代存在如此之悠久,谁又能说出其中道理。只能说出个大概的道理,而难以说出其根本的原因所在。秦国的儿子把农具借给父亲使用,根据秦的法制这可以认为是有德之举而感到自豪。看到了周境的居民让畔让路的风气,深受姬周的感化而自伤。苏秦、张仪擅长用诈骗的手段,虞、芮的国君感到羞愧而停止争讼。这样看来,百姓们并没有一成不变的习俗,而教化却有一定的规律;朝廷对百姓实行教化,就好像将黏土塑造成陶器一样随心所欲。虽然在各种人员杂处的地方,风俗混杂无序;懒汉只图追逐利益,不肯勤劳务农。在接近北方匈奴的边境,经常发生战乱,执政者必须当机立断,其关键在于掌权的人。人们的前进或后退,是跟随着政令来决定的,依靠信用办事就会使百姓实心诚意,没有贪婪欲望的人即便奖他也不会行窃。虽说智慧还不能清晰,观察还不能明细,但只要凭着无欲之心,就不会犯罪了。至于用礼乐进行教化,那要等待后来贤人来做了。

二、怀旧赋

[原文]

余十二而获见于父友东武戴侯杨君,始见知名,遂申之以婚姻。而道元公嗣,亦隆世亲之爱。不幸短命,父子凋殒。余既有私艰,且寻役于外。不历嵩丘之山者,九年于兹矣。今而经焉,慨然怀旧,乃作赋曰:

启开阳而朝迈,济清洛以径渡。晨风凄以激冷,夕雪皓以掩路。辙含冰以灭轨,水渐轫以凝冱。涂艰屯其难进,日晼晚而将暮。仰睎归云,俯镜泉流;前瞻太室,傍眺嵩丘。东武托焉,建茔起畴。岩岩双表,列列行楸。望彼楸矣,感于予思。既兴慕于戴侯,亦悼元而哀嗣。坟累累而接陇,柏森森以攒植。何逝没之相寻,曾旧草之未异。余总角而获见,承戴侯之清尘。名余以国士,眷余以嘉姻。自祖考而隆好,逮二子而世亲。欢携手以偕老,庶报德之有邻。今九载而一来,空馆阒其无人。陈荄被于堂除,旧圃化而为薪。步庭庑以徘徊,涕泫流而沾巾。宵展转而不寐,骤长叹以达晨。独郁结其谁语,聊缀思于斯文。

[相关史料]

潘岳《怀旧赋》伤悼岳丈杨肇及其子。作者先写了拜谒岳父一家的坟墓时在路上的情景,再写岳父一家的坟墓的荒凉,然后追忆幼年即得岳父杨公赏识,定亲,以及岳父曾经对自己的奖掖和眷顾,最后写岳父一家的故居的荒凉以及作者的孤寂哀愁。《文选集评》卷四引何焯评语:"从一路行役接出俯仰之思,自觉苍凉无限。"全赋语言简洁洗炼,朴素自然,通过间接怀思到直接伤怀展现出感情变化的层次,还把环境描写与心境描写有机结合起来,表达了作者同所怀者之间的诚笃真挚的感情以及作者因故人逝去而产生的惨怛痛切的哀伤。

[译文]

我十二岁时获得父亲的朋友东武伯戴侯杨肇的赏识,从而开始在社会有了名气,为对我表示器重,杨肇又把女儿许配给我。而杨肇的两个儿子道元和公嗣也尊崇我们两家世亲的友爱之情。不幸的是杨氏父子生命短促,过早地谢世了。我家中已经有难,且又任公职在外,所以没有来嵩山,至今已经九年了。如今经过这里,心中感慨,思念旧日亲友,由此作赋道:开阳城门一开,早早起程,乘舟横渡清清的洛河。晨风凄凄寒冷刺骨,夕雪皑皑遮掩路途。车辙结冰不见轨迹,水浸车轮,凝结成冰。路途坎坷难行进,落日昏暗夜将临。抬头仰望归云飘,低头俯视清泉流。向前远瞻太室,向傍眺望嵩丘。东武伯寄托遗体在此,故营建起这块陵园。只见成对的华表高耸,老树排列成行。眼望这些老树,深沉以感慨牵动我的情思。既对戴侯产生思慕之情,又哀悼道元和公嗣。坟丘垒垒相连接,柏树森森而密集。为什么我来寻找去世之人,却只看到坟头的草木依然如故?我少年时受到接见,承蒙戴侯的厚恩。夸奖我为国士,眷顾我而许以美满的婚姻。从祖辈起就交情甚厚,到杨肇的两个儿子时又结为世亲。但愿能携手白头到老,修道进德,以与戴侯在精神上为邻。而今九年才来拜访,空馆寂寞无人迹。枯草覆盖了堂阶,旧园圃布满了柴薪。漫步在庭院廊庑徘徊不定,泫然流涕泪沾巾。夜里翻来覆去彻夜不眠,连续长叹通宵达旦。个人的郁闷向谁倾诉?姑且连缀愁思写成此文。

三、登虎牢山赋

辞京辇兮遥迈,将远游兮东夏。朝发轫兮帝墉,夕结轨兮中野。凭修坂兮停车,临寒泉兮饮马。眷故乡之辽隔,思行迻以郁陶。步玉趾以升降,凌汜水而登虎牢。览河洛之二川,眺平成之双皋。崇岭巍以崔崒,幽谷豁以窈蓼。路逶迤以迫隘,林廓落以萧条。尔乃仰荫嘉木,俯藉芳草。青烟郁其相望,栋宇懔以鳞萃。彼登山而临水,因先哲之所哀,矧去乡而离家,邈长辞而远乖,望归云以叹息,肠一日而九回。良劳者之咏事。爰记言以表怀。

[相关史料]

虎牢山即虎牢关所在的大伾山。嵩山东北的大伾山上,山岭对峙,犬牙交错,在万山重叠之中,有一条曲折盘回的古道险关,名曰虎牢关。《穆天子传》云:天子射猎鸟兽于郑国,命虞人探林。有虎在林中,七萃之士高奔戎,生而献之。天子命为柙蓄之东虞,是曰虎牢。即春秋成皋也。秦以为关,阻嵩带河。大自然造化的伟力,铸就了虎牢泥丸封关之势。虎牢是东去齐鲁、西至秦陇的咽喉要冲,为历代兵家必争之地。有名的秦末楚汉"成皋之战",就在这里进行。如今险关附近仍留有大索城和小索城遗址。

蜀都赋

西晋 左思

[原文]

有西蜀公子者,言于东吴王孙,曰:盖闻天以日月为纲,地以四海为纪。九土星分,万国错跱。崤函有帝皇之宅,河洛为王者之里。吾子岂亦曾闻蜀都之事欤?请为左右扬搉而陈之。

夫蜀都者,盖兆基于上世,开国于中古。廓灵关以为门,包玉垒而为宇。带二江之双流,抗峨眉之重阻。水陆所凑,兼六合而交会焉;丰蔚所盛,茂八区而庵蔼焉。

于前则跨蹑犍牂,枕倚交趾。经途所亘,五千余里。山阜相属,含溪怀谷。岗峦纠纷,触石吐云。郁葐蒀以翠微,崛巍巍以峨峨。干青霄而秀出,舒丹气而为霞。龙池瀑濆其隈,漏江伏流溃其阿。汩若汤谷之扬涛,沛若蒙汜之涌波。于是乎邛竹缘岭,菌桂临崖。旁挺龙目,侧生荔枝。布绿叶之萋萋,结朱实之离离。迎隆冬而不凋,常晔晔以猗猗。孔翠群翔,犀象竞驰。白雉朝雊,猩猩夜啼。金马骋光而绝景,碧鸡儵忽而曜仪。火井沈荧于幽泉,高爓飞煽于天垂。其间则有虎珀丹青,江珠瑕英。金沙银砾,符采彪炳,晖丽灼烁。

于后则却背华容,北指昆仑。缘以剑阁,阻以石门。流汉汤汤,惊浪雷奔。望之天回,即之云昏。水物殊品,鳞介异族。或藏蛟螭,或隐碧玉。嘉鱼出于丙穴,良木攒于褒谷。其树则有木兰梫桂,杞櫹椅桐,樱梓楔枫。梗枏幽蔼于谷底,松柏蓊郁于山峰。擢修干,竦长条,扇飞云,拂轻霄。羲和假道于峻歧,阳乌回翼乎高标。巢居栖翔,聿兼邓林。穴宅奇兽,窠宿异禽。熊罴咆其阳,雕鹗鷫其阴。猿狖腾希而竞捷,虎豹长啸而永吟。

于东则左绵巴中,百濮所充。外负铜梁于宕渠,内函要害于膏腴。其中则有巴菽巴戟,灵寿桃枝。樊以蒩圃,滨以盐池。螫蛅山栖,鼋龟水处。潜龙蟠于沮泽,应鸣鼓而兴雨。丹沙赩炽出其阪,蜜房郁

— 511 —

毓被其阜。山图采而得道,赤斧服而不朽。若乃刚悍生其方,风谣尚其武。奋之则宾旅,玩之则渝舞。锐气剽于中叶,蹻容世于乐府。

于西则右挟岷山,涌渎发川。陪以白狼,夷歌成章。坰野草昧,林麓黝儵。交让所植,蹲鸱所伏。百药灌丛,寒卉冬馥。异类众伙,于何不育?其中则有青珠黄环,碧砮芒消。或丰绿黄,或蕃丹椒。麋芜布濩于中阿,风连莚蔓于兰皋。红葩紫饰,柯叶渐苞。敷蘂葳蕤,落英飘飖。神农是尝,卢跗是料。芳追气邪,味蠲疠痟。

其封域之内,则有原隰坟衍,通望弥博。演以潜沫,浸以绵雒。沟洫脉散,疆里绮错。黍稷油油,稻莫莫。指渠口以为云门,洒滮池而为陆泽。虽星毕之滂遝,尚未齐其膏液。

尔乃邑居隐赈,夹江傍山。栋宇相望,桑梓接连。家有盐泉之井,户有橘柚之园。其园则林檎枇杷,橙柿樼榛。榹桃函列,梅李罗生。百果甲宅,异色同荣。朱樱春熟,素柰夏成。若乃大火流,凉风厉。白露凝,微霜结。紫梨津润,榠栗罅发。蒲陶乱溃,若榴竞裂。甘至自零,芬芬酷烈。其园则有蒟蒻茱萸,瓜畴芋区。甘蔗辛姜,阳蘧阴敷。日往菲薇,月来扶疏。任土所丽,众献而储。

其沃瀛则有攒蒋丛蒲,绿菱红莲。杂以蕴藻,糅以蘋藻。总茎枙枙,裹叶蓁蓁。贲实时味,王公羞焉。其中则有鸿俦鹄侣,振鹭鹈鹕。晨凫旦至,候雁衔芦。木落南翔,冰泮北徂。云飞水宿,哢吭清渠。其深则有白鼋命鳖,玄獭上祭。鳣鲔鳟鲂,鲐鳢鲨䱜。差鳞次色,锦质报章。跃涛戏濑,中流相忘。于是乎金城石郭,兼币中区。既丽且崇,实号成都。辟二九之通门,画方轨之广涂。营新宫于爽垲,拟承明而起庐。结阳城之延阁,飞观榭乎云中。开高轩以临山,列绮窗而瞰江。内则议殿爵堂,武义虎威。宣化之闼,崇礼之闱。华阙双邈,重门洞开。金铺交映,玉题相晖。外则轨躅八达,里闬对出。比屋连甍,千庑万室。亦有甲第,当衢向术。坛宇显敞,高门纳驷。庭扣钟磬,堂抚琴瑟。匪葛匪姜,畴能是恤?

亚以少城,接乎其西。市廛所会,万商之渊。列隧百重,罗肆巨千。贿货山积,纤丽星繁。都人士女,袨服靓妆。贾贸墆鬻,舛错纵横。异物崛诡,奇于八方。布有橦华,劲有桃榔。邛杖传节于大夏之邑,蒟酱流味于番禺之乡。舆辇杂沓,冠带混并。累毂叠迹,叛衍相倾。喧哗鼎沸,则唪聒宇宙;嚣尘张天,则埃壒曜灵。阛阓之里,伎巧之家。百室离房,机杼相和。贝锦斐成,濯色江波。黄润比筒,籯金所过。

侈侈隆富,卓郑埒名。公擅山川,货殖私庭。藏镪巨万,鈲攎兼呈。亦以财雄,翕习边城。三蜀之豪,时来时往。养交都邑,结俦附党。剧谈戏论,扼腕抵掌。出则连骑,归从百两。若其旧俗,终冬始春。吉日良辰,置酒高堂,以御嘉宾。金罍中坐,肴烟四陈。觞以清醥,鲜以紫鳞。羽爵执竞,丝竹乃发。巴姬弹弦,汉女击节。起西音于促柱,歌江上之飕飈。纡长袖而屡舞,翩跹跹以裔裔。合樽促席,引满相罚。乐饮今夕,一醉累月。

若夫王孙之属,郤公之伦。从禽于外,巷无居人。并乘骥子,俱服鱼文。玄黄异校,结驷缤纷。西逾金堤,东越玉津。朔别期晦,匪日匪旬。蹴蹋蒙笼,涉寥廓。鹰犬倏眒,罼罗络幕。毛群陆离,羽族纷泊。翕响挥霍,中网林薄。屠麖麋,翦旄麈。带文蛇,跨雕虎。志未骋,时欲晚。追轻翼,赴绝远。出彭门之阙,驰九折之阪。经三峡之峥嵘,蹑五屼之蹇浐。戟食铁之兽,射噬毒之鹿。晶貁泯于蓑草,弹言鸟于森木。拔象齿,戾犀角,鸟铩翮,兽废足。

殆而竭来相与,第如滇池,集于江洲。试水客,舣轻舟。娉江斐,与神游。罩翡翠,钓鰋鲉。下高鹄,出潜虬。吹洞箫,发棹讴。感鱏鱼,动阳侯。腾波沸涌,珠贝氾浮。若云汉含星,而光耀洪流。将飨獠者,张帟幕,会平原。酌清酤,割芳鲜,饮御酣,宾旅旋。车马雷骇,轰轰阗阗。若风流雨散,漫乎数百里间。斯盖宅土之所安乐,观听之所踊跃也。焉独三川,为世朝市?

若乃卓荦奇谲,倜傥罔已。一经神怪,一纬人理。远则岷山之精,上为井络。天帝运期而会昌,景福肸飨而兴作。碧出苌弘之血,鸟生杜宇之魄。妄变化而非常,羌见伟于畴昔。近则江汉炳灵,世载其英。蔚若相如,皭若君平。王褒韡晔而秀发,杨雄含章而挺生。幽思绚道德,摛藻掞天庭。考四海而为儁,当中叶而擅名。是故游谈者以为誉,造作者以为程也。至乎临谷为塞,因山为障。峻岨塍埒长城,豁险吞若巨防。一人守隘,万夫莫向。公孙跃马而称帝,刘宗下辇而自王。由此言之,天下孰尚?故虽兼诸夏之富有,犹未若兹都之无量也。

[作者作品]

左思简介见《娇女诗》。

左思作品旧传有集 5 卷,今存者仅赋两篇,诗 14 首。《三都赋》与《咏史》分别是其赋和诗的代表作,代表了太康时代文学的最高成就,真正代表着他的文学水平。

左思所撰写的《三都赋》分别是《魏都赋》、《蜀都赋》、《吴都赋》,是魏晋赋中独有的长篇。这些赋实际上不只是写三个都城,而是写魏、蜀、吴三国的国都。左思从小出身贫寒,且相貌丑陋,但他却视荣辱如浮云,看名利为粪土,把精力都用在学习和文学创作上,写出了许多流传至今的名诗佳作。其中《三都赋》问世后,受到朝野各界热烈赞颂,一时风行洛阳,豪贵之家争相传抄,而造成纸张供不应求,纸价上涨的情形。以后,"洛阳纸贵"便成了著名典故,常用来称誉某些迅速而广泛地传播流行。

左思自幼其貌不扬却才华出众。不喜交游,终日与文字为伍。所作《三都赋》,构思十年,庭院遍放纸笔,偶得一句,即便书写。《蜀都赋》是其中第一篇,也是最著名的一篇,把巴蜀的山川险胜、珍奇物产、天府富饶、美丽风光、民俗风情描绘得淋漓尽致。全文美辞绚烂,排比铿锵,争一字之巧,竞一韵之奇,是一种铺张华丽的文体,千百年来,深受人们的喜爱。

[相关史料]

左思小时候,他父亲一直看不起他。父亲左雍从一个小官吏慢慢做到御史,他见儿子身材矮小,貌不惊人,说话结巴,倒显出一副痴痴呆呆的样子,常常对外人说后悔生了这个儿子。及至左思成年,左雍还对朋友们说:"左思虽然成年了,可是他掌握的知识和道理,还不如我小时呢。"

左思不甘心受到这种鄙视,开始发愤学习。当他读过东汉班固写的《两都赋》和张衡写的《两京赋》,虽然很佩服文中的宏大气魄,华丽的文辞,写出了东京洛阳和西京长安的京城气派,可是也看出了其中虚而不实、大而无当的弊病。从此,他决心依据事实和历史的发展,写一篇《三都赋》,把三国时魏都邺城、蜀都成都、吴都南京写入赋中。

为写《三都赋》,使得笔笔有着落有根据,左思开始收集大量的历史、地理、物产、风俗人情的资料。收集好后,他闭门谢客,开始苦写。他在一个书纸铺天盖地的屋子里昼夜冥思苦想,常常是好久才推敲出一个满意的句子。经过十年,这篇凝结着左思甘苦心血的《三都赋》终于写成了!可是,当左思把自己的文章交给别人看时,他却受到了讥讽。当时一

洛阳纸贵

位著名文学家陆机也曾起过写《三都赋》的念头，他听说名不见经传的左思写《三都赋》，就挖苦道："不知天高地厚的小子，竟想超过班固、张衡，太自不量力了！"他还给弟弟陆云写信说："京城里有位狂妄的家伙写《三都赋》，我看他写成的东西只配给我用来盖酒坛子！"

左思的《三都赋》在文学界品评时，那些文人们一见作者是位无名小卒，就根本不予细看，摇头摆手，把一篇《三都赋》说得一无是处。左思不甘心自己的心血遭到埋没，找到了著名文学家张华。

张华先是逐句阅读了《三都赋》，然后细问了左思的创作动机和经过，当他再回头来体察句子中的含义和韵味时，不由得为文中的句子深深感动了。他越读越爱，到后来竟不忍释手了。他称赞道："文章非常好！那些世俗文人只重名气不重文章，他们的话是不值一提的。皇甫谧先生很有名气，而且为人正直，让我和他一起把你的文章推荐给世人！"皇甫谧看过《三都赋》以后也是感慨万千，他对文章予以高度评价，并且欣然提笔为这篇文章写了序言。他还请来著作郎张载为《三都赋》中人魏都赋作注，请朱中书郎刘逵为蜀都赋和吴都赋作注。刘逵在说明中说道："世人常常重视古代人东西，而轻视新事物、新成就，这就是《三都赋》开始不传于世人原因啊！"

在名人作序推荐下，《三都赋》很快风靡了京都，懂得文学的人无一不对它称赞不已。甚至以前讥笑左思的陆机听说后，也细细阅读一番，点头称是，连声说："写得太好了，真想不到。"他断定若自己再写《三都赋》决不会超过左思，便停笔不写了。于是就有了后来的"陆机辍笔"的典故。

文 赋

西晋 陆 机

[原文]

余每观才士之所作，窃有以得其用心。夫放言遣辞，良多变矣，妍蚩好恶，可得而言。每自属文，尤见其情。恒患意不称物，文不逮意，盖非知之难，能之难也。故作《文赋》，以述先士之盛藻，因论作文之利害所由，他日殆可谓曲尽其妙。至于操斧伐柯，虽取则不远，若夫随手之变，良难以辞逮。盖所能言者，具于此云尔。

伫中区以玄览，颐情志于典坟。遵四时以叹逝，瞻万物而思纷；悲落叶于劲秋，喜柔条于芳春。心懔懔以怀霜志眇眇而临云。詠世德之骏烈，诵先人之清芬。游文章之林府，嘉丽藻之彬彬，慨投篇而援笔，聊宣之乎斯文。

其始也，皆收视反听，耽思傍讯，精骛八极，心游万仞。其致也，情瞳眬而弥鲜，物昭晰而互进；倾群言之液六艺之芳润；浮天渊以安流，濯下泉而潜浸。于是沈辞怫悦，若游鱼衔钩而出重渊之深；浮藻联翩，若翰鸟缨缴而坠曾云之峻。收百世之阙文，采千载之遗韵；谢朝华于已披，启夕秀于未振；观古今于须臾，抚四海于一瞬。

然后选义按部，考辞就班；抱景者咸叩，怀响者毕弹。或因枝以振叶，或沿波而讨源；或本隐以之显，或求易而得难；或虎变而兽扰，或龙见而鸟澜；或妥帖而易施，或龃龉而不安。罄澄心以凝思，眇众虑而为言；笼天地于形内，挫万物于笔端。始踯躅于燥吻，终流离于濡翰。理扶质以立干，文垂条而结繁。信情貌之不差，故每变而在颜。思涉乐其必笑，方言哀而已叹。或操觚以率尔，或含毫而邈然。

伊兹事之可乐，固圣贤之所钦；课虚无以责有，叩寂寞而求音；函緜邈于尺素，吐滂沛乎寸心。言恢之而弥广，思按之而逾深；播芳蕤之馥馥，发青条之森森；粲风飞而猋竖，郁云起乎翰林。

体有万殊，物无一量，纷纭挥霍，形难为状。辞程才以效伎，意司契而为匠，在有无而黾俛，当浅深而不让。虽离方而遯员，期穷形而尽相。故夫夸目者尚奢，惬意者贵当，言穷者无隘，论达者唯旷。诗缘情而绮靡，赋体物而浏亮；碑披文以相质，诔缠绵而悽怆；铭博约而温润，箴顿挫而清壮；颂优游以彬蔚，论精微而朗畅；奏平彻以闲雅，说炜晔而谲诳。虽区分之在兹，亦禁邪而制放；要辞达而理举，故无取乎冗长。

其为物也多姿，其为体也屡迁；其会意也尚巧，其遣言也贵妍。暨音声之迭代，若五色之相宣；虽逝止之无常，固崎锜而难便；苟达变而识次，犹开流以纳泉。如失机而后会，恒操末以续颠，谬玄黄之秩叙，故淟涊而不鲜。

或仰逼于先条，或俯侵于后章；或辞害而理比，或言顺而义妨。离之则双美，合之则两伤。考殿最于锱铢，定去留于毫芒。苟铨衡之所裁，固应绳其必当。

或文繁理富，而意不指适；极无两致，尽不可益。立片言而居要，乃一篇之警策。虽众辞之有条，必待兹而效绩。亮功多而累寡，故取足而不易。

或藻思绮合，清丽芊眠；炳若缛繡，悽若繁絃。必所拟之不殊，乃暗合乎曩篇。虽杼轴于予怀，怵他人之我先。苟伤廉而愆义，亦虽爱而必捐。

或若发颖竖，离众绝致；形不可逐，响难为系。块孤立而特峙，非常音之所纬；心牢落而无偶，意徘徊而不能揥。石韫玉而山辉，水怀珠而川媚；彼榛楛之勿剪，亦蒙荣于集翠。缀《下里》于《白雪》，吾亦济夫所伟。

或託言于短韵，对穷迹而孤兴；俯寂寞而无友，仰寥廓而莫承。譬偏絃之独张，含清唱而靡应。
或寄辞于瘁音，言徒靡而弗华；混妍蚩而成体，累良质而为瑕。象下管之偏疾，故虽应而不和。
或遗理以存异，徒寻虚而逐微；言寡情而鲜爱，辞浮漂而不归。犹弦么而徽急，故虽和而不悲。
或奔放以谐合，务嘈囋而妖冶。徒悦目而偶俗，固高声而曲下。寤防露与桑间，又虽悲而不雅。
或清虚以婉约，每除烦而去滥。阙大羹之遗味，同朱弦之清氾。虽一唱而三叹，固既雅而不艳。

若夫丰约之裁，俯仰之形。因宜适变，曲有微情。或言拙而喻巧，或理朴而辞轻。或袭故而弥新，或沿浊而更清。或览之而必察，或研之而后精。譬犹舞者赴节以投袂，歌者应弦而遣声。是盖轮扁所不得言，故亦非华说之所能精。

普辞条与文律，良余膺之所服；练世情之常尤，识前修之所淑。虽溶发于巧心，或受吹于拙目。彼琼敷与玉藻，若中原之有菽；同橐籥之罔穷，与天地乎并育。虽纷蔼于此世，嗟不盈于予掬。患挈缾之屡空，病昌言之难属。故踸踔于短韵，放庸音以足曲；恒遗恨以终篇，岂怀盈而自足？俱蒙尘于叩缶，顾取笑乎鸣玉。

若夫应感之会，通塞之纪，来不可遏，去不可止，藏若景灭，行犹响起。方天机之骏利，夫何纷而不理。思风发于胸臆，言泉流于唇齿。纷葳蕤以馺遝，唯毫素之所拟。文徽徽以溢目，音泠泠而盈耳。及其六情底滞，志往神留，兀若枯木，豁若涸流。揽营魂以探赜，顿精爽而自求。理翳翳而愈伏，思轧轧其若抽。是以或竭情而多悔，或率意而寡尤；虽兹物之在我，非余力之所勠。故时抚空怀而自惋，吾未识夫开塞之所由。

陆　机

伊兹文之为用,固众理之所因。恢万里而无阂,通亿载而为津。俯贻则於来叶,仰观象乎古人。济文武於将坠,宣风声於不泯。涂无远而不弥,理无微而弗纶。配霑润於云雨,象变化乎鬼神。被金石而德广,流管弦而日新。

[作者作品]

陆机(261~303年),西晋时期著名文学家。字士衡,吴郡吴县(今江苏苏州)人,西晋文学家、书法家,与其弟陆云合称"二陆"。曾历任平原内史、祭酒、著作郎等职,世称"陆平原"。后卷入权力纷争,一直沉浮于安危不定的政治漩涡,死于"八王之乱",被夷三族。陆机的文学造诣尤高,刘勰《文心雕龙》以21篇论述文体,言及陆机、加以称赏的就有10篇。他的五言诗则被钟嵘评列在上品,有"太康之英"的赞誉(见《诗品序》)。

文赋是赋体的一类。"文"指古文。即相对骈文而言的用古文写的赋,也即相对俳赋而言的不拘骈偶的赋。

[相关史料]

两汉以来,由于汉武帝对儒家文艺思想的"专尊",使得儒家思想在整个社会中占主导地位。儒家学派论十分讲究、重视诗的教化作用,他们着重指出"诗可以兴,可以观,可以群,可以怨。"《毛诗序》说:"故正得失,动天地,感鬼神,莫近于诗。先王以是经夫妇,成孝敬,厚人伦,美教化,移风俗。"曹丕也在《典论》中把文章看作"经国之大业"。这些文艺思想有一个明显的特点,就是过多的强调了文艺的社会作用,相对地忽视了文艺的艺术特点。魏晋时期这种情况有了很大的改变,使得文学走进自觉的时代。随着儒家思想的衰微,人的思想的解放,人道价值重新得到肯定,文学的地位日益提高,在文学理论上也一扫两汉沉闷凝滞的气氛。对文学的本质特征的认识更加深入,对文学艺术规律的研究全面展开。《文赋》的出现,正是文学摆脱经学附庸地位而得到独立发展之后,在大量创作实践的基础上产生的理论结晶。《文赋》首次把创作过程、写作方法、修辞技巧等问题提上文学批评的议程。陆机写《文赋》的宗旨是为了解决创作中"意不称物,文不逮意"的矛盾,所以以创作构思为中心,主要论述"作文利害之所由",即文章写作的方法技巧和艺术性的问题。自然,这样做难免会从中流露出"形式主义"的痕迹,但是这显然不能影响陆机在《文赋》中的贡献。

[译文]

每当我阅读文士之作,自以为能体会作者的创作用心。他们遣词造句,确实变化多端。文章的美丑好怀,可深入体会加以评说。我自己写作,感受尤深。常觉困惑之处:构思的形象与外物不能相称,写成的文章表达不出构思的形象。大概知道此理不难,要做到方感困难。因此,我作《文赋》,就是阐述作者的创作用心,借此谈谈创作的成败关键,以后也许可更精确地把握创作奥妙。至于向前人学习,虽然模范就在眼前,但随机应变,实在难以言表。我的论述都在这篇文章里了。

伫立天地仔细观察,沉涵典籍陶冶情志。依节序变化感叹光阴流失,观万物纷繁涌现连绵思绪。为深秋叶落而伤感,为阳春芽发而欣慰。心存敬畏而怀冰霜的情志,志趣高远而薄高远的白云。歌颂前辈的嘉行懿德,诵读古人的名品佳作。尽情游嬉于文章之林,赞赏文辞优美的篇章。心有所感,毅然动笔作文。

创作开始,要停止视听,多方思虑探讯,精神飞驰于八极之远,思想游荡于万仞之高。文思到来,情思逐渐明朗,物象随之清晰。以前读过的群书精髓浮现脑海,六经精华含容嘴边。想象或上到天河安然浮游,或深入地泉沉潜其中。有时吐辞艰难,像咬住诱饵的鱼,从深渊处一点点拉出;有时辞藻纷至沓来,像中箭的鸟从高空坠落。要从前代断简残篇广搜词语,要从千年遗作博采词藻。要谢绝使用那些像已开的朝花般陈旧的思想和词语,要启用那些像晚上尚未完全盛开的花朵般的新词新意。要在刹那通观古今,要在瞬间抚念四海。

按照内容安排结构,按照结构选择词语。有形的物象都要感受,有声的物象要奏响。或依着枝条振发树叶,或沿着水波探索源头。或从隐晦入手逐渐阐述明白,或从浅显处着手逐层深入。或像老虎的咆哮、野兽的奔跑,或像天龙的出现、鸟的飞散。或信手拈来就很妥帖,或反复推敲而感不适。静心聚神思索,概括各种思绪组成文章。把天地纳入形象,把万物描在笔下。动笔时徘徊不定像嘴唇干裂,最后文辞终于从笔端流畅流出。思想如同树体,应扶植作为文章主干;文辞就像树枝,花枝繁茂作为文章修饰。内容与文辞应一致,像内心情感变化表现于脸。一想到快乐必面带笑容,当说到悲伤就发出叹息。或一挥而就,写成佳作;或苦思冥想,无从下笔。

创作令人快乐,本来就为圣贤向往。抽象的赋予具体形象,无声的给它以声响。把久远的事物浓缩于尺幅,充沛的情思从心中吐露。扩大语言容量,使构思更为深刻。思想如深入探求,可包容深刻细微。佳作就像香花散发浓香,又如绿枝茂密繁盛。文采鲜明绚丽之作,如同风行而流传开来,又如浓云升起在文坛。

文章体裁多种多样,事物形态纷繁复杂,它们不断变化,状况实难描述。文辞量才而使可发挥作用,构思为关键要匠心独运。内容的丰俭在于是否努力寻求,用辞的深浅要看内容而定。有时虽然不持法度,但可逼真地描绘出事物的形象。因此,喜欢丽辞夸张的人就崇尚浮艳,喜欢说理明快的人就主张贴切恰当,喜欢尽情描绘的人就不受形式局限,喜欢论理畅达的人文章旷放。诗歌抒发感情而绚丽细腻,赋体察事物而明快清晰,碑语辞要质文相符,诔哀悼死者要缠绵悲伤,铭深刻简练而语言温雅,箴讽刺得失要顿挫利落,颂文气舒畅要词藻丰茂,论讲究说理要精密畅达,奏陈述事理要平整得体,说论述事理要鲜明锋利。各种文体有同有异,都要立意准确言辞典雅。语言要畅达而道理要清楚,不一定篇幅冗长。

事物形体千姿百态,文章体裁也不断变化。构思要追求巧妙,造句要艳丽多饰。音韵要高低长短相间,好像五色互相配合。虽然对于音调和谐的华美词藻,取舍没有一定常规。处理时就思想不定,而难于用变化用词,认识到什么文辞用在什么位置。如果掌握变化规律,那就如同疏河引水,通畅贴切。如果失去机遇,就会本末倒置。像弄错了黑色和黄色的秩序,文章就浑浊不清,不能光鲜明动人。

有时文章后面内容抵压前面,有的前面内容侵害后面。有的文辞芜杂而道理得当,有时词句通畅而道理不对。去掉这些毛病,就会文辞内容都达到完美,凑合就会文辞和内容俱伤。从细微处考究词义,严格分辨分量的轻重。对文辞定夺取舍,也要做到分毫不差。如果衡量文章有何不适,就应该纠正,务必使内容文辞妥帖。

有的文章话说得很多,理论谈得也很反复,可是却没有把所要描述的事物表达出来。文章的中心思想不能有两个,把道理说透彻了就不必再增加多余的话。要用几句精炼的话语放在重要的位置,成为带动一篇的警句。虽然通篇词句条理分明,但须警句而发挥功效。警句确实增加文章成功机会,而减少败笔。只要文辞达意,就不需多改。

有的文章很恰当,鲜明夺目。文气繁盛,真情动人像高昂的乐调。但是所写文章特色平淡,就会不约而同地和前人的作品雷同。虽然文章由自己推敲琢磨,也恐怕别人早已用过。如果对自己廉洁有伤、道义有损,即使喜欢,也要割爱舍弃。

文章中有些词句超过一般水平而达到绝妙的境地。美妙的词句,像形体不可追逐的影子;像发声体不可挽留的音响。就像一块孤零零的突出物立在那里,不是一般的文辞所能配得上得。这时心情

到离群而孤寂,却又找不出相比美得妙语。思想上犹豫不定,而又不忍割爱。就像石头里包含着玉,使整个山都放光辉,又像水里的珍珠,使川流更加妩媚,一些佳句会使文章增添色彩。那些未曾修剪的榛树丛,也会因为翡翠鸟的栖息而受荣光。把俗曲与雅乐相配,会使我们的文章更完美。

有的文章内容及思想不丰富只是孤单的几句。没有几个人愿意看。空洞无味。好像是一根独弦,声音单薄无回应。

用美丽的词句写出了凄凉,词句虽美也没有光彩。好的词句和不好的词句混合了,把本来好的也连累坏了。就像乐队和歌声不能相应和谐。

不要思想内容,追求新奇。喜好虚夸,只在用词上下功夫。语言不真实,爱憎不分明。内容浮漂无根据。就像琴弦调的调太低,即便和谐也不会动听。

奔放和谐的文章,如果追求词语妖艳,为了应付庸俗的口味。所以声调虽高,而本身是低下的。民间的一些俗曲,虽然动人却不雅观。

文章清淡,并去掉修饰语,就像白水煮肉一样无味。在庙堂上,质朴的音乐很典雅,但不动听。

词语的裁夺安排,应按适应而变化,适应微妙曲折的情况。有些看似很笨的文章,却表达了巧妙的内容。利用旧的形式表现新的内容。看似沉浊而显得新颖。变化的曲折一看就明白。有的经过思考才可以明白。文章的变化就像乐队的指挥,唱歌的人看着指挥可以唱出歌曲,如果把它写出来,多少华美的句子也不会说得恰如其分。

所有写文章的法则,确实是我时常记在心中的。找一找当代人写作上常出的毛病,就知道前人所具备的长处了。虽然是发自内心经过精巧的安排写出来的文章,有时也不免受到那眼光平庸的人的耻笑。那些像琼花玉藻一样的美好文辞,像田地里的大豆一样,是要经过辛勤劳动才能得到的。杰出的作品像宇宙空间一样,是没有穷尽的,和天地共同存在。虽然有很多好文章产生在这个世界上,但可惜我得到的不满我两手的一捧。我发愁自己的文思太贫乏,像汲水的小瓶时常空着,为难于写出赶得上前人的好文章而苦恼。所以勉强地作成一篇短文,好像用平庸的音调谱成一首歌曲,常常是当写完时感到很遗憾,岂能怀着遗憾的心情而感到自足呢?时间长了不写作,又怕写出来的文章像敲瓦盆一样格调更低了,然而写了又考虑怕反被鸣玉样的高明人耻笑。

至于说灵感什么时候到来,文思什么时候畅达,什么时候阻塞,是这样:当它们来的时候无法阻止,当它们去的时候无法挽留。要说不见了就像影子的消失,要说来了就像声音的突然响起。一旦思想开窍了,文思到来非常迅速爽利,是那样纷繁而来不及整理,这时思绪就像风一样从胸中往外吹,言辞就像泉水一样从唇齿间流出。思绪纷繁丰富,相继到来,任凭纸笔随便挥写写出文章文采丰美,眼睛都看不过来,声涸了;就像一棵枯树呆呆地立在那里,就像河里没有水,空旷矿的。把魂魄揽过来振作精神,到幽深的地方去探索文思。整顿一下心神,自己去好好寻求。这时文理愈加模糊不清,隐伏起来。文思阻塞就像抽丝一样断断续续。所以写文章有时思绪情感枯竭,而在我自己掌握,可是灵感的来去,却不是我自己尽力所能控制的。所以我常常按住自己的胸口,而自我感叹,我还没有认识到文思的畅达与阻塞的原由。

说到文章的功用,当然是万事万物的道理都依据它来发挥。文章能够通行万里而不受阻碍,还能够通亿万年而当作传承历史文化的桥梁。往下可以垂范于后世,往上可以取法于古人。依据文章能把周文王和周武王的道统传下去,不至于堕落,并且能够宣传风化教育,使圣贤的遗教不会毁灭。任何广大的范围,文章都能包括进去,任何精微的道理,文章都能阐发出来。可以和滋润万物的云雨相比美,又像鬼神那样变化莫测。文章可以刻在金石上而推广德化,也可以配上音乐而永远新鲜。

郭璞赋文（二篇）

晋 郭 璞

[作者作品]

郭璞(276~324年)，字景纯，河东闻喜(今山西闻喜)人。东晋著名学者，他既是文学家和训诂学家，又是道学术数大师和游仙诗的祖师。西晋末年郭璞预计到家乡战乱将起，于是避地东南。过江后在宣城太守殷□幕下任参军，后又从宣城东下，被当时任丹阳太守的王导引为参军。晋元帝即位后，任著作佐郎，迁尚书郎。后任大将军王敦的记室参军。因劝阻王敦图逆，被害。追赠弘农太守。

郭 璞

在学术渊源上，郭璞除家传易学外，还承袭了道教的术数学理论，是两晋时代最著名的方术士，传说擅长诸多奇异的方术。郭璞在古文字学和训诂学方面有颇深的造诣，曾注释《周易》、山海经》、《尔雅》、《方言》及《楚辞》等古籍。郭璞一生的诗文著作多达百卷以上，数十万言，《晋书·郭璞传》称其"词赋为中兴之冠"。其中以《游仙诗》为主要代表，现仅存14首，是中国游仙诗体的鼻祖。

[相关史料]

西晋末年战乱将起，郭璞于晋惠帝永兴二年(305年)离开夷陵，向东南行进，到达洛阳，并停留了几年。流亡途中，作了《流寓赋》和《登百尺楼赋》，反映了"八王之乱"所造成的社会动荡，描绘了西晋末期的战乱局势。其中《流寓赋》还写到他从家乡出来时沿途所见的离乱情景，记载了行至洛阳的行程与心情。

一、流寓赋

戒鸡晨而星发，至猗氏而方晓，观屋落之隙残，顾俎见乎丘枣。嗟城池之不固，何人物之希少。越南山之高岭，修焦丘之微路。骇斯径之峻绝，感王阳而增惧。诘朝发于解池，辰中暨乎河北。思此县之旧名，盖曩日之魏国。咏诗人之流歌，信风土之俭刻。背兹邑之迥逝，何险难之多历。望陕城于南涯，存虢氏之疆场。实我姓之攸出，邈有怀乎乃迹。陟函谷之高关，壮斯势之险固。过王城之丘墟，想谷洛之合斗。恶王灵之壅流，奇子乔之轻举。游华莘而永怀，乃凭轼以寓目。思文公之所营，盖成周之墟。

二、登百尺楼赋

在青阳之季月,登百尺以高观,嘉斯游之可娱,乃老氏之所叹。抚凌槛以遥想,乃极目而肆运。情眇然以思远,怅自失而潜愠。瞻禹台之隆崛,奇巫咸之孤峙。美盐池之污,察紫氛而霞起。异傅岩之幽人,神介山之伯子。揖首阳之二老,招鬼谷之隐士。嗟王室之蠢蠢,方构怨而极武。哀神器之迁浪,指缀旒以譬主。雄戟列于廊技,戎马鸣乎讲柱。寤苔华而增怪,叹飞驷之过户。陟兹楼以旷眺,情慨尔而怀古。

江妃赋

晋 谢灵运

[原文]

招魂定情,洛神清思。覃囊日之敷陈,尽古来之妍媚。矧今日之逢逆,还前世之灵异。小腰微骨,朱衣皓齿。绵视滕采,靡肤腻理。姿非定容,服无常度。两宜欢颦,俱适华素。于时升月隐山,落日映屿,收霞敛色,迥飙拂渚。每驰情于晨暮,矧良遇之莫叙。投明填以申赠,觊色授而神与。

嗟佳人之渺遇,眺霄际而高语。惧展爱之未期,抑倾念而甎伫。天台二娥,宫亭双媛。青祛神接,紫衣形见,或飘翰凌烟,或潜泳浮海,万里俄顷,寸阴未改,事虽假于云物,心常得于无待。况分岫湘岸,延情苍阴;隔山川之表里,判天地之浮沉。承佳约于往昔,宁更贰与再今。傥借访于交甫,知斯言之可谌。

兰音未吐,红颜若晖;留昉光溢,动袂芳菲。散云謦之络驿,案灵辀而徘徊。建羽旌而逶迤,奏清管之依微。虑一别之长绝,渺天末而永违。

[作者作品]

寄情山水

谢灵运(385~433年),南朝宋诗人,中国文学史上山水诗派的开创者。陈郡阳夏(今河南太康)人。生于会稽始宁(今浙江上虞)。东晋名将谢玄之孙。晋时袭封康乐公,故又称谢康乐。晋末曾出任为琅琊王德文的大司马行参军,豫州刺史刘毅的记室参军,北府兵将领刘裕的太尉参军等。入宋后,因刘裕采取压抑士族政策,降爵为康乐侯,出任永嘉太守,临川内史等职。元嘉十年(433年)被宋文帝(刘义隆)以"叛逆"罪名杀害。谢灵运出身名门,兼负才华,但仕途坎坷。为了摆脱自己的政治烦恼,谢灵运常常放浪山水,探奇览胜。谢灵运的诗歌大部分描绘了他所到之处的自然景物,山水名胜。谢灵运主要创作活动在刘宋时代,主要成就在于山水诗。由灵运始,山水诗乃成中国文学史上的一大流派。

谢灵运还有赋10余篇,《江妃赋》比较有名,景物刻画颇具匠心,但成就不及诗歌。

[译文]

招唤那倩魂快快回来吧,以重叙那忠贞不渝的爱情,洛水神女宓妃正怀着清雅而美好的情思,继续着那往日无休无止的倾诉和陈述,还可尽情地表达那旷古的美丽和可爱。况且今日的相逢是多么地值得庆幸,迈步在前世的神话奇迹之中。弱柳般的腰肢柔若无骨,鲜艳红衣裳衬托得那牙齿显得更加洁白,凝视是那飘逸飞扬的神采,乳白色的皮肤肌理分明又显得非常的细润,你总是千娇百态且仪态万方。穿着的不俗也就是不平常的款式,扬眉和颦眉时均显得非常好看,你那雍容华贵和典雅朴素也恰到好处,如同升起的月亮隐没于山峦之后,又如落下的太阳映照着大小岛屿,傍晚的彩霞已收敛了美丽的色彩,像那回旋的狂风掠拂而过。每当我情驰神往于这清晨或者黄昏,总觉得这美好的相遇是难于用语言来表达,你暗送秋波已向我作出了深情的表白,我希望得到的正是这珍贵的色授魂与。赞叹那与佳人不平常的际遇,眺望着天际云霄我不由自言自语。惧怕爱情的表白将会遥遥无期,长时间地伫立在这里,可抑止住倾心的思念。

在浙江天台山上,刘晨和阮肇采药遇到了二位仙娥,在江西那个古称宫亭湖的鄱阳湖中,也有的二位美丽的仙女,她们的绿色衣袖能能让人神往而迷恋,那紫色衣裳更能展现那优美的体态。她们或展翅飞翔于凌云九霄,或潜泳翱翔在深海大洋,即使万里之遥也能于片刻抵达,光阴的短暂却好像什么也没有发生改变。事实上虽然所凭借的是那云中之物,而心中向往却总是那样迫不及待。何况湘江两岸均为崇山峻岭的支脉,并且已延伸到那苍茫的浓阴之中。阻断隔绝的只是山川的表面和里面,判别的可是那天地的上浮和下沉。继续像往昔一样进行美好的约会吧,又再一次相会于今天。我要洒脱不拘地去拜访一下那位曾经在汉皋台下遇到两位神女的郑交甫,向他了解一些这些传说是否值得相信。虽然你像兰香一样的话音尚未向我倾吐,但是那美丽的脸蛋却已经格外容光焕发。留下你那斜视时的流光异采,以及那飘逸衣袖中的散发出来醉人的芳香。飞驶着的云彩像那骏马一样络驿不绝,所驾驶的有帷盖辎车却仍在原地徘徊,高擎的旌旗在云间逶迤前进,但那所演奏的管乐却还隐隐约约。真担心这一别将成为长久的分离,我注视着天际以作永远的告别。

大槐赋

晋 庾儵

余去许都,将归洛京。舍于嵩岳之下,而植斯树焉。遂作赋曰:

有殊世之奇树,生中岳之重阿。承苍昊之纯气,吸后土之柔嘉。若夫赤松、王乔,冯夷之伦,逍遥茂荫,濯缨其滨。望轻霞而增举,垂高畅之清尘。若其含真抱朴,旷世所希。降夏后之卑室,作唐虞之茅茨。洁昭俭以骄奢,成三王之懿资。故能著英声于来世,超群侣而垂晖。仰瞻重干,俯察其阴。逸叶横被,流枝萧森。下覆灵沼,上蔽高岑。孤鹄徘徊,寡雀悲吟。清风时至,恻怆伤心。将骋轨以轻运,安久留而涕淫。

[作者作品]

庾儵,晋朝诗人。

舞鹤赋

南朝宋 鲍照

[原文]

散幽经以验物，伟胎化之仙禽。相鹤经者，出自浮丘公。公以自授王子晋。崔文子者，学仙于子晋，得其文，藏于嵩高山石室。及淮南八公采药得之，遂传于世。鹤经曰：鹤，阳鸟也。因金气，依火精，火数七，金数九，故十六年小变，六十年大变，千六百年形定而色白。又云：二年落子毛，易黑点，三年头赤，七年飞薄云汉，又七年学舞，复七年应节，昼夜十二鸣。六十年大毛落，茸毛生，色雪白，泥水不能污。百六十年雄雌相见，目精不转，孕千六百年，饮而不食。食于水故喙长，轩于前故后短；栖于陆故足高而尾凋，翔于云故毛丰而肉疏。行必依洲屿，止必集林木。盖羽族之宗长，仙人之骐骥也。隆鼻短口则少眠，露眼赤精则视远，头锐身短则喜鸣，四翎亚膺则体轻，凤翼雀毛则善飞，龟背鳖腹则能产，轩前垂后则善舞，洪髀纤趾则能行。钟浮旷之藻质，抱清迥之明心。曹植九咏章句曰：钟，当也。指蓬壶而翻翰，望昆阆而扬音。蓬壶、昆阆见上。□日域以回骛，穷天步而高寻。相鹤经曰：一举千里，不崇朝而遍四方者也。长杨赋曰：东震日域。毛诗曰：天步艰难。陆机拟古诗曰：粲粲光天步。然文虽出彼而意并殊，不以文害意也。践神区其既远，积灵祀而方多。一举千里，故云既远。寿逾千岁，故云方多。精含丹而星曜，顶凝紫而烟华。相鹤经曰：露目赤精则视远。引员吭之纤婉，顿脩趾之洪姱。吭，已见吴都赋。相鹤经曰：高脚疏节则多力。王氏楚词注曰：姱，好也。叠霜毛而弄影，振玉羽而临霞。闵鸿羽扇赋曰：同皦素于凝霜。江逌扇赋曰：琼泽冰鳞。琼，亦玉也。朝戏于芝田，夕饮乎瑶池。十洲记曰：钟山在北海之中，地仙家数千万，耕田种芝草，课计顷亩也。穆天子传：天子觞王母于瑶池之上。厌江海而游泽，掩云罗而见羁。新序曰：晋文公出田，渔者曰：鸿鹄保河海之中，厌而徙之小泽，必有赠弋之忧。鹦鹉赋曰：冠云霓而张罗。去帝乡之岑寂，归人寰之喧卑。庄子曰：乘彼白云，至于帝乡。岑寂，犹高静也。人寰，已见魏都赋。岁峥嵘而愁暮，心惆怅而哀离。广雅曰：峥嵘，高貌。岁之将尽，犹物之高。楚词曰：惆怅而私自怜。

于是穷阴杀节，急景凋年。礼记曰：季冬之月，日穷于次。神农本草经曰：秋冬为阴。礼记曰：仲秋之月，杀气浸盛。□沙振野，箕风动天。易卦通验曰：巽气至则大风扬沙。春秋纬曰：月失其行，离于箕者，风。易纬曰：箕风飘，石折树。严严苦雾，皎皎悲泉。冰塞长河，雪满群山。海赋曰：群山既略。既而氛昏夜歇，景物澄廓。广雅曰：廓，空也。星翻汉回，晓月将落。魏文帝杂诗曰：天汉回西流。感寒鸡之早晨，怜霜雁之违漠。漠，已见雪赋。临惊风之萧条，对流光之照灼。傅休奕杂诗曰：一纪如流光。唳清响于丹墀，舞飞容于金阁。唳，鹤声也。八王故事，陆机叹曰：欲闻华亭鹤唳，不可复得。力计切。丹墀，已见魏都赋。相鹤经云：七年飞薄云汉，复七年学舞，又七年舞应节。始连轩以凤跄，终宛转而龙跃。海赋曰：翔雾连轩。相鹤经曰：凤翼则善飞。尚书曰：鸟兽跄跄。龙跃，已见吴都赋。踯躅徘徊，振迅腾摧。或飞腾，或摧折。惊身蓬集，矫翅雪飞。如蓬之集，如雪之飞。相鹤经曰：大毛落，茸毛生，色雪白。离纲别赴，合绪相依。纲、绪，谓舞之行列也。言或离而别赴，或合而相依。将兴中止，若往而归。飒沓矜顾，迁延迟暮。飒沓，群飞貌。矜顾，矜庄相顾也。迁延，徐退也。高唐赋曰：迁延引身。楚词曰：恐美人之迟暮。王逸曰：暮，晚也。逸翮后尘，翱翥先路。言飞之疾，尘起居鹤之后，鹤飞在路之先。楚词曰：吾导夫先路。指会规翔，临岐矩步。会，四会之道。岐，岐路也。四会，已见芜城赋。

尔雅曰:二达谓之岐。郭璞曰:岐道傍出。态有遗妍,貌无停趣。奔机逗徒斗节,角睞力代分形。机节,舞之机节。奔,独赴也。说文曰:逗,止也。角,犹竞也。广雅曰:睞,视也。长扬缓骛,并翼连声。轻迹凌乱,浮影交横。相凌而交横。众变繁姿,参差洊在见密。傅玄乘舆马赋曰:繁姿屡发。字书曰:洊,仍也。烟交雾凝,若无毛质。毛羽与烟雾同色,故云若无。风去雨还,不可谈悉。风雨既除而色愈净,故难悉也。既散魂而荡目,迷不知其所之。韩诗曰:聊乐我魂。薛君注曰:魂,神也。忽星离而云罢,整神容而自持。星离,分散也。云罢,俱止也。韩子曰:云罢雾济,而龙与蟥蚁同矣。自持,自整持也。神女赋曰:颒薄怒而自持。仰天居之崇绝,更惆怅以惊思。蔡邕述行赋曰:皇家赫赫而天居。崇绝,高而悬绝。

当是时也,燕姬色沮,巴童心耻。左氏传曰:齐侯伐北,燕人归燕姬。巴童,巴渝之童也。毛苌诗传曰:沮,犹坏也。巾拂两停,丸剑双止。沈约宋书曰:晋初有公莫舞,今之巾舞也。相传云项庄剑舞,项伯以袖隔之。今之用巾,盖像项伯衣袖之遗式。又:江左初有拂舞,旧云拂舞,吴舞。西京赋曰:跳丸剑之挥霍。虽邯郸其敢伦,岂阳阿之能拟。汉书有邯郸鼓员。古乐府曰:黄金为君门,白璧为君堂,上有双樽酒,使作邯郸倡。阳阿,已见上。入卫国而乘轩,出吴都而倾市。左氏传曰:卫懿公好鹤,鹤有乘轩者。注云:轩,大夫车也。吴越春秋曰:吴王阖闾有小女,王与夫人女会食蒸鱼,王尝半,女怨曰:王食鱼辱我,不忍久生,乃自杀。阖闾痛之,葬于邦西阊门外。凿池积土为山,石为椁,金鼎玉杯银樽珠襦之宝以送女,乃舞白鹤于吴市中,万人随观,遂使男女与鹤俱入墓门,因塞之以送死。守驯养于千龄,结长悲于万里。养生要曰:鹤寿有千百之数。阮籍咏怀诗曰:鸿鹄相随飞,随飞适荒裔,双翮浸长风,须臾万里逝。

[作者作品]

鲍照(约414~466年)南朝宋杰出文学家,被认为是南北朝时期文人中成就最高的,与颜延之、谢灵运合称"元嘉三大家"。字明远,祖籍东海(今山东省临沂市兰陵县南桥镇),久居建康(今南京)。家世贫贱,曾为秣陵令、中书舍人等职。

鲍照

临海王刘子顼镇荆州时,任前军参军、掌书记之任,故世称"鲍参军"。宋明帝泰始二年(466年),晋安王刘子勋称帝,刘子顼举兵响应,兵败,鲍照为乱兵所杀。他长于乐府诗,其七言诗对唐代诗歌的发展起了很重要的作用。鲍照是南朝辞赋大家,与江淹并称。南朝辞赋发展到"江鲍",达到了一个高峰。著有《鲍参军集》。

鲍照的作品激荡,动人心弦。《舞鹤赋》是其传世佳作,是自古至今描述仙鹤的最好文章。

河中之水歌

南朝梁武帝 萧衍

河中之水向东流,洛阳女儿名莫愁。莫愁十三能织绮,十四桑采南陌头。十五嫁为卢家妇,十六生儿字阿侯。卢家兰室桂为梁,中有郁金苏合香。头上金钗十二行,足下丝履五文章。珊瑚挂镜灿生光,平头奴子提履箱。人生富贵何所望,恨不嫁与东家王。

[作者作品]

萧衍(464～549年),梁王朝开国皇帝,南北朝时期著名政治家、文学家,史称梁武帝。字叔达,小名练儿,南兰陵中都里(今常州万绥)人。南齐中兴二年(502年),齐和帝被迫禅位于萧衍,南梁建立。萧衍在位时间达48年,在南朝的皇帝中列第一位。他的政治、军事才能,在南朝诸帝中可以说是堪称翘楚,不在另三位开国皇帝之下。他在学术研究和文学创作上的成就,则更为突出。史书称他:"六艺备闲,棋登逸品,阴阳纬候,卜筮占决,并悉称善。……草隶尺牍,骑射弓马,莫不奇妙。"在文学方面,梁武帝也非常喜欢诗赋创作,现存古诗、乐府诗等诗歌有80多首。萧衍和王融、谢朓、任昉、沈约、范云、萧琛、陆倕七人共称竟陵八友,在齐永明时代的文学界颇负盛名。

梁武帝 萧衍

海 赋

南朝梁简文帝 萧 纲

昔禹启龙门,群山既凿。高明澄气而清浮,厚载势广而盘礴。坎德洊臻,水源深博。灌注百川,控清引浊。始乎滥觞,委输大壑。测之渺而无际,望之杳而绵漠。郁沸冥茫,往来日月。丆魄昏微,乍明乍没。若夫长风鼓怒,涌浪砰磕。扬波于万里之间,漂沫于扶桑之外。

(选自《初学记》)

简文帝 萧 纲

[作者作品]

萧纲(503～551年),即南朝梁简文帝,梁代文学家。字世缵。南兰陵(今江苏武进)人。梁武帝第三子。由于长兄萧统早死,他在中大通三年(531年)被立为太子。太清三年(549年),侯景之乱,梁武帝被囚饿死,萧纲即位,大宝二年(551年)为侯景所害。

释情赋

北朝北魏 李 骞

[原文]

单阏之年,无射之月,余承乏摄官,直于本省。对九重之清切,望八袭之峥嵘,感代序以长怀,观爽气而轸虑。笼樊之念既多,寥廓之想弥切。含毫有思,斐然成赋。犹潘生之《秋兴》,王子之《登阁》也。厕郑璞于周宝,编鱼目于随珠,未敢自同作者,盖亦各言尔志云。

荷峻极之层构,导积石之洪流。有马形而谟舜,亦龙德而史周。爰相赵之鸿烈,逮藩魏之优游。

为衢樽于上叶,号木铎于前修。若豢龙之不隳,似穷叶之世济。故抱玉而怀珠,且滋兰而树蕙。或舟楫以匡时,或栖迟以卒岁。尚无忝于先人,谅贻厥于来裔。书金册以葳蕤,布银绳以昭晣。清风忽其缅邈,启皇祖于庚寅。(李伯仁《上东门铭》曰:"上东少阳,厥位在寅。条风动物,月值孟春。"王武子诗曰:"于显我王,缉乘斯民。俊明有德,严恭惟寅。")逢轩教之方洽,遇周命之惟新。譬龙虎其有合,信山川而降神。若胜庭之五杰,似不速之三人。协嗜欲于将至,岂物色而方臻。荷天宠以来仪,步康衢而骋力。如乾元之利贞,若坤四之方直。内弼谐于本朝,外辟土于殊域。乘紫氛以厉羽,负青天而鼓翼。既公侯之必复,亦庆绪之所融。绩并树于八凯,道俱升于二宫。遂遵流以至海,且因岳而为嵩。同羽仪于班氏,均载德于杨公。何日月之逾迈,引寒暑而相终。委晋会于弱齿,遗堂构于微躬。

嗟蒙昧之无取,故告舍而不及。已濩落而少成,又拥肿而无立,愧精坚于百炼,惭忠信于十邑。非圭璋之特达,讵芳菲之易袭。末砥砺以自进,宁琢磨而成章。乘宋子之万字,异应生之五行。不请观于石室,岂借书于晋皇。求班庄而不,况蔡文之可望?参四科其末获,入三选而谁许。本无声于梁魏,故末闻于陈汝。居玉石以多迷,宅显晦而乘所。既无怀于四至,安有情于再举?虽衣冠之末胄,而世禄之绪余。等渤澥之乘雁,类九罭之逃鱼。处江淮而不变,对朝市而闲居。空阖门以靖轨,非论道而修书。少宾客于季彦,谢朋交于太初。

在正光之御历,实明皇之拱已。曾问政于上学,著为君而我齿。叫阍人以望予,遂陟降于庭止。同崔驷之谒帝,若谢兼之来仕。逮孝庄之入统,乃道丧而时昏。水群飞于溟海,火载燎于中原。延胶船而越水,若朽索而乘奔。玉羊失而无御,金鸡亡而不存。天步忽其多难,横流且其云始。既云扰而海沸,亦岳立而棋峙。睇三纲之日紊,见四维之不理。顾茂草以伤怀,视匪车而思起。虽风雨之如晦,亮胶喈而不已。自牵役于宰朝,实有怀于胥耻。在下僚而栖屑,愿奋迅于泥滓。眷故乡以临睨,怅有动于思归。越来流以鼓枻,朔北风而结辔。入成都之旧宅,反观津之故扉。乃曲肱而不闷,信抱瓮而无机。且耕而食,且蚕而衣。恒一日以自省,亦三月而无违。游仁义之肴羁,采坟素之精微。诚因闲而养拙,亦有乐于嘉肥。

及勾芒御节,姑洗之首,散迟迟于丽日,发依依于弱柳。鸟间关以呼庭,花芬披而落牖。听乃越于笙簧,望有逾于新妇。袭成服以逍遥,愿良辰而聊厚。乃席垅而踞石,遂啸俦而命偶。同浴沂之五六,似禊洛之八九。或促膝以持肩,或援笙而鼓缶。宾奉万年之觞,主报千金之寿。各笑语而卒获,传礼义于不朽。斯盖先民之所乐,而余心之所守也。至于少昊为帝,庚辛处躔,视墟里之萧萧,过之绵绵。积霜霭于近援,起沉寥于远天。思多端以类长,若临水而登山。幸出游之或写。冀观涛之叫嚻。遂杖策缓步,或渔或田。弋凫雁于清溪,钓鲂鲤于深泉。张广幕,布长筵,酌浊酒,割芳鲜。起《白雪》于促柱,奉《绿水》于危弦。赋《湛露》而不已。歌《骊驹》而未旋。跌荡世俗之外,疏散造化之间。人生行乐,聊用永年。

悟柱下之称工,闻首阳之为拙。既有惜于菰悬,且自悲于井渫。访郑詹之格言,求季主之高说。去衡门以策驷,望象魏而投辙。服毳衣以从务,乘大车而就列。比汗海而无纪,喻江河而有缺。眷重地而惧深,念索米而惭结运有折于玉斗,时忽亡于金镜。始蒙尘以播荡,卒流虬而居郑。彼上天之降鉴,实下民之请命。因艰难以隆基,据殷忧而启圣,调南风以负扆,居北辰而为政,创彝伦于九畴,班平章于百姓。喻绳契以论踪,援成昭而比盛。酌徒镐之故典,究迁亳之遗令。奄四海以为家,开七百而增庆。睹礼乐之方隆,信光华之始映。百揆郁以时序,四门穆其惟清。如得人于汉世,比多士于周庭。有一匡以作相,或十乱而为桢。各秉文而经武,故天平而地成。伊余身之忝秽,得再入于承明。执纶

言之犹绋,戴会弁之如星。非巡溃以窥井,信夕惕而怀惊。

承周任之有言,揽老子之知足。奉炯诚以周旋,抱徽猷而与属。每有偃于唯尘,恒兴言于宠辱。思散发以抽簪,愿全真而守朴。眷疏傅以徘徊,望申公而踟蹰。冀鄙志之获展,庶微愿之逢时。歌致命而可卜,咏归田而有期。挥帝城以高逝,与人事而长辞。击壤而颂,结草而嬉。援巢父以戏颍,追许子而升箕。供暮餐于沆瀣,给朝饵于琼芝。同糟醨而无别,混名实而不治。放言肆欲,无虑无思。何鶪鷞之可赋,鸿鹄之为诗哉!

[作者作品]

李骞(508～年?),北魏官吏。字希义,赵郡平棘人。博涉经史,富文藻。正光二年(521年),14岁为国子学生,以聪达见知。历大将军府法曹参军、太宰府主簿、转中散大夫、殷州刺史。累至太府少卿,给事黄门侍郎。齐受禅,重赠使持节,侍中,都督殷沧二州诸军事。卒于晋阳,谥曰文惠。李骞尝著释情赋及赠卢元明、魏收诗,(见魏书本传)为世所称,概其它诗、赋、碑、诔,为集行世。

[相关史料]

李骞本来生性恬淡,在洛阳一片欣欣向荣的时候,他却向往隐居安宁的生活。李骞的先人李顺作过后燕的高官,是博学的儒者。李氏一门都以学业著名。其兄李宪"清粹,善风仪,好学","雅为高祖所赏"。李骞本人也作过太学生,"博学经史,文藻富盛。"李骞以这样的家世背景和经历,写下叹息洛阳盛衰变化的作品,显然是和他的夫生存状态和内心感受有关。正光年间(520～524年),魏明帝亲自登门请他出仕。大约念明帝"曾问政于上学"的虚心精神,他欣然同意。但是,好景不长,到孝庄帝(528～529年在位)即位,天下开始大乱。所谓天下大乱,是指尔朱荣发动河阴之变后,胡人势力控制了朝政。对汉族士大夫而言,此事之伤害无可比拟。《释情赋》所向往的隐退,乃是对胡人政权不信任不合作的一种表达方式。此赋着重写身处乱世而洁身自好的志趣,从中可以窥探出他的生存状态和内心感受。

虽然李骞写了这篇赋后并没有真的退隐,但蹊跷的是,不久即"坐事免,论者以为非罪。"既然当时人"以为非罪",应是不可告人的政治原因。这与他的民族立场是否有关联,不得而知。但东魏时期(533～550年)激烈的胡汉冲突(东魏政治上汉人与鲜卑人之冲突)是存在的。

[译文]

卯年九月,我担任官职,当值于中书省。面对清贵切近的宫殿,眼望高峻的京师八门,感慨时序更替而遐想,观看秋爽的景物而忧虑。对鸟笼的哀怜既多,对辽阔天空的向往就更迫切。提笔有思,斐然成赋。犹如潘岳的《秋兴赋》,王粲的《登楼赋》。把难国的璞玉与周王的实玉杂置,负目混入随堡之珠,不敢自认为与他们的所作等同,不过祇是谈谈自己的志愿而已。

负荷高峻而多屑的建筑物,疏导积石山的洪流。具常入之形而为舜谋,怀圣人之德而为厘史。言及为相辅国的伟业,想到屏藩的悠闲。先世行仁政设酒通衢,前贤摇木铎宣布政教。如叁龙氏的不败亡,似穷桑的世代相济。所以满腹经纶如同抱玉怀珠,而心性芳洁如同滋兰树蕙。或者做天子的臣僚以匡正时势,或者游山玩水以终年岁。或许无愧于先人,谅必仁及后世。记载于史籍而美好,陈述于典册而明晰。在清风徐来的季节,选择庚寅日祭告祖庙。李伯仁的《上东门铭》说:"上东门在东方,方位在正月。东北风萌动万物,月份正值孟春。"王武子的诗说:"先王光明,治理驾御百姓。优秀明达有仁德,庄严恭敬畏天命。"遭逢正大周遍的轩辕教化,际遇周代的革命更新。譬如龙虎有相合之时,确信山川有降神之能。好像胜庭的五位俊杰,如同不速的三位客人。把嗜欲协调在将成之时,何必要等到见物尝色后才算完美。蒙上天宠爱而降临凤凰,行于康庄大道而施展才力。如同上天的和谐贞正,类似大地的方正无际。内辅佐协调于本朝,外开辟疆土于异域。乘紫色瑞气而振羽,背负青天而鼓翼。既庇护公侯之家,又昌盛皇家宗室。与良臣一同建立功绩,与皇帝太子一同修得道义。于是沿着水流而到达大海,又凭借高山而成嵩岳。堪为世人楷模如同班氏,具备高尚道德如同杨公。何止超越日月,与寒暑相终。托付晋会之地给少年,传祖先遣业给微贱。

嗟叹愚昧而不足取,所以请求离去而惟恐不及。既空虚无用而少成就,又臃肿无能而无所立。有愧于久经磨炼的精诚坚定,羞惭于十室之邑的忠诚信义。如果不是特殊的俊杰,岂容易熏染芳香。未经砥砺而自求进取,岂能比得上经琢磨而成篇章。不同于宋子的文章,有异于应生的五行。不能观书于石室,又怎能借书于晋皇。追求班固文章的庄重而不成,又怎能指望学到蔡邕的文采?参加四科考试而未中,参与三次选拔而无人推许。本来在梁魏没有声名,所以未闻名于陈汝。与贤愚同处而多迷惑,寄迹于仕宦和隐逸又违背本意。既然没有远大的志向,哪有再次应选的心绪。虽然是士大夫的后代,又是世袭贵族绪余。如同渤獬上成群飞行的大雁,好似密网下的漏网之鱼。身处江进而不改变,面对尘世而避人闲居。徒然关闭门户以整饬规矩,不虑谋治国的政令却编修图书。宾客比季彦少,所交朋友也比太初时代逊色。

正光年号初建之时,正是明皇无为而治之始。曾在太学咨询政事,明示为君之道而我在其中。叫阁人开启宫门以接见我,于是往来于宫中。如崔骃觐见皇帝,似谢兼年少为官。到孝庄入承大统,于是世道沦丧时局混乱。大海波涛汹涌,中原战火纷纷。拖着胶粘的船渡水,如同用朽索驾马狂奔。玉羊丢失从而驾车无御,金鸡飞走从而贤佐不复生。时运倘然多难,灾祸将要开始。既云扰海沸动荡不安,又高山耸立般互相对峙。目睹三纲日益紊乱,眼见四方不得治理。顾茂草而伤心,看疾驰的车子而哀愁。虽然风雨如晦环境恶劣,但是鹍鸣胶唶坚定不移。自从为朝政拖累,实在心怀做官的羞耻。作为属吏而奔忙不安,希望从耻辱中振奋而起。因眷恋故乡而眺望远方,怅然若失而思归去。划双桨渡过回归的河道,迎着北风而两马并驰。进入成都的旧宅,返回观津的故居。于是弯曲胳膊作枕头而不烦忧,果真抱瓮浇水而心无机巧功利。耕作而食,蚕桑而衣。保持每天自省,三个月没有违背礼仪。学习仁义的实质,搜集典籍的精粹。诚然因闲居而休养藏拙,也从隐居中得到快乐。

及至勾芒昭示春天,三月之初,丽日撒播温暖明亮的阳光,弱柳起舞轻柔披拂。乌在庭院中婉转鸣叫,花散乱地从窗前飘落。听起来竟超过动听的笙簧,看起来又胜过美貌的新妇。穿着盛服而逍遥,希望良辰快乐多。于是布席高丘而坐于岩石,随即招呼同伴而为文赋诗。如同沐浴于沂水的人群,也似祈祷于洛水边的男女。或者促膝并肩,或者吹笙击缶。宾客举杯祝长寿,主人回报真诚的祝福。都合乎规矩轻声谈笑,使礼仪永垂不朽。这大概是先民所乐意的,也是我心所向往的。至于少昊为帝,在庚辛日,看着村落萧萧,度过寒夜绵绵。迷茫的月色笼罩近处的篱笆,清朗之气显现于高速的长天。思绪多端而类似长者,好像临水和登山。希望出游以抒发情感,期盼观涛以洁净身心。于是扶杖缓步,或打鱼或耕田。射大雁于清溪,钓鲂鱼于深泉。张设宽大的篷帐,布置长列的筵席。斟酌浑浊米酒,切割新鲜美味。演奏《白雪》用急弦,奉和《绿水》也用急弦。吟诵《湛露》而不已,歌咏《骊驹》而不回还。纵情于世俗之外,闲散于天地之间。人生行乐,聊以永年。

理解柱下史老子所称的巧,领会伯夷叔齐采薇隐居首阳山所表现的拙。既珍惜隐者所居之处,又自悲洁身自持而人不知。搜寻郑詹的格言,寻求季主的高论。离开茅屋而鞭策骊马,面向朝廷而取道。穿毳衣参预政务,乘牛车而位列朝班。与浩瀚大海相比十分渺小,比起奔流不息的江河也阙失甚多。眷念重要的地位而忧虑深,回想求取米粮而羞惭蕴结。

天命有时毁灭社稷,时运有时亡失正道。先前蒙受风尘而流离动荡,最终流落虎地而居住于郑地。上天所降临的鉴戒,实际也是小民的请求。凭藉危难而建立大业,满怀忧虑而开启圣人。弹奏《南风》而临朝听政,处在帝王之位而实行仁政。据伦理开创治理天下的大法,按等级考察表彰百官族姓。告知结绳刻木记事以评定事迹,援引成王昭王而比较兴盛。斟酌迁徙镐京的旧典,考究迁徙亳都的遣令。拥有四海以为家,开创七百年基业而增庆。目睹礼乐刚刚兴盛,相信光华已开始辉映人间。百官繁多而有条理,四方诸侯和睦天下太平。如汉代得到德才兼备的人,似周代有众多的贤能。拥有能够一匡天下的人做相,又有众多治国平乱的人做大臣。各自分别执掌文事经营武备,所以万事妥当天下太乎。我玷污自身,得以再入朝为官。职掌诏令如同掌管御玺,头戴彩冠如同星光。不是察看江河泛滥然后再观看井水,确实早晚戒惧而心惊。

听从昼珏的话,取童工的知足。接受明鉴而举止有礼,抱持美善之道而小人乐意依附。每次进入仕途,常常困于荣辱。想解散头发而弃官隐退,愿保全天性而保持质朴。反顾蕴僵而徘徊,瞻视空公而踟蹰。期望鄙陋的志愿得以伸展,希望微小的心愿遭逢机遇。歌唱捐躯而可以预料,吟咏归田而有期。揖别帝都而远去,与仕途而长辞。做击壤的游戏而吟诵,结草为庐而嬉戏。模仿巢父在颍水那样嬉戏,追随许由而登箕山。饮清露以为暮餐,用玉芝当作朝食。混合糟酒而不区别,淆乱名实而不分辨。放纵言谈和欲望,无所忧虑和思恋。何止欲望不高的鹡鸰可以吟诵,志向远大的鸿鹄可以赋诗呢?

测景台赋

唐 阙 名

周公测景台

瞻彼古台,揆日爰设,载征经始之旨,将测运行之节。天地之心可见,风雨之交既别。玉律匪先,土圭是揭,以征阴阳之短长,以察浮骏之晷辙。不然者,焉可以酌其数于高空,建天中而有截。群厥周典,询诸日官。以寒暑为候,以阴阳为端。且俯接神州,迥当嵩岭。凭累土之增构,运孤标之直影。矧因高以垂范,异寻虚而捕景。分至有度,知王者之迎长。盈缩不愆,念志士之思永。寨产霄耸,昭明有融。九层一验,万寓攸同。彰宣精而示下,表无私而得中。况复圭植于台,日生于海。当呈象以委照,必澄霞而赋彩。两童之辩犹感,太史之占斯在。上千里而是驰,下寸晷而未改。嗟夫悠也久也,元之又元。升大明而赫矣,顾崇址而岿然。是以分北陆,识南躔,审以作程。定此而会期,率土中以举,正因兹而仰辩均天。唯彼元德,我后事则。普观端景,知立表于天中。潜测末光,思劳躬于日昃。至若视朔兴纪,书立云规。浮箭司辰,且于室内。建木灭影,或在天垂。岂比夫兹台之特立,平四气而正两仪。

[作者作品]

阙名,唐朝诗人,唐高宗时期人。具体资料不详。

[相关史料]

测景台简介见陈凤梧的《周公测景台暨新庙记》。

大唐天后御制诗书(三篇)
唐　武则天

一、大唐天后御制诗

从驾幸少林寺,睹先妃营建之所,倍切荼蓼,逾凄远慕,聊题即事,用述悲怀。

陪銮游奈苑,侍赏出兰闱。云偃攒峰盖,霞低插浪旗。日宫疏涧户,月殿启岩扉。金轮转金地,香阁曳香衣。铎吟轻吹发,幡摇薄雾霏。昔遇焚芝火,山红崐野飞。花台无半影,莲塔有全辉。实赖能仁力,攸资善逝威。慈缘兴福绪,于此罄归依。风枝不可静,泣血竟何追?

二、大唐天后御制书

暑候将阑,炎序弥溽。山林静寂,梵宇清虚。晏坐经行,想当休途。弟子前随凤驾,过谒鹫岩、观宝塔以徘徊,睹先妃之净业。熏修之所,犹未毕功,一见悲惊,万感兼集。攀光宝树,载深风树之哀;吊影珠泉,更积寒泉之思。弟子自惟薄佑,镇切萦怀。每届秋期,倍轸摧心之痛;炎凉递运,逾添切骨之哀。未极三旬,频钟二忌,恨弃时而更恨,悲践露而逾悲。惟托福田,少申荒思。今欲续成先志,重置庄严,故遣三思赍金绢等物,往彼就师平章,幸识斯意,即务修营,望及讳辰,终此功德。所冀馨斯,诚恳以奉津梁。稍宣资助之怀,微慰荼迷之绪。略书示意,指不多云。

《大唐天后御制诗书碑》(局部)

[相关史料]

《大唐天后御制诗书》实际上是写于唐永淳二年(683年)九月的碑文,现该碑立于少林寺慈云堂院内西碑廊。文中所说"先妃"为天后之母杨氏,以咸亨元年九月甲申薨,追封鲁国,谥忠烈。俄又赠士获太原郡王,鲁国忠烈夫人为妃,此所以有先妃之称。永淳二年(683年)二月,武后随高宗幸少林寺,见其母杨氏14年前在少林寺营建之所未就而亡,触景伤怀,追慕作诗,复遣其侄三思赍金绢等物,乃继续资助"终此功德"。

三、大唐天后赐少林寺进冬笋书

省状致灵塔寺二所,有新笋生者,具知。伏以先慈凝心之妙觉,爰冯胜地,载广庄严,故得于此。鹫宫冬节,生此凤箨,凌玄霜而挺秀,擢翠干而呈奇。三处抽筠,表三归于夙念;一茎标质,彰一至于先

衿。亦由师等薰修福缘所致,愿修微恳,定敢当斯。延望衹固,倍深追慕,遣书示意,不复多云。

[作者作品]

武则天(624~705年),唐朝女政治家和诗人,中国历史上唯一一个正统的女皇帝。并州文水人,14岁入后宫为唐太宗的才人,唐太宗赐号媚娘,唐高宗时初为昭仪,后为皇后,尊号为天后,与唐高宗李治并称二圣。公元683年12月27日~690年10月16日作为唐中宗、唐睿宗的皇太后临朝称制,后自立为皇帝,定洛阳为都,改称神都,建立武周王朝。神龙元年(705年)正月,武则天病笃,宰相张柬之发动兵变,迫使武氏退位,史称神龙革命。唐中宗复辟,恢复唐朝,上尊号"则天大圣皇帝",后遵武氏遗命改称"则天大圣皇后",以皇后身份入葬乾陵。

大唐纪功颂

唐高宗 李 治

若夫元功攸宰,丕业光于帝先;神用斯冲,峻道辉于象外。至于炯诫千祀,昭训百王,则有雕金扬不朽之基,镂玉启无疆之迹。而孤泉师律,旌德之范未章;畴野兵钤,铭徽之典犹阙。乘巢革夏,恶先觉于丹碑;济鲔戡殷,鬼生知于翠碣。惟睿之失,其大者欤!自否运辞炎,垫寓之灾梗极;余灵泣素,稽霄之浸滔天。风夏癸以昏初,则忠良既逐;政殷辛之虐往,则邦国斯悴。縠霏黄而雾地,下黩方祇;绳乱赤而雨天,上堚圆象。人怨神怒,语亡之兆邃彰;众叛亲离,规存之谋遂爽。月弓宵而空桂,则蚀屡金波;星箭夕而奔榆,则妖飞玉弩。尘埋五岳,见陵谷之迁移;水竭百川,睹江湖之腾沸。鼎已问于轻重,裂周纲者七雄;德遂寝于休明,绝秦纲者几国。天工是代,紫庭无享频之宾;神道克恭,元冕乏郊禋之辟。故以邹瀛眇眇,同结向隅之悲;玄迹茫茫,共轸推沟之怨。妖精紊象,宝库延灾。萃绿林者烟霏,屯黑山者雾合。战龙于野,则乱起干戈;飞鸿在陆,则害生戎马。

先文皇帝悯黎元之已燎,救焚洪焰之炉;悼品物之将沦,拯溺横流之瀇。握宝符于代北,肇建丹旗;剖神珠于汉东,方搞白羽。运五材而杖顺,阴阳未测;悬两耀而龚行,幽明叶契。而武关先入,楚猴之暴未诛;渐台虽覆,蜀龟之声犹振。王充盗移凤扆,讳误伊瀍;窦德假署龙官,虔刘赵魏。同恶相济,共为唇齿。先帝威□有截,思入无方。穷幽测神,研几作圣。薛公三策,明出下科;陈相六奇,悬符上略。亲御姬钺,问罪晋京。墨守屡殚,般攻益赡。凿修□之壤,举覆匮而成山;引曲洛之波,沃滥觞而为沼。飞冲业业,降临负户之危;长隧悠悠,上窥析骸之急。奔鲸之穴,染锷非遥;封豨之林,倒戈斯在。

建德驱白波之众,济马颊之津;据青犊之资,践牛口之谷。吞沙石而贾勇,召风雨而成枭,图解邺城之围,规降上党之守。蜂飞万旅,猬起千群,竭氿水之洪流,襫丕山之崇堵。羽书狎至,驲遽交驰,夕照赵烽,晨惊鲁柝。于时谋臣钳口,息其请箸之谈;猛将含牙,弭其穿箚之气。或请退师函谷,以避前锋;或请反旆崤陵,以图后举。先帝乃谓诸将曰:本欲先定东,次平河朔,今既远投天纲,自取膏原,建德若擒,王充必败。虢亡虞灭,理有固然;韩并魏从,义无或爽。天实赞我,不可失乎,兵道尚奇,属斯举也。牵裾之议,践幕庭而局影;断鞅之规,望辕门而累息。独决神衷,总排舆诵。留偏裨之将,分拒王城;引趋武之师,移和制邑。荥波远派,遥疏官渡之滨;广武斜临,迥据成皋之险。严闉概日,巨防陵云。寰中逐鹿之郊,宇内瞻乌之地;兴亡之道,楚汉之迹犹存;得丧之途,曹袁之基未泯。以代藩之贵,均士伍之劳;处唐侯之尊,等更徭之膳。越醪霑惠,赴白刃以求仁;楚纩衔恩,捐苍璧而取义。乃率数百骑,入其境五十余里,观其部列,摩垒而旋。于是丑类相奔,凶渠竞进,短兵交战,长围亟合。望柘弧而尽殪,类棋布于中原;应萧斧而鹹摧,若星罗于平隰。仅而获反,□无一焉。□夫赵主入秦昭之关,事从权免;晋后察王敦之垒,道以诈全。业蹈往辰,功优昔载。

自是锋芒遂衄,钲鼓载衰,夺林父之心,破姜维之胆。退归漳滏,恐天讨之乘奔;进□辗辕,惧王师之兼弱。深沟板渚,敛辔车关。数十罪而不惊,示三驱而未款。乃休牛洛汭,息桃林之墟;牧马河阳,聊驾襄城之野。樵苏已远,虚月叠以招兵;雉堞不修,偃日羽而延寇。建德深然楚间,不疑秦谍,空峭壁以径前,沈轻舟而直进。先帝勒兵背水,列骑依山,光流阙巩之甲,声振武安之瓦。神规岳镇,未许代御之辞;圣略川凝,无受致师之请。欲战不可,求反无路,肇自霞初,迄于景晏。汤风烂石,溽暑流金,赢粮不从,壶浆莫继。思仇饷于葛野,想蠋渴于梅林,齐侯绝华泉之游,楚将无谷阳之饮。穷鱼失水,望清汉而摧鳞;喝鸟倾巢,仰曾天而折翮。

先帝别命旌麾,以乘其背;亲当矢石,以击其心。表里夹攻,远迩同至。始见开行迹雁,分彼阵以弱其锋;终乃合势形蛇,离敌众而孤其力。冀马追风彩桃花而翼路,燕犀夺日辉若枝而镜野。扒金愤关陇之气,凌险若夷;冶铁惋熊黑之心,陷坚如朽。应龙画角,百川为之震荡,灵鼍制鼓,九镇所以倾颓。投石蒙轮,霜映雕戈之末;翘关拔距,电流文剑之端。举长彗以布新,卷崩云以祛祲。攻虚匪实,尘靡藉于曳柴,击众以寡,火无劳于结燧。俘房十余万,斩首三千级,生擒建德,徇于城下。腼颜流汗,曾无解扬之言;怀德畏威,翻有郦通之说。然后操袂□□,伏锵旗亭,脐燃董卓之膏,头饮智瑶之器,王充牵羊请服,刑马求盟。开定鼎之郊,献测圭之邑。义贞白水,信缛丹书。赦其缧槛之辜,宥其挺垣之命。情安共主,忘鲠气于田横;怨切周天,忍终凶于魏豹。于时涔卷东浸,镜万里而河清;妖敛西氛,阵千重而云散。

昔高宗鬼方致伐,远克三年;周武牧野陈师,尚劳再驾。未有胸吞宇宙,掌握乾坤,正西北之倾天,轴东南之毁地。英谋一振,功成晷刻之间;劲敌双擒,业茂须臾之顷。故能基大宝于王业,锡祉玄圭;扫元凶于天步,臻祥绿错。国八纮而绩禹,功迈叙伦,家六合而心勋,德超则大。羲皇语圣,既桀往而尧今;农帝方神,遂昏前而旦即。奇谋冲秘,非假书于黄石;雄断纵横,讵窥符于玄女。

近以五载巡初,省方伊洛;九冬狩晚,讲戎许郑。举鸾旗而遐指,飞翠盖以长驱。垣垒肃而未迁,山川俨而无改。徘徊丹浦,事求闻礼之辰;顾步青丘,情异抚军之日。波瞻旧渫,水变沈沙之奇;堞望前埔,城余拔帜之所。是以餐哀霜露,攀日月而不追;茹痛风枝,怀天地而莫报。金埤在御,方九仞以悲深;玉案升珍,拟万锺而□切。麟图□范,义百楹书;凤篆留规,道千裘冶。虔守天位,忧辍峻于洪基;肃奉帝猷,诚亏光余宝祚。属辞抽思,实无觊余扬名;相质披文,庶有裨于纪德。乃为颂曰:

乾纲肇绝,神鼎初飞。妖凌三季,兵缠九围。元功孰纂,神器无归。瞻乌逐变,即鹿乘机。穆穆圣祖,桓桓神武,电击河汾,云飞京宇。克清龙战,载安鳌柱,礼叶禋宗,乐谐率舞。漳滨蜩起,洛汭鸥张。荐惊权柝,亟犯封疆。裂冠称帝,犯跸图王。岂知吴灭,未辩虞亡。睿后生知,谋绝群彦。云韬西伐,霜戈东战。元恶悬首,凶渠革面。一纵而擒,义多昔卞。冰销日域,雾敛星区。龙庭受吏,凤穴来苏。虔奉天禄,恭膺帝图。陶甄太素,亭育尊庐。启光夏政,诵恢周道。滥以菲躬,聿承大宝。宅侔宇宙,业均羲昊。岂改英明,实资衡保。载省王风,顺驱月驭。津由漂卤,途经绝辔。思动则天,慕缠因地。敬爱攸属,明发奚泪。寒移暑谢,律变星回,阵云先灭,月垒犹开。毁垣残柳,塞井荒苔,水侵坠石,燧掩飞灰。泗水词班,济阳纪蔡,式传经略,敢竭虚昧。坤纽方舆,乾张圆盖,腾实万古,飞英百代。

[作者作品]

李治(628~683年),唐高宗,中国唐朝第三位皇帝(649~683年在位),唐太宗李世民第九子。字

唐高宗李治

为善,其母为文德顺圣皇后长孙氏,是嫡三子。贞观五年(631年)封为晋王,后因唐太宗的嫡长子皇太子李承乾与嫡次子魏王李泰相继被废,他才于贞观十七年(643年)被册立为皇太子。贞观二十三年(649年)即位于长安太极殿,开创了有贞观遗风的永徽之治。唐代的版图,以高宗时为最大,东起朝鲜半岛,西临咸海(一说里海),北包贝加尔湖,南至越南横山,维持了32年。李治在位34年,于弘道元年(683年)驾崩,葬于乾陵,庙号高宗,谥号天皇大帝。公元675年4月13日,唐高宗诏令武则天摄国政。

显庆四年(659年)八月,唐高宗李治东巡亲临许郑讲武时,过太宗擒窦建德处,缅怀功业而撰写了《大唐纪功颂》,刻石立碑于荥阳等慈寺。《大唐纪功颂》内容主要叙述了隋末社会动荡和经济崩溃的局面,记述了武德四年(621年)虎牢之战的经过。

[相关史料]

等慈寺故址位于荥阳市汜水镇赵村东南。唐武德四年(621年)在今汜水、王村镇和高村乡等荥阳西北一带发生了一场关系唐王朝命运的关键战役——武牢之战。结果李世民大败窦建德,夺取了最后胜利,奠定了唐朝最后消灭王世充,统一中原的基础。李世民登基做皇帝后,为追念在这次战役中死亡的士兵,颂扬武功,也为昭示其仁慈之心,就将双方战死之官兵尸骨集体掩埋,建寺为他们超度亡灵,寺成,名曰"等慈寺"。

少姨庙碑文

唐 杨 炯

臣闻昆仑西北之地,天门也。则五帝处其阳陆,三王居其正地。太山东南之地,日观也。则秦皇刻其石铭,汉帝探其玉策。故知建都邑,正方位,划崇墉,刳浚洫,必凭天地之险,然后四海为家;拥神休,尊明号,叶时月,同量衡,必致山川之祠,然后群神受职。

少室山者,岳之神秀者也。凭河图而括象,用遁甲以开山。发挥宇宙之精,喷薄阴阳之气。壁立而千仞,削成而四方。北临恒碣,犹如聚米;南望荆衡,才同覆篑。共工触皇天之八柱,未足拟议;龙伯钓溟海之三山,无阶响像。考于含神纽,白玉犹存;验于《山海经》,黄花不落。其名有序,则太室西偏;其位可知,则嵩高佐命。若乃乾坤之所合,雷雨之所交。仰躔七星之野,俯镇三河之曲。朝市临于域中,枢机正于天下。六合交会,于是乎有天帝之下都;九州名山,于是乎有灵仙之窟宅。

臣谨按:少姨庙者,则《汉书·地理志》:嵩高少室之庙也。其神为妇人像者,则故老相传云:启母涂山之妹也。昔者生于石纽,水土所以致其功;聚于涂山,室家所以成其德。后宗之位,象南宫之一星;外戚之班,比西京之列传。惟几不测,其道无方。骋神变而挥霍,降精灵而昐蠢。亦犹蒋侯三妹,清溪之轨迹可寻;虞帝二妃,湘水之波澜未歇。何止祠称丁妇,庙号滕姑。少妇宅于西宫,夫人馆于南岳。山临白岸,空闻石室之灵;浦对青崖,独有金壶之异。若斯而已矣。时更魏晋,数历周隋。四望于是莫修,八神以之无主。炎凉代序,宁观俎豆之容;霜露沾衣,非复弦歌之地。

国家乘天造之草昧,属人谋之与能。奄有大宝,遂登神器。天地水火之无象,则女娲氏补之,于是乎炼其五石;东西南北之失位,则神农氏立之,于是乎甄其四海。天皇贵与天乎合德,富与地乎侔资。穷变化之理,尽神明之数。伏羲画卦,唯观鸟兽之文;黄帝垂衣,盖取乾坤之象。利兼于成器,功周于备物。瑶台美化。阐邦国之风猷;银牓嘉声,茂君亲之典礼。称才子者八族,则叔献季狸;有乱臣者十人,则太颠闳夭。若夫圆丘方泽,所以飨天神地祇;复庙重櫋,所以序文昭武穆。命秩宗之位,分太宰之官,考虞夏之质文,定殷周之损益。其大礼有如此者。

高阳有飞龙之乐,始会八风;帝舜有仪凤之音,初调九奏。后夔典其教,制氏辨其声,钟磬笙竽致其和,尊卑长幼成其序。其广乐有如此者。

太微营室,明堂布政之宫;白兽苍龙,象魏悬书之法。下应犹草,王言如丝。北辰而拱众星,南面而朝天下。其为政有如此者。

斜万人者,施之以八刑;诘四方者,戒之以三典。画衣不犯,载酒无冤。免禽兽于网罗,纳寰瀛于轨物。其恤刑有如此者。

周人之养国老,始辟西胶;汉氏之召诸生,初开太学。辟雍所以行其礼,泮宫所以辨其教。童子五尺,羞称霸后之臣;冠者六人,唯述明王之道。其文德有如此者。

凉风至,司马于是乎陈兵;太白高,将军于是乎宣战。乘斗枸而誓旅,出星门而杖钺。庄周称天子之剑,举之按之;吕望言圣人之兵,如风如雨。其武功有如此者。

稽其殷令,有文犀利剑之效珍;考其周书,有赭白乘黄之骋力。东渐西被,南驰北走。卢敖之穷观六合,不出于城隍;陶侃之飞入八门,未游于宫室。其疆理有如此者。

察璇玑而平大运,天回地游;吹玉律而部人时,阳动阴静。烟云萧索而合彩,日月淑清而启旦。岂直凤巢阿阁,入轩后之图书;鱼跃中舟,称武王之事业。其休征有如此者。

少室阙拓片(局部)

然则囊括混沌,发挥生灵,大庭不足使骖乘,骊连不足使扶毂。可以会玉帛,可以答灵祇。行圣人之大孝,既郊祀而宗祀;昭帝王之盛节,亦因天而事天。犹复下听舆人,旁求故实。以为唐尧五载,无闻太室之仪;殷帝八迁,未卜王城之地。是用陈圭置臬,建周后之两都;制跸鸣銮,巡汉皇之中岳。荧惑先列,招摇在上。隐天而动地,欻野而歔山。旌旗则日月运行,钟鼓则雷风相薄。道伊阙,据輘辕,怡然长望,邈乎周览。壮灵山之云雨,仍求载祀之经;对闲寝之丘墟,思秩无文之礼。

于是降天涣,命司存,因其旧迹,葺其新庙。详费务,议工徒,下陇蜀之名材,致荆蓝之宝玉。易者言乎悦使,民忘其劳;诗者歌乎子来,成之不日。东西翏轇,南北峥嵘。绣栭兮云楣,光照耀兮夺目;桂栋兮兰橑,气氤氲兮袭人。皎日登于绮疏,奔星下于闺闼。珠帘玳匣,上高阁而三休;金柱银楹,出长廊而中宿。穷山海之瑰宝,尽人神之壮丽。岂直河庭贝阙,俯瞰冯夷之都;洛水瑶坛,旁临宓妃之馆。尔其岩嶂重复,冈峦左右,青霞起而照天,白露生而匝地。余基隐嶙,仍知万岁之亭;古木摧残,尚辨三花之树。明公旧祀,栋宇崟峣;仙女层台,风烟烂漫。轩辕之访大隗,先求牧马之童;太一之征少君,直下乘龙之使。夫峻极也,天帝因而会昌。夫降神也,景福由其兴作。于是乎昭之以明德,听之以和声。可以羞涧溪沼沚之毛,可以奠潢污行潦之水。聪明正直,惟鬼神而有知;玉帛牺牲,在陈信而无愧。

日之吉,灵之来,霓为旌兮翠以盖,雷为车兮电为策。鼓之以南箕,风袅袅而先路;润之以西毕,雨冥冥而洒道。其始至也,若海静山空,瞳瞳晓晓照白日于扶桑之东。其少进也,若移星转汉,灿灿烂烂吐明月于瀛洲之半。佩珠玑而玓瓅,袭罗縠而飘飖,建晨婴之宝冠,践远游之文履。命傅兮肃侣,徙倚兮徘徊。群仙毕集,众灵咸到。有西华之紫妃,有中黄之素女。华山之上,明星远烛;阳台之下,暮雨潜通。或琼室以飞霞,或银台而荐乐。天孙忽降,暂停支石之机;神女相欢,即起投壶之电。左侍右卫,则甲申之琼石,乙巳之兰萧。妍倡妙妓,则凭悦之清歌,幽灵之鼓瑟。乐章既阕,礼容斯备。回风兮云旗,人不言兮出不辞;荷衣兮蕙带,倏而来兮忽而逝。惟神享德,降百福而无疆;惟岳配天,视三公而有典。

昔者夏后氏之乘四载,仍开宛委之图;周穆王之御八龙,犹纪弇山之石。况乎上照下漏,地平天成。人主宅中,旁罗于宇县;山灵显位,密迩于神州。岂使令德不传,颂声无纪?由是三天降策,有南霍之升储;八文镌铭,有西王之服道。魏国钟繇之字,唯勒岁年;晋家张载之文,遂成明制。其词曰:

上帝有命,皇天无亲。树之元后,以牧蒸民。光宅六合,怀柔百神。德成郊祀,礼备宗祂。
轩称配永,昆墟帝出。尧号则天,汾阳诏跸。观人设教,叶时同律。有感必通,无文咸秩。
皇家启圣,受命于天。上炼五石,旁疏百川。开阶运斗,宅海乘干。王母益地,周公卜年。
天子建德,重规迭矩。圣敬日跻,宗文祖武。范围三极,和平万宇。率由旧章,粤若稽古。
璇宫夜敞,银榜朝开。德象阴月,声符震雷。山河翼戴,星纬盐梅。能事毕矣,干元大哉。
化定制礼,功成作乐。日月旗常,夏殷正朔。德溥天外,文明地角。气白星黄,风摇露浊。
两京畿甸,五载巡游。驱驰太一,部列蚩尤。将见大隗,爰寻许由。回鸾踯躅,寓目周流。
郁郁灵镇,岩岩积石。直上五千,去天三百。帝休非远,真经可觌。石室徘徊,琼膏滴沥。
山唯地德,神即阴灵。瑶姬逐雨,玉女随星。阴阳不测,黍稷非馨。倏忽年代,荒芜庙庭。
旁求祀典,载垂天涣。始制林衡,俄成壮观。紫枙星错,凡梁霞焕。似对青溪,如游白岸。
文狸赤豹,电策雷车。隐隐中道,匈匈太虚。遂停龙驾,永托神居。天回地止,雾歇云除。
众灵昤昽,群仙容与。衡岳夫人,流滨游女。洛川解佩,天河弄杼。顾慕招携,缤纷俦侣。同气同声,爰笑爰语。

于以采蘋,南涧之滨。于以采藻,于彼行潦。日吉兮辰良,浴兰汤兮沐芳;扬枹兮拊鼓,奠桂酒兮椒浆。神其醉止,降福穰穰。

[作者作品]

少姨庙碑文是由杨炯撰写,原立于少室山少姨庙前,现已佚。

杨炯(650~692年),弘农华阴(今属陕西)人,排行第七,唐朝诗人。初唐四杰(杨炯与王勃、卢照邻、骆宾王齐名)之一。唐高宗显庆六年(661年),年仅11岁的杨炯被举为神童,上元三年(676年)应制举及第,授校书郎。后又任崇文馆学士,迁詹事、司直。武后垂拱元年(685年),降官为梓州司法参军。天授元年(690年),任教于洛阳宫中习艺馆。如意元年(692年)秋后改任盈川县令,吏治以严酷著称,死于任所。因此后人称他为"杨盈川"。杨炯擅长写边塞诗,气势轩昂,风格豪放。明胡应麟《诗薮·内编》谓"盈川近体,虽神俊输王,而整肃浑雄。究其体裁,实为正始。"张说曰:"杨盈川文思如悬河注水,酌之不竭,既优于卢,亦不减王也。"他也写道诗,他的道诗多通过法术、方术描写塑造仙人、道士形象,又运用典故运用、环境渲染。

武则天游历中岳时,就隆重地拜谒了启母庙和少姨庙。封禅嵩山后,武则天封夏启为齐圣皇帝,封启母涂山娇为玉京太后,封涂山娇之妹涂山姚为金阙夫人,并重修启母庙和少姨庙,命崔融和杨炯分别撰写了《启母庙碑》和《少姨庙碑》。

[相关史料]

传说,大禹得第二个妻子涂山娇的妹妹少姨化作少室山的山神,专司蚕事。人们为了纪念她,建起了少室庙以敬之。少室山庙,又称少室祠、少姨庙,明代初期坍毁。少室山庙和太室山庙始建于秦,汉安帝时在庙前建阙。少室阙是汉代少姨庙的神道阙,阙后有一东西长60余米、南北宽40余米的平台,地面散布许多绳纹砖、筒瓦、板瓦等汉代建筑构件,当为少室山庙旧址。相传少姨为涂山娇之妹涂山姚。

杨 炯

启母庙碑文

唐 崔 融

臣闻天地生成,其法自然之谓道;阴阳鼓舞,其功不测之谓神。然则物或类感,事因变通。干栋倾而三光北驰,坤舆缺而百川东泻。河沦越嶲,有郡邑之为鱼;水陷历阳,有吏人之化鳖。访遗踪于女峡,风雨萧条;征往事于姑泉,弦歌响亮。盈虚靡定,合散焉常。不知谁子,既老氏之多情;忽然为人,宁贾生之足辩。仰观俯察,裁识幽明之故;原始反终,未穷生死之说。得于道而失于道,义有必然;出于几而入于几,理无或废。知变化者,其知神之所为乎?

臣谨按,启母庙者,盖夏后启之母也。汉避景帝讳,改启之字曰开。厥后相传,或为开母。而顾野王《舆地志》、卢元明《嵩高记》,并不寻辟讳之旨,以为阳翟妇人,事不经见,谅无所取。粤若玉斗璇玑,李母之居邻北极;金台石室,王母之宅在西山。气为母,则群物以萌;月为母,则容光必照;坤为母,则上下交泰;后为母,则邦家有成。故华胥履迹,而雄氏孕;女登感神,而炎运作;星流华渚,而白帝生;月贯幽房,而黑精降。明明有夏,穆穆涂山。予娶于度土之辰,女婚于台桑之地。搜奇帝纪,识异归藏。束生发蒙而有述,韩子称贤而不朽。汉臣之笔墨泉海,陈其令名;秦相之一字千金,叙其嘉应。士歌南国,徒闻候禹之词;石破北方,终见生余之兆。则郭璞所谓阳城西启母石,李彤所谓嵩山南启母祠。随巢之说有征,鸿烈之言无爽者矣。昔者鸾川之上,母变空桑;豚水之滨,男生破竹。美人之虹名蟭螟,仙妇之月作蟾蜍。精卫衔木而偿冤,女尸化草而成媚。山崩蜀道,台候妇而无归；石立武昌，亭望夫而不及。论乎诞载，群下莫尊于帝王；语乎迁易，凡百无闻于感致。美矣哉，不可得而称也。

大唐革去故，鼎取新。抚运而生，继天而作。握干元而造物，海内知春；辟混沌而为家，域中无外。天皇膺历数，顺讴歌。金柜玉枢，服皇王之能事；衢室庙堂，承祖宗之茂烈。垂衣裳而作元后，端拱北辰；负黻扆而朝诸侯，向明南面。周邦赫赫，其道洽于成康；汉室巍巍，其化钟于文景。东渐西被，远安迩肃，海三年而无波，云连月而不散。天瑞降，地符升，灵凤五文，岁时来苑囿；神龙八卦，昏旦游池沼。《礼》云乎哉，无取于周旋揖让。《乐》之谓也，必在于移风易俗。司禄益富，家国于是乎有余；司命益年，臣人于是乎不夭。明王三惧，未尝遗戒慎之心；天子四邻，莫能展弼谐之用。家安其业，但听于邻鸡；人得其和，遂同于野鹿。表谶记，奏河图，四十六事之着明，曷云尚也？登泰山，禅梁甫，七十二封之可识，何以加乎？

启母阙上的女子蹴鞠图

且夫穷圣神，备道德，滋萌元气，开辟太初，斯乃天皇氏之所以应乎天也。依土地，明神灵，驾六羽而上腾，度九州岛而下济，斯乃人皇氏之所以顺乎人也。造书契，教畋渔，合五纬而节四时，登九天而类万物，斯乃牺皇氏之所以制人法也。务播植，该变通，尝药以救兆人，聚货而交天下，斯乃农皇氏之所以兴人利也。振鼍鼓，载龙旗，天则玄女受符，帝则黄神降斗，斯乃轩辕氏之所以除人害也。均度量，正都邑，总秋令于金天，分瑞官于凤纪，斯乃帝昊氏之所以为人极也。洁祭祀，义鬼神，履时以象天，养财以任地，斯乃帝颛氏之所以为人教也。秋乘马，春乘龙，顺三辰而天道平，建五正而人事理，斯乃帝辛氏之所以为人政也。明如日，晦如阴，人无识其名，帝何力于我，斯乃帝尧氏之所以昭君德也。闻一善，举八才，帝唱动而烂星云，天歌发而跄鸟兽，斯乃帝舜氏之所以章后功也。

夫三统者，道之大；五行者，生之宗。三皇法之而列，五帝则之而序。道以三兴，德以五立。非天下之至圣，孰能兼于此乎？而犹虽休勿休，损之又损。下明诏，发德音，尊天而重人，省方而巡狩。举星毕，曳云稍，召风伯以清尘，命山灵而护野。驰洛邑，骛襄城，天回而地游，云合而雾杳。周穆王来游太室，先征夏启之居；汉武帝有事嵩丘，即访姒开之石。徒观其丹青岁古，霜露年侵，圣情有眷，兴言改葺。其山则古文之外方，其地则新邑之中土。铭坛迤逦，斜分玉女之台；碑阙相望，近对石人之庙。金草生而五色，贝树长而三花。紫云合沓于涧溪，白雾氤氲于岩岭。考之《易林》，信惟神明所伏；求之《遁甲》，固以威灵肃然。夫其命有司，乘务隙，因高背下，察隐嶙之余基；审日观星，揆摧残之落构。周官置臬,郢匠挥斤,异态神行,全模造化。红葩夺日,飞累榭于山间;绮缀冲风,架回廊于木末。仙人在栋,神女临窗。周施玳瑁之椽,遍覆琉璃之瓦。赤玉为阶甃黄金作门阙。山如白岸,树似表溪。羞蕴藻于前庭,藉生刍于后径。兰香夹水,居然洗沐之资;竹帚临风,自隔嚣尘之惨。梦台云雨,宋玉对而先惊;楚壁山川,屈原书而几倦。寿宫幨兮不扰,象设安兮逾肃。霜罗曳曳,云锦披披。鸳鸯褥兮翡翠帱,白羽扇兮青丝履。垂玉鸾之佩,若往而若还。戴金雀之钗,不长而不短。其居处也,暖暖昧昧,阴闭阳开;其被服也,煌煌荧荧,霞驳云蔚。鼎俎则麟胎凤卵,悉蕙燃蓥;饵膳则木蜜金膏,玉浆琼酒。当是时也,合五岳,讯九魁,选太阴,命玄阙。冯夷鸣鼓,女娲清歌。左苍龙兮吹篪,右白虎兮鼓瑟。金真拂座,玉女焚香。肃肃习习,天媛来风雨;雰雰霏霏,神姬下霜雪。孔雀飞而仪凤舞,弄玉邀欢;骈车合而罗绮陈,智琼陪宴。麻姑服道,变海水而来游;织妇希风,填河津而下谒。洛妃绰约,江妃绵眇。玄女以明月为珠,素女以颓云作髻。九天真母、八极夫人,毕集于兹矣。表霞衣兮翠云裘,灵连蜷兮既留;车回风兮马飞电,视倏忽兮无见。昔者济阴山下,降尧母之精灵;湘川水曲,留舜妃之响像。墠坛或在,徒闻分福之名;栋宇不修,谁辨安歌之处?岂知夫三仙福地,百姓尊祠。挟王者之都畿,当圣人之顺动。牺牲玉帛,可以洽气和神;幼妇外孙,可以披文相质。虔奉纶音,式陈壮观。虽周人作诗,自得后妃之美;而魏臣献赋,终惭神女之工。敢作铭曰:

九州地险,五岳天中。蛟龙洞穴,日月仙宫。蓄泄云雾,震荡雷风。笙歌近接,钟鼓遥通。
昔在妫帝,洪泉未塞。昏垫下人,泛滥中国。于铄大禹,显允天德。龙画旁分,螺书遍刻。
佩文北海,省土南方。还从碣石,更下台桑。予娶有礼,我都攸昌。八年不顾,四载惟荒。
宛委既登,辕仵凿。室家误往,熊罴方作。天道幽秘,生涯纠错。其化则迁,其灵是托。
宓妃之馆,仙女之台。物类感通,精魂去来。巫山庙立,汉水祠开。墠坛岁古,栋宇年摧。
皇矣大唐,丽哉神圣。膺图受箓,体元居正。赫赫高祖,天有成命。明明太宗,于兹为盛。
重光累洽,下武嗣文。负扆而化,垂衣以君。三灵肸蚃,六气氤氲。鱼鳖咸若,鸡犬相闻。
重译请命,殊邻禀朔。化及中孚,风移太朴。天秩百礼,人和万乐。汾水可游,昆山何邈。
随巢旧说,夏启遗居。盛德不泯,嘉声在诸。周王转眸,汉帝回舆。聿怀降鉴,其祀如初。
虞衡掌木,班倕葺宇。虹亘梅梁,龙盘桂柱。草积庭院,水周堂庑。石室置俌,轩宫为辅。
珠帘洞卷,玉座含清。金翠灼烁,罗縠轻明。仪形若动,侍卫疑生。依稀有物,惝怳无声。
帝子湘川,天孙汉曲。翩绵缥缈,踌躇踯躅。神女弄珠,灵妃启玉。倏来忽往,星繁电烛。
壮矣丽矣,神之听之。聪明是属,景福无欺。夫人立馆,幼妇镌辞。巍巍皇室,万万余基。

[作者作品]

启母庙碑文是由崔融撰写,原立于太室山启母庙前,现已佚。

崔融(653~706年),唐代文学家、诗人,字安成。唐代齐州全节(今章丘)人。初应八科制举,皆及第,累补宫门丞、崇文馆学士。中宗李显为太子时,崔融为侍读,兼侍属文,东宫表疏多出其手。圣历元年(698年),武则天封中岳(嵩山),见崔融所撰《启母庙碑》,深加赞美;封禅毕,又命崔融撰《朝觐碑》。遂由魏州司功参军擢授著作佐郎,转右史。张易之、张昌宗兄弟广招文学之士,崔融屈节佞附。张易之被诛后,崔融贬为袁州刺史。不久召拜国子司业,兼修国史。中宗神龙二年(706年),以预修《则天实录》功劳,封清河县子。崔融为文华美,当时无出其上者。凡朝廷大手笔,多由皇帝手敕,付其完成。其《洛出宝图颂》、《则天哀册文》尤见工力。作《则天哀册文》时,苦思过甚,遂发病而卒。中宗以其有侍读之恩,追赠为卫州刺史,谥号文。崔融为唐朝著名的"文章四友"(李峤、崔融、苏味道、杜审言)之一,世号"崔、李、苏、杜"。"四友"专力写作律诗,对唐代律诗的形成有一定的作用。

武则天游历中岳时,就隆重地拜谒了启母庙和少姨庙。封禅嵩山后,武则天封夏启为齐圣皇帝,封启母涂山娇为玉京太后,封涂山姚为金阙夫人,并重修启母庙和少姨庙,命崔融和杨炯分别撰写了《启母庙碑》和《少姨庙碑》。

[相关史料]

登封市北太室山南麓万岁峰下的一开裂的巨石,极富传奇色彩,古籍记载甚多。传说大禹得妻子涂山氏生下儿子启之后化作一块巨石,称启母石,又称启母化石。《淮南子》记载:"'禹治洪水,通轩辕山,化为熊。'先谓涂山氏曰:'欲饷,闻鼓乃来。'禹跳石,误中鼓,涂山氏往见,惭而去,至嵩下化为石。方孕启,禹曰'归我子',石破北方而启生。"西汉武帝游览嵩山时,见到太室山北麓万岁峰下的夏后启母石,遂建庙于石旁。今启母庙已荡然无存,但东汉时在庙前修建的著名的神道启母阙(现为天地之中古建筑群建筑之一)还依然保留着。从残存的碑文中依稀可见汉代对禹治水的记述和对启母涂山娇助夫治水的故事,赞扬了启母的功绩。启母阙上的夏禹化熊图、启母化石图栩栩如生,再现了大禹治水的场景。

汉代因避汉景帝刘启的讳,曾一度将启母庙改名为开母庙、开母阙。

崔 融

宋之问

嵩山天门歌

唐 宋之问

登天门兮,坐盘石之磷峋。前潋潋兮未平,下漠漠兮无垠。纷窈窕兮,岩倚披以鹏翅;洞胶葛兮,峰棱层以龙鳞。松移岫转,左变而右易,风生云起,出鬼而入神。吾亦不知其灵怪如此,愿游杳冥兮见羽人。重日天门兮穹崇,回合兮攒丛。松万接兮柱日,石千寻兮倚空。晚阴兮足风,夕阳兮赭红。试一望兮夺魄,况众妙之无穷。

[作者作品]

作者宋之问简介见此书的《龙门应制一文》

测景台赋

唐 范荣

大圣崇业,万象潜通,据河洛之要,创造化之功。建以黄壤,亘以紫宫。右辅伊阙,左连辕嵩。银台比而可拟,瀛壶方而讵同。掩扶桑于日域,包蓬莱于海濛。式均霜露之气,以分天地之中。于是仰玄穹之文,俯黄壤之里;下压坤德,上罗乾纬。垂刑象物,既不假于银衡;司刻探玄,何必邀于铜史。其细也难究,其妙也若此。斯岂光阴,而若易徙。且夫圣不可测,道实兼致。天地与能,幽灵必契。囊括众巧,网罗群艺;自然而来,畴能比计。今来古往,时移道替。滋岁月以成朽,觉风尘之渐异。人有代兮俗疑没,地有形兮□无制。零落空阶,莓苔古砌。但觉萧条颓埔,迤逦高阜。荒凉寒城,芜翳□□。攀圣迹而难企,感吾徒而流涕。猗欤成周,系圣纂极。君少臣疑,流言更逼。自郏卜洛,其仪不忒。公敷其化,人尽其力。惠而不费,功成事息。钦圣德之微奥,岂赋者之能识。

[作者作品]

范荣,唐高宗时期人。具体资料不详。

[相关史料]

测景台简介见陈凤梧的《周公测景台暨新庙记》。

潘尊师颂

唐　陈子昂

观元化兮,求古之列仙,得瑶图与金鼎,信元符之自然。神与道而惟一,天与人兮相连。苟精守以专密,必驾景而陵烟。舟丘不死兮羡门子,黄门度世兮吾体玄。玄之世德洵淑美,冲心养和宝元始。初学茅山济江水,乃入华阳洞天里。道逢真人升玄子,授以宝书青苔纸。令守嵩山玉女峰,云栖穷林今五纪。圣人以万机为贵,而我以天下为累。圣人以大宝为尊,而我以天下为烦。是以□冥居于嵁嵓,寄遗迹于轩辕。有唐高宗兮天子之光,好道乐仙兮思云乡。千旌万骑兮翠凤张,邀我汝海兮箕山阳。朝拜白茅夕紫房,斋心洁意缅相望。所问玉真及玉皇,何以得之受天昌。黄庭中人在子身,窈窈冥冥精甚真。去汝骄气与淫神,勤能思之道自新。遂解形而遗世,乘白云而上宾。弟子不知其所往也,乃刻石以思真。

[作者作品]

陈子昂简介见《别嵩岳二三真人序》。

[相关史料]

潘尊师,名潘师正(584～682年),唐代在嵩山修炼的道士,上清道茅山宗第十一代宗师。字子真。赵州赞皇(今河北)人。上元三年(676年),唐高宗幸东都,礼嵩岳,召见潘师正,高宗尝召问"山中有何所需?"潘师正答曰:"茂松清泉,臣之所需,山中不乏。"高宗与天后甚尊之,留连信宿而还。"调露二年(680年),高宗亲诣少姨庙,赐谥已故道士王远知为升真先生,赠太中大夫。……又幸逍遥谷潘师正居所,看到其薜荔绳床将要朽腐,又无火炊之具,只有雨瓢贮青当饭,就敕令在此为潘师正建"隆唐观",并在岭上别起"精思院",作为他的住址。初置奉天宫,帝令所司于逍遥谷作门,南面的门叫"仙游门",北面的门叫"寻真门",皆为师正立名焉。当时太常献新乐曲,高宗又令以《祈仙》《望仙》《翘仙》为名。因潘师正的缘故,帝先后赠诗10余首。在几年内,高宗连续几次会见潘师正。96岁的潘师正鹤发童颜,神采飞扬。高宗更加宗信,殷勤地向他询问三洞、七真的奥义,并封其为"太师"。随后在太子府为他建"宏道神坛",在老君寿院建"玄元观",高宗亲笔题额。

潘师正一生共在嵩山修炼讲道50多年,使茅山宗以洛阳为中心,向中原地区迅速发展。永淳元年(682年),潘师正羽化于嵩山隆唐观,时年98岁。高宗及天后武则天追思不已,赠太中大夫,赐谥体玄先生。

 嵩山文化大系

李白与岑勋、元丹丘对酒歌(二首)
唐 李 白

[作者作品]

作者李白简介见《赠嵩山焦炼师》。

一、将进酒

君不见,黄河之水天上来,奔流到海不复回。君不见,高堂明镜悲白发,朝如青丝暮成雪。人生得意须尽欢,莫使金樽空对月。天生我材必有用,千金散尽还复来。烹羊宰牛且为乐,会须一饮三百杯。岑夫子、丹丘生,将进酒,杯莫停。与君歌一曲,请君为我倾耳听:钟鼓馔玉不足贵,但愿长醉不复醒。古来圣贤皆寂寞,唯有饮者留其名。陈王昔时宴平乐,斗酒十千恣欢谑。主人何为言少钱,径须沽取对君酌。五花马,千金裘,呼儿将出换美酒,与尔同销万古愁。

[相关史料]

天宝元年(742年),李白因道士吴筠的推荐,被召至长安,供奉翰林。文章风采,名动一时,颇为玄宗所赏识。李隆基召李白进宫本意,顶多只让他为自己的后宫生活增添些乐趣,但李白受到了天子的接见,便更加狂妄了。他便在宫廷中混日子,喝酒写诗。酒喝多了就难免撒撒酒疯。据说,李白撒酒疯时让杨玉环为他磨墨,让高力士为他脱靴。到宫中的李白其实很想参政,但他根本就没有意识到,他的理想主义让他对于政治只能想想而已,而不能真正参与。他以为李隆基好比汉武帝,自己就是司马相如(见李白《赠从弟南平太守之遥》一诗)。他哪知道,李隆基现在早已沉溺美色,不管朝政,执政大权掌握在李林甫手中。面对险恶的政治斗争,可怜的李白除了斗斗嘴以外,只能受排挤。他在这期间的诗中写道:"谗惑英主心,恩疏佞臣计。彷徨庭阙下,叹息光阴逝。"(李白《答高山人兼呈权顾二侯》)最后,他的朋友任华的一番话让他终于醒悟了。任华说,这朝廷:"权臣妒盛名,群犬多吠声。"希望李白"有敕放君却归隐沧处,高歌大笑出关去"。李白最终还是看清了官场,因不能见容于权贵,于是在长安待了三年后,于天宝三年(744年)就弃官而去,大模大样地走了。李白"像那有心填海的精卫鸟一样,虽有报国的热忱,却没有施展的机会"。李白在政治愿望破灭的情况下继续漂泊。

李白再次来到了嵩山,他当时与友人岑勋在嵩山另一好友元丹丘的颍阳山居相聚。《酬岑勋见寻就元丹丘对酒相待以诗见招》:"不以千里遥,命驾来相招。中逢元丹丘,登岭宴碧霄。对酒忽思我,长啸临清飙。"人生快事莫若置酒会友,作者又正值"抱用世之才而不遇合"之际,于是满腔不合时宜,借酒抒情,对酒当歌,来了一次淋漓尽致的抒发。岑夫子是岑勋,丹丘生就是元丹丘,都是李白的好朋友。在畅杯痛饮、酒到激兴处,李白将郁积在心中已久的苦闷以及自己政治愿望破灭的悲伤,全都在好朋友面前无所顾忌地一吐为快。于是,著名的《将进酒》诞生了。《将进酒》原是汉乐府短箫铙歌的曲调,属汉乐府《鼓吹曲·铙歌》旧题。

李白这首诗的情感起于"悲":黄河入海,势不可回;青丝成雪,人生短促,怎不让人悲叹感伤!但李白毕竟是文人,于是他便在"悲"的感怀抒发忧愤后感情逆转为"乐":在他看来,人生得意便无所遗憾,当纵情欢乐,"莫使金樽空对月"。于是,他纵情之余突发狂想,当然也是他本人自负的性格的体现

"天生我材必有用",消极的外衣下裹着的是一颗渴望积极用世而怀才不遇的壮士热心,同时也表现了他的豪气,"千金散尽还复来"。但欢乐总是表面的,李白并不真正快乐,他"成熟"了很多,他的欢乐并不能掩饰他内心的苦闷。因为在长安的经历,他觉得"钟鼓馔玉不足贵",并因而否定一切,"古来圣贤皆寂寞"。但理想抱负最终战胜了苦闷。他想到了古代的君子贤人又有哪个不是孤独的呢?于是他最终想开了,大彻大悟,只愿把"五花马,千金裘"尽管当了去,酒酣之时,舍弃一切呼儿买酒,只愿"与尔同销万古愁"。最后一句让人不由得叹服诗人的放诞与豪壮,使人深深体悟作者的深"愁"。

这时候,李白的漫游已经不像上一次漫游单纯,这次漫游,他已经经历很多了,他也渐渐明白了一些东西。当然,这些都是醉话。但当他醉了的时候,是他最清醒的时候;他醒着的时候,却是他最糊涂的时候(郭沫若语)。因此,他自己也"但愿长醉不愿醒"。

《将进酒》一诗思想内容非常深沉,艺术表现非常成熟。诗由黄河起兴,感情发展也像黄河之水那样奔腾激荡,不易把握。而通篇都讲饮酒,字面上诗人是在宣扬纵酒行乐,而且诗中用欣赏肯定的态度,用豪迈的气势来写饮酒,把它写得很壮美,也确实有某种消极作用,不过反映了诗人当时找不到对抗黑暗势力的有效武器。酒是他个人反抗的兴奋剂,有了酒,像是有了千军万马的力量,但酒,也是他的精神麻醉剂,使他在沉湎其中不能做正面的反抗,这些都表现了时代和阶级的局限。

理想的破灭是黑暗的社会造成的,诗人无力改变,于是把冲天的激愤之情化作豪放的行乐之举,发泄不满,排遣忧愁,反抗现实。诗中表达了作者对怀才不遇的感叹,又抱着乐观、通达的情怀,也流露了人生几何当及时行乐的消极情绪。全诗洋溢着豪情逸兴,具有出色的艺术成就。

李白写《将进酒》

二、酬岑勋见寻就元丹丘对酒相待以诗见招

　　黄鹤东南来,寄书写心曲。倚松开其缄,忆我肠断续。
　　不以千里遥,命驾来相招。中逢元丹丘,登岭宴碧霄。
　　对酒忽思我,长啸临清飙。塞余未相知,茫茫绿云垂。
　　俄然素书及,解此长渴饥。策马望山月,途穷造阶墀。
　　喜兹一会面,若睹琼树枝。忆君我远来,我欢方速至。
　　开颜酌美酒,乐极忽成醉。我情既不浅,君意方亦深。

[相关史料]

岑勋,唐朝诗人李白的好友,生平不详,后来隐居鸣皋山。李白在《送岑征君归鸣皋山》诗中称他是"相门子",但文献上没有记载。李白的同代人岑参有"吾门三相"之说,这里或许是诗人有意附会以抬高他的身价。岑勋多次出现在李白的诗作当中,与著名的嵩山高道元丹丘也素有往来。

李白、岑勋、元丹丘三人相聚在嵩山的元丹丘的颍阳山居宴饮。此诗将三人久别重逢后的喜悦,以及把酒临风、开怀畅饮、对酒当歌的情景作了生动的记载:"喜兹一会面,若睹琼树枝。忆君我远来,我欢方速至。开颜酌美酒,乐极忽成醉。我情既不浅,君意方亦深。"

二气合景星赋
唐 裴 度

景丽天中,君居人土。观星文之高朗,见君德之洪畅。刻乎景以为君,气之可望。徒亘其二方之色,靡知其千变之状。故隐不可思,见无与期。必潜拱而玄感,乃粲然而著之。谅精诚之尽达,若影响而相追。且夫浩浩阴鹭,昭昭元吉。匪乘运而生,将俟时而出。方今统二才而不爽,吁一德而无失。所以列其数而惟三,等其色而如一。既参差而比象,亦错落而为质。非烟非雾,相幂历以氤氲;散彩耀芒,远精明而成实。懿其烛彼天衢,同日月之列于三无;瑞我元首,旌号令之敷于九有。不然,何以浑青赤之悠扬,掩斗牛之荧煌。或助月于晦朔,或偶圣而昭彰。昔在周公之摄赞幼主,周武之肆伐大商。皆立功而本政,亦效祉而垂光。未若明庭而治国,无事而降康。斯时也,岂处其应斯瑞也,则惟其常。是以莹霏微之中,形璀璨之色。仰嘉气之来辉焕,喻他方之归道德。陋虞舜之近加于房,小唐尧之才出于翼。瞻之踊跃,如北面之事一人;照之清明,若南向之观万国。岂同乎嘻彼疆次,行诸岁时。昏在昴中,示春物之将蠢尔;申为斗建,兆秋风之欲凄具。虽穷运数于晷刻,未甄邦国之清夷。□绵邈兮元造,在休徵兮载考。何炜煜于重霄,信恢宏于治道。手□目骇兮,载赓歌于大宝。

裴 度

[作者作品]

裴度(765~839年),唐代中期杰出的政治家、名相。字中立,河东闻喜(今山西闻喜东北)人。德宗贞元五年(789年)进士,依次任监察御史、御史中丞职,力主削藩,擢升宰相。唐宪宗元和九年(814年),淮西节度使(治所河南汝南县)吴少阳之子吴元济因袭位不遂,自领军务,纵兵焚掠舞、叶(今河南舞阳县、叶县)等县,直逼洛阳、长安。元和十二年(817年),裴度督师攻破蔡州(今河南汝南县),擒拿吴元济,吴遂被皇上斩于长安。从此,河北割据势力魏博镇(治所魏州,今河北大名县)、成德镇(治所恒州,今河北正定县)、幽州镇(治所幽州,今北京城西南)三镇争先向朝廷效忠,这才使唐朝末年藩镇叛乱局面暂告结束。裴度晚年辞去官职,隐居嵩山地区。裴度官终中书令。死后赠太傅。

裴度在文学上也有成就。他认为"文之异,在气格之高下,思致之浅深,不在碟裂章句,騃废声韵",主张"不诡其词而词自丽,不异其理而理自新"(《寄李翱书》)。这对于当时古文写作上追求奇诡的倾向,具有补偏救弊的意义。晚年留守东都,筑绿野堂,与白居易、刘禹锡等名士唱酬甚密。

《二气合景星赋》是裴度所作的一个关于地理、天文、气象及天人感应方面的文学作品。作品想象奇特新颖,通过民间传说颂扬大唐的祥光瑞气,表达封建臣子的一片忠心。

山呼万岁赋

唐　张仲素

天作太室,巍乎苍苍。立极正位,含精降祥。惟汉武之肇祀,闻嘉言之孔彰。告盈数以不忒,郁希声之载扬。于时五辂既臻,千官毕会。望崭岩之绝壁,升缥缈之华盖。排羽卫于山前,刻金石于天外。谅精诚之至感,致天地之交泰。于是腾洪音,流翠霭。始则数乎雷殷,终不因于地籁。惟天祚圣,谷得一而盈;惟岳降神,声至三而大。夫其登封则千古是追,峻极而四方是维。瑞载光于汉史,德且咏于周诗。动合休征,有异坻颓之震;响合灵祀,且殊大块之噫。是时也,百神受职,万灵献功。霁山雾,收山风,福穰穰于宇内,声隐隐于封中。且启迪之微,延洪是表。因勒成而响答,殊卜祝之占兆。凭乎物,隐石言之不臧;锡自天,叹梦龄之尚少。懿乎吻合,散乎绷缊,邈崇丘口口,伊仰止而敷闻。掩龟格与凤降,轶神光与庆云。独得乎数千百祀,何惭于七十二君。稽彼众山,次夫四岳,或泥金于杳霭,或瘗玉于绵邈。封并闻夫再三,响未效于清浊。方今文物芬郁,寰瀛廓澄,我后尧让,谦勤夙兴。已固如山之寿,式当如日之升。所以下臣献颂,望翠华之是登。

[作者作品]

张仲素(约769~819年),唐代诗人,字绘之。符离(今安徽宿州)人,郡望河间鄚县(今河北任丘)。贞元十四年(798年)进士,又中博学宏词科,为武宁军从事。元和间,任司勋员外郎,又从礼部郎中充任翰林学士,迁中书舍人。其诗语言上十分清婉爽洁,悠远飘逸,少有庸作;题材上以写征人思妇的居多,也有描写宫乐春旅的作品。代表作有《春闺思》《秋夜曲》《玉绳低建章》《宫中乐五首》《陇上行》《秋思赠远》《塞下曲五首》等。

[相关史料]

"山呼万岁",典故出自《汉书·武帝纪》:"(元封元年)春正,行幸缑氏。诏曰:'朕用事华山,至于中岳,'获交麃,见夏后启母石。翌日,亲登嵩高,御史乘属,在庙旁吏卒咸闻呼万岁者三。登礼罔不答。其令祠官加增太室祠,禁无伐其草木。以山下户三百为之奉邑,名曰崇高,独给祠,复亡所与。行,遂东巡海上。"

嵩山传说与《汉书》更详:西汉元封元年(前110年)三月,汉武帝礼登嵩山,拜谒启母石后,率众自东边登上一座山峰,

太室山一景

听到大呼"万岁"之声时,"问上上不言,问下下不语",有大臣就献媚恭维说:"这是中岳山神在迎接您。"汉武帝当下龙心大悦,于是就命名这座山峰为"万岁峰",并在峰上建"万岁亭",在峰下建"万岁观"。同时,命令祠官大规模增建祭祀中岳山神的太室祠,并划山下三百户居民设立崇高县,免除一切赋税、徭役,专门奉命祭祀岳神。从此,"山呼万岁"就成为一个成语沿用了几千年。

秋日宴石淙序

唐　张易之

夫瀛州渤澥，瞻地际而无穷；崐丘阆风，望天涯而不极。岂□阳城石淙，山水名区。观其□峰，□竖岩崿，环绕青翠，掩日韬霞。辟银榜于丛崄，敞瑶台于洞唇。悬崖削壁，自然风雨之乡；复涧回潭，即是雷霆之府。则知阴阳同功而穿凿，独此标奇，造化僇力而雕镂，居然孤绝。平临襄野，童儿牧马之场；斜瞰茨山，野老休牛之地。可以兮登践，可以兮栖迟。

群公松竹其心，芝兰其性。罄忠而事明主，投分而接神交。虽迹混市朝，而心游江海。或班超燕颔，荣封万里之侯；或叔夜龙章，声振五铝之锻。或十居外，一居内，季成子而佐文侯；或笔则笔，削则削，鲁孔丘而刊大《易》。或涕唾流沫，湿蔡生之钦颐；或讽洒须眉，举羊公之折臂。或长安鬻铁，而位掌兵机；或文昌握兰，而荣分星署。亦有银床贵宠，为座上之颜回；亦有金穴懿亲，作关西之孔子。是知鸟有凤而鱼有鲲，翥垂天之羽毛，耸横波之鳞甲。并汾水扈游之暇，柏梁侍奉之余。披雾睹天，思逢乐广；弹琴命酌，愿值刘怜。大开文酒之娱，都会琳琅之客。将辞繁杂，适莽苍而邀欢；已造虚无，陟峥嵘而抒意。

薛曜书《秋日宴石淙序》（局部）

于是临月观，俯云扃。丹壑万重，青溪四合。腾猨把臂，倒挂松枝；游鳞鼓鳃，下吹莲叶。文狸赤豹，窟穴于岩亭；贝阙龙堂，沉沦于水府。攀宵蒙之倒景，既如登紫阳兮入洞天；观澜汗之洪涛，又似驾鼋梁兮浮碧海。樵苏不爨，高谈众妙之门；萝薜成衣，远得幽栖之致。爰有尧年许仲由来此练魂，汉代刘君安游兹服食。目不私视，口不私言；日诵仙□，夜披真诀。平身七过，含咒□而□符；叩齿三通，设灵坛而禹步。傍祛俗累，却坐仙岩，相顾而言曰：钟鼎不可以久食，嚣尘不可以久□。兰薰而摧，玉贞则折。故仲尼抗浮云之说，孟轲养浩然之气。名利所在，似刻舟而访宝剑；礼义何施，若击鼓而求亡子。富贵者劳筋苦骨，风火日夜而煎熬；文章者伤神溃心，蚊虻朝昏而嘈啮。岂不见金楼要□，永出樊笼；玉釜灵膏，长挑促景。三千年之琼实，缓缓充饥；五百岁之铜人，时时拍背。棠枞开口，对老聃而不言；鸿濛掉头，仰云将而拊髀。北游汗漫，与若士而摩肩；东戏蓬莱，共麻姑而扼腕。我辈仰之而扛魄，望之而荡灵。旷若发蒙，憷然意下。

于时青要戒序，朱明谢时。红飙息而凉蝉吟，白日下而残虹歇。秋风稍起，撼群木于高丘；夏日旋移，落长绳于暮景。天开云散，流离烂漫，少室巅兮嵩高半；绕涧连岗，吐焰生光，红绿陌兮紫翠房。面林壑而神清，阅烟霞而技痒。落札剿书成鸟迹，映科斗之文章；染翰则思骞，鱼笺射骊龙之光彩。聚东山之瑰宝，未足为珍；拥南涧之风烟，才堪入赏。乃夏瑟导意，抗音高歌。炎暑隔而泉石心寒，劝酬举而鹓鸿耳热。瀑下潨奔兮云和乐，流波之作管弦；丹岩青壁兮地屏风，藤葛之为钩钮。耳目所接，天下为奇也;游践所经,天下为绝也。吸精英而咀根核,既四序之无厌;脑翰墨而髓风烟,须一言之有作。

[作者作品]

张易之(? ~705年)唐朝人。与其弟张昌宗均是唐代武则天的宠臣。定州义丰(今河北安国)人,为唐太宗宰相张行成的族孙,白皙貌美,兼善音律歌词。武则天晚年,朝政多由易之兄弟专擅。《秋日宴石淙序》由张易之撰文,薛曜书丹,与唐久视元年(700年)刻,立于登封市区东南20公里的石淙河摩崖之上。

东里子产赞

唐 李 华

荆王、晋侯,虐我小邦。南则荆侵,北则晋攻。捄首捄尾,□不能起。当炎获濯,国氏之子。孤明内断,颂兴谤止。入陈事周,权礼并理。诸侯新睦,霸主悦喜。遗爱不忘,我行溱水。

[作者作品]

李华(715~766年),字遐叔,赞皇(今河北元氏)人。唐代大臣、文学家。开元进士,官至吏部员外郎。因在安禄山陷长安时受伪职,被贬为杭州司户参军。其诗辞采流丽。著有《李遐叔文集》。

[相关史料]

东里,春秋时期郑国地名,为郑国政治家、思想家子产所居之处。清乾隆四十一年(1776年)《新郑县志》:"东里,旧志:在县东二十里。孔子云东里子产即此。按:今县东无此迹。而洧川之朱曲镇有东里冈子产祠,正郑东鄙地也。"史料记载"春秋时期郑国都城内东里名,在今新郑市城关镇北大街一带"。

伯夷颂

唐 韩 愈

[原文]

士之特立独行,适于义而已,不顾人之是非;皆豪杰之士,信道笃而自知明者也。

一家非之,力行而不惑者寡矣;至于一国一州非之,力行而不惑者,盖天下一人而已矣;若至于举世非之,力行而不惑者,则千百年乃一人而已耳;若伯夷者,穷天地、亘万世而不顾者也。昭乎日月不足为明,崒乎泰山不足为高,巍乎天地不足为容也。

当殷之亡,周之兴,微子贤也,抱祭器而去之。武王、周公,圣也,从天下之贤士,与天下之诸侯而往攻之,未尝闻有非之者也。彼伯夷、叔齐者,乃独以为不可。殷既灭矣,天下宗周,彼二子乃独耻食其粟,饿死而不顾。繇是而言,夫岂有求而为哉?信道笃而自知明也。

今世之所谓士者,一凡人誉之,则自以为有余;一凡人沮之,则自以为不足。彼独非圣人而自是如此。夫圣人,乃万世之标准也。余故曰:若伯夷者,特立独行、穷天地、亘万世而不顾者也。虽然,微二子,乱臣贼子接迹于后世矣。

[作者作品]

韩愈简见前《与少室李拾遗(李渤)书》。

[相关史料]

伯夷,商末孤竹国人,商纣王末期孤竹国第七任君主亚微的长子,弟亚凭、叔齐,是殷商时期契的后代。初,孤竹君欲以叔齐为继承人,及父已死,叔齐让位于伯夷。伯夷以为逆父命,遂逃之,而叔齐亦不肯立,亦逃之。伯夷叔齐奔往西方,在周地部落中养老,与周文王关系良好。后周武王讨伐纣王,伯夷和叔齐不满武王身为藩属讨伐君主,加上自己世为商臣,力谏。武王不听,不久周灭亡商朝。"春秋战国时期形成的儒家学派,对他们的这种行为非常赞赏,评论这种事情说:"能以国让,仁孰大焉,伯夷顺乎亲,叔齐恭乎兄。"对他们给以很高的评价。

[译文]

读书人的立身行事独特,符合道义罢了。不理会别人的赞誉或批评的,都是豪杰之士,也是忠实地相信自己的道并且清楚知道自己的人。全家的人批评他,仍坚定执行而不迷惑的人很少。至于一国一州的人批评他,仍坚定执行而不迷惑的,大概整个天下只有一人罢了。若是到了全世界的人都批评他,仍坚定执行而不迷惑的,则千百年来只有一人罢了。像伯夷这样的人,是穷尽天地,经历万世也不回头的人。(与他比较),即使光明的日月也不算亮,雄峻的泰山也不算高,宽广的天地也不算能包容。

当殷商要灭亡而周要兴盛时,微子这样的贤人都抱着祭祀的器具离开殷商。武王、周公是圣人,率领天下的贤士和诸侯前去进攻殷商,未曾听说有人批评过他们。独有伯夷、叔齐认为他们不该。殷商灭亡后,天下承认周为宗主国,伯夷、叔齐二人独认为吃周的粮食是羞耻的,即使饿死也不后悔。由此说来,他这样做难道是要博取什么吗?是因为忠实地相信自己的道并且清楚知道自己罢了。

现今的所谓读书人,当有一人称誉他,自以为该得到更高的赞誉。有一人不满他,自以为别人的话未尽正确。他可以独自批评圣人而自以为是到如此的地步。圣人的行事是万世的标准啊。所以我认为,好像伯夷这样的人,是立身行事独特,穷尽天地,经历万世也不会回头的人啊。虽然这样,如果没有他们二人,乱臣贼子便会接连不断地出现在后来的世代了。

嵩阳观夜奏《霓裳》

唐 白居易

开元遗曲自凄凉,况近秋天调是商。爱者谁人唯白尹,奏时何处在嵩阳。
迥临山月声弥怨,散入松风韵更长。子晋少姨闻定怪,人间亦便有霓裳。

[作者作品]

白居易简介见《与元九书》。

唐大和六年(832年)夏,60多岁的白居易到嵩山避暑,游览了龙潭寺、少林寺、法王寺、嵩岳寺,还在嵩阳观聆听了一场音乐晚会。就是这次游历的第二天晚上,诗人留宿在登封的嵩阳观。皎洁的山月悬挂在幽暗的天幕上,清冷的山风缓缓地吹着,迷人的乐曲婉转动听,这是在嵩山夜奏霓裳吗?好像是置身于仙境一般,自己俨然也成了逍遥自在的神仙。仙人王子晋和涂山少姨,听了也会惊怪;人间怎么也有仙乐——多么美妙的"霓裳"!激情之中,白居易写下了这首"嵩阳观夜奏《霓裳》"。

[相关史料]

嵩阳观,也叫天封观,位于登封城北3公里的嵩山南麓峻极峰下的嵩阳书院。始建于北魏太和八年(484年),初名嵩阳寺。隋大业间更名嵩阳观。《河南府志》:"潘诞为帝合炼金丹,谓应得石胆石髓,令石工凿岩石深百余尺而不得,潘又谓若得童男童女胆髓三斛六斗,亦可代之。帝怒,锁于涿郡斩之。"唐弘道元年(683年)高宗李治以此作行宫来嵩山访道士潘师正。唐天宝年间(742~756年),在嵩阳观右建天封观,合而为一。宋在其左近建嵩阳书院。元至元年间,改嵩阳宫,后又复书院名至今。嵩阳书院即其遗址。

《霓裳》,也称《霓裳羽衣》,是唐开元年间的名曲。开元年间河西节度使杨敬忠献《霓裳羽衣曲》。又一说此曲是唐玄宗游月宫得仙乐而作。霓裳羽衣舞一度被称为仙乐,"大曲,前缓叠不舞,至入破,则羯鼓、震鼓、大鼓与丝竹合作。句拍益急,舞者入场,投节制容,故有催拍、歌拍之异,姿制俯仰,百态横出",《唐语林》也有记述:"其曲有霓裳者,率皆执幡节,被羽服,飘然有翔云飞鹤之势。"

洛川晴望赋

唐 白居易

金商应律,玉斗西建。嘉旬雨之时晴,叶秋成而适愿。是用步间里,询黎献。皇风演溢,歌且听于升平;圣泽汪洋,诵不闻于胥怨。尔乃命亲懿,会朋执。赋邙山,眺洛邑。天沉寥而云静,气肃杀而风急。三川浩浩以奔流,双阙峨峨而屹立。飞梁径度,讶残虹之未消;翠瓦光凝,惊宿雨之犹湿。嘉三时之是务,观五谷之斯入。览涤场之在勤,知滞穗之见拾。及夫日色黯黯,寒光荧荧。远水澄碧,群山结青。山水隐映,花气氤氲。瞻上阳之宫阙兮,胜仙家之福庭。望中岳之林岭兮,似天台之翠屏。宜其回銮舆兮检玉牒,朝千

洛川山景

官兮御百灵。使西宾之夸少弭,东人之思攸宁。不亦盛哉!客有感阳舒,咏乐只。挥毫翰,独徙倚。愿得采于刍荛,终期拾乎青紫。

[作者作品]

白居易简介见《与元九书》。

伊尹五就桀赞

唐 柳宗元

苏轼曰:汤之当王久矣,伊尹何疑焉?桀能改过而免于讨,可庶几也。能用伊尹而得志于天下,虽至愚知其不然。宗元意欲以此自解说其从二王之罪也。

伊尹五就桀。或疑曰:"汤之仁闻且见矣,桀之不仁闻且见矣,夫胡去就之亟也?"柳子曰:"恶,是

吾所以见伊尹之大者也。彼伊尹,圣人也。圣人出于天下,不夏、商其心,心乎生民而已。曰:'孰能由吾言?由吾言者为尧、舜,而吾生人尧、舜人矣?'退而思曰:'汤诚仁,其功迟;桀诚不仁,朝吾从而暮及于天下可也。'于是就桀。桀果不可得,反而从汤。既而又思曰:'尚可十一乎?使斯人蚤被其泽也。'又往就桀。桀不可,而又从汤。以至于百一、千一、万一,卒不可,乃相汤伐桀。俾汤为尧、舜,而人为尧、舜之人,是吾所以见伊尹之大者也。仁至于汤矣,四去之;不仁至于桀矣,五就之。大人之欲速其功如此。不然,汤、桀之辨,一恒人尽之矣,又奚以憧憧圣人之足观乎?(《易》:憧憧往来。憧,赤容切。)吾观圣人之急生人,莫若伊尹;伊尹之大,莫若于五就桀。"作《伊尹五就桀赞》:

　　圣有伊尹,思德于民。往归汤之仁,曰仁则仁矣,非久不亲。退思其速之道,宜夏是因。就焉不可,复反亳殷。犹不忍其迟,亟往以观。一日胜残。(《论语》:善人为邦百年,亦可以胜残去杀。)至千万冀一,卒无其端。五往不疲,其心乃安。遂升自陑,(音而。)黜桀尊汤,遗民以完。大人无形,与道为偶。道之为大,为人父母。大矣伊尹,惟圣之首。既得其仁,犹病其久。恒人所疑,我之所大。呜呼远哉!志以为诲。

[作者作品]

作者简介见《吊弘衾文》。

[相关史料]

　　伊尹,名挚,号阿衡,夏周时代有莘国人。中国古代有名的治世良相,史称元圣,因其生于伊水上游,官职为尹,史称其为伊尹。他辅助商汤完成了灭夏兴商的宏伟大业,被后世誉为"天下第一名相"。

　　伊尹佐汤伐桀,克复立商,功不世出。然《孟子》谓其尝"五就汤,五就桀者,伊尹也",《吕氏春秋》《淮南子》《鬼谷子》《史记》诸书,亦皆谓其往来夏、商之间。后人以其去就无常,而不免致疑。柳宗元乃作《伊尹五就桀赞》,谓其"不夏、商其心,心乎生民而已",并谓"圣人之急生人,莫若伊尹,伊尹之大,莫若于五就桀"。此文立论新颖,用意深远,足以迈越流俗,思接千载。

山呼万岁赋

唐　韩　镒

　　岳则降神,君惟作圣。爰膺万寿之福,以奉一人之庆。至诚斯感,瑞既发于希声。盈数足征,道方期于永命。伊昔汉德方至,神人以宁。展升中之盛礼,备昭报之天经。休征是格,明德斯馨。帝道昌而言祚,天心启而昭灵。谅惟恍而惟惚,觉非雷而非霆。若自观心,数已超于卜祝,匪因腾口,事全过于梦龄。曾异石言,方承帝祉。人君肃穆以倾听,群后左右而惊视。讶寂寂以无人,每洋洋而在耳,数惟万式,彰悠久之期,乎至三用,表丁宁之旨。瞻彼维嵩,极天比崇。明神是处,应感潜通。降喜声于碧嶂,遵密命于元穹,庆彼盛时,岩岭且闻于隐隐;畅兹和气,人心尽乐于融融。天既辅于无亲,神方降于有德。在肸蚃而昭异,神声明而莫测,孰乎不职不知,曷昭夫或语或默。懿其发兹大号,腾彼宏音。儆谷神之虚宅,振山水之高林。周流岩巘,散越欹崟。和清风之远韵,凝翠霭之层阴。若非报地承天,恪慎克孝。洋溢乎德泽,布濩乎声教。则何以迹追三五之踪,岁表十千之效。嚣然震荡,忽尔□潜,俨翠华而将下,仰太室而回瞻。至矣哉斯前代之盛事,惟我后之能兼。

[作者作品]

　　韩镒,唐代官吏,曾任咸阳令。

[相关史料]

"山呼万岁"的由来,见张仲素的《山呼万岁赋》。

温洛赋

唐 郑宗哲

惟上天降厥瑞,瑞着于川;惟君人临厥圣,圣通于天。由盛德之应矣,化清洛之温然。当短至之时,景为凛烈;及暄变之际,应在沦涟。散彼皇明,受兹灵贶,奚独禀于和气,乃潜感于深浪,遂使清冰不戒于洲渚之曲,白露罢凝于蒹葭之上。狎而玩,信温温以异流;迫而观,亦滔滔以难量。尔其发自山谷,会于河滨。其外也皎兮如镜,其中也煦然如春。夏虫不疑,失轻冰于曲渚;秋鸿欲去,恋微暖于通津。岂止元览不昧,呈祥有因。测彼浅深,穷兹浩渺,方将表瑞气于澄洁,岂独激巨浪于昏晓。揭厉之辈,谓祁寒初失于波中;游泳之徒,疑熏风远至于天表。若夫德至则应,天且不言,就其深则酌之不竭,变其性乃即之也温,状真宰为炉于其底,意邹子吹律于其源。若彼火井之荧煌,汤泉之瀚郁,徒及时于四气,宁善利于万物。德之感其感良多,水之瑞其瑞惟何?方将吹籁之共凛,忽犹鼓橐之相和。霁日初悬,似阳燧之藏深濑;红霞不散,若阴火之在空波。方今地不藏宝,天惟瑞圣,兹水也有时而温,由一人之德盛。

[作者作品]

郑宗哲,生卒年不详。今仅可见其《温洛赋》。

[相关史料]

所谓温洛,乃传说中王者有盛德,则洛水先温。《隋书·天文志序》:"昔者荣河献箓,温洛呈图,六爻摛范,三光宛备,则星官之书,自黄帝始。"这是一篇描述祥瑞的作品,或于其时洛水增温,乃有此命题,盖作之以颂圣,亦或有所期勉。《御定历代赋汇》将本赋列入祯祥类。李调元《赋话》称许它"细腻风光,明艳欲绝",又说它"征典佐切,比拟精工"。

谢观赋文(二篇)

唐 谢 观

[作者作品]

谢观(? ~865年),字梦锡,寿春人。诗人,著名辞赋家。唐开成二年(837年)进士及第,历任左神武兵曹参军、黔中招讨判官、洛阳丞、魏博节度判官。咸通三年(862年)授慈州刺史,两年后去职。《新唐书·艺文志四》著录《谢观赋》8卷,已佚。今存律赋18篇,被称为晚唐律赋四大家之一。

《周公朝诸侯於明堂赋》是以古事为题的律赋,《礼记·明堂》:"昔者周公朝诸侯于明堂,天子负斧,依南乡而立。"本赋赋此,盖以周公摄政时国势之盛,反衬晚唐国势之衰。

一、周公朝诸侯于明堂赋

赫赫明堂,居国之阳。巍峨特立,镇压殊方。所以施一人政令所以朝万国侯王。面室有三,总数惟九。间太庙于正位,处太室于中溜。启闭乎三十六户,罗列乎七十二牖。左个右个,为季孟之交分;上圆下方,法天地之奇偶。时也六年之初,孟春之首。有截而至,无胫而走。将欲交正于成王之命,所以立辟于周公之手。洞入闼以临八极,辟四门而来万有。所司备班品于庭除,执事肃文物于前后。及夫诸位散设,三公最崇。当中阶而列位,与群臣而不同。诸侯东阶之东,西面而北上;诸伯西阶之西,东面而相向。诸子应门之东而鹗立,诸男应门之西而鹤望。戎夷金木之户外,蛮狄水火而位配。九采外屏之右以成列,四塞外屏之左而遥对。朱干玉戚,森耸以相参;龙杨豹韬,抑扬而相偕。肃肃沉沉,峦崇壑深。烟收而卿士齐列,日出而天颜始临。戴冕旒以当轩,见八纮稽颡;负斧扆而南面,知万国归心。于是锵金石,扬律吕。动埙篪,摇柷敔。俨若思而山立,悄不言而雁序。一拜一起,岳抃而齐倾;舞之蹈之,雷屯而复举。俄而翠华转,仙仗回。恩覃率土,化溢九垓。合蛮貊而毕至,尽梯航以爰来。彼禹有太室,武作灵台,曷与此而同哉!

[相关史料]

明堂,是古代帝王所建的最隆重的建筑物,用作宣明政教、举行大典的地方。风水主称穴前的地气聚合之处。据《吕氏春秋通诠》载,明堂中方外圆,通达四出,各有左右房……左出谓之青阳,南出谓之明堂,西出谓之总章,北出谓之玄堂。归来见天子,天子坐明堂。——《乐府诗集·木兰诗》。

明堂是儒家的礼制建筑,为古代帝王明政教之场所,凡祭祀、朝会、庆赏、选士等大礼典均在此举行。明堂对中国礼制建筑的形制影响深远,北京天坛祈年殿和国子监辟雍均是复兴明堂建筑样式的尝试。

二、上阳宫望幸赋

宫阙崇崇,萦带洛河之上,据临天地之中。俨百司以环拱,流百川兮会同。曷君王之未顾,屹楼台而镇空。或斑白里人,或前后近侍。睹周公之旧制,忆开元之故事。当域中之正寝,实王者之定位。何乃内外如一,东西有异。思紫泥而日日将来,仰玉辂而年年未至。徒使万室向曙,千门洞开。蔼臣心以西望,希天眷之东回。见红轮之渐晚,又翠华之不来。及夫玉漏报更,蟾辉永夜。皆倾耳以暗属,恐飞诏之潜下;徒玉兔之屡亏,尚金龙之未驾。是必左右献书,股肱启谋。以为王者一德,合居上游;以为金城千里,能制诸侯。殊不知四海无虞,五兵载戢。与殷周而抗节,岂秦汉之能及。在仁义而聿修,奚险固之是急。且夫中岳为内,四岳为藩,此则前控伊阙,右辟轘辕。乃文公立圭之地,是成王定鼎之原。宁劳百二之势,足居九五之尊。所以乾乾属望,恋恋何言。尚轸忧人之念,未垂巡狩之恩。虽年华不负於照灼,而烟花暗老於宫坦。况复伊洛王畿,崤函近地。往复无劳人之役,逦迤有行宫之备。冀我王之临兮,示天下为家之意。

[相关史料]

上阳宫是高宗时期在洛阳修建的大型离宫。除地形地势占据优势外,这里的宫殿建筑还以繁华著称。宫殿建筑达数十处之多,宫之正殿名观风殿,武则天还政以后即居此殿。仙居殿,武后崩于此殿。除宫殿建筑外,门阙、台阁、亭观极尽豪奢,韦机建成后,曾因太过华丽,受到弹劾免职。

《唐六典》载:"上阳宫在皇城之西南。"其注云:"苑之东垂也,南临洛水,西拒谷水,东面之皇城右掖门之南。上元中营造,高宗晚年常居此听政焉。"公元 705 年,武则天被唐中宗逼迫退位,之后就一直居住在上阳宫。?唐玄宗时,经常在上阳宫处理朝政和举行宴会。安史之乱时,上阳宫被严重破坏。此后上阳宫逐渐荒废,唐德宗时废弃。

唐代吟诵上阳宫的诗词不胜枚举,白居易作《白发上阳人》,元稹亦写有《上阳白发人》。王建《上阳宫》诗去："上阳花木不曾秋,洛水穿宫处处流。画阁红楼宫女笑,玉箫金管路人愁。幔城入涧橙花发,玉辇登山桂叶稠。曾读列仙王母传,九天未胜此中游。"从这些描述不难看出上阳宫的美,武则天留恋此宫,终老于此。

谢观的赋文非常有名,且名气"如骖之靳"。骖,与中间驾辕的服马并驾齐驱的马。说明他在唐代赋文中所占重要的位置。谢观的《上阳宫望幸赋》是唐代吟诵上阳宫众多诗文中一个名篇,从中可见谢观的清新典雅的艺术特点。

府尹王侍郎准制拜岳,因状嵩高灵胜,寄呈三十韵

唐　尉迟汾

雄雄天之中,峻极闻维嵩。作镇盛标格,出云为雨风。
瑞时物不疠,顺泽年多丰。加高冠四方,视秩居三公。
明朝虔昭报,颁祀岁严恭。署祝纡御札,诏贤导宸衷。
皇皇三川守,馨德清明躬。肃徒奉兰沐,竟夕玉华东。
星汉耿斋户,松泉寒寿宫。具修谅蠲吉,曙色犹葱曚。
端仪大圭立,兴俛声玲珑。挹攒椒桂馥,奏金岩壑空。
灵歆若有答,仿佛传祝工。卒事不遑偃,胜奇纷四丛。
朝霞破灵嶂,错落间苍红。动息形似蚁,玄黄气如笼。
奔倾千万状,群岳安比崇。日月襟袖捧,人天道路通。
冥搜必殚竭,跻览忘崎穹。踏翠遍诸刹,趣绵步难终。
浮丘仙袂接,谢公屐齿穷。龙潭应下瞰,九曲当骇容。
龙门计东豁,三台有何踪。金象语奚应,玉人光想融。
瑶浆与石髓,清骨宜遭逢。况是降神处,迹惟申甫同。
周翰已洽论,伊衡亦期功。诚富东山兴,须陟中台庸。
勉促旋骓輁,未可恋云松。散材事即异,期为卜一峰。

[作者作品]

尉迟汾(约930年前后在世),据当代学者考证,死于前蜀败亡之际。父魏宏夫,为蜀王建养子,赐姓名王宗弼,封齐王。承班为驸马都尉,官至太尉。承班工词,艳丽似温庭筠,今存21首(见《唐五代词》)。元遗山曰:魏承班词,俱为言情之作。大旨明净,不更苦心刻意以竞胜者。

破窑赋

宋　吕蒙正

盖闻天有不测风云,人有旦夕祸福。蜈蚣百足,行不如蛇;雉鸡两翼,飞不及鸦。马有千里之行,无人力不能自往;人有凌云之志,非时运不能自通。贫贱不能移,富贵不能屈。文章盖世孔子危于陈邦;武略超群,太公钓于渭水。颜渊命短,殊非凶恶之徒;盗跖年长,岂是善良之辈。尧帝明圣,却生不

肖之儿；瞽叟愚顽，反生大孝之子。张良原是布衣，萧何曾为县吏。晏子身长不满六尺，封为齐国宰相；孔明手无缚鸡之力，拜作蜀汉军师。霸王虽雄，难免乌江自刎；汉王柔弱，竟有万里江山。李广有射虎之威，到老无封；冯唐有安邦之志，一生不遇。韩信未遇之时，乞食瓢母，受辱跨下，及至运通，腰悬三齐王印；白起受命于秦王，统兵百万，灭赵坑城，一旦时衰，伤于阴人之手。有先贫而后富，有老壮而少衰。才疏学浅少年及第登科；满腹经纶皓首仍属深山。青楼妓女，时来配作夫妇；深闺娇娥，运退反为姬妾。窈窕淑女，却招愚蠢之夫；俊秀郎君，反配粗丑之妇。蛟龙未雨，潜身鱼鳖之间；君子失时，拱手小人之下。缊袍弊服，常存礼仪之容；面带忧愁，每抱怀安之量。

时遭不遇，只宜安贫守份；心若不欺，必然扬眉吐气。初贫君子，已成天然骨骼；乍富小人，不脱贫寒肌体。天不得时，日月无光；地不得时，草木不生；水不得时，风波不作；人不得时，时运不通。吾昔日寓居洛阳，朝求僧食，暮宿破窑，冬天避冷费尽炉中之火，夏日求瓜失手落于桥下。思衣不能遮其体，思食不能充其饥。上人憎，下人厌，人道我贱，非我之贱也，此乃时也、运也、命也。吾今日官居极品，位列三台，鞠躬于一人之下，列职于万人之上，有挞百僚之杖，有斩鄙吝之剑，思衣有绫锦千箱，思食有珍馐美味，出则壮士执鞭，入则佳人捧觞。上人宠，下人拥，人道我贵，非我之贵也，此乃时也、运也、命也。嗟呼！人生在世，富贵不可尽用，贫贱不可自欺，听由天地循环，周而复始焉。

吕蒙正

[作者作品]

吕蒙正(944~1011年)，北宋名相。字圣功，嵩山西北麓的偃师佃庄镇相公庄人。吕蒙正官至户部尚书，平章事，曾与赵普同为宰相。死后，赠中书令，谥文穆公。

当地人称吕蒙正故居为"吕蒙正读书窑"，"破窑赋"就是为该窑所作。

嵩岳十四韵

宋 魏 野

东西南北岳，峻极尽难群。有感生贤相，无偏像圣君。
四方观玉像，万壑绝妖氛。影入周公侧，声曾后汉闻。
民居依巨荫，敕祭答殊勋。洞府高低接，都城左右分。
烟浮巢父水，岚湿许由坟。顶阔星难移，岩高日易曛。
薜萝藏隐逸，瀑布溅耕耘。帝籍颁新读，天香降庙焚。
石危名启母，柏大号将军。献寿临双阙，呈祥出五云。
将仙存旧迹，封禅验遗文。终待移家住，闲眠乐放勋。

[作者作品]

魏野(960~1019年),为北宋诗人。字仲先,号草堂居士,原为蜀地人,后迁居陕州(今河南陕县)。世代为农,自筑草堂於陕州东郊,一生乐耕勤种,亲手植竹栽树,凿土引泉,将所居草堂周围环境布置得景趣幽绝,常在泉林间弹琴赋诗吟诗,多吟咏陕州风土人情、田园山水,诗风清淡朴实。大中祥符初(1008年),辽国契丹皇帝派使到京都,向真宗求取《魏野诗集》的下半部,宋真宗感到魏野为其增添了光彩,就请魏野出庄为官。魏野以"麋鹿之性,顿缨则狂,岂可瞻对殿墀"为由,拒绝做官。景德三年(1006年),中书侍郎兼工部尚书寇准被罢京官后,谪陕州任知州时,曾亲自拜访魏野,这时魏野年近五十,认为自己通晓历史,看透了世态炎凉,他赠诗劝寇准:"好去天上辞将相,归来平地做神仙。"天禧三年(1019年)十二月,魏野卒,陕州令报朝廷,次年正月,皇帝下昭旌表,称他"陕州处士",追赠为秘书省著作郎。

秋声赋

宋 欧阳修

[原文]

欧阳子方夜读,闻有声自西南来者,悚然而听之,曰:异哉!初淅沥以萧飒,忽奔腾而砰湃,如波涛夜惊,风雨骤至。其触于物也,鏦鏦铮铮,金铁皆鸣;又如赴敌之兵,衔枚疾走,不闻号令,但闻人马之行声。余谓童子:"此何声也?汝出视之。"童子曰:"星月皎洁,明河在天,四无人声,声在树间。"

予曰:"噫嘻悲哉!此秋声也,胡为而来哉?盖夫秋之为状也:其色惨淡,烟霏云敛;其容清明,天高日晶;其气栗冽,砭人肌骨;其意萧条,山川寂寥。故其为声也,凄凄切切,呼号愤发。丰草绿缛而争茂,佳木葱茏而可悦;草拂之而色变,木遭之而叶脱。其所以摧败零落者,乃其一气之余烈。夫秋,刑官也,于时为阴;又兵象也,于行用金,是谓天地之义气,常以肃杀而为心。天之于物,春生秋实,故其在乐也,商声主西方之音,夷则为七月之律。商,伤也,物既老而悲伤;夷,戮也,物过盛而当杀。"

"嗟乎!草木无情,有时飘零。人为动物,惟物之灵,百忧感其心,万事劳其形,有动于中,必摇其精。而况思其力之所不及,忧其智之所不能,宜其渥然丹者为槁木,黟然黑者为星星。奈何以非金石之质,欲与草木而争荣?念谁为之戕贼,亦何恨乎秋声!"

童子莫对,垂头而睡。但闻四壁虫声唧唧,如助余之叹息。

[作者作品]

欧阳修简介见本书《答梅圣俞寺丞见寄》。

[相关史料]

《秋声赋》作于宋仁宗嘉祐四年(1059年)秋,欧阳修时年53岁,虽身居高位,但有感于宦海沉浮,屡次遭贬内心隐痛难消,面对朝廷内外污浊和黑暗,眼见国家日益衰弱,政治改革艰难,不免产生郁闷心情。这一时期的苦闷,对政治和社会时局心情郁结,对人生短暂,大化无情感伤于怀,让作者此时处于不知如何作为。所以他对秋天的感觉特别敏感,乃以"悲秋"为题,抒发了人生的苦闷与感叹。

《秋声赋》是宋代散文赋中的典范作品。作者欧阳修严密而自然的构思,新颖而独特的立意,真实而动人的描绘,在当时的文坛上独树一帜。

[译文]

欧阳子夜里正在读书,(忽然)听到有声音从西南方向传来,心里不禁悚然一听,惊道:"奇怪!"这声音初听时淅淅沥沥,萧萧飒飒,忽然变得汹涌澎湃,像是夜间(大海上)波涛突起,风雨骤然而至,碰到物体上,铮铮,好像金属相击。再(仔细)听,又像奔赴战场的军队正衔枚疾进,没有听到号令,只有人马行进的声音。于是对童子说:"这是什么声音?你出去看看。"童子回答说:"月色皎皎,星光灿烂,浩瀚银河,高悬中天。四下里没有人声,那声音是从树林间传来的。"

我恍然大悟,叹道:"哦,原来这是秋天的风声呀,真令人伤感,它怎么突然就来了呢?秋天总是这样:它的色调凄凄惨淡,云气消失,烟霭飘散;它的形貌爽朗清新,天空高远,日色晶明;它的气候清冷萧瑟,悲风凛冽,刺人肌骨;它的意境冷落苍凉,川流寂静,山林空旷。所以它发出的声音时而凄凄切切,时而呼啸激昂。秋风未起时,绿草如毡,丰美繁茂,树木葱茏,令人心旷神怡。然而它一旦来临,拂过草地,草就要变色,掠过森林,树就要落叶。它用来摧败花草使树木凋零的,便是一种肃杀之气的余烈。

秋声赋

"秋天是刑官行刑的季节,它在时令上属阴;秋天又象征着用兵,它在五行中属金。这就是常说的'天地之义气',它常常以肃杀为意志。自然对于万物,是要它们在春天生长,在秋天结实。所以秋天在音乐的五声中又属商声,商声是代表西方的一种声音,而七月的音律是'夷则'。商,也就是'伤'的意思,万物衰老了,都会悲伤。夷,是杀戮的意思,凡万物过了繁盛期,都会走向衰败。"

"呜呼,草木是无情之物,尚有衰败零落之时。人为动物,在万物中又最有灵性。有无穷无尽的忧愁来煎熬他的心,又有无数琐碎烦恼的事来劳累他的身体;费心劳神,必然会损耗精力。何况常常思考自己的力量所做不到的事情,忧虑自己的智慧所不能解决的问题,自然会使他鲜红滋润的肤色变得苍老枯槁,乌黑光亮的须发变得花白斑驳。人非金石,为什么却要以不是金石的肌体去像草木那样争一时的荣盛呢?仔细想想吧,伤害自己的到底是什么,又怎么可以去怨恨这秋声呢?"

童子没有应答,低头沉沉睡去,却听得四壁虫声唧唧,像在附和我的叹息。

会圣宫颂

宋 欧阳修

西京留守推官、将仕郎、秘书省校书郎臣欧阳修,谨齐心涤虑,顿首再拜言:

臣伏见国家采《汉书》原庙之制,作宫于永安,以备园寝。欲以盛陵邑之充奉,昭祖宗之光灵,以耀示于千万世,甚盛德也。修永惟古先王者,将有受命之符,必先兴业造功,以警动觉悟于元元,然后有其位。而继体守文之君,又从而显明丕大,以纂修乎旧物。故其兢兢勤勤,不忘前人。是以根深而叶茂,德厚而流光,子子孙孙,承之无疆。

伏惟皇帝陛下,以神圣之德,传有大器。乾健而正,离继而明。即位以来,于兹十年,勤邦俭家,以修太平。日朝东宫,示天下亲孝。执笾豆,三见于郊,日星轨道,光明清润。河不怒溢,东南而流。四夷承命,欢和以宾。奔走万里,顾非有干戈告让之命,文移发召之期,而犀珠、象牙、文马、毂玉,旅于阙

— 554 —

庭,纳于厥府。如司马令,无一后先。至德之及,上格于天,下极于地,中浃于人,而外冒于四表。昆虫有命之物,无不仰戴神威圣功,效见如此。

太祖创造基始,克成厥家,当天受命之功;太宗征服绥来,遂一海内,睿武英文之业;真宗礼乐文物,以隆天声,升平告功之典;陛下夙夜虔共,嗣固鸿业,纂服守成之勤。基构累积,显显昌昌,益大而光,称于三后之意,可谓至孝。况春秋岁时,以禘以祫,则有庙祧之严。配天昭孝,则有郊庙明堂之位。篆舍刻石,则有史氏之官。歌功之诗,流于乐府。象德之舞,见乎羽毛。惟是邦家之光,祖宗之为,有以示民而垂无穷者,罔不宣著。陛下承先烈,昭孝思,所以奉之以严,罔不勤备。圣人之德谓无以加。而犹以为未也。乃复因陵园,起宫室,以望神游。土木之功,严而不华,地爽而洁,宇敞而邃。神灵杳冥,如来如宅,合于礼经孝子磬咳思亲之义。

愚以为宫且成,非天子自临享,则不能以来三后之灵。然郡国不见治道,太仆不先整(厂里面+焉),恬然未闻有司之诏,岂难于动民而迟其来耶? 特以龟筮所考,须吉而后行耶? 不然,何独留意屋墙构筑,而至于荐见孝享,未之思耶? 况是宫之制,夷山为平,外取客土。锻石伐木,发兵胥靡,调旁近郡。如此数年,而道路之民,徒见兴为之功,恐愚无以识上意。是宜不惜属车之费,无违数日之劳。沛然幸临,因展陵墓。退而谕民以孝思之诚,遂见守土之臣,采风俗以问高年,亦尧舜之事也。古者天子之出,必有采诗之官。而道路童儿之言,皆得以闻。臣是以不胜惓惓之心,谨采西人望幸意,作为颂诗,以献阙下。词曰:

巍巍穹崇,奠京之东。有山而嵩,淹沦道源。汇流而渊,有洛之川。川灵山秀,回环左右。有高而阜,其阜何名? 太祖太宗,真宗之陵。惟陵之制,因山而起,隐隐隆隆。惟陵之气,常王而喜,郁郁葱葱。帝怀穹旻,受命我宋,造初于屯。帝念先烈,用顾余家。宣力以勤,赫赫三后,重基累构,既丰而茂。燕翼贻谋,是惟永图,其传在予。曰祖曰宗,有德有功,予实嗣之。克勤克绍,以孝以报,予敢不思。惟此园陵,先后之宅,既宅且安。后来游止,弗宫弗室,神何以驩。乃相川原,乃得善地,地高惟丘。乃以荆灼,乃讯宝龟,龟告曰猷。帝命家臣,而职我事,而往惟寅。一毫一丝,给以县官,无取于民。伐洛之薪,陶洛之土,瓦不病窳。柯我之斧,登我之山,本好且坚。家臣之来,役夫万名,三年有成。宫成翼翼,在陵之侧,须后来格。有门有宇,有廊有庑,有庭有序。殿兮耽耽,黼帷襜襜,天威可瞻。庭兮殖殖,钩盾虎戟,容卫以。太祖维兄,太宗维弟,真宗维子。三圣巍巍,有以正位,于此而会。圣兮在天,风马云车,其来仙仙。圣会于此,灵威神驭,其宫肃然。圣既降矣,其谁格之,惟孝天子。圣降当享,其谁来荐,亦孝天子。孝既克祇,而来胡迟? 其下臣修,作颂风之。

[作者作品]

欧阳修简介见本书《答梅圣俞寺丞见寄》。

[相关史料]

会圣宫是北宋祭奠宋代三位已故国君(太祖、太宗、真宗)的行宫。《宋史·仁宗本纪》载:"天圣八年(1030年)春正月,作会圣宫于西京永安县,以奉祇圣(太祖、太宗、真宗)御容(画像)。"宋真宗景德四年(1008年),割登封、缑氏、偃师、巩义部分土地设立永安县,治所在今巩义芝田镇。《玉海记》载:"天圣八年正月辛巳,诏内臣张怀恩于永安县訾王山上建三圣宫(汉原庙之制),九年二月宫成,甲辰以为会圣宫。三月甲寅奉安三圣御容,改訾王山为凤台山。"宫成,欧阳修撰写了《会圣宫颂》,并刻石成碑,立于会圣宫前。

岳神颂

宋　鲜于侁

云翁蔚兮山之巅,瞻岳灵兮望青天,崭岩嵽嵲兮磅薄无垠,岘岘律勃兮宁一以为仁。草木杂而罗生兮,人不可名;鸟兽蕃而走集兮,虞不能知因。高错事兮道此跻升,登岱勒成兮,胡为而七十二君。齐余心兮不外,高余冠兮其伟。撷芳杜兮为衣,掇紫芝兮作佩。华右体兮兰英,莲肴陈兮玉案。明水湛兮清尊,诚拳拳兮不解,寐接神兮,恍若有言。嵩高峻极兮,生甫与申;周道将明兮,宣以中兴。水旱不常兮,虫螟以灾;稼穑卒荒兮,民生流离。劳来安集兮子之功,祐此下民兮宁遗神羞。

[作者作品]

中岳嵩山主神——黄帝轩辕氏

鲜于侁(1019～1087年),北宋诗人。字子骏,阆州(今四川阆中)人。仁宗景佑五年(1083年)进士。历钎京兆府栎阳县主簿、秘书丞、通判绵州、利州路转运判官、转运副使。哲宗元佑元年(1086年),拜右谏议大夫,除集贤殿修撰、知陈州。有文集20卷,《刀笔集》3卷等,均佚。《宋史》有传。

[相关史料]

轩辕黄帝既是中岳嵩山主神,又是华夏始祖,是天人合一的人神一体的人物。华夏民族之先祖黄帝,古代"黄老学派的创始人,被道教称之为道宗。周平王东迁后,因嵩山位居京畿,又因三代之居皆在河洛之间,故称中岳。中岳大帝是五岳中信仰起源最早的神。中岳嵩山因其邻近洛水和古都洛阳,故在五岳中地位较高。同时也赢得夏商周三代帝王的尊崇,为五岳中率先得到帝王的封祀者。

蔡邕《独断》:五方正神之别名,中央之神其帝黄帝,其神后土。东晋葛洪《枕中书》则以太昊氏为青帝,治岱宗山;祝融氏为赤帝,治衡霍山;金天氏为白帝,治华阴山;颛顼氏为黑帝,治太恒山;轩辕氏为黄帝,治嵩高山。北魏《中岳嵩高灵庙之碑》:"上应悬象镇星之配,而宿值轩辕,璇玑玉衡,以齐七政。"

先秦时,中岳已立有太室祠,以供奉中岳山神。秦统一中国后,诏令祠官向太室、恒山、泰山等名山祠庙供奉牛犊、圭币及脯酒等。汉武帝游历中岳时,因闻听到"山呼万岁",遂亦加增太室祠。此后,中岳神得到历代帝王的尊崇和封祀。

唐宋时期,人神合一的轩辕黄帝的地位达到了鼎盛时期。武则天垂拱四年(688年)七月,武后改嵩山为"神岳",封中岳神为"天中王",并配"天灵妃"。中岳神封号及配妃自此始。万岁登封元年(696年),武则天封禅嵩山后,尊岳神天中王为"神岳天中黄帝",尊天灵妃为"天中黄后"。开元十八年(730年),唐玄宗李隆基命祀嵩山以王礼,封岳神为"天中王"。天宝初年(742年),唐玄宗李隆基命秩视王礼,封中岳神为"中天王",编在祀典。宋太祖赵匡胤乾德元年(963年),宋太祖赵匡胤令祠官为岳神制作衣冠剑履。太平兴国八年(983年),宋太宗赵光义赠五岳封号,尊中岳神为"中天崇圣帝",帝后封号为"正明",并命翰林、礼官详定仪注及冕服制度,崇饰神像之礼,按时遣官员礼祀中岳神。大中祥符四年(1011年)二月,宋真宗赵恒诏加中天王为"崇圣中天王",五月诏加五岳封号:中岳曰"中天崇圣帝",西岳曰"金天顺圣帝",北岳曰"安天元圣帝"。同年十二月,宋真宗赵恒又对五岳神加封五岳后号:东曰"淑明后",南曰"景明后",西曰"肃明后",北曰"靖明后",中岳曰"贞明后",并命翰林官详定仪注及冕服制度,崇饰神像之礼。其玉册如宗庙谥册之制,以州长吏以下充祠官至祭岳神,充奉册使,付有司。自此,五岳之神有了帝号。但还不够全面,元代至元二十八年(1291年)春二月,元世祖忽必烈在加封五岳封号时,加封中岳,名"中天大宁崇圣帝"。洪武三年(1370年),明太祖朱元璋不顾前代帝王定制,诏改神号,诏曰:岳镇海渎并去其前代所封名号,止以山水本名称之。在诏五岳神号时,称嵩山为"中岳嵩山之神",依时祀神。

达摩大师面壁赞

宋 苏 轼

少林素壁,不以为碍。弥天同辇,不以为泰。稽首大现,昔晦今明。不去不来,何损何增。俯仰居信,三十一年。我虽日化,其孰能迁之。

[作者作品]

苏轼简介见《上梅直讲书》。

[相关史料]

达摩大师,全名菩提达摩,简称达摩。南天竺香至国国王的第三子,本名菩萨多罗。他与佛祖释迦牟尼一样,也属于刹帝利种姓(贵族)。幼年时拜释迦牟尼的大弟子迦叶的后裔般若多罗为师,学习大乘佛教,按时壁观养性,从不懈怠。功成后他问道:"应去何处教化?"答曰:"应去震旦(中国)。"达摩漂洋过海到达广州,住在光孝寺里。后为好佛的梁武帝迎到金陵(南京),但二人话不投机,达摩遂离开金陵而渡江北上。达摩来到嵩山少林寺,在寺后山上找到一个天然石洞,"九年面壁而坐,终日默然。"9年后,少林寺内僧众全成了他的门徒,遂便把他请进寺内,达摩成为继跋陀之后的少林寺第二代方丈大和尚。达摩的面壁禅定对中国佛教影响很大,人们把达摩提倡的禅定静虑、消除杂念、顿悟成佛的方法,称之为禅学。他所开创的这一中国佛教宗派即称为禅宗,达摩被称为禅宗初祖,少林寺被称为禅宗祖庭。

嘉禾颂

宋 李 税

皇帝即位之三年,洛之偃师得嘉禾,异亩同颖。县令臣税再拜受禾,献状于府。府以图上,推古按牒,以迹厥理,惟食在民,功食配天。而民惟国本,本固则宁。故王者贵农重谷,以育天下。然则瑞之在禾,叨务本也。异本同归,示无外也。神爵赤雁芝房奇木之祥,比兹褊矣。恭惟皇帝陛下,嗣统以来,祗事天地。小心翼翼,念兹稼穑。爱惜民力,泽沦万方,下漏泉壤。故诞降灵符,以显殊应。审天

鉴之不远,睹降祥而益恭。瑞之美者,孰大于是?臣职司是邑,弗颂弗扬。臣实劣谫,谨拜首稽首,而作颂曰:

于皇化淳,开乾格坤。丕显厥耀,毓祥阐珍。昀我田,惟亿惟衍。兹秀湿灵,协穟殊亩。农曰噫嘻,献于县令。令受伛偻,以归于府。府不敢有,归于元后。皇帝曰嘉,天锡茂祉。予宝非祥,笔在太史。

[作者作品]

李税,宋崇宁年间任偃师知县。

崇宁三年(1104年),偃师产嘉禾,穗异本同,颖茎长3尺,穗长1.8寸。这株嘉禾与一般的禾相比,完全是一个自然奇迹。知县李税作颂将这一自然生长的奇果献于朝廷。

具茨颂

宋 黄庭坚

帝省具茨,在国南屏。笃生韩公,补天子圣。文武韩公,其德庭方。靡职不宜,乃宣力四方。四方维则,归补我衮职。西羌不庭,王师濯濯。奏功不时,公请命行。公出抚师,王师妖矫。羌戎震惊,其薮泽是狩。复我王土,将筑於河之浒。人亦有言,功不在初,其溃於成。阴有齿牙,以猾覆城。天子圣神,知我公孔武。公虽归止,四方以无悔。京师之屏,公曰维许乐土。赫赫王命,北门是处。公治北门,有条有叶。夷根披节,蟊贼是伐。惠及寡,日用饮酒。万有千载,乐公寿考。公御宴喜,乐酒温克。宾秩醉饱,柔嘉维则。维公之德,万有千岁。畀公遐福。陟彼具茨,松柏孔硕。若济巨川,维舟檝是度。瞻彼具茨,有漘其阴。如彼岁旱,视公作霖。公至北门,河润九里。公归本朝,万物露雨。帝顾具茨,公归庙堂。为天下师傅,于大隗有光。于大隗有光,公寿考无疆。

黄庭坚

[作者作品]

黄庭坚(1045~1105年),北宋诗人和书法家。字鲁直,号山谷道人,晚号涪翁,分宁(今江西修水)人。宋英宗治平四年(1067年)进士。黄庭坚是"苏门四学士"之一,江西诗派创始人。为诗推崇唐代杜甫,并强调化用前人成句,有所谓"点铁成金"之说。晚年皈心释氏。著有《豫章黄先生文集》《山谷琴曲外篇》等。

[相关史料]

具茨山,也叫始祖山,是中岳嵩山的余脉,位于新郑市区西南15公里处的辛店镇境内,面积约12平方公里,山清水秀,风景如画,黄帝文化遗迹遍布山野。2000年7月,河南省人民政府公布山顶的轩辕庙等景点为河南省重点文物保护单位。2001年,公布为全国侨联爱国主义教育基地。

禹庙赋

宋　陆　游

陆　游

世传禹治水,得玄女之符。予从乡人以暮春祭禹庙,徘徊于庭,思禹之功,而叹世之妄,稽首作赋。其辞曰:呜呼!在昔鸿水之危害也,浮乾端,浸坤轴。裂水石,卷草木。方洋徐行,弥漫平陆。浩浩荡荡,奔放洄伏。生者寄丘阜,死者葬鱼腹。蛇龙骄横,鬼神哭嚣。其来也组练百万、铁壁千仞。日月无色,山岳俱震。大堤坚防,攻龁立尽。方舟利楫,辟易莫进。势极而折,千里一瞬。莽乎苍苍,继以饥馑。于是舜谋于庭,尧咨于朝。窘羲和,忧皋陶。伯夷莫施于典礼,后夔何假乎箫韶。禹于是时,惶然孤臣。耳目手足,亦均乎人。张天维于已绝,极救命于将湮。九土以奠,百谷以陈。阡陌鳞鳞,原隰畇畇。仰事俯育,熙熙终身。凡人之类至于今不泯者,禹之勤也。孟子曰:禹之行水也,行其所无事也。天以水之横流,浩莫之止,而听其自行,则冒汝之害,不可治已。于传有之,禹手胼而足胝,宫卑而食菲,娶涂山而遂去肾,不暇视其呱泣之子,则其勤劳亦至矣。然则孟子谓之行其所无事,何也?曰:世以己治水,而禹以水治水也。以己治水者,己与水交战,决东而西溢,堤南而北圮。治于此而彼败,纷万绪之俱起。则沟浍可以杀人,涛澜作于平地。此鲧所以殛死也。以水治水者,内不见己,外不见水,惟理之视。避期怒,导其驶,引之为江为河为济为淮,汇之为潭为渊为沼为沚。盖于性之所安,而行乎势之不得已。方其怀山襄陵,驾空滔天,而吾以见其有安行地中之理矣。虽然,岂惟水哉。禹之服三苗,盖有得乎此矣。使禹有胜苗之心,则苗亦悖然有不服之意。流血漂杵,方自此始,其能格之干羽之间,谈笑之际耶?夫人之喜怒忧乐,始生而具。治水而不忧,伐苗而不怒,此禹之所以为禹也。禹不可得而见之矣,惟淡然忘我,超然为物者,其殆庶乎。

[作者作品]

陆游(1125～1210年),南宋著名爱国诗人。字务观,号放翁,越州山阴(今浙江绍兴)人。绍兴中应礼部试,为秦桧所黜。后孝宗即位,赐进士出身,曾任镇江、隆兴通判,官至宝章阁待制。晚年退居家乡。陆游毕生主张抗金,收复失地,著作繁富,有《渭南文集》50卷,《剑南诗稿》85卷等。《宋史》有传。

[相关史料]

禹,姓姒,名文命(也有禹便是名的说法),字(高)密。史称大禹、帝禹、夏禹,为夏后氏首领、夏朝第一任君王。禹是黄帝的玄孙、颛顼的孙子。其父名鲧,被帝尧封于崇(嵩山),为伯爵,世称"崇伯鲧"或"崇伯",其母为有莘氏之女修己。相传,禹因治水有功,建立了极高的个人威望,被四岳(四方部族首领)推荐,舜选他为自己的继承人,继任为部落联盟首领。据史料记载,舜死后,禹继帝位,面南以临天下,建国都于阳城(今登封告成镇),国号称为"夏"。大禹是中国古代传说时代与尧、舜齐名的贤圣帝王,他最卓著的功绩,就是历来被传颂的治理滔天洪水,又划定中国国土为九州。后人称他为大禹,从秦始皇开始,历代帝王大都建大禹祠、庙进行祭祀。

太室二十四峰诗
宋 楼 异

太室峻极

仆性嗜山水,几成癖。所至虽假馆僦舍,莫不聚拳石环斗池,终日玩观,殆忘寝食。一旦来令嵩阳,正在清泉白石窟中。始至数月,讼庭清暇。乃芟废圃,凿芙蓉、菡萏二池。取馀土筑台,高可丈许,名之揖仙。北面嵩岳,西顾少室,南望许由,自馀诸峰环拥轩槛。于是,居高远眺,尽山川之形势。暇日既作《三十六峰赋》以自广。然仆旧闻,嵩山二十四峰图经传记所不载。求之土人,亦莫知也。一日,观明太师李得柔胜之自京师来访,乃得其名出道藏《吴天师灵迹记》,历东而西,一一可指。遂命画史图诸峰于仰嵩堂,以识其名。仆谓胜之曰:"二十四峰之名湮没久矣。今自吾二人者发之,不可无述也。"乃作《嵩山二十四咏》,并命胜之作焉。

黄盖峰

一片黄云驻不飞,中天帝子欲何知。不须更问玉人事,自有嵩高峻极诗。

青童峰

崭新高髻掠云开,翠色罗衣一样裁。知有真仙此中住,故令天女捧书来。

浮丘峰

谁知方丈与瀛洲,尘世纷纷谩白头。不到嵩山最高处,世人容易揖浮丘。

三鹤峰

昔有仙翁住此间,炼成青发与朱颜。一朝跨鹤参天去,涧草岩花岂复攀。

遇圣峰

汉家天子学神仙,曾遇真人耳过肩。不待菖蒲长黑发,须知逸乐自延年。

万岁峰

仙仗西来感百神,泥金检玉尚青新。华封知是真天子,万岁声中第一人。

玉镜峰

皎皎冰盘营百围,广寒宫殿见依稀。春山万叠浑如洗,浮翠光中一镜飞。

狮子峰

苍台藤蔓饰须眉,狮子摽形是与非。果解嚬呻作哮吼,窟中狐兔定魂飞。

虎头峰

万里封侯相不如,道人曾此获阴符。轩牙露舌惊樵采,猛士还当捋尔须。

起云峰

触石孤飞一叶逢,雷公电母昼鞭龙。但知四海为霖雨,不道中天第几峰。

凤凰峰

当年翔凤此徘徊,曾有真人览德来。今日飞鸣天外过,纷纷燕雀不须猜。

金壶峰

想见金壶写墨河,皂林馀润郁嵯峨。伯阳当日传经后,肯向山阴与换鹅。

华盖峰

华盖峰高未易穷,扪参历井到天中。回头却顾人间世,但见群青似小童。

玄龟峰

玄武名峰古所传,晨昏吐气作云烟。虽无钻灼刳肠患,岁晚风霜亦可怜。

卧龙峰

头角低回薜蔓封,蜿蜒端似卧真龙。旱干岁祷多灵应,时见岫云出此峰。

会仙峰

鹤乘云耕下九天,玉盘星子竞谁先。相应汉武题花品,留作人间聚八仙。

子晋峰

当年会悟镜中形,道骨仙风惟紫清。二十四峰明月夜,玉笙须向辑仙听。

老翁峰

翳雾埋云皓首翁,难将书传考前踪。商山羽翼朝家后,化作中天一石峰。

玉人峰

汉武求仙未得仙,玉人何事落岩前。故知帝主乘云下,神盖峰头启洞天。

玉女峰

玉仙曾此驻云车,日薄纱窗映雪肤。七字天书人不辨,定知玄女手中符。

独秀峰

孕玉怀金不待媒,翁然佳气罩崔嵬。天教秀拔诸峰上,未信狂飙解折摧。

积翠峰

翠崿笼云自一家,萝梯夜碾七香车。举头雨过馀霞散,绿芝池开菡萏花。

太白峰

仰攀日月风云近,俯瞰冈峦培塿低。绝顶光芒长不断,人言太白此中栖。

玉柱峰

丹楹未羡人间侈,玉柱一峰天外高。自古大材多大用,扶持广厦岂辞劳。

少室山三十六峰赋
宋 楼 异

余少闻洛邑之盛,在唐宋为东西都,而山川形胜之富,视他州为杰观。昔韩退之、白乐天见于歌诗,形容胜概,有咏叹不绝之意。后欧阳文忠与梅、谢诸贤相继为僚友,数游嵩少间,至今以为美谈。余幸以不敏,得令嵩高。纵观诸境,未有过少室者。而巉岩耸拔,乃在牖间,朝夕博望,历历可数。因作三十六峰赋以自广,非敢窃比古诗之流云。

伊浮云之公子兮,访道于林丘,而栖神于岩谷。超然有游方之志兮,乃东升于岱顶,而西谒于华麓。虽衡阳之南兮,与夫恒山之北,靡不穷探历践兮,游心而骋目。独怡然而忘归兮,内欣然而自足。忽御风而行兮,排空而造中域。徐睥睨以四顾兮,意恍惚而有失。遭嵩高之丈人而问津兮,曰游西方而真有得。何高之不登兮,何危之不陟。今乃四望兮,岌然而耸峙。雄柱天纲兮,横亘于地轴。连络偃覆兮,龙盘而虎伏。虽华以九而巫以十二兮,未睹奇峰之六六。丈人放杖而笑兮,秋水方至而河伯自溢。子乌睹海若之难匹兮,独不闻中天之少室。其高则峣屼嶕峚岑岑郁弟兮,十有六里而叠有十八。其深则环纡紫绕盘纠纷错兮,上方十里而周围一百。包嵩阳以作镇兮,截轘辕以为郭。眷歌山之所闻兮,观舞水之所乐。其上则有嘉禾甘果兮,神芝与仙药。石柱若承露之盘兮,帝休若杨枝之叶。石脂所滴兮,饮之可以长上古。玉膏在巅兮,服之可以揖羽客。云母之井兮宝所聚,光明之穴兮昼所铄。一丈之钟乳兮可飧,千岁之资粮兮不绝。其中可避兵水之灾兮,自有经书之博。其神异则玉女烂织锦之文兮,金人迷白霓之落。云洞警时闻之钟兮,石井泣衷鸣之鹤。土子誉环之以为叠兮,阿育王宝之以为塔。此皆公子之所未知兮,而丈人之所安宅。

丈人曰:名生于实兮,义设于适。子知其一兮未知其二,子识其外兮未识其内。是徒知六六之所有兮,而乌睹六六之名义。东朝岳祠,俨百神兮。西望洛邑,郁千宫兮。太阳少阳,山之明兮,石城石笋,天所形兮。檀香丹砂,宝所钟兮。钵盂香炉,状所肖兮。连天紫霄,势所穷兮。罗汉七佛,像设留兮。灵隐来仙,洞府深兮。清凉宝胜,梵刹标兮。瑞应琼壁,祥光纷兮。紫盖翠华,烟霭凝兮。药堂紫微,花草灵兮。白道天德,名字伟兮。卓剑白云,形实纪兮。金牛明月,色像起兮。凝碧迎霞,天光聚兮。玉华宝柱,金石莹兮。系马白鹿,神仙众兮。此则六六之名义兮,而未睹六六之景气。

丈人曰:方春阳之盎盎兮,烧痕芜而青青。纷纷紫之绣错兮,引百啭之幽禽。雄楼杰观兮,切星辰而上侵。玉仙神女兮,乘辎軿而下征。朱明草木之扶疏兮,蔽大明之午升。山椒云气之冉冉兮,若复甑而郁蒸。忽雨声于天外兮,势翻盆而倒倾。惟紫芝与黄鹤兮,舞长空而产英。金飚之警叶兮,山空落石若仙人之锻声。夜月白而风冷冷兮,玉笙清彻而弥听。暨玄阴林柯之脱尽兮,山形瘦而骨棱棱。冰雪横积于千仞兮,玉龙舞而白虎亭亭。惟四时之出没变态兮,显晦阴晴不可得而尽名。岂得仰观俯听,自辰及酉,应接之不暇兮,以尽朝昏。此虽丈人之所不能形容兮,而岂公子之所可预闻。

丈人曰:突兀撑空兮,千变万状。山经地志兮,不可究量。或背若相庚兮,或面若相向。或辣若相斗兮,或揖若相盼。或散若相忘兮,或聚若相访。或后者若和兮,而前者若唱。或卑者若下兮,而尊者若上。或喜兮若相携,或怒兮若相抗。或若秦晋兮相匹,或若楚越兮相望。或耸瘦兮若峨寇,或臃肿兮若挟纩。或蹲伏兮若驼虎,或崇聚兮若瓮盎。或威严兮若壮士,或勇猛兮若枭将。或决骤兮若风马,或浮空兮若船舫。或若游郊原兮,累丘坟而包柩椁。或若入宗庙兮,纷豆登而郁柤鬯。戢戢兮森剑戟,落落兮列屏障。势领略兮断而还连,状容与兮宛而复壮。超然若三十六天兮,神仙之洞宅。婉然若三十六宫兮,嫔妃之游燕。昂霄耸壑,冠佩悠兮。泉飞霞倾,爵斝流兮。天阔星荧,玉枰成兮。松篁琴瑟,钧天迎兮。娇云曲月,鬓眉新兮。烟霞雾蒸,龙麝焚兮。霞舒霓卷,舞袖张兮。雷霆轰轰,宫车还兮。

言未及,而公子颓然如醉兮,洒然如醒,非丈人无以药之使瘳兮,刮之使明。仆未能穷兹山之胜践兮,究兹山之曜灵。请执杖履兮,以从后尘。

少室山三皇寨悬空栈道

[作者作品]

楼异(? ~1123年),北宋官吏,著名诗人。字试可,人称墨庄先生,奉化(今属浙江)人,后移居宁波。神宗元丰八年(1085年)进士。哲宗元符二年(1099年),任登封县令。

[相关史料]

嵩山主体山脉有太室山和少室山。太室山位于登封市北部与巩义市交界处,太室山东起猎渔沟,西至峻岭口,北至倒拜沟,南至中岳庙,长15公里,宽11公里,海拔1492米。太室山有36峰,宋代时由登封知县楼异定名为24峰,后由明代登封知县傅梅新增太室12峰,共为36峰;少室山位于登封市北部,于太室山西偏南,相距8公里,峰壁耸立,形似凤舞。因山体小于太室,亦有石室,故名。少室山东有少林河,西至草庙沟,北起峻岭口,南至水磨湾,东西长9公里,南北宽10公里,海拔1512米。少室山36峰与太室诸峰并峙,山势磅礴,陡峭峻拔。少室山36峰分布为东有13峰,南有11峰,西有12峰。各峰拔地接天,悬崖绝壁合沓突兀,险奇雄秀。楼异所作的《太室二十四峰诗》和《少室山三十六峰赋》是写嵩山太室山和少室山最早的诗赋。

秋望赋

金　元好问

[原文]

步荟回而徙倚,放吾目乎高明。极天宇之空旷,阅岁律之峥嵘。于时积雨收霖,景气肃清,秋风萧条,万籁俱鸣。菊鲜鲜而散花,雁杳杳而遗声。下木叶于庭皋,动砧杵于芜城。穹林早寒,阴崖昼冥。浓澹霏拂,绕白纡青。纷丛薄之相依,浩霜露之已盈。送苍苍之落日,山川郁其不平。

瞻彼辇辕,西走汉京,虎踞龙蟠,王伯所凭。云烟惨其动色,草木起而为兵。望嵩、少之霞景,渺浮丘之独征。汗漫之不可与期,竟老我而何成! 挹清风于箕、颍,高巢、由之遗名。悟出处之有道,非一理之能并。緊南山之石田,维景略之所耕。老螭盘盘,空谷沧精。非云雷之一举,将草木之偕零。太行截天,大河东倾。邈神州于西北,怳风景于新亭。念世故之方殷,心寂寞而潜惊。激商声于寥廓,慨涕泗之绿缨。

吁咄哉! 事变于已穷,气生乎所激。豫州之土,复于慷慨击楫之誓;西域之侯,起于穷悴佣书之笔。谅生世之有为,宁白首而坐食? 且夫飞鸟而恋故乡,嫠妇而忧公室。岂有夷坟墓而薪桑梓,视若越肥而秦瘠? 天人不可以偏废,日月不可以坐失。然则时之所感也,非无候虫之悲。至于整六翮而睨层霄,亦庶几乎鸷禽之一击。

[作者作品]

元好问简介见《少林药局记》。

元好问是金元之际最著名的作家。他的作品为人称道的总是他的诗歌和诗论,而其他文体作品并不为人所重视。元好问的诗学观与文章观迥然不同。对于文章,他追求一种"中和"气质,强调敦厚之义与含蓄之美;对于诗歌,他则追求豪爽奔放的气质,强调真情流露与慷慨悲歌。在《秋望赋》一文中,元好问则将二者的特点巧妙地结合在一起,摒弃了温婉中和的文章观,将他特有的诗歌中观念融入其中,极大地提升了这篇赋的艺术境界,使其成为金赋中成就最高的代表作。

《秋望赋》大约写于金宣宗二年

嵩　秋

(1218年),据《元遗山年谱》载,正处蒙古军南侵,作者移嵩山登封后,当时金国国势日趋衰微,青年元好问充满着报仇复土的热望。此篇以嵩山系列山脉与大川为广阔背景,抒发了登高远望,秋风萧瑟而引起的故土之思以及收复失地,重返家园的希冀。赋作融自然景物,时势国事和人生抱负为一体,它一方面表现出自己强烈的悲秋情绪,另一方面秋天的落寞衰败景象更引发了他的家国之思和救亡图存的使命感,所以这篇区别于传统的"悲秋"题材的赋作,便具有消极和积极相糅合的双

重主题,从而正好反映出元好问在金元之际的矛盾心态。

(正宫)双鸳鸯·乐府合欢曲

元 王恽

[原文]

读《开元遗事》去取唐人诗而为之。一名《百衲锦》,因观任南麓所画《华清宫图》而作。

驿尘红,荔枝风,吹断繁华一梦空。玉辇不来宫殿闭,青山依旧御墙中。

乱横戈,奈君何,扈从人稀北去多。尘土已消红粉艳,荔枝犹到马嵬坡。

岁东巡,洛阳城,天乐宫中夜彻明。不忆李謩偷曲去,酒楼吹笛有新声。

雨霖铃,却归秦,犹是张徽一曲新。长记上皇和泪听,月明南内更无人。

忆开元,掌中仙,入侍深宫二十年。长记承天门上宴,百官楼下拾金钱。

锦城头,锦江流,回望长安帝尽愁。那更血魂来梦里,杜鹃声在散花楼。

驿坡前,掩婵娟,惨乱旌旗指望贤。无复一生私语事,柘黄袍袖泪潸然。

九龙池,百花时,乐按《梁州》爱急吹。揭手便拈金碗舞,上皇惊笑勃拏儿。

信音沉,泪沾襟,秋雨铃声阁道深。人到愁来无会处,不关情处也伤心!

[作者作品]

王恽(1227~1304年),字仲谋,号秋涧,卫州汲县(今属河南省)人。元代词家。《元史》卷167有传。中统元年(1260年)姚枢宣抚东平,辟王恽为详仪官,擢为中书省详定官。二年春转翰林修撰,同知制诰,兼国史院编修官。世祖至元五年(1268年)迁御史台,后拜监察御使,九年授承直郎,十四年除翰林待制拜朝列大夫,二十九年(1292年)授翰林学士、嘉议大夫。元贞元年(1295年)加通政大夫知制诰,同修国史。大德八年(1304年)卒,赠翰林学士承旨资善大夫,追封太原郡公,谥文定。著有《相鉴?》50卷,《汲郡志》15卷,《秋涧先生大全文集》100卷。

王恽为元好问弟子,为文不蹈袭前人,独步当时。其书法遒婉,与东鲁王博文、渤海王旭齐。王恽的不少诗流露出对贫苦人民的同情,如《□漕篇》、《农里叹》等。而有些诗则寄寓了政治上的感慨,如《禹庙》等。

王恽的词,清丽雅正,平易通达,风格接近苏轼、辛弃疾。从内容上看,他的词可分前后两个时期。前期词中,多含沧桑之感,这是由于王恽6岁时金亡,40多岁宋亡,时势动荡,加之他前期在官场里,"似田间秧马",用舍由人,并不得志。到了后期,由于元朝统一南北,局势大定,"人安米贱",所以他晚年作品表现为和平淡雅,个人抒情和应酬之作较多,曾高唱"对酒当歌须适意"。

僧拣公茶榜

元 释溥光

[原文]

窃以随缘应物,无非回向菩提;指事传心,总是行深般若。欲破人间之大梦,须凭劫外之先春。伏惟佛觉普安慧湛弘教大宗师,宝集正宗,转轮真子,学冠于竺乾华夏,显密圆通;神游于教海义天,理事无碍。笑辟支独醒于一己,拟菩萨普于群生。借水澄心,即茶演法,涤随眠于九结,破昏滞于十缠。于是待蛰雷于鹿野苑中,声消北苑;采灵芽于鹫山顶上,气靡蒙山。依马鸣龙制造之方,得法藏清凉烹煎之旨。焙之以三昧火,辗之以无碍轮,煮之以方便铛,贮之以甘露碗。玉屑飞时,香遍满阎浮国土;白云生处,光摇动紫极楼台。非关陆羽之家风,压倒赵州之手段。以致三朝共啜,百辟争尝。使业障、惑障、烦恼障,即日消除;资戒心、定心、智慧心,一时洒落。今者法筵大启,海众齐臻。法是茶,茶是法,尽十方世界,是个真心;醒即梦,梦即醒,转入识众生,即成正觉。如斯煎点,利乐何穷!更欲称扬,听末后句:龙团施满尘沙劫,永祝龙图亿万春。

[作者作品]

释溥光,元代高僧、著名书法家。《书史会要》曰:溥光,字玄晖,号雪庵,俗姓李氏,山西大同人。释溥光因善榜书大字而深享时誉,深受有元书坛盟主赵孟頫赏识,荐之于朝,特封昭文馆大学士,赐号"玄悟大师"。释溥光曾以"三栖"即书、画、诗,而为后世所知。为诗冲澹粹美,善真、行、草书诸体,尤工大字,尤善作大字,凡宫禁中之扁额皆为其所书。

《僧拣公茶榜》由释溥光撰于元至大二年(1309年)正月,是一通立于嵩山会善寺戒坛的碑刻。茶是禅茶的重要组成部分,以茶为内容的茶礼、茶仪,也是唐宋以来禅林寺院清规中最重要的礼仪。《拣公茶榜》从讲会善寺僧人对茶的认识、制作和理解,从"待蛰雷于鹿野苑中,声消北苑;采灵芽于鹫山顶上,气靡蒙山。依马鸣龙树制造之方,得法藏清凉烹煎之旨。焙之以三昧火,辗之以无碍轮,煮之以方便铛,贮之以甘露碗",到对茶的认识提高到:"法是茶,茶是法,尽十方世界是个真心;醒即梦,梦即醒,转八识众生即成正觉"的高度。《僧拣公茶榜》以武僧践行禅茶,实际上也是会善寺僧人对禅茶的一个宣言。整篇碑文语言流畅生动,脍炙人口,从中可见释溥光的文采。

嵩山赋

明　刘　咸

五岳惟嵩居天地之中,而其峰峦之秀伟,亦非他山之可及。故古今骚人墨客,往往见之歌咏。予不自揣,亦掇拾余意,而为之赋曰:

翳山阜之停峙,切胚腪于玄黄。谅凝形之有异,故奠位而不常。惟嵩高之为岳,独穹窿而直方。虽同列于下土,实尊处乎中央。石襟带乎河洛,左控制乎齐梁。前屏列乎崆峒,后帏障乎太行。彼泰华衡恒之四镇,各东西南北于一方。兹盖造化者自然之功巧,俾其与天地同一久长。夫岂若是寻常之培塿,而屑屑然与群峰较利于毫芒也哉。观其元气淋漓,灵根蟠结。磅礴紫纡,巇崟巉嵲。质厚重而不迁,势蜿蜒而联接。量含洪而有容,神昭贶而莫测。万象禽欸兮森罗,四时光景乎明灭。烨烨大士之瑞芝,森森将军之封柏。猗猗九节之菖蒲,粲粲三花之贝叶。彼四万八千丈之天台,固仅能方其太室之三尖。而根盘五百之匡庐,曾何足抵其少室之数叠。

若乃时和景霁,天高气清,风生鹤唳,日出鸡鸣。霞彩飚兮锦绣错,岚光荡兮图画呈。于斯时也,凌绝顶履岐嶒,恍兮惚兮,盖不知此身之在人世,而别有所谓昆仑之与蓬瀛也。其或月晕星藏,烟霏雾暗,阳乌匿彩,虹霓横汉,轰雷霆兮一声,分晴雨兮山半。于斯时也,挟天风,游汗漫,窈兮阒兮,亦不知此身之在人寰,而又有所谓青城之与赤岸也。虽然此特其朝暮阴霁之常态,而未睹其倏忽变化之形容。苟不究其所以,则虽智者亦莫得而穷。

彼其两室诸峰层出叠起,不参不差,无偏无倚。在少室者三十有六,在太室者二十有四。或崒嵂而崔嵬,或秀伟而妍媚,或迤逦而婆娑,或隐约而亏蔽。或罗列如儿孙,或比肩如兄弟,或尊严如父师,或卑猥如媵婢。或潇散如神人。或俊拔如豪士。或如蚁走而蚪蟠,或如牛眠而马驶。或如理木之连枝,或如芙蓉之并蒂,或如舟楫之浮空,或如兵车之趋市。或如忠臣之赤心,或如艳姬之高髻。矫矫兮如飞而翅,飘飘兮如行而止。于于兮如醉而醒,怡怡兮如悲而喜。凡兹山之奇胜,所可爱者如此。然不指而称焉,则亦莫能默而识之矣。

故夫青童、太白、子晋、浮丘、玉人、玉女、会仙、虎头、老翁遇圣兮相向,黄盖华盖兮叠稠。凤凰鸣阳,狮子号秋,玉柱壁立,玉镜光浮,三鹤、积翠兮排闼,万岁独秀兮凝眸。卧龙、起云兮净如洗,金壶、玄龟兮翠欲流。此则太室胜概之奇,而天下之为峰者,莫得而侔也。若夫东朝岳祠,西望洛中,白云连天,紫霄凝碧,钵盂、丹砂之可观,香烟、檀香之堪挹,罗汉、宝胜之可寻,七佛、灵隐之难觅,太阳、少阳之嵯峨,石城、石笋之屹立,紫微兮药堂,宝柱兮琼壁,来仙、卓剑兮孤高,翠华、系马兮峻极,紫盖、迎霞兮如丹,玉华白道兮如壁。明月清凉,瑞应天德;白鹿留形,金牛现迹。此则少室胜概之奇,而天下之为峰者,又孰能与之敌也。

他如琳宫、梵宇、佛洞、仙岩,蝌蚪出而书见,菡萏发而霜零。龙潭隐灵物兮潜处,天地通神水兮潆洄。历代封禅则有封祀之坛,往来径行,则有轩辕之关。凡若斯之历历,皆可考而班班者也。至若名传于今,事出于古,测景定于周公,坠石疑于启母;御笔书于则天,金蚕筑于汉武;隐有弃瓢之许由,廉有洗耳之巢父;道有奕棋之八仙,佛有面壁之一祖。出而重于世也,则有索价之山人。居而莫知其向也,又有捣帛之仙女。其他奇踪,灿然可数,既不暇于细推,亦无能为之悉举也。

嗟夫!拳石无情,与时屯亨。况非逢千载之景运,抑安能得夫一时之谧宁。惟圣皇之在上,屡赐宠而赐荣。崇嘉号兮以礼,尊祀典兮以诚。故嵩之德以之而益著,嵩之神由之而益灵。自今以往,吾知大岳之储精,必降申甫而再生。于以列乎屏翰,于以充乎帝廷。俾海宇之臣子,咸永乐于升平。则吾又当秉霜台之白笔,以专纪乎三呼之颂声也。

[作者作品]

刘咸简介见《游少林寺》。

嵩阳赋

明 卢 楠

楚王北游,登嵩阳之观。嵩阳大夫侍王乃涉蒙茸。履嵬岧长御远睐,泛滥无际,顾谓大夫曰:"壮哉山矣!寡人于兹,殆将脱屣耶?"嵩阳大夫曰:"大王之言误,若臣者,始足与憩焉尔。"王曰:"夫山畜泄云气,万物所祖,无贵贱远迩,皆好焉。子大夫私之己是有,何厚于自待,薄于寡人耶?"嵩阳大夫曰:"臣闻之传记,鵾鹏搏云,鸭鸥悦群,物各有适,故其所托者殊焉。"王曰:"夫寡人舍此,将复有说乎?"嵩阳大夫曰:"唯唯,夫嵩维巨岳,极于圆祇之中。横带汝颍,崒峭于氛霄之上;缘乎蒨霭之薄,盛乎翠虹之障。尔其三十六峰,二室嶕峣,灵岩浮崦。嶊丰岠岖,丛砾互分。岖隃傍迕,籧条偃蹴。行者伫伫,久之拗息,汗胁增惧。若夫嶒阮嵚谽,亏涧无底。需嵺宥窴,长风飀飂,扎轧唧嚮。流离转散,仿佛松声。天雨新霁,万壑灌濑。澌涛溷汃,礴颓云唔。碻礊叠响,欤歔鬼怪。于是雏鸠掩羽,豺虎惊蹙。慌忽漫台,悚息川谷。此诚山精魈魅之所穴处,窃恐大王不遑,托迹于此也。"王曰:"敬闻命,夫大夫恶得独憩乎哉？"嵩阳大夫曰："臣少游上都，亲侍谏垣，陪列公孤。尊三王，贬五霸，揖让于魏阙之下。尔乃南箕扬舌，青蝇点白，即墨膺谗，寺人洒血。解圭组，脱鸣珂，辞金埔，凌风翔。飘然霞逝，乃升乎嵩高之阳。故其怡神育灵，则攀缘钦崟，傍眺瑶城，陟乎泰清。尽足力而后返于青炎之圃，徘徊于松桂之林，激啸于洧水之浒。将折若华之英，蕤江蒿，襞幽兰，带楚蘅。猿猱媟于左，麋鹿扰于右，逍遥容与，精神益寿。然后检搜岩穴，探饮玉浆，璧坛凤笙，铜铫石床。希瑞呈露，娱乐无方。若乃王乔控鹤于林间，密公失路于雾外，少君捧节乎云中，刘根抗绝于人世，莫不偃仰群笑，凭虚轩轾。臣虽庸驽，与通绍介。故夫龙门三台，猴氏之岭，皆臣往来遨游者也。夫大王拥千乘之器，妃嫔珍玩之御，不辍于前，乌能避世长往哉？"王避席曰："寡人不能也。子诚为嵩阳大夫。"

[作者作品]

卢楠（1507～1560年），明嘉靖时期的文学家。字子木，浚县人。自称浮丘山人。博闻强记，落笔数千言。虽一生坎坷，但坚持文学写作，其代表作有《幽鞠赋》《放招赋》二赋。

达摩赞

明　陆树声

竺土东来，有何本据。默望隈岩，明中显异。拨草瞻风，当机不契。潦倒西归，失却只履。饶他不涉程途，惹起风波满地。

[作者作品]

陆树声（1509～1605年），明代官吏。松江华亭人，字与吉，号平泉。嘉靖进士。历官编修、太常寺卿、掌南亦国子监祭酒，神宗初召拜礼部尚书。万历元年（1573年）忤权臣，遂请病归。授学乡里，学问终老。卒谥文定。著有《平泉题跋》《茶寮记》《陆学士杂著》等书。

[相关史料]

达摩简介见《达摩大师面壁赞》。

达摩一苇渡江

登少室

明　穆光胤

昔览五岳图，名山称嵩少。柱杖未能临，徒买山林笑。探奇今有嵩山长，拉予欲踏青云上。御砦高盘天栈开，砆崖转石愁偃仰。主人闱中出绛绡，数回宛转各缠腰。前者攀援方汲引，后者肩负复腾。邓艾垂川那可见，分明千尺接引之猿猱。天风忽送意飞扬，叠鼓鸣锣云麓傍。馀音涧底惊雷起，狐兔潜踪鹳鹤翔。闻道奇峰有六六，排空一一刺人目。若个耕云种紫芝，时走金牛与白鹿。扑面莲花片片开，熊山大小逐人来。洛阳城郭还如故，独有东流去不回。搔首高吟万仞巅，八极挥斥几席前。眼看世界归莽苇，未许维罗有大千。当年李渤托高隐，拾遗不拜甘楼楥。太白狂言索价高，肉食不解翻成哂。我欲名山老此身，每逢岩壑转相亲。何时遁迹方山下，巢许卢鸿好结邻。

[作者作品]

穆光胤(1554~1618年),明朝著名书法家、诗人。东明城内东街人,系穆文熙之子。书法碑刻遗存较多,泰山岱庙石刻有其碑文。

盐台万公迓启

明 文翔凤

伏以尧舜禹建都之域,惟皋陶,乃风动四方。文武成作邑之乡,非召伯谁巡行诸国。仰一法星之人部,总三行省而采诗,恭惟执事。天言口代,王绂手携彩凤五章琢襟标以美玉;华霞九绮铸风格于良金。唾雨咳雷,长淮本咽喉之水;顾风盼电,芒砀真骨相之山。鸣即惊人,翔振辇梧之羽;怒而运海,翼挥碍日之云。屈轶何心,四凶之胆自薄;尧羊有鉴,九佐之班偏清。封事日腾,既正衡之北指;朝廷无事,特衔宪而西征。天开润作之池,姑课形饴于筦海;地献云瀫之鼎,终调铉耳于傅羹。表华岳而为冠,霜台辟,则蚩尤旗坠;控黄河而如带,骢马嘶则狼跋卷胡。某谬称伯于九州岛,敬拂扫陕方之馆,又叨先于四岳,欲前驱代狩之旌。待辂皇华,仁馺征于原隰;遣伴洛邑,阁望眼于嵩高。

善于使事,不独以散钱胜者。

[作者作品]

作者文翔凤简介见《游少林记》。

嵩山二十四峰赋

明 曹琏

按《白虎通》云:嵩山者,中央之岳。独加高字者,以其居四方之中,而又高且峻也。故《诗》曰:"崧高维岳,峻极于天。"此之谓欤。山有二十四峰,皆远近齐高,无低昂之态,有凝重之势,诚非天下山川比。予因驻节骋目,乃并志其名于左方以自适。奚敢拟诸古赋云。其辞曰:

维登封之堙墟,当胚胲之正中。耸嵩高之崭绝,屹千仞而穹窿。托扶舆以正基,应房宿以曜空。结根弥于昆仑,直指超乎崆峒。霭轮囷之缭绕,迎曦驭之瞳昽。匪嵯峨之莫测,抑迢遥之难穷。控齐梁之渺渺,襟河洛之溶溶。俯首阳之隐隐,超太行之重重。回盘崄巇,奔突龙岆。峻极形于周雅,配天始于唐封。彼岱华霍恒之四岳,各分镇于南北西东。此则兹山之胜概,冠古今而独雄也。其为宝藏也,则金砂之璀璨,璞玉之璘瑜,表中原之异产,充上国之奇珍。其为灵踪也,则石室据其阳,天池在其顶,敞金刹于少林,阆瑶宫于真境。其为品汇也,则凡根荄之属,飞走之群,时涵时育,以萃以荣。超乎阆苑之翁郁,甲乎灵囿之纵横。是虽博物之张华,无以辩其类;洽闻之郭璞,曷能究其名也。若夫丰隆停震,飞廉卷霁。岚光浮汉,林影筛日。班二十四峰之骈罗,脱瑶簪于螺髻。肖进笋之嶙岏,伴列戟之排立。卓乎彩笔,书空而作轴,俨乎玄圭,平水而初锡。耸乎蟠虬,昂角而峥嵘。矫乎惊鹏,垂翼而奋击。高低起伏,远近浓丽。鄙罗浮三百里之磅礴,陋武夷五千丈之崒律。彼巫峰之十二、匡庐之五老,又奚可比而俦、拟而匹也。

予尝驾天风,游玉柱,访青童,攀玉女,寻子晋之奇踪,步老翁之幽趾。扪虎头而舒啸,憩黄盖而徙

嵩山位于天地之中

倚。面玉镜之光芒,盼三鹤之轩鬐。过遇圣之浮丘,蹑玄龟兮如砥。骇卧龙兮之起云间,跨狮子兮之会仙侣。览凤凰兮雕雕,洒金壶兮墨洒。瞻华盖兮亭亭,呼万岁兮鼓舞。挹玉人兮太白,眺积翠独秀兮延伫。已而夕阳隐映而衔山,归鸟喧嚣而投林。苍狗暧𫘤而四塞,螮蝀泯没而曳阴。麏鹿相牵而呼友,猨狖聚啸而长吟。蟪蛄噪而鸣咽,于菟嗥而萧森。斯时也,予亦栗然而惧,悚然而惊。矫回首于盘谷,遘一老而便轻。冠高冠之岌岌,佩长佩之琮峥。质销铄而灼灼,神杳眇而粹精。历玄冥之微径,乘间维而上征。视倏忽而逾远,超寥廓于无声。欲从之而不可得,乃托长歌而放情。歌曰:

嵩山之谷兮虚明,嵩山之泉兮澄清。泉澄清兮可濯缨,谷虚明兮彷佛蓬瀛。追仙翁而邈乎难及兮,聊倘佯而寻盟。

载歌曰:

嵩之山兮储英,嵩之神兮效灵。神效灵兮海宇平,山储英兮俊骈生。吾知申甫其复出兮,又将为后征。

[作者作品]

曹琏,明代官吏。字廷器,青州益都人。明宣德四年(1429年)乡试第一名。官国子监学正、河南提学佥事、陕西按察副使、大理寺少卿。著有《裕斋集》。曹琏有兄弟三人:曹璜、曹琏,曹珖同在朝廷为官,都以"交厉名节"、操守清正、文行清直闻名于世。

《嵩山二十四峰赋》写的是太室山二十四峰。

新增太室十二峰赋

明 傅梅

合二室成一岳,太室实大于少室,而峰之数杀焉。前人传之,后人守之,予所不平也。顾县以来,久欲增定,嫌于妄作,逡巡未敢。暇日翻阅他书,见卢鸿"四铭",有所谓鸡鸣、望都二峰者,不在二十四峰之内。始爽然有悟此山遗珠固多矣。遂决策晓陟其巅,自东而西,——相阅。峰之秀出者,不啻百

也。三日选汰，仅取其十，锡以佳名，并卢所铭者，得十二焉。合之旧，为三十六峰，与少室均，俾天下后世知中岳实有七十二峰，自今日始。知我罪我，俱不得辞。于是，作《新增太室十二峰赋》以明之。其辞曰：

维兹中岳，巍焕神奇。功参玄化，德赞灵祇。外方肇纪于《禹贡》，嵩高载咏于《周诗》。太室详马迁之史，嵩丘见潘岳之词。望之浑沦而端整，即之浩渺而嵬巍。层峦叠嶂兮崒崪，广峡幽谷兮逶迤。云光霞彩兮灿烂，零雨湛露兮淋漓。珍禽怪兽兮盘旋，奇花异木兮离披。黄帝称会神之所，周公立测日之圭。累朝崇祭享之庙，历代树封禅之碑。宫观列仙真之府，伽蓝精戒律之仪。乾坤资其镇奠，日月为之蔽亏。此皆略述其显明之梗概，而未暇详及于灵异之隐微也。若与少室而比方，实则难兄而难弟。所并驾者，外貌之高华；所齐驱者，中藏之深邃。微有不同，各极其致。此雄伟而丰腴，彼森削而秀丽。此广阔以能容，彼挺拔以自异。此如龙眠于海隅，彼如凤翥于天际。此有大君穆穆之颜，彼有羽客翩翩之气。欲论二山之大小，必数诸峰以为对。少室何为侈于三十六，太室何为俭于二十四，皆前人已锡之佳名，实千古不平之怪事。得非巉岏者，眼界之易收；真而漫衍者，足迹之未至。光艳者，群情之所欣；而酝籍者，独知之难觊乎。昔贤既三缄于其口，予也实百虑于其胸。苟此案之不翻，岂为政之至公。况受命称维岳之主，亦非局外旁观者可同。于是尽披千古之简策，对按百里之宠岑。划然若天地不爱其宝，而豁然疑鬼神阴腼其衷。既获画图于宋时之楼异，复得刻铭于唐代之卢鸿。始知世所传者，出灵迹之记于道藏；而世所遗者，收纪异之文于天中。即仅存者之久秘，悟见遗者之无穷。况兹山也，三台夹于左，轩辕辅于右。熊山卫其前，黄河界于后。周遭足十舍之遥，径直亦千顷之厚。环其外，非再日不能旋；穿其中，岂刻期之可透。峰之状也实繁，峰之名也未授。或围绕兮如屏，或掩映兮如袖。或特立兮如笏，或罗列兮如豆。或臃肿兮如牛，或轩鬐兮如鹫。或洁白兮如丝，或华彩兮如绣。或锋颖如剑之卓，或攒簇如辐之辏。或平方如舟之横，或圆满如釜之覆。或绰约如女之游，或怒激如兵之斗。或倒悬如堂之垂，或飞瀑如檐之溜。千态万状，回合纷纭。如今始见，在昔杳闻。予欲补偏于旧令，兼之充广于征君。删庸纂异，屏秽标芬。东起西结，域别区分。首尾两仍乎旧贯，中间悉构以新文。仅取均嵩少之体，未便超伯仲之群。其目维何，如左所云。鸡鸣，朝气昂也；春震，龙乘阳也。悬练，瀑布光也；周道，万乘行也。胜观，景物彰也；石幔，杖履藏也。松涛，乔木良也；河带，美封疆也。桂轮，秋辉扬也；立隼，远有方也。观香，纪非常也；望都，鉴兴亡也。一一锡名，历历在目。新故相参，作述递属。古略今详，人弃我录。若冀野市上驷之马，若邓林伐隆栋之木。若合浦采照乘之珠，若昆冈剖连城之玉。将绰然而任其有余，岂绰然而任其有余，岂欲然而忧其不足。惟是吏事多棼，暇晷常促。胜具每停，只眼为局。而欲斟酌山川，进退陵谷。狭小前人，更制变俗。笼千古于数行，包大地于一掬。是何异全豹为管孔之窥，沧溟用蠡穴之瞩。片纸裹司农之钱，而一瓶贮太仓之粟也哉。

[作者作品]

傅梅简介见李维桢的《〈嵩书〉序》。

风穴赋并序

明　王尚䌹

闻风，气为之；天地之号令也。五行得令，四时供序，而后八方之风，各应律而至，以成岁功。否则，变怪百出不可具状。然有正变，皆气之为也。汝州独有风穴，又有所谓风伯者主之，故又有风伯

庙。春祈秋报,祀飨靡阙,而风时为虐。予惑焉,感而赋之,其辞曰:

倚嵩阳之二室兮,瞻雅路于陆中。郁鸟皋以西围兮,汝海灏以流东。胜予游之倥偬兮,聊偃息于风穴。怛恒卦之未解兮,扪予肠之百折。俯千峰之白云兮,忆钧台之天乐。谢箕颍之鸣飘兮,愧龙山之月落。藉土墟于鼓乐兮,历千古而互见。判正变于钧兮,本口气之流转。肇醇朴于三皇之世兮,煦雍熙熙于帝畿。濯三王之清秋兮,惨五霸之凄凄。人虞弦以拔害木兮,纵烈火于狂秦。悯七国之扰扰兮,歌岂沛于真人。惩奸雄之狐媚兮,洪一炬于长江。吹滩上之一丝兮,系九鼎于汉邦。扬沙石于昆旸兮,结河冰于王郎。医昔日之休休兮,将谁复于尔伤。奋意气之于烈兮,杂氛飓于群籁。粤予今之任桀兮,念谁为之否泰。惟风伯之巍峨兮,敝庙为之凌云。惟岁序之迭西兮,供祀事之孔殷。赳之以鸾乘兮,预之以龙辂。左陈刚鬣兮,右荐柔毛。酌务酒之芬烈兮,错水陆之任饱。坐以享予之报兮,一不哀之所祷。发土束之先圣兮,驱天末之长飙。初袭习以出谷兮,浸汹汹以怒号。飘忽鼓荡刺以撞兮,澎滂倾涌。撼以飚兮,腾走石于层空,飓埃沙于万里。伐巨木如朽苇兮,海水为之沸起。泣羁志之逐客兮,阻东洛之征人。方六火之如毁兮,醲云雷而为之屯。涸农家之企望兮,铄霖雨於垂成。怖鸡犬之狱猇兮,又鹈鸠之无声。园林胡以萎兮,嘉谷无实而容长。唶顣颔以歔欷兮,尽溘死以流亡。视垒垒之足划兮,孰知谣诼之足哀。将卒岁之何依兮,望山陇而徘徊。

遗田之百亩兮,夕颓垣之百堵。顾何赖于谷中兮,乃随山而锐户。掩涕泪以携幼兮,虽未饱而娱怀。究穷民之无知兮,嗟何罪于风霾。禀临此穴为厉兮,何乖予之前闻。咏周南之遗风兮,爰遁道于汝坟。倚抚景以伤心兮,徒意远而无旁。惜众卉以摇落兮,幸荃悼其犹芳。呜呼已焉哉!甘马革于枥下,卧牛衣于沟中,跽微词以伸志,悲远之之回风。

汝州风穴寺

乱曰:雨旸若时兮,风伯之司。旱魃为虐兮,匪伯之作。缀风伯兮,何庸何尤。曰:祈与报兮,厉尔春秋,天高难讼兮,民隐叵说,安得帝怒兮,爰塞此穴。庶几群动兮,其获销歇。

[作者作品]

王尚䌹(1478~1531年),明朝理学家、文学家、书法家。字锦夫,号苍谷。嵩山南麓郏县李口乡人,被祀为乡贤。明弘治十五年(1502年)中进士,曾任兵部主事、吏部郎中,后历任山西、陕西、四川参政,浙江右布政使等职。后因父亲年迈,疏请回家侍养。居家19年,在苍谷山从事著书讲学。后任总制三边,官至浙江布政使,卒于官。王尚䌹学问渊博,史称"文追秦汉、诗逼苏李"。他不仅是一代学者,更重要的他还是一个正直廉洁的官吏,其为政刚直不阿、不附炎趋势、严而能恕。能体恤民情、惜民爱民。后不忍宦官当道、官场龌龊,上疏朝廷恳请辞官乞养。在野敢冒斧钺之险上疏,如实陈述灾情,并列举赈灾建议十余条,恳请为民赈灾。王尚䌹一生著述颇富,亡佚的有,《平山年谱》《义方堂集》《嵩游集》《维正诗稿》《密止堂稿》等书,现有《苍谷集》一书传世。其生平传略在《河南通志》和《浙江通志》均有记载。

王尚䌹在嵩山活动期间,为嵩阳书院题写《兴复嵩阳书院题名记》,汝州风穴寺的《风穴赋》《汝州洗耳河重治石桥记》,郏县文庙的《建题名塔记》《密止堂记》等多篇,写有《嵩山》《三祖庵》《卢崖飞瀑》《新郑宋王状元墓》《游卢岩寺观瀑布水》《宋王状元墓》等诗多首。其中,《咏嵩》《少林》二诗被刻石成碑,立于少林寺碑廊。嘉靖八年(1529年),登封知县侯泰将王尚䌹为嵩阳书院题写的《咏汉柏》一诗,摩刻于嵩阳书院前的大唐碑碑阴上部。

[相关史料]

据《风穴志略》载:龙山阳侧有大小二风穴洞。大洞内为重关,可达钧(今禹州市)、密(今新密市)二县。内栖蝙蝠,朝暮群飞。每将天变,洞内发出吼声,出来之风猛不可挡。小风穴洞似瓦瓮,口小肚大,洞中经常发出雾气。洞口仅容一人,虽有石梯,因生青苔滑溜可下。往下不见其底,侧耳听之喔喔有声。本文即为此而作。

嵩山高

明　吴三乐

望嵩岳兮,乃在伊洛之浦,箕颍之隈。笼崯万仞何奇哉,盘礴中原横九垓。阴阳昏晓多变态,吐吞日月相萦回。翠屏孤耸排丹嶂,二室东西宛相向。诸峰却立如欲摧,削出芙蓉千万状。紫峰高处从中起,瑶台绀宇白云里。古松偃蹇不知年,溪流惟见石齿齿。有峰六十信插天,森森剑戟自蜿蜒。玉女青童递隐见,紫薇黄盖生云烟。上有三花之古柏,下有百丈之飞泉。晴空片片洒寒雪,飞萝悬泻如珠连。我欲乘风到绝顶,恨无羽翰愁攀缘。策杖徘徊日将午,倐忽阴雷散轻雨。长风为我卷浮云,飞来倒挂岩前树。振衣宛转陟层巅,四顾茫茫小寰宇。神僧面壁人不知,仙子吹箫鹤自舞。即欲举手探月窟,广寒仿佛见银阙。醉把金壶餐绮霞,坐看玉镜邀明月。入石室,卧云门,划然长啸如雷奔。山鬼倚岩笑,山鸟绕树喧。灵怪恍忽不可测,更从何处向问真源!君不见,周家申甫元非偶,《诗》云岳降理或有。又不见,卢鸿岩下草生春,卜居偏傍洗耳人。吁嗟乎,灵山自是毓精英,古来高士留其名。秀色揽结真堪把,而我岂终轩冕者。红尘白马竟何为,不如栖息此山下。出山日落迷烟雾,回首恐失桃源路。他年傥得伴松筠,买山还许留诗赋。

[作者作品]

吴三乐,明代诗人。洛阳人。明嘉靖二十年(1541年)进士。编有《郑州志》6卷,撰有《河南开封郑州志叙》,并写有歌咏嵩山风景名胜的诗歌。

嵩山歌

明　张维新

海客夸蓬山,银台金阙沧溟间。楚人语衡丘,三湘七泽天寥廓。嵩高之山连汝阳,势矗云汉倾齐梁。上有太室八万五千丈,悬崖沓嶂磨日光。下有九节之灵草,兼有三花之宝香。汉家松柏踞龙虎,秦皇碑碣空文章。可以结庐枕石,徙倚徜徉。食芝茹术,吐气含芳。临颍谷而神爽,倚虚阁而心凉。讵氛埃之能入,胡世虑之不忘。长揖浮丘,问道其傍。招邀王子,吹笙鼓簧。跨苍虬兮驷元鹤,驾云霓兮骖凤凰。风泠泠兮猿夜啸,云漠漠兮山昼藏。乃古人栖真之窟,为诸仙不老之乡。奚必遐探乎蓬岛,遍历乎衡湘。好鸟四时啼不歇,笑折松枝煮薇蕨。懒慢无心读道书,一声歌落岩前月。岩月既已落,歌竟还复歌。仿佛山灵被薜荔,微茫仙人隔藤萝。身世终焉碧山曲,葛巾草屦生平足。考槃忍弃数椽居,无端图尔千钟粟。放歌行,歌未关,任他平地涌波澜。逍遥长哨嵩山口,响入层峰烟雨寒。

[作者作品]

张维新,字宪周,河南汝州人。明代万历丁丑(1577年)科进士,除冠县(今山东聊城市冠县)县令。因政绩突出,升为给事中。万历二十四年(1596年),任钦差整饬直隶潼关河南绥灵陕山同华蒲州等处兵备、陕西按察司副使,在任期间主持编纂《华岳全集》13卷。张维新善诗,诗作甚多,见《汝州全志》等书。

嵩山风光

轩辕关放歌

清 田雯

五丁神力齐斗疆,二室凿破森开张。宏窨洞壑立门户,下流洛水奔洛阳。车马不从此地入,途迷七圣风沙黄。轩辕关自何代始?岖崎荦确迥羊肠。石之大者似石囷,小者弹丸如珠光。禹行治水错伐鼓,涂山氏女来相将。野语创自《淮南子》,《搜神》述异何谲狂。五乳峰岚但咫尺,山椒神祇纷低昂。三素云涌骖霞潜,吹笙王子摩青苍。天邪桃花路侧塞,翠苇天棘排两行。惊泷声摇猴氏岭,匹练飞下金牛冈。白髭老子游嵩客,八风四扈来徜徉。春山淡冶迎人笑,燕子戴胜鸣村旁。便与洪崖采药去,手抄术序长生方。云軿一驾群灵接,上朝三十六玉皇。

[作者作品]

田雯(1635~1704年),清初大臣,诗人。字紫纶,一字子纶,亦字纶霞,号漪亭,自号山姜子,晚号蒙斋。山东德州人。康熙三年(1664年)进士,授中书舍人。十九年(1680年)提督江南学政,二十六年(1687年)为江苏巡抚,三十八年(1699年)奉旨督修淮安高安堰河工。以病辞职归里。诗与王士禛、施闰章同具盛名。著有《山姜诗选》《古欢堂集》《古欢堂集》《黔书》《长河志籍考》等。

[相关史料]

轩辕关,亦称崿阪关、崿岭关,以关置于崿阪(崿岭)上而得名。当地群众称大口,险如剑阁,上置关门。位于太室山之西、少室山五乳峰之东的今偃师与登封交界处,山势陡峭,道路崎岖,为洛阳通往许、陈的捷径要冲。关西有崿岭口,口下有十八盘,道路也很险要。《登封县志》载:"轩辕者,其道路弯曲如古车之辙而又辕曲也。相传此关为禹治水所凿。唐高宗游嵩山,凿石开道。宋偃师知县马仲甫佣夫开道,平为坦途。"后人又开修加宽西口十八盘道,为郑洛、许洛之公路。1984年偃师县扩修路面,并铺设柏油,成为207国道。

轩辕关在历史上是重要的军事要塞。春秋战国时期韩伐郑,攻轩辕,占阳城、负黍。以后秦攻韩,过轩辕关,又占阳城和负黍。秦二世三年(前207年),樊哙攻轩辕关,占韩国颍阳、阳城等城池10余座。东汉何进置轩辕关,为洛阳八关之一。隋置平洛仓数百窖,依轩辕关险势而守。唐太宗伐郑王王世充,攻轩辕关。1944年,皮定均、徐子荣率八路军豫西抗日独立支队过轩辕关,入巩义,作抗日武装宣传。

嵩阳书院歌

清 林尧英

巨灵自昔开鸿濛,伊洛瀍涧嵩当中。太室二十四芙蓉,双溪回抱嵩阳宫。
槎枒古柏摩青铜,上临万岁峰龙嵸。唐室旧碣峨且丰,徒余徐浩八分工。
后周稍闻经术崇,改为书院资磨砻。二程夫子称正宗,力追邹峄师龟蒙。
提举崇福岳麓东,官舍倡道先后同。存诚主敬教思洪,谁其继之太史公。
先生石渠簪笔雄,却尚宁静神内充。敬恕名堂明圣功,书院久圮心忧忡。
堂基两荣阶中恩,焕然顿复旧垣墉。独祀程朱礼数隆,其余则祧神无恫。
游杨诸儒听诲聪,千秋尊罍亦当供。担簦千里来喁喁,别构丽泽闻见综。
博约敬义罗章缝,岁寒观善群从容。余也秉质惭凡庸,大梁幸已抠衣从。
太极图续莲花峰,孝经正解舒玉虹。洛中于役殊悾悾,重茧十舍游碧嵩。
伏谒宣圣日瞳眬,再拜先儒披愚衷。复请先生启聩聋,愿言佩之省微躬。

[作者作品]

林尧英,清初诗人。字蜚伯,号澹亭,福建莆田人。林尧俞弟。顺治十八年(1661年)进士。授江西饶阳县知县,转刑部郎中,官至河南学政。在清顺治年间始定莆田风景点24景,系"莆田二十四景"的首次命名者。性好学,工诗歌,为燕台十才子之一。有《澹亭诗略》。

瑞谷颂

清 张楠

康熙二十七年秋八月,偃师县庙前村,嘉禾蕤生,一茎三穗。申报一时称瑞,爱作颂曰:

戊辰之岁,稼事有秋。浮丘之野,惠我兴讴。灵产嘉谷,瑞霭平畴。一茎三穗,今古称尤。丰年兆庆,狼戾盈篝。遗秉滞穗,曷承兹休。归之于天,冥穆惟幽。还之于地,大块悠悠。问之于农人,熟悉厥由。海隅丕冒,懿德作求。嘉祥聿至,允矣皇猷。

[作者作品]

张楠,明朝人。著有《神峰通考》。

[相关史料]

康熙二十七年(1688年),偃师瑞保生庙前村齐荣贵地内,谷一茎二重穗或三穗。当时,偃师知县王泽长还向朝廷上书了这株奇特谷穗的具体情况。

洛川南望
清 王士祯

碧嵩清洛洗愁颜,伊阙中分两髻鬟。暖翠浮岚看不尽,缑山南是伏牛山。

[作者作品]

王士祯简介见《蜀道驿程记》。

嵩赋(二篇)
清 耿介

[作者作品]

耿介简介见《辅仁会约》。

嵩阳书院双柏,即汉代就在此生长的柏树。

一、嵩阳书院双柏赋

甲寅秋,书院初成,敬恕主人清晨乃邀良朋,载酒来游其间,徘徊古柏下,歌朴之章,浩然兴怀。乐已,既而叹曰:"甚哉!柏之可以喻学也。"客曰:"天地之性人为贵,以其秉阴阳五行之秀气,而赋质与凡物殊也。今柏一物耳,而吾子谓其可以喻学,何也?"曰:"二气五行,化生万物,物得其浊,人得其清。五常之性,人固有之,物亦宜然。乃人或戕之,而物则不改其度,子慎无岐视夫物也。"客笑而不答。于是援笔为赋,其辞曰:

何大造之灏灏兮,始一气之鸿濛。既两仪之纲缊兮,普资生以为功。睹朕兆之方萌兮,乃根荄于黄钟。嘉品物之咸亨兮,橐籥夫万有而不穷。爰曲直以为性兮,秉幽贞以为姿。挺刚健而不屈兮,亦轮囷而离奇。俯清溪之潆洄兮,复亘带夫厜㕒。感后凋于岁寒兮,历千古其如斯。本既通于溟渤兮,末乃干青云而上之。阅灵椿于海峤兮,陋峰阳之孤桐。岂新甫之所产兮,徒侣夫徂来之松欤。正笏垂绅之端士兮,跻蹲翱翔乎礼乐之宫。自非表乾坤之正气兮,曷特立乎天地之中。值岚光之夕照兮,疑非云而非烟。灵鸟愉悦而集其上兮,白鹤舞其蹁跹。好风来以婆娑兮,明月出而娟娟。骚人坐爱以吟咏兮,隐士矢寤寐而盘桓。览群汇之纷敷兮,独淡静以自安。挹沉瀣之夜嘘兮,适天性之自然。骨干嶙峋而枝扶疏兮,高明而克之以沉潜。厥德合于无疆兮,与博厚而相延。资润下之膏泽兮,乃固结于

重泉。得黄离之烜耀兮,光辉发越而鲜妍。念樵夫牧竖之往来于其下兮,经百炼而愈坚。挹朝曦而披和风兮,蔼元善之发舒。厉霜雪之劲节兮,岂甘自处夫卑污?伊小大之有秩序兮,何谦逊而容与?能择地而处夫嵩之麓兮,虽明哲其奚如?陵谷变而不改其柯兮,洵守贞而不渝。雷轰电掣而不慑兮,力能敌乎万夫。受阴阳之气而取之不奢兮,深砥砺夫廉隅。始托体于合抱兮,譬登高而自卑。终矗然其苍莽兮,志上达以为期。缅虚怀而仰止高山兮,信端严其可师。叶叶相承而无躁心兮,久念兹其在兹。日长月益而不能自已兮,悟进德修业之以时。含真抱朴以全内美兮,岂炫鬻夫华滋。偃蹇磊砢于山之阿兮,有似于遁世而不见知。乱曰:岿嶵郁葱,洪惟岳灵,默护持兮。盘纡参错,阴森窈窕,相薇亏兮。清淑其气,磅礴浑沦,得天厚兮。乐山之体,敦庞醇固,仁者寿兮。寒暑推迁,钧陶簸荡,老其材兮。造物所植,沐雨栉风,控埏垓兮。远接羲农,中更唐虞,历三代兮。西引若木,东窥扶桑,垂暖堎兮。安土不流,乐天不忧,其任运兮。敛乎若寂,憺乎若忘,其处顺兮

二、嵩高赋

奥太极之未判兮,浑一气为流通。分乾坤为两仪兮,辟艮山之崇隆。爰锡名以五岳兮,实配位乎三公。列坎离与震兑兮,表华岱与恒衡。惟太室之巍峨兮,独奠丽乎天中。虽结根于昆仑兮,直俯视乎崆峒。咏嵩高之维岳兮,洵毓秀而钟灵。厥生甫以及申兮,发道德之菁英。若乃端方正直,静定含弘;敦庞醇固,广大清明;四时顺序,日月运行;阴阳和会,寒暑均平。既履仁而蹈义兮,亦体立而用行。中条分以缕析兮,外此类而象形。极之有万岫与千岩兮,而总括之为二十四峰。缅维真人御极,万岁呼嵩;高擎黄盖,玉女青童;浮丘乘云,子晋吹笙;元龟息气,三鹤凌空。玉柱耸其高标兮,虎头郁其峥嵘。凤凰翔于千仞兮,玉人守其幽贞。览玉镜之光芒兮,羡金壶之晶莹。眺积翠之独秀兮,瞻华盖之老翁。恍遇圣于仙岩兮,挥太白于长庚。跨狮子之奇崛兮,想隐居于卧龙。凡兹蕴蓄之深厚兮,固悉数之而靡穷。自非得扶舆之正气兮,曷以蜿蜒磅礴,孤峭挺拔,踞寓内而称五岳之宗。乃为之歌曰:山体兮笼岕,山意兮冲融。考河图兮位中宫,稽分野兮主填星。兴云致雨兮,润泽苍生。究让善于大造兮,而不自有其功。再为歌曰:人禀五行之秀气以生刚柔合质兮,阴阳储精。宜卓然独立与乾坤以不朽兮,庶无愧乎山之灵。

嵩阳书院读书赋

清　窦克勤

象天中之地势,缊造化之灵精。仰嵩高之峻极,叹圣诣之莫京。乃黾勉以思企,聿奋焉以求明。岂大道之终远,庶有志之竟成。戒屋漏之自欺,仰天心之澄清。扩物类以同体,会穹苍以好生。先宅心之克广,顺恻隐之初萌。肫肫乎仁体其主宰,油油乎事为其发乐。既元善之在心,复众理之备呈。合宜之施曰有制,节文之生曰持衡。毫发之晰曰有觉,本末之完曰能诚。我后人有其性而多失,维先觉开其方而育英。溯大道之渊源,息百家之纷争。保夜气于旦昼,晤哲人于墙羹。诗书执礼其雅言,孝悌忠信其躬行。由此道而成己,絜此矩而均平。谓己不能之自画,谓己已能之多盈。谓身无与之作伪,谓人可知之好名。诸习见之横塞,兹正学其晦盲。幸潜修之有地,随朝暮之时耕。灌溉培乎根株,芟刈辟乎榛荆。殚耘耔之勿辍,俟雨旸之来亨。严冬不使伤其质,烈日不使枯其茎。日月有光同其

照,风雷有折不为倾。永矢弗谖而策励,敢视神灵而震惊。虽下愚之实殊其才,亦天命之原同其情。乱曰:维天降衷兮,震宫居东。一元往复兮,物资始终。惟人得其秀兮,五行之性备于躬。惟圣全吾性兮,道体其崇。隆哲人其既往兮,愚者听之不聪。睹斯道之沉沦兮,启忧心之忡忡。噫嘻!人不可以不学兮,求致乎吾心之通。学不可以不至兮,求成位乎天地之中。余有志而未逮兮,将从事于圣功。读书此地兮,藏焉、修焉、息焉、游焉,日翘首以望中嵩。

书院研讨

[作者作品]

窦克勤简介见《辅仁居铭》。

望嵩楼赋

清 宋六经

海日东升,天半云蒸,众仙之窟,百灵所凭。四围屏叠,六扇窗凭,金碧影眩,虚白光凝。帘波虾活,檐翼凤腾。解飞仙佩,邀明月朋。天风有意,吹我先登。

临汝之北,厥高嵩邱,有冠五岳,作镇中州。鸡鸣峰顶,鹤饮池头。峡门虽晴而亦雨,石室无春而不秋。左辛夷石,右太史洲。曰致雨,曰虚舟,曰凌波,曰环流,皆足召千里之胜景,而收百尺之飞楼。

或曰梦得始建,或曰廷老所更。下临汝水,俯瞰颍城,枕烟亭古,捣帛砧莹。千螺贡媚,百鸟弄晴,石床花梦,仙磴棋声。饮石髓液,餐林露英,又足凝神蓄德,澡性怡情。

其或雾扣重岩,轮迎孤峤,玉镜空明,铁枒游眺。岳雪猱啼,洞烟龙啸。缥渺三台,玲珑万窍。威凤笙吹,金鳌头掉。云髻嵯峨,风岚动摇,犹足穷七十二福地,三十六洞天之妙。

抑或新月衔山,归樵欹笠。梅岭鸦盘,松梢猿揖,石发风梳,崖云窗吸,杰阁天宽,奔泉壁立,手写诗牌,头濡墨汁,百里而遥,奇峰可揖。

万古青髻,半崖丹溜,笑口常开,林容秋瘦。筼节凌寒,松髯献秀。二室龙眠,诸峰虎斗。压槛星扪,侵帘月透,翠滴回栏,丹留仙袖。青眼看山,白云多寿。

盖是楼也,建于公廨后,州城中。官斯土者,公余纵目,宴会和衷。见夫千村蜩集,亿姓鲋穷。固宜心求民瘼,化补天功。问故垒于汉祖,吊虚堂于郑公。播坡老之甘雨,扇文潜之仁风。民不鸥张而俗古,庭无雀角而花红。诚学鲁阳之退日,灵衔山甫之降嵩。

至今秦槐屈曲,汉柏弯环;许由瓢破,李渤室闲;经坛花坠,仙馆门关;巉巉熊耳,点点鸦鬟。衡岱让瑶宫正位,儿孙排玉笋清班。莫不挟玉乳而面朝北极,效三呼而寿祝南山。

[作者作品]

宋六经,汝州人。清朝嵩山本土历史文化名人,善诗文。

[相关史料]

望嵩楼简介见《郡楼望嵩少作》。

汉封柏歌

清 顾嗣立

顾嗣立

吾闻天三生木浑沌开，凝结元气成胚胎。青帝茫茫下视爱中土，一声霹雳，三柏进出嵩山隈。三代之前自太古，传说褒封始汉武。鼎足亭亭莫于京，号以将军称大树。其一化去随祝融，至今画图貌入青濛濛。其一海鹏风起乍摧折，半生半死僵卧龙。就中一株独骈植，林立庭前森森正且直。彭亨巨腹百千围，如石如铜变奇色。满身剥落错绮纹，中心空洞通烟云。严霜冻雨侵不坏，蝼蚁逻避喷氤氲。忆从尧年甲子至元明，天下纷纷几战争。南迁北渡陵谷换，地坼天分荆榛生。山石烂为灰，桑田变作海，虎倒龙颠静不知，独立支撑千万载。阅尽兴亡三十朝，盘踞峰前色不改。当年仙冠集黄冠，群真佩响栖凤鸾，顾影摩挲伤百首。王侯将相一去不复还，巧拙贤愚总何有。岂如此柏车盖状童童，云为幕，风为帏，二室中间万古青，应与六十之峰长不朽。

[作者作品]

顾嗣立(1665～1722年)清代学者。字侠君，号闾丘，江苏长洲（今苏州）人。康熙五十一年(1721年)进士，曾预修《佩文韵府》，授知县，以疾归，喜藏书，尤耽吟咏，性豪于饮，有酒帝之称。《江南通志·文苑传》称，嗣立博学有才名，喜藏书，尤工诗，所居"秀野草堂"，尝集四方知名士，觞咏无虚日，风流文雅，照映一时。曾撰《元诗选》4集，采摭略备。盖其性之所近，故诗亦往往似之。著有《秀野集》《闾丘集》。

[相关史料]

汉封柏，即嵩阳书院内的汉柏，其简介见于《同观汉柏记》。

登嵩山华盖峰歌

清高宗 爱新觉罗·弘历

嵩高峻极周雅谈，居中镇东西朔南。宇宙以来鲜比参，幸巡秩祀驻绛骖。殷礼藏事神人歆，一登绝顶众妙探。宿嗤丹药求仙岩，无事登封埋玉函。侍臣告我初寒添，太室黯黩疑云岚。我笑谓之正所耽，不宜返辔山灵惭。神区奥壤贵静恬，千乘万骑纷奚堪。策马减从遵路巉，异哉所见真不凡。二十四峰左右咸，中为华盖尊且严。俯视罗列如孙男，不须缕指其名拈。少室三十六峰尖，向者背者都包含，以河为带颍为襟，为唐为宫复为龛。隆崇岌衍窊以窞，崒嵂巀嶭菶萎嵌。丹黄紫翠青碧蓝，声兮卉歙气兮醰。博大富有莫不兼，幻以云容技毕覃。英英霭霭瀚罨罨，变远为近夷为险。黄山云海歌德潜,如遇嫱旦矜无盐。泰山昔亦陟岩岩,引兴未似今兹酣。携来双鹤其毛毵,放去聊任王乔骖。卓午蹑景归骖骥,纷迎老幼围层堪。警跸不饬任就瞻。尊亲亦可民情觇,呼万岁者奚啻三。

[作者作品]

清高宗爱新觉罗·弘历简介见乾隆帝的《祭告中岳文》。

中岳赋

清 鲁曾煜

荆河豫州,地之阃奥。岳渎公候,嵩高太少。方千里者九,独正阴阳。呼万岁者三,谁抒舞蹈?于是焰焰炎炎,煜煜铄铄。荣光塞河,青云浮洛。日经月纪,天包地幕。厥号斯崇,实推中岳。如卦爻方位,环以乾兑。离震巽坎,艮坤而含。太乙之枢,如象数图。畴衍以一二三四六七八九,而尊皇极之学。是则中岳之为位也,高矣其为德也超矣。尔其形势则迭壁层峦,重叠复突,枥铃伊阙之门,箭笞屯留之道。提三尺剑而坐镇轩辕,封一泥丸而谁焚箕郜?尔其庄严,则芙蓉附苕。翡翠翼舒,冕旒秀发。绛节端居,巩虢遍行。青犹未了,云霄蠹入,翠复有余,尔其典礼。则玉简衮章,载在掌瑞。盎齐焰肉,独隆朝践之仪;大夏函钟;爰重春官之制。虞廷望秩升中,尤重时巡。禹贡旅平大岳,实维经始。岂独瞻嵩百户,加汉武帝之封,崇圣中宵,修宋真宗之祀。尔其功烈,则中土又服祥契;幽经禽辟,万象吐纳五精。轩辕曜哲伊耆载形、山川出云,寒暑时而风雨会;稼穑维宝,天五生而地十成。尔其异征则,迁馆沈溟,乳浆滋溢。朝霞现采,神人承露之盘。秋月闻声,玉女捣衣之石。轮囷遍秀,万年五色之芝。缥缈传香,一岁三花之柏尔。其奇迹,则月光童子,鬼谷先生。震旦祖师乘芦苗而面壁,少君使者骑龙背以持旌。三十三天石窦植刘根之杖;七月七日猴山吹子晋之笙。尔乃中天积翠,上帝遨游,百灵从焉,锵锵秋秋。方钺左纛,华轙龙舸。葩瑶曲茎,云九游。葳蕤神凤,蚴蟉飞虬,诡异戢□,霁景沉浮。潏溉洮澳汗,冲融溷漾。不疾不徐,如酝如酿。模造化以成形倚闾阖而结想。盖必有贤人君子之生,协景福于盼睟。维岳降神,生甫及申。处为硕士出为名。臣见龙在田,利见大人。入则为上为德,出则为下为民。苟非斯岳,苞苻亦孰有合于大雅之所陈?于是,圣人恭己,顺时行庆。爰稽往牒典常,昭敬载命,司存徽章,特进祠宫。置蕝临遗示信,志以温珉之册,锡以翠蚨之乘。洁志旁通,灵心遄喜。雨旸时若,卿云蔚起。硕瑞明明,丕休纆纆,四国祇威,干纛服义。龙图异义,龟书以姒。天子万寿,巨公锡祉。昭兹来许,用垂青史。然则中州之山,岂与夫北晋、南楚、西秦、东鲁较其洼窿中央之岳哉?与夫左岱右华,前恒后衡,絜其庳崇。请约言以蔽之曰:岳之所贵者道,道之所贵者中。

[作者作品]

鲁曾煜(约1736年前后在世),清代学者。字启人,号秋塍,浙江会稽人。康熙六十年(1721年)进士,改庶吉士。未授职,乞养亲归。尝历主杭州、汴州、广州讲席。后以教授生徒终于家。鲁曾煜著有《秋塍文钞》12卷,《三州诗钞》4卷,《四库总目》传于世。

第七部分　故事小说文

　　故事小说是文学作品的一大样式。通过描写完整的故事情节和具体的环境,塑造多种多样的人物形象,广泛地多方面地反映社会生活。

　　故事是文学体裁的一种,侧重于事件过程的描述。强调情节的生动性和连贯性,较适于口头讲述。故事是通过叙述的方式讲一个带有寓意的事件。故事通过对过去事的记忆和讲述,描述某个范围社会的文化形态。人们通过多种故事形式,记忆和传播一定社会的文化传统和价值观念,引导着社会性格的形成,对于研究历史文化的传播与分布具有很大作用。故事应该着重于笔下的人物在怎么说和怎么做,而不是怎么想。故事不需要有过多的心理活动描写、大段的对话和繁复细腻的景物描写、人物形象的刻画。作者始终要注意推进故事情节的流动,进展。语言富于动性,不需着意刻画其中的人物就会鲜活起来。我国最早的故事应为民间故事,包括民间传说与神话。

　　故事是写"事"的,小说是写"人"的。小说以刻画人物形象为中心,通过故事情节和环境描写来反映社会生活。人物、情节、环境是小说三要素。情节一般包括开端、发展、高潮、结局四部分,有的包括序幕、尾声。环境包括自然环境和社会环境。按照篇幅及容量可分为长篇、中篇、短篇和微型小说。按照表现的内容可分为科幻、公案、传奇、武侠、言情等。按照体制可分为章回体小说、日记体小说、书信体小说、自传体小说。按照语言形式可分为文言小说和白话小说。小说是和诗歌、散文、戏剧并列的基本形式之一。小说刻画人物的方法:心理描写,动作描写,语言描写。

　　"小说"一词最早出现于《庄子·外物》:"饰小说以干县令,其于大达亦远矣。"庄子所谓的"小说",是指琐碎的言论,与今日小说观念相差甚远。我国最早的小说家是西汉洛阳(今洛阳东)的虞初(约前140～前87年),作小说《周说》,后世尊他为小说家之祖。东汉时应劭为《汉书》作注,说虞初"其书以《周书》为本"。就是说虞初的《周说》943篇是以《周书》为本的通俗演义。东汉时的张衡还看到过虞初的书,他在《西京赋》中称赞"小说九百,本自虞初"。

　　我国小说的起源有很多,如寓言、史传、诸子散文,等等。鲁迅先生则认为劳动者休息时"彼此谈论故事,就是小说的起源"。还有人说:"是神话传说。"通过先秦大量的作品,我们从中可以看出,我国的很多小说就是从神化传说开始的,神话就是把神人化,传说就是把人神话,但这两者之间的界限很难区分和划分。早期的神话故事就有《山海经》《穆天子传》等。古代社会生活不发达,神话传说反映了初民与自然的斗争,同时有着奇幻的想像和离奇的故事,塑造了许多神话人物形象,这些都成了后代小说发展的土壤和养分。另一方面,先秦的历史散文和历史著作为魏晋的志人小说提供了艺术手法和形象基础。

我国古代小说萌芽于先秦,发展于两汉时期的方士小说,魏晋南北朝的笔记小说,主要有志人小说和志怪小说两种。唐代是小说的成熟期,当时的小说被称作传奇。唐代小说是中国小说史上的第一个高峰。它把"丛残小语"的魏晋小说发展到有故事情节、又有人物形象的、新颖的内容多传述奇闻异事的传奇体小说,创立了中国文言小说中最富有文学性,最有生命力的传奇体,后人称为唐代传奇,或称唐传奇。使小说成为与唐诗并称的"一代之奇"。

唐代传奇是小说体裁之一。以其情节奇特、神奇,故名。一般用以指称唐、宋人用文言写的短篇小说。宋金时期流行话本小说。元末与明清时期小说发展至高峰,出现了长篇章回体白话小说。鉴于本书篇幅有限,我们所选作品都是与嵩山地域有关的短篇故事与小说,尽管如此,依然能看出各历史时期故事与小说的特点与面貌。

纵上所述,我国小说渊源于古代神话传说,经历了六朝志怪、唐代传奇、宋元话本、明清章回小说的发展过程。

《周说》(二篇)

西汉 虞初

[作者作品]

虞初(约前140-前87年),西汉小说家,号"黄车使者",河南洛阳(今洛阳东)人。汉武帝时为方士侍郎。作小说《周说》,后世尊他为小说家之祖。《汉书·艺文志》著录小说15家,其中包括《虞初周说》。书中班固自注说虞初是汉武帝时的方士侍郎,号黄车使者。在其所著《郊祀志》中记载在汉武帝太初元年伐大宛时,虞初曾和丁夫人等"以方祠诅匈奴、大宛焉"。东汉时应劭为为《汉书》作注,说虞初"其书以《周书》为本"。就是说虞初的《周说》943篇是以《周书》为本的通俗演义。东汉时的张衡还看到过虞初的书,他在《西京赋》中称赞"小说九百,本自虞初"。

虞初

一、天 狗

[原文]

天狗所止地尽倾,余光烛天为流星,长数十丈,其疾如风,其声如雷,其光如电。

[译文]

天狗所到之处,大地为之倾覆。它身上的余光闪耀天际,化为绚烂的流星,划过的弧线有十几丈长。这天狗的举止形态,可以说疾如风,声如惊雷,光如闪电。

二、穆王田

[原文]

穆王田,有黑鸟若鸠,翩飞而跱于衡,御者毙之以策,马佚,不克止之,踬于乘,伤帝左股。

[译文]

周穆王外出狩猎,有一只外形和斑鸠相仿佛的黑鸟,(在周围)翩翩飞翔。很快,这只鸟就落在了车前的横木上,它的仪态显得从容自得。车夫发现之后,立刻用马鞭打死了这只鸟。不料,马却因此受惊飞奔,而车夫却不能使它停下来。最后,穆王所乘马车被绊倒掀翻在地,穆王左边的大腿也受了伤。

[相关史料]

虞初的《周说》作为对《周书》的解说作品,作为我国文学史上小说的肇端,《周说》运用较为生动形象的语言、曲折离奇的情节和先民直观雏形的思维,对一些自然现象(比如文中对流星现象的形成),作出了自然的合情合理的解释。尽管在今天看来,先民们的解释还不够科学,然而在当时,他们已经是站在人类文明的最高处了。

《虞初近志》

子列子学于壶丘子林

《列子·说符篇》

[原文]

子列子学于壶丘子林。壶丘子林曰:"子知持后,则可言持身矣。"列子曰:"愿闻持后。"曰:"顾若影,则知之。"列子顾而观影:形枉则影曲,形直则影正。然则枉直随形而不在影,屈申任物而不在我。此之谓持后而处先。

关尹谓子列子曰:"言美则响美,言恶则响恶;身长则影长,身短则影短。名也者,响也;身也者,影也。故曰:慎尔言,将有和之;慎尔行,将有随之。是故圣人见出以知入,观往以知来,此其所以先知之理也。度在身,稽在人。人爱我,我必爱之;人恶我,我必恶之。汤武爱天下,故王;桀纣恶天下,故亡,此所稽也。稽度皆明而不道也,譬之出不由门,行不从径也。以是求利,不亦难乎?尝观之神农、有炎之德,稽之虞、夏、商、周之书,度诸法士贤人之言,所以存亡废兴而非由此道者,未之有也。"

严恢曰:"所为问道者为富。今得珠亦富矣,安用道?"子列子曰:"桀纣唯重利而轻道,是以亡。幸哉余未汝语也!人

列子御风而行

而无义,唯食而已,是鸡狗也。食靡角,胜者为制,是禽兽也。为鸡狗禽兽矣,而欲人之尊己,不可得也。人不尊己,则危辱及之矣。"

[作者作品]

列子及作品简介见本书"《列子》三篇"。

壶丘子,名林。战国时郑人。列子之师。

[译文]

列子向壶丘子林学道。壶丘子林说:"你懂得保持谦退,才谈得上持养身心了。"列子说:"愿听您说说保持谦退的道理。"壶丘子林说:"回头看看您的影子,就能懂得这个道理了。"列子回头察看自己的身影:身体弯曲,影子也随着弯曲;身体挺直,影子也随着挺直。由此可见,影子或弯或直依赖于身体的动作,而由不得影子;处世或窘困或顺利听凭于外物的制约,而不在于个人的主观意志,这就是保持谦退才能使自己处世领先的道理。

关尹对列子说:"说话声音好听,回响也就好听;说话声音难听,回响也就难听。身体高大,影子就高大;身体矮小,影子就矮小。名声就像回响,行为就像影子。所以说:谨慎你的言语,就会有人附和;谨慎你的行为,就会有人跟随。所以圣人看见外表就可以知道内里,看见过去就可以知道未来,这就是为什么能事先知道的原因。法度在于自身,稽考在于别人。别人喜爱我,我一定喜爱他;别人厌恶我,我一定厌恶他。商汤王、周武王爱护天下,所以统一了天下;夏桀王、商纣王厌恶天下,所以丧失了天下,这就是稽考的结果。稽考与法度都很明白却不照着去做,就好比外出不通过大门,行走不顺道路一样。用这种方法去追求利益,不是很困难吗?我曾经了解过神农、有炎的德行,稽考过虞、夏、商、周的书籍,研究过许多礼法之士和贤能之人的言论,知存亡废兴的原因不是由于这个道理的,从来没有过。"

严恢说:"所以要学习道义的目的在于求得财富。现在得到了珠宝也就富了,还要道义干什么呢?"列子说:"夏桀、商纣就是由于重视利益而轻视道义才灭亡的。幸运啊!我没有告诉你。人如果没有道义,只有吃饭而已,这是鸡狗。抢着吃饭,用角力相斗,胜利的就是宰制者,这是禽兽。已经成为鸡狗禽兽了,却想要别人尊敬自己,是不可能得到的。别人不尊敬自己,那危险侮辱就会来到了。"

壶子算命

选于《庄子·应帝王》

[原文]

郑有神巫曰季咸,知人之死生存亡、祸福寿夭,期以岁月旬日,若神。郑人见之,皆弃而走。列子见之而心醉,归,以告壶子,曰:"始吾以夫子之道为至矣,则又有至焉者矣。"壶子曰:"吾与汝既其文,未既其实,而固得道与?众雌而无雄,而又奚卵焉!而以道与世亢,必信,夫故使人得而相汝。尝试与来,以予示之。"

明日,列子与之见壶子。出而谓列子曰:"嘻!子之先生死矣!弗活矣!不以旬数矣!吾见怪焉,见湿灰焉。"列子入,泣涕沾襟以告壶子。壶子曰:"乡吾示之以地文,萌乎不震不正。是殆见吾杜德机也。尝又与来。"

明日,又与之见壶子。出而谓列子曰:"幸矣子之先生遇我也!有瘳矣,全然有生矣!吾见其杜权

矣。"列子入，以告壶子。壶子曰："乡吾示之以天壤，名实不入，而机发于踵。是殆见吾善者机也。尝又与来。"

明日，又与之见壶子。出而谓列子曰："子之先生不齐，吾无得而相焉。试齐，且复相之。"列子入，以告壶子。壶子曰："乡吾示之以太冲莫胜，是殆见吾衡气机也。鲵桓之审为渊，止水之审为渊，流水之审为渊。渊有九名，此处三焉。尝又与来。"

明日，又与之见壶子。立未定，自失而走。壶子曰："追之！"列子追之不及，反，以报壶子曰："已灭矣，已失矣，吾弗及已。"壶子曰："乡吾示之以未始出吾宗。吾与之虚而委蛇，不知其谁何，因以为弟靡，故逃也。"

然后列子自以为未始学而归，三年不出。为其妻爨，食豕如食人。纷而封哉，一以是终

[作者作品]

庄子简介见《庄子》。

[相关史料]

《庄子》，亦称《华南经》，道家经典之一，为庄子及其后学的著作集。《汉书·艺文志》著录《庄子》52篇，但留下来的只有33篇。其中内篇7篇，一般定为庄子著；外篇、杂篇可能掺杂有他的门人和后来道家的作品。

[译文]

郑国有个占卜十分灵验的巫师名叫季咸，他能预知人的生死存亡、祸福以及寿命，所预卜的年、月、旬、日都很准确，仿佛是神人。郑国人见到他，（因担心被预卜死亡和凶祸而）都急忙跑开。列子见到他却内心折服如醉如痴，回来后把见到的情况告诉老师壶子，并且说："起先我总以为先生的道行最为高深，如今有更为高深的人了。"壶子说："我教给你的还全是外在的东西，还未教给你实质，你难道就已经得道了吗？只有众多的雌性却无雄性，又怎么能生出卵来呢！你拿学到的道的皮毛跟世人相比，而且一心求取别人的信任，因而让人洞察底细而为你看了相。你试着让他跟你一块儿来，把我介绍给他看看相吧。"

第二天，列子跟神巫季咸一道见了壶子。季咸走出门来就对列子说："呀！你的先生快要死了！活不了了！活不了十来天了！我观察到他临死前的怪异形色，神情像遇水的灰烬一样。"列子进到屋里，泪水弄湿了衣襟，伤心地把季咸的话告诉壶子。壶子说："刚才我将如同地表那样寂然不动的心境显露给他看，茫茫然既没有震动也没有止息。这样恐怕只能看到我闭塞的生机。试试再让他来看看。"

第二天，列子又跟神巫季咸一道来见壶子。季咸走出门来就对列子说："幸运啊，你的先生遇上了我！征兆消失了，完全有救了，我已经发现闭塞的生机中有神气微动的情况。"列子进到屋里，把季咸的话告诉壶子。壶子说："刚才我将天与地相对而又相应的心态显露给他看，名声和实利等一切杂念都排除在外，而生机从脚跟发出而行至全身。这样恐怕已看到了我的一线生机。试着再让他来看看。"

第二天，列子又跟神巫季咸一道见了壶子。季咸走出门来就对列子说："你的先生心迹不定，神情恍惚，我没法给他看相。等到他心迹稳定了，我再来给他看相。"列子进到屋里，把季咸的话告诉壶子。壶子说："刚才我把阴阳二气均衡而又和谐的心态显露给他看。这样恐怕看到了我内气持平、相应相称的生机。大鱼盘桓逗留的地方叫做深渊，静止的河水聚积的地方叫做深渊，流动的河水滞留的地方叫做深渊。渊有九种称呼，我这里只提到了三种。试着再让他来看看。"

第二天,列子又跟神巫季咸一道来见壶子。季咸还未站定,就不能自持地跑了。壶子说:"追上他!"列子没能追上,回来告诉壶子,说:"已经没有踪影了,他已经跑掉了,我没能赶上他。"壶子说:"刚才我显露给他看的始终未脱离我的本源。我跟他随意应付,他弄不清我的究竟,于是我使自己变得颓唐了,所以他逃跑了。"

这之后,列子感到自己像从不曾拜师学道似的回到了自己的家里,三年不出门。他帮助妻子烧火做饭,喂猪就像伺候人一样。虽然涉入世间的纷扰却能固守本真,并像这样终生不渝。

齐管妾婧

西汉 刘 向

[原文]

妾婧者,齐相管仲之妾也。宁戚欲见桓公,道无从,乃为人仆。将车宿齐东门之外,桓公因出,宁戚击牛角而商歌,甚悲,桓公异之,使管仲迎之,宁戚称曰:"浩浩乎白水!"管仲不知所谓,不朝五日,而有忧色,其妾婧进曰:"今君不朝五日而有忧色,敢问国家之事耶?君之谋也?"管仲曰:"非汝所知也。"婧曰:"妾闻之也,毋老老,毋贱贱,毋少少,毋弱弱。"管仲曰:"何谓也?""昔者太公望年七十,屠牛于朝歌市,八十为天子师,九十而封于齐。由是观之,老可老邪?夫伊尹,有莘氏之媵臣也。汤立以为三公,天下之治太平。由是观之,贱可贱邪?皋子生五岁而赞禹。由是观之,少可少邪?駃騠生七日而超其母。由是观之,弱可弱邪?"于是管仲乃下席而谢曰:"吾请语子其故。昔日,公使我迎宁戚,宁戚曰:'浩浩乎白水!'吾不知其所谓,是故忧之。"其妾笑曰:"人已语君矣,君不知识邪?古有白水之诗。诗不云乎:'浩浩白水,儵儵之鱼,君来召我,我将安居,国家未定,从我焉如。'此宁戚之欲得仕国家也。"管仲大悦,以报桓公。桓公乃修官府,齐戒五日,见宁子,因以为佐,齐国以治。君子谓妾婧为可与谋。诗云:"先民有言,询于刍荛。"此之谓也。颂曰:桓遇宁戚,命管迎之,宁戚白水,管仲忧疑,妾进问焉,为说其诗,管嘉报公,齐得以治。

[作者作品]

刘向(约前77~前6年)西汉经学家、目录学家、文学家。本名更生,字子政,沛(今江苏沛县)人。汉初楚元王(刘交)四世孙。治《春秋谷梁传》。曾任谏大夫、宗正等。成帝时,任光禄大夫,终中垒校尉。曾校阅皇家藏书,撰成《别录》,为我国最早的目录学著作。著有《新序》《说苑》《列女传》,刘向的这三部书处于向小说过渡的阶段,刘向已自觉不自觉地运用了小说创作的手法,并达到了一定的艺术高度。这些作品已经具备了小说的因素,情节完整,人物形象也鲜明。刘向注重人文环境的描写,其中一些作品堪称中国古代早期小说精品。

[相关史料]

《列女传》是一部介绍中国古代妇女行为的书,也有观点认为该书是一部妇女史。

[译文]

婧是齐国丞相管仲的小妾。宁戚想拜见齐桓公,没有什么途径,于是就扮作一个仆人,驾车来到齐国国都住宿在东城门外。桓公因故出城来,宁戚就击打着牛角并大声地唱歌,那个样子好像非常悲伤。桓公非常奇怪,就让管仲上前询问,宁戚喊道:"浩浩荡荡的白水啊!"管仲不知他说喊的什么意

刘 向

思,回来后五天没有上朝议事,而是满脸忧郁的神色。他的小老婆婧进来问他说:"这几天夫君不上朝已经五天了,满脸忧郁的神色,请问是因为国家大事吗?您在深思啊?"管仲说:"不是你所能知道的啊!"婧说:"我听说过一个道理,不要认为老人就是老了,不要觉得下等人就是下等人,不要认为小孩就是小孩,不要觉得羸弱的人就羸弱。"管仲问:"这是说的什么道理?"婧回答说:"过去太公年纪快七十岁了,还能在朝歌的集市上宰牛,八十岁了当天子的老师,九十岁了又被封为齐国国君。从这事来看,老人就可以认为老了吗?有个教伊尹的是有氏的陪嫁的臣子,商汤把他立为三公,治理国家从此太平。从这事来看,地位低下的人就是低下吗?皋的儿子长到五岁时就知道崇拜大禹。从这事来看,岂能觉得小孩就是小孩?駃騠出生七天就能超过它的母亲,从这事来看,羸弱的就一定羸弱吗?"于是管仲走下座位来请教说:"我想请你告诉我那件事的原因。前几天,桓公让我见宁戚,宁戚说:'浩浩荡荡的白水啊!'我不明白他在说什么,因为这件事才犯愁。"他的妾笑着说:"人家已经告诉先生了,您难道没听明白吗?有一首诗叫白水。诗中不是说吗?'浩浩荡荡的白水河啊,优哉游哉的鱼儿。国君来召见我,我将会从此有安稳的住处了。可是国家还没有安定,哪有我适从的地方?'这是宁戚想为国家做点大事啊。"管仲非常高兴,接着去向桓公报告。桓公于是命令给宁戚修建官邸,斋戒了五天,才接见了宁先生,并把他提升为自己的助手,齐国由此得到有效治理。有些道德先生议论说管仲的小老婆为什么可以一起商量国家大事?有首诗说的好:"先辈有名言,樵夫可问道。"说明了其中的道理。

人们称颂说:桓公遇宁戚,让管仲问他,宁戚唱白水,管仲犯忧郁,妾来问此事,为他讲诗词,管仲赞她又报告桓公,齐国从此得到大治。

黄耳传书(典故)

选于《晋书·陆机传》

[原文]

晋之陆机,蓄一犬,曰"黄耳"。机官京师,久无家信,疑有不测。

一日,戏语犬曰:"汝能携书驰取消息否?"犬喜,摇尾。机遂作书,盛以竹筒,系犬颈。犬经驿路,昼夜不息。家人见书,又反书陆机。犬即上路,越岭翻山,驰往京师。其间千里之遥,人行往返五旬,而犬才二旬余。

后犬死,机葬之,名之曰"黄耳冢"。

[作者作品]

《晋书》是中国的24史之一,是唐代初年撰成,

黄耳传书

由唐代当时的宰相房玄龄等人合著,作者共 21 人。《晋书》共 130 卷,包括帝纪 10 卷,志 20 卷,列传 70 卷,载记 30 卷,记载了从司马懿开始到晋恭帝元熙二年(420 年)为止,包括西晋和东晋的历史,并用"载记"的形式兼述了 16 国割据政权的兴亡。

[译文]

晋初大诗人陆机养了一只狗,名叫黄耳,甚受主人喜爱。陆机当京师在洛阳,一直没通家信,怀疑有不好的事情发生。有一天便对黄耳开玩笑说:我很久不能和家里通信,你能帮忙传递消息吗?不想这只狗看起来很高兴,竟摇着尾巴,似乎表示答应。陆机大为惊诧,立即写了一封信,装入竹筒,绑在狗的脖子上,狗经过驿道,日夜不停地赶路。黄耳不仅把信送到了陆机的家里,还把家人的回信带了回来。狗立即上路越过岭翻过山,跑向京城。家乡和洛阳相隔千里,人往返需五十天,而黄耳只用了二十天。为了感谢"黄耳"传书之功,它死后,陆机把它埋葬在家乡,取名为"黄耳冢"。

《搜神记》(三篇)

东晋 干 宝

干 宝

[作者作品]

干宝(约 286~336 年),东晋文学家、史学家,也是小说家的一代宗师。字令升,东晋新蔡(今河南新蔡)人。曾以著作郎领国史,著《晋纪》,已佚。干宝著述颇丰,主要有《周易注》《周官注》《五气变化论》《论妖怪》《论山徙》《司徒仪》《周官礼注》《晋记》《干子》《春秋序论》《百志诗》《搜神记》等及杂文集皆行于世。

《搜神记》是魏晋南北朝时期志怪小说的代表作,在中国小说史上有着极其深远的影响,被称作中国志怪小说的鼻祖。《晋书·干宝传》说他有感于生死之事,"遂撰集古今神祇灵异人物变化,名为《搜神记》。"《搜神记》原本已散失,今本系后人缀辑增益而成,20 卷,共有大小故事 454 个。所记多为神灵怪异之事,也有不少民间传说和神话故事,主角有鬼,也有妖怪和神仙,杂糅佛道。大多篇幅短小,情节简单,设想奇幻,极富浪漫主义色彩。

一、戴文谋疑

[原文]

沛国戴文谋,隐居阳城山中。曾于客堂食际,忽闻有神呼曰:"我天帝使者,欲下凭君,可乎?"文闻甚惊。又曰:"君疑我也?"文乃跪曰:"居贫,恐不足降下耳。"既而洒扫设位,朝夕进食,甚谨。后于室内窃言之。妇曰:"此恐是妖魅凭依耳。"文曰:"我亦疑之。"及祠飨之时,神乃言曰:"吾相从方欲相利,不意有疑心异议。"文辞谢之际,忽堂上如数十人呼声,出视之,见一大鸟五色,白鸠数十随之,东北入云而去,遂不见。

《搜神记》

[译文]

沛国人戴文谋，在阳城山中隐居。有一次在客堂吃饭的时候，忽然听见有神说："我是天帝的使者，想降下来依凭于你，可以吗？"戴文谋听了非常吃惊。神又说："你怀疑我吗？"戴文谋于是跪下说："我家境贫寒，恐怕不值得你降临。"随后打扫屋子，设立神位，早晚祭献食品，十分恭谨。后来，他和妻子在内室悄悄议论这件事。妻子说："这恐怕是妖怪来依附。"戴文谋说："我也怀疑它。"到了祭献食物的时候，神就说："我来依附你，正准备让你受益，没想到你们存有疑心。"戴文谋连忙谢罪，忽然客堂屋上好像有几十个人的呼喊声。他出来一看，只见一只五彩的大鸟，有几十只白鸠跟随着，往东北方向飞去，钻进云里，最后就看不见了。

二、荥阳廖氏

[原文]

荥阳郡有一家，姓廖，累世为蛊，以此致富。后取新妇，不以此语之。曾遇家人咸出，唯此妇守舍。忽见屋中有大缸，妇试发之，见有大蛇，妇乃作汤，灌杀之。及家人归，妇具白其事，举家惊惋。未几，其家疾疫，死亡略尽。又有沙门昙游，戒行清苦。时剡县有一家事蛊，人啖其食饮，无不吐血而死。昙游曾诣之，主人下（"下"原作不，据明抄本改。）食，游便咒焉。见一双蜈蚣，长尺余，于盘中走出，游因饱食而归，竟无他。（出《灵鬼志》及《搜神记》）

[译文]

河南荥阳有个姓廖的人家，辈辈以养殖毒虫为生，并以此致富。后来廖家娶进来一个新媳妇，事先没告诉她家中养有毒虫。这天家里人都外出了，留新媳妇看家。她见屋里有个大缸，打开一看，见里面有大蛇，就跑去烧了一锅开水倒缸里把大蛇烫死了。等家里人回来，新媳说了这事，全家又惊又惋惜。没过多久，全家就得了瘟疫，几乎全都病死了。还有一个法名叫昙游的和尚，持戒很严恪守清规。当时剡县也有一家专养毒虫，凡是到他家去的客人，吃了他家的饭喝了他家的水，就会吐血而死。昙游和尚听说后就到这家去看。主人给他端来食物，他就念起咒来。不一会儿就见一双尺多长的蜈蚣从饭碗中爬出来，和尚这才把饭吃了，而且什么事也没有。

三、野水鼍妇

[原文]

荥阳人张福船行，还野水边，夜有一女子，容色甚美，自乘小船来投福，云："日暮，畏虎，不敢夜行。"福曰："汝何姓？作此轻行。无笠，雨驶，可入船就避雨。"因共相调，遂入就福船寝。以所乘小舟，系福船边。三更许，雨晴，月照，福视妇人，乃是一大鼍枕臂而卧。福惊起，欲执之，遽走入水。向小舟是一枯槎段，长丈余。

[译文]

荥阳县人张福，撑着船回家时停泊在野外的河边。夜里有一个女子，容貌很美丽，独自划着小船来投靠张福，说："天黑了，我怕老虎，所以不敢在夜里赶路。"张福说："你姓什么？怎么作这样轻率的旅行？你没有笠笠，却还在雨中行驶，可以进我的船里躲雨。"因而两人互相调戏了一番，于是女子便来到张福的船里睡觉，并把她乘坐的小船缚在张福的船边。三更左右，雨停了，月光照来，张福细看那女子，竟是一条大鳄鱼，把头枕在胳膊上躺着。张福惊恐地爬起来，想捉住它，它急忙逃进水里，刚才那只小船，只是一截干枯的木筏断头，长一丈多。

《世说新语》（三篇）
南朝宋　刘义庆

[作者作品]

刘义庆（403～444年），南朝宋彭城（现江苏徐州）人，宋武帝刘裕的侄子，本是之弟长沙王刘道怜的儿子，13岁时被封为南郡公，后过继给叔父临川王刘道规，因此袭封为临川王，官至尚书左仆射、中书令。刘义庆自幼喜好文学、聪敏过人，深得宋武帝、宋文帝的信任，备受礼遇。《宋书·刘规传》说他"爱好文义"，"招集文学之士，远近必至"。《世说新语》可能是他及其手下文人共同编纂而成。

刘义庆

《世说新语》是南朝宋时期（420～581年）产生的一部主要记述东汉末年至东晋时豪门贵族和官僚士大夫的遗闻轶事、机智应对、清谈玄言和笔记体短篇小说。该书所叙之事大多发生在京城洛阳。全书分为德行、言语、政事、文学、方正、雅量等36类，全书共1000多则。作者是以士族阶级的观点来搜集记录人物的轶事的。但就其内容和客观意义上来说，在一定程度上反映了士族阶级的精神面貌和生活情况，对于我们今天了解封建社会有一定的认识价值。《世说新语》为我国古代小说的雏形，也是笔记文、小品文的先声。

一、舍生取义

[原文]

荀巨伯远看友人疾，值胡贼攻郡，友人语巨伯曰："吾今死矣，子可去！"巨伯曰："远来相视，子令吾去，败义以求生，岂荀巨伯所行邪！"贼既至，谓巨伯："大军至，一郡尽空，汝何男子，而敢独止？"巨伯曰："友人有疾，不忍委去，宁以我身代友人命。"贼相谓曰："我辈无义之人，而入有义之国。"遂班军而还，一郡并获全。

[译文]

荀巨伯远道去探望生病的友人，却遇上胡人攻打这里。朋友对荀巨伯说："我今天可能没救了，你快点离开吧！"荀巨伯说："我远道来看望你，你却让我离开，这种弃义求生的事，哪里是我荀巨伯做的出的！"胡人攻进城内，对荀巨伯说："大军来到，全城的人都跑光了，你是什么人？"荀巨伯答道："我朋友有病，我不忍丢下他一个人。我愿用我的生命换取他的生命。"胡人听罢互相说道："我们这些无义之人，攻进的是有道之国啊。"于是就撤兵离去了。这座城池得以保全。

二、割席分座

[原文]

管宁、华歆共园中锄菜,见地有片金,管挥锄与瓦石不异,华捉而掷去之。又尝同席读书,有乘轩冕过门者,宁读如故,歆废书出看。宁割席分坐,曰:"子非吾友也!"

[译文]

管宁和华歆一起在园中锄菜,看到地上有片金子,管宁依旧挥锄,视之如同瓦石一样,华歆却捡起来给扔了。俩人还曾坐在一张席上读书,有人乘华车经过门前,管宁读书如故,华歆却丢下书,出去观望。管宁就把席子割开,和华歆分席而坐,并对华歆说:"你已经不是我的朋友了。"

三、顾荣施炙

刘义庆著《世说新语》

[原文]

顾荣居洛阳,尝应人请,觉行炙人有欲炙之色,因辍己施焉。同坐嗤之。曰:"其仆也,焉施之?"荣曰:"岂有终日执之而不知其味者乎?"后遭乱渡江,每经危急,常有一人左右相助。顾荣异之,问其所以,乃受炙人也。

[译文]

顾荣在洛阳的时候,曾经应人邀请赴宴,发现端烤肉的仆人显露出想吃烤肉的神情,于是就停下吃肉,把自己那一份给了他。同座的人都讥笑顾荣,顾荣说:"哪有成天端着烤肉而不知肉味这种道理呢!"后来遇上战乱过江避难,每逢遇到危急,常常有一个人在身边护卫自己。顾荣觉得很奇怪,便问他原因,原来他就是当年接受烤肉的人。

[相关史料]

顾荣(? ~312年),西晋末年拥护司马氏政权南渡的江南士族首脑。字彦先,吴郡吴县(今江苏苏州)人,顾雍孙。弱冠仕吴,吴亡,与陆机、陆云同入洛,号为三俊。历仕拜郎中,转廷尉正,先后辟为王侯僚属。在八王之乱中,常醉酒不问事以避祸。惠帝西迁长安,征为散骑常侍,辞不就,还吴。永兴二年(305年),广陵相陈敏起兵,企图割据江东,任顾荣为右将军、丹阳内史。他暗中联合甘卓等,发兵平定叛乱。怀帝永嘉元年(307年)安东将军司马司马睿(即晋元帝司马睿)移镇建业(即建康),笼络江南士族,请他出任军司,加散骑常侍,凡所谋划,皆与荣议。他引荐江南名士陆士光、甘季思、殷庆元、杨彦明等出仕,支持司马睿立足江南。

郑善果母

选于《隋书·列女传》

[原文]

郑善果母者，年二十而寡。性贤明，有节操，博涉书史，通晓治方。每善果出听事，母恒坐胡床，于障后察之。闻其剖断合理，归则大悦。若行事不允，或妄怒，母乃还堂，蒙被而泣，终日不食。善果伏于床前，亦不敢起。母方起谓之曰："吾非怒汝，乃愧汝家耳。吾为汝家妇，获奉洒扫。如汝先君，忠勤之士也，在官清恪，未尝问私，以身徇国，继之以死，吾亦望汝副其此心。汝既年小而孤，吾寡妇耳，有慈无威，使汝不知礼训，何可负荷忠臣之业乎？汝自童子承袭茅土，位至方伯，岂汝身致之邪？安可不思此事而妄加怒，心缘骄乐，堕于公政！"母恒自纺绩，夜分而寐。善果曰："儿封侯开国，位居三品，秩俸幸足，母何自勤如是邪？"答曰："呜呼！汝年已长，吾谓汝知天下之理，今闻此言，故犹未也。至于公事，何由济乎？今此秩俸，乃是天子报尔先人之徇命也。当须散赡六姻，为先君之惠，妻子奈何独擅其利，以为富贵哉！又丝(xi，麻)纺织，妇人之务，上自王后，下至大夫士妻，各有所制。若堕业者，是为骄逸。吾虽不知礼，其可自败名乎？"

《隋书·列女传》选

魏 徵

[作者作品]

《隋书》，唐代魏徵等撰，主要记载隋朝历史的纪传体史书，记事起于文帝开皇元年（581年）止于恭帝义宁二年（618年）。《隋书》是唐代官修正史的代表作，《隋书》弘扬秉笔直书的优良史学传统，品评人物较少阿附隐讳，保存了大量政治、经济以及科技文化资料，是唐初所修五代史中较好的一部。它的纪传部分有本纪5卷，列传50卷，记载隋朝38年的历史，志的部分有十个门类30卷，记载的是整个南北朝时期的典章制度史，又称《五代史志》，由长孙无忌、于志宁等人修成于高宗显庆年间。

列女多指重义轻生、有节操的女子。《隋书·列女传》只是隋书列传的一部分。

[相关史料]

郑善果（569～629年），郑州荥泽人。历任隋沂州刺史、鲁郡太守。母亲崔氏贤明，常于阁内听其理事，当理则悦，不当则责愧之，故善果励己为清吏。归唐，迁检校大理卿兼民部尚书，正身奉法，甚有善绩。历任礼部、刑部尚书。太宗贞观初为岐州刺史，改江州刺史。

[译文]

郑善果的母亲，二十岁时就成为寡妇了。品性贤淑聪慧，有贞节，博览史书典籍，精通治家治国的道理。每次郑善果升堂判案，他的母亲总是坐在胡床上，在屏障后面观察。如果听到郑善果分析判决的合理，回来后就很高兴。如果听到郑善果做事不合情理，或者妄自发怒，她就回到住处，蒙上被子哭

郑善果母

泣,整天不吃饭。郑善果跪在床前,也不敢起来。她母亲才起身对他说:"我不是恼怒你,而是愧对你们家。我做了你们郑家的媳妇,主持家务。像你的父亲,是个精忠勤勉的人,做官的时候清廉自律,从来不过问私事,以身殉国,向他那样死去,我也希望你要学习他那样的品格。你从小就成了孤儿,我是个寡妇,只有慈爱没有威信,使得你不懂的礼仪训诫,怎么能不辜负忠臣的基业呢?你从小孩的时候就继承了你父亲的爵位,爵位高至方伯,难道是你自己挣来的吗?怎么能不仔细想想这事儿妄自发怒,心里只想着骄傲享乐,耽误了公事!"郑善果的母亲总是自己纺织,半夜才睡。郑善果说:"我开国封侯,做到三品官,俸禄也不少,母亲为什么还如此这样勤苦呢?"郑母回答说:"唉!你年纪已经大了,我以为你已经懂得了天下的道理,今天听到这句话,原来你还不懂。至于国家大事,你有什么用?今天你的俸禄,原是皇上为了报答你的祖辈为国捐躯的。应当把俸禄用来供奉先人,供他们享用,妻子儿子怎么能独自享用,作为富贵的资本呢!况且纺线织布,是妇女的本职,上自王后,下至大臣们的妻子,各有各的职责。如果荒废了自己的本职,就是骄纵,贪图安逸。我虽然不懂的礼节,但是怎么能败坏自己的名声呢?"

李娃传

唐 白行简

[原文]

汧国夫人李娃,长安之倡女也。节行瑰奇,有足称者。故监察御史白行简为传述。

天宝中,有常州刺史荥阳公者,略其名氏,不书,时望甚崇,家徒甚殷。知命之年,有一子,始弱冠矣,隽朗有词藻,迥然不群,深为时辈推伏。其父爱而器之,曰:"此吾家千里驹也。"应乡赋秀才举,将行,乃盛其服玩车马之饰,计其京师薪储之费。谓之曰:"吾观尔之才,当一战而霸。今备二载之用,且丰尔之给,将为其志也。"生亦自负视上第如指掌。自毗陵发,月余抵长安,居于布政里。

尝游东市还,自平康东门入,将访友于西南。至鸣珂曲,见一宅,门庭不甚广,而室宇严邃,阖一扉。有娃方凭一双鬟青衣立,妖姿要妙,绝代未有。生忽见之,不觉停骖久之,徘徊不能去。乃诈坠鞭于地,候其从者,敕取之,累眄于娃,娃回眸凝睇,情甚相慕,竟不敢措辞而去。

生自尔意若有失,乃密徵其友游长安之熟者以讯之。友曰:"此狭邪女李氏宅也。"曰:"娃可求乎?"对曰:"李氏颇赡,前与通之者,多贵戚豪族,所得甚广,非累百万,不能动其志也。"生曰:"苟患其不谐,虽百万,何惜!"他日,乃洁其衣服,盛宾从而往。扣其门,俄有侍儿启扃。生曰:"此谁之第耶?"侍儿不答,驰走大呼曰:"前时遗策郎也。"娃大悦曰:"尔姑止之,吾当整妆易服而出。"生闻之,私喜。乃引至萧墙间,见一姥垂白上偻,即娃母也。生跪拜前致词曰:"闻兹地有隙院,愿税以居,信乎?"姥曰:"惧其浅陋湫隘,不足以辱长者所处,安敢言直耶?"延生于迟宾之馆,馆宇甚丽。与生偶坐,因曰:"某有女娇小,技艺薄劣,欣见宾客,愿将见之。"乃命娃出,明眸皓腕,举步艳冶。生遂惊起,莫敢仰视。与之拜毕,叙寒燠,触类妍媚,目所未睹。复坐,烹茶斟酒,器用甚洁。久之日暮,鼓声四动。姥访其居远近。生绐之曰:"在延平门外数里。"冀其远而见留也。姥曰:"鼓已发矣,当速归,无犯禁。"生曰:"幸接欢笑,不知日之云夕。道里辽阔,城内又无亲戚,将若之何?"娃曰:"不见责僻陋,方将居之,宿何害焉。"生数目姥,姥曰:"唯唯。"生乃召其家僮,持双缣,请以备一宵之馔。娃笑而止之曰:"宾主之仪,且不然也。今夕之费,愿以贫窭之家,随其粗粝以进之。其余以俟他辰。"固辞,终不许。俄徙坐西堂,帷幙帘榻,焕然夺目;妆奁衾枕,亦皆侈丽。乃张烛进馔,品味甚盛。彻馔,姥起。生娃谈话方切,诙谐调笑,无所不至。生曰:"前偶过卿门,遇卿适在屏间。厥后心常勤念,虽寝与食,未尝或舍。"娃答曰:"我心亦如之。"生曰:"今之来,非直求居而已,愿偿平生之志。但未知命也若何。"言未终,姥至,询其故,具以告。姥笑曰:"男女之际,大欲存焉。情苟相得,虽父母之命,不能制也。女子固陋,曷足以荐君子之枕席!"生遂下阶,拜而谢之曰:"愿以己为厮养。"姥遂目之为郎,饮酬而散。及旦,尽徙其囊橐,因家于李之第。自是生屏迹戢身,不复与亲知相闻,日会倡优侪类,狎戏游宴。囊中尽空,乃鬻骏乘及其家童。岁余,资财仆马荡然。迩来姥意渐怠,娃情弥笃。

他日,娃谓生曰:"与郎相知一年,尚无孕嗣。常闻竹林神者,报应如响,将致荐酹求之,可乎?"生不知其计,大喜。乃质衣于肆,以备牢醴,与娃同谒祠宇而祷祝焉,信宿而返。策驴而后,至里北门,娃谓生曰:"此东转小曲中,某之姨宅也,将憩而觐之,可乎?"生如其言,前行不逾百步,果见一车门。窥其际,甚弘敞。其青衣自车后止之曰:"至矣。"生下,适有一人出访曰:"谁?"曰:"李娃也。"乃入告。俄有一妪至,年可四十余,与生相迎曰:"吾甥来否?"娃下车,妪逆访之曰:"何久疎绝?"相视而笑。娃引生拜之,既见,遂偕入西戟门偏院。中有山亭,竹树葱蒨,池榭幽绝。生谓娃曰:"此姨之私第耶?"笑而不答,以他语对。俄献茶果,甚珍奇。食顷,有一人控大宛,汗流驰至曰:"姥遇暴疾颇甚,殆不识人,宜速归。"娃谓姨曰:"方寸乱矣,某骑而前去,当令返乘,便与郎偕来。"生拟随之,其姨与侍儿偶语,以手挥之,令生止于户外,曰:"姥且殁矣,当与某议丧事,以济其急,奈何遽相随而去?"乃止,共计其凶仪斋祭之用。日晚,乘不至。姨言曰:"无复命何也?郎骤往觇之,某当继至。"生遂往,至旧宅,门扃钥甚密,以泥缄之。生大骇,诘其邻人。邻人曰:"李本税此而居,约已周矣。第主自收,姥徙居而且再宿矣。"徵徙何处,曰:"不详其所。"生将驰赴宣阳,以诘其姨,日已晚矣,计程不能达。乃弛其装服,质馔而食,赁榻而寝,生恚怒方甚,自昏达旦,目不交睫。质明,乃策蹇而去。既至,连扣其扉,食顷无人应。生大呼数四,有宦者徐出。生遽访之:"姨氏在乎?"曰:"无之。"生曰:"昨暮在此,何故匿之?"访其谁氏之第,曰:"此崔尚书宅。昨者有一人税此院,云迟中表之远至者,未暮去矣。"生惶惑发狂,罔知所措,因返访布政旧邸。邸主哀而进膳。生怨懑,绝食三日,遘疾甚笃,旬余愈甚。邸主惧其不起,徙之于凶肆之中。绵缀移时,合肆之人,共伤叹而互饲之。后稍愈,杖而能起。由是凶肆日假之,令执繐帷,获其直以自给。累月,渐复壮,每听其哀歌,自叹不及逝者,辄呜咽流涕,不能自止。归则效之。生聪敏者也,无何,曲尽其妙,虽长安无有伦比。

初,二肆之佣凶器者,互争胜负。其东肆车舆皆奇丽,殆不敌。唯哀挽劣焉。其东肆长知生妙绝,乃醵钱二万索顾焉。其党耆旧,共较其所能者,阴教生新声,而相赞和。累旬,人莫知之。其二肆长相谓曰:"我欲各阅所佣之器于天门街,以较优劣。不胜者,罚直五万,以备酒馔之用,可乎?"二肆许诺,乃邀立符契,署以保证,然后阅。士女大和会,聚至数万。于是里胥告于贼曹,贼曹闻于京尹。四方之士,尽赴趋焉,巷无居人。自旦阅之,及亭午,历举辇舆威仪之具,西肆皆不胜,师有惭色。乃置层榻于南隅,有长髯者,拥铎而进,翊卫数人,于是奋髯扬眉,扼腕顿颡而登,乃歌《白马》之词。恃其夙胜,顾眄左右,旁若无人。齐声赞扬之,自以为独步一时,不可得而屈也。有顷,东肆长于北隅上设连榻,有乌巾少年,左右五六人,秉翣而至,即生也。整衣服,俯仰甚徐,申喉发调,容若不胜。乃歌《薤露》之

章,举声清越,响振林木。曲度未终,闻者歔欷掩泣。西肆长为众所诮,益惭耻,密置所输之直于前,乃潜遁焉。四座愕眙,莫之测也。先是天子方下诏,俾外方之牧,岁一至阙下,谓之入计。时也,适遇生之父在京师,与同列者易服章,窃往观焉。有小竖,即生乳母婿也,见生之举措辞气,将认之而未敢,乃泫然流涕。生父惊而诘之,因告曰:"歌者之貌,酷似郎之亡子。"父曰:"吾子以多财为盗所害,奚至是耶?"言讫,亦泣。及归,竖间驰往,访于同党曰:"向歌者谁,若斯之妙欤?"皆曰:"某氏之子。"徵其名,且易之矣,竖凛然大惊。徐往,迫而察之。生见竖,色动回翔,将匿于众中。竖遂持其袂曰:"岂非某乎?"相持而泣,遂载以归。至其室,父责曰:"志行若此,污辱吾门,何施面目,复相见也?"乃徒行出,至曲江西杏园东,去其衣服。以马鞭鞭之数百。生不胜其苦而毙,父弃之而去。其师命相狎昵者,阴随之,归告同党,共加伤叹。令二人赍苇席瘗焉。至则心下微温,举之良久,气稍通。因共荷而归,以苇筒灌勺饮,经宿乃活。月余,手足不能自举,其楚挞之处皆溃烂,秽甚。同辈患之,一夕弃于道周。行路咸伤之,往往投其余食,得以充肠。十旬,方杖策而起。被布裘,裘有百结,褴褛如悬鹑。持一破瓯巡于闾里,以乞食为事。自秋徂冬,夜入于粪壤窟室,昼则周游廛肆。

一旦大雪,生为冻馁所驱。冒雪而出,乞食之声甚苦,闻见者莫不凄恻。时雪方甚,人家外户多不发。至安邑东门,循里垣,北转第七八,有一门独启左扉,即娃之第也。生不知之,遂连声疾呼:"饥冻之甚。"音响凄切,所不忍听。娃自阁中闻之,谓侍儿曰:"此必生也,我辨其音矣。"连步而出。见生枯瘠疥疬,殆非人状。娃意感焉,乃谓曰:"岂非某郎也?"生愤懑绝倒,口不能言,颔颐而已。娃前抱其颈,以绣襦拥而归于西厢。失声长恸曰:"令子一朝及此,我之罪也。"绝而复苏。姥大骇奔至,曰:"何也?"娃曰:"某郎。"姥遽曰:"当逐之,奈何令至此。"娃敛容却睇曰:"不然,此良家子也,当昔驱高车,持金装,至某之室,不逾期而荡尽。且互设诡计,舍而逐之,殆非人行。令其失志,不得齿于人伦。父子之道,天性也。使其情绝,杀而弃之,又困踬若此。天下之人,尽知为某也。生亲戚满朝,一旦当权者熟察其本末,祸将及矣。况欺天负人,鬼神不祐,无自贻其殃也。某为姥子,迨今有二十岁矣。计其赀,不啻直千金。今姥年六十余,愿计二十年衣食之用以赎身,当与此子别卜所诣。所诣非遥,晨昏得以温清,某愿足矣。"姥度其志不可夺,因许之。给姥之余,有百金。北隅四五家,税一隙院。乃与生沐浴,易其衣服,为汤粥通其肠,次以酥乳润其脏。旬余,方荐水陆之馔。头巾履袜,皆取珍异者衣之。未数月,肌肤稍腴。卒岁,平愈如初。异时,娃谓生曰:"体已康矣,志已壮矣。渊思寂虑,默想囊昔之艺业,可温习乎?"生思之曰:"十得二三耳。"娃命车出游,生骑而从。至旗亭南偏门鬻坟典之肆,令生拣而市之,计费百金,尽载以归。因令生斥弃百虑以志学,俾夜作昼,孜孜矻矻。娃常偶坐,宵分乃寐。伺其疲倦,即谕之缀诗赋。二岁而业大就,海内文籍,莫不该览。生谓娃曰:"可策名试艺矣。"娃曰:"未也,且令精熟,以俟百战。"更一年,曰:"可行矣。"于是遂一上登甲科,声振礼闱。虽前辈见其文,罔不敛衽敬羡,愿友之而不可得。娃曰:"未也。今秀士苟获擢一科第,则自谓可以取中朝之显职,擅天下之美名。子行秽迹鄙,不侔于他士。当砺淬利器,以求再捷,方可以连衡多士,争霸群英。"生由是益自勤苦,声价弥甚。其年遇大比,诏徵四方之隽。生应直言极谏策科,名第一,授成都府参军。三事以降,皆其友也。将之官,娃谓生曰:"今之复子本躯,某不相负也。愿以残年,归养小姥。君当结媛鼎族,以奉蒸尝。中外婚媾,无自黩也。勉思自爱,某从此去矣。"生泣曰:"子若弃我,当自刭以就死。"娃固辞不从,生勤请弥恳。娃曰:"送子涉江,至于剑门,当令我回。"生许诺。

月余,至剑门。未及发而除书至,生父由常州诏入,拜成都尹,兼剑南采访使。浃辰,父到。生因投刺,谒于邮亭。父不敢认,见其祖父官讳,方大惊,命登阶,抚背恸哭移时。曰:"吾与尔父子如初。"因诘其由,具陈其本末。大奇之,诘娃安在。曰:"送某至此,当令复还。"父曰:"不可。"翌日,命驾与生先之成都,留娃于剑门,筑别馆以处之。明日,命媒氏通二姓之好,备六礼以迎之,遂如秦晋之偶。娃既备礼,岁时伏腊,妇道甚修,治家严整,极为亲所眷尚。后数岁,生父母偕殁,持孝甚至。有灵芝产于倚庐,一穗三秀,本道上闻。又有白燕数十,巢其层甍。天子异之,宠锡加等。终制,累迁清显之任。十年间,至数郡。娃封汧国夫人,有四子,皆为大官,其卑者犹为太原尹。弟兄姻媾皆甲门,内外隆盛,莫之与京。

嗟乎,倡荡之姬,节行如是,虽古先烈女,不能逾也。焉得不为之叹息哉!予伯祖尝牧晋州,转户部,为水陆运使,三任皆与生为代,故谙详其事。贞元中,予与陇西公佐,话妇人操烈之品格,因遂述汧国之事。公佐拊掌竦听,命予为传。乃握管濡翰,疏而存之。时乙亥岁秋八月,太原白行简云。

[作者作品]

白行简(约776~826年)唐代文学家。字知退,华州下邽(今陕西渭南市临渭区下邽镇)人。白居易之弟。唐德宗贞元末年(805年)的进士,授秘书省校书郎。元和中,卢坦出任东川节度使,召他为掌书记。元和十二年(817年),卢坦死,他便离开东川幕府。元和十三年(818年),白居易被贬为江州(今江西省九江市)司马,白行简取三峡水路归浔阳,与白居易在江州相聚。白居易曾写了《得行简书闻欲下峡先以此寄》和《对酒示行简》两首诗以记其事并庆贺他兄弟俩的重逢。元和十四年(819年)春,当白居易被任命为忠州刺史时,白行简也一同与兄长溯江而上,和元稹三人在夷陵黄牛峡相会。次年,又随兄回到京城长安,授职左拾遗,累迁司门员外郎,主客郎中。著有文集10卷,文辞简易,有其兄风格。辞赋尤称精密,文士皆师法之。白行简以传奇著称。代表作《李娃传》,又名《汧国夫人传》。

白行简

《李娃传》堪称唐人小说的精品,写荥阳大族郑生到长安应试,在平安里与与名妓李娃一见倾心,后来资财耗尽,屡经波折,几经丧生,终获美好结局。《李娃传》通篇故事如春云舒卷,层出不穷;故事情节波澜起伏,结构完整,引人入胜。

[译文]

汧国夫人李娃是长安的歌舞艺人,节操高洁,个性孤傲,受到人们的称赞。所以监察御史白行简为她作了传记。

唐代天宝年间,有位常州刺史荥阳公,当时的名望很高,家中的奴仆很多,五十岁时才有一个儿子,儿子长到二十岁时,俊秀聪明,文章也写得很好,跟一般人大不一样,当时的人都很称道佩服。他的父亲很喜欢他,器重他,说:"这是我们家的千里驹啊!"这位公子由州县选拔到京师应试,出发前家中让他穿上很考究的衣服,并带着很多车马。还算好了他在京城的日常生活用钱,父亲对他说:"我看你的才能,会一举考中,现在给你准备了两年的费用,并且一定充分地供给你,是为了使你实现志向。"这位公子也很自信,把考取功名看得像弹弹手指那样容易。公子从毗陵出发,一个多月就到了长安,住在布政里。

他曾去游览东市,回来时从平康东门进入,打算到京城西南去拜访朋友。到了鸣珂曲,看见有一座住宅,门和院子不太大,而房屋严密幽深。只关着一扇门,有一位少女,正把手放在一个梳着两个环形发髻的侍女的肩上站在那里,姿态容貌非常漂亮,在当时简直找不出第二个。公子看见少女后,不自觉地让马停住,徘徊了老半天也没走。于是假装马鞭子掉到了地上,等待跟随的人来了,好让他拾

起来。多次斜着眼看那位少女,那少女也回过头来凝视着公子,像对他也很爱慕。最后公子也没敢说什么话就离去了。

从此公子精神上好像失掉了什么,于是便偷偷地召来熟悉长安的朋友打听,朋友说:"那是妓女李氏的住宅。"公子又问:"这个少女,我可以追求她吗?"回答说,这个姓李的比较富裕,前去跟她交往的,大多是贵戚和富豪。她的交际很广,如果不能达百万的钱,是不能使她动心的。公子说:"我只担心事情不能成功,即使百万,又有什么舍不得?"有一天,公子便穿上干净的衣服,带着一大群侍从去了。派人前去敲门,不一会儿,有一个侍女出来开门。公子说:"这是谁家的府第呀?"侍女不回答,一边往回跑一边喊:"是前些日子马鞭子落到地上的那位公子来了!"李娃又惊又喜,说:"你暂且留住他,我得打扮一下,换换衣服再出去。"公子听到这话,暗暗高兴。侍女于是把公子带到影壁墙前,就看见一位白头发驼背的老妇,这就是李娃的母亲。书生走上前跪下拜见说:"听说这儿有空闲的房子,我愿租来居住,不知是不是真的?"老妇说:"那房子只怕简陋低矮窄小,不足以委屈贵客居住,哪里敢提租赁的事。"便把公子引入客厅,客厅的房屋很华丽。老妇与书生一同坐下,说道:"我有个娇小的女儿,技艺水平不高,看到客来很高兴,愿让她出来见一见你。"说罢就让李娃出来了。只见李娃眼睛明亮,手腕白皙,行步娇美,公子吃惊地立刻站了起来,不敢抬眼看。拜见之后,谈了些天气冷暖的话,李娃的一举一动公子都觉得妩媚动人,是自己从来没见过的。公子又重新坐下后,李娃就煮茶斟酒,所用的器具都很干净。过了很久,天渐渐黑了,更鼓声四起。老妇询问书生住处的远近,公子骗她说:"我住在延平门外好几里的地方。"公子是故意说路远,希望能被李娃留宿。老妇人说:"更鼓已敲过了,公子该赶快回去了,不要触犯了禁夜法令。"公子说:"今天能侥幸相见很高兴,竟不知道天已经很晚了。但我的路途太远,城内又没有亲戚,该怎么办呢?"李娃说:"如不嫌弃屋子狭小简陋,正想让你在这里住,住一宿又有什么关系呢?"书生几次用眼睛看老妇人,老妇人说:"好,好吧。"书生就召来他年青的仆人,拿着两匹绢,请求以此来充当一顿晚饭的费用。李娃笑着阻止说:"这样是不合宾主之礼的,怎么能让你破费呢。今晚费用由我出,愿凭贫穷之家的情况,供给你一顿粗糙的饭菜,其余的等以后再说吧。"李娃坚决推辞,最后也没把公子的绢收下。不一会儿,请公子到西屋坐下,只见帷幕帘子床帐,都十分光彩艳丽,梳妆台、枕头、被子,也都十分豪华漂亮。于是点上蜡烛端来了饭菜,菜肴的品种和味道都是上等的。吃完饭后,老妇人站起来走开了,公子与李娃的谈话才亲切起来,幽默风趣,互相逗笑,没有什么不涉及的。公子说:"前些时,偶尔经过您的门口,看到您正在门前影壁旁,从那以后我心中常常想念,即使睡觉和吃饭的时候,也不曾有片刻忘记。"李娃回答说:"我的心也是这样。"公子说:"这次我来,并非只求住几天,而是想实现我平生的愿望。只不知我的命运如何?"话还没说完,老妇人来了,问公子说那话的意思。公子就把自己的心事全告诉了老妇人。老妇人笑着说:"男女之间,愿意相亲相爱的心愿是自然而然的,感情如果合得来,即使是父母的命令,也阻止不了。我这女孩本来丑陋,怎么配给公子做媳妇呢?"公子于是走下台阶,深深拜着感谢她说:"如蒙答应,即使让我作您家的仆役也可以。"老妇人于是就把公子看作女婿,酒喝得很尽兴后才结束。等到第二天早晨,公子把自己的行李物品全搬了来,就住进了李娃的宅子。从此公子敛迹藏身,不再跟亲属朋友来往,每天跟唱歌的演戏的聚在一起,亲近,戏耍,游览饮宴,不久就把口袋里的钱花光了,于是只好卖了车马和自己的年青仆人。只一年多,钱财仆人和马匹全都没有了。于是老妇的态度渐渐就有些怠慢,而李娃的情意却更加深厚。

有一天,李娃对公子说:"与你相交一年了,还没有怀孕,常听说竹林神有求必应,很是灵验。我要送上酒食祭祀,向神祈求,可以吗?"公子不知是圈套,因而非常高兴。于是他拿衣服到当铺当了,去准备牛猪羊三牲和甜酒等祭品。备好祭品后就跟李娃一起到供奉神的庙里向神祈祷,住了两宿才往回走,公子骑着驴走在后边。到了里弄的北门,李娃对公子说:"从这儿向东拐,有个小胡同,是我姨家的住宅,打算到那里稍稍休息一会儿,去拜见我姨娘,可以吗?"公子同意了。往前走了不到一百步,果然看见一个院门。向里面张望了一下,很宽敞。那丫环从车后说:"到了。"公子下了驴,恰好有一人出来问道:"谁?"回答说:"李娃。"于是进去禀报。不一会儿一个女人出来了,年龄约四十多岁,跟公子相迎,说:"我外甥女来了吗?"李娃下车,那女人迎着问:"怎么这么长时间不来了呢?"互相看着笑。李娃引导公子拜见那女人。见过后,就一块进入西边的门内偏院里。院中有山有亭,竹子,树木长得很茂盛,池塘水边房子都很幽静。公子对李娃说:"这是你姨母的私人住宅吗?"李娃只笑不回答,用别的话语搪塞过去。不一会儿,献上茶与水果,很珍贵奇特。有一顿饭的工夫,忽然有一个人骑着一匹大宛名马,汗流满面地跑来了,说:"老太太突然患了重病很厉害,几乎连人都不认识了,请姑娘赶快回去。"李娃对她姨说:"我的心都乱了,我骑马先回去,然后让马再返回来,你就跟他一块来吧。"公子打算跟李娃一起走,李娃的姨与侍女两人私语了一阵儿,挥手示意,让公子停在门外,说:"老太太就要死了,你应该和我一起商量一下丧事,好处理这个紧急情况,为什么要立刻跟着去?"公子便留下了,与姨一起计算举行丧礼祭奠的费用。天已黄昏,骑马的仆人并没来。那位姨说:"到现在还没有回信儿,怎么回事?你赶快去看看她!我会随后赶到。"公子于是就走了。他赶到李娃原来的住宅,一看,门锁得很严实,还用泥印封上了,心里很震惊,询问那里的邻人。邻居说:"李娃本来是租住在这里,租约已经到期,房主收回了房子。老妇迁居了,已走了两宿了。"询问搬到了何处,说:"不清楚她的新住处。"公子想要赶快跑到宣阳去问问李娃的姨,到底怎么回事。但天已经晚了,计算了一下路程到不了,就脱下衣服作抵押,弄了点饭吃,又租了张床睡觉。公子非常气愤,从晚上到早晨,一宿没合眼,等到天刚亮就骑着跛脚的驴赶往宣阳。到后,连连地敲门,敲了一顿饭工夫也没有人应。公子高声大喊了半天,有一个官员慢慢走出来。公子急忙上前问他:"李娃的姨住在这里吗?"回答说:"没有。"公子说:"昨天黄昏时还在这里,为什么藏起来了呢?"又问这房子是谁家的住宅,回答说:"这是崔尚书的住宅。昨天有一个人租了这所房子,说用来等待远来的中表亲戚,但还没到黄昏就走了。"公子惊慌困惑得快要疯了,不知道怎么办才好,于是又返回布政里原来住的地方。主人因为同情他而给他饭吃。公子由于怨恨愤懑,三天未进饭食,因而得了很重的病,十多天以后病情更厉害了,房主人害怕他一病不起,就把他搬到了殡仪铺中。然而公子的病情一直不见好转,全铺的人都为他伤心、叹息,轮流着喂他。

李娃传

后来稍微好了些,挂着棍子能起来了。从此殡仪铺每天都雇用他,让他牵引灵帐,得点报酬以便养活自己。经过了几个月,公子渐渐健壮起来,每听到殡仪铺里那哀悼亡人的歌,就自己叹息,觉得还不如那些死去的人。于是便低声哭泣流泪,自己也控制不住自己。每次送灵回来后,就模仿那哀歌。公子本是聪明伶俐的人,所以不长时间,就掌握了唱哀歌的全部技巧,即使整个长安也没有人比得过他。

当初,两个殡仪铺中出租丧葬所用的器物,二位店主互争胜负。那东铺的纸扎车马都十分新奇华丽,几乎无人能跟他们相比,只有出殡时歌手的挽歌唱得很低劣。那东铺的店主知道公子唱挽歌极好,就凑了两万钱要雇他,公子同伙中唱挽歌的老手,偷偷地教给他新曲,而且辅导配合练了十几天,没有谁知道这事。那两个殡仪铺的店主都向对方说:"我想我们各把自己出租的器物陈列在天门街,以便比一下谁优谁劣。不能取胜的,罚钱五万,以便用它作酒饭的费用。可以吗?"两个店主都同意了。于是邀来人立下了契约,写上了保人,然后就把器物都陈列出来。城里的男男女女闻讯后都来看热闹,聚集了好几万人。看到这种情况,管街道的里胥报告了管治安的贼曹,贼曹报告了京都的执政官京兆尹。这天一大早,四面八方的人全都赶来了,小巷里的居民也全都出来了。两个铺子从早晨开始陈列治丧等祭器一直到正午,依次摆出了纸辇、车舆、纸制仪仗等东西,西铺都比不过,他们的店主脸上很不光彩。接着西铺在东南墙角安放了一个高榻,有位留胡子的人拿着铃上场,有好几个人簇拥着他。他扬起胡须,抬起眉毛,握着腕子点了点头登上高榻,唱了一支名叫《白马》的挽歌。他依仗平素的名望,边唱边左顾右盼旁若无人。唱完后,看客齐声赞扬。他自己也认为唱得技艺高超,谁也比不了。这时只见东铺店主也在北墙角安放了几个相连的高榻,一位戴黑孝巾的少年手拿着棺材上的饰物在五六个人簇拥下上了场,他就是那公子。只见他坦然地整了整衣服,从容地扬了扬头,先是一展歌喉唱了起来,看表情好像由于悲痛而唱不成声似的。公子唱的挽歌名叫《薤露》,越唱越高昂,歌声震动了树林,一曲还没唱完,看客们就都被感动得深深叹息,有的还捂住脸哭起来。大家都讥讽西铺唱得拙劣,西铺店主更感到难堪了。暗地把所输的钱放在前面,偷偷地逃走了。四周座位上的人都惊诧发愣,谁也没料到会有这个结果。在此以前皇帝下过诏书,让京城以外各州郡的长官每年来京城一次,称之为"入计"。当时,恰好遇上公子的父亲在京城,与同僚换上便服,也偷偷地到那里去看。有个老仆人,就是公子的奶妈的丈夫,看见那唱挽歌的人,举止语气很像失去的公子,想去认他又不敢,便禁不住掉下泪来。公子的父亲吃惊地问他,他说,"唱歌的那个人,相貌举止都非常像您死去的儿子。"公子的父亲说:"我的儿子因为财物多而被强盗杀害,怎么会到这里来呢?"说完,也哭了起来。等到回去后,老仆人找了个机会赶快跑到殡仪铺,向唱歌的一伙询问说:"前些时候唱歌的那人是谁,他唱得真太好了!"都说是某姓人的儿子。又问他的名,说已经改了。老仆人非常吃惊,慢慢走过去,靠近了细看。这时公子看见了老仆人,脸色突变,立即转身,想藏入人群中。老仆人于是扯住他的袖子说:"难道你不是公子吗?"拉着手就哭了起来,便用车把他载着回来了。到了房间里,他父亲责备他说:"你的志向和行为堕落到了这个地步,玷污了我们的家族,有什么面目再相见呢!"于是让公子步行走出去,到了曲江西杏园的东面,剥掉了公子的衣服,用马鞭抽打了几百鞭。公子承受不了那种痛苦,昏死过去。他的父亲丢下他就走了。公子的师傅一开始就派人暗中跟着他们,事后回去告诉了同伙的人,于是都伤心叹息,然后让两个人带着苇席去准备把他埋了。到了那里,一摸书生的心口还稍有点温暖,便把他抬了起来,好久,才渐渐有了点气息,于是大家一起把他抬了回去。大伙用芦苇管儿给他灌水,用勺喂水,经过一夜才活过来。一个多月后,公子的手脚仍不能动,那被鞭打过的地方都感染化脓,脏得厉害。同在一起的那些人都很厌恶他,就在一天晚上把他扔到了道边上。过路的人看到了这情形都感到悲哀,常常扔给他一点剩余的食物,这才使他能填饱肚子。过了十天公子才能拄着棍子站起来。他穿着布衣服,像僧人的百衲衣一样都是补丁,破烂不堪,像秃尾巴的鹌鹑一样没有风采。他拿着一个小破盆在居民家挨户乞讨,从秋天到冬天,夜晚就宿在脏土洞穴里,白天就周游于闹市中。

有一天早晨下大雪,公子被冻饿逼迫,只得顶着雪出去讨饭。那乞讨的声音很凄苦,听到看到的人都感到很伤心。当时雪下得正大,住户的门大多不开。公子到了安邑东门,顺着里弄的墙根走,向北转过了七八家,有一家只开着左扇门,这就是李娃的住宅。但是公子不知道,就连连大声呼喊,由于冻饿交加,叫声凄凉悲哀,令人不忍心听。李娃从阁楼里听到了,对侍女说:"这一定是那个公子,我听出他的声音了。"她快步走了出来，只见书生干枯瘦弱，满身疥疮，几乎不像人样。李娃心里很受触动，于是对他说："这不是郎君吗？"公子一听，悲愤交加，昏倒在地，说不出话来，只微微点头而已。李娃走过去，抱着他的脖子，用绣花袄裹着他弄到西厢房，不禁大声痛哭，说："使你落到这个地步，是我的罪过啊！"哭得昏过去半天才苏醒过来。老妇人异常吃惊，急忙跑了过来，说："怎么回事？"李娃说："是某郎君。"老妇人马上说："应当赶走他，为什么叫他来这里？"李娃脸色一沉，回过头来斜看着老妇人说："不能这样。他本来是清白人家的子弟，当初驾着高高的马车，带着贵重的行装，到了我们家，没超过一年就全部用光，并且又合谋施展诡计，抛弃赶走了他，这不是人应该做的。使他失去志向，被人们所不齿。父子之间的感情，本是人性天伦，却使他们断绝了骨肉情义，他父亲甚至杀死并丢弃了他。如今公子困顿倒霉到这种状况，天下的人都知道是因为我造成的。公子的亲戚在朝廷中做官的很多，一旦掌权的亲戚仔细查明了这件事的来龙去脉，灾祸就要临头了。况且欺骗上天辜负人心，鬼神也不会保佑的，还是不要给自己找祸吧。我作为您的孩子，到现在已有二十年了，花费的钱财，不止千金。现今您老已六十多了，我愿意计算一下二十年来我在衣食方面所用的钱，把它还给您为自己赎身。我打算与这个人另找住处，所去的地方不远，早晨晚上还可以来尽孝道，这样我的愿望也就满足了。"老妇人估计她的志向是不能改变了，便答应了她。李娃把钱给老妇人后，还剩有百金。向北经过四五家，在那儿租了一所空房。于是给公子洗了澡，换下脏衣服，做热粥给公子喝，以便使他肠胃通畅，然后又让他吃乳酪，以便滋润他的内脏，经过十多天，才让他吃些美味佳肴。公子穿戴的头巾鞋袜，也都选用珍贵时新的式样。不到几个月，公子的肌肉皮肤渐渐丰满，到年底，就完全痊愈复原，又像当初那样了。有一天，李娃对公子说："身体已经康复了，志向也该恢复了，你好好想一想，默默地回忆一下从前的功课学业，还可以拣起来吗？"公子想了一会儿，说："十分只剩二三分了。"李娃叫人套车出去游逛。公子骑着马跟着。到了旗亭南边的边门那里卖四书五经的书铺里，让公子从中选购了一些，计算用费共需一百金。买好后，把书全装到车上运了回来。于是叫公子排除各种杂念，专心致志地学习，让他把夜晚当作白天，勤奋刻苦地读书，李娃经常陪坐着，半夜才睡觉。等到他疲倦时，就叫他吟诗作赋。只二年，公子学业上有了很大的成就。国内的文章书籍，全部都看完了。公子对李娃说："现在我可以报名应试了。"李娃说："不到时候，学问必须又精又熟，才能百战百胜。"又过了一年，李娃说："现在可以去了。"于是公子一上考场，就考中了甲科，连礼部的考官们都十分震动。即使是前辈看了他的文章，也无不肃然表示敬仰羡慕，愿意跟他交朋友可却找不到机会。李娃说："你现在还不行，当今才德突出的人，一旦考中以后，就自认为可以取得朝中显耀的职务，占有天下的美名。而你过去的行为有污点，品德也不超群，比不上别的读书人，应当继续磨砺锋利的武器，以便取得第二次的胜利。那时你才可以结交很多文人，在群英中取得第一名。"公子从此更加勤奋刻苦，声望也越来越高。那一年正碰上三年一次的全国大考，皇帝下诏招收四方的杰出人才，公子选试了"直言极谏科"。考试"对策"名列第一，被授予成都府参军的职务。三公以下的官，都成了他的朋友。将去上任时，李娃对公子说："现在你已经恢复了自己原来的身份，我没有对不起你的地方了。我愿用我剩下的岁月，回去奉养老母亲。你应当跟一个名门贵族的女子结婚，以便主持冬秋的祭祀。像你这样在朝中做官的人，和我结婚是会玷污你的身份的。望你自珍自爱，我从现在起就要离开你了。"公子哭着说："你如果丢下我，我就自刎而死。"李娃坚决推辞，不答应公子的要求。公子再三请求，态度愈加诚恳。李娃说："现在我送你过长江，到了四川剑门以后，就得让我回来。"公子答应了。

去了一个多月，到达了剑门。还没等出发，调动官职的文书就送到了。公子的父亲也由常州奉皇命入川，被授予成都府尹，兼任剑南采访使。十二天后，公子父亲也到达剑门。公子于是送上名片，到驿站见府尹。父亲不敢认,看到名片上公子祖父和父亲的官名和名字,才大吃一惊,叫公子走上台阶,抚摸着他的背痛哭多时,说:"我和你的父子关系还像过去一样。"于是询问儿子的经历,公子就把自己的遭遇全部叙述了一遍。公子的父亲觉得非常奇怪,就问李娃在什么地方。公子说:"她送我到此地,已经让她回去了。"父亲说:"绝不可以。"第二天,命令准备车辆,父子一起先到了成都,把李娃留在剑门,单修了一座房子叫李娃住在里面。第二天,让媒人去说亲,按照结婚的全部礼仪去剑门迎娶,从此正式结为夫妻。李娃婚后,逢年过节,那些做妻子和儿媳应做的事,都做得非常周到。管理家务严格有条理,非常受公婆的宠爱夸奖。过了几年以后,公子的父母都去世了,两人极尽孝道。不久,在守孝的草屋那地方长出了灵芝,一个穗上开出三朵花,于是剑南道的长官把这事上报了皇亲。又有白燕数十只在他们住的楼房的屋脊上做窝。天子对此感到惊奇,格外地给予赏赐嘉奖。服孝期满,公子屡次升任显赫高贵的官职。十年当中,到几个郡做过官,李娃被封为汧国夫人。他们有四个儿子,都做了大官,官职最低的也做到了太原府府尹。弟兄们的姻亲都是名门大族,自家和亲属都兴盛发达,没有哪一家能比得上。

唉!一个行为放荡的妓女,节操行为竟能达到这种程度,即使是古代的烈女,也不能超过,怎么能不为她感慨呢?我的伯祖曾任晋州牧,后转户部,做水陆运使,三任都与那位公子做过职务上的交接,所以熟悉这些事。贞元年间,我与陇西的李公佐,谈论妇女的操守品德,于是便叙述了汧国夫人的事。李公佐听完后,不住地拍手赞叹,让我为李娃作传。我于是拿起笔来蘸上墨汁,详细地写出来以便保存下来。时间是乙亥岁秋天八月份。太原白行简记。

骊山老母给李筌说《皇帝阴符经》
宋　陈元靓

唐代李筌好神仙之道,在嵩山得黄帝《阴符经》,抄读数千遍,但不晓其义。在骊山下,遇一老母,为李筌说《阴符经》玄义。讲毕,为时已久,母曰:"观子若有饥色,吾有麦饭,相与为食。"因自袖中出一瓢,令筌于谷中取水。水既满,瓢忽沉泉中。筌回原处,老母已不见,只见麦饭数升,筌食麦饭后,绝粒。后入山访道,不知所终。

选自陈元靓《岁时广记》

[作者作品]

陈元靓,福建崇安人。约活动于南宋末年至元代初期。编著有《岁时广记》《事林广记》《博闻录》等书。其中《岁时广记》既是我国古代岁时记的集大成者,又可以说是我国历史上现存资料最丰富的一本岁时节日方面的类书,同时它还开创了单行本岁时记类书的先例,不仅为我们保存下了许多具有资料价值和认识价值的珍贵资料,还为我们保存了许多亡佚书籍的宝贵资料。

[相关史料]

骊山老母是道教供奉祭祀的一位远古尊神。骊山老母

骊山老母给李筌说经

亦称无极老母,《路史》云:"女娲,立治于中皇山之源,继兴于骊",《长安志》亦有"骊山有女娲治处,今骊山老母殿即其处"的记载。《汉书·律历志》将骊山老母称为"骊山女","骊山女亦为天子,遂以为女仙,尊曰老母"。骊山乃老母炼石补天之座骑奉命而化之,腹有泉,出温汤,供人民沐浴,能医治多种皮肤顽症,故曰神汤,亦是老母之圣德也。

李筌,道教思想理论家,政治军事理论家,隐士。号达观子,唐陇西(今甘肃境内)人。约活动于唐玄宗至肃宗时。少年时喜好神仙之道,曾经隐居于嵩山的少室山多年。据传"至嵩山虎口岩,得《黄帝阴符经》本经,素书朱漆轴,缄以玉匣,题云:'大魏真君元年(440年)七月七日上清道士寇谦之藏诸名山,用传同好。'抄读数千遍,竟不晓其义理。因入秦,至骊山下,逢一老母,……与筌说《阴符》之义"。唐玄宗唐肃宗时出仕,先为荆南节度副使(或荆南节度判官;一说江陵节度副使),后为邓州刺史(或云仙州刺史)。此后,"竟入名山访道,后不知其所"。李筌在唐代道士中有其独特的哲学思想体系,其著名的《黄帝阴符经疏》和《太白阴经》就是他哲学思想的代表,尤其是以人定胜天的天道观著称于世,在中国哲学思想发展史上有其重要的贡献。

《岁时广记》

嵩岳神受戒记

唐 许 筹

元珪禅师卜庐于嵩之庞坞。一日,有异人峨冠袴褶而至,从者极多,轻步舒徐,称谒大师。师睹其形貌奇伟非常,乃谕之曰:"善来仁者,胡为而至?"神曰:"师宁识我耶."师曰:"吾观佛与众生等,吾一目之岂分别耶。"神曰:"我此岳神也,能生死于人。师安得一目我哉?"师曰:"吾本不生,汝焉能死。吾视身与空等,视吾与汝等。汝能坏空与汝乎?苟能坏空及汝,吾则不生不灭也。汝尚不能如是,抑又焉能生死我耶?"神稽首曰:"我亦聪明正直于余神,讵知师有广人之智辨乎?愿授以五戒,令我度世。"师曰:"汝既乞戒,即既戒也。所以者,何戒外无戒,又何戒哉。"神曰:"此理也。我闻茫昧,止求师戒我身为门弟子。"师即为张座秉炉正几曰:"付汝五戒,若能奉持,即应曰能。不能即曰否。"曰:"谨受教。"师曰:"汝能不淫乎?"曰:"我亦娶也."师曰:"非此谓也。谓无罗欲也。"曰:"能。"师曰:"汝能不盗乎?"曰:"何乏我也,焉有盗取哉?"师曰:"非谓此也。谓飨而福淫不供而祸善也。"曰:"能。"师曰:"汝能不杀乎?"曰:"实司其柄,焉曰不杀?"师曰:"非谓此也。谓有滥误疑混也。"曰:"能。"师曰:"汝能不妄乎?"曰:"我正直,焉有妄乎?"师曰:"非谓此也。谓先后不合天心也。"曰:"能。"师曰:"汝不遭酒败乎?"曰:"能。"师曰:"如上为佛戒也。又言以有心奉持,而无心拘执。以有心为物,而无心想身。能如是,则先天地生不为精,后天地死不为老,终日变化而不为动,毕尽□默而不为休。信此,则虽娶非妻也。若能无心于万□,则罗欲不为淫,福婬祸善不为盗,滥误疑混不为杀,先后违天不为妄,惛荒颠倒不为醉,是为无心也。无心则无戒,无戒则无心。无佛无众生,无汝及无我。孰为戒哉!"神曰:"我神通亚佛。"师曰:"汝神通十句,五能五不能。佛则十句,七能三不能。"

神悚然避席,跪启曰:"可得闻乎?"师曰:"汝能戾上帝东天行而西七曜乎?"曰:"不能。"师曰:"汝能夺地祇融五岳,而结四海乎?"曰:"不能。"师曰:"是谓五不能也。佛能空一切相成万法智,而不能即灭定业。佛能知群有性穷亿劫事,而不能化导无缘。佛能度无量有情,而不能尽众生界。是谓三不能也。定业,亦不牢久。无缘,亦是一期。众生界,本无增灭。且无一人能主其法,有法无主是谓无法,无法无主是谓无心。如我戒,佛亦无神通也。但能以无心通达一切法尔。"神曰:"我诚浅昧,未闻空义。师所授戒,我当奉行。今愿报辞德,效我所能。"师曰:"我观身无物,观法无常,块然更有何欲耶!"神曰:"师必命我为世间事,展我神功,使已发心、初发心、未发心、不信心、必信心五等人目我神踪,知有佛、有神、有能、有不能、有自然、有非自然者。"师曰:"无为是,无为是。"神曰:"佛亦使神护法,是宁臜叛佛耶?愿随意垂诲。"师不得已,而言曰:"东岭寺之障,莽然无树。北岫有之,而背非屏拥。汝能移北树于东岭乎?"神曰:"已闻命矣。然昏夜必有喧动,愿师无骇。"即作礼辞去。师门送而且观之,见仪卫逶迤,如王者之状,岚霭烟霞纷纶间错,幢幡环佩凌空隐没焉。其夕,果有暴风吼雷,栋宇摇荡,宿鸟声喧。师谓众曰:"无怖,无怖。神与我契矣。"诘旦和霁,则北岩松栝尽移东岭,森然行植。

[作者作品]

许筹,唐朝武则天时期人,曾任登封县令。

《嵩岳神受戒记》属于佛教故事,在历史上很有名。故事里面说到两个人物,一是在嵩山传法的元珪禅师,一是中岳神。本文通过元珪禅师与中岳神关于"生死""妄""戒"等佛教方面对话,可看出俩人对佛教思想独特的理解。元珪禅师为中岳神受戒,而中岳神当夜显现神功,使嵩山会善寺出现了北树东移的奇景。

[相关史料]

元珪禅师

元珪(644~716年),盛唐时期在嵩山弘扬佛法的中国禅宗六祖之一,法如禅师的"受业"弟子,号称"庞坞和尚"。元珪俗姓李氏,伊阙(今伊川县)人。禀气英奇,宽裕闲雅。因为素性如此,愿出家为僧。他每天学习佛法,勤奋无懈,执律坚决。唐高宗永淳二年(683年)受具足戒,于法如国师门下得法印心。元珪曾做嵩岳寺主27年,唐开元四年(716年),元珪和尚圆寂,世寿73岁,弟子们为其造塔于嵩岳寺东岭。塔铭记载:"自达摩入魏,首传慧可,可传粲,粲传信,信传忍,忍传如,至于和尚(指元珪),凡历七代,皆为法主,累世一时。"塔铭尊法如为禅宗六祖,称元珪是禅宗第七代法主。

元珪和尚曾以嵩岳寺为道场,弘扬佛法。元珪和尚一生传法的行实,宋《高僧传》卷十九,《五灯会元》均有记载,其中都详细地记录了元珪和尚在嵩岳寺传法时,对一个皈依者讲解五戒的具体内容和奉持五戒的方法。现在舍利塔早已塌毁,塔铭镶嵌在岭东法王寺地藏殿的前檐墙壁上。

嵩岳嫁女记

唐　施肩吾

　　三礼田璆者,甚有文,通熟群书,与其友邓韶博学相类,皆以人昧,不能彰其明。家于洛阳。元和癸巳岁中秋望夕,推觞晚出建春门,期望月于韶别墅。行二三里遇韶,亦携觞自东来,驻马道周,未决所适。有二书生,乘骢复出建春门,揖璆、韶曰:"二君子契榼,得非求今夕望月之地乎?某敝庄水竹台榭,名闻洛下。东南去此三二里,傥能迂辔,冀展倾盖之分耳。"璆、韶甚惬所望,乃从而往。问其姓氏,多他语对。行数里,桂轮已升。至一车门,始入甚荒凉。又行数百步,有异香迎前而来,则豁然真境矣。飞泉交流,松桂夹道,奇花异草,照烛如昼,好鸟腾骞,风和月莹。璆、韶请疾马飞觞。书生曰:"足下榼中,厥味何如?"璆、韶曰:"乾和五酘,虽上清醍醐,计不加此味也。"书生曰:"某有瑞露之酒,酿于百花之下,不知与足下五酘孰愈耳。"谓小童曰:"折独夜一花,倾与二君子。"尝其花四出而深红,圆如小瓶,径三寸余,绿叶,形类杯,触之有余韵。小童折花至,倾于竹叶中,凡飞数巡,其味甘香不可比状。饮讫,又东南行数里,至一门。书生揖二客下马,命以烛夜花中之余,赏诸从者。饮一杯皆大醉,各止于户外。乃引客入,则有鸾鹤数十,腾舞来迎。步而前,花转繁,酒味尤美,其百花皆芳香,压枝于路旁。凡历池馆台榭,率皆陈设盘筵,若有所待,但不留璆、韶坐。璆、韶饮多,行又甚倦,请暂憩盘筵。书生曰:"坐亦何难,但不利于君耳。"璆、韶诘其由。曰:"今夕中天群仙会于兹岳。籍君神魄不离腥膻,请以知礼,导升降。此皆诸仙位坐,不宜尘触耳。"

　　言讫,见直北花烛亘天,箫韶沸空,驻云母双车于金堤之上,设水精方盘于瑶幄之内。群仙方奏霓裳羽衣曲。书生前进请命,再拜夫人。夫人褰帷笑曰:"下域之人,而能知礼,然服食之气犹然射人,不可近他。贵婿可各赐薰髓酒一杯。"璆、韶饮讫,觉肌肤温润,稍异常人,嘘吸皆异香气。夫人问左右:"谁人召来?"曰:"卫符卿、李八百。"夫人曰:"便令此二童接待。"于是二童引璆、韶于群仙之后纵目。"璆问曰:"相者谁?"曰:"刘纲。""侍者谁?"曰:"茅盈。""东邻女弹筝击筑者谁?"曰:"麻姑、谢自然。""帏中坐者谁?"曰:"西王母。"俄有一人驾鹤而来。王母曰:"久望。"有玉女问曰:"李生来未?"于是引璆、韶,进立于碧玉堂下左。刘君笑曰:"适缘莲花峰士奏章事,须决遣,尚多未来,客何言久望乎?"王母曰:"奏事章者,有何所为?"曰:"论浮梁县令李延年,以其人因贿赂履官途,以苛虐为官政。生情于案牍,忠恕之道蔑闻。唯雄于货财,巧伪之计更作。自贻覆,以促余龄。但以莲花峰叟徇从十人,奏章甚恳,特纾死限,量延五年。"璆问:"刘君谁?"曰:"汉朝天子。"续有一人驾黄龙,戴黄旄,导以笙歌,从以嫔嫡及瑶幄而下。王母复问曰:"李君来何迟?"曰:"为敕龙神设水旱之计,作沴淮蔡以奸逆。"汉主曰:"奈百姓何?"曰:"上帝亦有此问,予一表断其惑矣。"曰:"可得闻乎?"曰:"不能悉记,略举大纲耳。其表云:某孙某,克构丕基,德洽兆庶。临履深薄,匪敢怠荒。不劳师车,平中夏西蜀之孽。不费天府,扫东吴上党之妖。九有已见其朗清,一方尚屯其氛祲。伏以虺蜴肆毒,痛于淮蔡。豺狼尚惜其口喙,蝼蚁犹固其封疆。若遣时丰人安,是稔群丑。但使年饥疠作,必摇人心。如此倒戈而□,□□□卷。祸三州之逆党,所损至微。安六合之疾疢,其利则厚。伏请神龙施水,疠鬼行灾,由此天诛,以资战力。"汉主曰:"表至嘉。第既允许,可以前贺诛锄矣。"书生谓璆、韶:"此开元天宝太平之主也。"未顷,闻箫韶自空而下,执绛节者,前喝言:"穆天子来,奏乐。"群仙皆起,王母避位拜迎。二主降阶,入幄环坐而饮。王母曰:"何不拉取老轩辕来。"曰:"他今夕主张月宫之宴,非不勤请耳。"王母又曰:"瑶池一别后,陵谷几移,向来观洛阳东城,已丘墟矣。定鼎门西路忽焉复新市朝,云改名利如旧,可以悲叹耳。"穆王把酒请王母歌。以珊瑚钩击盘而歌曰:"观君酒,为君悲且吟。自从频见市朝改,无复瑶池宴乐心。"王母持杯,穆天子歌曰:"奉君酒,休叹市朝非。早知无复瑶池兴,悔驾骅骝草草归。"歌竟,与王母话瑶池旧事。乃重歌一章云:"入马回乘汗漫风,犹思停驾憩昭宫。宴移元圃情方合,乐奏钧天曲未终。斜汉露凝残月冷,流霞杯泛曙光红。昆仑回首不知处,疑是酒酣清梦中。"王母酬穆天子歌曰:"一曲笙歌瑶水滨,曾留逸足驻征轮。人间甲子周千岁,灵境杯觞初一巡。玉兔银河终不夜,厅花好树镇长春。悄知碧海饶词句,歌向俗流疑误人。"酒至汉武帝,王母又歌曰:"珠露金风下介秋,汉家陵树冷修修。当时不得仙桃力,寻作浮尘飘坟头。"汉主上王母酒,歌以送之曰:"五十余年四海清,自亲丹灶得长生。若言尽是仙桃力,看取神仙簿上名。"帝把酒曰:"吾闻丁令威能歌,令左右召来。"令威至。帝又遣子晋吹笙以和歌,曰:"月照骊山露泣花,似悲先帝早升遐。至今犹有长生鹿,时绕温泉望翠华。"帝持杯久之。王母曰:"应须召叶静能来,唱一曲当时事。"静能续至,跪献帝酒,复歌曰:"幽蓟烟尘别九重,贵妃汤殿罢歌钟。中宵扈从无全仗,大驾苍黄发六龙。妆匣尚留金翡翠,暖池犹浸玉芙蓉。荆榛一闭朝元路,惟有悲风吹晚松。"歌竟,帝凄惨良久。诸仙亦惨然。于是黄龙持杯,立于车前,再拜祝曰:"上清神女,玉京仙郎。乐此今夕,和鸣凤凰。凤凰和鸣,将翱将翔。与天齐休,庆流无央。"仙郎即以鲛绡五千匹,海人文锦三千端,琉璃琥珀器一百床,明月骊珠各十斛,赠奏乐仙女。乃有四鹤,立于车前,载仙郎并相者、侍者、兼有宝花台。俄进法膳,凡数十味,亦沾及璆、韶。璆、韶饫饱。有仙女捧玉箱,托红笺笔砚而至,请催妆诗。于是刘纲诗曰:"玉为质兮花为颜,蝉为鬓兮云为环。何劳傅粉兮施渥丹,早出娉婷兮缥缈间。"于是茅盈诗云:"水精帐开银烛明,风摇珠佩连云清。休匀红粉饰花态,早驾双鸾朝玉京。"巢父诗曰:"三星在天银汉回,人间曙色东方来。玉苗琼蕊亦宜夜,莫使一花冲晓开。"诗既,入内。有环佩声,即有玉女数十,引仙郎入帐,召璆、韶行礼。礼毕,二书生复引璆、韶辞夫人。夫人曰:"非无至宝可以相赠,但两力不任携挈耳。"各赐延寿酒一杯,曰:"可增人间半甲子。"复命卫符卿等引还人间,无使归途寂寞。于是二童引璆、韶而去,折花倾酒,步步惜别。卫君谓璆、韶曰:"夫人白日上升,骖鸾驾鹤,在积习而已。未有积德累仁,抱才蕴学,卒不享爵禄者,吾未之信。傥吾子尘牢可逾,俗桎可脱,自今十五年后,待子于三十六峰,愿珍重自爱。"复出来时车门,握手言别。别讫,行四五步,杳失所在,惟见嵩山嵯峨倚天。得樵径而归,及还家已岁余,室人招魂葬于北邙之原,坟草宿矣。于是璆、韶捐弃家室,同入少室山。今不知所在。

[作者作品]

施肩吾

施肩吾(780~861年),唐朝诗人、道学家。字希圣,号东斋,入道后称栖真子。唐睦州分水县桐岘乡(贤德乡)人。唐宪宗元和十五年(820年)进士第一,但当时因朝廷腐败,官员拉帮结派,勾心斗角,互相残害,施肩吾不愿混迹其中,于是写了一首《上礼部侍郎陈情》诗:"九重城里无亲识,八百人中独姓施。弱羽飞时攒箭险,寒驴行处薄冰危。晴天欲照盆难反,贫女如花镜不知。却向从来受恩地,再求青律变寒枝。"表示要回故里,未待朝廷授官,就跑到江西洪州潜心学道修仙。习《礼记》,有诗名。趣尚烟霞,慕神仙轻举之学。诗人张籍称他为"烟霞客"。长庆(821~824年)中,隐于洪州西山(在今江西南昌)学仙(或说"文宗太和中,乃自严陵入西山访道")。

他在《与徐凝书》中自谓"仆虽幸忝成名,自知命薄,遂栖心玄门,养性林壑。赖先圣扶持,虽年迫迟暮,幸免龙钟,其所得如此而已"。又在《述灵响词序》中称"慕道年久",览《三静经》而行"三静关"法,以开成三年(838年)正月一日"闭户自修,不交人事",后"此三者皆应"。著有《西山集》10卷、《闲居诗》百余首。《全唐文》收有《养生辨疑诀》(或作《辨疑论》)等,《全唐诗》也收入其诗作。其养生之说亦见于《道枢》。

施肩吾在归隐洪州西山后,写了这篇传奇《嵩岳嫁女记》(见《虞初志》卷三),叙述上清神女嫁玉京仙郎,众仙咏歌的故事。施肩吾虽然脱离尘俗,成了道士,却把人间男女婚嫁之事移给了神女、仙郎;环境也从凡俗移上了嵩岳,参加者也不是世上的亲朋好友,而是西王母、穆天子、汉武帝、唐明皇、丁令威、叶静能等上界仙人,大家欢聚一起吟诗作歌,咏叹往事。文章篇幅漫长,文辞华艳。不但故事浪漫,而且写得富有人情味。

《全唐诗》卷八百六十二以"嵩岳诸仙"作《嫁女诗》为题,收录《嵩岳嫁女记》传奇中全部14首诗。

裴铏小说二则

唐 裴 铏

[作者作品]

裴铏(约860年前后在世),唐末笔记小说家。唐咸通九年(868年)为静海军节度使高骈掌书记,加侍御史供奉。乾符五年(878年)以御史大夫为成都节度副使,加御史大夫。裴铏著有《传奇》3卷,《新唐书·艺文志》多记神仙恢谲之事。裴铏一生以文学名世,为唐代小说的繁荣和发展做出过巨大贡献。唐代小说之所以称为传奇,便是从其名著《传奇》一书命名的。这并非偶然,而是由其书所表现出的高超的文学水准所决定的。裴铏是一个多产作家,他以自己的创作实践推动了中国小说的迅猛发展。

《裴铏传奇》

裴铏的《传奇》是唐代后期小说创作成就的代表。本书中所选的以下这几篇小说,皆是发生于嵩洛地区的故事。细细读来,情节曲折离奇,引人入胜,是唐代小说的著名篇章。

一、萧旷遇神女

[原文]

大和中,处士萧旷,自洛东游,至孝义馆,夜憩于双美亭。时月朗风清,旷善琴,遂取琴弹之。夜半,调甚苦。俄闻洛水之上,有长叹者,渐相逼,乃一美人。旷因舍琴而揖之曰:"彼何人斯?"

女曰:"洛浦神女也。昔陈思王有赋,子不忆耶?"

旷曰:"然。"

旷又问曰:"或闻洛神即甄皇后,谢世,陈思王遇其魄于洛滨,遂为《感甄赋》,后觉事之不正,改为《洛神赋》,托意于宓妃,有之乎?"

女曰:"有之,妾即甄后也,为慕陈思王之才调,文帝怒而幽死,后精魄遇王于洛水之上,叙其冤抑;因感而赋之,觉事不典,易其题,乃不缪矣。"

俄有双鬟,持茵席,具酒肴而至。谓旷曰:"妾为袁家新妇时,性好鼓琴,每弹至《悲风》及《三峡流泉》,未尝不尽夕而止。适闻君琴韵清雅,愿一听之。"

旷乃弹《别鹤操》及《悲风》,神女长叹曰:"真蔡中郎之俦也!"

问旷曰:"陈思王《洛神赋》如何?"

旷曰:"真体物浏亮,为梁昭明之精选尔。"

女微笑曰:"状妾之举止云:'翩若惊鸿,婉若游龙,'得无疏矣?"

旷曰:"陈思王之精魄,今何在?"

女曰:"见为遮须国王。"

旷曰:"何谓遮须国?"

女曰:"刘聪子死而复生,语其父曰:'有人告某云:遮须国久无主,待汝父来作主。'即此国是也。"

俄有一青衣,引一女,曰:"织绡娘子至矣。"

神女曰:"洛浦龙君之处女,善织绡于水府,适令召之尔。"

旷因语织绡曰:"近日人世或传柳毅灵姻之事,有之乎?"

女曰:"十得其四五尔,余皆饰词,不可惑也。"

旷曰:"或闻龙畏铁,有之乎?"

女曰:"龙之神化,虽铁石金玉,尽可透达,何独畏铁乎?畏者,蛟螭辈也。"

旷又曰:"雷氏子佩丰城剑至延平津,跃入水,化为龙,有之乎?"

女曰:"妄也!龙,木类;剑乃金,金既克木而不相生,焉能变化?岂同雀入水为蛤、野鸡入水为蜃哉,但宝剑灵物,金水相生而入水,雷生自不能沉于泉,信其下,搜剑不获,乃妄言为龙。且雷焕只言'化去',张司空但言'终合',俱不说为龙。任剑之灵异,且人之鼓铸锻炼,非自然之物,是知终不能为龙,明矣?"

旷又曰:"梭化为龙,如何?"

女曰:"梭,木也;龙本属木,变化归木,又何怪也。"

旷又曰:"龙之变化如神,又何病而求马师皇疗之?"

女曰:"师皇是上界高真,哀马之负重行远,故为马医,愈其疾者万有匹,上天降鉴,化其疾于龙唇吻间,欲验师皇之能。龙后负而登天。天假之,非龙真有病也。"

旷又曰:"龙之嗜燕血,有之乎?"

女曰:"龙之清虚,食饮沆瀣,若食燕血,岂能行藏?盖嗜者乃蛟蜃辈,无信造作,皆梁朝四公诞妄之同尔。"

旷又曰:"龙何好?"

曰:"好睡,大即千年,小不下数百岁。但仰于洞穴,鳞甲间聚其沙尘。或有鸟衔木实遗弃其上,乃甲拆生树,至于合抱,龙方觉悟,遂振迅修行,脱其体而入虚无,澄其神而归寂灭,自然形之与气,随其化用,散入真空。若未胚腪,若未凝结,如物有恍惚,精奇杳冥。当此之时,虽百骸五体,尽可入于芥子之修行,向何门而得?"

女曰："高真所修之木何异。上士修之，形神俱达；中士修之，神超形沉；下士修之，形神俱堕。且当修之时，气爽而神凝，有物出焉，即老子云：'恍恍惚惚，其中有物也。'其于幽微，不敢泄露，恐为上天谴谪尔。"

神女遂命左右传筋叙语，情况昵洽，兰艳动人，若左琼枝而右玉树，缱绻永夕，感畅冥怀。旷曰："遇二仙娥于此，真所谓'双美亭'也。"

忽闻鸡鸣，神女乃留诗曰："玉箸凝腮忆魏宫，朱丝一弄洗清风，明晨追赏应愁寂，沙渚烟消翠羽宫。"

织绡诗曰："织绡泉底少欢娱，更劝萧郎尽酒壶，愁见玉琴弹《别鹤》，又将清泪滴真珠。"

旷答二女诗曰："红兰吐艳间夭桃，自喜寻芳数已遭，珠佩鹊桥从此断，遥天空恨碧云高。"

神女遂出明珠、翠羽二物赠旷曰："此乃陈思五赋云：'或采明珠，或拾翠羽'，故有斯赠，以成《洛神赋》之咏也。"

龙女出轻绡一疋赠旷曰："若有胡人购之，非万金不可。"

神女曰："君有奇骨异相，当出世，但淡昧薄俗，清襟养真，妾当为阴助。"

言讫，超然蹑虚而去，无所睹矣。

后旷保其珠、绡，多游嵩岳，友人尝遇之，备写其事。今逝世不复见焉。

[译文]

唐朝太和年间，有个隐居的人叫萧旷，沿着洛水向东游历，到孝义馆后。晚上在双美亭小歇，当时月朗风清。萧旷善于弹琴，就取琴弹奏。深夜，琴声悲凉。一会儿，听见洛水上有长叹声越来越近，原是一个美人。萧旷放下琴行礼问："您是什么人？"

女子说："我就是洛神。当年陈思王有《洛神赋》，你不记得了吗？"

萧旷说："记得。"

萧旷又问："听说洛神就是甄皇后，死后陈思王在洛水边遇见了她的魂灵，写成了《感甄赋》，后来觉得此事不好，就改名为《洛神赋》，寄托心意于洛神，有这事吗？"

女子说："有，我就是甄后。因为倾慕陈思王的才气，魏文帝大怒把我幽禁而死。后来我的魂魄在洛水边遇见陈思王，就向他述说了我的冤屈，他有感而发写了《感甄赋》。后觉得这事不合常理，就改名了。这是不错的。"

洛　神

一会儿，有个梳着双髻的少女，拿着坐垫和酒菜走来。洛神对萧旷说："我刚嫁到袁家时，很喜欢弹琴。每弹起《悲风》和《三峡流泉》时，常会弹上一夜才停止，刚才听到您的琴声清新秀雅，我还想听听？"

萧旷就弹了《别鹤操》和《悲风》。神女悠长地叹口气道，"您的琴艺和蔡邕不相上下。"

又问萧旷："陈思王的《洛神赋》怎样？"

萧旷说："描述事物的确明朗清亮，被梁昭明选作精品。"

洛神微笑着说："赋中写我的举止说：'翩若惊鸿，婉若游龙。'写得没有疏漏的地方吗？"

萧旷问:"陈思王的魂魄在哪里?"

洛神说:"我见到他时是遮须国的国王。"

萧旷说:"什么叫遮须国?"

洛神说:"刘聪的儿子死而复生,对他父亲说,'有人对我说:遮须国很久没有国王了,等你父亲来当国王。'说的就是这个遮须国。"

一会儿,有一使女领着一女子来到面前,说:"织布娘子到了。"

洛神说:"这是洛水龙王的女儿,她善于在龙宫里织布,是我刚把她请来的。"

萧旷问织布娘子:"近来人世间都传说柳毅与龙女联姻的事,有这事吗?"

织布娘子说:"十成只有四五成是对的,其余都是托词,不要被它迷惑。"

萧旷问:"听说龙怕铁,有这事吗?"

织布娘子说:"龙是神变化而来的,即使是铁石金玉都可畅达无阻,为何只怕铁呢? 真正怕铁是蛟螭之类的龙。"

萧旷又问:"传说雷氏子佩着丰城宝剑到了延平渡口,剑掉到水里变成了龙,有这事吗?"

织布娘子说:"胡说。龙属木,剑属金,金与木相克而不相生,剑怎能变成龙呢? 怎能像鸟雀入水变成蛤蜊,野鸡入水能变成大蛤蜊。宝剑是有灵性的,金水相生进入水中,就会生出雷而不会在水中沉没。的确剑掉进水里,怎么也捞不到,就胡说宝剑变成龙了。其实雷焕只说'化去',张司空则说'终合',都没说变龙。任凭宝剑的灵性,终归是经过人类敲击、铸造、锻烧、锤炼而成的,并非自然中的之物,这样最终也不可能变成龙,明白了吗?"

萧旷又问:"织布的梭子变为龙,可以吗?"

织布娘子说:"梭子是木头做的,龙本来就属木,梭变龙后仍归为木,这有什么奇怪的呢。"

萧旷又说:"龙变化后像神仙,为什么病了还要请马师皇来治疗呢?"

织布娘子说:"马师皇是上界里的大仙,他怜悯马的负重远行之苦,才当了马医。他治好了上万匹的马。上天俯察一切,让龙变为马在其嘴唇处生疮,想检验他的医术。病好后龙背负使命回到天庭。那是上天故意安排的,不是龙真有病。"

萧旷又问:"龙爱喝燕子的血,有这事吗?"

织布娘子说:"龙在清洁的天空,吃的是夜间的水气,如果吃燕子血,怎能在空中隐身行走? 喜欢喝燕血的是蛟、大蛤蜊之类的水族。别信无稽之谈,那都是梁朝四公们荒诞虚妄的骗人话。"

萧旷又说:"龙有什么爱好?"

织布娘子说:"龙爱睡觉。大睡千年,小睡不低于几百年。它在洞穴里面朝上躺着,鳞甲之间聚集了很多尘土。有时有鸟衔着树木的种子丢在龙身上,种子发芽长出大树,甚至能长到一个人合抱那么粗,龙才睡醒,于是抖动身体修养德行,脱离肉体进入虚空,使自己的灵魂清静而回归超脱生死的理想境界。龙身上的树自然而然地跟着变化为气,随着龙的变化而变,散落在仙界的空中。如果没有发芽,如果没有集聚,如果物体精神集中不了,精致奇妙极高、极远以致看不清的地方。每当此时,人可以像小小的芥子可包容整个世界一样修行,从哪可以找到修行的路呢?"

织布娘子说:"龙和高士真人的修行在方法上没什么区别。贤能之士修行,形和神都能达到仙界。一般人修行,精神能成仙肉体却失去了。智力、德行低下的人修行,神和形都坠入地狱。并且当修行的时候,心气清爽而全神贯注,就会感到灵魂脱离肉体,像老子说的那样:'恍恍惚惚,其中有物也。'至于更深奥精微的方法。我不敢泄露,恐怕你会受到上天的责备。"

洛神让使女劝酒、聊天,情形亲热融洽,美人色彩灿烂、艳丽动人,左边的像是琼枝,右边的像是玉树,一夜都情意深厚,深沉地相互感动包围他们。萧旷说:"在此遇见二位仙女,不愧为叫做'双美亭'呀!"

忽然听见雄鸡报晓,洛神留诗道:"玉筯凝腮忆魏宫,朱丝一弄洗清风。明晨追赏应愁寂,沙渚烟销翠羽空。"

织布娘子赠诗道:"织绡泉底少欢娱,更劝萧郎尽酒壶。愁见玉琴弹《别鹤》,又将清泪滴珍珠。"

萧旷和了一首诗答谢道:"红兰吐艳间天桃,自喜寻芳数已遭。珠佩鹊桥从此断,遥天空恨碧云高。"

洛神拿出明珠和珍宝赠给萧旷说:"这是陈思王的赋里说:'或采明珠,或拾翠羽'的东西,就送给你吧,就符合《洛神赋》里所描写的了。"

龙女把一匹透明有花纹的丝织品送给萧旷说:"如果有胡地的人买它,非一万金不可。"

洛神说,"你的骨相奇特、面相不同常人,应该学道,只应吃粗茶淡饭远离坏风气,养成高洁的胸怀,我会暗中帮助你。"

说完,凌空飞向远方,什么也看不见了。

后来萧旷保存着明珠和透明有花纹的丝织品,经常游历嵩山,朋友曾经遇到过,详细地写出了这些事。以后再也没人和他邂逅过。

二、封陟

[原文]

宝历中,有封陟孝廉者,居于少室。貌态洁朗,性颇贞端。志在典坟,僻于林薮。探义而星归腐草,阅经而月坠幽窗。兀兀孜孜,俾夜作昼,无非搜索隐奥,未尝暂纵揭时日也。书堂之畔,景象可窥,泉石清寒,桂兰雅淡;戏猿每窃其庭果,唳鹤频栖于涧松。虚籁时吟,纤埃昼阒。烟锁筼筜之翠节;露滋踯躅之红葩。薜蔓衣垣,苔茸毯砌。

时夜将午,忽飘异香酷烈,渐布于庭际。俄有辎軿自空而降,画轮轧轧,直凑檐楹。见一仙姝,侍从华丽,玉佩敲磬,罗裙曳云,体欺皓雪之容光,脸夺芙蕖之艳冶,正容敛衽而揖陟曰:"某籍本上仙,滴居下界,或游人间五岳,或止海面三峰。月到瑶阶,愁莫听其风管;虫吟粉壁,恨不寐于鸳衾。燕浪语而徘徊,鸾虚歌而缥缈。宝瑟休泛,虬觥懒斟。红杏艳枝,激合丁绮殿;碧桃芳萼,引凝睇于琼楼。既厌晓妆,渐融春思。伏见郎君坤仪浚洁,襟量端明,学聚流萤,文含隐豹。所以慕其真朴,爱以孤标,特谒光容,愿持箕帚,又不知郎君雅旨如何?"

陟摄衣朗烛,正色而坐,言曰:"某家本贞廉,性惟孤介,贪古人之糟粕,究前圣之指归;编柳苦辛,燃粕幽暗;布被粝食,烧蒿茹藜,但自固穷,终不斯滥,必不敢当神仙降顾。断意如此,幸早回车。"

姝曰:"某乍造门墙,未申恳迫,辄有诗一章奉留,后七日更来。"

诗曰:"谪居蓬岛别瑶池,春媚烟花有所思,为爱君心能洁白,愿操箕帚奉屏帏。"

陟览之,若不闻,云軿既去,窗户遗芳,然陟心中不可转也。

后七日夜,姝又至,骑从如前时。丽容洁服,艳媚巧言,入白陟曰:"某以业缘邂逅,魔障欻起。蓬山瀛岛,绣帐绣帐锦宫,恨起红茵,愁生翠被。难窥舞蝶于芳草,每妒流莺于绮丛,麋不双飞,俱能对跱,自矜孤寝,转憎空闺。秋却银缸,但凝眸于片月;春寻琼圃,空抒思于残花。所以激切前时,布露丹

恳,幸垂采纳,无阻精诚。又不知郎君意竟如何?"

陟又正色而言曰:"某身居山薮,志已颛蒙,不识铅华,岂知女色,幸垂速去,无相见尤。"

姝曰:"愿不贮其深疑,幸望容其陋质,辄更有诗一章,后七日复来。"

诗曰:"弄玉有夫皆得道,刘纲兼室尽登仙。君能仔细窥朝露,须逐云车拜洞天。"

陟览,又不回意。

后七日夜,姝又至,态柔容冶,靓衣明眸,又言曰:"逝波难驻,西日易颓,花木不停。薤露非久,轻沤泛水,只得逡巡。微烛当风,莫过瞬息。虚争意气,能得几时?恃顽韶颜,须臾槁木。所以君夸容鬓,尚未凋零,固止绮罗,贪穷典籍,及其衰老,何以任持?我有还丹,颇能驻命,许其依托,必写襟怀,能遣君寿例三松,瞳方两目,仙山灵府,任意追游。莫种槿花,使朝晨而骋艳;休敲石火,尚昏黑而流光。"

心如铁石,无陟乃怒目而言曰:"我居书斋,不欺暗室,下惠为证,叔子是师。是何妖精,苦相凌逼?更多言,倘若迟回,必当窘辱。"

侍卫谏曰:"小娘子回车,此木偶人,不足与语,况穷薄当为下鬼,岂神仙配偶耶?"

姝长吁曰:"我所以恳恳者,为是青牛道士之苗裔。况此时一失,又须旷居六百年,不是细事。于戏!此子大是忍人!"

又留诗曰:"萧郎不顾凤楼人,云涩回车泪脸新,愁想蓬瀛归去路,难窥旧苑碧桃春。"

辒辌出户,珠翠响空,泠泠萧笙,沓沓云露,然陟意不移。

后三年,陟染疾而终,为太山所追,束以大锁,使者驱之,欲至幽府。

忽遇神仙骑从,清道甚严。使者躬身于路左,曰:"上元夫人游太山耳。"

俄有仙骑,召使者与囚俱来,陟至彼,仰窥,乃昔日求偶仙姝也。但左右弹指悲嗟。仙姝遂索追状,曰:"不能于此人无情。"

遂索大笔判曰:"封陟性虽执迷,操唯坚洁,实由朴憨,难责风情,宜更延一纪。"

左右令陟跪谢。使者遂解去铁锁,曰:"仙官已释,则幽府无敢追摄。"

使者却引归。良久苏息。后追悔昔日之事,恸哭自咎而已。

[译文]

唐朝宝历年间,有个孝廉叫封陟,住在少室山。他外貌纯净光亮,性格端庄正直。立志钻研三坟五典,在树木遮掩的偏僻之处。探求文章的意义直到星星落在腐草之下,阅读经书到月落西窗。勤奋刻苦努力不懈,夜以继日,只为搜寻探求隐晦深奥的道理,不曾放松片刻时间。书屋附近,景象可观,泉清石寒,桂淡兰雅,玩耍的猴子常来偷吃院中的果子,鸣叫的仙鹤常栖息于山涧的松柏之间,天籁之声常有。微尘在白天都是寂静的,云雾锁住竹子绿色的枝节,露水滋润着缓慢开放的红花。薜蔓爬满了墙壁,苔藓像毯子一样铺在地面。

时到午夜,忽然飘来非常浓郁的异香,渐渐充满了庭院,一会儿,有辆用布帘围起的车子从空中降下,彩轮轧轧作响,一直来到屋檐前。见一位仙女,侍从的华丽,玉珮叮当,罗裙拖着云彩。肌体超过皓雪的洁白,面色胜过荷花的娇艳。仙女正色提起衣襟夹于带间给封陟作揖说:"我原是上仙,贬居到下界,有时到五岳云游,有时到海上三仙岛。月光照到瑶池的台阶上,忧愁时不听风管之声;虫吟在粉墙,急切地盼望着在鸳鸯被中睡去。听燕子胡说而徘徊不前,鸾鸟的歌声隐隐约约,宝瑟藏起,美酒懒倒。红杏艳枝,掩盖住美丽的殿堂;碧桃的花瓣,引得我凝视琼楼。已经厌倦了早晨化妆,又渐渐融化了思春的情绪。跪见郎君你立于天地之间品德高尚、气度非凡、正直明智、才华四溢、文章中带着贤者的风范。因为这些才仰慕你的纯真朴实，爱你的品行高尚，特来拜见，愿终身侍奉，不知郎君尊意如何？"

封陟整理衣服把灯烛捻亮，正襟危坐，说："我是正直廉洁之士，性情直爽，贪恋古人留下的典籍，研究前辈圣人的理论，刻苦求学，天黑点灯。盖布被吃糙米，烧野草吃黍米，君子固然有穷时，但不如小人穷时则胡作非为，实在不敢当神仙的光顾。断决此意，希望早些回去。"

仙女说："我初次造访老师家，还没表明恳切之意，就奉送一首诗，七日后再来。

诗曰："谪居蓬岛别瑶池，春媚烟花有所思。为爱君心能洁白，愿操箕帚奉屏帏。"

封陟看了像没看一样。神仙所乘车走后，门窗留下芳香，然而封陟心意没有转变。

七天后的夜里，仙女又来了，车辆随从和上次一样。美丽的容貌，洁白的服装，艳丽可爱，能说会道。进来后对封陟说："我因为尊缘快速缠绕，魔障忽起。在蓬莱瀛洲的绣帐锦宫中，红垫子生恨，翠被生愁。见蝴蝶在芳草之中飞舞而难过，看流莺在美丽的树丛中啼叫而心生妒意。没有不双飞，都能相对站立，自恃孤寝，空闺中心乱迷糊。秋去银缸，定睛去看月；春天到神仙的园圃寻找，空抒情怀对残花。因此前次来时激烈直率，表露赤诚的心，希望你能接纳，不拒绝我的精诚之心。又不知郎君的心意究竟如何？"

封陟又严肃地说："我身居山林，心志愚昧，不识化妆品，又怎知女色？希望赶快回去，不要见怪。"

仙女说："愿你不要心存疑虑，希望容忍我瘦弱的体质。这里还有诗一首，七天后我再来。"

诗曰："弄玉有夫皆得道，刘刚兼室尽登仙。君能仔细窥朝露，须逐云车拜洞天。"

封陟看完还是没回心转意。

七天后的夜里，仙女又来了，态度温柔，容态妖媚，艳丽的衣服，明眸含情，又说："逝去的流水难以停留，偏西的太阳容易下坠，花木不会停止生长，蕙上露水少而易干就像生命之短促，漂浮在水面的水泡，都只是瞬间的事。微弱的灯烛迎风，不过瞬间熄灭，争夺空虚的志向与气概，能得多久？任性逞强和美好的容貌，不久就变得像枯木。你夸耀容颜鬓发，那是还没衰败，执意拒绝女人，寻根究源于古书，到衰老时，靠什么维持？我有还丹，能使生命常驻，允许我依靠于你，一定使你能抒发胸怀。我能让你寿列三松，看见内心深处，仙山灵府，任意寻胜而游。不种木槿花，它只在早晨尽情吐艳；不敲石火，它只是昏暗中的一道流光。"

封陟怒目而视地说："我住在书斋，没在黑暗的屋子里昧着良心做坏事，柳下惠可以作证，晋朝羊祜可以为师。你是什么妖精，苦苦欺凌逼迫？我心如铁石，你无须多言，假如走晚了，必受困迫凌辱。"

侍卫直言规劝："小娘子回去吧，这是个木头人，不值得跟他说；况且他穷困只能当作下等鬼，哪里是神仙的配偶呀？"

仙女长叹说："我如此至诚，因为他是封衡的后代子孙；何况此时机一旦失去，又须单身独居六百年，不是小事。呜呼！他是硬心肠的人。"

又留下一首诗："萧郎不顾凤楼人，云涩回车泪脸新。愁想蓬瀛归去路，难窥旧苑碧桃春。"

辎车出了门，珍珠翠玉在空中作响，箫笙清幽的声音，云路上喋喋不休。但封陟的心意还是不改。

三年后，封陟得病而死。被太山之神所追，用大锁锁住，使者驱赶着他，欲到地府中去。

忽然遇到神仙的骑马随从，鸣锣开道很威严。使者躬身到路左边说："上元夫人游太山了。"

一会儿，有仙人的骑从，招使者与囚犯一起过去。封陟到那后，仰面偷看，原是昔日求婚的仙女，只是左右弹指悲叹。仙女就索要追状，说："不能对这人无情。"

又大笔一挥批道："封陟虽然固执，但操守坚定高洁，实在由于朴实憨厚，难以责备他不懂风情。

应延长寿命十二年。"

仙女左右的人让封陟跪谢，使者就解开铁链，说："仙官已放了他，那地府就不敢追取了。"

使者把他送回家，很久后苏醒过来。后来对往事追悔不及，只是痛哭自责而已。

僧 侠

唐 段成式

[原文]

唐建中初，士人韦生，移家汝州。中路逢一僧，因与连镳，言论颇洽。日将夕，僧指路歧曰："此数里是贫道兰若，郎君能垂顾乎？"

士人许之，因令家口先行。僧即处分从者供帐具食。行十余里不至，韦生问之，即指一处林烟曰："此是矣。"

及又前进，日已昏夜，韦生疑之。素善弹，乃密于靴中取张卸弹，怀铜丸十余，方责僧曰："弟子有程期，适偶贪上人清论，勉副相邀。今已行二十里，不至，何也？"

僧但言且行。是僧前行百余步，韦生知其盗也，乃弹之，正中其脑。僧初若不觉，凡五发中之。僧始扪中处，徐曰："郎君莫恶作剧。"

韦骇之，无可奈何，亦不复弹。良久，至一庄墅，数十人列火炬出迎。僧延韦生坐一厅中，笑曰："郎君勿忧。"

因问左右："夫人下处如法无？"

复曰："郎君且自慰安之，即就此也。"

韦生见妻女别在一处，供帐甚盛，相顾涕泣。即就僧，僧前执韦生手曰："贫道盗也，本无好意，不知郎君艺若此，非贫道亦不支也。今日固已无他，幸不疑耳。适来贫道所中郎君弹悉在。"

乃举手搦脑后，五丸坠焉。有顷布筵，具蒸犊，觳上剒刀子十余，以饬饼环之。揖韦生就座，复曰："贫道有义弟数人，欲令谒见。"

言已，朱衣巨带者五六辈列于阶下。僧叱曰："拜郎君！汝等向遇郎君，则成齑粉矣！"

食毕，僧曰："贫道久为此业，今向迟暮，欲改前非。不幸有一子，技过老僧，欲请郎君为老僧断之。"

乃呼飞飞出参郎君。飞飞年才十六七，碧衣长袖，皮肉如脂。僧曰："向后堂侍郎君。"

僧乃授韦一剑，及五丸，且曰："乞郎君尽艺杀之，无为老僧累也。"

引韦入一堂中，乃反锁之。堂中四隅明灯而俟。飞飞当堂执一短鞭，韦引弹，意必中。丸已敲落，不觉跃在梁上，循壁虚蹑，捷若猱獶弹丸尽，不复中。韦乃运剑逐之，飞飞倏忽逗闪，去韦身不尺。韦断其鞭数节，竟不能伤，僧久乃开门，问韦："与老僧除得害乎？"

韦具言之。僧怅然顾飞飞曰："郎君证成汝为贼也，知复如何！"

僧终夜与韦论剑及弧矢之事。天将晓，僧送韦路口，赠绢百疋，垂泣而别。

[作者作品]

段成式（803～863年），唐代著名志怪小说家。字柯古。晚唐邹平人。其父段文昌，曾任宰相，封邹平郡公，工诗，有文名。在诗坛上，他与李商隐、温庭筠齐名。在唐代晚期文学家中，段成式的文学成就是多方面的。他能诗善文除代表作志怪小说集《酉阳杂俎》传于后世外,在《全唐诗》中还收入他的诗词30多首,《全唐文》中收入他的文章11篇。

《僧侠》是《酉阳杂俎》中最为著名的一篇作品,也是一篇别具一格的剑侠小说,其写法对后世影响很大。

[译文]

唐朝建中初年,读书人韦生搬家到汝州,中途遇一僧人,便和他并辔而行,谈论得很融洽。天快黑时,僧人指着一岔路说:"离此几里就是我的寺庙,你能光临吗?"

韦生答应了,叫家人先走。僧人让他的随从先回去准备食宿用品。走了十余里还没到,韦生问僧人。他指一处林中的炊烟说:"这就是。"

段成式

到那后又往前走了。这时天已黑了,韦生有点疑心。他平常就擅长打弹弓,便悄悄地从靴中取出并打开弹弓,取出弹丸,怀中有铜丸十多粒。这才以责备僧人:"我的行程是有日期的,方才见到您闲谈,便应邀而来,现在已经走了二十里啦,怎么还没到?"

僧人只说走吧,他自己往前走了百余步,韦生知道他是强盗,便拿出弹弓射他,正打中他的脑袋,僧人起初像不知道似的,打中五发后,他才用手去摸打中的地方,慢慢说:"你不要恶作剧。"

韦生也无可奈何,不再打了。好久,到了一处庄园。几十人举着火把出来迎接。僧人请韦生到一厅中坐下,笑着说:"郎君不用担心。"

又问左右:"夫人的住处合适吗?"

又说:"郎君就在这里好好休息吧。"

韦生看到了妻子儿女住在另一处,住处安排得很好。夫妇互相看着都哭了,僧人来了,上前拉着韦生的手说:"我是个强盗,本来没怀好意,不知你有这么高的武艺,除非我别人是受不了的。现在没别的事,感谢你没有怀疑我,方才我中郎君的弹丸都在这。"

就举手用力按压脑后,五个弹丸便落下来。一会儿,摆上酒席,端上来的都是蒸小牛,小牛身上扎着十几把刀子,周围摆着切碎的饼。请韦生就座。又说:"我有几个结义弟兄,我叫他们拜见你。"

说完,有五六个穿红衣扎巨带的人站在台阶下。僧人喊道:"拜郎君,你们如果刚才遇到郎君,早就粉身碎骨了。"

吃完饭,僧人说:"我干这一行很久了,现在临近老了,很想痛改前非。不幸的是我有个儿子,他的技艺超过我,想请你除掉他。"

便叫飞飞出来拜见韦生。飞飞才十六七岁,穿着长袖的绿衣服,皮肤像胭脂。僧人说:"到后堂等郎君。"

僧人给韦生一把剑和五粒弹丸,对韦生说:"我乞求你使出所有的武艺来杀他,我今后就没有累赘了。"

他领韦生进一屋中,出来后反锁了门。屋中四个角落都有大的明灯。飞飞拿一短鞭站在屋中。韦生拉紧了弹弓。心想必须打中。弹丸射出时,飞飞已跳到梁上,虚踩墙壁绕圈,敏捷得像猕猴。弹丸打光了,也没打中他。韦生又持剑追逐他,飞飞一眨眼就停留躲闪数次,到韦生身旁不到一尺远。

韦生把飞飞的鞭子断成数节,却没有伤着飞飞。很久僧人打开门,问韦生:"为老夫除害了吗?"

韦生把方才的经过告诉了他。老僧人不痛快地对飞飞说:"你和郎君比武,证明你成贼了,只好这么办了么?"

这一夜僧人和韦生谈论剑术和弓箭之事,天要亮时,僧人把韦生送到路口,并赠给他绢布一百匹。二人垂泪而别。

崔玄微

唐 段成式

[原文]

唐天宝中,处士崔玄微洛东有宅。耽道,饵术及茯苓三十载。因药尽,领僮仆辈入嵩山采芝,一年方回。宅中无人,蒿莱满院。时春季夜间,风清月朗。不睡,独处一院,家人无故辄不到。

三更后,有一青衣云:"君在院中也。今欲与一两女伴过,至上东门表姨处,暂借此歇,可乎?"

玄微许之。须臾,乃有十余人,青衣引入。有绿裳者前曰:"某姓杨。"

指一人,曰:"李氏。"

又一人,曰:"陶氏。"

又指一绯小女,曰:"姓石,名阿措。"

各有侍女辈。玄微相见毕,乃坐于月下,问行出之由。对曰:"欲到封十八姨数日,云欲来相看,不得。今夕众往看之。"

坐未定,门外报:"封家姨来也。"

坐皆惊喜出迎。杨氏云:"主人甚贤,只此从容不恶,诸亦未胜于此也。"

玄微又出见封氏,言词泠泠,有林下风气,遂揖入坐。色皆殊绝。满座芳香,馥馥袭人。诸人命酒,各歌以送之,玄微志其二焉。有红裳人与白衣送酒,歌曰:"皎洁玉颜胜白雪,况乃当年对芳月。沈吟不敢怨春风,自叹容华暗消歇。"

又白衣人送酒,歌曰:"绛衣披拂露盈盈,淡染胭脂一朵轻。自恨红颜留不住,莫怨春风道薄情。"

至十八姨持盏,性颇轻佻,翻酒污阿措衣。阿措作色曰:"诸人即奉求,余即不知奉求耳。"

拂衣而起。十八姨曰:"小女弄酒!"

皆起,至门外别;十八姨南去,诸人西入苑中而别。玄微亦不知异。

明夜又来,云:"欲往十八姨处。"

阿措怒曰:"何用更去封姬舍,有事只求处士,不知可乎?"

阿措又言曰:"诸侣皆住苑中,每岁多被恶风所挠,居止不安,常求十八姨相庇;昨阿措不能依回,应难取力。处士倘不阻见庇,亦有微报耳。"

玄微曰:"某有何力,得及诸女?"

阿措曰:"但处士每岁岁日,与作一朱幡,上图日月五星之文,于苑东立之,则免难矣。今岁已过;但请至此月二十一日平旦,微有东风,即立之,庶夫免患也。"

玄微许之。乃齐声谢曰:"不敢忘德。"

拜而去。玄微于月中随而送之,逾苑墙,乃入苑中,各失所在。依其言,至此日立幡。是日东风振地,自洛南折树飞沙,而苑中繁花不动。玄微乃悟:诸女曰姓杨、李、陶,及衣服颜色之异,皆众花之精也。绯衣名阿措,即安石榴也;封十八姨,乃风神也。

后数夜,杨氏辈复至愧谢。各裹桃李花数斗,劝崔生:"服之可延年却老。愿长如此住,卫护某等,亦可致长生。"

至元和初,玄微犹在,可称年三十许人。

又,尊贤坊田弘正宅,中门外有紫牡丹成树,发花千余朵;花盛时,每月夜,有小人五、六,长尺余,游于花上。如此七、八年。人将掩之,辄失所在。

[作者作品]
段成式简介见《僧侠》。

[相关史料]
《崔玄微》是写花神,写一风清月白的春夜,花精、风神化作美女在崔家院中纵酒歌唱,人物个性鲜明,意境美妙。段成式的小说是唐代小说中的佳品。《崔玄微》的花精意象对后世小说创作影响很大。

[译文]
唐朝天宝年间,处士崔玄微在洛东有一处宅院。他沉溺于道教,服用饵术和茯苓三十年。因为药已用尽,他就领着僮仆们深入嵩山采灵芝。一年之后才回来。宅中没人居住,杂草满院。当时正是春天的夜晚,风清月朗,他没睡觉,单独住在一个院里。家人没事是不到这院里来的。

三更后,有一婢女来说:"您在院里!我现在想要和一两个女伴过去,到东门表姨那里去,想暂借此地歇一歇,可以吗?"

崔玄微答应了。一会儿,就有十多个人由那婢女领进来。有一个穿绿衣裳的上前说:"我姓杨。"

她指着一人说:"她姓李。"

又指一人,说:"她姓陶。"

又指一穿红衣小女子说:"她姓石叫阿措。"

《崔玄微》插图

她们各有自己的侍女。崔玄微与她们相见完毕,就坐到月下,问她们出来的原因。回答说:"想到封十八姨那几天,她说想要来看我们,没成行,今晚我们去看她。"

还没全坐稳,门外报告说:"封家姨来了。"

在坐的都惊喜地出去迎接。杨氏说:"这家的主人很好,仅此举动不令人厌恶,其他地方就比不上这儿。"

崔玄微又出来见过封氏。封氏的言辞严肃,她态度娴雅、举止大方。于是大家相互请座。众女子都是姿色超绝,满座芳香,浓香袭人。叫人摆酒,大家唱歌以互赠。崔玄微记住其中的两首。一首是有一个红衣裳的给一个白衣裳的送酒,唱道:"皎洁玉颜胜白雪,况乃当年对芳月。沉吟不敢怨春风,自叹容华暗消歇。"

另一首是白衣人给红衣人送酒,唱道:"绛衣披拂露盈盈,淡染胭脂一朵轻。自恨红颜留不住,莫怨春风道薄情。"

到十八姨端起酒杯,她很轻佻,把酒弄到了阿措身上。阿措生气地说:"每人都是恳求人家喝酒,你怎么就不知恳求我!"

说完,她拂衣而起。十八姨说:"这孩子耍酒疯了!"

大家都起来,到门外相互告别。十八姨往南去。其他人往西进到园中而各自别去。崔玄微也不知有什么异常。

第二天晚上她们又来了,说:"要到十八姨那去。"

阿措生气道:"何必还要到封老婆子家,有事只求这位处士,不知可不可以?"

阿措又说道:"各位伙伴都住在园中,每年多次被恶风扰乱,起居行动很不安宁,常常求十八姨庇护。昨天我没能顺从地答复她,应该很难借上她的力量了。处士假使阻止恶风庇护我们,我们会有所报答的。"

崔玄微说:"我有什么能力,能保护各位女子?"

阿措说:"只要处士每年春节,给我们做一面红色旗幡,旗上画上太阳月亮和五星,送到园子东面立起来,就能免除我们的灾难。今年已经过去了,只请你到了这个月的二十一日清晨,微有东风,就立上,但愿能免除祸患。"

崔玄微答应了。众女子一齐致谢说:"不敢忘记你的恩德。"

说完便行礼而去。崔玄微在月光里跟随相送,见她们越过园墙,走进园中,各不知去向。崔玄微按照她们的说法,在这天便把旗立了起来。这天东风大作,在洛南折树飞沙,但园子里的繁花不摇不动。崔玄微这才恍然大悟。众女子说姓杨,姓李,以及姓陶,以及她们的衣服颜色不同,都是各种花精。穿红衣叫阿措的,就是安石榴;封十八姨,就是风神。

几天后的夜里杨氏等人又来了,是来致谢的。她们各拿桃花李花数斗,劝崔玄微服用,说:"吃了可以延年避免衰老。希望你长住下去,保护我们,也可以长生不老。"

到元和初,崔玄微还健在,看上去是三十来岁的人。

另外,尊贤坊田弘正的宅院里,中门外一株紫牡丹长成树,开花一千多朵,花盛时,每到有月色的夜晚,就能看见有五六个矮人,身高一尺多,在花上游玩。如此七八年的光景,人们要是突然逮住他们,便各失所在,不知哪儿去了。

陈义郎

唐 温庭筠

[原文]

陈义郎父彝爽,与周茂方皆东洛福昌人,同于三乡习业。彝爽擢第归,娶郭愔女。茂方名竟不就,唯与彝爽交结相誓。

唐天宝中,彝爽调集受蓬州仪陇令。其母恋旧居,不从子之官。行李有日,郭氏以自织染缣一匹裁衣,欲上其姑。误为交刀伤指,血沾衣上。启姑曰:"新妇七八年温清晨昏,今将随夫之官,远违左右,不胜咽恋。然手自成此衫子,上有剪刀误伤血痕。不能澣去。大家见之,即不忘息妇。"

其姑亦哭。彝爽固请茂方同行。

其子义郎才二岁,茂方见之,甚于骨肉。及去仪陇五百余里,磴石临险,巴江浩渺,攀萝游览。茂方忽生异志,命仆夫等先行:"为吾邮亭具馔。"

二人徐步,自牵马行,忽于山路斗拔之所,抽金锤击彝爽碎颡,挤之于浚湍之中。佯号哭云:"某内逼北回,见马惊践长官殂矣,今将何之?"

一夜会丧,爽妻及仆御致酒感恸。茂方曰:"事既如此,如之何?况天下四方,人一无知者,吾便权与夫人乘名之官,且利一政俸禄,逮可归北,即与发哀。"

仆御等皆悬厚利,妻不知本末,乃从其计到任,安帖其仆。一年已后,谓郭曰:"吾志已成,誓无相背。"

郭氏藏恨,未有所施。茂方防虞甚切,秩满移官,家于遂州长江。又一选,授遂州曹掾。居无何,已十七年,子长十九岁矣。

茂方谓必无人知,教子经业,既而学成。遂州秩满,挈其子应举。

是年东都举选,茂方取北路,令子取南路,茂方意令觇故园之存没。涂次三乡,有鬻饭媪留食,再三瞻瞩。食讫,将酬其直。媪曰:"不然,吾怜子似吾孙姿状。"

因启衣箧,出郭氏所留血污衫子以遗,泣而送之。其子秘于囊,亦不知其由,与父之本末。

明年,下第归长江。其母忽见血迹衫子,惊问其故。子具以三乡媪所对。及问年状、即其姑也。因大泣,引子于静室,具言之:"此非汝父,汝父为此人所害。吾久欲言,虑汝之幼。吾妇人,谋有不臧,则汝亡,父之冤无复雪矣,非惜死也。今此吾手留血襦还,乃天意乎?"

其子密砺砺霜刃,候茂方寝,乃断吭,仍挈其首诣官。连帅义之,免罪。即侍母东归。其姑尚存,且叙契阔,取衫子验之,歔欷对泣。郭氏养姑三年而终。

[作者作品]

温庭筠(约812~866年)唐代文学家。本名岐,字飞卿,太原祁(今山西祁县东南)人。温庭筠富有天才,文思敏捷,每入试,押官韵,八叉手而成八韵,所以也有"温八叉"之称。然恃才不羁,又好讥刺权贵,多犯忌讳,取憎于时,故屡举进士不第,长被贬抑,终生不得志。官终国子助教。精通音律。工诗,与李商隐齐名,时称"温李"。其诗辞藻华丽,秾艳精致,内容多写闺情。其词艺术成就在晚唐诸词人之上,为"花间派"首要词人,对词的发展影响较大。在词史上,与韦庄齐名,并称"温韦"。据《新唐书·艺文志》,温庭筠撰有小说《乾巽子》3卷、《采茶录》1卷,编纂类书《学海》10卷。可惜几乎全部亡佚。

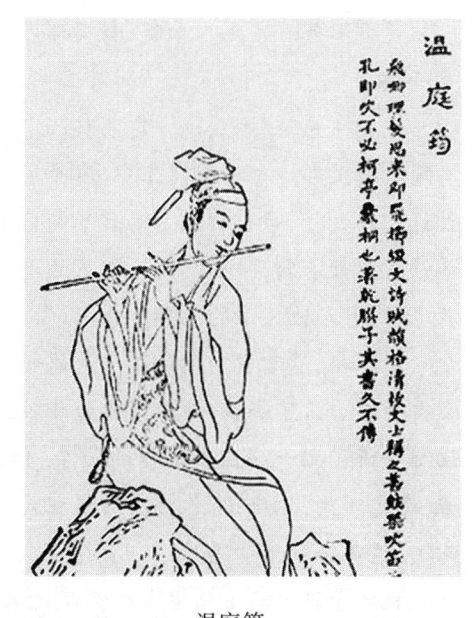

温庭筠

温庭筠是晚唐重要文学家之一。《陈义郎》讲述了一个情节曲折,风格凄伤的故事。故事叙述陈义郎之父陈彝爽与学友周茂方同习学业,后陈彝爽擢第得官,周茂方却名落孙山。周茂方由此心生妒嫉,在随陈彝爽赴任途中,害死陈彝爽,骗占其妻,又冒名赴任——唯能鞠养义郎如己出。十七年后,陈义郎偶遇"鬻饭"为业的祖母,归询母亲,得知父亲被害情由,乃刀杀周茂方,替父报仇。终为官府所赦,奉母还乡。小说故事情节跌宕起伏,对后世创作有一定的影响。

[译文]

陈义郎的父亲彝爽,与周茂方都是东洛福昌人。一同在三乡读书,后来彝爽科举考试及第回家,

娶了郭慆的女儿。茂方名落孙山，只与彝爽交往并盟誓结为兄弟。

唐朝天宝年间。彝爽被调用，受命蓬州仪陇县令。他的母亲留恋旧居，不愿随儿子去上任。行李收拾了好几天，郭氏用自己织染的丝织品做了件衣服，想孝敬给婆婆。没留神被剪刀伤了手指，血沾到衣服上了。她对婆婆说："新媳妇这七八年来早晚向父母嘘寒问暖，现在就要随丈夫上任去了，远离您的身边，感到悲伤和依依不舍。我亲手做了这件衣衫，上面有没留神被剪刀伤了手指留下的血痕，洗不下去了，婆婆见它，就不会忘记媳妇了。"

她婆婆也哭了。彝爽坚持请茂方与他同行。

彝爽的儿子义郎才两岁，茂方对他，超过自己的孩子。离仪陇有五百多里时，登山涉险，巴江广阔无边，一路攀登游览。茂方忽然产生个奇怪的念头，他让车夫等先走："为我们在驿馆里准备好饭菜。"

二人牵着马缓步而行，当走到一陡峻峭拔之处时，茂方抽出铁锤击打彝爽，额头被打碎了，把他推到急湍的江里。假装号啕大哭地说："我大便回来，见马惊了把长官踩死了，现在可怎么办啊？"

这夜大家都在哀悼彝爽，他的妻子和车夫洒酒感伤哀痛。茂方说："事已至此，怎么办？况且天下四方，没有别人知道这事。我就权且和夫人冒名顶替去上任，先赚他一任的俸禄，等有了钱就可以回家了，快点安葬吧。"

他向车夫等人许诺事成之后都有重赏，彝爽的妻子不知真相，就依从茂方的计策上任去了，他安定了仆人。一年后，他对彝爽的妻子说："我的志向已经成功，我发誓决不背叛你。"

郭氏把深仇大恨埋藏在心里，没什么措施。茂方严加防备不虞之患。任期届满调到别处做官，住在遂州长江。又一次任命，被授予遂州曹椽。住了很久，已经过了十七年，义郎也长到十九岁了。

茂方心想肯定无人知晓，教义郎学儒家的经书，学成不久。在遂州的任期又届满，就带着义郎进京赶考。

这一年东都科举，茂方走北路，让义郎走南路。茂方的用意是让义郎暗中察看一下过去的庄园还有没有。义郎途中停留在三乡，有个卖饭的老太太留他吃饭，再三地看他。吃完饭，要付饭钱。老太太说："不用了，我爱你是因为你长得像我的孙子。"

就打开衣箱，拿出郭氏所留下的有血痕的衣衫送他，哭着送他走。义郎把它藏在行囊里，也不知其缘由，和与他父亲的原委。

第二年，没考中回到长江。他妈妈忽然看见了有血迹的衣衫，吃惊地问其原故。义郎就把三乡老太太的事告诉了妈妈，等问到年龄相貌，立即就知道是她婆婆。就失声痛哭，拉着儿子到密室里，把一切都告诉了儿子："他不是你的父亲，你父亲被他害死了。我早就想对你说，顾虑你太小。我妇道人家，考虑不周，你死了，你父亲的冤枉就无法昭雪了，不是我怕死呀。现在这件留有我手指血的衣服回来了，这难道是天意吗？"

她儿子暗中磨了一把锋利雪亮的刀，等茂方睡着了，就砍断了他的喉咙，还提着他的头到官府。观察使夸他是个重义之人，免除他的罪过。他侍奉母亲回老家。她婆婆还在，他们畅叙久别的情怀，拿出血衫子验看，哭作一团。郭氏奉养婆婆三年而终。

崔书生

唐　牛僧孺

[原文]

开元天宝中,有崔书生者,于东都逻谷口居,好植花竹。乃于户外别莳名花,春暮之时,英蕊芬郁,远闻百步。书生每晨必盥漱独看。忽见一女郎自西乘马东行,青衣老少数人随后。女郎有殊色,所乘马骏极佳。崔生未及细视,而女郎已过矣。明日又过,崔生于花下先致酒茗樽杓,铺陈茵席,乃迎马首曰:"某以性好花木,此园无非手植。今香茂似堪流盼。伏见女郎频自过此,计仆驭当疲,敢具箪醪,希垂憩息。"

女郎不顾而过。其后青衣曰:"但具酒馔,何忧不至。"

女郎顾叱曰:"何故轻与人言?"

言讫遂去。崔生明日又于山下别致醪酒,俟女郎至,崔生乃鞭马随之,到别墅之前,又下马拜请。良久,一老青衣谓女郎曰:"单马甚疲,暂歇无伤。"

因自控女郎马至堂寝下,老青衣谓崔生曰:"君既未婚,予为聘可乎?"

崔生大悦,再拜跪,请不相忘。老青衣曰:"事即必定,后十五日大吉辰,君于此时,但具婚礼所要,并于此备酒馔。小娘子阿姊在逻谷中,有微疾,故小娘子日往看省。某去,便当咨启,至期则皆至此矣。"

于是俱行,崔生在后。即依言营备吉席所要。至期,女郎及姊皆到。其姊亦仪质极丽。遂以女郎归于崔生。母在旧居,殊不知崔生纳室。以不告而娶,但启聘腰。母见女郎,女郎悉归之礼甚具。经月余日,忽有一人送食于女郎,甘香特异。后崔生觉慈母颜衰瘁,因伏问几下,母曰:"吾有汝一子,冀得永寿。今汝所纳新妇,妖美无双。吾于土塑图画之中,未尝识此,必恐是狐媚之辈,伤害于汝,遂致吾忧。"

崔生入室见女郎,女郎涕泪交下,曰:"本侍箕帚,便望终天,不知尊夫人待以狐媚辈,明晨即便请行,相爱今宵耳。"

崔生掩泪不能言。

明日,女车骑复至。女郎乘马,崔生从送之,入逻谷三十余里,山间有川,川中异杏珍果,不可胜纪。馆宇屋室侈于王者。青衣百许,迎拜女郎曰:"小娘子,无行崔生,何必将来!"

于是捧入,留崔生于门外。未几,一青衣传女郎姊言曰:"崔生遣行,使太夫人疑阻,事宜便绝,不合相见。然小妹曾奉周旋,亦当奉屈。"

俄而召崔生入,责诮再三,辞辩清婉,崔生但拜伏受谴而已。遂坐于中寝对食,食讫命酒,召女乐洽奏,铿锵万变。乐阕,其姊谓女郎曰:"须令崔郎却回,汝有何物赠送?"

女郎遂出白玉合子遗崔生,崔生亦自留别。于是各呜咽而出,行至逻谷,回望千岩万壑,无径路,自恸哭归家。常见玉合子,郁郁不乐。忽有胡僧扣门求食,崔生出见,胡僧曰:"君有至宝,乞相示也。"

崔生曰:"某贫士,何有见请?"

僧曰:"君岂不有异人奉赠。贫道望气知之。"

崔生因出合子示胡僧,僧起拜请曰:"请以百万市之。"

遂将去。崔生问僧曰:"女郎是谁?"

曰:"君所纳妻,王母第三十女玉卮娘子,他姊亦负美女名于仙都,况复人间。所惜君娶之不得久远。倘往一年,君举家必仙矣。"

崔生叹怨迨卒。

[作者作品]

牛僧孺

牛僧孺(779~847年),唐穆宗、文宗时宰相,文学家,字思黯,安定鹑觚(今甘肃灵台)人。贞元二十一年(805年)僧孺登进士第。在著名的"牛李党争"中,是牛党的领袖。牛李党争,通常是指唐代统治后期的九世纪前半期以牛僧孺、李宗闵等为领袖的牛党与李德裕、郑覃等为领袖的李党之间的争斗。斗争从唐宪宗时期开始,到唐宣宗时期才结束,持续时间将近40年,最终以牛党获胜结束。以致唐文宗有"去河北贼易,去朝中朋党难"之叹。牛李党争是唐朝末年宦官专权、唐朝腐败衰落的集中表现,加深了唐朝后期的统治危机。

牛僧孺好学博闻,著有传奇集《玄怪录》10卷。鲁迅先生在《中国小说史略》中说:"造传奇之文,荟萃于一集者,唐代多有,而煊赫者莫如牛僧孺之《玄怪录》。"

据学者评论:牛僧孺的小说《崔书生》,有一定的教育意义和很高的艺术价值。

[译文]

唐朝开元天宝年间,有个姓崔的书生,在洛阳邏谷口居住,喜欢种植花卉、竹子。就在户外栽种名花,每到暮春季节,鲜艳的花朵香气浓郁,远在百步之外就可以闻到。书生每天早晨都是先洗漱,然后独自看花。一天,忽见一女子从西边乘马东行,老少几个婢女跟随在后。女子姿色美丽,所乘的骏马也极佳。崔生还没来得及细看,女郎就已经过去了。第二天女郎又从这里经过,崔生就在花下先摆上酒、茶和酒杯、茶杯,铺上褥垫,迎着女郎的马头说:"我喜好花木,这个园子里的花没有不是我亲手种植的。现在花香浓郁,颇值得您流连一顾。女郎这几天频繁从这里经过,估计仆人和马匹都会疲劳。我准备了酒食,希望您能休息一会儿。"

女郎没看一眼就过去了。她身后的婢女说:"只管准备酒席,何愁不来?"

女郎回头呵斥婢女:"为什么轻易与别人说话?"

说完就走了。崔生第二天又在山下新置办了一桌米酒,等女郎到后,他扬鞭策马随在女郎后边,到了一座别墅的前面,崔生下了马拜请。很久,一老婢女对女郎说:"马太疲乏了。暂且歇一歇也不会有什么差错。"

他亲手拉着女郎的马,到对着寝室的门前下来。老婢女对崔生说:"您即然没结婚,我给您做媒可以吗?"

崔生高兴极了,再三跪拜,请不要忘记。老婢女说:"这婚必定成功。十五天后是个大吉之日,您在这时,只管置办婚礼所必需的东西,并在这里备办酒席。如今小娘子的姐姐在邏谷中,有点小病,所以天天去探看。我走后,就会禀报,日期到了我们都会到这里的。"

于是一起走,崔生在后。回去后就依照老婢女所说的置备婚礼所需的物品。到了约定的日子,女郎和她的姐姐都到了。她的姐姐的仪表气质也极其俏丽,就把女郎送来留给崔生。崔生的母亲还在老家,不知道崔生娶妻。崔生因为没有禀告母亲而私下娶妻,就向母亲慌称她是一位侍奉自己的婢妾。他母亲见新娘子,新娘子很懂礼貌。经过一个多月,忽然有人给女郎送来食品,食品又甜又香非常奇异。后来崔生觉得母亲衰弱憔悴,于是跪在几案之下给母亲问安。母亲说:"我只有你这一个儿子,希望能够长寿。如今你所娶的新媳妇,妖艳美丽无双,我在泥塑的图画当中,也不曾见到过这样的美貌女子,一定是狐狸精一类的东西,恐怕对你有伤害,所以造成我的忧虑。"

崔生回到内室,见女郎涕泪交流,说:"把我看成狐狸精。我明早就告别,相爱只有今宵了。"

崔生也泪流满面,说不出话来。

第二天,女郎的车马来了,女郎骑马,崔生跟着相送。进入逻谷三十里,山间有一片平地,平地之中有异花珍果,不能逐一记述,馆宇屋室比王府还奢华。仆人有上百,都迎接向女郎叩拜,说:"这个没有善行的崔郎,何必领来!"

于是簇拥着女郎进入,把崔生留在门外。很快,一个婢女传达女郎姐姐的话说:"崔郎休妻,使太夫人疑惑,婚事应该立即断绝,本不该相见;但小妹曾追逐奉侍过你,就应当请受委屈。"

不久,有人叫崔生进去,女郎姐姐又再三责备,言谈清亮婉转,很有口才。崔生只能拜伏在地接受谴责而已。后来就坐在正房中相对吃饭。饭后命人摆酒,召女乐手演奏,乐曲声音响亮节奏分明变化多端。曲终,姐姐对女郎说:"该让崔郎回去了,你有什么物品赠送给他?"

女郎就从袖子中取出一个白玉盒子赠给崔生,崔生也留下东西告别,于是各自呜咽着分手,崔生来到逻谷口,回头一望,千山万壑,看不到自己刚才走过的路。崔生痛哭着回到家里,从此,他经常看玉盒郁郁不乐。忽然有个胡僧敲门要饭吃,崔生出来见他,他说:"您有至宝,请让我看看。"

崔生说:"我是个贫士,你怎么会有这种请求?"

胡僧说:"您难道没有异人赠送的东西吗?贫道一望气就知道。"

崔生拿出玉盒子给胡僧看。胡僧起身叩拜,说:"请求用一百万钱买它。"

买到后就想走开。崔生问胡僧:"那女郎是谁呀?"

胡僧说:"您所娶的妻子,是西王母的第三十个女儿玉卮娘子。她的姐姐在仙界也负有美名,何况在人间呢?只可惜您娶了她时间不长,如果能同住上一年,您全家就都可以成仙了!"

崔生叹息怨恨到死。

邓厂

唐 佚 名

[原文]

邓厂,封教之门生。初比随计,以孤寒不中第。牛蔚兄弟,僧孺之子,有气力,且富于财,谓厂曰:"吾有女弟未出门,子能婚乎?当为君展力,宁一第耶?"

时厂已婿李氏矣,其父常为福建从事,官至评事,有女二人皆善书,厂之所行卷,多二女笔迹。厂顾己寒贱,必能致腾踔,私利其言,许之。未既登第,就牛氏亲。不日,厂挈牛氏而归。将及家,厂给牛氏曰:"吾久不到家,请先往俟卿,可乎?"

牛氏许之。洎到家,不敢泄其事。明日,牛氏奴驱其辎囊直入,即出牛氏居常所玩好幞帐杂物,列

于庭庑间。李氏惊曰:"此何为者?"

奴曰:"夫人将到,令某陈之。"

李氏曰:"吾即妻也,又何夫人焉?"

即抚膺大哭顿地。牛氏至,知其卖己也,请见李氏曰:"吾父为宰相,兄弟皆在郎省,纵嫌不能富贵,岂无一嫁处耶?其不幸岂唯夫人乎?今愿一与夫人同之。夫人纵憾于邓郎,宁忍不为二女计耶?"

时李氏将列于官,二女共牵挽其袖而止。后厂以秘书少监分司,悭啬尤甚。黄巢入洛,避乱于河阳,节度使罗元果请为副使。后巢寇又来,与元果窜焉,其金帛悉藏于地中,并为群盗所得。

[作者作品]

佚名,唐朝文学家。著有《开河记》。

[译文]

邓厂,是封教的门生。第一次进京举子赴试,因贫寒没路子没能考中。牛蔚兄弟,是牛僧孺的儿子。有权势,并且有钱财。对邓厂说:"我有个妹妹未出嫁,你能娶她吗?我替你效劳,难道要等到取得功名吗?"

当时邓厂已经娶了李氏,她父亲是福建从事,官至评事。有两个女儿都善于书法,邓厂所有的行卷,都是她俩抄写的。邓厂看到自己贫贱,依才必能获得飞黄腾达,认为牛蔚的话对自己有利,就答应了他。没等放榜,就和牛氏结婚。几天后,邓厂带牛氏回乡,快到家时,他骗牛氏说:"我很久没回家,让我先回家等你,可以吗?"

牛氏答应了。他到家后,不敢泄露纳妾之事。第二天,牛氏的仆人赶着行李车长驱直入邓家,卸下牛氏平常玩赏的奇珍异宝和帘幕帐子等杂物,放在在庭院走廊里。李氏惊叫道:"这是干什么?"

仆人说:"夫人要到了,让我先布置好。"

李氏说:"我就是女主人,哪里还有什么夫人?"

随即捶胸顿足号啕大哭。牛氏到后,知道自己被骗了,求见李氏,说:"我的父亲是宰相,兄弟都在朝廷。即使怀疑我不能富贵,难道还嫁不出去吗?不幸的人难道只有你吗?现在我愿意和你共侍一夫。你即便怨恨邓郎,难道忍心不为两个女儿考虑吗?"

当时李氏要去告官,两个女儿一起牵扯她的袖子才阻止了她。后来邓厂在洛阳任秘书少监,更加吝啬。黄巢攻入洛阳时,他到河阳躲藏,节度使罗元果请他做副使。后来黄巢又打来,就和罗元果逃跑了。他的钱财都埋在地下,被黄巢所获。

《朝野佥载》(二篇)

唐 张鷟

[作者作品]

张鷟(约660~740年),唐代小说家。字文成,自号浮休子,深州陆泽(今河北深县)人。于高宗李治调露年登进士第,当时著名文人骞味道读了他的试卷,叹为"天下无双",被任为岐王府参军。此后又应"下笔成章"、"才高位下"、"词标文苑"等八科考试,每次都列入甲等。调为长安县尉,又升为鸿胪丞。其间参加四次书判考选,所拟的判辞都被评为第一名,当时有名的文章高手、水部员外郎员半千称他有如成色最好的青铜钱,万选万中,他因此在士林中赢得了"青钱学士"的雅称。这个雅号后代成为典故,成了才学高超、屡试屡中者的代称。武后时,擢任御史。著有《朝野佥载》、《游仙窟》传奇和珍贵的唐朝判例集《龙筋凤髓判》。

一、宋之愻

[原文]

唐洛阳丞宋之愻,太常主簿之问弟,罗织杀驸马王同皎。初,之愻谄附张易之兄弟,你出为兖州司仓,遂亡而归。王同皎匿之于小房。

同皎,慷慨之士也,忿逆韦与武三思乱国,与一二所亲论之,每至切齿。之愻于帘下窃听之,遣侄昙上书告之,以希韦之旨。武三思等果大怒,奏诛同皎之党。兄弟并授五品官。之愻为光禄丞,之问为鸿胪丞,昙为尚衣奉御。天下怨之,皆相谓曰:"之问等绯衫,王同皎血染也。"

张鷟著《朝野佥载》

诛逆韦之后,之愻等长流岭南。客谓浮休子曰:"来俊臣之徒如何?"

对曰:"昔有狮子王,于深山获一豹,将食之。豹曰:'请为王送二鹿以自赎。'狮子王喜。周年之后,无可送。王曰:'汝杀众生亦已多,今次到汝,汝其图之。'豹默然无应,遂龁杀之。俊臣之辈,何异豹也!"

[译文]

唐朝洛阳府副手宋之愻,是太常主簿宋之问的弟弟,他们罗织罪名杀害驸马王同皎。当初,宋之愻逢迎趋附张易之兄弟时,你只是兖州司仓,逃亡而归。王同皎把你藏在小房里。

王同皎是个充满正气的人,他愤怒地抵触韦皇后和武三思祸乱朝廷,与一两个亲近的朋友谈论,每次都恨得咬牙切齿。宋之愻在门外偷听到了,派侄子昙写信告他们,希望得到韦皇后的命令。武三思等果然大怒,上表诛杀了王同皎的同党。宋氏兄弟被授于五品官。宋之愻是光禄丞,宋之问是鸿胪丞,昙是尚衣奉御。天下人都怨恨他们,相互传说:"宋之问他们穿的红色衣服,是王同皎的血染的。"

李隆基起兵诛杀韦皇后,宋之愻等被长期流放到岭南。有人问我:"来俊臣之流怎样?"

我说:"原来有个狮子王,在深山中抓获一个豹,要吃它。豹说:'请让我为大王送来二只鹿以自救。'狮子王大喜。一年后,还没送来。狮子王说:'你杀的生灵已经很多了,现在该轮到你了,你没想到吧。'豹默然无语,于是被咬死。像来俊臣这样的人,与豹没什么区别!"

二、金 荆

[原文]

后魏末,嵩阳杜昌妻柳氏甚妒。有婢金荆,昌沐,令理发,柳氏截其双指。无何柳被狐刺,螫指双落。又有一婢,名玉莲,能唱歌,昌爱而叹其善。柳氏乃截其舌。后柳氏舌疮烂,事急,就稠禅师忏悔。禅师已先知,谓柳氏曰:"夫人为妒,前截婢指,已失指。又截婢舌,今又合断舌。悔过至心,乃可以免。"柳氏顶礼求哀,经七日,禅师大张口咒之,有二蛇从口出,一尺以上,急咒之,遂落地,舌亦平复。

自是不复妒矣。

[译文]

后魏末年，嵩阳杜昌的妻子柳氏，忌妒心特别强。有个婢女叫金荆，杜昌洗头叫金荆给梳理头发，于是柳氏就割下了她的两个手指头。过了不久，柳氏被野蜂蜇了两个手指头，这两个手指头都烂掉了。另有一个婢女，名叫玉莲，会唱歌，杜昌非常喜欢她并称赞她唱得好。柳氏于是就割掉了她的舌头。后来柳氏的舌头也生疮溃烂。病情很重，柳氏就去稠禅师那里表示忏悔。禅师已经事先知道了，对柳氏说："你因为忌妒，先前割断了婢女的手指，你已经失去了手指；后又割掉婢女的舌头，现在你又应该烂掉舌头。你只有从心里悔过，才可以避免。"柳氏跪在地上恭敬地请求怜悯。过了七天，禅师张大了口念咒语，有两条蛇从口中出来，有一尺多长，又急忙念咒语，于是蛇掉在地上。柳氏的舌头也恢复了原样。从这以后，柳氏不再忌妒了。

《定命论》（二篇）

唐　赵自勤

[作者作品]

赵自勤，唐代学者。天宝十二（753年）在任括州刺史。《全唐文》卷四〇八《赵自勤小传》："（天宝）十二年自水部员外郎出为括州刺史。"

《定命论》中的小说大都有命定的故事情节，以下两篇小说皆选自《定命论》中的"崔元综"。崔元综，唐代宰相。嵩山新郑人。武则天天授中，累迁秋官侍郎。长寿元年（692年），擢鸾台侍郎，同凤阁鸾台平章事。勤于内政，从不懈怠。相貌敦厚，性厉严苛。每审案，必穷究而后止。长寿二年（693年），流放振州（今海南三亚市西），朝野贼子称庆。遇赦后任监察御史。中宗时，累迁尚书左丞，蒲州（山西永济）刺史，以老疾致仕。年九十余。

一、所言皆中

[原文]

崔元综，则天朝为宰相。令史奚三儿云："公从今六十日内，当流南海。六年三度合死，然竟不死。从此后发初，更作官职。后还于旧处坐，寿将百岁。终以馁死。"经六十日，果得罪，流于南海之南。经数年，血痢百日，至困而不死。会赦得归，乘船渡海，遇浪漂没，同船人并死。崔公独抱一板，随波上下。漂泊至一海渚，入丛苇中。板上一长钉，刺脊上，深入数寸，其钉板压之。在泥水中，昼夜忍痛呻吟而已。忽遇一船人来此渚中，闻其呻吟，哀而救之，扶引上船，与踏血拔钉，良久乃活。问其姓名，云是旧宰相。众人哀之，济以粮食，随路求乞。于船上卧，见一官人著碧，是其宰相时令史。唤与语，又济以粮食，得至京师。六年之后，收录乃还。选曾以旧相奏上，则天令超资与官。及过谢之日，引于殿庭对。崔公著碧，则天见而识之。问得何官，县以状对。乃诏吏部，令与赤尉。及引谢之日，又赦与御史。自御史得郎官，思迁至中书侍郎。九十九矣，子侄并死，唯独一身，病卧在床。顾令奴婢取饭粥，奴婢欺之，皆笑而不动。崔公既不能责罚，奴婢皆不受处分，乃感愤不食，数日而死矣。

（出《定命录》）

[译文]

崔元综,唐则天朝时任宰相。令史奚三儿说:"您从现在六十天以内,要被流放到南海;六年之中有三次该死,后最终不能死。从这以后,你将更换官职,最后还会官复原职,寿数是一百岁,最终要饿死。"经过六十天,果然得了罪名,被流放到南海以南,几年后得了一赤痢病长达百日,到了最重的时候非常危险,然而并没有死。遇大赦才得到回京的机会。乘船过海时遇到大风浪船被淹没,一同乘船的人都死了,只有崔元综一个人抱住一块木板,随波漂荡,忽上忽下,漂泊到一个小岛上,被风浪推到芦苇丛里。但他抱的那木板上有一个大钉子,正好刺到脊背上,扎进身体有几寸深,那带钉的板子在上面压着他,他哪里还有力气,只好在泥水中昼夜忍痛呻吟罢了。这时忽然遇到一船人来到这个岛上,听到呻吟声,就可怜他,把他救起来扶着上了船,并给他止血拔钉,很长时间才苏醒过来。盘问他的姓名,他说是原来的宰相,众人更可怜他并给他粮食,他只好一路讨饭吃。有一天他正在船上躺着,看见一个穿青绿色衣服的官员,后来认出是他当宰相时的令史。他便招呼他和他说话,那官员又周济给他一些粮食,这样他才回到了京城。六年以后。收录司回来。选曹司把原宰相情况上奏,则天下令破格给他官职。等到进宫拜谢那天,他被带到殿堂上问话,因崔元综穿着青绿色的衣服,则天见到后认出来曾见过,问元综得到什么官职,他就把实情说了。则天下诏给吏部,让他们任命元综为赤尉。又等到进宫拜谢那天,则天又特敕给他御史职务。以后,他从御史做到郎官,多次升迁直到当了中书侍郎。这年

唐代传奇

已经九十九岁了,他的子侄都死了,只有他独身一人,有病卧在床上,唤奴婢拿饭粥,奴婢们欺他年老病重,都笑而不动。崔元综已没有能力责罚他们了,他们也都受不到处分。元综感叹气愤之下不吃东西,几天后死了。

二、命中注定

[原文]

崔元综任益州参军日,欲娶妇,吉日已定。忽假寐,见人云:"此家女非君之妇,君妇今日始生。"乃梦中相随,向东京履信坊十字街西道北有一家,入宅内东行屋下,正见一妇人生一女子,云:"此是君妇。"崔公惊寤,殊不信之。俄而所平章女,忽然暴亡。自此后官至四品,年五十八,乃婚侍郎韦陟堂妹,年始十九。虽嫌崔公之年,竟嫁之。乃于履信坊韦家宅上成亲,果在东行屋下居住。寻勘岁月,正是所梦之日,其妻适生。崔公至三品,年九十。韦夫人与之偕老,向四十年,食其贵禄也。

[译文]

崔元综任益州参军以后,想要结婚,日期已经定了下来,忽然做了一个梦,梦中有个人对他说:"这家的女子不是你的媳妇,你的媳妇今天才出生。"他便在梦中跟着这个人来到东京履信坊十字街西道北的一户人家,进到院子里的东屋旁,看到一个妇女正好生了一个女儿。领他来的那个人对他说:"这才是你的媳妇。"崔元综从梦中惊醒,但他不相信梦中的事。这时传来消息,他正要娶的那个女人突然死了。从这以后他升官一直到四品官,年纪五十八岁了,才同侍郎韦陟的堂妹结婚。新娘子才十九

岁。虽然觉得崔元综的年龄大了一些,但还是嫁给了他。婚礼是在履信坊韦家宅院举办的,新娘子原来正是住在东屋。推算起来,她出生的年月,正是崔元综做梦的那一天,崔元综后来又升为三品官,活到九十岁。韦夫人与他白头偕老,共同生活四十年,享尽了荣华富贵。

周秦行纪

唐 韦 瓘

[原文]

余贞元中举进士落第,归宛叶间。至伊阙南道鸣皋山下,将宿大安民舍。会暮,不至。更十余里,一道,甚易。夜月始出,忽闻有异香气;因趋进行。不知近远。见火明,意谓庄家。更前驱,至一大宅。门庭若富豪家。黄衣阍人曰:"郎君何至?"余答曰:"僧孺,姓牛,应进士落第往家。本往大安民舍,误道来此。直乞宿,无他。"中有小髻青衣出,责黄衣曰:"门外谁何?"黄衣曰:"有客。"黄衣入告。少时,出曰:"请郎君入。"余问谁氏宅。黄衣曰:"第进,无须问。"入十余门,至大殿。殿蔽以珠帘,有朱衣紫衣人百数,立阶陛间。左右曰:"拜殿下。"帘中语曰:"妾汉文帝母薄太后。此是庙,郎不当来,何辱至?"余曰:"臣家宛下。将归,失道。恐死豺虎,敢乞托命。"太后遣轴帘,避席曰:"妾故汉室老母,君唐朝名士,不相君臣,幸希简敬,便上殿来见。"太后著练衣亡,状貌瑰伟,不甚年高。劳余曰:"行役无苦乎?"召坐。食顷间,殿内有笑声。太后曰:"今夜风月甚佳,偶有二女伴相寻。况又遇嘉宾,不可不成一会。"呼左右:"屈两个娘子出见秀才。"良久,有女二人从中至,从者数百。前立者一人,狭腰长页,多发不妆,衣青衣,仅可二十余。太后曰:"高祖戚夫人大。"余下拜,夫人亦拜。更一人,柔肌隐身!",貌舒态逸,光彩射远近,多服花绣,年低薄太后。后曰:"此元帝王嫱。"余拜如戚夫人,王嫱复拜。各就坐。

坐定,太后使紫衣中贵人曰:"迎杨家潘家来。"久之,空中见五色云下,闻笑语声渐近。太后曰:"杨潘至矣。"忽车音马迹相杂,罗绮焕耀,旁视不给。有二女子从云中下。余起立于侧。见前一人纤腰修眸,容甚丽,衣黄衣,冠玉冠,年三十来。太后曰:"此是唐朝太真妃子。"予即伏谒,拜如臣礼。太真曰:"妾得罪先帝,(先帝,谓肃宗也。)皇朝不置妾在后妃数中,设此礼,岂不虚乎?不敢受。"却答拜。更一人厚肌敏视,小,质洁白,齿极卑,被宽博衣。太后曰:"齐潘淑妃"余拜之,如妃子。既而太后命进馔。少时,馔至,芳洁万端,皆不得名字。但欲充腹,不能足。食已,更具酒。其器用尽如王者。太后语太真曰:"何久不来相看?"太真谨容对曰:"三郎(天宝中官人呼玄宗多曰三郎)数幸华清宫,扈从不得至。"太后又谓潘妃曰:"子亦不来,何也?"

潘妃匿笑。不禁,不成对。太真视潘妃而对曰:"潘妃向玉奴(太真名也)说,懊恼东昏侯疏狂,终日出猎,故不得时谒耳。"太后问余:"今天子为谁?"余对曰:"今皇帝,先帝长子。"太真笑曰:"沈婆儿作天子也,大奇!"太后曰:"何如主?"余对曰:"小臣不足以知君德。"太后曰:"然无嫌,但言之。"余曰:"民间传圣武。"太后首肯三四。太后命进酒加乐,乐妓皆少女子。酒环行数周,乐亦遂辍。

太后请戚夫人鼓琴。夫人约指以玉环,光照于座。(《西京杂记》云:高祖与夫人环,照见指骨也。)引琴而鼓,声甚怨。太后曰:"牛秀才邂逅逆旅到此,诸娘子又偶相访,今无以尽平生欢。牛秀才固才士。盍各赋诗言志,不亦善乎?"遂各授与笺笔,逡巡诗成。

薄后诗曰:"月寝花宫得奉君,至今犹愧管夫人!"。汉家旧是笙歌处,烟草儿经秋复春。"

王嫱诗曰:"雪里穹庐不见春。汉衣虽旧泪垂新。如今最恨毛延寿,爱把丹青错画人。"

戚夫人诗曰:"自别汉宫休楚舞,不能妆粉恨君王。无金岂得迎商叟,吕氏何曾畏木强。"

太真诗曰:"金钗堕地别君王,红泪流珠满御床。云雨马嵬分散后,骊宫不复舞霓裳。"

潘妃诗曰:"秋月春风几度归,江山犹是邺宫非。东昏旧作莲花地,空想曾披金缕衣。"

再三邀余作诗。余不得辞,遂应命作诗曰:"香风引到大罗天!"月地云阶拜洞仙。共道人间惆怅事,不知今夕是何年。"

别有善笛女子,短发,丽服,貌甚美,而且多媚,潘妃偕来。太后以接坐居之,时令吹笛,往往亦及酒。太后顾而问曰:"识此否?石家绿珠也。潘妃养作妹、故潘妃与俱来。"太后因曰:"绿珠岂能无诗乎?"

绿珠乃谢而作诗曰:"此日人非昔日人,笛声空怨赵王伦。红残翠碎花楼下,金谷千年更不春。"

辞毕,酒既至。太后曰,"牛秀才远来,今夕谁人为伴?"戚夫人先起辞曰:"如意成长,固不可。且不宜如此。"潘妃辞曰:"东昏以玉儿,身死国除,玉儿不拟负他。"绿珠辞曰:"石卫尉性严忌,今有死,不可及乱。"太后曰:"太真今朝先帝贵妃,不可,言其他。"太后谓王嫱曰:"昭君始嫁呼韩单于,复为株累若单于妇,固自用。且苦寒地胡鬼何能为?昭君幸无辞。"昭君不对,低然羞恨。俄各归休。余为左右送入昭君院。

会将旦,侍人告起,昭君垂泣持别。忽闻外有太后命,余遂出见太后。太后曰:"此非郎君久留地,宜亟还。便别矣。幸无忘向来欢。"更索酒。酒再行,已。戚夫人潘妃绿珠皆泣下,竟辞去。太后使朱衣送往大安,抵西道,旋失使人所在,时始明矣。命就大安里,问其里人。里人云:"此十余里,有薄后庙。"余却回望庙,荒毁不可入,非向者所见矣。余衣上香,经十余日不歇,竟不知其何如。

[作者作品]

韦瓘(789年~?),字茂弘,京兆万年(今陕西西安)人。韦瓘属京兆韦氏龙门公房,父韦正卿,登"茂才异等"科。宪宗元和四年(809年)己丑科状元。韦瓘19岁应进士举,21岁状元及第。官授左拾遗,元和十五年(820年)提为右补阙,充任史馆修撰,迁司勋郎中,中书舍人,当时卷入"牛李党争",与李德裕友善。李德裕任宰相,极少在家待客,唯韦瓘与其往来无间。后李德裕罢相,韦瓘于大和八年(834年)被贬康州,后移明州长史。至会昌末年,任楚州刺史。大中二年(848年)任桂林观察使,不久授太子宾客,分司东都,到任后病故。

[相关史料]

《周秦行纪》是中晚唐统治集团牛李党争背景下的一个传奇作品,其不仅是文史学界研究牛李党争的文献,亦是探讨唐代传奇小说创作与发展的重要史料。经有关学者推考,其作者当系唐代京兆韦氏京兆房族员韦瓘。韦瓘自幼于李德裕友善,于牛李党我争中属李党骨干,《周秦行纪》是其对牛党党魁牛增孺的构陷之作。从内容和接受情况看,《周秦行纪》成文于牛李党争最激烈的文宗开成年间,故事写迷途的奇遇。以虚构故事写艳遇,唐人小说并不罕见,但本篇涉及当朝妃子,故与众不同。

小说中以牛僧孺自述口吻,说他在德宗贞元间举进士落第,经洛阳,将归宛、叶,过鸣皋山时,因暮色苍茫而迷路,忽为异香吸引,夜入汉文帝母薄太后庙。薄后亡灵召来包括戚夫人、王昭君、潘妃、杨贵妃在内的前朝及当朝帝王的貌美的妃子宫人,与之宴乐赋诗。席间,薄太后询问当今皇帝为谁?牛僧孺以德宗对。因德宗为代宗沈后之子,故杨贵妃戏称他为"沈婆儿"。酒后,薄后又令昭君陪僧孺寝宿。次日晨,僧孺辞去,回望庙宇,见"荒毁不可入,非向者所见矣"。

[译文]

我在真元年间,考进士没考上,回宛叶一带。走到伊阙南道的鸣皋山下,打算到大安百姓家中住宿。当时天已黑了,迷了路,没找到大安。又走了十多里,走上了一条很平坦的路。夜晚的月亮才出来,忽然闻到有异常的气味,像贵重的香料。立刻加快脚步向前赶,也不觉得远了。渐渐看到了有火的光亮,心想可能是村庄人家,更向前急走。不久,到了一座房前,看那门和院子像富贵人家。有个穿黄衣服的守门人问:"公子从什么地方来?"我答道:"我叫牛僧孺,考进士没考上,本来想到大安的百姓家借宿,走错了路来到了这里。只求住一宿,没有别的要求。"门里有个梳着小发髻的丫鬟出来了,问黄衣人:"在门外跟谁说话?"黄衣人说:"有客人,有客人。"黄衣人进去报告,不一会儿出来说:"请公子进去。"我问是谁家的大房子?黄衣人说:"只管进去,用不着问。"走过十几道门,到了大殿。殿上有珠帘遮挡着,有穿着红衣黄衣的守门人好几百,站在台阶上。左右的人说:"拜见!"帘子里有人说道:"我是汉文帝的母亲薄太后。这是庙,公子不该来,为什么来这里?"我说:"臣的家在宛叶,要回去,走错了道,怕死在豺狼口中,斗胆请求保护性命。"说完,太后命人卷起帘子,自己离开座位说:"我是原先汉朝的老母,您是唐朝的名士,不是君臣关系,希望不要多礼。就上殿来见面吧!"太

《周秦行纪》

后穿着白色的绢衣,姿态容貌美好,年龄不显得老。慰劳我说:"走路不辛苦吗?"招呼坐下。过了一顿饭的工夫,听到殿内传出笑声,太后说:"今天晚上风光月色都很好,偶尔有两个女伴要来找我,况且又碰上嘉客,不可不搞个聚会。"招呼左右的人委屈二位娘子出来见见秀才。过了好久,有两个女子从殿中走来,随从有好几百人。在前面站着的那个人,窄腰长脸,头发很厚,没有化妆,穿着青色的衣服,约二十多岁。太后说:"这是高祖的戚夫人。"我便下拜,夫人也还礼。另一个人,肌肉柔嫩,身姿稳重,面容舒展,姿态潇洒,光彩照映远近,穿着花花绿绿,上面刺绣着不少图案。年龄比太后要小些。太后说:"这是汉元帝的王嫱。"我又像对戚夫人那样下拜,王嫱也还拜。各坐到座位上。

坐好后,太后让穿紫衣的宦官说:"去把杨家潘家迎来!"过了好久,看见空中落下了五色云彩,并听到说笑声越来越近。太后说:"杨家来了。"忽听到车马的嘈杂声音,又看见罗绮鲜明晃眼,眼睛都没工夫住旁边看;就看见有两位女子从云中走下来。我站起来,立在旁边,看见前面的一个人细腰长眼,面貌很美丽。穿着黄色衣服,戴着嵌玉的帽子,年龄三十岁左右。太后说:"这是唐代的太真妃子。"我就伏到地上拜见,就像臣子拜见妃子。太真说:"我得罪了先帝,(先帝指唐肃宗)所以朝廷不把我列在后妃行列中,使用这样的礼节,不是太不实在了吗?不敢接受。"退了几步作了答拜。还有一个,肌肉丰满,眼神灵活,身体小巧,皮肤洁白,年龄极小,穿着宽大的衣服。太后说:"这是南齐时代的潘淑妃。"我又像对待妃子那样拜见她。过了一会儿,太后命令摆上酒席。不一会儿酒菜就送来了,又香又干净,种类多得很,但都叫不出名来。我只想填饱肚子,还没等饱,又拿来了各种酒。那些吃喝的用具全都像当帝王的人家用的。太后对太真说:"你怎么很长时间不来看我?"太真表情很恭敬地回答说:"三郎(天宝年间,宫里的人都称玄宗为三郎)常去华清池,我跟着侍候,所以来不了。"太后又对潘妃说:"你也不来,怎么回事?"

潘妃掩着嘴笑得说不出话来。太真就看着潘妃回答说:"潘妃向我说,东昏侯放纵无忌,整天出去打猎她感到烦恼,所以不能时常来谒见。"太后又问我:"现在的天子是谁?"我回答说:"当今的皇帝是先帝的长子。"太真笑道:"沈婆的儿子做了天子了,太出奇了。"太后说:"是个什么样的君主?"我回答说:"小臣不可能了解国君的德行。"太后说:你不要有疑虑,只管说好了。"我说:"民间流传着圣武的说法。"太后点头三四下。太后又命上酒并演奏音乐。奏乐的艺人都是年轻女子。酒轮了几圈儿,乐队也随着停止了演奏。

太后请戚夫人弹琴,夫人在手指上戴上了玉环。它的光辉照到了四座。夫人拿过琴弹了起来,那琴声很哀怨。太后说:"牛秀才是偶然的机会来到这里,各位娘子又是偶尔来探望我,现在没有什么可以用来尽情表达平生的高兴。牛秀才当然是有才的读书人,为什么不各自作诗来表达心意呢?这不是很好的事吗?"于是交给每人一支笔和一些纸,稍过了一会儿诗都作完了。

太后的诗写道:"月寝花宫得奉君,至今犹愧管夫人。汉家旧是笙歌处,烟草几经秋复春。"(大意思:月夜在佛寺中侍候君王睡觉,到现在觉得对不起管夫人,汉朝原来吹笙唱歌的地方,早已变为荒烟野草之地多年了。)

王嫱的诗是:"雪里穹庐不见春,汉衣虽旧泪痕新。如今最恨毛延寿,爱把丹青错画人。"(大意是:雪地里的蒙古包那地方根本没有春天,我仍旧穿着汉朝的衣服,不断伤心流泪,现在最恨的就是毛延寿,故意用颜料把人画走样。)

戚夫人的诗写的是:"自别汉宫休楚舞,不能妆粉恨君王。无金岂得迎商叟,吕氏何曾畏木强。"(大意是:自从离开汉朝宫殿再没跳楚地那种舞蹈,再不能梳妆打扮都怪君王,没有钱怎能请来商山四皓,吕氏哪里怕周勃他们呢?)

太真的诗是:"金钗堕地别君王,红泪流珠满御床。云雨马嵬分散后,骊宫不复舞《霓裳》。"(大意为:金钗落到地上的时候,告别了唐玄宗,眼泪流满了御床,从马嵬兵变分开以后,骊山宫中现在没人跳《霓裳羽衣舞》了。)

潘妃的诗是:"秋月春风几度归,江山犹是业宫非。东昏旧作莲花地,空想曾披金缕衣。(大意是:时间不断流逝,江山未改,旧宫已面目全非,东昏侯原来曾建金莲花地方,还曾空想穿上金线的衣服。)

太后再三邀请我作诗,我推辞不掉,便答应要求,作了一首诗:"香风引到大罗天,月地云阶拜洞仙。共道人间惆怅事,不知今夕是何年。"(意为:香风把我引到了仙界,月光满地,云彩护阶,拜见洞天中的仙人,一起叙说人间伤心的事情,忘记了今晚上是哪一年。)

另有善于吹笛的一位女子,梳着短发,衣服很华丽,容貌也很美,而且很有魅力。是潘妃带来的,太后让她靠近自己坐着。不时让她吹笛子,也不断叫她喝酒。太后回过头来看着大家说:"认识这个人吗?这是石家的绿珠啊。潘妃当作妹妹养着,所以潘妃与她一起来。"太后接着说:"绿珠怎么能没有诗呢?"

绿珠于是表示了歉意,然后作了一首诗:"此日人非昔日人,笛声空怨赵王伦。红残翠碎花楼下,金谷千年更不春。"(大意为:今天的人已不是从前的那个人,笛声白白怨恨赵王伦。当年跳楼而死,使金谷园永远失去了春光。)

写完诗后,酒又拿来了。太后说:"牛秀才从远处来,今晚上谁人跟他作伴?"戚夫人首先站起来推辞说:"儿子如意已经长大,当然不能相陪,也确实不该这样做。"潘妃也推辞说:"东昏侯认为我玉儿身死去国,我玉儿不该辜负他。"绿珠推辞说:"石卫尉性格严厉,急躁,今天就是死,也不可涉及淫乱的事。"太后说:"太真是本朝先帝的贵妃,更没有可能。"于是回头看着王嫱说:

"昭君开始嫁给呼韩单于,后又作了株累弟单于的媳妇,本来是按自己的心意,再说严寒地方的胡鬼又能做什么？希望昭君不要推辞。"昭君不回答,低眉羞涩怨恨。不一会儿各回去休息。我被左右的人送到昭君的房中。

当时天快要亮了,侍候的人告诉起床,昭君垂泪握手告别。忽听外面有太后的命令,我于是便出来见太后。太后说:"这儿不是郎君久留之地,应该赶快回去。马上就要分别了,希望不要忘了刚才的欢聚。"又要了酒,喝了两巡就停了。戚夫人、潘妃、绿珠都流下了眼泪,终于辞别而去。太后使朱衣人送我去大安,到达西道时,不久就找不到送行的人了。当时天才亮,我到了大安里。问那里人,那里人说:"距这十多里,有个薄后庙。我又返回去,看那庙宇,荒凉破败进不去人,不是昨晚所见到的景象了。可我衣服上的香味十多天也没散,我一直也不知道这到底是怎么回事。

李使君

唐 康骈

[原文]

乾符中,有李使君出牧罢归,居在东洛。深感一贵家旧恩,欲召诸子从容。有敬爱寺僧圣刚者,常所往来,李因以具宴为说。僧曰:"某与为门徒久矣。每观其食,穷极水陆滋味；常馔必以炭炊,往往不惬其意。此乃骄逸成性,使君召之可乎？"

李曰:"若朱象髓、白猩唇,恐未能致；止于精办小筵,亦未为难。"

于是广求珍异,俾妻孥亲为调鼎,备陈绮席雕盘。选日邀致。

弟兄列坐,矜持俨若冰玉。肴羞每至,曾不入口；主人揖之再三,唯沾果实而已。及至冰餐,具置一匙于口,各相眄良久,咸若啮檗吞针。李莫究其由,但以失饪为谢。

明日复见圣刚,备述诸子情貌。僧曰:"前者所说岂谬哉。"

康 骈

既而,造其门而问之曰:"李使君特备一筵,肴馔可谓丰洁,何不略领其意？"

诸子曰:"燔炙煎和未得法。"

僧曰:"他物纵不可食,炭炊之餐,又嫌何事？"

乃曰:"上人未知,凡以炭炊馔,先烧令熟,谓之'炼炭',方可入爨；不然,犹有烟气。李使君宅炭不经炼,是以难食。"

僧抚掌大笑曰:"此则非贫道所知也！"

及巢寇陷落,财产剽掠俱尽。昆仲数人,乃与圣刚同窜,潜伏山谷,不食者至于三日,贼锋稍远,徒步将往河桥。道中小店始开,以脱粟为餐而卖。僧囊中有钱数百,买于土杯同食；腹枵既甚,膏粱之美不如。僧笑而谓之曰:"此非炼炭所炊,不知堪与郎君吃否？"

皆低头惭赧,无复词对。

[作者作品]

康骈,字驾言,池阳(今安徽贵池)人。约唐僖宗光启中前后在世。据《剧谈录·自序》和《新唐书·艺文志》记载,他和晚唐诗人杜荀鹤曾同为宣州刺史田頵的幕僚,乾符四年(877年)登进士第。过了12年官宦生活后又因事贬黜,退居田园并在京洛一带游历。昭宗景福、乾宁年间(982~897年),黄巢攻入长安,他避乱于故乡池阳山中,后复出,官至崇文馆校书郎。康骈著有《剧谈录》3卷,《新唐书·艺文志》及九笔杂篇15卷,《宋史·艺文志》并传于世。

康骈的《李使君》,在唐传奇中是有唐一代世情小说的代表,亦是精彩的讽刺小说。

[译文]

唐朝乾符年间,李使君出任州府长官辞官回家,住在东都洛阳。他非常感激一权贵家的旧恩,想请他家的几位儿子来玩。敬爱寺中有个和尚叫圣刚,常出入李使君家。李使君把想宴请的打算对和尚说了。和尚说:"我在他家做门徒很长时间了。每次看他家吃的饭,都是山珍海味。平常饭菜都是吃火锅,往往还不满意。这是骄奢安逸成性,使君邀请他们可以吗?"

李使君说:"如果要吃朱象髓、白猩唇,恐怕我弄不到。至于置办一个精美的筵席,也不是太难的事。"

于是李使君四处求找珍稀食物,让妻子和儿女亲自下厨做饭。准备了精美的食物及器皿,选定日期邀请他们来聚餐。

兄弟依次入座,自负冷若冰霜。美味的菜肴上来后,都不吃一口。主人再三让请,只吃了点果子而已。待到吃冷饮时,都只是相视良久,都像啮檗吞针。李使君也不追究缘由,只是说饭菜没做好,请多包含。

第二天他们见到圣刚,详细地讲述了他们的行为。和尚说:"从前说的话难道有错吗。"

于是,和尚到权贵家问他们:"李使君特意准备了一桌筵席,菜肴可谓丰盛洁净,你们为什么不稍微的领点情呢?"

他们说:"烧烤煎煮不得要领。"

和尚说:"其他的菜不好吃,火锅又嫌什么呢?"

他们说:"和尚你不知道,凡是吃火锅,先将炭烧熟了,这叫'炼炭',才可以放进火锅烧。不然,会有烟雾。李使君家的炭没经过炼烧,所以难以吃饭。"

和尚拍手大笑道:"这些不是贫僧所知道的啊!"

到黄巢的军队占领了洛阳。权贵家的财产被掠夺一空。兄弟几个和圣刚一同逃跑,潜藏在山谷中,三天没吃一点东西。黄巢的部队刚走,他们徒步到河桥。途中有家小饭店刚开板,用糙米做饭卖给顾客。和尚兜里还有几百文钱,买糙米饭盛在土杯中与他们一起吃;肚里饿得厉害,肥美的食物比不上。和尚笑着问他们:"这饭不是经过炼炭的火锅所做,不知可以给你们吃吗?"

他们都羞愧害羞地低下了头,无言以对。

康骈作《剧谈录》

苏无名

唐 牛肃

[原文]

天后时,尝赐太平公主细器宝物两食盒,所直黄金千镒,公主纳之藏中。岁余取之,尽为盗所将矣。公主言之,天后大怒,召洛州长史谓曰:"三日不得盗,罪!"

长史惧,谓两县主盗官曰:"两日不得贼,死!"

尉谓吏卒游徼曰:"一日必擒之,擒不得,先死!"

吏卒游徼惧,计无所出。衢中遇湖州别驾苏无名,相与请之至县。游徼白尉:"得盗物者来矣。"

无名遽进至阶,尉迎问故。无名曰:"吾湖州别驾也,入计在兹。"

尉呼吏卒:"何诬辱别驾?"

无名笑曰:"君无怒吏卒,抑有由也。无名历官所在,擒奸摘伏有名,每偷至无名前,无得过者。此辈应先闻,故将来,庶解围耳。"

尉喜请其方。无名曰:"与君至府,君可先入白之。"

尉白其故,长史大悦,降阶执其手曰:"今日遇公,却赐吾命,请遂其由。"

无名曰:"请与君求见对玉阶,乃言之。"

于是天后召之,谓曰:"卿得贼乎?"

无名曰:"若委臣取贼,无拘日月,且宽府县,令不追求,仍以两县擒盗吏卒,尽以付臣,臣为陛下取之,亦不出数十日耳。"

天后许之。无名戒吏卒,缓则相闻。月余,值寒食,无名尽召吏卒,约曰:"十人五人为侣,于东门北门伺之,见有胡人与党十余,皆衣缞绖,相随出赴北邙者,可踵之而报。"

吏卒伺之,果得,驰白无名,往视之。问伺者:"诸胡何若。"

伺者曰:"胡至一新冢,设奠。哭而不哀,亦撤奠,即巡行冢旁,相视而笑。"

无名喜曰:"得之矣。"

因使吏卒尽执诸胡,而发其冢。冢开,割棺视之,棺中尽宝物也。奏之。天后问无名:"卿何才智过人,而得此盗?"

对曰:"臣非有他计,但识盗耳。当臣到都之日,即此胡出葬之时,臣亦见,即知是偷,但不知其葬物处。今寒节拜扫,计必出城,寻其所之,足知其墓。贼既设奠,而哭不哀,明所葬非人也。奠而哭毕,巡冢相视而笑,喜墓无损伤也。向若陛下迫促府县捕贼,计急必取之而逃。今者更不追求,自然意缓,故未将出。"

天后曰:"善。"

赐金帛,加秩二等。

选自《唐代传奇》

[作者作品]

牛肃(约804年前后在世),唐朝文学家。约唐德宗贞元末前后在世,事迹不详。撰有唐代第一部文言小说集《纪闻》10卷(《新唐书艺文志》)传于当代。此书是一部具有承前启后意义的小说集,大约宋以后亡佚,惟《太平广记》《太平寰宇记》等存有120余条。

《纪闻》是唐初第一部传奇小说集,之所以命名《纪闻》,乃因所记皆他本人所闻,为"纪实"小说之作。《纪闻》所载皆开元、乾元间征应及怪异事,书中的人物传记、僧侣传记、鬼怪幽冥故事等对盛唐时期的社会生活、政治事件等多有直接反映,其中一些材料还为《新唐书》《资治通鉴》《宋高僧传》等所采用,故而具有极高的史料价值。

[译文]

　　武则天当政时,曾赐给太平公主细软宝物两大盒,价值黄金两万多两。太平公主将其收藏在密室中。一年后要取出,宝物不翼而飞。公主报告给女皇,女皇大怒,召见洛州长史,对他说:"三日破不了案,就是犯罪!"

　　长史害怕。对两县负责刑事的官员说:"两日内抓不住盗贼,就杀了你们!"

　　县尉们对负责巡查盗贼的乡里的官员说:"一天之内必须将盗贼擒获,抓不到,就先死!"

　　负责巡查盗贼的乡里的官员惊恐万状,无计可施。在大街上碰到了湖州佐史苏无名,一起将他请到县衙。负责巡查盗贼的乡里的官员对县尉说:"能找到失物的人来了。"

　　苏无名立刻走上台阶,县尉迎出来询问履历。苏无名说:"我是湖州别驾,在此听候考核。"

　　县尉大声叫吏卒:"怎么侮辱别驾呢?"

　　苏无名笑着说:"你别对吏卒发脾气,这也许事出有因。我任职期间,因能抓坏人而出名,盗贼到我面前,没有能逃脱的。他们以前听到过我的事,所以把我叫来,或许能够解除他们的困境。"

苏无名

　　县尉大喜求问其法。苏无名说:"与你一道去州府,你可先进去向长史禀告。"

　　县尉向长史禀告,长史非常高兴,走下台阶拉着苏无名的手说:"今日遇见你,反而救了我的命,请阐述你的方法。"

　　苏无名说:"请与你一道进宫求见天后,才能说。"

　　于是天后召见他们,问道:"你能抓到罪犯?"

　　苏无名说:"皇上若委任我破案,请不要限定日期。并且宽限长史、县尉,让他们不要追查,把两县抓贼的官员都交我,我为陛下抓贼,不会超过几十天的。"

　　天后答应了他。苏无名告戒吏卒,过段时间就能听到消息了。一个月后,正赶上寒食节,苏无名把吏卒召来,事先约定:"每十人五人一组,在东门和北门守候。见有十几个胡人穿着孝服,先后出城到北邙山,就跟踪并派人报告。"

　　吏卒守候,果然如此,赶紧向苏无名禀报,苏无名前去察看,问守候的吏卒:"这些胡人怎么样?"

　　吏卒说:"胡人到了一个新的大坟墓前,摆好祭品,追悼亡者。但他们哭的不伤心。撤掉奠礼,绕着坟墓巡行一圈,相视而笑。"

　　苏无名高兴地说:"就是他们!"

立即让吏卒将这十几个胡人都抓了,并挖开这座坟墓。坟墓挖开后,打开棺材一看,棺材中都是宝物。向天后报告。天后问苏无名:"你用什么过人的才智,抓获这些盗贼的?"

苏无名回答:"我不是有别的计策,只是认识这几个盗贼。当我到京城时,只此这群胡人出葬,我也看见了,就知道他们是贼。但不知藏物的地方。今天是寒食节扫墓。算定他们必出城,跟随他们的所在,就知道他们的墓地了。他们既然扫墓,却哭而不悲,就明白墓中葬的不是人。又见祭奠哭完后,绕坟墓一周后相视而笑,是因坟墓无损而得意。假如皇上催促府县抓贼,他们肯定要商议着急取出宝物逃跑。现在,我们不严查,自然想缓慢处理,所以没将宝物取出。"

天后说:"对。"

赐给苏无名金帛之物,并晋升二级。

杜光庭小说三则

唐 杜光庭

[作者作品]

杜光庭

杜光庭(850~933年),晚唐五代著名的道教学者、小说家。字圣宾(又作宾圣),号东瀛子。处州缙云(今属浙江)人。唐懿宗时,考进士未中,后到天台山入道。僖宗时,如为供奉麟德殿文章应制。随僖宗入蜀,见唐祚衰微,便留蜀不返。王建建立前蜀,任为光禄大夫尚书户部侍郎上柱国蔡国公,赐号"广成先生"。王衍继位后,亲在苑中受道箓,以杜光庭为"传真天师"、崇真馆大学士。晚年辞官隐居四川青城山白云溪潜心修道,相传85岁时逝世。

杜光庭对道教的教理教义、神话传说、斋醮科仪等,进行了系统的整理和阐发,一生编撰了大量经诰注疏和科教仪轨,此外还曾编撰多部神仙传记集。著有《道德真经广圣义》《道门科范大全集》《广成集》《洞天福地岳渎名山记》《青城山记》《武夷山记》《西湖古迹事实》《神仙感遇传》等。这些神仙传记,部分据前人著述改写,部分采录传闻,虽略显芜杂粗疏,但具有丰富的历史文化信息,在道教史和文学史上都是一笔宝贵的文献资料。他的大批著作,不仅反映了他所处时代的道教面貌,也为道教在北宋的再度复兴准备了一定条件,为道教文化史上一位承前启后的重要人物。

一、裴沈救鹤

裴沈,仕为同州司马。云其再从伯自洛往郑州,日晚,道左闻人呻吟,下马披蒿莱寻之,见一病鹤,垂翼俯咪,翅上疮坏无毛,异其有声,恻然哀之。忽有白衣老人,曳杖而至,谓曰:郎君年少,岂解哀此鹤耶?若得人血一涂,必能飞矣。裴颇知道,性甚高逸,遽曰:某请刺此臂,血不难。老人曰:君此志甚佳,然须三世人,是其血方可中用。郎君前生非人,唯洛中胡芦生三世人矣,郎君此行非有急切,岂能却至洛,为求胡芦生耶?裴沈然而返洛中,访胡芦生,裴沈具陈其事,拜而祈之。生无难色,取一石合子,大如两指,以针刺臂,滴如乳下,满合以授裴曰:无多言也。及鹤处,老人喜曰:固是信士。乃以血尽涂鹤疮上,言与之结缘。既而谓裴曰:我所居去此不远,可少留也。裴觉非常人,以丈人呼之。随行数里至庄,竹落草舍,庭庑狼籍。裴渴甚,求茗,老人指一土甏曰:中有少浆,可就饮之。裴视甏中,有杏核一扇,大如笠,中有浆,其色正白,乃力举饮之,味如杏酪,不复饥渴。裴拜老人,愿为仆。老人曰:君世间微禄,不可久住。君贤叔真有所得,吾与之友,出入游处,君自不知,今有一信,凭君达之。因裹一幞物,大如羹盎,戒无窃开。共视鹤疮,并已生毛矣。又谓裴曰:君向饮浆,当哭九族,但戒酒色耳。裴还洛中,将窃开其幞,四角各有赤蛇出头,乃止。其叔开之,有物如乾大麦饭,因食之,入王屋山,不知所终。裴寿至九十岁也。

摘选于杜光庭《神仙感遇传》

[相关史料]

《神仙感遇传》收录了古来人与神仙感应相遇的故事75册,每册以感遇者的名号为题。《神仙感遇传》残5卷,存《道藏》洞玄部记传类,专门讲述神仙与凡人沟通的故事。"裴沈救鹤"亦属于此类故事。书中所记皆属道教的神异之说,然往往其它书均有记载,如《李筌》摘自《阴符经序》,《虬髯客》出于唐人小说等。

二、九天玄女

九天玄女者,黄帝之师,圣母元君弟子也。黄帝世为有熊国之君,佐神农为理。神农之孙榆冈既衰,诸侯相伐,干戈日寻,各据方色,自称五行之号。太 之后,自为青帝,榆冈神农之后,自号赤帝,共工之族,自号白帝,葛天之后,自号黑帝。帝起有熊之墟,自号黄帝,乃恭己下士,侧身修德,在位二十二年。而蚩尤肆孽弟兄八十一人,兽身人语,铜头铁额,啖砂吞石,不食五谷,作五虎之形以害黎庶,铸兵于葛炉之山,不禀帝命。帝欲征之,博求贤能以为己助,得风后于海隅,得力牧于大泽,以大鸿为佐,天老为师,署三公以象三台,风后为上台,天老为中台,五圣为下台,始获宝鼎,不爨而熟。迎日推 ,以封胡为将,以夫人费修之子为太子,用张若、隰朋、力牧、容光、龙红、仓颉、容成、大挠、屠龙众臣以为翼辅,战蚩尤于涿鹿,帝师不胜。蚩尤作大雾三日,内外皆迷,风后法斗机作大车,以杓指南,以正四方。帝用忧愤,斋于太山之下,王母遣使披玄狐之衣以符授帝曰:"精思告天,必有太上之应。"居数日,大雾冥冥昼晦,玄女降焉,乘丹凤,御景云,服九色彩翠之衣,集于帝前,帝再拜受命,玄女曰:"吾以太帝之教,有疑可问也。"帝稽首顿首曰:"蚩尤暴横,毒害蒸黎,四海嗷嗷,莫保性命,欲万战万胜之术,与人除害,可乎?"玄女即授六甲六壬兵信之符,灵宝五帝策使鬼神之书,制妖通灵五明之印,五阴五阳遁元之式,太一十精四神胜负握机之图,五兵

九天玄女

河图策精之诀,复率诸侯,再战蚩尤于冀州。蚩尤驱魑魅杂妖以为阵,雨师风伯以为卫,应龙蓄水以征于帝,帝画之,遂灭蚩尤于绝辔之野,中冀之乡,分四家以葬之,由是榆冈拒命,又诛之阪泉之野,北逐獯鬻。大定四方,步四极,凡二万八千里,乃铸鼎立九州,置五行九德之臣,以观天地祠,万灵垂法设教,然后采首山之铜,铸鼎于荆山之下,黄龙来迎,乘龙升天。

摘自杜光庭《墉城集仙录》选

[相关史料]

《墉城集仙录》道教神仙传记,是我国道教史上第一部较为系统的记录女仙谱系的著作,也是现存最早的专门记载女仙事迹的道书,原为10卷,共录女仙109人,现已佚。《道藏》本为6卷。记载圣母元君、金母元君、上元夫人、昭灵李夫人、九天玄女等37位女仙事迹。

洛川宓妃

洛川宓妃,宓牺氏之女也。得道为水仙,以主于洛川矣。常游洛水之上,以众女仙为宾友,自以游宴为适,或祥化多端,亦犹朝云暮雨之状耳。魏雍丘王曹植感宋玉对楚王之事,作《洛神赋》以叙之,言其状也,翩若惊鸿,婉若游龙,荣耀秋菊,华茂春松,仿佛兮若轻云之蔽日,飘摇兮若流风之回云,皎若太阳升朝,霞灼若笑蕖出绿波,体迅飞凫,飘忽若神,凌波微步,罗袜生尘,此盖文士妖饰之词。若夫得道登真,体位高邈,仙凡 隔,感降良难,宜可方宋玉淫冶之音,所致上仙之一遇也。至若冯夷服虹丹为水仙,位证河侯震蒙得玄珠,主于洮岷之录,吴姬娥获琼蕊登于月宫,此非独水为太阴之府,而女仙主之,盖其职秩所遇也。吕公子服水玉而为河伯,天吴饵云母而为水神,亦有男仙居水官之任也。冯夷者,好道。遇涓子,以虹丹授之,服而为水仙,位为河伯震蒙氏。女者亦曰奇相氏,得黄帝玄珠之要而为水仙,为岷洮江源之主,吴姬娥,羿妻也,羿司射卫黄帝之宫,入宫得琼蕊之丹,以与姐娥,服飞入月宫,为月中之官。况五岳十山九江八泽,皆有仙曹灵府,以司明世人罪福功过,亦主掌山川宝货灵草神芝,或统御洞天真经玉籍,其任不常,或千年五百年,亦有迁易玄真杳隔世,莫得知也。

选自杜光庭《墉城集仙录》

[相关史料]

宓妃即洛神,是中国先秦神话中,黄河之神河伯的配偶,司掌洛河的地方水神。在中古时期宓妃形象得以丰富发展,逐渐变身为世俗的美人,成为男性文人寄找情感的对象。三国时期曹魏文学家曹植创作的千古名篇《洛神赋》,以人神相恋的传奇故事确定了洛神作为理想女神的文学典故。

郑 生

唐 牛 峤

[原文]

郑生者,天宝末,应举之京。至郑西郊,日暮,投宿主人。主人问其姓,郑以实对。内忽使婢出云:"娘子合是从姑。"须臾,见一老母,自堂而下。郑拜见,坐语久之,问其婚姻,乃曰:"姑有一外孙女在此,姓柳氏,其父见任淮阴县令,与儿门地相埒。今欲将配君子,以为何如?"郑不敢辞,其夕成礼,极人世之乐。遂居之数月,姑为郑生,可将妇归柳家。郑如其言,携其妻至淮阴。先报柳氏,柳举家惊愕。

柳妻意疑令有外妇生女,怨望形言。俄顷,女家人往视之,乃与家女无异。既入门下车,冉冉行庭中。内女闻之笑,出视,相值于庭中,两女忽合,遂为一体。令即穷其事,乃是妻之母先亡,而嫁外孙女之魂焉。生复寻旧迹,都无所有。(出《灵怪录》)

[作者作品]

牛峤(约公元890年前后在世),唐末五代的重要词人、志怪小说家。字松卿,一字延峰,陇西人。《游仙窟》张鷟的孙子。乾符五年(878年)进士及第。历官拾遗,补尚书郎,后人又称"牛给事"。以词著名,词格类温庭筠。原有歌诗集三卷,现存计词37首。其作品在当时已广为流传,现存牛峤的作品主要收录在《花间集》中。牛峤所编的小说集《灵怪录》,流传到今天的《灵怪录》已散佚不全,不过从现已搜集整理到的其中的一些篇章也可窥见其书的思想内容、艺术风格以及所反映的文化现象。

《灵怪录》不是牛峤创作加工的,而是杂取当时流行的小说而成。《灵怪录》共收录故事13则,内容多写精怪,有六朝之怪之遗风,只不过扩张波澜,描绘更加生动,情节更加委婉,文章辞采超过了以前的志怪集,把一些虚虚实实,得自传闻或典籍的语片,随手拈来,涉笔成趣。

牛　峤

[译文]

唐天宝末年,有一位郑生进京赶考。天将黑时至郑州西郊,到一个人家里投宿。这家主人问他贵姓,他说姓郑。这时里屋忽然出来一个婢女对郑生说,"我家娘子应该是你的堂姑哩。"接着就见一个老妇从堂屋里出来,郑生连忙拜见向堂姑问安,二人坐着谈论了很久,堂姑问郑生结婚没有,郑生说没结婚,堂姑就说,我有个外孙女在这里,姓柳,她父亲是淮阴县令,和你门第相当,我想把她许给你为妻,你看如何?"郑生不敢推辞,就答应了。这天晚上,郑生和柳氏就举行了婚礼,入了洞房,二人十分称心如意。住了几个月后,堂姑对郑生说,"你可以带着你媳妇去一趟柳家看看你岳父母。"郑生就带着柳氏去了淮阴。到淮阴后,郑生派人先去柳氏家通报,柳家一听都十分惊愕。柳县令的妻子甚至怀疑丈夫是不是和别的女人生下的女儿,十分怨怒。不一会儿,柳家派人出去看,见来的女子和家中的女儿一模一样。柳氏进门下车后慢慢走进院中,家里那个女儿也笑着走出来,两个柳氏女在院中相遇之后,忽然合成了一个。柳县令追查这件事,才知道原来是自己死了很久的岳母把她外孙女柳氏的魂许给了郑生。后来郑生再去寻找郑州西郊他曾投宿过的地方,那里已什么都没有了。

从　谏

唐　皇甫枚

[原文]

东都敬爱寺北禅院大德从谏,姓张氏,南阳人。徙居广陵,为土著姓。身长八尺,眉目魁奇。越壮室之年,忽顿悟真理,遂舍妻子从披削焉。于是研精禅观,心境明白,不逾十载,耆年宿德。皆所推服。

及来洛,遂止敬爱寺。年德并成,缁黄所宗。每赴供,皆与宾头卢尊者对食,其为人天钦奉若此。唐武宗嗣历,改元会昌,爱驭凤骖鹤之仪,薄点墨降龙之教,乃下郡国,毁塔庙,令沙门复初。谏公乃乌帽麻衣,潜于皇甫枚之温泉别业。后冈上乔木骈郁,巨石砥平。谏公夏日,常于中入寂,或补毳事。忽一日,颓云馼雨,霆击石傍大檀。雨至,诸兄走往林中,谏公恬然趺坐,若无所闻者。诸兄致问,徐曰:"恶畜生而已。"至大中初,宣宗复兴内教,谏公归东都故居。其子自广陵来观,适与遇于院门,威貌崇严,不复可识。乃拜而问从谏大德所居,谏公指曰:"近东头。"其子既去。遂阖门不出。其割裂爱网(网原作刚,据明抄本改)又如此。咸通丙戌岁夏五月。忽遍诣所信向家,皆谓曰:"善建福业。贫道秋初当远行,故相别耳。"至秋七月朔,清旦,盥手焚香,念慈氏如来,遂右胁而卧。呼门人玄章等戒曰:"人生难得,恶道易沦,唯有归命释尊,励精梵行。龙花会上,当复相逢。生也有涯,与尔少别。"是日无疾奄化,年有八十余矣。玄章等奉遗旨,送尸于建春门外尸陁林中,施诸鸟兽。三日复视之,肌貌如生,无物敢近。遂覆以饼饵。经宿,有狼狐迹,唯唂饼饵,而丰肤宛然。乃依天竺法阇维讫,收余烬,起白塔于道傍,春秋奉香火之荐焉。

(出自《三水小牍》)

[作者作品]

皇甫枚,唐末文学家。约唐僖宗广明中前后在世,字遵美,唐晚期安定郡(今甘肃泾川)三水县(今宁夏同心县)人。曾在懿宗、僖宗两朝做官。咸通末为汝州鲁山县主簿。光启中曾调赴僖宗当时的行在——梁州。皇甫枚撰有《三水小牍》上下2卷,传于世。《三水小牍》为皇甫枚旅居汾、晋时所撰。三水是安定的属邑,故取以为书名。

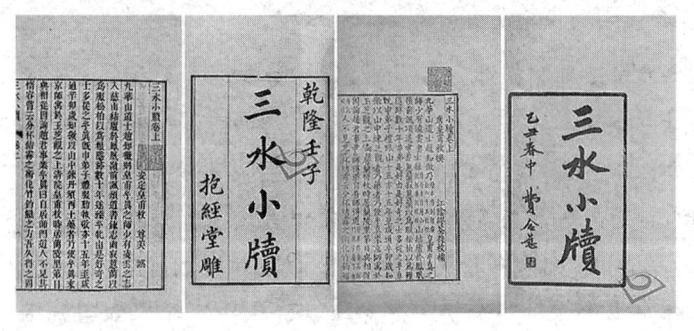

皇甫枚著《三水小牍》

《三水小牍》是一部传奇小说集,内容主要记载晚唐的异闻轶事,一部分为带有神怪色彩,和其他传奇集的内容,用意相近。《三水小牍》篇幅虽不多,却以其内容的丰富和对时代的真实反映而引人注目。书中故事大都具有传奇性,在晚唐小说中较有特色。但也有些条目记叙自己的见闻、经历,可供研究唐末的政局和社会状况之参考。

[相关史料]

关于东都大敬爱寺位于何处?据《洛阳碑刻选释》载:《大唐东京大敬爱寺故大德大证禅师碑铭》,何以不藏敬爱寺而藏嵩岳寺?清景日昣《说嵩》载,"大证禅师碑在嵩岳寺后敧侧荒坡中"。《河南通志》载:"嵩岳寺在嵩山之前,武则天幸嵩山,常以此为行宫,而不载敬爱寺之所在,则敬爱寺毁废已久。今碑在嵩岳寺后,大抵敬爱寺址,当时与嵩岳为邻矣。"

[译文]

洛阳敬爱寺北禅院的高僧从谏,本姓张,南阳人,迁居广陵后,改为土著人的姓。身长八尺,相貌魁梧。过了壮年期以后,忽然顿悟真理,于是抛弃老婆孩子出家削发为僧。他精心研习禅观,心境了然明白,修行了不超过十年,许多资深德高的高僧大德,都对他深表推崇和佩服。等他来到洛阳后,便住在了敬爱寺。他的资历与道德都已达到成熟阶段,成为佛僧与道人的宗师,每次赴会时,都与宾头卢尊者坐在一起吃饭,他是如此的受人钦敬与供奉。唐武宗继位后,改元会昌,他喜爱成仙长寿之道而鄙薄佛教，于是下令各处毁坏寺庙，让僧人回乡返俗。谏公便头戴黑布帽身穿麻布衣，潜藏到皇甫枚之温泉别墅里。后山上林木参天，巨石平坦，谏公于炎热的盛夏常常在这里端坐入定，求学道事。有一天，浓云骤雨突然涌了上来，雷电轰击着石旁边的大檀树。暴雨到来时，一起修炼的各位兄弟纷纷跑进树林躲避，谏公则静静地盘腿坐在原处，好像没有听到什么动静一样，兄弟们问他为什么这样，谏公从容答道："只因厌恶那帮畜生而已。"唐宣宗大中初年，佛教复兴，谏公又回到洛阳故居。他的儿子有一天从广陵来看望他，正巧在寺院门口与他相遇，儿子长得高大魁伟，有些认不出来了。儿子向他施礼，问他从谏高僧住在什么地方，从谏用手指了指说道："就在那边的东头。"儿子去了之后，他回到自己屋里关上房门再也不出来。这就是这样的割裂情网断绝尘缘！懿宗咸通丙戌年夏季五月，从谏老家的人突然普遍地收到他所写的信，他在这些信里都是告诉家里人说："要好好供奉佛教，积善修德。贫道秋初要远行，所以写信与你们告别。"到了秋季七月初一日清晨，从谏洗完手点上香，反复念诵我佛如来，然后右侧向下躺在床上，招呼门徒玄章等来到面前，告诫他们道："人生多难，世道险恶，稍有不慎，极易沉沦；唯有皈依佛法，精诚守戒修行，方能救拔超脱。来日龙花会上，还能与诸位相逢。人之生命有限，我今与你们暂别。"过一天，从谏无病而亡，享年八十余岁。玄章等人遵照师父遗嘱，把他的尸体送到建春门外停放尸体的山林里，奉献给饥饿的鸟兽。第三天再去看时，肌体的样子与活的时候相同，没有鸟兽敢于靠近，于是在尸体上盖了一层干粮食物。过了一宿，见有豺狼狐狸之类兽曾经光顾的痕迹，但它们只吃掉了干粮食物，尸体的肌肤仍然完好无损。玄章等人便依照天竺的办法将遗体火化完了，收藏起骨灰在道旁建起一座白塔，将骨灰存放在塔内，年年供奉香火。

洛阳缙绅旧闻记(三篇)

唐 张齐贤

[作者作品]

张齐贤(943～1014年)，北宋名相，政治家、军事家、文学家。字师亮，曹州句容人。3岁时为避战乱举家迁洛阳，好学上进。宋太祖幸洛阳，齐贤以布衣至其马前献策。饭量特大，曾一次吃掉5大盘牛肉。太平兴国二年(977年)宋太宗赐其进士第，以大理评事通判衡州。太平兴国六年(981年)，任江南西路转运副使，同年冬，以右辅阙，升任转运使。拜枢密直学士，擢右谏议大夫，签书枢密院事。雍熙初年，转任左谏议大夫。雍熙三年(986年)，代州名将杨业战殁，张齐贤授给事中，出知代州。端拱元年(988年)，拜工部侍郎。宋真宗时，咸平元年(998年)十月官兵部

张齐贤饮醉

尚书，同中书门下平章事。居官无论尊卑，皆能考究民情，务行宽大，尽心为民，广受百姓爱戴。在政治上具有卓越的才能，在军事上亦多有建树，曾多次指挥抗辽，每战必胜。

咸平三年(1000年)十一月辛卯日，因朝会时剧饮酒失职，张齐贤为自己辨护，真宗说"卿为大臣何以率下！朝廷有宪典，朕不敢私。"被免去宰相职务。后以司空致仕。大中祥符七年(1014年)夏，

逝世,谥文定。有《书录解题》传于世。

《洛阳缙绅旧闻记》是张齐贤于真宗景德二年(1005年)以兵部尚书知青州时所作的传奇小说集,全书共5卷,凡21篇,主要记写唐五代至宋初生活在洛阳的历史人物的传奇性经历,是北宋初年一部优秀的传奇小说集。书中多据传说之词,约载事实以为劝戒。自称凡与正史差异者,并存而录之,亦别传外传之比。多为其亲历亲闻,或与书中人物有过从者,多可补史文之阙,足资博览,然亦有语涉因果报应之类,或因据传闻事有失实者。同时,由于此书搜罗故实,可补正史之阙,如司马光编《资治通鉴》、邵晋涵重辑《旧五代史》等,均从此书采摘了一些史料,是治五代史者向予重视的一部参考书。由于书中多据传说之词,约载事实以为劝戒。自称凡与正史差异者,并存而录之,亦别传外传之比。然如书中有些文中小说不免涉于语怪与,有个别文殆出传闻之讹,殊不可信。今有《知不足斋丛书》、《四库全书》、《说郛》、《丛书集成初编本》等版本。

一、梁太祖优待文士

梁祖之初兼四镇也,英威刚很,视之若乳虎。左右小忤其旨,立杀之。梁之职吏,每日先与家人辞诀而入,归必相贺。宾客对之,不寒而栗。进士杜荀鹤,以所业投之,且乞一见。掌客以事闻于梁祖,梁祖默无所报,荀鹤住大梁数月。先是,凡有求谒梁祖,如已通姓名而未得见者,虽踰年困踬于逆旅中,寒饿殊甚,主者留之,不令私去,不尔,即公人辈及祸矣。荀鹤逐日诣客次。

一旦,梁祖在便听,谓左右曰:"杜荀鹤何在?"左右以见在客次为对。未见间,有驰骑至者,梁祖见之,至巳午间方退,梁祖遽起归宅。荀鹤谓掌客者曰:"某饥甚,欲告归。"公人辈为设食,且曰:"乞命。若大王出,要见秀才,言已归馆舍,即某等求死不暇。"至未申间,梁祖果出,复坐于便听,令取骰子来。既至,梁祖掷,意似有所卜。掷且久,终不惬旨,怒甚,屡顾左右。左右怖惧,缩颈重足,若蹈汤火。须臾,梁祖取骰子在手,大呼去声曰:"杜荀鹤!"掷之,六只俱赤,乃连声命"屈秀才"。荀鹤为主客者引入,令趋,骤至阶陛下。梁祖言曰:"秀才不合趋阶。"荀鹤声喏,恐惧流汗。再拜,叙谢讫,命坐,荀鹤惨悴战栗,神不主体。梁祖徐曰:"知秀才久矣。"荀鹤欲降陛拜谢,梁祖曰:"不可。"于是再拜,复坐。梁祖顾视陛下,谓左右曰:"似有雨点下。"令视之,实雨也。然仰首视之,天无片云。雨点甚大,沾陛檐有声。梁祖自起,熟视之,复坐,谓杜曰:"秀才曾见无云雨否?"荀鹤答言:"未曾见。"梁祖笑曰:"此所谓无云而雨,谓之天泣,不知是何祥也?"又大笑,命左右:"将纸笔来,请杜秀才题一篇《无云雨》诗。"杜始对梁祖坐,身如在燃炭之上,忧悸殊甚。复令赋《无云雨》诗,杜不敢辞,即令坐上赋诗,杜立成一绝献之。梁祖览之,大喜,立召宾席共饮,极欢而散,且曰:"来日特为杜秀才开一筵。"复拜谢而退。杜绝句云:"同是乾坤事不同,雨丝飞洒日轮中。若教阴朗都相似,争表梁王造化功。"由是大获见知。

杜既归,惊惧成疾,水泻数十度,气貌羸绝,几不能起。客司守之,供侍汤药,若事慈父母。明晨,再有主客者督之,且曰:"大王欲见秀才,请速上马。"杜不获已,巾栉上马。比至,凡促召者五七辈,杜困顿无力,忧其趋进迟缓。梁祖自起,大声曰:"杜秀才,'争表梁王造化功'。"杜顿忘其病,趋步如飞,连拜叙谢数四。自是梁祖特帐设宾馆。赐之衣服钱物,待之甚厚。

福建人徐夤下第,献《过梁郊赋》,梁祖览而器重之,且曰:"古人酬文士,有'一字千金'之语。军府费用多,且一字奉绢一匹。"徐赋略曰:"客有失意还乡,经于大梁,遇郊坰之耆老,问今古之侯王。父老曰:且说当今,休论往昔;昔时之事迹谁见? 今日之功名目觌。"辞多不载。遂留于宾馆,厚礼待之。徐病且甚,梁祖使人谓曰:"任是秦皇汉武。"盖诮徐赋有"直论箫史王乔,长生孰见;任是秦皇汉武,不死何归",憾其有此深切之句尔。

梁祖既有移龟鼎之志,求宾席直言骨鲠之士。一日,忽出大梁门外数十里,憩于高柳树下。树可数围,柯干甚大,可庇五六十人,游客亦与坐。梁祖独语曰:"好大柳树。"徐徧视宾客,注目久之。坐客各各避席,对曰:"好柳树。"梁祖又曰:"此好柳树,好作车头。"末坐五六人起对:"好作车头。"梁祖顾敬翔等,起对曰:"虽好柳树,作车头须是夹榆树。"梁祖勃然,厉声言曰:"这一队措大,爱顺口弄人。柳树岂可作车头?车头须是夹榆木,便顺我,也道柳树好作车头。我见人说秦时指鹿为马,有甚难事!"顾左右曰:"更待甚?"须臾,健儿五七十人悉擒言柳树好作车头者,数以谀佞之罪,当面扑杀之。

梁祖虽起于羣盗,安忍雄猜,甚于古昔。至于刚猛英断,以权数御物,遂成兴王之业,岂偶然哉!

[相关史料]

后梁太祖朱温(852~912年),唐朝宋州砀(音当)山(今安徽砀山)人。最初曾参加黄巢起义军,后来降唐,被唐僖宗赐名全忠,在称帝建立后梁时,又改名为晃,取如日之光的意思,在位时间:907~912年;谥号:神武元盛孝皇帝。庙号太祖;安葬地:河南伊阙县(今伊川县)。朱温幼时,随母在萧县刘崇家当佣工。后参加黄巢领导的农民起义军,随军入长安。唐中和二年(882年)正月,黄巢以朱温为同州(今陕西大荔)防御使。同年九月朱温叛变,降于唐河中节度使(今山西永济西)王重荣,僖宗任命朱温为金吾卫大将军,充河中行营副招讨使,赐名全忠。次年,改宣武军节度使(今开封),加东北面都招讨使。四年,全忠与李克用等联兵镇压黄巢起义军。以后十余年间,同年,宰相崔胤召全忠入关,杀死劫迁昭宗的宦官,送昭宗出城。昭宗还长安后,全忠尽诛宦官,废神策军,从此昭宗为全忠全权控制,成为傀儡。天佑元年(904年),全忠迫昭宗迁都洛阳,随即遣人杀之,立其子(哀帝)。后又贬杀宰相独孤损等朝官30余人。四年,朱全忠废李代唐称帝,改名晃,是为后梁太祖。都开封(后曾一度迁都洛阳),国号梁,史称后梁。改元开平,由此掀开了五代十国的篇章。

朱温在称帝前,对农业生产就比较重视,曾任张全义为河南尹,以恢复洛阳地区的生产。开平二年(908年),令诸州灭蝗以利农桑。三年,他与据有太原的沙陀贵族李克用、李存勖父子连年征战,损耗了大量的人力和财物,逐渐丧失军事上的优势。他生性残暴,滥行诛戮。晚年,因皇位继承人未定,皇室内部矛盾尖锐。乾化二年(912年),为次子朱友珪所杀。

张齐贤的《梁太祖优待文士》是笔记小说,小说中的人物都为洛阳真实的人物与事迹,所以,有关小说中的人物杜荀鹤的史料列于文后:

相传杜荀鹤是杜牧的微子(杜牧的小妾带着身孕另嫁他人,生下荀鹤),这个人,虽是名诗人,为人却历来风评不高。

梁太祖朱温

最典型的一件事,是拍唐末军阀、梁太祖朱温之马屁。《唐才子传》的相关记载只有寥寥30余字:"尝谒梁王朱全忠,与之坐,忽无云而雨,王以为天泣不祥,命作诗,称意,王喜之。"但张齐贤的《洛阳缙绅旧闻记》的《梁太祖优待文士》,把这件事讲得十分详细生动。

朱温起初随黄巢造反,后来降唐,反过来镇压叛军,因功受封为王。势力愈大,竟至胁迫唐昭宗迁都洛阳,不久杀昭宗,另立哀帝,再不久,废掉哀帝,自立为皇帝。朱温性情残暴,人称之为乳虎,宋人小说《西池春游记》中说,朱温曾自言,"我一日不杀数人,则吾目昏思睡,体倦若病。"梁朝的官吏,每天上朝前,生死未卜,先要和家人诀别,如果能平安归来,则全家举杯相庆。杜荀鹤敢于到这样一个疯

子那里求富贵,不知是读书人的糊涂还是投机客的胆大,这糊涂和胆大都不同凡响。当时求见朱温的人,通了姓名之后,也许几个月、几年都得不到召见,但名字一旦报上去,他就不能走,要一直等下去。如果某一天朱温忽然想起来,要接见了,手下人却找不到这个人,很可能被杀头。杜荀鹤也是如此,在开封困了几个月,有时连饭都吃不上,每天必得去接待处报到。

有一天,朱温不知因为什么终于想起了杜荀鹤,要见他。不料突然有使者来,接见完毕,已是中午,朱温就回家了。杜荀鹤等得肚子饿,要走,公人坚决不让,替他弄来饭菜。下午,朱温果然又回来了,却不办事,取了骰子扔着玩。一遍又一遍,总不能如意。朱温大怒,眼睛在随从身上扫来扫去,被看的人浑身战抖,面如死灰。最后,朱温抓起骰子,大喊一声"杜荀鹤!"一把扔出去,"六只皆赤",立即转怒为喜,连声叫带杜秀才来。荀鹤进厅,"恐惧流汗,神不主体。"

坐不多久,开始下雨。"梁祖自起熟视之,复坐,谓杜曰:'秀才曾见无云雨否?'荀鹤答言:'未曾见。'梁祖笑曰:'此所谓无云而雨,谓之天泣,不知是何祥也?'又大笑,命左右:'将纸笔来,请杜秀才题一篇《无云雨》诗。'"

杜荀鹤惊悸之中,抖擞精神,写了一首七绝:

同是乾坤事不同,雨丝飞洒日轮中。若教阴朗都相似,争表梁王造化功?

最后两句的意思是,如果阴晴风雨都那么有规律,怎能显示梁王堪比造化之功呢?

马屁拍到这份儿上,朱温大为高兴。强盗和军阀出身的朱温,据说有一个颇文雅的爱好:喜欢警句。"争表梁王造化功?"大概也被他当作警句了吧。然而创造警句的杜荀鹤,回家后吓出一身病,拉肚子几十次,几乎起不了床。第二天又蒙宠召,朱温一见,就大声开玩笑说:"杜秀才,争表梁王造化功?"杜荀鹤闻声,"顿忘其病,趋步如飞,连拜叙谢数四。"后来朱温"特帐设宾馆,赐之衣服钱物,待之甚厚。"

张齐贤所作的传奇以"梁太祖优待文士"为题,不知道是不是存心调侃。其中的三段故事,杜荀鹤是第一段,第三段讲朱温和手下在柳树下休息,那柳树异常粗大,朱温因此赞叹说,这样的好柳树,最好作车头,手下五六人齐声附和,朱温大怒,说你们这群人就爱顺口胡弄人,车头只能用榆木,柳树怎么可以?立命武士将这五六人以谀佞之罪处死。第二段故事倒可以和杜荀鹤的经历作对比,所讲的徐夤因《过梁郊赋》讨得朱温欢心,按字行赏,"一字奉绢一匹"。据《旧五代史》,徐夤的赋题为《游大梁赋》,当时朱温与晋王李克用为死敌。李克用是沙陀人,一只眼瞎了,徐夤赋中故意提到李克用,说"一眼匈奴,望(朱温的)英威而胆落"。可见也是个大马屁精。有一点五代史知识的人,多数会更喜欢李克用,觉得他虽然粗豪,为人行事,尚不失为一世英雄。清人严遂成的"只手难扶唐社稷,连城且拥晋山河",很能写出他的气概,至若"风云帐下奇儿在,鼓角灯前老泪多"的烈士暮年之情,曾让毛泽东诵读之下,唏嘘再三。朱温则以"臣弑君"始,以被儿子"弑"终,自始至终,盗寇本色不改。

在朱温这样识货的明主那里,杜荀鹤和徐夤"承恩不在貌,教妾若为容"的感叹,可以改写为"承恩惟在貌,教妾喜为容"了。但杜荀鹤的命似乎不好。朱温推荐他当了翰林学士,迁主客员外郎,可惜几天就死了。这个死,对于杜荀鹤,是绝对的善终。《唐才子传》说,杜荀鹤有朱温撑腰,地位高了,仗势欺人,又爱在文章中东挖苦西讽刺,结果犯了众怒,缙绅大家都想找机会杀他,未及实行而荀鹤已死。《旧五代史》的记载就更可怕,说杜荀鹤借朱温之势,凡缙绅之间自己所不喜欢的,"日屈指怒数,将谋尽杀之。苞蓄未及泄,丁重疾,旬日而卒。"

两处记载,情形正相反,未知孰是孰非。以常理推测,杜荀鹤固然不算君子,但若说他只因为别人得罪自己,或自己看不顺眼,便起意大开杀戒,恐怕夸张了点。杜荀鹤早年贫寒,屡试不第,心中积怨深厚,故诗多讽世之作。宋人葛立方说他"老而未第,求知已甚切",四处投献,诗中恳求之言,"几于哀鸣"在朱温那里的表现,说来也是可以理解的。前人有诗谶之说,以为诗中之言,发自内心,未来的命运,即在其中不知不觉地暗示出来。近乎算命的诗谶,当然不必信。但从中看作者的性情和品格,则不无根据。对于一事过于热衷或哀切,一旦机会来临,必不择手段攀缘进取,大概是情理之中事吧。

二、少师佯狂杨公凝式

杨少师凝式,正史有传。博通经籍,能文,工书,其笔力健,自成一家体。襟量恢廓,居常自负,既不登大用,多佯狂以自秽。在洛,多游僧寺道观,遇水石松竹清凉幽胜之地,必逍遥畅适,吟咏忘归。故寺观墙壁之上,笔迹多满,僧道等护而宝之。院僧有少师未留题咏之处,必先粉饰其壁,洁其下,俟其至。若入院,见其壁上光洁可爱,即箕踞顾视,似若发狂,引笔挥洒,且吟且书,笔与神会,书其壁尽方罢,略无倦怠之色。游客睹之,无不叹赏。故冯瀛王次子少尝于寺壁留题曰:"少师真迹满僧居,只恐钟王也不知。为报远公须爱惜,此书书后更无书。"进士安鸿渐题云:"端溪石砚宣城管,王屋松烟紫兔毫。更得孤卿老书札,人间无此五般高。"

石晋时,张相从恩自南院宣徽使官才检校司徒权西京留守,到洛城后未久,少师自东京得假往洛阳,夜宿中牟县。时申未间,飞蝗蔽日,自东京而至。又明日,至郑州。是晚,飞蝗小至。次日,荥阳飞蝗亦至。荥阳适有乘传往洛中者,少师附书并一绝,先次赠洛阳居守张公,略曰:"押领蝗虫向洛京,合消居守远相迎"云云。及到洛数日,少师寄诗上张相云:"南院司徒镇洛京,未经三月政声成。四方群后皆如此,端坐庸夫见太平。"张公知其贫,赠遗甚厚。杨之居在府衙西门咫尺,寻常入府,篮舆在前,牵马在后。少师策杖冠褐,数十步后徐行随之,见者笑而不之测。此佯狂之一也。常近冬,居家未挟纩。少师安然,不之问。一旦,故旧自西回,行李甚伟,杨以书诉贫。故旧凌晨来,候之,仍于通利店内先寄物,中留绸五十匹,绢百匹,书送于杨,请货易以略备冬服。少师得绸与绢,绸尽送修行尼寺造袜,施数寺僧尼;绢尽送南禅大字两院,请饭僧,宅中骨肉已有寒色,老女使闻。施僧嗟讶,有泣者。少师笑而不言,数月,居守知之,召女工辈,依杨宅之家口数大小悉造绵衣,无阙者,造成送之。

少师见送衣至,笑谓宅中曰:"我故知留守公送衣来尔!"此亦不测其心,佯狂之二也。寻常每出,上马至大门外,前驱者请所访,杨与一老仆语曰:"今日好向东游广爱寺。"老仆曰:"不如向西游石壁寺。"少师举鞭曰:"且游广爱寺。"鞭马欲东,老仆曰:"且向西游石壁寺。"少师徐曰:"且游石壁寺。"闻者窃笑之。此皆佯狂之事也。有谈歌妇人杨苎罗,善合坐杂嘲,辨慧有才思,当时罕与比者。少师以侄女呼之,每令讴唱,言词捷给,声韵清楚,真秦青韩娥之俦也。少师以侄女呼之,盖念其聪俊也。时僧云辨能俗讲,有文章,敏于应对。若祀祝之辞,随其名位高下,对之立成,千句皆如宿构,少师尤重之。云辨于长寿寺五月讲,少师诣讲院,与云辨对坐,歌者在侧。忽有大蜘蛛于檐前垂丝而下,正对少师与僧前云辨笑谓歌者曰:"试嘲此蜘蛛。如嘲得著,奉绢两匹。"歌者更不待思虑,应声嘲之,意全不离蜘蛛,而嘲戏之辞,正讽云辨。少师闻之绝倒,久之,大叫曰:"和尚取绢五匹来。"云辨且笑,遂以绢五匹奉之。歌者嘲蜘蛛云:"吃得肚撑,寻丝绕寺行。空中设罗网,只待杀众生。"云辨师名圆鉴,后为左街司录,久之迁化。少师于西京寺观壁上书札甚多,人间所收真迹绝少。其寺观所书壁,僧道相承,保护之至。兴国九年,大水淹没,墙壁摧坏,十无一存。可为惜之,可为惜之!

[相关史料]

杨凝式(873~954年),我国五代时期承唐启宋的最杰出的书法家,他的书法对后世产生了重要

杨凝式

的影响。唐懿宗到后周世宗之间人。字景度,号虚白,华阴(今陕西华阴)人。唐昭宗天祐二年(905年)进士,任秘书郎。唐亡后,历仕后梁、后唐、后晋、后汉、后周五代。后梁时,为考员外郎。后唐同光初授比部郎中,知制诰。后晋时,以礼部尚书致仕,闲居伊洛之间,恣其狂逸,多所抗忤。人高其才,莫之责也汉时,历少传少师。后周显德初,为太子太保,卒于洛阳。

进入晚唐,特别是到了五代,战乱频繁,国力日衰,人物凋落,文气殆尽,唯杨公凝式,于离乱之余,独饶承平之象,终成翰墨豪杰,一代书法之宗。杨凝式在书法历史上历来被视为承唐启宋的重要人物。"宋四家"(即苏轼、黄庭坚、米芾、蔡襄)都深受其影响。

杨凝式生活的时代,是唐王朝走向灭亡继之以五代战乱的时期。《五代史》本传称"凝式虽历仕五代,以心疾闲居,故时人目以风子,其笔迹遒放,宗师欧阳询与颜真卿杨凝式书《新不虚词》而加以纵逸,即久居洛,多遨游佛道祠,遇山水胜迹,辄流连赏咏,有垣墙圭缺处,顾视引笔,且吟且书,若与神会。"由于他喜欢遨游佛寺,又特别喜欢书壁,据说他居洛阳的十年间,200余所寺院的墙壁,几乎都让他题写遍了。而各寺僧人,也以能够得到他的题壁墨书为荣耀。为此,寺僧们见有可题写的墙壁,就先将其粉饰一过,专等他到来。杨凝式或乘兴游到此处,见墙壁光洁可爱,即"箕踞顾视",兴发若狂,乃信笔挥洒,且吟且书,若与神会,直到粉壁书尽才肯作罢。时人因为他性情纵诞,有"杨疯子"之号。这种创作方法与唐代的张旭、怀素颇有相似之处,所不同的是,张旭、怀素是借酒作书表演给人看,杨凝式则是为了自慰和自我发泄胸中的逸气。

杨凝式富有文藻,长于歌诗,善于笔札,并工颠草,大为时辈所推崇。"楷法精绝"、"尤工颠草",他的书法初学欧阳询、颜真卿,后又学习王羲之、王献之的书法,一变唐法,用笔奔放奇逸。无论布白,还是结体,都令人耳目一新。他的传世墨迹仅有《韭花帖》、《卢鸿草堂十志图跋》、《神仙起居法帖》和《夏热帖》等。《韭花帖》是他用行书书写的信札。内容是叙述午睡醒来,恰逢有人馈赠韭花,非常可口,遂执笔以表示谢意。此帖的字体介于行书和楷书之间,布白舒朗,清秀洒脱,深得王羲之《兰亭集序》的笔意。而《卢鸿草堂十志图跋》则深得颜真卿《祭侄稿》的的神髓,错落有致,气势开张,以古朴茂雄浑之气扑面而来。狂草《神仙起居法帖》和《夏热帖》则更加恣肆纵横,

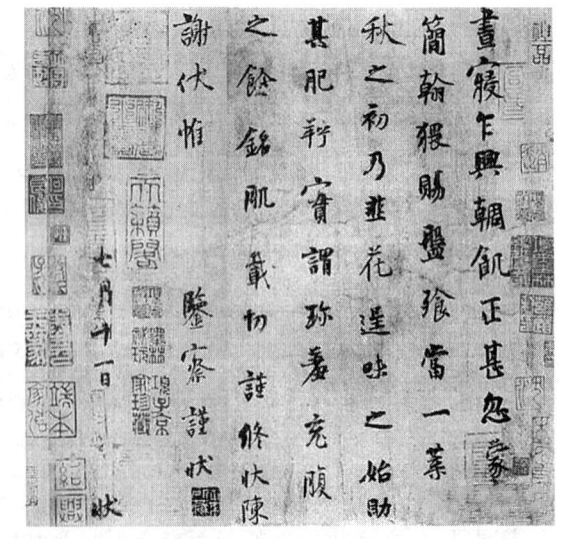

杨凝式《韭花帖》局部

变化多端,点化狼藉,线条扭曲不安,一股对时局不平的郁悒之气跃然纸上。《神仙起居法帖》在草书中,时时夹入一些行书,后人称为"雨夹雪"。

杨凝式的《韭花帖》，楷中带行，敧侧取势，简静精致，含蓄疏朗，极为后世所推崇。他的《神仙起居法帖》和《夏热帖》，字体奇倔，笔力遒放，大小参差，错落有致。笔势如惊风骤雨，落纸云烟，痛快淋漓。又草中杂以行楷，和谐自然，墨趣横生。如果说《韭花帖》是他作为正常人的心理状态之下笔底神来的杰作，那么，他的行草书《神仙起居法》和《夏热帖》等的恣肆散逸，恍惚变幻，则可以说是展现了他的貌似狂放与怪诞实则清醒颖悟的精神状态。杨凝式的这些题壁作品一直到北宋时期还可以看到许多，黄庭坚曾说："世人尽学兰亭面，欲换凡骨无金丹。谁知洛阳杨风子，下笔便到乌丝栏。"（《跋杨凝式帖后》）在《山谷集》中黄庭坚又云："余曩至洛师，遍观僧壁间杨少师书，无一不造微入妙，当与吴生画为洛中二绝，见颜鲁公书，则知欧虞褚薛未入右军之室；见杨少师书，然后知徐沈有尘埃气。"黄公在文中将吴道子的画和杨凝式的书同列为唐代的洛阳艺术"二绝"，可见当时杨凝式的书法已经达到了一个顶峰。

由于杨凝式的书法之作多留在洛阳寺庙的墙壁上，千载变乱，残垣断无，所以至今留下他的墨迹者不多。《旧五代史》、《周书》有传。

三、齐王张令公外传

齐王，讳全义，《五代史》有传。今之所书，盖史传之外见闻遗事尔。王，濮州人，尝在巢军中，知其必败，遂翻身归国。唐授王泽州刺史，初过三城，谒节度使诸葛爽。爽有人伦之鉴，睹王之状貌，待之殊厚，赠且多。临辞，谓王曰："他时名位在某之上，勉之。"爽既殁，王渐贵，追思畴昔见知之恩未尝报，乃图其形像于其私第，日焚香供养之，每晨朝于影前，捻香讫，方出视事，未尝小怠，至于终身。其感恩不肯本也如是。在泽未久，移授洛州刺史。时洛城兵乱之余，县邑荒废，悉为榛莽；白骨蔽野，外绝居人，洛城之中，悉遭焚毁。初，巢、蔡继乱，乃筑三小州城，保聚居民，以防寇盗。及罕之等争夺，但遗余堵而已。初至洛，率麾下百余人与州中所存者仅百户，共保中州一城。洛阳至今尚存南州、中州之号。王招怀完葺，五七年间，渐复都城之壮观，正居守之位焉。王《本传》云：洛城之中户不满百。又唐鸿撰王《行状》云：于瓦砾邱墟之内化出都城是也。

今正史云："京城内有南州、北州，盖光启中张全义筑，至明宗天成中，诏许人请财填筑。"言光启中筑，乃王再葺而已，非始筑也。其城壕今尚遗迹焉。余少时，亲闻旧老所说云："巢、蔡乱罹之后，洛阳苑墙中松柏甚多，至秦王修筑都城及里外桥，多聚侧近御苑废宫之松柏用之。"圣朝岁，洛阳大水，诸城门悉摧坏，余亲见厚载、长夏等门堆积材木，视之，多柏木。及洛中毁行修寺木桥，以上实之。桥即故南州西壕上之桥也，得其木，皆柏木。即旧老之言，可验矣。

王始至洛，于麾下百人中选可使者一十八人，命之曰屯将。每人给旗一口，榜一道，于旧十八县中，令招农户，令自耕种，流民渐归。王于百人中又选可使者十八人，命之曰屯副。民之来者，绥抚之。除杀人者死，余但加杖而已。无重刑，无租税，流民之归渐众。王又麾下选书计一十八人，命之曰屯判官。不一二年，十八屯申每屯户至数千。王命农隙，每选丁夫，教以弓矢枪剑为起坐进退之法。行之一二年，每屯增户大者六七千，次者四千，下之三二千，共得丁夫闲弓矢枪剑者二万余。人有贼盗，即时擒捕之。关市人赋，殆于无藉；刑宽事简，远近归之如市。五年之内，号为富庶，于是奏每县除令簿主之。所谓乱后易治乎王 得简易之道乎户既多，丁亦众，余时则教习之。时李罕之在河阳。罕之，奸贼也。尝破北山之摩云寨，当时号为李摩云。亦尝置寨于洛城中，至今民呼其寨地为李摩云寨。寨之西，号寨西市。是时，罕之镇三城，知王专以教民耕织为务，常宣言于众曰："田舍翁何足惮"王闻之蔑

如也。每飞尺书于王求军食及缣帛,王曰:"李太傅所要,不得不奉之。"左右及宾席咸以为不可与,王曰:"第与之",似若畏之者,左右不之晓。罕之谓王畏己,不设备。因罕之举兵收怀泽,王乃密召屯兵,潜师夜发,迟明入三城。罕之顾无归路,遂逃遁,投河东。朝廷即授王兼镇三城。时以正西京留守之任,每喜民力耕织者。某家今年蚕麦善,去都城一舍之内,必马足及之,悉召其家老幼,亲慰劳之,赐以酒食茶彩,丈夫遗之布,妇人裙衫。时民间上衣青,妇人皆青绢。为之取其新麦、新茧观之、对之,喜动颜色。民间有窃言者曰:"大王好声妓,等闲不笑,惟见好蚕麦即笑尔。"其真朴皆此类。每观秋稼,见好田,田中无草者,必于田边下马,命宾客观之,召田主慰劳之,赐之衣物。若见禾中有草,地耕不熟,立召田主,集众决责之。若苗荒地生,诘之,民诉以牛疲或阙人耕锄,则田边下马,立召其邻伴责之曰:"此少人牛,何不众助之"邻伴皆伏罪,即赦。自是,洛阳之民无远近,民之少牛者,相率助之;少人者亦然。田夫田妇相劝,以力耕桑为务。是以家家有蓄积,水旱无饥民。王在洛四十余年,累官至守太尉、中书令、封魏王,徙封齐王。

昭宗迁洛,郊庙行事,差官摄太尉。时朝中有识者,扬言曰:"太尉,重官,历朝多阙,所以差摄。"今齐王官守太尉,何差摄之有王诚信,每水旱祈祭,必具汤沐,素食,别寝精洁,至祠祭所,俨然若对至尊,容如不足,晴旱祈祷未雨,左右必曰:"王可开塔。"即无畏师塔也。塔在龙门广化寺,王即依言而开塔,拜讫,王祝曰:"今少雨,恐伤苗稼,和尚慈悲,告佛降雨。"如是,未尝不澍雨。故当时俚谚云:"王祷雨买雨,具无畏之神耶!齐王之洁诚耶!"齐王在巢军,先归唐,授泽州刺史。梁祖后归唐,授同州刺史。自后与梁祖互为中书令、尚书令。及梁祖兼四镇也,齐王累表让兼镇。盖潜识梁祖奸雄,避其权位,欲图自全之计尔!梁祖经营霸业,外则干戈屡动,内则帑庾多虚,齐王悉心尽力,倾竭财资助之。及北丧师,梁祖猜忌王,虑为后患,前后欲杀之者数四。虽夫人储氏面讦梁祖获免,亦由齐王忠直无贰、有勋名于天下,不能倾动之故也。梁祖遂以子福王纳齐王之女为亲,以故虽尽力于梁祖,而武皇庄宗常切齿于齐王矣。及庄宗灭梁,齐王上表待罪,庄宗降诏释之,后召见,大喜开怀,慰纳若见平生故人,尽鱼水之情焉。与论当世之务,皆出庄宗功臣意表,恨得齐王之晚。其识略德望动人主也如此。因再上表叙述,屡为朱梁窥图,偶脱虎口逼为亲,且非素志,《乞雪表》数句云:伏念臣曾栖恶木,曾饮盗泉,实有瑕口,未蒙昭雪。鸿辞也。复下诏雪之,令刘皇后入齐王居第省之。刘后坚求拜齐王与夫人储氏,齐王避不敢见,刘后归内奏之,且言少失父母,愿拜齐王并储氏为义父母。庄宗许之。齐王累表辞让,不得已而受之。庄宗令翰林学士礼院草定皇后与齐王储氏为义父母相见及往来笺书仪注焉。此乃从古所无之事也。

桑中令维翰父拱,为河南府客将。桑魏公将应举,父乘间告王曰:"某男粗有文性,今被同人相率欲取解,俟王旨。"齐王曰:"有男应举,好事。将卷轴来,可教秀才来。"桑相之父趋下,再拜。既归,令子侵早投书启、献文字数轴。王令请桑秀才,父教之趋阶,王曰:"不可。既应举,便是贡士。可归客司。"谓魏公父曰:"他道路不同,莫管他。"终以客礼见之,王一见甚奇之,礼遇颇厚。是年,王力言于当时儒臣,且推荐之,由是擢上第。至晋高祖有天下,桑魏公在位,奏曰:"洛阳齐王生祠未有额,乞赐号。忠肃。"可之。庙敕己下,会朝廷有故,遂中辍之。上御历,知齐王于唐末有大功,洛民受赐者四十年。比夫甘棠堕泪,宜昭祀典。诏有司复以忠肃额之焉。其德政碑楼,俾再完葺。是知大勋重德必有昭感,何没于唐而显于宋使今明天子复新其祠庙,则王之功虽千载之后,其不朽矣!

[相关史料]

张全义(852~926年),唐末五代时洛阳地区的长官。字国维,濮州临濮(今山东鄄城西南)人。初名言,又作居言。唐昭宗赐名张全义,屡立战功,诸葛爽表为泽州刺史,累授忠武军节度使、守中书令,封为东平王。唐亡后,在后梁做官,兼领河阳节度使,进封魏王,主动请求改名,朱温赐名张宗奭,累进太师。后梁灭亡后,归降后唐,改封齐王,任守太尉、中书令、河南尹并兼领河阳节度。后唐同光四年(926年)卒,册赠太师,予谥忠肃。

世为田农,曾在县里做小吏,多次受到县令的困辱,于是逃亡加入了黄巢的起义军。黄巢陷长安,被俘虏,建立大齐政权时,任命他为吏部尚书、充水运使,主管大齐的水运事务。黄巢失败,他到黄巢败亡后,投降河阳(今河南孟县)唐节度使诸葛爽,诸葛爽表请唐廷任他为泽州(今山西晋城)刺史。生性勤俭,善抚军民。光启二年(886年)十月,诸葛爽病死,大将刘经与张全义立诸葛爽之子诸葛仲方为留后。刘经与诸葛爽另一大将李罕之争夺洛阳渑池(今属河南)一战,刘经为李罕之所败,退守河阳。诸葛仲方年幼,刘经派张全义前去抵敌,张全义竟与李罕之结为同盟,调转矛头进攻刘经,结果被刘经打败。他与李罕之退保怀州(今沁阳),并向李克用求援。在李克用所派援军的联合进攻下,刘经和诸葛仲方被迫逃往汴州投靠朱温。于是李罕之自领河阳节度使,以张全义为河南尹,治理洛阳。

洛阳原是唐代的东都,是关东一带的政治、军事重镇,而且经济繁荣,又是商业贸易中心。然而,自安史之乱以后,洛阳一带成为军阀争夺的主要目标之一。当时的洛阳,经过多年战乱,仅存断壁残垣,破败不堪。那里"白骨蔽地,荆棘弥望。"洛阳城已被完全焚毁,附近各县也都荒废,人烟稀少,四野俱无耕者。张全义从唐僖宗光启元年(885年)上任,入洛时只带100多名部下,转遍洛阳城,才找到100多户居民。

张全义从100多名部下中挑选屯将、屯副和屯判官各18人,分为3人1组,每组发给一面旗帜、一道榜文,各主一县,分别到县里树旗张榜,招抚流散逃亡的民众,劝耕农桑,恢复生产。张全义为政宽简,除杀人者要偿命处死以外,其余都从轻处罚。"无严刑,无租税,民归之者如市,又选壮者教以战阵,以御寇盗。经过9年的尽力经营,洛阳都城坊曲,渐复旧制。诸县户口,率皆归复,桑麻蔚然,野无旷土。"洛阳周围30里内,

张全义

有蚕麦丰收的农家,他一定亲自到访,召来全家老幼,赏给酒食衣料,表示慰劳。"民间言张公不喜声伎,见之未尝笑,独见良麦佳茧则笑耳"。对于有田荒芜的,他就召集民众查问原因,有因为缺牛耕地的,便要求有牛的邻里负责助耕。"由是邻里有无相助,故比户皆有蓄积,凶年不饥,遂成富庶焉"。由于张全义在洛阳一带善于招抚军民,劝耕农桑,从唐末至五代,在兵荒马乱的情况下,洛阳一带农业生产有所恢复,人民生活也得到相对的安定,生产明显的发展,流亡农民相继归来,使农户增加到五六万户。每逢遇到水旱灾,百姓的抗灾能力相应提高,生活也能维持下去,不再四处逃荒了。洛阳人遇灾不外逃的传统也保留下来。正因为有了生产生活做保障,各县也建立了官署,恢复较为正常的封建统治。

李罕之是张全义的"刻臂为盟,永同休戚"的患难之交,又是张的上级,因军中乏食而经常向张全义求取军粮及缣帛,张全义故意表现得很软弱,如数供给。次数多了,张全义不满。文德元年(888年),张全义趁李罕之攻打河东晋州(今山西临汾)绛州(今山西新绛)时,乘其后方无备,派兵袭取了河阳,自任河阳节度使。李罕之无奈,投奔李克用,讨得援兵3万回攻河阳,围困日久,城中食尽,张全义部"啖木屑以度朝夕",向朱温求救,朱温派兵救援才得解围。朱温安排大将丁会守河阳,令张全义依旧担任河南尹。张全义感谢这一次救命之恩,从此听命于朱温。朱温挟唐昭宗东迁洛阳前,令张全

义修缮洛阳宫殿,他十分卖力。朱温打算篡唐时,他担心朱温对他不放心,就主动避让权位。朱温就调他为天平军节度使、守中书令,封为东平王。昭宗被杀后,又将他调回仍任河南尹,兼忠武军节度使、判六军诸卫事。朱温建梁称帝后,又令张全义兼河阳节度使,进封魏王,又兼任了河南尹。张全义对朱温忠诚恭谨,不但竭尽全力做好朱温的后勤供应,而且忍辱到了常人难以接受的程度:乾化二年(912年),"太祖兵败蓨县,道病,还洛,幸全义会节园避暑,留旬日,全义妻女皆迫淫之。其子继祚愤耻不自胜,欲剚刃太祖,全义止之曰:'吾为李罕之兵围河阳,啖木屑以为食,惟有一马,欲杀以犒军,死在朝夕,而梁兵出之,得至今日,此恩不可忘也!继祚乃止。"由此可见张全义在梁尽管位极人臣,进爵封王,可还是靠卑身曲事以求保全。

后梁灭亡,张全义再降后唐,特自洛阳往汴京迎接李存勖,又厚赂刘皇后,成为皇后义父。因此,张全义在后唐也受到尊崇,先被封为魏王,后改封为齐王,任命为守太尉、中书令、河南尹并兼领河阳。同光四年(926年)节度使赵在礼在魏州发动叛乱,元行钦讨贼无功,李存勖打算亲自征讨,张全义推荐李嗣源前往平乱,李存勖本不答应,最后在张全义的力荐下才同意。可是李嗣源到魏州后便与变兵合流。张全义闻变后,忧惧不食而死,终年75岁,谥忠肃。《旧五代史》称张全义"惟勤课劝,其实敛民附贼,以固恩宠"。由此可见,张全义的发迹史是一个土豪在五代十国时期的生存法则。

《齐王张令公外传》记述张全义治洛之功,极为详备,则旧史多采用之。其他佚事,亦颇有足资博览者,固可与《五代史阙文》诸书同备读史之考证也。

《太平广记》(三篇)
宋　李昉

[作者作品]

李昉等编《太平广记》

李昉(925~996年),宋代著名学者。字明远,深州饶阳(今河北饶阳县)五公村人。后汉乾佑年间(948年)进士。仕汉、周归宋,三入翰林。太宗朝拜平章事。官至右拾遗、集贤殿修撰。后周时任集贤殿直学士、翰林学士。宋初为中书舍人。宋太宗时任参知政事、平章事。雍熙元年(984年)加中书侍郎。端拱初,(988年)边警急,诏群臣各进策。昉引汉、唐故事,以屈己、修好、饵兵、息民为言,时论称之。至道二年(996年),李昉陪皇帝去南郊祭祀,跪拜时摔倒,几天后去世,谥文正。著有文集50卷,行于世。他的主要功绩是奉敕主持编撰《太平广记》《太平御览》《文苑英华》3部巨著,规模远超前人。

《太平广记》于太平兴国二年(977年)三月,开始撰集,历时一年半完成。全书共500卷,分为92大类。《太平广记》取材于汉代至宋初的小说、野史及释藏、道经等和以小说家为主的杂著,属于类书。采摭繁富,分类清楚。从内容上看,最多的是小说,实际上可以说是一部宋代之前的小说的总集。其中有不少书现在已经失传了,只能在本书里看到它的遗文。《太平广记》保存了唐代传奇原貌,促进了宋元评话、杂剧和明清小说、戏剧的发展,人称"小说家的渊海"。

小说《郗鉴》写的是一个求仙故事,凡人与修仙有成者相遇的故事,这个故事是唐传奇中极有唐人特色的一个主题,从该小说中可见唐传奇中求仙之特色。

一、郗 鉴

[原文]

荥阳郑曙,著作郎郑虔之弟也。博学多能,好奇任侠。尝因会客,言及人间奇事。曙曰:"诸公颇读《晋书》乎?见太尉郗鉴事迹否?《晋书》虽言其人死,今则存。"坐客惊曰:"愿闻其说。"曙曰:"某所善武威段扬,为定襄令。扬有子曰恝,少好清虚慕道,不食酒肉。年十六,请于父曰:'愿寻名山,访异人求道。'扬许之,赐钱十万,从其志。段子天宝五载,行过魏郡,舍于逆旅,逆旅有客焉,自驾一驴,市药数十斤,皆养生辟谷之物也。而其药有难求未备者,日日于市邸谒胡商觅之。恝视此客,七十余矣,雪眉霜须,貌如桃花,亦不食谷。恝知是道者,大喜,伺其休暇,市珍果美膳,药食醇醪,荐之。客甚惊,谓恝曰:'吾山叟,市药来此,不愿世人知,子何得觉吾而致此耶?'恝曰:'某虽幼龄,性好虚静,见翁所为,必是道者,故愿欢会。'客悦,为饮至夕,因同宿。数日事毕将去,谓恝曰:'吾姓孟,名期思,居在恒山,于行唐县西北九十里。子欲知吾名氏如此。恝又为祖饯,叩头诚祈,愿至山中,咨受道要。叟曰:'若然者,观子志坚,可与居矣;然山中居甚苦,须忍饥寒,故学道之人,多生退志;又山中有耆宿,当须启白。子熟计之。'恝又固请。叟知其有志,乃谓之曰:'前至八月二十日,当赴行唐,可于西北行三十里,有一孤姥庄,庄内孤姥,甚是奇人。汝当谒之。因言行意,坐以须我。'恝再拜受约。至期而往,果得此孤庄。老姥出问之。恝具以告姥。姥抚背言曰:'小子年幼若此,而能好道,美哉!'因纳其囊装于柜中,坐恝于堂前阁内。姥家甚富,给恝所须甚厚。居二十日而孟先生至,顾恝言曰:'本谓率语耳,宁期果来;然吾有事到恒州,汝且居此,数日当返。'如言却到,又谓恝曰:'吾更启白耆宿,

《郗鉴》插图

当与君俱往,数日复来。'令姥尽收掌恝资装,而使恝持随身衣衾往。恝于是从先生入。初行三十里,大艰险,犹能践履;又三十里,即手扪藤葛,足履嵌岩,魂竦汗出,而仅能至。其所居也,则东向南向,尽崇山巨石,林木森翠。北面差平,即诸陵岭。西面悬下,层溪千仞,而有良田,山人颇种植。其中有瓦屋六间,前后数架。在其北,诸先生居之。东厢有厨灶,飞泉檐间落地,以代汲井。其北户内,西二间为一室,闭其门。东西间为二室,有先生六人居之。其室前庑下,有数架书,三二千卷。谷千石,药物至多,醇酒常有数石。恝既谒诸先生。先生告曰:'夫居山异于人间,亦大辛苦,须忍饥馁,食药饵。能甘此,乃可居。子能之乎?'恝曰:'能。'于是留止。凡五日。孟先生曰:'今日盍谒老先生。'于是启西室,室中有石堂。堂北开,直下临眺川谷。而老先生据绳床,北面而斋心焉。恝敬谒拜老先生,先生良

久开目,谓孟叟曰:'是尔所言者耶?此儿佳矣。便与汝充弟子。'于是辞出,又闭户。其庭前临西涧,有松树十株,皆长数仞。其下磐石,可坐百人,则于石中镌局,诸先生休暇,常对棋而饮酒焉。恝为侍者,睹先生棋,皆不工也,因教其形势。诸先生曰:'汝亦晓棋,可坐。'因与诸叟对,叟皆不敌。于是老先生命开户出,植杖临崖而立。西望移时,因顾谓叟可对棋,孟期思曰:'诸人皆不敌此小子。'老先生笑,因坐召恝。'与尔对之。'既而先生棋少劣于顿。又微笑谓恝曰:'欲习何艺乎?'恝幼年,不识求方术,而但言愿且受《周易》。老先生诏孟叟受之。老先生又归室,闭其门。恝习《易》逾年而日晓。占候布卦,言事若神。恝在山四年,前后见老先生出户,不过五六度。但于室内端坐绳床,正心禅观,动则三百二百日不出。老先生常不多开目,貌有童颜,体至肥充,都不复食。每出禅时,或饮少药汁,亦不识其药名。后老先生忽云:'吾与南岳诸葛仙家为期,今到矣,须去。'恝在山久,忽思家,因请还家省觐,即却还。孟先生怒曰:'归即归矣,何却还之有!'因白老先生。先生让孟叟曰:'知此人不终,何与来也?'于是使归。归后一岁,又却寻诸先生,至则室屋如故,门户封闭,遂无一人。下山问孤庄老姥。姥曰:'诸先生不来,尚(明抄本"尚"作"向")一年矣。'恝因悔恨殆死。恝在山间,常问孟叟。'老先生何姓名?'叟取《晋书·郗鉴传》令读之,谓曰:'欲识老先生,即郗太尉也。'"

出自《记闻》

[相关史料]

郗鉴,西晋时期在嵩山修炼的道人。《博物志》载:郗鉴,字孟节,阳城人。能行气导引,辟谷不食,号二百岁。《别传》载:阳城郗鉴,少时行猎堕空冢,饥饿,见冢中先有大龟,数数回转,所向无常,张口吞气,或俛或仰。郗鉴素亦闻龟能导引,乃试随龟所为,遂不复饥。百余日颇苦极。后人有偶窥冢中,见郗鉴,而出之。后竟能咽气断谷。魏王召置土室中,闭试之,一年不食,颜色悦泽,气力自若。晋文帝《典谕》载:郗鉴能行气,善辟谷,自王与太子,及予兄弟,咸以为调笑,不全信之。然尝试之,辟谷百日,犹与寝处行步起居自若也。夫人不食七日则死,而郗鉴乃能如是。议郎李覃学郗鉴辟谷食茯苓饮水,中寒泄利,殆至殒命。人之逐声若此夫。至西晋惠帝末,郗鉴犹健强。

[译文]

荥阳的郑曙,是著作郎郑虔的弟弟。他博学多能,好奇任侠,曾经因为会客,谈到了人间的一件奇事。郑曙说:"各位读过《晋书》吧?看见过太尉郗鉴的事迹没有?《晋书》上虽然说他死了,但他直到现在还活着。"座中的几位客人惊奇地说:"请讲讲他的故事好吗?"郑曙说:"我有一位好朋友,是武威县的段扬,他在定襄县做县令。段扬有个儿子叫段恝,从小喜欢清虚,羡慕道术,不吃酒肉。16岁那年,他向父亲请求说:'儿想寻游名山大川,向世外高人请教道术。'段扬答应了他,给了他十万钱,遂了他的心愿。天宝五年的时候,段路过魏郡,住在客栈。客栈里有一位客人,骑了一头小驴,买了几十斤药,全是养生不吃谷物的那些东西。而那些难找还没买全的药,他天天都到市上向胡商寻觅。段恝见这客人已经70多岁了,眉毛胡须白得如霜似雪,但是他的脸色却像桃花,也不吃谷物。段恝知道这是一位有道的人,非常高兴,等候那人有了闲暇,就买些珍贵的果品和味美的食物,以及药品美酒什么的送给他。那客人很吃惊,对段恝说:'我是山里的一个普通老头,买药来到这里,不想让世人知道,你为什么能发觉我而如此做呢?'段恝说:'我虽然年幼,但是我生性喜欢虚静,见了你的所作所为,知道您一定是个修道的人,所以愿意和您交往聚会。'那客人很高兴,和他一起喝酒。喝到晚上,又住到了一起。几天后,事情办完要离开了,老头对段恝说:'我姓孟,名叫期思,住在恒山,在行唐县西北九十里。你想要知道的我的名姓就是这样。'段恝又为他饯行,诚恳地叩头请求,愿意随老头到山中,向他请教道术。老头说:'如果这样,我见你志向挺坚强,可以和你同住。但是住在山里是很苦的,必须忍受饥寒。所以学道的人，大多都知难而退了。另外山中有老师宿儒，我也得向他禀报，你好好想想。'段恝又坚决地请求。老头知道他有志气，就对他说：'等到八月二十日，你到行唐县来吧。可以向西北走30里，有一个孤姥庄，庄里的孤姥，是一位非常了不起的奇人。你应该去拜见她，向她说明来意，住在那里等我。'段恝连连下拜，接受约定。到了日期前往，果然找到了这个孤庄。一位老太太出来问他。他把来意详细地告诉了她。老太太抚摸着他的后背说：'这小子这么年轻，却能喜欢道术，好啊！'于是把他的行李装到柜子里，让他坐在堂前的阁子里。老太太家里很富足，给段恝的用品很丰厚。他在此住了20天，孟先生到了。孟先生看着段恝说道：'我本来是随便一说的话，哪想到你果真如期来了。但是我有事要到恒州去，你暂且住在这里，我几天就能回来。'果然，孟先生像他说的那样，到时候就回来了。又对段恝说：'我还要去向老师宿儒说明情况，然后带你一块去。'过几天果然来了。孟先生让老太太把段恝的行李全都保存起来，让段恝只带着随身的衣服和被子前往。段于是跟着孟先生进山。开始走的30里路，很艰险，但是还可以行走。又走了30里，就要用手拽着藤蔓，用脚登着伸出来的岩石，吓得心神惶悚，一身冷汗。勉强走到了老师宿儒住的地方。这住处的东面、南面，全是崇山巨石，林木森然苍翠。北面比较平坦，接近诸陵岭。西面陡悬向下，一层层山谷有千仞深，而且谷中有良田，一些山民正在耕种。其中有六间瓦房，分前后几栋。那北面的，是诸先生的住所。东厢房是厨房，飞泉从檐间落，以代替井水。那北门之内，西面的两间有一个屋室，关着门。东西间是两个屋室，有六位先生住着。那屋前的廊屋里，有几书架的书，有两三千卷。有谷物上千石，药物极多，好酒常有几石。段恝拜见诸位先生之后，先生们告诉他说：'住在深山老林和住在人世间不同，是很苦的，必须忍受饥饿，吃草药。能甘心如此，才可以居住，你能吗？'段恝说：'我能！'于是留他住下了。5天后，孟先生说：'今天何不拜见拜见老先生！'于是打开了西屋。屋中有一个石堂，堂朝北开，可以直接向下眺望山谷河川。老先生坐在绳床上，一副清心寡欲地样子。段恝恭敬地拜谒老先生，老先生许久才睁眼看他。老先生对孟先生说：'这就是你说的那个人吗？这小子不错，就给你当弟子吧！'于是告辞出来，又关了门。那院子西面临涧，有10棵松树，却有几仞高。松下有一磐石，能坐100人，就在这块石头上刻了棋局，先生们闲暇的时候，常在这上边下棋、饮酒。段恝是侍者，站在那里看先生们下棋。先生们的棋艺都不精，段恝就在一边帮着支招儿。先生们说：'你也懂得下棋，可以坐下来下。'于是他就坐下来和几个老头下棋，几个老头全都下不过他。于是老先生让人把门打开，拄着手杖临崖而立，向西望了许久，回头看着老头们说可以下棋。孟期思说：'人们都下不过这小子！'老先生笑了，于是坐下叫段恝过来下棋。开棋之后，老先生局势比段的稍差一些，老先生又笑着对段说：'你想要学习什么技艺呢？'段恝年幼，不懂得求方术，只说先学《周易》。老先生便让孟先生教他《周易》。老先生又回到屋里，关了门。段恝学《周易》超过一年，一天比一天明白，占卜算卦，说话如神。他在山上待了4年，前后看见老先生出门来不过五六次。老先生只在屋里端坐绳床，正心参禅，经常三百天二百天不出屋。老先生平常睁眼的时候不多，有儿童那样的容貌，身体肥胖，却不吃东西。每次参禅完毕，他或许喝一点药汁，也不知那药是什么名。后来老先生忽然说：'我和南岳诸葛仙家约好期限，现在到了，必须离去。'段恝在山上住了很久，忽然想家，就请求回家看一看。马上就回来。孟先生生气地说：'回去就是回去了，还回来干什么！'于是向老先生报告了。老先生对孟先生说：'早知道这个人不能坚持到底，何必让他来！'于是就让段恝回去了。回来一年之后，又回去找那些老头。到了之后，见屋室如旧，门窗关闭，却不见一个人。下山来问孤庄的老太太，老太太说：'先生们将一年没来了。'段恝于是悔恨得要死。段恝在山上的时候，曾经向孟先生打听老先生的姓名，孟先生取一本《晋书·郗鉴传》让他读，对他说：'要知道老先生，他就是郗太尉！'"

二、裴玄静

[原文]

裴玄静,缑氏县令升之女,鄠县尉李言妻也。幼而聪慧,母教以诗书,皆诵之不忘。及笄,以妇功容自饰。而好道,请于父母,置一静室披戴。父母亦好道,许之。日以香火瞻礼道像,女使侍之,必逐于外。独居,别有女伴言笑。父母看之,复不见人,诘之不言。洁思闲淡,虽骨肉常见,亦执礼,曾无慢容。及年二十,父母欲归于李言。闻之,固不可,唯愿入道,以求度世。父母抑之曰:"女生有归是礼,妇时不可失,礼不可亏。倘入道不果,是无所归也。南岳魏夫人亦从人育嗣,后为上仙。"遂适李言,妇礼臻备。未一月,告于李言:"以素修道,神人不许为君妻,请绝之。"李言亦慕道,从而许焉。乃独居静室焚修。夜中闻言笑声,李言稍疑,未之敢惊,潜壁隙窥之。见光明满室,异香芬馥。有二女子,年十七八,凤髻霓衣,姿态婉丽。侍女数人,皆云髻绡服,绰约在侧。玄静与二女子言谈。李言异之而退。及旦问于玄静,答曰:"有之,此昆仑仙侣相省。上仙已知君窥,以术止之,而君未觉。更来慎勿窥也,恐君为仙官所责。然玄静与君宿缘甚薄,非久在人间之道。念君后嗣未立,候上仙来,当为言之。"后一夕,有天女降李言之室。经年,复降,送一儿与李言:"此君之子也,玄静即当去矣。"后三日,有五云盘旋,仙女奏乐,白凤载玄静升天,向西北而去。时大中八年八月十八日,在温县供道村李氏别业。

出自《续仙传》

[相关史料]

《裴玄静》记述了一个唐代民间女子修道成仙的故事。虽然笔记小说记载的多是一些神化了的、或者荒诞不经的故事,但其也从侧面反映了唐代家庭伦理道德某些状况。

[译文]

修炼成仙

裴玄静,是缑氏县令裴升的女儿,鄠县县尉李言的妻子。玄静小时就很聪明伶俐,母亲教她诗书,她都能背诵下来不忘记。到了15岁的时候,就以妇功、妇容的标准要求自己。她又好道,就向父母请求,给她设置一间静室让她修道。她的父母也好修道,就答应了她的要求。她就每天烧香瞻仰礼拜道像,婢女服侍她,她便把婢女赶出去。她独居一室,另有女伴和她一起说说笑笑。父母去看她的女伴,又看不到人,问她,她又不说。她思虑纯静,闲适淡泊,虽然骨肉之亲常见,也还是恭守礼节,一点也没有轻慢的表示。到了20岁那年,父母要把她嫁给李言。她听说这件事,坚决不同意,只愿意入道,以求度世。父母劝解她说:"女孩子生来就是要嫁人的,这是平常的道理。出嫁的时机不可错过,礼节不可亏缺。倘若你入道没有得到正果,这就没有归宿了。南岳魏夫人也嫁过人生过孩子,后来成为上仙。"玄静听了父母的劝告,就嫁给了李言,执守妇礼很周到。可是没到一个月,她就告诉李言:"因为我一向修道,神人不允许我做您的妻子,请终止这种关系。"李言也慕道,就听从她的话答应了。玄静就在静室独自居住烧香修行。夜间听到玄静屋里有说笑的声音,李言稍稍产生了疑心,没敢惊动玄静她们,就悄悄地从墙缝偷看。看到玄静屋子里满屋光明,闻到浓郁的异香。又看到有两个女子,年龄有十七八岁,梳着凤髻,穿着霓裳,姿态妩媚俏丽。还有几个侍女,都留着云髻,穿着绡衣,姿态柔美地站在旁边。玄静则与两个女子谈论着。李言觉得这事奇怪,就回去了。等到天亮向玄静询问,玄静回答说:"有这回事,这是昆仑山的仙侣来看望我。上仙已经知道您偷看了,用法术禁止您,而您没觉察出来。再来的时候千万不要再偷看了,恐怕您被仙官责罚。但我与您宿缘很薄,不是久在人间之道。念您还没有后代,等上仙到来时,我能替您说说。"后来的一天晚上,有个仙女降临到李言的卧室。过一年多,那个仙女又降临了,把一个小孩送给了李言,说:"这是您的儿子啊,玄静就该走了。"三天后,有五彩祥云在李家上空盘旋,仙女奏着天乐,凤凰驮着玄静升了天,向西北方向而去。这时是大中八年八月十八日,地点在温县供道村李家置买的田庄。

三、薛玄同

[原文]

薛氏者,河中少尹冯徽妻也,自号玄同。适冯徽,二十年乃言素志,称疾独处,焚香诵《黄庭经》,日二三遍。又十三年,夜有青衣玉女二人降其室,将至,有光如月,照其庭庑,香风飒然。时秋初,残暑方甚,而清凉虚爽,飘若洞中。二女告曰:"紫虚元君主领南方,下校文籍,命诸真大仙,于六合之内,名山大川,有志道者,必降而教之。玄同善功,地司累奏,简在紫虚之府;况闻女子立志,君尤嘉之,即日将亲降于此。"如此凡五夕,皆焚香严盛,以候元君。咸通十五年七月十四日,元君与侍女群真二十七人降于其室,玄同拜迎于门。元君憩坐良久,示以《黄庭》澄神存修之旨,赐九华丹一粒,使八年后吞之,"当遣玉女飚车,迎汝于嵩岳矣。"言讫散去。玄同自是冥心静神,往往不食,虽真仙降暏,光景烛空,灵风异香,云璈钧乐,奏于其室,冯徽亦不知也,常复毁笑。及黄巢犯关,冯与玄同寓晋陵。中和元年十月,舟行至溱口,欲抵别墅,忽见河滨有朱紫官吏及戈甲武士,立而序列,若迎候状。所在寇盗,舟人见之,惊愕不进。玄同曰:"无惧也。"即移舟及之,官吏皆拜。玄同曰:"未也,犹在春中,但去,无速也。"遂各散去。同舟者莫测之。明年二月,玄同沐浴,饵紫灵所赐之丹,二仙女亦密降其室。十四日,称疾而卒,有仙鹤三十六只,翔集庭宇。形质柔缓,状若生人,额中有白光一点,良久化为紫气。沐浴之际,玄发重生,立长数寸。十五日夜,云彩满空,忽尔雷电,棺盖飞在庭中,失尸所在,空衣而已。异香群鹤,浃旬不休。时僖宗在蜀,浙西节度使周宝表其事,诏付史官。

出自《墉城集仙录》

[相关史料]

薛玄同,唐代道教女居士,河中少尹冯徽妻。景日昣《说嵩》载:唐道士白道猷、薛玄同、焦道士、冯炼师、孙太冲,五代道士杨讷、李元光等居嵩岳。

《墉城集仙录》简介见"杜光庭小说三则"一文。

[译文]

薛氏,是河中府少尹冯徽的妻子,自己取号叫玄同。嫁给冯徽20年后才说出她平素的志向,假托有病自己独居,烧香诵读《黄庭经》,每天诵读两三遍。又过了13年,一天夜里,有两位穿青衣的玉女降临她的室内。她们将要到达时,有光亮像月光似的照耀她家的院庭和房屋,香风习习。当时是初秋,残暑正热得厉害,而玄同住室却清凉虚爽,令人觉得飘逸洒脱,好像在洞府之中。两位玉女告诉玄同说:"紫虚元君主管南方,到下界考核文籍,下令诸位真人和大仙,在天地四方之内、名山大川之中,凡发现有立志学道的人,一定要降临去教他。玄同积善的功德,地司已屡次陈奏,文书现存紫虚之府;况且听说女子立志为道,紫虚元君更加嘉许你,最近几天内将要亲自降临到这里。"如此一共5个晚上,玄同都烧香,恭敬隆重地等候紫虚元君。咸通十五年七月十四日,紫虚元君与侍女群真27人,降临到玄同的静室,玄同在门前叩拜迎接。紫虚元君坐下休息了很久,把《黄庭》澄神存修的旨要指点给玄同,赐给她一粒九华丹,让她八年后吞服,"到时候就会派玉女飚车,接你到嵩岳去了。"说完众仙散去。玄同从此潜心苦思,安定精神,往往不吃饭。虽然真人仙人降临眷顾,光影照亮天空,灵风送来异香,云璈天乐在玄同的静室演奏,冯徽也不知道,平常还是对玄同讥笑。等到黄巢进犯关中,冯徽与玄同寄居晋陵。中和元年十月,乘船走到渎口,将要抵达别墅时,忽然看到河边有些穿着朱衣紫衣的官吏、持戈披甲的武士,站在岸边有秩序地排列着,好像迎候什么人的样子。所在之处的寇盗和船夫见到这个情景,都很惊讶愕然,不敢往前走。玄同说:"不要害怕。"就将船划过去到达迎候处,官吏都拜见玄同。玄同说:"没到时间,还在春天里,你们尽管去吧,不要太匆忙。"那些迎候的官吏就各自散去了。同船的人没有人能猜测出玄同说的是什么。第二年的二月,玄同洗了澡,吃了紫虚元君所赐给的丹药,两位仙女又秘密地降临她的静室。十四日,玄同假称得病而死。这时,有三十六只仙鹤飞翔而来,落在她家的院子里。玄同身体柔软,状态像活人一样,只是她的额中有白光一点,过了一会儿,白色光点变成了紫气。她洗澡的时候,黑发重新长出来,立时就长了几寸长。十五日夜间,云彩满空,忽然间电闪雷鸣,玄同的棺盖飞在空中,尸体失去,不知在哪里,棺材中只剩下空衣而已。那余留下的奇异的香气以及一群仙鹤,整整一旬还没散去。当时唐僖宗在蜀州,浙西节度使周宝表奏其事,唐僖宗下诏把这件事交付史官记载。

绿珠传

北宋 史 乐

[原文]

石崇金谷园

绿珠者,姓梁,白州博白县人也。州则南昌郡,古越地。秦象郡,汉合浦县地。唐武德初,削平萧铣,于此置南州;寻改为白州,取白江为名。州境有博白山,博白江,盘龙洞,房山,双角山,大荒山。山上有池,池中有婢妾鱼。绿珠生双角山下,美而艳。越俗以珠为上宝,生女为珠娘,生男为珠儿。绿珠之字,由此而称。

晋石崇为交趾采访使,以真珠三斛致之。崇有别庐在河南金谷涧。涧中有金水,自太白源来。崇即川阜置园馆。绿珠能吹笛,又善舞《明君》(明君,昭君也。避晋文帝讳,改昭为明。)明君者,汉妃也。汉元帝时,匈奴单于入朝,诏王嫱配之,即昭君也。及将去,入

辞,光彩射人,天子悔焉,重难改更,汉人怜其远嫁,为作此歌。崇以此曲教之,而自制新歌曰:

我本良家子,将适单于庭。辞别未及终,前驱已抗旌。

仆御流涕别,辕马悲且鸣。哀郁伤五内,涕泣沾珠缨。

行行日已远,遂造匈奴城。延伫于穹庐,加我阏氏名。

殊类非所安,虽贵非所荣。父子见凌辱,对之惭且惊。

杀身良不易,默默以苟生。苟生亦何聊,积累常愤盈。

愿假飞鸿翼,乘之以遐征。飞鸿不我顾,伫立以屏营。

昔以匣中玉,今为粪上英。朝华不足欢,甘与秋草并。

传语后世人:远嫁难为情。

崇又制《懊恼曲》以赠绿珠。崇之美艳者千余人,择数十人,装饰一等,使忽视之,不相分别。刻玉为倒龙佩,紫金为凤凰钗,结袖绕楹而舞。欲有所召者,不呼姓名,悉听佩声,视钗色。佩声轻者居前,钗色艳者居后,以为行次而进。

赵三伦乱常,贼类孙秀使人求绿珠。崇方登凉观,临清水,妇人侍侧。使者以告,崇出侍婢数百人以示之,皆蕴兰麝而披罗縠。曰:"任所择。"使者曰:"君侯服御,丽矣。然受命指索绿珠。不知孰是?"崇勃然曰:"吾所爱,不可得也。"秀因是潜伦族之。收兵忽至,崇谓绿珠曰:"我今为尔获罪。"绿珠泣曰:"愿效死于君前。"崇因止之,于是坠楼而死。崇弃东市。时人名其楼曰绿珠楼。楼在步庚里,近狄泉。狄泉在正城之东。绿珠有弟子宋祎,有国色。善吹笛。后入晋明帝宫中。

今白州有一派水,自双角山出,合容州江,呼为绿珠江。亦犹归州有昭君滩,昭君村,昭君场;吴有西施谷,脂粉塘:盖取美人出处为名。又有绿珠井,在双角山下。耆老传云:"汲此井饮者,诞女性多美丽。里闾有识者以美色无益于时,因以巨石镇之。尔后虽有产女端妍者,而七窍四肢多不完具。"异哉!山水之使然。昭君村生女皆炙破其面,故白居易诗曰:"不取往者戒,恐贻来者冤。至今村女面,烧灼成瘢痕。"又以不完具而惜焉。牛僧儒《周秦行记》云:"夜宿薄太后庙,见戚夫人,王嫱,太真妃,潘淑妃,各赋诗言志。别有善笛女子,短鬓窄衫具带,貌甚美,与潘氏偕来。太后以接坐居之,令吹笛,往往亦及酒。太后顾而谓曰:'识此否?石家绿珠也。潘妃养作妹。'太后曰'绿珠岂能无诗乎?'绿珠拜谢,作曰:'此日人非昔日人,笛声空怨赵王伦。红残钿碎花楼下,金谷千年更不春。'太后曰:'牛秀才远来,今日谁人与伴?'绿珠曰:'石卫尉性严忌。今有死,不可及乱。'"然事虽诡怪,聊以解颐。

噫!石崇之败,虽自绿珠始,亦其来有渐矣。崇常刺荆州,劫夺远使,沉杀客商,以致巨富。又遗王恺鸩鸟,共为鸩毒之事。有此阴谋,加以每邀客宴集,令美人行酒,客饮不尽者,使黄门斩美人。王丞相与大将军尝共访崇,丞相素不能饮,辄自勉强,至于沉醉。至大将军,故不饮以观其变,已斩三人。君子曰:"祸福无门,惟人所召。"崇心不义,举动杀人,乌得无报也。非绿珠无以速石崇之诛,非石崇无以显绿珠之名。

绿珠之坠楼,侍儿之有贞节者也。比之于古,则有曰六出。六出者,王进贤侍儿也。进贤,晋愍太子妃。洛阳乱,石勒掠进贤渡孟津,欲妻之。进贤骂曰:"我皇太子妃,司徒公女。胡羌小子,敢干我乎?"言毕投河。六出曰:"大既有之,小亦宜然。"复投河中。又有窈娘者,武周时乔知之宠婢也。盛有姿色,特善歌舞。知之教读书,善属文,深所爱幸。时武承嗣骄贵,内宴酒酣,迫知之将金玉赌窈娘。知之不胜,便使人就家强载以归。知之怨悔,作《绿珠篇》以叙其怨。词曰:

石家金谷重新声,明珠十斛买婷婷。次日可怜无复比,此时可爱得人情。

君家闺阁未曾难,尝持歌舞使人看。富贵雄豪非分理,骄矜势力横相干。

辞君去君终不忍,徒劳掩面伤红粉。百年离别在高楼,一旦红颜为君尽。

知之私属承嗣家阉奴传诗于窈娘。窈娘得诗悲泣,投井而死。承嗣令汲出,于衣中得诗,鞭杀阉奴。讽吏罗织知之,以致杀焉。悲夫,二子以爱姬示人,掇丧身之祸。所谓倒持太阿,授人以柄。《易》曰:"慢藏诲盗,冶容诲淫。"其此之谓乎。其后诗人题歌舞妓者,皆以绿珠为名。庾肩吾曰:"兰堂上客至,绮席清弦抚。自作《明君辞》,还教绿珠舞。"李元操云:"绛树摇歌扇,金谷舞筵开。罗袖拂归客,留欢醉玉杯。"江总云:"绿珠含泪舞,孙秀强相邀。"

绿珠之没已数百年矣,诗人尚咏之不已,其故何哉?盖一婢子,不知书,而能感主恩,奋不顾身,其志懔懔,诚足使后人仰慕歌咏也。至有享厚禄,盗高位,亡仁义之性,怀反覆之情,暮四朝三,惟利是务,节操反不若一妇人,岂不愧哉!今为此传,非徒述美丽,窒祸源,且欲惩戒辜恩背义之类也。季伦死后十日,赵王伦败。左卫将军赵泉斩孙秀于中书,军士赵骏剖秀心良之。伦囚金塘城,赐金屑酒。伦惭,以巾覆面曰:"孙秀误我也!"饮金屑而卒。皆夷家族。南阳生曰:"此乃假天之报怨。不然,何枭夷之立见乎!"

[作者简介]

乐 史

乐史(930~1007年),北宋传奇作家、地理学家。字子正,抚州宜黄(今江西宜黄)人。南唐时为秘书郎。入宋为平原主簿。太平兴国中举进士,授节度掌书记。五年(980年)赐进士及第。历官三馆编修、直史馆、太常博士。出知舒、黄、商三州。尤其精通地理,著有《太平寰宇记》193卷。《太平寰宇记》记述了北宋初各州军地理沿革及户口、风俗、人物、特产等,征引群书,考据精审。为研究历史地理的重要资料。他还编纂了笔记小说《洞仙集》、《广卓异记》等书。所作传奇小说,有《绿珠传》和《杨太真外传》等。是宋初重要的文言小说家,其作品对后代戏曲、小说的发展有一定的影响。

宋代传奇小说,《绿珠传》,收入《琅琊密室丛书》、《说郛》。此书分量虽小,却是名篇传奇,记述了西晋时期美女绿珠的离奇经历。绿珠本姓梁,以美艳而成为西晋名宦石崇的爱妾。"八王之乱"中,权臣孙秀向石崇索取绿珠,为石崇所拒。不久,石崇陷罪被逮,绿珠坠楼自杀。传中还附录了石虎的爱妾翾风的传说。

宋代轶事小说《绿珠传》以西晋末年大动乱年代为背景,叙述石崇的宠姬绿珠"美而艳",善吹笛歌舞,石崇以"真珠三斛"买来,置于金谷园馆。权臣孙秀知道后,派人向石崇索取绿珠,遭到拒绝。后来孙秀在赵王司马伦面前诬陷石崇,致使石崇被灭族。在石崇被捕的时候,绿珠坠楼自杀而死。乐史作此小说,一是赞扬绿珠的贞洁气节,用以反衬那些享厚禄、盗高位却朝三暮四、反复忘义的小人;二是揭露石崇、孙秀等上层贵族的道德沦丧,荒淫残暴。作者认为,石崇的被杀,孙秀被军士剖心,乃是上天对他们恶行的报复,绿珠只是使这种报复加快到来而已。小说中的绿珠实际上只是贵族奢侈享乐、相互争夺的牺牲品,从中反映出旧时代妇女地位低下、任人宰割的悲惨命运。《绿珠传》1卷,存有《说郛》本,《广四十家小说》本,《图书集成初编》本。

作为由战乱不断的五代进入国家统一的宋王朝的乐史,创作《杨太真外传》和《绿珠传》这两部轶事小说的意图很明显,就是要对历史进行反思,要统治者从变乱中吸取教训。《绿珠传》同《杨太真外传》一样,艺术上虽不成熟,但影响很大,市人小说中就有《绿珠坠楼记》,《宋四公大闹禁魂张》曾将此作为？头回，《西湖二集·韩晋公人鲞两赠》也将此故事作为入话。元杂剧中有《绿珠坠楼》,明传奇中有《竹叶舟》,清传奇中有《三斛珠》等,皆或多或少受到《绿珠传》的影响。

[相关史料]

绿珠的事迹在干宝《晋纪》和别的笔记小说中有记载。乐史在前人积累的史料和传说基础上整理成一篇比较完整的故事,它写的是西晋末年石崇的宠姬绿珠不惜一死,以报答主人知遇之恩的故事。中国历来有把女人看成祸水的思想,其实绿珠这种女子的遭遇是很悲惨的,她们无法掌握自己的命运,尽管她们可能一时得宠,但也只是上层统治阶级的玩物,而且往往成为他们互相争夺的牺牲品。在这篇传奇中,作者对这些女子寄予同情,认为石崇等人之所以遭到祸害,主要还是因为他们荒淫残暴、作恶多端。这种看法是很难能可贵的。作者还以绿珠等下层人物和那些身居高位的人作比较,前者尚能知恩图报,后者却唯利是图、反复无常。乐史赞扬了前者,谴责了后者,这实际上是肯定了古代"士为知己者死"的精神。乐史的传奇小说往往大量罗列前代的小说、诗文材料,在材料的组织上下了很大功夫,有匠心独运之处,但经常忽略对主要人物的刻画。本篇和《杨太真外传》都有这种缺点。

[译文]

绿珠,姓梁,是白州博白县人。白州就是现在的南昌郡,是古代边疆民族百越居住的地方,秦代叫象郡,汉代属于合浦县。唐代武德初年,平定了后梁萧铣的势力之后,在这里设置南州,又改名为白州。这是因为当地有一条白江,因而改称为白州。在白州境内有博白山、博白江、盘龙洞、房山、双角山、大荒山。山上有池塘,池里有婢妾鱼。绿珠出生在双角山下,长得非常美丽娇艳。当地的风俗,以珍珠为最好的宝物,因此生了女儿通常会取名叫"珠娘",生了儿子取名叫"珠儿"。绿珠的名字,就是这样来的。

石崇在当交趾采访使的时候,用三斛真珠把绿珠买下来。石崇有座别墅,位在河南金谷涧,金谷涧中有金水河,从太白山流下来。石崇就依山傍水建造花园、房子。绿珠会吹笛子,又很会跳《明君》舞。明君是汉代的一个妃子。汉元帝的时候,匈奴呼韩邪单于到中原来朝见皇帝,汉元帝下诏把王嫱许配给他,王嫱就是王昭君。王昭君要随呼韩邪单于回到关外之前,入宫向皇帝辞别。见她相貌光彩照人,皇帝后悔了,但已经没法收回命令了。汉代的人同情她远嫁异乡,为她作了一首《明君歌》。石崇用这个曲子教绿珠唱,自己写了新的歌词,歌词说:

我本良家子,将适单于庭。辞别未及终,前驱已抗旌。

仆御流涕别,辕马悲且鸣。哀郁伤五内,涕泣沾珠缨。

行行日已远,遂造匈奴城。延我于穹庐,加我"阏氏"名。

殊类非所安,虽贵非所荣。父子见凌辱,对之惭且惊。

杀身良不易,默默以苟生。苟生亦何聊,积思常愤盈。

愿假飞鸿翼,乘之以遐征。飞鸿不我顾,伫立以屏营。

昔为匣中玉,今为粪上英。朝华不足欢,甘与秋草并。

传语后世人,远嫁难为情。

石崇还写了《懊恼曲》送给绿珠。石崇有1000多个姬妾,都长得非常美艳。他选了几十个,都妆饰得一模一样,若是全部站在一起,看起来几乎没有分别。石崇给她们戴上用玉刻成的倒龙佩、用金丝绕成的凤凰钗,让她们衣袖相连,绕着柱子舞蹈。如果想召唤其中某一人,也不喊她姓名,只听佩的声音,看钗的颜色,佩声轻的排在前面,钗色艳的排在后面,照这样编成队,照次序行进。

赵王司马伦作乱，赵王的党羽孙秀派人来索取绿珠。当时石崇在凉亭中，面对一湾清水，姬妾们站在一边侍候。孙秀派来的人说明来意，石崇叫出好几十个侍婢给他看，一个个都香气馥郁，身穿绫罗，说是任他选择。使者说："君侯的姬妾够漂亮，但我奉命指名绿珠，不知哪一个是？"石崇勃然大怒，说："那是我所爱的人，你们根本得不到她！"孙秀因此在司马伦那里说石崇的坏话，要灭他全族。派来捕捉石崇的兵很快就到他府中，石崇对绿珠说："我现在因为你得罪别人了。"绿珠哭道："我情愿在你面前献出生命。"石崇竭力阻止她，但她还是跳楼了。石崇也被处死，并暴尸东市。当时人称那座楼为"绿珠楼"。楼在步庚里，靠近狄泉。狄泉在洛阳城东面。绿珠有个徒弟叫宋祎，非常美丽，擅长吹笛子，后来被选进宫里侍候晋明帝。

现在白州有一条河，从双角山流出来，汇入容州江，称为"绿珠江"。就像归州有昭君滩、昭君场，江东一带有西施谷、脂粉塘一样，都是取美人的出生或生活过的地点作名称。还有个"绿珠井"，在双角山下。老年人传说，打这个井里的水喝，生的女儿必定美丽。乡里一些有见识的人认为美女对世上没有好处，就用大石头把井压住，后来，生出来的女孩虽然也有端庄漂亮的，但五官四肢大都残缺。真是奇怪啊！是因为山水使她们变成这样的吗？在昭君村里，生了女孩，都要把她们的脸烧灼成伤。所以白居易的诗写道：

绿珠坠楼

不取往昔戒，恐贻来者冤。至今村女面，烧灼成瘢痕。

这是对她们的残缺而感到惋惜。牛僧孺的《周秦行纪》中说，他夜里在薄太后庙中暂住一宿，见到了戚夫人、王嫱、太真妃、潘淑妃，各人作诗表明心里的话。另外还有个会吹笛子的女子，短髽脚，窄袖衫，腰上束一根长带，容貌很漂亮，是跟潘淑妃一起来的。薄太后让她在旁边坐下，叫她吹笛子，偶尔也叫她同饮一杯。太后看着她对牛僧孺说："认识她吗？这是石家的绿珠，潘妃收养她当妹妹，在一起生活。"太后又说："绿珠怎么可以不作诗呢？"绿珠拜谢了太后，作诗道：

此日人非昔日人，笛声空怨赵王伦。红残钿碎花楼下，金谷千年更不春。

太后说："牛秀才远道而来，今天谁去陪伴他？"绿珠说："石卫尉性格严厉嫉妒，今天我死也没有办法乱来。"

这事虽然诡异荒诞，但也可以供人一笑。

唉，石崇遭殃，虽然是由绿珠开始，但祸殃的根源早就积累了。他曾经在当荆州刺史时，抢劫远来的使者，杀害过往旅客商人，因此发了横财，成为豪富。又曾经送鸩鸟给王恺，一起干鸩毒害人的坏事。有这些阴谋，再加上他每次请客设宴，都叫美人一一为客人斟酒，客人不把酒喝完，就叫黄门官杀掉美人。丞相王导和大将军王敦曾经一起去拜访石崇。王丞相一向没有办法喝酒，只好勉强把一杯杯酒喝下，以至于大醉。轮到大将军时，他故意不喝，看石崇怎么办。结果石崇竟然斩了三个美人。君子说："祸福无门，惟人自召。"石崇心怀不义，动不动就杀人，怎么会没有报应呢？若不是因为绿珠，石崇不会招来杀身之祸，若不是因为石崇，绿珠的名声也无法显扬。

绿珠跳楼，算得上是侍女中贞节不屈的。古代还有一个叫六出的。六出是王进贤的侍女，王进贤是晋代愍愍太子的王妃。洛阳遇到五胡之乱，石勒掳走进贤，想叫她嫁给自己的儿子，进贤骂他："我是皇太子的妻子，司徒公的女儿。你这个胡羌小子，竟敢冒犯我？"说完就投河自杀。六出说："既然有这样的主人，我也应该这样。"跟着投河自尽。还有个叫窈娘的，是武则天建立的周朝时代乔知之的得宠婢女，很有姿色，特别善于歌舞。乔知之教她读书，她也很会写文章，深得知之的喜爱。当时武承嗣因得势所以骄横，有一次武承嗣在家里设宴，酒喝的微醺，硬是强迫乔知之拿窈娘和自己打赌。乔知之输了，武承嗣就派人到乔家把窈娘强行用车载到自己家里。乔知之又怨恨，又懊悔，写了一首《绿珠篇》以表达自己的怨愤。诗写道：

石家金谷重新声，明珠十斛买娉婷。此日可怜无复比，此日可爱得人情。

君家闺阁未曾难，尝持歌舞使人看。富贵雄豪非分理，骄矜势力横相干。

辞君去君终不忍，徒劳掩面伤红粉。百年离别在高楼，一旦红颜为君尽。

乔知之私下买通了武承嗣家的家奴，把这首诗传给窈娘。窈娘读到诗后痛哭了一场，投井而死。武承嗣命人把她打捞出来，从衣服里搜出了乔知之写的诗，用鞭子活活打死私下传讯的家奴，又暗示官吏编造乔知之的罪状，就因此把他杀了。可悲啊！石崇和乔知之把自己的爱姬给人家看，招来杀身之祸。这正是前人所说的"倒持太阿，授人以柄"。《周易》上说："慢藏诲盗，冶容诲淫（因疏于保管而招致盗窃，因打扮妖艳而引起奸淫）。"大概就是这个意思吧。

后代诗人描写歌舞妓的，都以绿珠为名。如庾肩吾的诗说：

兰堂上客至，绮席清弦抚。自作明君辞，还教绿珠舞。

李元操的诗中说：

绛树摇歌扇，金谷舞筵开。罗袖拂归客，留欢醉玉杯。

江总的诗是：

绿珠含泪舞，孙秀强相邀。

绿珠死去已经几百年了，诗人还一直咏叹不止，为什么呢？这是因为，一个婢女，没读过书，却能感怀主人的厚爱，奋不顾身地报答，志气刚烈，凛然没有办法侵犯，确实足以引起后人的仰慕歌咏。至于有一些人，享有优厚的俸禄、占据高位却不讲仁义、反复无常、朝三暮四而唯利是从。他们的节操反而比不上一个女子，难道不应该惭愧吗？今天我写这篇传记，不只是叙说一个美丽女子的故事，也不只想堵塞祸乱的根源，而是想要惩戒那些忘恩负义的人啊。

石崇死后十天，赵王司马伦叛乱失败，孙秀被左卫将军赵泉在中书官府中杀掉，连心都被挖出来吃了。司马伦被囚禁在金墉城，皇帝赐给他金屑酒，要他自杀。司马伦非常羞愧，用头巾盖住脸，说："孙秀害了我啊！"然后就喝下金屑酒而死。他和孙秀都被满门抄斩。

南阳生评论这件事说："这是老天爷给的报应。不然的话，怎么会马上就被杀了呢？"

《云笈七鉴》（二篇）

宋　张君房

[作者作品]

张君房（1001年前后在世），字尹方（或作尹才、允方），岳州安陆（今湖北）人。景德二年（1005年）进士，官尚书员外郎、充集贤校理。大中祥符中从御使台谪官至浙江宁海、钱塘县令。当时宋真宗

张君房

崇尚道教,尽以秘阁所藏道教经书交付杭州,令戚纶等人校正。戚纶同王饮若推荐他主其事。于是朝中所降道书及苏州、越州、台州旧道藏,有道士10余人从事修校之事,编次为《大宋天宫宝藏》,共4565卷,进之。官著作佐郎。君房于编成道书后,又择其精要,纂成《云经七簽》122卷。家中藏书甚富,居安陆时,同乡令狐揆常骑瘦马,携小童,冒积雪入城至君房家借书。因此令狐揆曾作有"借书离近廓,冒雪度寒溪"的诗句。后历任随州、郢州、信阳军知军。著有《乘异论》《野语胜说》《科名分定录》《丽情集》《潮说》等。

《云笈七签》是北宋张君房编的一部大型道教类书,素称"小道藏"、"道教小百科"。道教称藏书之容器曰"云笈",分道书为"三洞四辅"七部,故张君房在该书的序言中有"掇云笈七部之英,略宝蕴诸子之奥"等语,因名《云笈七签》;并称编纂此书的目的是"上以酬真宗皇帝委遇之恩,次以备皇帝陛下乙夜之览,下以神文馆校雠之职,外此而少畅玄风耳"。此书记鬼神变怪之事,作乘异记。

一、边洞玄

　　边洞玄者,范阳人女也。幼而高洁敏慧,仁慈好善。见微物之命,有危急者,必俯而救之,救未获之间,忘其饥渴。每霜雪凝冱,鸟雀饥栖,必求米谷粒食,以散阒之。岁月既深,鸟雀望而识之,或飞鸣前导,或翔舞后随。年十五,白其父母,愿得入道修身,绝粒养气。父母怜其仁慈且孝,未许之也。既笄,誓以不嫁,奉养甘旨。数年,丁父母忧毁瘠不食,几至灭性。服阕,诣郡中女官,请为道士。终鲜兄弟,子无近亲,性巧慧,能机杼,众女官怜而敬之。纺织勤勤,昼夜不懈。每有所得,市胡麻、茯苓、人参、香火之外,多贮五谷之类。人或问之:既不食累年,而贮米麦何也?岂非永夜凌晨,有饥渴之念耶?笑而不答。然每朝于后庭,散米谷以饲禽鸟,于宇内以饲鼠,积岁如之,曾无怠色。一观之内,女官之家,机织为务,自洞玄居后,未尝有鼠害于物,人皆传之,以为阴德及物之应也。性亦好服饵,或有投以丹药,授以丸散,必于天尊堂中,焚香供养,讫而后服之。往往为药所苦,呕逆吐痢,至于疲剧,亦无所怨叹,疾才已,则吞服如常。其同道惜之,委曲指喻,丁宁挥解,而至信之心,确不移也。苟遇岁饥,分所贮米麦以济于人者,亦多矣。一旦,有老叟负布囊,入观卖药,众因问之:所卖者何药也?叟曰:大还丹,饵服之者,长生神仙,白日升天。闻之皆以为笑。叟面目〈黑干〉黑,形容枯槁,行步伛偻。声才出口,众笑谓之曰:既还丹可致不死,长生升天,何憔悴若此,而不自恤邪?叟曰:吾此丹初熟,合度人立功,度人未满,求仙者难得,吾不能自服,便飞升冲天耳。众问曰:举世之人,皆愿长生不死,延年益寿,人尽有心,何言求仙者难得?叟曰:人皆有心好道,而不能修行。能好道复能修行,精神不退,勤久其事,不被声色所诱,名利所惑,奢华所乱,是非所牵,初心不变,如金如石者,难也。百千万人无一人矣。何谓好道也。问曰:贵为天子,富有四海,有金丹之药,何不献之,令得长生永寿也?叟曰:天上大圣真人,高真上仙,与北斗七元君,轮降人间以为天子。期满之日,归升上天,何假服丹而得道也。又问曰:既尽知之,天子是何仙也?曰:朱阳太一南宫真人耳。问答之敏,事异于人,发言如流,人不可测。逡巡暴风雷雨,递相顾视,惊悸异常,众人稍稍散去。

叟问众曰:此有女道士,好行阴德,绝粒多年者何在?因指其院以示之。叟入院,不扣问,径至洞玄之前,曰:此有还丹大药,远来相救,能服之邪?洞玄惊喜延坐,问药须几钱。叟曰:所直不多,五十万金耳。洞玄曰:此穷窘多年,殊无此钱,何以致药耶?叟曰:勿忧,子自幼及今四十年矣,三十年积聚五谷,饷饲禽虫,以此计之,不啻药价也。即开囊示之,药丸青黑色,大如梧桐子者二三斗,令于药囊中自探之。洞玄以意,于药囊中取得三丸,叟曰:此丹服之,易肠换血,十五日后,方得升天,此乃中品之药也。又于衣裾内解一合子,大如钱,出少许药,如桃胶状,亦似桃香。叟自于井中汲水调此桃胶,令吞丸药,叟喜曰:汝之至诚感激,太上有命,使我召汝。既服二药,无复易肠换血之事,即宜处台阁之上,接真会仙,勿复居臭浊之室。七日即可以升天,当有天衣天乐自来迎矣。须臾雨霁,叟不知所之。众女官奔诣洞玄之房,问其得药否。具以告之,或嗤其怪诞,或叹其遭遇,相顾惊骇。由是郡众之人有知者,亦先驰往观之,于是洞玄告人曰:我不欲居此,愿登于门楼之上。顾盼之际,楼犹扃锁,洞玄告人曰:我不于此。语犹未终,已腾身在楼上矣。异香流溢,奇云散漫,一郡之内,观者如堵。太守僚吏、远近之人,皆礼谒焉。

洞玄告众曰:中元日早必升天,可来相别也。众乃致斋大会,七月十五日辰时,天乐满空,紫云蓊郁,萦绕观楼,众人见洞玄升天,音乐导从,幡旌罗列,直南而去,午时云物方散矣。太守众官具以奏闻。是日辰巳间,大唐明皇居便殿,忽闻异香纷郁,紫炁充庭,有青童四人,导一女道士,年可十六七,进曰:妾是幽州女道士边洞玄也,今日得道升天,来以辞陛下。

言讫,冉冉而去。乃诏问所部,奏函亦驲骑驰至,与此符合。敕其观为登仙观,楼曰紫云楼,以旌其事。是岁,皇妹玉真公主咸请入道,进其封邑及实封。由是上好神仙之事,弥更勤笃焉。仍敕校书郎王端敬之为碑,以纪其神仙之盛事者也。

二、缑仙姑

缑仙姑者,长沙人也。入道居衡山,年八十余,容色甚少。于岳之下魏夫人仙坛,精修香火十余年,孑然无侣。坛侧多虎狼,常人游者须结侣,执兵器方敢入,仙姑深隐其间,曾无所畏。数年后,有一青鸟,形如鸠鸽,红顶长尾,飞来所居,自语曰:我南岳夫人使也,以姑修道精苦,独栖穷林,命我为伴耳。他日,又言西王母姓缑,乃姑之圣祖也,闻姑修道勤至,将有真官降而授道,但时未至耳,宜勉于修励也。每有人游山,必青鸟豫说其姓字,及其日,一一皆验。又曰:河南缑氏王母修道之处,故乡之山也。

又一日,青鸟飞来曰:今夕有暴客,无害,勿以为怖也。其夕,果十余僧来。魏夫人仙坛,乃是一片巨石,方可丈余,其下宛然浮寄他石之上,或一人以手推之则摇动,人多则屹然而住。是夜群僧持火杖刀,将害仙姑。入其室,姑在床上,而僧不见,既出门,即推坏仙坛,轰然有声,山震谷裂,谓已颠坠矣,而终不能动,僧相率奔去。及明,有至远村者,分散九僧,为虎噬杀。一僧推坛之时,不同其恶,免为虎害。夫人仙坛俨然无损,姑亦无恙。岁余,青鸟语姑迁居仙所,因徙居湖南,鸟亦随之,而他人未尝会其语。相国文昭郑公畋,自承旨学士左迁梧州牧,师事于姑,姑谓文昭公曰:此后四海多难,人间不可久居,吾将卜隐九疑矣,一旦遂去。

嵩山文化大系

梁氏复仇

金　元好问

[原文]

戴十，不知何许人。乱后居洛阳东南左家庄，以佣为业。癸卯秋八月，一通事牧马豆田中，戴逐之；通事怒，以马策乱捶而死。妻梁氏舁尸诣营中诉之。通事乃贵家奴，主人所倚。因以牛二头、白金一笏，就梁赎罪，且说之曰："汝夫死亦天命。两子皆幼，得钱可以自养。就令杀此人，于死者何益？"梁氏曰："吾夫无罪而死，岂可言利？但得此奴偿死，我母子乞食亦甘分！"众不可夺，谓梁氏曰："汝宁欲自杀此人耶？"梁氏曰："有何不敢！"因取刀，欲自斫之。众惧此妇愤恨通事，不令即死，乃杀之。梁氏掬血饮之，携二子去。

[作者作品]

元好问简介见《嵩山玉镜》。

[译文]

戴十，不知道是哪里人。战乱后居住在洛阳东南的左家庄，以给人干活为生。癸卯秋天八月，一名通事在豆田里牧马，戴十去赶马，触怒了通事，用马鞭打死了戴十。戴十的妻子梁氏抬着他的尸体到军营里倾诉。通事是显贵人家的家奴，主人很器重他，就拿出两头牛，一块白金，送给梁氏来替通事赎罪，而且劝说她："你丈夫的死也是天命。你两个孩子都小，拿了钱可以养家糊口。就是把凶手杀了，对死者又有什么好处呢？"梁氏说："我的丈夫没有罪而被害死，怎么能说利益呢？只要让这个家奴抵命，我们母子去要饭也甘心！"众人改变不了她的主意，就对她说："你要自己杀这个人吗？"梁氏说："有什么不敢！"因而取来刀，准备自己去砍杀他。众人畏惧这个妇人对通事的刻骨仇恨，不等命令下来，就杀死了通事。梁氏亲自捧起仇人的血喝了之后，就带两个孩子走了。

元珪禅师为嵩神说法

元　释觉岸

释元珪，姓李氏，唐朝伊阙（今河南伊川县）人，幼岁出家具戒得法于老安国师，世寿七十三。嵩岳元珪禅师禀气英奇，宽裕闲雅。因为素性如此，幼年出家为僧。永淳二年，接受剃度，隶名闲居寺。他每天学习佛法，勤奋无懈，执律坚决。

后来，元珪禅师忽然体悟少林寺禅宗，大通心要，深入玄微，于是在嵩岳中的庞坞建了一所茅草屋，对徒弟仁素说，"我原来居于寺东岭。等我圆寂了，你一定要在这里建塔，埋葬我的骸骨。"

元珪安心地在崇山峻岭中修行。有一天，来了一位富贵人家样子的男子，身着宽袍大冠，带着大批侍从，前来拜谒大师。元珪见这位男子面貌伟岸，精爽不伦，就对他说："来得好！先生有什么要赐教吗？"

"难道大师认得我吗？"男子惊奇地问。

"能有所分我观佛与众生平等，对佛与众生我都是一视同仁的，岂别对待？"

男子说:"我是嵩山岳神。我能决定人们的利害生死,大师怎么能对我和众生一视同仁呢?"

"你能决定人的生死,而我本来就无所谓生,你怎么能让我死?'元珪侃侃辩道:'我看我的身体与空无一物相等,看我和你也都相等,你能毁坏空无一物,能毁坏你自己吗?假如能够毁坏空无一物与你自己,我就是不生不死的了。你连这也做不到,又怎么能决定我的生死呢?"

岳神听了,大彻大悟,稽首再拜道:"我虽然比其他的神灵聪明正直,可是又怎么能知道大师有如此广大的智慧和明辨呢?请您授我正戒,令我度世,来辅助我的威福。"

"尊神既然已经乞戒,那就是已经受戒了。"元珪微笑着说:"为什么这么说呢?岂不知戒外无戒,又有什么戒呢?"

"这个道理我也听不明白。"岳神仍然坚持道:"还求大师授我正戒,收我为门下弟子。"

"那好吧。"元珪推辞不了,当即铺置座位,持炉焚香,端然而坐,说:"我付你五戒,你如果能奉持,就大声答能。不能奉持,就答不能。"岳神说:"洗耳倾听,虚心纳教。"

元珪以浑厚的嗓音问道:"你能不淫吗?"

"可是我已经娶妻了啊。"岳神不解地问道。

元珪说:"不是指娶妻,而是指纵欲无度。""能。"岳神干脆地答道。

元珪问:"你能不盗吗?"

岳神说:"我并没有什么缺乏的,哪有盗取呢?"

元珪说:"不是指这个,指的是如果供奉你的话,恶人你也赐福于他,不供奉你的话,善人你也造祸于他。"

"能。"岳神不加思索地答道。

元珪问:"你能不杀吗?"

岳神说:"我掌管着福善祸淫的大权,怎么能不杀呢?"

元珪说:"不是指这个,而是指滥杀无辜。"

岳神应声答道:"能。"

元珪问:"你能不妄吗?"

岳神说:'我本就正直,怎能有妄呢?'

元珪说:'不是指这个,指的是先后不合天心。'

岳神说:"能。"

元珪问:"你能不遭酒败吗?"

岳神说:"这是力所能及的。"

"那好"元珪说:"以上这些就是佛戒了。"

中岳神轩辕黄帝

顿了一顿,元珪又说:"以有心奉持而无心拘执;以有心为物而无心想身。如果能做到这样的话,那么先天地生不为精,后天地死不为老,终日变化而不为动,毕尽寂默而不为休。能够体悟到这一点,则虽娶非妻,虽飨非取,虽柄非权,虽作非故,虽醉非昏。如果能无心于万物,则罗欲不为淫,福淫祸善不为盗,滥杀无辜不为杀,先后违天不为妄,昏荒颠倒不为醉,这就是所谓无心。无心则无戒,无戒则无心,无佛无众生,无你也无我,无我无你,谁能戒呢?"

"我明白了。这下我可以神通广大,与佛比肩了。"岳神忘乎所以,手舞足蹈。

元珪正色道:"你神通十句,五能五不能。而佛则十句,七能三不能。"

岳神闻言，惊惧避席，恭恭敬敬地跪求道："大师可以启发愚蒙吗？"

元珪问："你能上见上帝，东天行而西七曜吗？"

"不能。"岳神坦率地说。

元珪问："你能夺地祇，融五岳，而结四海吗？"

岳神回答："不能。"

"这就是所谓五不能。"

元珪说："佛能空一切相，成万法智，而不能即灭定业。佛能知群有性，穷亿劫事，而不能化导无缘。佛能度无量有情，而不能尽众生界。这就是所谓三不能。定业也不牢久，无缘也只是一期，众生界本无增减。从来没有一个人，能够主持有法。有法无主，这就是无法。无法无主，这就是无心。按照我的理解，佛也没有什么神通广大之处，只是能以无心通达一切法而已，于是将地狱的景况显现于众生面前。如果有心有作，他的显现必不能普遍周到。"

岳神说："我真的十分浅俗愚昧，从未听过如此深奥的道理。大师授我法戒，我当奉行不二，更有什么业因可拘于尘界呢？我愿效我所能，报答您的恩德。"

"我观身为无物，观无常为法窟，块然独立，还有什么欲求呢？"元珪反问道。

"大师一定要命令我做点世间的事，以便展现我的神功，使已发心、初发心、未发心、不信心、必信心五等人，亲眼看到我的神踪，知晓有佛有神，有能有不能，有自然有非自然的道理。"岳神答道。

元珪笑着说："何必这么做呢？何必这么做呢？"

岳神坚持道："佛也使神护法，大师难道想要与佛有所不符吗？还请大师随意垂教。"

元珪不得已，只好说道："嵩岳东山，是闲居寺的屏障，却一棵树也没有。北山虽有树，却背着闲居寺，未成屏障。你能把北山的树移到东山来吗？"

岳神满口应承："谨尊严命。"接着又陈说道："我将在夜半三更，大兴风雷，惊摇动荡，请大师不必惊骇。"说完，郑重地作礼辞去。

元珪目送岳神远去，但见仪杖逶迤，就像王者的队伍一样。又见碧霞红霞，紫岚皓气，间错四散，幢盖环佩，戈戟森森，凌空而去，渐渐消失。

当天夜晚，果然暴风吼雷，奔云霆电，震撼殿宇，宿鸟惊狂，叫声喧天。

元珪安慰众僧说："别害怕，别害怕。岳神跟我有所约定呢！"

第二天，晴空万里，只见北山的树木都移到了东山，整整齐齐，就像人们一棵一棵种植的一样。

元珪特地嘱咐徒弟说："我死了以后，这事千万别让外人知道。如果成为口实，人们将把我看成妖怪了。"师伊阙人。姓李氏。幼岁出家具戒得法于老安国师。寿七十有三云。

选自释觉岸《释氏稽古略》

[作者作品]

释觉岸（1286～？），元代高僧。名宝洲，俗姓吴，乌程（浙江吴兴）人。为杨岐四世晦机元熙之法嗣，学通古今，深达佛理。至正十四年（1354年）编《释氏稽古略》四卷一书。释觉岸记诵过人，在书中除佛典外引用了大量的杂家传记、文集、

释觉岸著《释氏稽古略》

志乘、碑碣等,详赡可观。但对某些无关佛史的内容也摘列其中,不免失之过繁,且有些叙述于史无征。然而,其征引广博,颇有出于僻书孤本的内容,足资后人考证之用。

《释氏稽古略》作者释觉岸,记诵过人,在书中除佛典外还引用了大量的杂家传记、文集、志乘、碑碣等,详赡可观。但对某些无关佛史的内容也摘列其中,不免失之过繁,且有些叙述于史无征。然而,其征引广博,颇有出于僻书孤本的内容,足资后人考证之用。其书为编年体佛教史。

[相关史料]

元珪简介见《嵩岳神受戒记》。

胡媚娘传

明 李昌祺

[原文]

黄兴者,新郑驿卒也。偶出,夜归,倦憩林下。见一狐拾人髑髅戴之,向月拜。俄化为女子,年十六七,绝有姿容,哭新郑道上,且哭且行。兴尾其后,觇之。狐不意为兴所窥,故作娇态。兴心念曰:"此奇货可居。"乃问曰:"谁氏女子,敢深夜独行乎?"对曰:"奴杭州人,姓胡,名媚娘,父调官陕西,适被盗于前村,父母兄弟,俱死寇手,财物为之一空。独奴伏深草,得存残喘至此。今孤苦一身,无所依托,将投水而死,故此哭耳。"兴曰:"吾家虽贫贱,幸不乏粥,荆妻复淳善,可以相容,汝能安吾家乎?"女忍泪拜谢曰:"长者见怜,真再生之父母也。"随至兴家,复以前语告兴妻。妻见女婉顺,亦善视之,而兴终不言其故。

时进士萧裕者,八闽人,新除耀州判官。过新郑,与新郑尹彭致和为中表兄弟,因访致和。致和宿之馆驿。黄兴供役驿中,见裕年少,迭宕非端士,且所携行李甚富,乃语妻曰:"吾贫行可脱矣。"因欲动裕,数令媚娘汲水井上,使裕见之。裕果喜其艳也,即求娶为妾。兴曰:"官人必欲娶吾女,非十倍财礼不可。"裕不吝,倾赀成之,携以抵任。媚娘赋性聪明,为人柔顺,上自太守之妻,次及众官之室,各奉绿罗一端,胭脂十贴。事长抚幼,皆得其欢心。由是内外称誉,人无间言。其或宾客之来,裕不及分付,而酒馔之类,随呼即出,丰俭举得其宜。暇则躬自纺绩,亲缲蚕丝,深处闺房,足不履外阃。裕有疑事,辄以咨之,即一一剖析,曲尽其情。裕自诧得内助,而僚采之间,亦信其为贤妇人也。未几,藩府闻裕才能,檄委催粮于各府。媚娘语裕曰:"努力公门,尽心王事。闺闱细务,妾可任之。惟当保重千金之身,以图报涓埃之万一,慎勿以家自累也。"裕领之而别。因前进,宿于重阳宫。道士尹澹然见之,私语裕吏周荣曰:"尔官妖气甚盛,不治将有性命之忧。"荣以告,裕叱之曰:"何物道士,敢妄言耶?"是年冬末,粮完回州署。时届春暮,而裕病矣,面色萎黄,身体消瘦,所为颠倒,举止仓皇。同寅为请医服药,百无一效,然莫晓其染疾之因。周荣忽忆尹澹然之言,具白于太守。太守以问裕,裕曰:"然!"于是谓同知刘恕曰:"萧君卧病,皆云有祟,吾辈不可坐视。"刘曰:"盍请尹道士而治之乎?"守即具书币,遣周荣赍诣重阳宫,请澹然。澹然曰:"渠不信吾语,致有今日。然道家以济人为事,可吝一行乎?"便偕荣至,守出迎,以裕疾求救为请。

澹然屏人告守曰:"此事吾久已知。彼之宅眷,乃新郑北门老狐精也,化为女子,惑人多矣,若不亟去,祸实叵测。"守惊愕曰:"萧君内子,众所称贤,安得遽有此论哉?"澹然曰:"姑俟明朝,便可见矣。"乃就州衙后堂结坛。次日午,澹然按剑书符,立召神将,须臾邓、辛、张三帅,森立坛前。澹然焚香誓神

曰:"州判萧裕,为妖狐所惑,烦公等即为剿除。"乃举笔书檄,付帅持去。其文曰:

上清杀伐雷府分司,照得:二气始判,而天高地下,自此奠其仪;三才已分,而物化人生,亦各从其类。念幅员之既广,慨狐魅之滋多。缉木叶以为衣,冠髑髅而改貌。击尾出火以作祟,听冰渡水而致疑。所以百丈破因果之禅,大安入罗汉之地。再思多侫,难逃两脚之讥;司空博闻,能识千年之怪。况萧裕乃八闽进士,七品命官,而敢荐尔腥臊,夺其精气。投身驿传之卒,作配缙绅之流。恣乌合而弗惭,怀豕心而未已。绥绥厥状,紫紫其名,过可文乎? 言之丑也! 郡城隍失于觉察,权且姑容。衙土地乃尔隐藏,另行究治。其青丘之正犯,论黑簿之严刑,押赴市曹,毙于雷斧。使虎威之莫假,庶兔悲而有惩。九尾尽诛,万劫不赦。耀州衙速令清净,新郑驿永绝根苗。长闭鬼门之关,一准酆都之律。布告庙社,咸使风闻。

俄而黑云瀚墨,白雨翻盆,霹雳一声,媚娘已震死阛阓矣。守卒僚属往视,乃真狐也,而人髑髅犹在其首。各家宅眷,急取其所赠诸物观之,其绿罗则芭蕉叶数番,胭脂则桃花瓣数片,以示于裕,裕始释然。尹公命焚死狐,瘗之僻处,镇以铁简,使绝迹焉。然后取丹砂、蟹黄、篆香与裕服,而拂袖归山,飘然不顾矣。裕疾愈,始以娶媚娘事告太守,遣人于新郑问黄兴。兴已移居,家道殷富,不复为驿卒。盖得裕聘财所致耳。始略言嫁狐之实于人。询者归,具以告太守。众乃信狐之善惑,而神澹然之术焉。

选自李昌祺《剪灯余话》

[作者作品]

李昌祺

李昌祺(1376~1452年)明代初期小说家。名祯,字昌祺、一字维卿,以字行世,号侨庵、白衣山人、运甓居士,庐陵(今江西吉安)人。永乐二年进士,官至广西布政使,为官清厉刚正,救灾恤贫,官声甚好。且才华富赡,学识渊博,诗集有《运甓漫稿》,又仿瞿佑《剪灯新话》作文言短篇传奇小说集《剪灯余话》。

明代初期,李昌祺的《剪灯余话》与较早出现的瞿佑的《剪灯新话》(以下简称《新话》)一起被视为明初文言小说的代表作,在文言小说史上具有较重要的地位。李昌祺在《剪灯余话》把自己的怀抱、才情和责任倾注于小说之中,因此表现出独特的创作思想。明人认为,狐即使没有作祟行为也会贻害无穷,因其具有妖的邪性,仍然是妖。李昌祺的《胡媚娘传》试图人面兽心的"贤妇人"危害的隐蔽性,表达了"红颜祸水"的传统观念,是狐精形象逐渐向人性化发展的重要标志。借狐仙说世情,揭露上层社会尔虞我诈的种种情状以及流俗的污浊。

《剪灯新话》《剪灯余话》《觅灯因话》三书合称的《剪灯三话》,是明代文言小说的代表作,也是明末清初兴起的传奇热潮,正是这个热潮孕育了清代伟大奇异的《聊斋志异》。

《剪灯三话》写烟粉灵怪,实际上已露出集志怪、传奇于一体的端倪,开了《聊斋志异》文体的先河。有文学评论家认为,《聊斋志异》中的狐女形像,实际上是导源于《剪灯余话》的《胡媚娘传》。

[译文]

　　黄兴，是河南新郑县驿站的差役。一次，他偶然外出办事，晚上回来，因为走路累了，就在树下休息，看见一只狐狸，拾起人的髑髅戴在头上，然后向月亮礼拜，一会儿，竟变成了一位女子，年纪十六七岁，长得绝对漂亮，在新郑的路上哭泣，一边哭，一边走。

　　黄兴尾随在她后面，暗中观察，想看看倒底她要干什么？狐狸没有想到，自己的秘密，已被黄兴看破，就故意作出娇媚的样子。黄兴心里想："这东西亦奇货可居。"于是就问她："你是谁家女子，竟敢深夜独自行走？"回答说："奴家是杭州人，姓胡，名叫媚娘，父亲调任到陕西做官，刚才在前面村庄被盗，父母、兄弟，都死在贼寇手中，财物也被他们抢劫一空。只有奴家隐伏在深草中，才苟延残喘到这里。现在，我孤苦伶仃一个人，无处可以投奔，准备投河自尽，了此一生，因此在这里哭得伤心。"

　　黄兴听了，就说道："我家虽然贫穷，幸好也不少粗茶淡饭，我的妻子又淳厚和善，可以容纳得了你。你能到我家去安身吗？"狐女忍住眼泪拜谢说："长者可怜我，真是我的再生父母啊！"随即来到黄兴家，又把以前说过的话，告诉给黄兴的妻子听。黄兴的妻子见狐女柔顺，也就好好照顾她，而黄兴始终没有把事实真相说出来。

　　当时，有一个进士叫萧裕的，是福建人，新近被授予耀州判官的职务，赴任经过新郑，他与新郑县令彭致和是中表兄弟，于是就顺便拜访彭致和，而彭致和则把他安排在驿站住宿。黄兴正好在驿站当差，他见萧裕年青，性格豪迈不像是个本份人，而且携带的行李又很富足，就对妻子说："我们马上可以脱贫了。"

　　于是，为了让萧裕动心，他屡次让媚娘到井上打水，以便让萧裕看到她。萧裕果然喜欢媚娘的美艳，就请求娶她做小妾。黄兴说："官人一定要娶我女儿的话，没有十倍的财礼决不行。"萧裕一点也不吝啬钱财，倾其资财，务必使这件事成功，随后带着媚娘抵达任所。

　　媚娘禀性聪明，为人又柔顺，上从太守的妻子，下到众位官员的家室，各送绿罗一匹，胭脂十帖。媚娘奉侍长辈，爱抚幼小，都能得到他们的欢心。因此，里里外外都称赞她，人们没有不满意的话。有时，宾客突然来到，萧裕来不及安排，而酒馔之类的东西，媚娘随手就能拿出来招待客人，丰盛或者俭朴都能措置得宜。空暇的时候，媚娘亲自纺织，亲自煮茧抽丝，平时则深居闺房，脚步从来不踏出外面的门槛。萧裕若遇有疑难的事情，每每向媚娘咨询，媚娘则一一为他剖析，曲折深入地把实情分析给他听。萧裕夸耀自己得到了贤内助，而同僚之间，也无不相信媚娘是个贤惠的妇人。

　　没多久，省府听说萧裕有才能，就征召委派他到各府催粮。媚娘对萧裕说："郎君在官府里要努力，尽心于公事。家里的杂务，我可以担当。你应当保重千金之身，以图报答朝廷恩德于万一，千万不要被家事拖累了。"萧裕点头允诺，与媚娘告别。于是一路前行，晚上寄宿在重阳宫。道士尹澹然看到萧裕后，私下对萧裕的下属周荣说："你们官长身上妖气很重，不治的话将会有生命危险。"周荣把这话告诉了萧裕，萧裕叱骂说："什么鬼道士，竟敢如此妄言！"

　　这一年冬末，萧裕催粮完毕，才回到州府。当时，正是暮春时节，萧裕生病了，面色萎黄，身体消瘦，所做的事情颠三倒四，举止行动匆忙急迫。同僚为他求医，给他服药，却都没有效果，也没有人知道他起病的原因。周荣忽然想起尹澹然的话，就向太守禀告，太守问萧裕，萧裕说："是有这么回事。"于是太守对副职刘恕说："萧君卧病在床，都说有邪祟，我们不能坐视不管。"刘恕说："何不请尹道士前来消灭邪祟？"太守即刻准备了书信礼物，派周荣到重阳宫去请尹澹然。

　　到了重阳宫，尹澹然说："他当初不相信我的话，以致有今日。但是，道家把救人性命，作为自己的任务，又怎么可以不去走一趟呢？"于是，便和周荣一起到了耀州。太守出来迎接，请求救助医疗萧裕

的疾病。尹澹然屏退闲杂人后，告诉太守说："这件事我知道已经很久了，萧裕的宅眷，乃是新郑县北门的老狐狸精，化身为女子，迷惑了很多人，如果不立即除去，其祸害实在不可估量。"太守惊愕地问道："萧君的妻子，众人都称赞她贤惠，怎么现在忽然有这个说法？"尹澹然说："姑且等待明天，就可以见分晓了。"于是，就在州衙门的后堂上构筑祭坛。

到了第二天中午，尹澹然手按宝剑，书写了一道符，招集神将。一会儿，邓忠、辛环、张节三位雷部天神，森严地站列在祭坛前面。尹澹然焚香告诉天神说："州判官萧裕，被妖狐迷惑，麻烦各位即刻剿除狐孽。"随后，尹澹然举起大笔，书写了一道檄文，交给天神拿去。那檄文道：

上清天讨伐雷神府分管，查察而得：阴、阳二气始分，天在上，地在下，从此奠定了法则；天、地、人三才已分，造化人生，也各从其类别。念疆域广大，叹狐狸怪魅众多。聚集树叶作衣裳，戴上髑髅改变相貌。击狐尾发出火星来作祟，听冰下无水而后过河。所以百丈禅师悟破因果之禅，大安高僧出入罗汉之地。杨再思机智善辨，难逃两脚野狐的讥讽；张华博学多闻，能识别千年的斑狐。更何况萧裕乃是福建的进士，七品朝廷官，狐女竟敢自献你的腥臊之身，夺去他的精气，投靠驿站的差役，最后又作了官宦人家的配偶，放纵这种临时的凑合而不知羞惭，身怀贪婪的心而不知停止。狐的特征是毛长，狐的名字叫紫紫，过错岂可掩饰？说起来丑恶啊！州郡的城隍失于觉察，暂且姑息宽容；守护宅子的土地神竟让狐狸隐藏，要另行追究查办。青丘国九尾狐是正犯，必须载入黑簿，判处严刑，押赴集市，用雷劈死。让狐不能借虎威吓人，使兔子有年鉴戒。九尾狐尽行诛杀，万劫不得赦免。速让耀州衙门清静，永远断绝新郑驿站的祸根。永久关押在鬼门关，完全按照阴司地府的法律办。布告全国，让大家都知道。

一会儿，黑云像浓墨，大雨倾盆，一声霹雳，媚娘已被雷震死在市肆中。吏卒、僚属前往观看，原来真是狐狸，而髑髅仍然戴在狐狸头上。各家的女眷，急忙取出媚娘送给她们的东西来看，原来，绿罗是几根芭蕉叶，胭脂则是几片桃花瓣。

她们把这些东西拿来给萧裕看，萧裕这才消除了疑虑。尹道士命令焚烧死狐狸，然后埋葬在偏僻的地方，上面用铁简镇压，让它永远绝迹。而后，尹道士又拿出朱砂、蟹黄、香灰给萧裕服用。接着，甩甩袖子回归重阳宫，飘然前去，不再回头。

萧裕的疾病痊愈后，才把娶媚娘的事告诉太守，太守派人到新郑县诘问黄兴。黄兴已经移居别处，他家里很富裕，也不再做驿站的役吏了，大概是得到萧裕聘礼的缘故，他这才稍稍对人说起嫁狐女的事实。查访的人回来，便向太守详细报告。众人这才相信狐狸善于迷惑人，并且认为尹澹然的法术确实神奇灵验。

盛名鬼谷出名相

明　冯梦龙

周之阳城，有一处地面，名曰鬼谷。以其山深树密，幽不可测，似非人之所居，故云鬼谷。内中有一隐者，但自号曰鬼谷子，相传姓王名相，晋平公时人，在云梦山与宋人墨翟一同采药修道。那墨翟不畜妻子，发愿云游天下，专一济人利物，拔其苦厄，救其危难。惟王栩潜居鬼谷，人但称为鬼谷先生。其人通天彻地，有几家学问，人不能及。那几家学问？一曰数学，日星象纬，在其掌中，占往察来，言无不验；二曰兵学，六韬三略，变化无穷，布阵行兵，鬼神不测；三曰游学，广记多闻，明理审势，出词吐辩，万口莫当;四曰出世学,修真养性,服食导引,却病延年,冲举可候。那先生既知仙家冲举之术,为何屈身世间?只为要度几个聪明弟子,同归仙境,所以借这个鬼谷栖身。初时偶然入市,为人占卜,所言吉凶休咎,应验如神。渐渐有人慕学其术。先生只看来学者资性近着那一家学问,便以其术授之。一来成就些人才,为七国之用;二来就访求仙骨,共理出世之事。他住鬼谷,也不计年数。弟子就学者不知多少,先生来者不拒,去者不追。就中单说同时几个有名的弟子:齐人孙宾,魏人庞涓、张仪,洛阳人苏秦。宾与涓结为兄弟,同学兵法;秦与仪结为兄弟,同学游说:各为一家之学。单说庞涓学兵法三年有余,自以为能。忽一日,为汲水偶然行至山下,听见路人传说魏国厚币招贤,访求将相。庞涓心动,欲辞先生下山,往魏国应聘。又恐先生不放,心下踌躇,欲言不言。先生见貌察情,早知其意,笑谓庞涓曰:"汝时运已至,何不下山求取富贵?"庞涓闻先生之言,正中其怀,跪而请曰:"弟子正有此意,未审此行可得意否?"先生曰:"汝可摘山花一枝,吾为汝占之。"庞涓下山寻取山花。此时正是六月炎天,百花开过,没有山花。庞涓左盘右转,寻了多时,止觅得草花一茎,连根拔起,欲待呈与师父,忽想道:"此花质弱身微,不为大器。"弃掷于地,又去寻觅了一回。可怪绝无他花,只得转身将先前所取草花,藏于袖中,回复先生曰:"山中没有花。"先生曰:"既没有花,汝袖中何物?"涓不能隐,只得取出呈上。其花离土,又先经日色,已半萎矣。先生曰:"汝知此花之名乎?乃马兜铃也。一开十二朵,为汝荣盛之年数。采于鬼谷,见日而萎;鬼旁着委,汝之出身,必于魏国。"庞涓暗暗称奇。先生又曰:"但汝不合见欺,他日必以欺人之事,还被人欺,不可不戒!吾有八字,汝当记取:'遇羊而荣,遇马而瘁。'"庞涓再拜曰:"吾师大教,敢不书绅!"临行,孙宾送之下山,庞涓曰"某与兄有八拜之交,誓同富贵。此行倘有进身之阶,必当举荐吾兄,同立功业。"孙宾曰:"吾弟此言果实否?"涓曰:"弟若谬言,当死于万箭之下!"宾曰:"多谢厚情,何须重誓!"两下流泪而别。

鬼谷子

孙宾还山,先生见其泪容,问曰:"汝惜庞涓之去乎?"宾曰:"同学之情,何能不惜?"先生曰:"汝谓庞涓之才,堪为大将否?"宾曰:"承师教训已久,何为不可?"先生曰:"全未,全未!"宾大惊,请问其故。先生不言。至次至,谓弟子曰:"我夜间恶闻鼠声,汝等轮流值宿,为我驱鼠。"众弟子如命。其夜,轮孙宾值宿,先生于枕下取出文书一卷,谓宾曰:"此乃汝祖孙武子《兵法》十三篇。昔汝祖献于吴王阖闾,阖闾用其策,大破楚师。后阖闾惜此书,不欲广传于人,乃置以铁柜,藏于姑苏台屋楹之内。自越兵焚台,此书不传。吾向与汝祖有交,求得其书,亲为注解。行兵秘密,尽在其中,不尝轻授一人。今见子心术忠厚,特以付子。"宾曰:"弟子少失父母,遭国家多故,虽知祖父有此书,实未传领。吾师既有注解,何不并传之庞涓,而独授于宾也?"先生曰:"得此书者,善用之为天下利,不善用之为天下害。涓非佳士,岂可轻付哉!"宾乃携归卧室,昼夜研诵。三日之后,先生遽向孙宾索其原书。宾出诸袖中,缴还先生。先生逐篇盘问,宾对答如流,一字不遗。先生喜曰:"子用心如此,汝祖为不死矣!"

再说庞涓别了孙宾,一径入魏国,以兵法干相国王错,错荐于惠王。庞涓入朝之时,正值庖人进蒸羊于惠王之前,惠王方举箸,涓私喜曰:"吾师言'遇羊而荣',斯不谬矣。"惠王见庞涓一表人物,放箸而起,迎而礼之。庞涓再拜,惠王扶住,问其所学。涓对曰:"臣学于鬼谷先生之门,用兵之道,颇得其精。"因指画敷陈,倾倒胸中,惟恐不尽。惠王问曰:"吾国东有齐,西有秦,南有楚,北有韩、赵、燕,皆势

均力敌。而赵人夺我中山,此仇未报,先生何以策之?"庞涓曰:"大王不用策臣则已,如用微臣为将,管教战必胜,攻必取,可以兼并天下,何忧六国哉?"惠王曰:"先生大言,得无难践乎?"涓对曰:"臣自揣所长,实可操六国于掌中。若委任不效,甘当伏罪。"惠王大悦,拜为元帅,兼军师之职。涓子庞英,侄庞葱、庞茅,俱为列将。涓练兵训武,先侵卫、宋诸小国,屡屡得胜。宋、鲁、卫、郑诸君,相约联翩来朝。适齐兵侵境,涓御却之,遂自以为不世之功,不胜夸诩。

时墨翟遨游名山,偶过鬼谷探索友,一见孙宾,与之谈论,深相契合。遂谓宾曰:"子学业已成,何不出就功名,而久淹没山泽耶?"宾曰:"吾有同学庞涓,出仕于魏。相约得志之日,必相援引,吾是以待之。"墨翟曰:"涓见为魏将。吾为子入魏,以察涓之意。"墨翟辞去,径至魏国,闻庞涓自恃其能,大言不惭,知其无援孙宾之意,乃自以野服求见魏惠王。惠王素闻墨翟之名,降阶迎入,叩以兵法,墨翟指说大略。惠王大喜,欲留任官职。墨翟固辞曰:"臣山野之性,不习衣冠。所知有孙武之孙,名宾者,真是大将之才,臣万分不及也。见今隐于鬼谷,大王何不召之?"惠王曰:"孙宾学于鬼谷,乃是庞涓同门,卿谓二人所学孰胜?"墨翟曰:"宾与涓虽则同学,然宾独得乃祖秘传,虽天下无其对手,况庞涓乎?"墨翟辞去,惠王即召庞涓问曰:"闻卿之同学有孙宾者,独得孙武子秘传,其才天下无比,将军何不为寡人召之?"庞涓对曰:"臣非不知孙宾之才,但宾是齐人,宗族皆在于齐,今若仕魏,必无齐而后魏,臣是以不敢进言。"惠王曰:"'士为知己者死。'岂必本国之人,方可用乎?"庞涓对曰:"大王既欲召孙宾,臣即当作书致去。"庞涓口虽不语,心下踌躇:"魏国兵权,只在我一人之手,若孙宾到来,必然夺宠。既魏王有命,不敢不依,且待来时生计害他,阻其进用之路,却不是好?"遂修书一封,呈上惠王。惠王用驷马高车,黄金白璧,遣人带了庞涓之书,一径望鬼谷来聘取孙宾。宾拆书看之,略曰:涓托兄之庇,一见魏王,即蒙重用。临岐援引之言,铭心不忘。今特荐于魏王,求即驱驰赴召,共图功业。

孙宾将书呈与鬼谷先生。先生知庞涓已得时大用,今番有书取用孙宾,竟无一字问候其师,此乃刻薄忘本之人,不足计较。但庞涓生性骄妒,孙宾若去,岂能两立?欲待不容他去,又见魏王使命郑重,孙宾已自行色匆匆,不好阻挡。亦使宾取山花一枝,卜其体咎。此时九月天气,宾见先生几案之上,瓶中供有黄菊一枝,遂拔以呈上,即时复归瓶中。先生乃断曰:"此花见被残折,不为完好。但性耐岁寒,经霜不落,虽有残害,不为大凶。且喜供养瓶中,为人爱重。瓶乃范金而成,钟鼎之属。终当威行霜雪,名勒鼎钟矣。但此花再经提拔,恐一时未能得意。仍旧归瓶,汝之功名,终在故土。吾为汝增改其名,可图进取。"遂将孙宾"宾"字左边加月为"膑"。按字书,膑乃刖刑之名,今鬼谷子改孙宾为孙膑,明明有刖足之事,但天机不肯泄漏耳。岂非异人哉?髯翁有诗云:

山花入手知沐咎,试比著龟倍有灵。

却笑当今卖卜者,空将鬼谷画占形。

临行,又授以锦囊一枚,分付:"必遇至急之地,方可开看。"孙膑膜拜辞先生,随魏王使者下山,登车而去。

苏秦、张仪在旁,俱有欣羡之色,相与计议来禀,变欲辞归,求取功名。先生曰:"天下最难得者聪明之士。以汝二人之质,若肯灰心学道,可致神仙,求助功名。何苦要碌碌尘埃,甘为浮名虚利所驱逐也?"秦、仪同声对曰:"夫'良材不终朽于岩下,良剑不终秘于匣中。'日月如流,光阴不再,某等受先生之教,亦欲乘时建功,图个名扬后世耳。"先生曰:"你两个中肯留一人与我作伴否?"秦、仪执定欲行,无肯留者。先生强之不得,叹曰:"仙子之难如此哉!"乃为之各占一课,断曰:"秦先吉后凶。仪先凶后吉。秦先行,仪当晚达。吾观孙、庞二子,势不相容,必有吞噬之事。汝二人异日宜互相推让,以成名誉,勿伤同学之情!"二人稽首受教。先生又将书二本分赠二人。秦、仪观之,乃太公《阴符篇》也。秦、仪曰:“此书弟子久已熟诵,先生今日见赐,有何用处?”先生曰:“汝虽熟诵,未得其精。此去若未能得意,只就此篇探讨,自有进益。我亦从此逍遥海外,不复留于此谷矣。”秦、仪既别,去,不数日,鬼谷子亦浮海为蓬岛之游,或云已仙去矣。

按:此为周显王十年间之事。

[作者作品]

冯梦龙(1574～1646 年),明代通俗文学家、戏曲家。字犹龙,又字子犹,号龙子犹、墨憨子等。长洲县(今江苏省苏州市)人。其作品比较强调感情和行为,最有名的作品为《古今小说》,其《喻世明言》《警世通言》、《醒世恒言》,合称“三言”。三言与凌濛初的《初刻拍案惊奇》、《二刻拍案惊奇》合称“三言两拍”,是中国白话短篇小说的经典代表。

冯梦龙邮票

[相关史料]

鬼谷子,姓王名诩,又名王禅,战国时代卫国(今河南鹤壁市淇县)人。其长于持身养性和纵横术、精通兵法、武术、奇门八卦,著有《鬼谷子》兵书 14 篇传世。民间称其为王禅老祖,中国春秋战国史上一代显赫人物,是“诸子百家”之一,纵横家的鼻祖,也是位卓有成就的教育家。”鬼谷”之名,由其隐居地(今登封市内的归谷山)而得,因“鬼”、“归”二字同音相近,一音之传,兼之“鬼”字更富传奇色彩,故将“归谷”习称为“鬼谷”。因隐居登封阳城鬼谷,所以称鬼谷子先生。

新郑高都堂

明　刘廷玑

刘廷玑

新郑高都堂捷,相国文襄公兄也。状貌异常,而举动行事有堪绝倒者。自幼即遍体生毛,年未上丁,髭须满颊。就童子试。文宗见之笑曰:“汝可归家抱孙矣。”答云:“童生虽须髯如戟,然实弱冠焉。”试既不售,归家遂去髭须,戴小帽,着大红袍,骑马遍历街市,使家人前导,令直呼曰:“不进学的高大胡子,欲学状元游街,岂不可耻耶?”从此奋志,夏日就苇边读书,坟蠓嘬之遍体,家人辈见而拂拭之,乃叱曰:“何拂为?”勤学数年,遂连捷南宫,历官南直操江巡抚。莅任后,适大盗越狱。闻报,即率官兵往捕,群盗敛手受缚,讯之何以不斗而就擒如此?盗曰:“顷见一天神遍体如丝悬挂,火焰四出,不觉心胆俱碎,是以不敢动耳。”盖所见,即都堂也。都堂每夜卧,则红光罩体。家人窃窥之,见一猪鼾睡于旁。巫者遂竞传以为室火猪降生云。都堂食量最大,可敌十人。每遇宴必先具熟猪首一盘。馒首饽饦数十枚。烧酒一巨瓶,令列案前。手捻而食,顷刻俱尽,方就筵坐,始得终席矣。一日,有新任知县来谒,服饰华美。见其所戴纱帽外织马尾内炫金丝,光彩耀目。诘之,以时样对。遂大怒,诟詈不已,复欲杖之。知县窘甚,免冠谢过,方免。知县衔之,未几行取台中特疏揭参,遂以病告归林下。罢职后,日惟一与一老友象戏以自娱。一日,忽入内久而不出,老友馁甚,欲归不得,家人请命曰:"某相公饥甚,欲归。不然当吃午饭矣。"叱曰:"吃甚午饭,你叫他去吃那'当头炮'便足矣!"盖自忿屡局败北也。甚可发笑者,多如此。

[作者作品]

刘廷玑(约1654~?),明代官吏。字玉衡,号在园,先世居河南开封,后迁辽阳,编入汉军旗。曾任内阁中书、浙江括州(今丽水)知府、浙江观察副使。晚年调任河工,参与治理黄河、淮河。他自幼酷爱诗文,少负文名,加之优越的家庭环境和丰富的阅历,使他有机会和当时第一流的文人交往,切磋学艺。其诗集《葛庄分类诗钞》14卷,即是由当时最著名的诗人王士禛作序;其散文集《在园杂志》4卷,由著名剧作家孔尚任作序。刘廷玑的诗虽流传不广,但其《在园杂志》却独树一帜,内容丰富,包罗万象,知识性很强,是少有的佳作。

义马助妇

清 纪晓岚

[原文]

洛阳郭石洲言:其邻县有翁姑受富室二百金,鬻寡媳为妾者。至期,强被以彩衣,掖之登车。妇不肯行,则以红巾反接其手,媒媪拥之坐车上。观者多太息不平。然妇母族无一人,不能先发也:仆夫振辔之顷,妇举声一号,旋风暴作,二马皆惊逸不可止,不趋其家而趋县城。飞渡泥淖,如履康庄,虽仄径危桥,亦不倾覆。至县衙,乃屹然立。其事遂败。用知庶女呼天,雷电下击,非典籍之虚词。

选自纪晓岚《阅微草堂笔记》

[作者作品]

纪晓岚

纪昀(1724~1805年),清代文学家。字晓岚,一字春帆,晚号石云,道号观弈道人,直隶河间府(今河北献县)人。纪昀4岁开始启蒙读书,11岁随父入京,21岁中秀才,31岁考中进士,官至礼部尚书、协办大学士,历雍正、乾隆、嘉庆三朝,享年82岁。曾任《四库全书》总纂修官,撰写了《四库全书总目提要》。因其"敏而好学可为文,授之以政无不达"(嘉庆帝御赐碑文),故卒后谥号文达,乡里世称文达公。代表著作《阅微草堂笔记》。

《阅微草堂笔记》是清代著名学者纪昀流放乌鲁木齐期间所作的笔记小说集,全书主要记述狐鬼神怪故事,意在劝善惩恶,虽然不乏因果报应的说教,但是通过种种描写,折射出封建社会末世的腐朽和黑暗。《阅微草堂笔记》主要写于清朝乾隆五十四年(1789年),至嘉庆三年(1798年)年间,在时间上,主要搜辑各代前后的各种狐鬼神仙、因果报应、劝善惩恶等之流传的乡野怪谈,或则亲身所听闻的奇情轶事;在空间地域上,范围则遍及全中国远至乌鲁木齐、伊宁,南至滇黔等地。

[译文]

洛阳人郭石洲说,他的邻县有一对翁姑,他们接受了富人的二百两银子,竟把守寡的儿媳妇卖给人家去做小老婆。

到了迎娶那天,强迫儿媳妇穿上綵衣,拉拉扯扯地把她推上车,那媳妇还是哭叫挣扎着不肯走,就有人用红布巾把她的手反绑于身后,媒人老婆子一拥而上,把她推上车。见到这个场面的人无不叹息,愤愤不平。可惜她的娘家已经没人,也就无法阻止这种罪恶的勾当。

当马车夫挽起缰绳,即将扬鞭催马,那媳妇在车中悲痛地一声长号。突然,狂风暴起,三匹驾车的马一时皆惊,再也不受控制。马车背离通向富人家的道路,一直朝县城的方向奔去,一路上狂奔急驰,飞渡泥潭如走康庄大道,即使过危桥走险路也一样畅通无阻。到了县衙门,那马车嘎然而止,三匹马安然地站立不动,那媳妇哭叫喊冤,这桩不法的勾当才告败露。

由此可知,《淮南子》上记载"平民之女呼天喊冤,雷电下击景公台"的故事,并不是典籍中的虚构之词。

《虞初新志》(二篇)
清 张 潮

[作者作品]

张潮(1650~?),清文学家小说家,刻书家。字山来,号心斋,新安人。官至翰林院孔目。以刊刻丛书知名当世。刻有《昭代丛书》《檀几丛书》,辑有短篇小说集《虞初新志》等。著有《心斋聊复集》《花影词》《心斋诗集》《鹿葱花馆诗钞》《幽梦影》等。

张潮所编短篇小说集《虞初新志》,收集明末清初人的文章,汇为一编,共20卷。《虞初新志》所收篇章与以前各家选本有所不同,其中大抵真人真事,不尽是子虚乌有。是明末清初出现的一种比较独特的文体。《虞初新志》所收故事的题材很广泛,一般都带有一些奇异的情节或不寻常的事件和人物。《虞初新志》中所收集的不少篇章用小品文的笔调,写不平凡的人物故事,引人入胜。《虞初新志》以"虞初"命名,始见于班固《汉书·艺文志》所载《虞初周说》。

张 潮

一、口 技

[原文]

京中有善口技者。会宾客大宴,于厅事之东北角,施八尺屏障,口技人坐屏障中,一桌、一椅、一扇、一抚尺而已。众宾团坐。少顷,但闻屏障中抚尺一下,满坐寂然,无敢哗者。

遥闻深巷中犬吠,便有妇人惊觉欠伸,其夫呓语,既而儿醒,大啼。夫亦醒。妇抚儿乳,儿含乳啼,妇拍而呜之。又一大儿醒,絮絮不止。当是时,妇手拍儿声,口中呜声,儿含乳啼声,大儿初醒声,夫叱

大儿声,一时齐发,众妙毕备。满座宾客无不伸颈,侧目,微笑,默叹,以为妙绝。

未几,夫齁声起,妇拍儿亦渐拍渐止。微闻有鼠作作索索,盆器倾侧,妇梦中咳嗽声。宾客意少舒,稍稍正坐。

忽一人大呼:"火起!"夫起大呼,妇亦起大呼。两儿齐哭。俄而百千人大呼,百千儿哭,百千犬吠。中间力拉崩倒之声,火爆声,呼呼风声,百千齐作;又夹百千求救声,曳屋许许声,抢夺声,泼水声。凡所应有,无所不有。虽人有百手,手有百指,不能指其一端;人有百口,口有百舌,不能名其一处也。于是宾客无不变色离席,奋袖出臂,两股战战,几欲先走。

忽然抚尺一下,群响毕绝。撤屏视之,一人、一桌、一椅、一扇、一抚尺而已。

[译文]

京城里有个善于表演口技的人。一天,正赶上一家摆酒席大请宾客,在厅堂的东北角安放了八尺宽的围帐,让表演口技的人坐在围帐中,只有一张桌子、一把椅子、一把扇子、一块醒木罢了。各位的宾客围绕而坐。一会儿,只听见围帐中醒木拍了一下,在座的宾客都静悄悄的,没有敢大声说话的人。

口 技

(客人们)远远地听见深深的小巷中有狗叫声,接着就有妇女惊醒后打呵欠和伸懒腰的声音,她的丈夫说着梦话。过了一会儿,孩子醒了,大声哭着。丈夫也醒了。妻子轻拍孩子喂奶,孩子含着奶头哭,妇女又哼着唱着哄他睡觉。床上另一个大孩子醒了,连续不断的说话。在这时候,妇女用手拍孩子的声音,口里哼着哄孩子的声音,孩子含着奶头的哭声,大孩子刚醒过来的声音,丈夫责骂大孩子的声音,同时一齐发出,各种妙处都具备。满座的宾客没有一个不伸长脖子,凝神地听着,微笑着,默默赞叹,认为好极了。

过了一会儿,丈夫打呼噜声响起来了,妇女拍孩子的声音也渐渐停下。隐隐听到有老鼠活动的声音,碗盆等器物打翻的声音,妇女梦中咳嗽的声音。宾客们的心情稍微放松些,渐渐坐正了。

忽然听到一人高声呼喊"起火了!"丈夫起来高叫,妇女也起来高叫,两个孩子一齐哭。一会儿,成百上千的人高声喊叫,成百上千个小孩哭喊,成百上千只狗狂叫,当中还夹着劈里拍啦的声音和房屋倒塌的声音,烈火燃烧而发生的爆裂声,呼呼的风声,千百种声音一齐响起;又夹着成百上千个呼救的声音,众人拉塌燃烧着的房屋时一齐用力的声音,在火中抢夺物品的声音,泼水的声音。应有尽有。即使一人有一百只手,每只手有一百个手指,也不能指出其中一种;一人有一百张嘴,每张嘴有一百个舌头,也不能说清其中一个地方。在这时宾客们没有一个不变了脸色,离开席位,扬起衣袖,露出手臂,两腿打着哆嗦,几乎想要争先恐后地逃跑。

忽然醒木一声,所有的声音都没有了。撤掉围帐再看,只有一个人、一张桌子、一把椅子、一把扇子,一块醒木罢了。

二、核舟记

[原文]

明有奇巧人曰王叔远,能以径寸之木,为宫室、器皿、人物,以至鸟兽、木石。罔不因势象形,各具情态。尝贻余核舟一,盖大苏泛赤壁云。

舟首尾长约八分有奇,高可二黍许。中轩敞者为舱,箬篷覆之。旁开小窗,左右各四,共八扇。启窗而观,雕栏相望焉。闭之,则右刻"山高月小,水落石出",左刻"清风徐来,水波不兴",石青糁之。

船头坐三人,中峨冠而多髯者为东坡,佛印居右,鲁直居左。苏、黄共阅一手卷。东坡右手执卷端,左手抚鲁直背。鲁直左手执卷末,右手指卷,如有所语。东坡现右足,鲁直现左足,各微侧,其两膝相比者,各隐卷底衣褶中。佛印绝类弥勒,袒胸露乳,矫首昂视,神情与苏、黄不属。卧右膝,诎右臂支船,而竖其左膝,左臂挂念珠倚之——珠可历历数也。

舟尾横卧一楫,楫左右舟子各一人。居右者椎髻仰面,左手倚一衡木,右手攀右趾,若啸呼状。居左者右手执蒲葵扇,左手抚炉,炉上有壶,其人视端容寂,若听茶声然。

核舟记

其船背稍夷,则题名其上,文曰"天启壬戌秋日,虞山王毅叔远甫刻",细若蚊足,钩画了了,其色墨。又用篆章一,文曰"初平山人",其色丹。

通计一舟,为人五;为窗八;为箬篷,为楫,为炉,为壶,为手卷,为念珠各一;对联、题名并篆文,为字共三十有四。而计其长曾不盈寸。盖简桃核修狭者为之。嘻,技亦灵怪矣哉!

[译文]

明朝(有一个)手艺奇妙精巧的人名字叫王叔远。(他)能用直径一寸的木头,雕刻出房屋、器具、人物,以及飞鸟、走兽、树木、石头,都能就着木头原来的样子模拟那些东西的形状,各有各的神情姿态。(他)曾经送给我一个用桃核雕刻成的小船,刻的应当是苏轼乘船游赤壁的情形。

船头到船尾大约长8分,大约高两分。中间高起而宽敞的部分是船舱,用箬竹叶做的船篷覆盖着它。旁边有小窗,左右各4扇,一共8扇。打开窗户来看,雕刻着花纹的栏杆左右相对。关上窗户,就看到一副对联,右边刻着"山高月小,水落石出"8个字,左边刻着"清风徐来,水波不兴"8个字,用石青涂在字的凹处。

船头坐着3个人,中间戴着高高的帽子,胡须浓密的人是苏东坡(苏轼),佛印(苏轼的好友,是个和尚)位于右边,鲁直(黄庭坚)位于左边。苏东坡和鲁直共同看着一幅书画长卷。苏东坡右手拿着卷的右端,左手轻按在鲁直的背上。鲁直左手拿着卷的左端,右手指着手卷,好像在说些什么似的。苏东坡露出右脚,鲁直露出左脚,(身子都)略微侧转,他们互相靠近的两膝,各自隐藏在书画卷子底下的衣褶里。佛印极像弥勒菩萨,袒开胸怀,露出两乳。抬头仰望,神情和苏东坡、鲁直不相似。佛印卧倒右膝,弯曲着右臂支撑在船上,竖着他的左膝,左臂上挂着一串念珠,靠在左膝上——珠子可以清清楚楚

楚地数出来。

　　船尾横放着一支船桨。船桨的左右两边各有一名撑船的人。位于右边的撑船者梳着椎形发髻，仰着脸，左手倚着一根横木，右手扳着右脚趾，好像在大声呼喊的样子。在左边的人右手拿着一把蒲葵扇，左手抚着火炉，炉上有个茶壶，那个人的目光正视着(茶炉)，神色平静，好像在听茶水烧开没有的样子。

　　船的背面稍平，作者在上面刻(题)上自己的名字，文字是"天启壬戌秋日，虞山王毅叔远甫刻"，笔画像蚊子的脚一样细小，清清楚楚，它的颜色是黑的。还刻着一枚篆书图章，文字是："初平山人"，字的颜色是红色的。

　　总计一条船，刻了5个人，刻了8扇窗户；刻了箬篷、刻了船桨、刻了炉子、刻了茶壶、刻了手卷、刻了念珠各一件；对联、题名和篆文，刻的字共计34个。可是计算它的长度，竟然不满一寸。原来是挑选长而窄的桃核雕刻而成的。嘻，技艺也真神奇啊！

后　记

　　说实话,编写这本书之初,我真不知道嵩山地域到底在历史上有多少出名的和有特色的综艺作品。要在浩如烟海的史料典籍中,去寻找发现自己想要的东西实在太难了,这本书到底会编成什么样子,我心里真没底。所以当时思想的压力很大。手中资料非常有限,只是一些关于嵩山腹地中的一些记、游记、诗、赋,文章数量少,内容单,与我所想的整个嵩山地域的综艺文的大目标,还有相当的差距。所以,着手选编这本书的开始,就是寻找有关嵩山综艺文史资料的开始,也是在嵩山综艺文史资料中挑选、学习、对比、鉴别的开始。

　　以嵩山为中心的嵩山地域位居天地之中,是中华文明发祥的核心地域之一,占地利之优势,隐含中和之寓意。自黄帝开始,从有夏以来至南宋以前,这里一直是我国政治、经济、文化的中心,在历史上曾有过长期的繁荣时代。根据嵩山地域是中国古代文明的核心地域这一真实的历史,我想,嵩山地域综艺文的发展也应该是处于我国综艺文的源头和核心位置上。

　　大概有几年时间,我都在为这本书忙活,先是翻阅了一些嵩山地域的综艺诗文作品,接着,又到我所在大学的图书馆翻阅了历史上一些著名的综艺作品之后,对嵩山地域的综艺作品在国家历史综艺作品中,所占的地位和份量有了一个基本的了解,心里才渐渐地有了一条主线。然后,沿着这条纵的历史发展主线,按体裁分类,这样对全书所选的综艺作品才有了一个基本的选编理念:在整个古代的历史长河中,嵩山综艺文从先秦发端,在经过了两汉、三国、东西两晋、南北朝、隋、唐、五代十国至宋、金、元、明、清的发展,从历史中一路走来,每一种文体的发展变化,都有着明显的时代烙印。既能清晰地看到它纵的历史,也能看到它横的变化,其真实的发展脉络能彰显出嵩山地域是中国古代文明的核心地区,在华夏文明的发展史上,占据着无可替代的主脉与源头地位。从这个意义上说,在这个地域范围内的嵩山综艺文,也应该是我国综艺文发展的缩影。

　　在这个理念的指导下,我尽量寻找嵩山各个历史时期的综艺诗文的代表作。沿着以这条纵的历史发展主线,经过了方方面面的寻找,反反复复的挑选,以及对比、选定,再进行打印、撰写、串连、插图、校对等一系列的工作程序之后,才有了今天的这本书。当读者翻阅全书,如果能看到综艺文作品这条发展清晰的根脉,我将会感到欣慰,总算做成了一件有意义的事情。

　　在选编这本书的过程中,其实还有一个难点,就是每篇作品前面的"作者作品"及"相关史料",文字不多,但不好写,尤其是面对一些有争议的作者和作品,我还是慎之又慎,在说明作者作品情况的同时,尽可能客观地反映历史的真实,对于史料中没有记载的,也只能是如实相告。

　　像一个小学生一样,在完成作业以后,我若释重负,那种轻松真是惬意极了。面对即将问世的书稿,感慨很多:从开始到结束,经历了太多的不易,曾经几年的艰辛劳动,似乎已经成了过眼烟云,好像心情也一下子轻松了起来,感觉天空辽阔,朝霞烂漫,一切都是那样的明亮而美好。

由于本人水平有限,对于此书存在的不足之处,敬请大家指正。

编 者
2014年6月18日